MINISTÈRE DE L'INSTRUCTION PUBLIQUE.

EXPLORATION SCIENTIFIQUE DE LA TUNISIE.

GÉOGRAPHIE COMPARÉE

DE

LA PROVINCE ROMAINE D'AFRIQUE,

PAR

CHARLES TISSOT,

ANCIEN AMBASSADEUR, MEMBRE DE L'INSTITUT.

TOME SECOND.

CHOROGRAPHIE. — RÉSEAU ROUTIER.

OUVRAGE PUBLIÉ D'APRÈS LE PLAN DE L'AUTEUR,

AVEC UN ATLAS

PAR SALOMON REINACH

MEMBRE DE LA COMMISSION ARCHÉOLOGIQUE DE TUNISIE

PARIS.

IMPRIMERIE NATIONALE.

M DCCC LXXXVIII.

EXPLORATION SCIENTIFIQUE

DE

LA TUNISIE.

GÉOGRAPHIE ANCIENNE.

SE TROUVE À PARIS
CHEZ
HACHETTE ET CIE, LIBRAIRE ÉDITEUR,
BOULEVARD SAINT-GERMAIN, 79.

DROITS DE PROPRIÉTÉ ET DE TRADUCTION RÉSERVÉS.

MINISTÈRE DE L'INSTRUCTION PUBLIQUE.

EXPLORATION SCIENTIFIQUE DE LA TUNISIE.

GÉOGRAPHIE COMPARÉE
DE
LA PROVINCE ROMAINE D'AFRIQUE,

PAR

CHARLES TISSOT,
ANCIEN AMBASSADEUR, MEMBRE DE L'INSTITUT.

TOME SECOND.
CHOROGRAPHIE. — RÉSEAU ROUTIER.

OUVRAGE PUBLIÉ D'APRÈS LE MANUSCRIT DE L'AUTEUR,
AVEC DES NOTES, DES ADDITIONS ET UN ATLAS

PAR SALOMON REINACH,
MEMBRE DE LA COMMISSION ARCHÉOLOGIQUE DE TUNISIE.

PARIS.
IMPRIMERIE NATIONALE.

M DCCC LXXXVIII.

PRÉFACE.

En livrant au public, plus de trois ans après la mort de l'auteur, le second volume impatiemment attendu de son grand ouvrage, je crois devoir entrer dans quelques détails sur les motifs qui en ont retardé la publication, et sur la manière dont j'ai compris la tâche que les dernières volontés de M. Tissot m'avaient imposée. Il ne s'agit pas de me justifier d'une lenteur qui m'était commandée par la prudence, par les intérêts bien entendus de la science et de l'œuvre commencée; encore moins de revendiquer une part de collaboration qui n'a été que l'accomplissement d'un devoir et l'acquittement d'une dette. Ce qui importe, c'est de préciser les circonstances où la *Géographie de l'Afrique romaine* a été écrite, les événements qui en ont renouvelé les matériaux au moment même où le livre était achevé, les difficultés que l'auteur et l'éditeur ont eu à vaincre pour qu'il répondît aujourd'hui, du moins en quelque mesure, à l'état d'une science si prodigieusement enrichie depuis dix ans. Imprimer, sous le feu des découvertes si l'on peut dire, un manuscrit terminé alors que ces découvertes commençaient à peine, est une tâche dont peu de personnes sont en état de mesurer les périls; il n'est que plus nécessaire d'y insister, d'en indiquer la gravité et le caractère, tant pour rendre meilleure justice aux mérites de l'œuvre de M. Tissot que pour faire excuser aux lecteurs compétents et équitables les imperfections ou les disparates qu'on y pourra signaler.

I

Admis à l'École d'administration en 1848, M. Tissot passa de là au Ministère des affaires étrangères, et fut nommé élève consul à Tunis en 1852 [1]. Il avait alors vingt-quatre ans. Pendant la première année de son

---

[1] Voir la biographie de M. Tissot que nous avons placée en tête de l'édition de ses *Fastes de la province romaine d'Afrique*, Paris, 1885, p. I-LXXXVIII.

séjour en Afrique, il s'occupa surtout d'apprendre l'arabe et de visiter, sans préoccupations archéologiques, les environs immédiats de la ville. Au printemps de 1853, il fut chargé d'une première mission dans le Sud tunisien, et pénétra jusqu'à Tôzer, entre le Chott el-Djerid et le Chott el-Gharsa. La même année on l'envoya dans le pays des Khoumirs, région tout à fait inexplorée alors et qui forme encore comme une tache blanche sur la carte de 1857. Au cours de ces voyages difficiles, il se familiarisa avec la physionomie de la Régence, se perfectionna dans l'usage de la langue arabe et enrichit ses cartons d'aquarelles et de dessins qui devaient lui être plus tard d'un grand secours.

Licencié ès lettres depuis 1850, M. Tissot songeait à se faire recevoir docteur. En 1854, pendant un court séjour à Paris, il travailla à rassembler les matériaux de sa thèse sur les *Proxènes* et étudia, dans les bibliothèques, l'histoire de la Régence de Tunis. C'est M. Renan qui, en lui indiquant un sujet pour sa seconde thèse, décida de sa vocation archéologique. « J'ai vu deux fois M. Renan, écrivait-il à son père le 10 septembre 1855; il a été on ne peut plus aimable pour moi. Il m'a prêté plusieurs ouvrages sur l'Afrique, s'est entretenu avec moi de mes projets de thèses et m'a fort engagé à prendre pour sujet de thèse latine la monographie du lac Triton. C'est décidément à cette étude que je m'arrête. J'aurai l'avantage d'avoir vu de mes yeux le pays presque fabuleux dont il s'agit et de pouvoir rectifier ou confirmer les hypothèses de Shaw et de Mannert. Shaw n'a pas visité le Djerid, bien qu'il ait affirmé le contraire, et Mannert n'a parlé du Djerid que d'après Shaw... M. Renan m'a fait faire la connaissance de M. Léon Renier, bibliothécaire à la Sorbonne, qui publie en ce moment le recueil de toutes les inscriptions latines de l'Algérie. Il m'a prié de lui communiquer celles qui pourraient me tomber sous la main dans la Régence de Tunis. »

C'est à cette époque que M. Tissot conçut pour la première fois l'idée d'un ouvrage général sur la géographie comparée de l'Afrique. Au mois de novembre 1855, retenu par les mesures de quarantaine en rade de la Goulette, il écrivit à son père : « J'avoue que je n'ai pas revu sans plaisir la plage de Carthage et les collines de Byrsa. Je les ai soigneusement dessinées ; cela me servira pour mon travail qui me trotte plus que jamais par la tête : il faudra bien qu'il en sorte. »

En 1856, tout en rédigeant son mémoire sur le lac Triton, il entreprit plusieurs voyages dans la Régence. Ses lettres de cette année sont pleines de renseignements sur les travaux archéologiques auxquels il se livrait alors avec ardeur. Il copia les inscriptions puniques de la collection Reade à la Goulette, découvrit à Sidi-Medien l'emplacement de la *colonia Vallis*, visita Hergla, Mehdia, El-Djemm, et rapporta de toutes ces courses des aquarelles, des renseignements topographiques et des copies d'inscriptions. La Société archéologique de Constantine le nomma membre correspondant et ouvrit son *Annuaire* à ses premières publications. A ce moment déjà, il n'y avait personne en Europe qui fût aussi familiarisé que lui avec la géographie comparée de la Régence. On ne saurait trop regretter pour la science qu'il n'ait pas alors sollicité et obtenu une mission archéologique, dont il pouvait s'acquitter mieux que personne et qu'il aurait acceptée avec enthousiasme. Le livre que nous publions aujourd'hui aurait vu le jour depuis vingt ans.

Avec des loisirs très précaires et des ressources plus que modestes, M. Tissot disputait à ses occupations diplomatiques le temps nécessaire pour explorer le pays qui devait rester l'objet principal de ses études. Au mois d'octobre 1856, il se rendit dans la province de Constantine, où il se lia avec M. Cherbonneau, alors professeur d'arabe et secrétaire de la Société d'archéologie, un de ces excellents archéologues algériens qui ont publié ou sauvé tant de monuments et dont les noms comme les œuvres ne sont pas assez connus du public lettré. «Nous avons passé de bien bonnes heures, écrit M. Tissot, à deviser, au fond des vallées du Rummel, l'antique Ampsaga, d'épigraphie, de littérature, de mille choses enfin dont je ne pouvais causer depuis longtemps. Je l'ai quitté avec un regret qu'il a paru partager. Il y a des gens qui divisent la société en différentes classes, d'après l'habit et le rang; pour mon interlocuteur, il n'y a que deux espèces d'hommes : ceux qui lisent et ceux qui ne lisent pas. Je suis assez de son avis.»

La *Revue africaine* venait d'être fondée à Alger sous les auspices du gouverneur général et avait nommé M. Tissot son correspondant. Il lui envoya un article sur les inscriptions d'El-Djemm, qui parut dans le premier numéro de la *Revue*, ouvrant la série des articles de fond. «Une telle bienveillance oblige, écrivait M. Tissot, et je viens d'expédier à la *Revue* un article plus résistant sur les routes romaines du sud de la Byzacène; c'est un chapitre détaché de ma thèse et qui peut parfaitement se lire à part. Dans ce travail, qui m'a coûté beaucoup de peine, mais qui me semble complet, j'ai discuté et déterminé toutes les stations indiquées, soit par l'Itinéraire, soit par la

Table de Peutinger. Les documents que j'ai réunis, soit dans mon voyage au Djerid, soit depuis, au moyen de mes correspondants arabes, m'ont permis de fixer une vingtaine de stations restées douteuses ou inconnues. J'ai dû faire une rude guerre à M. Pellissier, auteur de la *Description de la Régence de Tunis*. *Amicus Plato, sed magis amica veritas;* et la vérité, je pourrais dire le bon sens, ne sont pas toujours de son côté. J'ai dû anéantir huit ou dix synonymies proposées par lui et qui n'ont même pas le mérite de s'appuyer réciproquement. Fausses absolument, elles n'étaient même pas vraies relativement : en admettant une seule de ces synonymies comme vraie, les autres sont nécessairement fausses. »

L'ouvrage de M. Pellissier, publié en 1853 à l'Imprimerie impériale et formant le 16ᵉ volume de l'*Exploration scientifique de l'Algérie*, méritait, en ce qui concerne la géographie comparée, toute la sévérité de M. Tissot. L'auteur, ancien consul général de France à Tunis, n'entendait rien à l'épigraphie latine et ne connaissait les textes anciens que de seconde main. Ses descriptions mêmes sont peu précises et souvent difficiles à suivre. Il a cependant parcouru une grande partie de la Régence et, comme il était bon arabisant, il a reproduit assez exactement les noms des localités modernes, si défigurés par Shaw et sir Grenville Temple. Bien dirigées, ses explorations auraient pu être très fructueuses et laisser moins de travail à ses successeurs. Tel qu'il est, son livre doit encore être lu et consulté, parce qu'il décrit quelques ruines qui ne paraissent pas avoir été étudiées depuis. Il a du reste, bien involontairement, rendu à la science un grand service : c'est en se convainquant que l'ouvrage de Pellissier était médiocre que M. Tissot s'est décidé à écrire le sien.

Dans les dispositions où il se trouvait, M. Tissot ne put qu'accepter avec joie la proposition qui lui fut faite au mois de janvier 1857 : il s'agissait de retourner dans le Djerid, de traverser de nouveau toute la Régence en compagnie de la colonne tunisienne chargée de lever les impôts et commandée par le bey du camp. Il m'a souvent dit que ce voyage avait été l'époque la plus heureuse de sa vie. Pendant plus de deux mois, il goûta tous les plaisirs qui convenaient à sa vigoureuse nature : la chasse, les découvertes archéologiques, l'imprévu des périls bravés et surmontés. Les croquis et les aquarelles qu'il a laissés permettent de suivre, étape par étape, ce voyage qu'aucun Européen n'avait entrepris avant lui. Le 10 février 1857 il était à Kaïrouân, vivant dans l'intimité du bey du camp, heureux d'avoir pu reprendre la vie nomade, à cheval ou sous la tente, pour laquelle il se sentait comme une vocation. Le 26 février, il écrit du camp de Hamma, près de Tôzer, après avoir passé par Kafsa, où il recueillit vingt-cinq inscriptions. Il séjourna pendant quinze jours dans l'oasis de Tôzer, qui lui a fourni le motif d'aquarelles charmantes. «J'ai trouvé deux inscriptions romaines au Nefzâoua, sur la limite du grand désert. J'ai traversé et longé *mon lac* : j'ai visité l'île des Palmiers de Pharaon, et tout a confirmé les inductions que j'avais tirées de mes premières recherches. Les cheikh du Nefzâoua étaient un peu surpris d'apprendre de la bouche d'un chrétien bien des traditions qu'ils croyaient être leur secret, ou qu'ils ignoraient tout à fait... J'ai trouvé énormément de ruines romaines dans le Sahara; le peuple roi s'y était solidement établi, quoi qu'on en ait dit : c'est merveille de voir au milieu des sables ces pierres de taille énormes que Rome amoncelait partout où pénétraient ses légions [1]. »

Deux jours après, il exécutait l'entreprise la plus périlleuse de son voyage, la traversée du Chott el-Djerid, dont les sables mouvants, couverts d'une mince couche de sel, ont englouti tant de caravanes. Il l'a racontée vingt-deux ans plus tard, avec une simplicité qui ne laisse pas d'être émouvante, dans le *Bulletin de la Société de Géographie* de juillet 1879 [2]. Le chott traversé sans encombre, la petite colonne reprit la route de Tunis. C'est à trois jours de marche de cette ville, au passage de la Meliana, que M. Tissot devait faire la plus belle découverte de son voyage, celle de l'emplacement de Thuburbo Majus (*Henchir Kasbat*), vainement cherché jusque-là par Shaw et Pellissier. C'était le complément de l'identification de Vallis, fruit de son voyage de 1856. Désormais il tenait entre ses mains la clef des itinéraires romains de l'Afrique du Nord.

De retour à Tunis le 11 avril, M. Tissot écrivait à son père : «Je suis en train de tirer les conséquences de ma découverte de Thuburbo, et j'espère arriver à déterminer un certain nombre de stations intermédiaires entre ce point et Hadrumète. Mannert a pataugé, et pour cause, dans toute cette partie de la Table de Peutinger. Il me faudrait une bonne édition des *Itinéraires*; j'en suis réduit à travailler sur deux fragments que j'ai trouvés dans une vieille édition de Shaw... Il me prend envie, parfois, de reprendre ma thèse sur le Triton et d'en faire, avec les études aux-

---

[1] Lettre du 14 mars 1857. — [2] Voir le tome I de la *Géographie de la province romaine*, p. 123 et suiv.

quelles je me suis livré sur la géographie ancienne de la Régence, une nouvelle thèse sur la géographie comparée de la province d'Afrique et de la Tunisie. Mais ce qui me retient toujours, c'est le manque de livres ! Il me faudrait Strabon, Ptolémée, Pline, Méla, etc. Je crois que, pour faire quelque chose de passable, je serai obligé d'attendre le moment où j'aurai pu me procurer une bibliothèque spéciale, et les loisirs de mon premier trou consulaire. Mais ce que je puis faire dès maintenant et ce que je fais autant que je peux, c'est de rassembler les matériaux que le pays seul peut me fournir. »

Ce fragment de lettre nous fait connaître à la fois l'origine du grand ouvrage de M. Tissot, dont il avait entrevu le projet dès 1855, et l'obstacle principal qui en retarda l'achèvement. Le manque de livres fut le malheur de cette jeunesse si douée, si laborieuse, mais pauvre, que l'acquisition de quelques volumes condamnait à de véritables privations. Comme élève consul, M. Tissot touchait un traitement annuel de 3,000 francs ; chacun de ses voyages, nécessairement fort coûteux, augmentait sa gêne et ses embarras. Il ne les confiait que timidement à son père, modeste professeur de Faculté, qui aurait dû priver sa famille pour lui venir en aide. Lorsqu'il accepta quelques avances des siens, c'était parce qu'on lui défendait de les refuser. Il supporta et dissimula sa pauvreté avec la fierté d'un Oriental de grande race. Ce sont là des misères que l'on ne raconte pas, mais qui expliquent bien des découragements et des accès de tristesse. M. Tissot ne fut point gâté par la vie. Sans titre, sans fortune, sans protection, dans une carrière où le mérite seul n'a pas toujours été une recommandation suffisante, il était encore élève consul après six ans de services qui ne lui avaient valu que des compliments et des jaloux. Troisième sur la liste de son grade, il vit passer avant lui le quatrième, nommé au poste de consul à Trébizonde. Cette injustice le révolta, mais ne l'abattit point : le découragement n'est qu'une crise passagère chez ceux qui ont conscience de leur force et qui sentent qu'un jour ou l'autre ils pourront poser leurs conditions. Il se remit bravement au travail et envoya sa notice sur Thuburbo Majus à la *Revue africaine*, qui la fit paraître aussitôt. « Après tout, le mal n'est pas grand, écrivait-il le 9 juin 1857 ; je suis un des plus jeunes agents de la carrière, et le temps d'arrêt que j'éprouve en ce moment peut avoir son bon côté. Je me suis remis à éplucher mes routes romaines : je couve un récit pittoresque de mon dernier voyage au Sahara, je repolis mes thèses et fais de la procédure comme un procureur au Châtelet. » M. Tissot n'affectait jamais plus d'optimisme que dans ses moments d'ennui; il était trop fier pour se plaindre et ne voulait pas s'avouer vaincu.

Deux mois après, à la suite de démarches auxquelles il resta presque étranger, on le nommait consul à la Corogne, poste médiocre qui n'était pas digne de lui. Chargé par le consul général de Tunis, M. Roche, d'une mission auprès du gouverneur général de l'Algérie, il revint en France en passant par Bône et Alger; à la fin du mois de novembre, il traversa l'Espagne et s'installa dans sa nouvelle résidence, qui lui fit bientôt regretter la Tunisie.

II

En 1857, au moment où M. Tissot allait s'éloigner pour vingt ans de l'Afrique, le Dépôt de la guerre publia la carte de la Régence de Tunis à l'échelle du 400,000^e, d'après les relevés et les renseignements de Falbe, capitaine de vaisseau danois, et Pricot Sainte-Marie, chef d'escadron d'état-major français. Cette publication est une date mémorable dans l'histoire de la géographie comparée de l'Afrique du Nord. Bien que dressée par des militaires et pour des militaires, la carte de 1857 ne devait pas moins servir aux archéologues; elle leur fournissait pour la première fois une image approximative de la Régence et le point de départ obligé de toutes les études comparatives. Pendant vingt-cinq ans, on n'en eut point d'autre, ou l'on n'eut que des cartes dérivant directement de celle-là. Assurément le progrès était grand sur les cartes de Shaw, de Lapie, de Temple, de Pellissier, mais que de lacunes encore, que d'omissions, de répétitions ou d'erreurs! Il n'avait pu être question, pour MM. Falbe et Sainte-Marie, de lever méthodiquement le plan d'un pays où les voyages étaient si dangereux et si difficiles; ils durent se borner à parcourir un certain nombre de routes, à recueillir les renseignements des indigènes, et leurs documents, transmis au Ministère de la guerre, y furent combinés et coordonnés le mieux possible. Dans la gravure de la carte, on ne distingua pas toujours les indications topographiques certaines de celles qui n'étaient dues qu'à des informations ou des conjectures. Le vrai et le faux y sont perpétuellement juxtaposés. Le dessin de la côte lui-même laisse beaucoup à désirer; si l'on pénètre dans l'intérieur, on trouve une orographie incohérente, une hydrographie d'une précision trompeuse ou tout à fait nulle, par exemple pour le bassin de

Kaïrouân ; enfin, des régions considérables restaient absolument inconnues, et la position de plusieurs villes importantes, entre autres Kafsa, était entachée d'inexactitude. Ces graves défauts de la carte de 1857, qui allaient peser pendant longtemps sur la géographie comparée de la Tunisie, ne doivent pas cependant nous rendre injustes pour le mérite des officiers qui en ont fourni les éléments. La tâche était au-dessus des forces de deux hommes; mais on peut affirmer que personne, dans les mêmes conditions, n'aurait pu s'en acquitter mieux. Là où Falbe et Sainte-Marie ont passé eux-mêmes, les itinéraires sont presque toujours relevés avec exactitude ; ce n'est pas leur faute s'ils n'ont pu aller partout et si leurs informateurs les ont trop souvent mal renseignés. Il n'en reste pas moins qu'avec une carte aussi imparfaite, il était très difficile, sinon impossible, de mettre à profit et de contrôler les indications des itinéraires anciens; la géographie comparée de la Tunisie exigeait de ses adeptes soit des voyages personnels accompagnés d'observations minutieuses, soit un véritable instinct de divination. En outre, les recherches épigraphiques n'avaient encore donné qu'un petit nombre de documents pouvant servir de points de repère et fournir des identifications certaines; ces documents mêmes étaient dispersés dans de nombreux recueils et livres de voyages. Aujourd'hui que nous possédons le *Corpus* et la carte au 200,000°, nous ne songeons peut-être pas assez aux difficultés que présentaient ces études, alors qu'on n'avait ni recueil d'inscriptions, ni cartes dignes de foi, que l'archéologie et la géographie tunisiennes étaient encore, si l'on peut employer ce terme, dans leur *période héroïque*. Les mérites de M. Tissot, ceux de MM. Guérin, Wilmanns, du général Perrier et de ses collaborateurs, grâce auxquels cette *période héroïque* a pris fin, ne seront appréciés à leur valeur que si l'on se reporte par la pensée ou le souvenir à l'époque où leurs publications n'existaient pas.

M. Tissot avait exploré personnellement une partie de la Régence; il connaissait le pays des Khoumirs, le bassin oriental de la Medjerda, plus de la moitié du littoral jusqu'à Kabès, deux ou trois routes entre le nord et le sud, enfin les environs de Kafsa et le bassin du Chott el-Djerid. Pour ces régions, qu'il avait parcourues en archéologue et en géographe, il pouvait se fier à ses notes de voyage, sans recourir à la compilation vieillie de Mannert ni au livre plus que médiocre de Pellissier. Mais ce n'était encore qu'une petite partie de la Régence, celle que la carte de 1857 faisait d'ailleurs le plus exactement connaître : il ne savait rien sur les vastes étendues situées à l'ouest de Kaïrouân, les environs de Zama, le bassin de l'Oued Mahrouf et de l'Oued Nebhan, le bassin occidental de la Medjerda, la route côtière au sud de Kabès jusqu'à la frontière tripolitaine. Pour reconstituer les itinéraires romains dans ces terres mal connues, il devait se fier au témoignage de rares voyageurs, dont aucun, pas même Shaw ni sir Grenville Temple, n'avait observé avec cette sincérité minutieuse qui fait le mérite durable des relations de M. Guérin. La carte du Dépôt de la guerre, où les distances sont souvent fort inexactes, ne pouvait être consultée qu'avec méfiance. M. Tissot se trouvait donc aux prises avec des difficultés presque insurmontables. La tâche qu'il se proposait consistait, comme toutes les tâches analogues, à faire concorder les textes antiques avec le terrain : mais les textes antiques sont ou peuvent être altérés, et le terrain n'était qu'à moitié connu [1]. Même après les voyages de M. Guérin, ces fâcheuses conditions ne furent pas modifiées d'une manière sensible, et c'est dans ces conditions que M. Tissot, éclairé par ses souvenirs, par des renseignements partiels, mais surtout par son instinct merveilleux de la topographie, a écrit la *Géographie comparée de l'Afrique*. Quand parurent enfin des cartes dignes de foi, il était mourant. Nous dirons plus loin comment son œuvre posthume en a profité.

A la Corogne, M. Tissot se plaignit de ne trouver ni une voie romaine, ni une ruine, ni une bibliothèque archéologique. L'Afrique lui inspira bientôt une espèce de nostalgie : il pressait son père d'accepter le rectorat d'Alger, afin d'avoir un motif de plus pour retourner lui-même à son pays de prédilection. « Si la terre est douce à notre pauvre chrysalide humaine, c'est bien là, sous un ciel admirable, sous les orangers et les lentisques, sur ce sable doré que baignent les flots bleus de la Méditerrannée. Mais, avant d'y dormir, on peut y vivre, et mieux qu'ailleurs. Je serais bien heureux de te voir à Alger : ce serait un lien de plus qui me rattacherait à cette terre d'Afrique où j'espère revenir un jour, car il est impossible de l'oublier : le lotus y pousse toujours, quoique nos savants n'aient point eu la chance de le retrouver; on le mange évidemment sans s'en douter. » M. Tissot parlait de l'Afrique comme d'autres parlent de la Grèce, en poète; ce fut son bonheur plus tard, sous le ciel brumeux de Londres, de me décrire ces belles

---

[1] Pour l'ensemble de la province de Constantine, il ne disposa, pendant quinze ans, que d'une carte publiée en 1854, où la topographie et la nomenclature sont également défectueuses. Mais sur ce terrain, du moins, les cartes partielles dressées par les membres de la Société archéologique de Constantine facilitèrent parfois ses recherches.

nuits étoilées du Djerid, dont il avait conservé, après vingt-cinq ans, l'ineffaçable et bienfaisant souvenir.

Au mois de janvier 1859, M. Tissot fut nommé consul à Salonique; il fit un court séjour à Athènes avant de se rendre à son nouveau poste. L'empire ottoman était alors le théâtre d'événements graves qui ne laissaient que peu de loisirs à un consul aussi soucieux de ses devoirs. M. Tissot put néanmoins achever ses thèses et poursuivre son travail sur les voies romaines de l'Afrique. « J'ai déterminé, je crois, toutes les stations des itinéraires anciens; j'ai pu corriger quelquefois les deux routiers l'un par l'autre, quelquefois aussi par ma connaissance parfaite des localités. En somme, c'est un travail qui s'annonce bien et qui vaudra mieux que le Triton. Je dresse une immense carte de la Régence au 400,000°, d'après celle du Dépôt de la guerre, mais en la corrigeant pour le système orographique, auquel les auteurs ne semblent avoir rien compris, et en la complétant pour la partie occidentale du Chott el-Djerid, qui manque dans la carte du Dépôt. Il s'agirait maintenant d'obtenir de l'Imprimerie impériale l'impression de l'ouvrage et de la carte qui pourra servir à ma thèse sur le Triton. Malheureusement, je manque de livres : il me faudrait Shaw, Mannert (en original), Wesseling, d'Anville, etc... Pellissier s'est littéralement moqué du public dans la partie archéologique de son travail : c'est révoltant d'absurdités et de contradictions. Mais il avait une mission du Gouvernement! Quand mon travail ne serait qu'un *erratum* au livre de Pellissier imprimé à l'Imprimerie impériale, le Gouvernement se devrait à lui-même d'imprimer cet *erratum* comme une amende honorable au monde savant mystifié par M. Pellissier. »

Il fallait assurément un courage plus qu'ordinaire pour songer ainsi aux voies romaines de l'Afrique au moment où des bruits de massacre grondaient sourdement autour du consulat. L'énergie et la vigilance de M. Tissot déjouèrent les complots du fanatisme musulman. Nommé, en récompense, au consulat d'Andrinople, il fut appelé à Constantinople par M. de Lavalette, qui avait exprimé le désir de le connaître personnellement. De cette époque date la liaison de M. Tissot avec cet homme d'État, qui paya surtout en compliments et en belles paroles le talent de plume que le jeune consul mit à son service. M. Tissot, accablé d'ennuis à Andrinople, retourna à l'ambassade de France au printemps de 1861, travaillant douze à quinze heures par jour, quelquefois même pendant toute la nuit, secrétaire d'ambassadeur sans le titre de secrétaire d'ambassade. On l'envoya en Herzégovine avec la commission mixte chargée d'arrêter l'effusion du sang dans ce pays. A la fin de l'année, M. de Lavalette, nommé ambassadeur auprès du Saint-Siège, insista pour que M. Tissot vînt le rejoindre; il exerça à Rome, toujours sans titre officiel, les fonctions de conseiller d'ambassade, mais cette fois au vu et au su du département des Affaires étrangères.

Dans la pensée de M. Tissot, ce passage dans la diplomatie, que sa pauvreté et la jalousie de ses collègues lui rendaient peu agréable, ne devait être qu'une étape décisive vers le poste qu'il rêvait, le consulat général de Tunis. « Je nourris toujours le projet, écrivait-il, de sauter de Rome en Afrique. » Pendant l'été de 1862, il commença à écrire son mémoire sur la campagne de César en Afrique, dans l'espoir d'intéresser à la nomination qu'il ambitionnait l'historien couronné de la Guerre des Gaules. M. de Lavalette transmit à l'Empereur le travail de M. Tissot au mois de novembre de la même année. Quelques jours après, Napoléon III dit à M. de Lavalette qu'il avait lu le mémoire avec intérêt et le questionna longuement au sujet de l'auteur. M. Tissot ne se crut pas le droit de faire imprimer alors la copie d'une œuvre devenue la propriété de celui auquel il l'avait offerte comme document : ce n'est que vingt et un ans après, en 1883, que la *Campagne de César* a paru dans les *Mémoires de l'Académie des inscriptions*.

Le 15 août 1862, M. Drouyn de Lhuys succéda à M. Thouvenel au Ministère des affaires étrangères, et M. de Lavalette quitta l'ambassade de Rome. M. Tissot considéra sa propre mission comme terminée et revint en France, comptant y trouver sa nomination au poste de Tunis : ses espérances furent encore une fois déçues. On le nomma consul à Jassy au mois de mars 1863. Dans l'intervalle, il avait soutenu brillamment ses thèses de doctorat ès lettres devant la Faculté de Dijon.

M. Tissot n'apprit pas sans regret que Napoléon III avait chargé un autre que lui, l'ingénieur Daux, d'aller étudier sur les lieux la campagne de César en Afrique. C'était un véritable déni de justice, que M. de Lavalette eût pu empêcher facilement s'il avait cru devoir en prendre la peine. La mission de M. Daux, qui fut très coûteuse, ne donna que de médiocres résultats. Le volume intitulé *Recherches sur les emporia phéniciens*, qui fut publié par l'Imprimerie impériale en 1869, contient, à côté de détails techniques intéressants, les restitutions les plus téméraires ; et quant aux plans de Carthage et d'Utique dressés par le même ingénieur, dont M. Tissot devait avoir communication plus tard, ce sont, pour une grande part aujourd'hui impossible à déterminer, des œuvres de fantaisie qui ne peuvent qu'induire en erreur.

En 1862 parut un excellent livre, le *Voyage archéologique dans la Régence de Tunis*, exécuté et publié, sous les auspices et aux frais du duc de Luynes, par M. V. Guérin. L'auteur a parcouru, montre et boussole en main, une très grande partie de la Régence; il a décrit minutieusement beaucoup de ruines, donné les indications les plus précises sur les routes modernes, les points d'eau, les distances entre les diverses étapes. Lors de l'occupation de la Tunisie par les troupes françaises, bien des colonnes se sont guidées à l'aide de ce voyage archéologique, là où la carte de 1857 les renseignait mal. On peut dire que M. Guérin ne se trompe jamais lorsqu'il décrit ce qu'il a vu : ses itinéraires sont de véritables inventaires topographiques, rédigés avec une parfaite clarté, dont tous les géographes futurs de la Tunisie devront faire usage et que les deux volumes de M. Tissot sont loin de rendre inutiles. Mais le *Voyage archéologique* n'est pas une *Géographie comparée*; quoique M. Guérin ait publié des inscriptions, décrit des localités qui avaient été étudiées avant lui par M. Tissot, il a facilité la tâche de son successeur sans lui rien enlever de sa nouveauté. M. Guérin s'est très peu occupé de la critique des itinéraires anciens; s'il a établi quelques synonymies importantes, comme celle de Gighthis, il n'a pas essayé de reconstituer dans son ensemble le réseau routier si bien compris par M. Tissot. Tel n'était pas, d'ailleurs, le but qu'il se proposait : il a donné, comme il en avait le désir, le modèle des journaux de voyage, d'excellents matériaux pour la géographie comparée, et ces mérites suffisent pour assurer à son livre l'estime de tous ceux qui l'ont consulté sur place. La carte jointe au *Voyage* ne marque qu'un faible progrès sur celle du Dépôt de la guerre; mais un archéologue livré à ses propres ressources pouvait-il faire davantage? Nous avons cru devoir insister ici sur la valeur de l'œuvre de M. Guérin, à laquelle la préface du *Corpus inscriptionum Africae* et M. Tissot lui-même n'ont pas, ce nous semble, rendu exacte justice.

Dans le Sud tunisien, M. Guérin avait rencontré M. Duveyrier, qui commençait alors ses belles explorations dans la Tripolitaine, le Sahara et la Nigritie septentrionale. Les *Touâreg du Nord*, publiés en 1864, contiennent une carte à petite échelle de la région des Syrtes qui fait encore, avec les travaux de Beechey et de Barth si habilement mis en œuvre par M. C. Müller dans l'atlas des *Geographi minores*, le fond de notre connaissance de ce pays difficile à parcourir. M. Duveyrier n'a pas encore publié ses itinéraires en Tunisie et en Tripolitaine, mais il en communiqua le manuscrit à M. Tissot, qui put en tirer parti. C'est par les notes de M. Duveyrier qu'il a connu la route de Kafsa à Kabès et la région accidentée située à l'ouest de Kafsa. M. Mattei, à Sfaks, et M. Chevarrier, à Kabès, lui fournirent, dans la suite, des renseignements nombreux, quoique parfois entachés d'inexactitude, sur la partie de la Tunisie méridionale qu'il n'avait pas visitée lui-même.

III

M. Tissot passa l'année 1864 à Constantinople; dans l'automne de cette année, il put reprendre l'étude des voies romaines d'Afrique, qu'il avait presque abandonnée depuis deux ans. Au mois de janvier 1865, il fit un voyage en Égypte et en Syrie, puis il revint à Constantinople, où il reçut enfin, dans l'été de 1865, les livres qui lui manquaient le plus, les *Itinéraires* de Fortia d'Urban, publiés par M. Miller, l'*Itinerarium Antonini* de Pinder et Parthey, Appien, les œuvres de Shaw, de Barth, de Vivien de Saint-Martin. Les ouvrages modernes sur l'Afrique, entre autres celui de M. Guérin, lui plaisaient moins par ce qu'il y trouvait que par ce qu'il n'y trouvait pas : les lacunes et les erreurs de ses devanciers lui prouvaient que son travail ne serait pas inutile et qu'en le publiant il n'enfoncerait pas des portes ouvertes. Il était loin de se douter, dans ces beaux jours de jeunesse et d'espérance, que vingt ans passeraient et qu'il passerait lui-même avant que le premier volume de son ouvrage vît le jour.

La chute du prince Couza (23 février 1866) obligea M. Tissot de regagner précipitamment Jassy. Il y passa l'été au milieu de préoccupations très graves, qui ne l'empêchaient pas, cependant, de poursuivre ses travaux archéologiques, tant sur la question des proxénies, sujet de sa thèse française, que sur celle des voies romaines de la Tunisie. « Mon étude, écrivait-il, est aussi avancée qu'elle peut l'être dans l'état actuel de nos connaissances géographiques sur la Régence, c'est-à-dire que j'ai pu déterminer exactement tous les tracés et les neuf dixièmes des synonymies. Il me reste à préciser une douzaine de stations, mais ce ne sera possible qu'en se rendant sur les lieux. La carte de l'état-major offre de grandes lacunes : tels districts, ceux des Nemenchas et des Hammemas par exemple, sont aussi inconnus que le centre de l'Afrique. »

De retour en France, M. Tissot se décida à accepter une situation à Paris dans l'espoir d'obtenir le grade de ministre. « Je n'ai qu'une seule chance de devenir ministre en activité, c'est d'entrer au ministère. Au bout de trois ou quatre ans, j'aurai le grade... Je guette déjà la légation de Tanger. » Il y a quelque chose de touchant dans cette fidélité de M. Tissot à sa « chère Afrique »; chaque degré qu'il franchit lui semble le rapprocher d'elle, et Paris, avec toutes ses séductions, n'est pour lui que le chemin du Maghreb.

A la fin d'octobre 1866, M. Tissot fut nommé sous-directeur politique au Ministère des affaires étrangères. Malgré la confiance que lui témoignait son ministre, M. de Moustier, et sa réputation grandissante dans le monde de la diplomatie, il ne tarda pas à se dégoûter d'une existence à laquelle l'indépendance et le grand air faisaient défaut. En 1867, il songeait sérieusement à quitter la carrière pour aller s'établir en Tunisie et se faire cultivateur dans l'Enfida. Ce n'était que le rêve d'un Oriental en exil, mais ce rêve le hantait avec une singulière persistance. « J'ai toujours la tête bien prise par cet affreux climat de Paris, écrivait-il le 21 mars 1868, il faut travailler quand même, et cela me semble dur; aussi j'aspire de toutes mes forces au moment où je pourrai prendre un bain d'air tiède en Afrique. » Ce moment devait se faire attendre pendant trois ans encore, trois ans d'angoisses et de deuils qui ont compté comme des quarts de siècle dans la vie des hommes de notre génération.

De 1867 à 1869, M. Tissot s'est très peu occupé d'archéologie. M. de Moustier, puis M. de Lavalette, l'appréciaient si bien qu'ils ne lui laissaient pas de loisirs. Sa santé et son caractère se ressentaient d'une vie laborieuse où ses nerfs faciles à émouvoir étaient tendus à l'excès. La situation européenne et celle de la France lui apparaissaient, depuis l'affaire du Luxembourg, sous les plus sombres couleurs. Après les élections de 1869, M. de Lavalette, nommé ambassadeur à Londres, se fit attacher M. Tissot en qualité de premier secrétaire. M. Tissot devint chargé d'affaires après la révolution du 4 septembre. Ce n'était pas le moment de penser aux voies romaines. Tout entier à ses devoirs, pendant cette douloureuse période, il multiplia vainement ses efforts et ses instances au service d'une cause qui ne pouvait plus être gagnée.

IV

Dès que l'Angleterre eut reconnu le gouvernement institué par l'Assemblée nationale, le duc de Broglie fut nommé ambassadeur à Londres. M. Tissot obtint le poste de ministre plénipotentiaire au Maroc et partit pour Tanger à la fin du mois de mai.

En remettant le pied sur cette terre d'Afrique, objet de ses vœux les plus chers depuis tant d'années, Tissot sentit renaître les enthousiasmes de sa jeunesse et ses nobles ambitions de savant. La fermeté de son attitude, à un moment où les musulmans nous croyaient sans force, lui concilia l'estime des Arabes, nécessaire à l'accomplissement de ses projets. Son séjour de cinq ans au Maroc, de 1871 à 1876, est l'époque la plus féconde de sa carrière archéologique. Aucun Européen avant lui et aucun autre depuis n'a étudié aussi complètement l'ancienne Maurétanie Tingitane. La science lui doit presque tout ce qu'elle sait avec exactitude de ce pays si intéressant et si peu connu. Il a parcouru, le crayon à la main, toutes les voies romaines du Maroc, dressé la carte d'une région presque inexplorée, relevé partout les inscriptions et les ruines. On ferait un gros volume avec les dessins, les cartes et les aquarelles qu'il a laissés comme souvenirs de ces voyages. Rentré à Tanger dans l'intervalle de ses excursions, il rédigeait son beau mémoire sur la Maurétanie Tingitane, étudiait la langue et la civilisation berbères, et trouvait encore le temps, en vaquant à ses devoirs de ministre, de continuer son grand travail sur les voies romaines de la Tunisie.

M. Ernest Desjardins, son ancien camarade de Dijon, qui l'avait initié aux études d'épigraphie latine, publia en 1872, dans la *Revue archéologique*, les inscriptions découvertes par son ami à Sidi-Ali-bou-Djoun sur le Subur, inscriptions qui faisaient connaître l'emplacement et le nom complet de la colonie romaine de Banasa. L'article était accompagné d'une carte, dressée par M. Tissot, du nord de la Maurétanie Tingitane dans l'antiquité. L'année suivante, il communiqua à M. Léon Renier d'autres textes inédits qu'il avait trouvés à Volubilis. M. Desjardins lui transmit les félicitations du maître épigraphiste, et Tissot s'empressa de les recopier pour en faire part à son père : «M. Renier, comme tu le sais, est notre Mommsen.» Ces encouragements ne furent pas perdus pour ses travaux. En 1874, lors de son passage à Paris, il soumit à M. Desjardins son mémoire sur la Maurétanie

Tingitane. MM. Duruy et Desjardins lui firent entrevoir l'espérance d'une candidature heureuse à l'Institut. « Il est bien possible, écrivait-il à son père, que je finisse dans la peau d'un membre de l'Académie des inscriptions. »

Le 16 juillet 1875, M. Desjardins commença devant l'Académie la lecture du mémoire de M. Tissot; elle ne devait être achevée que le 7 avril de l'année suivante[1]. Dans l'intervalle, M. Tissot avait été promu au grade de ministre de 1re classe, et l'Académie le récompensa, de son côté, en le nommant membre correspondant. Mais un long séjour au Maroc et la fatigue de ses nombreux voyages avaient gravement compromis sa santé. Il comprit qu'il devrait bientôt quitter l'Afrique et demanda un congé au mois de mai 1876. Le Ministre lui avait promis toutes les facilités pour le voyage de Tunis, qu'il désirait entreprendre sans retard, car il venait de lire la thèse de M. Partsch, *De veteris Africae itineribus*, et craignait d'être devancé par de nouveaux venus sur le terrain qu'il connaissait mieux que personne.

Arrivé à Tunis dans les derniers jours de septembre, M. Tissot consacra la première quinzaine du mois d'octobre à explorer la partie inférieure du cours de la Medjerda, entre Tebourba (*Thuburbo minus*) et Teboursouk (*Thubursicum Bure*). La mort de son père le rappela subitement à Dijon. « Je n'ai passé que quelques jours en Tunisie, écrivait-il le 2 novembre à M. Desjardins, mais mon voyage n'a pas été infructueux. Je suis en mesure de vous donner une monographie de la voie de Carthage à Théveste, entre Carthage et Thignica. Tout ce segment était absolument inconnu, moins Vallis, que j'avais découvert en 1856 et qui m'a donné la clef de l'énigme. J'ai retrouvé Inuca, Sicilibba, Thurris, Ad Atticillae, Coreva et Aquae. Un milliaire portant le chiffre LIV ne laisse pas de doute sur l'identité d'Ad Atticillae et de Goubellat. Coreva est également retrouvée, grâce à un milliaire. Les synonymies d'Aquae, de Thurris et de Sicilibba résultent des distances. J'ai retrouvé enfin, grâce à une inscription, la ville de Furni, que Guérin plaçait, en se fondant sur une ressemblance de noms, à Aïn Fournu, fort

---

[1] Ce travail a été publié en 1877 dans la collection des *Mémoires présentés par divers savants* (1re série, t. IX). Dans le cahier de septembre 1876 du *Bulletin de la Société de Géographie*, M. Tissot a donné son *Itinéraire de Tanger à Rabat*, accompagné d'une esquisse d'une partie du royaume de Fâz. En collaboration avec le docteur Broca, il publia une étude sur *Les Monuments mégalithiques et les populations blondes du Maroc*, dans le troisième numéro de la *Revue d'Anthropologie*, 1876 (cf. *Province romaine d'Afrique*, t. I, p. 403 et suiv.). La Société d'Anthropologie de Paris nomma M. Tissot membre correspondant.

loin de l'endroit où j'ai découvert l'inscription en question portant les mots ORDO FVRNITANVS. Je rapporte aussi quelques inscriptions trouvées à Tuccabor, Chaouach et au Djebel Ansârin. » Un album de dessins, datés du 4 au 17 octobre, contient des vues d'après les principaux sites explorés par lui pendant cette courte campagne.

M. Tissot fut nommé ministre plénipotentiaire à Athènes au mois de novembre 1876. Les trois années qu'il passa en Grèce furent relativement heureuses. Il y trouva, pour la première fois, ce qu'il avait vainement souhaité pendant sa jeunesse: quelques loisirs, une admirable bibliothèque — celle de l'École française d'Athènes — et la société d'esprits cultivés. M. Albert Dumont, directeur de l'École, lui donna la présidence de l'*Institut de correspondance hellénique*, réunion bimensuelle qu'il venait d'instituer à l'École sur le modèle de l'*Instituto* de Rome, où les savants français, étrangers et grecs s'entretenaient des questions archéologiques du jour. Grâce au secours que lui offrit la bibliothèque de l'École, où il disposait d'éditions critiques des auteurs anciens, M. Tissot put soumettre à une revision fructueuse la première partie de la *Province romaine d'Afrique*, qu'il recopia ou fit recopier sous sa direction. Bien que ses études et ses goûts le portassent surtout vers l'antiquité romaine, il ne se désintéressait pas de l'archéologie grecque, qui lui avait fourni la matière de son premier ouvrage, et il le prouva en donnant au *Bulletin de correspondance hellénique* quelques articles qui furent les bienvenus[1].

Au commencement de l'année 1879, il obtint un congé et une mission pour explorer la vallée du Bagrada, dont il ne connaissait que la partie orientale. Il arriva à Tunis le 9 juin et fut reçu avec une cordialité qui le toucha. « J'espère, écrivit-il à sa mère, que mon excursion sera fructueuse. J'ai déjà deux inscriptions, et Mattei aurait découvert, d'après mes indications, les restes d'une ancienne délimitation territoriale, du fossé tracé par Scipion au moment de la conquête romaine[2]. Ce serait une trouvaille qui ferait du bruit à l'Institut, et elle me viendrait à point pour justifier tout un travail que j'ai fait cet hiver sur ce sujet. »

---

[1] *La Libye d'Hérodote*, avec deux cartes, *Bulletin*, 1877, p. 261-273; *Inscriptions de Milo*, 1878, p. 511-521; *Inscription grecque et latine de Tunisie, inscription de Naxos*, 1878, p. 587-588. De Constantinople, il envoya au recueil de l'École française des inscriptions grecques inédites trouvées à Eski-Zaghra. (*Bull.*, 1881, p. 127-131; 1882, p. 177-186.)

[2] M. Mattei se trompait. Voir la *Province romaine*, t. II, p. 19.

Il n'attendait, pour partir, que son vieil ami M. Mattei, vice-consul de France à Sfaks, qui l'avait déjà accompagné en 1857 dans le Sud tunisien. La saison s'annonçait comme très chaude, et M. Tissot, affligé de calculs vésicaux et d'urémie, souffrait cruellement des reins. La prudence lui eût commandé de différer son voyage à l'intérieur : la passion de l'archéologie l'emporta. Son excursion fut courte, mais extrêmement pénible, et porta à sa santé déjà chancelante un coup dont elle ne devait pas se relever. Le 29 juin, il était de retour à Marseille et écrivit à sa mère : « Je suis parti le 12 pour mon exploration, accompagné de l'excellent Mattei. Nous avons eu une chaleur dont on ne se fait pas une idée. Mattei lui-même, tout Africain qu'il est, en était étonné, et s'est servi d'une ombrelle pour la première fois de sa vie. L'expédition a été courte — dix jours — mais des plus fructueuses. J'ai vu des ruines qui n'existeront plus dans deux mois : elles servent de carrière aux entrepreneurs. J'ai recueilli une trentaine d'inscriptions, dont cinq de la plus haute importance. Enfin, le premier ministre tunisien m'a fait présent d'une belle mosaïque et de deux têtes antiques trouvées à Carthage... J'ai de quoi travailler tout cet automne et tout cet hiver; j'ai la matière de deux gros mémoires pour l'Institut. Il était difficile de trouver plus de matériaux en aussi peu de temps. »

M. Tissot a publié le résultat de ses recherches dans le 9ᵉ volume des *Mémoires présentés par divers savants*, sous le titre : *Le bassin du Bagrada et la voie romaine de Carthage à Hippone par Bulla Regia*. Cet opuscule de 116 pages est très remarquable. M. Tissot s'y révèle avec les qualités maîtresses qui lui valurent dès lors tant de considération, même à l'étranger : un instinct topographique d'une précision admirable, l'entente et le goût des difficultés épigraphiques, une scrupuleuse exactitude dans la description des lieux et la représentation des monuments figurés. Ses collègues de l'Institut apprécièrent aussi, comme dans son mémoire sur la Maurétanie Tingitane, la finesse d'un style élégant et sobre qui ressemble aux charmantes aquarelles de l'auteur, faites de rien, sans luxe de couleurs, et pourtant si vivantes et si lumineuses.

M. Tissot publia dans son mémoire l'intéressante inscription découverte après son départ à Henchir Dakhla (près de Souk-el-Khmis) par le docteur Dummartin, médecin adjoint de la ligne de Tunis à Ghardimaou. Il avait communiqué à l'Académie, au mois de janvier 1880, une première copie de ce document, le plus important qu'ait encore fourni la province d'Afrique. L'Institut n'attendit pas la publication du mémoire sur le Bagrada pour donner à l'auteur le fauteuil de membre libre laissé vacant par la mort de M. Labarte (octobre 1880).

C'est de cette année que datent les premiers rapports de M. Tissot avec M. Mommsen, qui devaient tenir une si grande place dans la dernière période de sa vie, et dont une volumineuse correspondance, également à l'honneur de ces deux savants, a conservé et perpétuera le souvenir. On sait qu'après la mort prématurée de Wilmanns, M. Mommsen s'imposa la tâche difficile de publier, d'après les manuscrits de son élève, le *Corpus* des inscriptions latines de l'Afrique. M. Tissot, au cours de ses voyages, avait recueilli un grand nombre d'inscriptions qu'il avait gardées dans ses albums, se réservant de les faire connaître un jour. Lorsqu'il apprit que le *Corpus* était sur le point de paraître, il comprit que son devoir était de communiquer à ce recueil les textes inédits qu'il possédait. «J'avoue que je suis d'avis, m'écrivait-il en 1883, que la science n'a pas de nationalité, et je ne vois ou tâche de ne voir que la science dans le savant.» Non seulement il envoya à M. Mommsen la copie de toutes ses inscriptions, même de celles de la vallée du Bagrada qu'il avait tout récemment découvertes, mais il accepta de retoucher et de compléter sur épreuves la carte ancienne de l'Afrique publiée par M. Kiepert, à la suite du 8° volume du *Corpus*.

Peu de personnes sont en état d'apprécier l'importance de ces sacrifices, consentis par M. Tissot dans le seul intérêt de la science. On n'ira pas rechercher dans le *Corpus* la trace de toutes les informations qu'il a fournies, et la carte de M. Kiepert, si supérieure à celle de Nau de Champlouis, n'est connue qu'à l'état de perfection relative où une collaboration anonyme l'a portée. La veille de la publication du *Corpus*, le manuscrit de l'*Afrique romaine* marquait un immense progrès sur toutes les tentatives antérieures pour fonder sur une base scientifique la géographie comparée de cette région. S'il avait pu être imprimé rapidement et paraître en même temps que le *Corpus*, M. Tissot aurait pris rang, du premier coup, parmi les plus savants archéologues de l'Europe. Les circonstances en avaient décidé autrement. Prêt avant l'ouvrage de M. Tissot, le *Corpus* de Berlin profita de ses recherches, et bien des découvertes que Wilmanns avait faites en Afrique après M. Tissot furent publiées et enregistrées sous le nom du dernier explorateur. La même chose s'était déjà produite lors de la publication du *Voyage* de M. Guérin. Il était dans la destinée du grand travail de M. Tissot, qui eût été une révélation en 1860, de se laisser successivement atteindre, puis dépasser sur quelques points par les progrès de la science, en sorte qu'il a fallu, après la mort de l'auteur, un travail long et pénible pour le remettre au courant. Avec le *Corpus* et la carte de M. Kiepert, l'âge héroïque de l'archéologie tunisienne touchait à sa fin; et c'est justement alors que commençait une série de découvertes dont M. Tissot, trop absorbé et malade, ne put qu'incomplètement profiter.

V

Au mois de mars 1880, j'arrivai à Athènes comme membre de l'École française. Je me présentai à M. Tissot; il me revit à notre bibliothèque, et nous étions liés presque avant de nous connaître. Il me parla beaucoup de *son Afrique*, sujet où je n'entendais rien, mais dont sa conversation me faisait saisir tout l'intérêt; il finit par me prêter quelques cahiers de son manuscrit et vint souvent travailler avec moi, de très bon matin, à la bibliothèque de l'École.

Ces premières relations furent de courte durée : M. Tissot partit pour Constantinople, en qualité d'ambassadeur extraordinaire, et je me rendis en Asie Mineure pour prendre part aux fouilles de Myrina. Les complications de la question grecque ne laissèrent guère de loisirs à M. Tissot; il m'écrivait pour s'en plaindre et désespérait de publier son manuscrit. Au printemps de 1881, le traité du Bardo, en établissant notre protectorat sur la Tunisie, ouvrit définitivement l'Afrique aux libres investigations de la science. Dès le mois de janvier de cette année, M. Cagnat avait commencé son premier voyage, destiné à être suivi de quatre autres également féconds en résultats. Nos colonnes d'occupation n'avaient pas tardé à reconnaître l'inexactitude de la carte de 1857, et, tout en pacifiant le pays, elles travaillèrent à en lever le plan. On dressa d'abord, pour ainsi dire au pas de course, des cartes provisoires; puis, sous la direction du colonel (aujourd'hui général) Perrier, on commença le grand travail de la carte au 200,000^e, qui devait reléguer au rang des curiosités tous les documents géographiques antérieurs. Des centaines d'explorateurs étaient à l'œuvre en même temps, officiers topographes, officiers archéologues, missionnaires de l'Institut, et la moisson était tellement abondante qu'on ne savait à quels magasins la confier. Les cartes, les copies d'inscriptions, les notes de tout genre, transmises par les Ministères à l'Académie, affluaient dans les cartons de M. Tissot et menaçaient de submerger son œuvre naissante. Ce fut une dure épreuve pour elle et pour lui. Très souvent il avait deviné juste et les découvertes nouvelles confirmaient ses hypothèses; mais à mesure que les probabilités devenaient des certitudes, que les points de repère dus aux trouvailles épigraphiques se multipliaient sur le réseau routier, il fallait modifier des pages entières, des chapitres du manuscrit, et cela d'après des renseignements transmis à la hâte, parfois incomplets et contradictoires, où les noms des localités arabes étaient défigurés au point de ne pouvoir être rétablis que par conjecture. On n'avait pas de Revue pour centraliser les découvertes, pas de direction supérieure pour leur imprimer la méthode et l'unité. M. Tissot n'exerçait qu'une autorité toute morale, dont les effets ne se firent sentir que tard. Dès le début, comme je lui avais suggéré l'idée de demander à l'École française de Rome deux ou trois membres chargés de parcourir la Régence, il me répondit : « Votre idée de l'exploration de la Tunisie est bonne, mais je voudrais la diriger : *l'Afrique est ma province.* » Malheureusement, il était à Constantinople, absorbé par les difficultés politiques que soulevait l'occupation de la Régence, obligé de parler très ferme à la Porte, qui voulait envoyer les cuirassés turcs en Tripolitaine, ne s'occupant d'archéologie qu'à ses moments de loisir, qui devenaient de plus en plus rares à mesure qu'il avançait dans la carrière. S'il avait voulu diriger efficacement l'exploration de la Tunisie, il aurait dû renoncer à son poste, où d'autres devoirs plus impérieux le retenaient. L'exploration ne fut donc pas dirigée : les inscriptions nouvelles s'éparpillèrent dans les journaux quotidiens et les Revues, chacun se mêla de fouiller et de former des collections sans mandat, et l'on vit une fois de plus le point faible de la science dans notre pays, où l'esprit de suite et l'esprit de subordination ne fécondent pas les qualités individuelles.

M. Tissot revint à Paris au mois de juillet 1881. L'insurrection de Tunisie était alors dans toute sa force. A l'Institut, il lut en séance générale son mémoire sur la campagne de César en Afrique, réimprimé à la fin du présent volume : le moment était bien choisi, et il obtint un succès de circonstance qu'il ne cherchait pas. On parlait de lui, à la Chambre, comme du futur gouverneur de l'Algérie; le département de la Côte-d'Or lui offrit de le représenter au Sénat : il refusa tout, préférant se réserver pour l'ambassade de Londres, qui devait être dans sa pensée, comme elle le fut en effet, le couronnement de sa carrière diplomatique.

A la fin du mois de novembre 1881, il me demanda de passer six semaines à l'ambassade de Constantinople, afin de l'aider à reviser le premier volume de l'*Afrique romaine*, dont la publication lui semblait tout à fait urgente. Ce volume, concernant la géographie physique et la topographie de Carthage, avait été, dans son ensemble, moins modifié par les découvertes nouvelles : il était prêt pour l'impression, malgré mille imperfections de détail qui devaient être corrigées sur épreuves. Beaucoup de textes étaient indiqués sans être transcrits, ou transcrits sans avoir été vérifiés; les renvois aux *Inscriptions de l'Algérie* ou aux recueils antérieurs à 1880 étaient à remplacer par des références au *Corpus;* quelques livres récents, comme la *Geschichte der Karthager* de Meltzer, restaient à dépouiller pour la partie historique. M. Tissot était difficile envers lui-même et songea plus d'une fois, dans des accès d'impatience, à brûler le manuscrit qui représentait vingt ans de travail. Il y songea surtout, au point de m'effrayer sérieusement, lorsqu'un éditeur de Paris, auquel on avait proposé l'ouvrage, refusa nettement d'en prendre la charge. Heureusement M. Xavier Charmes intervint, et il fut décidé que l'*Afrique romaine* serait publiée par l'Imprimerie nationale. Au moment où cette décision fut portée à sa connaissance, M. Tissot, nommé ambassadeur à Londres, venait de rejoindre son nouveau poste.

Son séjour en Angleterre fut très pénible. La question d'Égypte lui créait une position difficile, et sa santé, de plus en plus mauvaise, lui interdisait presque tout mouvement. Il s'occupait cependant de ses travaux sur l'Afrique et dirigeait les recherches des deux missionnaires de l'Académie dans la Régence, MM. Cagnat et Poinssot. Sentant que la plume allait lui tomber des mains, M. Tissot commit la faute de s'imposer une fatigue excessive en achevant ses *Fastes de la province romaine d'Afrique*, dont la première partie fut publiée presque aussitôt dans le *Bulletin trimestriel des antiquités africaines*. Au mois de mars 1883, il fut nommé président de la Commission archéologique de Tunisie; M. Ernest Desjardins était vice-président, et j'avais été désigné, à mon retour d'Athènes, pour remplir les fonctions de secrétaire.

Dès la fin de novembre 1882, M. Tissot m'avait prié de venir le trouver à Londres. Au mois de janvier 1883, il me manda une seconde fois auprès de lui. L'impression du premier volume venait de commencer, mais elle ne pouvait marcher que lentement. Il fallait que les épreuves fussent envoyées en double exemplaire à M. Tissot et à moi, que je lui soumisse mes corrections et qu'il me fît connaître les siennes. De là un échange incessant de correspondances, qui ajoutait au fardeau de ses devoirs. A la fin de janvier, je reçus de lui une lettre inquiétante : « Je fais appel encore une fois à votre dévouement et à votre affection. Vous seul pouvez démêler le désordre de mes papiers et de mes dessins et me mettre en état de donner un devis exact à l'Imprimerie. J'ai besoin de vous, d'ailleurs, pour choisir les cartes, pour supprimer celles que je crois inutiles ou qui sont fausses. Bref, imaginez que vous ayez affaire à une œuvre posthume. Venez pendant que je puis encore partager la besogne avec vous. »

Quand j'arrivai à l'hôtel d'Albert Gate, M. Tissot était au lit, parlant de sa fin prochaine, regrettant sans cesse l'Afrique et Carthage, qu'il aurait tant désiré revoir. Je travaillai de mon mieux à classer ses papiers et ses aquarelles, dont le désordre était véritablement effrayant, car il ne songeait jamais au lendemain et, la besogne du jour terminée, il jetait pêle-mêle dans un coin manuscrits et livres. Les taches que l'on pourra relever dans son ouvrage, et que je n'espère point avoir toutes reconnues, tiennent en grande partie à ses mauvaises habitudes de travail; il n'avait pas de notes, mais de grandes feuilles d'extraits qu'il empilait sous la rubrique *varia*, et où il ne pouvait se retrouver qu'au prix de laborieuses recherches. Aussi écrivait-il fort souvent de mémoire, laissant en blanc ce qui ne lui revenait pas, au risque de commettre des erreurs, au risque aussi de donner sous son nom et sans références, avec la plus entière bonne foi, des indications dues à ses autorités. C'est là un point délicat, sur lequel je devrai insister plus loin, afin de répondre par avance à des critiques qui s'adresseraient moins à l'œuvre qu'à l'auteur.

De 1882 à 1884, M. Tissot fit différentes communications à l'Académie et publia quelques articles sur les découvertes des officiers du corps d'occupation et des missionnaires. Les voyages de MM. Cagnat, Poinssot et Letaille avaient accru de plusieurs milliers le nombre des inscriptions latines de l'Afrique et rendu possible l'identification de villes nombreuses, les unes mentionnées par les itinéraires et les textes, les autres complètement inconnues. C'est surtout la région située à l'ouest de Kaïrouân, les environs d'El-Kef, de Zama et d'Uzappa, dont la géographie avait été renouvelée par les travaux des derniers explorateurs. M. Tissot s'efforçait de tenir à jour le second volume de son livre, consacré à l'étude du réseau routier, mais la tâche était d'autant plus difficile que les matériaux étaient dispersés ou attendaient l'impression. Ce n'est qu'en 1886, deux ans après la mort de M. Tissot, que tous les documents recueillis pendant les dernières années de sa vie ont été publiés par les auteurs de ces découvertes. Dans ces conditions, il pouvait indiquer les additions et les changements à faire, plutôt que modifier sa rédaction première d'une manière définitive. Les feuilles de la carte au 200,000^e avaient commencé à paraître, mais elles ne formaient pas encore un ensemble à la fin de 1883; M. Tissot continuait donc à travailler sur des levés topographiques vieillis, mis au courant, tant bien que mal, des observations plus récentes. Bien qu'il voulût me considérer dès lors comme son collaborateur et me parlât souvent de *notre Afrique*, le concours que je pouvais lui apporter, en dehors de la correction matérielle des épreuves, était, à la vérité, des plus modestes. Je ne connaissais pas le pays, je n'avais pas dépouillé les recueils spéciaux, je ne pouvais avoir d'opinion personnelle sur les questions pendantes, telles que celle de Zama, qui le préoccupait beaucoup. Du vivant de M. Tissot, j'ai fait pour lui des traductions et des recherches, vérifié des textes et corrigé des épreuves, mais je n'ai pu contribuer à l'amélioration de son œuvre que le jour où je me suis trouvé seul pour la publier.

M. Tissot fut retenu à Londres plus longtemps qu'il ne l'aurait voulu par les délibérations de la Commission du Danube, qui se terminèrent à son entière satisfaction. Après ce succès, il régla encore quelques affaires, obtint un congé et revint en France à la fin de juin. Dès ce moment, je passai régulièrement tous les jours une heure ou deux avec lui. Pendant les mois de juillet et d'août, il s'établit à Saint-Germain-en-Laye, où je demeurais également. Son intention était de retourner à Londres en automne, puis de demander un nouveau congé et de passer l'hiver à Carthage, pour y commencer enfin les fouilles dont il se promettait de grands résultats. Il se faisait des illusions sur le retour possible de ses forces et parlait même d'explorer Néphéris, de suivre les traces du fossé de Scipion au sud-ouest de Sfaks. Sur ces entrefaites, l'incident de Madagascar mit brusquement terme à sa carrière diplomatique. M. Challemel-Lacour, alors ministre des affaires étrangères, vint le voir à Saint-Germain et lui exposa les difficultés de la situation, qui exigeait la présence d'un ambassadeur de France à Londres. M. Tissot n'écouta que son patriotisme : il offrit sa démission, qu'on ne voulait pas lui demander, et applaudit au choix de M. Waddington comme son successeur. Il avait demandé sa retraite : on le mit seulement en disponibilité, dans l'espoir qu'il pourrait plus tard accepter un nouveau poste.

Il reçut, au terme de sa carrière, la grand'croix de la Légion d'honneur, qui ne lui laissait plus rien à désirer.

Cet homme, qui avait rendu d'éminents services à son pays, ne s'inquiétait pas de la notoriété et de la vogue : il savait qu'il n'était connu que dans un petit cercle d'hommes politiques et de savants, et que le vulgaire, en entendant prononcer son nom, pensait à M. Victor Tissot, l'auteur du *Pays des milliards*. Il riait volontiers de cette confusion, qui se reproduisait sans cesse et que les journaux ne manquèrent pas de commettre au lendemain de sa mort. « Autrefois, disait-il, j'ai travaillé pour mon pays, et maintenant j'écris pour vingt personnes : si mon *Afrique* a vingt lecteurs sérieux, je m'estimerai payé de ma peine. »

L'hiver le ramena à Paris, où il s'établit rue de Tournon. Il se traîna deux ou trois fois jusqu'à l'Institut, mais ses accès d'hématurie l'obligèrent bientôt à garder la chambre. Sa porte ne s'ouvrait que pour un petit nombre d'amis, membres de l'Institut ou anciens collègues de sa carrière. Les médecins lui avaient donné le conseil de passer l'hiver dans le Midi; le Midi, pour lui, c'était Carthage, et il faisait déjà ses préparatifs de départ. Au mois de novembre 1883, il commença à souffrir d'un œdème général, symptôme alarmant d'une décomposition du sang. Comme son hématurie avait cessé presque en même temps, il ne s'inquiéta pas d'abord de cette nouvelle phase de sa maladie. Nous terminâmes la correction de son mémoire sur la campagne de César en Afrique, et je partis avec M. Babelon pour la Tunisie, à la fin du mois de novembre. Il avait désiré d'abord partir avec nous; mais, au dernier moment, il se ravisa, préférant terminer l'année auprès de sa mère et se proposant de nous rejoindre dans les premiers jours de février.

Dans une lettre qu'il m'écrivit à la fin de décembre, M. Tissot parlait encore avec confiance des fouilles profondes qu'il projetait à Carthage. Ces dernières illusions devaient bientôt se dissiper. Lorsqu'il demanda à ses médecins l'autorisation de partir pour l'Afrique, on lui répondit par un refus absolu, qui le frappa comme une condamnation. Le 6 janvier 1884, il me télégraphia à Djerba : « Très malade, impossible de partir. Il est indispensable que vous veniez passer trois jours à Paris, avant de commencer les fouilles. » Je me rendis à Ziân, puis dans les environs de Sfaks, où il m'avait prié de rechercher le fossé de Scipion. Le 19 février, j'étais à Paris. Je trouvai M. Tissot encore debout, mais marchant à grand'peine; l'œdème s'était aggravé, et la cachexie s'accusait de plus en plus. Bien qu'il se sentît mourir, il ne songeait qu'à son livre et aux fouilles de Carthage. M. d'Hérisson, acquéreur des papiers de Daux, lui avait prêté les cartes manuscrites où cet ingénieur a consigné les résultats de ses recherches. A l'aide de ces documents, auxquels il accordait trop de confiance, M. Tissot récrivit une fois de plus son chapitre sur la topographie de Carthage et dessina le plan qui figure dans le premier volume de l'*Afrique romaine*. Il me remit un programme détaillé des fouilles à entreprendre et des vérifications topographiques à faire sur les lieux. Du 19 au 23 février, nous travaillâmes ensemble plusieurs heures par jour; je rédigeai sous sa direction le quatrième rapport sur les découvertes faites en Tunisie, qui a paru depuis dans les *Comptes rendus de l'Académie des inscriptions*. Avant mon départ, il me demanda quelques livres sur l'histoire de la guerre de 1870 et la collection des nouveaux règlements militaires. Avec les recueils d'épigraphie, ce furent là ses dernières lectures.

A mon retour de Carthage, le 6 mai, M. Tissot était couché sur le dos depuis un mois, dans l'impossibilité de remuer et très aigri de son inaction forcée. La correction des épreuves du premier volume avait marché lentement; il avait cru cependant devoir donner des *bons à tirer* en mon absence, alors que, livré à ses propres forces, avec une bibliothèque incomplète et en désordre, il lui avait été difficile ou impossible de procéder aux vérifications nécessaires. De là quelques erreurs assez graves qui sont signalées dans l'*Erratum* général. Nous nous entretînmes longuement des fouilles de Carthage, de ce qu'on avait fait, de ce qui restait à faire. Il me recommanda de veiller à l'achèvement de son ouvrage, sa « carte de visite à la postérité », suivant la belle expression de Champollion, que ses amis lui rappelèrent plus d'une fois.

Depuis ce jour jusqu'au milieu du mois de juin, je me rendis tous les matins chez lui pour lui donner lecture de ses épreuves. On imprimait alors le chapitre relatif à la topographie de la ville punique; il indiquait ses corrections et motivait ses doutes avec une perspicacité qui me surprenait chez un mourant. Il put donner les instructions nécessaires pour la gravure des cartes du premier volume, dont il a corrigé les épreuves de sa propre main. Au commencement du mois de juin, il me pria de faire commencer l'impression des *Fastes de la province d'Afrique*. Il savait parfaitement que cet ouvrage n'est qu'une esquisse, et que la critique trouverait beaucoup à y reprendre, mais il pensait avec raison qu'une œuvre de ce genre doit être publiée, même incomplète, pour servir de base à des travaux ultérieurs.

Le 13 juin, nous corrigeâmes ensemble les dernières épreuves du premier volume. La force de parler lui manquait; il me comprenait bien, mais ne pouvait répondre que par des signes. Le 23 juin, il ne me reconnut pas. Une somnolence presque sans douleur commençait à l'envahir. Il s'éteignit le 2 juillet, à quatre heures du matin, entre les bras de sa mère et de sa sœur. Son corps fut transporté à Pontarlier, où il repose dans le caveau de sa famille.

VI

Par son testament daté de Saint-Germain-en-Laye août 1883, M. Tissot me léguait ses manuscrits et ses dessins pour servir à l'achèvement de son œuvre. Mon premier soin fut de terminer l'impression du premier volume, qui n'attendait guère que les *addenda* et l'index; puis je continuai à surveiller l'impression des *Fastes*, qui parurent à la fin de décembre 1884. J'ai regretté parfois de n'avoir pas différé la publication de cet ouvrage, dont le manuscrit réclamait une revision sévère et fourmillait de petites inadvertances. J'ai la conscience d'en avoir corrigé beaucoup, mais aussi de ne pas les avoir corrigées toutes. Il m'eût fallu un an de travail pour compléter cette esquisse, qui, dans la pensée de l'auteur lui-même, n'était et ne pouvait être qu'une esquisse; je n'en avais ni le loisir ni le devoir. La critique équitable ne m'a pas reproché d'avoir publié un livre utile, quoique imparfait, au lieu de l'avoir laissé enseveli dans un carton.

A l'égard du second volume de l'*Afrique romaine*, mes obligations d'éditeur étaient plus lourdes. Ici, il ne s'agissait pas d'une ébauche, d'un travail ingrat de chronologie, mais de l'œuvre de vingt-cinq ans, longuement mûrie et remaniée, qu'aucun autre que M. Tissot n'eût été capable d'écrire et qui devait servir de point de départ à toutes les recherches de l'avenir. Les circonstances que j'ai rappelées plus haut avaient augmenté subitement les matériaux épigraphiques et topographiques sur lesquels se fonde la reconstitution du réseau routier. M. Tissot, pendant les deux dernières années de sa vie, n'avait pu tirer parti de toutes les découvertes nouvelles; beaucoup étaient encore inédites, et la carte au 200,000^e, qui devait rectifier tant d'erreurs, n'avait pas encore été publiée tout entière. Si j'avais imprimé sans changement le manuscrit du second volume de l'*Afrique*, je me serais exposé à des reproches légitimes que je n'aurais pas été le dernier à m'adresser. Je résolus de procéder avec lenteur, de n'épargner ni mon temps ni mes efforts pour justifier la confiance de M. Tissot par une collaboration posthume sérieusement préparée. L'impression du second volume avait commencé à la fin de 1884. Au printemps de 1885, je fis un nouveau voyage en Tunisie avec M. Cagnat, et je terminai, à mon retour, le dépouillement des publications archéologiques postérieures à 1881. Je n'ai pas cessé depuis de me tenir au courant de toutes les recherches qui pouvaient me permettre d'améliorer et de compléter l'œuvre de mon maître et ami. M. Cagnat, qui a de nouveau parcouru la Tunisie en 1886, a bien voulu me communiquer le manuscrit du rapport où il a consigné ses dernières découvertes. M. Schmidt, qui avait été envoyé en Afrique par l'Académie de Berlin en 1885, m'a fait profiter de quelques renseignements inédits avec une libéralité dont je le remercie. Je dois encore exprimer ma gratitude à M. Henri Duveyrier, dont les conseils m'ont été précieux pour les derniers chapitres du volume, et à M. Xavier Charmes, directeur au Ministère de l'instruction publique, qui m'a donné les moyens d'éclairer le travail de M. Tissot par la publication d'un atlas de la Province romaine.

Le premier devoir que je me suis imposé a été de respecter scrupuleusement le manuscrit de M. Tissot, de m'interdire les *corrections tacites*, me contentant de rectifier d'évidents *lapsus* ou de modifier de temps en temps quelques expressions. Toutes les additions qui m'ont semblé nécessaires, tant dans le texte que dans les notes, sont imprimées entre crochets, et j'en revendique la responsabilité entière. Ces additions sont de plusieurs sortes. Il y a d'abord les chapitres ou les paragraphes que M. Tissot n'avait pas rédigés et dont il avait seulement indiqué le titre en marge de son manuscrit : telles sont les pages consacrées à Makter, à Uzappa, à plusieurs villes récemment découvertes de la Tunisie centrale. C'est surtout vers la fin du volume que ces additions deviennent fréquentes, parce que cette partie du manuscrit n'avait pas été l'objet d'une revision définitive. En second lieu, j'ai fait connaître, à leur place ou dans les *addenda*, les découvertes postérieures à la mort de M. Tissot, entre autres celles que nous avons faites, M. Cagnat et moi, dans la vallée de l'Oued Tine, explorée en 1885, et celles dont on est redevable à la dernière campagne de M. Cagnat. Partout où les documents nouveaux m'ont permis d'ajouter un détail essentiel aux descriptions ou aux arguments de M. Tissot, partout aussi où ces découvertes semblaient affaiblir la valeur de ses conclusions, je n'ai pas hésité à fournir au lecteur tous les matériaux dont je disposais. La rédaction des *addenda et corrigenda* aux deux volumes, qui sont assez considérables, a été inspirée par le même esprit. Mais je dois parler avec quelque détail d'un autre genre d'additions, à savoir les références aux autorités modernes. Je ne me suis décidé à les ajouter dans les notes que lorsqu'un tiers du second volume était déjà imprimé : aussi les trouvera-t-on en partie dans les *addenda*. Quelque surcroît de travail que m'ait imposé cette annotation, elle m'a paru tout à fait indispensable. M. Tissot, dans son manuscrit, n'indiquait que rarement les sources modernes, parce qu'il travaillait d'après des extraits où ces indications faisaient très souvent défaut. Quelques réclamations soulevées par le premier volume appelèrent mon attention sur ce point. Il me sembla, en outre, que les descriptions de MM. Guérin, Duveyrier, de Villefosse, Cagnat, Poinssot, celles de nos excellents archéologues algériens, malheureusement trop peu connues, méritaient d'être citées dans les notes comme pièces à l'appui de l'exposition qui les résume. Il n'y avait pas là seulement une considération d'équité, mais un véritable intérêt scientifique. Nous désirons que le lecteur de M. Tissot puisse se reporter facilement aux sources modernes, où il trouvera des détails complémentaires ou la confirmation des faits géographiques énoncés. Une bibliographie ainsi conçue est donnée entre crochets pour chaque localité antique de quelque importance. Afin de ne point l'allonger outre mesure, nous avons généralement négligé les ouvrages antérieurs à celui de M. Guérin; mais, comme nous renvoyons toujours, dès le début de ces notes, au 8ᵉ volume du *Corpus* et au 5ᵉ de l'*Ephemeris epigraphica*, il sera facile de trouver, dans ces recueils, l'indication des articles ou des livres auxquels nous n'avons pas renvoyé directement. Pour les textes épigraphiques, que M. Tissot donnait parfois sans autorités, parfois d'après des publications qu'a remplacées le *Corpus*, nous avons cité à titre exclusif ce dernier ouvrage ou les publications les plus récentes. Nous avons réparé à cet égard, dans les *addenda*, les lacunes que l'on a pu constater dans les références du premier volume. Une bibliographie tunisienne sérieusement faite reste toujours un *desideratum* de la science ; il ne nous appartenait pas de la rédiger, mais nous avons du moins voulu fournir les indications qui rendront le manque d'un tel ouvrage moins sensible. La dispersion des matériaux concernant l'Afrique romaine a pris de telles proportions, depuis six ans, que personne ne nous reprochera d'avoir fait à la bibliographie une part que les livres de science n'ont plus le droit de lui contester.

De toutes les difficultés que nous avons eu à surmonter, aucune ne nous a donné plus de peine que la toponymie arabe. M. Tissot, comme nous l'avons dit, travaillait sur la carte de 1857 et sur ses propres notes de voyage; comme il n'était pas étranger à la langue arabe, les noms de lieux recueillis et transcrits par lui méritent, en général, confiance. Mais ceux qui ont voyagé en Tunisie savent combien il est difficile, sans être un arabisant très expert, d'apprendre le nom véritable d'une localité. Les gisements de ruines ou *henchirs* portent presque toujours plusieurs noms : l'un désignera la ruine proprement dite, les autres seront des désignations du cadastre ou des lieux-dits. Cette *polyonymie* des henchirs a pour conséquence une confusion presque inextricable. La carte au 200,000°, si précieuse pour le relief du terrain et l'hydrographie, n'a pas été dressée par des arabisants, et, comme le faisait déjà remarquer M. Tissot, les noms indigènes y sont extrêmement défigurés. En outre, beaucoup de noms qui figurent sur la carte de 1857 et, par suite, dans le livre de M. Tissot ont été omis sur la carte plus récente, soit qu'on ait négligé de les inscrire à leur place, soit qu'on ait attribué un nom différent au même endroit, soit enfin que la désignation locale ait changé. Les notes inédites dont disposait M. Tissot lui faisaient connaître nombre de détails toponymiques dont il n'y a trace ni sur la carte de 1857 ni sur celles que l'on a publiées plus récemment. De là, pour nous, des embarras fréquents dont l'hypothèse seule nous permettait de sortir. Les croquis topographiques laissés par M. Tissot n'indiquaient qu'un petit nombre de noms, et, d'ailleurs, la géographie physique y était si défectueuse qu'il était difficile, souvent même impossible, d'identifier les localités ainsi désignées avec celles de la carte au 200,000°. Ajoutons à cela les difficultés de la transcription, qui divisent les arabisants eux-mêmes. M. Tissot n'a pas toujours été conséquent à cet égard, bien que les variations qu'il s'est permises soient insignifiantes. On en trouvera quelques exemples dans le volume que nous publions[1]. Avec lui, nous avons écrit *Badja, Kafsa, Kabès*, contrairement à la prononciation locale *Bèja, Gafsa, Gâbës;* mais, en nous écartant ainsi, à bon escient, des formes adoptées

---

[1] Nous prions les lecteurs arabisants d'excuser ces inconséquences, trop peu importantes à nos yeux pour justifier les frais de *cartons* destinés à les faire disparaître. Des variantes de transcription comme *blad* et *bled*, *Trozza* et *Troza*, *Mehdia* et *Méhédia*, ne peuvent induire personne en erreur. L'uniformité eût sans doute été préférable, mais — qu'on veuille bien y songer — l'impression de ce volume a duré trois ans!

par la carte au 200,000°, nous avons cru nécessaire d'éviter le plus possible les confusions. A cet effet, nous avons réuni dans l'*Index* les différentes formes qu'on rencontrera parfois employées dans différents passages, en plaçant en tête celle qui nous a paru la plus correcte. L'usage, plus puissant que les *placita* des philologues et des cartographes, aura bientôt, nous l'espérons, apporté quelque unité dans la toponymie si confuse de la Tunisie. Il ne nous appartient ni d'entrevoir ni de devancer ses décisions.

M. Tissot avait le projet de joindre plusieurs cartes à son second volume ; il en avait même dessiné quelques-unes d'après les documents dont il disposait. Mais, sauf en ce qui concerne la côte de la Tripolitaine, ces documents sont aujourd'hui sans valeur. Il fallait de toute nécessité reprendre son travail en se fondant sur les indications de la carte au 200,000°. C'est ce que nous n'avons pas hésité à faire. La seule carte de l'Afrique ancienne qui puisse encore servir, celle du 8° volume du *Corpus*, est elle-même remplie d'erreurs empruntées à la carte de 1857 : la nécessité d'un atlas de la Tunisie indiquant les stations antiques et les localités modernes correspondantes se fait vivement sentir depuis longtemps. Nous n'avons pas voulu, comme l'a fait M. Tissot dans les planches de son premier volume, donner seulement des renseignements sommaires, mais nous nous sommes efforcé de faire figurer sur nos cartes la plupart des noms anciens et modernes mentionnés dans l'ouvrage, autant du moins qu'il nous a été possible de les retrouver [1]. Les cartes récentes n'ayant pas été dressées par des archéologues, les gisements de ruines sont plus souvent indiqués que dénommés ; il a donc fallu recourir fréquemment, pour déterminer la correspondance de certains noms, à des documents moins autorisés que la carte au 200,000°, comme la carte-itinéraire de Wilmanns, que nous avons retrouvée dans les papiers de M. Tissot, celles de M. Guérin, du *Corpus*, des *Explorations* de M. Cagnat, de la mission de M. Poinssot dans la Tunisie centrale. Nous avons consulté aussi, pour des régions déterminées, les cartes annexées par M. Tissot à ses mémoires sur le Bagrada et la campagne de Jules César, celles de MM. Chevarrier et Roudaire, un itinéraire inédit de M. Duveyrier (de Kafsa à Kabès), et bon nombre de croquis topographiques manuscrits dus aux officiers de nos colonnes. Pour la partie orientale de l'Algérie, nous avons pris pour

---

[1] Nous avons omis les localités antiques dont l'emplacement est tout à fait incertain et, parmi les noms de lieux modernes, ceux qui ne figurent ni sur la carte au 200,000° ni sur les croquis manuscrits de M. Tissot.

point de départ la carte de la Guerre au 800,000°, et nous avons soigneusement dépouillé les cartes partielles publiées dans les *Annuaires* et le *Recueil des notices* de la Société de Constantine[1]. La côte de la Tripolitaine avait été dessinée par M. Tissot d'après Barth, Beechey, Müller et Mouchez; nous nous sommes contenté de contrôler ses croquis, en nous reportant aux mêmes sources et en profitant de la carte d'ensemble publiée par M. Duveyrier dans son ouvrage sur les *Touâreg du Nord*[2]. Les plans d'Utique, d'Hadrumète et de Thapsus ont été dressés par M. Tissot d'après les documents manuscrits de Daux, communiqués par M. le comte d'Hérisson. Il nous a été impossible d'établir à la même échelle toutes les cartes qui composent notre atlas, à cause de l'inégale répartition des noms et des accidents de terrain, mais nous avons donné au début une carte d'assemblage, qui permettra de se retrouver facilement. Les routes romaines ont été indiquées au pointillé d'après les conclusions de M. Tissot; toutefois il nous a paru préférable d'interrompre le tracé quand ces conclusions ont un caractère trop hypothétique. La géographie de l'Afrique romaine n'est pas définitivement établie; il y a là encore du travail pour plusieurs générations d'archéologues et de voyageurs.

Cette partie de notre tâche a été fort laborieuse, et nous ne nous dissimulons pas qu'elle prête à plus d'une critique. L'éclectisme auquel nous étions obligé, par suite de l'incertitude de la nomenclature moderne, a probablement eu pour conséquence quelques erreurs. On les excusera peut-être en songeant que, dans ce travail difficile, nous ne disposions que de secours insuffisants. Les pierres qui ont servi à la gravure de nos cartes seront conservées, et il sera possible, dans les tirages ultérieurs, d'y apporter les modifications de détail que l'on voudra bien nous signaler. L'atlas a été broché à part, afin de permettre aux voyageurs archéologues de s'en charger sans emporter le volume.

Le manuscrit de M. Tissot a été l'objet, au cours de l'impression, d'un contrôle minutieux, d'une comparaison incessante avec les documents topographiques ou épigraphiques publiés depuis la mort de l'auteur. Cette

---

[1] Malgré ces secours, nos cartes de la province de Constantine sont certainement défectueuses, parce que le nouveau travail du Dépôt de la guerre sur cette région est trop peu avancé pour que nous ayons pu en tirer parti (1887). Les cartes de 1869 et de 1876 ne valent guère mieux que celle de 1854, dont M. Tissot s'est principalement servi.

[2] Nous avons malheureusement reçu trop tard quelques épreuves partielles de la carte d'Afrique au 2,000,000°, dressée par M. le commandant de Lannoy.

épreuve n'a fait que nous fortifier dans notre admiration de la première heure pour l'œuvre maîtresse que nous avons l'honneur de publier. Elle était tellement en avance sur l'état des connaissances géographiques, à la veille de l'occupation de la Tunisie, que les découvertes ultérieures ont permis de la compléter sans y modifier un seul point essentiel, une seule identification importante. Personne n'a su, comme M. Tissot, saisir la physionomie d'une région, y distinguer l'essentiel de l'accessoire, conclure de cette physionomie au tracé probable des routes, rectifier les itinéraires anciens d'après la géographie actuelle, combiner des hypothèses pour arriver presque à la certitude. C'est en cela que l'artiste — car M. Tissot était artiste avant tout — a facilité la tâche de l'archéologue. A côté d'une science exacte, il avait un sentiment merveilleusement sûr. D'autres, après lui, ont mieux copié les inscriptions, montré plus de connaissances du droit dans le commentaire des textes épigraphiques; mais aucun de ses successeurs, jusqu'à présent du moins, ne peut lui être comparé pour la reconstitution des itinéraires. C'est un genre de recherches où il a excellé sans conteste, par où l'on peut dire, comme il s'en flattait lui-même, que l'Afrique restera toujours *sa province*. Son livre, nous en avons la ferme confiance, sera considéré bientôt comme le chef-d'œuvre et le modèle de la géographie comparée; même dans la littérature étrangère, nous ne voyons guère que le *Péloponèse* de M. Curtius qu'on puisse lui opposer pour le premier rang. Et nous craignons encore de n'avoir pas fait assez bien comprendre les difficultés vraiment décourageantes au milieu desquelles il l'a écrit! Qu'on nous permette de reproduire ici une page que nous imprimions en 1884, à la fin d'une notice biographique sur notre ami : «C'est bien comme topographe que M. Tissot a rendu les plus signalés services; la topographie n'est pas seulement la partie la plus originale, mais la plus méritoire et la plus durable de son œuvre. Peu de personnes apprécieront à sa valeur cette qualité maîtresse de l'*Afrique romaine*, parce qu'il faut connaître les travaux antérieurs, ceux même des savants les plus distingués, pour mesurer les progrès immenses dont cette branche de l'archéologie africaine lui est redevable. On ne lira plus que son livre; on oubliera où il a trouvé la science, ce que sa perspicacité a su corriger d'erreurs et établir de vérités définitives. Ceux qui posséderont, d'ici à quelques années, une carte de Tunisie sérieusement faite auront beau jeu à lui reprocher quelques méprises de détail; ils ne penseront pas que l'auteur de l'*Afrique romaine* ne disposait que d'une carte très infidèle, dressée en partie d'après des renseignements où des régions entières étaient laissées en blanc comme *terrae incognitae*. Quant aux inadvertances qu'on pourra relever dans son travail, à un certain défaut de méthode dans le maniement des textes, toutes les fois qu'il sort du domaine des études topographiques, ce sont des imperfections qui tiennent à son éducation première, plutôt littéraire que scientifique, et à une absence de direction qui l'a réduit à tout apprendre par lui-même. Il avait au plus haut degré l'instinct des principes dont s'inspirent l'érudition et la critique contemporaines ; mais, isolé du monde savant pendant toute sa carrière diplomatique, il n'a pu suppléer, par son instinct personnel, au travail collectif qui a créé les méthodes. Aussi la connaissance de sa vie est-elle indispensable à l'intelligence de ses œuvres, tant pour expliquer leurs lacunes que pour faire estimer plus équitablement leurs mérites. »

Je ne regrette pas d'avoir donné trois ans de soins à la publication de ce grand ouvrage, et ce n'est pas sans tristesse que je l'achève. Il me semble que demain seulement notre séparation sera complète, tant la correction de ces épreuves était devenue pour moi une habitude et comme le prolongement d'une intimité si prématurément brisée par la mort. Ce n'est qu'après lui que je me suis senti capable de l'aider dans ses travaux et de profiter de ses leçons ; ce n'est qu'en publiant son œuvre posthume que j'ai compris le grand vide qu'il a laissé. Que de questions auxquelles personne n'est plus capable de répondre et que j'ai négligé de lui poser autrefois parce que l'importance m'en échappait ! Mais quels sont les morts qui nous ont tout dit, à qui l'on n'a plus rien à demander ?

Saint-Germain, 15 septembre 1887.

Salomon REINACH.

TABLE DES MATIÈRES.

	Pages.
Préface de l'éditeur	I-XXXIV
La province romaine d'Afrique	1

DEUXIÈME PARTIE.
GÉOGRAPHIE HISTORIQUE ET CHOROGRAPHIE.
(SUITE.)

Livre II. *L'Afrique romaine*	1
I. *Limites de la province romaine d'Afrique*	1
§ 1. L'Afrique romaine en 146 avant Jésus-Christ	1
1. La frontière de la province romaine, de la Tusca au Bagrada	3
2. La frontière de la province romaine, du Bagrada jusqu'à Aquae Regiae	7
3. La frontière de la province romaine, d'Aquae Regiae à Thenae	13
§ 2. L'Afrique romaine en 46 avant Jésus-Christ	21
§ 3. L'Afrique romaine de l'an 30 à l'an 25	25
§ 4. L'Afrique romaine jusqu'au règne de Septime Sévère	26
§ 5. L'Afrique romaine jusqu'à l'époque de Dioclétien	34
§ 6. L'Afrique romaine jusqu'à l'invasion des Vandales	37
§ 7. L'Afrique après l'invasion des Vandales	46
§ 8. L'Afrique pendant la période byzantine	49
II. *Chorographie*	51
Routes du littoral	54
A. Premier segment, de Carthage à l'Amsaga	54
§ 1. De Carthage à Hippo Regius	54
§ 2. D'Hippo Regius à l'Amsaga	100
§ 3. Route d'Hippo Regius à l'Amsaga par l'intérieur	106

B. Deuxième segment, de Carthage aux frontières de la Cyrénaïque....... 108

§ 1. De Carthage à Hadrumète................................. 108

α. De Carthage à Putput............................... 108
β. De Putput à Missua................................. 132
γ. De Carthage à Clupea par Casula.................... 139
δ. De Putput à Hadrumète............................. 144

§ 2. D'Hadrumète à Usilla..................................... 164
§ 3. D'Usilla à Tacape.. 189
§ 4. De Tacape à Sabrata..................................... 197
§ 5. De Sabrata à Leptis Magna............................... 212

α. De Sabrata à Oea................................... 212
β. D'Oea à Leptis Magna............................... 214

§ 6. De Leptis Magna à Macomades Selorum.................... 222

α. De Leptis Magna à Tubactis......................... 222
β. De Tubactis à Macomades Selorum.................... 226
γ. De Macomades aux frontières de la Cyrénaïque....... 234

ROUTES DE L'INTÉRIEUR.. 243

§ 1. Route de Carthage à Hippo Regius par Bulla Regia....... 243

α. Localités situées entre la grande voie du littoral et la route
de Carthage à Hippo Regius par Bulla Regia.......... 285
β. Route secondaire de Simittu à Thabraca.............. 309

§ 2. Route de Carthage à Cirta................................ 312

α. Route de Naraggara à Hippo Regius par Thagaste..... 385
β. Route d'Ad Molas à Hippo Regius par Vicus Juliani... 387

§ 3. Route de Cirta à Sitifis................................. 403

α. Route de Cirta à Sitifis par Milev.................. 404
β. Route transversale de Cuicul à Igilgilis par Tucca.. 411

§ 4. Route de Carthage à Sitifis par Siguese, Vatari et Sigus. 415

α. Route de Gadiaufala à Thibilis par Ad Lapidem Baium. 429
β. Route de Sigus à Turris Caesaris.................... 430

§ 5. Route de Carthage à Théveste............................. 431
§ 6. Route de Théveste à Vatari par Vasampus.................. 473
§ 7. Route de Théveste à Cirta par Altaba..................... 476
§ 8. Route de Théveste aux frontières méridionales de la Maurétanie
Sitifienne.. 479
§ 9. Route de Théveste à Lambaesis par Tinfadi et Thamugadi... 504

§ 10. Route de Lambaesis à Sitifis par Tadutti.................... 507
§ 11. Route de Lambaesis à Sitifis par Diana.................... 508
§ 12. Route directe de Thamugadi à Cirta....................... 510
§ 13. Route de Thamugadi à Diana par Tadutti.................. 512
§ 14. Route de Lambaesis à Théveste par le versant méridional de l'Aurès. 512
§ 15. Routes de la Zeugitane et de la Byzacène rattachant au littoral la voie de Carthage à Théveste........................... 538

    α. Route de Coreva à Hadrumète par Thuburbo Majus et Onellana... 539

§ 16. Routes secondaires se rattachant à la route de Coreva à Hadrumète. 565

    α. Route de Thuburbo Majus à Inuca.................... 565
    β. Route d'Onellana à Tunis par Uthina.................. 565

§ 17. Route d'Althiburos au littoral par Zama Regia et Thysdrus...... 567
§ 18. Localités situées entre la route de Carthage à Théveste et celle d'Althiburos à Thysdrus............................. 590
§ 19. Route de Sufetula à Hadrumète......................... 607
§ 20. Route secondaire de Vicus Augusti à Thysdrus.............. 616
§ 21. Route de Sufetula à Musti.............................. 617
§ 22. Route secondaire de Sufes à Aquae Regiae par Marazanae...... 629
§ 23. Routes de Sufetula à Théveste par Vegesela et Cillium......... 630

    α. Route de Sufetula à Théveste par Vegesela............. 630
    β. Route de Sufetula à Théveste par Cillium et Menegere... 635

§ 24. Route de Sufetula à Thenae............................ 643
§ 25. Route de Sufetula à Tabalta et de Tabalta à Macomades Minores et Cellae Picentinae................................. 644
§ 26. Routes rattachant Thélepte à la grande voie du sud de l'Aurès... 649
§ 27. Routes conduisant de Thélepte à Tacape................... 650

    α. Route de Thélepte à Tacape par Capsa................ 650
    β. Route de Thélepte à Tacape par Nepte................ 679

§ 28. Route de Tacape à Veri par Martae...................... 691
§ 29. Route de Tacape à Leptis Magna par Turris Tamalleni........ 697

    α. Route de Tacape à Leptis Magna par la montagne........ 708

APPENDICES.. 711

I. *La région Garamantique et la Phazanie*........................ 711

II. *Recherches sur la campagne de César en Afrique*................ 721

III. *Villes et localités dont la position n'a pas été déterminée*.................. 763

    α. Liste de Pline... 769
    β. Liste de Ptolémée....................................... 770
    γ. Notices épiscopales...................................... 770
        1. Proconsulaire.................................... 771
        2. Numidie... 776
        3. Byzacène.. 781
        4. Provinces incertaines............................. 781
    δ. Liste de Léon le Sage.................................... 782
    ε. Liste de l'Anonyme de Ravenne........................... 783

ADDITIONS ET CORRECTIONS DE L'ÉDITEUR................................ 785

    Tome premier... 785
    Tome second... 806

INDEX ALPHABÉTIQUE... 821

EXPLORATION SCIENTIFIQUE

DE

LA TUNISIE.

GÉOGRAPHIE ANCIENNE.

DEUXIÈME PARTIE.
(SUITE.)

LIVRE II.
L'AFRIQUE ROMAINE.

CHAPITRE PREMIER.
LIMITES DE LA PROVINCE ROMAINE D'AFRIQUE.

§ 1. — L'AFRIQUE ROMAINE EN 146 AVANT JÉSUS-CHRIST.

La province romaine d'Afrique, au moment où elle fut constituée, en 146 avant notre ère, comprenait le territoire que possédait encore Carthage au début de la troisième guerre punique. « Une partie du pays, dit Strabon, celle qui appartenait aux Carthaginois, fut réduite en province; les Romains donnèrent le reste aux fils de Masinissa[1]. » Le témoignage de Salluste n'est pas moins formel : *Pleraque ex punicis oppidis et fines Carthaginiensium quos novissime habuerant, populus romanus*

---

[1] Strabon, XVII, III, 15 : Τὴν δὲ χώραν, τὴν μὲν ἐπαρχίαν ἀπέδειξαν Ῥωμαῖοι, τὴν ὑπὸ τοῖς Καρχηδονίοις, τῆς δὲ Μασσανάσσην ἀπέδειξαν κύριον καὶ τοὺς ἀπογόνους τοὺς περὶ Μικίψαν.

per magistratus administrabat[1]. La province d'Afrique comprenait donc, d'après ce dernier texte, non seulement le territoire propre de Carthage, réduit aux limites que lui avaient assignées les événements antérieurs à l'année 146, mais un certain nombre de villes puniques. L'expression *pleraque ex punicis oppidis* n'est d'ailleurs exacte, nous avons à peine besoin de le faire remarquer, qu'autant qu'on l'explique par une de ces ellipses si familières à Salluste : il ne s'agit évidemment que de la plupart des villes puniques qui appartenaient encore aux Carthaginois en 146, c'est-à-dire des comptoirs échelonnés, au sud du promontoire de Mercure, entre les possessions carthaginoises proprement dites et les Empories, ou comptoirs de la petite Syrte, dont Masinissa s'était déjà emparé en 172.

Telles sont les données générales que nous possédons sur la délimitation de l'an 146. Nous en sommes malheureusement réduits à de pures conjectures en ce qui concerne l'étendue du territoire propre de Carthage, et il nous serait difficile dès lors de déterminer, même approximativement, les limites de la Province romaine, si un texte ancien ne nous en avait pas fait connaître les deux points extrêmes. « L'ancienne Province, dit Pline en parlant des subdivisions de l'Afrique, est séparée de la nouvelle par un fossé tracé au temps du second Africain et des rois et prolongé jusqu'à Thenae : *Ea pars quam Africam appellavimus dividitur in duas provincias, Veterem et Novam, discretas fossa, inter Africanum sequentem et reges, Thenas usque perducta*[2]. Pline constate en outre, dans deux autres passages, que le fleuve Tusca séparait la Numidie de l'Afrique propre : *Tusca fluvius, Numidiae finis*[3] . . . . . *A Tusca, Zeugitana regio et quae proprie vocetur Africa est*[4].

---

[1] Salluste, *Bell. Jug.*, XIX. — [2] *Hist. nat.*, V, III. — [3] *Ibid.*, V, II. — [4] *Ibid.* V, III.

La ligne de démarcation de l'an 146 s'étendait donc de la Tusca, c'est-à-dire du cours inférieur de l'Oued el-Kebir, qui se jette dans la Méditerranée en face de l'île de Tabarka, jusqu'à Thenae, dont les ruines se retrouvent à Henchir Tina, à douze kilomètres au sud-sud-ouest de Sfaks.

Mais quel était, entre ces deux points extrêmes, le tracé de la frontière de 146? Aucun géographe, que nous sachions, n'a essayé de le déterminer, et nos cartes les plus récentes se bornent à réunir Thenae à la Tusca par une ligne à peu près droite. Elles éludent la difficulté ou la tranchent arbitrairement[1]. Il n'est cependant pas impossible, croyons-nous, d'arriver à un résultat plus scientifique. En réunissant certaines indications éparses dans les textes antiques et en les complétant par l'étude du terrain, on peut parvenir, sinon à élucider complètement le problème, du moins à en dégager les principales inconnues. Afin d'apporter plus de clarté dans l'analyse que nous abordons, nous la partagerons en trois parties, correspondant aux trois principaux segments de la ligne frontière.

1. La frontière de la province romaine de la Tusca au Bagrada.

La synonymie de la Tusca et de l'Oued el-Kebir n'est pas

---

[1] Dans la VIIe table de l'*Atlas antiquus* de Kiepert (1876), la frontière de l'Afrique et de la Numidie part, non pas de la Tusca, mais du cap Roux, et passe un peu à l'est du confluent de l'Oued Melleg et de la Medjerda. La ligne s'arrête d'ailleurs à la hauteur du Makter.

La XIIIe table de l'*Atlas antiquus* de Spruner-Menke (1865), représentant le bassin de la Méditerranée pendant l'époque comprise entre la seconde guerre punique et le règne de Mithridate, donne un tracé complet, mais à une très petite échelle, de la frontière de 146; elle la fait courir directement de la Tusca à la petite Syrte en passant par le confluent de la Medjerda et de l'Oued Melleg, et aboutir entre Thenae et Taphrura, dont le nom est suivi de la mention *fossae punicae*.

Toutes les autres cartes des deux atlas précités (Kiepert, tab. X; Menke, n°s XII, XIV, XXI) ne donnent que les limites de l'Afrique et de la Numidie à l'époque impériale, limites fort différentes, comme nous le verrons, de celles de l'an 146.

douteuse. Comme la Mlouïa maurétanienne, le cours d'eau qui débouche en face de l'île de Tabarka a toujours été considéré comme une de ces limites traditionnelles qui ont survécu à toutes les invasions, à tous les bouleversements dont le nord de l'Afrique a été le théâtre. L'Oued el-Kebir, au moyen âge arabe, formait encore la limite du Maghreb el-Aoust et de l'Ifrikia. Or on sait que ces deux divisions correspondent, dans la nomenclature géographique locale, l'une à l'Afrique propre, l'autre à la Numidie complétée par les deux Maurétanies Sitifienne et Césarienne. L'Oued el-Kebir, limite orientale du Maghreb el-Aoust, est donc bien l'équivalent de la *Tusca, Numidiae finis*, de Pline.

La frontière suivait-elle le cours entier de l'Oued el-Kebir? Nous ne le pensons pas, et notre opinion à cet égard s'appuie sur un indice historique.

On sait que, dans l'intervalle compris entre la seconde et la troisième guerre punique, Masinissa s'était emparé du territoire de Tusca, qui, au témoignage d'Appien, ne comprenait pas moins de cinquante villes[1]. Ce dernier détail désigne suffisamment le bassin exceptionnellement fertile de l'Oued el-Kebir. La vallée que parcourt ce fleuve est d'une incomparable richesse. Formée par des terres d'alluvion, elle présente l'aspect d'une plaine parfaitement unie, où les champs cultivés alternent avec de gras pâturages et des forêts de haute futaie. La richesse minérale de cette contrée n'est pas moins remarquable. Il y existe non seulement des mines de fer, mais des gisements de plomb argentifère, déjà exploités dans l'antiquité. La vallée de l'Oued el-Kebir, toutefois, n'a qu'une médiocre étendue en largeur, et pour que le district de Tusca

---

[1] Appien, *Pun.*, VIII, LXVIII : Οὐ πολὺ δ'ὕστερον ὁ Μασσανάσσης ἠμφισβήτει καὶ τῶν λεγομένων Μεγάλων Πεδίων καὶ χώρας πεντήκοντα πόλεων, ἣν Τύσκαν προσαγορεύουσιν.

ait pu nourrir les cinquante bourgades dont parle Appien, il faut qu'il ait compris tout le territoire actuel des Khoumir; or ce territoire s'étend sur les deux rives de l'Oued el-Kebir, dont le cours moyen et supérieur n'est pas assez profond pour fournir une limite naturelle. On peut en conclure que la Τύσκα χώρα d'Appien comprenait également la rive droite du fleuve. Aussi fertile que l'autre, elle avait dû tenter au même titre l'ambition de Masinissa. Comme il est certain d'ailleurs que les districts envahis en 172 restèrent acquis tout entiers au royaume numide en 146[1], il est probable que la ligne de délimitation arrêtée à cette dernière date ne longeait que le cours inférieur du fleuve. Elle devait, à deux milles romains de l'embouchure de la Tusca, suivre les hauteurs de la longue chaîne montagneuse qui forme la limite orientale du bassin de l'Oued el-Kebir et sépare, en courant de l'ouest à l'est jusqu'au cap de Sidi-Ali-el-Mekki, la vallée de la Medjerda du versant méditerranéen.

Deux autres témoignages historiques, au surplus, font supposer que telle devait être la direction générale de la ligne frontière. Outre le district de Tusca, Masinissa avait enlevé aux Carthaginois celui des « Grandes Plaines », τὰ λεγόμενα Μεγάλα Πεδία[2], que nous avons identifiées (t. I, p. 62) au vaste bassin de la Dakhla des Oulad-bou-Salem ou Dakhla de Djendouba. La possession de ce bassin ne pouvant d'ailleurs être assurée que par celle du plateau de Badja qui le domine, Masinissa avait nécessairement dû occuper ce plateau pour atteindre la véritable ligne de défense des Grandes Plaines du côté de l'est,

---

[1] Salluste, *Bell. Jug.*, v : « Masinissa ..... multa et praeclara rei militaris facinora fecerat: ob quae, victis Carthaginiensibus, populus romanus quascumque urbes et agros manu ceperat, regi dono dedit. »

[2] Appien, VIII, LXVIII. — Polybe, XIV, VII.

c'est-à-dire le cours de l'Oued Badja. Il serait donc permis, à la seule inspection du terrain, de supposer que la frontière créée en 172 par les envahissements de Masinissa, et consacrée en 146 par la délimitation intervenue entre ses successeurs et la délégation du Sénat romain, atteignait, à l'est, le cours d'eau que dominent les escarpements orientaux du plateau de Badja. On peut l'affirmer en s'appuyant sur un texte de Salluste. Nous savons par cet historien que *Vaga* ou *Vacca*, dont l'identité avec Badja est solidement établie, appartenait au royaume numide : Métellus s'en était emparé au moment où Jugurtha, cherchant à gagner du temps, manifestait le désir d'entamer des négociations avec le proconsul romain[1]. Or Badja est située à l'ouest du cours d'eau auquel elle a donné son nom. Ce cours d'eau, du reste, forme une limite naturelle. Il prend naissance dans la longue chaîne que nous avons signalée comme la ligne de partage des eaux entre le littoral et le bassin du Bagrada, coule du nord au sud, et se jette dans la Medjerda, sous le méridien de Badja et du Gorra'at-Azrou.

Les trois positions que nous venons d'indiquer comme appartenant au royaume numide, le district de Tusca, les Grandes Plaines et Vacca, forment donc autant de points de repère qui nous permettent de reconstituer la frontière entre la Méditerranée et le Bagrada. Du confluent de l'Oued el-Kebir et de son dernier affluent de droite, l'Oued es-Sehela, la ligne de démarcation devait suivre, de l'ouest à l'est, la chaîne qui forme la ligne de faîte entre la vallée de la Medjerda et le littoral, passer par le col de Khanga-Kef-et-Tout[2] et longer, en

---

[1] Salluste, *Bell. Jug.*, LXVI : « Vaccenses, quo Metellus initio, Jugurtha pacificante, praesidium imposuerat. »

[2] La carte de 1857 ne nomme pas Khanga-Kef-et-Tout, située à peu de distance au nord de Kef ed-Deroh'i, qu'elle indique sous la forme inexacte de *Kef Dardoughri*. C'est par ce col que passe la route

laissant Vacca à l'ouest, le cours de l'Oued Badja jusqu'au confluent de cette rivière avec la Medjerda.

2. La frontière de la province romaine du Bagrada jusqu'à Aquae Regiae.

Ce second segment de la frontière traversait la région montagneuse qui sépare le bassin de la Medjerda des plaines du Sahel. C'est là que le rameau de la chaîne atlantique méridionale, qui s'étend du plateau de Tebessa au cap Bon, atteint sa plus grande altitude, et le point culminant de cette chaîne, l'Hamada des Oulad-Ayar, forme en quelque sorte le nœud orographique de l'Afrique propre. Trois grands cours d'eau y prennent naissance : les deux premiers, l'Oued Khaled et l'Oued Siliana, coulent du sud au nord et vont se jeter dans la Medjerda; le troisième, l'Oued Merg-el-Lil, prend sa source sur le versant opposé et va se perdre dans les bas-fonds de la plaine de Kaïrouân.

Les textes antiques ne nous font connaître que trois positions appartenant à la Numidie au sud du Bagrada et situées dans la région que nous venons de décrire.

Sicca Veneria (El-Kef) faisait certainement partie du royaume numide. Salluste constate que, de toutes les villes royales, elle fut la première à se soumettre aux Romains, après la bataille du Muthul[1].

Zama Regia et *Aquae Regiae* appartenaient également au royaume de Micipsa : leur surnom l'indique.

On chercherait en vain d'autres points de repère certains,

la plus directe de Badja à Tabarka. On traverse successivement Kef ed-Deroh'i, Khanga-Kef-et-Tout, Sidi-Embarek-Zakkraoui, l'Oued Kettenet, Mekna, l'Oued Barkoukch, l'Oued bou-Terfes, l'Oued el-Kebir et enfin l'Oued es Srir, qui débouche dans la mer, sous les ruines mêmes de Thabraca.

[1] *Bell. Jug.*, LVI : « Marium..... cum paucis cohortibus Siccam missum; quod oppidum primum omnium post malam pugnam ab rege defecerat. »

soit dans les listes de Pline, soit dans les Tables de Ptolémée, soit dans la Notice des Églises d'Afrique. Le dernier de ces trois documents, qui est de beaucoup le plus riche, ne peut guère servir qu'à contrôler d'autres indications : rédigée à une époque où les limites des provinces africaines avaient été singulièrement modifiées, la liste des évêchés de la Numidie et de la Proconsulaire ne pourrait que nous induire en erreur si nous accordions à ses renseignements une valeur absolue. Les listes de Pline, dressées vers l'an 80 de notre ère, ne distinguent pas, en général, entre les villes de la Numidie et celle de l'Afrique propre : elles les classent d'après le régime municipal dont elles jouissaient. Ptolémée ne nous est guère plus utile. Bien que le nom de la Numidie nouvelle figure dans ses listes comme tête de chapitre, son énumération ne repose pas, en réalité, sur le partage de la province d'Afrique en deux grandes régions correspondant à l'ancienne et à la nouvelle province : elle indique un certain nombre de divisions et de subdivisions secondaires dont la signification exacte nous est inconnue. Les paragraphes 28, 31, 34 et 41 classent les positions de l'intérieur en quatre catégories :

1° Les villes situées entre l'Amsaga et Thabraca[1] ;

2° Celles qui sont situées entre Thabraca et le fleuve Bagrada[2] ;

3° Celles qui sont situées entre le Bagrada et le Triton[3] ;

4° Celles qui sont situées entre les deux Syrtes[4].

La première de ces catégories se subdivise elle-même en

---

[1] IV, III, § 28 : Πόλεις δέ εἰσιν ἐν τῇ ἐπαρχίᾳ μεσόγειοι μεταξὺ μὲν Ἀμψάγα ποταμοῦ καὶ Θαβράκης πόλεως.

[2] Ibid., § 31 : Μεταξὺ δὲ Θαβράκης πόλεως καὶ Βαγράδα ποταμοῦ.

[3] IV, III, § 34 : Μεταξὺ δὲ Βαγράδα ποταμοῦ καὶ τοῦ Τρίτωνος ποταμοῦ.

[4] Ibid., § 41 : Μεταξὺ δὲ τῶν δύο Σύρτεων πόλεις αἵδε.

trois groupes : les villes cirtésiennes[1], les villes appartenant à la Numidie nouvelle[2] et les territoires dépendant de la légion III[a] Augusta[3].

La seconde est subdivisée de même en trois groupes compris dans les trois paragraphes 31, 32 et 35, mais non caractérisés, comme les précédents, par une désignation commune.

La troisième catégorie se partage à son tour en deux subdivisions : les villes situées au-dessous de Carthage, ὑπὸ μὲν Καρχηδόνα (§ 34), et celles qui sont au-dessous d'Hadrumète, ὑπὸ δὲ Ἀδρούμητον πόλιν (§ 37). La première de ces deux subdivisions comprend trois groupes secondaires (§ 34, 35, 36); la seconde, quatre (§ 37, 38, 39, 40).

La dernière catégorie, celle des villes syrtiques, se subdivise en trois groupes analogues (§ 41, 42, 43).

Il n'est pas aisé, comme on le voit, de deviner la méthode qui a présidé à ce classement. Les quatre principales divisions correspondent-elles à des circonscriptions administratives, à des diocèses ? Non, puisque nous savons par Dion que les gouverneurs des provinces proconsulaires n'avaient que trois légats, et que nous devons supposer, par suite, que les provinces d'Afrique n'avaient que trois diocèses.

Comment, d'ailleurs, s'il s'agissait de circonscriptions administratives, les villes cirtésiennes, déjà placées, à l'époque de Ptolémée, sous la juridiction du légat impérial, commandant la légion III[a] Augusta, seraient-elles séparées d'autres villes relevant de la même autorité, comme Théveste et Madaurus, par certaines villes de la Numidie nouvelle obéissant au proconsul ? Comment Lambaesis, quartier général de la 3e légion, se trouve-t-elle dans le paragraphe 29 avec Simittu ?

---

[1] IV, III, § 28 : Κιρτησίων μὲν, Κίρτα Ἰουλία, Μίρεον ἢ Μύραιον, κ. τ. λ. — [2] *Ibid.*, § 29 : Νουμιδίας νέας· Κούλχουα κολωνία, κ. τ. λ. — [3] *Ibid.*, § 30 : Λεγείων τρίτη σεβαστή.

Comment Théveste et Madaurus figurent-elles, au paragraphe 3o, à côté de Sicca, de Naraggara et de Bulla Regia?

S'agit-il de divisions purement géographiques? On serait tenté de le croire; mais, même dans cette hypothèse, on ne sait pas au juste ce qu'elles représentent. Les positions du littoral qui les délimitent, l'Amsaga, Thabraca, le Bagrada, Carthage, Hadrumète, le Triton, les deux Syrtes, sont-elles simplement le point de départ de lignes mathématiques? Faut-il, par exemple, quand il s'agit des villes situées entre Thabraca et le Bagrada, comprendre dans cette catégorie tout ce qui s'étend entre les méridiens de ces deux positions? Doit-on, au contraire, n'y ranger que les villes situées entre le méridien de Thabraca et la rive gauche du Bagrada, de même que la division indiquée par les mots: μεταξὺ δὲ Βαγράδα ποταμοῦ καὶ τοῦ Τρίτωνος ποταμοῦ ὑπὸ μὲν Καρχηδόνα désignerait les villes situées entre la rive droite du fleuve et Carthage? La première hypothèse paraît la plus probable, puisque nous trouvons, parmi les villes placées entre Thabraca et le Bagrada, Thacia, Musti, Tucca, qui appartiennent à la rive droite du Bagrada, tandis que Sicca Veneria, Assuras, Naraggara, situées sur cette même rive, sont rangées cependant parmi les positions comprises entre l'Amsaga et Thabraca.

Il semble donc qu'il s'agisse de sections déterminées par des méridiens. Mais ici encore il faut compter avec les erreurs de Ptolémée: on sait que son Bagrada coule du sud au nord, alors que le cours du fleuve suit, en réalité, la direction ouest-sud-ouest – est-nord-est.

En somme, nous savons bien où commence la Numidie nouvelle de Ptolémée, mais nous ne savons pas où elle finit. Tout ce que nous pouvons induire de ses indications, c'est que Sicca et Assuras en faisaient certainement partie, tandis que

Thacia et Musti semblent appartenir à l'Afrique propre. Les textes ne nous fournissent donc, pour déterminer la frontière entre la Medjerda et la sebkha de Kaïrouân, que les trois positions numides d'Assuras, Zama Regia et Aquae Regiae. Encore l'une de ces positions, celle de Zama, n'est-elle qu'approximativement fixée. Zama était certainement située à l'est du méridien d'Assuras (Zanfour). Mais quatre synonymies ont été ou peuvent être proposées pour cette localité : *El-Lès* ou *Ellès*, à l'est-sud-est de Zanfour; *Makter*, au sud-est; *Djâma*, à l'est-nord-est; *Sidi-Amor-el-Djedidi*, directement à l'est du même point [1].

Fort heureusement l'épigraphie vient à notre aide et nous fournit deux précieuses indications. Une inscription récemment découverte à Henchir ed-Douames, au pied du versant occidental du Djebel Gorra'at-Azrou et à vingt kilomètres au nord de Bordj Messaoudi (Thacia), a fait retrouver sur ce point l'*oppidum Ucitanum majus* de la liste de Pline, élevé au rang de colonie sous Alexandre Sévère. Or, parmi les surnoms de la colonie, figure celui de *Mariana*, qui nous permet de reporter l'origine de cette cité à l'an de Rome 651 [2].

Les vétérans de Marius n'ayant pu être installés que dans la province romaine, il est évident que l'*oppidum Ucitanum* appartenait à l'Afrique propre. Nous pouvons donc, de ce côté, reporter les frontières de la province romaine jusqu'à l'ouest du Gorra'at-Azrou [3].

On a trouvé, d'autre part, à Aouitta, au centre de la plaine d'El-Ghorfa, qui s'étend au sud de Bordj Messaoudi (Thacia),

---

[1] [Sur l'identification de Zama Regia avec *Djâma*, voir le *Bulletin des antiquités africaines*, 1884, p. 350. Sur Sidi-Amor-el-Djedidi, cf. *Archives des Missions*, 1883, p. 313. — S. R.]

[2] [Cf. *Archives des Missions*, 1883, p. 131; *Bulletin épigraphique*, 1882, p. 290. — S. R.]

[3] Le *Gorra'at Azrou*, فمّ ازروا, est le *Djebel Korra* de la carte de 1857.

une dédicace dont la date se place entre les années 371 et 373 de notre ère, et dans laquelle, à côté du proconsul d'Afrique, Rusticus Julianus, figure un personnage qualifié de *vir clarissimus, legatus Numidiae*[1]. Il s'agit évidemment, dans l'espèce, non pas du gouverneur de la province de Numidie, mais bien du légat du proconsul chargé d'administrer, sous ses ordres, la Numidie *proconsulaire*, c'est-à-dire la partie de la Numidie nouvelle qui resta sous l'autorité directe du proconsul lors de la division des pouvoirs, en 37, et continua à faire partie de la Proconsulaire lorsque la Numidie fut constituée en province separée, vers la fin du IIe siècle[2]. Mais pour que la cité antique que représente Aouitta ait pu faire partie de la Numidie proconsulaire, il fallait qu'elle eût appartenu à la Numidie nouvelle, formée, comme on le sait, du royaume numide, qui cessa d'exister après Thapsus. Aouitta marque donc, au sud de Thacia, un des points compris dans les possessions des fils de Masinissa.

L'étude du terrain, enfin, nous fournit peut-être une dernière indication. J'ai des raisons de penser qu'au nord du Gorra'at-Azrou, et sur les hauteurs qui dominent immédiatement la rive droite de la Medjerda, il existe quelques traces d'une limite artificielle courant du nord-nord-est au sud-sud-ouest. A l'époque où je visitais cette partie du bassin du Bagrada, un ingénieur employé à la construction de la ligne de Tunis à la frontière algérienne m'a dit avoir remarqué, sur ces hauteurs, un peu en amont de la station de l'Oued Badja, une coupure perpendiculaire au cours du fleuve. Cette coupure, suivant d'ailleurs une ligne de faîte, ne pouvait être, comme le faisait spontanément observer mon informateur, que l'œuvre de l'homme.

---

[1] [*Archives des Missions*, 1883, p. 322. — S. R.] — [2] Voir Mommsen, *C. I. L.*, t. VI, 1690, 1691, et t. VIII, p. 468.

J'attache d'autant plus d'importance à ce renseignement, que la personne de qui je le tiens ignorait absolument le fait historique dont Pline nous a consacré le souvenir, et j'admets d'autant plus volontiers l'existence, sur le point indiqué, d'un ancien fossé de délimitation que j'ai rencontré moi-même des vestiges analogues entre la sebkha de Kaïrouân et l'emplacement de Thenae.

Nous pensons donc que les frontières de la province romaine et du royaume de Numidie, au sud du Bagrada, passaient par la coupure dont nous venons de parler, longeaient le versant occidental du Gorra'at-Azrou, laissaient à l'est Henchir ed-Douames (*oppidum Marianum Ucitanum*) et Bordj Messaoudi (*Thacia*), et franchissaient la voie de Carthage à Sicca par la ligne de faîte qui sépare le bassin de l'Oued Khaled de celui de l'Oued Tessâ. La frontière traversait ensuite le Bahirt el-Ghorfa, du nord-ouest au sud-est, en laissant Henchir el-Aouitta à la Numidie, et gagnait, dans la même direction, le cours supérieur de la Siliana, qu'elle atteignait sans doute à Kasr el-Hadid. De ce dernier point, laissant à droite les massifs essentiellement numides des Oulad-Aoun et des Oulad-Ayar, elle suivait sans doute la rive gauche de l'Oued Merg-el-Lil, en laissant à droite la station numide d'Aquae Regiae, jusqu'au point où ce cours d'eau se perd dans les plaines de Kaïrouân.

3. La frontière de la province romaine d'Aquae Regiae à Thenae.

Le Djebel Troza, qui domine de près de neuf cents mètres les ruines d'Aquae Regiae, marque la limite des hauts plateaux et des basses terres. A l'est de ce puissant contrefort, le terrain n'offre plus qu'une série d'ondulations décroissantes, qui expirent au littoral.

Ces plaines présentent entre Aquae Regiae et Thenae deux grandes dépressions, dépourvues de toute communication avec la mer. L'une, la plus septentrionale et la plus considérable, est la sebkha de Sidi-el-Hani, ou de Kaïrouân; l'autre est la Sebkhat el-Gharra[1]. Comme toutes les sebkhas du nord de l'Afrique, ces deux bassins, qui forment de véritables lacs dans la saison des pluies, n'offrent plus en été que l'aspect d'une plaine vaseuse, couverte d'efflorescences salines et remplie de redoutables fondrières.

La ligne de démarcation de l'an 146 utilisait vraisemblablement ces deux obstacles naturels. Un double fossé devait rattacher la sebkha de Sidi-el-Hani à la Sebkhat el-Gharra et ce dernier bassin au littoral.

Le tracé que nous indiquons comme probable, au point de vue purement topographique, s'appuie d'ailleurs sur un texte d'Hirtius. Un incident de la campagne de César en Afrique semble prouver, en effet, que la rive occidentale de la sebkha de Sidi-el-Hani appartenait au royaume numide. Après avoir rappelé les tentatives infructueuses faites par Considius pour s'emparer d'Achilla (El-Alia), défendue par une garnison césarienne, Hirtius ajoute que le lieutenant de Scipion regagna Hadrumète « en passant par le royaume de Juba », *itinere per regnum Jubae facto*[2]. Pour se rendre bien compte de la marche

---

[1] [D'après la carte de 1857, M. Tissot admettait que la sebkha de Kaïrouân reçoit les eaux de l'Oued Merg-el-Lil. La carte publiée en septembre 1884, par le Dépôt de la guerre, fait aboutir ce cours d'eau à l'ouest de Kaïrouân et de la sebkha, où il se perd dans les sables. La sebkha reçoit seulement, à l'ouest, l'Oued el-Mokta. — S. R.]

[2] *De bello Africano*, XLIII: « Interim Considius, qui Achillam octo cohortibus stipendiariis Numidis Gaetulisque obsidebat, ubi C. Messius cohortibus praeerat, diu multumque expertus magnisque operibus saepe admotis et iis ab oppidanis incensis, quum proficeret nihil, subito nuntio de equestri praelio allato commotus , ... Achillam, quam obsidebat, deseruit, atque itinere per regnum Jubae facto, copias cum Scipione partitus, Hadrumetum se recepit. »

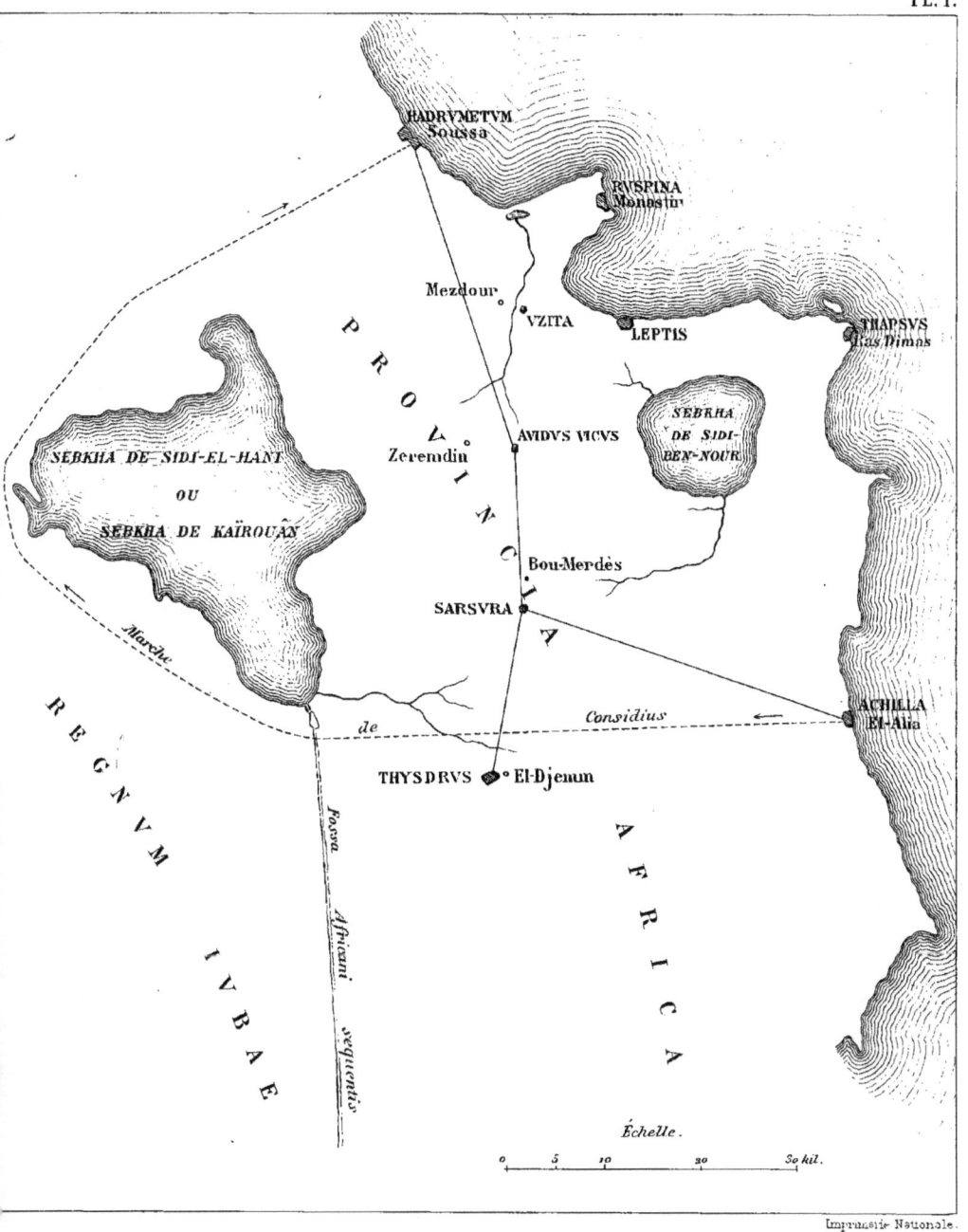

CARTE
INDIQUANT LA MARCHE DE CONSIDIUS
D'ACHILLA À HADRUMÈTE.

de Considius, il faut se rappeler la situation respective des deux partis à cette phase de la guerre civile. César et Scipion s'observaient sous les murs d'Uzita[1], et la cavalerie de Labienus venait d'être anéantie par celle du dictateur. Craignant d'être pris à revers, Considius se décida à lever le siège d'Achilla et à regagner Hadrumète, en laissant à Scipion une partie de ses troupes. La ligne de retraite la plus directe, pour Considius, était la route d'Achilla à Sarsura[2], puis la grande voie qui, passant par Sarsura et par Avidus Vicus[3], conduisait de Thysdrus à Hadrumète. Considius renonce à cet itinéraire, qui l'expose à être pris en flanc par la cavalerie césarienne, et passe, nous dit Hirtius, « par le royaume de Juba ». Sa marche, dès lors, est bien indiquée. D'Achilla il se dirige sur Thysdrus (El-Djemm) et contourne la sebkha de Kaïrouân par la rive occidentale. Cette seconde route lui offrait, en effet, le double avantage de mettre entre lui et l'ennemi un obstacle infranchissable et d'abréger autant que possible sa marche d'Achilla sur Hadrumète. La phrase d'Hirtius : *itinere per regnum Jubae facto* peut donc faire supposer, avec quelque vraisemblance, que la rive occidentale du lac était numide. Cette conjecture est d'ailleurs confirmée par un autre passage du livre sur la guerre d'Afrique; Thysdrus y figure parmi les villes romaines que César frappa d'une amende, après la défaite du parti dont elles avaient embrassé la cause[4]. Ses ruines se retrouvent, comme on le sait, à El-Djemm[5], à 45 milles romains au sud-

---

[1] Ruines situées à deux milles romains à l'est de Mezdour.

[2] Ruines près de Bou-Merdès, à trois milles au nord d'El-Djemm.

[3] Ruines près de Zeremdin, à six milles au nord-nord-ouest de Bou-Merdès.

[4] *De bello Africano*, XCVII : « Tisdritanos, propter humilitatem civitatis, certo numero frumenti multat. »

[5] Nous reproduisons l'orthographe consacrée, mais le nom correct de cette localité est *Ledjemm* جم ; c'est ainsi que l'écrivent les géographes arabes.

est de Kaïrouân et à 50 milles au nord-nord-est de Tina. La frontière ne devait donc pas, du côté de l'est, dépasser le méridien de Sidi-Nâceur, marabout situé à neuf milles au nord-ouest d'El-Djemm; par conséquent encore, elle ne pouvait suivre que la ligne droite qui, partant de la rive méridionale du lac de Kaïrouân, à la hauteur de Sidi-Nâceur, coupe l'extrémité orientale de la Sebkhat el-Gharra et aboutit à Thenae.

Ici se présente une dernière difficulté. L'expression de Pline *Thenas usque* est fort vague dans son apparente précision. Thenae se trouvait-elle sur le territoire romain? Rien dans le texte de Pline ne nous autorise à trancher la question dans un sens plutôt que dans l'autre. Ceux qui l'ont résolue par la négative s'appuient sur un passage du livre sur la guerre d'Afrique où l'auteur parle d'une ville de Thabena, située sur le littoral aux confins du royaume de Juba, *in extrema ejus regni regione maritima*, et évidemment peu éloignée de la frontière romaine : César, en effet, à la demande de ses habitants, qui avaient massacré la garnison royale, l'avait fait occuper par trois cohortes[1], et si Thabena n'avait pas été très voisine du théâtre des opérations, le dictateur se serait bien gardé de s'affaiblir au moment même où il avait besoin de toutes ses forces pour en finir avec ses adversaires. En rapprochant cette indication topographique de la ressemblance que présentent les noms de Thabena et de Thenae, on a cru pouvoir affirmer l'identité de ces deux villes, et l'on a supposé, par suite, que le fossé de Sci-

---

[1] *De bello Afric.*, LXXVII : « Thabenenses interim, qui sub ditione et potestate Jubae esse consuessent, in extrema ejus regni regione maritima locati, ... legatos ad Caesarem mittunt; rem a se gestam docent; petunt orantque ut suis fortunis populus romanus, quod bene meriti essent, auxilium ferret. Caesar, eorum consilio probato, Marcium Crispum tribunum cum cohortibus tribus et sagittariis tormentisque compluribus praesidio Thabenam mittit. »

pion Émilien atteignait le littoral nord de Thenae. La plupart de nos cartes le font déboucher à égale distance de Tina et de Sfaks. On a trouvé en outre[1] dans le nom de la ville antique dont Sfaks occupe l'emplacement, *Taphrura*, un autre argument à l'appui de l'hypothèse qui place la limite des possessions numides et romaines au nord de Thenae. On a fait dériver ce nom du mot grec τάφροι, « les fossés ». Un indice plus sérieux, bien qu'on n'en ait pas, que nous sachions, tiré parti jusqu'ici, serait celui que fournit le passage de Strabon où il est dit que César, pendant ses campagnes d'Afrique, se rendit maître, sans coup férir, de l'île de Cercinna et de Thena, bourgade maritime : Εἷλε δ' ἐξ ἐφόδου Καῖσαρ τὴν [Κέρκινναν] νῆσον καὶ Θέναν, πολίχνην ἐπιθαλατ]ιδίαν. Or l'auteur du livre sur la guerre d'Afrique, qui parle de l'occupation de Circinna et de Thabena par les troupes césariennes, ne dit pas un mot de Thena. On pourrait donc supposer que sa Thabena est la Thena de Strabon. Wilmanns, de son côté, s'est appuyé sur ce même passage pour affirmer que Thenae appartenait à la province romaine : « Thenas Caesari inimicas fuisse vique ab eo captas Strabo refert; praeterea Thenitani inde a tertio bello Punico ad provinciam Romanam pertinebant, cum Thabenenses sub regibus Numidarum essent[2]. » Cette dernière assertion n'est justifiée par aucun texte et n'a que la valeur d'une simple hypothèse. Quant à l'argument tiré de Strabon, il ne repose que sur une fausse interprétation de l'expression ἐξ ἐφόδου. Wilmanns le traduit par *vi capta*, alors que le véritable sens, indiqué par le livre sur la guerre d'Afrique, est « d'emblée, sans coup férir ». Nous savons, en effet, par le récit de la campagne de César, que Cercinna, à la prise de laquelle

---

[1] Entre autres M. Partsch (*De viis Africae procons.* Breslau, 1874). — [2] *C. I. L.*, t. VIII, p. 10.

Strabon applique la même expression ἐξ ἐφόδου, fut occupée sans résistance.

Il n'y a donc rien à tirer des textes. Le terrain fournirait, paraît-il, un indice à l'appui de l'opinion qui attribue Thenae à la province romaine. D'après les renseignements qui m'ont été donnés par un ancien agent consulaire à Sfaks, M. Mattei, on ne trouverait, au nord de Tina, aucune trace d'une ancienne délimitation, tandis qu'au sud de la même localité, à trois milles environ des ruines de la ville antique, l'Oued Tina forme une limite naturelle, qui se relierait à la sebkha de Sidi-el-Hani par un fossé dont les traces seraient encore parfaitement reconnaissables sur plusieurs points. A partir des ruines de Kasr Göbreuch, ce fossé, courant du sud au nord, couperait la pointe orientale de la Sebkhat el-Gharra, traverserait la dépression dont l'Oued Daroug suit le thalweg, passerait un peu à l'ouest de la koubba de Sidi-Nâceur, près de laquelle j'ai pu moi-même en reconnaître des vestiges, et aboutirait à l'extrémité méridionale de la sebkha de Sidi-el-Hani[1].

Par l'étendue et par la direction constante de son tracé, cette tranchée paraît être une des ces limites artificielles, χειροποιητὸς ὅρος, dont on constate l'existence, en Afrique, à toutes les époques de l'antiquité[2]. La tradition locale lui attri-

---

[1] [M. Tissot a été induit en erreur par les renseignements de M. Mattei. Envoyé sur les lieux en 1884, nous avons pu constater que le prétendu fossé au sud de Thenae n'est pas autre chose qu'un lit de torrent; le pays entier porte le nom d'*El-Hadd*, qui n'est nullement réservé à l'un ou l'autre des nombreux *thalwegs* qui le traversent. Voir notre *Lettre à M. Georges Perrot*, dans la *Revue archéologique*, mars 1884.— S. R.]

[2] Nous avons vu que le territoire propre de Carthage était entouré d'un fossé. Le témoignage de Pline est formel quant à la délimitation de l'an 146, et nous retrouvons au v° siècle, dans un texte législatif, la preuve que cette tradition s'était perpétuée pendant toute la période romaine. Un rescrit d'Honorius et de Théodose (*Cod. Theod.* lib VII, tit. XV, l. 1, *De terris limitaneis*), daté de l'année 409 et adressé à Gaudentius, vicaire d'Afrique, précise les

bue précisément cette destination : partout, sur ce parcours de près de soixante milles, le fossé est désigné sous le nom de *Seguiet el-Hadd* الساقية الحدّ, le « fossé de la frontière », et les indigènes ajoutent qu'il le porte de temps immémorial, *Ma'rouf men aoul ed-Denia,* معروف من اول الدنية.

En rapprochant la tradition que nous venons de signaler de ce fait que le tracé de cette limite artificielle, tel qu'on le retrouve sur le terrain, est précisément celui que l'étude des textes antiques nous avait conduit à assigner à la délimitation de l'an 146, il est difficile de ne pas reconnaître dans le Seguiet-el-Hadd les traces du fossé de Scipion Émilien[1].

Ce fossé se confondait-il, dans la plus grande partie de son tracé, ainsi qu'on l'a supposé, avec ces « fosses puniques », αἱ Φοινικίδες τάφροι, qui formaient, comme nous l'avons vu, la limite du territoire propre de Carthage?

Si l'on admet, avec Heeren, Mannert et la plupart des géographes, que les limites du territoire carthaginois se confondaient, au sud, avec celles de la Zeugitane, et si l'on remarque, d'un autre côté, que les districts de Tusca et des Grandes Plaines, enlevés par Masinissa aux Carthaginois, au mépris des stipulations du traité de 201, faisaient certainement partie de l'ἰδία τῶν Καρχηδονίων χώρα, on est autorisé à affirmer que les

---

obligations qu'entraîne la possession de terres situées sur la frontière; le propriétaire est chargé, en retour de certains privilèges, de l'entretien et de la défense du fossé qui sert de limite : *cura fossati tuitioque limitis.* La lettre impériale fait d'ailleurs allusion à l'antiquité aussi bien qu'à la sagesse des dispositions qu'elle rappelle : « Terrarum spatia... quae propter curam munitionemque limitis atque fossati..... *antiquorum humana* fuerant *provisione* concessa. »

[1] [Il reste bien établi : 1° qu'il n'y a aucune trace d'une délimitation naturelle au nord de Thenae; 2° que la région située au sud de Thenae, dans le voisinage du puits d'Hadji-Embareck, porte le nom de *El-Hadd* « la frontière », et que cette région est traversée par des lits de torrents à rives abruptes qui remontent vers le nord et ont bien pu servir au tracé d'une ligne frontière. — S. R.]

deux délimitations des années 201 et 146 n'avaient qu'un point commun, celui où elles se coupaient. Le texte de Pline, au surplus, semble favorable à cette dernière hypothèse : l'expression *fossa inter Africanum sequentem et reges perducta* paraît bien indiquer qu'il s'agissait d'une frontière nouvelle, destinée à tenir compte des modifications territoriales qu'avaient amenées les événements survenus de 201 à 146.

L'arrangement intervenu entre les délégués du Sénat et les princes numides fixa pour un siècle ces limites, si longtemps disputées et flottantes. Rome fit la part belle à ses alliés, et sa modération s'explique sans peine lorsqu'on se reporte aux discussions que soulevèrent, au sein du Sénat, les conditions de la paix qui devait mettre fin à la seconde guerre punique. Rome s'était proposé, avant tout, d'anéantir Carthage : elle ne songeait pas encore à se substituer à sa rivale. Elle se contentait d'occuper une partie du littoral ennemi, bien moins pour en tirer parti elle-même que pour empêcher la reconstitution du centre politique qui avait si longtemps groupé autour de Carthage toutes les forces vives de l'Afrique. La création de la province romaine ouvrait une brèche dans l'empire fondé par Masinissa, empire immense qui s'étendait de la Cyrénaïque à la Maurétanie[1]. Défense fut faite de jamais relever Carthage, et cette interdiction cachait, sous les formes religieuses dont elle fut entourée, une arrière-pensée politique facile à saisir. Ces précautions prises, Rome avait un double intérêt à ménager ses alliés indigènes : elle leur devait, dans le présent, le prix des services rendus; elle attendait d'eux, pour l'avenir, le ser-

---

[1] Appien, VIII, cvi : Καὶ ὁ [Μασσανάσσης] μὲν τοῦτ' εἰπὼν, ἐτελεύτησεν· ἀνὴρ ἐς πάντα ἐπιτυχής, ᾧ τὴν μὲν ἀρχὴν τὴν πατρῴαν Θεὸς ἔδωκεν, ἀφαιρεθέντι πρὸς Καρχηδονίων καὶ Σύφακος, ἀναλαβεῖν, καὶ προαγαγεῖν ἐπὶ μέγιστον, ἀπὸ Μαυρουσίων τῶν παρ' Ὠκεανῷ μέχρι τῆς Κυρηναίων ἀρχῆς ἐς τὰ μεσόγαια.

vice non moins important de préparer l'Afrique à sa domination.

Les événements justifièrent son calcul. Grâce aux efforts de Masinissa et de ses successeurs, une transformation notable, déjà constatée par Polybe [1], s'accomplit dans l'état social des Numides : des villes se fondèrent en grand nombre, les populations s'attachèrent au sol, la terre fut cultivée, les mœurs s'adoucirent, et lorsque Rome, un siècle après la chute de Carthage, prit possession du royaume numide, elle ne rencontra de résistance sérieuse que dans les régions méridionales, qui étaient devenues le refuge des nomades et qui restèrent, jusqu'à la fin de sa domination, le point de départ ou le point d'appui de toutes les insurrections indigènes.

§ 2. — L'AFRIQUE ROMAINE EN 46 AVANT JÉSUS-CHRIST.

On suppose généralement que les limites de la province romaine d'Afrique s'étendirent, en 106, après la défaite de Jugurtha; que la République garda Vacca, Sicca et quelques-unes des autres places conquises pendant la guerre, ainsi que Leptis Magna, qui, dès le début des hostilités, avait demandé et n'avait pas tardé à recevoir une garnison romaine [2]. Cette conjecture, qui ne repose sur aucun texte formel, est difficilement conci-

---

[1] Polybe, XXXVII, III : Τὸ δὲ μέγισ7ον καὶ θειότατον τούτου · τῆς γὰρ Νομαδίας ἀπάσας ἀχρήσ7ου τὸν πρὸ τοῦ χρόνου ὑπαρχούσης καὶ νομιζομένης ἀδυνάτου τῇ φύσει πρὸς ἡμέρους καρποὺς ὑπάρχειν · πρῶτος καὶ μόνος ὑπέδειξε διότι δύναται πάντας ἐκφέρειν τοὺς ἡμέρους κάρπους οὐδ' ὁποίας ἧτ7ον, ἑκάσ7ῳ τῶν κάρπων ἐν διασ7άσει μυριοπλέθρους ἀγροὺς κατασκευάσας παμφόρους.

[2] Salluste, Bell. Jugurth., LXXVII : «Legati ex oppido Lepti ad Metellum venerunt, orantes uti praesidium praefectumque eo mitteret....... Nam Leptitani, jam inde a principio belli Jugurthini ad Bestiam consulem et postea Romam miserant, amicitiam societatemque rogatum; deinde ubi ea impetrata, semper boni fidelesque mansere..... Itaque ab imperatore facile quae petebant, adepti. »

liable avec les indications de Ptolémée : Sicca figure, dans les listes de ce géographe, parmi les villes de la « Numidie nouvelle », c'est-à-dire de la nouvelle province romaine, ἡ νέα ἐπαρχία, créée en 46, après la bataille de Thapsus. César n'avait aucune raison d'agrandir la nouvelle province aux dépens de l'ancienne. Si la ville de Sicca est comprise, dans les tables Ptoléméennes, parmi les cités de la Numidie, c'est évidemment qu'elle n'avait jamais cessé d'être numide. Zama Regia, lors de la campagne de César en Afrique, est encore la principale place forte de Juba. Quant à Leptis Magna, il est peu vraisemblable qu'elle ait été considérée comme une annexe de la province romaine, dont elle était si éloignée : Salluste constate qu'elle avait échappé, par sa situation même, à l'influence numide[1]; à plus forte raison, peut-on supposer qu'elle ne fut pas rattachée aux possessions romaines en 106. L'occupation de cette place n'avait été qu'une mesure de précaution, qui dut cesser avec la guerre. Leptis conserva sans doute sa situation d'alliée du peuple romain : rien n'autorise à affirmer qu'elle devint une parcelle du territoire de la République.

Les possessions romaines ne s'étendirent réellement qu'après la bataille de Thapsus, en 46.

Quatre ans avant cette date, Curion, pendant son tribunat, avait proposé de réduire la Numidie en province romaine[2], et le souvenir de cette motion fut pour beaucoup dans l'ardeur avec laquelle Juba embrassa la cause pompéienne : en

---

[1] *B. Jug.*, LXXVIII : « Ejus civitatis lingua modo conversa connubio Numidarum : leges cultusque pleraque Sidonica : quae eo facilius retinebant, quod procul ab imperio regis aetatem agebant. Inter illos et frequentem Numidiam multi vastique loci erant. »

[2] César, *De bello civ.*, II, XXV : « ...tribunus plebis legem promulgaverat, qua lege regnum Jubae publicaverat. »

soutenant les adversaires de César, le roi numide défendait sa couronne :

> Nec solum studiis civilibus arma parabat,
> Privatae sed bella dabat Juba concitus irae.
> Hunc quoque, quo superos humanaque polluit anno,
> Lege tribunitia solio depellere avorum
> Curio tentarat, Libyamque auferre tyranno,
> Dum regnum te, Roma, facit. Memor ille doloris
> Hoc bellum sceptri fructum putat esse retenti.

L'appui que le parti pompéien avait trouvé en Afrique décida César à modifier la situation politique que Rome avait respectée pendant un siècle. Le royaume de l'arrière-petit-fils de Masinissa fut partagé entre le peuple romain et les alliés du dictateur. Sittius reçut en récompense de ses services la ville de Cirta et les districts adjacents. Bocchus vit ses États s'accroître de toute la partie occidentale de l'empire numide. Le reste du royaume de Juba forma une seconde province romaine, sous le nom de *Numidie* ou *Afrique nouvelle*.

L'existence de la Numidie comme province séparée n'est pas douteuse, bien qu'elle ait été parfois contestée. Zumpt et Marquardt, entre autres, avaient pensé que l'*Africa nova* était gouvernée par un lieutenant du proconsul d'Afrique. Il est certain qu'elle formait une division territoriale indépendante. Le fait est surabondamment prouvé par la nomination de Salluste au gouvernement de la nouvelle province en qualité de proconsul revêtu de l'*imperium*[1]; par le passage d'Appien où il est dit que Sextius tenait ses pouvoirs du Sénat: τὴν ἀρχὴν παρὰ τῆς βουλῆς λαβών[2]; par le témoignage de Dion, qui, en parlant du partage de l'Afrique romaine entre Octave et Antoine, con-

---

[1] *De bello Afric.*, XCVII : « Ibi Sallustio proconsule cum imperio relicto. » — [2] Appien, *Bell. civ.*, IV, LIII.

state que la Numidie appartenait à l'un et l'Afrique à l'autre [1]; enfin par la qualification de νέα ἐπαρχία que Ptolémée donne à la Numidie [2], et qui ne peut s'appliquer qu'à la nouvelle province créée en 46.

Aucun document ne nous autorise à penser que les limites de l'ancienne province aient été modifiées par la création d'une Numidie romaine. L'Afrique nouvelle enveloppait l'*Africa vetus* ou *Africa propria*, telle que l'avait délimitée le tracé de Scipion Émilien, et ajoutait aux possessions de la République la partie occidentale du Byzacium, les Empories et la Tripolitaine.

Du côté de l'ouest, la Numidie dut atteindre, dès cette époque, le cours inférieur de l'Amsaga, c'est-à-dire une de ces limites traditionnelles dont j'ai déjà parlé, et qu'on voit toujours survivre, en Afrique, aux événements qui les font momentanément disparaître. On a supposé à tort qu'elle ne s'étendait que jusqu'aux possessions de Sittius; Cirta n'était évidemment, entre les mains de ce dernier, qu'une sorte de fief relevant du peuple romain et soumis, pour toutes les mesures d'administration générale, à l'autorité supérieure du gouverneur de la province.

Les limites méridionales de la Numidie furent probablement aussi indécises, à la première heure, que celles de l'Algérie française l'ont été elles-mêmes jusqu'au moment où une expérience, chèrement achetée, nous a décidés à aller chercher les clefs du Tell dans le Sahara. Par la nature des choses, l'Afrique septentrionale n'a jamais eu d'autres limites politiques, du côté du sud, que la ligne d'avant-postes qu'y a établie chaque conquérant. Tout porte à croire que l'occupa-

---

[1] Dion, XLVIII, xxi, xxii. — [2] Ptolémée, IV, iii.

tion romaine, en 46, ne dépassait pas la ligne septentrionale des hauts plateaux et s'arrêtait au versant nord de l'Aurès. La possession de Sicca, de Laribus, de Thala, de Thelepte et de Capsa suffisait, du reste, pour assurer de libres communications entre les deux extrémités de la nouvelle province.

L'Afrique ancienne et la Numidie se trouvèrent réunies, de fait, à deux reprises différentes, pendant la période si troublée qui suivit la mort de César. Placées sous l'autorité d'un seul gouverneur[1], elles n'en gardèrent pas moins leur existence propre, et les limites que nous avons indiquées ne subirent aucune atteinte.

§ 3. — L'AFRIQUE ROMAINE, DE L'AN 30 À L'AN 25.

L'étendue des possessions romaines en Afrique fut momentanément restreinte en 723 (31 avant J.-C.). Octave, après sa victoire d'Actium, rendit la Numidie au fils de Juba I[er][2], mais pour la lui reprendre en 729 (25 avant J.-C.), en échange de la Maurétanie et de quelques districts gétules[3]. La Numidie

---

[1] Propréteur de Numidie avant le triumvirat (Dion, XLVIII, XXI), T. Sextius, après la défaite de Q. Cornificius, proconsul d'Afrique, gouverna les deux provinces jusqu'au moment où Octave en prit possession et y préposa C. Fuficius Fango (Dion, XLVIII, XXII). Un nouveau partage de l'Afrique ayant donné, après la bataille de Philippes, la Numidie à Octave et l'Afrique propre à Antoine, Sextius, qui était resté en Afrique, reçut de Fulvie l'ordre d'occuper l'ancienne province. Fango refusa de la livrer; la guerre éclata entre les deux propréteurs, et se termina par la victoire de Sextius, qui gouverna de nouveau les deux provinces jusqu'à l'arrivée de Lépide, à qui l'Afrique romaine avait été attribuée en 41 (Dion, XLVIII, XXIII : Καὶ οὕτως ὁ Λέπιδος ἀμφότερα τὰ ἔθνη κατέσχε). Lépide lui-même fut dépossédé par Statilius Taurus (Dion, XLIX, XIV : καὶ τὴν Λιβύην ἑκατέραν ἀμαχὶ διὰ Στατιλίου Ταύρου παρεσ7ήσατο).

[2] Dion, LI, XV : Ἡ δὲ Κλεοπάτρα Ἰούβᾳ τῷ τοῦ Ἰούβου παιδὶ συνῴκησε· τούτῳ γὰρ ὁ Καῖσαρ τραφέντι τε ἐν τῇ Ἰταλίᾳ καὶ συστρατευσαμένῳ οἱ ταύτην τε καὶ τὴν βασιλείαν τὴν πατρῴαν ἔδωκε. (Conf. Tacite, *Annales*, IV, v.)

[3] Dion, LIII, XXVI : Καὶ τῷ μὲν Ἰούβᾳ τῆς τε Γαιτουλίας τινὰ ἀντὶ τῆς πατρῴας ἀρχῆς, ἐπείπερ ἐς τὸν τῶν Ῥωμαίων κόσμον

fut réunie à l'Afrique ancienne, placée, dès l'année 27, parmi les provinces sénatoriales[1].

§ 4. — LA PROVINCE ROMAINE D'AFRIQUE, DE L'AN 25 AVANT JÉSUS-CHRIST JUSQU'AU RÈGNE DE SEPTIME SÉVÈRE.

La province d'Afrique, telle qu'elle venait d'être définitivement constituée en 729 (25 avant notre ère), s'étendait de l'Amsaga jusqu'aux Autels des Philènes, limite immuable de la Tripolitaine et de la Cyrénaïque. Ces frontières, qu'elle devait conserver pendant deux siècles, sont les plus vastes qu'elle ait jamais atteintes. Nous essaierons de les préciser, autant que les textes anciens permettent de le faire.

La frontière orientale était indiquée, du côté de la Cyrénaïque, par la dépression sablonneuse qui, dès l'époque de la toute-puissance de Carthage, avait marqué le point de séparation des établissements d'origine grecque et des colonies phéniciennes. Le double tumulus des Philènes s'élevait, au fond de la grande Syrte, au milieu d'une zone stérile, terrain neutre qui forme encore aujourd'hui la limite de l'Afrique et du Maghreb.

Du côté de l'ouest, la province d'Afrique était séparée de la Maurétanie par le cours inférieur de l'Amsaga (Oued el-Kebir)[2], qui, du temps des dynasties indigènes, avait déjà servi de

οἱ πλείους αὐτῶν ἐσεγεγράφατο, καὶ τὰ τοῦ Βόκχου τοῦ τε Βογούου ἔδωκε.

[1] Strabon, XVII, III, 25 : Ἀλλ' ἐν ἀρχαῖς γε διέθηκε ποιήσας ὑπατικὰς μὲν δύο, Λιβύην τε, ὅση ὑπὸ Ῥωμαίους ἔξω τῆς ὑπὸ Ἰούβᾳ μὲν πρότερον, νῦν δὲ Πτολεμαίῳ τῷ ἐκείνου παιδί, καὶ Ἀσίαν...

[2] Pline, V, II : « Ab Ampsaga Numidia est. » Cette limite paraît avoir été plus d'une fois déplacée dans les premières années de l'empire. Au temps de Strabon,

elle avait été reportée vers l'ouest jusqu'à Saldes : Μεταξὺ δὲ τῆς Καισαρείας καὶ τοῦ Τρητοῦ μέγας ἐστὶ λιμήν, ὃν Σάλδαν καλοῦσι· τοῦτο δ' ἐστὶν ὅριον τῆς ὑπὸ τῷ Ἰούβᾳ καὶ τῆς ὑπὸ τοῖς Ῥωμαίοις. Strabon ajoute que la frontière varia souvent, par suite de circonstances politiques, qui engagèrent Rome tantôt à agrandir, tantôt à affaiblir les différentes tribus de cette zone, suivant qu'elle les considérait comme amies ou comme ennemies : Πολυτρόπως γὰρ οἱ

limite aux Massyliens et aux Massésyliens. Nous disons « par le cours inférieur du fleuve », car Mileu et Cuicul, situées sur sa rive gauche, faisaient cependant partie de la Numidie. Il est donc évident que la frontière ne suivait le cours de l'Amsaga que jusqu'à une certaine hauteur, c'est-à-dire jusqu'au point où l'Oued el-Kebir reçoit son principal affluent de gauche, l'Oued el-Endja. C'est au confluent de ces deux cours d'eau, en effet, à un kilomètre à l'ouest de Zaouia Sidi-Barkat, que se retrouve la *Tucca, fines Affrice et Mauretanie*, indiquée par la Table de Peutinger sur la route d'Igilgilis à Cuicul, à 46 milles de la première de ces deux stations et à 70 milles de la seconde. L'Anonyme de Ravenne indique également *Tuca* comme la limite de la Numidie et de la Maurétanie Sitifienne : *civitas Tuca, quae juxta mare magnum dividitur inter superius dictam provinciam Numidiam et ipsam Mauretaniam Sitifensem* (III, vii). Le mot *juxta* n'a ici qu'une valeur relative : si Tucca avait été située sur le littoral, la distance indiquée par la Table de Peutinger entre cette station et Igilgilis nous obligerait à reporter la frontière à près de vingt milles à l'est de l'Amsaga.

À partir de Tucca, la frontière suivait l'Oued el-Endja, de l'est à l'ouest, jusqu'au point où cette rivière reçoit l'Oued Deheb, et remontait ce dernier cours d'eau, qui coule du sud au nord. Elle passait entre Cuicul (*Djemila*) et Mons (*Ksar ou Ghiren*). Un fragment d'inscription trouvé dans les ruines de Mons, et donnant une date calculée d'après l'ère provinciale[1], prouve

μερισμοὶ γεγένηνται τῆς χώρας, ἅτε τῶν νεμομένων αὐτὴν πλειόνων γενομένων καὶ τῶν Ῥωμαίων ἄλλοτ' ἄλλως τούτων τοῖς μὲν φίλοις χρωμένων, τοῖς δὲ καὶ πολεμίοις· ὥστε καὶ ἀφαιρεῖσθαι καὶ χαρίζεσθαι συνέβαινεν ἄλλοις ἄλλα καὶ οὐ τὸν αὐτὸν τρόπον (XVII, iii, 12).

[1] *Inscriptions de l'Algérie*, n° 3459 :

AE. AVG.
PR. CLXV

(Anno Provinciae centesimo sexagesimo quinto.)

que cette localité appartenait déjà à la Maurétanie Sitifienne[1].

Au delà de la source de l'Oued Deheb, au sud par conséquent de la voie romaine qui conduisait de Cuicul à Sitifis, le tracé de la frontière est indiqué par trois points de repère. La ligne de démarcation devait passer par le Djebel Brao et Kherbet Aïn-Soltân. D'une part, en effet, la ville antique dont les ruines anonymes existent encore à Biar Haddada, à 8 kilomètres à l'ouest de Kherbet Aïn-Soltân, appartenait à la Maurétanie Sitifienne : c'est ce qu'établit un texte épigraphique qui y a été découvert, et dans lequel est mentionné un *Septimius Flavianus, praeses Mauretaniae Sitifensis*[2]. D'un autre côté, nous savons que *Gemellae*, qu'on identifie à Kherbet Fraïn, entre la Sebkhat el-Ahmiet et la Sebkhat Hasbin, faisait partie de la Numidie. La dernière indication que nous possédions est un fragment d'inscription provenant de Ngaous, et qui permet de supposer que les ruines fort étendues qu'on trouve dans cette localité sont celles d'une *colonia Castellana*, identique à l'évêché dont l'ethnique se retrouve sous la même forme dans la liste des églises de la Numidie[3].

---

[1] Le tracé que nous indiquons a été déjà proposé par M. Poulle dans une excellente étude sur la Maurétanie Sitifienne, publiée dans le *Recueil des Notices* de la Société archéologique de Constantine (1863). Nos conclusions ne diffèrent des siennes que sur un point que nous indiquerons plus loin.

[2] *Recueil des Notices*, 1874, p. 402.

[3] *Recueil des Notices*, etc., 1863 :
IMP·CAES·M·AVRELIO
....
....
COL·CAST

Il existait, du reste, deux *ecclesiae Castellanae* : l'une dans la Sitifienne, l'autre dans la Numidie, et si nous rattachons à cette dernière province la cité dont les ruines se retrouvent à Ngaous, c'est en nous fondant sur des présomptions tirées des convenances topographiques. On doit considérer le Hodna, à notre avis, comme faisant partie de la Sitifienne, sous peine d'étendre démesurément vers l'ouest les limites de la Numidie.

M. Poulle suppose que la *colonia Castellana* de Ngaous est identique à l'*ecclesia Castellana* sitifienne.

La ligne frontière, à partir de Kherbet Aïn-Soltân, traversait donc la plaine des Eulma en passant entre l'extrémité orientale du Djebel Youssef et la Sebkhat el-Ahmiet; elle coupait le Djebel Meunchar et le Djebel Ammanes, descendait l'Oued Renia jusqu'à son confluent avec l'Oued Barika, laissait à l'est Ngaous et, longeant les hauteurs orientales du bassin du Hodna, aboutissait aux bas-fonds de l'Oued Djedi à la hauteur de Tolga (*Mesarfelta*).

La frontière de la Province atteignait-elle, du côté du sud, dès le règne d'Auguste, la limite naturelle que forme le versant méridional du Djebel Ahmar-Khaddou et de l'Aurès? Nous ne le pensons pas. M. Mommsen fait remonter à l'époque de César l'établissement de grands postes militaires sur la lisière du Sahara. Une telle extension de l'occupation romaine, dès la création de la province de Numidie, semble difficilement conciliable avec la prudente lenteur que Rome apporta systématiquement dans l'assimilation des populations indigènes. Elle n'est constatée, que nous sachions, par aucun texte ancien, par aucun monument épigraphique. Tous les documents historiques qui nous sont parvenus trahissent, au contraire, les hésitations et l'incertitude qui suivirent la prise de possession de la Numidie. Le rôle que jouent les dynasties indigènes dans les guerres civiles qui suivirent la mort de César, l'érection de la Numidie en royaume au profit de Juba II, la suzeraineté que conserve le client d'Octave sur les tribus gétules du sud lorsqu'on lui reprend la Numidie pour lui donner la Maurétanie, l'insurrection formidable de ces tribus qui détermine Rome à substituer définitivement son action à celle de son protégé, prouvent, ce nous semble, que l'occupation de la Numidie, dans le principe, avait été fort restreinte, et bornée, selon toute apparence, à la ligne septentrionale des hauts plateaux. L'extension de la domination romaine vers le sud fut la conséquence forcée de la prise d'armes dont nous avons parlé : bornée, à l'origine, à un soulèvement des Gétules du sud de la Numidie, l'insurrection ne tarda pas à s'étendre de l'Aurès jusqu'aux Syrtes, et ne fut comprimée qu'en 759. C'est à cette date seulement que Rome pénétra jusqu'au Sahara; encore ne prit-elle possession que de la partie orientale de cette région. Deux inscriptions, trouvées, l'une à Kabès, l'autre dans le Bahirt es-Segui, constatent qu'une route militaire reliant Tacape à un camp permanent établi au nord de Capsa, probablement à Théveste, fut construite dans l'automne de l'an 14 de notre ère, l'année même de la mort d'Auguste, par L. Nonius Asprenas, proconsul d'Afrique. Mais cette route ne se reliait à aucune des stations fortifiées qui s'échelonnèrent plus tard au sud de l'Aurès, de Thelepte à Mesarfelta. Aucun des textes épigraphiques découverts à Théveste, d'autre part, n'est antérieur à l'époque de Vespasien.

La fondation de Thamugadi, l'établissement, à Lambaesis, du quartier général de la légion III^a Augusta et la construction du castrum de Ad Majores (Besseriani) paraissent dater du règne de Trajan. La grande voie qui suivait le versant sud de la chaîne atlantique méridionale ne peut donc avoir été achevée que dans les premières années du IIe siècle, et c'est à cette époque que l'on doit fixer l'occupation définitive de la ligne saharienne.

La route militaire dont nous venons de parler peut être considérée comme la frontière méridionale de la province d'Afrique. De Mesarfelta à Ad Majores, elle longeait les pentes méridionales de l'Ahmar-Khaddou et de l'Aurès, en passant par Gemellae (Mlili), Ad Piscinam (Biskra), Thabudeos (Thouda), une station anonyme placée sur l'Oued Cedeur, Badias (Badis) et Ad Medias (Henchir Taddert). A partir de Ad Majores (Besseriani), elle suivait la crête du Djebel Madjour jusqu'à Speculum (Chbikat), traversait du nord au sud la large dépression qui sépare cette chaîne de celle de Tarfaoui, atteignait à Thiges (Taguious) la rive septentrionale du lac Tritonide (Chott el-Djerid), qu'elle longeait de l'est à l'ouest en passant par Thisurus (Tôzeur) et Aggarsel Nepte (Nefta), enveloppait la rive méridionale du Chott el-Djerid et les oasis du Nefzâoua, et, suivant de l'ouest à l'est le versant sud du Tbaga, aboutissait à Tacape (Kabès), au fond du golfe de la petite Syrte. Le tracé que nous venons de décrire est celui de la route frontière indiquée par la Table de Peutinger entre Thelepte et Tacape, à partir de Speculum (Chbikat), qu'une voie directe rattachait à Thelepte et à Théveste.

De Tacape à Leptis Magna, la frontière est indiquée par une autre route militaire : c'est celle qui figure dans l'Itinéraire d'Antonin sous le titre de *Iter quod limitem Tripolitanum a Tacape Leptim Magnam ducit*. Elle suivait la chaîne montagneuse du Djebel Nfouça et du Gharian, qui sépare le littoral de la région saharienne.

A l'est de Leptis, la Tripolitaine n'offre plus qu'une zone très étroite, et la frontière se confond avec la ligne des stations ou des postes fortifiés qui jalonnent la grande voie du littoral.

La Table de Peutinger indique seule quelques voies intérieures de peu d'étendue, qui ne se détachent de la voie principale que pour y revenir bientôt. Le réseau routier finit, en réalité, à Tacape : à partir de ce point, la voie du littoral ne représente plus qu'un simple cordon, auquel se rattachent quelques mailles isolées.

Nous ne comprenons pas la Phazanie dans les limites de la

province romaine; bien qu'elle en dépendît politiquement et militairement, elle n'était, en réalité, qu'une annexe lointaine, complètement séparée de la métropole par de vastes solitudes.

Telle était l'étendue de la province d'Afrique dès le 1er siècle de notre ère. Pline, en 71, évaluait à 200 milles la largeur de la Numidie et de l'Afrique : *Latitudo, qua cognitum est, cc mill.* C'est effectivement la distance moyenne qui sépare le littoral du Sahara.

La mesure par laquelle Caligula, en 790 d'après Tacite[1], en 791 d'après Dion Cassius[2], enleva le commandement des troupes au proconsul d'Afrique pour le confier à un légat choisi par l'empereur[3], n'eut pas pour conséquence, ainsi que l'avait supposé Zumpt, de détacher la Numidie de l'ancienne province. Le légat fut investi du commandement de toutes les forces provinciales, avec le titre de *Legatus Augusti pro praetore provinciae Africae*[4], ou de *Legatus Augusti pro praetore exercitus qui est in Africa*[5], ou encore de *Legatus Augusti pro praetore legionis III Augustae*[6], et, afin d'éviter des conflits d'attributions, le siège de son commandement fut fixé dans une des subdivisions administratives de la province, le diocèse de Numidie, ce qui ex-

---

[1] Tacite, *Hist.*, IV, XLVIII : « Legio in Africa auxiliaque tutandis imperii finibus, sub divo Augusto Tiberioque principibus, proconsuli parebant. Mox Caius Caesar, turbidus animi ac M. Silanum obtinentem Africam metuens, ablatam proconsuli legionem misso in eam rem legato tradidit. »

[2] Dion, LIX, xx : Ἐπειδή τε Λούκιος Πείσων υἱὸς ἄρξας τῆς Ἀφρικῆς ἔτυχεν, ἐφοβήθη μὴ νεωτερίσῃ τι ὑπὸ μεγαλαυχίας· ἄλλως τε καὶ ὅτι δύναμιν πολλὴν καὶ πολιτικὴν καὶ ξενικὴν ἕξειν ἔμελλε· καὶ δίχα τὸ ἔθνος νείμας, ἑτέρῳ τό τε στρατιωτικὸν καὶ τοὺς Νομάδας τοὺς περὶ αὐτὸ προσέταξε· καὶ ἐξ ἐκείνου καὶ δεῦρο τοῦτο γίγνεται.

[3] L'expression dont se sert Tacite, *misso in eam rem legato*, indique que le légat chargé du commandement militaire était en réalité un délégué de l'empereur.

[4] *Inscr. de l'Algérie*, 1817, 1819.

[5] Muratori, DCCLXVI, v. — Cf. DCCCLVIII, IV.

[6] Inscriptions d'Henchir Smala (*C. I. L.*, t. VIII, n° 10116).

plique cette autre variante de son titre officiel : *Legatus Augusti provinciae Africae dioeceseos Numidiae*[1].

La phrase de Dion : ἑτέρῳ τό τε σ]ρατιωτικὸν καὶ τοὺς Νομάδας τοὺς περὶ αὐτὸ προσέταξε, prouve d'ailleurs que le légat n'avait pas seulement le commandement des troupes, mais qu'il administrait aussi les tribus cantonnées dans le voisinage des postes occupés par des détachements. Cette division des pouvoirs partageait donc, en réalité, la province en deux parties bien distinctes, l'une comprenant le territoire militaire, l'autre le territoire civil, sur lequel le légat impérial avait le droit de pénétrer sans autorisation préalable et d'exercer les actes de sa compétence spéciale : mouvements exécutés pour la défense de la province ou travaux d'utilité publique confiés aux troupes. C'est ainsi que le nom du légat impérial P. Metilius Secundus figure seul sur les milliaires de la route de Carthage à Théveste, ouverte en 123 par la légion III^a Augusta. De même, l'inscription d'Henchir Smala, qui rappelle certains travaux exécutés en 76 sur la route de Carthage à Hippo Regius par Bulla Regia, ne mentionne que le nom du légat de Vespasien, Q. Egnatius Catus, *Legatus Augusti pro praetore Legionis III Augustae*.

Les documents épigraphiques nous font connaître à peu près les limites des deux juridictions.

L'autorité du légat s'étendait sur Cirta, lieu de sa résidence, et sur tout le territoire cirtésien, Rusicade[2], Mileu[3], Cuicul[4], sur Mastur[5], Arsacal[6], Thibilis[7], Madaure[8], Théveste[9], Tha-

---

[1] Gruter, CCCCIV, 3.
[2] *C. I. L.*, t. VIII, 7965, 7975, 7976, 7979.
[3] *Ibid.*, 8208.
[4] *Ibid.*, 8309, 8326, 8327, 8330.
[5] *Ibid.*, 6357.
[6] *C. I. L.*, t. VIII, 6048.
[7] *Ibid.*, 5526.
[8] *Ibid.*, 4676.
[9] *Ibid.*, 1829, 1839, 1851, 1869, 10658, 10667.

mugadi[1], Mascula[2], Lambaesis[3], Zaraï[4], Macomades[5]; sur tout le versant méridional de l'Aurès jusqu'à Ad Majores[6], et enfin à Bondjem[7], frontière sud-est de la Tripolitaine, et à Cydamus[8].

Le proconsul continuait à administrer directement et exclusivement toute l'Afrique ancienne, y compris le littoral tripolitain[9] et le sahara tunisien[10], ainsi que la partie nord-est de la Numidie. On peut donc distinguer dès ce moment, comme l'a fait observer M. Mommsen, deux Numidies : celle du proconsul et celle du légat[11].

Bien qu'officiellement maintenue, l'unité de la province d'Afrique n'en avait pas moins reçu une réelle atteinte, et la mesure prise par Caligula ne contribua pas peu à préparer le changement qui s'accomplit vers la fin du IIe siècle.

§ 5. — LA PROVINCE ROMAINE, DU RÈGNE DE SEPTIME SÉVÈRE JUSQU'À L'ÉPOQUE DE DIOCLÉTIEN.

Un premier démembrement de la province d'Afrique eut lieu sous le règne de Septime Sévère. La plus grande partie de la Numidie fut constituée en province séparée.

Les textes antiques se taisent sur la date de ce changement aussi bien que sur les motifs qui l'amenèrent. On a supposé que cette mesure se rattachait aux dispositions prises en Afrique

---

[1] C. I. L., t. VIII, passim.
[2] Ibid., 2242, 2244, 10773.
[3] Ibid., passim.
[4] Ibid., 4516.
[5] Ibid., 4764, 4766, 4767, 4771.
[6] Ibid., 2478, 2479, 2488, 2494, 2495, 2499, 2501.
[7] Ibid., 6.
[8] Ibid., 1.
[9] C. I. L., t. VIII, n° 8 (Leptis), n° 24 (Oea).
[10] C. I. L., t. VIII, n° 84 (Turris Tamalleni), n°ˢ 98, 110 (Capsa).
[11] Ibid., t. VIII, p. XVI : « Divisa ita provincia ut Africa vetus universa proconsuli mansit, ita Africa nova sive Numidia legato non tota cessit, sed sub proconsule fuit tam ora Tripolitana quam Hippo Regius et Calama et omnino regni ejus pars mari vicina, excepto agro Cirtensi. Itaque ab eo tempore distinguuntur vel certe distingui potuerunt *Numidiae duae.* »

par Septime Sévère pour empêcher que cette province ne fût occupée par Pescennius Niger[1]. Il est plus probable qu'elle rentra dans le plan général des réformes que Sévère réalisa. On sait qu'il partagea la Bretagne en deux provinces après la défaite d'Albin[2], et que les grandes circonscriptions de l'empire furent amoindries sous son règne.

M. Henzen, induit en erreur par une copie défectueuse de l'inscription de Menâa, avait cru pouvoir fixer à l'année 194 la constitution de la Numidie en province séparée[3]. Il a été reconnu depuis que cette prétendue date provinciale n'était que celle de l'accomplissement du vœu rappelé dans la dédicace du monument[4]. Un diplôme militaire de l'année 198 prouve du moins qu'à cette date la séparation des deux provinces était un fait accompli[5]. Tout porte à croire qu'elle ne fit que régulariser la situation qui existait déjà de fait : le légat impérial continua à administrer, mais cette fois comme chef de province, les territoires compris dans son commandement militaire. Le proconsul garda sous sa juridiction les districts numides qui n'en avaient jamais été distraits. Nous voyons figurer dans une inscription de Calama datant du règne de Caracalla[6] le nom d'un proconsul d'Afrique, Claudius Julianus, et il s'agit évidemment, dans l'espèce, d'une mesure de juridiction administrative : *consensu utrarumque partium, decernente Claudio Juliano proconsule, clarissimo viro.* Deux inscriptions de l'époque de Dioclétien, l'une de Thagura[7], l'autre de Calama[8], celle-ci datant de la fin de l'année 293 ou du commencement de l'année sui-

---

[1] Spartien, *Sever.*, VIII.
[2] Hérodien, III, VIII, 2.
[3] *Annali dell' Inst.*, t. XXXII, p. 33, 199.
[4] *I. A.*, 1611; *C. I. L.*, t. VIII, 2465.
[5] Kellermann (*Vigil.*, 105), cité par Mommsen (*Berichte über die Verhandlungen der K. Sächs. Gesellsch. der Wissenschaften*, 1853, p. 220).
[6] *C. I. L.*, t. VIII, n° 4845.
[7] *Ibid.*, n° 4645.
[8] *Ibid.*, n° 5290.

vante[1], constatent également l'intervention du proconsul d'Afrique, P. Aurelius Aristobulus, dans la dédicace d'un monument. Comme il est peu vraisemblable, d'autre part, que Thagura et Calama aient formé à elles seules une enclave de la province d'Afrique, et que leur sort ait été séparé de celui d'Hippone, leur unique débouché sur la Méditerranée, on peut affirmer que l'érection de la Numidie en province séparée sous Septime Sévère n'eut pas pour résultat de restreindre les limites de la juridiction du proconsul.

C'est probablement de cette époque que datent les dénominations par lesquelles les textes des IVe et Ve siècles distinguent les deux Numidies. La partie soumise à la juridiction du proconsul reçoit le nom de *Numidia inferior,* « Numidie septentrionale[2] », ou *Numidia proconsularis,* « Numidie proconsulaire[3] ». La nouvelle province est appelée *Numidia Cirtensis*[4], et plus tard *Numidia Constantina*[5], du nom de sa capitale, ou *Numidia consularis*[6], à partir du moment où son gouverneur reçut lui-même le titre de *consularis.* Le nom de *Numidia superior,* corrélatif de celui de *Numidia inferior,* n'est donné par aucun des textes découverts jusqu'ici.

---

[1] Cassius Dio, successeur d'Aristobulus, était proconsul d'Afrique le IV des ides de mars 295, date du martyre de saint Maximilien. Les gouverneurs ne se rendant d'ailleurs dans leurs provinces que vers la fin du printemps, son entrée en fonctions remontait au mois de mai 294. La quatrième année du proconsulat d'Aristobulus serait donc l'année proconsulaire 293-294.

[2] Mansi, II, p. 433.

[3] *Cod. Theod.,* XI, 1, 29. — *C. I. L.,* t. VIII, 5344, fragment de dédicace, de la fin du IVe siècle. — Mansi, II, p. 436.

[4] Liste de Vérone, *C. I. L.,* t. VIII, 5226, inscription de Thibilis : *Val[erius a]NTON[inus] p(raeses) p(rovinciae) N(umidiae) C(irtensis)*.

[5] *C. I. L.,* t. VIII, n° 7034, inscription de Constantine : *Caecina Decius Albinus junior consularis s(ex) f(ascalis) p(rovinciae) N(umidiae) Constantinae*.

[6] Augustini *Epist.* 58, 130, 6.

§ 6. — L'AFRIQUE ROMAINE, DEPUIS LA RÉFORME DE DIOCLÉTIEN JUSQU'À L'INVASION DES VANDALES.

Le règne de Dioclétien est signalé par une réforme complète du système provincial, réforme que caractérisent à la fois la création des grandes circonscriptions administratives et le morcellement des anciennes provinces.

L'Afrique romaine tout entière, sauf la Tingitane, que sa situation géographique rattachait à l'Espagne, constitua un diocèse subdivisé en provinces. Un document contemporain, la liste de Vérone, qui paraît dater de l'année 297, compte sept provinces et en donne l'énumération suivante : « Diocensis Africae habet provincias numero VII : Proconsularis Bizacina Zeugitana, Numidia Cirtensis, Numidia Miliciana, Mauritania Caesariensis, Mauritania Tabia insidiana. »

Ce texte, comme nous allons le voir, a donné lieu à des interprétations fort différentes; mais on est d'accord sur deux points. Il n'est pas douteux, d'une part, que la *Mauritania Tabia insidiana* ne soit la *Mauritania Sitifensis* des listes de Rufus Festus (369) et de Polemius Silvius (385-386), ainsi que de la *Notitia dignitatum* (398-408). Il est évident, d'autre part, que les deux mots *Proconsularis Zeugitana*, séparés à tort par le nom de *Bizacina*, ne désignent qu'une seule et même province, la Proconsulaire ou Zeugitane[1], correspondant à la *Proconsularis* des listes de Festus et de Silvius et à l'*Africa* de la Notice.

La liste de Vérone compte donc sept provinces et n'en nomme que six. L'erreur est-elle dans le chiffre ? Est-elle dans

---

[1] Pline, V, IV : « A Tusca Zeugitana regio et quae proprie vocetur Africa est. » — Ethicus, *Cosmogr.* : « Zeugis est ubi Carthago civitas constituta est. » — Isidor. Hisp., XIV, v : « Zeugis ubi Carthago magna est : ipsa est et vera Africa, inter Byzacium et Numidiam sita. »

l'énumération? Suivant que l'on s'arrête à l'une ou à l'autre de ces deux hypothèses, on est conduit à formuler des théories fort différentes. Le problème se complique en outre de la question que soulève le surnom de *Miliciana*, donné par la liste à la seconde de ses deux Numidies. Faut-il admettre que ce nom est correct? Doit-on le considérer comme la transcription corrompue d'un autre nom?

M. Mommsen fait bon marché du chiffre des provinces et n'hésite pas à voir dans la *Numidia Miliciana* une *Numidia Tripolitana*, correspondant à la *Tripolis* des listes de Festus et de Silvius et à la *Tripolitana* de la Notice. Le nom de *Numidia* s'explique, selon lui, par l'adjonction à la Tripolitaine des districts limitrophes de la Cyrénaïque qui faisaient précédemment partie de la Numidie du légat[1]. Une autre opinion, par contre, considère le mot *Miliciana* comme correct. On avait cru le reconnaître dans trois inscriptions de Thamugadi datant de l'année 304. Wilmanns a contesté depuis l'exactitude de cette lecture, et affirme que les deux sigles NM *N(umidiae) M(ilitianae)* ne représentent en réalité que l'abréviation NVM (*Num(idiae)*)[2].

Une autre théorie, partant de ce principe que les subdivisions de Ptolémée fondées sur les circonscriptions financières de

---

[1] *C.I.L.*, t. VIII, p. xvii : « Et Tripolitana quidem constituta est parte proconsularis antiquae orientali in provinciae formam commutata, adjectis praeterea, ut videtur, regionibus Numidiae Cirtensis ad Cyrenaicam attinentibus : eo enim et natura locorum ducit, et nomen sub quo provincia haec in provinciarum Diocletianarum laterculo omnium antiquissimo nominatur *Numidia Tripolitana* (hoc enim vocabulum videtur restituendum esse pro corrupto *miliciana*); Numidiae enim appellatio inde tantum oriri potuit, quod antiquae provinciae legati aliqua portio novo praesidi cessit. »

[2] *C. I. L.*, t. VIII, n°° 2345, 2346, 2347 (*I.A.*, n°° 1515, 1514, 1513). — Wilmanns dit, à propos de la première : *V et M litterae ligatae mihi et in hoc et in sequentibus titulis certae visae sunt.* Dans la seconde, l'U qui les réunit a une forme carrée : NUM. Dans la troisième, il prolonge les deux hastes intérieures de la lettre M : NM. Les trois titres nomment d'ailleurs le même personnage, Valerius Florus, *v(ir) p(erfectissimus) p(raeses) p(rovinciae) Num(idiae)*.

l'époque d'Auguste peuvent être considérées comme l'origine du fractionnement des anciennes provinces, identifie la *Numidia Cirtensis* de la liste de Vérone à la Cirtésienne des tables Ptoléméennes, et la *Numidia Miliciana* à la Νουμιδία νέα de ces mêmes tables. La première aurait eu pour capitale Cirta, la seconde, Lambaesis. Quant à l'omission de la Tripolitaine dans la liste de Vérone, elle s'expliquerait soit par l'existence d'une lacune dans cette liste, soit par le fait que la Tripolitaine n'aurait été détachée de la Byzacène que postérieurement à l'année 297.

Le nom de *Numidia Miliciana* a enfin donné lieu, tout récemment, à une troisième hypothèse. M. C. Jullian[1] ne voit dans le mot *Miliciana* qu'une mauvaise transcription de la forme *Limitanea,* et pense que cette expression de *Numidia Limitanea* désigne la Tripolitaine. La conjecture de M. Jullian ne fait que reproduire, au fond, la théorie de M. Mommsen, en ce qui concerne la question géographique : mais elle la complète en donnant une explication plus satisfaisante de la forme *Miliciana,* beaucoup plus voisine de *Limitanea* que *Tripolitana.*

Un examen attentif de la question ainsi que des divers systèmes auxquels elle a donné naissance nous conduit, pour notre part, à formuler les conclusions suivantes :

1° Il n'y a pas lieu de tenir compte du chiffre VII de la liste de Vérone. Ce chiffre peut s'expliquer par une méprise du copiste, qui, en séparant par erreur les mots *Proconsularis* et *Zeugitana* et en intercalant le nom de la Byzacène, a pu compter trois provinces là où le texte officiel n'en nommait que deux. Il est impossible, en tout cas, de la justifier par l'existence d'une *Tripolitana* distincte de la *Numidia Miliciana*

[1] *Corrections à la Liste de Vérone* (Mélanges d'archéologie et d'histoire de l'École française de Rome, n° 1).

ou *Limitanea* : ce serait admettre que la *Numidia Cirtensis,* qui était elle-même une province militaire et *limitanea* par excellence, aurait été doublée, dans le sud, d'une province jouant le même rôle. Or rien n'autorise à avancer un fait aussi peu vraisemblable. Le chiffre de six provinces est d'ailleurs d'autant plus probable que c'est celui que donnent les listes postérieures [1].

Le seul argument qu'on ait pu invoquer pour justifier le chiffre de sept provinces et affirmer la coexistence, si peu probable en elle-même, d'une *Numidia Cirtensis,* d'une *Numidia Miliciana* et d'une *Tripolitana* omise par la liste de Vérone, était celui qu'avaient paru fournir les deux inscriptions suivantes, publiées dans le Recueil des notices de la Société archéologique de Constantine (1876-1877, p. 465) :

A
RESTITVTO
PVBLICAE LIB
TATIS AC PROPA
GATORI TOTIV
GENERIS HVMAN
NOMINISQVE
ROMANI DN L DO
MITIO ALEXAN
DRO P·F·INV·AVG
SCIRONIVS PA
SICRATES VPP
DIAR

LISTE DE RUFUS FESTUS :	LISTE DE POLEMIUS SILVIUS :	NOTITIA DIGNITATUM :
1. Proconsularis.	34. Proconsularis.	Africa.
3. Byzacium.	36. Byzacium.	Byzacium.
2. Numidia.	35. Numidia.	Numidia.
4. Tripolis.	37. Tripolis.	Tripolitana.
6. Mauretania Caesariensis.	39. Mauretania Caesariensis.	Mauretania Caesariensis.
5. Mauretania Sitifensis.	38. Mauretania Sitifensis.	Mauretania Sitifensis.

B

AELI▓▓▓▓
NVS·VP▓▓▓
DIAR▓▓▓
RET▓▓▓

Or il a été établi que la seconde de ces deux inscriptions, dans laquelle on avait cru reconnaître à la troisième ligne une partie du mot *Numidarum*, avait été mal copiée. Le personnage qui y est nommé n'est pas un Ae[lius Aelia]nus, v(ir) p(erfectissimus) [praeses Numi]diar[um], mais bien le Valerius Antoninus mentionné par l'inscription de Thibilis n[b] 5526, et, dans ce dernier document, Valerius Antoninus est qualifié de *Praeses Numidiae Cirtensis*.

Quant à l'inscription de Scironius Pasicrates, elle avait été lue : *Restitut[ori] publicae lib[er]tatis ac propagatori totiu[s] generis human[i] nominisque romani d[omino] n[ostro] L[ucio] Domitio Alexandro P(io) F(elici) inv(icto) aug(usto) Scironius Pasicrates v(ir) p(erfectissimus) p(raeses) [Numi]diar[um]*. Mais la lecture de ce dernier mot est très contestable; M. de Rossi ne l'a pas admise. Fût-elle exacte, par impossible, il serait encore téméraire de l'expliquer par l'existence simultanée d'une *Numidia Cirtensis* et d'une *Numidia Miliciana*. L'usurpation d'Alexandre ayant modifié pendant près de trois ans l'ordre de choses établi en Afrique et suspendu l'action du proconsul, le pluriel *Numidiae* désignerait plus naturellement les deux Numidies, proconsulaire et présidiale : c'est avec cette signification qu'il est employé dans la lettre de Constantin à Ablavius[1], et que nous le retrouvons, en 397, lorsque Crescentianus est qualifié de *pri-*

---

[1] « Sed et de Byzacenae, Tripolitanae, Numidiarum et Mauritaniarum provinciis singulos quosque cum aliquibus ex suis quos putaverint eligendos Arelatem mittat. »

mae sedis Numidiarum episcopus, πρώτης καθέδρας τῶν δύο Νουμιδιῶν.

2° La *Numidia Miliciana* de la liste de Vérone ne peut représenter, comme l'a supposé M. Mommsen, que la Tripolitaine, non mentionnée dans ce document.

3° Comme M. Mommsen, nous pensons que le nom de *Numidia* donné à la partie orientale de l'ancienne province d'Afrique peut s'expliquer par l'adjonction à la Tripolitaine de la *Numidia Cirtensis,* qui l'entourait d'une zone militaire. Mais nous croyons que certaines mesures temporaires rendent encore mieux compte d'une dénomination qui paraît n'avoir été elle-même que passagère. On sait que l'Afrique, à ce moment, était profondément bouleversée par les insurrections qui y appelèrent Maximien. La partie sud-est des hauts plateaux numides dut être, dans l'intérêt de la défense, étroitement rattachée à la Tripolitaine : c'était le seul moyen de fermer aux Gétules et aux Garamantes la vaste trouée qui séparait Ad Majores, la position la plus orientale de la Numidie, des petits postes échelonnés sur le versant méridional des montagnes du Nefzâoua, ainsi que sur les crêtes de la chaîne tripolitaine. La proconsulaire, dépourvue de troupes, était protégée par une zone militaire continue.

4° Nous croyons, avec M. Jullian, qu'il faut lire, sur la liste de Vérone, *Limitanea* au lieu de *Militiana.* Abstraction faite de l'analogie des deux noms, presque identiques lorsqu'on admet une transposition des deux premières syllabes, cette conjecture nous paraît justifiée par des raisons d'ordre purement historique : la nouvelle province n'a probablement pris son nom de *Tripolitana* que lorsque, après la rupture du lien qui l'avait momentanément rattachée à la Numidie, elle a eu véritablement une existence propre. Le nom de *Numidia Limi-*

tanea, en d'autres termes, appartiendrait à la période de transition pendant laquelle la confédération des trois villes orientales, Oea, Leptis et Sabratha, n'a été détachée de la proconsulaire que pour être mise en relation étroite avec la Numidie méridionale. Le nom de *Tripolitana* ne daterait que de sa complète émancipation.

On ne connaît pas la date exacte de la réforme de Dioclétien. Certains indices, toutefois, semblent prouver que la Maurétanie Sitifienne fut séparée de la Césarienne en 292[1], et ce serait par conséquent à cette date qu'on pourrait reporter le morcellement des provinces africaines.

Les listes de Rufus et de Silvius prouvent, aussi bien que la Notice des dignités de l'empire, que l'organisation de Dioclétien se maintint jusqu'au commencement du ve siècle et, par conséquent, jusqu'à l'invasion des Vandales. Nous pouvons donc essayer de rechercher, au moyen des documents épigraphiques et des textes du ive siècle, les modifications que subirent les limites de la proconsulaire, à l'ouest et au sud.

Onze inscriptions ou fragments d'inscriptions trouvées à Guelma, et dont les dates sont comprises entre l'année 294 et le commencement du ve siècle, prouvent que Calama, pendant toute cette période, n'avait pas été distraite de la juridiction du proconsul d'Afrique[2]. Les documents ecclésiastiques men-

---

[1] Voir le mémoire de M. Poulle sur l'époque probable de la division de la Maurétanie Césarienne en deux provinces (*Annuaire de la Société archéologique de Constantine*, 1862, p. 261 et suiv.).

[2] *C. I. L.*, t. VIII, 5290 : *Proconsulatu quarto insignis Aurelii Aristobuli viri clariss. et ornatissimi, provisione gloriosi Macrini Sossiani V. C. leg. quarto, Julius Rusticianus civis et Cur. Kalamensium.*

C. I. L., t. VIII, 5334 : *Proconsu[latu] Clodi Hermo[genis] inlustri[s].*

Ibid., 5335 : *Procons[ulatu V. C. P. Ampelii].*

Ibid., 5337 : *Procons[ulatu] P. Ampelii C. V.*

Ibid., 5336 : *Temporibus beatissimis [Valentiniani et Valentis] Augg. restituit v(ir) c(larissimus) Julius Festus [proconsul].*

Ibid., 5341 : *Beatissimis temporibus Do-*

tionnent toujours deux Numidies[1]. Saint Augustin se plaint, dans ses lettres, de ce que les Donatistes sont très puissants dans la Numidie *consulaire*, alors que lui-même défend plus efficacement l'orthodoxie dans la Numidie proconsulaire. Le nord-est de la Numidie continuait donc à relever du proconsul.

Il est certain, d'autre part, que Théveste avait été enlevée à la Numidie, à la réforme de Dioclétien, et rattachée à la proconsulaire. C'est ce que prouvent non seulement les actes du martyre de saint Maximilien, condamné à mort à Théveste en 295 par le proconsul d'Afrique, Cassius Dio, mais deux inscriptions de Tebessa, dans lesquelles figurent deux autres proconsuls : Q. Clodius Hermogenianus[2], qui gouverna la province en 354, et Flavius Rhodinus Primus[3].

Les documents ecclésiastiques ne nous permettent pas de compléter le tracé de la frontière occidentale de la province d'Afrique. D'une part, en effet, ces textes ne distinguent la Numidie consulaire ni de la Numidie proconsulaire, ni même de la proconsulaire proprement dite[4]. D'un autre côté, la liste de

minorum nostroru[m]... et Theodosi semper et ubique vincentium administrante Pomp... v(iro) c(larissimo) amplissimoque Proconsule.

Ibid., 5343 : *Beatissimis t[emporibus... vice] sacra cognosc[ens]...*

Ibid., 5344 : *[P]rocon[s...*

Ibid., 5347 : *[Proco]nsulat[u Au]relii Summa[chi V. C.].*

Ibid., 5348 : *L. Crepereio Madaliano V. C. proco(n)s(uli) p(rovinciae) A(fricae) et vice sacra iudicanti.*

Ibid., 5358 : *C. proconsulatu...*

[1] Actes du concile de Carthage de 419 (Mansi, t. II, 402, 419. Cf. II, 433, 436).

[2] *C. I. L.*, t. VIII, 1860 : *Quintus Clodius Herm[og]en[ianus... v. c. pro c]onsule p(rovinciae) A(fricae)...*

[3] *Ibid.*, 1873.

[4] *C. I. L.*, t. VIII, p. xviii : « Fines inter quattuor provincias titulis fere deficientibus, quiqué qui admodum raro praesides nominant, satis in universum significat Notitia episcoporum anni 482, quaeque similia in actis Ecclesiae africanae inveniuntur, nisi quod laterculi ii cum Numidias duas uno capite comprehendant, ad fines inter Numidiam et proconsularem provinciam regendos non perveniunt. »

Un évêque de Thabraca siège parmi les

482[1] date du règne d'Huneric, et semble porter la trace des modifications que subit la frontière à l'époque de l'invasion vandale. Nous pouvons toutefois tirer de ces documents quelques indications sur les limites de la proconsulaire et de la Byzacène.

La ligne qui séparait ces deux provinces laissait, du côté de l'ouest, Assuras (Zanfour) à la province d'Afrique, dont faisaient également partie Muzua (Henchir Khachnoun), Thuburbo Majus (Henchir Kasbat) et Uzippira ou Utzipirra, l'Ulisipirra de la Table de Peutinger (Zembra). Du côté de l'est, elle aboutissait au littoral, entre Putput (Henchir el-Abiad, près de Bir el-Bouita) et Horrea Coelia (Hergla). Nous pouvons même préciser davantage depuis une découverte récente. Si, comme nous en avons la conviction, les ruines d'*Uppenna*[2] (Henchir Frara ou Henchir Chigarnia), situées au sud du marais de Bir Sekoum, sont celles de l'*ecclesia Oppennensis* qui figure dans la liste de 482 parmi les sièges de la Byzacène, la frontière était probablement indiquée par le cours d'eau qui se

---

prélats de la province d'Afrique à la conférence de Carthage de 411. Un *episcopus Simittensis* assiste également à un concile des évêques de la proconsulaire. Bulla Regia (Hammam-Darrâdji), Naraggara (Kasr Djâbeur) et Althiburos (Medeïna) font partie des sièges épiscopaux de la province d'Afrique dans la Notice de 482. Ammaedara n'y figure pas, mais son évêque n'est pas nommé non plus dans la liste des cent treize prélats de Numidie, et on peut supposer, avec Morcelli, que ce siège n'appartenait plus à cette dernière province. Par contre, nous trouvons parmi les évêchés numides de la Notice, Calama, Thagura, Thagaste, Tipasa et Théveste. Il est assez remarquable que la frontière indiquée par les documents ecclésiastiques est à peu près celle qui sépare encore le Beylik de Tunis de l'Algérie.

[1] Telle est, comme le fait remarquer M. Mommsen, la date véritable de ce document, qu'on reporte d'ordinaire à l'année 484 : « scripta est die K. Febr. anno sexto regis Hunerici, id est anno 482 Februar. 1. Nescio quo tralaticio errore Notitia haec plerumque adscribitur anno 484 vel 485. » (*C. I. L.*, t. VIII, p. xviii.)

[2] [Cf. Cagnat, *Explorations épigraphiques et archéologiques en Tunisie*, 2ᵉ fascicule, 1884, p. 19. — S. R.]

jette dans le golfe d'Hammamet, au nord de Sidi Khalifa et des marais dont nous avons parlé. Sufes (Sbiba), Zama Regia (Djâma), Musuca (Henchir Bisra), Aquae Regiae (ruines sur l'Oued Merg-el-Lil, au pied du Djebel Troza), appartenaient à la Byzacène. La frontière suivait donc à peu près, entre Assuras et le littoral, l'Hamada des Oulad-Aoun, le Djebel Barkou, et la série de hauteurs qui marquent, au nord de la plaine de Kaïrouân, la limite des hauts plateaux et des basses terres.

Du côté de l'ouest, nous trouvons, parmi les évêchés de la Byzacène : Cillium (Kasrin), Capsa (Kafsa), Tices (Taguious, dans l'oasis d'Oudiân), Tuzurus (Tôzeur), Nepte (Nefta). La liste de 482 compte Théveste parmi les sièges numides, alors que les documents du IVe siècle l'attribuent à la proconsulaire.

La frontière de la Byzacène[1] est déterminée, du côté du sud, par la route qui, dans la Table de Peutinger, suit la rive méridionale du lac Tritonide et aboutit à Tacape, en passant par Puteus (*ecclesia Putiensis*) et le versant méridional du Djebel Tbaga. Elle donnait par conséquent à la Byzacène le district de Nefzâoua, dans lequel se trouvait l'*ecclesia Tamallenensis*, que la Notice de 482 classe effectivement parmi les évêchés de cette province. La frontière toutefois laissait au sud Tacape (Kabès), qui figure parmi les sièges tripolitains : elle aboutissait sans doute au littoral à la hauteur de l'embouchure de l'Oued Akarit.

§ 7. — L'AFRIQUE APRÈS L'INVASION DES VANDALES.

Les divisions territoriales que nous venons d'indiquer firent place à des délimitations éphémères pendant toute la période qui s'écoula entre la prise d'Hippone et la conquête définitive de l'Afrique par Genséric.

---

[1] *Byzacina* (liste de Vérone); *Provincia Valeria Byzacena* (*C. I. L.*, t. VI, 1684-1689; t. VIII, 1127); *Byzacium* (listes de Rufus et de Silvius et *Notitia dignitatum*).

La capitulation d'Hippone (431) paraît avoir été suivie d'une convention conclue par Boniface, avant son départ pour l'Italie. Le témoignage de Procope et celui de Prosper d'Aquitaine ne permettent guère de mettre en doute l'existence de ce premier traité, dont les clauses nous sont d'ailleurs inconnues. Les termes dont se sert Prosper[1], aussi bien que l'hommage rendu par Procope à la prudente modération de Genséric[2], autorisent à penser que le roi vandale n'abusa pas de ses premiers succès, et que la Cour de Ravenne s'estima heureuse de ne perdre qu'une partie de ses provinces africaines. Genséric resta probablement en possession des trois Maurétanies. Il s'engagea à payer un tribut et donna son fils Hunéric en otage à Valentinien[3], qui eut l'imprudente générosité de le renvoyer.

Il est probable que Genséric ne tarda pas à violer la convention de 432, car un nouveau traité, négocié par Trigetius, fut signé le 11 février 435 à Hippone. « Plus nécessaire qu'avantageux », ainsi que le fait remarquer Paul Diacre[4], ce second traité légitimait les envahissements de Genséric[5] et lui donnait évidemment la partie occidentale de la Numidie. Nous voyons en effet, en 437, le roi vandale chasser de son siège l'évêque de

---

[1] Prosper, *Chron.*, p. 195 : « Totius orbis pace et consensione mirabili Bonifacius ab Africa ad Italiam pervenit. »

[2] Procope, *De bello Vand.*, I, IV : Γιζέριχος δὲ τότε Ἀσπαρά τε καὶ Βονιφάτιον μάχῃ νικήσας, πρόνοιάν τε ἐπιδειξάμενος ἀφηγήσεως ἀξίαν, τὴν εὐτυχίαν ὡς μάλιστα ἐκρατύνατο· δείσας γὰρ, ἣν καὶ αὖθις ἔκ τε Ῥώμης καὶ Βυζαντίου στρατὸς ἐπ' αὐτὸν ἴοι,... οὐχ οἷς εὐημέρησεν ἐπηρμένος, ἀλλ' οἷς ἔδεισε μέτριος γεγονὼς, σπονδὰς πρὸς βασιλέα Οὐαλεντινιανὸν ποιεῖται ἐφ' ᾧ ἐς ἕκαστον ἔτος δασμοὺς ἐκ Λιβύης βασιλεῖ φέρειν, ἕνα τε τῶν παίδων Ὀνώριχον ἐν ὁμήρου μοίρᾳ· ἐπὶ ταύτῃ δὴ τῇ ὁμολογίᾳ παρέδωκε.

[3] Procope, *ibid.*

[4] « Pax necessaria magis quam utilis. » (Paul. Diacon. in *Eutrop.*, XIV, p. 380.)

[5] Isidorus Hispalensis, *Chron. Vand.*, p. 733 : « Cui (Generico) Valentinianus non valens subsistere pacem mittit, et partem Africae quam Vandali possederant, tanquam pacifico dedit, conditionibus ab eo sacramenti acceptis, ne quid ultra invaderet. »

Cala, localité numide voisine d'Hippone[1]. Cette dernière ville, toutefois, aussi bien que Cirta, appartenaient encore à l'empire. Le témoignage de Possidius est formel à cet égard[2].

La paix n'était sincère ni d'un côté ni de l'autre : le 19 octobre 439, Genséric, sans la dénoncer, s'emparait de Carthage et occupait la Zeugitane et la Byzacène[3].

En 442, Valentinien, menacé par Attila, conclut un troisième traité avec les Vandales. Il renonça définitivement aux provinces envahies et recouvra en échange les trois Maurétanies, ainsi que la plus grande partie de la Numidie[4]. La Tripolitaine n'ayant pas cessé de lui appartenir, l'Afrique romaine se trouvait ainsi coupée en deux tronçons par les possessions de Genséric.

La guerre éclate de nouveau en 455, après le meurtre de Valentinien[5]. Les Vandales s'emparent de la Tripolitaine et des trois Maurétanies. De 455 à 459, ils occupent Malte et les îles africaines.

En 469, Héraclius reprend la Tripolitaine, mais les Vandales la lui enlèvent de nouveau en 471, après la malheureuse expédition de Basiliscus (470).

L'Afrique était définitivement perdue pour l'empire et, par un dernier traité, conclu en 476, Zénon reconnut Genséric comme légitime possesseur de toute la contrée qui s'étend de la Cyrénaïque à l'Océan, ainsi que de la Sicile, de la Sardaigne, de la Corse et des îles Baléares.

---

[1] Saint Augustin, *De civitate Dei*, XXII, v.
[2] Possidius, *Vita S. August.*, c. xxviii.
[3] Marcellinus Illyr., *Chron.*, p. 40.
[4] Victor Vitensis, I, iv; cf. Val. et Theod. Novell. 23 (22 juin 445) et 37 (13 juillet 451).
[5] « Post cujus obitum totius Africae ambitum obtinuit Gensericus. » (Victor Vitensis, 1, iv.)

§ 8. — L'AFRIQUE PENDANT LA PÉRIODE BYZANTINE (534-647).

Reconquise par Bélisaire en 534, l'Afrique forma, sous le nom de *Praefectura Africae*, une des grandes circonscriptions administratives de l'empire. Une constitution datée de la même année la subdivisa en sept provinces, placées sous l'autorité du préfet du prétoire d'Afrique[1] :

1. Zeugitane (*Zeugi, quae Proconsularis antea vocabatur*).
2. Carthage (*Carthago*).
3. Byzacène (*Byzacium*).
4. Tripolitaine (*Tripolis*).
5. Numidie (*Numidia*).
6. Maurétanie (*Mauretania*).
7. Sardaigne (*Sardinia*).

Les quatre premières provinces sont gouvernées par des consulaires; les trois autres, par des *Praesides*.

Les pouvoirs militaires sont confiés à quatre *Duces militum*. Le *Dux militum Tripolitanae provinciae* doit résider à Leptis Magna; le *Dux Byzacenae*, alternativement à Capsa et à Leptiminus[2]; le *Dux Numidiae*, à Constantine; le *Dux Mauritaniae*, à

---

[1] *Cod. Just.*, lib. I, t. XXVII. De officio Praefecti Praetorio Africae et de omni ejusdem Dioceseos statu, § 2.

[2] Le texte porte *in Capsa et altera Lepte civitatibus*. Movers a supposé que cette « seconde Leptis » était Thelepte (Medinat el-Kdima, à 44 milles nord-nord-est de Kafsa), en se fondant sur la simple conjecture que le nom romain de cette ville, dépouillé du préfixe libyen *Ta* ou *Te*, aurait été *Lepte*. L'opinion de l'auteur des *Phönizier* ne nous paraît pas soutenable. En admettant avec lui que le nom de *Telepte*, ou plus exactement *Thelepte*, soit un composé du mot phénicien *lepte*, et d'un préfixe libyen, on ne peut en conclure que le nom romain ait été *Lepte*: tous les documents anciens, tous les textes épigraphiques, donnent exclusivement la forme *Telepte*, *Thelepte*. Au point de vue du texte, d'autre part, il est évident que les mots *altera Lepte*, suivant de si près le nom de Leptis Magna, désignent « l'autre Leptis », c'est-à-dire la Petite Leptis. Au simple point de vue du bon sens, enfin, il n'est pas admissible que le *Dux* de la Byzacène ait été invité à résider alternativement dans deux villes aussi voisines que Capsa et Thelepte : le changement de résidence ne s'explique qu'autant qu'il vise Capsa et Leptiminus, c'est-à-dire les deux points extrêmes de la province.

Césarée[1]. Tous sont invités par l'empereur à ne négliger aucun effort pour rendre aux provinces africaines leurs limites primitives : *et festinent die noctuque, Dei invocando auxilium et diligenter laborando, usque ad illos fines provincias africanas extendere, ubi ante invasionem Vandalorum et Maurorum res publica romana fines habuerat, et ubi custodes antiqui servabant, sicut ex clausuris et burgis ostenditur*[2].

Ces limites furent reconquises, en effet, mais au prix de sanglants efforts; de 568 à 570, trois préfets du prétoire furent tués à l'ennemi[3]. Les reconstructions byzantines qui couvrent la limite méridionale de la Numidie et des deux Maurétanies, les *burgi* qui s'échelonnent sur la lisière du Sahara, les *clausurae*, longues murailles qui ferment tous les défilés de quelque importance au point de vue stratégique, prouvent que les instructions de Justinien furent exécutées à la lettre. Mais si les chefs militaires furent à la hauteur de leur tâche, l'administration civile manqua à la sienne. Opprimées par le plus abominable régime que l'Afrique eut encore subi, les populations indigènes étaient prêtes à faire cause commune avec les ennemis du dehors, et lorsque les Arabes pénétrèrent dans l'Ifrikia, en 647, ils ne rencontrèrent de leur part aucune résistance sérieuse. Les premiers succès des Musulmans ne s'expliquent que par cette indifférence de la race libyenne, dont le réveil coûta si cher aux nouveaux venus. On sait aujourd'hui que l'Afrique, en cessant d'être Byzantine, ne devint pas Arabe : elle se retrouva Berbère, et il ne s'écoula pas moins de quatre siècles avant que la grande immigration hilalienne marquât l'établissement définitif de l'élément sémitique sur les côtes méridionales de la Méditerranée.

---

[1] Constitution du 13 avril 534, § 1. — [2] Constitution du 13 avril 534, § 1. — [3] Theodorus en 568, Theoctistus en 569, Amabilis en 570.

CHAPITRE II.

CHOROGRAPHIE.

Après avoir fixé les limites successives de la province d'Afrique aux différentes époques de son existence, il nous reste à préciser, autant que possible, l'emplacement des nombreuses cités qui la peuplaient. Pour donner à nos investigations la méthode qui a trop souvent fait défaut, jusqu'ici, à ce genre de recherches, nous nous astreindrons à prendre pour cadre le réseau des voies romaines. Nous analyserons toutes les routes indiquées par les itinéraires anciens, et nous placerons dans chacune des mailles de ce vaste filet les positions qui ne figurent pas dans les routiers impériaux, mais dont les textes ou les inscriptions permettent de déterminer la synonymie. Nous donnerons enfin dans un paragraphe spécial la liste de toutes les localités dont la correspondance est encore inconnue.

Deux documents antiques, d'un caractère fort différent, mais également précieux pour la géographie comparée, la Table de Peutinger et l'Itinéraire d'Antonin, nous font connaître la plupart des routes militaires qui sillonnaient le monde romain et permettent, en ce qui concerne la province d'Afrique, d'en reconstituer en partie le réseau.

L'Itinéraire d'Antonin est un recueil de routes choisies, n'indiquant en général que les gîtes d'étapes, les *mansiones* que le voyageur rencontrait au bout de la journée de marche. Il omet un certain nombre de routes importantes et passe sous silence la plupart des stations intermédiaires (*mutationes*). On peut le considérer comme un livret de postes, muet sur certaines parties du réseau, très explicite pour d'autres, en ce sens qu'il offre parfois des variantes de la même route. La Table de Peutinger est conçue à un tout autre point de vue. Elle est avant tout un *itinerarium pictum*, une carte descriptive en même temps qu'une carte routière. Elle trace le réseau général des routes militaires, elle nomme toutes les stations échelonnées sur la même voie, elle signale les temples, les thermes, les entrepôts, elle dessine les principaux accidents du terrain, montagnes, fleuves, lacs, sinuosités du littoral; elle indique enfin un certain nombre de divisions politiques ou ethnographiques. Ce n'est plus un simple recueil d'itinéraires, c'est une véritable carte reproduisant, aussi fidèlement que le permet le système de projection qu'elle adopte, la configuration et le détail topographique du terrain.

Il résulte, des différences que nous signalons, que la Table de Peutinger est, pour l'ensemble de la province d'Afrique, le document le plus utile à consulter. C'est surtout d'après ses renseignements que nous pouvons reconstruire la carte provinciale et reconstituer le réseau routier. Il y a lieu, toutefois, de distinguer à cet égard entre la Numidie et l'Afrique propre. Très complète pour la première de ces deux provinces, la Table de Peutinger présente, dans l'intérieur de la Byzacène et dans la région syrtique, deux lacunes que comble l'Itinéraire d'Antonin. Les deux documents se complètent donc l'un l'autre, et l'on peut, en comparant leurs données numériques dans les parties communes, arriver à une certitude que, pris isolément, aucun des deux textes ne saurait donner.

Le système général des voies romaines dans la province d'Afrique se compose :

1° D'une route principale tracée le long des côtes, à laquelle se rattachent quelques routes secondaires, *compendia*, destinées à établir des communications plus directes entre certaines stations du littoral;

2° D'un certain nombre de grandes routes intérieures, parallèles à la voie du littoral, et auxquelles se rattachent également quelques *compendia* ou *diverticula;*

3° De quelques routes transversales reliant entre elles les routes parallèles et complétant ainsi le réseau.

Cette classification s'impose d'elle-même pour la Numidie, où le littoral court de l'ouest à l'est; elle est moins facilement applicable à l'Afrique propre, où, par suite de la direction nord-sud que prend le littoral à partir du cap Bon, les voies sont à la fois parallèles et perpendiculaires aux côtes. Nous nous bornerons donc à les classer en routes du littoral et routes de l'intérieur, en distinguant toutefois, parmi ces dernières, celles qui formaient la limite méridionale de la province.

ROUTES DU LITTORAL.

La capitale de la province d'Afrique a été, historiquement, le point de départ de la grande route côtière, qui s'est prolongée, à mesure que s'étendait la domination romaine, à l'ouest jusqu'aux frontières de la Tingitane, à l'est jusqu'à Alexandrie d'Égypte. L'analyse de cette grande voie se partage donc naturellement en deux segments principaux, dont Carthage est l'origine commune. L'un s'arrête aux confins occidentaux de la Numidie; l'autre aboutit aux Autels des Philènes, limites traditionnelles de l'Afrique propre et de la Cyrénaïque.

PREMIER SEGMENT.

DE CARTHAGE À L'AMSAGA.

§ 1. — DE CARTHAGE À HIPPO REGIUS.

Nous donnerons, en tête de chaque route, le tableau des stations et des distances qui figurent dans les deux documents antiques, complété par deux colonnes indiquant les chiffres rectifiés ou suppléés et les synonymies modernes.

TABLE DE PEUTINGER.			ITINÉRAIRE D'ANTONIN.			
STATIONS.	Distances.	Chiffres rectifiés.	STATIONS.	Distances.	Chiffres rectifiés.	SYNONYMIES.
Carthagine Colonia.			Carthagine.........			
	XV			XV		
Gallvm Gallinativm.			Ad Gallvm Gallinacivm.			Sabbelat es-Sahab-et-Taba.
	VI			XII		
Fl. Bagamada......			....			Oued Medjerda.
	II	VI				
Vtica Colonia......			Vtica..............			Bou-Châter.
	VI			VI		
Membione.........			Membro...........			Sidi-Ahmed-bou-Farès.
	X			X		
Tvnisa............			Tvneiza...........			Ras el-Djebel.
	XX			XX		
Ipponte Diarito.....			Hippone Zarito......			Benzert.
	LX			LX		
Cabraca...........			Tabraca...........			Tabarka.
	XXIV			XXIV		
Tvsina............			Tvniza............			La Calle.
	XV			XV		
....			Ad Dianam.........			Ruines du Djebel bou-Fhal.
	XV					
Armoniacvm Fl.....			....			Oued Mafrag.
	X			XXXII		
Vbvs Fl...........			....			Oued Seïbous (Seybouse).
	V					
Hippone Regio.....			Hippone Regio Colonia.			Bona.

Les deux routiers indiquent le même tracé, les mêmes stations et les mêmes distances, sauf une différence de deux milles entre Ad Dianam et Hippo Regius. Les chiffres peuvent donc être considérés comme exacts.

La première station que nomment les deux itinéraires, *Ad Gallum Gallinaceum* [1], était sans doute une de ces hôtelleries, *tabernae*, que l'administration impériale faisait construire sur les routes militaires en même temps que les postes fortifiés destinés à protéger les communications. Les voies stratégiques étaient en outre pourvues, en Afrique, de citernes, dont on retrouve les vestiges de distance en distance, sur toutes les grandes lignes [2].

Ad Gallum Gallinaceum
(Sabbelat es-Sahab-et-Taba).

La voie romaine de Carthage à Utique n'a pas laissé de traces, et son parcours, jusqu'à la station de Ad Gallum, est difficile à déterminer. La chaîne peu élevée, mais abrupte, du Djebel Ahmor, qui sépare la plaine de Carthage du bassin de la Medjerda, est partagée en trois massifs par deux grandes dépressions qui peuvent servir de passage. La route arabe de Tunis

---

[1] *Gallum Gallinacium*, Rav. Anon., V, 5. *Gallo Gallinacio*, ibid., III, 5. *Gallam Gallinaccium*, Guido, LXXXVII.

[2] L'inscription suivante, trouvée à Carlova et qui date de l'an 61 de notre ère, consacre le souvenir de la construction de ces postes et de ces hôtelleries sur les grandes routes de la Thrace :

DIVI·CLAVDI·F·
GERM·CAESARIS·N·
TI·CAESARIS·AVG
PRON·DIVI·AVG·ABN·
CAESAR·AVG·GERM·
PONTIF·MAX·TRIB·POT·
VIII·IMP·VIII·COS·IIII
P P·
TABERNAS·ET·PRAETORIA
PER·VIAS·MILITARES
FIERI·IVSSIT·PER
T·IVLIVM·VSTVM·PROC·
PROVINCIAE·THRAC·

à Benzert traverse la plus méridionale de ces deux gorges; l'autre défilé s'ouvre précisément à l'ouest de Carthage, entre Henchir Motlâa et Henchir Djâfeur[1], et débouche, comme le premier, dans la plaine d'Utique, à la hauteur de la Sabbèla du Sahab-et-Taba[2]. Située sur le versant occidental du Djebel Ahmor, au point où les deux routes se réunissent, la Sabbèla représente, d'après le calcul des distances, l'emplacement de la station de Ad Gallum Gallinaceum.

Les deux groupes de ruines qu'on remarque dans le voisinage, l'un à Henchir Makloub, à deux milles au nord-est de la Sabbèla, l'autre à El-Mélina, à un mille trois quarts au sud-sud-est du même point, ne se trouvent pas placés, par rapport à Utique et à Carthage, aux distances indiquées par les deux routiers.

Mannert identifie Ad Gallum au bourg de *Gela*, qui n'existe plus aujourd'hui et que je suppose être le *Kasr Djella* qu'Édrisi place sur le littoral à 4 milles au sud de l'embouchure de la Medjerda et à la même distance de Carthage. La direction que Mannert assigne à la voie romaine n'est pas admissible : il existe bien un chemin arabe conduisant de Tunis à Benzert par le littoral, mais cette piste n'est praticable qu'en été : aux premières pluies d'hiver, l'ancien estuaire du Bagrada se transforme en une vaste fondrière, et la route antique le contournait en suivant le tracé qui passe par la Sabbèla.

---

[1] Le mot *Henchir*, حنشير, emprunté à la langue berbère, désigne, dans le dialecte tunisien, une ferme, une terre cultivée; et comme les terres les plus fertiles sont toujours indiquées par des vestiges d'établissements antiques, ce même mot signifie, par extension, un amas de ruines, une ruine. Ce dernier sens est même le plus usité, et il est devenu si général que, dans le langage familier, «Henchir» et «vieille femme» sont synonymes.

[2] On donne le nom de *sabbèla*, dans la régence de Tunis, à des abreuvoirs construits le long des routes et qui remplacent les citernes du réseau routier romain.

L'*Artia*, que Lapie fait correspondre à Ad Gallum, a disparu, comme Gela ou Djella; elle ne figure plus, ni sur nos cartes, ni dans la nomenclature locale.

L'Itinéraire d'Antonin évalue à 12 milles le trajet de Ad Gallum Gallinaceum à Utique. Le chiffre VI, qu'on lit dans la Table de Peutinger entre ces deux stations, à droite et un peu au-dessous des mots FL · BAGAMADA, inscrits en dehors du littoral, ne représente donc que la distance qui séparait le Bagrada de Ad Gallum; le chiffre VI qui devait également se trouver entre le nom du fleuve et celui d'Utique a été omis par le copiste. La voie romaine franchissait donc le Bagrada à égale distance de Ad Gallum et d'Utique, au-dessous du point où le Djebel Gabeur-el-Djeheli projette, dans la direction du sud-sud-ouest, l'arête qui sépare le cours actuel de la Medjerda du lit qu'elle occupait à l'époque romaine. Ce point est déterminé par les vestiges de ce lit et par la distance de 6 milles, implicitement indiquée par la Table entre Utique et le Bagrada.

Immédiatement au delà du fleuve, la voie romaine traversait l'arête dont le cours actuel de la Medjerda baigne le versant occidental, contournait le marais dont parle César et que forme encore l'Oued Menzel-el-Ghoul, passait devant le théâtre dont il est également question dans les Commentaires et pénétrait dans Utique par la porte voisine du port marchand.

D'après une tradition universellement acceptée, Utique passait pour un des premiers établissements que les Phéniciens eussent formés sur la côte septentrionale de l'Afrique, et avait été fondée trois siècles avant Carthage :

VTICA, COLONIA IULIA AELIA HADRIANA AUGUSTA UTIKA (*Bou-Châter*).

> Proxima Sidoniis Utica est effusa maniplis,
> Prisca situ, veteresque ante arces condita Byrsae.

La date de sa fondation, en réalité, est aussi incertaine

pour nous que celle de Carthage, et nous ne connaissons même pas la signification exacte de son nom. Movers a rejeté avec raison l'explication qu'en a donnée Bochart : עֲתִיקָא *A'tika*, l'« ancienne », par o position à Carthage, la « ville nouvelle », *Kart Hadacht* קֶרֶת חֲדָשָׁה ; il est évident que, si Utique a été fondée avant Carthage, elle portait dès ce moment le nom dans lequel on a voulu trouver depuis une antithèse. L'hypothèse qui traduit le nom d'Utique par עֲתִיקָא *A'tika*, « splendida, nobilis », paraît également suspecte. Movers a proposé עֲתָכָה *A'tikah*, « diversorium, statio nautarum [1] » ; Olshausen, עָתוּק *Itouk*, « colonia », du radical עָתַק, « translatus est [2] ». Quant à la légende אתג *Atag*, qu'on lit sur les monnaies attribuées à Utique, elle désigne probablement une autre cité [3].

Quelle que soit l'orthographe exacte du nom phénicien, les Grecs l'ont traduit par les mots Ἰτύκη [4], Οὐτίκη [5], Οὐτίκα [6]; les Latins, par la forme constante *Utica* [7], où la voyelle initiale reproduit la gutturale sémitique ע.

Rattachée à Carthage par les liens d'une alliance qui sauvegardait son autonomie [8], Utique lui resta fidèle pendant l'expédition d'Agathocle et la première guerre punique [9]. Sa défection, à l'époque de la guerre des Mercenaires, eut pour résultat de modifier la nature du lien qui l'unissait à l'empire carthaginois : Polybe laisse entendre qu'elle eut, comme Hippo Diar-

---

[1] *Die Phönizier*, II, 2ᵉ partie, p. 512.
[2] *Rhein. Mus.*, 1853, p. 329.
[3] Müller, *Numism. de l'ancienne Afrique*, t. II, p. 159; t. III, p. 70. Cf. Schröder, *Die Phöniziche Sprache*, p. 135, note 11, et Lévy, *Phön. Wörterb.*, p. 8.
[4] Scylax, *Peripl.*, 111; Polybe, I, LXXV; Ptolémée, IV, III.
[5] Dio Cassius, XLI, XLI.
[6] *Stadiasm. maris magni*, CXXVI.
[7] L'orthographe des inscriptions est tantôt VTIKA (*C. I. L.*, 1181, 1182, 1183; Renier, *I. A.*, 127), tantôt VTICA (Renier, *I. A.*, 133; *Ephem. epigr.*, II, p. 289, n° 334).
[8] Movers, *Die Phönizier*, t. II, p. 513; Polybe, III, XXIV.
[9] Polybe, I, LXXXII.

rhytus, à accepter les dures conditions qu'il plut au vainqueur de lui imposer[1]. Vainement assiégée par Scipion pendant la seconde guerre punique[2], elle n'attendit pas le début de la troisième pour abandonner de nouveau la fortune de Carthage : avant qu'une seule galère romaine eût pris la mer, elle envoya à Rome une députation chargée d'offrir son entière soumission[3]. Aussi, après la ruine de Carthage, obtint-elle le titre de cité libre, un agrandissement de son territoire, dont les limites furent reportées, d'un côté, jusqu'à la banlieue de Carthage, de l'autre, jusqu'à Hippo Diarrhytus[4], et une organisation autonome[5].

Devenue le siège de l'administration de la province romaine[6], jusqu'au moment où Carthage sortit de ses ruines, Utique reçut probablement par une loi Julia le droit de latinité : c'est du moins le sens que Mommsen attache à la phrase dans laquelle l'auteur du livre sur la guerre d'Afrique, en constatant l'attachement des Uticéens à la cause de César, l'explique par leur reconnaissance pour les privilèges que leur avait assurés cette loi[7]. Huit ans après la défaite des Pompéiens, Utique reçut du fils adoptif de César le droit de cité romaine[8]

---

[1] Polybe, I, LXXXVIII : Οὐ μὴν ἀλλὰ παραστρατοπεδεύσαντες, τῇ μὲν Ἄννων, τῇ δὲ Βάρκας, ταχέως ἠνάγκασας αὐτοὺς ὁμολογίας ποιήσασθαι, καὶ διαλύσεις εὐδοκουμένας Καρχηδονίοις.

[2] Liv., XXIX, xxxv; XXX, III, v, VIII.

[3] Liv., Epit. XLIX : « Utica... priusquam ullae copiae in naves imponerentur, legatos Romam misit se suaque omnia dedentes. » Cf. Polybe, XXXVI, 1; Appien, VIII, LXXV.

[4] Appien, VIII, cxxxv; cf. C. I. L., t. I, 200.

[5] Voir, sur le Conventus d'Utique, Caes., De bello civili, II, xxxvi; Auct. belli Afr., LXVIII; Tertullien, Ad Scapul., III.

[6] Strabon, XVII, p. 832 : ὡς ἂν μητρόπολις τοῖς Ῥωμαίοις καὶ ὁρμητήριον πρὸς τὰς ἐν Λιβύῃ πράξεις.

[7] De bello Afric., LXXXVII : « Superiore tempore M. Cato, quod in Uticensibus propter beneficium legis Juliae parum suis partibus praesidii esse existimaverat, plebem inermem oppido ejecerat. » (Voir C.I.L. vol. I, p. 98. Mommsen, Hist. rom., t. III, p. 535 de l'édition allemande.)

[8] Dion, XLIX, xvi; cf. Pline, Hist. nat., V, IV, 24.

et le titre de *Municipium Iulium Uticense*[1]. Sous le règne d'Hadrien, elle demanda et obtint le titre de colonie romaine[2], et prit le titre de *Colonia Julia Aelia Hadriana Augusta Utika*[3]. Sévère lui accorda le droit italique[4].

Utique était encore la seconde ville de la province d'Afrique au ıı[e] siècle de notre ère[5] : mais, à partir de cette époque, ses ports paraissent s'être graduellement ensablés[6], et Hadrumète ne tarda pas à lui enlever le rang et l'importance commerciale qu'elle avait longtemps conservés.

Les ruines d'Utique portent aujourd'hui le nom d'*Henchir bou-Châter*[7]. Elles couvrent une colline à double sommet, dominée elle-même par une hauteur qui se rattache à la chaîne

---

[1] L. Müller, *Numism.*, t. II, p. 159 et seq. Ses habitants étaient inscrits dans la tribu Quirina. (*Ephem. epigr.*, II, p. 289, n° 334.)

[2] Aulu-Gelle, *Noct. attic.*, XIII, ıv : « Divus Hadrianus in oratione quam de Italicensibus, unde ipse ortus fuit, in senatu habuit... mirari se ostendit, quod et ipsi Italicenses et quaedam item alia municipia antiqua, in quibus Uticenses nominat, cum suis moribus legibusque uti possent, in jus colonarium mutari petiverint. »

[3] *C. I. L.*, t. VIII, 1181 :

L· ACCIO· IVLIANO. ASCLEPIANO· C· V· COS· CVR· REIP· VTIK ET· GALLONIAE· OCTAVIAE· MARCELLAE· C· F· EIVS· ET· ACCIAE HEVRESIDI· VENANTIO· C? q· ET ACCIAE· ASCLEPIANILLAE CASTOREAE· C? q ·: FILIABVS· EORVM· COL· IVL· AEL· HADR· AVG· VTIK. PATRONIS· PERPETVIS· D· D· P· P·

Ibidem, 1183 : SPL(*endidissima*) COL(*onia*) VTIK(*a*).

[4] *Dig.*, 50, 15, 8, 11.

[5] Appien, *Punic.*, LXXV : Ἰτύκη δὲ, ἡ Λιβύης μεγίστη μετὰ Καρχηδόνα πόλις, λιμένας τε ἔχουσα εὐόρμους, καὶ στρατοπέδων καταγωγὰς δαψιλεῖς. Cf. Strabon, XVII, p. 832 : ἡ δευτέρα μετὰ Καρχηδόνα τῷ μεγέθει καὶ τῷ ἀξιώματι.

[6] Le *Stadiasmus maris magni* (CXXVI) constate déjà qu'elle n'a plus de port, mais seulement un mouillage : λιμένα οὐκ ἔχει, ἀλλὰ σάλον ἔχει ἀσφαλίζον.

[7] Grenville Temple et Pellissier ont voulu voir dans ce nom de *Bou-Châter*, qu'ils ont inexactement traduit par « Père de l'intelligence », un souvenir de Caton. Le mot *Châter*, ainsi que le fait observer M. de Maltzan, désigne en réalité, dans la hiérarchie administrative tunisienne, un « Garde du palais ». *Henchir bou-Châter* signifie donc simplement « la ferme du garde ».

de la rive gauche de la Medjerda. Baignée autrefois par la mer, la pointe d'Utique plonge aujourd'hui dans les marais qui couvrent la partie du golfe qu'ont envasée les alluvions du fleuve.

Une plate-forme d'un relief assez accusé, qui était autrefois une île, est située dans l'axe de cette pointe, dont elle n'est séparée que par une coupure de quarante mètres de largeur environ, sur trois cents mètres de longueur. Elle représente l'extrémité du promontoire primitif, isolée du continent, à l'époque de la fondation d'Utique, par un canal creusé dans le double dessein de créer à la colonie naissante un refuge inaccessible et de lui donner un port parfaitement abrité. Un second port rectangulaire, creusé dans la rive même, paraît avoir été le *Cothon* primitif de la colonie sidonienne.

La citadelle occupait, au centre de la ville, la plus orientale des deux hauteurs dont nous avons parlé. L'amphithéâtre couronne le second sommet, au delà duquel, du côté de l'ouest, on remarque tout un système de vastes citernes. La ville proprement dite avait la forme générale d'un rectangle allongé, dont les deux côtés nord-ouest et nord-est étaient baignés par la mer. Elle s'étageait sur les trois versants de l'extrémité de la petite chaîne dont nous avons parlé.

Tel est, dans leur ensemble, l'aspect des ruines d'Utique (pl. II); mais ces ruines méritent une étude particulière : elles nous offrent, en effet, à côté de monuments de la meilleure époque de l'art romain, des vestiges bien caractérisés de l'architecture punique [1].

---

[1] D'après Daux, qui a fait une étude spéciale de ce sujet, l'architecture libyphénicienne serait caractérisée, au point de vue des matériaux, par des blocages massifs d'une grande densité, formés de pierres de petites dimensions, sans formes bien déterminées, prises en général sur place, noyées et soigneusement

Ces débris sont ceux du port militaire et de l'édifice qui en occupait le centre, forteresse plutôt que palais, dont les ruines gigantesques, en partie debout, en partie couchées sur le sol, ont assez résisté à l'action destructive des siècles pour qu'il soit facile d'en reconstituer l'ensemble.

Le port militaire. — Le port militaire, ainsi que nous l'avons dit, s'ouvrait au nord-ouest de la ville, à 350 mètres environ de la pointe occidentale de l'île. Comme ceux d'Hadrumète et de Thapsus, il offre la forme d'un carré aux angles largement arrondis. Au centre du bassin, comme à Carthage, un îlot rattaché à l'un des quais par une langue de terre était occupé par un grand édifice, résidence du commandant des forces navales.

La superficie du bassin principal était de 41,000 mètres carrés; celle de l'îlot et de ses dépendances, de 8,010 mètres. La surface utilisable était donc de 33,000 mètres carrés, ou trois hectares et un tiers (pl. III).

Sur trois côtés, à gauche, à droite et au fond, s'élevaient, sur

tassées dans un bain de mortier. Composé d'une chaux provenant de cette même pierre, le mortier ne se distingue pas de la pierre à la cassure et offre la même couleur gris-brun, tandis que dans le blocage romain, beaucoup moins soigné, la pierre tranche par sa couleur d'un jaune plus ou moins foncé sur le blanc mat du mortier.

La construction liby-phénicienne, d'autre part, se distingue par l'emploi exclusif du blocage. Les gros murs extérieurs ne sont que très rarement revêtus de parements en pierres de taille, et ces pierres sont presque toujours de petites dimensions et de formes irrégulières. Les surfaces intérieures sont couvertes d'un simple crépi de mortier. Les voûtes ainsi que leurs pieds-droits sont également construits en blocage, avec ou sans arêtes, mais toujours sans voussoirs. Les angles sont largement arrondis et construits le plus souvent en quart de sphère.

Les murs extérieurs n'ont pas de moulures, si ce n'est parfois, lorsqu'ils sont d'une grande puissance, un boudin d'une forme grossière. En général, il y a absence complète d'ornements extérieurs. Les murs intérieurs, ainsi que les colonnes, sont enduits d'un stuc que recouvre une peinture d'ocre jaune. Ils présentent quelquefois des moulures à formes molles et indécises.

Le dernier trait caractéristique de cet art africain est une préférence marquée pour les courbes : les angles intérieurs et extérieurs sont presque toujours arrondis.

des quais à fleur d'eau, deux rangées de cales ou magasins superposés, en retrait l'une sur l'autre. Le dessus des rangées inférieures, disposé en terrasses plates et dallées, formait également un quai élevé, à peu près au niveau des bas quartiers de la ville. La hauteur de l'étage inférieur des cales était de 7^m,20; celle de l'étage supérieur, de 5^m,50 à 6 mètres. La profondeur horizontale de ces mêmes cales était de 18 mètres; leur largeur, de 4^m,60 dans œuvre; l'épaisseur des murs de séparation, de 0^m,60. Murs et voûtes sont construits en blocage; les murs ne paraissent pas avoir été crépis sur leurs faces. La façade sur champ des murs de séparation était, par exception, décorée d'un revêtement en pierre de Malte, formant une sorte de pilastre uni, sans saillie ni moulure. Çà et là on remarque dans ces murs des remaniements datant de l'époque romaine, caractérisés par des assises régulières faisant parement. Une partie des voûtes paraît avoir été refaite à la même époque.

Un quai presque à fleur d'eau séparait les magasins inférieurs du bassin[1]. Le peu de profondeur et de largeur de ces magasins ne permet guère de supposer qu'ils aient été utilisés comme cales. Ils n'auraient pu abriter que des navires de très petites dimensions.

La ligne principale de ces cales ou magasins, celle qui formait le fond du port sur un développement de 219^m,20, d'un angle arrondi à l'autre, était interrompue au centre, en face de la *taenia* qui rattachait l'îlot de l'Amirauté au quai, par une coupure de 41 mètres. Cette coupure, toutefois, n'était prati-

---

[1] L'état de dégradation du port d'Utique n'a pas permis à Daux de s'assurer de la largeur de ces magasins. Quelques indices lui avaient d'abord fait penser qu'elle pouvait être de 5 mètres. Elle était probablement de 6 mètres, comme celle des quais de l'Amirauté, parallèles à ceux du port.

quée que dans la rangée supérieure des magasins. Au-dessous régnait un épais massif de maçonnerie, dans l'épaisseur duquel était réservé un large escalier conduisant à la *taenia*. Ce massif, ainsi que les quatre courbes arrondissant les angles du port, étaient revêtus extérieurement d'un parement en grandes pierres de taille, profilé d'une moulure simple en boudin, au-dessus de laquelle le parement s'élevait en retrait de 8 centimètres.

Le segment de la courbe des angles arrondis du bassin est de 25 mètres et donne par conséquent une flèche de $4^m,01$. La hauteur de ce revêtement courbe, du quai à fleur d'eau jusqu'au dallage du quai supérieur, est de $7^m,20$, dont $3^m,13$ à partir de la moulure en boudin jusqu'au dallage. Un passage souterrain existait sous chacune des deux courbes du fond et établissait une communication avec l'arsenal. L'agencement des voûtes de ces deux passages offre un caractère tout particulier, et diffère complètement de la méthode par voussoirs de l'architecture romaine.

L'arsenal.

Dans la partie du port située entre le quai supérieur et la grande muraille qui entourait l'arsenal et ses dépendances, se trouvaient, derrière les doubles rangées de cales, d'autres grandes salles et des logements. Deux édifices, peut-être des temples, occupaient les angles est et sud-ouest : celui du sud-ouest était décoré de colonnes dont les tronçons gisent encore à terre. Derrière les magasins de la partie sud-ouest étaient des chantiers ou ateliers construits sur des citernes de mêmes dimensions, destinées à recevoir l'eau des terrasses, comme l'indiquent les canaux perpendiculaires encore visibles dans l'épaisseur des murs renversés. Plus tard, à l'époque romaine, ces bassins furent alimentés par un aqueduc.

Quelques vestiges de quais font supposer qu'il existait entre le port et l'arsenal un autre bassin, destiné peut-être au radoub des bâtiments.

Une porte monumentale, décorée de colonnes, s'ouvrait sur la campagne, en face du cirque.

A droite et à gauche du port, les deux doubles rangées de cales mesuraient chacune $67^m,60$, ce qui donnait treize cales de chaque côté[1], et se terminaient par un fort du côté de la haute mer. Le fort de droite, qui était en même temps un temple, mesurait 37 mètres de long sur 18 de large et commandait l'entrée du port militaire. En face, à 25 mètres de distance, deux fortins, reliés par une courtine, dominaient l'autre côté de la passe.

La passe elle-même, garnie de quais de halage des deux côtés[2], était large de $11^m,20$ entre les quais et longue de $45^m,60$. La première de ces deux mesures est importante en ce sens qu'elle nous donne un *maximum* de dimensions pour les navires de guerre : le port militaire d'Utique ne pouvait évidemment pas recevoir des bâtiments de plus de 10 mètres de large.

Un môle puissant, à angles courbes, achevait d'enclore le port au nord-ouest. Il n'en subsiste aujourd'hui qu'un tronçon, à demi-noyé dans un marais.

Au centre du port s'élevait, sur un îlot, le palais de l'Amirauté, grand édifice rectangulaire, flanqué de six tours rondes et de quatre bastions latéraux, et mesurant $128^m,20$ dans son grand axe, $106^m,40$ dans le petit (voir pl. IV et V[3]).

L'amirauté.

---

[1] On comptait par conséquent, pour les trois côtés du port, 60 cales à l'étage inférieur, et autant de magasins au-dessus. Il n'est nullement impossible, ainsi que le fait observer Daux, que le grand môle qui séparait le port de la haute mer ait présenté les mêmes dispositions, mais l'état actuel des ruines ne permet pas de l'affirmer.

[2] Les quais, autour des forts, en dehors de la passe, n'avaient que $2^m,60$ de largeur.

[3] Nous reproduisons ici les planches V et VI de l'ouvrage de Daux, les *Emporia phéniciens*, 1869.

Le bâtiment principal, vaste parallélogramme irrégulier, portait une tour ronde à chaque angle extérieur. Au centre était une cour rectangulaire, sur laquelle s'ouvraient toutes les baies de portes et de fenêtres des différentes salles de l'édifice. Tout autour de cette cour intérieure régnait une galerie à piliers supportant deux étages de voûtes.

Du côté du nord, à l'extérieur, une grande porte surmontée d'un large balcon, et protégée par deux tours engagées pareilles à celles des angles extérieurs, s'ouvrait sur un bassin réservé, enclavé dans le grand port, avec lequel il communiquait par une fosse.

Du côté opposé, une avant-cour était précédée d'une haute porte fortifiée et appuyée sur deux tours rondes. Cette porte donnait sur un embarcadère spacieux, auquel aboutissait la *taenia* réunissant l'îlot au quai du fond du port.

A l'est et à l'ouest l'édifice était flanqué de deux forts bastions aux angles arrondis, composés d'une large courtine à trois faces, portée en dedans sur des voûtes et piliers et circonscrivant une cour intérieure. Deux fortins carrés, un peu moins élevés et formant têtes de môles, précédaient les bastions du côté de la haute mer; de leur face antérieure partait le petit môle qui isolait le bassin réservé.

Le pied des gros murs de l'édifice principal et de ses dépendances était séparé du port, au sud-est et à l'ouest, par un quai continu recouvrant une série de petites citernes parallèles.

Le palais proprement dit ne formait pas à l'extérieur un parallélogramme rectangulaire, comme la cour intérieure. Son axe central, du nord au sud, n'avait pas moins de $52^m,40$, tandis que les deux faces extérieures parallèles de l'est et de l'ouest ne mesuraient que 45 mètres. La longueur du grand axe, de l'est à l'ouest, était de $70^m,20$.

Tous les gros murs extérieurs s'élevaient en retrait, comme dans les monuments égyptiens. La cour intérieure avait 33 mètres de l'est à l'ouest, 20 mètres du nord au sud. Les piliers de la galerie mesuraient $2^m,20$ de largeur en façade sur 1 mètre d'épaisseur. Leur écartement, à certains points, était de $3^m,20$. La galerie avait deux étages : un plancher régnant à la hauteur de $5^m,60$ au-dessus du sol formait un premier étage, couvert par les voûtes qui portaient la terrasse, et dont le rayon était de $1^m,60$. Au centre de chaque voûte, entre les paliers, et au fond, à 60 centimètres au-dessus du plancher, était percée une fenêtre de 65 centimètres de large sur $1^m,40$ de haut. Ces fenêtres éclairaient les salles intérieures. Sous le plancher existaient d'autres ouvertures, sortes de jours de souffrance, de 65 centimètres de haut sur 70 de large.

Les salles qui se trouvaient dans les angles du palais étaient rondes, et leurs voûtes semi-sphériques. Leur diamètre était de 10 mètres. Les autres salles, plus grandes et plus longues, étaient également couvertes par des voûtes massives, en blocage; les extrémités des voûtes étaient en cul-de-four ou quart de sphère. Le sol des chambres était formé de belles dalles plates. Au-dessus de ce dallage, à la naissance du mur circulaire des salles, régnait une moulure en saillie, affectant la forme d'une doucine renversée. Cette moulure se répétait à $3^m,03$ au-dessus du sol, le bas affleurant le mur et le haut dessinant un retrait de 23 centimètres. De ce retrait le mur s'élevait de nouveau à $1^m,50$ jusqu'à la naissance de la voûte. La hauteur totale des salles, du dallage à l'intrados des voûtes, était de $10^m,03$.

Les salles rondes du rez-de-chaussée s'élevaient sur un sous-sol dont les dispositions étaient semblables. Quelques débris de voûtes prouvent que ces salles souterraines avaient le même diamètre.

Les quatre tours d'angle du palais et les deux tours de la porte du nord avaient 5 mètres de diamètre à la base. Elles étaient construites en blocage plein, comme tous les murs. Dans leur massif était ménagé un escalier à spirales rectangulaires et à paliers, large de 75 centimètres, et donnant accès aux terrasses[1]. D'autres escaliers de mêmes dimensions, éclairés par d'étroites meurtrières, avaient été ménagés dans l'épaisseur des gros murs.

Les terrasses supérieures, sous les créneaux, dominaient de $15^m,50$ le niveau des eaux du port.

La porte de la façade nord s'ouvrait au fond d'un hémicycle enclavé entre deux tours, profond d'environ $1^m,20$ au centre. L'hémicycle était encadré par un arceau en petites pierres de taille carrées, appuyé en retrait sur les tours, à fleur de mur, sans moulures ni reliefs. Cet arceau plat portait une sorte de *loggia* située immédiatement au-dessous de la terrasse, couverte d'un toit en voûte, de $5^m,20$ de largeur sur $2^m,50$ de profondeur et $2^m,85$ de hauteur (voir pl. V, fig. 3). On y arrivait par l'escalier d'une des tours latérales. Au fond de la *loggia*, au centre, un autre escalier, large de $1^m,20$, conduisait aux terrasses par quelques degrés pris dans l'épaisseur des murs. Sa profondeur était celle de l'épaisseur de la muraille à cette hauteur, $2^m,70$.

Un exhaussement du quai, sous la grande porte en hémicycle, donne à penser qu'elle s'ouvrait sur un escalier formant embarcadère et aboutissant au bassin réservé. Circonscrit par

---

[1] Il reste encore la base de cinq des tours et quelques degrés ou paliers dans chacune d'elles, ainsi que la partie supérieure de la sixième, écroulée avec un énorme bloc massif du mur de la façade du palais regardant la haute mer.

un môle bas, ainsi que nous l'avons dit, ce bassin avait intérieurement 65 mètres de large sur $23^m, 25$ d'écartement à partir de l'embarcadère. Le môle était revêtu d'un parement en pierres de taille cubiques, à face lisse. Aux deux points où il se rattachait au palais étaient deux fortins ou terrasses fortifiées mesurant 17 mètres sur la face de devant et $15^m, 20$ sur les flancs.

Au sud, du côté par conséquent qui regardait la ville, une avant-tour précédait le palais. Elle avait $9^m, 50$ entre la grande porte avancée, flanquée de tours, et la seconde porte sud du palais même. Sa largeur était celle de la façade du palais. Deux murs de $0^m, 60$, s'élevant à l'est et à l'ouest, la divisaient en trois parties. Dans celle de ces parties qui joignait le grand édifice s'élevaient des logements, à droite et à gauche; l'espace libre avait $34^m, 25$ sur $7^m, 40$. Au-dessus de la grande porte avancée était une plate-forme, sur laquelle on montait par une des tours latérales.

La puissance moyenne du mur de la façade nord était, à pied d'œuvre, de $4^m, 50$. Le mur de la cour du centre du palais avait $1^m, 75$.

Les quais de la partie sud, en dehors et autour de l'avant-cour, avaient 6 mètres de largeur. La chaussée couvrait des séries de citernes accouplées deux par deux : ces réservoirs avaient $2^m, 10$ de largeur sur $5^m, 50$ de longueur. Leur profondeur devait être d'au moins 5 mètres.

L'édifice dont nous venons d'indiquer les dispositions et les dimensions devait présenter dans son ensemble l'aspect le plus sévère. Tout y avait été sacrifié à une solidité à toute épreuve et aux besoins de la défense. Les murs extérieurs offraient une force de résistance exceptionnelle. Les précautions avaient été poussées si loin que le vide des cages d'escaliers des tours, déjà si exigu, était nul à l'étage inférieur. Les escaliers, en effet, aboutissaient à la cour intérieure, traversaient les massifs qui séparaient les salles et ne se rapprochaient des murs extérieurs qu'à une hauteur où le choc du bélier n'était plus à craindre. La grande élévation des murailles, ainsi que le système de tours et de bastions qui les flanquaient, en rendaient l'escalade aussi difficile que dangereuse. Les murs extérieurs, en outre, n'offraient pas les baies des fenêtres, toutes les salles ne prenant jour que sur la cour intérieure. Enfin des voûtes épaisses, demi-sphériques ou en berceau et en quart de sphère, reliaient d'autant plus fortement toutes les parties de la forteresse qu'elles n'exerçaient aucune poussée contre les murs.

Uniquement bâti en blocage, l'édifice entier formait une immense masse de maçonnerie, un gigantesque monolithe dans lequel avaient été taillés ou évidés cours, salles, portes, fenêtres et escaliers, et où chaque détail était intimement solidaire de l'ensemble.

Les rares moulures qui rompaient à peine la froide nudité de ce sévère et massif édifice étaient invariablement les mêmes : des doucines renversées à l'intérieur des salles, des boudins sur les murs extérieurs. Toutes les moulures, exclusivement horizontales, sont remarquables par leur formes molles et indécises; elles sont le produit évident d'un art dans l'enfance. Nulle part, à l'intérieur, on ne retrouve sur les parois les traces de ce stucage couleur d'ocre qu'on remarque sur les édifices libyphéniciens d'une époque postérieure. On n'observe même pas le moindre vestige d'un crépissage en mortier dans l'intérieur des salles : au dedans comme au dehors c'est le même appareil de petites assises irrégulières, sans forme, noyées dans la masse du ciment.

Dans ses dispositions générales comme dans ses moindres

détails, la forteresse du port d'Utique nous apparaît, non seulement comme une œuvre purement phénicienne, mais comme une des plus anciennes constructions de l'époque punique. Peut-être contemporaine de la fondation de la seconde Carthage, elle est à coup sûr bien antérieure à la construction du port militaire de la colonie tyrienne.

Malgré la solidité inébranlable de sa masse, elle avait déjà subi quelques dégradations à la fin du IIe siècle avant notre ère, car on remarque dans les voûtes, dans les angles, dans les paliers et dans quelques portions des quais, les traces de réparations partielles datant de l'époque romaine. Ces remaniements sont faits par assises en pierres plates, de quelques centimètres d'épaisseur, taillées sur la face et sur les côtés, beaucoup plus grandes que les petites pierres inégales des parements phéniciens. Elles sont généralement d'un ton clair, qui, même après vingt siècles, tranche encore nettement sur la couleur brune ou gris foncé des vieux murs. Le mortier qui les lie est d'un grain moins fin, bien que très consistant et blanc à la cassure, tandis que le ciment phénicien est d'une pâte légèrement brune et tellement fine qu'on n'en distingue pas le grain, dont la couleur est d'ailleurs la même que celle de la pierre.

Les voûtes réparées sont en voussoirs, mais elles offrent cette particularité que les voussoirs, bien que taillés, ne sont pas juxtaposés; très minces et très légèrement convergents, ils sont séparés par un lit de mortier de 6 à 8 centimètres d'épaisseur.

Le sol des terrasses a été également refait à différentes époques. Les plus anciennes surfaces sont en pouzzolane, les plus récentes en tuileaux rouges pilés et en chaux hydraulique. Ces deux enduits sont essentiellement romains; quant aux terrassements phéniciens, ils sont caractérisés par une pâte gris brun à texture très fine.

L'acropole.   La citadelle d'Utique s'élevait, comme nous l'avons dit, sur la hauteur la plus rapprochée de la mer[1]. Elle affectait dans son ensemble la forme d'un parallélogramme dont les côtés nord-est et sud-ouest mesuraient 70 mètres, le côté sud-est, 94 mètres, le côté nord-ouest, 82 mètres, ce qui donne pour la forteresse proprement dite une superficie de 6,232 mètres carrés. Défendue au nord-est et au sud-est par des pentes abruptes, elle était protégée, sur les deux autres côtés, par un fossé de 13 mètres de largeur. Les murailles crénelées de l'enceinte étaient flanquées aux angles de quatre tours carrées. Au centre s'élevait un édifice de dimensions moyennes[2], probablement un temple, et probablement aussi le temple de la divinité protectrice de la cité[3].

Un angle rentrant, sur la face nord-est, donnait issue sur une rampe parallèle au mur conduisant à deux autres rampes en pente douce qui aboutissaient, en bas de la colline, aux dépendances de la citadelle. Un petit temple, avec un autel et une statue, s'élevait au coude formé par les deux premières rampes.

Les dépendances de la forteresse se composaient : à l'est, d'un large plateau entouré de chambres ou magasins; au sud-est, de magasins semblables, mais étagés sur le flanc de l'escarpement et recouvrant deux rangées de grandes citernes. La rangée antérieure se compose de six réservoirs en blocage et en cul-de-four, de travail phénicien. La seconde rangée date de l'époque romaine : construites par assises régulières à

---

[1] Le pied des murs s'élève à 32^m,85 au-dessus du niveau de la mer.

[2] Le dallage intérieur, qui existe encore, n'a que 9 mètres sur 12^m,20. Rien n'indique qu'il y ait eu un péristyle.

[3] Le temple d'Esculape, à Carthage, occupait le point culminant de Byrsa. On a trouvé les restes d'un édifice du même genre dans la citadelle phénicienne à Hadrumète. La forteresse de Thapsus contenait également un temple remarquable par ses grandes dimensions, et dont la partie supérieure était disposée en vue d'ajouter aux défenses de la place.

moellons smillés et par voûtes en voussoirs bien taillés, les six grandes citernes qui la composent étaient alimentées par un aqueduc passant le long du fossé, au pied des grands murs de la forteresse[1]. De hautes murailles, épaisses de $2^m,20$, et un fossé séparaient de la ville ces annexes de l'acropole.

La citadelle avait quatre portes : deux donnant accès dans l'acropole même et deux s'ouvrant dans le mur d'enceinte des dépendances. De ces deux dernières, celle du nord-est donnait passage de l'esplanade dans la ville. Elle était décorée de deux fortes colonnes, engagées dans le mur et formant retour dans la baie de la porte. La seconde porte, située sur le côté sud des citernes, conduisait vers une des portes de la ville.

L'amphithéâtre occupe le second sommet des hauteurs d'Utique, à 250 mètres environ au sud-ouest de l'acropole. Creusé tout entier dans la colline, il mesure 118 mètres dans son grand axe, du nord au sud, et 98 mètres dans son petit axe. Deux larges précinctions séparaient les rangées de gradins. Une galerie couverte, mesurant $6^m,40$ hors œuvre, couronnait la *cavea*. L'arène avait 38 mètres sur 30. Son périmètre paraît avoir été orné de colonnes de marbre noir soutenant une haute grille de fer ou de bronze : deux de ces colonnes existent encore avec leurs trous de scellement. L'entrée de l'arène était au sud, sous une large galerie voûtée couverte par des gradins.

L'amphithéâtre.

On pénétrait dans le bas de l'édifice par deux hautes tranchées à ciel ouvert, pratiquées dans la colline au nord et au sud. A ces tranchées aboutissaient deux rues assez spacieuses. Celle du nord conduisait au port de guerre; celle du sud, à deux portes de l'enceinte assez rapprochées l'une de l'autre.

A 8 mètres de l'édifice, au nord, passait un aqueduc qui

---

[1] Les citernes phéniciennes mesurent chacune $4^m,50$ dans leurs axes. Les citernes romaines avaient chacune $3^m,20$ de largeur sur $13^m,30$ de longueur.

franchissait la tranchée sur des arceaux élevés, et dont la hauteur atteignait le pied de la galerie couverte. Il alimentait l'amphithéâtre par une prise d'eau aboutissant sous la galerie.

Les citernes publiques. — A 25 mètres de distance, du côté de l'ouest, sur le plateau de la colline, étaient les grandes citernes publiques. Composées de six réservoirs mesurant chacun $41^m,20$ de long, $5^m,95$ de large et $7^m,60$ de haut sous l'intrados, elles occupaient une surface de 1,980 mètres carrés et offraient un cube de 11,150 mètres. Deux des réservoirs sont encore entiers. Une partie des grandes voûtes et des voûtes de communication a été refaite par voussoirs à l'époque romaine, mais le crépissage intérieur, très résistant, de couleur grise, composé presque exclusivement de chaux pure et stuqué, est resté à peu près partout tel qu'il avait été appliqué à l'origine.

L'aqueduc. — C'est également des premiers temps de la domination romaine que date l'aqueduc qui alimentait, non seulement les grandes citernes, mais les différents quartiers de la ville. Cet aqueduc, qui existe encore presque en entier, sur un parcours de onze kilomètres et demi, prenait naissance dans les gorges du massif du Djebel Kechbatia, près d'El-Aâlia, contournait les versants de ces collines par un canal souterrain, franchissait ensuite deux profonds ravins sur trois rangées d'arcades superposées, du plus bel appareil, et arrivait dans Utique par les hauteurs, en passant au niveau des voûtes des grandes citernes. A la hauteur de l'amphithéâtre, l'aqueduc se bifurquait : un embranchement descendait vers l'arsenal; l'autre franchissait une rue encaissée sur une haute arcade et alimentait les réservoirs de l'acropole. Il est possible qu'il descendît vers l'extrémité nord de la ville, mais il n'a pas laissé de traces [1].

---

[1] Le canal de l'aqueduc, dans œuvre, avait $0^m,50$ de haut sur $0^m,48$ de large. La pente générale paraît avoir été de $0^m,0018$ par mètre.

A 250 mètres environ au sud des citernes publiques et en dehors de l'enceinte, s'élève un des sommets des collines d'Utique. Il offre cette particularité qu'une excavation polygonale, assez irrégulière et de 45 pieds de profondeur environ, lui donne la forme d'un cratère de volcan.

Les déblais de cette énorme excavation, évidemment faite de main d'homme, ont été rejetés sur le versant nord-ouest de la colline.

Daux a supposé que cette colline était celle dont Scipion s'était emparé et que, instruits par l'expérience, les habitants d'Utique l'avaient plus tard en partie rasée, en partie creusée, pour empêcher que l'ennemi n'en fît de nouveau une place d'armes. Sans contester absolument la vraisemblance de cette conjecture, nous inclinerions à penser que l'excavation dont il s'agit a simplement pour origine des travaux commencés pour la construction d'un amphithéâtre, et abandonnés pour un motif que nous ignorons.

L'île formait un plateau de 350 mètres de longueur sur 250, dont le périmètre, parfaitement fortifié, s'élevait de 10 à 12 mètres au-dessus de la mer. Ses quais, les citernes qu'ils recouvraient et la base puissante des remparts qui la défendaient sont les seuls vestiges phéniciens qu'on y retrouve. Toutes les ruines qui en couvrent la superficie appartiennent à l'époque romaine. Le plus considérable de ces monuments, situé au centre de l'île, mesure 54 mètres sur 52. La vaste salle dallée de marbre qui en formait le centre était entourée d'un portique à colonnes de $8^m,40$ de largeur, sous les quatre faces duquel régnaient autant de séries de citernes. Quelques fûts de colonnes existent encore : leur diamètre est de $0^m,80$, et l'on peut supposer, d'après d'autres fragments, que la colonnade était d'ordre dorique. Un soubassement à degrés précédait le péristyle, et

L'île.

quatre portes, ornées chacune de deux colonnes légèrement engagées, donnaient accès dans l'édifice.

Le temple ou la basilique que nous venons de décrire était contigu à un autre édifice précédé d'un large escalier engagé entre deux massifs de forme semi-circulaire. Ce second édifice communiquait, à gauche, avec la basilique, à droite, avec une autre grande construction dont les murs sont remarquablement puissants.

Au sud de l'île étaient les thermes, dont la splendeur est attestée par les frises de marbre blanc, les tronçons de colonnes cannelées et les fragments de statues que l'on rencontre à chaque pas dans ses ruines bouleversées.

A l'est était le port primitif, large de 100 mètres sur 33. Deux forts avancés en défendaient l'entrée. Les grandes fortifications qui défendaient la tête de l'île du côté de la haute mer avaient 16 mètres de largeur et étaient assises sur deux rangées de petites citernes ayant chacune, dans œuvre, 4 mètres sur 1^m,65. Au-dessous s'étendait un quai de 15 mètres, couvrant également une double rangée de citernes. A la base de ces défenses, enfin, une large file de gros blocs équarris et joints sans ciment jouait le rôle de brise-lames.

Le port marchand. — Le port marchand, ainsi que nous l'avons dit, était formé par le canal de 300 mètres de long sur 40 de large qui sépare l'île du continent. L'entrée du canal, du côté de l'ouest, était défendue par deux forts. Le canal lui-même aboutissait, à l'est, à un vaste bassin, qu'une autre passe mettait en communication avec la haute mer sous le fort nord-est de l'île.

Du côté de la ville, le canal était bordé par un quai large de 10^m,70, presque à fleur d'eau, dominé, de l'autre côté, par un parapet crénelé de 4 mètres de hauteur, bordant une courtine de 15^m,50 de largeur. Au-dessus était le chemin de ronde, large de 5 mètres. Le terre-plein et les murs de soutènement de cette large courtine, dans toute sa longueur (300 mètres), recouvraient une série de petites citernes, larges chacune de $2^m,80$ sur $3^m,50$ dans œuvre.

A gauche, et par conséquent dans l'île, était un autre quai de $10^m,70$, également à fleur d'eau. Au-dessus régnait un parapet crénelé, pareil et parallèle à celui du quai du continent, ainsi qu'une courtine de $15^m,80$. Les fondations de ce rempart ne recouvraient qu'une rangée de citernes, longues de 7 mètres et larges de $3^m,50$ dans œuvre.

Les très nombreux tronçons de colonnes en pierres de taille, de $0^m,55$ de diamètre, qu'on rencontre le long de la courtine, dans l'île, peuvent faire supposer qu'une longue colonnade a dû la couvrir.

Le théâtre s'élevait en dehors de l'enceinte, sur les bords de la mer, à 260 mètres de la porte qui donnait accès au port marchand[1]. Ses ruines sont représentées aujourd'hui par un puissant tumulus en forme de fer à cheval, et par les débris d'un vaste portique. L'édifice avait 95 mètres de diamètre, du nord au sud, à la hauteur de l'orchestre. Le massif qui comprenait la scène et ses dépendances ainsi que le portique ne mesure pas moins de 60 mètres. Le théâtre d'Utique justifie donc par ses dimensions les quelques mots qu'en dit César[2], et l'on comprend qu'il ait fourni un solide point d'appui au camp de Varus.

Le théâtre.

A 126 mètres à l'est du théâtre, sur le bord de la mer, *Édifice phénicien.*

---

[1] Il est à remarquer que, contrairement à ce que l'on observe dans toutes les cités africaines, le théâtre d'Utique était situé hors des murs, et l'amphithéâtre dans l'enceinte même de la ville.

[2] *De bello civ.*, II, xxv : « Curio castra Vari conspicit; muro oppidoque conjuncta, ad portam quae adpellatur Bellica, admodum munita natura loci : una ex parte ipso oppido Utica, altera a theatro, quod est ante oppidum, substructionibus ejus operis maximis aditu ad castra difficili et angusto. »

on remarque les ruines d'un édifice considérable (42 mètres sur 70), de construction phénicienne. Il se compose d'une cour carrée entourée de salles, comprises elles-mêmes dans de fortes murailles en blocage qui rappellent le type de la forteresse du port militaire, type qui se retrouve du reste, pour la disposition des logements, dans les constructions privées de la vieille ville. La cour, dont le dallage subsiste encore, mesure 19 mètres sur 13 dans œuvre. Tout autour, sur les quatre faces, étaient des salles ayant 18 mètres de profondeur et prenant toutes accès sur la cour. Engagée dans le mur d'enceinte, à l'extérieur, était une tour ronde, de 5 mètres de diamètre à la base, et dont l'intérieur, de 1^m,80 de diamètre, contient un escalier en spirale. Les murs ont 1^m,60 d'épaisseur.

L'enceinte. L'enceinte a laissé peu de traces apparentes, mais elle est indiquée dans le sous-sol, sur beaucoup de points, par les rangées de citernes qui étaient toujours ménagées dans l'épaisseur des fondations. Au sud et à l'ouest surtout, on en trouve encore de longues séries, parfaitement conservées. Toutes ces citernes, de grandeur uniforme, voûtées en cul-de-four, et séparées les unes des autres par des refends de 1^m,43 d'épaisseur, ont 4^m,10 de long sur 2^m,78 de large, et donnent partout une largeur de 6^m,60 pour l'épaisseur de la muraille qu'elles portaient.

On n'a retrouvé aucun vestige ni de la deuxième ligne de défense, ni du vallum. Il est probable que les annexes de l'enceinte principale ont disparu à l'époque romaine, sous les faubourgs qui environnèrent Utique.

Le mur d'enceinte du côté du sud se détachait de l'arsenal, à 140 mètres de la pointe du cirque, franchissait les collines par la dépression qui sépare le plateau des citernes du sommet excavé dont nous avons parlé, puis, décrivant un angle droit, allait rejoindre le canal qui sépare l'île du continent. De l'extrémité ouest du canal, il suivait exactement les contours du rivage jusqu'au port militaire. Le développement total de ce tracé était d'environ 3,000 mètres. En y ajoutant les 1,270 mètres qui représentent le périmètre de l'île, on voit que la ville phénicienne n'avait en somme que 4,270 mètres de circonférence. Telle était encore son étendue à l'époque des guerres civiles; ce ne fut que plus tard, à l'époque impériale, qu'elle s'accrût de l'immense faubourg dont on trouve les restes du côté du sud.

L'enceinte avait cinq portes, indiquées soit par les vestiges qu'elles ont laissés, soit par les voies romaines qui y aboutissaient et dont les traces sont encore apparentes.

<small>Portes.</small>

Une première porte s'ouvrait au sud, dans les murs de l'arsenal et en face du cirque. Les colonnes qui la décoraient existent encore.

La seconde, située à 160 mètres au sud de la première, donnait passage à la voie qui conduisait à Hippo Diarrhytus et passait entre le cirque et la nécropole romaine.

La troisième porte s'ouvrait à l'angle que formaient les deux fronts sud et est de l'enceinte. Elle est indiquée par la voie romaine qui longeait le versant oriental de la petite chaîne des collines d'Utique et débouchait dans le bassin du Bagrada.

Les deux dernières portes appartenaient au front est de l'enceinte. L'une, la quatrième, était située à 350 mètres de la précédente, à l'extrémité de la dépression qui séparait, à l'intérieur de la ville, la citadelle de l'amphithéâtre, et s'ouvrait en face d'un ravin de 80 mètres de largeur environ sur 175 mètres de longueur; ce ravin est certainement celui qui joua un rôle dans le combat où Varus faillit être tué. Elle donnait passage à la voie romaine qui conduisait à Carthage par le littoral. La dernière porte s'ouvrait à l'angle saillant formé par le bassin du port marchand et par le canal qui le prolongeait.

L'une de ces deux portes est certainement la porte *Bellica* dont il est question dans les Commentaires de César; mais il est assez difficile, au moins au premier abord, de préciser davantage. Daux a pensé que la porte Bellica était la plus méridionale des deux portes du front est. Nous inclinerions à supposer qu'elle est plutôt représentée par la porte voisine du théâtre. C'est ce que semblent indiquer les textes que nous allons citer.

L'auteur du livre sur la Guerre d'Afrique, au chapitre LXXXVII, dit que Caton, se défiant des sympathies des habitants d'Utique pour César, avait relégué la plèbe désarmée en dehors de la porte Bellica, dans un camp complété par un fossé qui n'offrait pas un obstacle suffisant. Il ajoute que les Uticéens, confinés dans ces retranchements, n'en repoussèrent pas moins, à coups de pierres et de bâtons, l'attaque de la cavalerie pompéienne, après la bataille de Thapsus[1].

César, d'autre part, au chapitre XXV du 2ᵉ livre des Guerres civiles, constate que le camp de Varus était situé entre le théâtre et la ville, près de la porte Bellica[2]. Il est probable que

---

[1] *De bello Africano*, LXXXVII : « Superiore tempore M. Cato, quod in Uticensibus propter beneficium legis Juliae parum suis partibus praesidii esse existimaverat, plebem inermem oppido ejecerat, et ante portam Bellicam castris fossaque parvula dumtaxat munierat, ibique, custodiis circumdatis, habitare coegerat : senatum autem oppidi custodia tenebat. Eorum castra ii equites adorti expugnare coeperunt, ideo quod eos partibus Caesaris favisse sciebant, ut, eis interfectis, eorum pernicie dolorem suum ulciscerentur. Uticenses, animo addito ex Caesaris victoria, lapidibus fustibusque equites repulerunt. » — Plutarque, *Caton*, LVIII : Ἰτυχαίων δὲ τοὺς μὲν ἡϐῶντας ἐν τοῖς χαρακώμασιν ἔταξεν οἰκεῖν τὰ ὅπλα παραδόντας αὐτῷ.

[2] *De bello civ.*, II, XXV : « Hoc explorato loco, Curio castra Vari conspicit, muro oppidoque conjuncta, ad portam quae adpellatur Bellica, admodum munita natura loci : una ex parte ipso oppido Utica, altera a theatro, quod est ante oppidum, substructionibus ejus operis maximis aditu ad castra difficili et angusto. »

le camp dans lequel avait été reléguée une partie de la population d'Utique était celui qu'occupait Varus au moment de l'expédition de Curion. Caton, qui avait fortifié avec tant de soin la ville proprement dite[1], ne s'était pas mis en frais pour assurer la sécurité des suspects : on les parqua dans les anciens retranchements du chef pompéien. Il est probable aussi que ce camp avait été placé entre le théâtre et la porte du port marchand, pour couvrir le point le plus faible de l'enceinte d'Utique; le bassin du port marchand, en effet, n'était pas compris dans le système de défense de la ville. Varus dut chercher à le couvrir, en étendant les lignes de son camp de la porte du port marchand jusqu'au théâtre, dont les puissantes constructions formaient une véritable forteresse. Lui-même se trouvait ainsi dans les meilleures conditions de défense, son flanc droit étant appuyé aux remparts d'Utique et son flanc gauche au théâtre.

Ces conditions ne se retrouvent pas si l'on suppose que la plus méridionale des deux portes du front est de l'enceinte était la porte Bellica. En premier lieu, cette porte était éloignée du théâtre de près de 600 mètres. Elle était située, d'autre part, au fond d'un angle rentrant de l'enceinte, et en dehors du plateau sur lequel était campé Varus. Enfin le récit du combat qui se livra près du ravin dont elle était voisine prouve bien que le camp de Varus ne s'étendait pas jusque-là. Les incidents rapportés aux chapitres XXXIV et XXXV indiquent que

---

[1] *De bello Africano*, LXXXVIII : « Quodque Uticam mirificis operibus munierat turresque auxerat. »

Plutarque, *Caton*, LVIII : Καὶ τὰ μὲν αὐτῶν δεηθέντων, τὰ δὲ τοῦ Σκηπίωνος ἀξιοῦντος ἀνεδέξατο φρουρήσειν τὴν πόλιν, ὡς μήτε ἄκουσα μήτε ἑκοῦσα Καίσαρι προσγένοιτο. Καὶ γὰρ ἦν εἰς ἅπαντα τὸ χωρίον ὠφέλιμον καὶ διαρκὲς τοῖς ἔχουσιν· ἔτι δὲ μᾶλλον ὑπὸ τοῦ Κάτωνος ἐρρώσθη. Καὶ γὰρ σῖτον εἰσήγαγεν ὑπερβάλλοντα πλήθει καὶ κατεσκεύαζε τὰ τείχη πύργους ἐπαιρόμενος καὶ τάφρους ὀχυρὰς καὶ χαρακώματα πρὸ τῆς πόλεως βαλλόμενος.

le ravin était à une assez grande distance des retranchements de Varus[1].

La position des deux camps de Varus et de Curion nous semble donc bien indiquée : le premier est placé entre la cinquième porte et le théâtre, l'autre est dans le voisinage de la

---

[1] *De bello civili*, II, XXXIV : « Erat vallis inter duas acies, ut supra demonstratum est, non ita magna, at difficili et arduo adscensu. Hanc uterque si adversariorum copiae transire conarentur, exspectabat, quo aequiore loco proelium committeret. Simul ab sinistro cornu P. Attii equitatus omnis, et una levis armaturae interjecti complures, quum se in vallem demitterent, cernebantur. Ad eos Curio equitatum et duas Marrucinorum cohortes mittit : quorum primum impetum equites hostium non tulerunt, sed, admissis equis, ad suos refugerunt : relicti ab his, qui una procurrerant, levis armaturae circumveniebantur atque interficiebantur ab nostris. Huc tota Vari conversa acies suos fugere et concidi videbat. Tum Rebilus, legatus Caesaris, quem Curio secum ex Sicilia duxerat, quod magnum habere usum in re militari sciebat : *Perterritum*, inquit, *hostem vides, Curio: quid dubitas uti temporis opportunitate?* Ille unum elocutus, *ut memoria tenerent milites ea, quae pridie sibi confirmassent*, sequi sese jubet et praecurrit ante omnes : adeoque erat impedita vallis, ut in adscensu, nisi sublevati a suis, primi non facile eniterentur. Sed praeoccupatus animus Attianorum militum timore, et fuga, et caede suorum, nihil de resistendo cogitabat, omnesque jam se ab equitatu circumveniri arbitrabantur. Itaque prius quam telum adjici posset, aut nostri propius accederent, omnis Vari acies terga vertit seque in castra recepit. »

XXXV : « Qua in fuga Fabius Pelignus quidam, ex infimis ordinibus de exercitu Curionis, primum agmen fugientium consecutus, magna voce Varum nomine appellans requirebat, uti unus esse ex ejus militibus, et monere aliquid velle ac dicere videretur. Ubi ille, saepius appellatus, aspexit ac restitit, et, quis esset, aut quid vellet, quaesivit, humerum apertum gladio appetit, paulumque abfuit quin Varum interficeret : quod ille periculum, sublato ad ejus conatum scuto, vitavit. Fabius, a proximis militibus circumventus, interficitur. Hac fugientium multitudine ac turba portae castrorum occupantur, atque iter impeditur; pluresque in eo loco sine vulnere, quam in proelio aut fuga, intereunt : neque multum abfuit quin etiam castris expellerentur; ac nonnulli protinus eodem cursu in oppidum contenderunt. Sed quum loci natura et munitio castrorum aditum prohibebat, tum quod ad proelium egressi Curionis milites iis rebus indigebant, quae ad oppugnationem castrorum erant usui. Itaque Curio exercitum in castra reducit, suis omnibus praeter Fabium incolumibus, ex numero adversariorum circiter DC interfectis, ac mille vulneratis : qui omnes, discessu Curionis, multique praeterea, per simulationem vulnerum, ex castris in oppidum propter timorem sese recipiunt. Qua re animadversa, Varus, et terrore exercitus cognito, buccinatore in castris et paucis ad speciem tabernaculis relictis, de tertia vigilia silentio exercitum in oppidum reducit. »

quatrième porte, au fond du ravin qui sépare seul les deux armées lorsque, à deux reprises, elles se rangent en bataille pour en venir aux mains[1]. Quant au champ de bataille ou, pour mieux dire, au théâtre de la défaite de Varus, il est facile de le reconnaître dans le plateau circonscrit, au sud par le ravin, au nord par le théâtre, à l'ouest par le front est de l'enceinte, à l'est, enfin, par un ressaut de terrain qui forme la dernière ondulation des collines d'Utique et limite les marais qui s'étendaient entre la ville et le Camp Cornélien. Le récit de César prouve bien que le faubourg qui couvrit depuis tout ce plateau n'existait pas à l'époque de l'expédition de Curion.

Aucun centre arabe ne s'est fondé sur l'emplacement d'Utique. Il est probable que la rade était déjà complètement ensablée à l'époque de la conquête musulmane, et l'absence de toute trace de ces reconstructions byzantines si communes dans tous les autres centres antiques de l'Afrique septentrionale prouve que la décadence d'Utique commença de bonne heure. Un de ses évêques, Flavianus, figure parmi les signataires de la lettre adressée en 646 au patriarche Paullus par le concile de la Proconsulaire. La ville existait donc encore vers le milieu du VIIe siècle; mais elle paraît avoir été complètement abandonnée en 684, puisqu'à cette date son dernier évêque, Potentinus, s'était réfugié en Espagne[2].

Presque à la hauteur d'Utique, à trois milles à l'est, se dresse une colline isolée, de forme allongée, aux pentes rapides, dont le village de Kalaat el-Oued occupe la pointe septentrionale. C'est l'emplacement de ces « Camps Cornéliens[3] », si exactement

CASTRA CORNELIANA (*Kalaat el-Oued*).

---

[1] *De bello civili*, II, XXVII : « Qua opinione adductus Varus postero die mane legiones e castris educit. Facitidem Curio: atque, una valle non magna interjecta, suas uterque copias instruit. » Cf. XXXIII.

[2] Morcelli, *Africa christiana*, t. I, p. 363.

[3] « Castra Corneliana. » César, *De bello civ.*, II, XXIV. — « Castra Cornelia. » Pline, Mela. — Κορνηλίου παρεμβολή. Ptolémée. — « Castra Scipionis. » Orose.

décrits par César[1] et par Tite Live[2], et dont Lucain lui-même n'a pas exagéré outre mesure l'abrupte silhouette :

> Inde petit tumulos exesasque undique rupes
> Antaei quae regna vocat non vana vetustas...
> Sed majora dedit cognomina collibus istis
> Scipio[3]...

Les hauteurs de Kalaat el-Oued forment encore, au-dessus de la plaine basse de Bou-Châter, une sorte de promontoire que la mer baignait à l'époque romaine, et qui défendait la partie méridionale du golfe d'Utique contre les vents de nord-est. Le Stadiasme l'indique comme un mouillage d'hiver accessible aux plus grands navires[4].

La distance d'« un peu plus d'un mille » indiquée par César entre Utique et le Camp Cornélien, en ligne directe[5], est trop faible de moitié. A ce détail près, la description du terrain est aussi fidèle que possible : le marais qu'on devait contourner pour se rendre du camp à Utique existe encore sous le nom d'*Outa es-Srira* et oblige à faire le même détour ; la mer seule est absente du tableau, mais on la devine derrière l'immense rideau de joncs et de roseaux qui la sépare aujourd'hui des ruines d'Utique. Le marais est traversé par la Medjerda, qui, jusqu'à la fin de l'époque romaine, peut-être même jusqu'au

---

[1] *De bello civ.*, XXIV : « Id autem est jugum directum, eminens in mare, utraque ex parte praeruptum et asperum, sed tamen paulo leniori fastigio ab ea parte quae ad Uticam vergit. »

[2] XXIX, XXXV : « Castra hiberna in promontorio quod tenui jugo continenti adhaerens in aliquantum maris spatium extenditur, communit. »

[3] Lucain, *Pharsale*, IV, v. 589.

[4] 125 : Ἀπὸ δὲ Καρχηδόνος εἰς κάστρα Κορνηλίου στάδιοι τγ΄· λιμήν ἐστι παραχειμαστικός· ἐν τούτῳ παραχειμάζει μεγάλα πλοῖα.

[5] *De bello civ.*, II, XXIV : « Abest directo itinere ab Utica paulo amplius passuum mille. Sed hoc itinere est fons, quo mare succedit longius, lateque is locus restagnat : quem si quis vitare voluerit, VI millium circuitu in oppidum pervenerit. »

temps d'Édrisi, débouchait au sud des Camps Cornéliens. Elle passe aujourd'hui entre Kalaat el-Oued et Bou-Châter.

Les ruines qu'on rencontre près de la koubba de Sidi-Ahmed-bou-Farès, à 9 kilomètres au nord-ouest de Bou-Châter, sont certainement celles de la station que la Table et l'Itinéraire placent à 6 milles au delà d'Utique et nomment, l'une *Membione*, l'autre *Membrone*. La leçon de la Table de Peutinger est incorrecte : il faut lire *Membrone*, forme que donnent, non seulement l'Itinéraire, mais l'Anonyme de Ravenne[1] et Guido[2]. L'identité de la *Membrone* des Itinéraires et de la *Memblosa* de saint Augustin et des Actes des conciles, affirmée par Morcelli[3], ne nous paraît rien moins que démontrée : il n'est pas admissible que *Membrone* ait pu donner l'ethnique *Memblositanus*, et *Memblosa* n'a probablement rien de commun elle-même avec le *Memplonitanus locus*, voisin d'Uzala, dont parle l'auteur du livre sur les miracles de saint Étienne[4].

Lapie, dont l'opinion a été adoptée par M. Guérin, propose comme synonymie de Membrone le village d'El-Aoudja, situé à 6 milles au nord de Bou-Châter. Cette hypothèse, qui repose uniquement sur la distance actuelle des deux localités, est inadmissible lorsqu'on tient compte des changements qui se sont évidemment produits dans la configuration du littoral : la mer, à l'époque romaine, couvrait la plaine marécageuse qui s'étend aujourd'hui entre ces deux points; on devait faire un détour, et la distance réelle d'Utique aux ruines qui portent le nom

MEMBRONE
(*Sidi-Ahmed-bou-Farès*).

---

[1] III, VI : « In qua Numidia plurimas fuisse civitates legimus, id est civitas Membrone, quae confinatur juxta mare magnum cum jam praenominata Utica. » — V, VII : « Membrone. »

[2] LXXXVII : « Menbrone. »

[3] *Africa christiana*, t. 1, p. 224 : « Praeter Membresam in eadem provincia proconsulari fuit et *Memblosa*, quod ex collatione Carthaginiensi perspicuum est. Ejusdem nominis vestigia apparent in Tabula Peutingeri, in qua Membione appellatur. »

[4] Inter opera August., I, V.

d'El-Aoudja était de 10 milles. Grenville Temple et Pellissier ont commis une méprise analogue en plaçant Membrone à Henchir Badjou, que Temple appelle Beyja, et qui est située à 6 kilomètres à l'ouest de Ghar el-Melah.

L'inscription suivante, trouvée à Benzert[1], prouve l'existence, d'ailleurs certaine *a priori*, d'une route directe entre Membrone et Hippo Diarrhytus :

```
        IMP · CAES
       M · AVRELIVS
        ANTONINVS
      PIVS · FELIX · AVG
      PARTHICVS · MAX
     BRITANNICVS · MAX
     GERMANICVS · MAX
      TRIB · POT · XVIIII
         COS IIII · P · P
         RESTITVIT
            XLIX
```

On compte 16 milles, en effet, de Sidi-Ahmed-bou-Farès à Benzert (Hippo Diarrhytus). En ajoutant à cette distance les 33 milles indiqués par l'Itinéraire entre Carthage et Membrone, on obtient précisément le chiffre XLIX du milliaire de Benzert.

TUNISA [THINISA] (*Ras el Djebel*). La grande voie du littoral, à partir de Membrone, faisait un détour de 14 milles pour gagner sur la côte la station de Tunisa, placée par les deux routiers antiques à 10 milles de Membrone et 20 d'Hippo Diarrhytus[2]. L'identité de Tunisa et

---

[1] C. I. L., t. VIII, n° 10115.

[2] L'Itinéraire d'Antonin écrit *Tuneiza* et *Tineiza*. Un seul manuscrit donne la variante *Tuna*, préférée à tort par Parthey et Pinder. L'Anonyme de Ravenne écrit *Tumissa*; Guido, *Tumsa* : deux leçons fautives qui reviennent à la forme *Tunisa*. Le véritable nom paraît être *Thinisa*, dont l'ethnique *Thinisensis* figure dans la Notice des évêchés.

de la petite ville arabe de Ras el-Djebel résulte tout à la fois de ces indications numériques et de l'existence d'une *Thinissa*, Θίνισσα, que Ptolémée place sur le littoral entre Hippo Diarrhytus et le promontoire d'Apollon[1] : telle est précisément la position de Ras el-Djebel, située entre Benzert et le cap de Sidi-Ali-el-Mekki. On compte 12 milles, il est vrai, entre Henchir Sidi-Ahmed-bou-Farès et Ras el-Djebel, tandis que les deux textes antiques n'en indiquent que 10; mais la synonymie que nous proposons n'en est pas moins certaine, puisque Bir el-Hadid, le seul gisement de ruines qui satisfasse exactement aux données des Itinéraires, est situé entre le cap de Sidi-Ali-el-Mekki et Sidi-Ahmed-bou-Farès, et ne saurait, par conséquent, correspondre à la Thinissa de Ptolémée.

La voie romaine laissait sur la droite le promontorium Apollinis. La petite ville arabe de Ghar el-Melah, le Porto Farina de nos cartes, située à l'extrémité méridionale de ce promontoire, a probablement succédé à la *Rusucmona* punique dont il a été question plus haut (t. I, p. 557). Ce fut dans cette rade que la flotte carthaginoise alla passer la nuit avant d'attaquer celle de Scipion. Rusucmona se trouvait donc dans le voisinage d'Utique. Son nom indique de plus qu'elle devait être placée sur un cap ou sous un cap. Or Ghar el-Melah est précisément située dans le golfe d'Utique et au-dessous du Ras Sidi-Ali-el-Mekki.

Le rapprochement établi par Shaw entre le nom italien de Ghar el-Melah, *Porto Farina*, et celui de Rusucmona, auquel il attribue la signification plus que problématique de « promontoire des vivres », n'a pas plus de valeur que l'étymologie proposée par Maltzan et d'après laquelle Rusucmona viendrait de

---

[1] Ptolémée, IV, III, 6.

ראש צנן ou שנן, *Ras tsânan*, le « cap pointu ». Les deux hypothèses ne reposent que sur une mauvaise leçon du nom de Rusucmona.

Cette station maritime, qui ne reparaît pas dans les textes de l'époque romaine, n'était probablement qu'un mouillage dont l'importance, du moins comme centre de population, ne s'est accru qu'après l'ensablement du port d'Utique. Ghar el-Melah a joué un rôle assez considérable au moyen âge arabe; elle était encore, il y a moins d'un siècle, un des principaux arsenaux de la Régence et le centre d'un commerce très actif, alimenté par les exportations de blé des districts de Mater et de Badja. L'ensablement du goulet qui fait communiquer son lac avec la mer a mis un terme à sa prospérité.

CASTRA LAELIA
(*Ghar el-Melah*)

Nous pensons que les *Castra Laelia*, placés par Pomponius Mela dans le golfe d'Utique, ont remplacé Rusucmona après les guerres puniques. L'ordre même dans lequel les localités sont énumérées par Mela nous paraît justifier cette hypothèse, qui explique en outre la disparition du nom de la ville punique : « In altero (sinu) sunt Castra Lelia, Castra Cornelia, flumen Bagrada, urbes Utica et Carthago. » Le géographe romain procède, comme on le voit, de l'ouest à l'est.

Il est à remarquer, d'ailleurs, que C. Laelius, lieutenant de Scipion, commandait la flotte romaine et avait fait, en 205, une descente heureuse sur cette partie du littoral punique. Les *Castra Laelia* étaient donc certainement des *Castra navalia*. Située en face du camp cornélien et abritée contre les vents qui compromettent parfois la sécurité du mouillage de Kalaat el-Oued (*Corneliana Castra*), Rusucmona avait dû être occupée, au moins momentanément, par le commandant des forces navales romaines.

La tradition locale, enfin, semble confirmer la correspondance que nous proposons. La plaine qui s'étend à l'ouest de Ghar el-Melah porte le nom de *Bahirt el-Kala'a*, « la plaine de la forteresse », et ce nom se rattache très probablement au souvenir du campement de Laelius, comme celui de *Kalaat el-Oued*, « la forteresse du fleuve », rappelle l'emplacement du camp cornélien.

Le bourg arabe d'El-Alia, situé entre la route du littoral et la voie qui conduisait directement d'Utique à Hippo Diarrhytus, a succédé à une petite ville antique dont le nom, *Cotuza*, ne nous est connu que par l'inscription suivante[1], recueillie par Ximenez :

COTUZA
(*El-Alia*).

AB IMP........................
................PIO HE......
....
....
....
IVM PATRIS C· STRANI.......
TV· CVR· REIPVBLICAE SPLENDI
DISSIMAE COTVZAE SACRAE
VALERIVS IANVARIVS AƆLLOSE..

Wilmanns considère comme suspect ce nom de Cotuza, et propose de lire *co[l]. u[tik]ae* : « Certe Cotuza nomen praeterea nusquam reperitur, territorium autem Uticense huc usque pertinuisse admodum probabile est[2]. » Cette argumentation n'est rien moins que concluante : l'épigraphie africaine nous révèle chaque jour les noms de localités complètement inconnues. Le nom de *Cotuza* est d'ailleurs incontestablement libyen : on le retrouve comme nom propre dans une des inscriptions

---

[1] *C. I. L.*, t. VIII, 1204. — [2] *Ibid.*, p. 152.

<small>Hippo Diarrhytus (Benzert).</small>

bilingues de la Cheffia[1], et nous aurons l'occasion de constater, dans le cours de cette étude, que les noms propres d'hommes se transformaient souvent en noms de localités.

Le nom d'Hippo est certainement phénicien : nous le retrouvons fréquemment, à l'état simple ou composé, non seulement sur le littoral africain, mais encore en Espagne[2]. On est loin d'être d'accord sur sa signification. Bochart y a vu à tort le mot עֻבָּא *Ubba*, « sinus », que Hamaker a cru reconnaître sur les monnaies attribuées à Hippo Diarrhytus. Gesenius le fait dériver de יפי *Ippou*, « pulchritudo, splendor »; Movers, de אפא *Hippo*, « forteresse », et suppose que le nom complet, que les Grecs auraient traduit par les formes Ἵππου ἄκρα[3], Ἱππάκριτα[4], Ἱππάγρετα[5], était אפא־אחרת *Hippo Akhret*, « Hippo altera », par opposition à Hippo Regius. Il est fort difficile de reconnaître sous les formes grecques Ἱππάκριτα, Ἱππάγρετα le nom et le surnom phéniciens qu'elles travestissent. Quant au nom d'Ἵππου ἄκρα, nous le retrouvons sur trop de points différents pour y voir, avec Movers, une *Hippo altera*. Si nous admettons, d'un autre côté, que les monnaies attribuées par L. Müller à Hippo Regius appartiennent réellement à cette ville, nous devons en conclure que le nom de son homonyme s'écrivait également, non pas יפו ou אפא, mais bien אפו.

Hippo devait au canal qui la traversait le surnom de *Diarrhytus*, qui apparaît à l'époque romaine et ne fait peut-être que traduire la seconde moitié du nom d'*Hippacrita* ou *Hippagreta*.

---

[1] *C. I. L.*, t. VIII, 5218 :
NADDHSEN· COTVZA
NIS· F I· TRIB. MISICTRI VIX
ANN· XX· H. S. E

[2] Nous connaissons une *Hippo* dans la Tarraconaise, chez les Carpetani (Liv., XXXIX, xxx); une *Hippo nova* dans la Bétique (Pline, III, III), une *Acinippo*, une *Irippo*, une *Lacinippo*, une *Orippo*, une *Ostippo*, une *Ulisippo* et une *Ventippo*.
[3] Scylac. *Peripl.* — Diodore.
[4] Polybe.
[5] Appien, *Punic.*, cx.

Pline donne la forme vulgaire *Hippo Dirutus*, en ajoutant qu'elle vient du grec *Diarrhytus*. La Table de Peutinger écrit *Ipponte Diarito*; l'Itinéraire, *Hippone Zarito*; l'Anonyme de Ravenne, *Ypone Zareston*; Guido, *Ipposretum*; la liste des églises d'Afrique donne les trois variantes *Hipponis Diarrhyti*, *Hipponensium Zarytorum* et *Hipsarensis*. La forme correcte, donnée par Ptolémée, Ἵππων διάρρυτος, se retrouve dans l'inscription suivante, découverte à Benzert[1], qui justifie Pline le Jeune, accusé par Mannert d'avoir indûment gratifié Hippo Diarrhytus du titre de colonie :

```
GENIO· COL. IVLIAE
HIPP· DIARR· SACR
COLONI COL. IVLIAE
CARPIT CIV.........
GVLV..............
QVIS..............
IVSTISSIMIS ........
     DD. PP.
```

La synonymie d'Hippo Diarrhytus et de Benzert, la *Bizerte* de nos cartes, résultait déjà de l'identité évidente des deux noms[2]. Elle résulte aussi des détails si précis que les auteurs anciens nous ont laissés sur sa position et, en particulier, sur son lac, où l'on observe encore ce phénomène, signalé par Pline le Jeune, d'un double courant, qui, tour à tour, y pousse les eaux de la Méditerranée et les en fait sortir[3].

---

[1] Guérin, n° 209. (*C. I. L.*, VIII, 1206.) [Nous avons complété le texte donné par M. Tissot, qui est celui du *Corpus*, à l'aide d'une copie nouvelle, que nous devons à l'obligeance de M. le lieutenant Valdan. — S. R.]

[2] Le mot *Benzert*, que Shaw a voulu traduire par « fils du canal », n'est pas autre chose que la forme la plus récente du nom antique défiguré par une aphérèse et par la prononciation arabe, qui transforme le P en B : *Hippone Zarito* est devenu *Bou Zarit*, *Benzert*.

[3] Pline, *Epist.*, IX, xxxiii : « Adjacet et

Prise d'assaut par Agathocle, après un siège où la flotte sicilienne joua un rôle [1], Hippo, dans la guerre des Mercenaires, se prononça, comme Utique, contre Carthage, dont elle avait été jusqu'alors la fidèle alliée.

Colonie de César ou d'Auguste, Hippo Diarrhytus ne paraît pas avoir jamais été très prospère. Pline le Jeune la représente comme une petite ville de province, jalouse de son repos et de sa solitude et ne reculant pas devant le meurtre du dauphin qui l'avait mise à la mode, pour couper court aux dépenses qu'imposaient à son modeste budget les nombreuses visites de grands personnages dont elle était honorée[2].

Benzert ne possède plus, en fait de débris reconnaissables de la vieille Hippo, que les substructions des murs de soutènement de son canal et du double môle qui en protège l'embouchure.

THEUDALIS
(*Henchir el-Aouâma?*).

On sait par Pline que la ville libre de Theudalis, dont le territoire était limitrophe de celui d'Hippo Diarrhytus, était située dans l'intérieur[3], et Ptolémée la place à l'est et dans le voisinage du lac Sisara[4]. Cette double indication permet de déterminer très approximativement la position de Theudalis. Il existe deux groupes de ruines sur la rive orientale du Garâat

---

navigabile stagnum, ex quo, in modum fluminis, aestuarium emergit quod, vice alterna, prout aestus repressit aut impulit, nunc infertur mari, nunc redditur stagno. »

[1] Diodore, XX, LV : Ἐσ]ρατοπέδευσεν ἐπὶ τὴν Ἵππου καλουμένην ἄκραν, ὠχυρωμένην φυσικῶς τῇ παρακειμένῃ λίμνῃ. Πολιορκήσας δὲ αὐτὴν ἐνεργῶς, καὶ τῶν ἐγχωρίων ναυμαχίᾳ περιγενόμενος, κατὰ κράτος εἷλε.

[2] *Epist.*, IX, XXXIII : « Confluebant omnes ad spectaculum magistratus, quorum adventu et mora modica res publica novis sumptibus atterebatur. Postremo locus ipse quietem suam secretumque perdebat. Placuit occulte interfici ad quod coibatur. »

[3] Pline, V, III : « Cui [Hipponi Diarrhyto] finitimum Theudalis immune oppidum, longius a littore. »

[4] IV, 3, 31. Les manuscrits de Ptolémée donnent les variantes Θευδαλεῖ, Θευδαλεί, Θευδάλα, Θευδαλεία et Θευδάλη. La forme indigène est probablement *Theudali*.

el-Echkeul (Sisara lacus). Le premier, situé au sud du canal par lequel ce bassin communique avec le lac de Bizerte, porte le nom d'Henchir Tindja ou Henchir Sidi-Hassan; le second, celui d'Henchir el-Aouâma. C'est à Henchir Tindja que Shaw a cru retrouver Theudalis; il résulte toutefois de son propre témoignage que les ruines étaient désignées, à cette époque, sous le nom de *Timida*, et il est possible dès lors qu'elles représentent une des deux *Thimida* antiques dont l'existence nous est implicitement révélée par le surnom de *Regia*, que portait la Thimida voisine d'Uthina[1].

La Thimida proprement dite se retrouvant à Henchir Tindja, Theudalis serait Henchir el-Aouâma.

Theudalis était une des sept villes qui se prononcèrent contre Carthage dans la troisième guerre punique, ravitaillèrent l'armée romaine et obtinrent une situation privilégiée dans l'organisation de l'année 146[2].

Les deux inscriptions suivantes, trouvées dans les ruines d'Henchir Sidi-Mansour-ed-Daouâdi, à 15 kilomètres environ à l'ouest de Bizerte, donnent l'ethnique incomplet d'une troisième ville antique, également voisine d'Hippo Diarrhytus:

Thisita?
(*Sidi-Mansour-ed-Daouâdi*).

   MVTHVMBAL· BALI
   THONIS LABRECO
   ....HISITANVS
   SACERDOS ADONI
   S. VIX. ANN. LXXXII[3]

    PORCIO
    AVITO
    HISITANI[4]

---

[1] Voir plus bas l'analyse de la route d'Onellana à Tunis par Uthina.
[2] *C. I. L.*, t. I, 200.
[3] *C. I. L.*, t. VIII, 1211.
[4] *Ibid.*, 1212.

M. Guérin, à qui nous devons la découverte de ces deux textes, pense que l'ethnique complet pouvait être THISITA-NVS, et propose d'identifier cette ville de Thisita avec la Θίσικα que Ptolémée nomme parmi les villes situées entre Thabraca et le Bagrada. Cette synonymie nous paraît plus que douteuse. Le nom de *Thisica* n'est pas, dans les tables Ptoléméennes, une variante inexacte de celui de *Thisita,* puisque la Notice des évêchés cite un *episcopus Tyzicensis.* Thisica, d'ailleurs, est placée par Ptolémée à une assez grande distance au sud-est d'Hippo Diarrhytus, alors que les ruines de Sidi-Mansour-ed-Daouâdi se trouvent à l'ouest-nord-ouest de Bizerte.

Wilmanns propose, de son côté, à titre de simple conjecture, la restitution [P]*hisita,* et semble disposé à reconnaître dans ce nom celui de la *Pisita* des textes de l'époque chrétienne[1]. La forme *Phisita* nous paraît bien suspecte, tandis que le nom de *Thisita* est tout à fait conforme aux règles de la toponymie libyenne, et satisfait mieux aux exigences de la phonétique africaine.

D'Hippo Diarrhytus à Thabraca, dans un parcours de 60 milles, les deux Itinéraires ne nomment aucune station. La Table de Peutinger indique seulement un fleuve, le *Chulcul,* que nous avons identifié à l'Oued Zouâra. La route romaine ne suivait pas le littoral, qui n'offre qu'une série de falaises escarpées, sans ports, sans abris et presque sans habitants. Elle se dirigait en droite ligne sur Thabraca par la vallée de l'Oued Sedjnân.

THABRACA (*Tabarka*). Thabraca[2] a conservé, avec son nom phénicien, les magni-

[1] *C. I. L.,* t. VIII, p. 153 : « Rectius fortasse de Pisita cogites, cujus mentio fit in collatione anni 411 et apud auctorem de Miraculis sancti Stephani. Facile enim pro Phisita apud auctores Pisita scriptum esse admiseris. Sed res omnino incerta est. »

[2] *Thabraca.* Mela, I, vii. — Juvénal,

fiques forêts qui le lui avaient peut-être fait donner[1] et que rappelle le vers de Juvénal :

> Quales umbriferos ubi pandit Thabraca saltus.

Pline donne à Thabraca le titre d'*oppidum civium Romanorum*[2]; Ptolémée lui attribue celui de *colonie*.

Thabraca a été le théâtre du dernier acte de deux insurrections indigènes contre la domination étrangère: Gildon s'y donna la mort[3], et la reine berbère de l'Aurès, Damia el-Kahena, vaincue par Hassan ben Noman, y fut prise et décapitée, près d'un puits qui porte encore son nom.

Aucun centre arabe de quelque importance ne s'est élevé sur l'emplacement de la ville antique, dont les ruines étaient encore assez considérables, au xie siècle de notre ère, pour qu'El-Bekri les ait signalées. « De Badja, dit le géographe arabe, on se rend à Tabarka, ville située sur le bord de la mer et renfermant des monuments antiques d'une construction admirable[4]. » Ces monuments ont disparu. Les seuls vestiges que j'aie trouvés à Tabarka, lors de l'excursion que j'y ai faite en 1876, sont les ruines, très imposantes encore, il est vrai, d'un immense édifice auquel les indigènes donnent le nom bizarre d'*El-Keskes*, « le vase à cuire le couscoussou », celles d'une ba-

---

X, v. — Itin. Anton. — Θάβρακα κολωνία. Ptolémée, IV, 3, 5. — *Tabraca*. Pline, V, iii.—*Cabraca* pour *Tabraca*. Tab. Peut. — Claudien, *De Cons. Stilich.*, I, 359. — Rav. Anon., *Thabracha*, Guido.

[1] תרקוה « frondosa », d'après la conjecture de Bochart. Gesenius fait dériver ce nom de בית אברכה *Bithabarka* « domus benedictionis ». L. Müller suppose que la première syllabe *ta* représente le préfixe libyen. — Les monnaies attribuées à Thabraca représentent la tête voilée et diadémée d'Astarté, avec la légende תברכען *Thabrakan*. Le revers semble porter le nom de la ville voisine *Tunizan* תונצן. (L. Müller, *Numismatique de l'ancienne Afrique*, t. III, p. 52.)

[2] Pline, V, iii, 22.

[3] Claudien, *De Cons. Stilich.*, I, v. 359 :

Suscepit merito fatalis Thabraca portu.

[4] El-Bekri, p. 139.

silique chrétienne, un très beau réservoir voûté et soutenu par une triple rangée de piliers dont la construction rappelle celle des citernes de Rougâa (Bararus). Le reste de la ville antique n'offre plus qu'un amas de décombres ensevelis sous un fourré de broussailles, de figuiers et de cactus opuntia, qui en rendent l'exploration fort difficile.

Thabraca, comme nous l'avons dit, appartenait déjà à la Numidie, que la Tusca séparait de l'Afrique propre.

TUNIZA (*La Calle*).

La station de *Tuniza*[1], placée par la Table de Peutinger à 24 milles à l'ouest de Thabraca, est certainement La Calle, le *Mersat el-Kharaz* d'Ibn Haoukal et d'Abou Obeïd el-Bekri[2], le *Mersa Djoun* d'Édrisi. Les avantages que présente La Calle comme position maritime et militaire ne pouvaient pas échapper aux Phéniciens : son port est un point de relâche précieux pour de petits bâtiments sur une côte où les abris sont rares, et le rocher sur lequel elle est située, n'étant rattaché au littoral que par un isthme étroit, se défend en quelque sorte de lui-même.

Le manuscrit de l'Escurial de l'Itinéraire d'Antonin donne également le nom de *Tuniza* à la station située immédiatement à l'ouest de Thabraca, et indique la même distance que la Table de Peutinger. Dans tous les autres manuscrits, le nom de Tuniza est remplacé par celui de *Nalpotes*, suivi du chiffre XL. Pinder et Parthey, se fondant sur la concordance des indications de la Table de Peutinger, de l'Anonyme de Ravenne et du Codex de l'Escurial, ont adopté avec raison la leçon de ce manuscrit. Cette correction est d'ailleurs justifiée par l'invrai-

---

[1] Le nom punique תונצן figure, comme on l'a vu à la page précédente, sur les monnaies de Thabraca.

[2] Mersa el-Kharaz, au témoignage d'El-Bekri, était un port de refuge pour les navigateurs de tous les pays, et les Zéirites, souverains de l'Afrique à cette époque, « en avaient fait l'arsenal d'où partaient les bâtiments destinés à ravager les côtes des Grecs. »

semblance d'un détour aussi considérable que celui que suppose le chiffre de 40 milles, alors que la voie de l'Itinéraire, comme celle de la Table, suit évidemment le littoral. M. Fournel a donc commis une erreur lorsque, trompé par la leçon que donnent la plupart des manuscrits, il identifia Nalpotes à Hammam el-Oulad-Medellani, sources sulfureuses que les Romains avaient utilisées et où l'on retrouve les restes d'un établissement thermal considérable.

La Table de Peutinger dessine, à 15 milles à l'ouest de Tuniza, un édifice qu'elle ne nomme pas. Cette station anonyme ne peut être que l'*Ad Dianam*, placée par l'Itinéraire à la même distance de Tuniza. La *mansio* devait se trouver au point le plus élevé du col par lequel la voie romaine franchissait le massif du Djebel bou-Fhal, dont la pointe septentrionale forme le cap Rosa. Quant au temple de Diane, il s'élevait au sommet même du promontoire, où l'on en retrouve encore quelques ruines.

AD DIANAM.
Ruines
du
Djebel bou-Fhal.

L'*Armoniacum flumen* et l'*Ubus flumen* de la Table correspondent, ainsi que nous l'avons dit plus haut, à l'Oued Mafrag et à la Seybouse. Les trois distances partielles indiquées par la Table de Peutinger entre le temple anonyme (*Ad Dianam*), les deux fleuves et Hippo Regius se retrouvent assez exactement sur le terrain. L'Itinéraire évalue le même tracé à 32 milles.

La ville arabe de Bône (*Bona* ou *Annaba*) n'occupe pas l'emplacement d'Hippone, à laquelle elle a emprunté l'un de ses deux noms[1]. Hippo Regius était située à 2 kilomètres plus au

HIPPO REGIUS
(*Bona*).

---

[1] La ville berbère qui s'était élevée sur les ruines d'Hippone portait, au temps d'El-Bekri, le nom de *Medina Zaoui*; mais elle s'était appelée d'abord *Bona*, puisque nous savons, par le même géographe, que la Bône actuelle avait reçu le nom de *Bonat-el-Hadida*, «la nouvelle Bône». Bonat-el-Hadida a été désignée depuis sous celui de *Annaba*, «les Jujubiers», qui paraît dater du XVIᵉ siècle et qui est le plus habituellement employé aujourd'hui.

sud, sur les hauteurs qui séparent le cours de l'Oued bou-Djema de celui de la Seybouse.

L'enceinte de la ville antique couvrait une superficie de près de 60 hectares, mais ses ruines sont fort effacées. Les seuls débris reconnaissables sont ceux des citernes publiques, composées d'une série de grands réservoirs, alimentés par un aqueduc qui captait les eaux de l'Edough, et les vestiges d'un quai de débarquement qui se trouvent au pied de la colline de Gharf el-Antrân, à mille mètres environ de l'embouchure actuelle de la Seybouse. Le pont de l'Oued bou-Djema est également de construction romaine.

Le surnom de « royale » qu'avait reçu Hippone[1] date de l'époque des dynasties indigènes, et s'explique, soit par le séjour qu'y faisaient les princes numides[2], soit tout simplement et plus probablement parce qu'elle appartenait au royaume de Numidie, alors que Hippo Diarrhytus faisait partie de la Province romaine. Le très petit nombre d'inscriptions qu'ont fournies ses ruines ne nous apprennent rien de son histoire. L'Itinéraire d'Antonin lui donne le titre de *colonie*, que Zumpt[3] suppose dater du règne d'Hadrien. Illustrée, à la veille même de sa chute, par l'épiscopat de saint Augustin, Hippone immobilisa sous ses murs, pendant près de dix-huit mois, le flot de l'invasion vandale. Sa prise ou sa capitulation, au mois d'août de l'année 431, ne paraît pas avoir été suivie, comme on l'affirme sans preuves suffisantes, de sa ruine totale : les Vandales ne semblent même pas l'avoir démantelée, puisque Procope, en 534, en parle comme d'une ville forte[4]. Le nom

---

[1] Strabon (XVII, p. 832) le donne par erreur aux deux Hippones. Dans tous les autres textes, Hippo Regius est opposée à Hippo Diarrhytus (voir notamment Solin, XXVII, vii).

[2] Sil. Ital., III, v. 259 :
..... et antiquis dilectus regibus Hippo.

[3] *Comment. epigr.*, p. 424.

[4] *Bell. Vand.*, II, iv : Βελισάριος δὲ... ἐς πόλιν τε Νουμιδῶν ἐχυρὰν ἐπὶ θαλάσσῃ

de Ἱππουερέγις, que lui donne l'historiographe de Justinien, prouve que l'ablatif du nom primitif était devenu la forme directe, fait que confirment d'ailleurs l'épigraphie et les textes pour bien d'autres cités africaines[1].

La seule localité antique que nous connaissions, dans le voisinage de ce segment de la voie du littoral, est la petite ville de *Tenelium* ou *Tenellum*, située dans la plaine de la Cheffia, un peu au sud du confluent de l'Oued el-Kebir et de l'Oued bou-Namoussa, à 30 kilomètres environ à l'est de Bône. Son nom figure dans l'inscription suivante, trouvée entre le Kef des Beni-Feredj et le Ksar bou-Aoun[2] :

TENELIUM (TENELIO ou TENELLO). Ruines dans la plaine de la Cheffia.

```
C · IVLIV . . . . . . . . . . . . . . .
LVS · VET · DONIS
DONATVS · TORQVI
BVS · ET · ARMILLIS ·
DIMISSVS · ET · IN · CIVIT
SVA · TENELIO · FLAM
PERP · VIX · AN · LXXX
H · S · E
```

Le texte latin est suivi d'une épitaphe libyenne. Toute cette région, du reste, paraît avoir été un centre essentiellement libyen.

C'est de là que proviennent la plus grande partie des textes libyens que nous possédons. Un des noms qui figurent dans une épitaphe bilingue[3], *Chinidial* ou *Kinidil*, s'est même con-

κειμένην ἀφικόμενος, ἣν δὴ Ἱππουερέγιον καλοῦσιν.

[1] *Vallis*, par exemple, datif pluriel qu'indique le forme *Vallos* de l'Itinéraire d'Antonin, est un nominatif, *colonia Vallis*, dans une dédicace de l'année 217. L'abla- tif *Laribus* devient de même un nominatif dans la *Johannide* :

Urbs Laribus surgit mediis tutissima silvis.

[2] *C. I. L.*, t. VIII, 5209.
[3] *C. I. L.*, t. VIII, 5217

servé dans la toponymie indigène, ainsi que nous l'avons déjà constaté, sous le nom d'*Henchir Kenedil.*

Nous sommes même tenté de croire que le nom de la petite cité indigène dont nous parlons est *Tenelio* ou *Tenello*, et que le nominatif *Tenelium*, donné par le *Corpus inscriptionum Latinarum*, n'est pas plus correct que ne le serait *Thuburbum* pour *Thuburbo.*

§ 2. — D'HIPPO REGIUS À L'AMSAGA.

TABLE DE PEUTINGER.			ITINÉRAIRE D'ANTONIN.			
STATIONS.	Distances indiquées.	Chiffres corrigés.	STATIONS.	Distances indiquées.	Chiffres corrigés.	SYNONYMIES.
Hippone Regio..			Hippone Regio ...			Bona.
	XXXIII			XXXII		
Svblvcv			Svllvcgo			Mersa el-Menchar.
	XVIII			XXII	XVIII	
Tacatva			Tacatva			Takouch.
	VII					
Mvzarvr			....			?
	VIII			XVIII	XXII	
Zaca			....			?
	VII					
Cvlvcitani.....			Cvllicitanis			?
	XVI			XVIII		
Paratianis.....			Paratianis.......			Ruines sur l'Oued Meçadjat.
	XXV			XXV		
Rvsicade			Rvsiccade			Philippeville.
	L			L		
Chvllv			Chulli mvnicipivm.			Kollo.
	LX			LX		
Paccianis Matize			Paccianis Matidiae.			Mersa ez-Zitoun.
	XXIV			XXIV		
Igilgili col....			Igilgili colonia ..			Djidjelli.

D'Hippo Regius à Saldae, la voie du littoral n'a été que très imparfaitement explorée. Nous n'avons pas encore rétabli cette grande ligne de communication qui suivait exactement les contours de la côte, et la côte elle-même n'a guère été reconnue qu'au point de vue hydrographique. Il en résulte que l'on ne peut encore donner que des correspondances approximatives pour quelques-unes des stations de cette route.

La première station à l'ouest d'Hippone, *Sublucu*, dans l'Itinéraire d'Antonin *Sullucco*, paraît correspondre aux ruines qui dominent le *Mersa el-Menchar*, le « port de la Faucille », ou *Mersa Sidi-bou-Zeïd*[1]. Lapie l'identifie, d'après Shaw, à *Tagodeite*, localité dont le nom a disparu de nos cartes.

SUBLUCU (*Mersa el-Menchar*).

La station suivante, *Tacatua*, la Τακατύη de Ptolémée, est placée, dans la Table, à 18 milles de Sublucu; l'Itinéraire indique 22 milles. Ce dernier chiffre doit être remplacé, comme on le verra, par celui de la Table, qui est exact. Tacatua se retrouve au fond du petit port naturel qui domine au nord-ouest le cap Takouch et au sud le Djebel Zila. Les ruines qu'on remarque dans cet endroit, et sur lesquelles s'est élevé le village d'Herbillon, ont fourni un certain nombre de mosaïques, de chapiteaux, de fûts de colonnes et une tête d'Isis en bronze.

TACATUA. Ruines du Ras Takouch.

« Le Ras Takouch s'avance vers le nord, dit M. Bérard, en se séparant de la côte comme une presqu'île, de manière à offrir un abri contre les vents d'est et un abri contre les vents d'ouest. Ce dernier paraît préférable au premier et convenir à toute espèce de bâtiments[2]. » Les Romains, et avant eux le peuple essentiellement navigateur qui avait colonisé le littoral numide, avaient reconnu les avantages de ce second mouillage, car c'est dans le voisinage du port de l'est que se trouvent les ruines de Tacatua.

Nommée par l'Anonyme de Ravenne entre Mazar et Sulucum, Tacatua ne figure pas dans les documents de l'époque chrétienne. L'*ecclesia Tacaratensis*, dont le titulaire, Apsidius,

---

[1] Cette rade sert aujourd'hui à l'embarquement des minerais de la mine de cuivre d'Aïn-Barbar. — [2] *Description nautique des côtes de l'Algérie*, p. 128.

assistait en 411 à la conférence de Carthage, n'a rien de commun avec la localité qui nous occupe. L'identité de ces deux sièges, soutenue par Holstenius, n'en a pas moins prévalu, et Morcelli a cru pouvoir l'affirmer. Tacatua et Tacarata sont, à n'en pas douter, deux villes distinctes. La syllabe initiale n'est qu'un préfixe.

Édrisi parle de Takouch comme d'un bourg très peuplé, et c'est cette même localité que de Thou désigne sous la forme italienne *Tacaccia* dans son énumération des principales villes de la province de Constantine[1].

La Table de Peutinger nomme successivement, à l'ouest de Tacatua, *Muzarur, Zaca, Culucitani*. La somme des distances partielles qui séparent les deux stations extrêmes est de 22 milles, et c'est probablement ce chiffre, indiqué par l'Itinéraire entre Sulluco et Tacatua, qui doit remplacer le chiffre XVIII intercalé par erreur entre Tacatua et Cullicitanis. Moyennant cette rectification, l'accord des deux routiers est complet.

Lapie place Muzarur au sud du Ras Takouch, Zaca à Sidi-Akessa (Sidi-Akech), Culucitani au cap Tchekidieh, la pointe la plus orientale du Ras el-Hadid (cap de Fer). Ces correspondances ne sont qu'approximatives : la côte est très montagneuse et il est difficile d'apprécier les distances sur la carte. On ne pourra rien affirmer avant d'avoir retrouvé et mesuré le tracé de la voie romaine[2]. Les dernières recherches ont fait supposer que les ruines importantes que l'on remarque à Sidi-bou-Merouan, à 3 kilomètres au nord de l'embouchure de l'Oued Sanhadja, étaient celles de Culucitanis; mais cette conjecture

---

[1] *Hist.*, VIII, VI (t. I, p. 256 de l'édition de Londres, 1733).

[2] On en trouve, à l'ouest de la baie de Sidi-Akech, un tronçon parfaitement conservé, d'une longueur d'environ 200 mètres. La baie est entourée de terrasses soutenues par des murs romains.

n'est pas conciliable avec les données numériques des Itinéraires. D'après une hypothèse de Mannert adoptée par Fournel, Culucitanis correspondrait au Κόλλοψ μικρός de Ptolémée, identifié par Shaw, Dureau de la Malle et Lapie à Sublucu. Il est très probable, en effet, que la position de Κόλλοψ μικρός a été intervertie dans les tables Ptoléméennes.

Paratianis, indiqué par les deux routiers à 25 milles à l'est de Rusicade, a été placé par Lapie sur l'Oued Gajita[1]. Fournel fait remarquer avec raison que cette synonymie ne satisfait pas aux données des Itinéraires, et considère les ruines de l'Oued Meçadjat comme celles de Paratianis. <small>PARATIANIS. Ruines de l'Oued Meçadjat.</small>

La limite des territoires d'Hippone et de la confédération cirtésienne paraît avoir passé par la vallée de l'Oued Beni-Ouider, affluent de l'Oued Sanhadja. Une borne trouvée à 12 kilomètres de la mine d'Aïn-Barbar et à 32 kilomètres à l'ouest de Bône, en ligne droite, porte sur une de ses faces les mots P(*ublicum*) HIPP(*onensium*), sur l'autre le mot CIRTENSIVM[2]. La position de cette borne est exactement déterminée par la rencontre de l'Oued Beni-Ouider avec le méridien qui passe à peu près à égale distance de Takouch et de la koubba de Sidi-Benout[3].

Les ruines de *Rusicade*, sur lesquelles nous avons fondé Philippeville, avaient conservé leur nom antique jusqu'à l'occupation française, sous la forme facilement reconnaissable de *Skikda*. L'orthographe du nom phénicien varie beaucoup dans les transcriptions grecques et romaines. Ptolemée écrit Ῥουσίκαδα, l'Itinéraire d'Antonin *Rusiccade*, forme que reproduit l'ethnique *Rusiccadensis* de la liste des Églises d'Afrique; l'Anonyme de <small>RUSICADE (*Philippeville*).</small>

---

[1] Le véritable nom de cette rivière, qui traverse le territoire des Ghedjâta, est *Oued Sanhadja*.

[2] *Revue afric.*, 1868, p. 405 et 406. C. I. L., t. VIII, 10838.

[3] Poulle, *Rec. des Notices*, 1878, 390.

Ravenne double la seconde consonne : *Russicade;* la forme correcte *Rusicade* se trouve dans Mela, Pline et la Table de Peutinger; c'est celle que donnent les inscriptions, colonia Veneria *Rusicade*[1], et elle reproduit l'appellation phénicienne ראש יקדה, *Rus ikda,* « *caput ignis* », le « cap du Phare ».

L'étendue et la magnificence des ruines de Rusicada attestaient encore, en 1838, le rôle qu'elle devait occuper dans la confédération des villes cirtésiennes. Rusicade était le port de Cirta et, à l'époque du partage des pouvoirs entre le proconsul d'Afrique et le légat impérial de Numidie, elle fut placée sous la juridiction de ce dernier, pour faciliter ses rapports directs avec Rome.

A l'exception du théâtre, tous les monuments de la ville antique ont disparu : les matériaux ont été employés à la construction de Philippeville et de son enceinte. L'étude des ruines de Rusicade a conduit M. de Marcilly à supposer l'existence de trois quartiers ou centres différents. Le moins important, qui occupait le plateau de l'hôpital militaire, paraît avoir été exclusivement habité par la population indigène. Le fond de la vallée, la plage et la base orientale du Bou-Yala étaient couverts d'édifices considérables. Telles sont les longues arcades qui ont longtemps servi de murs de quai à la ville nouvelle, la fontaine monumentale découverte en 1850, les citernes qui servent de soubassement au théâtre moderne, celles du magasin militaire des vivres. Toute cette partie de la ville antique était entourée d'une enceinte flanquée de tours, dont on a trouvé quelques vestiges. La croupe septentrionale du Bou-Yala était couverte de constructions qui formaient la troisième région. Ce quartier, dont les rues se dessinent encore en partie à l'est

---

[1] *I. A.,* n° 2174 : *Genio coloniae Veneriae Rusicadis Aug. sacr.* — N° 2323 : *Praef. i. d. col. Veneriae Rusicade.* — N° 2169 : *Praef. i. d. Rusicadi.*

du fort d'Orléans, paraît avoir été riche et populeux. Du côté du nord, il s'étendait jusqu'au Beni-Melek; du côté du sud, il s'étendait au delà du ravin situé dans le prolongement de la rue des Citernes. Le théâtre romain semble marquer une des extrémités de ce quartier.

On a reconnu sur l'Oued Ghira, qui baigne les flancs occidentaux du Djebel Filfila, les traces d'une prise d'eau antique destinée à alimenter les citernes monumentales de Rusicade. Le tracé de l'aqueduc est jalonné par des vestiges assez nombreux.

Le Κούλλου ou Κόλλοψ μέγας de Ptolémée se retrouve sous son nom antique à *Collo* ou *El-Koll*. Pline et Solin donnent la forme *Cullu*, confirmée par l'ethnique *Cullitanus* de la liste des évêchés. La Table de Peutinger écrit *Chullu*, l'Itinéraire d'Antonin *Chulli*. Les inscriptions donnent l'ethnique *colonia Chullitana*[1] et le nom complet *colonia Minervia Chullu*[2].

CHULLU (*Kollo*).

Comme toutes les localités antiques auxquelles a succédé un centre arabe de quelque importance, Chullu n'a laissé que peu de vestiges apparents. Elle n'en était pas moins, grâce à la sûreté de son port et à ses teintureries de pourpre, dont parle Solin, une des villes les plus florissantes de la Numidie, et cette prospérité se maintint jusqu'au moyen âge. Les Pisans et les Génois venaient y échanger leurs métaux et leurs draps contre la cire des montagnes kabyles, les cuirs et les céréales de la plaine arabe. De 1604 à 1685, Collo fut un des principaux comptoirs de la compagnie française d'Afrique. Ruinée par la formation de Philippeville, elle n'est plus aujourd'hui qu'un marché arabe sans importance.

La distance indiquée entre Chullu et la station suivante, *Paccianis Matidiae*, prouve que la voie romaine suivait assez

PACCIANIS MATIDIAE (*Mersa ez-Zitoun*).

[1] *I. A.*, n°ˢ 1835, 1836. — [2] *I. A.*, n° 2323.

exactement les contours de la côte, car de Collo à Djidjelli (Igilgilis), en ligne directe, le compas ne donne que 53 milles, tandis que le développement de la route antique n'en mesure pas moins de 84. On suppose que Paccianis Matidiae correspond à *Merza ez-Zitoun*, le « port des Oliviers ». Toute cette partie du littoral est remarquablement fertile. Il est probable que le domaine auquel la station avait emprunté son nom appartenait à la nièce ou à la petite-nièce de Trajan. On a cru retrouver le nom de Matidia dans celui de *Mtalidj*, que porte un canton voisin de Kherb-el-Zembia.

A 10 milles au delà de Paccianis Matidiae, la route antique rencontrait l'Amsaga, limite de la Numidie et de la Maurétanie Sitifienne.

ROUTE D'HIPPO REGIUS À RUSICADE PAR L'INTÉRIEUR.

La Table de Peutinger trace entre Hippo Regius et Rusicade une route intérieure plus directe que celle du littoral, et qui n'offre que deux stations : *Ad Plumbaria* et *Nedibus*. La distance d'Hippone à Ad Plumbaria est omise; Nedibus est placée à 17 milles de Ad Plumbaria et à 44 de Rusicade.

Cette route laissait au nord le massif de l'Edough et la presqu'île montagneuse qui s'étend jusqu'au cap de Fer, pour se diriger à peu près en ligne droite, de l'est à l'ouest, d'Hippo Regius sur Rusicade. C'est, à peu de chose près, le tracé de la route actuelle de Bône à Phillippeville par Jemmapes.

AD PLUMBARIA.
Ruines
dans le lac Fzara.

Lapie, s'appuyant sur le chiffre de 15 milles, arbitrairement rétabli par Mannert entre Hippo Regius et Ad Plumbaria, avait placé cette dernière station à l'est du lac Fzara. H. Fournel, sans la déterminer plus exactement, avait exprimé l'avis qu'elle devait être cherchée à l'ouest plutôt qu'à l'est du lac. Des sondages pratiqués en 1857 par le service des ponts et chaussées ont amené la découverte de ruines considérables au centre même de ce bassin et autour de la source d'eau douce qui en jaillit. On suppose que ces ruines sont celles de la station antique dont on avait vainement cherché les vestiges, soit à l'est, soit à l'ouest du lac. Le lac lui-même, dont la profondeur ne dépasse pas $2^m, 60$, paraît avoir été produit par un affaissement du sol dont la date se placerait entre l'époque romaine et le XIe siècle de notre ère. El-Bekri, en effet, parle évidemment du lac Fzara, bien qu'il ne le nomme pas, lorsqu'il raconte qu'« à l'occident de la ville de Bône, et à la distance d'une journée de marche, on trouve un lac de trois milles de longueur sur autant de largeur [1]. »

Nedibus n'a pas encore été retrouvée. La synonymie de Sebaa Regoud, proposée par Lapie, n'est qu'une simple conjecture, que ne justifie même pas le calcul des distances. Les ruines indiquées par la carte du Dépôt de la guerre sur l'Oued Sanhadja, à peu de distance du point où ce fleuve reçoit l'Oued Emchkel, nous semblent mieux correspondre à la station antique.

NEDIBUS.
Ruines
près de l'Oued
Emchkel ?

---

[1] *Description de l'Afrique septentrionale*, p. 141.

ROUTES DU LITTORAL.

DEUXIÈME SEGMENT.

DE CARTHAGE AUX FRONTIÈRES DE LA CYRÉNAÏQUE.

§ 1. — DE CARTHAGE À HADRUMÈTE.

DE CARTHAGE À PUTPUT.

TABLE DE PEUTINGER.			ITINÉRAIRE D'ANTONIN.			
STATIONS.	Distances indiquées.	Chiffres corrigés ou supposés.	STATIONS.	Distances indiquées.	Chiffres corrigés ou supposés.	SYNONYMIES.
Chartagine....			Carthagine....			Carthage.
Thvni........	x		....	XVIII	XVIII	Tunis.
Maxula.......	VII	VIII	Maxvla civitas.			Radès.
Ad Aqvas.....	XXI	VII	....	XXVIII	XXXII	Hammam el-Enf.
Ad Mercvrivm..	IX	XXI	....			El-Djedeïda.
Vina vicvs....	VI	IV	Vina civitas....			Henchir el-Meden.
Siagv........	XV	VII	....	X	X	Kasr ez-Zit.
Pvdpvt.......	III	III	Pvtpvt vicvs...			Hʳ Souk-el-Abiad.
	LXXI	LX		LVI	LX	

La voie romaine, de Carthage à Tunis, existe encore dans la plus grande partie de son tracé. On en retrouve les premiers vestiges à peu de distance de l'aqueduc d'Hadrien, dans les bois d'oliviers de Soukara. Elle se dirige au sud-ouest et ne disparaît qu'à un mille en deçà de Tunis. Bien qu'en partie dépouillée de ses larges dalles, la chaussée n'en est pas moins parfaitement reconnaissable à travers les touffes d'asphodèle qui en ont envahi les bas côtés.

La distance indiquée par Polybe entre Carthage et Tunis, 120 stades (18ᵏ 584)[1], est parfaitement exacte : on compte 18ᵏ 500 du pied des hauteurs sur lesquelles était située la Tunis libyenne jusqu'aux vestiges de la triple enceinte punique. La distance de 15 milles (22ᵏ 215), que donne Tite-Live[2], se retrouve entre Byrsa et la kasba de Tunis. Quant aux 10 milles de la Table de Peutinger, ils ne représentent que la distance qui séparait les faubourgs de la Carthage romaine de la *mutatio* placée sur les bords du lac, au pied des hauteurs de Tunis.

Située dans une très forte position[3], sur une colline que baignent au nord-est un grand lac communiquant avec la mer, au sud-est une sebkha toujours inondée, Tunis devait être, dès l'origine, un des principaux centres de la race aborigène, et c'est sans doute à ce fait qu'elle a dû l'importance qu'elle n'a jamais cessé de garder, même à l'époque de la toute-puissance de Carthage. C'était la ville libyenne par excellence, en face de la colonie phénicienne qu'on aperçoit du haut de ses remparts.

On peut donc considérer comme fausse l'étymologie qui rattache le nom de Tunis à celui de la déesse punique Tanit. Il ne faut voir dans cette appellation qu'un radical dont la signification exacte nous échappe, mais qui doit avoir un sens générique, puisque nous le retrouverons, avec ou sans modi-

TUNES
(*Tunis*).

---

[1] Polybe, XIV, x : Ὁ δὲ Τύνης ἀπέχει μὲν τῆς Καρχηδόνος ὡς ἑκατὸν εἴκοσι σΤαδίους.

[2] Liv., XXX, ix : « Abest a Carthagine quindecim milia ferme passuum.... »

[3] Polybe, XIV, x : Διαφέρει δ'ὀχυρότητι καὶ φυσικῇ καὶ χειροποιήτῳ. Liv., XXX, ix : « Locus cum operibus tum suapte natura tutus. » Cf. Polybe, I, 30 : Γενόμενοι δὲ τῆς προσαγορευομένης πόλεως Τύνητος ἐγκρατεῖς, εὐφυοῦς ὑπαρχούσης πρὸς τὰς προκειμένας ἐμβολὰς, ἔτι δὲ κειμένης εὐκαίρως κατά τε τῆς πόλεως καὶ τῆς σύνεγγυς ταύτῃ χώρας, κατεσΤρατοπέδευσαν εἰς αὐτήν.

fications, dans le nom de plusieurs autres localités libyennes, *Tunisa, Tinisa, Tunisda, Cartennae*. Ce dernier nom, composé du mot phénicien כרת *karth*, « ville », et du radical libyen *tennas*, a dépouillé l'élément initial depuis l'époque où la race autochtone a reconquis la prépondérance que lui avait enlevée la domination étrangère, et repris sa forme primitive *Tenès* [1].

Le nom de Tunis se présente sous deux formes : la plus ancienne, Τύνης, donnée par Polybe[2], est reproduite par Diodore[3] et par Tite Live, qui écrit *Tynes*[4]. L'autre, Τοῦνις, qu'on trouve déjà dans Strabon[5], est celle qui figure dans les documents de l'époque impériale. La Table de Peutinger écrit *Thuni*; l'Anonyme de Ravenne, *Thunus*[6] et *Thunos*[7]. Les textes ecclésiastiques donnent les ethniques *Tunciensis*[8], *Tuniensis*[9]. Sa forme arabe est *Touneus*, تونس.

Tunis a toujours joué, dans les guerres soutenues par Carthage, le rôle que lui assignaient sa position stratégique et son antagonisme contre la colonie phénicienne. Prise par les Libyens en 395 [10], par Agathocle en 310, par Regulus dans la première guerre punique, par Scipion dans la seconde, par le second Africain dans la troisième, elle avait servi de place d'armes aux Mercenaires lors de la sanglante révolte dont Carthage eut tant de peine à triompher.

La ville antique n'occupait, du moins jusqu'à l'époque romaine, que les hauteurs qui séparent le lac de la Sebkhat es-

---

[1] Ce mot *Tenès, Tennès, Tunis*, peut être rapproché du radical gheuz *tensa*, « altus fuit ». On a constaté certaines affinités entre la langue berbère et les idiomes kouchites, et l'on sait que le gheuz était la langue sacrée de l'Abyssinie.

[2] Polybe, I, xxx; XIV, x.

[3] Diodore, XIV, lxxvii; XX, xvii.

[4] Liv., XXX, ix et xvi.

[5] Strabon, XVII, p. 834.

[6] Rav. Anonym., III, v.

[7] *Ibid.*, V, v.

[8] Liste de 411.

[9] Liste de 553.

[10] Diodore, XIV, lxxvii.

Seldjoum ou sebkha de Sidi-Djoumi. Bien que bâtie tout entière avec des matériaux anciens, la Tunis arabe ne possède aucun monument antique reconnaissable. Barth croit avoir retrouvé une citerne dans l'enceinte de la kasba. Les fondations et quelques assises de la longue muraille qui domine la Sebkhat es-Seldjoum appartiennent peut-être à l'enceinte primitive : sur ce point, en effet, le rempart longe des pentes abruptes qui ont toujours dû être utilisées pour la défense de la place et, par conséquent, comprises dans le tracé de son enceinte.

Maxula, placée par la Table de Peutinger à 7 milles de Tunis, par l'Itinéraire d'Antonin à 18 milles de Carthage, est identifiée : par Shaw et Grenville Temple à Moraïsah (Mraïsa[1]), par Pellissier à El-Arbaïn[2], par M. Guérin à Hammam el-Enf; Ch. Müller et Barth supposent qu'elle devait se trouver entre Hammam el-Enf et Radès; Mannert et Lapie la placent à Radès même. Cette dernière synonymie est la vraie. L'hypothèse de Pellissier ne repose sur aucune donnée : elle était déjà inadmissible avant la découverte des deux inscriptions qui prouvent que les ruines voisines d'El-Arbaïn sont celles de Vina. La conjecture de Shaw est en opposition avec les données des deux Itinéraires : Mraïsa, en effet, est à 32 milles de Tunis. L'hypothèse de Temple est également contredite par les chiffres des deux routiers. On compte 15 milles entre Hammam el-Enf et Tunis, tandis que la Table et, implicitement, l'Itinéraire n'en indiquent que 7 entre Tunis et Maxula.

Ch. Müller a essayé de concilier les données des Itinéraires avec celles de Ptolémée en plaçant Maxula entre Radès et Ham-

MAXULA (*Radès*).

---

[1] Mraïsa n'est pas indiquée sur la carte du Dépôt de la guerre (1857). Elle est située sur le bord de la mer, au pied des hauteurs de Sidi-er-Reïs, sur la côte occidentale de la presqu'île du cap Bon et en face de la Goulette.

[2] Sur la route de Tunis à Soussa, au delà de Tourki.

mam el-Enf : « situs urbis inter Rhades et Hammam el-Enf quaerendus, ita tamen ut ab oriente sit Melianae fluvii, siquidem is est ὁ Κατάδας ποταμός Ptolemaei. » Pour Ch. Müller, en effet, comme pour Barth, la seule difficulté qui s'oppose à la synonymie de Radès et de Maxula, c'est cette indication de Ptolémée qui place Maxula à l'est de l'embouchure du fleuve Catada. Mais l'identité, généralement acceptée, du Catada et de l'Oued Meliana n'est pas assez certaine, et les transpositions sont trop fréquentes dans les tables Ptoléméennes pour contrebalancer les probabilités qui militent en faveur de la correspondance de Maxula et de Radès. Cette synonymie nous paraît résulter jusqu'à l'évidence :

1° Du témoignage des deux routiers impériaux : les 7 milles marqués par la Table entre Tunis et Maxula, les 18 milles indiqués par l'Itinéraire entre Maxula et Carthage, se retrouvent entre Tunis et Radès d'un côté, entre Radès et Carthage de l'autre.

2° De la topographie de Radès : située entre le lac et la mer, sur une colline isolée qui se relie au nord par une pente douce à l'isthme de la Goulette, Radès possède les mêmes avantages que Tunis et a dû, comme elle, être toujours un centre de quelque importance. Au point de vue stratégique, elle est la clef des deux routes qui conduisent du littoral oriental à Carthage ; elle ferme l'isthme par lequel passe la route la plus courte et commande la plaine que traverse la plus longue, celle que suivent aujourd'hui les caravanes du Sahel. Par contre, le littoral qui s'étend à l'est de l'Oued Meliana, entre Radès et Hammam el-Enf, et où Barth et Müller placent hypothétiquement Maxula, n'offre pas un seul point qui satisfasse aux conditions essentielles d'un centre habité. Le rivage est plat, aride ou marécageux. Comment admettre qu'une colonie romaine ait pu s'établir sur cette plage ouverte, sans défense et sans ressources, alors que Radès lui offrait, à quelques pas de là, une position aussi forte qu'avantageuse? Comment s'expliquer, en admettant, par impossible, l'existence de Maxula sur cette plage, qu'on n'y retrouve aucun de ces débris, citernes ou substructions, qui ne peuvent s'effacer du sol comme les pierres de taille?

Le bourg arabe de Radès, au contraire, a évidemment succédé à une localité antique : on y retrouve, sur le sol comme sous le sol, toutes les traces d'un établissement romain considérable, réservoirs, chapiteaux, fûts de colonnes, débris de frises.

3° Du passage bien connu de Victor de Vita qui oblige ceux-là mêmes qui n'osent pas assimiler Maxula à Radès à convenir que Maxula devait se trouver très près de l'isthme de la Goulette, cet isthme que Victor appelle *Maxulitanum litus*, « la plage de Maxula[1] ».

---

[1] *Hist. pers. Vand.*, I, v : « Qui (Gensericus), dum, ut moris est, ad Maxulitanum litus exiisset, quod ligula vulgi consuetudine vocatur. » Les manuscrits donnent les variantes *Maxilitanum* et *Massilitanum*. Ceux de Pline offrent de même les différentes formes *Maxula*, *Maxulla*, *Maxilia*, *Massula*.

La synonymie que nous avions proposée il y a vingt-cinq ans pour Maxula vient d'être définitivement établie par l'inscription suivante découverte en 1881 à Radès :

COS·P·A· IIII·AMATORI OR
DINIS· AEQVE MAXVLAE
OB MVLTA ERGA SE MERITA
VNIVERSVS OBSEQVENS
GRATVS ORDO ·MAXVL

L'inscription est gravée sur un fragment de piédestal mesurant 0^m,80 de hauteur sur 0^m,55. La face opposée porte les quatre lignes suivantes :

SABINAE
AVG
IMP·HADRIAN
AVG

Il s'agit, comme on le voit, d'une double dédicace, l'une à l'impératrice Sabine, femme d'Hadrien, l'autre à un proconsul de la province d'Afrique dont les pouvoirs avaient été successivement renouvelés pendant trois ans ... *pro*]*co*(*n*)*s*(*uli*) *p*(*rovinciae*) *A*(*fricae*) *quartum*, et que le sénat municipal de Maxula, *ordo maxul*(*itanus*), en constatant ses bienfaits, qualifie d'*amator ordinis aeque Maxulae*.

[Cf. *Ephemeris epigraphica*, V, p. 299, n° 340. — S. R.]

Mannert a pensé, avec raison, croyons-nous, que *Maxula civitas* et *Maxula Prates* n'étaient qu'une seule et même localité. Cette identité est implicitement prouvée, en effet, par le seul document qui mentionne ce nom ou ce surnom de *Prates*. L'Itinéraire d'Antonin, au début de l'*iter a Carthagine Clypeis*, indique 10 milles entre Carthage et Maxula Prates : c'est exactement la distance qui sépare Byrsa de Radès par le tracé qui suit le *Maxulitanum litus*, et qui, de beaucoup le plus direct pour gagner Curubis et Clupea, était nécessairement celui de la voie romaine. On a voulu expliquer le mot *Prates* par un commentaire introduit dans le texte de l'Itinéraire. Mannert y a vu la reproduction incomplète d'une phrase grecque : πέρα τῆς λίμνης, indiquant la position de Maxula par rapport à Carthage, « au delà du lac ». M. Partsch y retrouve les mots *P(er) rates*, indiquant que la traversée de l'estuaire du lac se faisait en bateau. Nous tenons pour certain, quant à nous, que *Prates* était un surnom de Maxula, et ce surnom a si bien existé qu'il avait déjà fait oublier le nom à l'époque arabe : *Radès*, رادس, est évidemment une altération de *Prates*.

Avant de poursuivre l'analyse de la route de Carthage à Hadrumète, nous croyons devoir rétablir la synonymie exacte de *Ad Decimum*, localité située sur cette route et qui fut le théâtre de la première victoire remportée par Bélisaire sur les Vandales.

Dureau de la Malle place cette localité entre Carthage et les collines d'El-Ariana. Fondant sa conjecture sur une phrase isolée de la narration de Procope où il est question d'une plaine salée voisine de Decimum, et ne tenant aucun compte des autres détails topographiques de ce récit, Dureau de la Malle ajoute : « Ces plaines salées sont, à n'en pas douter, les lagunes saumâtres de la sebkha qui borde la côte septentrionale de la péninsule de Carthage. Le point de *Decimum* est fixé : c'est le dixième mille à partir de la capitale, car, au chapitre xvii, Procope dit que ce lieu est à 70 stades de Carthage et, dans sa Guerre des Vandales, il compte toujours 7 milles au stade romain. Ces points étaient importants à déterminer, parce qu'ils reviendront plusieurs fois dans la suite de cet ouvrage. Les collines décrites I, xiv, en avant du camp de Bélisaire, placé à 35 stades de Ad Decimum, et qui dérobaient aux Vandales la vue du camp de ce général et de la route que suivait son armée, sont les coteaux d'Ariana [1]. »

Il suffit de se reporter à la narration de Procope pour reconnaître que ces conclusions, présentées avec tant d'assurance, sont absolument insoutenables.

L'armée romaine avait débarqué à Caput Vada (*Ras Kaboudia*), sur les côtes de la Byzacène. Contre l'avis de ses généraux, qui lui conseillaient de reprendre la mer et de cingler droit sur Carthage, Bélisaire s'était décidé à suivre la route du littoral. La flotte devait longer la côte en se maintenant toujours à la hauteur de l'armée. Un détachement de trois cents cavaliers d'élite, commandé par Jean l'Arménien, éclairait la marche et avait l'ordre de se tenir constamment à 20 stades au moins (4,200 mètres) en avant du reste des troupes. Un corps de Massagètes auxiliaires, marchant à la même distance sur la gauche, protégeait le flanc gauche de l'armée. On n'avait aucune attaque à redouter sur le flanc droit, appuyé au littoral.

« Nous fîmes ainsi, raconte Procope, 80 stades par jour (16^{k}880) et, passant par Leptis et Hadrumète, nous atteignîmes Grasse, situé à 350 stades de Carthage. Il y avait là une villa des rois vandales et les plus magnifiques vergers que nous

---

[1] *Topogr. de Carthage,* p. 167, note 3.

eussions jamais vus. Arrosés par de nombreuses sources, les arbres y étaient en telle quantité que les soldats, campés sous ces ombrages, purent se rassasier de fruits, sans que la récolte en parût sensiblement diminuée... A partir de Grasse, nous perdîmes la flotte de vue, car les montagnes assez élevées qui se prolongent au loin en formant le promontoire de Mercure obligent les navigateurs à faire un long détour. Bélisaire enjoignit à Archélaüs, qui commandait la flotte, de ne pas faire route directement sur Carthage, mais de s'arrêter, jusqu'à nouvel ordre, à 200 stades de ce port. Nous quittâmes Grasse, et nous arrivâmes le quatrième jour à Decimum, localité située à 70 stades (14^{k}810) de Carthage. »

Les distances données par Procope et le fait qu'à partir de Grasse la flotte cessa de convoyer l'armée permettent de fixer l'emplacement de cette localité à Sidi-Khalifa, près de l'ancienne Aphrodisium (aujourd'hui *Fradiz*). C'est un peu au delà de ce point, en effet, que la route d'Hadrumète à Carthage cesse de longer le littoral pour traverser la presqu'île du cap Bon. En outre, les bois d'orangers de Sidi-Khalifa justifient encore la description de Procope : ce sont les vergers les plus renommés de la régence de Tunis.

Parti d'Hermione à la nouvelle du débarquement de Bélisaire, Gélimer avait suivi l'armée byzantine sans que celle-ci s'en doutât. Les éclaireurs des deux partis ne se rencontrèrent qu'à Grasse, et l'escarmouche qu'ils s'y livrèrent ne fut pas suivie d'une action générale. Le plan du roi vandale était d'enfermer les Romains entre ses propres troupes et celles de la garnison de Carthage. Il avait en conséquence invité son frère Ammatas, qui se trouvait dans cette dernière ville, à occuper avec toutes les forces dont il pourrait disposer les défilés de Decimum, par lesquels devait passer l'armée romaine. En outre, le jour même où Bélisaire devait arriver devant ces défilés, Gibamond, neveu de Gélimer, qui commandait les deux mille cavaliers formant l'avant-garde de l'armée vandale, devait appuyer sur la droite de façon à prendre en flanc les Romains, au moment même où ils auraient à soutenir de front l'attaque d'Ammatas et à l'arrière-garde celle des troupes du roi. Habilement conçu, le plan de Gélimer n'échoua que grâce aux dispositions prises dès le début de la campagne par Bélisaire, et grâce aussi au hasard, qui a toujours une si grande part dans les choses de la guerre.

Ammatas ne prit pas le temps de réunir toutes ses forces et arriva quelques heures trop tôt à Decimum. Il y rencontra l'avant-garde commandée par Jean l'Arménien, l'attaqua résolument et, après avoir tué douze hommes de sa main, tomba lui-même sous les coups de l'ennemi. Sa mort fut le signal de la fuite des siens, que Jean poursuivit jusque sous les murs de Carthage. Le massacre fut tel que dix mille hommes, dit Procope, n'eussent pas fait une plus sanglante besogne.

A ce moment Gibamond et ses deux mille hommes s'engageaient dans une plaine salée, à 40 stades (8^{k}440) de Decimum, sur la gauche de la route qui conduisait à Carthage. Cette plaine était absolument dépourvue d'arbres et d'habitations, la nature des eaux empêchant toute végétation d'y naître, et ne présentait que des efflorescences salines. Les Vandales s'y heurtèrent aux Massagètes qui couvraient à distance le flanc gauche de l'armée, et furent tués jusqu'au dernier.

« Nous continuions cependant, ajoute Procope, notre marche sur Decimum, sans rien savoir de ce qui se passait. Parvenu à 35 stades (7^{k}385) en deçà de cette localité, Bélisaire trouvant un endroit favorable pour camper, ordonna de faire halte et de tracer les retranchements. Les laissant ensuite à la garde de l'infanterie, il part en reconnaissance avec toute sa cavalerie, précédé par les chefs des fédérés. Ceux-ci, en arrivant à Decimum, trouvent d'abord les cadavres des douze soldats de Jean, puis les corps d'Ammatas et de quelques Vandales, et les indigènes des environs leur apprennent ce qui s'est passé. Ne sachant quelle route prendre, ils se portent sur les hauteurs voisines, interrogent du regard l'horizon, et aperçoivent du midi d'abord un immense nuage de poussière, puis bientôt les masses de la cavalerie vandale. Ils envoient immédiatement un message à Bélisaire pour le prévenir de l'arrivée imminente de l'ennemi. Deux avis se produisent dans l'entourage de Bélisaire : les uns veulent qu'on aille au-devant des Vandales; les autres ne jugent pas qu'on soit en force suffisante. Pendant les délibérations, Gélimer approche, arrivant par une route qui passait entre le chemin qu'avait suivi Bélisaire et celui qu'avaient pris les Massagètes pour tomber sur les Vandales de Gibamond : ὁδῷ χρησαμένου μεταξὺ ἧς τε Βελισάριος εἶχε, καὶ ἧς οἱ Μασσαγέται ἧκον οἱ Γιβαμούνδῳ συμμίξαντες. Les hauteurs qui s'étendaient à droite et à gauche dérobaient du reste à Gélimer le théâtre du désastre de Gibamond, la situation du camp romain et la route que suivait Bélisaire : Λοφώδεις δὲ χῶροι ἐφ' ἑκατέροις ὄντες οὔτε τὸ Γιβαμούνδου πάθος ἰδεῖν οὔτε τὸ Βελισαρίου χαράκωμα ξυνεχώρησαν, οὐ μὴν οὐδὲ τὴν ὁδὸν, ἣν οἱ ἀμφὶ Βελισάριον ἐπορεύοντο.

Lorsque l'armée vandale et l'avant-garde romaine se trouvent en présence, elles cherchent à s'emparer d'une éminence beaucoup plus élevée que toutes les autres, qui paraît offrir un excellent emplacement non seulement pour camper, mais pour servir de base à une attaque contre l'ennemi. Les Vandales y arrivent avant leurs adversaires, qu'ils repoussent et mettent en déroute. Les Romains s'enfuient jusqu'à un village situé à

7 stades (1,481 mètres) de Decimum, où se trouvait Uliaris, officier de la garde de Bélisaire, avec huit cents hommes de cette garde. Tous se replient en hâte sur le corps d'armée de Bélisaire.

Procope, qui ne se fait pas d'illusions sur la valeur de l'armée dont il raconte les exploits, explique par l'intervention de la Providence que Gélimer ait laissé échapper une victoire déjà certaine. Il lui suffisait, soit d'attaquer immédiatement les troupes démoralisées de Bélisaire, soit de gagner Carthage, où, après avoir écrasé en chemin la troupe éparpillée de Jean l'Arménien, il lui aurait été facile de s'emparer de la flotte romaine et d'ôter ainsi à l'ennemi tout moyen de retraite comme toute possibilité de vaincre. Il ne prit ni l'un ni l'autre de ces deux partis. Descendant lentement dans la plaine, il y découvre le corps de son frère, perd un temps précieux en lamentations et en préparatifs de funérailles, et laisse échapper une occasion qui ne se retrouvera plus. Bélisaire, en effet, rassemble les fuyards, rétablit l'ordre dans les rangs, apprend la mort d'Ammatas ainsi que le succès de Jean, et, au courant désormais des choses et des lieux, n'hésite pas à attaquer Gélimer et les Vandales. Les Barbares, pris à l'improviste, n'opposent qu'une faible résistance. Ce qui échappe au carnage s'enfuit du côté de la Numidie, par la route de Bulla. A la nuit tombante, Jean l'Arménien et les Massagètes rejoignent la cavalerie de Bélisaire. Tous campent ensemble à Decimum.

Le lendemain, Bélisaire est rejoint par son infanterie, et l'armée tout entière marche sur Carthage. On y arrive vers le soir, mais le général donne l'ordre de camper en dehors de la ville, afin d'éviter toute surprise, en réalité pour empêcher qu'elle ne soit livrée au pillage.

Les détails qui précèdent présentent au plus haut degré le

caractère d'exactitude que Procope donne toujours à ses récits, et auraient dû avertir Dureau de la Malle de l'erreur qu'il commettait en plaçant Decimum entre Tunis et Carthage sur le rive nord du lac. Aucune des circonstances mentionnées par Procope ne concorde avec cette hypothèse; toutes s'expliquent lorsqu'on cherche le champ de bataille, non pas sur la rive septentrionale, mais sur la rive opposée. Deux routes, en effet, conduisaient et conduisent encore de Carthage à Tunis, l'une par la rive nord, l'autre par la rive sud. Le dixième mille, *Ad Decimum*, compté sur la première, tombe à peu de distance à l'est de Tunis, à la hauteur de la pointe méridionale du Djebel Ahmor. C'est là que Dureau de la Malle retrouve Decimum. Mais le terrain y est absolument plat et découvert, tandis qu'il ressort du récit de Procope que Decimum était dans un passage dominé de chaque côté par des hauteurs. Cette particularité topographique se retrouve précisément sur la route de Carthage à Tunis par la rive méridionale du lac. Le dixième mille, compté à partir de Byrsa, tombe dans le passage que dominent à l'ouest les collines escarpées de Sidi-Fathallah, à l'est une série de mamelons dont le plus élevé porte le nom de Nigrin. Le dixième milliaire devait se trouver au point où la route de Carthage à Tunis par le *Maxulitanum litus* rejoignait la voie d'Hadrumète à Carthage par Tunis. Tel est le véritable emplacement de Decimum. Nous allons le démontrer en suivant sur le terrain les différentes phases de l'action.

La direction générale de la marche de Bélisaire n'est pas douteuse. Au sortir des défilés d'Hammam el-Enf, deux routes s'offraient à l'armée romaine pour gagner Carthage. L'une, de beaucoup la plus courte, passait par Maxula, mais elle était coupée, comme on l'a vu, par le canal qui fait communiquer le lac de Tunis avec la mer. Bélisaire, n'étant pas soutenu par sa flotte, ne pouvait pas aborder de front un pareil obstacle. Il devait prendre par conséquent la route qui contournait la rive méridionale du lac en passant sous les hauteurs de Tunis, et sur laquelle nous plaçons Decimum. C'est effectivement cette route que suit l'avant-garde commandée par Jean l'Arménien. Ammatas arrive trop tôt à Decimum, et s'y fait tuer.

La plaine salée située à 40 stades de Decimum sur la gauche du voyageur qui se rendait à Carthage est la sebkha de Sidi-el-Djoumi ou Sebkhat es-Seldjoum, qui s'étend à l'ouest et au sud-ouest de Tunis. La partie méridionale de ce bassin s'étend jusqu'à la hauteur du point où nous plaçons Decimum. C'est donc bien le chemin que devait prendre Gibamond pour attaquer le flanc gauche de l'armée romaine, et c'est aussi par là que devaient passer les Massagètes chargés d'éclairer ce même flanc à la distance de 20 stades. Les deux troupes devaient nécessairement se rencontrer. Gibamond et ses deux mille cavaliers, au moment même où ils traversent la sebkha, sont surpris par les Massagètes, dont l'approche leur avait été dérobée par les bois d'oliviers qui s'étendent au sud-est de la saline.

La position du camp où Bélisaire laisse son infanterie, à 35 stades ($7^k 405$) de Decimum, est déterminée par celle de ce dernier point. Le camp se retrouve, à la distance indiquée, à la hauteur de l'éperon rocheux que le massif du Djebel bou-Kourneïn projette vers le littoral, et qui porte le nom de *Darbet es-Sif*, le « coup de sabre[1] ». Cet éperon ferme l'extrémité nord des défilés d'Hammam el-Enf. Avant de s'engager dans la plaine ondulée et boisée qui s'étend jusqu'à Tunis, Bélisaire tenait à reconnaître le terrain et à assurer ses derrières. Aucun empla-

[1] Le rocher est fendu dans toute sa hauteur par une crevasse, qui explique ce nom de « coup de sabre ».

cement ne pouvait être mieux choisi pour l'établissement d'un camp. Protégée au nord par le littoral, au sud par les escarpements du Bou-Kourneïn, l'infanterie romaine n'avait à défendre que les deux faces du camp qui regardaient, l'une le défilé qu'elle venait de franchir, l'autre la plaine où elle allait s'engager. Le ruisseau qui coule du sud au nord entre le Darbet es-Sif et la plaine de Mornaguia fournissait toute l'eau nécessaire.

La reconnaissance poussée par les fédérés formant l'avant-garde de la cavalerie de Bélisaire arrive à Decimum. Elle y trouve les cadavres d'Ammatas et des autres victimes du combat qui s'est livré dans la matinée. Avant de pousser plus loin, les chefs des fédérés gravissent les hauteurs qui dominent le défilé et interrogent l'horizon. Ils aperçoivent alors, « du côté du sud », un immense tourbillon de poussière et distinguent bientôt la nombreuse cavalerie de Gélimer. Ils font prévenir Bélisaire de l'approche de l'ennemi. Les hauteurs dont parle Procope sont les collines de Sidi-Fathallah, les mamelons de la petite chaîne de Nigrin et l'ondulation transversale qui sépare le bassin de la Meliana de celui de Tunis. Le point par lequel la route de Tunis à Hammam el-Enf franchit cette ondulation est marqué par un fondouk appelé *Ech-Choucha,* « la calotte ». C'est de ce dernier point ou des deux hauteurs qui le dominent au sud-ouest et au nord-est que les fédérés peuvent découvrir, dans la direction du sud, l'armée de Gélimer, qui s'avançait, dit plus loin Procope, par une route tracée entre celle que suivait Bélisaire et le chemin qu'avaient pris les Massagètes. Ce que ne dit pas Procope, mais ce qui ressort de son récit, c'est que Gélimer, qui avait longtemps suivi l'armée romaine étape par étape, s'était bien gardé de s'engager à sa suite dans les défilés d'Hammam el-Enf. Bélisaire aurait pu trop facilement l'y arrêter par un simple retranchement[1], et il était essentiel, pour la réussite du plan concerté entre les chefs vandales, que l'armée de la Byzacène, commandée par le roi, gardât l'entière liberté de ses mouvements. Gélimer s'était assuré cette liberté d'action en quittant, à la hauteur de Kroumbalia, la grande voie d'Hadrumète à Carthage, pour prendre le chemin qui tourne à l'ouest le massif du Bou-Kourneïn par la vallée de l'Oued Tonne. C'est encore la route que prennent les indigènes pour se rendre de Tunis à Kroumbalia.

Gélimer put donc déboucher dans la plaine de Mornaguia au moment où Bélisaire s'y engageait lui-même avec sa cavalerie, et la route par laquelle il y arrivait passait effectivement, comme le fait remarquer Procope, entre la grande voie romaine que suivait Bélisaire et le chemin qu'avaient pris les Massagètes pour gagner la sebkha. Procope fait observer avec non moins de justesse que les ondulations du terrain dérobaient à Gélimer la vue de la plaine salée, celle du camp romain et la marche même de Bélisaire. Le camp romain lui était caché, en effet, par les dernières pentes du Bou-Kourneïn; la sebkha, par le rideau de collines qui s'étend sur la gauche du chemin; la marche de Bélisaire, enfin, par les ondulations qui séparent la voie romaine d'Hadrumète à Tunis du chemin arabe de Tunis à Kroumbalia.

Gélimer gagne directement le défilé de Decimum, où se trouvait déjà la cavalerie des fédérés, mais dont Bélisaire était encore assez loin. Fédérés et Vandales se trouvent en présence et luttent de vitesse pour s'emparer de la colline la plus élevée. En ne consultant que la carte, on serait conduit à identifier cette colline à celle de Sidi-Fathallah, dont la hauteur est de

---

[1] C'est dans cette intention que Bélisaire avait fait camper son infanterie au Darbet es-Sif, et cette précaution explique l'itinéraire que suivit Gélimer.

85 mètres. Mais quand on a vu le terrain, on ne peut pas admettre que les deux armées, exclusivement composées de cavalerie, aient pu songer à gravir les pentes escarpées de cette arête. C'est évidemment du mamelon de Nigrin, haut de 35 mètres, plus facilement accessible et offrant une plate-forme assez spacieuse, que les Vandales et les fédérés se disputèrent la possession.

Repoussés par les Vandales, les fédérés s'enfuient en désordre jusqu'à l'endroit qu'occupait Uliaris. Procope place cette localité à 7 stades ou 1 mille romain de Decimum. Il faut la chercher par conséquent sur le versant sud du col d'Ech-Choucha.

Entraînant les 800 hommes d'Uliaris, les fuyards se replient sur le gros de la cavalerie romaine. Bélisaire les rallie et continue sa marche en avant. Au moment où il débouche par le col de Choucha, Gélimer descend lentement la colline de Nigrin pour lui barrer le chemin, en se plaçant entre les hauteurs qu'il abandonne et celles de Sidi-Fathallah. C'est alors qu'il trouve dans le défilé le corps de son frère et que, tout entier à sa douleur, il laisse échapper l'occasion d'écraser les Romains.

Après la défaite des Vandales, Bélisaire campe à Decimum et met une journée à franchir les 13 milles qui le séparent encore de son objectif[1]. C'est la dernière de ces étapes régulières de 80 stades que l'armée romaine parcourut de Caput Vada jusqu'à Carthage. Tout s'explique donc, jusqu'à ce dernier détail, lorsqu'on place Decimum au défilé de Sidi-Fathallah, tandis qu'aucun incident de la narration de Procope n'est intelligible dans l'hypothèse que nous avons réfutée[2].

---

[1] La distance d'Ad Decimum à Carthage est en réalité de quinze milles. Mais nous avons vu que Bélisaire s'arrêta à une certaine distance de la ville, où il n'entra que le lendemain.

[2] On ne retrouve ni le defilé de Deci-

Les géographes qui placent Maxula à Hammam el-Enf sont fort embarrassés pour retrouver la station suivante, *Ad Aquas*. Les uns la passent sous silence, les autres, contre toute vraisemblance, vont la chercher à Hammam Kourbès, sur la côte occidentale de la presqu'île du cap Bon, complètement en dehors de la ligne que suivait la voie romaine de Carthage à Hadrumète, et dans des rochers où il n'a jamais existé qu'un sentier à peine praticable pour les mulets.

AD AQUAS
(*Hammam el-Enf*).

Ad Aquas se retrouve à Hammam el-Enf. Les ruines de la station sont celles qu'on remarque à peu de distance des Bains du Bey. La synonymie que nous indiquons ne nous paraît pas contestable. Les 21 milles indiqués par la Table entre Maxula et Ad Aquas sont une faute du copiste, prouvée, comme celles qu'accusent les deux chiffres suivants, par la synonymie certaine de Vina et d'Henchir el-Meden, ainsi que par les distances que donne l'Itinéraire d'Antonin. On ne compte en réalité que 6 milles entre Hammam el-Enf et Radès (*Maxula*).

La voie romaine existait encore, il y a vingt-cinq ans, sur plusieurs points de ce tracé. La chaussée qu'on retrouvait à peu de distance de Radès présentait presque partout un assez fort relief et traversait, sur plusieurs ponts à demi écroulés, les lagunes formées par les cours d'eau qui descendent des hauteurs vers l'ourlet sablonneux du littoral. D'après une tradition locale, la plaine de Mornakia ou Mornaguia, que longe la voie antique entre l'Oued Meliana et les derniers contreforts des

---

mum, ni les mouvements de terrain qui dérobent à Gélimer la vue du Πεδίον ἅλων, comme la situation du camp romain et la marche de Bélisaire. Dureau de la Malle fait trop bon marché du texte de Procope et du bon sens de son lecteur lorsqu'il affirme que les collines d'El-Ariana empêchent Gélimer d'apercevoir les Romains. C'est dire que Gélimer s'avançait du côté du nord-ouest par la plaine d'Utique, et c'est cependant de ces mêmes collines d'El-Ariana que, dans l'hypothèse de Dureau, les fédérés peuvent apercevoir l'armée de Gélimer arrivant du côté du sud.

montagnes d'Hammam el-Enf, devrait son nom au Μόναρχος ou gouverneur grec de Carthage, qui s'y serait retiré après avoir livré la ville aux Musulmans. La tradition ajoute que ce district, un des plus fertiles de la Régence, fut le prix dont on paya sa trahison.

Les eaux d'Hammam el-Enf[1] jouissent d'une très grande réputation dans le pays. Leur température est de 51°, et elles se classent parmi les eaux minérales salines. L'établissement moderne est une construction arabe dans laquelle on a utilisé les matériaux et les principales dispositions des thermes antiques. On y a trouvé, en 1844, l'inscription suivante[2] :

AESCVLAPIO
L·IVLIVS PERSEVS COND IIII P·A

Aesculapio L(ucius) Iulius Perseus cond(uctor) quatuor p(ublicorum) A(fricae).

Or Apulée fait mention, dans le discours qu'il prononça au théâtre de Carthage[3], des eaux thermales « persiennes », *Persianas Aquas,* où il fut obligé de séjourner pour guérir une luxation. Dureau de la Malle avait supposé que ces eaux, voisines de Carthage, étaient situées près de la Parthos d'Appien, qu'il identifie à tort à la Pertusa de l'Itinéraire. Le document épigraphique que nous venons de citer prouve que les *Aquae Persianae* d'Apulée sont les eaux d'Hammam el-Enf. Elles devaient leur nom à L. Julius Perseus, fermier des quatre contributions indirectes de la province d'Afrique, qui avait fondé ou restauré l'établissement thermal.

---

[1] Shaw écrit *Hammam-Leef,* Peyssonnel *Emmelif,* Desfontaines *Mamelif.* La prononciation locale est effectivement *Hammam-Lif;* mais le véritable nom est *Hammam el-Enf,* حمّام الأنف, « les bains du nez, de la pointe ». Ce dernier mot fait allusion à la saillie très prononcée que dessine, au-dessus des thermes, l'éperon du Djebel bou-Kourneïn, auquel les indigènes donnent le nom de *Darbet Sidi-Ali.*

[2] *C. I. L.*, VIII, n° 997.

[3] *Florid.,* p. 133-134.

Les ruines fort effacées de Ad Aquas n'ont fourni que le fragment épigraphique suivant[1] :

S · A · S
M · F · P · P
V · S

Les trois premières abréviations peuvent être traduites par la formule *Saturno Augusto Sacrum*. Cette interprétation nous paraît d'autant plus légitime qu'il existait, à Ad Aquas, un temple de Saturne : une pierre provenant des ruines de cette station et encastrée aujourd'hui dans l'abreuvoir de Bordj ben-Chaâban, près d'Hammam el-Enf, porte cette autre inscription, inexactement reproduite dans le recueil de Maffei[2] :

SATVRNO AVG·SACRVM · L · CAESONIVS· VICTOR· EPISTYLIVM · S · P· EXORNAVIT
IDEMQVE·DEDICAVIT · ET CVM SACERDOTIBVS· IN SVMPTVM CONTVLI

« Consacré à Saturne auguste.

« L. Caesonius Victor a orné à ses frais l'architrave du temple, l'a dédié et a voulu contribuer, avec les prêtres, aux dépenses de l'édifice. »

Des travaux exécutés en 1883 dans le voisinage d'Hammam el-Enf, à quelques pas du rivage, ont fait découvrir les débris d'une synagogue de l'époque romaine. L'une des trois inscriptions qui y ont été trouvées précise la destination de l'édifice :

SANCTA SINAGOGA NARON PRO SA
LVTEM SVAM ANCILLA TVA IVLIA
NA P DE SVO PROPIVM TESELAVIT

Une autre donne le nom du chef de la communauté reli-

---

[1] Guérin, n° 472. *C. I. L.*, VIII, 996. — [2] *Mus. Veron.*, p. 456, IV. *C. I. L.*, t. VIII, 998.

gieuse ainsi que son titre : *Archisynagogus*. Les caractères paraissent appartenir à la fin du IVe siècle[1].

AD MERCURIUM
(*El-Djedeïda*).

La station suivante, *Ad Mercurium*, se retrouve à El-Djedeïda, village abandonné depuis près d'un siècle et dont les ruines couvrent en partie celles d'un bourg antique. Le temple de Mercure était situé sur une éminence que couronnent les débris d'une grande mosquée, construite avec les matériaux de l'édifice païen qu'elle avait remplacé. Quelques fûts de colonnes gisent encore sur la plate-forme qui la précède.

El-Djedeïda, qui ne figure pas sur la carte du Dépôt de la guerre, se trouve sur la gauche de la route de Tunis à Soussa, à 6 kilomètres au sud-est de Tourki.

La distance de Ad Mercurium à Ad Aquas, évaluée par la Table à 9 milles, est en réalité de 21 milles. Nous avons vu que ce même document indiquait à tort 21 milles entre Ad Aquas et Maxula; le chiffre a été déplacé, par une de ces erreurs que l'on constate si souvent dans la Table de Peutinger. Le chiffre VI, inscrit entre Vina et Ad Mercurium, est également erroné : il faut lire IV.

VINA
(*Henchir el-Meden*).

Vina, comme nous l'avons déjà dit, a été retrouvée à Henchir el-Meden, au sud et tout près d'El-Arbaïn. Les trois inscriptions que l'on y a découvertes et qui datent, les deux premières du règne de Gallien, la troisième de l'époque de Constantin, lui donnent le nom de *Municipium Aurelia Vina*[2]. Il est probable

---

[1] *Comptes rendus de l'Académie des inscriptions et belles-lettres*, séance du 22 mars 1883. [La mosaïque d'Hammam el-Enf a été reproduite en couleurs dans la *Revue archéologique*, 1884, pl. VIII. Conf. *Ephemeris epigraphica*, V, n° 1222. Il ne subsiste plus que des fragments de cette intéressante mosaïque. — S. R.]

[2] *C. I. L.*, t. VIII, 960 :

CORNELIAE SALONINAE
PIAE CONIVGI D·N
IMP·CAES P·LICINI
EGNATI GALLIENI PII
FEL·AVG·MVNICIP·AVREL·
VINA·DEVOT·NVMINI
MAIESTATIQVE EIVS

qu'elle dut son titre de municipe à Caracalla. Ses habitants étaient inscrits dans la tribu Papiria. La Table de Peutinger et l'Itinéraire la qualifient, l'une de *vicus*, l'autre de *civitas*. Les deux ethniques *Vinensis* et *Binensis* se trouvent dans les textes ecclésiastiques[1]. L'Anonyme de Ravenne écrit Benda.

Il ne reste de Vina que quelques décombres et les vestiges d'un amphithéâtre. Les ruines ont dû servir à la construction du bourg arabe de Belli, dont la mosquée est ornée de colonnes antiques.

Le chiffre xv inscrit par la Table entre Vina et *Siagu*[2] est encore une erreur du copiste : il faut lire vii, la Table plaçant elle-même Siagu à 3 milles de Pudput, que l'Itinéraire indique exactement à 10 milles de Vina.

SIAGU
(*Kasr ez-Zit*).

On a reconnu depuis longtemps l'identité de Siagu et de Kasr ez-Zit, ruines situées sur la gauche de la route de Tunis à Soussa, à trois milles du littoral. C'est de Kasr ez-Zit qu'ont été transportées à Hammâmet les inscriptions qui ont fait supposer à Temple que cette ville, d'origine relativement récente, avait remplacé Siagu. Hammâmet, d'après Jean Léon, ne daterait que du commencement du xvie siècle[3].

C. I. L., t. VIII, 959 :
```
 i MP·CAES·P·LICINIO
ga LLIENO   ·   PIO
fel AVGVST·PONT·MAX
 tr IB·POT·IIII·COS·III
        PROCOS
mu N ic·AVR·VINA devot
numini m AIESTATIq·eius
        dd  PP
```

C. I. L., t. VIII, 961 :
```
   D · N · FLAVIO
 CONSTANTINO PI
 ISSIMO CAESARI
 MVNIC·AVRELIA
  VINA DEVOTA
 NVMINI MAIESTA
  TIQVE EIVS
      D·D·P·P
```

[1] *Episcopus Binensis* (listes de 393 et de 525); *Vinensis* (conférence de 411 et actes de 649).

[2] Ptolémée écrit Σιαγούλ. Peut-être, ainsi que l'a supposé Wilmanns, la consonne finale n'est-elle qu'une réduplication de la notation astronomique qui commence par la même lettre. Les inscriptions ne donnent que l'ethnique : *Senatus populusque Siagitanus*; *civitas Siagitana*; *civitas Siagitanorum*; mais ces formes justifient l'orthographe de la Table de Peutinger : *Siagu*.

[3] Édrisi ne mentionne qu'un château bâti sur la pointe d'Hammâmet : نمّ على ضهى الحمّامت ۷ اميال ومن هذا الضهى

Nous reproduisons ci-dessous les trois inscriptions trouvées à Kasr ez-Zit qui donnent l'ethnique de Siagu :

C. I. L., t. VIII, 965 :

> VICTORIAE
> ARMENIACAE · PAR
> THICAE · MEDICAE ·
> AVGVSTORVM ·
> SACRVM
> CIVITAS · SIAGITA
> NA · D · D · P · P

Le triple titre d'*Armeniacus Parthicus Medicus* ne fut pris par L. Verus et Marc Aurèle qu'en 166. C'est sans doute de cette année même que date le monument consacré par les Siagitains à la Victoire des deux Augustes.

C. I. L., t. VIII, 966 :

> IMP · CAES · DIVI SEPTIMI SEV...
> PII ARABICI ADIABENICI PAR...
> MAXIMI · BRIT · MAX · FIL · DIV...
> M · ANTONINI PII · GERMAN...
> SARMAT · NEPOT · DIVI ANTONIN...
> PRONEPOT · DIVI HADRIANI ABN...
> DIVI TRAIANI · PART · ET DIVI NER...
> ADNEPOTI
> M · AVRELIO · ANTONINO PIO F...
> PART · MAX BRIT · MAX · GERM · MAX...
> XVIII · IMP III COS IIII P · P · PROCOS OP...
> PRINCIP · CIVITAS · SIAGITANORVM DD...

Ce second texte date, comme on le voit, de l'année 215.

هو فص مسيد على ضهى بـمحــل هي   راجعا هي الـبّم على معينة تونس هـحـلة
البّم من ميل   كبهرة وهذا الضهى المسمّى بطهي الحمّامت

C. I. L., t. VIII, 964 :

>FEL*ici*TATI
>A *u* G
>CIVI *tas si*AGITA
>NORVM *d*·D·P·P

Un quatrième texte, gravé sur une table de bronze et remontant au règne de Tibère, nous a conservé le contrat de patronage et de clientèle intervenu entre le sénat et le peuple de Siagu et C. Silius Aviola, tribun militaire de la légion IIIe Auguste :

C. I. L., t. V, 4922 :

>L · SILANO · FLAMIN *e*
>MARTIALI · C · VELLAEO
>TVTORE   COS
>NON · DECEMBR
>SENATVS · POPVLVSQVE · SIAGITANVS · HOSPI
>TIVM · FECERVNT · CVM · C · SILIO · C · F · FAB · AVIOLA
>TRIB · MIL · LEG · III · AVG PRAEFECTO · FABRVM
>EVMQVE · POSTEROSQVE · EIVS · SIBI · POSTERIS
>QVE · SVIS · PATRONVM · COOPTAVERVNT
>C · SILIVS · C · F · FAB · AVIOLA · EOS · POSTEROSQVE
>EORVM · IN · FIDEM · CLIENTELAMQVE · SVAM
>RECEPIT AGENTE · CELERE · IMILCHONIS
>GVLALSAE · FILIO · SVFETE

Siagu avait donc, au premier siècle de notre ère, une organisation municipale complète, et était administrée par des suffètes, comme quelques autres cités de la province d'Afrique.

Pudput, ou *Putput* [1], si l'on préfère l'orthographe de l'Itiné-

PUDPUT
(*Henchir el-Abiad*).

---

[1] La *Notice des évêchés* donne l'ethnique *Puppitanus*.

raire, s'élevait, au débouché du défilé que traverse la voie de Carthage à Hadrumète entre Vina et le littoral, sur un plateau dont les pentes descendent jusqu'à la mer. Ses ruines, auxquelles les indigènes donnent le nom de *Souk-el-Abiad* « le marché blanc », couvrent, au-dessus du fondouk de Bir el-Bouita, un espace assez étendu, mais elles n'offrent plus un seul débris reconnaissable. Comme Siagu, Pudput a servi de carrière pour la construction d'Hammâmet.

La correspondance de Pudput et de Souk-el-Abiad est certaine : elle est prouvée par les distances qu'indiquent la Table et l'Itinéraire entre Pudput, Vina, Siagu, Neapolis et Horrea Caelia.

C'est à Pudput que se détachait de la grande route du littoral la voie secondaire qui conduisait à l'extrémité de la presqu'île du cap Bon. Nous analyserons cette route avant de poursuivre l'étude de la grande voie du littoral.

DE PUTPUT À MISSUA.

TABLE DE PEUTINGER.			ITINÉRAIRE D'ANTONIN.			
STATIONS.	Distances indiquées.	Chiffres corrigés ou supposés.	STATIONS.	Distances indiquées.	Chiffres corrigés ou supposés.	SYNONYMIES.
Pvdpvt.........	XII		Pvtpvt.........	XXVI	XII	H' *Souk-el-Abiad.*
Neapoli........		XIV	Cvrvbi (Neapoli)	XII	XIV	*Nebel-el-Kdim.*
			Neapoli (Cvrvbi)	XX[1]	XXVI	*Kourba.*
Clypeis........	XVI	XXVI	Clipea.........			*Klibia.*
Misva..........	XII	XXII	....			*Sidi - Daoud - en - Noubi*

[1] xxx, d'après l'*Iter a Carthagine Clipeis.*

Il est heureux que Neapolis, Curubis et Clypea aient conservé leurs noms antiques sous les formes, aisément reconnaissables, de *Nebel, Kourba* et *Klibia,* car les chiffres des deux routiers romains ne concordent en aucun point. La Table de Peutinger indique 12 milles entre Pudput et Neapolis, 16 entre Neapolis et Clypea; elle omet Curubis et évalue à 12 milles la distance qui sépare Clypea de Missua. L'Itinéraire d'Antonin (*Iter a Sufetula Clipea*) intervertit les positions de Curubis et de Neapolis; il indique 26 milles entre Pudput et Curubis, 12 entre Curubis et Neapolis, 20 entre Neapolis et Clypea. Dans l'*Iter a Carthagine Clipeis*, la distance de Curubis à Clypea est évaluée à 30 milles.

Nebel (Neapolis) est en réalité à 12 milles romains au nord-est de Souk-el-Abiad (Pudput); Kourba (Curubis), à 14 milles au nord-nord-est de Nebel; Klibia, à 26 milles de Kourba [1].

Les ruines de Neapolis [2], désignées par les indigènes sous le nom de *Nebel-el-Kdima* « la vieille Nebel », sont situées sur le littoral même, à vingt minutes au sud-est du bourg arabe, construit tout entier avec les matériaux de la ville antique. Le port est comblé par les sables.

Citée par Thucydide [3], Neapolis fut prise par Agathocle en 310 [4] et par Calpurnius Piso en 148 [5]. Probablement réduite à la condition de ville tributaire pendant le premier siècle qui suivit la conquête romaine, elle fut colonisée par César comme l'indique le nom de *Colonia Julia Neapolis* que donne l'inscription suivante.

NEAPOLIS
(*Nebe*).

[1] Édrisi, qui reproduit souvent les évaluations antiques conservées par la tradition, donne les distances suivantes : de Kasr Nabel à Kasr Gourba, 14 milles; de Kasr Gourba à Aklibia, 27 milles.
[2] Νεάπολις. Thucydide, VII, L. — Scyl., *Peripl*. — *Stadiasm. maris magni*, 117. — Diodore, XX, xvii. — Strabon (XVII, p. 834) la place par erreur au nord d'Aspis (Clypea). — *Neapolis*. Auct. *Belli Afric.*, II. — Pline, V, IV, 24. — *Itin. maritim.*, p. 493. — Rav. Anon., III, v; V, v.
[3] VII, L: Παραπλεύσαντες ἐς Νέαν πόλιν, Καρχηδονιακὸν ἐμπόριον, ὅθενπερ Σικελία ἐλάχιστον δύο ἡμερῶν καὶ νυκτὸς πλοῦν ἀπέχει.
[4] Diodore, XX, xvii.
[5] Appien, VIII, cx. — Zonar., IX, xxix

C. I. L., t. VIII, 968 :

```
IMP·CAESARI
M·AVRELIO KAR·
PIO FELICI AVG·
PONT·MAX·TRIB·P
COS·PP·PROC·COL
IVL·NEAP·DEVOT
NVMINI·EIVS
```

Pline ne la représente cependant que comme une ville libre[1]. Son titre de colonie reparaît dans les tables Ptoléméennes[2], et deux inscriptions trouvées, l'une à Nebel-el-Kdima[3], et l'autre en Espagne[4], prouvent que ses habitants étaient inscrits dans la tribu Arniensis.

« Nebel, dit Édrisi, était, sous les Romains, une ville grande et bien peuplée... Il n'en reste que le château et quelques ruines. Ces vestiges prouvent que la ville devait être considérable autrefois[5]. » Les ruines qu'avait pu voir le géographe arabe ont presque entièrement disparu.

CURUBIS
(*Kourba*).

Située sur une colline, à quinze minutes environ du littoral, Kourba occupe l'emplacement même de *Curubis*[6]. Quelques substructions et les débris d'un aqueduc sont les seuls vestiges qu'ait laissés la ville antique. Il ne reste aucune trace de l'enceinte de pierres de taille dont un de ses magistrats, L. Pomponius Malcio, l'avait fait entourer, l'an 39 de notre ère[7]. Le

---

[1] V, IV, 24.
[2] IV, III, 8.
[3] *C. I. L.*, t. VIII, 971.
[4] *C. I. L.*, t. II, 105 : *Neapolitanus Afer Arniensis.*
[5] P. 148. Éd. de Goeje.
[6] *Curubi.* Pline, V, IV. — Κούροβις, ἡ Κουρβις, ἡ Κουρουβις. Ptolémée, IV, III, 8.

[7] *C. I. L.*, t. VIII, 977 :
```
C · CAESARE · IMP · COS · II
L · POMPONIVS · L · L · MALC
    DVO · VIR ·
MVRVM · OPPIDI · TOTVM · EX · SAXO
QVADRATO · AEDIFIC · COER
```
C(aio) Caesare Imp(eratore) Co(n)s(ule) II L(ucius) Pomponius L(ucii) l(ibertus) Malc(io) duomvir quinquennalis murum oppidi totum ex saxo quadrato aedific(andum) coer(avit).

port, situé à l'embouchure du torrent qui coule au sud de la ville, a été, comme celui de Neapolis, comblé par les sables.

Comme Neapolis, Curubis était une colonie de César, et ses habitants étaient également inscrits dans la tribu Arniensis [1]. Elle figure dans les Tables de Ptolémée sous le nom de Κούροβις. Pline la compte parmi les villes libres [2]. On sait que ce fut le lieu d'exil de saint Cyprien. Ses évêques figurent à la conférence de 411 et au concile de 525. L'ethnique régulier *Curubitanus* se trouve dans ces deux listes; la notice de 482 et les actes de 649 donnent la forme *Curbitanus*.

Le nom de *Clupea* [3] n'est que la traduction latine de celui d'Ἀσπίς, donné par Agathocle à la place d'armes qu'il fonda, sur une colline affectant la forme d'un bouclier, dans le cours de sa première expédition en Afrique [4]. C'est donc à tort que Ptolémée distingue une Κλυπέα qui aurait été située sur le golfe de Carthage, au sud-ouest du promontoire de Mercure, et une Ἀσπίς [5] placée au sud-est du même promontoire, sur le lit-

CLUPEA
(*Klibia*).

[1] *C. I. L.*, t. VIII, 980 :

PONTI'

C·HELVIO·C·F·ARN·HONORA
TO·AEDIL·IIVIR·IIVIR·QQV·II i
ET·CVRAT·ALIMENT·DISTRIB
OB·INSIGNES·LIBERALITA
TES·IN·REMPVB·ET·CIVES
AMOREM·VIRO·BONO
COL·IVL·CVRVBIS·D·D·P·P

[2] Pline, V, IV.

[3] *Clupea*. Liv. XXVII, XXIX; XXIX, XXXII; César, *Bell. civ.*, II, XXIII; Auct. *Bell. Afr.*, II; Mela, I, VII, 3; Pline, V, IV, 24. — *Clypea*. Solin, XXVII, 8. — *Clipea*. Flor., I, XVIII; *It. marit.*, p. 493, 518. — Le nom est parfois employé au pluriel : *Clupea*. César, *Bell. civ.*, II, XXIII; Auct. *Bel. Afr.*, II. — *Clipea*. *Itin. Ant.*, p. 55, 57. *Tab. Peuting.*

[4] Polybe, I, XXIX et XXXVI. — Appien, VIII, III et CX. — Strabon, XVII, p. 834. — *Stadiasmus maris magni*, 117, 118. — Procope (*De bello Vand.*, II, 10) écrit Κλιπέα.

[5] Strabon, XVII, p. 834: Εἶτ' ἄκρα Ταφῖτις, καὶ ἐπ' αὐτῇ λόφος Ἀσπὶς καλούμενος ἀπὸ τῆς ὁμοιότητος· ὅνπερ συνῴκισεν ὁ τῆς Σικελίας τύραννος Ἀγαθοκλῆς καθ' ὃν καιρὸν ἐπέπλευσε τοῖς Καρχηδονίοις. — Solin, XXVII, 8 : « Clupeam civitatem Siculi extruunt et Aspida primum nominant. » — Silius Italicus, III, v. 243 :

Tum quae Sicanio praecinxit litora muro,
In Clipei speciem curvatis turribus Aspis.

toral opposé de la presqu'île du cap Bon, là même où tous les autres documents antiques indiquent Clupea.

Clupea joua un rôle important dans les guerres puniques. Ce fut la première ville dont s'empara Regulus en débarquant en Afrique en 256[1], et ce fut dans ses murs que se réfugièrent les débris de son armée[2]. Les consuls Culpurnius Piso et L. Mancinus l'assiégèrent vainement en 148[3]. Scipion s'en empara après la prise de Carthage et la fit raser[4]. Probablement colonisée par César, en même temps que Curubis et Neapolis[5], ville libre au temps de Pline[6], siège d'un évêché à l'époque chrétienne[7], Clupea fut le dernier refuge des chrétiens d'Afrique lors de l'invasion arabe : c'est là, au dire d'El-Bekri, que s'embarquèrent pour gagner Cossura tous ceux qui purent échapper à la poursuite d'Abd Allah ibn Saad[8].

Clupea était située sur le littoral même, à un mille et demi de la Klibia arabe, au pied d'une colline rocheuse, haute de 150 mètres, qui portait son acropole et que couronne aujourd'hui une forteresse mauresque. On remarque encore, au centre du vaste espace que circonscrit cette citadelle, les ruines d'un réduit antique de forme rectangulaire, flanqué à chaque angle d'une tour carrée, construit en belles pierres de taille et mesurant trente cinq pas sur vingt. Pavée de larges dalles, l'*arca* de ce réduit recouvre de profondes citernes divisées en plusieurs compartiments et soutenues par des piliers. Quant à la ville proprement dite, elle n'offre plus aujourd'hui que les vestiges d'un mur d'enceinte percé de plusieurs portes, dont l'une était

---

[1] Flor., I, xviii : « Prooemium belli fuit civitas Clipea; prima enim a Punico litore quasi arx et specula procurrit. »
[2] Polybe, I, xxxiv, 11.
[3] Appien, VIII, cx.
[4] Strabon, XVII, p. 834.
[5] Mommsen, *Eph. epigr.*, II, p. 113.
[6] Pline, V, iv.
[7] *Episcopus Clipensis* (a. 411, 482, 525); *Clipiensis* (a. 649).
[8] *Description de l'Afrique septentrionale*, p. 110.

encore debout il y a trente ans. Clupea avait deux ports, ensablés aujourd'hui, l'un au sud, l'autre au nord[1]. Ce dernier est partagé lui-même en deux bassins par le Ras Sidi-Mostafa, la Ταφῖτις ἄκρα de Strabon. On aperçoit encore les débris des môles qui les protégeaient contre les vents du large

Les carrières qui ont fourni les matériaux de la ville antique existent près du Ras el-Melah, au nord du Ras Sidi-Mostafa.

La route de l'Itinéraire d'Antonin s'arrête à Clupea. La Table de Peutinger indique encore *Misua*, à 12 milles au delà de Clupea, mais elle ne donne pas le tracé. Le chiffre xii est faux : Sidi-Daoud-en-Noubi, où se retrouvent les ruines de Missua, est à 22 milles au nord-ouest de Klibia.

La synonymie de Missua est certaine : elle résulte de l'inscription suivante, qui donne l'ethnique de la ville[2] :

Missua
(*Sidi-Daoud-en-Noubi*).

```
       FL·ARPACII·VC·
    FL·ARPACIO FL·PP·HVIVSCE
    CIVITATIS·EX AGENTE IN
    REBVS VC·EX ADIVT·INL·
    VIRI MAG·OFFICIOR·V̄
    SPECTAB·TRIB·ET NOT·
    OB INSIGNIA·EIVS ERGA
    REMP·MERITA ET·PRAECIPVE
    OB PAT·BENEF·STATVAM AD
    AETERNITATEM MERI
    TORVM EIVS·MISS·CIVES
         CONLOCAVERVNT
```

Fl(avii) Arpacii v(iri) c(larissimi), Fl(avio) Arpacio fl(amini) p(er)p(etuo) hujusce

---

[1] *Stadiasm. maris magni*, 117 : ὑψηλός ἐστιν ὁ τόπος καὶ ἐπ' αὐτῷ ἡ πόλις· ἔχει λιμένα πρὸς ζέφυρον ἀπὸ σταδίων ι' ἀνώτερον τῆς πόλεως.

[2] Cette inscription, trouvée à Sidi-Daoud-en-Noubi, a été transportée à la Goulette et déposée dans la cour de l'arsenal.

*civitatis, ex agente in rebus, v(iro) c(larissimo), ex adjut(ore) inl(ustris) viri ma-
g(istri) officior(um), v(iro) spectab(ili), trib(uno) et not(ario), ob insignia ejus
erga remp(ublicam) merita et praecipue ob pat(erna) [vel pat(ronatus)] bene-
f(icia) statuam ad aeternitatem meritorum ejus Miss(uenses) cives conlocaverunt*[1].

Pline écrit *Misua*[2]; la Table de Peutinger et l'Anonyme de Ravenne donnent la même forme. Νίσουα, dans Ptolémée, n'est qu'une faute de copiste pour Μίσουα. Cette orthographe paraît être la plus ancienne. La seconde consonne est toujours redoublée dans les textes des derniers temps : l'Itinéraire maritime et l'Anonyme de Ravenne donnent la forme *Missua;* les documents ecclésiastiques, l'ethnique *Missuensis*. Procope écrit de même Μισσούα[3]. L'orthographe *Missua* semble justifiée par l'étymologie très probable du nom sémitique מסועה *Massouâh* « carrières ». La ville était très voisine des latomies du promontoire de Mercure.

Les ruines assez étendues de Sidi-Daoud-en-Noubi n'offrent plus d'autres vestiges reconnaissables que ceux d'une puissante construction assise sur une éminence, tout près du rivage, et qui est peut-être un débris de l'arsenal que Carthage possédait à Missua[4].

La route de la Table s'arrête à Missua, comme celle de l'Itinéraire à Clupea. La côte occidentale de la presqu'île du cap Bon ne paraît pas avoir été comprise dans le réseau routier, et il est facile de s'expliquer cette lacune. Adossées à des montagnes escarpées et du plus difficile accès, les villes de cette partie du littoral trouvaient, dans le golfe étroit qui les rapprochait plutôt qu'il ne les séparait de Carthage, les voies de communication les plus naturelles et les plus rapides. C'est toujours

---

[1] *C. I. L.*, t. VIII, 989.
[2] Pline, V, IV, 24.
[3] *De bello Vand.*, II, XIV.
[4] *De bello Vand.*, II, XIV : Σταδίους τριακοσίους ἀνύσαντες ἀφίκοντο Μισσούαν τὸ Καρχηδονίων ἐπίνειον.

la voie de mer qu'on prend encore aujourd'hui pour se rendre de la Goulette à Sidi-Daoud.

DE CARTHAGE À CLYPEA PAR CASULA.

ITINÉRAIRE D'ANTONIN.			
STATIONS.	Distances indiquées.	Chiffres corrigés.	SYNONYMIES.
Carthagine............................	x		
Maxvla Prates.......................	xx		Radès.
Casvla.................................	xxv		
Cvrvbi.................................	xxx	xxvi.	Kourba.
Clipeis.................................			Klibia.

Nous rattacherons également à la grande voie du littoral une route ou plutôt un itinéraire de Carthage à Clupea qui ne figure que dans l'Itinéraire d'Antonin.

Longue de 85 milles, cette route passait par Maxula, Casula et Curubi. Elle se confondait donc : dans la première partie de son tracé, avec la route de Carthage; dans la dernière, avec celle de Pudput à Clupea. L'*Iter a Carthagine Clipeis* n'est en d'autres termes qu'un *compendium* qui reliait directement Maxula à Curubis en longeant, à la base, la péninsule que la route de Clupea à Missua traversait au sommet et en sens inverse.

Les distances indiquées entre Maxula et Casula, d'une part, Casula et Curubis, de l'autre, conduisent soit à Beni-Khaled, soit à Menzel-bou-Zalfa. Ni l'une ni l'autre de ces deux localités n'a été explorée jusqu'ici au point de vue archéologique. Il nous est par conséquent impossible de nous prononcer sur la synonymie de Casula.

Avant de reprendre l'analyse de la route du littoral au point où nous l'avons interrompue, nous avons à signaler quelques localités antiques situées en dehors de la voie romaine.

GUMIS.

L'Anonyme de Ravenne, dans sa description du littoral du golfe de Carthage de Tunis à Missua (Sidi-Daoud-en-Noubi), cite successivement *Maxula, Gumis, Carpus, Aquas, Siminina*[1]. Nous avons déjà dit (t. I, p. 174) que Gumis se retrouvait peut-être à Henchir Sabbelat-el-Beï. C'est la synonymie affirmée par Wilmanns, qui suppose que les thermes d'Hammam el-Enf portaient le nom d'*Aquae Gummitanae*[2]. Mais il est permis de proposer une autre correspondance : les ruines de Gumis pourraient être celles qu'on rencontre sur le littoral même du golfe, près de l'embouchure de l'Oued Sliman et à peu de distance à l'ouest-sud-ouest de Mraïsa (*Carpi*). Nous ignorons le nom de ces ruines, que nous avons traversées en 1859, en nous rendant d'Hammam el-Enf à Kourbès[3].

Les *Aquae* que l'Anonyme indique entre Carpi et Siminina sont évidemment les *Aquae Carpitanae*. Pinder et Parthey, dans leur édition du géographe de Ravenne, les confondent à tort avec la station de *Ad Aquas* (Hammam el-Enf) de la Table de Peutinger.

SIMININA
ou SIMIAMA
(*Henchir el-Haïech
ou Henchir
Bir-el-Djedidi*).

Quant à *Siminina*, ou *Simiama*, variante donnée par l'Anonyme au livre III, la position qui lui est assignée entre *Aquas* (Hammam-Kourbès) et Missua (Sidi-Daoud-en-Noubi) nous conduit à la retrouver entre le Ras el-Fartass et Sidi-Daoud. Il existe dans cette partie du littoral trois gisements de ruines antiques : Sidi-Ali-el-Merekli, un peu à l'est du Ras el-Bridja ;

---

[1] Rav. Anon., V, v.
[2] *C. I. L.*, t. VIII, p. 132.
[3] Si l'on place Gumis sur ce point du littoral, Ad Aquas peut être retrouvée à Henchir Sabbelat-el-Beï, et non plus à Hammam el-Enf même. Le nom d'*Ad Aquas* semble indiquer, du reste, que la station était voisine des thermes. Il n'est donc pas nécessaire de la chercher aux thermes mêmes.

Henchir el-Haïrech ou Henchir Zeggag, à 12 kilomètres du point précédent; Henchir Bir-el-Djedidi, à 4 kilomètres plus au nord-est. Les ruines de Sidi-Ali-el-Merekli sont peu importantes. Celles d'Henchir el-Haïrech et de Bir-el-Djedidi représentent les restes de deux petites cités maritimes : les vestiges des môles qui protégeaient leurs ports sont encore visibles. Siminina se retrouve certainement dans l'une de ces deux positions, mais rien ne nous autorise à l'identifier à l'une plutôt qu'à l'autre.

Le bourg arabe de Douela, situé à 5 milles environ au nord-est de Kourbès, occupe l'emplacement d'une petite cité antique dont le nom, donné en partie par le fragment ci-dessous, peut se reconstituer avec vraisemblance.

MIZIGITA (Douela).

C. I. L., t. VIII, 991 :

FELICITA *tis restitutori*
CLEMEN *tissimo impera*
TORI DO *mino nostro fl*
CONSTAN *tino maximo p*
IISSIMO *ac Victori aug*
MVNICI *pes municip. Mizi*
GITANI *n . m . q . eius dicatis*
SIMI *d . d . p . p*

Le nom de la ville antique était donc *Mizigita*. Un *episcopus Mizigitanus* figure au concile de Carthage de l'année 525. Peut-être faut-il lire *Mizigitanae* au lieu de *Mizeitanae* dans un passage de Victor de Vita[1]. D'après la tradition locale, une des mosquées de Douela occupe l'emplacement d'une église chré-

---

[1] *Hist. persec. Vand.*, III, L : « Sic enim Cresconius presbyter, Mizeitanae civitatis in spelunca Ziguensis montis repertus est. »

tienne. Ximenez et Peyssonnel ont encore lu sur la façade l'inscription suivante, qui n'existe plus aujourd'hui :

C. I. L., t. VIII, 992 :

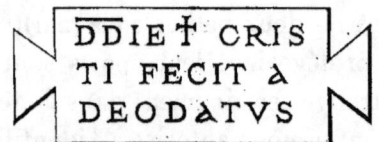

D(omum) D(ei) e[t] Cristi fecit Adeodatus.

CILIBIA
(*Henchir Kelbia*).

Les ruines d'Henchir Kelbia, situées à 6 kilomètres environ au sud-ouest de Kroumbalia, sur la droite de la voie romaine conduisant de Carthage à Pudput, sont probablement, comme l'a supposé Wilmanns, celles de la *Gilibia* mentionnée dans les actes des conciles[1]. Le nom arabe reproduit assez fidèlement la dénomination antique.

TUBERNUC
(*Aïn Tebernouk*).

La nomenclature locale a également conservé, sous la forme *Tebernouk*, le nom d'une cité antique, *Tubernuc*, dont les ruines se trouvent à 10 ou 12 kilomètres d'Henchir Kelbia, dans la direction du sud-ouest.

C. I. L., t. VIII, 947 :

IIIPIIIOIS
II
INVICTO *aug* SPLENDIDISSIMVS ORD
MVNICIPI TVBERNVC DEVOT*us*
NVMINI MAIESTATIQVE EIVS

Ce *municipium Tubernuc* n'est certainement pas la *Thuburnica*

---

[1] *Episcopus Cilibiensis* (conférence de 411 et concile de 525); *Calibiensis* (actes de 649).

colonia, Θουβούρνικα κολωνία que Ptolémée place dans la Numidie nouvelle[1]. Pline mentionne parmi les villes de la province d'Afrique un *oppidum civium romanorum Tuburnicense*[2]; mais, comme il ne distingue pas les positions appartenant à l'Afrique propre de celles qui font partie de l'Afrique nouvelle, nous n'avons aucune raison de faire correspondre son *oppidum Tuburnicense* au *municipium Tubernuc*, plutôt qu'à la *Thuburnica colonia* de Ptolémée. C'est bien d'ailleurs à Tubernuc qu'appartiennent l'*episcopus a Tuburnice* de la conférence de 411 et l'*episcopus Thuburnicensis* qui figure parmi les signataires de la lettre de 646.

La ville antique s'allongeait dans une vallée assez étroite, arrosée par les eaux d'une source abondante appelée Aïn Tebernouk. A ses ruines se sont superposées celles d'un bourg fondé à la fin du xve siècle par des Maures chassés d'Espagne, et complètement abandonné depuis, à la suite d'une peste qui emporta la plus grande partie de la population.

[1] Ptolémée, IV, III, 29. — [2] Pline, V, IV.

DE PUDPUT À HADRUMÈTE.

ITINÉRAIRE D'ANTONIN.

STATIONS.	Distances indiquées.	Chiffres corrigés.	SYNONYMIES.
Pvtpvt	XXX		H' Souk-el-Abiad.
Horrea Caelia vico			Herkla.
Hadrvmetvm	XVIII		Soussa.

TABLE DE PEUTINGER.

STATIONS.	Distances indiquées.	Chiffres corrigés.	SYNONYMIES.
Route de Pudput à Hadrumète.			
Pvdpvt	X	X	H' Souk-el-Abiad.
Lamniana	XXII	XII	Henchir Selloum.
Cvbin			Henchir el-Abiad.
Hadrito		XXXII	Soussa.
Route de Cubin à Horrea.			
Cvbin	VII	VII	Henchir el-Abiad.
Orbita	XXII	VII	Bordj-Hammam.
Ad Horrea			Hergla.
Route de Vina à Lamniana.			
Vina	VI	XVI	Henchir el-Meden.
Lamniana			Henchir Selloum.

L'Itinéraire d'Antonin ne nomme qu'une seule station entre

Pudput et Hadrumète : *Horrea Caelia*, à 30 milles du premier point et 18 du second. Donnés par l'*Iter a Carthagine Thenis* comme par l'*Iter a Sufetula Clipea*, ces deux chiffres sont exacts : à pareilles distances de Souk-el-Abiad et de Soussa on trouve le bourg arabe d'*Herkla* ou *Hergla* هرقلة, dont le nom reproduit, en les contractant, les deux mots *Horrea Caelia*. La forme *Aharkalia* اهرقلية, que donne Édrisi, rappelle plus fidèlement encore la dénomination antique.

Hergla est pittoresquement assise sur un promontoire qui domine au loin la plage et forme une saillie assez prononcée pour que la Table de Peutinger en ait fait la pointe méridionale du golfe qu'elle dessine entre Clypea et Horrea. Le bourg arabe n'occupe que le point culminant de la colline; la ville antique était beaucoup plus étendue, à en juger par les substructions qu'on retrouve à chaque pas dans les vergers d'Hergla et par les vestiges de quais et de magasins qu'on remarque sur le rivage, au point où la route commence à gravir les pentes par lesquelles le promontoire se rattache à la côte. Le castrum d'Horrea existait encore, au centre du bourg arabe, lorsque j'ai visité cette localité en 1856. Les pierres de grand appareil qui formaient le revêtement de ses murailles ont été employées depuis à la construction du pont de Halk-el-Menzel sur la Djeriba, et il ne reste plus aujourd'hui du « Kasr » d'Hergla que quelques massifs de blocage.

Horrea, comme son nom l'indique, était un des grands entrepôts de blé de la province d'Afrique[1]. Les listes des évêchés de la Byzacène nomment trois titulaires de ce siège : Tenax, Ianuarius et Hilarinus, présents aux conciles de 258[2], 411 et 419[3].

HORREA CAELIA (*Herkla*).

---

[1] « Horrea. » *Tab. Peut. It. Ant.*, p. 56. — « Horrea Caelia. » *It. Ant.*, p. 52. — « Horrea Caelia vicus. » *Ibid.*, p. 58.

[2] *Ab Horreis Caeliae*, ἀπὸ Ὁριῶν Κελλίων.

[3] *Orreocaelensis, Horreocellorum, Hor-*

La distance de trente milles indiquée par l'Itinéraire entre Pudput et Horrea se retrouve exactement sur le terrain. La voie romaine longeait donc constamment le littoral en suivant, comme la route arabe, l'isthme sablonneux qui s'étend entre la mer et les lagunes de Nfida et de Djeriba. Il est évident, par suite, que la configuration du littoral n'a pas sensiblement changé depuis la date à laquelle remonte la voie de l'Itinéraire et que le « golfe comblé », *El-Djoun-el-Madfoun,* indiqué par Édrisi entre Ksar-el-Marsad et la pointe d'El-Kartil, n'est pas, comme on serait tenté de le croire au premier abord, représenté par les lagunes dont nous avons parlé. Le Djoun-el-Madfoun n'était pas autre chose, à l'époque d'Édrisi, que la légère dépression formée par le littoral entre Henchir Selloum et le Tarf-Kartil que le géographe arabe place à 8 milles au nord d'Hergla[1]. Mais il est certain que le « golfe comblé » a été, à une époque antérieure, une véritable baie, dont le souvenir s'est conservé dans la tradition locale; son nom même de *Djoun-el-Madfoun* le prouve, et il est possible que cette baie ait encore existé dans les premiers temps de la domination romaine.

Il est certain que la route de la Table de Peutinger le contournait.

La voie de l'Itinéraire est jalonnée par un certain nombre de ruines. A une heure environ de Souk-el-Abiad (Pudput), elle laisse à deux ou trois cents pas sur la gauche une colline parsemée de décombres, sur laquelle s'élève un grand édifice

---

reicaeliensis, *Horreocellensis*, Ὁρρεοκελίων, Ὁρρεοκίλης (voir Ruinart, *Persec. Vand.*, p. 343). La notice de 482 donne la variante *Orroea Caelia*.

[1] Le texte d'Édrisi porte : ومنه الى طرفي فرضيل المدفون ٧ اميال « et de là jusqu'à Tarf-Kartil-el-Medfoun, 6 milles. » MM. Dozy et de Goeje traduisent : « De ce lieu au cap qui forme le golfe d'Al-Madfoun, 6 milles. » Le mot *Kartil* me paraît être le nom du cap dont il s'agit et près duquel on remarque quelques ruines romaines.

circulaire, reposant sur un soubassement carré, qui rappelle par ses dimensions comme par sa forme le tombeau de Caecilia Metella. Le diamètre de ce mausolée peut être de 45 pieds; sa hauteur actuelle, de 30. Les acrotères qui le surmontaient portaient encore, il y a deux siècles, les inscriptions suivantes, recueillies par Corazza[1] :

a	b	c	d	e	f	g
.....VELLIO	...SVELLIO C.	SVELLIO L.	AEMILIO M	AEMILIO C.	CLAV....	AEMILIAE
QVARTO	QVARTO	PONTIANO	AFRICANO	PAVLO	CASTAE AVI	PIAE VXORI
PATRI SVO	....	PATRVELI	AVVNCVLO	O.........	AE........	....

Le nom du fondateur du mausolée a disparu, mais nous savons par les trois premiers fragments que son *gentilicium* était *Suellius*, et par le quatrième que sa mère appartenait à la *gens Aemilia*.

Les indigènes donnent au mausolée de Suellius le nom d'*El-Menara*, « le phare ». Édrisi le désigne déjà sous celui de *Kasr-el-Menar*, « le château du phare »[2].

A deux milles plus au sud, la route franchit l'*Oued el-Kuatir*, « la rivière des ponts », sur un pont romain de quatre arches. A quatre milles plus loin, dans la même direction, la route passe au pied d'une colline couverte de débris. Le périmètre de ces ruines, auxquelles les indigènes donnent la nom d'*Henchir Selloum*, peut être évalué à sept ou huit cents mètres. A huit milles au delà de ce dernier point, on retrouve quelques vestiges de la voie romaine. La chaussée antique forme une sorte de digue qui s'étend entre le littoral et la grande lagune d'El-Djeriba. Deux gisements de ruines existent encore plus au sud : le premier est situé à quinze milles d'El-Knatir et paraît représenter le *Gasr el-Marsad* d'Édrisi; l'autre, appelé Bordj Hammam, est situé à six ou sept milles environ au nord d'Hergla.

---

[1] [Cf. *C. I. L.*, VIII, n° 963.] — [2] [Voir une photographie de ce monument dans Cagnat, *Archives des Missions*, 1885, pl. XII.]

Le tracé de la Table de Peutinger, entre Pudput et Hadrumète, est beaucoup plus compliqué que celui de l'Itinéraire. Abstraction faite des données numériques, la Table, dont nous reproduisons le dessin, semble indiquer :

1° Une route principale conduisant de Pudput à Hadrumète par Lamniana et Cubin;

2° Une route secondaire allant de Cubin à Ad Horrea par Orbita;

3° Un *compendium*, ou route plus directe, rattachant Lamniana à Vina (Henchir el-Meden).

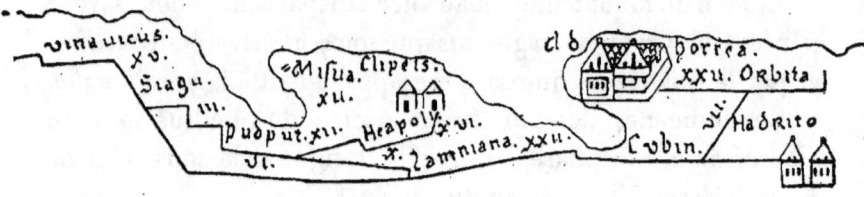

Les dix milles indiqués entre Pudput et Lamniana nous font retrouver cette dernière station à Henchir Selloum, situé à la même distance de Souk-el-Abiad (Pudput). Mannert considère à tort le chiffre vi, placé au-dessous de la ligne qui relie Pudput à Lamniana, comme exprimant la distance qui séparait ces deux stations : le chiffre vi appartient au *compendium* de Vina à Lamniana. Cette route directe descendait, à partir d'Henchir el-Meden, la vallée de l'Oued el-Arbaïn jusqu'à la jonction de ce cours d'eau avec l'Oued el-Assoued, passait par Henchir ben-Youssouf, laissait El-Menara sur la droite et rejoignait la grande route du littoral près d'El-Knatir. Le développement de ce tracé est d'environ seize milles, et le chiffre vi donné par la Table n'est évidemment que la dernière partie du chiffre véritable, xvi.

Le chiffre xxii, marqué entre Lamniana et Cubin, est également faux; il faut lire xii, et ces douze milles nous permettent de retrouver Cubin aux ruines considérables d'Henchir el-Abiad, situées à la même distance d'Henchir Selloum.

La route de la Table contournait donc, à partir d'Henchir Selloum, le bassin de la lagune dont la voie de l'Itinéraire longeait le bord oriental par l'ourlet qui la sépare de la mer.

Orbita nous paraît être représentée par les ruines de Bordj Hammam, situées à sept milles d'Henchir el-Abiad et à la même distance d'Hergla.

ORBITA
(*Bordj Hammam*).

La distance de vingt-deux milles marquée par la Table de Peutinger entre Orbita et Ad Horrea est évidemment fausse. Ce chiffre est inexplicable dans toutes les hypothèses, inconciliable avec toutes les constructions géométriques auxquelles peuvent donner lieu les autres indications de la Table. Nous le remplaçons sans hésiter par le chiffre vii, représentant la distance qui sépare en réalité Bordj Hammam d'Hergla.

La distance de Cubin à Hadrumète est omise par la Table de Peutinger : on compte trente-deux milles entre Henchir el-Abiad et Soussa.

L'identité de cette dernière ville et d'Hadrumète[1] n'est plus contestée aujourd'hui et n'aurait jamais dû l'être. Abstraction faite des indications fournies par les distances, les débris antiques de toute espèce qu'on trouve, non seulement à Soussa, mais dans un très vaste rayon autour de la ville arabe, signa-

HADRUMÈTE
(*Soussa*).

---

[1] Le nom d'Hadrumète présente de nombreuses variantes, soit en grec, soit en latin : Ἀδρύμης. Scylax, *Périple*, 110; Diodore, XX, xvii; Polybe, XV, v; Strabon, XVII, p. 834; Steph. Byz. s. v. — Ἀδρύμητος ou Ἀδρυμητός. Appien, *Pun.*, xxxiii, xlvii, xciv; *B. civ.*, xcv. Dio, XLVIII, xxi. — Ἀδρούμητος. Ptolémée, IV, 3, 9 et 37; VIII, 4, 6. — Ἀδραμύτης. *Stadiasme*, 116, 117. — Ἀδράμυτος. Procope, *De Aedif.*, VI, 6. — Ἀδράμυτος. Idem, *De bell. Vand.*, I, xvii; II, xxiii. — Ἀδράμεντος. Liste du concile de 255. On trouve de même les formes latines *Adrimetum*, *Adrumetum*,

laient suffisamment l'emplacement de la capitale de la Byzacène et de la seconde cité de la province d'Afrique[1].

Ces vestiges s'accumulent surtout sur les hauteurs qui dominent Soussa du côté de l'ouest. Quant au port, dont Mannert a nié l'existence en se fondant sur un passage du Périple, les traces en sont parfaitement reconnaissables. Hadrumète, et c'est dans ce sens qu'il faut entendre l'observation du Périple, n'avait pas de port naturel; on y avait suppléé par un bassin dont l'emplacement, presque entièrement ensablé, est indiqué par deux môles antiques. La plus septentrionale de ces jetées est prolongée, à angle ouvert, par les débris d'un brise-lames destiné à défendre le port contre les vents de l'est. Les navires mouillent aujourd'hui, à leurs risques et périls, au sud des deux môles. Hadrumète possédait en outre, comme nous le verrons, deux ports intérieurs, creusés dans l'enceinte même de la ville.

Dans un rayon assez étendu autour d'Hadrumète, le sol arable recouvre, à une profondeur variable, un immense banc

Adrymetum, Hadrumetum, Hadrymetum, Hadrimetum. Aucune des formes grecques n'admet, comme on le voit, l'esprit rude, représentant la lettre initiale H, qui caractérise cependant l'orthographe officielle du nom latin, celle des médailles et des inscriptions. Les monnaies romaines d'Hadrumète donnent l'abréviation HADR (L. Müller, *Num.*, t. II, p. 51), et l'inscription de Gruter reproduit la même orthographe : *Colonia Concordia Ulpia Trajana Augusta Frugifera Hadrumetina.* (Cf. VLP(ia) HADR ap. Kellermann, *Vig.*, 12.) Aucune monnaie de l'époque punique ne donne le nom d'Hadrumète.

[1] Le fragment ci-dessous, découvert en 1883 par M. Cagnat dans la Zaouia de Sidi-bou-Fatha, à Soussa, fixe définitivement par un document épigraphique la correspondance de Soussa et d'Hadrumète :

IMP· CA
GORDI
TONI GO
ANTONI
PIO· FELICI. A
MAX· TRI
COL· CONC
D

Cette dédicace à Gordien III contenait évidemment à la dernière ligne une partie du nom d'Hadrumète : *Col(onia) Conc(ordia) Vlpia Trajana Augusta Frugifera Hadrumetina.*

de calcaire d'un mètre d'épaisseur environ, superposé à des argiles plastiques marneuses et passant à l'étage inférieur aux argiles bigarrées et rouges. Ce banc, dont la partie supérieure donne une pierre à bâtir excellente, à grain fin et compact, a joué un grand rôle dans l'existence d'Hadrumète. Exploité par zones longitudinales à l'époque punique, il a fourni les matériaux de la ville punique et de ses remparts, en même temps que l'excavation produite par l'extraction de ces matériaux formait un fossé de 5 à 7 mètres de profondeur sur une largeur moyenne de 100 mètres. C'est également sous ce banc qu'ont été creusés les hypogées des deux époques punique et romaine[1].

L'enceinte phénicienne d'Hadrumète, flanquée de tours et de forts, présentait, y compris le môle extérieur du grand port, probablement fortifié du côté de la haute mer, un développement total de 6,410 mètres. Une seconde ligne de défense, ajoutée à l'époque romaine et postérieurement aux guerres civiles, donna au périmètre de la place une longueur totale de 7,360 mètres.

Le mur phénicien longeait le bord oriental du large fossé qui en avait fourni les matériaux. Il n'en subsiste qu'une portion, contiguë à la façade septentrionale des citernes publiques, et ce pan de muraille ne mesure que $3^m,60$ d'épaisseur. Partout ailleurs l'enceinte n'est dessinée que par les entailles pratiquées dans le banc de calcaire pour recevoir les assises des remparts et des tours. Une seconde ligne de défense s'élevait sans doute sur l'autre bord du fossé, et certains indices autorisent

Enceinte.

---

[1] Nous empruntons ces détails, ainsi que la plupart de ceux qui suivent, aux notes manuscrites de Daux, que M. le comte d'Hérisson a bien voulu nous communiquer. De 1862 à 1863, Daux a passé six mois à fouiller les ruines d'Hadrumète, et son travail peut inspirer une entière confiance. [Cf. sur les ruines d'Hadrumète M. Palat, *Bulletin du Comité des travaux historiques*, 1885, p. 121 et suiv.]

à supposer qu'il en existait une troisième. Mais il est impossible d'en reconstituer le tracé : en maint et maint endroit le banc de calcaire a été largement entamé pour fournir les matériaux nécessaires aux constructions de la ville romaine, et ces nombreuses solutions de continuité empêchent toute restitution sérieuse des lignes extérieures de défense.

La partie de l'enceinte de la ville qui était baignée par la mer présentait une particularité assez remarquable : le pied des tours était garanti contre le choc des lames par une série d'éperons en blocage qui existent encore sous le quai actuel.

Forts.

L'enceinte phénicienne comprenait trois grands ouvrages de défense : le premier, au sud, était l'acropole et couvrait le point culminant dont la Kasba de Soussa n'occupe aujourd'hui qu'une partie. Les deux autres étaient situés au nord de la ville. Deux autres forts, établis dans la même direction en dehors de l'enceinte, paraissent avoir servi de point d'attache à la seconde et peut-être à la troisième ligne de défense.

Acropole.

L'acropole, à en juger par les traces de gros murs qui existent encore à fleur du sol, paraît avoir occupé un espace de 100 mètres de largeur sur 200 de longueur. Les matériaux des remparts ont dû servir à la construction de la Kasba actuelle, bâtie au xie siècle de notre ère. Comme dans la Byrsa punique, le point culminant de la citadelle, dont l'altitude est de plus de 30 mètres au-dessus du niveau de la mer, était occupé par un temple. Les quelques vestiges qu'on en a retrouvés sous les murs de la Kasba arabe accusent une origine phénicienne bien reconnaissable. Ce sont d'énormes pierres de taille, en calcaire à gros grain, ayant appartenu à une corniche monumentale, des tambours de colonnes de 0^m,75 de diamètre et des chapiteaux ornés d'un simple boudin sous la plinthe, n'appartenant à aucun ordre connu. Toutes ces pierres, d'un calcaire grossier très poreux, sont revêtues extérieurement d'un stuc fin et solide, parfaitement lisse et poli, et couvert de cette peinture d'ocre jaune qui paraît avoir été spécialement employée dans la décoration des édifices religieux de l'époque punique.

Une porte monumentale s'ouvrait dans la partie de l'enceinte contiguë à la citadelle, du côté du nord-ouest. Il n'en reste que d'énormes masses de blocage, d'une dureté exceptionnelle. On a trouvé sous ces débris, à 4 mètres de profondeur, des balles de fronde en terre cuite, des fragments d'armes et des poteries dont les formes accusent une époque très ancienne.

Le fort A paraît avoir été, après l'acropole, le plus important des ouvrages de défense de l'enceinte phénicienne. Il mesure 150 mètres de long sur 80 de large. Son altitude au-dessus du littoral est de 18^m,81. Le front extérieur, du côté du nord, se composait de deux bastions découverts couvrant les murs du réduit. Les fossés qui entouraient la forteresse sont parfaitement conservés et gardent encore la cannette destinée à l'écoulement des eaux. Les abords de l'ouvrage sont couverts de mosaïques et de débris de poteries de fabrique sicilienne, d'une finesse de pâte et d'une délicatesse de formes remarquables[1].

Le fort B avait 150 mètres de long sur une largeur moyenne de 45 mètres. Il est situé à 16^m,45 au-dessus du niveau de la mer et à 7^m,45 au-dessus de la route actuelle de Tunis.

Le fort C, situé à 15^m,60 au-dessus du niveau de la mer, ne mesure que 60 mètres de long sur 25 de largeur moyenne. Peut-être formait-il, à l'époque phénicienne, le point où s'arrêtait, à l'ouest, la seconde ligne de défense.

[1] [Sur la poterie de Sousse, voir Vercoutre, *Revue archéologique*, 1884, 1, p. 16. — S. R.]

Le fort D, dont l'altitude est de 12^m,70, présente des dispositions plus régulières que les autres ouvrages de défense. Il se compose d'un quadrilatère allongé, flanqué de deux bastions carrés, du côté de l'ouest, et de deux saillants triangulaires à sommets coupés, du côté de l'est. Une rampe parfaitement conservée y donnait accès. Daux pense que cette forteresse ne date que de l'époque romaine et limitait, au nord, l'enceinte supplémentaire qu'avait reçue Hadrumète.

La ville possédait trois ports ou bassins.

Le premier, qui était affecté plus spécialement aux bâtiments de commerce, était formé par deux môles perpendiculaires au quai et qui existent encore[1]. Le premier et le plus septentrional était séparé du littoral par une passe de 35 mètres d'ouverture; il se continuait, à angle ouvert, par un immense brise-lames, de 7 mètres de largeur sur 700 mètres de longueur, dirigé du nord au sud et dont l'extrémité méridionale dépassait de quelques mètres le môle du sud, dont il était également séparé par une passe de 35 mètres. Une troisième entrée, large de 8 mètres seulement, avait été ménagée dans le brise-lames même, à 180 mètres environ au nord de la passe méridionale.

Daux suppose que la passe du nord ne date que du règne de Justinien, et fonde sa conjecture sur le peu de solidité des constructions qui l'encadrent. Nous pensons que cette entrée, plus exposée que les autres au choc destructif des lames, a seulement été refaite à l'époque byzantine et qu'elle formait, dès l'origine, une des dispositions essentielles du port phénicien d'Hadrumète. Si elle n'avait pas existé, en effet, les navires auraient eu beaucoup de peine à entrer dans le port par les

---

[1] Le môle du nord porte aujourd'hui le nom de « môle de la Quarantaine », celui du sud est appelé « pointe du môle ».

vents de nord-est, si fréquents en été. Les navires de guerre, d'autre part, auraient eu à traverser tout le port marchand pour aller mouiller dans le cothon ou pour en sortir, tandis que l'existence d'une passe au nord et à proximité du canal conduisant au port militaire assurait l'indépendance du service de ce port. La largeur même de la passe du nord, égale à celle de la passe du sud, semble indiquer, en outre, que les deux entrées ont été conçues d'après le même plan et pratiquées à la même époque.

Les substructions des deux môles et du brise-lames, comme celles du quai, sont de construction phénicienne. Celles du brise-lames sont encore visibles à fleur d'eau sur plusieurs points, et on en retrouve d'autres vestiges sous le sable du littoral actuel. Quant aux assises supérieures, elles ont été démolies par l'effort des vagues; projetées à l'intérieur du port, elles y forment cette ligne d'écueils factices que les indigènes appellent les « rochers de Soussa ».

Le brise-lames présente une disposition ingénieuse : il est traversé dans le sens de sa longueur par un canal bb, mettant en communication une série d'évents $a, a,$ disposés en cônes renversés se joignant par le sommet, espacés de 10 mètres en 10 mètres, et donnant issue aux vagues, dont l'effort se trouvait ainsi en partie annihilé.

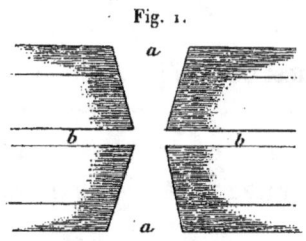
Fig. 1.

La plus grande partie du port marchand est ensablée aujourd'hui. Les navires, ainsi que nous l'avons dit, mouillent au sud de la pointe du môle.

A l'ouest et dans l'intérieur des terres était le cothon, mesurant environ 160 mètres sur 175 et communiquant avec le port extérieur par un canal de 260 mètres, dont quelques vestiges ont été retrouvés près du grand bassin extérieur : la largeur de ce canal était d'une douzaine de mètres, et le quai phénicien qui le bordait présente une épaisseur de 3^m,60. La surface du cothon est occupée aujourd'hui par un cimetière musulman, et il est par conséquent impossible d'y faire les fouilles nécessaires pour en déterminer exactement les dimensions. Il n'en est pas moins certain que ce bassin représente le cothon dont parle l'auteur du livre sur la Guerre d'Afrique [1].

Le troisième port s'ouvrait à 500 mètres au sud du cothon, à la hauteur du môle méridional. Formé par une crique naturelle que la main de l'homme a plus ou moins agrandie, il doit avoir été le plus ancien port d'Hadrumète. Comblé aujourd'hui par sept ou huit mètres d'alluvions, son périmètre, fort irrégulier, est indiqué par le lit de galets, de sables et d'algues qu'ont fait découvrir les fouilles pratiquées à différentes époques pour établir les fondations des maisons arabes qui le recouvrent [2]. Le bassin dont nous parlons existait encore au moyen âge arabe. C'est celui qu'El-Bekri place près du *Dar es-Sennâa*, l'« arsenal » [3].

Citernes publiques. Les grandes citernes, situées à l'ouest de la ville, à l'intérieur d'un angle rentrant de l'enceinte phénicienne, comprenaient seize réservoirs de 39 mètres de long hors œuvre sur 7 mètres de large. Les murs, construits en blocage et épais de 1^m,45,

---

[1] *De bello Africano*, c. LXII : « Caesar... triremem hostium... cepit : reliquae naves hostium promontorium superarunt, atque Hadrumetum in cothonem se universae contulerunt. »

[2] On y a découvert une hache en silex et une quantité de ces pierres appelées communément pierres du Levant ou « pierres à l'huile », qui n'appartiennent pas à la géologie de l'Afrique.

[3] « Soussa a huit portes, dont celle qui est à l'est du bâtiment nommé *Dar es-Sanâa* « l'arsenal » maritime est d'une grandeur énorme. C'est par là que les vaisseaux entrent dans le port et en sortent. » (El-Bekri, trad. de Slane, p. 83.)

sont intérieurement revêtus d'un enduit hydraulique. Le ciment qui sépare la maçonnerie du stucage a 0^m,03 d'épaisseur : il se compose de grains de terre cuite, de menus fragments de poterie concassée et de grains de calcaire compact. Le stucage extérieur a un centimètre d'épaisseur et se compose de pouzzolane et de chaux.

Le théâtre, situé à 300 mètres environ à l'ouest des citernes, mesurait 75 mètres de largeur sur 72 de profondeur. Il était bâti sur des voûtes en blocage de pierre ponce et de chaux[1]. Les murs étaient en briques et décorés à l'extérieur de colonnes. Les deux énormes massifs de maçonnerie qui reliaient le théâtre à un portique[2] sont encore visibles. Toutes les fondations de l'édifice sont en pisé.

Le théâtre.

Le cirque, situé entre les citernes et le théâtre, avait 400 mètres de long sur 116 mètres de large. Construit en pierres de grand appareil, à l'époque impériale sans doute, il paraît avoir été réparé en pisé à l'époque byzantine.

Le cirque.

Un important faubourg s'était fondé, sous la domination romaine, en dehors de l'enceinte, du côté du sud. Sur une étendue de plus de mille mètres à partir de la citadelle, le sol est jonché de ruines et de débris, de fragments de marbre, de frises, de colonnes et de chapiteaux qui attestent l'importance et la richesse de ce quartier. C'est de ce côté que paraît avoir été située la nécropole chrétienne : c'est là du moins qu'ont été trouvées la plupart des sépultures caractérisées par des attributs chrétiens. La nécropole romaine s'étendait à l'ouest de la ville. Presque toutes les tombes sont creusées dans le banc de cal-

Faubourg du sud.

---

[1] El-Bekri (trad. de Slane, p. 83) parle du théâtre, qu'il appelle *El-Melab*, « l'endroit des jeux », et constate que les voûtes très larges et très hautes sur lesquelles il repose sont en pierre ponce.

[2] Ce portique contigu avait 60 mètres sur 80. On y montait de trois côtés par des degrés. Les voûtes étaient bâties, comme celles du théâtre, en blocage de pierre ponce et de ciment.

caire dont nous avons parlé, et un grand nombre de ces hypogées sont encore intacts[1].

De ce même côté de la ville était situé le vaste édifice antique qu'El-Bekri désigne sous le nom d'*El-Fintas*. « En dehors des remparts, dit le géographe arabe, s'élève un temple colossal, nommé *El-Fintas* par les marins; c'est le premier objet que les navigateurs découvrent en arrivant de la Sicile ou de tout autre pays. Ce monument a quatre escaliers conduisant chacun jusqu'au sommet de l'édifice. Il est si large que la porte d'entrée est à une grande distance de celle par où l'on sort[2]. » Barth[3] a cru reconnaître les derniers débris de ce monument dans les deux énormes masses de blocage, mesurant l'une 200, l'autre 370 mètres cubes, que les indigènes désignent sous le nom de *El-Hadjar el-Maklouba*, « la pierre renversée », et qui se trouvent à 900 mètres environ à l'ouest de Bab-el-Gharbi.

Colonie de Tyr[4], Hadrumète, d'après une tradition rapportée par Étienne de Byzance, aurait pris le nom de son fondateur, Adrymès[5]. C'est le procédé, si commode et si familier à la race grecque, de la légende du héros éponyme. Le nom d'Hadrumète appartient, en réalité, à la toponymie orientale et se rattache au composé sémitique qu'on retrouve dans l'ethnique arabe *Adramitae*[6], dans l'Ἀδραμύτιον ou Ἀδραμύτειον mysienne[7], et dans l'Ἀδράμυτις des côtes de Lycie[8].

Hadrumète s'était prononcée contre Carthage dans la der-

---

[1] [Cf. *Bulletin du Comité des travaux historiques*, 1885, p. 150; *Revue archéologique*, 1884, I, 26, et II, 167. — S. R.]

[2] El-Bekri, p. 87.

[3] *Wanderungen*, p. 153, 154.

[4] Salluste, *Jug.*, XIX : « Postea Phoenices... Hipponem, Hadrumetum, Leptim aliasque urbes in ora maritima condidere. » — Solin, XXVII, 9.

[5] Stephanus Byzantinus : Ἀδρύμης, Λιβύης πόλις ... κέκληται ἀπό τινος Ἀδρύμητος.

[6] Ἀδραμιτῶν χώρα. Ptol., VI, VII, 10. Plin., VI, XXVIII.

[7] Strab., p. 581 et 603; Plin., V, XXX; Ptol., V, 11, 25; Steph. Byz., s. v.

[8] Steph. Byz. : Ἀδράμυτις, νῆσος ἐν τῇ Λυκίᾳ.

nière guerre punique. Elle fut une des sept villes indigènes qui conservèrent leur autonomie dans l'organisation de la province romaine[1]. Fidèle à la cause du Sénat, elle fut punie de la résistance qu'elle avait opposée à César par une lourde imposition[2]. Ville libre jusqu'à l'époque de Trajan[3], elle reçut de ce prince le titre de colonie[4]. L'histoire d'Hadrumète pendant l'époque impériale se résume en deux faits insignifiants : ses longs démêlés avec Thysdrus à propos du temple de Minerve qui limitait les deux territoires[5], et une démonstration hostile de sa population contre Vespasien, alors proconsul d'Afrique : le futur empereur fut accueilli par une pluie de raves[6]. Grâce à la merveilleuse fertilité de son territoire, qui lui avait valu le surnom de *Frugifera*, Hadrumète ne tarda pas à prendre, immédiatement après Carthage, le rang qu'Utique avait d'abord occupé : elle devint la seconde ville de la province et, plus tard, la métropole de la Byzacène[7]. Ses remparts furent relevés par Justinien[8], bienfait qu'elle reconnut en prenant le nom de *Justinianopolis*[9]. Ses évêques figurent aux conciles de 258 (*ab Adrumeto*, ἀπὸ Ἀδραμέντου), 348, 393, 411 et 451 (Ἀδραμυτινῶν πόλεως).

Nous n'avons à relever, dans le voisinage immédiat de ce

---

[1] Appien, *Panic.*, c. xciv; *C. I. L.*, t. 1, 200, p. 84.

[2] *De bello Afr.*, c. xcvii.

[3] Pline, V, iv, 3.

[4] Grut., p. 362; *C. I. L.*, t. VIII, 62. Kellermann, *Vig.*, n° 12. *It. Ant.*, p. 58. Ptol., IV, iii, 9.

[5] Frontin (*Gromatici*, ed. Lachmann, p. 57) : « Nam et de aedibus sacris quae constitutae sunt in agris similiter oriuntur quaestiones : sicut in Africa inter Adrumetinos et Thysdritanos de aede Minervae, de qua jam multis annis litigant. »

[6] Suet., *Vesp.*, c. iv. [Cf. Tissot, *Fastes de la province d'Afrique*, p. 66. — S. R.]

[7] Procope, *De aedif.*, VI, vi : Μεγάλη καὶ πολυάνθρωπος ἐκ παλαιοῦ οὖσα καὶ δι' αὐτὸ τὸ τῆς μητροπόλεως ὄνομά τε καὶ ἀξίωμα κληρωσαμένη ἐν ταύτῃ τῇ χώρᾳ, ἐπεὶ πρώτην αὐτὴν μεγέθει τε καὶ τῇ ἄλλῃ εὐδαιμονίᾳ ξυμβαίνει εἶναι.

[8] Procope, *ibid*.

[9] Procope, *ib*. — Hardouin, *Acta conc.*, III, p. 9 et 46 : « Episcopus civitatis Adrumetinae, quae etiam Justinianopolis dicitur. »

second segment de la voie du littoral, qu'une seule position : celle de la petite ville d'*Uppenna*, dont le nom figure, avec le titre de colonie, dans la dédicace suivante, trouvée en 1882, par M. Cagnat, dans les ruines d'Henchir Chigarnia[1] :

```
IMP · CAES · FLAVIO
       VALERIO
CONSTANTINO · PIO
FEL · INVICTO · AVG ·
PONTIFICI · MAX ·
TRIB · POTESTATE
COL · VPPENNA · DEVOTA
NVMINI MAIESTATIQ
         EIVS
       DD      PP
```

Uppenna est évidemment l'*ecclesia Oppennensis* mentionnée dans la liste des évêchés de la Byzacène, mais dont l'emplacement était inconnu.

Henchir Chigarnia, auquel les indigènes donnent aussi le nom d'Henchir Fragha, est situé à 6 kilomètres environ sur la droite de la voie romaine, à la pointe méridionale des marais de Sidi-Khalifa et à peu près à égale distance de Bir el-Bouita (*Pudput*) et d'Hergla (*Horrea Caelia*).

MENEPHESE.

Parmi les localités de la Byzacène nommées par Procope et dont on a renoncé, jusqu'ici, à déterminer l'emplacement, il en est une, *Menephese*, dont nous croyons avoir retrouvé la position. Menephese était certainement située dans le voisinage d'Hadrumète, probablement à moins d'une journée, d'après un indice que fournit la *Johannide*. C'est là qu'au

---

[1] [*Ephemeris epigraphica*, V, p. 269, n° 254; Cagnat, *Revue critique*, 1882, p. 240; *Comptes rendus de l'Académie*, 1882, p. 12; *Archives des Missions*, 1885, p. 19. — S. R.]

début de la campagne de 545 contre les Maures, Jean, fils de Sisinniolus, avait donné rendez-vous à Himerius, commandant militaire de la Byzacène et résidant en cette qualité à Hadrumète. Les deux troupes réunies devaient surprendre les forces combinées de Stotzas et d'Antalas, campées dans les environs[1]. Un hasard en décida autrement. L'ennemi ayant occupé Menephese, Jean assigna un autre rendez-vous à Himerius; mais le messager s'égara en route, et le gouverneur d'Hadrumète, obéissant aux seuls ordres qu'il eût reçus, alla se faire battre par les Maures. La prise d'Hadrumète suivit de près : prisonnier des Maures, Himerius ne racheta sa vie qu'en se prêtant à une ruse qui fit tomber aux mains des ennemis la place dont le commandement lui avait été confié[2].

La *Johannide* ajoute quelques détails sur la topographie de Menephese. La place était située dans de vastes plaines :

> Ergo per extensos fugiens compellitur agros[3].

Ces plaines étaient des pâturages, des prés arrosés :

> ..... Sequitur pavidas per prata catervas
> Antalas Stutiasque furens[4]...

Himerius, qui est sorti d'Hadrumète dans la nuit, arrive à Menephese avant le lever du jour :

> .... Tacita velocius aura
> Egreditur dux ipse simul, noctisque per umbram
> Currit eques sociis festinus jungere signa,
> Seque putant tardasse viri. Tunc ante cucurrit
> Impius ille Sinon, gentesque dolosque paravit.
> Extulit ignivagos gelidis ut moestus ab undis
> Phoebus equos, patuere doli... [5].

[1] Procope, *B. Vand.*, II, xxiii.
[2] Procope, *B. Vand.*, II, xxiii. Corippus, *Johann.*, IV, 64.
[3] *Johann.*, IV, 38.
[4] *Ibid.*, IV, 29-30.
[5] *Ibid.*, IV, 19-25.

Ces différentes indications nous amènent à placer Menephese à Henchir Djemmich, à 18 milles au nord-ouest de Soussa, dans les vastes plaines qui séparent le lac de Kelbia de la Sebkhat el-Djeriba. Arrosées par les nombreux canaux qui déversent dans la sebkha le trop-plein du lac, ces plaines sont de véritables prés, inondés en hiver, mais toujours verts le reste de l'année, grâce à l'humidité qu'entretiennent les eaux souterraines. Le nom même qu'a reçu cet ensemble de canaux, *El-Menfedh*, المنفذ, que l'on prononce et que la carte au 200000ᵉ écrit *El-Menfez*, nous paraît reproduire la dénomination antique. *Menephese* a pu être formé du radical נפש *nephes* « expandit », et désigner très exactement le vaste estuaire par lequel s'épanchent les eaux du lac Kelbia. Le mot arabe منفذ « passage, endroit par lequel on pénètre », a, il est vrai, un sens un peu différent ; mais nous ne voulons pas dire que *Menfedh* soit le synonyme de Menephese : c'est à titre d'homonyme ayant une signification applicable à la topographie locale qu'il aura remplacé le mot punique à l'époque arabe.

CEBAR
(*Drâa Bellouân*).

Le poste fortifié de *Cebar*, situé sur une hauteur qui dominait la plaine de Menephese, et dans lequel se réfugièrent quelques cavaliers échappés au désastre d'Himerius, est probablement la pointe nord du Drâa Bellouân, massif d'une centaine de mètres d'altitude qui limite la partie méridionale du Bahirt el-Menfedh. La *Johannide* est le seul texte antique qui nomme cette localité [1]. Procope dit seulement que cinquante cavaliers, commandés par un officier du nom de Severianus, gagnèrent au galop une colline que couronnait un poste en assez mauvais état de défense [2].

---

[1] Coripp., *Johann.*, IV, 41 :

Ardua castra gerit campis Cebar addita apertis.
Huc miseranda manus frenos deflexit equorum ;
Cum miseris miles tenuit castella tribunis.

[2] Procope, *B. Vand.*, IV, xxiii : Ἦν δέ τις ἐν τούτῳ τῷ Ῥωμαίων στρατῷ νεανίας Σεβηριανός...καταλόγου ἱππικοῦ ἄρχων· ὃς δὴ μόνος ξὺν τοῖς ἀμφ' αὐτὸν στρατιώ-

Les ruines de l'*Aphrodisium* de Ptolémée ont gardé leur nom antique sous la forme *Fradiz*[1]. Elles sont situées à six kilomètres et demi à l'est-sud-ouest d'Henchir Selloum. On y remarque notamment une porte monumentale dont les pieds-droits sont ornés d'une colonne engagée[2].

APHRODISIUM
(*Fradiz*).

[Dans l'axe de la porte triomphale, M. Cagnat a signalé un édifice dont les chapiteaux sont presque identiques à ceux de la porte et qui paraît avoir été relié à celle-ci par une colonnade. Sur la colline qui domine la ville à l'est, M. Guérin avait décrit une enceinte rectangulaire, construite en grands blocs parfaitement appareillés, où il inclinait à voir les restes d'un temple d'Aphrodite[3]; mais M. Cagnat, qui a pu y exécuter quelques fouilles[4], préfère se ranger à l'opinion de Pellissier[5], qui voyait là les ruines d'une forteresse. Il est bien possible que le temple d'Aphrodite, bouleversé à l'époque chrétienne, ait été converti en *kasr* par les Byzantins, comme tant d'autres monuments romains en Tunisie. Les autres constructions antiques de Fradiz sont une basilique et un amphithéâtre mesurant trente-huit pas de largeur.

Toute la région voisine de Fradiz, qui forme aujourd'hui l'une des parties les plus fertiles de l'Enfida, est parsemée de petites ruines qui n'ont pas encore été identifiées.]

ταις, πεντήκοντα οὖσι, τοῖς πολεμίοις εἰς χεῖρας ἦλθε· καὶ χρόνον μὲν ἀντεῖχόν τινα, ἔπειτα δὲ... ἐς λόφον ἀνέδραμον ἐνταῦθά πη ὄντα, οὗ δὴ φρούριον οὐκ ἀσφαλὲς ἦν.

[1] [Voir Cagnat, *Explorations épigraphiques et archéologiques en Tunisie*, fasc. II, 1884, p. 13. *Archives des Missions*, 1885, p. 13 et suiv. — Guérin, *Voyage archéologique*, t. II, p. 311 et suiv. — Les ruines de Fradiz s'appellent aussi Henchir Sidi-Khalifa, du nom d'une koubba voisine construite il y a un siècle environ. — S. R.]

[2] [Voir la photographie publiée dans les *Archives des Missions*, 1885, pl. XIII. Il y a ici une lacune dans le manuscrit de M. Tissot, qui s'est contenté d'écrire au crayon dans la marge : *à compléter*. Nous plaçons entre crochets les alinéas que nous avons ajoutés. — S. R.]

[3] [Guérin, *Voyage archéologique*, II, p. 312.]

[4] [*Archives des Missions*, 1885, p. 15.]

[5] [*Description de la régence de Tunis*, p. 244.]

D'HADRUMÈTE À USILLA.

TABLE DE PEUTINGER.

STATIONS.	Distances indiquées.	Chiffres corrigés.	SYNONYMIES.
Hadrito..........................			Soussa.
Ruspina..........................	XXV		Monastir.
Lepteminvs.......................			Lemta.
Tapsvm...........................	VIII	XII	Ras Dimas.
Svllecti.........................	XV		Selekta.
	XII		
Aholla...........................			
Rvspe............................			
Vsilla...........................	VI		Inchilla.

ITINÉRAIRE D'ANTONIN.

STATIONS.	Distances indiquées.	Chiffres corrigés.	SYNONYMIES.
Hadrvmetvm colonia...............			Soussa.
Lepti minvs civitate.............	XVIII		Lemta.
Tvsdro colonia...................	XXXIII		El-Djem.
Vsvla civitas....................	XXXII		Inchilla.

D'Hadrumète à Usilla, comme de Pudput à Hadrumète, les deux routiers antiques présentent des tracés différents. La Table de Peutinger suit exactement les sinuosités du littoral; l'Itinéraire procède par journées de marche et va directement d'Hadrumète à Leptis, en laissant Ruspina sur la gauche.

A partir de Leptis, il abandonne le littoral et ne le rejoint qu'à Usilla.

Ruspina, le Ῥούσπινον de Strabon, la Ῥουσπίνα de Ptolémée, se retrouve incontestablement à Monastir, située à l'extrémité du cap auquel faisait allusion le nom phénicien de la cité antique רש מנה « caput anguli? ». On ne compte que 15 milles entre Soussa et Monastir, et les 25 milles indiqués par la Table entre Hadrumète et Ruspina sont une de ces erreurs de transcription si fréquentes dans la copie du moine de Colmar. Le Stadiasme ne nomme pas Ruspina, mais il désigne clairement le promontoire qui lui avait donné son nom et au delà duquel, ajoute le portulan grec, on découvrait Hadrumète [1]. On aperçoit effectivement Soussa dès qu'on a doublé, en venant de l'est, le cap de Monastir. Mais la distance entre cette pointe et Soussa n'est pas de 40 stades, comme le dit le Stadiasme : elle est de 96 stades (12 milles romains), auxquels il faut ajouter les 24 stades qui séparent le mouillage de Ruspina du promontoire. La distance totale de Ruspina à Hadrumète est donc de 120 stades [2].

Monastir, ainsi que l'ont supposé Castiglione et Barth, doit son nom à un de ces grands monastères qui se fondèrent sur plusieurs points de la côte à l'époque chrétienne, et que la

RUSPINA (*Monastir*).

---

[1] *Stadiasmus maris magni*, § 115 : Ἀπὸ Θερμῶν πλεύσας σταδίους μʹ ὄψει ἀκρωτήριον ἐπʹ αὐτῷ ἔχον δύο νησία ἐσκολοπισμένα· ὕφορμός ἐστιν. — § 116 : Ἀπὸ τοῦ ἀκρωτηρίου ὄψει Ἀδραμύτην τὴν πόλιν ἀπὸ σταδίων μʹ.

[2] C. Müller accepte à tort le chiffre donné par le Stadiasme. En y ajoutant les 100 stades comptés entre Leptis et Ruspina, il obtient un total de 140 stades, dans lequel il retrouve les 18 milles indiqués par l'Itinéraire entre Leptis et Hadrumète : « Igitur a Lepti sunt stadia CXL, concinente Itinerario, qui millia XVIII computat. » Müller aurait dû remarquer que les 18 milles de l'Itinéraire, comptés en ligne droite d'Hadrumète à Leptis, forment la base d'un triangle dont le littoral décrit les deux autres côtés. La distance de Leptis à Hadrumète, en longeant la côte, est de 240 stades.

conquête musulmane transforma en *mahres* ou *ribat*, établissements tout à la fois religieux et militaires. La description que donne El-Bekri du ribat de Monastir prouve que cette solide forteresse, fondée en l'année 180 de l'hégire par Hertma ibn Aïen, conservait encore, au xie siècle de notre ère, ce double caractère de citadelle et de couvent. La date même qu'El-Bekri assigne à sa fondation prouve que Barth s'est trompé en supposant que le Μοναστήριον de Ruspina avait conservé, plusieurs siècles après la conquête arabe, sa population de moines chrétiens[1].

Barth se trompe encore lorsqu'il avance dans la même phrase que Monastir n'a succédé à aucun centre antique. Le texte d'El-Bekri fait allusion à un bourg assez considérable qui s'étendait au sud-est du ribat et occupait par conséquent l'emplacement de Ruspina. La position de celle-ci est d'ailleurs déterminée par la distance de 2 milles qui séparait, d'après le livre sur la Guerre d'Afrique, la ville phénicienne de son port[2]. Monastir se trouve dans les mêmes conditions : le mouillage est en face de la ville, à l'est des deux îlots, mais le port proprement dit est à trois kilomètres plus au sud, au delà de la pointe de Sidi-Mansour. Il s'ouvre au sud, et une langue de terre détachée de la côte le défend contre les vents d'est et de nord-est, si redoutés dans cette partie de la Méditerranée. L'analyse de la campagne de César, à laquelle nous avons consacré une étude spéciale[3], achève de prouver que Ruspina ne peut pas avoir d'autre équivalent que Monastir.

---

[1] *Wanderungen*, etc., p. 159 : « Es scheint also dass auf diesem Vorgebirge, wo wohl ein offner Ort, aber keine städtische Gemeinde im Alterthum gewesen zu sein scheint, das Christenthum sich inmitten der Bekenner des Islam wenigstens bis ins 12. Jahrhundert erhielt. »

[2] *De bello Africano*, c. ix : « Ex oppido Ruspina egressus [Caesar], proficiscitur ad portum, qui abest ab oppido milia passuum ii. »

[3] [Tissot, *La campagne de César en Afrique*, extrait des *Mémoires de l'Académie des inscriptions*, 1883.]

Il existe sur l'îlot de la Tonnara un certain nombre de citernes creusées dans le rocher qui paraissent remonter à l'époque punique. Au nord-est, du côté de la pleine mer, on remarque un bassin rectangulaire, de 8 mètres de côté, également taillé dans le roc, auquel les habitants du pays donnent le nom de *Hammam bent es-Soult'an* « les bains de la fille du roi ». Ce bassin, dans lequel la mer pénètre par deux coupures, est entouré d'un banc ménagé dans le rocher, et se termine au sud-ouest par une sorte de réduit semi-circulaire et voûté, également entouré d'un banc.

L'îlot de la Quarantaine, la *Djezirat el-Oustania* des indigènes, présente des traces plus considérables encore du travail humain. Le rocher est percé d'une cinquantaine de cellules carrées, hautes de 2 mètres environ et mesurant pour la plupart 2^m,5o sur chaque côté. Quelques-unes de ces cellules sont isolées; d'autres communiquent entre elles. Toutes présentent dans leurs parois latérales des niches qui semblent indiquer que ces grottes artificielles ont été habitées. Barth suppose qu'elles ont été utilisées pour la pêche du thon. Il leur attribue d'ailleurs une origine fort ancienne, et elles paraissent effectivement dater de l'époque punique.

Il existe également sur le continent, en face de *Djezirat el-Oustania* et au-dessus de Bordj Sidi-Mansour, un souterrain creusé dans le roc et appelé par les indigènes *El-Kahlia*. Long de 35 mètres, large de 2^m,5o et haut de 2 mètres, il aboutit à la mer par une galerie transversale terminée par deux chambres carrées que la tradition locale considère comme des salles de bain.

Entre ce souterrain et la ville de Monastir, au-dessous de la villa de Sidi Osman, j'ai observé un certain nombre de puits antiques creusés dans la plate-forme rocheuse qui domine le rivage.

On remarque un peu plus au nord quelques pierres taillées et des restes de substructions romaines. Monastir et sa kasba,

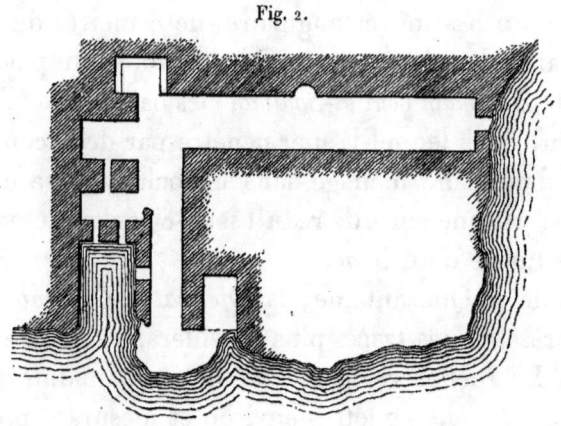

Souterrain d'El-Kahlia, d'après un plan levé par l'archiduc Louis Salvator (*Yacht-Reise in den Syrten*, Prag, 1874).

du reste, sont construites avec les matériaux de la ville antique dont elles occupent l'emplacement.

La Table de Peutinger ne donne pas la distance qui séparait Ruspina de Leptis minor. Elle est de 12 kilomètres. L'Itinéraire indique 18 milles entre Leptiminus et Hadrumète : c'est effectivement ce qu'on compte, en ligne droite, entre Soussa et Lemta[1], dont le nom n'est qu'une corruption de celui de *Leptis*, *Lepti* ou *Lepte*. La première de ces trois formes est la plus ancienne, ou, pour mieux dire, la plus anciennement employée. C'est celle que donnent les portulans grecs[2], Polybe[3], César[4],

---

[1] Édrisi écrit لمطة Lemta. *Lamba*, sur la carte du Dépôt de la guerre, n'est qu'une faute du graveur.

[2] [Λέπτις] ἡ μικρά. Scyl., 110. Λέπτιν τὴν μικράν. *Stadiasmus maris magni*, 113.

[3] I, LXXXVII.

[4] *De bello civili*, II, XXXVIII. *De bello Africano*, c. VI, VII, seq.

Salluste[1], Mela[2], Tite Live[3], Pline[4], Ptolémée[5]. La forme *Lepti* ou *Lepte*, plus rapprochée de l'appellation punique לבח *Lebta*, se lit sur les monnaies frappées avant le règne de Tibère[6]; celles qui datent de ce règne portent la légende Λέπτις[7]. Elle reparaît plus tard, soit isolée, soit combinée avec le surnom : la Table de Peutinger écrit *Lepte minus*; l'Itinéraire d'Antonin, *Leptiminus;* l'Anonyme de Ravenne, *Lepte minus*[8], et *Leptis minus*[9] pour *Leptiminus*, que donne Guido. On trouve dans le Code Justinien *altera Lepte*[10]. L'ethnique *Leptiminenses* remplace de même la forme ancienne *Leptitani* que donnent l'auteur du livre sur la Guerre d'Afrique[11] et Tacite[12].

D'origine phénicienne, comme son nom l'indique et comme Salluste le constate[13], Leptis ne paraît pas avoir eu, à l'époque punique, l'importance qu'on lui a attribuée en se fondant sur une fausse interprétation d'un passage de Tite Live, ou plutôt sur une erreur de cet historien. En parlant des districts enlevés par Masinissa aux Carthaginois en 193, Tite Live dit : « Emporia vocant eam regionem : ora est minoris Syrtis, et agri uberis; una civitas ejus Leptis : ea singula in dies talenta vectigal Carthaginiensibus dedit[14]. » La phrase *ora est minoris Syrtis* a fait tout naturellement supposer qu'il s'agissait de Leptis minor, voisine de la petite Syrte. C'est en réalité de la grande Leptis que Tite Live a voulu parler, et l'on aurait évité cette méprise si l'on avait remarqué :

LEPTIS
ou
LEPTIMINUS
(*Lemta*).

[1] *De bello Jug.*, c. XIX.
[2] I, VII, 2.
[3] XXXIV, LXII, 3. Il s'agit de la grande Leptis.
[4] *Hist. nat.*, V, IV, 3.
[5] Λέπτις μικρά. IV, III.
[6] Müller, t. II, 50.
[7] *Id. ibid.*
[8] III, V.
[9] V, V.
[10] I, XXVII, t. 2.
[11] C. XCVII.
[12] *Hist.*, IV, L.
[13] *De bello Jugurthino*, c. XIX : « Postea Phoenices... Hipponem, Hadrumetum, Leptim aliasque urbes in ora marituma condidere. »
[14] XXXIV, LXII.

1° Que le territoire des Empories, où Tite Live place la Leptis dont il s'agit, commençait, à l'ouest, à la ville de Thenae, située au sud-est de Leptis minor;

2° Que la Leptis dont parle Tite Live faisait partie des districts envahis par Masinissa, et ne pouvait être par conséquent que Leptis magna, Masinissa n'ayant pas dépassé Thenae du côté de l'ouest;

3° Que Tite Live lui-même désigne clairement Leptis magna, en disant que c'était la seule ville de cette région : *Una civitas ejus Leptis*. Leptis magna était effectivement le seul centre de population un peu important de la partie orientale des Empories : l'assertion de Tite Live ne serait pas vraie s'il s'agissait du littoral très peuplé de la petite Syrte.

Nous croyons donc qu'on a prêté à tort à Leptis minor cette prospérité qui lui permettait de payer à Carthage un tribut quotidien d'un talent, et notre opinion se trouve d'ailleurs confirmée par le passage du Stadiasme où il est dit que cette ville est peu considérable : πόλις μικρά ἐστι [1]. Elle n'en était pas moins soigneusement fortifiée, comme tous les comptoirs puniques. M. Daux y a retrouvé, comme à Thysdrus, à Hadrumète et à Thapsus, les vestiges d'une triple enceinte semblable à celle de Carthage, et l'auteur du livre sur la Guerre d'Afrique constate que la puissance de ses fortifications suppléait à la faiblesse de sa position [2]. Comme sa voisine Hadrumète, Leptis se prononça pour Rome lors de la dernière guerre punique, et conserva son autonomie dans l'organisation de l'année 146 [3]. L'auteur du livre sur la Guerre d'Afrique la représente comme *immunis* [4]. Elle semble avoir encore conservé, au temps de Jus-

---

[1] *Stadiasm.*, § 113.
[2] *De bello Afric.*, c. xxix : « Ab defensoribus, propter egregiam munitionem oppidi, facile et sine periculo defendebatur. »
[3] App., *Pun.*, xcIV. — *C. I. L.*, t. I, 200.
[4] *De bello Africano*, c. xii.

tinien, une certaine importance militaire : la loi que nous avons citée en fait, avec Capsa, une des deux résidences du *dux Byzacenae*. Ses évêques figurent au concile de 258 (*a Leptiminus*) et à la conférence de 411 (*Leptiminensis*), ainsi que dans la Notice de l'année 482 et les actes de 649 (*Leptis*).

Mal étudiées jusqu'ici, les ruines de Leptis sont beaucoup plus importantes que ne l'ont supposé Shaw et Barth. Elles s'étendent sur un espace dont la circonférence peut être évaluée à peu près à quatre kilomètres, non pas à une certaine distance de la mer, comme l'a affirmé Barth, mais sur le littoral même, au nord-ouest de Lemta. Le rivage décrit, à cette hauteur, une courbe semi-circulaire ouverte à l'orient : la ligne encore reconnaissable de l'enceinte décrit une courbe concentrique. On distingue les ruines d'un quai, et les indigènes assurent qu'on aperçoit sous les eaux, lorsque la mer est calme, les débris d'une longue jetée qui défendait le port contre les vents de nord-est. Peut-être cette prétendue jetée, que je n'ai pas pu reconnaître lors de mon passage à Lemta, n'est-elle que les bas-fonds dont parle le Stadiasme et qui rendaient l'accès du port si difficile[1].

Le mouillage, par contre, était un des plus vastes et des plus sûrs de la côte.

Les seuls vestiges reconnaissables qu'offre l'emplacement de Leptis sont ceux d'un amphithéâtre de 340 pas de circonférence; l'arène en mesure 50 sur 32. Non loin de là, sur un monticule, les débris d'une construction massive et puissante, appelés par les indigènes *El-Kasr* «le château», représentent certainement la citadelle punique[2].

---

[1] § 113 : Καταφανῆ ἔχει βράχη· καὶ ἡ καταγωγή ἐστιν ἐπὶ τῇ πόλει δύσκολος πάνυ.

[2] [La nécropole chrétienne de Leptis a fourni quelques tombes en mosaïque avec des inscriptions intéressantes; cf. *Comptes*

Thapsus
(*Henchir ed-Dimas*).

Le chiffre VIII inscrit par la Table entre Leptis et Thapsus est une faute de copiste. On compte 12 milles entre Lemta et les ruines de Thapsus, qui portent aujourd'hui le nom d'*Ed-Dimas*. Elles couvrent l'extrémité de la grande pointe que forme le littoral en cessant de courir du nord-ouest au sud-est pour prendre la direction du sud. Labourées depuis des siècles par la charrue berbère, elles n'offrent plus d'autres débris apparents que ceux d'un castrum, assis sur le point culminant de la ville antique, de belles citernes, d'un môle et d'un amphithéâtre.

Amphithéâtre.

Situé en dehors et au sud de la ville à 300 mètres environ des fortifications, l'amphithéâtre mesure 80 mètres de longueur sur son grand axe, 58 sur le petit. Il était surmonté d'une galerie couverte de quatre mètres de largeur et flanqué de contreforts.

Citernes.

Les citernes publiques, situées à 500 mètres au sud-sud-est de l'amphithéâtre, comprennent 26 réservoirs, mesurant $75^m,20$ de long sur $108^m,40$ de large et offrant par conséquent une superficie de 8,150 mètres carrés. Le vingt-sixième réservoir, large de $2^m,60$ seulement, a dû être construit plus tard. Le dessus des citernes est une plate-forme parfaitement unie et entourée d'un garde-fou à hauteur d'appui. Les réservoirs sont voûtés en blocage, sans voussoirs. Les murs, formés d'assises régulières, n'ont pas l'épaisseur des constructions phéniciennes, et le ciment, bien que très solide, est également moins épais. Tout porte donc à croire que les citernes de Thapsus sont une œuvre des premiers temps de la domination romaine et qu'elles marquent une époque de transition entre les deux architectures.

Murs d'enceinte.

Il ne reste que quelques vestiges des murs d'enceinte. Con-

---

rendus de l'*Académie des inscriptions*, 1883, p. 189; Cagnat et Saladin, *Notes d'archéologie tunisienne* (extr. du *Bulletin monumental*), 1884, p. 6 et suiv.; *Archives des Missions*, t. XII, p. 111; *Ephemeris epigraphica*, t. V, p. 518. — S. R.]

struits à l'époque phénicienne en fort blocage, ils paraissent avoir été réparés à l'époque romaine et avoir reçu un parement en pierres plates par assises régulières. Plus tard, à l'époque byzantine, la vieille enceinte fut doublée par un mur de soutènement, qui, mal lié aux anciennes murailles, s'est écroulé sur plusieurs points.

On retrouve quelques traces des deux enceintes, mais le vallum extérieur n'a pas laissé de vestiges. L'enceinte intérieure, épaisse de 6 mètres du côté de l'ouest[1], n'a que 4 mètres sur les trois autres côtés. Partout, sous les fondations, on retrouve ces rangées de citernes dont nous avons parlé à propos des fortifications de Carthage et d'Utique. L'enceinte extérieure offre encore une portion bien conservée, de 171 mètres de développement, qui permet de se rendre parfaitement compte de ses dispositions. Elle se compose d'un terre-plein damé, enfermé entre deux murs, présentant une plongée vers le dehors et desservi par une galerie munie d'un parapet du côté de la place.

Fig. 3.

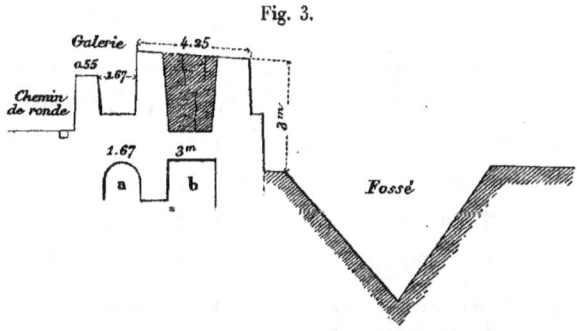

Au-dessous de ces défenses existe une série continue de citernes, a, a, b, b, construites en blocage, d'origine phénicienne par conséquent, mais réparées sur quelques points à l'époque

[1] Il existe encore, au sud-ouest de la ville, tout un pan de cette enceinte mesurant de 10 à 11 mètres de longueur.

romaine. Sous le massif même du terre-plein, les citernes sont carrées et mesurent 3 mètres chacune. Elles s'ouvrent sur une autre série de réservoirs, placés sous la galerie et de même largeur que cette galerie, mais d'une longueur variable. En général, cependant, cette longueur est de 9 mètres.

Fig. 4.

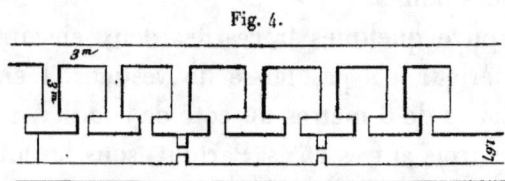

La citadelle.

La citadelle paraît avoir été située au sud, près du rivage de la mer. Ses débris appartiennent à l'époque romaine[1], mais il est possible qu'un monticule qu'on y remarque, et qui affecte sensiblement la forme rectangulaire, recouvre les ruines de la forteresse phénicienne. Le terrain qui s'étend au nord affecte une forme rectangulaire; très bas, parfaitement nivelé, sablonneux et couvert d'ajoncs, il représente très probablement le port primitif de la colonie phénicienne.

Le port marchand de Thapsus n'était probablement pas autre chose que le chenal qui s'étend entre la terre ferme et la longue île sablonneuse et basse, accompagnée d'un îlot, qu'on remarque au nord du cap Dimas. Largement ouvert du côté du nord-ouest, ce chenal se rétrécit graduellement et n'offre plus qu'un étroit passage, à l'est, entre l'île et le continent.

[1] Daux y a relevé les ruines d'un temple de 65 mètres de longueur sur 40 de largeur, orné de mosaïques et de colonnes de granit gris. Les pans de murs écroulés n'ont pas moins de 4 mètres d'épaisseur, d'un parement à l'autre. D'énormes blocs de voûtes jonchent le sol. Le long de la face est on remarque les restes d'un pavage nivelé, s'étendant dans toute la longueur de l'édifice sur une largeur de 20 à 25 mètres. A l'est du temple, de vastes bâtiments entourent quatre cours très reconnaissables, bien qu'encombrées de débris de toute nature. Une double série de petites citernes marque très probablement le tracé de l'enceinte de la forteresse.

Le port militaire, ou cothon, qui n'est plus indiqué aujourd'hui, comme nous l'avons dit, que par une dépression de terrain[1], était protégé contre les vents du nord et du nord-est par une puissante jetée de 259 mètres de longueur, dont l'étendue primitive, d'après Daux, aurait été de 413 mètres. Sa largeur actuelle est encore de $10^m,75$; elle devait être, dans l'origine, de 12 mètres au moins.

La hauteur de la jetée au-dessus des eaux est de $2^m,45$ et devait également être plus considérable.

Construit sur pilotis de cèdre, en blocage très dense, le môle de Thapsus présente une disposition remarquable. « A $1^m,25$ au-dessus du niveau de la mer calme, on observe une série de cavités rectangulaires, régulièrement espacées entre elles, horizontalement, de $1^m,44$. Une seconde série de cavités semblables existe à $1^m,20$ au-dessus de la première et forme avec celle-ci une sorte de damier. Chaque cavité, large de $0^m,25$ sur $0^m,17$, est l'orifice d'un canal qui traverse le môle de part en part perpendiculairement à son axe. Dans l'épaisseur du massif, un canal longitudinal de mêmes dimensions fait communiquer entre eux les canaux latéraux de chaque étage. Par cette disposition ingénieuse, l'effort des vagues se trouvait divisé et brisé. La série supérieure est presque au niveau actuel du môle, indice certain qu'il était plus élevé. Je suppose, ajoute Daux, qu'il y avait trois séries d'évents superposés, comme à Hadrumète, plus leur couronnement : en tout $4^m,60$, non compris le dallage du dessus[2]. »

Le cothon.

[1] C'est évidemment à ce port que Shaw fait allusion lorsque, en parlant des ruines de Thapsus, beaucoup plus considérables à l'époque où il les visitait, il dit : « Il y reste encore une grande partie du cothon, lequel était bâti dans des espèces de châssis, comme les murs de Tlemcen. Les matières dont il est bâti sont de petites pierres et du mortier, si bien liés et cimentés qu'un rocher ne saurait être plus dur et plus solide. »

[2] Daux, *Les Emporia phén.*, p. 169 et suiv.

La passe qui sépare l'île du continent était également protégée, au nord, par un môle dont il ne reste que quelques vestiges.

L'origine phénicienne de Thapsus est attestée par son nom, תפסח *Tapsah* « transitus », qui faisait sans doute allusion à sa position topographique, c'est-à-dire au passage qui conduisait de la pointe qu'elle occupait dans l'île dont nous avons parlé. Pour la topographie détaillée de ses environs, nous renvoyons le lecteur à l'étude dans laquelle nous avons analysé la campagne de César en Afrique.

ALIPOTA
(*Mehdia?*).

A dix milles romains au sud du cap Dimas, le littoral projette, de l'ouest à l'est, une presqu'île rocheuse, longue de quinze cents mètres environ, large de trois à quatre cents, dont la pointe porte, sur nos cartes, le nom de *cap Africa*. C'est sur la partie occidentale de cette presqu'île que s'élève la ville arabe de Mehdia, fondée l'an 300 de l'hégire (912-913) par Obeïd Allah el-Mehdi, qui lui donna son nom. Les ruines imposantes de ses remparts, démantelés par Charles Quint, et la porte monumentale, encadrée de deux tours octogones, qui défend l'entrée de la presqu'île, témoigneraient de la splendeur passée de Mehdia, alors même qu'elle ne serait pas attestée par les auteurs arabes[1]. Mais à côté de ces ruines, dont l'âge nous est connu, d'autres vestiges prouvent que cette position, si importante au point de vue militaire et maritime, a été utilisée bien avant l'époque où Mehdia devint la résidence favorite des Fatimites.

Le port intérieur dont parle El-Bekri est incontestablement

---

[1] « Sa rade, au dire d'El-Bekri, était fréquentée par les navires d'Alexandrie, de Syrie, de la Sicile, de l'Espagne et d'autres pays. L'arsenal pouvait contenir plus de deux cents bâtiments; un port intérieur, creusé dans le roc, était assez vaste pour en recevoir trente. » (*Description de l'Afrique septentr.*, p. 73-74.)

une œuvre phénicienne. Situé sur le rivage méridional de la presqu'île, à l'est-sud-est de la kasba, il forme un parallélogramme de 70 mètres de long sur 50 mètres de large, et communique avec la mer par une coupure aujourd'hui complètement ensablée. C'est, dans toute la force du terme, un *cothon* semblable à ceux de Carthage et d'Hadrumète, mais d'autant plus remarquable qu'il est taillé dans le roc vif.

Un peu à l'est, à la pointe même de la presqu'île, on remarque un certain nombre de sépultures creusées dans le rocher, et dont la forme comme l'orientation rappellent les tombes liby-phéniciennes du plateau de Tanger. On en trouve de toutes semblables sur le col rocheux qu'on traverse en allant de Mehdia à Bordj el-Arif.

Toute la partie de la presqu'île comprise entre la kasba, qui en occupe le point central et culminant, et le cap Africa présente des traces de substructions antiques. Les colonnes de marbre qui forment la base des deux tours arabes placées de chaque côté de l'entrée du port intérieur datent de l'époque romaine, ainsi que la vaste et profonde citerne décrite par Barth.

Le faubourg de Zouïla, situé au sud-ouest de Mehdia et presque contigu à la ville, est bâti lui-même sur les ruines d'un centre de population antique[1].

Quelle est la ville antique à laquelle ont succédé tout à la fois Mehdia et Zouïla?

Shaw s'est fondé sur un passage de Tite Live pour retrouver au cap Africa la villa d'où Annibal s'embarqua, après s'être enfui de Carthage[2]. Il est possible, bien que les indications de

---

[1] Zouïla est déjà cité par El-Bekri comme le plus considérable des faubourgs de Mehdia.

[2] XXXIII, XLVIII : «Postero die mane inter Achollam et Thapsum ad suam turrim pervenit.»

Tite Live soient assez vagues, que la tour d'Hannibal ait été située dans le voisinage de Mehdia; mais ce n'était certainement pas dans la presqu'île déjà occupée par la cité punique dont on retrouve le port et les principales substructions. Cette cité anonyme est-elle l'*Alipota* que le Stadiasme indique à 120 stades au nord d'Acholla? Si l'on admet cette correspondance, il faut admettre aussi l'inexactitude du chiffre donné par le portulan grec, car la distance qui sépare Mehdia d'El-Alia (Acholla) est de près de 37 kilomètres. Aussi Ch. Müller se prononce-t-il pour l'identité d'Alipota, dont il corrige le nom pour en faire *Salipota*, et de Sullectum, située à 10′ 20″ au sud de Mehdia, à 9′ 40″ par conséquent au nord d'El-Alia. Nous pensons, avec Wilmanns, que cette dernière synonymie est inadmissible, et nous inclinons à retrouver Alipota à Mehdia.

Castiglione et Barth ont vu dans Zouïla la Zella que Strabon place dans le voisinage de Thapsus[1]. L'analogie des deux noms donne une certaine vraisemblance à cette conjecture. Nous n'osons cependant pas nous y rallier sans réserve, et il nous semble plus prudent d'attendre le moment où un document épigraphique viendra suppléer au silence et aux données incomplètes des textes[2].

---

[1] XVII, III, 12 : Πλησίον δὲ καὶ Ζέλλα καὶ Ἀχόλλα, ἐλεύθεραι πόλεις.

[2] [Plusieurs voyageurs, entre autres M. Guérin (*Voyage archéologique*, I, p. 142), ont signalé vers la pointe du promontoire de Mehdia une nécropole d'aspect singulier, formée d'excavations rectangulaires généralement fort étroites, les unes ayant 2 mètres de long, les autres 1 mètre seulement, d'autres moins encore. «Ce sont, dit M. Guérin, d'anciens sarcophages creusés dans le roc, tombeaux d'hommes ou d'enfants. La plupart ont été fouillés et ont perdu, avec leurs couvercles, les corps qu'ils renfermaient. Cette nécropole n'est évidemment pas musulmane, et, pour mon compte, j'incline volontiers à la considérer comme très ancienne, peut-être même comme phénicienne, nouvelle preuve, avec le port que je viens de décrire, qu'Obeid Allah el-Mahdi a construit la ville sur l'emplacement d'une cité an-

La correspondance de Sullectum[1] et de Selekta n'est pas douteuse. Les ruines de la ville antique couvrent le promontoire de Ras Djeboura, à 17 milles de Thapsus. Le chiffre xv donné par la Table de Peutinger est donc trop faible.

SULLECTUM (*Selekta*).

Une digue inclinée vers le sud-est et reliant une chaîne de récifs au Ras Djeboura protégeait une petite anse, ouverte au sud, qui formait le port principal de Sullectum. A mille mètres environ plus au sud deux môles défendaient un second bassin dépendant du castrum dont l'enceinte rectangulaire, construite en blocage revêtu de gros blocs, mesure plus de deux cents pas sur chaque face.

On retrouve à peu de distance au sud-ouest de Selekta le ravin dans lequel Moraïde, un des officiers de Bélisaire, s'embusqua pendant la nuit pour pouvoir surprendre la ville au point du jour[2].

Le chiffre xii indiqué par la Table entre Sullectum et Aholla (*Acholla*) est trop fort : il faut lire vii; on ne compte, en effet, que de six à sept milles entre Selekta et El-Alia, équivalent certain d'Acholla. Cette synonymie est établie par l'in-

ACHOLLA (*El-Alia*).

tique ou de l'un des emporia ou comptoirs fondés par les Phéniciens sur cette côte. » Au mois de mai 1884, M. Paul Melon a découvert, aux environs de Mehdia, une seconde nécropole, qui s'étend parallèlement à la mer sur une longueur de 5 à 6 kilomètres. (Berger, *Revue archéologique*, 1884, t. II, p. 167.) Elle se compose d'une série de chambres dont le type, suivant une observation de M. Renan, rappelle celui des tombes phéniciennes d'Aradus, alors que les sépultures phéniciennes de la côte d'Afrique affectent généralement les dispositions des tombes de Tyr. On y descend par un puits qui donne dans une première chambre, communiquant par une porte dallée avec la chambre funéraire. Celle-ci contient deux lits en pierre, séparés par une ruelle; au fond se trouve une niche dans laquelle était probablement placée une lampe. Ces tombes sont situées au lieu nommé Douira, et sont appelées El-Biout par les Arabes. La colline qui les contient est désignée sous le nom de Djebel el-Aquah. — S. R.]

[1] Procope (*B. Vand.*, I, xv) donne la même forme, Σύλλεκτον. L'ethnique est *Sublectinus* dans la liste des évêchés, *Sullecthinus* dans une inscription d'Ostie (*Corpus inscriptionum Latinarum*, VIII, p. 924).

[2] Procope, *De bello Vand.*, I, xv.

scription bilingue trouvée dans les ruines d'El-Alia[1], et qui donne à la localité antique le nom d'*Achulla*, qu'on lit également sur les monnaies de l'époque d'Auguste[2]. Le Stadiasme et Ptolémée donnent la forme Ἄχολα. Strabon, Appien, Étienne de Byzance écrivent Ἄχολλα. On trouve dans Appien le génitif Χόλλης au lieu d'Ἀχόλλης[3]. Tite Live emploie également la forme Acholla[4]. Les manuscrits de Pline donnent les deux ethniques *Achollitanum* et *Acolitanum*. On trouve les formes *Achilla* dans le livre sur la Guerre d'Afrique et *Aquilla* dans la loi Thoria[5]. Le nom punique était probablement עגלא *Agulla*, la « ville ronde »[6]. La liste des évêchés donne l'ethnique *Acolitanus*.

Les ruines confuses d'El-Alia couvrent un espace très étendu entre le monticule qui porte le castrum et le rivage, où l'on trouve encore quelques débris d'un quai. Nous savons par Étienne de Byzance qu'Acholla était une colonie de Malte[7], et ce serait à Malte, d'après une tradition locale, que ses habitants se seraient réfugiés lors de l'invasion arabe.

Ruspae
(Sbia).

La Table de Peutinger nomme immédiatement après Acholla *Ruspae*, qu'elle écrit *Ruspe*, mais sans indiquer la distance qui séparait ces deux points. Le chiffre vi qu'elle marque entre Ruspae et la localité suivante, *Usilla*, est certainement faux : on ne trouve aucun gisement de ruines à cette distance de 6 milles au nord d'Inchilla, dont la correspondance avec Usilla n'est pas douteuse. Ptolémée place Ῥοῦσπαι sous la même latitude que le Βραχώδης ἄκρα (Ras Kaboudia) et à 30′ plus à l'ouest. Mais ici, comme dans la plupart des cas, ces données

---

[1] Gesenius, *Monum.*, p. 319.
[2] Müller, t. II, p. 43-44.
[3] *Punic.*, c. xxxiii.
[4] XXXIII, xlviii. Quelques manuscrits donnent *Acylla*.
[5] *C. I. L.*, t. I, 100.
[6] V. Olshausen, *Rhein. Mus.*, nouvelle série, VIII, p. 333.
[7] Ἀχολλα, πόλις Λιβύης ... ἄποικος Μελιταίων.

ne suffisent pas à elles seules pour déterminer la position cherchée; on ne peut guère s'en servir que comme d'un complément de preuves. L'indication la plus utile pour retrouver Ruspae est la signification même du premier des deux éléments dont se compose son nom : elle devait être située très près d'un promontoire. Or le littoral n'offre que deux saillies entre Selekta et Inchilla : l'une est le Ras Kaboudia, l'autre, la pointe déterminée par la chaîne de collines qui aboutit au littoral, à 10 milles plus au sud, près d'Henchir Badria. Ruspae se retrouverait donc, soit aux ruines considérables qui existent dans cette dernière localité, soit à Henchir Sbia, situé sous la même latitude que le Ras Kaboudia et à 4 milles à l'ouest de ce promontoire. Cette seconde synonymie, déjà proposée par Shaw, est celle qui concorde le mieux avec les données de Ptolémée. Ruspae, dans l'ordre d'énumération du géographe alexandrin, est placée entre Acholla et le $Βραχώδης\ ἄκρα$. La position d'Henchir Badria est inconciliable avec cette indication essentielle, tandis que celle de Sbia y satisfait complètement. Peut-être enfin est-il permis de voir dans le nom de Sbia une altération de celui de Ruspae, transformé d'abord en *Rasbia*, puis dépouillé du premier élément.

Sbia est située à 12 milles d'El-Alia (Acholla) et à 26 d'Inchilla; les vi milles indiqués par la Table entre Ruspae et Usilla ne sont donc que la dernière partie du véritable chiffre : xxvi. En admettant pour Ruspae la synonymie moins probable d'Henchir Badria, la distance omise entre Acholla et Ruspae aurait été de 22 milles, et celle de Ruspae à Usilla de 16 milles.

Nous avons identifié le Ras Kaboudia au Caput Vada de Procope. La ville fondée sur ce promontoire par Justinien, et qui reçut le nom de Justinianopolis[1], occupait l'extrémité de

JUSTINIANOPOLIS (*Bordj Khadidja*).

[1] Procope, *De aedific.*, VI, vi.

cette saillie du littoral, là même où s'élève encore, sur les ruines de la citadelle byzantine, le fort arabe de Bordj Khadidja.

<small>Vsilla (Inchilla).</small>

Nous retrouvons *Usilla* à Inchilla, près de la koubba de Sidi Maklouf[1]. Ce nom même d'Inchilla, oublié sur la carte du Dépôt de la guerre, n'est qu'une altération de la forme antique *Usilla* ou *Usula*[2]. On retrouve d'ailleurs exactement, entre Inchilla et El-Djemm, dont la synonymie est certaine, les 32 milles indiqués par l'Itinéraire entre Thysdrus et Usula; la distance de 28 milles donnée par le même document entre Usula et Thenae, autre position assurée, se retrouve également entre Inchilla et Henchir Tina.

Route de l'Itinéraire. — L'Itinéraire d'Antonin va directement, ainsi que nous l'avons dit, de Leptis minor à Usilla et n'indique qu'une seule station, *Thysdrus*, à 32 milles d'Usilla et 33 de Leptis.

<small>Thysdrus (El-Djemm).</small>

La synonymie de Thysdrus et d'El-Djemm est établie par une inscription découverte par M. Mattei, agent consulaire de France à Sfaks, et transportée depuis à Saint-Louis de Carthage :

C. I. L., t. VIII, 51 :

```
    NIORV . . . OCV  QVI · THYSDRVM
    EX · INDVLGENTIA · PRINCIPIS · CV
    RAT · ET · COLONIAE · SVFFICIENS · ET
    PER · PLATAEAS · LACVBVS · INPERTITA
    DOMIBVS · ETIAM · CERTA · CONDI
    CIONE · CONCESSA · FELICIS · SAECV
    LI · PROVIDENTIA · ET · INSTINCTV
    MERCVRII · POTENTIS · THYSDRITA
    NAE · COL · PRAESIDIS · ET · CONSERVA
    TORIS · NVMINIS · DEDICATA · EST ·
```

[*Aqua adducta curam agente An*]*nio Ru*[*fin*]*o c(larissimo) v(iro), qui Thysdrum*

---

[1] [Cf. Guérin, *Voyage archéologique*, I, p. 153. — S. R.]

[2] La forme *Usilla* paraît être plus ancienne que la seconde : c'est celle qu'em-

ex indulgentia principis curat, et coloniae sufficiens et per plataeas lacubus impertita, domibus etiam certa condicione concessa, felicis saeculi providentia et instinctu Mercurii potentis, Thysdritanae col(oniae) praesidis et conservatoris numinis, dedicata est.

Ce fragment de dédicace, où il est question du service des eaux de la colonie, nous apprend que cette ville était placée sous la protection de Mercure et nous donne la véritable orthographe de l'ethnique *Thysdritana colonia*[1]. La forme *Tisdra* et l'ethnique *Tisdritani* se trouvent dans le livre sur la Guerre d'Afrique; Pline ne donne que l'ethnique, *oppidum Tusdritanum*. Ptolémée écrit Θύσδρος, forme correcte reproduite par Tertullien[2]; la Table de Peutinger porte *Thisdrus*, et l'Itinéraire d'Antonin, *Tusdrus*. Les monnaies attribuées à Thysdrus par L. Müller[3], avec les légendes שששר ou שצפר, n'appartiennent probablement pas à cette ville.

Le nom de Thysdrus n'apparaît dans l'histoire qu'à l'époque des guerres civiles : fortement occupée par les Pompéiens et d'ailleurs protégée par de puissantes défenses qui dataient de la période punique, elle défia, comme Hadrumète, le coup de main que César semble avoir eu la pensée de diriger contre elle[4]. Plus forte que riche, elle ne fut condamnée, après la défaite du parti qu'elle avait embrassé, qu'à une amende en na-

---

ploient Ptolémée (Οὐσιλλα) et la Table de Peutinger. La loi agraire de 643 écrit : VSALLITANORVM. L'Itinéraire écrit *Usula*, dont l'ethnique *Usulensis* figure dans les documents de l'époque chrétienne. L'Anonyme de Ravenne porte *Usyla*.

[1] C'est celle que l'on trouve dans Frontin, *Thysdritani* (ed. Lachmann, p. 57).

[2] *Ad Scap.*, c. iv. Elle figure également dans un texte donné par Kellermann, *Vig.*, n. 66. Les inscriptions algériennes portent *Thyz(drus)*, *I. A.*, 913, 4080; *Thusd(rus)*, ibid., 133, l. 56; *Tasd(rus)*, ibi., 100 b, l. 20; *Tus(drus)*, ibid., 129, p. 2, l. 27. On lit Θύσϑρος dans Hérodien (VII, vi, 23); *Thirusdron* dans l'Anonyme de Ravenne (III, v). Les documents ecclésiastiques donnent les ethniques *Tusdritanus* (a. 393) et *Thasdritanus* (confér. de 411).

[3] *Numism.*, t. II, p. 58 et suiv.

[4] *De bello Africano*, c. xxxvi, lxxvi, lxxxvi, xciii.

ture[1]. Sa prospérité ne data sans doute que du moment où la « paix romaine » lui permit d'exporter ses blés et de tirer parti de l'immense production agricole de son territoire. A en juger par les dimensions de son magnifique amphithéâtre [2], trop souvent décrit[3] pour qu'il soit nécessaire d'en parler ici, Thysdrus devait être, au IIIe siècle de notre ère, une des plus florissantes cités de la province d'Afrique. On sait que ce fut dans ses murs que Gordien fut proclamé empereur en 236. Elle figure parmi les villes libres dans les listes de Pline. On ignore l'époque à laquelle elle reçut le titre de colonie. Ses habitants étaient inscrits dans la tribu Galeria.

Thysdrus était un des principaux nœuds du réseau routier de la province d'Afrique: six grandes voies y aboutissaient, et sa position centrale ne dut pas peu contribuer à son développement.

Le bourg d'El-Djemm et ses vergers recouvrent malheureusement la ville antique. Les seuls monuments qu'on ait pu reconnaître sont situés en dehors de l'enceinte du centre arabe. Ce sont, outre le grand amphithéâtre, un amphithéâtre de moindres dimensions, les citernes publiques, un cirque et les vestiges d'une citadelle.

Le premier de ces édifices se trouve à 1,200 mètres d'El-Djemm, du côté du sud. Il représente l'amphithéâtre primitif

---

[1] *De bello Africano*, c. XCVII : « Tisdritanos, propter humilitatem loci, certo numero frumenti multat ».

[2] L'ellipse mesure 525 mètres; le grand axe, 149 mètres; le petit, 124 mètres. La hauteur du monument est d'environ 33 mètres.

[3] [Guérin, *Voyage archéologique*, I, p. 90-100; Rebatel et Tirant, *Tour du monde*, 1875, I, p. 297, 300, 301; Shaw, *Travels*, I, p. 220; Falbe, *Recherches*, p. 79; Pellissier, *Lettre à Hase*, dans la *Revue archéologique*, I, 816; Aimé Rochas, *ibid.*, IX, 90 et pl. 185; Coste et Canina, *Annali del Instituto*, 1852, et *Monumenti*, t. V, pl. XLII-XLIV; Tissot, *Revue africaine*, t. I, etc. MM. Cagnat et Saladin ont signalé à El-Djemm un chapiteau d'ordre composite en marbre blanc dont la hauteur dépasse deux mètres. — S. R.]

et offre à peu près les mêmes dispositions que celui de Leptiminus. Le cirque, situé au nord-est de la ville, ne mesure pas moins de 550 mètres de long sur 95 mètres de large, et dépasse par conséquent les dimensions de ceux d'Hadrumète et d'Utique. De nombreux fragments de voûtes solides prouvent qu'une galerie couverte régnait au-dessus des gradins supérieurs. Les citernes publiques étaient également situées hors de la ville. Elles se composent de six grands réservoirs de construction phénicienne. Quelques refends paraissent dater de l'époque byzantine.

Daux a cru retrouver les vestiges d'une citadelle et des deux enceintes qui formaient les défenses de la ville punique.

Routes conduisant de Thysdrus au littoral. — Thysdrus est relié au littoral, dans le système de la Table de Peutinger, par quatre routes, qui aboutissent à Hadrumète, Leptis minor, Syllectum et Usilla.

a. Route de Thysdrus à Hadrumète. — La Table indique deux stations : *Sassura vicus*, à 12 milles de Thysdrus, et *Avidus vicus*, à 9 milles de Sassura et à 25 milles d'Hadrumète. La somme de ces trois distances se retrouvant en ligne droite d'El-Djemm à Soussa, la voie romaine ne faisait aucun détour. Ses deux stations, par conséquent, doivent être cherchées aux intervalles marqués par la Table.

SASSURA (*Henchir ez-Zaouadi*).

Précisément à 12 milles au nord d'El-Djemm il existe des ruines assez étendues, parmi lesquelles on remarque tout un système de citernes alimenté par un canal qui se prolonge à une assez grande distance dans la direction de Zeremdin. Ces ruines, que les indigènes appellent Henchir ez-Zaouadi, me paraissent être celles de Sassura. On rencontre un tronçon assez considérable de la voie romaine entre ce point et El-Djemm.

Sassura est évidemment la Sarsura du livre sur la Guerre d'Afrique. L'orthographe de la Table paraît être la vraie, puisqu'elle se retrouve dans la forme Σασοῦρα que donne Ptolémée.

La synonymie que Shaw a établie entre Sarsura et Soursef, et qu'on a toujours reproduite depuis, ne repose que sur une méprise : le nom de la localité arabe n'est pas *Soursef*, mais *Ksour es-Sef*, فصور الصّق « les châteaux des éperviers »[1]. La conjecture de Shaw était d'ailleurs inconciliable avec les chiffres et avec le tracé de la Table de Peutinger : avec les chiffres, puisque Ksour es-Sef est à 24 milles d'El-Djemm; avec le tracé, puisque, la Table indiquant une communication directe entre Thysdrus et Syllectum, c'est sur cette route que se retrouverait Sarsura, si elle était identique à Ksour es-Sef, situé à quelques milles de Selekta, sur la ligne qui relie ce dernier point à El-Djemm; Sassura, au contraire, est placée par la Table sur la voie qui rattache directement Thysdrus à Hadrumète.

AVIDUS VICUS. Les deux distances de 12 et 25 milles qui séparaient *Avidus vicus* de Sassura et d'Hadrumète se retrouvent entre les ruines que nous considérons comme celles de Sassura et Zeremdin, d'une part, et entre Zeremdin et Soussa, de l'autre. La position de Zeremdin est un peu plus septentrionale que celle que lui assigne la carte du Dépôt de la guerre. Le bourg arabe n'occupe que la partie orientale de l'emplacement de la ville antique.

L'Avidus de la Table est évidemment l'Ἀούιδος de Ptolémée.

b. *Route de Thysdrus à Leptis minor.* — La Table omet la distance. On compte 33 milles de Lemta à El-Djemm, et c'est précisément le chiffre que donne l'Itinéraire d'Antonin.

c. *Route de Thysdrus à Syllectum.* — La distance est également omise : elle est de 30 milles. La voie romaine est reconnaissable dans toute l'étendue de son parcours.

---

[1] Telle est du moins l'explication qui m'a été donnée par les indigènes.

d. Route de Thysdrus à Usilla. — La Table ne nomme qu'une seule station, *Bararus municipium*, qu'elle place à 9 milles de Thysdrus, sans indiquer la distance qui la séparait d'Usilla. L'Itinéraire comptant 32 milles de Thysdrus à Usilla, nous pouvons rétablir le chiffre omis par la Table : xxiii.

Les ruines de Bararus couvrent, dans la plaine de Rogga, à 9 milles au sud-est d'El-Djemm, un espace dont le périmètre est de plus de 3 milles romains. Grâce à leur isolement, elles n'ont pas complètement péri : elles offrent encore les restes d'un arc de triomphe, ceux d'un amphithéâtre[1] et les vestiges d'une basilique à cinq nefs. Deux grandes citernes sont particulièrement remarquables, autant par leurs dispositions architecturales que par leur parfait état de conservation. La plus vaste, longue encore d'une trentaine de mètres, mais dont un

BARARUS (*Rogga*).

---

[1] Le mur qui entoure l'arène a 5 mètres de hauteur sur 1 mètre d'épaisseur. Sous les quatre gradins qui surmontent ce mur règne une voûte elliptique communiquant

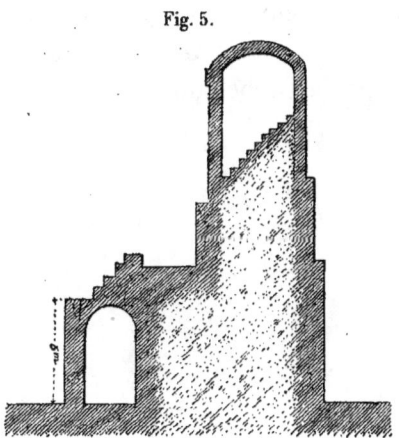

Fig. 5.

avec l'arène par des portes basses. Les gradins supérieurs étaient abrités par une galerie couverte.

éboulement de terre ne permet pas d'apprécier la longueur totale, est divisée en sept nefs par six rangées de piliers énormes supportant des arcades surbaissées. Des conduits souterrains, en partie obstrués, établissaient une communication entre ce premier réservoir et le second, également partagé en plusieurs galeries par des arcades en plein cintre. Il suffirait de dégager les conduits qui alimentaient ces magnifiques bassins pour les rendre à leur destination primitive : mais Rogga n'est qu'un désert, et ses citernes ne servent plus qu'à abriter, aux heures chaudes du jour, les troupeaux des fractions nomades de Métélit qui viennent, de temps à autre, camper près de ces ruines.

L'*episcopus Vararitanus* nommé dans la liste des évêchés de la Byzacène appartient évidemment au Bararus de la Table. Le nom de Κάραρος, qu'on trouve dans Ptolémée, n'est probablement qu'une faute du copiste : la plupart des éditions donnent entre parenthèses la leçon correcte Βάραρος.

Il existe encore quelques vestiges de la voie romaine entre Rogga et Inchilla ; elle passe par la koubba de Sidi-Hassan-ben-Nadji et le village de Djebeliana.

D'USILLA À TACAPE.

TABLE DE PEUTINGER.				ITINÉRAIRE D'ANTONIN.			
STATIONS.	Distances indiquées.	Chiffres corrigés.	SYNONYMIES.	STATIONS.	Distances indiquées.	Chiffres corrigés.	SYNONYMIES.
Vsilla............		xx	Inchilla.	Vsvla civitas........			Inchilla.
Taparvra.........	xx	viii	Sfaks.	....	xxviii		
Thenae...........	xxvii	xxviii	H^r Tina.	Thenae............	xxviii		H^r Tina.
Macomades minores...	xxvii	xii	H^r Oghelt el-Khfifa.	Macomades mvnicipivm..	xxvi		H^r Oghelt el-Khfifa
Ad Oleastrvm.......	xviii	xxvii	H^r el-Alamat?	Cellae vicvs.........			Golib el-Kdim
Praesidivm Silvani....	viii		Kasr ez-Zit.	....			
Lacene............	vi		Terf el-Ma.	....	xxx		
Ad Palmam........	xxii	xii	El-Aïounet.	....			
Tacape............			Kabès.	Tacape colonia......			Kabès.

La Table de Peutinger omet la distance qui séparait Usilla de Taparura et inscrit 20 milles entre cette dernière station et Thenae. Ce chiffre xx doit être replacé entre Usilla et Taparura, et le chiffre omis (viii) entre Taparura et Thenae. De Thenae à Usula, l'Itinéraire d'Antonin compte exactement 28 milles. Henchir Tina, équivalent certain de Thenae, étant d'ailleurs à 8 milles au sud-ouest de Sfaks, cette dernière localité peut être considérée comme correspondant à *Taparura*, la Ταφροῦρα ou Ταφρουραί de Ptolémée, l'*ecclesia Taprurensis* de la liste des évêchés.

Taparura (*Sfaks*).

Les matériaux antiques employés dans la construction des murailles de la kasba de Sfaks et de ses principales mosquées, ainsi que les vestiges romains que l'on retrouve le long du rivage, au nord de la ville, sur une étendue de plusieurs cen-

THENAE
COLONIA AELIA
AUGUSTA
MERCURIALIS
THAENITANORUM
(*Henchir Tina*).

taines de mètres, sont tout ce qui reste de Taparura. Le bourg antique a disparu sous les constructions de Sfaks.

Immédiatement au delà de Taparura, la Table de Peutinger dessine un groupe d'édifices représentant une ville importante : c'est *Thenae*, dont le copiste a omis le nom. L'Itinéraire, qui lui donne le titre de colonie, la place à 28 milles d'Usula, et c'est à pareille distance d'Inchilla que ses ruines se retrouvent sous leur nom à peine altéré : *Tina*.

Située au bord de la mer, Thenae était dominée au nord-ouest par une colline que couronnait son acropole. Le périmètre de la ville proprement dite, encore dessiné par les restes d'un mur d'enceinte très épais et très régulièrement construit, est d'environ deux milles romains. L'intérieur de la place n'offre plus que des monceaux de décombres et un lit de pierrailles parsemées d'innombrables fragments de poterie. Le port, de forme elliptique, est aux trois quarts ensablé[1].

Les monnaies de Thenae de l'époque d'Auguste portent la légende punique תינת *Thaïnat*, qui justifie la forme *Thaenae*, donnée par une inscription[2], et celle de Θέαιναι qu'on trouve dans Ptolémée. Cette même orthographe nous fait rejeter l'étymologie adoptée jusqu'ici pour le nom de Thenae : תינא *Thina*, les «figuiers». Le nom indigène doit être *Theïni*, mot berbère qui signifie les «dattiers». Quelques textes grecs donnent le singulier, Θένα[3], Θαῖνα[4], Θένη[5]. Les géographes latins considèrent toujours ce nom comme un pluriel[6].

[1] [La nécropole de Thenae, qui est très vaste, présente un grand nombre de tombeaux bien conservés avec des niches superposées qui contenaient des urnes. Presque tous ont été violés à une époque ancienne; d'autres, explorés plus récemment, ont fourni des jarres en terre cuite, des lampes et des verreries. — S. R.]

[2] Gruter, p. CCCLXIII, 3.
[3] Strabon, XVII, p. 831.
[4] Strabon, XVII, p. 834.
[5] C'est le nom qu'on doit retrouver dans le Stadiasme (112), sous la leçon fautive Θίθνη, et dans Agathémère (cap. XXI), sous celles de Θρήνη, Ἐθρήνη.
[6] «Tenae.» *I. A.*, 129, p. 2, l. 39. —

Thenae dut son titre de colonie à Hadrien ou à Antonin : l'inscription précitée de Gruter donne le nom complet de *Colonia Aelia Augusta Mercurialis Thaenit(anorum)*. L'ethnique *Tenitanus* figure dans les actes de la conférence de 411 et dans la liste de 482. La lettre du synode de 649 est signée de l'évêque *civitatis Thenisiis*.

L'Itinéraire d'Antonin n'indique que deux stations entre Thenae et Tacape : *Macomades*, à 28 milles de Thenae, et *Cellae*, à 26 milles de Macomades et 30 milles de Tacape. Cette distance totale de 84 milles est, à deux milles près, celle qui sépare Tina de Kabès (86 milles). Les chiffres partiels sont donc, à très peu de chose près, exacts. Le dernier seul paraît un peu trop faible : il faut lire XXXII au lieu de XXX.

Nous retrouvons dès lors *Macomades* aux ruines qui existent à quatre kilomètres au sud-ouest d'Ounga, près des sources auxquelles les indigènes donnent le nom d'*Oghelt el-Khfifia* « les sources vives ». Ce nom d'*Oghelt* علاة '*Akela*, que les Nomades prononcent *Ogla*, *Oglet* et *Oguelt*, et que nos cartes écrivent *Aüguelet*, revient souvent dans la nomenclature topographique des hauts plateaux et surtout des plaines sahariennes. Il désigne une dépression du sol où se conserve l'eau, particulièrement dans le lit d'un torrent à cours intermittent[1].

MACOMADES MINORES (*Henchir Oghelt el-Khfifia*).

Les ruines d'Ounga, situées à quatre kilomètres au nord-est de l'emplacement de Macomades, sont certainement celles

IUNCA (*Ounga*).

« Tenae. » Plin., V, IV. « Tenis colonia. » — *Itin. Ant.*, Aethicus, *Cosm.*, p. 721. — « Thenas. » Rav. Anon., III, v; V, v. — « Episcopus *a Thenis* » (conc. de 258).

[1] C'est la définition qu'en donne Tidjâni (p. 159) : « Nous fîmes halte à un endroit appelé *El-'Akéla*, large torrent que les pluies remplissent d'eau et qui, en d'autres moments, est complètement à sec. Nous trouvâmes à cette époque ce torrent entièrement dépourvu d'eau, si ce n'est cependant dans quelques h'assa حسّى ou cavités du sol. Ce sont ces h'assa qui sont appelés *El-'Akéla*. Chez les Arabes, le mot '*Akéla* signifie : « ce qui contient l'eau et l'empêche de s'écouler. »

de la *Iunca* dont il est question dans Procope. Iunca appartenait à la Byzacène : ses évêques, *episcopi Iuncenses*, figurent parmi les prélats de cette province à la conférence de 411, ainsi que dans la Notice de 482. C'était en outre le seul port qu'offrît le littoral sur une étendue de neuf journées au sud de Carthage[1]. Son nom s'est conservé dans celui que portent les ruines de la rive droite de l'Oued Zitoun : *Ounka*, ou, d'après la prononciation locale, qui adoucit toujours le ڤ, *Ounga*. Les anciens portulans donnent la forme *Joncha*, plus rapprochée encore de la dénomination antique. Quant au port de refuge auquel fait allusion le récit de Procope, on le retrouve dans le mouillage de *Marsa Sghira*, abrité contre les vents dominants dans ces parages, non seulement par la saillie du Ras Ounga, mais par la jetée naturelle que forment les îles Keneïs.

Les ruines d'Ounga sont assez étendues, mais très effacées, comme toutes celles du littoral[2]. On y reconnaît cependant les vestiges d'une basilique chrétienne et de vastes citernes. Sur le plateau qui les domine s'élève une forteresse flanquée de huit tours, dont la tradition locale attribue la construction aux premiers princes de la dynastie des Aghlabites, mais qui est bâtie tout entière avec des matériaux de grand appareil de la cité romaine.

CELLAE
PICENTINAE
(*Sidi Mehedeb*).

Les ruines assez considérables de Golib el-Kdim, situées

[1] Dans le conseil de guerre tenu par Bélisaire après son débarquement à Caput Vada, l'amiral de la flotte byzantine, Archélaüs, émit l'avis de gagner directement Carthage par mer, « le littoral n'offrant, sur une étendue de neuf journées, aucun refuge entre cette ville et Junca : » ἢ οὐκ ἀκηκόατε ὡς ταύτην μὲν τὴν ἀκτὴν ἐννέα ἡμερῶν ὁδὸν, λέγω δὲ εἰς Ἰούκην ἐκ Καρχηδόνος, κατατείνειν φασίν, ἀλίμενόν τε παντελῶς οὖσαν καὶ τοῖς ἀνέμοις ὅθεν ἂν ἐπιπνεύσειαν ἐκκειμένην.

[2] [Voir Pellissier, *Revue archéologique*, 1847, p. 394, et Barry, *Bulletin du Comité des travaux historiques*, 1885. — S. R.]

sur le littoral à la hauteur de la koubba de Sidi-Mehedeb, nous paraissent être celles de *Cellae Picentinae* : elles se trouvent, en effet, par rapport à Henchir Oghelt el-Khfifia et à Kabès, aux distances indiquées par l'Itinéraire entre Macomades et Cellae, ainsi qu'entre Cellae et Tacape.

La Table de Peutinger, au delà de Thenae, inscrit successivement Macomades minores (xxviii milles), Ad Oleastrum (xxvii), praesidium Silvani (xviii), Lacene (viii), Ad Palmam (vi), et enfin Tacape colonia (xxii). Si les quatre derniers chiffres sont justes, la voie se serait écartée de la côte et aurait décrit, à partir de Macomades, un segment de cercle de 81 milles, dont la route de l'Itinéraire, longue de 56 ou 58 milles seulement, aurait formé la sous-tendante. Ce tracé, toutefois, paraît peu vraisemblable. La route de la Table est avant tout la grande voie du littoral; elle le suit dans toutes les sinuosités, elle en épouse, pour ainsi dire, tous les contours. Il est donc peu probable qu'elle s'en soit écartée là même où un crochet dans l'intérieur semble le moins justifié. Les plaines ondulées qui s'étendent à l'ouest de la route de Sfaks à Kabès contrastent par leur aridité avec l'aspect général du Sahel et n'offrent que des vestiges antiques insignifiants. Les seules ruines de quelque importance en dehors de la ligne du littoral sont celles de Kasr Ouâli, sur l'Oued el-Ghrem, à six milles de la côte, et il est impossible de retrouver sur le reste du parcours dont nous contestons la vraisemblance les autres stations énumérées par la Table de Peutinger. Il suffit, au contraire, de modifier les deux premiers chiffres de la Table pour retrouver ces mêmes stations sur le littoral, aux distances indiquées par le routier antique.

La station de *Ad Oleastrum* est par conséquent la seule dont la synonymie soit douteuse, en ce sens que deux correspon-

Ad Oleastrum (*Henchir el-Alamat?*).

dances peuvent être proposées suivant que l'on maintient ou que l'on corrige le chiffre qui la sépare de Macomades. Si l'on admet cette distance de 27 milles comme exacte, Ad Oleastrum se place aux ruines qu'on remarque à trois kilomètres au sud-est de Sidi-Mehedeb. Mais alors il faut modifier le chiffre suivant, et lire VIII au lieu de XVIII. Si on lit XII au lieu de XXVII, en reportant ce chiffre XXVII entre Ad Oleastrum et praesidium Silvani, Ad Oleastrum se retrouve à Henchir el-Alamat, à l'embouchure d'un des principaux cours d'eau de cette partie du Sahel, l'Oued er-Rend [1], et à proximité du mouillage des Keneïs. La pointe du littoral qui protège ce mouillage porte le nom de *Khchem ez-Zerboudja*, la « saillie de l'olivier sauvage », dans lequel se retrouve la dénomination antique; *Oleastrum*. Pour qui connaît la persistance des traditions dans la toponymie africaine, ce rapprochement ne laisse pas que d'avoir son importance.

PRAESIDIUM SILVANI (*Kasr ez-Zit*).

Praesidium Silvani est placé par la Table à XVIII milles de Ad Oleastrum. Si l'on accepte la correspondance que nous établissons entre cette dernière station et Henchir Alamat, le chiffre XVIII doit être remplacé par celui qui se lit entre Macomades et Ad Oleastrum (XXVII), correction d'autant plus admissible que les transpositions sont plus fréquentes dans la Table de Peutinger. Praesidium Silvani se place alors à la ruine qui défendait le passage de l'Oued Oumm el-Ghrem et à laquelle les indigènes donnent le nom de *Kasr ez-Zit*[2]. C'est encore là que nous le retrouverions dans l'hypothèse, moins vraisemblable à notre avis, où les ruines voisines de Sidi-Mehedeb représenteraient Ad Oleastrum; mais il faudrait, dans cette seconde hypothèse,

---

[1] *Ouadi er-Rend*, la « rivière des lauriers ». Nos cartes écrivent à tort *Oued Rann* et donnent à la partie inférieure du cours du fleuve le nom d'*Oued Cehir*. L'ensemble de ce bassin est appelé par les indigènes *Ouadi ed-Dem*, la « rivière du sang », par allusion aux luttes sanglantes que les tribus de l'Arad se sont souvent livrées dans cette région.

[2] [On signale sur ce point des citernes romaines considérables. — S. R.]

ainsi que nous l'avons dit, modifier le chiffre xviii et lire viii.

Les viii milles inscrits entre praesidium Silvani et *Lacene* se retrouvent entre Kasr ez-Zit et Terf el-Ma. Les ruines qui existent sur ce dernier point sont celles d'un centre assez considérable : elles couvrent deux collines que sépare l'Oued Terf el-Ma, dont l'embouchure avait été utilisée comme port intérieur. La rade de Terf el-Ma sert encore de refuge aux navires que le mauvais temps chasse du mouillage dangereux de Kabès.

Lacene (*Terf el-Ma*).

Les vi milles marqués entre Lacene et *Ad Palmam* conduisent exactement de Terf el-Ma à l'oasis d'El-Aïounet, près de Metouïa, où l'on trouve quelques vestiges antiques, et que l'on peut considérer dès lors comme la dernière station de la route de Thenae à Tacape. El-Aïounet est à 12 milles de Kabès : le copiste de la Table aura écrit par mégarde xxii au lieu de xii.

Ad Palmam (*El-Aïounet*).

Les deux tableaux suivants résument les deux hypothèses par lesquelles on peut expliquer le tracé de la Table de Peutinger entre Macomades et praesidium Silvani :

STATIONS.	DISTANCES INDIQUÉES.	CHIFFRES CORRIGÉS.	SYNONYMIES.
	A		
Macomades minores.			*Henchir Oghelt el-Khfifia.*
	xxvii		
Ad Oleastrvm.		viii	*Ruines à 3 k. S.-E. de Sidi-Mehedeb.*
	xviii		
Praesidivm Silvani.			*Kasr ez-Zit.*
	B		
Macomades minores.			*Henchir Oghelt el-Khfifia.*
	xxvii	xii	
Ad Oleastrvm.			*Henchir el Alamat.*
	xviii	xxvii	
Praesidivm Silvani.			*Kasr ez-Zit.*

TACAPE
(*Kabès*).

Tacape se retrouve, avec son nom antique dépouillé du préfixe libyen, dans l'oasis de Kabès, dont les deux bourgs principaux, Menzel et Djara, ont été entièrement bâtis avec les débris de la colonie romaine. Comme celui de tant d'autres localités africaines, le nom de Tacape se présente sous plusieurs formes dans les textes antiques. Le singulier *Tacape* est donné par Pline[1], par Ptolémée[2], par le Stadiasme[3] et par la Table de Peutinger. La variante *Tacapa* se trouve dans Procope[4] et dans l'Anonyme de Ravenne[5]. Le pluriel *Tacapae* paraît avoir été plus usité[6], et l'accusatif *Tacapas* a été employé de bonne heure comme forme absolue : on le trouve déjà dans un milliaire datant de la première année du règne de Tibère : *a Tacapas*. Cette dernière forme explique la consonne finale du nom actuel : *Kabès*. L'ethnique régulier *Tacapitanus* se trouve dans la Notice de 482, et doit être suppléé dans l'inscription de Kafsa[7]. La forme *Tacapensis* qu'on trouve dans Pline[8] est un adjectif plutôt qu'un ethnique.

Strabon parle de Tacape, sans la nommer, comme du principal entrepôt de la petite Syrte[9]. C'était par son port, en effet, que s'effectuaient le plus facilement les importations destinées au sud de la Numidie, et c'était également à ce débouché naturel qu'aboutissait le commerce d'exportation de toute la zone saharienne[10]. A cette source de richesse venaient s'ajouter les produits agricoles de son territoire, dont Pline constate la merveilleuse fertilité.

[1] V, IV, 25; XVIII, XXII, 51.
[2] IV, III, 11 : Τακάπη.
[3] § 107 : ἀπὸ Τακάπης.
[4] *De Aedif.*, VI, IV : Τακάπα.
[5] V, v.
[6] *It. Anton. et marit.*, p. 48, 50, 59, 73, 74, 77, 78, 518. — *Cod. Theod.*, XI, XXX, XXXIII. — Rav. Anonym., III, v.

[7] *C. I. L.*, VIII, 100 : RESP(*ublica*) TACA(*pitanorum*).
[8] Pline, XVI, XXVII, L.
[9] Strabon, XVII, v, 835 : Κατὰ δὲ τὸν μυχόν ἐστὶ παμμέγεθες ἐμπόριον, ποταμὸν ἔχον ἐμβάλλον εἰς τὸν κόλπον.
[10] [M. le capitaine Monlezun croit avoir retrouvé à Gabès les vestiges d'un port in-

La Table de Peutinger et l'Anonyme de Ravenne donnent à Tacape le titre de colonie. C'est tout ce que nous savons de son histoire.

DE TACAPE À SABRATA.

TABLE DE PEUTINGER.				ITINÉRAIRE D'ANTONIN.			
STATIONS.	Distances indiquées.	Chiffres corrigés.	SYNONYMIES.	STATIONS.	Distances indiquées.	Chiffres corrigés.	SYNONYMIES.
Tacape........			Kabès.	Tacapas colonia........			Kabès.
Fvlgvrita......	xxv		Zárat.	Agma sive Fvlgvrita villa...	xxv		Zárat.
Templvm Veneris.	xxvi		Terf el-Djeurf	....	xxv		
Gigti..........	xv		H^r Sidi-Salem-bou-Ghrara.	Giti mvnicipivm..........	xxxv		H^r Sidi-Salem-bou-Ghrara.
Ziza mvnicipivm..	xvii	xxvii	Ziân? el-Kantara?	Ponte Zita mvnicipivm.....			El-Kantara.
Pvtea Pallene...	xv	xii	Kasr en-Nouára.	....	xxx		
Praesidivm......	xviii	xv	El-Bibán.	Villa Magna, villa privata.	xxxi		H^r Abdeïn.
Pisida mvnicipivm.	xv	xxvi	Bourka.	Fisida vicvs.............			Bourka.
Cypsaria taberna.	xx	xvi	El-Minah?	....	xxv		
Ad Ammonem.....	xvii		Kadoula-Nafti.	Casas villa Aniciorvm.....	xxxviii		
Sabrata.........	xvi		Sabra.	Sabrata colonia..........			Sabra.

De Tacape à Gigthi les deux routiers donnent le même tracé et indiquent la même station intermédiaire, *Fulgurita*, dont l'Itinéraire donne le nom complet, *Agma sive Fulgurita villa*. Le premier de ces deux noms appartient à la nomenclature indigène. La Table dessine en outre une route secondaire qui va de Fulgurita à Gigthi par *Templum Veneris*, en suivant exacte-

térieur qui s'étendait entre la mer et la colline de Sidi-Boul-Baba, où l'on voit encore des restes de l'ancienne Tacape. Cf. *Bulletin archéologique du Comité des travaux historiques*, 1885, p. 126 et pl. V. — S. R.]

ment la courbe que décrit le littoral et dont la route principale forme la corde.

AGMA sive FULGURITA VILLA (*Zârat*).

La correspondance certaine de Gigthi et d'Henchir Sidi-Salem-bou-Ghrara nous conduit à identifier Fulgurita à *Zârat* الزارات, située à 25 milles de Sidi-Salem-bou-Ghrara et à la même distance de Kabès : les données numériques des deux itinéraires concordent entre elles, et les distances se retrouvent sur le terrain. La position de Zârat et celle de Ketâna, plus voisine de Kabès, sont interverties sur quelques-unes de nos cartes, notamment dans l'atlas des *Geographi graeci minores* de la collection Didot. On comprend dès lors que Lapie et C. Müller aient pu considérer Ketâna comme l'équivalent de Fulgurita.

Zârat offre quelques vestiges romains et possède une source très abondante, qui a toujours dû faire de ce point une des principales stations de la route du littoral[1]. Barth, tout en reconnaissant que cette localité a dû être un établissement antique, n'ose pas se prononcer sur sa synonymie[2]. M. Guérin hésite entre Zârat et El-Medeïna (l'*Henchir Mestaoua* de la carte du Dépôt de la guerre), située à 4 ou 5 milles au sud-est de Zârat. «El-Medeïna étant éloignée de 30 milles de Kabès, dit M. Guérin, il faut y placer la Fulgurita villa de l'Itinéraire d'Antonin, si la distance de xxx milles donnée par cet itinéraire n'est pas erronée; si, au contraire, celle de xxv milles donnée par la Table de Peutinger est la véritable, c'est à Zerat qu'il faut identifier cette station.» Cinq manuscrits de l'Itiné-

---

[1] Et-Tidjâni parle de cette source, dont les eaux s'écoulaient dans un vaste et profond bassin situé près de la source même, et probablement de construction romaine.

[2] P. 258 : «Der kleine Ort..... entspricht offenbar einem Orte der alten Geographie, denn eine solche Oertlichkeit war eine von der Natur gegebene Wohnstätte, die von der ältesten Zeit an nicht vernachlässigt werden konnte. Wie aber dieser Ort im Alterthum hiess, ist nicht mit völliger Sicherheit zu bestimmen.»

raire donnent le chiffre xxv au lieu du chiffre xxx, et comme le chiffre xxv est celui de la Table de Peutinger, comme il faut le maintenir, en outre, pour retrouver la seconde distance de 25 milles indiquée par les deux documents antiques entre Fulgurita et Gigthi, la question me paraît tranchée en faveur de Zârat.

De Tacape à Agma ou Fulgurita, la voie romaine suivait la direction du sud-est, parallèlement au littoral, en passant par Ketâna et Ksar Aïchoun. Une colonne milliaire trouvée dans cette dernière localité[1], entre Ketâna et l'Oued Ferd, et transportée depuis à Kabès, porte l'inscription suivante, qui date de l'année 271 :

```
         IMP · CAES · L · D
         AVRELIANO · PIO
         FELICI · AVG · PON
         TIFICI · MAX · GE
         R · MAX · TRIB
         POT · III · COS · II
         PROC ·    P   P
          M · P ·  XIIII
```

La distance de 14 milles indiquée par ce milliaire est exactement celle qui sépare Ksar Aïchoun de Kabès.

Au delà de Fulgurita la route commune aux deux itinéraires traversait, comme la route actuelle de Kabès à Djerba, les bas-fonds très praticables de la sebkha d'El-Maïdeur, et quittait le littoral à Hassi-Guerbi pour gagner directement Gigthi.

La route secondaire indiquée par la Table suivait, au contraire, ainsi que nous l'avons dit, les deux côtés de l'angle que

---

[1] M. Guérin, sur de faux renseignements, a cru que cette inscription provenait d'Henchir Lemtou.

le littoral projette en face de la pointe sud-ouest de Djerba. A partir de Hassi-Guerbi, elle prenait la direction du nord-est et atteignait *Templum Veneris* aux ruines de Terf el-Djeurf, situées sur la falaise qui fait face à la pointe sud-ouest de Djerba. C'est précisément la position que la Table de Peutinger assigne à Templum Veneris, et la distance de 15 milles indiquée entre cette station et Gigthi est bien celle qui sépare Terf el-Djeurf de Sidi-Salem-bou-Ghrara. C'est à Terf el-Djeurf que les caravanes qui se rendent de Kabès à Djerba franchissent le canal qui sépare l'île du continent[1]. Le détour que décrit la route de la Table de Peutinger s'explique par l'utilité d'une communication directe entre Tacape et la partie sud-ouest de Meninx.

TEMPLUM VENERIS
(*Terf el-Djeurf*).

GIGTHI
(*Henchir Sidi-Salem-bou-Ghrara*).

On doit à M. Guérin la découverte de Gigthi, placée jusqu'alors par Lapie à Buchalah[2], par Müller à Zurchef (Terf el-Djeurf).

Les deux inscriptions suivantes, trouvées dans les ruines de Sidi-Salem-bou-Ghrara[3], donnent l'ethnique *Gigthensis*, qui fixe l'orthographe du nom de la cité antique[4] :

[1] Et-Tidjâni donne à cette partie du canal le nom de *Medjâz el-Djeurf* جَازْ الجُرْف « le passage des falaises ». La passe orientale, d'après le même écrivain, portait celui de *Medjâz Sah'el el-Ber*.

[2] Dans l'analyse de la Table de Peutinger qui figure dans le Recueil de Fortia d'Urban. Dans celle de l'Itinéraire d'Antonin, Lapie donne pour équivalent à Gigthi une localité du nom de *Geress*, que nous supposons être la *Djizira* du canal de Djerba.

[3] Ces ruines sont aussi appelées par les indigènes *Henchir Djeurf-bou-Ghrara*. Le nom de Salem ou plutôt Sellam Abou Ghrara est celui d'un marabout berbère qui vivait au XIIIᵉ siècle de notre ère. Tidjâni (voir p. 154) parle de l'influence qu'Abou Ghrara avait exercée sur toutes les populations du Sud Tunisien.

[4] Ptolémée écrit Γιχθίς (un manuscrit donne Γιθίς). La Table de Peutinger porte *Gigti*, l'Itinéraire maritime *Giti* ou *Gitti*, dont l'ethnique, *Gittensis*, se trouve dans la liste de 411; l'Anonyme de Ravenne donne les variantes *Githi* (III, v) et *Gittit* (V, v). La forme *Gigthi*, que nous préférons à *Gigthis*, nous paraît reproduire plus fidèlement l'orthographe indigène *Gigti* ou *Gigte* Phénicien, selon toute apparence, plutôt que libyen, ce nom s'explique peut-être par גנה *Gaga* « terrasse », dont l'ה pa-

IMP · CAES
M · AVRELIO
ANTONINO
PIO · FELICI
AVG·
GIGTHEN
SES PVBLI
CE

*Imp(eratori) Caes(ari) M(arco) Aurelio Antonino Pio Felici Aug(usto).
Gigthenses publice*[1].

L · VMMIDIO
QVIR · PACATO
ORDO · POPVLVSQ·
GIGTHENSIS · CON
FERENTIBVS · ET
INCOLIS · OB MVL
TIPLICEM SV. . .
TAT. . . . . .FI
C. C
. . . .

L(ucio) Vmmidio Quir(ina) Pacato ordo populusq(ue) Gigthensis conferentibus et incolis. . . . .

Les ruines de Gigthi[2] couvrent un espace considérable sur le plateau accidenté que bordent, à l'est, les falaises de Sidi-

ragogique se sera successivement transformé, suivant les lois du dialecte punique, en א puis en ה. La terrasse escarpée sur laquelle était situé Gigthis justifie l'étymologie que nous proposons. [Nous la croyons de tout point inadmissible. — S. R.]

[1] *C. I. L.*, t. VIII, n° 26.
[2] [Cf. sur ces ruines Guérin, *Voyage*, I, p. 225; Féraud, *Revue africaine*, 1876, p. 508; Reinach, *The Nation*, 13 mars 1884; Reinach et Babelon, *Bulletin archéologique*, 1885. Les fouilles de M. le général Jamais, en 1882, exécutées sous la direction de M. le capitaine de génie Xardel, et celles que nous avons pratiquées en 1884 avec M. Babelon, ont dégagé presque entièrement le forum de Gigthi, qui forme un rectangle de 60 mètres

Salem. On remarque sur le bord même de ces falaises les restes d'une vaste enceinte circulaire construite en blocs de grand appareil. Plus loin, vers l'ouest, et au delà d'un ravin, la plateforme d'une colline offre les débris d'un édifice considérable. Un amas de grandes pierres de taille, restes d'un autre édifice, couvre un monticule voisin. Un fragment de statue et quelques tronçons de colonnes gisent à quelques pas de là. Le port, situé au sud de la ville, était formé par une crique ouverte à l'est. Il existait en outre, au nord, un mouillage protégé par une saillie de la côte.

Le plateau sur lequel se trouve Sidi-Salem-bou-Ghrara est certainement cette plaine de Tadjghet dont parle Tidjâni. « Tadjghet, dit le voyageur arabe, est une plaine spacieuse, couverte d'anciennes ruines, constructions de divers genres et ouvrages hydrauliques de toutes sortes. Quelques pierres couvertes d'écriture se sont détachées de ces édifices; les caractères de ces inscriptions appartiennent à une autre époque que la nôtre, et c'est en vain que j'ai demandé à plusieurs chrétiens de me les déchiffrer. Ils m'ont tous dit ne point connaître ces caractères. Les ruines qu'on aperçoit dans cette localité sont aussi nombreuses que les restes des anciens édifices sont encore considérables et imposants. »

Dépouillé du préfixe berbère *ta*, le nom de *Tadjghet* تاجغت n'est qu'une transformation très reconnaissable de celui de *Gigthi*.

---

sur 40, pavé de grandes dalles. C'est de là que proviennent les inscriptions découvertes par MM. Guérin, Féraud, Faurax et Jamais. (*C. I. L.*, t. VIII, 1, p. 6 et suiv.; *Ephemeris epigraphica*, t. V, p. 268; *Bull. de l'Académie d'Hippone*, XX, 1, 1.) Nous en avons découvert à notre tour un certain nombre, ainsi qu'une tête en marbre représentant Auguste voilé en pontife et trois grandes statues drapées dont les têtes manquent. Le buste d'Auguste a été transporté au Cabinet des médailles de la Bibliothèque nationale. — S. R.]

Barth et C. Müller placent *Ponte Zita* à la pointe du Ras Chemmakh, qui fait face à l'angle sud-est de Djerba. Le fait qu'un pont dont il reste quelques vestiges reliait, à l'époque romaine, l'île de Meninx au continent explique en effet le nom de la station et justifie la correspondance proposée. Nous acceptons donc la synonymie du Ponte Zita et des quelques ruines qui existent près du *Trik-el-Djemel*[1], c'est-à-dire du gué que jalonnent encore des masses de blocage antique. Le doute nous paraît d'autant moins possible que la distance de 35 milles marquée par l'Itinéraire entre Agma et Ponte Zita se retrouve exactement entre Zârat et Henchir Trik-el-Djemel. La voie romaine suivait jusqu'au delà de la Sebkhat el-Maïdeur le tracé de la route actuelle de Djerba à El-Bibân, pour remonter, dans la direction du nord-est, vers le Ras Chemmakh. Mais nous sommes moins sûr, pour les raisons que nous exposerons plus loin, que Ziza et Ponte Zita soient, comme l'affirme C. Müller, une seule et même station. Nous considérons également comme douteux le tracé que l'on a assigné jusqu'ici à la route de l'Itinéraire entre Ponte Zita et Fisida. Au lieu de suivre le littoral, comme la voie de la Table de Peutinger, cette route, d'après Barth et C. Müller, aurait contourné la rive méridionale du lac des Bibân. Bien que la conjecture de ces deux savants ait fait fortune, elle nous paraît aussi peu conciliable avec la nature du terrain qu'avec les chiffres de l'Itinéraire. D'une part, en effet, l'Itinéraire compte 30 milles de Ponte Zita à Villa Magna et 31 milles de Villa Magna à Fisida (Pisinda). Cette distance totale de 61 milles, qui se retrouve assez exactement dans le tracé du littoral, est de beaucoup inférieure à celle qui sépare le Ras Chemmakh de Bourka (Pisinda) par la route de

PONTE ZITA
(*Henchir Trik-el-Djemel*).

---

[1] [Il n'existe plus aucune trace de ces ruines. — S. R.]

l'intérieur. Les premières ruines qui peuvent représenter Villa Magna, celles de Cherb-er-Radjel, la *Kalat* de la carte de Müller, sont à 45 milles d'Henchir Trik-el-Djemel et à 35 de Bourka. Il est difficile, d'autre part, de donner une explication satisfaisante du détour qu'aurait fait la route de l'Itinéraire : on ne voit pas pourquoi elle se serait engagée dans les bas-fonds qui prolongent le lac des Bibân beaucoup plus avant dans l'intérieur des terres que ne le supposait Müller, alors que le littoral offrait un tracé à la fois plus court et plus facile.

Nous sommes donc disposé à écarter une hypothèse qui pouvait se soutenir à l'époque où l'on ne connaissait pas encore la véritable configuration du terrain à l'ouest du lac des Bibân : la route de l'Itinéraire, selon toute apparence, suivait la côte comme celle de la Table de Peutinger. Les 30 milles indiqués entre Ponte Zita et Villa Magna nous font identifier cette dernière station aux ruines d'Henchir Abdeïn[1], situées sur le littoral à douze milles et demi au delà du point où la voie romaine franchissait le canal de Mersa-el-Lif[2].

VILLA MAGNA
(*Henchir Sidi-Abdeïn*).

La Table de Peutinger compte trois stations entre Gigthi et Pisida : *Ziza municipium*, à 17 milles de Gigthi, *Putea Pallene*, à 15 milles plus loin, et *Presidio* à 18 milles de Putea Pallene et 15 de Pisida. Contrairement à l'opinion qui a prévalu jusqu'ici, nous sommes tenté de croire que cette route suivait, dans la première partie de son parcours, un tracé différent de celui de la voie de l'Itinéraire. Laissant au nord la presqu'île du Ras Chemmakh, elle se serait séparée de la route de l'Iti-

---

[1] La carte au 200 000° écrit par erreur *Henchir Maleïn*.

[2] Le canal déverse dans la Méditerranée les eaux de la sebkha qui porte sur nos cartes le nom de *Sebkhat el-Mellah'a* et que les indigènes appellent *Sebkha K'ark'âbia*, صبخة ڧاڥية. On donne le nom de *lif*, ليڢ, dans le dialecte tunisien, à la partie ligneuse du dattier, qu'on utilise pour la fabrication des cordes et des corbeilles.

néraire au delà de la sebkha d'El-Maïdeur, pour se diriger en droite ligne sur Ziza (Zitha), qui serait dès lors non pas Henchir Trik-el-Djemel (Ponte Zita), mais bien Ziân, voisine de Zerzis[1].

Ziza (Zitha) (Ziân?).

L'hypothèse que nous proposons s'appuie non seulement sur les chiffres partiels de la Table, qui, bien que altérés ou transposés, indiquent dans leur ensemble un trajet plus court que celui de l'Itinéraire d'Antonin, mais aussi sur l'invraisemblance d'un détour vers le nord, qui s'explique dans le tracé de l'Itinéraire, mais qui n'a pas de raison d'être dans celui de l'autre routier. Nous avons vu que l'Itinéraire ne dessinait pas vers l'extrémité occidentale de l'île de Meninx la pointe que décrit la Table de Peutinger : on comprend donc qu'il aille établir à Ponte Zita, c'est-à-dire à la pointe orientale, une communication entre l'île et le continent. On comprend aussi que ce détour vers la pointe orientale ne figure pas dans le système de la Table, qui a déjà pourvu à cette nécessité en touchant à Templum Veneris, en face de la pointe occidentale. Cette différence dans les deux tracés s'explique peut-être par la date différente des deux routiers. Le pont qui rattachait Meninx au continent est une œuvre romaine et n'existait sans doute pas au commencement du premier siècle de notre ère, date de la première rédaction de l'*Itinerarium pictum*.

A cette époque, la voie de communication la plus habituelle entre l'île et la terre ferme était, comme aujourd'hui, le canal de Terf-el-Djeurf, qu'on franchissait en bac. C'est le passage punique, indiqué par le nom de *Tipasa*, que porte une des petites cités de Meninx. Plus tard, sans doute au siècle des Anto-

---

[1] La distance de 17 milles donnée par la Table entre Gigthi et Ziza est, dans tous les cas, trop faible : il faut lire xxvii, si l'on admet le tracé direct sur Ziân, et xxxv si l'on admet l'identification de Ziza à Ponte Zita.

nins, dans cette période qui vit naître la plupart des grandes constructions africaines, on jeta sur la passe orientale, beaucoup moins profonde, un de ces ponts aux proportions grandioses qu'affectionnait l'architecture romaine. C'est à ce nouveau passage qu'aboutit la route de l'Itinéraire. Situé en face de Meninx, la capitale de l'île, ce passage devint de beaucoup le plus fréquenté.

C'est à cette même date que remonterait la fondation du *Municipium Ponte Zita*, distinct de la *Zita* punique, qui lui aurait donné la dernière moitié de son nom, tandis qu'il empruntait l'autre au pont de Meninx.

La Ziza ou Zitha de la Table, en effet, nous paraît bien être identique à Ziân. De même que Zitha (de זית *zith* « olea ») était la ville des oliviers par excellence, Ziân possède encore aujourd'hui les oliviers les plus renommés de toute la Régence[1]. Une tradition locale prétend qu'un canal, partant de Ziân, se prolongeait autrefois jusqu'à Zerzis, située à cinq milles à l'est, sur le littoral, et y amenait des flots d'huile qu'on recueillait dans des jarres pour l'exportation[2]. Le point où aboutissait cet aqueduc porte encore le nom de *K'atta ez-Zit*, la « coupée de l'huile ». Dans sa forme puérile, cette tradition ne fait que constater la merveilleuse fertilité du territoire de Zitha.

Les ruines qui existent à Ziân sont fort étendues[3]. On y re-

---

[1] [Cela était peut-être vrai autrefois, mais ne l'est certainement plus aujourd'hui. Nous avons passé dix jours à Ziân, et n'y avons pas vu un seul olivier. — S. R.]

[2] [Cf. Guérin, *Voyage en Tunisie*, I, p. 221. — S. R.]

[3] [M. Tissot s'étant rendu acquéreur, en 1881, de l'emplacement occupé par les ruines de Ziân, il nous autorisa, M. Babelon et moi, à y pratiquer des fouilles au commencement de 1884. Nous avons déblayé un forum analogue à celui de Gigthi, entouré de portiques dont la construction remonte au règne de l'empereur Claude. Une tête en marbre de Claude, trouvée au cours des fouilles, a été rapportée par nous au Cabinet des médailles. On voit encore sur le sol cinq fragments de grandes statues en marbre. Cf. sur les ruines de Ziân Pellissier, *Description de la Régence*, 1853.

marque entre autres celles d'un *castrum* et de trois ou quatre grands édifices, dont le plus considérable paraît avoir été une basilique. C'est dans cette dernière enceinte que Pellissier a trouvé les dix statues de marbre blanc que Barth y a encore vues en 1849. Quelques-unes de ces statues ont été transportées en France en 1851, lors de l'expédition de l'aviso *la Sentinelle* sur les côtes méridionales de la Régence; les autres gisent encore à la même place.

Nous reconnaissons toutefois que la question de l'identité de Zitha et de Ponte Zita ne sera définitivement résolue que le jour où une inscription nous aura fixés sur l'équivalent antique de Ziân. Les réserves que nous formulons sont d'autant plus nécessaires que *Ziân* pourrait bien n'être qu'une transformation du nom de *Diana*, ou *Ad Dianam*, analogue à la forme *Ziâna*, qu'on retrouve en Numidie [1].

De Zitha à Pisinda, les deux routes suivent le même tracé. La voie de la Table de Peutinger franchissait l'Ausere un peu au-dessus de son embouchure, représentée par l'estuaire de Mersa-el-Lif, et atteignait *Putea Pallene* à Kasr Nouâra, ruines et puits antiques situés entre la rive gauche de cet estuaire et la Sebkha ben-Salah. Le mot tunisien *Nouâra* « puits à roue » traduit le nom de *Putea*. La distance de Ziân à Kasr Nouâra n'est que de 17 kilomètres : il faut donc lire XII au lieu de XV dans la Table de Peutinger. C. Müller identifie à tort Putea Pallene à une localité que les cartes anglaises placent, sous le nom de *Ieza Monsha*, à peu de distance au sud-ouest de Zerzis. La station de la Table était au sud de l'Ausere; or, de la pointe

PUTEA PALLENE (*Kasr Nouâra*).

p. 302; Guérin, *Voyage*, I, p. 220; Reinach et Babelon, *Bulletin archéologique*, 1885. — S. R.]

[1] Si l'on admet la synonymie de Ziân et de Zitha, on peut supposer aussi que cette dernière localité est identique à Ponte Zita, et que les deux routiers suivaient le même tracé de Gigthi à Pisinda. Mais il faudrait alors corriger les deux chiffres XXXV et XXX de l'Itinéraire d'Antonin.

de Dakhla Chemmakh jusqu'à Mersa-el-Lif, on ne rencontre même pas un ruisseau.

PRAESIDIUM
(*Bordj el-Bibân*).

La synonymie du *Presidio* de la Table n'est pas moins certaine que celle de Putea Pallene. Comme C. Müller et comme Barth, nous retrouvons cette station au fort arabe d'El-Bibân. Le bordj tunisien est bâti sur des fondations antiques, et les vestiges de la chaussée qui y aboutit appartiennent également à l'époque romaine. Au sud de la petite île qu'il occupe et que l'on atteint facilement à gué à marée basse, s'étend une ligne d'écueils que reliait autrefois la voie romaine : les brèches que le temps a pratiquées dans la chaussée antique forment autant de passages, que les indigènes appellent *El-Bibân* « les portes ». Tous sont guéables, à l'exception du goulet le plus méridional, qu'on traverse en bac et par lequel les petits bâtiments ont pu, à toutes les époques, pénétrer dans le lac. Au sud de ce dernier canal, on retrouve une langue de sable qui complète la *taenia* suivie par la voie romaine.

Le chiffre de 18 milles indiqué par la Table entre Putea Pallene et Presidio est un peu trop fort : la distance n'est que de quinze milles. Par contre les 15 milles inscrits entre Presidio et Pisida sont beaucoup trop faibles : il faut lire XXVI.

PISIDA, FISIDA,
PISINDA
(*Bourka*).

La synonymie de Pisida et de Bourka, proposée par Barth, ne paraît pas douteuse. Le nom de *Biorga*, qui figure sur la carte de C. Müller, n'est qu'une altération du mot arabe *Bourk'a*[1], que les nomades prononcent *Bourga*. La côte dessine à cette hauteur un golfe étroit, ouvert à l'ouest et protégé par une longue pointe de terre. Édrisi et Tidjâni décrivent exactement ce cap, « qui s'avance de cinq milles dans la mer, de l'est à l'ouest », et lui donnent le nom de *Ras el-Makhbaz*, la « pointe plate ».

---

[1] بورڤة, « terrain pierreux et sablonneux ».

« Le port qu'il abrite, ajoute Tidjâni, passe pour un excellent mouillage. » C'est évidemment le Πισίνδων λιμήν de Ptolémée, le port du *Pisida municipium* de la Table et du *Fisida vicus* de l'Itinéraire d'Antonin.

Sur la rive droite de l'Ausere, au-dessous de Presidio et de Pisida, la Table de Peutinger inscrit la mention : *Rufini taberna*. Ces mots étant en dehors du tracé, il est assez difficile de préciser l'emplacement de « l'auberge de Rufinus ».

La Table indique à 20 milles à l'est de Pisida *Gypsaria taberna*, « l'auberge des plâtreries ». Barth retrouve cette station à El-Minah, localité située à 14 ou 15 milles de Bourka, et dont le terrain gypseux lui paraît désigner suffisamment l'emplacement du *diversorium* antique. C. Müller reporte Gypsaria taberna à *Kalil*, c'est-à-dire à 5 ou 6 milles plus à l'est. Cette seconde synonymie concorde mieux avec les données numériques de la Table.

<small>GYPSARIA TABERNA.</small>

Ad Ammonem, placé par la Table de Peutinger à 17 milles de Gypsaria taberna et à 16 de Sabrata, se retrouve, à notre avis, non pas à Zouagha, comme le suppose Barth, mais à *Kadoula-Nafti*[1], indiquée par la carte de Müller aux mêmes distances de Kalil et de l'emplacement certain de Sabrata.

<small>AD AMMONEM (*Kadoula-Nafti*).</small>

L'Itinéraire d'Antonin ne compte qu'une station entre Fisida et Sabrata : *Casas, villa Aniciorum*, située à 25 milles du premier point et 28 du second. Nous devons la chercher à deux milles au nord-ouest de la Touzant de la carte de Müller.

<small>CASAS VILLA ANICIORUM.</small>

Sabrata est un des points certains de la nomenclature géographique de la Tripolitaine. Ses ruines, que les auteurs arabes

<small>SABRATA (*Saora*).</small>

---

[1] Nous ne reproduisons que sous toutes réserves les noms de localités donnés par la carte de Müller et empruntés aux cartes anglaises, dont le système de transcription défigure parfois les noms arabes au point de les rendre méconnaissables.

du moyen âge désignent encore sous le nom de *S'abra* صبر[1], se retrouvent sur le littoral, un peu au nord du bourg de *Zouaghat ech-Cherkiya*[2].

La ville antique ne couvre de ses débris qu'une partie du vaste périmètre que dessinent les remparts. L'espace resté libre servait, selon toute apparence, ainsi que l'a supposé Barth, de campement temporaire aux tribus libyennes du voisinage, qui venaient échanger leurs produits contre ceux de la cité romaine. Les auteurs arabes nous apprennent qu'il se tenait encore un marché important à Sabra jusqu'au moment où le siège du gouvernement de la province fut transporté à Tripoli. Ce déplacement explique le nom de « vieux Tripoli », *Tripoli vecchio*, que nos cartes donnent le plus souvent à Zouagha ech-Cherkiya.

Le mur d'enceinte présente encore, du côté de l'ouest, des vestiges imposants et paraît remonter à une date fort ancienne. Justinien n'a évidemment fait que le relever, bien que le texte de Procope semble attribuer à ce souverain la construction de

---

[1] Et-Tidjâni, p. 175 : « Non loin de Zouagha, du côté de la mer, se voient les ruines de l'ancienne ville appelée *S'abra* صبر. » Cf. Ibn Haukal (*Journal asiatique*, février 1842, p. 166) et El-Bekri (p. 44).

[2] *Zouagha ech-Cherkiya* « Zouagha de l'est », pour la distinguer d'une autre Zouagha ou, pour mieux dire, de deux autres Zouagha, situées plus à l'ouest. Nous savons par El-Bekri que la tribu berbère des Zouagha occupait tout le littoral entre Tripoli et le Kasr Salih du Ras el-Makhbaz. Le cheikh Et-Tidjâni, dont l'itinéraire suit le littoral de l'ouest à l'est, cite d'abord *Zouarat es-Sr'ira* زوارة الصغيرة « la Petite Zouara », appelée aussi *Outhen Blad el-Morabt'in*, qu'il place à une demi-journée environ à l'est du Kasr Salih, situé sur le Ras el-Makhbaz. Il nomme ensuite *Zouarat el-Kebira* زوارة الكبيرة « la Grande Zouara », à quelques milles de la précédente. Zouarat el-Kebira porte également le nom de *Koutin* كوتين. Viennent ensuite, dans l'énumération de ses étapes, *Oualoul*, à vingt milles d'*Outhen* ou *Zouarat es Sr'ira*; *Tâlil*, château bâti sur un cap qui s'élève au-dessus de la mer; et enfin, à 6 milles de Tâlil, *Zouagha* زوغة, la « Zouaghat ech-Cherkiya ». Il ne nous paraît pas inutile de reproduire cet itinéraire, qui jette quelque jour sur la nomenclature géographique de cette partie de la côte tripolitaine. La *Zouagha* de la carte de C. Müller correspond à la Zouarat el-Kebira de Tidjâni.

l'enceinte fortifiée de Sabrata[1]. Nous savons par le même historien que Sabrata fut dotée à la même époque d'une magnifique église[2]. Barth cite, parmi les monuments encore reconnaissables de la cité antique, un amphithéâtre à cinq rangs de gradins, une jetée, et une plate-forme construite en blocs énormes, près de laquelle étaient couchées deux statues de marbre.

Barth, Müller et en dernier lieu M. Vivien Saint-Martin ont suffisamment démontré l'identité de la Sabrata du Stadiasme et de Ptolémée[3] avec l'*Abrotonum* de Scylax[4], de Strabon et de Pline[5]. Ce dernier nom n'est qu'une variante grecque de la forme שברתון *Sabratoun*, qu'on trouve sur les monnaies de Sabrata en même temps que la forme ordinaire שברת *Sabrat*[6].

La Ζείθα ἄκρα que Ptolémée place un peu à l'ouest de Sabrata doit être, comme le suppose C. Müller, la pointe que dessine la côte à deux milles au sud-est de Touzant et immédiatement à l'ouest de la Zouagha de Barth (*Zouarat el-Kebira* de Tidjâni). C'est là que Barth a placé *Ad Ammonem*, par suite de la position beaucoup trop occidentale qu'il a donnée à *Gypsaria taberna*.

---

[1] *De Aedif.*, VI, IV : Σαβαραθὰν ἐτειχίσατο πόλιν.

[2] *Ibid.* : Οὗ δὴ καὶ λόγου ἀξίαν πολλοῦ ἐκκλησίαν ἐδείματο.

[3] Σαράθρα, dans le texte du Stadiasme, n'est qu'une corruption de Σάβραθα ou peut-être de Σαβάθρα, qu'on trouve dans les manuscrits de Ptolémée avec la variante Σαβάτρα. Procope écrit Σαβαραθά, Silius Italicus *Sabratha*; la Table de Peutinger, l'Itinéraire d'Antonin, Ethicus et l'Anonyme de Ravenne, *Sabrata*. Suétone donne l'ethnique *Sabratensis*. On trouve dans Pline la même forme avec les variantes *Sabratha* et *Sabathra*.

[4] Scylacis *Peripl.*, 110 : Ἀβρότονον πόλις καὶ λιμήν.

[5] Pline, ainsi qu'on l'a fait observer depuis longtemps, a cité les deux noms de Sabrata et d'Abrotonum de façon à faire supposer qu'il les attribue à deux villes distinctes. Il n'y a certainement eu de sa part qu'un de ces lapsus qui tenaient à la hâte qu'il apportait à ses compilations. Ptolémée a commis une erreur analogue en distinguant deux Sabrata, l'une sur le littoral, l'autre dans l'intérieur.

[6] « Forum frumenti », d'après Movers, t. II, p. 491.

§ 5. — DE SABRATA À LEPTIS MAGNA.

1. — De Sabrata à Oea.

Entre Sabrata et *Oea*, la Table de Peutinger indique deux routes. La première suit le littoral, qui court à peu près en ligne droite de l'ouest à l'est, et passe par *Pontos* (à 16 milles de Sabrata) et par *Assaria* (à 13 milles de Pontos et 20 d'Oea).

PONTOS.

C. Müller, se fondant uniquement sur le calcul des distances, place Pontos à Zarnari. Barth serait disposé à l'identifier aux ruines d'une petite ville antique située à trois heures de marche à l'est de Sabrata, et dont il ne donne pas le nom moderne. Il reconnaît toutefois que la distance qui sépare ces ruines de celles de Sabrata ne coïncide pas avec les données de la Table de Peutinger. Cette difficulté ne nous semble pas de nature à faire rejeter la synonymie entrevue par le voyageur allemand et écartée par Müller. Les chiffres XVI et XIII de la Table nous paraissent avoir subi une de ces transpositions dont la copie du moine de Colmar offre tant d'exemples, et nous n'hésitons pas à considérer les ruines anonymes qu'a visitées Barth comme celles de Pontos. Les trois heures de marche qui les séparent de Sabra représentent exactement les XIII milles marqués entre Pontos et Assaria, et les XVI milles indiqués entre Sabrata et Pontos doivent être reportés entre Pontos et Assaria (*Saiyad*). Les ruines observées par Barth couvrent un plateau défendu à l'ouest par une falaise, à l'est par un ressaut de terrain très prononcé. On y remarque, entre autres vestiges antiques, un amphithéâtre dont les gradins ont été taillés dans le roc.

ASSARIA (*Saiyad*).

Assaria est identifiée par C. Müller à *Saiyad*, le « Kasr Saiyad » qu'Édrisi place à 20 milles à l'ouest de Tripoli. Cette distance est précisément celle qu'indique la Table entre Assaria et Oea, et nous avons pu constater que les évaluations numériques d'Édrisi reproduisent le plus souvent celles des routiers romains. La synonymie proposée par Müller pour Assaria nous paraît donc indiscutable, et nous n'hésitons pas à écarter celle que M. de Maltzan a essayé d'établir entre cette station et Zanzour, qui n'est qu'à 17 milles de Tripoli.

La seconde route passe par une station que la Table ne nomme pas, mais qui devait avoir une certaine importance, à en juger par le grand bâtiment que dessine l'*Itinerarium pictum*. Cette station anonyme est située à 27 milles de Sabrata et à 18 milles d'Oea. L'Itinéraire d'Antonin plaçant Vax, *villa Repentina*, à 27 milles de Sabrata et à 28 milles d'Oea, nous pensons qu'il faut lire xxviii au lieu de xviii dans la Table de Peutinger, et que le tracé de l'Itinéraire, abandonnant le littoral entre Oea et Sabrata, coïncidait avec la route intérieure de la Table. L'unique station de l'Itinéraire, Vax, nous paraît dès lors identique à la station anonyme de l'autre routier. On peut affirmer d'ailleurs, *a priori*, la nécessité de la correction que nous faisons subir au chiffre de la Table. La côte courant en ligne droite, la route de l'intérieur doit être nécessairement plus longue que celle du littoral, qu'elle enveloppe. Or, la voie du littoral étant de 49 milles, la route de l'intérieur ne peut pas être de 27 milles + 18 milles, soit 45 milles; elle doit être de 27 + 28, soit 55 milles, comme celle de l'*Itinéraire d'Antonin*.

Le cheikh Et-Tidjâni parle de nombreuses ruines anciennes qui auraient existé de son temps à Karkouza مرقوزة, à quelque distance de Lamaya. Les étapes du voyageur tunisien étant fort inégales, il n'est pas aisé de déterminer la position exacte de Karkouza. On peut cependant, par l'analyse de l'itinéraire d'Et-Tidjâni, la fixer très approximativement dans le voisinage de la *Zaouïa* que les cartes de Barth et de Renou placent à peu

Vax
(*Karkouza?*).

près à mi-chemin de Zouagha (Sabrata) et de Tripoli. De Zouagha, en effet, Tidjâni passe par S'ermân, point inconnu, et va camper à Zaouïat Aoulad-Scheïl, *Ribat* fortifié qu'entoure la petite oasis de Sabria. Le jour suivant, il passe par une *Zaouïa* plus riche et beaucoup plus peuplée, Zaouïat Aoulad-Senân, que nous supposons être la *Zaouïa* de nos cartes, et où se tenait, nous dit le voyageur arabe, une foire considérable. Il va coucher le même jour à Lamaya, à quelque distance de Karkouza. Le lendemain il couche à Zanzour, à 17 milles de Tripoli. Si les ruines de Karkouza sont situées au sud de Lamaya, ce que ne nous dit pas Tidjâni, mais ce que l'on peut supposer puisqu'il ne les rencontre point sur sa route, il est permis de les considérer comme celles de la *Vax* de l'Itinéraire.

2. — D'Oea à Leptis Magna.

Entre Oea et Leptis Magna, comme entre Oea et Sabrata, la table Peutingérienne indique un double tracé. Le premier, dont le développement est de 77 milles, passe par *Turris ad Algam* (12 milles), *Getullu* (15 milles), *Quintiliana* (24 milles), *Ad Palmam* (14 milles), et atteint Leptis à 12 milles de cette dernière station. Le second, plus court d'un mille seulement, devait faire vers le sud un crochet équivalent, à cette distance près, aux deux légères sinuosités que décrivait la route du littoral en suivant les deux courbes du Ras Tadjoura et du Ras el-Hamra.

TURRIS AD ALGAM. *Turris ad Algam*, si l'on ne tient compte que du calcul exact des distances, devrait se retrouver près de Tadjoura, à l'extrémité orientale des hauteurs qui forment le Ras el-Kaliyoucha d'Édrisi[1]. M. C. Müller n'en place pas moins Turris ad Algam,

[1] La carte de Müller donne à tort ce nom de Kaliyoucha à la pointe que dessine le littoral entre Tadjoura et Tripoli. Édrisi place le Ras el-Kaliyoucha à 14 milles à l'est de Tripoli, là même, par conséquent, où nos cartes indiquent le Ras Tadjoura.

et peut-être avec raison, à la pointe sud-est du lac de Tadjoura, sur l'isthme qui s'étend entre ce lac et la mer. Le nom de Turris ad Algam peut à la rigueur se traduire par « la tour de l'algue ». Mais on peut admettre aussi que l'auteur de la Table a écrit *Alga* pour *Halga*, et voir dans ce dernier mot une dénomination indigène en même temps qu'une indication topographique. Le mot arabe *Hal'k* حَلْق, qui se prononce *Halg* dans le dialecte tripolitain, signifie « gorge, goulet ». *Halk'a* ou *Halga* حَلْقَة, dans la même langue, désigne « un récipient qui déborde, une masse d'eau qui se déverse ». D'un autre côté, le mot hébreu *Helek'* חֵלֶךְ a le double sens de *flumen* aussi bien que celui d'*iter*. La tour dont la Table de Peutinger nous a peut-être conservé le nom punique aurait été située sur le canal par lequel la lagune de Tadjoura communiquait anciennement avec la mer.

Getullu se retrouve sans doute à une très petite distance de l'embouchure de l'Oued er-Remel, à l'ouest, sinon à l'embouchure même de ce cours d'eau. Le tracé de la Table n'étant que de deux milles plus long que celui de l'Itinéraire, qui allait en droite ligne d'Oea à Magradi, et ces deux milles étant largement représentés par le léger détour que faisait la route de la Table, Getullu et Magradi pourraient bien n'être qu'une seule et même station.

<small>GETULLU.</small>

Quintiliana doit être représentée par les ruines antiques qui existent au sud-est du Ras el-Hamra. La distance qui sépare ces ruines de l'Oued er-Remel équivaut aux 24 milles indiqués par la table entre Quintiliana et Getullu.

<small>QUINTILIANA.</small>

Ad Palmam, enfin, doit correspondre, comme l'a supposé Müller, non pas à Bou-Seïf, qui n'est guère qu'à huit milles de Lebda, mais aux ruines qui se trouvent sur la rive droite de l'Oued Sidi-Abd-el-Aâti (*Wadi Sidi-Abdellata* de la carte de

<small>AD PALMAM.</small>

Müller). Les xii milles que la Table indique entre Ad Palmam et Leptis sont probablement une erreur : nous pensons qu'il faut lire xv, chiffre qui, en s'ajoutant au précédent, xiv, représente les 29 milles comptés par l'Itinéraire entre Magradi et Leptis Magna.

Des deux positions maritimes qu'indiquent le Stadiasme et Ptolémée entre Oea et Leptis, Müller place la plus occidentale, *Megerthis,* soit à l'embouchure de l'Oued Remel, soit à l'est et au-dessous du Ras Sciarra de sa carte, le *Ras Cha'ra* d'Édrisi.

GAPHARA. Il identifie la seconde, *Gaphara,* à la baie qu'abrite le cap Esfarrah. Le véritable nom de cette pointe est *Ras Djafara,* et l'on sait que le *dj* arabe prend souvent la valeur du *g* dur : il n'a même que cette prononciation dans le dialecte égyptien. Le nom de *Gafara* reproduit donc exactement celui que nous a conservé Ptolémée, et la correspondance proposée par Müller ne nous semble pas douteuse.

MEGERTHIS. Quant à *Megerthis,* pour des raisons que nous exposerons plus loin, elle nous paraît devoir être cherchée à l'embouchure de l'Oued Remel plutôt qu'au sud du Ras Cha'ra, où Müller la placerait de préférence.

Route méridionale. — La seconde voie indiquée par la Table de Peutinger passe par *Flacci taberna,* à 16 milles d'Oea; *Cercar,* à 20 milles de la station précédente, et *Subututtu,* située à 15 milles de Cercar et 25 milles de Leptis.

Nos cartes ne nous faisant guère connaître que le littoral de cette partie de la Tripolitaine, il nous est impossible de proposer des synonymies précises pour ces trois stations.

FLACCI TABERNA. *Flacci taberna* doit se retrouver à peu près sous le méridien du Ras Tadjoura, au sud-est de Tripoli. *Cercar* est peut-être
CERCAR. le Ksar Karaboli de la carte de Barth. *Subututtu,* dont le
SUBUTUTTU. nom rappelle celui du Tubusuptus maurétanien, devait être

située entre le cours de l'Oued Mata et la source de l'Oued Targad.

Route de l'Itinéraire d'Antonin. — L'Itinéraire n'indique que deux stations entre Oea et Leptis : *Magradi, villa Aniciorum*, et *Minna, villa Marci*. Cette dernière ville est placée à égale distance (29 milles) de Leptis et de Magradi, située elle-même à 25 milles d'Oea.

Le nom de *Magradi* n'est certainement qu'une variante de la *Megerthis* du Stadiasme. La route de l'Itinéraire, à partir de ce point, suivait donc le littoral, comme le tracé septentrional de la Table, et devait par conséquent se confondre avec ce dernier. La différence de trois ou de six milles en plus qu'on remarque dans l'Itinéraire (83 milles au lieu de 77, ou de 80 si l'on corrige le chiffre XII indiqué entre Ad Palmam et Leptis) s'explique d'ailleurs assez naturellement : les XXIX milles indiqués entre Magradi et Minna peuvent être une erreur de copiste; on sait avec quelle facilité, dans la transcription des chiffres romains, un v mal formé peut devenir un x. En rétablissant le chiffre véritable, ou tout au moins probable, XXIV, les deux tracés ne présentent plus qu'une différence d'un ou deux milles, suivant que l'on adopte, ou non, la correction que nous avons proposée pour la distance de Ad Palmam à Leptis Magna.

Magradi se retrouve à 25 milles d'Oea sur l'Oued Remel, et cette synonymie, fondée sur le calcul des distances, nous permet de nous prononcer entre les deux hypothèses de Müller : la Megerthis du Stadiasme était située sur la baie dans laquelle se jette l'Oued Remel.

L'identité d'Oea et de Tripoli n'est pas plus discutable que celle de Sabrata et de Zouaghat ech-Cherkiya. Ici encore le nom antique a subsisté jusqu'au moyen âge sous la forme *Aïas*

MAGRADI.

OEA (*Tripoli*).

ايلس, que nous a conservée El-Bekri. Les monnaies d'Oea nous donnent le nom phénicien tantôt isolé, *Ouïath, Oeath* ויעת, tantôt avec le qualificatif dont il est précédé dans le Stadiasme, *Ma'kar Oea'th* מעקר ויעת *Μακαραία*, l'« Oeath de Makar »; l'Hercule tyrien. Une médaille citée par le Dr Judas porte la légende *Oeath bilath Ma'kar* ויעת בילת מעקר « Oeath, ville de Makar »[1]. Les transcriptions latines de ce nom varient beaucoup : Mela écrit *Oza*[2]; Solin, *Oea*[3]; Silius, *Oea*[4]. Les manuscrits de Pline donnent les variantes : *civitas Ocensis, Oensis, Occensis, Cocensis*[5]; l'ethnique *Ocensis* se trouve également dans Ammien Marcellin. La Table de Peutinger porte *Osa colonia;* l'Itinéraire, *Ocea colonia;* l'Anonyme de Ravenne, *Oeca*[6]. Ptolémée donne enfin la forme Ἐώα, dans laquelle les deux premières voyelles sont transposées.

Oea était probablement une des plus anciennes colonies phéniciennes du littoral tripolitain : l'importance commerciale de sa position, qui en fait un des ports du Soudan, avait certainement attiré de bonne heure l'attention du peuple auquel l'Afrique septentrionale a dû sa première civilisation. Ce que Silius nous dit de sa fondation par des colons de la Sicile mêlés aux indigènes[7] ne doit donc pas être pris à la lettre : il ne s'agit que d'un repeuplement d'Oea pendant la seconde guerre punique.

Son titre de colonie ne nous est connu que par les Itinéraires et date, selon toute apparence, du règne de Septime Sévère, le bienfaiteur de la Tripolitaine. Solin la cite parmi les trois cités libres dont fut composée la nouvelle province[8].

---

[1] *Étude dém.*, etc., p. 138.
[2] I, vii : « Oza oppidum ».
[3] Cap. xxx.
[4] III, v. 257.
[5] *Hist. nat.*, V, iv.
[6] V, v.
[7] III, v. 257 :
Oeaque trinacrios Afris permixta colonos.
[8] Solin, xxvii.

Nous savons par Tacite[1] qu'Oea soutint, avec l'appui des Garamantes, une guerre contre Leptis, à propos des limites des deux territoires.

Le voisinage des tribus libyennes, qui l'avait sauvée dans cette circonstance, finit par lui être fatal : elle fut détruite au IVe siècle par les *Austuriani*[2]. Son nom ne se retrouve même pas dans Procope.

Le seul monument qui témoigne encore de la splendeur d'Oea est l'arc de triomphe, souvent décrit, que Caius Orfitus, proconsul de la province d'Afrique, y éleva en l'honneur de Marc Aurèle Antonin et de Lucius Aurelius Verus. La dédicace figure dans le recueil de Maffei[3].

Les ruines de Leptis Magna sont encore désignées par les indigènes sous le nom de *Lebda*. La légende לפכי, *Lebki*, que portent les monnaies attribuées à la Leptis punique[4], s'expliquerait, d'après Schröder, par la permutation fréquente des deux lettres פ et נ[5]. Une inscription algérienne donne l'ethnique *Lepcitana*[6], et prouve que le nom de Leptis subissait parfois, dans la prononciation locale, l'altération indiquée par les légendes monétaires. Les textes latins et grecs donnent tous la forme *Leptis*[7]. Le surnom de *Magna*, ἡ μεγάλη, se trouve dans le Stadiasme[8], dans Pline[9], dans Solin[10], dans le Digeste[11], dans

LEPTIS MAGNA
(*Lebda*).

---

[1] *Hist.*, IV, L.

[2] Amm. Marcell., XXVIII, VI.

[3] [Maffei, *Mus. Veron.*, p. 467, 2; *Corpus inscr. Lat.*, VIII, n° 24.]

[4] Movers, *Die Phöniz.*, II, p. 486. — L. Müller, II, p. 10.

[5] Schröder, *Die phön. Sprache*, p. 115.

[6] *I. A.*, 425.

[7] Salluste, *Jug.*, XIX, LXXVII, LXXVIII; Caes., *B. civ.*, II, XXXVIII; Auct. *Bell. Afr.*, XCVII; Liv., XXXIV, LXII; Mela, I, XXXVII; Lucain, *Phars.*, IX, v. 948; Sil. Ital., III, v. 256; Tacit., *Ann.*, III, LXXIV; *Hist.*, IV, L; *Dig.*, XXVIII, 6, 30; *Vita Severi*, 1; Ammien Marcellin, XXVIII, VI, 4; Eutrope, VIII, XVIII; Orose, VII, XVII; Strabon, XVII, p. 835; Ptolémée, IV, III, 13.

[8] *Stadiasmus maris magni*, 93, 94, 130.

[9] Pline, V, IV, 4 : «Leptis altera quae cognominatur Magna.»

[10] XXVII, 8.

[11] *Dig.* L, 15, 8.

les Itinéraires[1], dans les Actes des conciles[2], dans Procope[3], et dans le Code de Justinien[4].

Le nom de Νεάπολις, donné à Leptis par le Périple[5], par Strabon[6] et par Ptolémée[7], aurait désigné, d'après Barth[8], un quartier particulier de la ville. Wilmanns suppose qu'il avait été donné à Leptis par opposition à la colonie de Doriens, fondée vers 520 à l'embouchure du Cinyps, et détruite peu de temps après par les Libyens et les Carthaginois[9].

Tributaire de Carthage, à laquelle elle payait un impôt quotidien d'un talent[10], Leptis, après la seconde guerre punique, lui fut enlevée par Masinissa[11]. Momentanément occupée par les Romains, à la demande de ses habitants, pendant la guerre de Jugurtha[12], elle resta l'alliée de Rome plutôt qu'elle ne fut une annexe de la province romaine jusqu'à l'époque des guerres civiles. Prise et pillée par Juba, elle n'en resta pas moins fidèle à la cause du Sénat, accueillit Caton et les débris de l'armée pompéienne après Pharsale, prit une part active à la guerre d'Afrique et fut frappée par César d'une imposition annuelle de 300,000 livres d'huile. Elle conserva cependant sa condition de ville libre. Le fragment suivant d'une inscription bilingue prouve qu'elle était encore administrée par ses suffètes au premier siècle de notre ère :

---

[1] « Lepti Magna. » *Tab. Peut.*; *It. Ant.*, p. 57, 63, 73, 77; Rav. Anon., III, v; V, vi.

[2] *Leptimagnensis* (ἀπὸ Λεπτιμάγνης, a. 258). Conc. de 393, conför. de 411, notice de 482.

[3] *B. Vand.*, II, xxi; *De Aedif.*, VI, iv.

[4] I, 27, 2.

[5] Scyl. *Peripl.*, 109, 110.

[6] Strab., XVII, p. 835 : Νεάπολις ἥν καὶ Λέπτιν καλοῦσιν.

[7] Ptol., IV, iii, 13 : Νεάπολις ἡ καὶ Λέπτις μεγάλη.

[8] *Wanderungen*, I, p. 306. La conjecture de Barth a été adoptée par C. Müller, *Geogr. Min.*, I, p. 461.

[9] C. I. L., t. VIII, p. 2.

[10] Voir plus haut, p. 169.

[11] Sall., *Jug.*, lxxviii; Liv. XXXIV, lxii; Appien, VIII, cvi.

[12] Sall., *l. l.*

C. I. L., t. VIII, 7 :

AVG ⸱ SVFE
שת ׃ למלבת תמקם עלם

[Fortunae] aug(ustae) sufe[tes]
positum a magistratibus loci in aeternum.

Colonie de Trajan[1], Leptis reçut de Septime Sévère, qui y était né, le droit italique[2]. Riche et peuplée, elle avait à lutter incessamment contre deux ennemis qui finirent par avoir raison d'elle : les Nomades et les sables mouvants. Menacée par les Garamantes en 70[3], dévastée par les *Austuriani* en 370[4], saccagée par les *Levathae* au commencement du vi[e] siècle[5], elle était déjà à demi ensevelie sous les sables lorsque Justinien entreprit de la relever de ses ruines. La nouvelle ville ne comprit dans son enceinte qu'une partie de l'ancienne[6]. La notice de l'année 482 est le dernier texte ecclésiastique qui fasse mention de ses évêques.

Movers et Marquardt ont supposé que Leptis était unie par un lien politique aux deux autres grandes cités de la Tripolitaine. Wilmanns a fait observer, avec raison, que le passage

[1] *C. I. L.*, t. VIII, 10 :

imp. cae|SARI ⸱ DIVI ⸱ NeRV|ae
|MAX ⸱ TRIB ⸱ POt ⸱ XIII|
|COLONIAE ⸱ VlpIAe ⸱ TR|aianae
|CVM ORNAMENT|is

Un autre fragment trouvé à Leptis (*C. I. L.*, t. VIII, n° 8) et certainement antérieur au précédent, donne à cette cité le titre de *Municipe*. Leptis est également qualifiée de colonie dans un fragment de Julien (*Dig.*, L, 15, 8) et dans les Itinéraires.

[2] *Dig.*, L, 15, 8, 11.

[3] Tacite, *Hist.*, IV, l.

[4] Ammien, XXVIII, vi.

[5] Procope, *De Aedif.*, VI, iv.

[6] Procope, *ibid.* : Νῦν δὲ τῆς πόλεως τὸ μὲν καταχωσθὲν ἐφ' οὕπερ ἦν σχήματος εἴασεν οὕτω δὴ ψάμμῳ ἐς λόφους συνειλεγμένη κεκαλυμμένον, τήν τε λοιπὴν ἐτειχίσατο ἐν τῷ τῆς οἰκοδομίας ἐχυρῷ μάλιστα.

d'Ammien sur lequel se fonde cette conjecture [1], fait simplement allusion à des assemblées provinciales annuelles.

§ 6. — DE LEPTIS MAGNA À MACOMADES SELORUM.

Barth a signalé les difficultés exceptionnelles que présente, de Leptis Magna aux Autels des Philènes, la géographie comparée du littoral tripolitain. Si l'étude spéciale qu'il en a faite n'a pas abouti à la solution de toutes les données du problème, elle a eu du moins pour résultat de fixer avec certitude un certain nombre de positions principales, et c'est en prenant ces synonymies comme point de départ que nous essayerons de déterminer, au moins approximativement, les correspondances que son travail laisse encore indécises.

Les synonymies bien établies de *Tubactis* (Mezrata) et de *Macomades* (Mersa Zafran) nous amènent à partager l'analyse de cette partie du réseau routier tripolitain en trois sections :

De Leptis Magna à Tubactis;

De Tubactis à Macomades;

De ce dernier point aux Autels des Philènes, c'est-à-dire aux limites orientales de la province d'Afrique.

1. — De Leptis Magna à Tubactis.

La Table de Peutinger compte 20 milles de Leptis Magna à *Sugolin* et 15 de Sugolin à *Nivirgi taberna*. A la hauteur de cette dernière *mansio*, la route se partage en deux voies, dont l'une suit le littoral, tandis que l'autre court parallèlement jusqu'à *Tubactis*, où elle rejoint la première. Chacune de ces deux routes n'a qu'une station; sur l'une nous trouvons *Simnuana*, à 15 milles de Nivirgi taberna et à 22 milles de Tubactis; sur

---

[1] Ammien, XXVIII, vi, vii : « Qua spe Tripolitani frustrati ... adlapso legitimo die concilii, quod apud eos est annuum, Severum et Flaccianum creavere legatos. »

l'autre *Virga*, à 15 milles de Nivirgi taberna; la distance de Virga à Tubactis est omise.

C. Müller a supposé que la route du littoral était celle qui passait par Virga, et a placé Simnuana sur la route du sud. L'hypothèse contraire nous paraît la vraie : la Table indique la route de Virga comme une voie secondaire et celle de Simnuana comme la continuation de la grande voie du littoral.

1. *Route du littoral* (Table de Peutinger). — La première station, *Sugolin*, n'est pas douteuse : elle se retrouve à Zliten ou Izliten, à 20 milles à l'est de Lebda et à proximité du double mouillage que forment, au nord, la Marsa Izliten, au nord-est, la Marsa Bakirou d'Édrisi. C'est entre Leptis et Sugolin que la Table de Peutinger marque le cours inférieur du Cinyps, *flumen Cinyps*, que nous avons identifié avec l'Oued el-Mghar-el-Ghrin.

SUGOLIN (*Zliten*).

Les 15 milles qui séparent Sugolin de Nivirgi taberna nous font placer cette seconde station aux ruines qu'on rencontre entre la koubba de Sidi-Ali et le Ras Horir, au sud-sud-ouest de cette pointe et au nord-nord-est de Sidi-Ali. C'est là du reste que l'indique C. Müller.

NIVIRGI TABERNA.

Simnuana, à 15 milles du point précédent, est représentée par les vestiges antiques qu'on trouve sur la rive droite du cours d'eau qui débouche à l'est du Ras el-Ihoudi, là-même où C. Müller place à tort la *Berga* de l'Itinéraire, évidemment identique à la Virga de la Table. Le chiffre XXII marqué entre Simnuana et Tubactis est un peu trop faible : il faut lire XXV. Le développement total de la route est alors de 75 milles, qui se retrouvent sur le terrain.

SIMNUANA.

Tubactis, comme nous l'avons déjà dit, est un des points dont l'équivalent moderne est certain. Barth et Müller l'identifient à Mezrata.

TUBACTIS (*Mezrata*).

2. *Route méridionale de la Table de Nivirgi taberna à Tubactis, et route de l'Itinéraire de Leptis Magna à Thebunte (Tubactis).* — Nous pensons que la route méridionale de la Table de Peutinger se confondait, à partir de Nivirgi taberna, avec celle que l'Itinéraire d'Antonin indique entre Leptis Magna et Thebunte (Tubactis). Nous donnons ci-dessous le tableau des deux tracés :

TABLE DE PEUTINGER.		ITINÉRAIRE D'ANTONIN.	
STATIONS.	Distances indiquées.	STATIONS.	Distances indiquées.
Lepti Magna colonia...........		Leptimagna colonia...........	
	xx		xx
Svgolin.................		Seggera.................	
	xv		
Nivirgi taberna.............			xxiv
	xv		
Virga...................		Berge...................	
			xxv
		Base...................	
			xix
Tvbactis.................		Thebvnte...............	

Ces chiffres sont fort embarrassants au premier abord; mais les difficultés disparaissent à l'analyse.

Nous constatons en premier lieu l'existence de deux stations communes : *Seggera* ou *Sugolin* et *Berge* ou *Virga*. Le tracé des deux routes est donc identique.

Virga ou Berge. La distance de Sugolin (Izliten) à Virga est de 30 milles d'après la Table (de Sugolin à Nivirgi taberna, 15 milles; de Nivirgi taberna à Virga, 15 milles). L'Itinéraire indique 24 milles entre les deux mêmes points. Il faut évidemment lire 30 milles : Virga vient alors se placer sur le versant nord du Djebel Ghariân, à 50 milles de Leptis Magna et 25 de

Tubactis (Mezrata), par 32° 21′ 30″ de latitude et 12° 35′ 30″ de longitude. Bien que la Table de Peutinger omette la distance qui séparait Virga de Tubactis, le chiffre 25, que nous proposons, nous semble justifié : c'est celui que l'Itinéraire indique entre Berge (Virga) et la station suivante. Cette station porte, il est vrai, le nom de *Base;* mais il faut lire : *Thebunte*, et voici ce qui nous porte à le croire.

Le chiffre total des distances partielles indiquées par l'Itinéraire entre Leptis et Thebunte (99 milles) est beaucoup trop fort : en retranchant de la route méridionale les 50 milles[1] qui séparent Berge ou Virga, point commun aux deux tracés, de Leptis Magna, il reste pour la distance de Berge à Thebunte 49 milles, dont le développement ne s'applique sur la carte qu'en faisant décrire à la route, dans la direction du sud, un détour invraisemblable. Le problème que soulèvent les données de l'Itinéraire ne peut se résoudre que par deux hypothèses : ou les chiffres sont faux entre Berge et Thebunte, comme le suppose C. Müller[2], ou bien, comme nous le supposons nous-même, la station de Base a subi une transposition : au lieu de précéder Thebunte, elle devait la suivre. La solution que nous proposons nous paraît d'autant plus acceptable que la somme des distances données par l'Itinéraire entre Thebunte et Macomades est précisément, comme nous le verrons bientôt, trop faible d'une trentaine de milles. Notre hypothèse explique donc, tout à la fois, et la différence en plus que l'on constate entre Berge et Thebunte, et la différence en moins qui existe entre Thebunte et la première station orientale dont la correspondance soit certaine. Moyennant la correction que nous

---

[1] Nous tenons compte de la correction que nous croyons nécessaire pour la distance de Seggera à Berge (30 milles au lieu de 24 milles). — [2] Müller lit xii au lieu de xxx.

proposons, la concordance se rétablit entre les deux tracés. Virga ou Berge se retrouve, dans l'un comme dans l'autre, à 50 milles de Leptis et à 25 de Tubactis ou Thebunte. La distance omise par la Table entre Virga et Tubactis nous est fournie par le chiffre 25, marqué par l'Itinéraire entre Berge et Thebunte, que nous substituons à Base. Les 24 milles indiqués par l'Itinéraire entre Seggera et Berge sont remplacés par les 30 milles que la Table compte entre Sugolin et Virga. Les deux tracés, enfin, présentent un développement total de 75 milles, égal par conséquent à celui de la route du littoral, et ce développement se retrouve sur le terrain; la distance de Lebda à Mezrata, par la route méridionale, mesurée sur nos cartes les plus récentes, est de 62 milles et demi, ce qui donne, en l'augmentant d'un cinquième, une distance réelle de 75 milles.

2. — De Tubactis à Macomades Selorum.

La synonymie de Macomades[1] et de Mersa Zafran n'est pas douteuse : Mersa Zafran portait encore au moyen âge le nom de *Maghmadas* ou *Maghmadach*[2], dans lequel il est facile de reconnaître la dénomination antique. Cette correspondance fournit un point de repère d'autant plus précieux que les deux routiers ne nous offrent aucune station commune entre Macomades

---

[1] « Macomades Syrtis. » (*It. Ant.*) « Macomades Selorum. » (*Table de Peut.*) La tribu des *Seli, natio Selorum*, occupe, d'après l'*Itinerarium pictum*, les territoires qui s'étendent entre le fleuve Be (Oued Baï) et les Autels des Philènes.

[2] El-Bekri place Maghmadas à une journée de marche à l'ouest de Sort (*Iscina*), distance qui correspond aux 34 milles indiqués par l'Itinéraire entre Macomades et Iscina. Édrisi évalue cette distance à une journée et demie de marche ordinaire et place par erreur *Maghdach*, forme corrompue du nom de Maghmadas, à l'est de Sort.

Les détails que donne El-Bekri sur *El-Asnam*, monument antique qu'il place à Maghmadas et que Beechey a retrouvé près de Zafran, ne laissent aucun doute sur la méprise d'Édrisi.

et la pointe occidentale de la grande Syrte (Ras Mezrata), aucun moyen, par conséquent, de les contrôler l'un par l'autre. Les deux tracés, *a priori*, doivent être différents, et l'analyse le prouve.

Le développement de la route de l'Itinéraire de Thebunte à Macomades est de 123 milles.

Les stations s'échelonnent dans l'ordre suivant :

THEBVNTE...............................	
	XXX
AVZIQVA................................	
	XXX
ANNESEL................................	
	XVIII
AVZVI..................................	
	XAV
ASTIAGI................................	
	XX
MACOMADIBVS SYRTIS.....................	
	CXXIII

La distance réelle entre Mezrata et Zafran, mesurée au compas en suivant la ligne la plus courte, c'est-à-dire la concavité du golfe, est de 143 milles. En ajoutant à ce chiffre un quatorzième pour les détours de la route, coefficient suffisant dans une région de plaines, on peut évaluer à 153 milles romains la distance réelle entre les deux points connus. C'est précisément celle que donne l'Itinéraire lorsqu'on applique la correction que nous avons proposée pour la position de *Base* : 123+30= 153 milles.

La route de l'Itinéraire suivait donc certainement le littoral. Le calcul des distances donne d'ailleurs les synonymies suivantes :

Base se retrouve en face du mouillage indiqué par la carte de Müller au-dessous de la pointe Kharra, et qui porte le nom de Mersa el-Arar.

Auziqua se place à 30 milles plus au sud, à Solob, le *Soulib* de la carte de Müller. Le mot Solob désigne en arabe un terrain dur et pierreux.

Les trente autres milles indiqués par l'Itinéraire entre la station précédente et *Annesel* conduisent sur le littoral à la hauteur de l'écueil que nos cartes désignent sous le nom de *Djerid*.

Auzui, à 18 milles plus au sud, doit être cherché à égale distance de Sidi-Ali et de Bir Matrâo (la *Chouara* de Barth).

Astiagi, enfin, se retrouve exactement à Zeraïfeh, située à 25 milles du point précédent et à 20 de Zafran.

Le développement du tracé de la Table de Peutinger est de 209 milles. La route traversait huit stations : *Casa Rimoniana, Ad Cisternas, Nala, Vissio* ou *Dissio Aqua amara, Chosol, Ad Ficum, Praetorium* et *Putea Nigrorum*. Entre Praetorium et Ad Ficum, elle franchissait un cours d'eau, le fleuve *Be*. Deux routes secondaires se détachaient en outre de la voie principale pour la rejoindre de nouveau. La première, longue de 35 milles, comme le tronçon correspondant de la grande voie, reliait *Ad Cisternas* à *Dissio Aqua amara*. La seconde rattachait ce dernier point à Ad Ficum en passant par *Musula* et formait un *compendium* de 10 milles : la Table indique 30 milles entre Dissio et Musula, 25 entre Musula et Ad Ficum.

La différence de 46 milles en plus que présente la voie principale de la Table comparée à celle de l'Itinéraire, et l'existence d'un fleuve sur ce tracé, alors que sur tout le littoral, entre Mezrata et Zafran, il n'existe pas le moindre cours d'eau, prouvent suffisamment que la route de la Table de Peutinger ne suivait pas la côte, comme celle de l'Itinéraire; elle longeait le rivage occidental de l'immense lac salé qui s'étend, parallèlement à la mer, de Mezrata jusqu'à la hauteur de Sidi-Ali. Ce lac n'est séparé du littoral que par l'isthme étroit que suivait la route de l'Itinéraire. L'*Itinerarium pictum*, du reste, dessine cette lagune si remarquable et l'accompagne de cette légende : « Salinae immensae quae cum luna crescunt et decrescunt. »

Nous n'avons que fort peu de renseignements sur la topographie de la rive occidentale de ce vaste bassin. Nous savons seulement par Barth, qui a suivi la rive opposée, qu'un certain nombre d'oasis s'échelonnent du nord au sud entre les derniers contreforts du Djebel Gharriân et la Sebkha. La seule qu'il nomme, *Taouargha*, semble occuper sur la carte une position un peu plus méridionale que celle que lui assigne C. Müller. Nos cartes les plus récentes font déboucher quatre larges vallées dans le bassin de la lagune : la première, qu'elles ne nomment pas, s'étend au sud des hauteurs de Taouargha; la deuxième porte le nom d'*Ouâdi Souf-ed-Djin*, dénomination hybride qui peut se traduire par « vallée de la rivière du diable [1] »; la troisième est l'*Ouâdi Zemzem*, limite méridionale du plateau dont le Djebel Zaouarat forme le point culminant. La dernière grande dépression porterait, d'après les renseignements qui nous ont été fournis, le nom d'*Oued Ghoubeba* dans sa partie supérieure, d'*Oued Baï* dans sa partie inférieure, et déboucherait à la pointe méridionale de la grande lagune que dessine la Table de Peutinger.

Si incomplètes que soient ces notions, elles nous permettent d'indiquer approximativement la position des différentes stations de la Table.

Casa Rimoniana doit se retrouver à 25 milles au sud-sud-ouest de Mezrata, à peu près à la hauteur de la pointe Kharra.

Ad Cisternas était sans doute située sur le versant méridional du plateau de Taouargha;

---

[1] Le mot *Souf* est berbère et équivaut à l'*Oued* arabe.

Nala, sur la pente orientale du second plateau, que limitent au nord l'Ouâdi Taouargha, au sud l'Ouâdi Souf-ed-Djin.

Dissio Aqua amara se retrouve à la hauteur d'Isa, sur les derniers contreforts orientaux du Djebel Zaouara.

Chosol doit être cherchée sur le plateau qui sépare l'Oued Zemzem du bassin de l'Oued Baï, au sud-est de la position assignée sur la côte à El-Aouïna.

Ad Ficum occupait l'extrémité sud-est de ce même plateau. Le fleuve *Be* indiqué par la Table entre cette station et la suivante, *Praetorium*, se retrouve sous son nom antique à peine altéré : c'est l'Oued Baï, qui alimente le bassin inférieur de la grande lagune.

A partir de *Ad Ficum*, la route de la Table prenait la direction de l'est et rejoignait la côte à *Praetorium*, que nous retrouvons aux ruines de *Bir Matrâo*, la *Chouara* de Barth. Ces ruines sont celles d'un poste fortifié qui fermait le défilé dans lequel s'engage, à cette hauteur, la route du littoral : l'importance stratégique de cette position, aussi bien que le calcul des distances, ne laissent aucun doute sur l'identité de Praetorium et de Bir Matrâo.

Les 28 milles qui séparaient Praesidium de *Putea Nigrorum* se retrouvent entre Bir Matrâo et le *Bir bou-Tfel* de Barth. Nous n'avons pas besoin de faire remarquer que le mot arabe *Bir* traduit le mot latin *Putea*. Il existe quelques vestiges antiques à Bir bou-Tfel.

La Table marque enfin 13 milles entre Putea Nigrorum et Macomades Selorum. C'est précisément la distance qui sépare Bir bou-Tfel de Zafran, équivalent certain de Macomades.

Deux routes secondaires s'embranchaient, ainsi que nous l'avons dit, sur la grande voie que nous venons de décrire. La première, conduisant de Ad Cisternas à Dissio, présente la même longueur que le segment de la route principale qui réunissait ces deux stations en passant par Nala. Elle devait donc décrire une courbe ou un angle équivalent, soit à l'ouest, soit à l'est de Nala : à l'ouest, si nous devons tenir compte de ce fait que la Table de Peutinger la place au sud de la grande voie; à l'est, et par conséquent sur les bords de la Sebkha, si nous ne considérons pas cette indication comme ayant une valeur absolue. Quant au *compendium* qui reliait Dissio à Ad Ficum par Masula, il devait suivre, à notre avis, la rive occidentale du grand lac. Dans cette partie de la région syrtique, en effet, le littoral, ainsi que la lagune qui s'étend parallèlement à la côte, décrivent une courbe ouverte à l'orient; il en résulte que les lignes enveloppantes se trouvent nécessairement à l'ouest des lignes enveloppées. Or le *compendium* entre Dissio et Ad Ficum, abrégeant de 10 milles la route principale, ne peut se retrouver qu'à l'est de cette route. La Table de Peutinger le trace cependant au-dessous de cette même route, et c'est précisément ce qui nous fait douter de la valeur constante de cette indication.

Musula, si l'on accepte le tracé que nous proposons, se retrouverait sur la rive occidentale du lac, à la hauteur de Chosol.

L'analyse que nous venons de présenter des deux routes de la Table et de l'Itinéraire entre Tubactis et Macomades prouve que les deux voies étaient complètement distinctes jusqu'à Praetorium, où elles se rejoignaient. Cette différence de tracé s'explique peut-être, je ne dirai pas par l'âge différent des deux routiers antiques, mais par la plus ou moins grande ancienneté des documents qui ont servi à leur rédaction primitive. La Table de Peutinger, qui, dans sa forme première, date des premiers temps de l'Empire et reproduit vraisemblablement l'*Orbis pictus* du portique de Polla, nous donne la route punique telle que l'avait trouvée la domination romaine, telle que l'avaient créée les nécessités du commerce des caravanes et les lois, immuables comme le climat, qui président à la formation des centres de population. L'isthme aride qui s'étend, sur une longueur de plus de 100 milles, entre le lac et la mer, n'offre pas une seule source d'eau douce. Les géographes arabes le dépeignent comme un désert aride, et les détails que nous donne Barth prouvent que leurs descriptions n'ont rien d'exagéré. La Sebkha qui coupe l'isthme sur certains points devient d'ailleurs fort dangereuse dans la saison des pluies et ajoutait un danger sérieux aux fatigues du trajet : peut-être même rendait-elle les communications impossibles dans les premiers temps de la domination romaine. La route punique contournait donc la grande lagune et passait par les bourgades libyennes établies sur le versant oriental des plateaux qui la dominent à l'ouest, là même où l'on a aperçu de loin une série d'oasis.

La nature des lieux semble s'être modifiée, dans le cours des siècles, sous l'influence des causes générales qui ont changé sur plus d'un point la constitution de la côte africaine entre le golfe d'Hammamet et celui de la grande Syrte. La grande lagune que Strabon représente comme parsemée d'îles, et qui était certainement navigable puisqu'on y retrouve des vestiges de môles et de quais, paraît avoir cessé d'être en communication constante avec la mer; l'estuaire qui l'alimentait s'est ensablé; ne recevant plus de la Méditerranée le volume d'eau nécessaire pour compenser les pertes résultant de l'évaporation si considérable sous cette latitude, la lagune a vu s'abaisser son niveau, tandis que les alluvions des trois grands cours

d'eau qui y débouchent à l'ouest
ont envasé peu à peu la partie occidentale de son bassin. La lagune
est devenue un lac, l'isthme a présenté un passage praticable en toute
saison. C'est par l'isthme qu'a pu
passer la route de l'Itinéraire, route
postale destinée avant tout à établir
la communication la plus directe
entre les principales stations du
littoral. De là ce tracé plus court,
dont nous avons déjà pu constater
d'autres exemples, notamment entre
Pudput et Horrea Caelia, entre ce
dernier point et Hadrumète, entre
Tacape et Zitha. La route de la
Table, en un mot, suit le tracé
primitif de la grande voie commerciale de l'époque punique et
multiplie ses stations en proportion
des centres indigènes qu'elle a pour
but de relier. La route de l'Itinéraire n'indique que de longues
étapes, va au plus court et paraît
être une œuvre essentiellement
romaine.

30

IMPRIMERIE NATIONALE.

3. — De Macomades aux frontières de la Cyrénaïque.

De Macomades Syrtis aux Autels des Philènes, l'Itinéraire d'Antonin, procédant toujours par grandes étapes, n'indique que six stations : *Iscina*, à xxx, xxxi, xxxiii ou xxxiv milles de Macomades; *Tramaricio*, à xxxi milles du point précédent; *Aubereo*, à xxv milles de Tramaricio; *Digdica*, à xxiv milles d'Aubereo; *Tugulus*, à xxiv milles de Digdica, et *Banadedari*, à la même distance de Tugulus. La longueur totale de ce segment est donc de 160 à 164 milles. La distance de Marsa Zafran (Macomades) à Mouktar (Arae Philenorum) étant en ligne droite de 235 kilomètres, ou 159 milles romains, le tracé de l'Itinéraire devait être aussi direct que possible.

Celui de la Table de Peutinger, dont nous donnons le croquis à la page précédente, semble assez compliqué à première vue; à partir de *Ad Capsum ultimum*, la voie se bifurque et forme deux routes qui se croisent pour se rejoindre à Tagulis.

L'analyse du tracé de la Table prouvera que ce croisement n'est qu'apparent et que l'*Itinerarium pictum* ne dessine en réalité qu'une grande voie suivant le littoral, et de laquelle se détachent deux *diverticula* ou voies secondaires; l'une de ces routes se sépare de la voie principale à Ad Capsum ultimum pour la rejoindre à *Praesidium;* l'autre s'embranche à ce dernier point pour aboutir à Tagulis, en passant par *Vigdida,* la *Digdica* de l'Itinéraire. Le tracé, la station et les distances présentent donc le tableau suivant, dans lequel nous faisons figurer les stations de l'Itinéraire que nomme également la Table :

TABLE DE PEUTINGER.		ITINÉRAIRE D'ANTONIN.	
DISTANCES.	STATIONS.	STATIONS.	DISTANCES.
XIII	Macomadv Selorvm...........	Macomadibvs syrtis....	xxx P. xxxi B.
XIII	Zvre.................	....	xxxiii JLNR.
XIII	Ad Spelvncas...............	....	xxxiiii reliqui.
	Scina Loc. Ivdaeor. Avgti......	Iscina..............	
	Avlazon.		
XX	Ad Palmam.		
XVII	Ad Capsvm vltimvm........		
XII	Ad Tvrrem....Zagazaena..		
XX	Praesidio..............		
	Tvrris et Taberna Vigdida...	Digdica............	XXIV
VI	Tagvlis................	Tvgvlvs............	XXV
XXX	Arephilenorvm..............	Banadedari..........	

La correspondance de *Zure* est certaine : la distance de xiii milles indiquée par la Table entre Macomades et cette première station conduit exactement de Zafran aux ruines antiques de Beni-Hadid. Ces ruines sont celles d'un poste fortifié, plus considérable que ceux qu'on rencontre si fréquemment sur cette partie de la côte. Beechey a constaté que, dans toute l'étendue du littoral Syrtique, de Mahda-Hassan jusque dans la Cyrénaïque, tous les terrains cultivables, tous les pâturages même, sont défendus par des postes militaires. Ces enceintes fortifiées affectent toujours la forme d'un carré dont les côtés mesurent de 15 à 20 mètres : placés en vue les uns des autres, ils formaient une véritable chaîne, et assuraient aux

ZURE
(Beni-Hadid).

populations sédentaires de la côte une protection efficace contre les incursions des Nomades. Les assises inférieures des remparts, construites en blocs de grandes dimensions, remontent évidemment à l'époque impériale, tandis que l'appareil moins régulier auquel elles servent de base accuse les réparations hâtives de la période byzantine.

Le nom de *Zure* est essentiellement phénicien : il vient du radical צור *Tsour* « rupes ». La station antique était effectivement située sur une hauteur rocheuse qui s'élève de 36 mètres au-dessus du littoral.

La station suivante, *Ad Speluncas*, est placée par la Table à xiii milles de Zure et à la même distance d'Iscina. L'une de ces évaluations est certainement fausse : la distance totale de Macomades à Iscina, dont la correspondance avec Medinat-es-Soultan, l'ancienne Sort, n'est pas douteuse, n'est en effet que de 34 milles romains, ainsi que l'indiquent la plupart des manuscrits de l'Itinéraire d'Antonin : le chiffre total de 39 milles (xiii+xiii+xiii) donné par la Table de Peutinger ne pouvant pas d'ailleurs s'expliquer par une différence de tracé, puisque la seul route possible est la ligne directe, jalonnée par des ruines antiques et encore exclusivement suivie par les caravanes, il faut admettre que le chiffre xiii, indiqué entre Ad Speluncas et Iscina, est une faute du copiste, et doit être remplacé par le chiffre analogue viii. La somme des distances partielles, xiii, xiii, viii, équivaut alors exactement aux xxxiv milles de l'Itinéraire. Si la correction que nous proposons porte sur la troisième distance partielle plutôt que sur la seconde, c'est que la carte de Beechey indique des ruines importantes à 6′ 30″ environ à l'ouest de Medinat-es-Soultan, et que cette distance nous donne, à 185 mètres près, les viii milles romains que nous indiquons entre Ad Speluncas et Iscina.

Le littoral devient de plus en plus accidenté à partir de Beni-Hadid, et la nature rocheuse du terrain explique l'existence de ces cavernes auxquelles la station de Ad Speluncas avait emprunté son nom.

La station suivante porte dans la Table de Peutinger le nom de *Scina*, dans l'Itinéraire celui d'*Iscina*, que lui donne également Ptolémée : Ἴσκινα. L'un de ces noms est très probablement la forme phénicienne *Scina*, dérivée du radical sémitique שׁכן « habitavit ». L'autre est la forme libyenne modifiant la dénomination punique par la voyelle préfixe qui caractérise les substantifs masculins. C'est ainsi que les Berbères du Maroc disent encore aujourd'hui *Azila* pour Zila, *Asafi* pour Safi. La correspondance d'Iscina et de Medinat-es-Soultan, le *Sort* des géographes arabes, a été solidement établie par Barth.

SCINA OU ISCINA (*Medinat-es-Soultan*).

La Table de Peutinger fait suivre le nom de Scina des mots : *Locus Judaeorum Augusti*. Scina était donc la résidence de colons ou d'esclaves juifs appartenant à la famille impériale. Le nom de *Medinat-es-Soultan*, la « ville de l'empereur », *Vicus Augusti*, donné par les Arabes à la localité qui a succédé à Iscina, rappelle sans doute cette particularité[1], de même que les détails donnés par El-Bekri sur les habitants de Sort s'appliquent évidemment à une colonie étrangère au pays, et par sa langue, et par ses mœurs. « Les gens de Sort, dit Abou Obeïd el-Bekri, sont les êtres les plus ignobles que Dieu ait créés, et les plus détestables dans leurs transactions commerciales. Ils ne vendent ni n'achètent qu'au tarif fixé entre eux. Quand un navire chargé d'huile vient y aborder, dans le cas même où ils ont le plus grand besoin de cette denrée, ils prennent des outres vides

---

[1] Les Arabes désignent presque toujours les voies romaines par le nom de *trik es-soultan*, le « chemin de l'empereur », quand ils ne leur donnent pas celui de *trik el-mhalla*, le « chemin du camp », la « route militaire ».

qu'ils enflent et dont ils ferment les orifices avec des cordes; puis ils les arrangent dans leurs boutiques et dans les cours de leurs maisons, afin de faire croire à l'équipage que l'huile est très abondante chez eux et ne trouve point d'acheteurs. On a beau attendre, jamais on ne peut rien leur vendre à moins de subir les conditions qu'ils imposent. On désigne ordinairement les gens de Sort par le sobriquet d'*Abid Kirilla,* les « serviteurs de Kirilla[1]... Ils parlent une espèce de jargon qui n'est ni arabe, ni persan, ni berbère, ni copte; personne ne peut les comprendre excepté eux-mêmes. » Une des localités situées entre Sort et les frontières du pays de Barca porte encore le nom de *Iehoudia,* la « Juive ».

L'importance militaire de la ville antique à laquelle a succédé Medinat-es-Soultan est attestée par les vestiges de plusieurs enceintes rectangulaires fortifiées, très solidement construites et reliées entre elles par des murailles dont les premières assises sont encore visibles. La ville proprement dite couvre de ses débris, au-dessous de la forteresse, une étendue de terrain considérable. Nous savons d'ailleurs par El-Bekri que Sort était une grande ville.

La baie sablonneuse que forme le littoral à cette hauteur fournit aux navires un abri sûr contre certains vents : mais le véritable port d'Iscina devait être la profonde lagune qui s'étend à l'est de la ville, sur une longueur de près de 10 kilomètres, et qui communique avec la mer par deux goulets.

C'est au delà d'Iscina que le tracé de l'Itinéraire s'écarte de la route principale de la Table de Peutinger. Le premier des deux routiers indique successivement : *Tramaricio,* à 31 milles

---

[1] Le kirilla est un oiseau aquatique dont la méfiance et la voracité sont passées en proverbe parmi les Arabes : « Sois méfiant comme le kirilla; s'il voit du bon, il s'abat dessus; s'il voit du danger, il s'enfuit. »

d'Iscina; *Aubereo*, à 25 milles plus loin, et *Digdica*, à 24 milles du point précédent. 24 milles séparent Digdica de *Tugulus*, qui est indiqué à 25 milles de *Banadedari*. Ces chiffres sont certainement un minimum, car le total des distances partielles est de 130 milles, et l'on compte 125 milles à vol d'oiseau entre Medinat-es-Soultan et Mouktar (Banadedari), ce qui donne pour la distance réelle 140 milles, en prenant 1/8 pour le coefficient représentant les sinuosités de la route. On peut donc considérer la distance totale comme trop faible de 15 milles au moins, et ces 15 milles doivent se répartir sur deux ou peut-être trois des distances partielles. Il serait d'ailleurs impossible de déterminer celles de ces distances auxquelles il convient d'appliquer ces corrections, si la Table de Peutinger ne nous fournissait pas à cet égard quelques indications. Nous reprenons donc l'analyse de la Table.

L'*Itinerarium pictum* omet le chiffre qui devait représenter la distance séparant Iscina de la station suivante, *Aulazon*, mais on peut, avec vraisemblance, placer cette dernière localité aux ruines antiques de *Bir Zoukkaro*, point de halte des caravanes où se trouve une source d'eau excellente. De Medinat-es-Soultan à Bir Zoukkaro la distance, mesurée sur la carte, est de 24 milles. AULAZON (*Bir Zoukkaro*).

Les xx milles indiqués par la Table entre Aulazon et Ad Palmam sont une erreur évidente du copiste : il faut lire xii, ce qui nous amène à placer Ad Palmam à *Charfa*, ruines antiques situées à l'extrémité occidentale de la longue lagune qui s'étend jusqu'à Chikdama, point où nous retrouvons Ad Capsum ultimum, placé par la Table à xvii milles de Ad Palmam. La somme des distances partielles xvii et xii représente les 29 milles que l'on compte entre Chikdama et Bir Zoukkaro. Le nom de *Ad Capsum ultimum* peut d'ailleurs s'expliquer par la po- AD PALMAM (*Charfa*).

AD CAPSUM ULTIMUM (*Chikdama*).

sition de la localité que nous considérons comme l'équivalent de la station antique. Le mot *Capsus* désigne un enclos, un endroit où l'on parque les troupeaux [1]. Or les trois lagunes très allongées que l'on rencontre sur la côte, entre Medinat-es-Soultan et Chikdama, offrent, dans les isthmes ou les presqu'îles qui les séparent en tout ou en partie de la mer, de véritables parcs naturels, qu'il était facile de fermer complètement par des clôtures placées au point où la presqu'île se rattachait au continent, ou aux deux extrémités des isthmes. Nous n'avons pas besoin d'ajouter que ces parcs devaient être une ressource d'autant plus précieuse pour les populations sédentaires de la côte qu'elles étaient plus exposées aux razzias des Nomades. La longue lagune de Chikdama étant d'ailleurs la dernière que l'on rencontre en se dirigeant de l'ouest à l'est, on s'explique que le vaste enclos naturel formé par l'isthme qui la sépare de la mer ait reçu le nom de *Capsus ultimus*.

AD TURREM
(*Bergaouad*).

PRESIDIO
(*Iehoudia*).

Les deux stations suivantes, *Ad Turrem* et *Presidio*, se placent nécessairement, la première au défilé de Bergaouad, la seconde sur les hauteurs de Iehoudia. On retrouve encore les vestiges des postes fortifiés qui défendaient ces deux points stratégiques. Les chiffres de la Table de Peutinger sont intervertis : les xx milles indiqués entre Ad Turrem et Presidio doivent être reportés entre Presidio et Ad Capsum et remplacés par le chiffre xii, qu'on lit entre Ad Capsum et Presidio.

La distance de xxii milles indiquée par la Table entre *Presidio* et *Turris et Taberna* est trop faible : il faut lire xxv. Les ruines de Turris et de Taberna sont certainement celles du poste fortifié de Teratin; les 6 milles qui séparent ce dernier point de Ksar-el-Atech, équivalent certain de Tagulis, sont exactement donnés par la Table de Peutinger.

[1] *Vallum, locus sudibus aliave re conclusus, in quo animalia continentur* (Lexic. Forcellini).

C'est à *Tagulis* ou, plus correctement, Taghulis, le Tugulus de l'Itinéraire d'Antonin, que les deux routes principales se confondaient de nouveau. La distance de Kasr-el-Atech à Mouktar (Arae Philenorum) est de 30 milles, comme l'indique la Table de Peutinger : le chiffre de l'Itinéraire, xxv, doit être corrigé en conséquence.

Mouktar, où nous avons placé les Autels des Philènes, était encore considéré, au moyen âge arabe, comme la limite des pays de Sort et de Barka, c'est-à-dire de la Tripolitaine et de la Cyrénaïque. La Table de Peutinger inscrit au-dessous du nom d'*Arephilenorum* les mots *Fines Affrice et Cyrenensium*. Les bas-fonds sablonneux de Mouktar forment effectivement, au fond de la Grande Syrte, *in intimo Syrtis recessu*, une limite naturelle qui a toujours été une limite politique.

Il nous reste à étudier les deux routes secondaires que la Table dessine, l'une entre Tagulis et Presidio, l'autre entre Presidio et Ad Capsum ultimum. Ces deux *diverticula* forment évidemment deux angles dirigés vers l'intérieur, et dont les deux stations de Vigdida et de Zagazaena occupent les sommets.

La Table de Peutinger omet la distance qui séparait Tagulis de Vigdida; l'Itinéraire supplée à cette lacune en marquant xxv milles entre Tugulus et Digdica, synonymes évidents des deux stations de la Table. Ce dernier document indiquant d'ailleurs xii milles entre Vigdida et Presidio, la position de Vigdida se place très approximativement à l'angle obtus d'un triangle formé par les trois distances de Presidio à Tagulis (31 milles), de Tagulis à Vigdida (25 milles) et de ce dernier point à Presidio (12 milles). On doit la retrouver sur le plateau qui s'étend sur la rive droite de l'Oued Âmour, à six milles et demi environ du littoral.

Vigdida ou *Digdica* était un centre indigène important : la

Table de Peutinger la qualifie du titre de *Municipium Selorum;* c'était donc le centre de cette grande tribu des *Seli,* qui occupait les territoires compris entre le fleuve Be et les confins de la Cyrénaïque.

Zagazaena doit se retrouver de même, sur la rive gauche de l'Oued Chegga, au sommet méridional du triangle formé par les trois segments de route qui séparent Ad Capsum ultimum de Presidio (XII+XX=XXXII milles), Presidio de Zagazaena (16 milles) et Zagazaena de Ad Capsum. La Table ne donne pas cette dernière distance, qui doit être de 12 milles : c'est celle qu'indique la construction du triangle.

Zagazaena est très probablement la *Sacazama* de Ptolémée. L'orthographe du géographe alexandrin doit être la vraie.

Les deux villes intérieures que les routes secondaires de la Table reliaient au littoral, et dont l'une, *Vigdida,* se retrouve dans le tracé de l'Itinéraire, peuvent faire supposer que les deux autres stations de ce dernier document, *Aubereo* et *Tramaricio,* se retrouvent également l'une à Zagazaena, l'autre à Aulazon. Barth incline à admettre l'identité de Zagazeana et d'Aubereo. La localité aurait successivement porté ces deux noms. Il est certain qu'en plaçant les stations de Tramaricio et d'Aubereo aux distances indiquées par l'Itinéraire sur la route directe de Bir Zoukkaro à Ksar-el-Atech, elles se trouvent dans le voisinage immédiat d'Aulazon et de Zagazaena. Elles se confondent avec ces deux derniers points, pourvu que l'on tienne compte des distances réelles, dont le total est de 15 milles au moins plus fort que la somme des distances partielles données par l'Itinéraire.

Si l'on remarque, en effet, que les XXIV milles inscrits par la Table entre Iscina et Aulazon n'expriment que la distance à vol d'oiseau, et que la distance réelle doit être d'au moins 30 milles, le chiffre de xxxi milles marqué par l'Itinéraire entre Iscina et Tramaricio nous conduit à placer cette dernière station à Bir Zoukkaro, là même où nous avons retrouvé l'Aulazon de la Table. Si, d'autre part, nous lisons xxxv milles au lieu de xxv entre Tramaricio et Aubereo, correction justifiée par la nécessité d'augmenter de 10 milles un des chiffres partiels de l'Itinéraire entre Iscina et Banadedari, nous sommes amenés à placer Aubereo là même où nous avons retrouvé Zagazaena.

Une exploration méthodique des plateaux qui dominent le littoral entre Bir Zoukkaro et Ksar-el-Atech pourrait seule trancher le problème dont nous ne donnons qu'une solution hypothétique. Mais ces recherches justifieraient, nous le croyons, les conjectures que nous venons d'émettre et démontreraient que le système de cette partie du réseau routier de la Tripolitaine présente bien les traits suivants :

1° Une route suivant les sinuosités du littoral : c'est la route principale de la Table de Peutinger ;

2° Deux routes secondaires se dirigeant vers l'intérieur et reliant à la voie du littoral deux grands centres indigènes ; ce sont les deux *diverticula* de la Table ;

3° Une route directe, celle de l'Itinéraire d'Antonin, passant entre Aulazon et Thagulis par les deux mêmes centres.

ROUTES DE L'INTÉRIEUR.

§ 1. — ROUTE DE CARTHAGE À HIPPO REGIUS PAR BULLA REGIA.

La première grande voie parallèle au littoral que dessine la Table de Peutinger est celle qui relie Carthage à Hippo Regius en passant par Thuburbo minus et Bulla Regia. C'est celle que l'Itinéraire d'Antonin décrit en sens inverse sous la rubrique *Item ab Hippone Regio Carthagine*. La distance totale indiquée par la Table est de 216 milles, en suppléant le chiffre vii omis entre Bulla Regia et Simittu et donné par l'Itinéraire. La longueur du tracé de l'Itinéraire d'Antonin est de 218, 219, 228 ou 229 milles, suivant les manuscrits. La concordance entre les deux documents antiques devient complète moyennant quelques corrections dont la nécessité est évidente : ainsi la Table donne xix milles au lieu de xviii entre Carthage et Cigisa; l'Itinéraire marque xxviii milles au lieu de xviii entre Cigisa et Thuburbo minus, xxiv ou xxxiii au lieu de xxx entre Novis Aquilianis et Bulla Regia. Rectifiés l'un par l'autre, les deux tracés offrent un développement égal de 215 milles. Nous en donnons à la page suivante le tableau comparé.

Lapie a supposé que cette route franchissait la Medjerda à Testour et longeait, sur la rive droite du fleuve, les pointes septentrionales du Djebel Gorra'at-Azrou. Certains indices m'avaient fait penser qu'elle devait suivre la rive opposée, de Thuburbo minus à Simittu, et c'est effectivement là que je l'ai retrouvée dans une exploration spéciale [1]. De Tbourba à la frontière algérienne, où se sont arrêtées mes recherches, la voie romaine est partout reconnaissable et, sur quelques points, elle est parfaitement conservée.

De Carthage à Thuburbo minus, la Table de Peutinger compte deux stations : *Thuraria*[2], à 3 milles de Thuburbo, et *Cicisa*[3] (Cigisa), à 15 milles de Thuraria et 19 de Carthage. L'Itinéraire d'Antonin ne nomme que *Cigisa*, qu'il place à xviii milles de Carthage et xxviii de Thuburbo minus. Cette

---

[1] Voir mon mémoire sur le bassin du Bagrada et la route de Carthage à Hippo Regius par Bulla Regia. (*Mém. des Sav. étrang.*, t. IX, 1881.)

[2] *Tyraria*, Raven. Anon., III, 5. *Thuraria*, id., III, 6.

[3] *Cigisa, Sigisa*, It. Ant. *Cecinsa*, Raven. Anon., III, 5.

ROUTE DE CARTHAGE À HIPPO REGIUS

PAR BULLA REGIA.

TABLE DE PEUTINGER.			ITINÉRAIRE D'ANTONIN.			
STATIONS.	Distances en milles romains.	Chiffres restitués ou corrigés.	STATIONS.	Distances en milles romains.	Chiffres corrigés.	SYNONYMIES.
Chartagine Colonia.	.....	.....	Carthagine	.....	.....	Carthage.
	XIX	XVIII		XVIII		
Cisisa	.....	.....	Cigisa	.....	.....	Ruines à la hauteur de l'aqueduc d'Hadrien.
	XV			XXVIII[a]	XVIII	
Thvraria	.....	.....		.....	.....	Djedeïda.
	III					
Thvbvrbiminvs	.....	.....	Tvbvrbominvs	.....	.....	Tbourba.
	XVI			XV[b]	XVI	
Clvcar	.....	.....	Clvacaria	.....	.....	Henchir el-Hamira.
	X					
Elefantaria	.....	.....		.....	.....	Sidi-Djedidi.
	XIII			XXX		
Teglata	.....	.....		.....	.....	Aïn Kahloulia.
	VII					
Vico Avgvsti	.....	.....	Vico Avgvsti	.....	.....	H^r Sidi-bou-Kahila.
	VII			XV		
Picvs	.....	.....		.....	.....	H^r Sidi-Seheli.
	IX					
Novis Aqvilianis	.....	.....	Novis Aqvilianis	.....	.....	H^r Sidi-Ali-Djebin.
	VI					
Armascla fl	.....	.....		.....	.....	O. Bou-Heurtma.
	XII			XXIV[c]	XXX	
Ad Silma	.....	.....		.....	.....	Djenán-Zaab.
	XII					
Bvlla Regia	.....	.....	Bvlla Regia	.....	.....	H^r Hammam-Darradji.
	omise	VII		VII		
Svnitv Colonia	.....	.....	Simittv Colonia	.....	.....	Chemtou.
	V					
Ad Aqvas	.....	.....	Ad Aqvas	.....	.....	S. Ali-bel-Kassom.
	XXV			XXV		
Odiana	.....	.....	Onellaba	.....	.....	Ruines sur l'Oued el-Kebir.
	L			L		
Hippone Regio	.....	.....	Hippone Regio	.....	.....	Ruines d'Hippone.
		CCXV		CCXVIII[d]	CCXV	

[a] xxxviii mss. ACFGMQSTUV.
[b] Sic P; xvi reliqui.
[c] Sic P; xxxiii reliqui.
[d] Sic AP; ccxxix JLN; c.cxxviii reliqui.

dernière indication numérique est évidemment fausse: il faut lire xviii, chiffre qui représente, à un mille près, la somme des deux distances partielles données par la Table. La distance totale entre Thuburbo minus et Carthage était donc de 36 à 37 milles, et Cigisa était située à mi-chemin de ces deux points extrêmes, dont la synonymie est certaine.

L'emplacement de Cigisa et de Thuraria n'en est pas moins difficile à déterminer. D'une part, en effet, les gisements de ruines qu'on remarque sur le tracé de cette route ne se rencontrent pas aux distances proportionnelles indiquées par la Table. On ne retrouve pas, d'autre part, les 37 milles qu'elle compte entre Carthage et Thuburbo minus. Le développement de la voie romaine, dont les traces sont reconnaissables jusqu'à El-Djedeïda, sur la rive droite de la Medjerda, n'est que de 25 milles, et Djedeïda n'est pas, en ligne directe, à plus de 6 milles de Tbourba. La distance totale est par conséquent de 31 milles.

Il faut donc admettre, ou que les chiffres sont faux, ou que la route antique s'écartait du tracé direct à partir de Djedeïda.

M. Daux est allé plus loin. Il suppose que la voie romaine empruntait la première partie de son tracé à la route de Carthage à Utique, et il identifie en conséquence Cigisa à *Henchir Merekeb-en-Nabi*, ruines situées au nord du Djebel Ahmor, à 18 milles de Carthage [1]. Mais cette hypothèse ne tient pas compte de l'autre donnée numérique du problème : Henchir Merekeb-en-Nabi n'étant qu'à 12 milles de Tbourba, on se retrouve en présence des mêmes difficultés. J'ajouterai que le tracé proposé par M. Daux entre Carthage et Henchir Merekeb-

---

[1] *Recherches sur l'origine et l'emplacement des Emporia phéniciens*, p. 130.

en-Nabi est peu vraisemblable *a priori*, et qu'en fait on ne rencontre aucun vestige de route entre le point où il place Cigisa et Tbourba, tandis que la voie romaine est parfaitement reconnaissable entre l'aqueduc d'Hadrien et Djedeïda, c'est-à-dire sur le parcours direct. A la hauteur de Bordj-bou-Djadi (*Ucres*) notamment, elle conserve encore son dallage. Je serais donc disposé à croire que le tracé de la voie romaine, de Carthage à Thuburbo minus, ne différait pas de celui de la route actuelle, qui passe par le Bardo, la Manouba, les environs de Bordj-bou-Djadi et Djedeïda. *Cigisa* devait être située par conséquent à la hauteur de l'aqueduc d'Hadrien, qui se trouve précisément à 18 milles de Carthage. Les quelques ruines qu'on remarque sur ce point, un peu au delà de l'aqueduc, peuvent représenter les derniers vestiges de la station antique. Quant à *Thuraria*, il faut la chercher soit à Djedeïda, où l'a placée Lapie, si l'on fait abstraction des données numériques de la Table de Peutinger; soit à 3 milles à l'est-nord-est de Tbourba, si l'on admet, pour tenir compte de ces mêmes données, que la route antique faisait, à partir de Djedeïda, un détour vers le nord pour gagner Thuburbo minus. Cette dernière hypothèse, toutefois, nous semble peu vraisemblable : la large trouée en ligne droite qui traverse les vergers d'oliviers, entre Djedeïda et Tbourba, paraît être un souvenir, sinon un vestige, de la route antique.

CIGISA.

THURARIA.

Thuburbo minus se retrouve sous le nom à peine modifié de *Tbourba*. La Table de Peutinger écrit *Thuburbiminus*, l'Itinéraire *Tuburbo minus*[1], l'Anonyme de Ravenne *Thoburbi minus*. La véritable orthographe, *Thuburbo*, est indiquée par l'inscription de Thuburbo majus. Mannert a donc commis une double

THUBURBO MINUS. (*Tbourba*).

---

[1] Les documents ecclésiastiques donnent l'ethnique *Tuburbitani minores*.

faute en adoptant la forme *Tuburbum*, et cette remarque doit s'appliquer, ainsi que nous l'avons déjà fait observer, à un certain nombre de noms africains dans la finale desquels on a voulu voir l'ablatif latin, alors qu'elle représente en réalité une terminaison punique ou libyenne.

La ville arabe de Tbourba n'occupe que la partie de l'enceinte de Thuburbo minus qui comprenait la colline et la dachera de Ghars Allah. Fondée à la fin du xv⁰ siècle par une colonie de Maures chassés de l'Espagne, elle est construite tout entière avec les matériaux de la ville romaine. L'amphithéâtre subsistait encore vers la fin du xvii⁰ siècle. Les assises furent enlevées à cette époque pour servir à la construction du barrage de la Medjerda à El-Batan; son emplacement n'est plus reconnaissable qu'à la vaste excavation en forme d'ellipse de la *cavea* et aux substructions en blocage qui portaient les gradins.

La voie romaine reparaît à peu de distance au delà de Tbourba. L'*agger* dallé est parfaitement reconnaissable sur une étendue de près de 24 kilomètres. La route longe constamment la rive gauche de la Medjerda, à une certaine distance du fleuve, qui dessine de nombreux méandres, dont elle forme la tangente. Elle est dominée à droite par une chaîne assez élevée dont les pentes abruptes plongent dans une plaine inclinée en pente douce vers la Medjerda et couverte, aux environs de Tbourba, de magnifiques vergers.

CLUCAR
(*El-Hamira*).

Les xvi milles indiqués par la Table[1] entre Thuburbo minus et *Clucar*[2], la *Cluacaria* de l'Itinéraire, se retrouvent entre

---

[1] C'est la distance que donnent, non seulement la Table de Peutinger, mais tous les manuscrits de l'Itinéraire, à l'exception d'un seul; il y a donc accord entre les deux routiers antiques, et c'est à tort que Pinder et Parthey ont adopté le chiffre xv, emprunté au manuscrit P.

[2] *Chulcar*, Rav. Anon., III, 6.

Thourba et El-Hamira, bourg antique dont les ruines étaient encore habitées, il y a trente ans, par quelques familles arabes. Assise sur un plateau incliné qui s'abaisse vers la Medjerda, la ville romaine affectait la forme d'un rectangle allongé du nord-ouest au sud-est.

A quatre milles au delà d'El-Hamira, la route romaine se rapproche des montagnes de la rive gauche de la Medjerda, pour éviter les bas-fonds qui avoisinent le fleuve et forment, dans la saison des pluies, d'inextricables fondrières. A la hauteur de Medjez-el-Bab, elle tourne à l'ouest et atteint, à dix milles de Clucar, comme l'indique la Table de Peutinger, la station d'*Elephantaria*[1], dont les ruines assez considérables, mais fort effacées, s'étendent autour de la Koubba de Sidi-Djedidi. Le seul monument que j'eusse remarqué à Elephantaria, lorsque je l'avais visitée en 1876, était une vaste et belle piscine à ciel ouvert, construite en pierres de grandes dimensions. Cette ruine a disparu, comme la plupart des matériaux qui couvraient l'emplacement de la bourgade antique.

ELEPHANTARIA.

La position d'Elephantaria est déterminée par les trois distances qui la séparaient de Teglata, de Cluacaria et de Membressa, et qui se retrouvent exactement entre Sidi-Djedidi, d'une part, Aïn Kahloulia, El-Hamira et Medjez-el-Bab, de l'autre. La route qui reliait Elephantaria à Membressa n'est pas indiquée sur la Table de Peutinger, mais on lit le chiffre VII dans l'intervalle qui sépare ces deux stations, et la distance de Sidi-Djedidi à Medjez-el-Bab est effectivement de 10 kilomètres.

La voie romaine, dont le relief est toujours très reconnaissable, franchit au delà de Sidi-Djedidi le col qui rattache le

---

[1] L'Anonyme de Ravenne (III, 6) écrit, comme la Table, *Elefantaria*.

massif abrupt du Djebel Bou-Safra aux montagnes de Toukkâbeur, et rejoint la Medjerda un peu au-dessus du point où ce fleuve reçoit l'Oued Zerga. Elle franchissait ce dernier cours d'eau sur un pont que j'ai encore vu debout et parfaitement conservé, et qui n'a été démoli que tout récemment, lors de la construction de la voie ferrée qui relie Tunis à la frontière algérienne.

Teglata
(Aïn Kahloulia).

A 19 kilomètres $\frac{1}{4}$ de Sidi-Djedidi, distance qui représente exactement les 13 milles indiqués par la Table de Peutinger entre Elefantaria et Teglata, la route romaine s'engage dans un long défilé qui porte le nom d'El-Mtarif. L'entrée de ce défilé est défendue par un poste fortifié entouré de ruines fort étendues, qui marquent l'emplacement de *Teglata*[1] et forment deux groupes voisins, mais distincts : le premier, situé sur la rive droite de la Medjerda et appelé par les indigènes *Henchir Djeraouid* ou *Henchir Mzoura*, occupe une superficie de sept à huit hectares, et représente peut-être la bourgade même de Teglata. On y a découvert de vastes citernes, deux chapiteaux d'un style barbare, un moulin à blé et une inscription funéraire. L'ingénieur en chef de la voie ferrée, M. Dubos, croit avoir retrouvé quelques vestiges d'un pont qui rattachait le bourg à la voie romaine.

Le second groupe de ruines couvre le plateau d'*Aïn Kahloulia* et domine le col par lequel passait la route antique. Là se trouvait la *Mutation*, la station proprement dite, ainsi que le castrum qui protégeait le défilé. Les fouilles exécutées sur ce point ont fait découvrir sous un monticule de décombres les restes de murailles construites en pierres de grand appareil, des voussoirs à bossages fortement accusés qui ont dû apparte-

---

[1] *Theblata*, Raven. Anonym., III, 6.

nir à une porte monumentale, un chapiteau d'ordre composite et un autre chapiteau servant de cadran solaire : le plateau tout entier, du reste, était couvert de débris.

Au delà du col d'Aïn Kahloulia, les défilés de la Medjerda s'élargissent un peu, mais pour se resserrer bientôt et former, à Fedj Sidi-bou-Kahila, un étranglement que dominent, à gauche, un poste fortifié assis sur un éperon rocheux dont les escarpements plongent dans le fleuve, à droite, le plateau qu'occupait la station de *Vicus Augusti*[1]. Les ruines de la ville antique couvrent un espace d'environ 1,800 mètres de circonférence. Déjà fort effacées au moment où les entrepreneurs de la voie ferrée les ont exploitées comme carrières de pierres de taille pour la construction du tunnel de Sidi-Salah, elles n'offrent plus aujourd'hui un seul vestige reconnaissable.

Vicus Augusti.

Le défilé de Sidi-bou-Kahila débouche dans la vallée de l'Oued Badja un peu en amont du confluent de ce cours d'eau avec la Medjerda. La voie romaine franchit l'Oued Badja sur un pont monumental admirablement conservé. Ses trois arches en plein cintre, séparées des piliers et des culées par un bandeau, supportent encore le tablier primitif, revêtu de ses grandes dalles en losange et muni de deux trottoirs, sur lesquels on remarque les trous destinés à recevoir les garde-corps. Construit en pierres de grand appareil, l'édifice paraît dater des premiers temps de l'empire, mais il a dû subir quelques remaniements à une époque postérieure : c'est ce que me fait supposer, du moins, l'inscription suivante[2], engagée dans le bandeau du plein cintre de l'arche orientale.

Cette inscription est gravée sur une table de calcaire compact ornée d'un cadre à double moulure et encastrée dans le

---

[1] *Vico Austi*, Rav. Anon., III, 6. — [2] *Corpus*, VIII, n° 10568.

bandeau de façon à ce que le creux du cadre soit tourné vers la base de la pile. Engagée dans la maçonnerie aux deux tiers

de sa hauteur, la table ne laisse voir que la partie inférieure du cadre et les dernières lignes de l'inscription. Encore faut-il, pour les distinguer, se placer sous la voûte, au pied même de la pile. Ce ne pouvait être évidemment la place primitive de la dédicace, et j'en conclus à une restauration de l'édifice à une date qu'il n'est peut-être pas impossible de préciser, ainsi que nous le verrons plus loin, et qui appartient, dans tous les cas, à la bonne époque de l'art romain. Exilée du parapet dans lequel elle était encastrée, la pierre commémorative du monument construit par Tibère a été utilisée dans la reconstruction de l'arcade orientale, mais il semble que, par un pieux scrupule, on ait voulu, en la retournant la face en bas, la soustraire aux injures des siècles plus encore qu'aux regards du passant; c'est à cette circonstance, dans tous les cas, que nous devons son parfait état de conservation; les caractères semblent avoir été gravés d'hier.

Le texte se lit sans difficulté :

Ti(berius) Caesar Divi Aug(usti) f(ilius) Augustus Pontif(ex) Max(imus) tri(bunicia) potest(ate) XXXI Cos. IIII dedit.
C(aius) Vibius Marsus pr(o)co(n)s(ul) III dedica(vit).

« Donné par Tiberius César, fils du Divin Auguste, Auguste, grand Pontife, revêtu de la puissance tribunitienne pour la trente et unième fois, consul pour la quatrième fois.
« Dédié par Caïus Vibius Marsus, proconsul pour la troisième fois. »

La trente et unième puissance tribunitienne de Tibère commençant le 27 juin 782 (29 de J. C.), la construction du pont de l'Oued Badja ne peut pas être antérieure à cette date; elle ne peut être postérieure, d'autre part, au 1ᵉʳ janvier 783, puisqu'à cette seconde date Tibère était désigné pour son cinquième consulat, et que notre texte le qualifie seulement de consul pour la quatrième fois, titre qu'il portait depuis l'année 774 (21 de J. C.).

A cinq cents mètres environ au sud-ouest du pont de l'Oued Badja, sur une plate-forme qui domine la rive gauche de la Medjerda, on remarque les vestiges d'un grand poste romain. Les indigènes donnent à ces ruines le nom d'*Henchir Smala*. Exploitées comme carrières, elles ont fourni la plus grande partie des matériaux employés à la construction du tunnel de Sidi-Salah-ben-Cherif et des deux ponts qui l'avoisinent. Les fouilles qui ont fait disparaître jusqu'aux fondations des remparts ont fait découvrir, par une heureuse compensation, l'inscription suivante[1], ensevelie sous un monceau de décombres près de l'entrée principale du castrum :

Imp(erator) Caesar Vespas(ianus) (Au)g(ustus) Pont(ifex) Max(imus) trib(unicia) po(testate) VII [imperator XVII P(ater) P(atriae) Co(n)s(ul)] VII qui prim[us vallum ac muni]tionem flum[ini imposuit] v[iamque] aperuit.
Imp(erator) T[itus Caesar Vespasianus] Aug(usti) filius) imp(erator) XI Pontif(ex) trib(unicia) pot(estate) V Co(n)s(ul) V.
Caesar Aug(usti) f(ilius) Domitia[nus] Co(n)s(ul) IV Pontif(ex).
Q(uinto) Egnatio Cato Leg(ato) Aug(usti) pr(o) praet(ore)
Legi(onis) tertiae Aug(ustae).

Le 7ᵉ consulat de Vespasien et le 5ᵉ de Titus remontent à l'année 76 de notre ère (829 de Rome). Les puissances tribunitiennes de Vespasien, d'autre part, se comptant à partir du 1ᵉʳ juillet 69, la date de notre inscription se place entre le 1ᵉʳ janvier et le 1ᵉʳ juillet 76.

Bien que très mutilée dans la partie qui spécifiait l'œuvre dont elle devait perpétuer le souvenir, l'inscription d'Henchir Smala est évidemment relative aux travaux entrepris en 76 pour fortifier le passage de l'Oued Badja. Un *vallum*, dont nos

---

[1] [*Corpus*, VIII, n° 10116. Dans la transcription donnée par le *Corpus*, le nom des empereurs est à l'ablatif. — S. R.]

ingénieurs m'ont dit avoir vu les vestiges, reliait, en effet, les ruines du castrum au pont romain que nous avons décrit. La *munitio* élevée par Q. Egnatius Catus avait donc pour but de protéger le pont de Tibère, et peut-être est-ce à cette date qu'a eu lieu le remaniement auquel j'ai fait allusion. Une large brèche ouverte dans le parapet du pont indique la place qu'occupait la pierre commémorative de cette restauration, et cette pierre paraît avoir eu, à très peu près, les mêmes dimensions que celle de l'inscription d'Henchir Smala. On peut en conclure qu'elle portait le même texte, et ce serait sans doute à cette époque que la dédicace primitive aurait été reléguée dans le bandeau du plein cintre de l'arche orientale.

L'emplacement du castrum de Vespasien ne pouvait pas être mieux choisi au point de vue stratégique. Le *vallum* qui rattachait le pont de Tibère au poste fortifié dessinait le côté principal d'un polygone de près de cent hectares de superficie, dont la Medjerda et l'Oued Badja défendaient les autres côtés. Appuyé à la forteresse proprement dite, ce camp retranché commandait tout à la fois l'entrée des « Grandes Plaines », la voie secondaire conduisant à Vaga, et les défilés dans lesquels s'engageait, immédiatement au delà du pont de l'Oued Badja, la grande route d'Hippone à Carthage.

A cinq cents mètres, en effet, en aval du confluent de la Medjerda et de l'Oued Badja, les hauteurs qui dominent les deux rives du fleuve se rapprochent, se pénètrent en quelque sorte et ferment complètement la vallée. La Medjerda s'est frayé, à travers ce massif, un canal profond et sinueux, et coule entre deux hautes parois perpendiculaires qui rappellent la coupure du Pénée dans la vallée de Tempé. En face de Sidiben-Cherif, la muraille de la rive droite forme une immense falaise, dont le fleuve a profondément affouillé la base. L'imagination placerait volontiers dans ces sombres excavations la demeure de ce serpent monstrueux, « serviteur des naïades du Bagrada », que l'armée de Regulus eut à combattre : elles ne sont habitées aujourd'hui que par des loutres inoffensives.

L'aspect de cette puissante barrière dans laquelle la Medjerda s'est creusé, avec les siècles, l'étroite issue qui suffit à peine à l'écoulement de ses hautes eaux, explique l'existence du lac qui recouvrait autrefois la plaine des Oulad-bou-Salem et les alluvions lacustres qu'on remarque à une certaine hauteur au-dessus du niveau actuel de la Dakhla. Cette hauteur représente à peu près la profondeur de la nappe d'eau au moment où l'obstacle a été rompu. Déjà à demi comblé par les apports de la Medjerda et de tous les autres cours d'eau qu'il recevait directement, le lac antéhistorique a disparu avec la barrière qui en avait déterminé la formation. Il y a eu successivement un colmatage partiel du fond du lac, puis un écoulement complet de la nappe superficielle. La rupture du massif crétacé que traverse aujourd'hui la Medjerda a été l'œuvre d'une longue série d'années, peut-être de siècles. On remarque à Oueldja, au delà des gorges de Sidi-Salah-ben-Cherif, deux anciens lits de la Medjerda, dont les niveaux, sensiblement différents, dépassent tous deux celui du cours actuel du fleuve. Le lit de gauche suit la base d'un contrefort escarpé auquel les indigènes donnent le nom de Kef ech-Chemmakh; c'est le plus élevé et par conséquent le plus ancien : il paraît correspondre à la première période d'écoulement. Le second lit dessine une boucle pareille sur la rive opposée : moins élevé que le précédent, il remonte évidemment à l'époque où la digue avait déjà été entamée par le fleuve. Le lit actuel, creusé entre les deux anciens et correspondant au niveau de la plaine des

Oulad-bou-Salem, date de la disparition complète de la digue naturelle et du complet desséchement du lac.

La voie romaine, au sortir des défilés de Sidi-Salah-ben-Cherif, suit, comme la Medjerda, la base méridionale du plateau de Badja. A 10 kilomètres environ de Sidi-bou-Kahila, elle atteint les ruines au milieu desquelles s'élève la Koubba de Sidi-Seheli, et qui représentent la station de *Picus*[1], placée par la Table à 7 milles de Vicus Augusti. Ces ruines forment deux groupes principaux, l'*Henchir Dokhania* et l'*Henchir el-Amri*, situé un peu plus à l'est, qui paraît occuper l'emplacement du bourg antique. Comme Teglata et Vicus Augusti, Picus n'offre plus aujourd'hui que les traces des tranchées d'exploitation et quelques monceaux de décombres.

PICUS.

La position de Picus nous donne celle de *Novis Aquilianis*[2]; les 9 milles indiqués par la Table de Peutinger entre ces deux stations conduisent d'Henchir el-Amri au point où l'Oued Kessab se jette dans la Medjerda. Le confluent des deux cours d'eau est dominé par un plateau triangulaire dont les pentes, très escarpées du côté de l'ouest, s'adoucissent au sud et à l'est. La voie romaine longe la base de cette plate-forme, que couvrent les ruines d'une petite ville antique. Un faubourg assez considérable s'étageait en outre sur les pentes orientales et s'étendait jusqu'au fleuve. Cet ensemble de ruines porte le nom d'*Henchir Sidi-Ali-Djebin*, emprunté à la koubba arabe qui s'élève à la pointe sud-ouest du plateau, et représente certainement la station de *Novis Aquilianis* de l'Itinéraire d'Antonin et de la Table de Peutinger. Le calcul des distances et le tracé de la voie romaine établissent solidement cette synonymie.

NOVIS AQUILIANIS (*Sidi-Ali-Djebin*).

Les ruines de Novis Aquilianis ont presque complètement

---

[1] *Picom*, Rav. Anon., III, 6. — [2] *Novis Aquis*, Rav. Anon., III, 6.

disparu; comme celles de l'Armascla, elles ont servi de carrières et fourni la plupart des matériaux employés dans les travaux considérables de maçonnerie et de remblai que nécessite le passage de l'Oued Kessab. Cinq ou six fûts de colonnes et quelques pierres oubliées sont tout ce qui reste aujourd'hui de la station romaine.

L'*Armascla fluvius* indiqué par la Table de Peutinger à 6 milles de Novis Aquilianis porte aujourd'hui, comme nous l'avons déjà constaté[1], le nom d'Oued bou-Heurtma. La station devait se trouver à Henchir el-Karia, ruines d'un bourg antique qui s'élevait sur un tertre à peu de distance de la rive gauche de l'Oued bou-Heurtma et précisément à 6 milles de l'emplacement certain de Novis Aquilianis. Nous sommes arrivé trop tard pour explorer ces ruines. Depuis plusieurs mois, elles étaient exploitées comme carrières par les entrepreneurs de la ligne ferrée; au moment où nous les avons visitées, de larges tranchées livraient aux manœuvres les dernières assises des anciennes fondations et dessinaient seules l'emplacement des édifices disparus.

La Table de Peutinger indique 12 milles entre l'Armascla et la station suivante, *Ad Silma*, et 12 milles également entre Ad Silma et Bulla Regia; soit 24 milles entre les deux points extrêmes[2]. Cette distance ne se retrouve pas en ligne droite de l'Oued bou-Heurtma à Henchir Hammam-Darradji, équivalent certain de Bulla Regia. La voie romaine, au lieu de traverser

---

[1] [Cf. tome I, p. 71.]

[2] L'Itinéraire d'Antonin compte 24 milles, ou 33 milles, suivant les manuscrits, entre Novis Aquilianis (Sidi-Ali-Djebin) et Bulla Regia. Il faut lire xxx, somme des distances partielles données par la Table entre Bulla et Novis Aquilianis. Il se peut toutefois que le tracé de l'Itinéraire ait été celui de la route arabe qui, à partir de l'Oued bou-Heurtma, se dirige en droite ligne sur Bulla Regia à travers la plaine des Oulad-bou-Salem, en formant une tangente aux grandes courbes de la Medjerda.

directement la Dakhla des Oulad-bou-Salem, longeait, à flanc de coteau, les hauteurs qui dominent la plaine. Le but de ce tracé se traduit à chaque pas par le soin qu'ont pris les ingénieurs romains de maintenir la route à un niveau constant et d'éviter, souvent au prix d'un assez long détour, toute dépression de terrain qui aurait pu l'exposer aux inondations du fleuve.

Les ruines qu'on remarque à Djenân-Zaab, à l'extrémité nord-ouest du marais qui s'étend jusqu'à Hammam-Darradji, indiquent probablement l'emplacement de Ad Silma. AD SILMA.

A 18 kilomètres ou 12 milles de Djenân-Zaab, la voie romaine atteint les grandes ruines qui portent sur la carte du Dépôt de la guerre le nom de Chehia-beni-Mazen, et que les indigènes désignent sous celui d'Henchir Hammam-Darradji. Ce sont incontestablement celles de Bulla Regia, placées jusqu'ici, par nos cartes, sur un Oued Boul ou Bull qui n'existe pas et dans lequel on a voulu retrouver la trace du nom de la ville antique [1]. BULLA REGIA (Hammam-Darradji).

Les ruines de Bulla Regia couvrent un plateau appuyé, du côté du nord-est, aux pentes rocheuses et inaccessibles du Djebel Rbea', baigné au sud-est, dans sa longueur, par un marais

---

[1] L'Oued Bull figuré notamment sur la carte dressée au Dépôt de la guerre en 1836. Les reconnaissances de Pricot Sainte-Marie lui ont rendu sa véritable dénomination d'*Oued Ghaghaï*, mais elles n'ont pas fait disparaître les positions fausses attribuées par nos cartographes à Bulla Regia et à la station suivante de Simittu. J'ajouterai que la carte de Pricot Sainte-Marie est entachée, dans toute cette partie du bassin de la Medjerda, d'une erreur considérable. Par suite de la fausse direction qu'elle donne au cours du fleuve en lui faisant décrire un coude très marqué qui n'existe pas, toutes les positions se trouvent déplacées de quatre ou cinq kilomètres vers l'est.

[Sur Bulla Regia, cf. Winkler, *Bulletin des antiquités africaines*, t. III, p. 112 à 122, avec un plan des ruines (planche XIV). Pour l'épigraphie de cette ville, voir *Corpus*, VIII, p. 934; *Ephemeris*, V, p. 327; Cagnat, *Explorations en Tunisie*, II, p. 40; Poinssot, *Bull. des antiq. africaines*, III, p. 187. — S. R.]

impraticable, et limité au nord-est et au sud-ouest par deux ressauts de terrain.

Les premiers débris qui frappent le regard, lorsqu'on arrive à Hammam-Darradji par ce dernier côté, sont ceux d'une puissante forteresse qui couronne de ses masses écroulées la pointe sud-ouest du plateau de Bulla Regia. L'enceinte de cette citadelle formait un parallélogramme allongé du nord-ouest au sud-est, de 90 mètres de longueur environ sur 70 de largeur. Ce sont précisément les dimensions de la forteresse d'Utique, et les murailles des deux édifices ont la même épaisseur, 2^m,80. Quatre tours hexagonales en défendaient les angles. Parfaitement reconnaissable en 1853, lors de mon premier passage à Hammam-Darradji, ce monument n'existe plus aujourd'hui : vendu par un cheikh indigène aux entrepreneurs de la ligne ferrée, il a été démoli pierre à pierre. Il ne restait plus, au mois de juin 1879, qu'une assise de l'angle d'une des tours et un pan de la courtine sud-est.

Au centre du parallélogramme s'élevait un grand édifice, bâti sur de puissantes voûtes et formant réduit. Complètement ruiné aujourd'hui, il n'offre plus qu'un monceau de masses énormes de blocages, couchées les unes sur les autres dans le même sens, et formant avec la verticale un angle d'inclinaison de 20 degrés. Plusieurs de ces masses mesurent de 7 à 8 mètres de hauteur. Il est évident qu'une secousse de tremblement de terre, agissant de l'ouest à l'est, a arraché de sa base la construction tout entière et l'a renversée d'un seul coup.

En étudiant de plus près ces débris, on constate que l'édifice n'offre aucun vestige de revêtement en pierres de taille. Le blocage intérieur est simplement revêtu d'un parement en maçonnerie brute, disposé par assise de 7 centimètres en moyenne et recouvert d'une couche de mortier de 3 centimètres d'épaisseur, sur laquelle est figurée une imitation de pierres de taille, à joints coupés réguliers de 1^m,05 de longueur. La hauteur de l'assise figurée est de 50 centimètres, y compris le joint dont la largeur est de 8 centimètres. L'édifice était surmonté de terrasses cimentées, auxquelles donnaient accès des escaliers à rampe droite pratiqués dans la masse du blocage.

Cet ensemble architectonique s'écarte assez sensiblement des traditions de l'art romain et ne semble pas appartenir davantage à l'école byzantine. Les mortiers et le ciment, d'autre part, rappellent, par leur composition, leur finesse et leur dureté, ceux que l'on retrouve dans un des rares monuments que l'on puisse considérer comme un spécimen authentique de l'architecture punique : nous voulons parler de la forteresse du port militaire d'Utique. On peut se demander dès lors si la citadelle de Bulla Regia n'appartiendrait pas à la période numide.

Un autre édifice fortifié défendait l'accès de la ville antique du même côté, mais à l'extrémité du plateau voisine des escarpements du Djebel Rbea'. Celui-là ne paraît pas remonter, au moins dans sa forme actuelle, au delà de l'époque byzantine. La plupart des pierres de grandes dimensions dont se compose l'enceinte proviennent évidemment de monuments plus anciens.

A cent cinquante pas environ au nord-est de la première des deux forteresses que nous avons décrites, sur un tertre formé en grande partie de débris amoncelés, s'élèvent les ruines d'une haute et massive construction. Deux arcs de 12 mètres de hauteur, reliés par de puissantes murailles percées elles-mêmes de grandes ouvertures cintrées, circonscrivent une enceinte dépendant d'un vaste édifice. L'arc du sud-est, le mieux conservé, repose sur deux pieds-droits massifs et présente les arrachements de deux arcades latérales qui devaient retomber sur deux autres pieds-droits dont il ne reste que des vestiges, et former ainsi une sorte de tétrastyle. A cette salle centrale se rattachait, du côté du sud-est, une enceinte semblable à celle qui existe du côté du nord-ouest. Celle-ci est encore précédée elle-même, dans l'état actuel, des débris d'une troisième enceinte, qui devait avoir un pendant sur la face opposée. L'édifice entier se composait donc de cinq grandes salles. Il était entouré, en outre, d'un péribole voûté, dont il ne reste que quelques débris. L'intérieur de ces ruines est comblé par les matériaux des voûtes écroulées et rempli par un fourré inextricable de ronces et d'épines. La tradition locale y voit un *Hammam*, c'est-à-dire des thermes, et il est très probable que telle était effectivement la destination de ce monument, dont l'ensemble rappelle les thermes de Simittu. Une source d'eau chaude sulfureuse jaillissait d'un monticule à quelques pas de ces ruines, à l'époque où je visitai pour la première fois Hammam-Darradji. Elle était tarie lors de ma seconde excursion.

A deux cents pas des thermes on rencontre un ruisseau qui coule du nord-ouest au sud-est, en traversant le plateau sur lequel s'élevait la ville antique, et va se perdre dans le marais. Des vestiges de quais encadrent ce petit cours d'eau, que la voie principale, conduisant des thermes au théâtre, franchissait sur un pont dont les culées subsistent encore. En remontant son cours, dans la direction du nord, on arrive à un arc monumental d'une architecture fort simple. Deux pieds-droits massifs, composés d'une base et d'une corniche et ornés sur les deux faces principales d'une colonne engagée, soutiennent un arc en plein cintre surmonté d'un entablement. Le ruisseau passe sous l'arc, qui devait faire partie d'un péribole circonscrivant tout un système de réservoirs voûtés construits à la source du cours d'eau. Nous avons déjà constaté qu'il existait dans les ruines d'Aphrodisium (*Fradiz*, sur le littoral oriental de la Régence, entre Pudput et Horrea Caelia) un arc exactement semblable à celui que je viens de décrire et placé dans les mêmes conditions.

Le dernier monument reconnaissable de Bulla Regia est un grand théâtre, dont les ruines s'élèvent à quelques pas de la rive gauche du ruisseau et sur les bords mêmes du plateau qui domine le marais. La scène fait face au nord-ouest : l'édifice est, par conséquent, orienté du nord-ouest au sud-est, comme les thermes. L'enceinte semi-circulaire, encore revêtue d'un parement de grandes pierres de taille appareillées avec soin, est remarquable par la simplicité et la correction de son architecture. Il ne reste que trois ou quatre des pieds-droits qui soutenaient les arcades de l'étage supérieur, et la scène ainsi que le postscenium n'offrent plus qu'un amas de ruines envahi par les broussailles. A en juger par ses dimensions, le théâtre de Bulla Regia pouvait contenir de 2,500 à 3,000 spectateurs.

La cité antique proprement dite ne paraît pas s'être beaucoup étendue, du côté du nord-est, au delà du théâtre. Mais ses faubourgs se prolongent fort loin dans cette même direction, entre la montagne et le marais, c'est-à-dire sur le parcours de la voie romaine d'Hippone à Carthage. On remarque de ce côté, entre la ville proprement dite et les faubourgs, les vestiges d'un amphithéâtre adossé à la montagne[1].

---

[1] [Selon M. Winkler (*Bull. des antiquités africaines*, t. III, p. 113 et suiv.), les murs de Bulla Begia forment un triangle dont les côtés mesurent environ 800 mètres, faisant face à l'est, au sud-ouest et au nord-ouest. Le mur a 0^m,90 d'épaisseur sur plusieurs points, et se compose d'un blocage encadré de cordons en pierres de

Le plateau que couvrait Bulla Regia offre, du côté du sud-est, un ressaut très prononcé de 4 à 5 mètres de hauteur, plongeant dans le marais, et revêtu encore sur quelques points d'une puissante muraille de soutènement, qui formait tout à la fois une terrasse, un rempart et un quai. C'est sur cette base aux grandes lignes fuyantes que s'élèvent les principaux monuments de la ville antique : la forteresse, les thermes, le théâtre, et cette longue suite de ruines, dominant le marais, présente à distance l'aspect le plus pittoresque et le plus imposant. La vue dont on jouit de la terrasse même n'est pas moins belle. Le regard du spectateur, arrêté à l'extrême droite par les escarpements rougeâtres du Djebel Heïrech, plonge au delà de l'arête rocheuse qui forme la limite méridionale du marais et embrasse dans son ensemble la vaste plaine des Oulad-bou-Salem, fermée à l'horizon par la silhouette lointaine des montagnes de Nebeur, le massif puissant du Ghorra'at-Azrou et les pentes doucement inclinées du plateau de Badja.

Cet admirable bassin qui s'étend aux pieds de Bulla Regia représente les « Grandes Plaines » de Polybe et d'Appien. Il n'est pas douteux, d'ailleurs, que le Πεδίον Βούλλης de Procope ne soit identique aux Μεγάλα Πεδία des deux historiens grecs et au *Campus Bullensis* de saint Augustin. La situation de Bulla Regia à l'entrée de cette plaine, sur la route même que dut suivre Gélimer pour se réfugier en Numidie, aussi bien que la distance de quatre fortes journées de marche qui séparait le Πεδίον Βούλλης de Carthage, ne permettent pas de discuter cette synonymie. C'est donc à tort que le dernier éditeur de Victor de Vita, M. K. Halm, voit dans le *Bullensis campus* de Procope, non pas la plaine de Bulla Regia, mais celle

taille espacées de 2ᵐ,60. On y reconnaît quatre portes principales et sept poternes.

Le grand axe de l'amphithéâtre mesure 60 mètres; le petit axe, 45. — S. R.]

d'une autre Bulla qui figure dans la liste des évêchés de la Proconsulaire, et dont la situation nous est inconnue. M. Halm n'a fait, du reste, que reproduire une erreur de Morcelli, qui, en parlant de la Bulla de la Zeugitane, ajoute : *Campum oppido proximum non semel memorare videtur Procopius.* La nomenclature locale a longtemps conservé le souvenir de Bulla : Abou Obeïd el-Bekri donnait encore, au XIe siècle de notre ère, le nom de *Fahs Boll* à la partie de cette plaine qui s'étend au confluent de l'Oued Mellag et de la Medjerda, précisément en face des ruines que nous venons de décrire.

A part un fragment portant un monogramme du Christ, tous les monuments découverts jusqu'ici à Bulla Regia appartiennent à l'époque païenne et présentent en outre, pour la plupart, un caractère spécial. Sur les sept épitaphes que nous y avons recueillies, cinq portent des emblèmes empruntés aux cultes indigènes : le croissant et le disque, attributs de Tanit, la *Virgo Caelestis* de Carthage, et l'une des nombreuses formes de la grande déesse syrienne. Bulla Regia, en effet, paraît avoir longtemps conservé sa physionomie punico-libyenne. Le culte de Baal, auquel s'associe toujours celui de Tanit, semble y avoir, dès l'origine, occupé la première place : c'était le Dieu éponyme, si l'on admet l'étymologie la plus probable du nom de *Bulla* בית בעל *Beth Baal*, qui prend, sur les monnaies attribuées à cette ville, la forme *Ba-Baal* בבעל, et a pu devenir בעלא, *Baala*. Ces monnaies portent d'ailleurs au revers les symboles que nous avons retrouvés sur la plupart des monuments funéraires de Bulla : le disque et le croissant. Sur le droit figure un aigle au vol déployé, attribut probable de Baal, identifié au Jupiter latin [1].

---

[1] L. Müller, *Numism. de l'anc. Afr.*, t. III, p. 57, n°° 66, 67.

Bulla Regia conserva une certaine autonomie après la conquête romaine. Pline la cite comme une des villes libres de la province d'Afrique, et elle ne paraît pas avoir cessé de garder sa physionomie propre. Simittu, à quelques milles de là, était le centre romain de cette région. Bulla resta jusqu'au bout l'ancienne ville royale. Son surnom apparaît encore à l'époque chrétienne; la liste des évêchés d'Afrique nomme un *episcopus Bullensium Regiorum*.

Deux routes romaines reliaient Bulla Regia à Simittu. La première, dont le développement est de 12 milles et qui est par conséquent celle de la Table de Peutinger, continue à suivre les collines de la rive gauche de la Medjerda, contourne, comme le fleuve, le massif escarpé du Djebel Heïrech et s'engage dans la vallée assez ouverte que les indigènes désignent sous le nom de Rakba. La seconde, beaucoup plus courte, traverse le défilé de Fedj-el-Tmar, qui sépare le Djebel Haïrech des montagnes de Simittu, et rejoint la première à 3 milles de cette dernière station. Quelques tronçons de la voie, ainsi que les vestiges du pont sur lequel elle franchissait l'Oued Bejeur, sont encore parfaitement reconnaissables; deux postes défendaient l'entrée et la sortie du défilé, que barre en outre, dans toute sa largeur, une muraille construite en énormes pierres brutes.

Le point où se réunissent les deux voies est commandé par les restes imposants d'une citadelle antique, que les indigènes désignent sous le double nom de *Bordj Halal* et d'*Henchir Sidi-Slama-ou-Khaled*.

La forteresse de Bordj Halal présente la forme d'un pentagone irrégulier dont les côtés mesurent 295, 229, 67, 275 et 175 mètres. Les courtines, dont l'épaisseur est de $1^m,35$, sont flanquées de tours carrées. Les bastions des angles forment un saillant de 7 mètres, et leurs murs ont $1^m,80$ d'épaisseur.

L'édifice est bâti en pierres de grand appareil assemblées avec soin. Au centre de la citadelle, quelques pans de murailles et des fûts de colonnes gisants sur le sol indiquent l'emplacement d'un prétoire. L'*area* tout entière est parsemée de débris antiques dispersés par la charrue berbère.

Une pierre d'un schiste verdâtre, encastrée dans le flanc d'une des tours de la face nord-ouest, porte les fragments d'une double inscription grecque et latine gravée dans un cartel à queue d'aronde de 4^m,70 de longueur sur 0^m,47 de hauteur [1]. Si mutilée qu'elle soit, cette inscription donne la date approximative de la restauration de la citadelle de Bordj Halal. Le nom de l'impératrice Théodora, qui se lit à la seconde ligne du texte latin, prouve que l'inscription et par conséquent les travaux dont elle devait perpétuer le souvenir datent du règne de Justinien [2].

Bordj Halal m'a fourni un autre monument plus intéressant encore : en explorant les ruines du rempart sud-est, j'ai trouvé, sous les débris d'une porte latérale, une inscription bilingue, néo-punique et libyenne, qui permet de fixer définitivement la valeur, jusqu'ici contestée, d'un des signes de l'alphabet libyen [3].

Tout l'espace qui s'étend sous le flanc sud-est de la forte-

---

[1] [*Corpus*, VIII, n° 1259. Le texte grec est impossible à restituer; le texte latin a été lu comme il suit par Wilmanus :

Aedificata est felicissimis tempoRIBVS PIISSimorum
dominorum nostrorum iustiniANI ET THEVΔORAE
providentia Solomonis excellentissimi et gLORIOSISSimi
mag . milit . ex consul . bis pref . pretor . africae ac pATRICII ✠ .]

[2] [Pour d'autres textes épigraphiques de Bordj Halal, voir *Corpus*, VIII, p. 157 et 935; *Ephemeris*, V, p. 327. — S. R.]

[3] [Cf. Saulcy, *Comptes rendus de l'Académie des inscriptions*, 14 novembre 1879. Le fac-similé de cette inscription paraîtra dans le *Corpus inscriptionum Semiticarum*. — S. R.]

resse, entre la voie romaine et la Medjerda, paraît avoir été là nécropole de la localité antique. C'est encore là que les habitants des douars du voisinage viennent ensevelir leurs morts. Les tombes berbères qui se groupent autour de la Koubba de Sidi-Slama-ou-Khaled ne sont indiquées que par une simple pierre fichée en terre; quelques-uns de ces monolithes sont des fûts de colonnes empruntés au prétoire du castrum; la plupart sont des stèles grossières, exactement semblables à celle qui m'a fourni l'inscription liby-phénicienne.

De Bordj Halal à Chemtou la voie romaine continue à suivre la base des collines de la rive gauche de la Medjerda. Le cours du fleuve est indiqué par d'épaisses touffes de lauriers-roses, d'où s'élancent quelques groupes de dattiers, rejetons des anciennes cultures romaines qui font penser à ces débris de palmiers et de vignes du littoral maurétanien, *vinearum palmetorumque reliquias*, qui étaient déjà, du temps de Pline, les seuls vestiges des premières colonies phéniciennes.

Le nom de *Chemtou*[1], qui ne s'explique ni par l'arabe ni par le berbère, m'avait fait supposer dès 1859, époque à laquelle j'avais traversé pour la première fois les grandes ruines qui existent dans cette localité, que ces vestiges étaient ceux de la *Simittu* des Itinéraires[2]. Devenue évidente pour moi, à la suite de l'exploration dans laquelle je m'étais donné pour tâche de

---

[1] [Sur Chemtou, ses ruines, ses inscriptions et ses carrières de marbres, qui sont aujourd'hui exploitées par une compagnie belge, voir *Corpus*, VIII, p. 158, 935, 977; *Ephemeris*, t. V, p. 328-332, 501-502; Cagnat, *Explorations en Tunisie*, II, p. 101-120; *Archives des Missions*, IX, 1882, p. 151; *Bulletin épigraphique*, I, p. 97, et *Comptes rendus de l'Académie des inscriptions*, 1884, p. 194; Delattre et Villefosse, *Revue archéologique*, 1881, I, p. 222; 1881, II, p. 20; 1882, I, p. 288; Poinssot, *Bulletin des antiquités africaines*, II, p. 134. Il a été question des marbres de Chemtou dans le premier volume de cet ouvrage, p. 261. — S. R.]

[2] Les 81 milles comptés par la Table de Peutinger entre *Thuburbiminus* et *Simittu Colonia* se retrouvent exactement entre Tbourba et Chemtou.

suivre et de mesurer dans toute son étendue la voie romaine de Carthage à Hippone, cette synonymie est aujourd'hui certaine, grâce à la découverte de plusieurs inscriptions portant le nom de la ville antique.

Ce nom varie beaucoup dans les documents épigraphiques comme dans les textes. L'ethnique *Simittuense* se trouve dans Pline[1], qui compte Simittu parmi les quinze villes de citoyens romains de la province d'Afrique situées dans l'intérieur à l'est de Thabraca. La Table de Peutinger porte *Sunitu*, pour *Simitu*, qu'on trouve dans l'Itinéraire d'Antonin, avec les variantes *Simittu*, *Sinuttu*, *Simithu*. L'Anonyme de Ravenne écrit *Semitum*, Ptolémée Σιμίσθου. Les actes des conciles donnent les ethniques *Simittensis* (411), *Simidico*, Σιμηδικίτη (419), *Simmiensis* (482), *Semitensis* (649). Wilmanns a lu sur une inscription très mutilée SIMITHENSIVM[2]. L'épitaphe suivante, découverte en 1880[3], donne très nettement la forme *Simittu*:

```
    L · SILICIVS · OPTA
    TVS VIX · AN · L
    INTERCEPTVS
    IN ITINERE
    HVIC · VETERANI
    MORANTES
    SIMITTV · DE
    SVO · FECERVNT
```

Un milliaire d'Adrien ne laisse lire que le nom mutilé : SIMIT...

Un quatrième texte, dont la date se place entre les années

---

[1] Plin., V, IV, 29. — [2] *C. I. L.*, t. VIII, 1261. — [3] [Cagnat, *Explorations*, II, p. 118. — S. R.]

335 et 337, donne le nominatif *Simitthus* ou l'ethnique *Simithens(is)* [1] :

```
        D · N · F L A V i o
        D E L M A t i o
        N O B · C A E S
        COL · SIMITTHVS
        DEVOTA
             I
```

Un autre milliaire du IVe siècle porte *Simittus* [2] :

```
        I M P · C A E S
        FLAVIO CLAVDIo
        IVLIAnO AVG
        si MITTVS De
        VOTA
           I
```

La variante *Simitthus* se lit encore sur la même pierre qui porte la dédicace à Delmatius [3] ; cette seconde inscription est gravée en sens inverse :

```
        I M P P  C A E S S
        FFLL · VALENTI
        NIANO ET VALEN
        TE AVGG DEVOTA
        SIMITTHVS
             I
```

[1] [Cagnat, *Explorations*, II, p. 113; *Ephemeris*, V, n° 1114. Le fac-similé de cette inscription est donné ci-contre, p. 271. — S. R.]

[2] [Cagnat, *Explorations*, II, p. 100; *Ephemeris*, V, n° 1117. — S. R.]

[3] [*Ephemeris*, V, n° 1115; cf. le fac-similé donné à la page 271. — S. R.]

Nous donnons ci-dessous le fac-similé de deux des textes précédents :

```
DN FLAV            IMPP·CAESS
DE(MA             FLILVALENTI
NOB CAES          NIANOFTVALEN
COL·SIMITHA·S     TEAVG·G·DEVOTA
  DEVOTA          SIMITTHVS·F·

    I                   L
```

Les ruines de Simittu sont considérables. Elles couvrent, au confluent de la Medjerda et de l'Oued Ghaghaï, une plaine dominée par un des contreforts de la chaîne secondaire qui limite au nord-est le bassin du fleuve et que les indigènes appellent *Tlit-Adbsa*. La ville antique enveloppait ce contrefort au nord et au sud.

Lorsqu'on arrive à Chemtou par le sud-est, on aperçoit à gauche, entre la voie romaine et la Medjerda, une excavation de forme elliptique, envahie par un épais fourré de broussailles et de ronces. Quelques masses de blocage circonscrivent encore les bords de l'ellipse. Situées en dehors des murs, ces ruines paraissent être celles d'un amphithéâtre et, si peu importantes qu'elles soient, elles n'en ont pas moins leur signification :

elles établissent le caractère essentiellement romain de la cité antique. On sait que chaque colonie était une image de Rome et reproduisait les monuments comme les institutions de la métropole. L'amphithéâtre que nous rencontrons à Chemtou avant d'avoir franchi l'enceinte de la ville antique nous annonce déjà que cette ville est une colonie romaine, et c'est le titre que lui donnent en effet l'Itinéraire d'Antonin et la Table de Peutinger.

Un peu au delà de l'amphithéâtre, une colline affectant la forme régulière d'un cône tronqué, et qu'on est tenté de prendre tout d'abord pour un gigantesque tumulus, se dresse entre le Tlit-Aâbsa et la rive gauche de la Medjerda. Les indigènes lui donnent le nom de *Djebel el-Hajjèla*. Elle domine les deux étroits défilés par lesquels on pouvait pénétrer, du côté du sud-est, dans la ville antique : l'un de ces passages monte en pente douce, entre la colline et le Tlit-Aâbsa, vers une plateforme qui faisait partie de la ville haute; l'autre, que suivait la voie romaine, contourne la base du Djebel el-Hajjèla, en suivant la rive gauche du fleuve.

Dès qu'on a franchi ce passage, on se trouve dans l'enceinte même de Simittu. Cette partie de la ville antique, toutefois, n'offre que des débris insignifiants; à part quelques *insulae*, dessinées par les chaînes de pierres de taille qui encadraient les menus matériaux employés dans la construction des maisons particulières, aucun vestige caractérisé n'attire le regard. On ne rencontre de ruines reconnaissables qu'à la hauteur du point où la Medjerda reçoit l'Oued Melah, à deux ou trois cents pas en aval de son confluent avec l'Oued Ghaghaï. Mais, à partir de là, les grands édifices se succèdent à chaque pas et marquent le centre de la colonie romaine.

Les premières grandes ruines qui attirent l'attention sont

celles d'un pont monumental jeté sur la Medjerda. Les deux premières arches, du côté de la rive droite, sont encore debout et dominent de près de quinze mètres les basses eaux du fleuve.

Les voûtes sont en plein cintre, uniformément extradossées, et se détachent des pieds-droits par une corniche. Les piles carrées qui les soutiennent sont consolidées par des arrière-becs arrondis, et ont gardé leur revêtement de pierre de taille. Les autres piles se sont écroulées sous l'effort des crues de la Medjerda et encombrent le lit du fleuve de leurs débris. On remarque sur la rive gauche les restes d'une puissante jetée, dessinant une courbe qui devait former tout à la fois l'amorce du pont et celle d'un quai.

Une grande dalle de marbre rose, détachée sans doute de la partie centrale du parapet, est couchée dans le lit de la Medjerda, en amont des ruines du pont. Après l'avoir dégagée, non sans peine, du lit de gravier sous lequel elle était aux trois quarts ensevelie, et relevée au-dessus du niveau de la nappe d'eau qui le recouvrait, je pus y lire l'inscription dont on trouvera un fac-similé à la page suivante; elle est gravée dans un cadre de $1^m,80$ de hauteur sur $1^m,66$ de largeur[1].

Trajan fut consul pour la sixième fois le 1er janvier de l'an 112. Le renouvellement de ses puissances tribunitiennes se plaçant d'ailleurs, non pas, comme l'avait supposé Borghesi, au 28 janvier, anniversaire de la mort de Nerva, mais bien au 1er de ce mois, ainsi que l'a démontré M. Mommsen[2], sa seizième puissance tribunitienne comprend toute l'année 112. C'est donc à cette année que remonte la construction du pont

---

[1] [*Corpus*, VIII, n° 10117. Dans cette inscription, comme dans celle d'Henchir Smala (10116, *supra*, p. 254), le *Corpus* transcrit le nom de l'empereur à l'ablatif. — S. R.]

[2] *Hermès*, III, p. 126 et suiv.

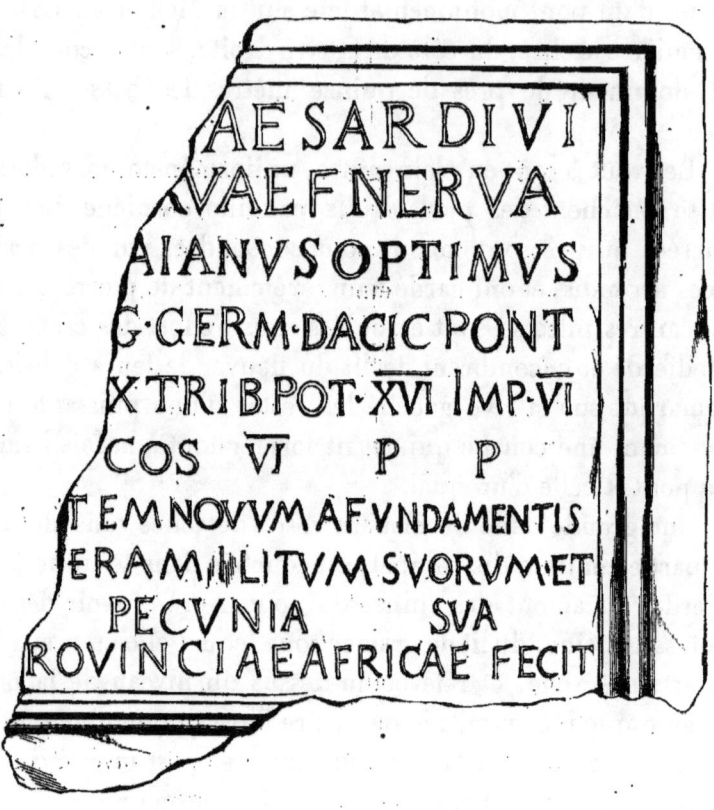

imp(erator) [c]AESAR DIVI
[ner]VAE F(ilius) NERVA
[tr]AIANVS OPTIMVS
[au]G(ustus) GERM(anicus) DACIC(us) PONT(ifex)
[ma]X(imus) TRIB(unicia) POT(estate) XVI IMP(erator) VI
    CO(n)S(ul) VI   P(ater) P(atriae)
[pon]TEM NOVVM A FVNDAMENTIS
[op]ERA MILITVM SVORVM ET
    PECVNIA SVA
[p]ROVINCIAE AFRICAE FECIT

de Simittu, tandis qu'elle se placerait, dans le système de Borghesi, entre le 28 janvier 112 et le 28 janvier 113.

L'inscription du pont de Simittu nous révèle un fait nouveau. On a supposé jusqu'ici, avec Eckhel[1], que le titre d'*optimus* n'avait été donné à Trajan qu'à partir de l'année 114, et, de fait, cette qualification n'apparaît pas avant cette date sur les médailles ou sur les monuments qui nous étaient parvenus. Elle ne figure même pas sur la dédicace de la colonne Trajane, qui est de l'année 113. Le texte de Chemtou prouve qu'elle est de deux ans antérieure à l'époque à laquelle on la faisait remonter.

Je n'ai pas besoin d'appeler l'attention sur les deux expressions *opera militum suorum* et *provinciae Africae fecit* : elles sortent des formules connues et constatent l'initiative personnelle de l'empereur, chef militaire suprême, dans une œuvre d'utilité publique entreprise au profit de la province sénatoriale d'Afrique. Le nom de la légion provinciale, la légion IIIe Augusta, qui y avait été très certainement employée, est omis avec intention sur le monument qui en consacre le souvenir : ce sont les soldats de Trajan, *milites sui*, qui ont accompli ce travail, et c'est le trésor impérial qui en fait les frais.

Il s'agit d'ailleurs, l'inscription nous l'apprend, d'« un pont nouveau » construit sur de nouvelles fondations. Les restes de l'ancien pont subsistent encore à une cinquantaine de mètres en amont du nouveau, sous la forme de deux ou trois masses de blocage qui émergent du lit de la Medjerda. L'une de ces masses, engagée dans la berge de la rive gauche du fleuve, ne mesure pas moins de cinq mètres de longueur. Comme elle plonge dans les vases de la Medjerda, il m'a été impossible d'en

---

[1] Eckhel, *Doctrina numorum*, t. VI, p. 448.

mesurer la hauteur. Elle présente une particularité assez remarquable : une de ses faces est recouverte en partie d'un enduit de ciment noirâtre très lisse et d'une extrême dureté; une moulure dessinée dans cette couche de ciment forme une sorte de cartel rectangulaire de quatre mètres de longueur, qui doit avoir été destiné à recevoir une inscription. Je n'y ai remarqué toutefois aucune trace de lettres.

Le caractère tout particulier de ce débris ne permet guère de supposer que la construction dont il faisait partie ait été une œuvre romaine, et lorsqu'on se rappelle, d'autre part, le rôle si important que jouent le ciment et le blocage dans les fragments d'architecture punique qu'on a pu retrouver jusqu'ici, notamment à Utique, on est bien tenté de voir dans l'ancien pont de Simittu les restes d'une construction indigène, datant de l'époque des rois numides et antérieure de deux à trois siècles, par conséquent, à l'œuvre de Trajan.

A quelques mètres en aval du pont romain, d'énormes masses de maçonnerie, entassées pêle-mêle, obstruent dans toute sa largeur le lit de la Medjerda. Ce sont les débris d'un barrage dont les amorces de la rive gauche, parfaitement conservées, présentent encore les rainures destinées à assurer le jeu des vannes. L'appareil de cette construction se compose d'un blocage de moellons disposés par assises régulières et consolidés par des chaînes de pierres de taille, ou, pour mieux dire, de pierres taillées empruntées à d'anciens édifices et à la nécropole païenne. Les inscriptions qui s'y trouvent encastrées appartiennent toutes au IIe ou au IIIe siècle de notre ère.

L'emploi de ces débris de monuments funéraires dans le barrage de Simittu ne permet pas de faire remonter la date de ce travail au delà de l'époque chrétienne. On peut même supposer qu'il date de la période byzantine.

L'Oued Melah, qui se jette dans la Medjerda, à peu de distance en amont du pont de Trajan et par conséquent du barrage, traversait toute la partie basse de la ville antique, située sur la rive même du fleuve, et la séparait du plateau peu élevé qu'occupait la ville moyenne.

Un pont d'une seule arche, dont il ne reste que les amorces, franchissait ce ruisseau à peu de distance du point où il se perd dans la Medjerda.

Un peu au delà de ce pont, sur la rive gauche de l'Oued Melah, dont les berges sont taillées à pic, se dressent les ruines d'une basilique. L'abside conserve encore sa voûte en quart de sphère, mais les murs latéraux paraissent avoir été reconstruits à l'époque berbère.

A vingt mètres plus loin, on remarque les vestiges d'un grand édifice rectangulaire, qui dominait également la ville basse, mais dont rien n'indique la destination.

A cinquante mètres au delà s'élèvent les ruines du théâtre. Construit, suivant la méthode romaine, sur un terrain plat, l'édifice se composait de deux rangs d'arcades superposées. L'étage inférieur, seul, subsiste encore. Les gradins et les *praecinctiones* sont parfaitement reconnaissables, ainsi que les deux *scalae*, voisines du *proscenium*. La scène et les *postscenia* ont disparu.

Quatre fûts de colonnes encore debout au milieu d'un amas de décombres marquent, à quelques pas du mur hémisphérique du théâtre, l'emplacement d'un édifice bâti dans le même axe.

Un espace de cent pas environ sépare le théâtre d'un groupe de ruines remarquables par leur étendue et par la puissance de leur construction. On peut, je crois, y reconnaître des thermes.

C'est à ces ruines qu'aboutit l'aqueduc qui amenait à Simittu les eaux des collines de la rive gauche de la Medjerda, et dont les longs alignements, se détachant sur l'horizon de la plaine déserte, rappellent d'une façon saisissante certains aspects de la campagne romaine.

Les flancs de la colline escarpée qui domine Simittu présentent jusqu'à une certaine hauteur, du côté du sud et du sud-est, des vestiges d'habitations antiques; mais les pentes sont tellement rapides que la plupart des décombres des édifices écroulés sont allés grossir les monceaux de ruines de la ville basse; on n'aperçoit plus que les ouvertures béantes des voûtes qui servaient de substructions. On trouve également quelques matériaux antiques sur le sommet même de la colline; mais je n'y ai pas rencontré de vestiges saisissables de monuments proprement dits. On y remarque bien un mur d'enceinte, mais ce mur, bâti en pierres de dimensions très variables et très négligemment assemblées, ne peut être qu'une construction de l'époque berbère, assise en partie, sans doute, sur des fondations antiques.

La colline dont nous parlons se relie à la chaîne du Tlit-Aâbsa par un massif rocheux, formé d'un beau marbre rose veiné de blanc, qui a fourni tous les matériaux des édifices publics de la ville romaine. Une partie de ces carrières est à ciel ouvert. Le reste se compose d'une série de salles et de galeries, creusées dans le massif même, et recevant le jour par des ouvertures pratiquées soit dans les voûtes, soit dans les parois. L'ensemble de ces excavations rappelle ces gigantesques carrières du Ras Adar, d'où sont sorties les deux Carthages punique et romaine.

Nous ne savons que peu de choses de l'histoire de Simittu. Pline, comme nous l'avons dit, la compte au nombre des *oppida civium romanorum*. Son nom de colonie, tel que le donne l'inscription 1261 du *Corpus*, paraît être *Colonia Iulia Numidica Simitthus* ou *Simitthensium* :

```
vETVRIO·L·FIL▓▓▓▓▓
fORTVNATO·OB summam in
dIEM·VITAE·AdfectiO
neM·ET·ADMINistrati
oNEM·II·VIRATVS·INcom
pARABILEM·ET·INNocen
TIAM·SINGVLARem uti
LITATIBVS PVBLICIS
COMMODISQVE semper
EXHIBITAM·CVRIA
LES·VNIVERSI·CO▓▓▓▓▓
AVG·NVMidICAE siMi
THENSIVM pROTOt tan
TIS·QVE·MeRItiS·EIuS·AE
RE·COLLATO·POSV
eRVNT·LOCO·DAto
·D·D¹
```

Les textes que nous avons cités plus haut prouvent que ce titre de colonie, encore porté par Simittu dans les dernières années du règne de Constantin, ne figure plus dans les inscriptions de la fin du IVe siècle.

[1] [Une dédicace à Magnence, découverte en 1882 (*Ephemeris*, t. V, n° 1116), donne le nom *Colonia Iulia Numidica Simitthus* :

```
prinCIPI D n
maGNENTIO
seMPER AVG
c.IVL N SIMIT
tHVS·DEVOT
I
```

S. R.]

L'Itinéraire d'Antonin compte 5 milles entre Simittu et Ad Aquas : ce chiffre est omis dans la Table de Peutinger. Les deux textes sont d'accord pour placer la dernière station, *Onellaba*, ou *Odiana* comme l'écrit la Table, à 25 milles d'Ad Aquas et à 50 milles d'Hippo Regius.

AD AQUAS
Hammam Sidi-Ali-bel-Kassem).

Les ruines de Ad Aquas se retrouvent à 30 minutes environ de Sidi-Ali-bel-Kassem et à cinq milles à l'ouest-nord-ouest de Chemtou, précisément à la distance indiquée par les deux routiers romains. Les eaux thermales salines et d'une température assez élevée (40° centigr.), auxquelles la station antique avait emprunté son nom, portent aujourd'hui celui de *Hammam Oulad-Ali* ou *Hammam Sidi-Ali-bel-Kassem*.

THVBVRNICA
Sidi-Ali-bel-Kassem).

Quant aux grandes ruines de Sidi-Ali-bel-Kassem, que j'avais d'abord considérées comme celles de la station, les deux inscriptions suivantes, découvertes depuis, me font supposer qu'elles pourraient être celles de l'*oppidum Thuburnicense* de Pline[1] :

```
Q · A N N A E V S
Q · F · POL · BALBVS · FAVEN
TINVS · ANN · LIII · MEILES
LEG · V · DONATVS · BIS · H
VIR · THVBVRN · H · S · E · VIXIT
HONESTE · ET · TV · AVE · ARBI
TRATV · Q · ANNAEI · CAPVLAE
```

Q(uintus) Annaeus Q(uinti) f(ilius) Pol(lia tribu) Balbus Faventinus, ann(orum) LIII, meiles leg(ionis) quintae, donatus bis, duumvir Thuburn(icensis). Hic s(itus) e(st). Vixit honeste. Et tu ave. Arbitratu Q(uinti) Annaei Capulae.

[1] [Cf. agnat, *Explorations*, II, p. 95 et suiv.; *Ephemeris*, V, n° 505, p. 336-339; Mommsen, *ib:d.*, p. 214. — L'orthographe *Meiles* indique une époque voisine de l'ère chrétienne. — S. R.]

GENIO · COLONIAE
AVG · SACR
*do*MITIVS · T · FIL · ARN
vale(?)NS · SVLPICIANS   *sic*
. . . . NTIOV/
. . . .
. . . . .IIV/
. . . .
. . . .
ISPCG . . . .
. . . . .M · IVL · C . .

Genio Coloniae Aug(usto) sacr(um). [Do]mitius T(iti) fil(ius) Arn(ensi tribu). . .[1].

Le titre de *duumvir Thuburnicensis*, qu'on lit à la cinquième ligne du premier de ces deux textes, ne constitue pas sans doute une preuve absolue de la synonymie que nous proposons. Q. Annaeus Balbus aurait pu, à la rigueur, être *duumvir* ailleurs que dans la localité où se trouve son tombeau. Il est plus probable, toutefois, qu'il est mort dans la cité même où, retiré du service militaire, il avait exercé la première magistrature, et l'on peut présumer dès lors que les ruines de Sidi-Ali-bel-Kassem sont celles de l'*oppidum Thuburnicense*. Cette présomption devient presque une certitude lorsqu'on remarque que le second texte donne le titre de colonie à la ville antique représentée par les ruines de Sidi-Ali-bel-Kassem, et que Ptolémée nomme précisément une *Thuburnica Colonia* dans le voisinage immédiat de Simisthu (Simittu)[2]. Nous ajouterons que le nom même de *Thuburnica* fournit un dernier indice à l'appui de notre conjecture : la première partie de ce composé punique

---

[1] [Cagnat, *Explorations*, II, p.89; *Ephemeris*, V, n° 500.] — [2] Ptolémée, IV, III, 29.

est certainement le mot phénicien *Thubur*, « colline »; or les ruines de Sidi-Ali-bel-Kassem couvrent un contrefort très remarquable, projeté par les hauteurs qui dominent au nord-est le bassin de la Medjerda. Deux affluents de l'Oued Ghaghaï, l'*Oued el-Endja* et l'*Oued Melah*, baignent cette colline au nord et au sud. Un faubourg assez considérable s'étendait en outre sur la rive gauche du premier de ces deux cours d'eau, là même où s'élève aujourd'hui la koubba de Sidi-Ali-bel-Kassem. Parmi les décombres qui en marquent l'emplacement se trouvent les vestiges d'une piscine, où j'ai découvert l'inscription reproduite au *Corpus* sous le n° 10607 :

VS CELLAM SOLIAREM A *fundamentis?*
*extru*CTAM KARISSIMIS CIVIB*us*.

On voit qu'il s'agit d'une salle de bain ornée de sièges, *cella soliaris*, construite aux frais d'un personnage dont le nom manque et affectée par lui aux besoins de ses concitoyens. Le mot *solium* désigne le siège creux dans lequel se plaçait le baigneur[1].

A une centaine de pas de ces premières ruines, la voie romaine franchissait l'Oued el-Endja sur un pont d'une seule arche, qui subsiste encore en entier. La voûte, en plein cintre, est formée de claveaux de très grandes dimensions, appareillés de façon à se relier à la construction des culées. La clef de l'arc, sur la façade occidentale, est ornée d'une tête de taureau que surmonte une figure ressemblant à un niveau ou à un A un peu écrasé.

Immédiatement au delà du pont se dresse la colline qu'occupait la ville proprement dite, et dont le plateau s'allonge en

---

[1] Cf. Spartien, *Caracalla*, c. ix.

pente douce de l'est à l'ouest. La partie la plus élevée de cette plate-forme offre les vestiges d'un castrum construit en pierres de grand appareil.

A une cinquantaine de mètres à l'ouest de ces ruines, s'étendent les restes d'un grand édifice bâti sur de puissantes voûtes. A quelques pas de là, un piédestal bien conservé porte l'inscription suivante[1] :

```
      IMP·CAES·L·SEP
      TIMI·SEVERI·PII
      PERTINACIS·AVG
      ARABICI ADIA
      BENICI·PAR
      THICI·MAXIMI
      COS·III·fratri
      IMPcAES·M·AVREL
      ANTonini AVG
      PII·FELICIS·PAR
      THICI·COS·III
          D·D·P·P
```

La fin de la septième ligne est martelée.

La date de cette dédicace se place entre le 3ᵉ consulat de Caracalla (208) et la mort de Septime Sévère (211).

Un peu au delà, et toujours dans la même direction, s'élèvent les ruines d'un édifice aussi remarquable par la simplicité que par l'élégance de ses formes architecturales. La partie reconnaissable de ce monument se compose d'une grande salle rectangulaire, complétée, sur la façade méridionale, par un hémicycle percé de trois fenêtres cintrées. Deux fenêtres semblables s'ouvrent de chaque côté de l'hémicycle. L'entrée de la

[1] *Corpus*, VIII, n° 10603.

façade principale, opposée à l'hémicycle, est formée par une grande porte carrée, surmontée d'un linteau monolithe. Deux portes latérales donnaient en outre accès dans l'intérieur de cette enceinte, qui paraît avoir été la *curia* ou le siège des réunions de l'*ordo* de Thuburnica. L'édifice est situé sur le bord même du plateau que baigne l'Oued el-Endja. Quelques ruines très confuses couvrent l'espace qui s'étend entre le petit palais que nous venons de décrire et l'extrémité septentrionale du plateau, où se trouvaient les citernes publiques.

La pointe occidentale de la colline est dominée par un de ces grands mausolées à étages superposés qu'on rencontre fréquemment dans la Byzacène, mais qui sont assez rares dans la Zeugitane. Celui de Sidi-Ali-bel-Kassem se compose d'un soubassement supportant un cube, séparé, par un entablement à corniche, d'un étage supérieur, aujourd'hui écrêté et sur lequel reposait sans doute une niche. Le cube inférieur est orné sur chaque face de quatre pilastres, disposés deux par deux. Sur la face orientale s'ouvre une porte en pierre, à deux battants, sur lesquels étaient figurés les *scapi* et les *impagines* qui les partageaient en trois *tympana* ou panneaux séparés. L'un de ces battants existe encore. Le cube supérieur a conservé son plafond, formé d'énormes monolithes jouant le rôle de poutres et sur lesquels reposent les longues pierres qui figurent les solives. L'ornementation de la plate-bande qui soutient la corniche se compose d'un double ruban parallèle, encadrant un troisième ruban qui dessine une série d'angles dont l'ouverture est remplie par une fleur assez semblable à une fleur de lis double. En somme, par l'ensemble comme par les détails de son architecture, le mausolée que nous venons de décrire appartient au style assez barbare qui caractérise les monuments de l'est et du sud de la province d'Afrique.

Les ruines de Sidi-Ali-bel-Kassem n'en ont pas moins une physionomie toute romaine qui s'explique par l'histoire même de la cité antique. Tous ses monuments semblent appartenir aux deux premiers siècles de notre ère et n'offrent aucune trace de remaniements postérieurs. Thuburnuc figure dans les listes de Pline parmi les *oppida civium romanorum*, et l'épitaphe de Q. Annaeus semble appartenir à l'époque d'Auguste ou de Tibère. Comme sa voisine Simittu, elle a dû former, dès la constitution de la grande province d'Afrique, un centre essentiellement romain, destiné à protéger cette partie si exposée de la Zeugitane. C'est pour des motifs semblables qu'entre l'époque des Flaviens et celle de Ptolémée elle fut constituée en colonie.

La voie romaine, à partir de Ad Aquas, remontait le cours de l'Oued Melah, franchissait la chaîne numidique au-dessous du Djebel Ghorra, suivait la vallée de l'Oued bou-Gous, nom que porte, dans la partie supérieure de son cours, l'Oued el-Kebir, principal affluent de l'Oued Mafrag, et rejoignait sans doute, sur un point qui reste à déterminer, la route de Carthage à Hippone par le littoral. Les renseignements que j'ai recueillis me permettent de donner ce tracé comme certain jusqu'à l'Oued bou-Gous : les indigènes affirment que les vestiges de la voie existent encore jusque-là. Mais mes investigations n'ont pas pu dépasser la frontière tunisienne; l'emplacement d'Onellana est encore à retrouver.

LOCALITÉS SITUÉES ENTRE LA GRANDE VOIE DU LITTORAL ET LA ROUTE DE CARTHAGE À HIPPONE PAR BULLA REGIA.

Les textes anciens et les documents épigraphiques nous font connaître un certain nombre de localités situées entre le littoral et la route que nous venons de décrire.

UCRES
(Bordj bou-Djadi).

A peu de distance au-dessus du point où la voie de Carthage franchit le col qui sépare le bassin de Tunis de celui de la Medjerda, quelques décombres, à demi ensevelis sous les gourbis du hameau berbère de Bordj bou-Djadi, marquent l'emplacement de la petite ville d'*Ucres*, dont le nom figure dans les actes des conciles[1]. L'inscription suivante[2], découverte par Temple, n'existe plus aujourd'hui :

> *imp. caes.*
> *l. septimio* SEVE
> *ro pert*INACI AVG
> *pont*IF·MAX·TRIB
> *pot*EST COS DES·II PP
> *ci*VITAS VCRE*s* D D
> PP FECIT ET DEDIC ANNO
> CORNELI·ANVLLINI·PROCOS
> C·V·ET·VALERI FESTI·LEG·EIVS

Il ne nous est pas possible de reconnaître dans Ucres, avec Wilmanns, l'Ἄκρις πόλις αὐτόνομος dont s'empara Archagathe, fils et lieutenant d'Agathocle[3]. L'existence d'une ville autonome dans la banlieue de Carthage nous paraît bien peu probable.

Oppidum
MATERENSE
(*Mâter?*).

Le bourg arabe de Mâter, situé sur une colline basse au centre de la plaine qu'arrose l'Oued Djoumin et à dix kilomètres au sud du Garaat el-Echkeul (lac *Sisara*), est bâti sur l'emplacement et avec les débris d'une ville antique que Shaw a le premier considérée comme l'*oppidum liberum Materense* de Pline[4]. Malheureusement le voyageur anglais et tous les géo-

---

[1] *Episcopus Ucrensis* (concile de 411). On suppose que ce même nom d'*Ucres* se retrouve, altéré, dans les ethniques *Verensium* et *Verensis* des listes de 314, 419 et 484. Un *episcopus [civi]tatis Vcresium* est mentionné dans une inscription de Rome de l'année 404 (de Rossi, *Inscr. chrét.*, I, 534).
[2] *Corpus*, VIII, n° 1170.
[3] Diodore, XX, LVII.
[4] Pline, V, IV, 30.

graphes qui ont reproduit sa conjecture ont voulu y retrouver aussi l'*ecclesia Matharensis*, nommée, dans les actes de la conférence de 411 ainsi que dans la notice de 482, parmi les sièges épiscopaux de la Numidie, alors que la ville antique qu'a remplacée Mâter appartenait certainement à la Proconsulaire. En relevant avec raison l'impossibilité de cette seconde synonymie, Wilmanns a eu peut-être tort de révoquer en doute la première[1]. Il a d'ailleurs commis une méprise en supposant que le nom de Mâter est purement arabe et désigne une localité située sur un plateau. Ce nom ne s'écrit pas مَعْدَر *Ma'der*, mot qui a effectivement dans le dialecte tunisien le sens de « lieu élevé », mais bien ماطر, *Mâter*, et cette désignation, qui ne s'explique pas par l'arabe, a certainement pour origine un nom libyco-romain. Rien ne prouvant, d'autre part, ni que l'oppidum Materense soit identique à l'ecclesia Matharensis, ni même qu'il ait été situé en Numidie, nous ne voyons pas pourquoi Mâter ne le représenterait pas.

A 8 kilomètres environ de Tbourba, sur la rive droite de la Medjerda, on remarque les ruines d'une bourgade romaine appelée par les indigènes *Zouitina*. Deux inscriptions qui ont été découvertes tout auprès donnent le nom antique de cette petite cité, *Thibiuca* :

THIBIUCA
(*Zouitina*).

N° 1.

PRINCIPI
IVVENTVTIS
D·N·
FL·VALEN
TINIANO
INVICTO·AVG
DEVOTA·THIBIVCA

[1] *C. I. L.*, t. VIII, p. 123.

N° 2.

Q· CAECILIO· Q· F· ARN· MAR
CELLO· DENTILIANO . XVIRO . STLI
TIB· IVDIC· TRIB· MIL· LEG· XI· CL· PIAE· FID·
quaest. PROVINC· AFRIC· AED· CVR· CANDI
dAto· DIVI· HADRIANI PR· CANDIDATO
EIVSDEM· LEG· PROVINC· CRETAE· CY
RENAR· LEG· PROVINC· HISPAN· PROCOS
PROVINC· CRETAE· CYRENAR· LEG· LEG
XII FVLMINATAE· LEG· AVG PR· PR· PRO
VINCIAE GALLIAE· AQVITANICAE
COL▧▧▧▧ PATRONO
THIBIVCENSES· AERE· CONLATO[1]

C'est également de Zouitina que provient un piédestal mutilé, couché aujourd'hui sur la rive gauche de la Medjerda, à El-Batân, près de Tbourba, et sur lequel j'avais lu en 1879 les deux mots :

DIVO...
THIBIVCA...[2]

La pierre avait été apportée de Zouitina, il y a quelques années, avec d'autres matériaux destinés à la reconstruction du pont de la Medjerda.

Le nom de Thibiuca figure, sans qu'on l'ait reconnu, dans

---

[1] [J'ai rétabli le texte de cette inscription, dont M. Tissot ne possédait qu'une copie fautive, à l'aide d'un estampage pris en 1883 par M. Babelon et moi. Les deux dédicaces se trouvent sur un même piédestal, à 600 mètres environ de la Medjerda et vis-à-vis la quatrième maison de garde du chemin de fer à partir de Tbourba. Cet endroit, éloigné de Zouitina de quelques centaines de mètres, s'appelle *Henchir Keça*. Une autre base voisine porte une inscription tout à fait effacée. — S. R.]

[2] [Ce piédestal a disparu depuis. — S. R.]

les documents de l'époque chrétienne. Les actes de saint Félix, évêque et martyr, lui donnent pour siège épiscopal une localité dont le nom varie beaucoup suivant les manuscrits. Écartant avec raison les ethniques *Tubizacensis, Tubizocensis, Tubzocensis, Tubzuzensis,* Ruinart avait adopté les formes *Tibiura, Tibiurensis*[1], mais il constatait en même temps que les manuscrits du *Martyrologium sincerum* de Beda donnaient la variante *Tibiuca*. Les trois inscriptions que nous avons reproduites prouvent que cette dernière forme est la vraie, en même temps que la synonymie de Thibiuca et de Zouitina explique un détail des Actes de saint Félix. Il y est dit, en effet, que l'évêque était parti pour Carthage le jour même où l'édit de Dioclétien était publié à Thibiuca, et qu'il était de retour le lendemain même : « Tunc programma positum est in civitate *Tibiurensi*, die nonarum Iuliarum... eadem die Felix episcopus Carthaginem fuerat profectus... postera autem die Felix episcopus venit Carthagine *Tibiuram*. » La distance entre les deux localités était donc tout au plus d'une journée de marche. Une note de Beda place *Tibiura* à 35 milles de Carthage. On compte en réalité 42 milles entre les ruines de Zouitina et celles de la capitale de la Proconsulaire. Nous savons d'ailleurs par les Actes de saint Félix que Thibiuca avait un curateur nommé Magnilianus, et une curie : un des membres de l'*ordo*, Vincentius Celsinus, joua un certain rôle dans la procédure.

Les inscriptions découvertes à Zouitina nous permettent de corriger un texte des annales chrétiennes en même temps qu'elles nous révèlent l'existence d'une colonie de l'époque des Antonins.

A 10 kilomètres de Thourba, la route romaine de Carthage

TINGAR
(*Tengar*).

---

[1] Ruinart, *Acta s. Felicis*, p. 313.

à Bulla Regia laisse sur la gauche les ruines d'une ville antique à laquelle les indigènes donnent le nom berbère de *Tengar*, oublié par nos cartes. Elles couvrent un plateau dont les pentes assez escarpées sont baignées, du côté du sud-est, par une boucle de la Medjerda. Il n'est pas douteux que ces vestiges ne soient ceux de l'*ecclesia Tingariensis* dans laquelle Dupin et Morcelli ont voulu retrouver la *Tingi* maurétanienne[1].

CINCAR.
MUNICIPIUM
CINCARITANUM
(*Bordj Toumi*).

L'inscription suivante, trouvée dans les ruines de Bordj Toumi, à 7 ou 8 kilomètres au sud-sud-ouest d'Henchir Tengar, sur la rive gauche de la Medjerda et à peu de distance de la voie romaine, fixe l'emplacement d'une autre localité antique dont le nom ne figure que dans les documents de l'époque chrétienne :

```
    MEMORIAE TI
    BERI CLAVDI IVLI
    ANI VNIVERSI CV
    RIALES MVN CIN
  · PROVOCATI LAR
    GITioNE MATRIS
    EIVS AERAE COL    sic
    LATO DE Suo PO
    SVERVNT LDDD[2]
```

M. Johannes Schmidt lit avec raison à la quatrième ligne *Mun(icipii) Cin(caritani)*. Deux *episcopi Cincaritani* figurent dans

[1] [Nous avons visité Henchir Tengar au mois de mars 1885, en compagnie de M. Cagnat. Les ruines, assez considérables, s'étendent sur deux mamelons; on y remarque un théâtre ayant 40 mètres de diamètre, les restes d'un aqueduc, cinq citernes et deux grands puits, auprès desquels s'élève un pan de mur composé de huit assises de grand appareil que surmonte une maçonnerie en blocage. Ce sont peut-être des thermes. A cent pas d'Henchir Tengar, on retrouve les traces distinctes de la voie romaine. — S. R.]

[2] [Delattre, *Bulletin épigraphique*, 1882, p. 32; Schmidt, *Ephemeris*, V, n° 527. L'inscription est actuellement conservée à Saint-Louis de Carthage. — S. R.]

la liste de 411. Hardouin les avait comptés parmi les prélats de la Proconsulaire, mais cette opinion n'avait été partagée ni par Dupin, qui les range parmi les évêques de la Byzacène, ni par Morcelli[1]. Le texte de Bordj Toumi justifie la conjecture de Hardouin.

Le village berbère de Toukkâbeur, تقابر [2], situé sur la droite de la voie romaine, à deux heures et demie de marche de Medjez-el-Bab, dans la direction du nord-ouest, est certainement la *Thuccabor* ou *Tuccabor* dont le nom revient plus d'une fois dans les annales de l'Église d'Afrique[3]. Un de ses évêques, Fortunatus, siège en 255 au concile de Carthage[4]. Elle est représentée par un donatiste, Megasius, au concile de 411[5]. Un troisième évêque de Tuccabor, Stephanus, figure parmi

THUCCABOR
(*Toukkâbeur*).

---

[1] *Africa christiana*, t. I, p. 140 : « Vicum hunc sive oppidum, qualecumque fuerit, geographi veteres non memorant : Harduinus tamen Proconsulari adscribit. Indidem fuisse episcopum, post quem in collatione Carthaginiensi cietur Cincaritanus, manifestum est : verum tam levi indicio non bene creditur. »

[2] [Cf. *Corpus*, t. VIII, p. 165 et 937; *Ephemeris*, V, p. 346; Cagnat, *Archives des Missions*, 1882, p. 77, et *Bulletin épigraphique*, I, p. 68; Rebora, *Bulletin des antiquités africaines*, I, p. 258. Quelques inscriptions inédites, recueillies à Toukkâbeur par M. Cagnat et moi en 1885, seront publiées prochainement. — S. R.]

[3] Cellarius a supposé que Thuccabor était identique à la Tucca Terebenthina de l'Itinéraire d'Antonin, et cette synonymie est acceptée par Forbiger. Morcelli, qui la considère comme douteuse, commet une erreur analogue en confondant Thuccabor avec la Thugga située sur la droite de la route de Carthage à Théveste, à 2 milles au nord-est d'Henchir Hendja (*Agbia*), et à 4 milles au sud-sud-ouest de Teboursouk (*Thibursicum Bure*). L'auteur de l'*Afrique chrétienne* suppose que le nom de *Thugga*, qui figure dans une inscription bien connue, n'est que la première partie de celui de Thuccabor. Or ce nom de Thugga, qui s'est conservé jusqu'à nos jours sous la forme adoucie plutôt qu'altérée de *Dougga*, est certainement complet : trois inscriptions trouvées à Dougga nous donnent les formes ethniques *Thuggenses*, *Thuggensium*; Thuccabor n'a donc rien de commun avec Thugga, et des raisons analogues ne permettent pas de l'identifier avec Tucca Terebenthina, qui était d'ailleurs située dans la Byzacène. [Cf. Morcelli, *Africa christiana*, I, p. 316.]

[4] Fortunatus *a Thuccabori* (saint Augustin, *De baptism. contra Donat.*, VI, 24); *a Tucchabori*, Θουχχαδώρ (liste de 258).

[5] *Episcopus Tucaborensis* (liste de 411).

les signataires de la lettre adressée en 649 au patriarche de Constantinople par les prélats de la Proconsulaire[1].

Assis sur le ressaut assez élevé d'un des contreforts du Djebel Heïdous, le village actuel n'occupe qu'une partie du bourg antique, sur lequel il s'est en quelque sorte greffé : les bases des maisons sont presque toutes romaines et les murailles elles-mêmes sont bâties avec les matériaux primitifs, dont la disposition seule a été modifiée; les rues dessinent les anciennes *insulae* et ont conservé en partie leurs trottoirs et leurs égouts antiques. Une exploration de ces ruines habitées était impossible. Je n'ai donc pu voir de Toukkâbeur que la partie de la ville antique qui a été abandonnée.

Le quartier sud-est n'offre que quelques vestiges du mur d'enceinte et des débris insignifiants. Celui qui occupait, au nord-ouest, la partie la plus élevée du plateau de Thuccabor ne présente de remarquable que les citernes, taillées en partie dans le roc, auxquelles la ville antique avait peut-être emprunté la moitié de son nom[2]. Entre ces citernes, creusées immédiatement au-dessous d'un ressaut de la montagne, et le bourg actuel, quelques substructions et des fragments de colonnes et de chapiteaux semblent indiquer l'emplacement d'un temple ou d'une basilique.

Les ruines les plus considérables se trouvent au sud-ouest du village, dans un verger dont l'enceinte est formée de débris antiques.

A l'entrée du verger, du côté du village, trois blocs de 1 mètre de longueur portent les fragments d'inscriptions sui-

---

[1] *Episcopus Tuccaboriensis* (Hardouin, *Conc.*, t. III, p. 750).

[2] *Thuccabor* est probablement formé de deux éléments phéniciens. Le premier, *Thucca* תקע, se rencontre fréquemment à l'état isolé dans la toponymie africaine. Le second nous paraît identique à l'hébreu בור, *bor*, « citerne taillée dans le roc ».

vants; les caractères ont 14 centimètres à la première ligne, 10 centimètres aux deux autres.

	IMP CAES	DIVI·HADRIANI·F	ANTONINO·AVG·PIO·P·	p.
	SEXTILIV	S·DEXTRI FIL·CELSVS	ARCVM·A·FVNDAMEN	tis
	C V M·G R A D I B V S	ET STATVA·S·P·F·IDQ·DED	ic
	D		D	

Imp(eratori) Caes(ari) divi Hadriani f(ilio) Antonino Aug(usto) pio p(atri) [p(atriae)] Sextilius Dextri fil(ius) Celsas arcum a fundamen[tis] cum gradibus et statua (sua) p(ecunia) f(ecit) id(em)q(ue) ded(icavit) d(ecurionum) d(ecreto) [1].

Antonin le Pieux reçut le titre de *pater patriae* en 139; l'inscription que nous venons de reproduire est donc postérieure à cette année.

L'arc de Sextilius Celsus est encore debout, mais dépouillé de son entablement et enterré jusqu'à l'imposte du côté du nord. Les pieds-droits de la façade méridionale sont en partie visibles, mais les terres amoncelées recouvrent les degrés auxquels la dédicace fait allusion. L'arcade mesure 4 mètres de largeur; elle est formée d'énormes claveaux appareillés de manière à se relier au reste de la construction.

A une vingtaine de pas de l'arc de Sextilius on remarque une autre porte dont le plan est perpendiculaire à celui de la première. Elle se compose de deux pieds-droits monolithes surmontés d'un linteau d'un seul bloc, de 4 mètres de longueur et orné de moulures. Les murs attenants ont disparu.

La mosquée occupe probablement l'emplacement du temple

---

[1] [*Corpus*, VIII, p. 937, ad n. 1320; Cagnat, *Archives des Missions*, 1882, IX, p. 77. Nous avons suivi cette dernière copie, préférable au fac-similé donné par M. Tissot. « L'inscription, dit M. Cagnat, se composait de quatre morceaux, mais les trois premiers seuls existent encore; il manque au moins une lettre à la fin de chaque ligne; c'est ce que le *Corpus* n'a pas indiqué. »]

de Caelestis dont il est question dans l'inscription n° 1318 du *Corpus* :

```
CAELESTI·AVG·SAC·
Q·MATTIVS·PRIMVS
AD AMPLIATIONEM·
TEMPLI·ET·GRADVS
DONAVIT·CXXV✱·
VOT·SOL·LIB·ANI
```

Toukkâbeur est dominé par un plateau rocheux dont l'extrémité nord-est, taillée à pic du côté du sud, porte une autre bourgade berbère du nom de *Chaouach*[1]. Par suite d'une de ces doubles indications qui s'expliquent par la façon dont a été dressée la carte du Dépôt de la guerre (1857), Chaouach figure deux fois sur ce document et y occupe deux positions. La plus septentrionale, qui n'est pas la vraie, est accompagnée du véritable nom. L'autre, placée plus au sud-est, porte celui de *Chououech*. Chaouach est en réalité à 3 kilomètres au nord-est de Toukkâbeur. Comme Toukkâbeur, elle occupe l'emplacement d'une bourgade libyco-romaine. L'enceinte antique, formée de blocs énormes, subsiste encore en partie : sur quelques points, ses larges brèches ont été comblées par des constructions berbères. L'arc de cercle irrégulier que décrivent ses murs, et dont la falaise du sud forme la corde, est percé d'une seule porte, pratiquée dans le flanc d'une tour carrée. Entre cette tour et un autre saillant de la muraille, s'étend un grand bassin antique, alimenté autrefois par un aqueduc souterrain dont

---

[1] [Cf. *Corpus*, VIII, p. 164, 937; *Ephemeris*, V, p. 345; Tissot, *Bulletin épigraphique*, II, p. 292; Rebora, *Bulletin des antiquités africaines*, I, p. 252; Cagnat, *Archives des Missions*, 1882, p. 79 et suiv. — S. R.]

les indigènes m'ont dit avoir suivi le canal jusqu'à une certaine distance, dans la direction d'un massif rocheux qui domine Chaouach du côté du nord.

Beaucoup plus étendue que le bourg moderne, la ville antique a laissé d'importants vestiges dans les vergers qui s'étendent au-dessous de la plate-forme rocheuse de Chaouach, et portent le nom d'*Aïn-Menzel*.

C'était là, pour mieux dire, que se trouvait le municipe romain; la ville libyenne n'occupait que la hauteur escarpée de Chaouach. Le seul monument encore debout est une porte monumentale, haute de 8 mètres, large de 8^m,50, sur l'entablement de laquelle on ne lit que ce fragment, gravé en grands caractères :

ar CVM TRIVMPHALE *m* [1]

Les nombreux fragments de dédicaces trouvés à Aïn-Menzel attestent que la ville romaine possédait plusieurs grands édifices, entre autres un temple de la Fortune, restauré à l'époque de Commode[2], et un temple de la Victoire Auguste[3], construit sous le règne de Marc Aurèle et de Lucius Verus, entre les années 166 et 169. Une inscription en l'honneur d'Alexandre Sévère et de Julia Mamaea prouve que la ville antique était un municipe[4]. Mais le fragment qui portait l'ethnique n'a pas été retrouvé.

L'inscription que nous reproduisons à la page suivante nous apprend que la cité était placée sous la protection d'Hercule[5]. Le nom de cette même divinité figure dans une dédicace gra-

---

[1] *C. I. L.*, t. VIII, 1314.
[2] *Ibid.*, 1311.
[3] *Ibid.*, 1310.
[4] *Ibid.*, 1313 :

INI PII FILI·M·AVRELI·SEVE
ORVM   RESPVBLICA
CTORIARVM   EX   INDV

[5] Cf. *C. I. L.*, t. VIII, 1309.

vée sur une pierre encastrée dans le mur de la porte de la haute ville[1].

> HERCVLI CON
> SERVATORI
> *genio* CIVITA
> TIS POPILII PRi
> MVS ET FAVS
> TINVS S·P·F

Une voie pavée, dont j'ai suivi les traces jusqu'à Sidi-Nâcer, rattachait à Membressa la cité romaine d'Aïn-Menzel.

[[2] Au mois d'octobre 1876, M. Tissot a visité, dans les environs de Tbourba, les ruines romaines d'Henchir Chouégui et d'Henchir Djelal, où il a découvert des inscriptions qu'il a communiquées aux rédacteurs du *Corpus*[3]. En 1883, MM. Babelon et Reinach ont fait une nouvelle excursion à Henchir Djelal. Enfin, en 1885, MM. Cagnat et Reinach ont entrepris l'exploration de toute la région montagneuse comprise entre Medjez-el-Bab, Tbourba et la vallée de l'Oued Tine, petite rivière qui reçoit l'Oued Djoumin près de Mâter et se jette dans le Garaat el-Echkeul. Nous résumons brièvement le résultat de ces recherches, en faisant usage d'une notice de M. Tissot sur Sidi-Chouégui et Henchir Djelal, qu'il destinait à l'Académie des inscriptions, mais qui est restée inédite.

Henchir Chouégui est situé sur la route de Tunis à Mâter, au-dessous du versant méridional du massif montagneux qui sé-

---

[1]. [*Ephemeris*, V, n° 529.]

[2] [Nous croyons devoir donner ici, à titre de supplément, la description d'une région encore peu connue, où se trouvent les deux villes de VCCVLA et de AVLODES, découvertes par nous postérieurement à la mort de M. Tissot. — S. R.]

[3] *Corpus*, t. VIII, n°ˢ 10553 et 10554 (*Chouégui*), n°ˢ 10555 à 10562 (*Djelal*). M. Tissot écrivait *Henchir Djal*, mais les habitants du pays prononcent *Djelal*. — S. R.]

pare le bassin de la Medjerda de celui de l'Oued Djoumin. La carte de 1857, fort défectueuse pour toute cette partie de la régence de Tunis, place la koubba de Sidi-Chouégui à 4 kilomètres au nord-ouest de Tbourba, tandis qu'elle en est à 7 kilomètres dans la direction du nord.

Il existe à Henchir Chouégui tout un système de citernes parfaitement conservées. Un aqueduc, dont les traces existent encore, y amenait les eaux d'une source du Djebel Ensârin, distante de près de douze milles.

C'est dans le Djebel Ensârin que se trouvent les ruines étendues d'*Henchir Djelal*. Le nom de la montagne elle-même manque sur la carte de 1857, bien qu'elle constitue l'un des sommets les plus élevés de la chaîne qui domine la rive gauche de la Medjerda. Les ruines sont indiquées sur la carte sous le nom erroné d'*Enchir Gial*, peut-être par une erreur de gravure pour *Enchir G'lal*. Elles sont désignées plus habituellement aujourd'hui sous le nom d'*Henchir Sidi-Hassan-Cherif*.

Les ruines d'Henchir Djelal couvrent une plate-forme rocheuse, demi-circulaire, adossée, du côté du nord-ouest, à un amphithéâtre de rochers et dominant, au nord-est, une profonde dépression, appelée par les habitants *Aïn el-Fezzânin*, qui aboutit à la vallée de la Medjerda. Aucun monument n'est resté debout, à part un monolithe de 4 à 5 mètres de hauteur, qui offre l'aspect d'une stèle plus étroite à la base qu'au sommet. Des fûts de colonnes, des chapiteaux, des débris de frises et de corniches semblent indiquer, au centre de la ville antique, l'emplacement d'un forum entouré de grands édifices. L'inscription suivante, copiée par MM. Cagnat et Reinach, témoigne de la richesse relative de ce centre de population à l'époque romaine :

*Colum*NAS CHARYSTIAS IIII C*um*....

On sait que le marbre de Carystos en Eubée était très recherché à Rome et dans toutes les parties du monde romain.

Au pied du versant occidental du Djebel Ensârin, à quatre kilomètres de l'Oued Tine, se trouvent des ruines considérables appelées par les indigènes *Henchir Bedd*. On y remarque les restes de thermes et les soubassements d'une porte monumentale. Le fragment d'inscription suivant, qui a près de deux mètres de long, prouve que l'édifice auquel il appartenait devait être fort considérable :

```
          I O V i C
   CAES·DIVI·L·SEptiM
   ANI PARTHICI ET DIV
   VG·ET CASTRORVM ET
```

Jov[*i*] *O*[*ptimo Maximo*... *pro salute Imperatoris*] *Caes*(*aris*) *Divi L. Se*[*pti*]*m*[*ii*] *Severi*... *filii*... *Divi Traj*]*ani Parthici et div*[*i Nervae adnepotis*... *et Juliae Augustae matris A*]*ug*(*usti*) *et castrorum et* [*senatus et patriae*, etc.]

Une autre inscription, relevée à Henchir Bedd par MM. Cagnat et Reinach, nous apprend que l'établissement antique situé à cet endroit était un municipe, dont les citoyens étaient inscrits dans la tribu Papiria.

```
  iiAPRARIO FELICI Q FIL
  PAPIRIA PARATO AEDILI
  CIO FL PERP BONO VIRO A
  MATORI ET¹ ALVMNO MVNICIP
  SVI OB INCOMPARABILEM
  MISSILIVM IN HONOREM
  AEDILITATIS EDITIONEM MG
  NAMQ ETIAM OPERIS SEP
  TIZODI · NVDAE LIBERALTATS
  EXSTRVCTIONEM·POPVLVS
  AERE CONLATO POSVIT LDDD
```

¹ [Les lettres ET sont liées.]

Tito? Aprario(?) *Felici, Q*(*uinti*) *fil*(*io*), *Papiria* (*tribu*), *Parato, aedilicio, fl*(*a-mini*) *perp*(*etuo*), *bono viro, amatori et alumno municip*(*ii*) *sui, ob incomparabilem missilium in honorem aedilitatis editionem magnamque etiam operis Septizodi nudae liberalitatis exstructionem, populus aere conlato posuit; l*(*oco*) *d*(*ato*) *d*(*ecreto*) *d*(*ecurionum*)[1].

A six kilomètres au nord-est d'Henchir Bedd se trouve un marabout nommé *Sidi-Reiss*, auprès duquel MM. Cagnat et Reinach ont découvert l'inscription suivante, qui donne le nom d'un municipe d'ailleurs inconnu, *Aulodes*[2]. L'emplacement d'Aulodes doit être voisin de Sidi-Reiss, sans qu'on puisse l'identifier encore à l'un des nombreux gisements de ruines romaines qui couvrent cette partie de la vallée de l'Oued Tine.

MUNICIPIUM
SEPTIMIUM
LIBERUM AULODES
(*Sidi-Reiss*).

```
    D N FL GRATIANO
    PERPETVO AVG
    MVNICIPIVM
    SEPTIMIVM LI
    BERVM AVLO
    DES NVMINI
    MAIESTATIQ
    EIVS DEVOTIS
    SIMVM
```

Le *municipium* Aulodés tenait son droit de cité de Septime Sévère, comme la colonie voisine de Vaga et un grand nombre d'autres villes africaines.

Sur la rive gauche de l'Oued Tine, il existe trois importants gisements de ruines, *Henchir Bejar*, *Henchir Bir-Sofouir* et *Henchir*

---

[1] [On connaît, par une inscription de Lambèse (*Corpus*, VIII, n° 2657), l'existence d'un édifice appelé *Septizonium* auprès du *Nympheum* de cette ville. Le *Septizonium* de Rome est aussi nommé *Septemzodium* par Ammien Marcellin (XV, vii, 3). Cf. Hülsen, *Das Septizonium des Septimus Severus*, 1886.]

[2] [Le nom n'est pas tout à fait certain, la troisième lettre étant fort indistincte.]

*38.

Chelga. L'Henchir Bejar s'étend sur un éperon rocheux qui sépare la vallée de l'Oued Tine de celle d'un petit affluent, l'Oued Bejar. De part et d'autre, cet éperon est défendu par des roches qui en rendent l'accès assez difficile. Les ruines couvrent en longueur un espace d'au moins un kilomètre; elles consistent surtout en gros pans de murs provenant de constructions militaires élevées à la hâte, qui s'étagent sur trois mamelons et descendent de chaque côté le long des pentes du monticule. Une grande base porte l'inscription suivante, qui donne peut-être le nom de la ville antique :

```
      MINERVAE · AVG
            SACR
    HONORATVS · ROGATI · C▰
    VAZ · OB DECVRIONATVM
    ROGATI · FILI · STATVAM · EX
    HS ↧ CCCC · N̄ · ADIECTIS · A · SE
    HS   CCCC · N̄  DD · FACIEND · CVR
    IDEMQ ·         DEDIC ·
```

La fin de la troisième ligne et le début de la quatrième, que nous donnons d'après notre copie et un estampage, sont difficiles à lire et à interpréter. Nous pensons qu'il faut y chercher un ethnique, indiquant la patrie du personnage. CA pourrait être le début du mot *Ca(stellum)* ou de *Ca(stra)*; VAZ serait celui d'une localité, peut-être de l'établissement qui s'élevait autrefois en ce lieu, dont le nom moderne *Bejar* pourrait être un dérivé. Morcelli a placé dans la Proconsulaire une *ecclesia Vaziensis*[1], qu'il croit identique à la ville de Οὐάζουα, nommée par Ptolémée entre Thabraca et le Bagrada[2], et à la résidence du *praepositus limitis Bazensis,* nommé dans la *Notitia Occiden-*

---

[1] [*Africa christiana,* I, p. 348.] — [2] [Ptolémée, IV, III, 32.]

tis parmi les subordonnés du comte d'Afrique[1]. Les paroles mêmes de Morcelli : *Ibidem militum praesidium fuisse, qui barbaros coercerent*, s'appliqueraient parfaitement aux ruines d'Henchir Bejar, dont le caractère militaire est incontestable. Rien ne prouve, cependant, que le *limes Bazensis* de la *Notitia* ait rien de commun avec la Οὐάζουα de Ptolémée, et la position de l'*ecclesia Vaziensis* ne peut pas être considérée comme établie.

Il n'en est pas de même de l'*ecclesia Ucculensis*, connue seulement jusqu'à présent par les documents ecclésiastiques[2], et que Morcelli proposait à tort d'identifier à la station nommée *Unuca* dans l'Itinéraire d'Antonin. Nous avons retrouvé Uccula à *Henchir Aïn-Dourat*, ruine considérable située au nord-ouest d'Henchir Bedd, à trois kilomètres de la rive droite de l'Oued Tine. Elle couvre un mamelon au pied duquel se trouvent la source et le ruisseau appelés, dans le pays, Aïn Dourat. Sur la rive droite de ce ruisseau, on remarque un mausolée construit en grosses pierres de taille; dans le lit de la rivière, soutenant la berge de la rive droite, se voit un mur composé de six assises superposées en grand appareil. Sur la rive gauche, où se trouve la partie la plus importante des ruines, le sol est jonché de débris d'édifices, parmi lesquels une porte monumentale et deux constructions quadrangulaires. Le nom de la ville antique est donné par l'inscription suivante :

Uccula
(*Henchir Aïn-Dourat*).

```
        C·ANNIOLENO C F
        ARN·KARHAGI
        NENSI GALLIANO    sic
        FLAM·DIVI·TITI
        CIVITAS VCCVLA
        DECRETO AFRO▨
            POSVIT
```

[1] [*Notitia*, éd. Bœcking, t. I, p. 77.] — [2] [Morcelli, *Africa christiana*, I, p. 349.]

Les *Afri* mentionnés à la sixième ligne sont les habitants indigènes des environs de Carthage[1]. A l'époque où cette inscription a été gravée, c'est-à-dire vers la fin du IIe siècle ou au commencement du IIIe, Uccula était encore dépourvue du droit de cité romaine. Le fragment suivant, découvert au même endroit, prouve qu'elle était devenue un municipe au temps de Constantin :

> *opti*MO ET SVPER
> *omnes* PRINCIPES
> *invicto i*M·P CAES
> *fl constan*TINO MAXIMO
> *perpetu*O AVG
> *uccula* MVNICIPIVM
> *devotu*M NVMINI
> EIVS

Signalons encore, à l'ouest de Chaouach, une ruine importante appelée *Henchir Ben-Glaia*, où nous avons recueilli une dédicace à Saturne Auguste et une autre en l'honneur de Marc Aurèle. La première de ces inscriptions fait mention d'un temple de Saturne, et la seconde d'un édifice à colonnes.]

VAGA
(*Badja*).

La route de Carthage à Bulla Regia laissait sur la droite un des centres commerciaux les plus importants de la Proconsulaire, *Vaga*[2], dont l'identité avec la Badja arabe, si mal à

---

[1] [Cf. tome I, p. 444.]
[2] [Cf. Guérin, *Voyage*, II, p. 38-49; *Corpus*, t. VIII, p. 154; *Ephemeris*, V, p. 320; Vincent, *Bulletin de l'Académie d'Hippone*, 1884, XIX, p. 23-48. Cet officier a exploré cent vingt caveaux d'une nécropole punique à Bou-Hamba, à deux kilomètres de Badja. Le caractère de ces tombes, où l'on a trouvé des monnaies en bronze de Carthage, est celui de la seconde époque phénicienne. Il a encore découvert sur l'Oued Badja les restes d'un camp retranché romain, au confluent de cette rivière et du Châbet-el-Louza. Cf. *Comptes rendus de l'Académie des inscriptions*, 1884, p. 71. — S. R.]

propos contestée par Mannert, est prouvée par deux documents épigraphiques.

C. I. L., t. VIII, 1222 :

```
L · POMPONIO · DEXTRO · CELE
RINO · C · V · COS · AVRELIANO
ANTONINIANO · ORDO
SPLENDIDISSIMVS
COL · SEP · VAG · PATRO
NO · PERPETVO    CVR ·
C · SERGIO · PRIMIANO · EQ · R · FL · P · P
```

L(ucio) Pomponio Dextro Celerino c(larissimo) v(iro) co(n)s(uli) [sodali] Aureliano Antoniniano, ordo splendidissimus Col(oniae) Sep(timiae) Vag(ae) patrono perpetuo, cur(ante) C(aio) Sergio Primiano eq(uite) R(omano) fl(amine) p(er)p(etuo).

Le nom de *Septimia Vaga* se trouve en toutes lettres dans une dédicace à Caracalla, Géta et Julia Domna, gravée en 209[1].

Enlevée aux Carthaginois par Masinissa dans l'intervalle qui s'écoula entre la seconde et la troisième guerre punique, Vaga continua, dans l'organisation de 146, à faire partie du royaume numide. Elle en était, au temps de Jugurtha, le marché le plus fréquenté[2]. Metellus la saccagea après le massacre de la garnison qu'il y avait placée[3]. Pline la compte parmi les *oppida*

---

[1] [*Corpus*, VIII, n° 1217; plus complète, d'après les nouveaux fragments découverts par M. Vincent, *Ephemeris*, V, n° 460. — La mention COL SEP VAG s'est encore rencontrée sur une borne milliaire d'Henchir el-Auinia, *Ephemeris*, V, n° 1094. — S. R.]

[2] Salluste, *Bell. Jug.*, XLVII: « Erat haud longe ab eo itinere, quo Metellus pergebat, oppidum Numidarum, nomine Vaga, forum rerum venalium totius regni maxime celebratum, ubi et incolere et mercari consueverant Italici generis multi mortales. »

[3] *Ib.*, LXIX : « Ita Vagenses biduum modo ex perfidia laetati : civitas magna et opulens cuncta poenae aut praedae fuit. »

civium romanorum de la province d'Afrique [1]. Érigée en colonie sous Septime Sévère, elle reçut de Justinien, avec le nom de *Theodorias*[2], l'enceinte qui subsiste encore.

Assise en amphithéâtre sur les pentes d'une colline que couronne la kasba, Badja est presque entièrement bâtie avec les matériaux de la ville antique. La principale mosquée est une basilique chrétienne, dont la date est connue[3]. L'ogive arabe de Bal-el-Aïn encadre l'arc en pierres de taille d'une porte romaine. Non loin de Bal-el-Aïn, dans une excavation profonde, s'élèvent deux rangs d'arcades superposées, vestiges importants d'une piscine antique à laquelle les habitants donnent le nom d'Aïn el-Djehela, la « fontaine des païens ».

PAGUS THUNIGABENSIS (*Aïn-Maâbed*).

Une inscription découverte en 1882 à Aïn-Maâbed, à 20 ki-

[*Cereri au*]*gustae* [*sa*]*crum.* [*Pa*]*gus Thunigabensis* [4].

lomètres environ au nord de Badja, nous permet de préciser

---

[1] Pline, V, iv, 29. L'*oppidum liberum Vagense* dont Pline parle un peu plus loin (V, iv, 30) est sans doute la Οὐάγα que Ptolémée (IV, iii, 28) compte parmi les villes cirtésiennes. La Οὐάγα de Strabon (XVII, p. 705) paraît être celle de la Guerre de Jugurtha.

[2] Procope, *De Ædif.*, VI, v : Ἐν δὲ χώρᾳ τῇ ἀμφ' αὐτὴν ἡ Προκονσουλαρία ὠνομάσθαι, πόλις ἀτείχιστος ἦν Βαγὰ ὄνομα... Ταύτην ἐρύματι ἐχυρωτάτῳ περιβαλὼν Ἰουστινιανὸς βασιλεὺς πόλιν τε διεπράξατο καὶ τοὺς οἰκήτορας ἐν τῷ ἀσφαλεῖ διασώσασθαι οἵαν τε εἶναι, οἱ δὴ τετυχηκότες τῆς χάριτος ἐς τὴν τῆς βασιλίδος τιμὴν Θεοδωριάδα καλοῦσι τὴν πόλιν.

[3] *C. I. L.*, t. VIII, 1219.

[4] [Vincent et Papier, *Comptes rendus de l'Acad. d'Hippone*, 1882, n° ix, p. 4, et n° x, p. 4; *Ephemeris*, V, n° 469. —S. R.]

l'emplacement d'un des sièges épiscopaux dont la position était inconnue jusqu'ici. On ignorait même dans quelle province il était situé.

Il n'est pas douteux que le *pagus Thunigabensis* ne soit l'*ecclesia Tunugabensis* dont un évêque, Niventius, figure parmi les prélats donatistes à la conférence de 411[1].

On peut restituer, je crois, comme nous le proposons, le nom de la divinité à laquelle était dédié le monument d'Aïn-Maâbed. Le pagus Thunigabensis appartenait à la contrée de l'Afrique propre où le culte de Cérès était le plus répandu. La production agricole devait y être considérable. Les districts de Badja et de Djendouba sont encore ceux qui fournissent la plus grande partie du blé qui s'exporte de la Tunisie.

La grande inscription trouvée à Henchir ed-Dakhla, à peu

SALTUS BURUNITANUS.

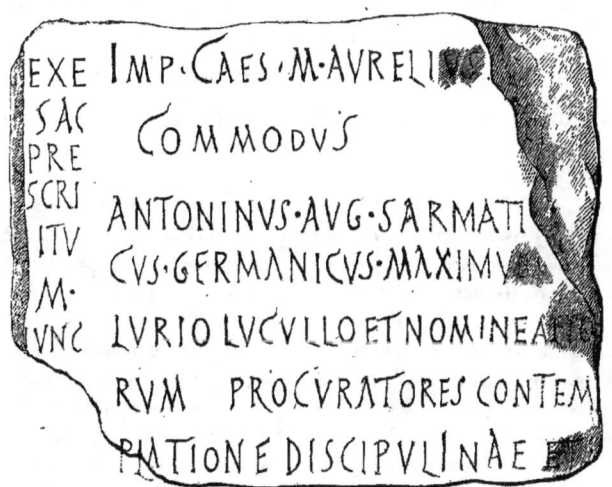

de distance au nord de la station de Souk-el-Khmis, entre Sidi-Ali-Djebin (*Novae Aquilianae*) et Henchir el-Karia (*Armascla fl.*,

[1] Hardouin, *Conciles*, I, 1084 A.

T. P.), avait révélé l'existence, dans cette région, d'un domaine impérial, le *Saltus Burunitanus*[1], et la position d'un évêché que l'on ne connaissait que par un passage de Victor de Vita[2]. Un fragment d'une inscription identique, découverte depuis à Henchir Zaga (ci-dessus, p. 305)[3], à vingt kilomètres au nord-ouest de Badja, prouve que le Saltus Burunitanus comprenait, comme nous l'avions supposé, toute la région montagneuse qui s'étend entre l'Oued bou-Heurtma et la source de l'Oued Badja.

Le nouveau fragment du règlement de Commode indique probablement la limite que le domaine atteignait au nord-est, comme le monument d'Henchir ed-Dakhla en marquait la limite du côté du sud-ouest.

SALTUS PHILOMUSIANUS.

L'inscription ci-contre, trouvée dans la nécropole de Chemtou, fait connaître le nom d'un autre grand domaine, voisin de Simitthu, le *Saltus Philomusianus*[4].

La date de ce texte curieux, dont nous ne relevons pas les incorrections, peut être circonscrite entre les années 49 et 56 de notre ère.

---

[1] [*C. I. L.*, t. VIII, 10570; C. Tissot, *Revue critique*, janvier 1880, et *Comptes rendus de l'Académie des inscriptions*, 1880, p. 80; Mommsen, *Hermès*, t. XV, p. 386 et suiv. et p. 478; Cagnat et Fernique, *Rev. archéol.*, 1881, t. XLI, p. 94 et suiv.; Mowat, *ibid.*, p. 289; *Ephemeris*, V, p. 326. L'original est actuellement à Paris, à la Bibliothèque nationale. — S. R.]

[2] *Pers. Vand.*, I, XXXVIII : *Faustus Buronitanus episcopus*.

[3] [*Ephemeris*, V, n° 471; cf. Cagnat, *Bulletin du Comité des travaux historiques*, 1885, p. 325. Le nom de Commode a été martelé sur le monument et regravé ensuite après la réhabilitation de ce prince.

M. Cagnat veut bien nous avertir que le fac-similé de M. Tissot, exécuté d'après un estampage, n'est pas entièrement exact; les lettres à gauche sont plus petites que le reste de l'inscription (0^m,03 au lieu de 0^m,04), et la pierre n'est pas effritée à droite; elle est seulement usée. Il y a au-dessous des lettres PVLINAE un morceau de pierre saillant, la cassure n'étant pas en droite ligne, de telle sorte qu'on pourrait lire le haut des lettres de la ligne suivante, si la pierre n'était pas très fruste. — S. R.]

[4] [Tissot, *Bull. épigraphique*, I, 1881, p. 99; *Ephemeris*, IV, p. 537, et V, n° 490. — S. R.]

L·FLAMINIVS·D·F·ARN
MIL·LEG·III·AVG
⁊IVLI·LONGI·DILECTO   *sic*
LECTVS·AB·M·SILANO·MIL
aNNIS·XIX·IN·PRAESIDIO
VT·ESSET·IN·SALTO·PHILOMV   *sic*
SIANO·AB·HOSTEM·IN·PVGN
OCCISSVS·VIXIT·PIE   *sic*
ANNIS·XL
H·S·E

L(ucius) Flaminius D(ecimi) f(ilius), Arn(iensi tribu), miles legionis tertiae Augustae, centuriae Juli Longi, dilecto lectus ab M(arco) Silano, mil(itavit) annis XIX. In praesidio ut esset in Salto Philomusiano, ab hostem in pugna occissus, vixit pie annis XL. H(ic) s(itus) e(st).

Lucius Flaminius, fils de Decimus, de la tribu Arniensis, soldat de la légion troisième Auguste, de la centurie de Julius Longus, choisi au recrutement par Marcus Silanus, a servi dix-neuf ans. Étant en garnison dans le poste du Saltus Philomusianus, il fut tué à l'ennemi dans un combat. Il a vécu pieusement quarante ans. Ses restes reposent ici.

Le M. Silanus dont il est question à la quatrième ligne comme ayant présidé au recrutement dans la province d'Afrique est, très probablement, le M. Junius Silanus qui gouverna cette province de 33 à 38. L. Flaminius, étant âgé de vingt et un ans à l'époque où il entra au service, était né, par conséquent, entre les années 12 et 17 de notre ère. La date de sa mort se place donc entre 52 et 57. Nous pensons, d'autre part, que le personnage qui avait donné son nom au Saltus Philomusianus est le Philomusus, affranchi de l'impératrice Livie, que nous connaissons par une inscription[1]. La famille impériale possédant de vastes domaines dans cette partie de la

---
[1] Bianchini, p. 50, n° 136.

province d'Afrique, il est tout naturel d'y rencontrer une terre possédée par un de ses affranchis.

Quant à la position du *praesidium* situé dans le Saltus Philomusianus, nous la retrouvons, soit dans le défilé qui défendait les abords de la plaine de Simitthu, du côté du nord, et dont on voit quelques vestiges à trois milles de Chemtou, sur la route tracée en 129 par Hadrien entre Simitthu et Thabraca, soit à Bordj Halal, à l'est de Chemtou. Cette dernière correspondance est de beaucoup la plus probable. La forteresse de Bordj Halal, que nous avons décrite plus haut, représente mieux le *praesidium* qu'occupait, au 1er siècle de notre ère, un détachement permanent de la légion IIIe Auguste.

Parmi les sièges épiscopaux énumérés sous la rubrique *incertae*

Colonia Thunusuda (*Sidi-Meskin*).

provinciae figurait une *ecclesia Tunusudensis* dont le titulaire prit part à la conférence de 411[1]. L'inscription ci-dessus, découverte

[1] [Pline l'Ancien mentionne Thunusida parmi les *oppida civium romanorum* (*Hist. nat.*, V, IV). M. Schmidt (*Ephemeris*, V, n° 1113) identifie cette ville à la Θούνου-

à Sidi-Meskin, à 11 kilomètres à l'est sud-est de Chemtou, sur la rive droite de la Medjerda, fixe la position de cette petite ville[1].

Nous croyons pouvoir lire, à la quatrième ligne, *Col(onia)* [*Th*]*ynusuda* ou *Thunusuda*.

L'inscription, fort maltraitée, est gravée sur une pierre qui avait déjà servi : on distingue encore quelques caractères du texte primitif. Les exemples de ces économies réalisées par l'administration municipale sur le chapitre du matériel ne sont pas rares en Afrique, surtout à la basse époque. Nous avons vu la florissante cité de Simitthu se contenter de retourner un milliaire dédié à Delmatius pour y inscrire, trente ans plus tard, une protestation de dévouement envers Valentinien et Valens[2].

ROUTE SECONDAIRE DE SIMITTHU À THABRACA.

Une route qui ne figure pas dans les Itinéraires reliait Simitthu à Thabraca. Probablement destinée à faciliter le transport des marbres, qui formaient une des principales richesses de Simitthu[3], elle fut construite sous le règne d'Hadrien, en 129.

σθα de Ptolémée (IV, III, 30). Les évêques, *episcopi Tunu*(*su*)*denses*, figurent à la conférence de Carthage (Hardouin, *Concil.*, I, 1078 D). Victor de Vita (I, XLII) mentionne les sacrilèges perpétrés à *Tunusnda* par les Vandales. — S. R.]

[1] [Cagnat, *Explorations*, II, p. 98; *Ephemeris*, V, n° 1113. Le fac-similé de M. Tissot, que nous avons reproduit à la page 308, diffère légèrement de la transcription de M. Schmidt, qui a pu, à son tour, étudier l'original à la résidence de France à Tunis, où il a été transporté.

```
         DIO
    iulIANo sempER
```

```
auG COL IIIVN
VSVDA DEVOTA
MAIESTATI IVS
 . V . A E . .
DEVOIA
```

Suivent six lignes où l'on ne distingue qu'un petit nombre de lettres. M. Schmidt restitue : [*D. n. Flavio Clau*]*dio* [*Jul*]*ian*[*o semp*]*er* [*Aug.*] *col*[*onia*]... [*Th*]*unusnda devota maiestati e*[*i*]*us*. — S. R.]

[2] [*Ephemeris*, V, n°ˢ 1114 et 1115. — S. R.]

[3] Héron de Villefosse, *Rev. arch.*, juillet 1881.

C'est la date que donne le milliaire dont nous reproduisons le texte ci-dessous [1] :

```
         IMP·CAESAR
         DIVI TRAIANI
         PARTHIC·FIL
         DIVI NERVAE NEP
           t  r  a  i  a  n  u  s
         HADRIANVS AVG
         PONTIFEX MAX
         TRIB·POT·X̄III
            COS III
         VIAM A SIMIT
         VSQ·THABRACAM F
                  I
```

Imp(erator) Caesar Divi Trajani Parthic(i) fil(ius), Divi Nervae nep(os), Traianus Hadrianus Aug(ustas) pontifex max(imus) trib(unicia) pot(estate) XIII co(n)s(ul) III viam a Simit[ta] usq(ue) Thabracam f(ecit).

I

Le fragment suivant, trouvé à Aïn-Ksira, à 4,500 mètres de Chemtou, appartient au troisième milliaire de la même route, et date de la même époque [2] :

```
         . . . . . . . . . . . . . . . . .
         VIAm  a  simittu
         VSQ·THAbracam  f
                  III
```

Des vestiges de la voie ont été reconnus sur quatre points entre Chemtou et Thabraca : à Aïn-Gaga, à 14 kilomètres nord-est de Chemtou et 10 kilomètres 250 mètres nord-ouest de

[1] [*Corpus*, VIII, n° 10960, d'après la copie de M. Tissot. — S. R.] — [2] [*Ephemeris*, V, n° 1107. — S. R.]

Souk-el-Arba; à Sidi-Douidoui, à 2 kilomètres au sud-ouest de Fernana, et à Khangat-el-Meridj, au pied de la colline de Sidi-Abdallah-ben-Djemel. Une borne trouvée à Sidi-Douidoui porte le chiffre XIII, et appartient à la série des milliaires de l'année 129[1]. Un autre milliaire, découvert à Khangat-el-Meridj, donne le chiffre XVIII et date du règne de Constantin[2] :

```
     D D  N N
     FLAVIO
     VALERIO
     CONSTAN
     TINO ET
     LICINIANO
     PP AVGG
       XVIII
```

Une quatrième borne, trouvée au delà du col d'Aïn-Draham, porte l'inscription suivante[3] :

```
     FLAVIO CL
     AVDIO CO
       STAN
        TIO
         NO
       B C S
```

Flavio Claudio Co[n]stantio nob(ilissimo) C(ae)s(ari).

La route romaine gagnait donc par des pentes assez douces le plateau de Sidi-Abdallah-ben-Djemel, point culminant du massif des Khoumir, et descendait de là vers Thabraca par Aïn-Draham et les crêtes orientales de la vallée de l'Oued Tessala.

---

[1] [Cagnat, *Explorations*, II, p. 136; *Ephemeris*, V, n° 1109. — S. R.]

[2] [Cagnat, *Explorations*, II, p. 137; *Ephemeris*, V, n° 1111. — S. R.]

[3] [Cagnat et Vincent, *Explorations*, II, p. 138; *Ephemeris*, V, n° 1112. — S. R.]

§ 2. — ROUTE DE CARTHAGE À CIRTA.

La route de Carthage à Cirta, telle que la trace la Table de Peutinger, passe par Musti, Sicca Veneria, Naraggara, Thagora et Thibili. (Voir le tableau ci-contre, p. 313.)

Cette voie se détachait de celle de Carthage à Hippone par Bulla Regia à la hauteur de Tunis, qu'elle laissait sur la gauche. On en retrouvait encore, il y a une vingtaine d'années, des vestiges assez importants à 700 mètres au sud-ouest du Bardo. A cette époque, la plaine qui s'étend entre le palais du Bey et la Sebkhat es-Seldjoum était aride et déserte. Fécondée depuis par les eaux de l'aqueduc de Zaghouan, elle a complètement changé d'aspect, et les débris de la voie antique ont disparu dans les défrichements qui l'ont transformée en vergers. La route romaine ne reparaît aujourd'hui qu'à 3 kilomètres plus loin, près d'un amas de ruines au milieu desquelles s'élève une filature arabe appelée *El-Haraïria-Zaharouni*. Ces ruines sont certainement celles de la première station, *Ad Pertusa*[1], placée par la Table de Peutinger à 14 milles de Carthage; l'Itinéraire d'Antonin donne le même chiffre, que nous devons dès lors considérer comme exact.

Située au pied du versant nord des collines de Birin, Pertusa avait évidemment emprunté son nom, *Ad pertusa saxa*, à la coupure, pratiquée de main d'homme, par laquelle la voie romaine franchissait cette chaîne rocheuse. Les ruines d'El-Haraïria ne répondent pas à l'importance que semble avoir eue la première station de la route de Carthage à Sicca, puisque Pertusa figure dans la liste des évêchés de la Proconsulaire; mais la plupart des bourgs antiques situés aux environs de Tu-

---

[1] L'Itinéraire écrit *Pertusa*. L'Anonyme de Ravenne donne la forme de la Table de Peutinger, *Ad Pertusa*.

TABLE DE PEUTINGER.			ITINÉRAIRE D'ANTONIN.			
STATIONS.	Distances indiquées.	Chiffres rectifiés.	STATIONS.	Distances indiquées.	Chiffres rectifiés.	SYNONYMIES.
CHARTAGINE COLONIA...	.....	.....	CARTHAGINE.....	.....	.....	Carthage.
	XIV			XIV		
AD PERTVSA........	.....	.....	PERTUSA......	.....	.....	El-Haraïria.
	IV			VII	VI	
AD MERCVRIVM.....	.....	.....				Henchir Si-Mrad.
	II					
INVCA........	.....	.....	VNVCA.....			H' er-Reukba.
	XIII					
SICILIBBA........	.....	.....	SICILIBBA.....	XIII		
	V					
THVRRIS........	.....	.....				H' el-Djemel.
	IV	VIII		XVII		
CHISIDVO........	.....	.....				Krich-el-Oued.
	VIII	IV				
MEMBRISSA......	.....	.....	MEMBRESSA.....			Medjez-el-Bab.
	XVI					
TICHILLA........	.....	.....				Testour.
	XII	VI				
TIONICA........	.....	.....		XXXV		Aïn-Tounka.
	VI	XII				
AOBIA........	.....	.....				H' Hedja.
	VII					
MVBSI........	.....	.....	MVSTI.....			H' Mest.
	VII					
THACIA.....	.....	.....				Bordj Messaoudi.
	VII			XXXIV [a]		
DRVSILIANA......	.....	.....				H' Bahara.
	VII			XXXII [b]	XXXIII	
SIGVESE......	.....	.....				
	XXX	XII				
SICCA VENERIA.....	.....	.....	SICCA VENERIA.....	.....	.....	El-Kef.
	XII	XXX		XXXII [c]		
NARAGGARA........	.....	.....	NARAGGARA.....	XXX [d]	XXX	
	"	XV				
GEGETV........	.....	.....		XX		El-Gounaïl.
	V					
THACORA........	.....	.....	THAGURA.....			Taoura.
	V					
VASIDICE......	.....	.....		XXIV		Tamatmat.
	VI					
AD MOLAS........	.....	.....				?
	XII		TIPASA.....			Tifech.
CAPRARIA........	.....	.....				Aïn-Safra.
	VII					
THIBILI........	.....	.....				Sidi-Mabrouk ech-Cherif?
	XXV					
CASTELLUM FABATIANUM.	.....	.....				?
	"					
CIRTA........	.....	.....				Constantine.

[a] Ab Hippone Regio Carthagine. — [b] Ab Hippone Regio Carthagine. — [c] A Musti Cirta. — [d] A Musti Cirta.

nis n'ont pas laissé de traces plus considérables : le voisinage de la grande ville arabe leur a été fatal, et leurs débris ont été utilisés jusqu'aux derniers blocs comme matériaux de construction. Il ne reste aujourd'hui de Pertusa que quelques citernes, des substructions en blocage, et ces amas de menus débris qui révèlent encore l'emplacement des ruines quand les ruines elles-mêmes ont péri.

Un évêque de Pertusa, Martialis, fut condamné par le concile de 394 comme ayant pris part à l'ordination de Maximianus[1].

La voie romaine est très reconnaissable à partir d'El-Haraïria, mais elle ne présente qu'un *agger* formé de moellons noyés dans un lit de mortier. La *summa crusta* n'existe plus. L'agger lui-même a été emporté sur quelques points par les eaux torrentielles qui descendent en hiver des hauteurs dénudées de Birin. La voie, cependant, n'offre aucune solution de continuité appréciable lorsque, du haut de ces collines, on peut embrasser d'un regard tout son parcours : elle se détache très nettement, et l'on distingue sans peine les légères sinuosités qu'elle décrit pour gravir la hauteur.

A 3 milles environ d'El-Haraïria la route antique franchit, au col de Sidi-Salah, la crête étroite qui sépare le bassin de Tunis de celui de la Medjerda. Le roc vif de cette arête a été entaillé sur une largeur égale à celle de la voie romaine. A droite et à gauche, la coupure est dominée par deux massifs rocheux dont le versant méridional a été exploité comme carrière à l'époque romaine : les plans verticaux de ces latomies présentent une hauteur considérable et accusent des procédés d'extraction inconnus aux ouvriers arabes. Les deux hauteurs qui commandent le col n'offrent pas de débris antiques. Les seuls vestiges romains que j'aie remarqués sont situés à quel-

[1] Augustin., *Contra Cresc.*, IV, 4.

ques pas au-dessous de la coupure, sur le versant qui regarde Tunis, en face de la koubba de Sidi-Salah, et se réduisent à d'insignifiantes substructions qui entourent une citerne.

Du col de Sidi-Salah la voie descend, en dessinant trois courbes très ouvertes, jusqu'au bordj Bahran, villa arabe située au pied du versant méridional de la chaîne de Birin. A dix minutes au nord du bordj, elle est coupée par un torrent qu'elle franchissait sur un pont dont les amorces existent encore. Sur tout le reste du tracé, l'agger est intact et a conservé tout son relief.

Bordj Bahran est dominé, à l'ouest-nord-ouest et à l'est-sud-est, par deux éminences couvertes de ruines que les indigènes désignent sous le nom d'*Henchir er-Reukba*. A en juger par la quantité de pierres de grand appareil qui jonchent ces deux monticules, ainsi que l'espace qui les sépare, le bourg antique auquel appartenaient ces débris devait avoir une certaine importance. C'est là, sans aucun doute, que nous devons placer l'*Inuca* de la Table de Peutinger, l'*Unuca* de l'Itinéraire d'Antonin[1]. Bordj Bahran, en effet, est exactement situé à 20 milles de Carthage et 30 de Medjez-el-Bab (Membressa), points dont la synonymie est assurée. Ce sont précisément les distances que la Table indique entre Carthage et Inuca, d'une part, Inuca et Membressa, de l'autre. L'Itinéraire d'Antonin, il est vrai, place Unuca à xxii milles de Carthage dans l'énumération des stations de la route de Carthage à Cirta, et à xxi milles dans l'*Iter ab Hippone Regio Carthagine* par Membressa; mais il y a là une double erreur facile à relever. Nous connaissons, en

INUCA
(*Henchir er-Reukba*).

---

[1] L'Anonyme de Ravenne donne également la variante *Unuca*. La forme *Inuca* nous paraît être la plus correcte : c'est le nom punique que nous retrouvons en Sicile sous la forme Ἴνυκον donnée par Hérodote (VI, 23), Platon (*Hipp. maj.*, 282 e), Pausanias (VII, 4, 6), Élien (*V. H.*, VIII, 17) et Étienne de Byzance. Hésychius écrit Ἴνυξ. L'Inycum sicilienne était située sur l'Hypsas, entre Sélinonte et Héraclée.

effet, la distance exacte de Carthage à Membressa : elle est de 50 milles d'après la Table de Peutinger, de 350 stades équivalant à 50 milles d'après Procope. L'Itinéraire d'Antonin concordant avec la Table dans l'évaluation de la distance qui séparait Membressa d'Inuca (30 milles), le chiffre de la distance d'Inuca à Carthage ne peut être que de 20 milles. Tous les manuscrits de l'Itinéraire, d'ailleurs, à l'exception d'un seul[1], donnent ce chiffre xx dans l'*Iter a Carthagine in Bizacio Sufetula usque*. Inuca était donc située à 20 milles de Carthage et 30 de Membressa, et son identité avec Henchir Reukba me paraît dès lors indiscutable[2].

AD MERCURIUM. Il est moins facile, au premier abord, de déterminer la position de *Ad Mercurium*, indiqué par la Table de Peutinger à 2 milles d'Inuca et 4 de Pertusa. Les ruines que j'ai signalées au col de Sidi-Salah sont trop peu importantes pour représenter celles d'un sanctuaire, et elles se trouvent d'ailleurs à peu près à égale distance d'El-Haraïria et d'Henchir Reukba, ce qui ne satisfait pas aux données du routier romain. A 4 milles d'El-Haraïria, par contre, et à 2 milles d'Henchir Reukba, j'ai retrouvé dans le massif des collines de Birin, près du bordj de Si-Mrad[3], des vestiges antiques qui appartiennent certainement à un temple. Le sol, tout autour du bordj, est parsemé de blocs énormes, qui ne peuvent provenir que d'un édifice de ce genre. Le bordj lui-même est construit en partie avec des matériaux semblables; une de ses salles basses, la seule que j'aie pu visiter, est soutenue par six belles colonnes antiques; un septième fût, non utilisé, est couché près de la façade nord-

---

[1] Celui qu'ont préféré à tort Pinder et Parthey.

[2] Lapie place Inuca à Oudena, sur la rive droite de l'Oued Meliana. Oudena correspond certainement à l'ancienne *Uthina*.

[3] Bordj Si-Mrad est situé à un mille et demi environ au sud-est du col de Sidi-Salah.

est. Bord Si-Mrad occupe évidemment l'emplacement d'un édifice antique, et cet édifice était isolé : aucun centre de population n'a jamais existé sur l'étroit plateau qu'il couvre de ses débris. Ces ruines semblent donc, autant par leur caractère que par la distance qui les sépare des deux points où nous retrouvons Inuca et Ad Pertusa, correspondre à l'Ad Mercurium de la Table. Leur éloignement de la route de Carthage à Théveste, dont le tracé est si net au col de Sidi-Salah, constitue toutefois une difficulté dont il y a lieu de tenir compte : les seuls vestiges antiques qui existent sur la voie romaine ne se rencontrent pas aux distances proportionnelles indiquées par la Table de Peutinger, et ceux qui satisfont à ces mêmes données ne se trouvent pas sur la route antique. Faut-il en conclure que les chiffres sont altérés ? Plutôt que de recourir à ce procédé sommaire, nous nous arrêtons à une hypothèse que les faits justifient dans une certaine mesure. Le chemin qui conduit d'El-Haraïria à Henchir Reukba par Bordj Si-Mrad forme une ligne de communication naturelle plus facile que celui qui passe par le col de Sidi-Salah : les pentes sont plus douces et le plateau de faîte est moins élevé. Il est donc vraisemblable qu'une route antique a dû suivre ce tracé, et cette conjecture est d'autant plus admissible que j'ai retrouvé à vingt minutes au delà de Bordj Si-Mrad, au pied du versant sud de la chaîne de Birin, un tronçon de voie romaine, parfaitement conservé, qui se prolonge jusqu'aux ruines d'Inuca. D'après la disposition du terrain, il est permis de supposer que cette route s'étendait dans la direction opposée jusqu'à Bordj Si-Mrad, en suivant la dépression très prononcée qui correspond, de l'autre côté du plateau, à une dépression semblable, ouverte dans le versant nord des collines de Birin. Deux voies parallèles et d'une étendue à peu près égale auraient donc relié Ad Pertusa à Inuca, l'une passant par le col de Sidi-Salah, l'autre par le plateau de Bordj Si-Mrad, où elle rencontrait le temple de Mercure, à 4 milles de la première de ces deux stations et à 2 milles de la seconde.

Le bassin secondaire que traversait la voie romaine d'Inuca à Turris dépend de celui de la Medjerda, et présente l'aspect d'une vallée allongée du nord-est au sud-ouest et limitée, au sud-est, par les collines qui relient la chaîne de Birin au plateau de Sidi-Medien, au nord-ouest, par une série de hauteurs qui se prolongent de ces mêmes collines jusqu'au massif du Djebel Sbebil. La route actuelle de Tunis à Medjez-el-Bab longe ces dernières hauteurs, au pied desquelles sont situés la koubba de Sidi-Ali-el-Hattab et Bordj-el-Amri. La voie antique suit, au contraire, le versant de la chaîne du sud-est. Le tracé en est parfaitement reconnaissable, bien qu'il présente quelques solutions de continuité.

SICILIBBA
(*Henchir el-Alouenin*).

La position de Sicilibba n'est pas douteuse : elle se retrouve au-dessus d'Henchir el-Alouenin, à 19 kilomètres de Bordj Bahran, sur le versant méridional de la vallée et à l'entrée d'une dépression qui conduit dans le bassin de l'Oued Melian.

La Table de Peutinger donne la forme correcte du nom de la ville antique, *Sicilibba*, forme confirmée par l'ethnique *Sicilibbensis* de la liste des évêchés. L'Itinéraire d'Antonin donne les variantes fautives *Sicilibra, Sicilbra, Sicilippa, Sciliba;* Victor de Vita écrit *Sibida*[1], l'Anonyme de Ravenne *Siciliba*. Schröder explique le nom de Scilibba par שוקלבא *Souk Luba*, « libyscher Markt[2] ». J'y verrais plus volontiers un composé, dont le dernier élément se rencontre, à l'état isolé, dans la nomenclature géographique de l'Afrique propre[3].

[1] *Hist. persec. Vand.*, V, 1. — [2] *Die phönizische Sprache*, p. 36. — [3] Polybe et Tite-Live nous ont conservé le nom d'*Abba* ou *Obba*, dont une faute du copiste a sans doute fait

Les ruines de Sicilibba sont assez étendues, mais fort effacées. J'y ai cependant trouvé deux morceaux de frise en marbre blanc, d'un très beau travail, et quelques fûts de colonnes. Un fragment de milliaire, transporté d'El-Alouenin à Kasr-et-Tir, donne le chiffre XXXIII, qui représente précisément la distance de Carthage à Sicilibba [1].

La voie romaine, au sortir de Sicilibba, se partageait en deux segments, dont l'un se dirigeait en droite ligne sur Vallis, en continuant à suivre le versant méridional, tandis que l'autre, traversant en biais la vallée, allait chercher Turris sur le versant opposé. Ce dernier tracé est celui qu'indiquent les deux routiers. La voie qui passe par Henchir el-Alouenin présente dans toute cette partie de son parcours un relief très prononcé : l'*agger* forme une levée qui atteint parfois jusqu'à 4 mètres de hauteur.

La Table de Peutinger place Thurris à 5 milles de Sicilibba et 12 de Membressa. L'Itinéraire compte 17 milles de Membressa à Sicilibba; le chiffre V de la Table est donc exact.

TURRIS (*Henchir el-Djemel*).

Turris, que l'Anonyme de Ravenne cite immédiatement après Sicilibba sous le nom de *Tyris*, était inconnue jusqu'ici. Mannert la place sur le Bagrada, sans en préciser la situation. Lapie ne lui donne pas d'équivalent. J'ai retrouvé ses ruines à *Henchir el-Djemel*[2], à une heure un quart de marche ou 5 milles romains à l'ouest d'Henchir el-Alouenin.

La position d'Henchir el-Djemel explique le rôle de poste d'observation auquel Turris avait dû son nom. Le bourg an-

---

Orba dans la Table de Peutinger, et qui se retrouve encore aujourd'hui sous sa forme primitive, *Ebba*, là même où devait se trouver l'*Orba* de la Table.

[1] [*C. I. L.*, VIII, 1294.]

[2] [MM. Cagnat et Gasselin donnent à ces ruines le nom d'*Henchir el-Aouinia* (*Archives des Missions*, 1882, p. 67). La *polyonymie* des henchirs est malheureusement chose fréquente en Tunisie; elle ne contribue pas à rendre plus facile la tâche des cartographes et des voyageurs. — S. R.]

tique occupait une colline reliée au massif du Djebel Sbebil par un col que traverse la route de Tunis à Medjez-el-Bab. Les deux chaînes parallèles se rapprochant d'ailleurs sur ce point, Turris commandait la vallée qui formait la grande ligne de communication entre Membressa et Carthage.

Les ruines de Turris sont assez étendues : elles dessinent un rectangle d'un mille et demi de développement, dont les grands côtés sont perpendiculaires à la route de Tunis à Medjez-el-Bab, du côté du nord, et à la voie antique, du côté opposé. La plus grande partie de la ville couvrait le versant méridional de la colline, dont le point culminant offre encore les vestiges d'une tour carrée construite en blocs énormes. Un canal voûté traverse les ruines du nord-nord-ouest au sud-sud-est.

Le côté occidental du rectangle offre les traces d'une enceinte et d'un fossé, et cette disposition se reproduit également sur la face opposée, mais avec moins de netteté. De nombreuses citernes, quelques fûts de colonnes, les vestiges de plusieurs enceintes dont les puissantes assises, visibles à fleur de sol, ont défié la pioche des Tripolitains qui cultivent cette région, sont tout ce qui reste aujourd'hui de Turris.

J'ai trouvé à l'angle sud-ouest de l'enceinte l'inscription suivante gravée sur une colonne de marbre[1]. Les prénoms qui précèdent les deux noms martelés, les deux noms qui ont été respectés comme *non exsecrata* et les deux derniers noms

---

[1] [*Corpus*, VIII, n° 10056, d'après la copie de M. Tissot, dont le fac-similé diffère, à la ligne 8, de la transcription donnée par le *Corpus*. Une nouvelle copie, plus correcte et plus complète que celle de M. Tissot, a été donnée par M. Cagnat (*Archives des Missions*, 1882, p. 67). Comme M. Cagnat a pu la contrôler sur un estampage, nous la reproduisons de préférence au fac-similé de M. Tissot; la forme des lettres, dans l'original, n'offre d'ailleurs aucun intérêt particulier. — S. R.]

martelés qui les suivent permettent de reconstituer le texte avec certitude :

IMP · CAES · M · C*pelli*
us · SEVERVS · *macri*
nus · PIVS · FELIX · AVG
COS · ĪI · ET · M · C*pellius*
ANTONINVS · *dia*
dumenianus CAES VI
AM · STRATAM · NOV
AM INSTITVERVNT
IIIIX

Imp(erator) Caes(ar) M(arcus) O[pellius] Severus [Macrinus] Pius Felix Au-
g(ustus) co(n)s(ul) II et M(arcus) O[pellius] Antoninus [Diadumenianus] Caes(ar)
viam stratam novam instituerunt.

IIIIX[1]

L'inscription de Turris date donc de l'année 217 et mentionne la construction d'une voie nouvelle par l'empereur Ma-

---

[1] Le lapicide, en gravant les deux éléments du chiffre *quatuordecim*, non pas d'après les règles habituellement suivies, mais d'après l'ordre dans lequel ces deux éléments s'énoncent, a commis une faute dont les inscriptions chrétiennes de Rome fournissent de nombreux exemples (voir la note de Mommsen au numéro 10056 du 8ᵉ volume du *Corpus*). — [M. Cagnat a fait observer (*Archives des Missions*, 1882, p. 68) que Macrin n'a jamais été deux fois consul; il faudrait donc supposer, dans l'inscription de Turris, une erreur du lapicide, si la même mention ne se rencontrait sur les médailles de ce prince (Eckhel, *Doctrina numorum*, VIII, p. 429 et 430). Eckhel a expliqué cette singularité d'une manière satisfaisante. Avant son avènement, Macrin n'avait pas été consul; dès qu'il eut été élevé à l'empire, on lui décerna les ornements consulaires, ce qui était regardé comme équivalent à un premier consulat, depuis Septime Sévère; dès lors, en 218, où il exerça véritablement cette magistrature, il pouvait être dit consul pour la deuxième fois. Dion Cassius (LXXVIII, XIII, 1) nous apprend que Macrin ne voulut pas se prêter à cette fiction; de là une incertitude dans les monuments numismatiques ou épigraphiques, dont l'inscription de Turris est un des rares exemples. (Cagnat, *Archives des Missions scientifiques*, 1882, p. 68.) — S. R.]

crin et son fils Diaduménien. Mais quelle était cette voie? Il s'agit, en effet, non pas d'une restauration partielle de la route de Carthage en Numidie, qui avait été réparée l'année précédente, comme le constatent d'autres inscriptions, mais de la création d'une ligne nouvelle; le texte est formel. Cette ligne, ayant d'ailleurs une longueur de 14 milles jusqu'à Turris, ne pouvait relier cette station ni à Vallis, distante de 6 milles seulement, ni à Membressa, puisque cette dernière localité, située à 12 milles de Turris par le tracé de la route de Numidie, n'en est éloignée que de 10 milles en ligne directe. La voie créée en 217 rattachait donc Turris, soit à Thuburbo minus, soit à Inuca, également situées à 14 ou 15 milles d'Henchir el-Djemel. La seconde hypothèse nous paraît de beaucoup la plus vraisemblable : la nouvelle route, se dirigeant directement d'Inuca sur Turris par le versant opposé à celui que suivait la grande voie de Carthage à Sicca, abrégeait la distance de 4 milles. Elle passait par Bordj-el-Amri et El-Msaâdin.

FURNI
(*Henchir el-Msaâdin*).

C'est dans cette dernière localité, située à 3 milles au nord-est de Turris et à 4 milles au sud-ouest de Bordj-el-Amri, que j'ai trouvé en 1876 l'inscription ci-contre[1].

La dédicace d'El-Msaâdin fixe la position de la ville épiscopale de *Furni*[2], que l'on avait cru retrouver à Henchir Aïn-Fournou, à près de 100 milles plus au sud, sur le plateau qui sépare le bassin de la Siliana de la source de l'Oued el-Kebir. Cette der-

[1] [*Corpus*, n° 10609, d'après la copie de M. Tissot, conforme à son fac-similé, que nous avons cru devoir corriger sur quelques points d'après les copies nouvelles de MM. Cagnat (*Archives des Missions*, 1882, p. 65) et Schmidt (*Ephemeris*, V, n° 518). A la dernière ligne, M. Schmidt lit (ONSECRAVIT. — S. R.]

[2] Cyprien, *Epist.*, I, p. 465, Hartel: «Plebs Furnis consistens.» Geminius *a Furnis*, Φόρμης, assista au concile de 258 (Mansi, *Sacrorum conciliorum nova et amplissima collectio*, I, p. 962); Florentinus *Furnitanus*, à la conférence de 411 (Mansi, IV, p. 148); Siméon *Furnitanus*, au concile de 525 (Mansi, VIII, p. 648).

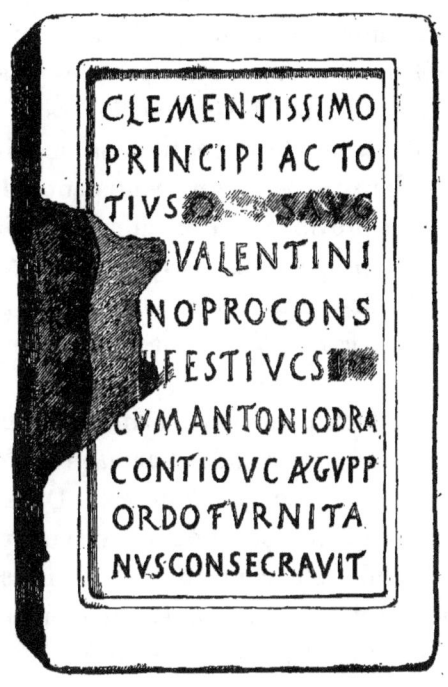

Clementissimo principi ac totius o[rbi]s Aug(usto) [D(omino) n(ostro)] Valentini[a]no, procons(ulata) [Ju]li(i) Festi v(iri) c(larissimi), si(mul) cum Antonio Dracontio v(iro) c(larissimo) a(gente) v(ices) p(raefectorum) p(raetorio), ordo Furnitanus consecravit[1].

nière synonymie, proposée par Falbe, adoptée par la carte du Dépôt de la guerre (1857) et reproduite par M. Guérin[2], était déjà peu vraisemblable. On savait par un passage de Victor de Vita qu'une des portes de Carthage avait reçu le nom de *Porta Furnitana*[3]. La petite ville de Furni, qui le lui avait donné, n'ayant joué aucun rôle dans l'histoire et n'en jouant aucun dans le réseau routier de la Proconsulaire, ne pouvait devoir cet hon-

---

[1] *C. I. L.*, t. VIII, n° 10609. — [2] [*Voyage*, I, p. 421-423. — S. R.] — [3] Vict. Vit., *Pers. Vand.*, I, III.

neur qu'à sa proximité de Carthage. C'était donc dans les environs de la métropole et sur une des grandes voies qu'on devait chercher Furni. Or Henchir Aïn-Fournou est à 130 milles de Carthage à vol d'oiseau, et sur une ligne secondaire par laquelle communiquent deux vallées qui n'aboutissent ni l'une ni l'autre à la capitale de la province. Il était donc permis de douter de la correspondance proposée. L'inscription d'El-Msaâdin en fait définitivement justice : Furni se retrouve dans les environs de Carthage et sur un *compendium* de la grande voie de Carthage à Théveste.

La position de cette petite ville éclaire en outre un point de la topographie si peu connue de la Carthage romaine. De l'existence d'une route de Carthage à Théveste, Dureau de la Malle avait conclu à celle d'une porte de Théveste, qu'il distinguait de la porte de Furni. Cette conjecture était admissible tant que la position de Furni était inconnue. Du moment où nous retrouvons Furni sur la route de Carthage à Théveste, il est évident que la porte de Théveste et la Porta Furnitana ne sont qu'une seule et même porte.

C'est de Furni, située, ainsi que nous l'avons dit, à 3 milles de Turris, qu'a dû être transporté à Bordj-el-Amri le milliaire portant le chiffre xi qui figure sous le n° 10054 dans le *Corpus* comme ayant été trouvé dans cette dernière localité.

Les chiffres indiqués par la Table de Peutinger entre Turris, Chisiduo et Membressa sont certainement intervertis. La distance d'Henchir el-Djemel (Turris) à Medjez-el-Bab (Membressa) est de 12 milles par Krich-el-Oued, où nous retrouvons Chisiduo, et l'on compte 8 milles entre Henchir el-Djemel et Krich-el-Oued, 4 milles entre Krich-el-Oued et Medjez-el-Bab. Les deux chiffres partiels que donne la Table se retrouvant entre la seule localité où il existe des ruines de quelque importance et les deux points certains de Membressa et de Turris, la synonymie de Krich-el-Oued et de Chisiduo n'est pas douteuse.

Bâti sur l'emplacement et avec les matériaux de la station romaine, le bourg arabe de Krich-el-Oued offre de nombreux vestiges antiques. Des six inscriptions qui y ont été recueillies, je ne reproduirai que la suivante, qui se rapporte à une restauration de la voie sous le règne de Constantin [1] :

CHISIDUO
(*Krich-el-Oued*).

```
IMP·CAES: c · fla
VIO VALERIO
CONSTANTino PIO
FELICI INVICTO
AVG·PONT·MAXI
MO TRIB·POTESTA
TIS XVIIII COS·VI
P·P·  PROCOS
```

Le chiffre de la puissance tribunitienne, xix, et celui du consulat, vi, nous donnent la date du milliaire, 324.

Chisiduo n'est cité que par la Table de Peutinger et l'Anonyme de Ravenne.

Membressa [2] se retrouve certainement à Medjez-el-Bab. Cette correspondance résulte des données numériques des deux routiers romains, confirmées par le témoignage de Procope, qui place Membressa sur le Bagrada, à 350 stades de Carthage [3].

MEMBRESSA
(*Medjez-el-Bab*).

La Table de Peutinger écrit *Membrissa*, l'Itinéraire d'Anto-

---

[1] [*Corpus*, VIII, n° 10059.]
[2] [Cf. Guérin, *Voyage*, II, p. 172-176; *Corpus*, VIII, p. 162; *Archives des Missions scientifiques*, 1882, IX, p. 73; *Bulletin des Antiquités africaines*, I, p. 258; III, p. 19. — S. R.]

[3] *De bello Vand.*, xv : .... καὶ αὐτοὺς ἐς Μέμβρησαν πόλιν καταλαμβάνει, πεντήκοντα καὶ τριακοσίους σταδίους Καρχηδόνος διέχουσαν. On sait que le stade de Procope équivaut à la septième partie du mille romain.

nim *Membressa*, Procope Μέμβρεσσα; la liste des evêchés donne l'ethnique *Membresitanus*. *Membrisca*, dans l'Anonyme de Ravenne, n'est qu'une faute de copiste. Flavius Cresconius Corippus reproduit l'orthographe de l'Itinéraire. Le nom paraît être d'origine punique[1].

Medjez-el-Bab occupe, sur la rive droite de la Medjerda, une éminence peu élevée qui domine la plaine d'alluvions circonscrite au nord-ouest par le Djebel Haïdous, au nord-est par les collines d'Es-Sbebil, à l'est et au sud par le Djebel Morra, au sud-ouest, enfin, par la chaîne que terminent, à la hauteur de Testour, les escarpements du Djebel bou-Safra. Corippus, l'auteur de la *Johannide*, a reproduit un trait caractéristique du paysage de Membressa lorsqu'il parle de ses plaines :

Hunc Membressa suis vidit concurrere campis[2].

Les détails que nous donne Procope sur la bataille à laquelle fait allusion ce vers de Corippus prouvent qu'elle fut livrée au sud-ouest de Membressa. Bélisaire rejoint Stotzas près de cette ville, et le retrouve retranché sur une colline

---

[1] Je dois à l'obligeance de mon savant confrère et ami, M. Derenbourg, la note suivante sur l'étymologie probable du nom de Membressa.

« Dans la transcription de ce nom, le B a été évidemment ajouté sous l'influence de la lettre M, comme dans Μαμβρῆ, que les Septante donnent pour Μαμρῆ (*Gen.*, XIV, 24). Reste donc *Mamresa*. Or nous connaissons dans la tribu de Juda la ville de Marîscha avec la double orthographe de מְרֵאשָׁה et de מָרֵשָׁה (*Jos.*, XIV, 44, Μαρησά et Μαρισά); cette orthographe avec *aleph* nous fixe sur l'origine de ce nom, qui dérive évidemment de ראש « tête,

pointe ». La même racine a donné le mot מְרַאֲשׁוֹת « chevet ». Il ne paraît donc pas douteux que Mamrésa n'ait la même origine. Il resterait seulement la difficulté d'expliquer le M ajouté à une forme qui a déjà cette même lettre de formation. Cette agglomération de deux *mem* au commencement d'un nom se retrouve dans le mot מַמְּגוּרוֹת (Joël, 1, 17), qui vient de la racine גור, dont on a fait d'abord מְגוּרָה, puis מַמְּגוּרָה; et peut-être aussi dans מַמְשַׁק (Sophon., II, 9), qui pourrait avoir pour racine שקק et avoir passé par מְשַׁק avant d'arriver à מַמְשַׁק avec deux *mem*. »

[2] *Johann.*, III, 311.

élevée et d'un accès difficile : ἐν χωρίῳ ὑψηλῷ τε καὶ δυσκόλῳ[1]. Lui-même campe sur le Bagrada. « Ni l'un ni l'autre, ajoute l'historien, ne s'était soucié d'occuper la ville, qui était dépourvue de remparts. » La colline sur laquelle était campé

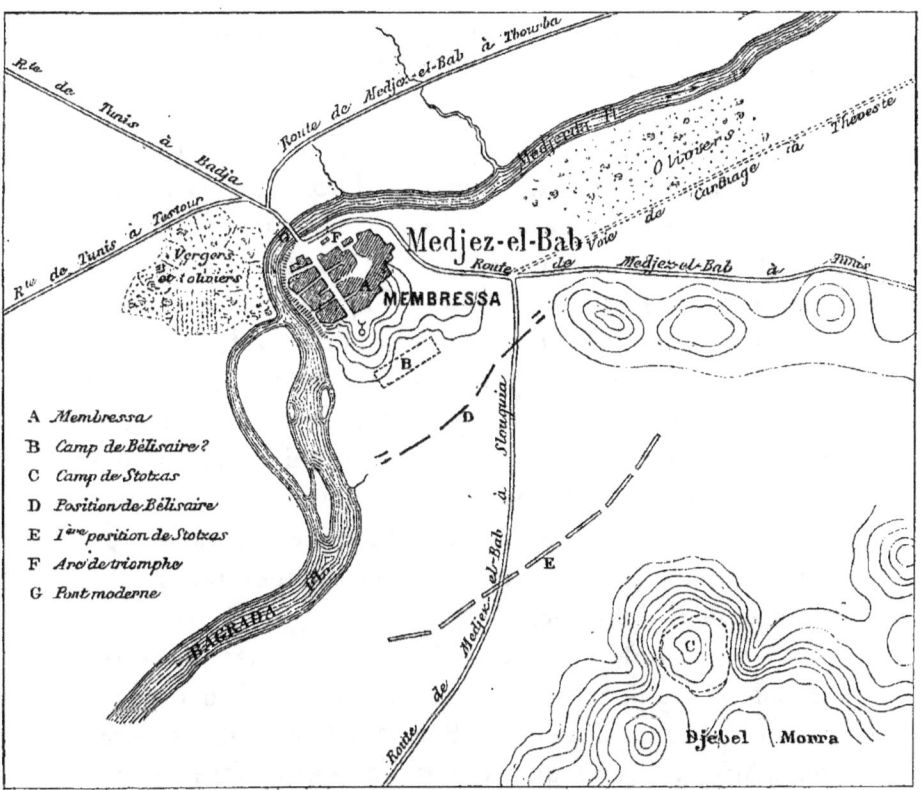

A Membressa
B Camp de Bélisaire?
C Camp de Stotzas
D Position de Bélisaire
E 1ère position de Stotzas
F Arc de triomphe
G Pont moderne

Stotzas se retrouve au sud-est de Medjez-el-Bab; elle est projetée par un des contreforts du Djebel Morra et commande la route de Numidie par laquelle les rebelles battaient en retraite. Le camp de Bélisaire devait être placé en avant de Membressa,

[1] Procope, *De bello Vand.*, II, xv.

la droite appuyée au fleuve, la gauche à la route de Carthage à Cirta. L'action s'engage le lendemain dans la plaine qui sépare les deux camps. Un vent violent s'élève et frappe l'ennemi en plein visage, κατ' ὄψιν. Pour échapper à ce désavantage, Stotzas tente un mouvement oblique; Bélisaire profite du désordre qui se produit pendant cette manœuvre dans les rangs ennemis, et achève de les rompre. Stotzas s'enfuit dans la direction de la Numidie.

Quiconque a habité l'Afrique reconnaît ce vent, que Procope ne nomme pas, mais qu'il qualifie de σκληρόν τε καὶ δεινῶς λυπηρόν : c'est le vent du nord-ouest, si fréquent et si redouté sur la rade de Tunis. Le mouvement de Stotzas est tout aussi indiqué que sa ligne de retraite : il appuie sur sa droite pour occuper la route de Cirta et faire front à l'ouest, puis au sudouest et au sud, en se rapprochant de Membressa; ses troupes sont dispersées avant d'avoir pu effectuer ce mouvement tournant; il se trouve coupé de son camp, qui tombe au pouvoir du vainqueur, mais la route de Numidie lui est ouverte et il peut opérer sa retraite sans être inquiété, Bélisaire jugeant peu à propos de le poursuivre avec les troupes trop peu nombreuses dont il dispose.

La position de Membressa devait lui donner une certaine importance militaire et commerciale. Elle était tout à la fois, comme l'est encore Medjez-el-Bab, la clef de la vallée supérieure de la Medjerda, ainsi que du bassin de Badja (Vaga), dont Salluste constatait déjà la richesse agricole, et le point de transit par lequel s'effectuaient nécessairement les exportations de ce district.

Fondée au XVIᵉ siècle par les Maures chassés de l'Andalousie, la ville arabe a emprunté son nom, *Medjez-et-Bab*[1] مجاز الباب « le

---

[1] Le *dj* arabe, qui se prononce en général comme notre *dj* dans la régence de

passage de la porte », à un arc de triomphe qui existait encore il y a quelques années. Cette porte monumentale s'élevait à l'extrémité sud-est d'un pont antique, dont il ne reste aujourd'hui que l'arche sur laquelle elle était construite. La hauteur de ce monument était encore d'une dizaine de mètres à l'époque où je l'ai vu; sa largeur était de 10^m,60. L'ouverture de l'arcade mesurait 4^m,80 sur 6 mètres de hauteur à la clef de voûte. Celle-ci était ornée, sur les deux façades, d'un buste fort mutilé[1]. L'entablement portait l'inscription suivante, qu'avait encore pu lire Peyssonnel :

SALVIS ET PROPITIIS DDD NNN GRATIANO
VALENTINIANO THEODOSIO INVICTISSIMIS PRIN
CIPIBVS DE PACE EX MORE CONDITO DECRETO
. . . .

Peyssonnel a évidemment commis une erreur de lecture à la troisième ligne : le texte devait porter, comme dans une autre inscription de Membressa, DVPLICI EX MORE CONDITO DECRETO[2].

Tunis, y prend quelquefois la valeur du z. Les indigènes prononcent habituellement *Mzez-el-Bab*. Peyssonnel et Shaw ont encore dénaturé cette forme, déjà corrompue, en en faisant *Basilbab*.

[1] Ce sont peut-être les sculptures dont parle Peyssonnel (t. I, p. 142) : «On y voit encore une ancienne porte faite en arc de triomphe, où il reste deux figures mutilées, dont l'une tient une tête à la main, l'autre les a jointes ensemble.»

[2] [Le *Corpus* a reproduit (n° 1296) une inscription de Medjez-el-Bab qui commence par ces quatre lignes :

SALVIS·AC·PROPITIIS·DDD NNN
GRATIANO·VALENTINIANO·ET·THEODOSIO
INVICTISSIMIS·PRINCIPIBVS
DVPLICI·EX·MORE·CONDITO·DECRETO

Cette dédicace, bien que portant les noms des mêmes empereurs, n'est certainement pas identique à celle qui a été copiée par Peyssonnel et qui, par suite d'un oubli de Wilmanns, ne figure pas dans le *Corpus*. — S. R.]

Le cours de la Medjerda s'est un peu déplacé depuis l'époque romaine. Le fleuve a entamé la partie sud-ouest de la colline sur laquelle est bâtie Medjez-el-Bab, tandis que ses alluvions ont comblé, du côté du nord, une partie de son lit. Le pont arabe, construit dans les premières années du xviiie siècle, n'est pas dans l'axe du pont romain, dont les vestiges sont maintenant à une certaine distance de la Medjerda.

Il ne reste aucune trace des thermes que possédait Membressa, et à la restauration desquels fait allusion ce fragment d'inscription encastré dans le pont arabe[1] :

```
    O SALVTE IMP·CAES·M·ANTON
    HERMARVM CERTATIM SINGVLO
    ITNAE APODYTERIVM ET SERV
    STRVXIT MARMORIBVS COLVMNI
    RVM RERVM DEDICATIONEM
```

Deux routes conduisent de Medjez-el-Bab à Testour (*Tichilla*). L'une suit constamment la rive droite de la Medjerda, en longeant les contreforts du Djebel Morra. Elle passe par Sidi-Ali-el-Mbarek et Slouguia. L'autre, beaucoup plus courte, franchit le fleuve à Medjez-el-Bab, traverse Henchir el-Bahreïn et Henchir Chahoud, et ne repasse sur la rive droite qu'à la hauteur de Slouguia. Les xvi milles indiqués par la Table de Peutinger entre Membressa et Tichilla se retrouvent exactement dans le premier de ces deux tracés, dont le développement est de 24 kilomètres. Le second, long de 17 kilomètres et demi (12 milles romains), est évidemment celui que suivait la route de l'Itinéraire d'Antonin[2].

---

[1] [*Corpus*, VIII, n° 1295. — S. R.]

[2] L'Itinéraire, en effet, n'évalue qu'à 35 milles la distance totale de Membressa à Musti, tandis que cette même distance est

Slouguia[1] a succédé à un petit centre antique oublié par la Table de Peutinger, et dont le nom, en partie conservé par six inscriptions plus ou moins mutilées, a été successivement l'objet de restitutions assez différentes.

MUNICIPIUMCHIDIBBIENSE
(*Slouguia*).

C. I. L., t. VIII, n° 1326 :

```
H y G I A E   A V G   S A C
PRO  SA l u T e   i M P  CAES
DIVI  m.  a n t o N i N I  F  DIVI
ANTO nini pii n. divi HADR·PRO
NEP·DIV i  traiani parthici  ABNEP
DIVI  nervae  adnep.  m.  AVRELI
COMM odi antonini AVG PII SAR
MAX  TR ib  pot viii imp.  V·P·P
CIVITAS   C h I d IBBIEN
SIS      d.     D     p.      p.
```

Ibid., n° 1329 :

deo SOLI INVICTO *sacrum.*
pro salute imp. CAES·M·AVRELII·PROBI PII *inv. aug.*
totiusque divinae DOMVS EIVS MVNICIPIVM CHLEL

Ibid., n° 1332 :

```
N   O  ⚘  A
▓▓▓▓▓▓ N I · F
▓▓▓▓▓ I B B I E N S
▓▓ V ▓▓▓ · M A C
OS · SINGVLOS
```

de 39 milles dans la Table. La différence entre les deux tracés s'explique par le détour de quatre milles que faisait la voie romaine en suivant la rive droite du Bagrada.

[1] [*Corpus*, VIII, p. 166, 937; *Ephemeris*, V, p. 346. — S. R.]

C. I. L., t. VIII, n° 1333 :

IMP·CAES·DIVI·M
ANTONINI·PII·GERM
sarm. f. divi commodi
fratri divi ant. pii
NEP·DIVI·HADRIANI
PRONEPOT·DIVI
TRAIANI·PART·ABNEP
DIVI·NERVAE·*adnep.*
l. SEPTIMIO·SEVERO
pio PERTINACI·AVG·ARAB
*adiabe*N·P·P·PONT·MAX·TRIB
POTEST·*iii* IMP·VII·COS·II
civitas CHIDIBDIENSIS
d. d. p. p.

Ibid., n° 1335 :

dd nn
impp. caess
gal·valerio
maximiano
*e*T·FL·VAL*erio*
CONSTAN*tio*
NOBILI*ssimis*
CAESARIB·NVMI
NI·EORVM
DEDICATISSIMA
SVA·PECVNIA·R·P
MVNICIP·CHIDIBB

C. I. L., t. VIII, n° 1336 [1] :

> ....auG · SACR · PRO · SALVTE
> imp Caes...........pii feLICIS · AVG · TOTIvSQVE · DIVI
> nae domus eius municipium chidibbIENSE · DEVOTVM · NVMINI
> maiestatique eius.

La forme *Chidibbia*, adoptée par Wilmanns, paraît être la vraie[2]. Simple *civitas* à l'époque de Septime Sévère[3], Chidibbia porte le titre de *municipium* dans les inscriptions de la fin du IIIe siècle[4].

La synonymie de Tichilla et de Testour[5], déjà proposée par Lapie, me paraît certaine, bien qu'elle ait été méconnue avant lui et contestée depuis.

TICHILLA
(*Testour*).

Une inscription copiée à Testour par Peyssonnel a fait supposer que cette ville avait succédé à une *Colonia Bisica Lucana*[6],

---

[1] [Cf. *Ephemeris*, V, n° 535. — S. R.]

[2] C'est celle que donne l'inscription n° 1335 du *Corpus*, dans laquelle Ximenès, Borgia et Pellissier ont lu, a la dernière ligne, MVNICIP · CHIDIBB. Ces trois témoignages ne sont pas infirmés aux yeux de Wilmanns par celui de M. Guérin, qui a cru lire dans l'inscription n° 1332, à la troisième ligne, CILIBBIENS[is], alors que les trois premières lettres sont absolument indéchiffrables : « Obstat unus Guerinius... quo tamen teste non nimis equidem moveor, expertus nimirum quotiens auctor ille quae conjectura invenerat vel invenisse sibi visus erat in ipsum titulum intulerit ac si vidisset. »

[3] C. I. L., VIII, 1326 (a. 183), 1333 (a. 195-196).

[4] C. I. L., VIII, 1329 (a. 276-282), 1335 (a. 292-305).

[5] [Cf. Guérin, *Voyage*, II, p. 159-166; *Corpus*, VIII, p. 169, 938; *Ephemeris*, V, p. 347; *Bulletin des antiq. africaines*, III, p. 20. — S. R.]

[6] Peyssonnel, t. I, p. 139 (*Corpus*, VIII, n° 1357) :

> D · N · IMP · VALERIO · LICINI
> ANO LICINIO · AVG · ▰▰▰MAX ·
> SARMATICO · MAX · GERMA
> NICO · MAX · TRIBVNIcIA POTES
> TATE · X · CONS · V · IMP · X · PATer · PATRIAE · PRO
> CONS · COL · BISICA · LVCANA · DEVOTA · NVMINIBVS
> MAIESTATIQVE · EIVS

L'inscription date de l'année 318. Shaw l'a donnée également (t. I, p. 215), mais

dont le nom se retrouve sans doute dans l'ethnique *Visicensis* de la liste des évêchés de la Proconsulaire. Shaw a le premier soutenu cette opinion, qui a été acceptée depuis par Temple, Mannert, Berbrugger, Guérin, Nau de Champlouis, Partsch et Wilmanns. L'inscription de Peyssonnel, à notre avis, n'infirme en rien la correspondance de Tichilla et de Testour, imposée par le tracé de la voie romaine et les données numériques de la Table. Cette inscription, en effet, n'appartient pas à un édifice de la ville antique dont Testour occupe l'emplacement; nous savons par Peyssonnel lui-même qu'il l'a trouvée « dans le marché », et elle a dû, comme le fragment qui porte le nom de Thignica, être apportée à Testour à l'époque où la ville arabe, bâtie par les Maures d'Espagne, empruntait à toutes les ruines voisines les matériaux que ne lui fournissaient pas en quantité suffisante les débris de Tichilla.

Quant à Bisica, nous l'avons retrouvée, sous le nom à peine altéré de *Biska*, dans le Fahs er-Riah', district voisin de Testour. Les inscriptions qui y ont été récemment découvertes[1] ne laissent aucun doute sur cette synonymie et permettent d'affirmer, en même temps, celle de Tichilla et de Testour[2].

---

sans reproduire l'ordre des lignes. Il a dû l'emprunter, comme beaucoup d'autres, à une copie défectueuse du P. Ximenès. Peyssonnel a lu, « sur la porte d'un moulin, au-dessous de Medjez-el-Bab », une inscription qui donne à l'empereur Aurélien le surnom de BESICANVS. Shaw la reproduit, mais évidemment sans l'avoir vue ; car il place le moulin un peu au-dessus de Medjez-el-Bab, tandis que, d'après l'itinéraire suivi par Peyssonnel, ce moulin devrait être situé entre Medjez-el-Bab et Krich-el-Oued, à une très petite distance de cette dernière localité.

[1] [Tissot, *Archives des Missions*, 1883, p. 328. — S. R.]

[2] M. Mommsen a déjà reconnu, sur mes observations, l'identité de Tichilla et de Testour, et M. Kiepert l'a également constatée dans la carte annexée au huitième volume du *Corpus inscriptionum Latinarum*.

Parmi les nombreuses inscriptions que nous a fournies Testour, nous ne citerons que le milliaire suivant, qui appartient au segment de la voie romaine compris entre Tichilla et Thignica[1] :

> IMP·CAESAR·M
> AVRELIVS
> ANTONINVS
> PIVS·AVG·PART
> HICVS·MAXIM
> VS·BRITTANICVS
> MAXIMVS·GER
> MANICVS·MA
> XIMVS·TRIBVN
> CIAE POT·X̅I̅X̅
> COS·I̅I̅I̅I̅·P·P·RESTITVIT
> LXXI

Cette pierre consacre, comme on le voit, le souvenir d'une réparation de la route de Carthage à Cirta effectuée dans la dernière année du règne de Caracalla (216), c'est-à-dire au moment même où ce prince faisait restaurer la voie de Carthage à Théveste. Je n'ai pas retrouvé un second milliaire, appartenant à ce même segment de route, que Berbrugger a vu à Testour et publié dans la *Revue africaine* (I, p. 386)[2]. M. Guérin a reproduit cette inscription sous le n° 394[3], y compris le

---

[1] [*Corpus*, VIII, n° 10070. — S. R.] — [2] [*Corpus*, VIII, n° 10069. — S. R.] —
[3] [Guérin, *Voyage*, II, p. 160. — S. R.]

lapsus commis par Berbrugger, qui a lu, à la troisième ligne, CONSTANTINVS au lieu d'ANTONINVS. Le texte de ce milliaire, qui porte le chiffre LXIX, est probablement identique à celui du précédent.

A partir de Tichilla, la voie romaine abandonnait le bassin du Bagrada pour s'engager dans le massif montagneux qui s'étend jusqu'à El-Kef (*Sicca Veneria*). Elle traversait un des principaux affluents de la Medjerda, l'Oued Siliana, sur un pont dont il existe encore quelques vestiges, et atteignait *Thignica* à 6 milles de Tichilla.

Les chiffres de la Table présentent ici une transposition analogue à celle que nous avons déjà constatée entre Thurris, Chisiduo et Membressa. Les XII milles indiqués entre Tichilla et Thignica doivent être reportés entre ce dernier point et Agbia. Les synonymies de Thignica (Aïn-Tounga) et d'Agbia (Henchir Hedja) sont établies, en effet, par des documents épigraphiques, et Henchir Hedja se trouve à 12 milles d'Aïn-Tounga, qui n'est située elle-même qu'à 6 milles de Testour (Tichilla).

THIGNICA
(*Aïn-Tounga*).

Les ruines de Thignica sont fort étendues[1] : elles couvrent le sommet et les pentes d'une série de collines appartenant au versant occidental des hauteurs qui séparent le bassin de l'Oued Siliana de celui de l'Oued Khaled. Nous savons par l'inscription suivante, qu'ont recueillie Ximenès, Peyssonnel et Shaw[2], que la ville antique était divisée en deux parties, représentant sans doute les deux *pagi* dont la réunion avait formé la *civitas* du IIe siècle :

[1]. [Cf. Guérin, *Voyage*, II, p. 153-158; *Corpus*, VIII, p. 173, 938, 979; *Ephemeris*, V, p. 347; *Bull. des antiquités africaines*, II, p. 136-144, et III, p. 21; *Comptes rendus de l'Académie d'Hippone*, 1883, fasc. VII; *Archives des Missions*, 1882, p. 83. — S. R.]

[2] *C. I. L.*, t. VIII, 1419; [*Ephemeris*, V, n° 546].

C · MEMMIO · FELICI
FLAMINI · AVG · PERP
VTRIVSQVE · PARTIS
CIVITATIS · THIGNICEN
SIS · C · MEMMIVS
FORTVNATVS · FLM
AVG · PERP · VTRIVS
sic VSQVE · PARTIS · CIVI
TATIS THIGNICENSIS
PROPTER · EXIMIAM
PIETATEM · ET · AFFECTO
NEM · FRATERNM · QVM · CR
CA · SE · ET · LIBER · EXHBET · POSVIT

Une autre inscription monumentale, partagée en six fragments encastrés dans les murs de la citadelle byzantine, prouve que Thignica avait reçu, au commencement du iiie siècle, le titre de municipe, en y ajoutant les noms de ses bienfaiteurs : *Municipium Septimium Aurelium Antoninianum Herculeum frugiferum Thignica*[1].

Cette inscription rappelle la reconstruction du *macellum* de la ville antique sous le troisième consulat d'Alexandre Sévère.

Quatorze autres fragments, également encastrés dans les murs du fort byzantin, appartiennent à une troisième inscrip-

---

[1] Grenville Temple, t. II, p. 308; Pellissier, p. 413; Berbrugger, *Rev. afr.*, t. I, p. 381; Guérin, t. II, p. 151; *C. I. L.*, t. VIII, 1406.

tion, malheureusement incomplète, qui paraît être relative à une restauration des bains publics de Thignica, *tetra ac deformi caligine mersos et nullo felici aspectu*[1]. La présence de ces fragments dans les murailles de la citadelle, aussi bien que les débris de chapiteaux, de colonnes et de frises qu'on y remarque, prouvent que cet édifice a été reconstruit à la hâte à l'époque byzantine, probablement sous le règne de Justinien. L'enceinte forme un rectangle de près de quatre cents pas, flanqué de tours carrées aux quatre angles. Une cinquième tour, placée au milieu de la courtine méridionale, défendait la porte principale, ouverte dans la face ouest de la tour, de façon à former un angle droit avec la porte intérieure pratiquée dans la courtine.

L'ensemble de ces défenses a peu souffert, et les dispositions en sont parfaitement reconnaissables; les constructions de l'intérieur, au contraire, ont été complètement renversées, et forment un monceau de débris envahi par un impénétrable fourré de ronces, de cactus et d'oliviers sauvages.

C'est dans l'intérieur de la citadelle que se trouvent les deux fragments suivants[2], relatifs à la reconstruction du marché aux légumes (*forum olitorium*) de Thignica; on a vu que, parmi les nombreux surnoms du municipe, figurait celui de *frugiferum* :

*be*ATISSIMO SAECVLO DDD NNN	*fl*	CONSTANTINI MAXIMI V*ictoris*
*f*ORI HOLITORI INDVLTA PAEC	*u*	NIA A FVNDAMENTIS ET S
*muni*CIPI THIGNICENSIS PROCON	*s*	VLATV DOMITI ZENOPHILI C*v*

La date de cette inscription est donnée par celle du proconsulat de Zenophilus (326-332)[3].

[1] [*C. I. L.*, t. VIII, n° 1412. — S. R.] — [2] *C. I. L.*, t. VIII, 1408. — [3] [Cf. Tissot, *Fastes de la province d'Afrique*, p. 214. — S. R.]

La citadelle est située à peu près au centre de la ville, au-dessous de la colline que franchissait la route d'*Aquae*. Près du col par lequel passait la voie, sur le même versant, on remarque les ruines d'un temple prostyle, dont la *cella*, en partie conservée, mesure intérieurement 8^m,60 de largeur sur 11 mètres de profondeur. Le portique a été renversé; les colonnes, formées d'un seul fût et d'ordre corinthien, gisent au milieu des débris de la frise. Un fragment d'inscription, tombé de la façade, nous apprend que le temple était dédié à Mercure Auguste, et donne la date de la construction : 169 [1]. A cent pas plus loin, quelques colonnes encore debout marquent l'emplacement d'un autre temple; la cella, complètement détruite jusqu'aux premières assises, forme un rectangle de 8 mètres sur chaque face. Thignica offre encore les débris d'un arc de triomphe de petites dimensions, d'une basilique chrétienne, d'un grand hémicycle fermé et de quatre mausolées.

La ville était arrosée par deux sources abondantes, dont l'une, celle que les indigènes appellent *Aïn Tounga*, jaillit à quelques pas de la citadelle byzantine; l'autre porte le nom d'*Aïn et-Toul* et coule au pied du versant opposé des collines de Thignica.

De Thignica à Agbia, la voie romaine suivait en ligne droite la direction du sud-ouest. On en retrouve encore quelques tronçons.

A onze milles d'Aïn-Tounga et à trois kilomètres en deçà d'Henchir Hedja, une borne milliaire couchée sur la route et

---

[1] *C. I. L.*, t. VIII, 1399 :

MERCVRIO *Augusto sacrum*
IMP·CAES·M·AVRELIO·Antonino ....
PONT·MAX·TRIB·POT·XXIII.IM*p.ii.cos.iii.p.p*.....

dont la partie inférieure a été retrouvée par Wilmanns dans une ruine voisine, porte l'inscription suivante[1] :

```
        IMP·CAES
   C·IVLIVS·VERVS·MA
   XIMINVS·PIVS·FEL·
     AVG·GERM·MAX·
    SARM·MAX·DACI
    CVS·MAX·PONTIF·
   MAX·T·P·III·IMP·V ET
   C·IVLIVS VERVS MAXI
    MVS·NOBIL·CAES·P
   IVVENTVTIS·GER·MAX
   SARM·MAX·DAC·MAX
   VIAM·A KARTHAG▬▬▬
   ▬▬▬▬▬I▬▬▬▬▬▬
   ▬▬▬▬▬▬▬▬IN▬▬
   RA▬▬▬▬▬▬
   LA▬▬▬▬I▬▬ER▬
          LXXXII
```

Le texte complet de ce milliaire se reconstitue facilement d'après deux autres monuments semblables[2] :

Imp(erator) Caes(ar)

C(aias) Iulius Verus Maximinus pius felix Aug(ustus) Germ(anicus) Max(imus) Sarm(aticus) Max(imus) Dacicus Max(imus) pontif(ex) max(imus) t(ribuniciae) p(otestatis) III imp(erator) V et C(aius) Iulius Verus Maximus nobil(issimus) Caes(ar) p(rinceps) juventutis Ger(manicus) Max(imus) Sarm(aticus) Max(imus) Dac(icus) Max(imus) viam a Karthag[ine usque ad f]i[nes Numidiae prov]in[ciae longa incu]ria [corruptam atque di]la[psam rest]i[tu]er[unt].

[1] [*Corpus*, VIII, n° 10075. — S. R.]
[2] [Cf. le milliaire du marabout de Sidi-bou-Atila, près d'Aïn-Hedja (*Corpus*, VIII, n° 10083), et le fragment découvert à Aïn-Hedja (*Ephemeris*, V, n° 1085.) — S. R.]

Le chiffre LXXXII prouve que le milliaire n'a pas été déplacé et que les distances sont comptées d'après le tracé de la Table de Peutinger, qui indique Agbia à 84 milles de Carthage.

Daté, comme on le voit, de l'année 237, ce milliaire consacre le souvenir d'une restauration de la « route de Carthage aux confins de la province de Numidie », c'est-à-dire de la route de Carthage à Théveste. Nous verrons que cette voie empruntait, entre Agbia et Drusiliana, un tronçon de la route de Carthage à Cirta par Sicca Veneria. L'expression consacrée *longa incuria corruptam atque dilapsam* ne doit pas être prise au pied de la lettre : la voie romaine avait été complètement réparée par Caracalla en 216.

Deux autres bornes gisant au même endroit indiquent également deux réparations partielles de la voie en 244[1] et 270[2].

Les ruines d'Agbia se retrouvent à Henchir Aïn-Hedja, sur la rive gauche de l'Oued Khalled[3]. Elles portaient encore, au temps de Ximenès et de Shaw, le nom de *Beysones* ou *Beissons*, dans lequel il est facile de reconnaître la dernière partie du

AGBIA
(*Henchir Aïn-Hedja*).

---

[1] *C. I. L.*, t. VIII, n° 10077 :

    IMP·CAES·M·IVL
sic IO·PHILIPPVS·INVIC
    TVS·PIVS·FELIX·AVG
    PONTIFEX·MAXIM
    VS·TRIBVNICIAE·P
sic OTESTAS·CONSVL
    D·PATER·PATRIAE·PR
    OCOS·ET·M·IVLIVS
    PHILIPPVS·NOBILIS
    SIMVS·CAES·AVG
    PRINCEPS IVVENT*u*
    TIS·ET·MARCIA·O
    TACILIA·SEVERA
    MA*ter c*AESAR*is*
    ET C*ast*RORVM ET
    SEN*atu*S·ET·P*a t ri a e*

[2] *C. I. L.*, t. VIII, n° 10076 :

    PERPETVO
    IMP·CAES
    L·DOMITIO AV
    reliano pio
    felici aug.
    etc.

[3] [Cf. Guérin, *Voyage*, II, p. 144-146; *Corpus*, VIII, p. 189, n°⁵ 10075-10078; *Ephemeris*, V, p. 354; *Bulletin des antiquités africaines*, II, p. 98, et pl. XI; Espérandieu, *Épigraphie des environs du Kef*, 6ᵉ et 7ᵉ fascicules, 1885, p. 27 et suivantes. — S. R.]

mot *Agbienses*. *Aobia*, dans la Table de Peutinger, est un lapsus du copiste, comme *Adviam* dans l'Anonyme de Ravenne. Δαϐία, dans les listes de Ptolémée, est peut-être une erreur du même genre.

Comme Thignica, Agbia n'était encore, au IIe siècle, qu'un *pagus* passant à l'état de *civitas*[1]. Un texte épigraphique de l'époque de Dioclétien[2] lui donne le titre de municipe, qu'elle portait encore au temps de Gratien[3], et qui doit dater de la fin du règne de Septime Sévère. Agbia ne figure pas dans la liste des églises de la Proconsulaire : il nous paraît difficile, du moins, de reconnaître son nom dans celui de l'*Aggya* du concile de 258 ou dans l'ethnique *Agensis* du concile de 649.

Le seul édifice encore debout, au milieu des ruines d'Henchir Hedja, est une citadelle byzantine dont les hautes et solides murailles, flanquées de quatre tours carrées, sont construites avec des matériaux empruntés aux monuments du municipe romain. Il ne reste aucun vestige du temple de Cérès et de Proserpine dont il est question dans une inscription du temps d'Antonin le Pieux[4].

THUBURSICUM BURE (*Teboursouk*).

Le bourg arabe de Teboursouk[5], situé à dix kilomètres au sud-ouest d'Aïn-Tounga, et à quatre kilomètres de la voie romaine, qui le laisse sur la droite, occupe l'emplacement d'une ville homonyme de la Θουϐουρσίκα de Ptolémée[6], dont le nom

---

[1] *C. I. L.*, t. VIII, n° 1548.

[2] *C. I. L.*, t. VIII, n° 1550.

[3] *C. I. L.*, t. VIII, n° 1552.

[4] *Porticum templi Cererum vetustate consumptam a solo restituit.* (*C. I. L.*, VIII, n° 1548.)

[5] [Cf. Guérin, *Voyage*, II, p. 109-119; *Corpus*, VIII, p. 177, 938; *Ephemeris*, V, p. 349; *Bulletin des antiquités africaines*, I, p. 262; III, p. 21-25, pl. V. — S.R.]

[6] Il est peu probable que la Θουϐουρσίκα de Ptolémée (IV, III, 29), rangée parmi les villes de la Numidie nouvelle, soit identique, comme l'a supposé Wilmanns (*C.I.L.*, t. VIII, p. 177), au Thubursicum voisin de Thignica, qui devait appartenir à l'Afrique propre. La Θουϐουρσίκα de Ptolémée est le *Thubursicum Numidarum*. Wilmanns reproduit d'ailleurs l'erreur de Morcelli, qui a cru retrouver dans Thibur-

se présente dans les documents épigraphiques sous les deux formes *Thibursicum Bure* et *Thubursicum Bure* :

C. I. L., t. VIII, n° 1427 :

> VRBI ROMAE AETERNAE AVG
> RESP MVNICIPI SEVERIANI ANTO
> NINIANI LIBERI THIBVRSICENSIVM
> BVRE

Ibid., n° 1432 (*Ephemeris*, t. V, n° 553) :

> PRINCIPI
> IVVENTVTIS
> AC R*e*STITVTO
> *r*I LIBERTATIS.
> D N · FLAVIO
> CLAVDIO
> IVLIANO
> PIO FELICI AVG
> COL THVB · BVRE

[MM. Cagnat et Reinach, en 1885, ont copié l'inscription suivante à Teboursouk :

> VICTORIAE · AVGVSTA▮
> IMPERATORVM ET C*a*ESAR▮
> NOSTRO*rum*
> THVBVRSICV*m* D*e*VOTA]

Le mot BVRE, ajouté au nom de Thubursicum, et qui distinguait cette petite cité de son homonyme numide, est peut-être le mot punique בור *Bor*, «excavation dans le roc». Saint Augustin écrit *Thubursicubure*[1]. L'ethnique *Tubursicuburensis* se

sicum la *Tibiura* de saint Félix. On a vu plus haut que *Thibiuca* (et non *Tibiura*) correspond à Henchir Zouitina, près de Thuburbiminus. — [1] *Contra Crescon.*, III, 40.

trouve dans la liste de 411, mais la forme *Thibursicensis Bure*, que donnent les deux textes reproduits plus haut, est à la fois plus ancienne et plus correcte.

Érigé en municipe entre les années 209 et 212 sous le nom de *Municipium Severianum Antoninianum liberum Thibursicensium Bure*[1], Thubursicum prit, sous le règne de Sévère Alexandre, celui de Municipium Septimium Aurelium Severianum [Alexandrianum][2]. Son titre de colonie remonte au moins à l'époque de Gallien[3], et figure encore dans une inscription dont la date se place entre les années 360 et 363[4].

Teboursouk est bâtie en amphithéâtre entre la colline rocheuse de Sidi-Rahma, qui la domine à l'ouest, et un profond ravin, qui la défend à l'est. Au nord s'élève la citadelle antique, relevée sous Justin II par Thomas, préfet du prétoire d'Afrique, ainsi que l'atteste cette inscription, placée au dehors de la porte principale :

☧ SALVIS DOMINIS NOSTRIS XRISTIANISSIMI
ET INVICTISSIMIS IMPERATORIBVS
IVSTINO ET SOFIA AVGVSTIS HANC MVNITIONE
TOMAS EXCELLENTISSIMVS PREFECTVS FELICITER AEDIFICAVIT

A cinq milles au sud-ouest de Thibursicum Bure, également sur la droite et à peu de distance de la voie romaine, se trouvait une autre petite cité d'origine liby-phénicienne, *Thugga*, dont le nom a survécu dans celui de *Dougga* que porte encore le bourg bâti sur ses ruines[6]. La forme *Thugge*, qu'on lit sur une dédicace du règne d'Hadrien[7], peut être aussi bien

[1] *C. I. L.*, t. VIII, 1427, 1439.
[2] *Ibid.*, 1426, 1438, 1439.
[3] *Ibid.*, 1430.
[4] *Ibid.*, 1432.
[5] *Ibid.*, 1434.
[6] [Cf. Guérin, *Voyage*, II, p. 119-142; *Corpus*, VIII, p. 182, 938, 979; *Ephemeris*, V, p. 353; *Bulletin des antiquités africaines*, III, p. 40-44, pl. VIII, IX (temple), pl. X (arc de triomphe). — S. R.]
[7] *C. I. L.*, t. VIII, 1479.

une variante du nom punique qu'une faute du lapicide. Ptolémée écrit Τούχκα[1], Procope Τοῦκκα[2]. L'ethnique *Thuggensis* se trouve dans la liste de 411, et l'*episcopus sanctae ecclesiae municipii Togiae*, signataire de la lettre de 649, paraît appartenir à cette même localité.

Comme Thignica, Agbia et Thibursicum Bure, Thugga n'était qu'un simple *pagus* au Ier siècle de notre ère : c'est le titre qu'on relève dans une inscription du règne de Claude[3]. Les textes épigraphiques du IIe siècle lui donnent celui de *civitas* à l'époque d'Hadrien[4], de *pagus* et *civitas* au temps de Marc Aurèle[5]. Élevée à la condition de municipe sous Alexandre Sévère, avec le nom de *Municipium Septimium Aurelium liberum Thugga*[6], elle reçoit sous Gallien le titre de colonie : *Colonia Licinia Septimia Aurelia Alexandriana Thugga*[7].

Les belles ruines de Dougga ont été souvent visitées et décrites[8].

Le temple de Jupiter, Junon et Minerve, construit sous le règne de Marc Aurèle et de Lucius Verus, est encore debout: le portique, assez bien conservé, est soutenu par six colonnes d'ordre corinthien, d'un très beau travail; quatre sont placées de face, deux en retour. Le tympan du fronton est orné d'un bas-relief représentant un aigle aux ailes éployées, attribut de la principale des trois divinités auxquelles était dédié le temple[9]. La porte carrée qui donnait accès à la *cella* est formée de

---

[1] Ptol., IV, III, 32.
[2] Procope, *De Aedif.*, VI, 6, 1.
[3] *C. I. L.*, t. VIII, 1478.
[4] *Ibid.*, 1479.
[5] *Ibid.*, 1494.
[6] *Ibid.*, 1484.
[7] *Ibid.*, 1487.
[8] Notamment par Shaw, Temple, Pückler-Muskau, Pellissier, Berbrugger, et en dernier lieu par M. Guérin (t. II, p. 122 et suiv.). [Nous avons rectifié la description de M. Tissot à l'aide de renseignements qu'a bien voulu nous communiquer M. Saladin, qui a visité Dougga en 1885. — S. R.]
[9] [L'aigle enlève sur son dos un personnage nu, sans doute un empereur divinisé. Cf. *Bulletin des antiquités africaines*, V, pl. VIII, et *Ephemeris*, V, n° 564. — S. R.]

deux montants monolithes de 7 mètres de hauteur, sur lesquels repose un linteau de 6ᵐ,5o.

Le théâtre présente également des vestiges importants. Quelques-unes des colonnes du portique sont encore en place. La demi-circonférence de la *cavea* mesure près de 120 mètres. Les gradins sont parfaitement reconnaissables. Des trois portes monumentales de Thugga, une seule est assez bien conservée[1]. La citadelle, dont les murs sont encore en partie debout, était flanquée de tours carrées et ne date, au moins dans sa forme actuelle, que de l'époque de Justinien. C'est le φρούριον dont parle Procope[2].

Le monument le plus intéressant de Thugga est le mausolée libyco-punique sur lequel a été relevée la célèbre inscription bilingue, aujourd'hui conservée au British Museum, qui a donné la clef de l'alphabet libyque. Bien que déplorablement mutilé lors de l'enlèvement de la pierre énorme qui portait l'épitaphe, le mausolée de Thugga est encore assez bien conservé pour que l'ensemble de ses dispositions architecturales soit facilement reconnaissable, et un croquis de Bruce permet de reconstituer en partie les détails qu'a fait disparaître le vandalisme de sir Thomas Reade[3]. La base du monument, reposant sur cinq gradins, forme un rectangle de 6ᵐ,18 sur 6ᵐ,44, haut de 3 mètres, orné à chaque angle d'un pilastre ionique non cannelé. Deux ouvertures rectangulaires, pratiquées dans les faces nord et est, donnaient accès à quatre chambres sépulcrales. Elles se fermaient au moyen d'une dalle engagée dans deux rainures verticales et parallèles. Sur la base du mau-

---

[1] [Cf. Saladin, dans le *Bulletin des antiquités africaines*, III, p. 41 (pl. X). — S. R.]

[2] *De Aedif.*, VI, 6 : Φρούριον δὲ ᾠκοδομήσατο ἐν ταύτῃ τῇ χώρᾳ ὃ Τοῦκκα καλοῦσιν.

[3] [Cf. Playfair, *Travels in the footsteps of Bruce in Algeria and Tunis*, pl. XXIV; Perrot et Chipiez, *Histoire de l'art dans l'antiquité*, t. III, p. 375-376, fig. 262.— S. R.]

solée s'élevait en retrait un second cube, porté par trois gradins, et orné de deux colonnes engagées d'ordre ionique, entre lesquelles s'ouvrait sur chaque face une porte carrée; surmonté d'une large corniche, ce second étage en supportait un troisième, dont les premières assises subsistaient seules au temps de Bruce. C'est à cette dernière partie du tombeau qu'appartenaient sans doute les débris de bas-reliefs trouvés parmi les décombres amoncelés autour de la base, et sur lesquels on distinguait un quadrige. On y a découvert aussi deux figures de femmes ailées en ronde bosse. L'intérêt du mausolée de Thugga réside surtout dans les détails. Si l'ensemble, en effet, s'inspire des règles générales de l'art antique, l'ornementation est toute punique, et l'on sait qu'à part quelques fragments découverts dans les ports d'Utique et de Carthage, nous ne possédons aucun spécimen authentique de l'architecture de cette période. Or le monument de Thugga paraît précisément reproduire les caractères généraux de l'ornementation punique, telle que nous la laissent entrevoir les fragments étudiés par MM. Daux et Beulé. Les chapiteaux des pilastres du piédestal sont séparés du fût par trois boudins égaux, qui se répètent sous la volute. La volute elle-même affecte une courbe particulière et est accompagnée de deux fleurs de lotus.

La base des colonnes de l'étage supérieur présente les moulures égales et molles qu'on remarque dans l'ornementation de l'arsenal d'Utique. Quant à la corniche, elle offre la courbe concave unique et très prononcée qui caractérise la corniche égyptienne, et que nous retrouverons dans les mausolées du sud de la province d'Afrique.

A mi-chemin de Teboursouk et d'Aïn-Hedja, et à la hauteur de Dougga, on rencontre les vestiges d'un arc triomphal sous lequel passait la voie de Carthage à Sicca et à Théveste, qui, à ce même endroit, projetait une route secondaire dans la direction du sud-est[1]. M. Poinssot a trouvé sur ce point les deux fragments ci-dessous, qui n'avaient pas encore été remarqués[2] :

Hauteur, 1ᵐ,05; largeur, 1ᵐ,05; hauteur des lettres, 0ᵐ,16.

▰ I C T O R I I S
▰M P E R A T O R V M
N O S T R O R V M
COL THVGG DEVₒTA

[V]ictoriis [i]mperatorum nostrorum col(onia) Thugg(ensis) devota.

Hauteur, 0ᵐ,90; largeur, 1ᵐ,10; hauteur des lettres, 0ᵐ,16.

▰▰▰▰▰▰▰▰▰
C A E S A R V M
N O S T R O R V M
▰OL THVGG DE▰

[Victoriis] Caesarum nostrorum [c]ol(onia) Thugg(ensis) de[vota].

Ces inscriptions ornaient les deux faces d'un arc triomphal élevé en l'honneur des deux Augustes Dioclétien et Maximien, et des deux Césars Constance et Galère, et en souvenir de leurs victoires, par la colonie de Thugga, au point où la voie romaine traversait son territoire.

La voie romaine est parfaitement reconnaissable entre Hedja et Henchir Mest (Musti); sur plusieurs points elle a conservé les dalles bombées de sa *summa crusta*, ainsi que les *gomphi* disposés de distance en distance sur les bas côtés. A trois milles

---

[1] Cette route, qui n'a pas été reconnue, devait relier la grande voie de Carthage à Théveste au bassin de la Siliana. — [2] [Cf. *Ephemeris*, V, p. 355, n° 576. — S. R.]

environ d'Henchir Hedja, près de l'Oued Remel, un milliaire couché dans une ruine porte l'inscription suivante[1] :

> IMP·CAES
> M·ANTONIVS
> GORDIANVS
> DIVI·M·ANTO
> NI·GORDIANI
> NEPOS·DIVI
> m. ANTONI GO
> rdiaNI SORORIS
> fil. pIO FELICI
> i n v I C T I S S I
> mo aug.

Un autre fragment, gisant au même endroit, remonte, comme nous le prouverons plus loin, à la construction de la route de Carthage à Théveste, tracée en 123 par Hadrien :

> IMP·CAESar
> DIVI·NERVAE·NEPOs
> DIVi trAiANi [2]

A sept ou huit cents mètres plus loin, à la hauteur de Kern-el-Kebch et près de la koubba de Sidi-bou-Atila, une troisième borne est couchée sur la route même :

> IMP·CAESARI
> M·AVRELIO
> PROBO PIO
> FELICI AVG
> PONTIF·MA
> XIMO TRIB
> p o T I I I [3]

[1] C. I. L., t. VIII, n° 10079. — [2] Ibid., t. VIII, n° 10080. — [3] Ibid., t. VIII, n° 10085.

Trois autres milliaires gisent à quelques pas de là. Le premier date de l'année 216 :

>   IMP · CAES
>   m . a u r e l i u s
>   antoninus pius
>   felix augustus
>   PARTHICVS MA
>   XIMVS BRITTANI
>   cus max IMVS
>   german · MAX
>   tribunicia pOT
>   xviiii cOS IIII
>   p . p . restit VIT
>   ―――――――――――
>   LXXXVI [1]

Le deuxième porte le même chiffre et date de la seconde restauration de la route de Numidie, en 237 :

>   IMP · CAES · C
>   IVLIVS · VERVS · MAX
>   IMINVS · PIVS · FELIX
>   AVG · GERM · MAX
>   SARMAT · max . daci
>   cus max . pontif .
>   max . t . p . iii imp . v . et
>   c . iulius verus maxi
>   MVS · NOBILISSIMVS
>   CAES · PRINCEPS · IVVE
>   NTVT · GERM · MAX
>   SARMAT · MAX · DACIC ·
>   MAX · VIAM A KARTHAG ·
>   VSQVE AD FINES NVMI
>   DIAE · PROVINC · LONGA
>   INCVRIA · CORRVPTM
>   ADQ · DILAPSAM RESTI
>   TVERVNT
>   ―――――――――――
>   LXXXVI [2]

[1] *C. I. L.*, t. VIII, n° 10082. — [2] *Ibid.*, t. VIII, n° 10083.

Le troisième porte le chiffre LXXXVII :

```
      D · N
    CONSTA
    NTINO
    PIISSIMO
    NOBILLIS
    SIMOQ·CE
      SARE
    LXXXVII[1]
```

C'est à ce même endroit, au dire de Temple, qu'a été trouvé un quatrième milliaire, transporté depuis à Paris et déposé à la Bibliothèque nationale[2] :

```
   tRAIAnus   hadRIAnus
   AVG·PONT·MAX·TRB
   POT·VII·COS·III
   VIAM·A·KARHAGIN
   THEVESTEM STRAV
   PER LEG·III AVG
   p·METILLIO·SECVNDO
   LEG·AVG·PR·PR
   ──────────────────
          LXXXVI
```

Berbrugger a supposé que ces bornes indiquant des chiffres différents marquaient le point d'intersection de plusieurs routes. La voie romaine n'offre en réalité aucune trace de *diverticulum* ou d'embranchement; les quatre milliaires ont été déplacés et rassemblés sur un même point, probablement pour servir à la reconstruction de la koubba voisine. Quiconque a parcouru la Régence de Tunis sait le rôle important que jouent les colonnes

[1] *C. I. L.*, t. VIII, n° 10084. — [2] *Ibid.*, n° 10081.

dans l'architecture locale : les plus grandes soutiennent les arcades des mosquées et des cours intérieures des maisons particulières; celles de moindres dimensions, comme les bornes milliaires, ornent le pan coupé pratiqué à la partie inférieure des angles de la plupart des constructions publiques ou privées. Aussi ne retrouve-t-on qu'un très petit nombre de milliaires en place sur les voies romaines de la province d'Afrique. En revanche, dans les centres habités par des populations sédentaires, on en retrouve beaucoup qui ont été apportés de points souvent assez éloignés, et dont l'origine est attestée par la tradition. Leur transport s'effectue d'ailleurs sans difficulté, à de grandes distances, par un moyen des plus simples : deux trous creusés dans l'axe du fût, à chaque extrémité, reçoivent deux chevilles de bois réunies par une traverse, et la plus lourde colonne se transforme ainsi en un rouleau qu'une ou deux paires de bœufs traînent facilement.

A deux kilomètres et demi du point précédent, un fragment de milliaire, trouvé par Wilmanns dans les ruines d'un poste byzantin, donne le chiffre LXXXIIII[1]. Un autre fragment appartient à la série des milliaires de la route de Carthage à Théveste[2].

MUSTI
(*Henchir Mest*).

Les ruines de *Musti* ont gardé leur nom sous la forme abrégée *Mest*[3]. L'ethnique *Mustitani* se lit sur un des fragments de la dédicace de l'arc de triomphe de Gordien[4]. Saint Augustin donne la même forme, qu'on retrouve également dans les documents ecclésiastiques : *Mustitani, civitas Mustitana*. Ptolémée

---

[1] *C. I. L.*, t. VIII, n° 10087.
[2] *Ibid.*, n° 10086.
[3] [Cf. Guérin, *Voyage*, t. II, p. 104; *Corpus*, t. VIII, p. 192; *Ephemeris*, t. V, p. 357; Espérandieu, *Épigraphie des environs du Kef*, 6ᵉ et 7ᵉ fascicules, 1885, p. 1-24; *Bulletin des antiquités africaines*, III, p. 104-106 et pl. XII (arc de triomphe). — S. R.]
[4] *C. I. L.*, t. VIII, n° 1577.

écrit Μούσλη, l'Itinéraire d'Antonin et Vibius Sequester *Musti*[1]. Le copiste de la Table de Peutinger a lu par erreur *Mubsi*.

Nous savons par quelques-unes des nombreuses inscriptions funéraires découvertes à Henchir Aïn-Galiân, la nécropole de Musti, que les habitants de cette cité étaient inscrits dans la tribu Cornelia[2].

Le périmètre des ruines d'Henchir Mest peut être évalué à un mille romain. La koubba de Sidi-Abd-er-Rebbou en occupe le centre, près d'une belle source ombragée par un massif de peupliers blancs, à côté de laquelle on remarque quelques vestiges d'un nymphée. Les deux portes monumentales de Musti, situées l'une à l'est-nord-est, l'autre à l'ouest-sud-ouest, étaient reliées par une longue rue, dont le tracé, indiqué par une double ligne de décombres, se confondait avec celui de la grande route de Numidie. De l'arc triomphal de l'ouest, il ne reste que les assises inférieures des pieds-droits. Celui de l'est est moins maltraité; l'ouverture de l'arcade est de 4^m,50; les pieds-droits ont encore près de 8 mètres de hauteur. L'arcade est flanquée, sur les deux façades, de deux piédestaux engagés, destinés à recevoir des statues. Toute la partie supérieure de l'arc s'est écroulée; une dédicace est gravée sur les dix blocs énormes qui en formaient l'entablement[3].

Un temple de la Fortune Auguste et un sanctuaire de Junon n'ont pas laissé d'autres vestiges que les deux fragments d'inscriptions qui en ont conservé le souvenir[4]. Le premier de ces deux monuments remontait à l'année 164.

Les sept milles inscrits par la Table de Peutinger entre les

---

[1] *De flum.*: « Bagrada Africæ juxta oppidum Musti. » Peut-être s'agit-il plutôt de la seconde Musti nommée par Ptolémée: Henchir Mest se trouve à une assez grande distance de la Medjerda.

[2] *C. I. L.*, t. VIII, 1574, 1575, 1576, 1590, 1591, etc.

[3] *C. I. L.*, t. VIII, p. 193.

[4] *C. I. L.*, t. VIII, n°⁸ 1574, 1575.

deux stations de Musti et de Thacia conduisent exactement d'Henchir Mest, dans la direction du sud-ouest, à Bordj Messaoudi[1], fondouk arabe près duquel s'élève un mausolée antique, en forme de tétrapyle voûté, dont les piliers étaient environnés extérieurement par un mur de pierres de taille. La paroi septentrionale subsiste seule aujourd'hui et porte cette inscription inachevée :

D · M · S
M · CORNELIVS · RVFVS · VIXIT AN · LV · E[2]

Là sans doute était la station postale. Le bourg de Thacia, peut-être la Θασία de Ptolémée, couronnait une hauteur voisine qui commande le passage conduisant du bassin de l'Oued Khalled dans celui de l'Oued Tessâa. Les ruines sont peu étendues et n'ont fourni qu'un petit nombre d'inscriptions; mais l'une d'elles me paraît donner le nom de la station antique[3] :

Piédestal de 1ᵐ,70 sur 0ᵐ,60; hauteur des lettres, 0ᵐ,06.

INVICTISSI
M O d n M A
RCO FLAVIO
CON s t a n T I
5   N O▓▓▓▓▓▓▓
▓▓▓▓ · MVN ·
TAC de VOTVM
NVM MAIES
TATIQVE EIVS

Invictissimo D(omino) N(ostro) Marco Flavio Con[stan]tino... mun(icipium) Tac[ian]um devotam num(ini) maiestatique ejus.

[1] [Cf. Guérin, *Voyage*, t. II, p. 97; *Corpus*, VIII, p. 196; *Archives des Missions*, 1883, p. 321; *Bulletin des antiquités africaines*, III, p. 106 et pl. XIII et XVII *bis*; Espérandieu, *Épigraphie des environs du Kef*, 4ᵉ fascicule, p. 1. — S. R.]

[2] *C. I. L.*, n° 1614.

[3] [Publiée en dernier lieu dans l'*Ephe*-

Thacia porte dans les documents de l'époque chrétienne le surnom de *Montana*, qu'elle devait à la situation topographique que nous avons indiquée et qui la distinguait sans doute d'une autre Thacia. Un *episcopus Thaciae Montanae* est nommé dans les actes du concile de Carthage de l'année 525; un *episcopus Tatiamontensis* figure également parmi les signataires de la lettre adressée en 649 au patriarche Paul par les prélats de la Proconsulaire[1].

La plaine qui s'étend sur la gauche de la voie romaine, à la hauteur de Thacia, porte le nom de *Bahirt el-Ghorfa*. On y rencontre quelques ruines. Les deux gisements les plus importants sont Henchir bou-Aouïa[2], qui se trouve au centre de la plaine, à 8 kilomètres environ de Bordj Messaoudi, et Henchir Sidi-bou-Khalifa, situé à la limite méridionale de cette même plaine, sur les derniers contreforts septentrionaux du Kef-el-Akhouat.

M. Poinssot a découvert à Henchir bou-Aouïa, dans les décombres d'un édifice d'assez grandes dimensions, l'inscription suivante, rappelant une restauration des thermes de la petite ville antique[3] :

DDD NNN VALENTINIANO VALENTI ET GRAI▉
SEXTIO RVSTICO V·C·PROCONSS PA▉I
VC LEGATO NVMIDIAE BALNEAE QVAE I▉
sic REDINTEGRATE SVNT DEVOTIONE TOTIVS ORDINI
CVR RP *op*VS ET SOLLICITVDINE ET SVMTIBVS ADI▉

Le proconsulat de Sextius Rusticus Julianus comprenant les

meris, t. V, n° 593. Nous corrigeons la lecture à l'aide d'une copie que nous avons prise en 1885 avec M. Cagnat. M. Tissot lisait à la sixième ligne : *Thacianum.*—S. R.]

[1] H*e*rd., t. I, p. 687; t. II, p. 1082.

[2] [M. Tissot, d'après les indications de M. Poinssot, appelait cet henchir *Bou-Aouitta*. Le nom véritable, que nous rétablissons, est *Bou-Aouïa*. — S. R.]

[3] [*Bulletin des antiquités africaines*, III,

deux années 371-372 et 372-373, c'est dans cet intervalle que se place la date de la dédicace.

Les ruines de Sidi-bou-Khalifa sont assez étendues et entourent un *castellum*. Le fragment ci-dessous[1] prouve d'ailleurs que ces ruines ne sont pas celles d'une cité proprement dite. Elles ne représentent que le centre d'une grande propriété agricole, d'un *fundus* dont les colons avaient élevé un temple à Caelestis :

```
CAELESTI
IMP ✿ CAES ✿ C (martelage) ✿ I (martelage)
EIVS DIVINAE ✿ COLONI ✿ FVNI▓
CVM COLVMNIS ORNATIS ✿ IDEM
```

Caelesti [*Aug*(*ustae*)] *sacrum. Pro salute*] *imp*(*eratoris*) *Caes*(*aris*).... [*totiusque domus*] *eius divinae. Coloni fun*[*di.... templum?*] *cum columnis ornatis*, etc.

UCHI MAIUS
(*Henchir ed-Douames*).

Le massif montagneux que domine la droite de la voie romaine est également riche en vestiges antiques. C'est là que M. le docteur Balthazar a retrouvé récemment à Henchir ed-Douames[2], dans le Blad-er-Rih'an et à douze kilomètres au nord de Bordj Messaoudi, l'emplacement d'un des quinze *oppida civium romanorum* de la liste de Pline, l'*oppidum Ucitanum Majus*[3]. Ses ruines couvrent un plateau de forme elliptique, allongé du sud-ouest au nord-est et dont les deux axes me-

p. 108. Nous rétablissons le texte d'après une copie que nous avons prise en 1885 avec M. Cagnat. — S. R.]

[1] [*Archives des Missions*, t. X, p. 322; *Bull. des antiquités africaines*, t. III, p. 110; *Ephemeris epigraphica*, t. V, p. 374. Nous donnons le texte rectifié, d'après une copie que nous avons prise en 1885 avec M. Cagnat. — S. R.]

[2] [*Archives des Missions*, t. X, p. 132 et suiv., p. 321; *Bulletin épigraphique*, 1882, p. 290; *Ephemeris*, V, p. 350-352; *Bull. des antiquités africaines*, t. III, pl. VII, p. 34 et suiv. — S. R.]

[3] Pline, V, IV : « Oppida civium romanorum xv, ex quibus in Mediterraneo dicenda... Ucitana duo, Majus et Minus. » [M. Schmidt trouve la mention d'un *pro-

surent, l'un 1000 mètres, l'autre 600. [A l'ouest et au sud, le plateau est borné par l'Oued Arkou, au nord par le massif du Gorrâ. Le point central est la koubba de Sidi-Mohamed-Salah.] A l'extrémité sud-ouest du plateau, on remarque une série de grandes voûtes qui, bien qu'à demi comblées, présentent encore une hauteur de dix-huit à vingt pieds. Elles servent aujourd'hui d'étables aux quelques douars de la tribu des Drid qui habitent le Blad-er-Rih'an, et elles expliquent le nom d'*Henchir ed-Douames*, « ruine aux souterrains », que les indigènes donnent à la localité antique. [Il y a d'abord deux grandes citernes géminées, dont l'une est comblée jusqu'au tiers de la hauteur et l'autre fort bien conservée. A l'intérieur de celle-ci, on remarque à gauche cinq arceaux en plein cintre formant des niches de soutènement, et construits en petit appareil régulier reposant sur de grandes assises horizontales. La naissance des voûtes est à 0^m,40 au-dessus du sol actuel. Les piliers des culs-de-four sont en grosses pierres, le reste en blocage recouvert d'un enduit. La longueur de la voûte est de 30 mètres environ sur 8 mètres de large et 10 mètres de hauteur au-dessus du sol actuel. Au sud de cette citerne et en contre-bas se trouvent

curator regionis Ucitanae dans l'inscription suivante, découverte à Carthage (*Bull. épigr. de la Gaule*, II, 1882, p. 230; *Ephemeris*, V, n° 442) :

D ✿ M s
M ✿ VL ✿ AVG ✿ *Libert*
VS ✿ EX PROC ✿ *Reg. uci*
TANAE ✿ PIVS ✿ V*ix. an*
NIS ⟩ LXXXVI *ulpi*
VS ✿ ALEXA*n*DER ✿ *fil*
PATR*i* ✿ DVLCI *e*TIN*com*
PARABIL*i* · FEC*i*T ✿

Le nom d'Οὐκιβι, qui se lit dans Ptolémée (IV, III, 29) a été corrigé en Οὔκι par Morcelli (*Africa christiana*, I, p. 348). M. Schmidt (*Ephemeris*, V, p. 350) lit Οὔκι β', c'est-à-dire Uci duo. Un certain Octavianus, *episcopus plebis Uci Majus*, est nommé dans la conférence de Carthage (Hardouin, *Conciles*, I, 1088 D). On pourrait aussi rapporter à Uci l'évêque Gaïus *Uzitensis*, mentionné, dans la notice de 483, parmi les évêques de la Proconsulaire exilés par Hunéric. Un Tripolius *Ucitanus* paraît parmi les signataires de la lettre de 646 sur les Monothélètes (Hardouin, *Conciles*, III, 752 A). — S. R.]

trois autres citernes dont la direction est perpendiculaire à celle des précédentes. Une seule a encore conservé sa voûte. Plus bas encore, vers l'ouest, on voit les restes d'un grand monument quadrangulaire en blocage, dont les murs s'élèvent par endroits à 2 mètres au-dessus du sol. Au delà, et plus loin encore, on aperçoit les angles et les soubassements d'un kasr construit en gros blocs.[1]]

Le point culminant du plateau, près du versant nord-ouest, est couvert des débris d'un grand édifice de forme rectangulaire. Un fragment de dédicace[2] trouvé à quelques pas de la façade prouve que ce monument était consacré à Esculape, la divinité topique :

```
AESCVLAPIO·AVGVSTO·SA
L· SOLLONIVS·P·F·ARN·LVPVS·MARIAN
CONTVLIT· ET·IN·PATRIA·SVA · OMN
QVADRATO·SVA·PECVNIA·FECIT·
```

Dominant toute la ville, entouré des statues des empereurs et des bienfaiteurs du municipe, ce temple, comme celui d'Esmoun à Carthage, était évidemment le sanctuaire du Dieu protecteur de la cité. C'est autour de ses ruines, en effet, qu'ont été découvertes, gravées sur des piédestaux, les inscriptions suivantes, qui ont révélé le nom de la ville antique[3] :

---

[1] [Nous avons ajouté ces indications complémentaires à la description de M. Tissot, qui n'avait pas visité lui-même Henchir ed-Douames. — S. R.]

[2] [*Bull. des antiquités africaines*, t. III, p. 38. Nous donnons le texte d'après une copie que nous avons prise en 1885 avec M. Cagnat. — S. R.]

[3] [*Ephemeris*, V, n°ˢ 558-561; *Bull. des antiquités africaines*, III, p. 36 et 37. Nous

1.

```
       M · A T T I O
     CORNELIANO
     PRAEFECTO PRAE
     TORIO EMINENTISSIMO
5    VIRO CIVI ET PATRONO·
     OB INCOMPARABILEM·
     ERGA PATRIAM ET CIVES·
     AMOREM·RESPVBLICA
     COLONIAE MARIANAE AV
10   GVSTAE ALEXANDRIANAE·
     VCHITANORVM MAIORVM
                D
```

M(arco) Attio Corneliano, praefecto praetorio, eminentissimo viro, civi et patrono, ob incomparabilem erga patriam et cives amorem, Respublica coloniae Marianae Augustae Alexandrianae Uchitanorum Majorum [d(ecreto) d(ecurionum)] P(ecunia) [p(ublica)].

L'orthographe VCHITANORVM pour VCITANORVM est fréquente dans les monuments africains de cette époque; deux inscriptions récemment trouvées, l'une à Zouarin, l'autre à Djezza, en fournissent deux exemples : CHIRTAE pour CIRTAE, CHELLENSES pour CELLENSES[1]. C'est donc bien l'*oppidum Ucitanum Maius* de Pline que nous retrouvons à Henchir ed-Douames. Le surnom de *Mariana* qu'on lit à la neuvième ligne fait certainement allusion à l'origine première du municipe, fondé par des vétérans de Marius. La création de l'*oppidum Ucitanum* comme centre romain remonterait donc à la première loi de Saturninus (a. U. C. 651), qui était elle-même la conséquence de la guerre contre Jugurtha[2]. On sait qu'elle assi-

---

donnons ces textes d'après les copies que nous avons prises en 1885 avec M. Cagnat. — S. R.]

[1] [*Ephemeris*, V, n°ˢ 638 et 639.— S. R.]
[2] Mommsen, *Hist. rom.*, II, 201; t. V, p. 174, de la traduction française.

gnait à chaque vétéran, dans la Province d'Afrique, un lot de 200 *jugera* (25 hectares 188).

L'*oppidum Marianum Ucitanum Maius* devint plus tard, comme on le voit, la *Colonia Mariana Augusta Alexandriana*. L'époque de cette transformation est indiquée par le dernier surnom. C'est sous le règne de Sévère Alexandre, entre les années 222 et 235, que l'*oppidum civium romanorum* de la liste de Pline reçut le titre de colonie, probablement à la demande du préfet du prétoire, M. Attius Cornelianus, né dans cette ville et à qui l'inscription est dédiée. C'est à l'intervention de ce personnage que fait sans doute allusion la phrase où il est question de son *amor incomparabilis erga patriam et cives*. L'inscription suivante, trouvée au même endroit, ne laisse pas de doute sur l'époque à laquelle l'*oppidum Ucitanum* fut élevé au rang de colonie[1].

2.

```
    CONCORDIAE AVG SACRV▪
▪RO SALVTE IMP CAES DIVI SEPTIMI
    SEVERI PII NEPOTIS DIVI
    MAGNI ANTONINI PII FILI
   M AVRELI SEVERI ALEXANDRI
  PII FELICIS AVGVSTI PONTIF
   MAX TRIB POTEST · VIII · COS I▪
  ▪ROCOS P P   QVOD INDVLGEN
  ▪▪▪AVGVSTI NOSTRI COLONIA
  ALEXA▪RIANA · AVGVSTA · VCHI
  MAIVS PI▪▪TA HONORATAQVE SIT
    ORDO CIV▪▪TIS · BENCENNENSIS
   STATVAM CON▪▪DIAE PERPETVAE
       DEDIT · ET · DE▪ICAVIT
```

Concordiae Aug(ustae) sacr[um. P]ro salute imp(eratoris) Caes(aris) Divi Septimi

[1] [Publiée très imparfaitement dans les *Archives des Missions*, t. X, p. 321, le *Bul-*

Severi Pii nepotis, Divi Magni Antonini Pii fili, M. Aureli Severi Alexandri Pii Felicis Augusti, pontif(icis) maxi(mi), trib(uniciae) potest(atis) VIII, co(n)s(ulis) I[II], [p]roco(n)s(ulis), p(atris) p(atriae), quod indulgen[tia] Augusti nostri colonia Alexa[nd]riana Augusta Uchi Majus p[rola]ta honorataque sit, ordo civ[ita]tis Bencennensis statuam Con[cor]diae perpetuae dedit et de[d]icavit.

Si l'épithète *honorata* qu'on lit à la dixième ligne fait allusion, comme nous le croyons, à l'élévation de la cité au rang de colonie, le fait remonterait à l'année 230, indiquée par la neuvième puissance tribunitienne d'Alexandre Sévère. Quoi qu'il en soit, le texte que nous venons de reproduire présente un grand intérêt, en ce sens qu'il donne le nom de la cité dont nous ne connaissons que l'ethnique : Uchi ou Uci. Cette forme neutre *Uci* justifie une fois de plus la théorie que nous avons formulée sur la véritable orthographe des noms africains.

La *civitas Bencennensis* nommée à la onzième ligne est certainement la localité dont l'évêque, Adeodatus, figure à la conférence de 411 parmi les prélats de la Proconsulaire. Elle devait être voisine d'Uci Majus [1].

CIVITAS BENCENNENSIS.

3.

```
   IMP · CAES · L · DO
   MITIO AVRELIANO
   PIO FELICI AVG PON
   TIFICI MAX TRIB███T
5  P · P · PROCOS RESPV
   BLICA · COL · MARIANAE
   AVG · ALEXANDRI██NAE
   VCHIT · MAIORVM
   DEVOTA · NVMINI
10 MAIESTATIQVE EIVS · D D P P ·
```

letin des antiquités africaines, t. III, p. 36, et l'*Ephemeris*, t. V, n° 558. Notre copie, que nous reproduisons ici, est certaine. Le dernier mot de la quatrième ligne et toute la cinquième ligne jusqu'à XANDRI paraissent avoir été regravés par-dessus un premier martelage. — S. R.]

[1] [M. Schmidt retrouve une mention de

Imp(eratori) Caes(ari) L(ucio) Domitio Aureliano Pio felici Aug(usto), Pontifici max(imo), trib(uniciae) [po]t(estatis), p(atri) p(atriae), proco(n)s(uli). Respublica col(oniae) Marianae Aug(ustae) Alexandri[a]nae Uchit(anorum) Majorum, devota numini majestatique ejus. D(ecreto) d(ecurionum). P(ecunia) p(ublica).

4.

```
        ▆▆MINO TRIVMFI·LI
        BERTATIS ET NOSTRO
        RESTITVTORI  INVIC
        ⌐IS LABORIBVS SVS
      5 PRIVATORVM  ET
        PVBLICAE SALVTIS
(sic)   L·FLAVIO  VALERIO
        CONSTANTINO PER
        PETVO SEMPER AVG·RP
     10 COL V·M DEVOTORVM
        NVMINI MAIESTATI
        QVE EIVS N AETERNVM
```

[Do]mino triumphi, libertatis et nostro restitutori, invictis laboribus suis, privatorum et publicae salutis, C(aio) Flavio Valerio Constantino, perpetuo semper Aug(usto). [R(es)]p(ublica) col(oniae) U(citanorum) M(ajorum) devotorum numini majestatique ejus in aeternum.

Nous pensons que la lettre L qui commence la septième ligne a été mal lue par le copiste [1] : le praenomen de Constantin la même *civitas* dans une inscription découverte à Carthage entre Byrsa et le quai (C. I. L., VIII, n° 10530; *Ephemeris*, V, n° 452) :

```
          ANISE
        maxVLITANI
        benCENNENSES
          MIZEOTERENENses
          OPPIDANI NOvani
                       S. R.]
```

---

[1] [Notre copie porte également L, comme l'estampage que M. Tissot a consulté. Le C substitué à L dans le *Bulletin des antiquités africaines* (t. III, p. 37, n° 734) est une correction tacite. — S. R.]

était Caius. Une seule inscription de l'Afrique (n° 1781 du *Corpus*) lui donne celui de Marcus, qu'il prit après l'adoption de son père par Maximien. L(*ucius*) n'est donc pas admissible.

5.

```
  DD NN FLAVIO
  VALENTI VICTO
  RI AC TRIVMFA
  TORI SEMPER
  A V G V S T O
  R P· COL VCHI
  TANORVM MA
  IORVM DEVO
       TA
```

D(*ominis*) N(*ostris*) *Flavio Valenti victori ac triumfatori, semper Augusto.* R(*es*)p(*ublica*) col(*oniae*) *Vchitanorum Maiorum devota.*

Le nom de Valens figure seul dans cette dédicace, alors qu'elle débute par la formule DD NN, *Dominis nostris duobus.* Cette anomalie s'explique facilement : l'inscription était gravée sur un piédestal portant la statue de Valens et sur la face supérieure duquel on remarque encore deux entailles destinées à recevoir les pieds de cette statue. Un monument semblable avait dû être élevé à Gratien et portait la fin de la dédicace : *Et Flavio Gratiano victori ac triumfatori semper Augusto R. P. col. Uchitanorum Maiorum devota.*

L'enceinte de la ville est presque entièrement renversée[1]. De la porte de l'ouest, la moins maltraitée, il ne reste qu'un des

---

[1] [Sur toute la face de la colline qui regarde la porte monumentale, on voit les restes d'un grand mur d'enceinte muni de bastions construits avec de grosses pierres de taille et des fragments de tout genre. Le bastion qui se trouve à l'angle sud-ouest présente encore dix-sept assises inégales. En marchant vers le nord-est et après avoir traversé l'Oued Arkou, on rencontre à gauche les restes d'un mausolée. — S. R.]

pieds-droits, orné d'une niche qu'encadraient deux pilastres cannelés[1].

La position d'Uci était admirablement choisie. Située sur le col assez élevé qui rattache le massif inférieur du Gorra'at Azrou à celui du Kef, la ville commandait à la fois le bassin de l'Oued Khaled et celui de l'Oued Tessâa, affluent de la Medjerda.

Des hauteurs au pied desquelles elle était assise, la vue embrasse une immense étendue de pays. Le regard n'est arrêté, au nord, que par les montagnes des Khoumir; à l'est, on aperçoit les hauteurs d'Aïn-Thounga et de Testour, tandis qu'à l'ouest et au sud on distingue aisément le massif du Kef et l'Hamada des Oulad-Aoun.

[Au nord-est d'Henchir Douames[2] s'élève le massif rocheux du Djebel Gorrâ (Gorra'at Azrou), où l'on a retrouvé, dans ces dernières années, les emplacements de plusieurs villes antiques. A deux heures de marche d'Uci Majus, vers l'est, à l'endroit dit *Henchir Chett*, on voit une ancienne maison romaine très bien conservée, qui porte aujourd'hui le nom de Bordj Abd-el-Melek[3]. L'édifice antique, occupé par un moulin à huile, forme un carré de douze mètres de côté, présentant à chaque angle une tour à moitié engagée. A la hauteur d'environ cinq mètres, ces tours sont coupées par une corniche qui correspond à la naissance de la voûte à l'intérieur. Cette voûte, construite entièrement

---

[1] [La hauteur des restes de cette porte atteint 6 mètres. Elle était construite en grosses pierres de taille; chaque pied-droit était orné de deux pilastres corinthiens cannelés précédés de deux colonnes plus grandes, dont il ne subsiste qu'une base. — S. R.]

[2] [La description des sites antiques du Gorrâ manque dans le manuscrit de M. Tissot; nous l'avons intercalée ici, en consultant la relation de M. Poinssot dans le *Bulletin des antiquités africaines* et les notes que nous avons prises sur les lieux avec M. Cagnat en 1885. — S. R.]

[3] [Cf. *Bull. des antiquités africaines*, I, p. 264; III, p. 30 et suiv., pl. VI et la vignette à la page 33. — S. R.]

en blocage, couvre une salle carrée de 10 mètres qui a été divisée en deux étages[1]. Le bordj est dominé par des rochers au milieu desquels tombe une cascade; plusieurs sources naissent dans le bois d'oliviers qui l'environne. La plus voisine de la maison est recueillie dans un bassin antique. A 500 mètres environ vers l'ouest, sur le versant du plateau et à gauche de la route qui conduit à Henchir Chett, on voit une autre source, nommée *Aïn Trabe*, entourée de ruines où l'on a recueilli plusieurs inscriptions.

La construction la plus importante de l'henchir, après le bordj, est un mausolée de grande dimension. Il se compose d'un premier mur en grosses pierres affleurant le sol; à droite de ce mur, s'élève un pilier en gros appareil surmonté de l'amorce d'une voûte. A 20 mètres plus loin, au milieu de masses de blocage, on voit sur la gauche un pilier construit en blocage, qui s'élève à la hauteur de 1,5 mètres et se termine également par des amorces de voûtes. Dix mètres plus loin, on trouve le mausolée proprement dit. L'intérieur, construit en gros appareil régulier, est presque intact; il donne sur la cour intérieure par trois portes voûtées, sur le dehors par une porte rectangulaire. Dans les murs de cette construction, qui mesure environ 15 mètres de long (est-ouest) sur 4 mètres de large (nord-sud), sont pratiquées de petites niches alignées sur un étage; à un étage supérieur, on observe quelques niches plus grandes. Ces restes sont ceux d'un vaste mausolée de famille, qui devait présenter un aspect monumental.

Un sentier de montagne, partant d'Henchir Chett, contourne la pente occidentale du Gorrâ, au-dessus de la plaine de la Medjerda, où l'on distingue, sur la gauche, Souk-el-Arba et Souk-

---

[1] [Poinssot, *Bull. des antiquités africaines*, I, p. 30. — S. R.]

el-Khmis. Après six kilomètres, on arrive à Djebba, petite localité située au nord-ouest du Djebel Gorrâ[1]. Là se trouve une mine de plomb argentifère qui, exploitée dans l'antiquité et de nos jours, a été abandonnée depuis peu d'années, à cause de l'insuffisance du minerai. Djebba occupe un plateau dominé par les pentes abruptes du Gorrâ et couvert de bois d'oliviers qu'arrosent de nombreuses sources. Une belle cascade de plus de cent mètres de chute tombe du haut de la montagne par une fente de la paroi rocheuse. A 60 mètres de hauteur, sur la droite de la cascade, dans un endroit tout à fait inaccessible aujourd'hui, on aperçoit un mur bien construit, en petit appareil, percé de deux rangées de fenêtres, qui s'appelle dans le pays *Ksar Sebâa Regoud*, c'est-à-dire le « château des Sept Dormants »[2]. Là se trouveraient, suivant la tradition locale, six hommes et un chien endormis depuis trois cents ans. Chaque année, les Arabes immolent des bœufs et des moutons devant cette mystérieuse demeure aérienne. L'origine de la légende des *Sebâa Regoud* est bien connue. Elle paraît d'abord dans les communautés chrétiennes d'Asie Mineure : les dormants sont sept jeunes gens d'Éphèse enfermés dans une caverne au temps de la persécution de Decius et qui se réveillent cent quatre-vingt-sept ans après. Mahomet reproduisit cette histoire dans le Koran, d'où elle passa, embellie dans son parcours, à tous les peuples mahométans[3].

Un barrage antique recueille les eaux de la cascade de Djebba et alimente un aqueduc qui se dirige vers le nord à travers la plaine sur une longueur de deux kilomètres environ. L'aque-

---

[1] [Cf. Poinssot, *Bull. des antiquités africaines*, III, p. 26.]

[2] [Un autre *henchir* nommé *Sebâa Regoud* se trouve aux environs de Bordj Messaoudi (*Bull. des ant. afr.*, III, p. 175). Beaucoup d'autres localités africaines portent le même nom.]

[3] [Voir Gibbon, *Decline and fall*, XXXIII; Lyell, *Principes de géologie*, trad. française, t. I, p. 124.]

duc aboutit à un grand réservoir en blocage, situé au milieu des ruines d'une ville antique qui s'étend sur les bords de l'Oued Thibar, affluent de la Medjerda. Plusieurs édifices, parmi lesquels une basilique, s'élèvent encore au-dessus du sol. Le nom ancien de la ville, dont les ruines s'appellent aujourd'hui *Henchir Hamâmet*, nous est fourni par une inscription qui a été signalée d'abord par MM. Bordier et Tauzia de Lespin [1] :

THIBAR
(Henchir
Hamâmet).

GENIO THIBARIS
AVGVSTO
SACRVM
R P T H I B

Sur la plinthe :

D d

Genio Thibaris Augusto Sacrum, r(es)p(ublica) Thib(aritanorum) d(ecreto) [d(ecurionum)].

La ville de Thibar est citée par Morcelli [2], qui la place dubitativement parmi les évêchés de la Byzacène. On possède une lettre adressée par saint Cyprien aux habitants de cette ville [3]. Le nom ancien de Thibar est resté à la rivière qui coule au pied des ruines.

A 12 kilomètres vers l'est de Thibar, sur la route de Teboursouk à Souk-el-Khmis, on rencontre les ruines assez étendues d'*Henchir Kouchbatia*, assises sur un plateau qui fait partie des derniers contreforts du Djebel Gorrâ [4]. On y remarque une

THIMBURE
(Henchir
Kouchbatia).

[1] [Cf. *Bulletin archéologique du Comité des travaux historiques*, 1885, p. 152 et suiv.; *Comptes rendus de l'Académie des inscriptions*, 3 juillet 1885.]

[2] [Morcelli, *Africa christiana*, I, p. 315.]

[3] [S. Cyprien, *epistola* LXI. Cf. *Sentent. episc.* édition Hartel, XXXVII : *Vincentius a Thibari.*]

[4] [*Bulletin des antiquités africaines*, III, p. 25; *Bulletin archéologique du Comité des*

enceinte rectangulaire en grosses pierres de taille et cinq portes monumentales d'un style fort simple. Une inscription signalée en cet endroit par MM. Bordier et de Lespin donne le nom antique de la ville, *Thimbure* :

```
        FORTISSIMO
       AC·NOBIL·CAE
       FLAVIO VALE
       RIO·CONSTAN
       TIO RESP·MV
       NICIPII THIM
       BVRE NVMINI
       EORVM·DEVO
       TA IN AETERNVM
```

Fortissimo ac nobil(i) Cae(sari) Flavio Valerio Constantio, resp(ublica) municipii Thimbure, numini eorum devota in aeternum.

La base portant le nom du seul Constance et les habitants de Thimbure se disant *devoti numini eorum*, il faut en conclure qu'il y avait à côté l'une de l'autre plusieurs bases dédiées chacune à l'un des collègues de Constance Ier. En effet, MM. Cagnat et Reinach ont copié sur un piédestal analogue une autre dédicace très effacée, en caractères de mauvaise époque, où ils ont déchiffré les mots : RES*pub*LICA MVNI*c*. THIMBVRE... DEVOTA. La ville de Thimbure n'est mentionnée, à notre connaissance, dans aucun texte antique.

La route de Teboursouk à Badja (Béja) conduit auprès des ruines d'Henchir el-Mâtriah[1], dont le nom antique n'a pas en-

---

travaux historiques, 1885, p. 157; *Comptes rendus de l'Académie des inscriptions*, 3 juillet 1885.]

[1] [*Archives des Missions*, t. X, p. 136; *Bull. des antiquités africaines*, t. II, p. 144; *Ephemeris*, V, p. 545.]

core été déterminé[1]. Elles occupent l'extrémité méridionale d'un plateau qui domine au sud la plaine d'El-Mâtriah. On y reconnaît l'enceinte d'un temple, couverte de nombreux fragments d'architecture d'un travail assez soigné, deux basiliques bien conservées et les fondations d'une porte monumentale. Un kasr de basse époque a été construit avec des pierres de taille empruntées aux monuments antiques. Au pied de la ville passait une voie romaine qui paraît avoir relié, comme la route arabe actuelle, Vaga à Thibursicum Bure.]

La station de Drusiliana, placée par la Table de Peutinger à 7 milles de Thacia, se retrouve à la même distance de Bordj Messaoudi sur la rive gauche de l'Oued Tessâa[2]. Il existe sur ce point trois groupes de ruines : le premier, situé sur la voie même, n'est qu'à 6 milles de Thacia. Le deuxième et le troisième se trouvent à 1,200 ou 1,500 mètres plus loin, l'un au nord-ouest, l'autre à l'ouest-nord-ouest. Le deuxième est le plus considérable et le plus éloigné de la voie romaine, et nous paraît, pour ces deux raisons, représenter Drusiliana. Il est à remarquer, en effet, que les milliaires encore en place sur la voie indiquent, entre Thacia et Sicca Veneria, une différence de près de 2 milles en moins par rapport à la Table de Peutinger; tandis que celle-ci compte 124 milles entre Carthage et Sicca, les milliaires n'en indiquent, comme nous le verrons,

DRUSILIANA
(*Henchir Khangat-el-Kdim*).

---

[1] [Le nom de IVXTALACA, inscrit à cet endroit sur la carte publiée par M. Poinssot (*Archives des Missions*, t. X, ad. pag. 330), provient d'une erreur de lecture dans l'inscription suivante de Mâtriah :

PRO SALVTE IMP CAES✶M ✶ AVreli commodi antonini...
DIVI HADRIANI PRONEPOTI ✶ DIvi traiani parthici abnepoti...
IVXTA·LACVM MVNIFICENTIA.....

[2] [Cf. *Bull. des antiquités africaines*, III, p. 175-177 et pl. XVIII; Espérandieu, *Épigraphie des environs du Kef*, 5ᵉ fascicule, p. 8. — S. R.]

que 122. Cette différence ne peut s'expliquer que par le détour que l'on faisait pour gagner, sur la droite de la voie romaine, les deux stations de Drusiliana et de Siguese. La Table, en d'autres termes, indique les distances qui séparaient réellement les différentes stations, tandis que les milliaires ne mesurent que le tracé direct de la voie.

Une borne récemment découverte près de la koubba de Sidi-Ahmed-bou-Laya, à l'entrée de la khanga ou défilé de l'Oued Kdim, donne probablement à la dernière ligne le nom de Drusiliana[1] :

```
    IMP
    DIVI
    N   O



                LIANAE
            CVI
```

A quelques kilomètres du point précédent, près d'un groupe de ruines appelées Henchir bou-Maâzoun, deux milliaires dédiés à Constance portent le chiffre CVII.

SIGUESE (*Henchir Bahara*).

A 7 milles de Drusiliana, c'est-à-dire précisément à la distance qu'indique la Table de Peutinger entre cette station et la suivante, les ruines importantes d'Henchir Bahara, situées sur un plateau à droite de la voie romaine, marquent l'emplacement de *Siguese*[2]. A cette hauteur la route franchissait l'Oued

---

[1] [*Bulletin des antiquités africaines*, III, p. 177. A la troisième ligne, M. Poinssot ne donne que la lettre A. — S. R.]

[2] [Cagnat, *Explorations*, II, p. 148; *Ephemeris*, V, n° 594; *Bulletin des antiquités africaines*, III, p. 51 et 177; *Bul-*

—(371)—

Kdim sur un pont qui existe encore et à l'entretien duquel Hassan ben Ali, le fondateur de la dynastie tunisienne, avait affecté des revenus spéciaux. Ces fonds ont été depuis longtemps détournés de leur destination, et le pont romain tombe en ruines.

Les ruines de Siguese ont fourni récemment quelques inscriptions..

1

Au pied d'une porte monumentale à demi renversée :
Hauteur, 0^m,80; longueur, 0^m,70; hauteur des lettres, 0^m,10.

DEO SOLI
HONORI
ET VIRTVTI
PRO SALVT[1]

2

Au même endroit :
Longueur, 0^m,75; hauteur, 0^m,50; hauteur des lettres, 0^m,09.

MARTI
AVG[2]

3

Au même endroit :
Longueur, 1^m,10; hauteur, 0^m,45; hauteur des lettres, 0^m,05.

sVO ET MET▰▰▰MA
ITORVM SVORVM
ornAMENTIS SVA PEC[3]

letin de l'Académie d'Hippone, XX, p. 61; Espérandieu, Épigraphie des environs du Kef, 5e fascicule, p. 8. Cf. le plan des ruines de Khanguet-el-Kdim et des environs dans le Bull. des antiquités africaines, III, pl. XVIII. — S. R.]

[1] [Ephemeris, V, n° 594.]

[2] [Épigraphie des environs du Kef, 5e fascicule, p. 9; Bull. des antiq. africaines, III, p. 178. — S. R.]

[3] [Le texte de ce fragment a été donné d'une manière un peu différente dans

4

Dans les ruines d'un grand édifice :

Longueur, 1ᵐ,10; hauteur, 0ᵐ,56; hauteur des lettres, 0ᵐ,07.

5

Près du pont romain :

Hauteur, 1ᵐ,80; largeur, 0ᵐ,50; hauteur des lettres, 0ᵐ,04 [1].

```
            O
        R       EN
                    M
        II
 5    NIC              CV
      BITAN        E CoN
      LATO POSVERVNT
      METTIVS SECVNDVS
      MEMMIANVS PIARCE
10    IVS NVMIDICVS IIVIR
      QQ  DEDICAVERVNT
              DD
```

[*Ordo populusque mu*]*nic*[*ipii*...] *cubitan*[*orum aer*]*e conlato posuerunt. Mettius Secundus Memmianus Piarceius Numidicus Duumvir(i) q(uin)q(uennales) dedicaverunt. D(ecreto) D(ecurionum).*

L'ethnique mutilé qu'on lit à la fin de la cinquième ligne et l'*Épigraphie des environs du Kef*, 5ᵉ fasc., p. 9, et le *Bulletin des antiq. afric.*, III, p. 178. — S. R.]

[1] [La même inscription, moins complète, est donnée dans le *Bulletin des antiq. africaines*, III, p. 178, et l'*Épigraphie des environs du Kef*, 5ᵉ fasc., p. 10 (*Bulletin de l'Académie d'Hippone*, n° 20, 2ᵉ fasc., p. 62). Toutes ces lectures ne sont certainement que provisoires et auraient be-

au commencement de la sixième ne permet pas d'attribuer cette dédicace à Siguese. La pierre a dû être apportée des ruines qu'on remarque à 700 mètres au sud-est du pont romain ; peut-être aussi le monument a-t-il été élevé sur place par la petite cité que représentent ces ruines, à la limite, indiquée par la voie romaine, de son territoire et de celui de Siguese. Il est assez difficile de restituer le nom de cette cité. Ce n'est certainement pas la *Tuscubis* ou *Turcubis* de Ptolémée, placée, beaucoup plus au sud-est, par 35° de longitude et 28° de latitude, alors que les coordonnées de Sicca sont 30°30′ de longitude et 30°50′ de latitude. La position d'*Ucibi* conviendrait mieux (longitude, 30°; latitude, 29°45′). Nous proposerions donc, à titre de simple conjecture, VCVBITANORVM pour VCIBITANORVM[1].

A 1,800 mètres à l'ouest du pont romain, un milliaire encore en place donne le chiffre cx :

Ucubi (pont romain).

    D·N
FLAVIO VALERIO
 CONSTANTIO
DI ▓▓▓▓▓▓▓▓▓▓
  GALERIO
MAXIMIANO
    CX

soin d'être contrôlées. Dans la copie publiée par le *Bulletin de l'Académie d'Hippone*, on lit aux lignes 5 et 6 :

    NIO CV·
ITANT▓▓RECON   S. R.]

[1] [M. Cagnat a découvert, au mois d'avril 1886, une inscription nouvelle qui donne raison à M. Tissot et renverse les conjectures antérieures. La ville s'appelle VCVBI et doit être identique à l'Οὔκουβι de Ptolémée. Voici le texte de l'inscription :

IMP ✿ CAESAR
DIVI ✿ HADRIA
NI ✿ F ✿ DIVI TRAIA
NI PARTHICI ✿ NE
POTI ✿ DIVI·NERVAE
PRONEPOTI ✿ T ✿ AE
LIO HADRIANO
ANTONINO AVG
PIO PONTIF ✿ MAX
TRIB ✿ POT ✿ XIII
IMP · II · COS ✿ IIII
   P P
SENIORES ✿ VCV
BITANI ✿ AERE
CONLATO ✿ PO
SVERVNT   S. R.]

Siguese est placée par la Table de Peutinger à 30 milles de Sicca Veneria. On doit substituer à ce chiffre les 12 milles indiqués entre Sicca et Naraggara, et reporter cette seconde distance entre Siguese et Sicca.

On ne compte que 18 kilomètres, en effet, entre Henchir Bahara et le Kef. C'est, du reste, la troisième transposition de chiffres que nous constatons, sur cette seule route, dans la Table de Peutinger.

A 7 kilomètres environ des ruines de Siguese, un milliaire encore debout sur le trottoir de la voie romaine, près de la koubba de Sidi-bou-Djerida, porte le chiffre cxv. Ce cent-quinzième milliaire se trouvant exactement à 10,670 mètres du Kef, il s'ensuit que Sicca était à un peu plus de 122 milles de Carthage (122 milles 1/4). Nous avons dit que la somme des distances partielles de la Table donne 124 milles, et nous avons expliqué cette différence.

A 2,900 mètres du milliaire cxv, une autre borne, couchée à quelques pas de la voie, porte le chiffre cxvii et la dédicace suivante [1] :

PACATISSIMO
IMP·CAES·M·
CLAVDIO
TACITO·PIO
FELICI·AVG
NOSTRO
———————
CXVII

Un troisième milliaire, encastré dans un mur en pierres

---

[1] [*Bulletin des antiquités africaines*, III, p. 182. — S. R.]

sèches, à El-Baïadh, à 1 kilomètre environ d'El-Kef, donne le chiffre CXXI :

```
        PERPETVO
     IMP·L·DOMITIO
       AVRELIANO
      PIO   FELICE
        INVICTO
     AVG· NOSTRO
```
————————————————
            CXXI

L'Itinéraire d'Antonin indique deux distances différentes entre Musti et Sicca : l'*iter ab Hippone Regio Carthagine* indique XXXIV milles; l'*iter a Musti Cirta*, XXXII. La somme des distances partielles comptées par la Table de Peutinger entre les deux points extrêmes est de 33 milles et représente le chiffre exact.

La correspondance de Sicca et d'El-Kef est certaine [1]. Le nom antique a longtemps survécu à la domination romaine sous les formes *Sakka, Chakka, Chak Benaria*, que l'on trouve dans les anciens auteurs arabes. El-Bekri donne la leçon *Chikka Benaria* qui reproduit plus exactement encore l'ancienne dénomination. Le nom arabe moderne, *El-Kef*, « le rocher », a remplacé celui d'*Azrou* qui a la même signification en berbère [2] et que Chakbanaria, d'après le témoignage de l'auteur anonyme du *Korat el-Absar*, aurait également porté dans les premiers temps de la conquête musulmane.

Gesenius a fait justice de l'étymologie proposée par Voss et

SICCA
(*El-Kef*).

---

[1] [Sur El-Kef, voyez: Guérin, *Voyage*, t. II, p. 53-72; *C. I. L.*, VIII, p. 197, 938; *Ephemeris*, t. V, p. 363; *Bulletin des antiquités africaines*, I, p. 261, 289, 391; II, p. 217; III, pl. XIX; *Bulletin épigraphique*, III (1883), p. 35, 186, 234, 299; IV (1884), p. 236; *Archives des Missions*, t. IX (1882), p. 86; t. XI (1885), p. 56; *Bull. de l'Académie d'Hippone*, fasc. XIX et XX. — S. R.]

[2] Ces noms d'*Azrou* et de *Kef* s'expliquent par la gigantesque table rocheuse sur le ressaut inférieur de laquelle la ville était assise.

Selden et d'après laquelle Sicca dériverait de *Succoth benoth.* Sicca vient du radical sémitique שוק qu'on retrouve en arabe sous la forme *Souk* سوق, « marché ». Solin, qui ne désigne Sicca que par son surnom *Veneria,* en attribue la fondation à une colonie sicilienne qui y aurait introduit le culte de Vénus Érycine[1]. Ce culte, au mont Éryx même, était d'origine phénicienne, et Carthage n'eut pas besoin d'aller chercher en Sicile des rites qu'elle tenait de sa métropole. On sait d'ailleurs quelle était la nature des hommages rendus à la déesse de Sicca : Valère Maxime y a fait allusion dans une antithèse bien connue[2].

Polybe est le premier auteur qui fasse mention de Sicca : ce fut sous les murs de cette ville que les mercenaires, à la prière du gouvernement carthaginois, se retirèrent pour attendre le règlement de leur solde[3]. Rattachée en 146 au royaume des fils de Massinissa, comprise un siècle plus tard dans l'Afrique nouvelle, Sicca fut érigée en colonie par César ou par Auguste, ainsi que l'indique son nom de *colonia Julia Cirta nova*[4],

---

[1] XXVII, 5 : « [Siculi] Veneriam etiam exstruunt in quam Veneris Erycinae religiones transtulerunt. »

[2] II, vi, 15 : « Cirtae enim fanum est Veneris, in quod se matronae conferebant, atque inde procedentes ad quaestum, dotes corporis injuria contrahebant, honesta... tam inhonesto vinculo conjugia juncturae. »

[3] I, LXVI : Γιγνομένων δὲ πλειόνων ἀδικημάτων... ἠξίωσαν τοὺς ἡγεμόνας, ἕως ἂν ἑτοιμασθῇ μὲν τὰ κατὰ τὰς σιταρχίας αὐτοῖς, προσδέξωνται δὲ τοὺς ἀπολειπομένους, ἀναχωρῆσαι πάντας εἴς τινα πόλιν τὴν προσαγορευομένην Σίκκαν...

[4] *C. I. L.,* n° 1648

```
    Q CASSIO   Q F   Q V R
    CAPITONI   Q   P R
    ID COLONI    COLONI
    AE IVLIAE CIRTAE NO
    VAE       QVOD    ANNO
    NAM FRVMENTI DE SVA
    PECVNIA  LEVAVIT
  HANC·STATUAM·AEMILIA·L·F·CEREALIS·AB
  NEPtis  D·D·  HOC tRANSTULIT
```

ou *colonia Julia Veneria Cirta Sicca*[1]. Le premier titre est celui qui figure dans le document épigraphique le plus ancien, sans qu'on puisse en conclure, toutefois, que le surnom de *Veneria* soit de date relativement récente. Nous le trouvons déjà dans Ptolémée[2]; la Table de Peutinger et l'Itinéraire d'Antonin le mentionnent également, et Solin l'emploie isolément comme un équivalent du nom proprement dit. Une inscription récemment découverte[3] donne la forme *colonia Siccensium et Veneris* :

MIRAE BONITATIS ADQVE IN
TEGRITATIS VIRO VALERIO ROMANO
V·C·CVRATORI REIP·COL·SICCENSI
VM ET VENERIS OB RESTAVRATVM
DEAE SIMVLACRVM QVOD IAM DVDVM
A LATRONIBVS FVERAT INTERRVPTA
TEMPLI MVNITIONE. SVBLATVM
STATVAM VENERII AD PROPAGANDAM
SAECLIS OMNIBVS MEMORIAM
PATRONO FIDO AMORE POSVERVNT

Mirae bonitatis atque integritatis viro Valerio Romano, v(iro) c(larissimo), cura-

---

[1] *C. I. L.*, n° 1632 :

d . n . imp . caes
p.licinio gallieno pio
felivi aug. pont. max. trib.
POT... COS... p.p. procos
FILIO DOMINI NOSTRI
IMP CAES P LICINI VALE
RIANI PII FELICIS AVG
COLONI COL IVL VENE
RIAE CIRTAE NOVAE SIC
CAE   D D   P P

Cf. le n° 1634.

[2] Σίκα Οὐενερία, IV, ΙΙΙ, 30; VIII, XIV, 9.

[3] [Cagnat, *Archives des Missions*, t. IX (1882), p. 95; Roy, *Bull. des antiquités africaines*, I, p. 289, et *Bull. épigr. de la Gaule*, III (1883), p. 191; *Ephemeris*, V, n° 623. — S. R.]

tori reip(ublicae) col(oniae) Siccensium et Veneris, ob restauratum Deae simulacrum, quod jamdudum a latronibus fuerat interrupta templi munitione sublatum, statuam Venerii, ad propagandam saeclis omnibus memoriam, patrono fido amore posuerunt.

Le nom de *Cirta nova Sicca* a fait supposer que la ville punique avait été colonisée par des Sittiens de la Cirta numide. Berbrugger l'a expliqué, de son côté, par une certaine analogie dans la position des deux villes. Pline se borne à constater leur homonymie [1].

L'ethnique *Cirtenses* ou *Cirthenses Siccenses* se lit dans plusieurs inscriptions d'El-Kef [2], et se retrouve dans les documents de l'époque chrétienne. Les citoyens de la colonie Julia Cirta nova Sicca étaient inscrits dans la tribu Quirina [3].

On sait qu'Arnobe était né à Sicca. Les prélats de ce siège épiscopal figurent, de 258 à 646, dans toutes les manifestations de la polémique chrétienne.

L'importance stratégique de Sicca l'avait fait comprendre, dès les premiers temps de la conquête, parmi les colonies destinées à assurer la sécurité de la province d'Afrique. El-Kef passe encore aujourd'hui pour la plus forte place de la Tunisie. Assise sur un des premiers ressauts d'un massif qui peut être considéré comme une citadelle naturelle, la ville domine les grandes plaines d'Es-Sers, de Zanfour, de Lorbeus et de l'Oued Mellag, en même temps qu'elle commande une des principales voies de communication conduisant de Tunis en Algérie. L'en-

---

[1] V, III, 22 : «Colonia Cirta Sittianorum cognomine, et alia intus (Cirta colonia) Sicca.»

[2] *C. I. L.*, n°ˢ 1636, 1647 : *Ordo Siccensium*; n° 1641 : *Splendidissimus ordo Siccensium*; ibid. : *Municipibus meis Cirthensibus Siccensibus*; n° 1651 : *Cirtensium Sic-*

censium ordo. — [3] *C. I. L.*, n°ˢ 1648, 1649, 1655, 1659, etc. [Les *Siccenses* paraissent s'être nommés aussi *Venerii*, s'il faut lire, avec M. Schmidt, *Venerii* au lieu de *Veneris* dans l'inscription citée plus haut, p. 377 (*Ephemeris*, V, n° 623). — S. R.]

ceinte actuelle est beaucoup moins étendue que celle de la ville antique, à en juger par les nombreux vestiges romains qu'on trouve en dehors des remparts arabes, surtout du côté de la kasbah. Les plus considérables de ces ruines sont celles d'un vaste système de citernes creusées dans un plateau qui domine la ville, et celles d'une basilique bâtie sur une plateforme rocheuse qui domine elle-même les réservoirs. Les indigènes l'appellent *Kasr el-Ghoula*, le « château de l'ogresse ». Le sanctuaire de la déesse éponyme de Sicca devait être situé dans le voisinage de la kasbah. Shaw rapporte, en effet, qu'en déblayant une hauteur, près de la citadelle, on trouva une statue de Vénus, qui fut immédiatement brisée par des fanatiques.

La ville proprement dite est extrêmement riche en débris romains, malheureusement engagés pour la plupart dans le chaos des constructions arabes. La fontaine principale, appelée *Aïn el-Kef*, est ornée d'une arcade monumentale en plein cintre. Le volume de ses eaux est considérable : c'est moins une source qu'une rivière sortant d'une caverne à laquelle les indigènes attribuent une étendue de plus de 6 milles. Les voûtes et les parois de ce souterrain sont maçonnées jusqu'à une certaine distance. Un peu plus haut se trouve une autre fontaine antique, l'*Aïn el-Hadjima*, aujourd'hui murée, au-dessous de laquelle s'élève un immense édifice, probablement un monastère chrétien, bâti en pierres de grand appareil et percé de nombreuses ouvertures cintrées. Une croix grecque et les emblèmes de la Passion sont sculptés au-dessus d'une des portes.

La synonymie de Naraggara et de Kasr Djâbeur[1], déjà proposée par Shaw et par Dureau de la Malle, nous paraît in-

NARAGGARA
(*Kasr Djâbeur?*).

---

[1] [Cf. *C. I. L.*, VIII, p. 468; *Bull. de corr. africaine*, 1883, p. 296 et suiv.; *Ephemeris*, V, p. 416. M. Schmidt s'est prononcé, dans l'*Ephemeris*, contre l'identification de Naraggara avec Kasr Djâbeur (ou Sidi-Youcef); il place la ville antique

discutable[1]. C'est celle qui concorde le mieux avec les deux positions certaines de Thagura (Taoura) et de Thagaste (Souk-Ahras), indiquées, la première à 20 milles, la seconde à 25 milles de Naraggara. Les ruines de *Gegetu* se retrouvent d'ailleurs, sur le tracé qui relie Kasr Djâbeur à Taoura, à 5 milles de ce dernier point, là même où les place la Table de Peutinger, tandis qu'on ne rencontre pas de vestiges antiques, à la même distance, entre Fedj-Mraou et Taoura. La position de Kasr Djâbeur répond, en outre, à toutes les indications données par les textes sur le champ de bataille de Naraggara[2]. Scipion occupait le plateau de Kasr Djâbeur sous lequel, à portée de trait, coulait la source qui porte aujourd'hui le nom d'Aïn Sidi-Youcef[3]. Le camp d'Hannibal, d'après M. le capitaine Lewal, se trouvait placé sur le Koudiat-bou-Eusban, hauteur qui longe l'Oued Zmaïl (formé par l'Oued Aïn-si-Youcef), à 5 kilomètres au sud-est. Peut-être faut-il le chercher à l'est de Kasr Djâbeur et à la même distance. La position était meilleure au point de vue de l'eau, que l'armée carthaginoise pouvait prendre à *Mouia-Tchella* plus sûrement qu'à l'Oued Zmaïl. Les deux aiguades étaient également éloignées du camp d'Hannibal, mais

plus loin vers le nord, à Ksiba-Mraou, situé à deux kilomètres au nord de Fedj-Mraou. Le savant allemand a découvert en cet endroit des ruines très considérables d'édifices, une source d'eau excellente et une grande nécropole. Bien que les inscriptions recueillies à Ksiba-Mraou ne donnent pas d'ethnique, M. Schmidt pense que ces ruines, beaucoup plus vastes que celles de Kasr Djâbeur, représentent certainement Naraggara. — S. R.]

[1] Berbrugger (*Itin. arch. en Tunisie*) inclinait à placer Naraggara à Fedj-Mraou, un peu au nord de Kasr Djâbeur. MM. Lewal et de Neveu, après une étude attentive du terrain, se sont prononcés pour la synonymie de Kasr Djâbeur.

[2] V. Lewal, *Revue afric.*, n° 8, déc. 1857.

[3] Polybe, XV, v, 14 : Καὶ παραγενηθεὶς (ὁ Σκιπίων) πρὸς πόλιν Μάργαρον, κατεστρατοπέδευσε, πρός τε τὰ ἄλλα τόπον εὐφυῆ καταλαβόμενος, καὶ τὴν ὑδρείαν ἐντὸς βέλους ποιησάμενος. Tite Live (XXX, xxix) traduit littéralement ce passage de Polybe : «Scipio haud procul Naraggara urbe cum ad cetera loco opportuno, tum quod aquatio intra teli conjectum erat, consedit.»

l'une était à l'abri des coups de main de l'ennemi, tandis que l'autre, celle de l'Oued Zmaïl, était exposée à être occupée par lui. La colline où nous plaçons le camp d'Hannibal se relie d'ailleurs au massif du Djebel Nemeur-mta-Ouargha, circonstance qui devait influer sur le choix du général carthaginois, beaucoup moins fort en cavalerie que son adversaire. C'est ce que semble indiquer le récit de Tite-Live[1].

Polybe écrit Μάργαρον, forme corrompue que rappelle la leçon *Marraggaritanus* donnée par un manuscrit de la notice des évêchés de l'année 483. Certains manuscrits de Tite-Live portent *Nadagara*. Le nom correct, *Naraggara*, se trouve dans la Table de Peutinger, l'Itinéraire d'Antonin et Ptolémée (Ναράγγαρα)[2]. L'ethnique *Naraggaritanus* se lit dans les actes de la conférence de 411 et dans la lettre du synode de 649. La notice de l'année 483 donne la variante *Naraggaritensis*.

A 20 milles au nord-est de Naraggara, dans les ruines d'Henchir Guergour, M. Cagnat a découvert l'inscription suivante, qui donne le nom, jusqu'alors inconnu, d'une petite cité numide, *Masculula*[3] :

MASCULULA
(*Henchir Guergour*).

DIVO AVGVSTO
SACRVM
CONVENTVS
CIVIVM·ROMANOR
ET·NVMIDARVM·QVI
MASCVLVLAE·HABITANT

---

[1] XXX, xxix : «Hannibal tumulum a quattuor millibus inde, tutum commodumque alioqui, nisi quod longinquae aquationis erat, cepit. Ibi in medio locus conspectus undique, ne quid insidiarum esset, delectus.» Ici encore, Tite-Live ne fait que reproduire le texte de Polybe (XV, vi) : Ὧν ἀκούσας Ἀννίβας, ἀνέζευξε, καὶ συνεγγίσας, ὥστε μὴ πλεῖον ἀπέχειν τριάκοντα σταδίων, κατεσ7ρατοπέδευσε πρός τινα λόφον, ὃς τὰ μὲν λοιπὰ πρὸς τὸν παρόντα καιρὸν ὀρθῶς ἔχειν ἐδόκει, τὴν δ'ὑδρείαν ἀποτέρω μικρὸν εἶχε.

[2] *Narragara*, Rav. Anon.

[3] [*Archives des Missions*, t. IX (1882), p. 133; t. XI (1885), p. 71; *Ephemeris*, t. V, p. 361. — S. R.]

La Table de Peutinger omet la distance qui séparait Gegetu de Naraggara; mais il est facile de rétablir le chiffre absent, xv; Gegetu, en effet, est indiqué à 5 milles de Thagura et cette dernière station, d'après l'Itinéraire d'Antonin [1], se trouve à 20 milles de Naraggara. Le groupe de ruines que les indigènes désignent sous le nom d'El-Gounaïl, et que l'on rencontre à 15 milles de Kasr Djâbeur et à 5 milles de Taoura (Thagura), représente par conséquent la station de Gegetu [2].

De Kasr Djâbeur à El-Gounaïl, la voie romaine traverse les plateaux ondulés qui séparent le bassin de l'Oued Mellag de celui de la Medjerda; elle passe par El-Guebordj-Thoudi, où l'on trouve quelques vestiges antiques, Fedj-Begrat et les sources de l'Oued Chaouâchi, affluent de l'Oued Mellag.

THAGURA (*Taoura*).

Thagura se retrouve à Taoura [3]. Aussi préférons-nous l'orthographe *Thagura*, indiquée par le nom que porte encore la localité antique, à la forme *Thagora*, qu'a adoptée le *Corpus*. La Table de Peutinger écrit, il est vrai, Thacora, mais elle ne fait pas autorité en pareille matière, et tous les manuscrits de l'Itinéraire d'Antonin, sauf un seul, donnent Thagura. Les deux ethniques *Tagurensis* [4] et *Tagorensis* [5] se trouvent dans les documents de l'époque chrétienne. Les monnaies attribuées à Tha-

---

[1] *Gegete*, Rav. Anon.

[2] [Une inscription d'Henchir Gounaïl a été publiée par M. de Villefosse, *Bull. de la Soc. des antiquaires de France*, 1879, p. 244 (*C. I. L.*, VIII, 10767). Elle est ainsi conçue :

pro salute imp.Caes.M.Aur.Severi Alexa NDRI PII FELICIS AVG PM PP TRIB
pot...cos...et iuliae mammaeae aug.matris AVG·ET·SENATVS ET CASTRORVM
                                                R D E N S I V M · K A P I T O L I
norum   *fe*Cit et DEDICAVIT·D·D·P P

M. Mommsen suppose qu'il faut restituer à la 3ᵉ ligne : *pagus..... rdensium Kapitoli[norum]*, et ajoute : *Nomen Gegetu in tabula Peut. scriptum et quod in titulo legitur quomodo conpingenda sint, adhuc ignoramus.* — S. R.]

[3] [*C. I. L.*, VIII, p. 470, 956; *Ephemeris*, V, p. 417. — S. R.]

[4] Notice de 482.

[5] Conférence de 411.

gura portent la légende תגרן, qui peut tout aussi bien se lire *Thagouran* que *Thagoran*[1]. [Une inscription grecque, récemment découverte par M. Masqueray à Thagura[2], et qui complète un fragment copié au même endroit par Wilmanns[3], confirme l'opinion exprimee par M. Tissot au sujet de l'orthographe du nom antique.

...[ἐποίησεν ἡ πό]λις αὕτη Ταγούρα ἐπὶ τῶν [εὐσε] ββ. βασιλλέων...
...[Ἰουστινιανο]ῦ καὶ Θεοδ[ώ]ρας [προν]οίᾳ τοῦ ἐν[δ]οξ[οτάτου]...

A l'époque de Justinien, le nom de Taoura était donc certainement *Tagoura*.

Aux environs de Taoura, à Ksar-el-Ahmar, on a signalé un beau mausolée de forme quadrangulaire qui porte le nom de M. Anniolenus Faustus; le même personnage fait une dédicace à Jupiter Stator dans une inscription de Thagura[4].]

A partir de Thagura, la voie romaine prenait la direction du sud-ouest et descendait dans le bassin de l'Oued Tedjelt, affluent de la Medjerda. Les ruines assez étendues de Tamatmat[5], situées à sept kilomètres et demi au sud-ouest de Taoura, où l'on remarque un *castellum* byzantin, sont certainement celles de *Vasidice*, placée par la Table de Peutinger à v milles de Thacora.

VASIDICE (*Tamatmat*).

Ad Molas n'a pas été déterminée jusqu'ici; d'après la distance indiquée par la Table, on peut placer cette station sur la rive gauche de l'Oued Tedjelt, à neuf kilomètres au nord de Madaourouch (*Madauri*).

AD MOLAS.

[1] L. Müller, *Suppl.*, p. 67.
[2] [Masqueray, *Bull. de correspondance africaine*, 1883, p. 318. — S. R.]
[3] [*C. I. L.*, VIII, 4648; cf. *Ephemeris*, V, n° 799. — S. R.]
[4] [*C. I. L.*, VIII, 4642. Pour le mausolée, voir Lewal, *Revue africaine*, II (1857-58), p. 291 et la planche; *C. I. L.*, VIII, 4556. — S. R.]
[5] [*C. I. L.*, VIII, 4657, 4658, 4664. — S. R.]

La voie romaine se bifurquait à Aïn-bou-Dris, à 6 milles au delà de Ad Molas. Laissant à droite la route d'Hippo Regius par Tipasa et vicus Juliani, la grande voie de Carthage à Cirta continuait à suivre la direction de l'ouest-sud-ouest et atteignait *Capraria* à Aïn-Safra, à la hauteur de la pointe orientale du Kef-et-Tbib et sur la rive gauche de l'Oued Tifech.

CAPRARIA
(*Aïn-Safra*).

THIBILIS
(*Sidi-Mabrouk-ech-Cherif*).

La Thibilis placée sur cette route par la Table de Peutinger n'est évidemment pas la Thibilis qu'on a retrouvée à Announa et qui avait donné son nom aux eaux voisines d'*Aquae Thibilitanae* (Hammam-Meskoutin). Cette seconde Thibilis, en effet, était située sur la route de Cirta à Hippo Regius par Villa Serviliana, fort loin par conséquent de la route que nous analysons et sur laquelle Thibilis se retrouve à la même distance de Ad Molas (12 milles) que Tipasa (Tifech), mais plus au sud. Nous avons eu déjà l'occasion de faire remarquer combien les noms de localités se répètent dans la nomenclature africaine, et l'existence de deux Thibilis n'a rien qui puisse surprendre. La position de la Thibilis de la route de Carthage à Cirta pourrait correspondre à celle de Sidi-Mabrouk-ech-Cherif, mais nous ignorons s'il existe des ruines sur ce point.

CASTELLUM
FABATIANUM.

Nous ne connaissons pas l'emplacement du *castellum Fabatianum*, dernière station indiquée avant Cirta. Il doit se retrouver, si le chiffre de la Table est exact, à 25 milles à l'ouest de la plaine de Tifech, sur le versant oriental du Djebel Hofra, dont la carte antique dessine la chaîne entre castellum Fabatianum et Cirta. Le point culminant de ce massif montagneux, le Djebel Oum-Selas, atteint une altitude de 1,316 mètres.

L'Itinéraire d'Antonin donne entre Naraggara et Cirta un

autre tracé que la Table de Peutinger. La voie qu'il indique passe par Thagura et Tipasa; à partir de ce dernier point, elle va rejoindre à Gazaufula (Gadiaufala) la route de Théveste à Cirta par Vatari et Sigus. Nous croyons inutile d'analyser cet itinéraire, composé du segment déjà connu qui séparait Naraggara de Tipasa, d'un second segment de 35 milles, reliant Tipasa à Gadiaufala, qui se confond avec une route de la Table de Peutinger que nous décrirons plus loin, et enfin de la dernière partie de la route de Théveste à Cirta par Sigus, qui trouvera également sa place dans un autre paragraphe[1].

ROUTES SECONDAIRES
RATTACHANT LA VOIE DE CARTHAGE À CIRTA AU LITTORAL.

Trois routes secondaires rattachaient le segment que nous venons de décrire à Hippo Regius.

1. *Route de Naraggara à Hippo Regius par Thagaste*. — La première est indiquée par l'Itinéraire d'Antonin sous la rubrique *item alio itinere ab Hippone Regio Carthagine*. Elle se détachait à Naraggara de la route de Carthage à Sicca et gagnait Hippone par Thagaste[2].

Thagaste, l'unique station que mentionne l'Itinéraire sur ce parcours de 78 milles, se retrouve à Souk-Ahras[3]. Cette syno-

THAGASTE
(*Souk-Ahras*).

---

[1] *It. Anton.*, 41, 3: Item a Musti Cirta, mpm cxcviiii (*sic*):

Sicca	mpm	xxxii
Naraggara	mpm	xxx
Thagura	mpm	xx
Tipasa	mpm	xxiiii
Gasaufula	mpm	xxxv
Sigus	mpm	xxxiii
Cirta	mpm	xxv

[2] *Itiner. Antonin.*, 44, 4 : Item alio itinere ab Hippone Regio Carthagine mpm ccxxviii (*sic*) :

Tagaste	mpm	liii
Naraggara	mpm	xxv

[3] [Cf. *C. I. L.*, VIII, p. 508, où l'on trouvera l'indication des notices antérieures; *Ephemeris*, V, p. 422. — S. R.]

nymie est établie par l'inscription suivante[1], qui fixe en même temps l'orthographe du nom de Thagaste :

```
       M · AMVLLIO M
       FIL PAP OPTATO
       CREMENTIANO        (sic)
       EQ R SINGVLA
       RIS FIDEI BONI
       TATIS MVNIFI
       CENTIAE VIR▪▪▪
       ORDO SPLENDI
       DISSIMVS THA
       GASTENSIVM
       CONLATA CER
       TATIM PECVNIA
       N CVIVS DEDICATONE
    SS C MIL N AD OPVS MV
       NIFICENTAE SVAE PATRI
       AE DONAVIT ET CVRIIS
       PRAETER EPVLAS VINE▪
       LVDVM X QVINGENO▪
```

M(arco) Amullio, M(arci) fil(io) Pap(iria) (tribu) Optato Clementiano eq(uiti) R(omano), singularis fidei, bonitatis, munificentiae vir[o].
Ordo splendidissimus Thagastensium, conlata certatim pecunia;
In cujus dedicatione sestertium centum mil(ia) n(ummum) ad opus munificentiae suae patriae donavit et curiis praeter epulas vini et ludum denarios quingeno[s].

Les ruines de Thagaste couvrent un plateau ondulé de dix hectares de superficie. Elles n'offrent rien de remarquable,

---

[1] C. I. L., VIII, 4146.

mais un grand souvenir se rattache à cette humble bourgade : c'est là que naquit saint Augustin le 13 novembre 354.

Nous n'avons pas de renseignements sur le tracé de la voie romaine. La distance de Kasr Djâbeur à Souk-Ahras, mesurée sur la carte, est de vingt-cinq milles et demi à vol d'oiseau, ce qui nous fait supposer que le chiffre indiqué par l'Itinéraire entre Naraggara et Thagaste est beaucoup trop faible. De Thagaste, la voie devait se diriger en droite ligne sur vicus Juliani, où elle rejoignait la route suivante.

2. *Route de Ad Molas à Hippo Regius par vicus Juliani*[1]. — Nous avons vu que cette route se détachait de la voie de Naraggara à Cirta à six milles au delà de la station de Ad Molas. D'Aïn bou-Dris, point de bifurcation, la route d'Hippo Regius, remontant vers le nord-ouest, atteignait *Tipasa* à Tifech[2].

Assise sur les dernières pentes d'un massif montagneux qui la séparait de Thubursicum, Tipasa dominait une plaine d'une immense étendue et d'une merveilleuse fertilité. De la ville proprement dite, il ne reste que des décombres; mais la citadelle a conservé une partie de ses remparts et de ses tours et le plan en est facilement reconnaissable. Elle formait un hexagone irrégulier, très allongé du nord au sud, percé de trois portes au sud, à l'est et à l'ouest, et flanqué de dix tours carrées. La porte principale, celle du sud, s'ouvrait du côté de la ville. La partie septentrionale de la forteresse, appuyée à un escarpement, formait réduit.

TIPASA
(*Tifech*).

---

[1] Table de Peutinger :

		Chiffres restifiés.
Ad Molas......		
Tipasa........	XII	
Vico Iuliani....	XVIII	XXXVIII
Hippone Regio..	XXV	XXXV

[2] [*C. I. L.*, VIII, p. 487, 961; *Ephemeris*, V, n° 813; Chabassière, *Recueil de la Société archéologique de Constantine*, 1866, p. 115, 128, pl. I, III, VIII, IX, X. — S. R.]

THUBURSICUM
NUMIDARUM
(*Khamissa*).

[¹A cinq milles au nord-ouest de Tipasa, la route romaine

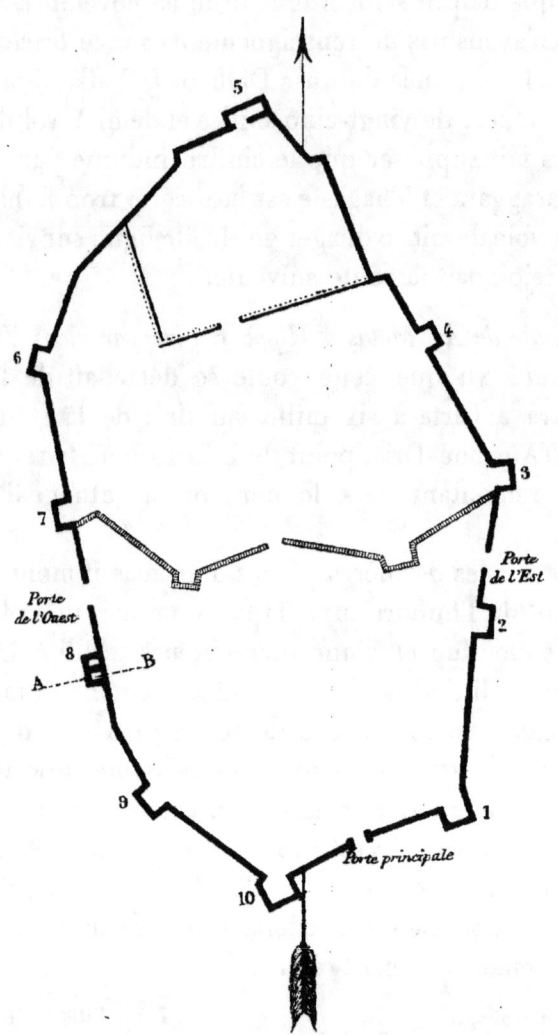

Forteresse de Tipasa, vue prise de l'est.

¹ [Le manuscrit de M. Tissot porte l'indication : *ajouter Zattara et Thubursicum.* Nous parlons brièvement de Zattara dans la note 1 de la page 392 ; l'importance de

traversait un centre important qui ne figure pas dans les Itinéraires, *Thubursicum Numidarum*. Les ruines portent aujour-

Forteresse de Tipasa, vue prise de l'est [1].

d'hui le nom de Khamissa. Situé sur le plateau qui sépare les sources de la Medjerda du bassin de la Seybouse, Thubursicum paraît avoir fleuri de bonne heure, témoin la dédicace suivante qu'on y a découverte en 1876 [2] :

IMP N*ervae*
TRAIANO
AVG GER PONT MAX (99 apr. J.-C.)
TRIB POT·P·P·COS III
CIVITAS THVBVRSI
CITANA P·P·

À cette époque, c'est-à-dire en 99 apr. J.-C., Thubursicum

Thubursicum nous oblige à en traiter avec quelque développement. Nous avons utilisé à cet effet quelques notes que nous avons trouvées dans les papiers de M. Tissot. — Cf. sur Thubursicum Numidarum : Delamare, *Revue archéologique*, 1856, p. 637; Renier, *ibid.*, 1857, p. 136; Chabassière, *Recueil de Constantine*, 1866, p. 111; Masqueray, *ibid.*, 1876-77, p. 635; Villefosse, *Arch. des Missions*, 3ᵉ série, II, p. 460; Mommsen, *C. I. L.*, VIII, p. 489; *Ephemeris*, V, nᵒˢ 814, 815, 1287. — S. R.]

[1] [Ces deux gravures ont été exécutées d'après les croquis de M. Chabassière dans le *Recueil de la Société archéologique de Constantine*, 1866, pl. VIII et IX. — S. R.]

[2] [Masqueray, *Recueil de la Société archéologique de Constantine*, 1876-1877, p. 637; *C. I. L.*, VIII, nᵒ 4875.]

n'était encore qu'une *civitas*; à la fin du IIIe siècle, elle paraît avec le titre de colonie[1]:

```
IMP CAES M AVRELIO CLAVDIO
PIO FELICI AVG P M GOTHICO M        (270
PARTHICO M TRIB P III COS II P P    apr. J.-C.)
PROCOS RESPVB COLONIAE
THVBVRS NVNIDARVM[2]    (sic.)
```

Dans la plus ancienne inscription, dont nous avons donné le texte plus haut, le nom de la ville se présente sous la forme *civitas Thubursicitana*[3]; on trouve encore THVBVRS dans une dédicace à Claude II[4]. La forme *Tubursicum*, sans l'aspiration initiale, prévaut à la fin du IIIe siècle[5]. Une inscription de Lambèse, datant de 212, donne déjà *Tubursi(cum) Numid(arum)*[6]. Julius Honorius écrit *Tubursicu Numidoru oppidum*[7]; les documents ecclésiastiques portent les ethniques *Tuburcicensis*[8], *Tubusicensis*[9], et les manuscrits du grammairien Nonius Marcellus, qui était né dans cette ville, *Tuburticensis, Tuburcicensis* et *Tuburgicensis*. Saint Augustin[10] dit qu'il a passé par Thubursicum en allant d'Hippone à Cirta.

Non seulement les Itinéraires sont muets sur Thubursicum, mais on n'en trouve aucune mention dans les auteurs de la bonne époque impériale. Les ruines, qui sont les plus belles de l'Afrique après celles de Lambèse, attestent cependant qu'elle a joui d'une grande prospérité. Elles couvrent plusieurs mamelons sur le flanc occidental d'une colline peu élevée. Le

---

[1] [C. I. L., VIII, 4876, 4877.]
[2] [C. I. L., VIII, 4876.]
[3] [C. I. L., VIII, 4875.]
[4] [C. I. L., VIII, 4876.]
[5] [C. I. L., VIII, 4877.]
[6] [C. I L., VIII, 2618.]
[7] [Julius Honorius, *Cosmographia*, p. 699. Cf. *ibid.*, p. 700 : *Fluvius Vagrada nascitur in Tubursica Numidorum.*]
[8] [Conférence de 411.]
[9] [*Notit. episc. Numid.* a. 484.]
[10] [Augustin, *Epist.* XLIV.]

monument le mieux conservé est le théâtre, qui a 54 mètres de façade[1]. On y voit encore une basilique, longue de 70 mètres, et une porte monumentale haute de 6 mètres sous clef de voûte.

M. Masqueray a découvert et déblayé en 1876 une partie du forum[2], place quadrangulaire découpée sur trois faces dans une pente rocheuse. Ce forum avait été dépouillé de ses marbres vers la fin du IIIe siècle, et fut réparé, au témoignage d'une inscription, par un Nonius Marcellus, qui paraît n'être autre que le grammairien de ce nom[3].

>   BEATISSIMO SA*eculo d.n.*
>   *c*ONSTANTINI MA*ximi*
>   SEMPER AVG ET C*rispi* (323 apr. J.-C.)
>   ET CONSTANTIN*i nobb. caess.*
>   PLATEAM V*e*TEREM *omni*
>   LAPID*e* SPOLIATAM
>   NONIVS MARCELL*us*
>   HERCVLIVS SO*lide?*
>   CONSTRAVIT*et th*'*er*
>   MAS ET CE*tera rui*
>   NA DILAP*sa aedificia*]

La Table de Peutinger place la dernière station, *vicus Juliani*, à 18 milles de Tipasa et 25 d'Hippo Regius. Les deux chiffres sont faux, car la distance totale, mesurée par le tracé le plus direct, est de 108^k,113 ou 73 milles. Si, comme on l'admet généralement, les ruines de Ksar ben-Achour, situées

Vicus Juliani
(*Ksar ben-Achour*).

---

[1] [Cf. *Recueil de Constantine*, 1866, pl. XIII.] — [2] [Masqueray, *Recueil de Constantine*, 1876-77, p. 635.] — [3] [C. I. L., VIII, 4878.]

à 35 milles de Bône, représentent vicus Juliani, il faut lire xxxv au lieu de xxv entre Hippo Regius et vicus Juliani, et xxxviii au lieu de xviii entre cette dernière station et Tipasa. On compte effectivement 38 milles entre Tifech et Ksar ben-Achour[1].

La voie romaine est bien conservée sur plusieurs points du territoire des Nbaïl. Elle passe à deux kilomètres de l'établissement actuel des mines de zinc du Nador et à peu de distance de la source thermale d'Hammam en-Nbaïl, que les Romains avaient utilisée. De là elle se dirige sur Tipasa par le pied du Kef el-Aks[2].

Comme toutes les voies romaines de la Numidie, elle était protégée par de nombreux postes militaires placés sur les points culminants. On en compte jusqu'à quatre sur un parcours de trois kilomètres dans le voisinage d'Henchir el-Hammam. Le plus important de ces postes est celui dont on retrouve les ruines à mi-chemin d'Hamman en-Nbaïl et d'Aïn Safra. Les murailles en pierres de taille, d'une épaisseur de $1^m,25$, s'élèvent encore à trois ou quatre mètres au-dessus du sol.

ZATTARA
(Kef bou-Zioun).

[1] [La carte du *Corpus* place dubitativement *VICVS IVLIANI* à Duvivier, au sud de Kasr ben-Achour (*Ksar el-Aschûr*); à 20 kilomètres vers le sud, à l'endroit dit Kef bou-Zioùn, on a découvert les ruines de la ville de Zattara (*C. I. L.*, VIII, p. 511 et 961). Zattara n'est pas nommée par les Itinéraires, mais on trouve la mention des *episcopi Zattarenses* dans les documents ecclésiastiques. L'inscription 5178 du *Corpus* mentionne le *municipium* ZAT▩▩. Cf. *Ephemeris*, t. V, n° 821. A Niniba, près de Duvivier, on a découvert le milliaire suivant (*C. I. L.*, VIII, n° 10119):

```
iMP·T·CaesaRe·VES
PASIAno AVG·F
IMP·X·PonT·TRib
pOT·u Cos iiii
cAESARe auG·f·DOMI
TIANO·Cos IIII
lEG iii AVG
p·EGnatiO·CATO
leg·aug·prO·PR
XX▩▩▩
```

Ce milliaire appartient probablement à une route militaire conduisant de Théveste, quartier de la légion IIIe Augusta sous Vespasien, à Hippo Regius. — S. R.]

[2] *Rec. des Notices*, 1878, p. 287.

CIRTA (Constantine).

Constantine, l'ancienne Cirta[1], est située sur un cube rocheux contourné par l'Oued Remel et rattaché, du côté du sud-ouest, au plateau de Koudiat-Ati par un isthme qui donne seul accès à cette forteresse naturelle. Le plateau sur lequel la ville est assise a la forme d'un trapèze dont les angles regardent les quatre points cardinaux, et dont la plus grande diagonale, dirigée du nord au sud, présente une inclinaison de 110 mètres. Les faces sud-est et nord-est de cette plate-forme sont séparées des hauteurs de Mansoura et de Sidi-Mecid par une gorge profonde, à parois verticales, au fond de laquelle coule l'Oued Remel.

Une position aussi forte avait dû être utilisée de bonne heure. Aussi les textes historiques les plus anciens représentent-ils déjà Cirta comme le siège des dynasties indigènes. Capitale de Syphax[2], puis de Micipsa, qui y attira une colonie grecque[3], elle était, au IIe siècle avant notre ère, le centre d'un commerce important. Des négociants italiens s'y étaient fixés en grand nombre, et ce fut grâce à leur concours qu'Adherbal put y soutenir un long siège contre Jugurtha[4].

A l'époque des guerres civiles, au moment même où César se trouvait aux prises avec les forces réunies de Juba et des Pompéiens, P. Sittius s'empara de Cirta[5], et cette puissante diversion ne contribua pas médiocrement à assurer le succès, jusqu'alors très douteux, de la campagne entreprise par le dictateur. César reconnut ce service en lui donnant, lors de la

---

[1] [Cf. *C. I. L.*, VIII, p. 618 et suiv.]
[2] Liv., XXX, XII; Appien, VII, XXVII.
[3] Strabon, XVII, III, 13, p. 832 : Κίρτα... τὸ Μασανάσσου καὶ τῶν ἑξῆς διαδόχων βασίλειον, πόλις εὐερκεσ1άτη καὶ κατεσκευασμένη καλῶς τοῖς πᾶσι, καὶ μάλισ1α ὑπὸ Μικίψα, ὅσ1ις καὶ Ἕλληνας συνῴκισεν ἐν αὐτῇ, καὶ τοσαύτην ἐποίησεν ὥστ' ἐκπέμπειν μυρίους ἱππέας, διπλασίους δὲ πέζους. Cf. Appien, VIII, CVI.
[4] Salluste, *Jug.*, XXI-XXVI. Appien, *Num.*, 4. Dio, *fragm.* 89, 5.
[5] *De bello Afric.*, XXVI. Appien, *Bell. civ.*, II, XCVI.

constitution de la province de Numidie, la ville qu'il avait conquise. Sittius y établit ses partisans[1], et la nouvelle colonie reçut de son fondateur le nom de *colonia Juvenalis Honoris et Virtutis Cirta*[2]. Elle figure sous celui de Κίρτα Ἰουλία dans Ptolémée, de *Cirta colonia* dans les Itinéraires. L'orthographe *Cirtha* se trouve dans une inscription de Rome[3], et dans un texte épigraphique qui donne aux habitants de Sicca Veneria le nom de *Siccenses Cirthenses*[4].

Cirta eut beaucoup à souffrir pendant l'usurpation d'Alexandre (310). Relevée de ses ruines par Constantin, elle prit le nom qu'elle porte encore aujourd'hui[5].

Constantine n'occupe que le promontoire rocheux que nous avons décrit. La ville antique, beaucoup plus considérable, enfermait le Koudiat-Ati dans son enceinte et s'étendait en outre dans les bas-fonds de la rive gauche de l'Oued Remel. Peut-être est-ce sur ce dernier point qu'il faut chercher l'emplacement du faubourg considérable dont parle saint Optat et qui portait le nom de *Mugae*.

Constantine possédait encore, au XIIIe siècle de notre ère, de nombreux vestiges de l'époque romaine. Édrisi parle de son théâtre, qu'il compare à celui de Taormina. El-Abderi constate

---

[1] Appien, *Bell. civ.*, IV, LIV: Τὴν χώραν ὁ Καῖσαρ τῷδε τῷ Σιτ7ίῳ καὶ Βόκχῳ Μαυρουσίων βασιλεῖ δεδώρητο, καὶ τὸ μέρος ὁ Σίτ7ιος τοῖς ὑπ' αὐτοῦ ἐπιδιεῖλεν. — Mela, I, 7, 30: «Cirta...nunc Sittianorum colonia, quondam regum domus.» — Pline, V, 3, 22: «Colonia Cirta Sittianorum cognomine.»

[2] *C. I. L.*, t. VIII, 7041, 7071; cf. 6951.

[3] *C. I. L.*, t. VI, 2401, 13.

[4] *C. I. L.*, t. VIII, 1641.

[5] Vict., *De Caes.*, 41, 28: «Cirtae oppido, quod obsidione Alexandri ceciderat, reposito exornatoque nomen Constantina inditum.» — *C. I. L.*, t. VIII, 7012: *Felix colonia Constantina*; 7034: *splendidae coloniae Constantinae felicitas*; 7013: *Constantinia civitas*. Les deux noms se retrouvent encore réunis dans un texte de l'année 340: *ordo civitatis Constantinae Cirtensium* (Cod. Theod., XII, 1, 29). Les documents ecclésiastiques emploient indifféremment les deux ethniques *Cirtensis* (Notice de 482) et *Constantiniensis* (Conférence de 411).

qu'« elle renfermait de beaux restes de l'antiquité et des édifices d'une structure prodigieuse, la plupart en pierres de taille. » L'occupation française a fait disparaître la plupart de ces débris. Un des monuments les plus intéressants était le pont qui rattachait au Mansoura l'angle sud-est de la ville. Dominant de 70 mètres les eaux de l'Oued Remel et construit sur une des voûtes naturelles qui relient les deux parois du lit de la rivière, ce pont présentait deux rangées d'arcades superposées. L'étage inférieur se composait de deux piles, de deux arches et de deux demi-arceaux s'appuyant d'un côté sur les piles, de l'autre sur le rocher. L'étage supérieur était formé de six arches. Shaw, qui avait pu voir toute cette construction dans son état primitif, en parle comme d'un chef-d'œuvre. La galerie supérieure, ainsi que les pieds-droits des arcs, était ornée de corniches, de bucranes et de guirlandes. Deux bas-reliefs représentant, l'un une figure de femme, l'autre deux éléphants, avaient été encastrés entre les deux arches principales. Remanié vers la fin du siècle dernier, sous le gouvernement de Salah Bey, l'étage supérieur du pont s'écroula en partie en 1857 et entraîna la démolition de l'édifice tout entier.

Les grandes citernes de la Kasba, l'égout gigantesque qui traversait la ville, le tétrastyle de Potitus, l'hypogée de Praecilius et l'aqueduc qui amenait au Koudiat-Ati les eaux du Bou-Merzoug sont aujourd'hui les seuls monuments antiques que possède Constantine.

A douze kilomètres au nord de Constantine, la vallée de l'Oued Remel présente l'aspect d'une véritable oasis : de nombreuses sources d'eau chaude, qui ont fait donner à cette localité le nom d'El-Hamma, y développent une végétation d'une vigueur extraordinaire. Comme au Sahara, l'oranger et le grenadier y mûrissent leurs fruits sous l'ombrage des palmiers.

REGIO AZIMACIANA (*El-Hamma*).

Une inscription trouvée dans les ruines d'une des villes qui peuplaient ce site charmant nous en fait connaître le nom antique :

```
MEMORIAE ❦ L ❦ SIT
TIVS AVGVSTALIS AM
TOR REG SVBVRBANI SVI
AZIMACIANI QVEM A SOLO AE
DIFICAVIT SIBI SVISQVE FECT
        BONIS ❦ BENE·
```

Memoriae. L. Sittius Augustalis, amator reg(ionis) suburbani sui Azimaciani, quem a solo aedificavit, sibi suisque fecit. Bonis bene![1]

Le territoire fort étendu de Cirta comprenait, dès l'origine, un certain nombre de *pagi* qui relevaient administrativement de la colonie de Sittius. Les noms de quelques-unes de ces petites cités nous ont été révélés par des documents épigraphiques et présentent une physionomie toute libyenne : *Tiddis, Sigus, Sila, Saddar, Subzuar, Uzelis, Arsacal, Mastar*. Tacite parle de ces *pagi Cirtensium* que Blaesus couvrit contre les attaques de Tacfarinas par un détachement spécial placé à l'extrême droite de la ligne d'opérations des forces romaines[2].

Tiddis
(El-Kheneg).

Les ruines de Tiddis[3] portent aujourd'hui le nom d'*El-Kheneg*. Elles couvrent, à 24 kilomètres environ au nord de Constantine, un escarpement rocheux qui domine la rive droite de l'Oued Remel, et dont la position, analogue à celle de Cirta, a fait donner à la ville antique, par les indigènes, le nom de *Ksantina-el-Kdima*, la « vieille Constantine ». Une dédicace de

---

[1] [Renier, *I. A.*, 4189; *C. I. L.*, VIII, 7741. — S. R.]

[2] Tacite, *Ann.*, III, 74 : « Alio latere, ne Cirtensium pagi impune traherentur, propriam manum Blæsus filius duxit. »

[3] [*Corpus inscriptionum Latinarum*, VIII, p. 606, 965, 979; *Recueil de la Société archéologique de Constantine*, 1853, p. 84; 1863, p. 161; 1876-1877, p. 325 et pl. XIII. — S. R.]

l'année 197 donne à Tiddis le titre de *respublica Tidditanorum*[1]. A quatre kilomètres au nord d'El-Kheneg, sur la rive droite de l'Oued Smendou, s'élève le tombeau des Lollii, un des monuments funéraires les plus remarquables de l'Algérie. Formé d'un cylindre posé sur un soubassement et orné d'une corniche que surmonte une assise formant attique, le mausolée mesure 10^m,10 de diamètre sur 5^m,10 de hauteur. Une inscription, quatre fois répétée, au sud, à l'est, au nord et à l'ouest du monument, constate qu'il fut élevé par Q. Lollius Urbicus, préfet de Rome, à la mémoire de son père M. Lollius Senecio, de sa mère Grania Honorata, de ses deux frères L. Lollius Senecio et M. Lollius Honoratus, et enfin de son oncle P. Granius Paulus. Q. Lollius Urbicus avait été proconsul d'Afrique sous Antonin[2].

A deux ou trois kilomètres à l'ouest du mausolée des Lollii, on trouve les ruines d'un bourg antique désigné par les indigènes sous le nom de Mechta-Nehar. Elles ont fourni de nombreuses inscriptions funéraires et la dédicace suivante, gravée sur un autel :

CALDENSES ?
(*Mechta-Nehar*).

    GENIO
    CALD
    A V G
    SACR
    D d
    P P

M. Cherbonneau a cru retrouver à la seconde ligne l'ethnique de la localité antique, *Caldenses*[3]. Sa conjecture, toute-

---

[1] *C. I. L.*, t. VIII, 6702. — [2] [*Corpus*, VIII, n° 6706.] — [3] *Rec. de Const.*, 1863, p. 180; *C. I. L.*, t. VIII, 6857.

fois, n'a pas été admise sans réserve par les rédacteurs du *Corpus*[1].

CASTELLUM MASTARENSE (*Ruffach*).

Un village de création récente, Ruffach[2], occupe dans le massif du Chettaba, à 21 kilomètres à l'ouest-nord-ouest de Constantine, l'emplacement d'une autre petite cité cirtésienne, le *castellum Mastarense*, qui prend, dans une dédicace à Élagabal ou à Alexandre Sévère, le titre de *respublica castelli Mastar(ensis)*[3]. L'inscription suivante[4] constate qu'à partir de l'année 212 un marché se tenait à Mastar le 3 des kalendes et le 3 des ides de chaque mois :

NVNDINAE habeNTVR HIC IN
CASTELLO MASTARENSI DIE
III·KAL·SEPTEMB·PRIMARVM
ET·DIE·III·IDVM·SEPTEMBRIVM
sVBSEQVENTIVM ET DEINCEPS
SVO QVOQVE MENSE EX PER
MISSV
M·AVRELI COMINI CAS
SIANI LEG·AVGG·PR·PR
C·V·

UZELIS (*Oudjel*).

Les ruines d'Oudjel, situées à 37 kilomètres à l'ouest de Constantine, ont conservé le nom de la localité antique, *Uzelis* ou *Uzeli*[5]. Comme la plupart des *pagi* cirtésiens, Uzeli était de-

[1] *C. I. L.*, t. VIII, p. 614 : « Num recte acceperit editor de *Genio Culdensium Augusto* indeque antici vici, quem sane constat hoc loco fuisse, genuinum nomen eruerit, parum certum est. »

[2] [*Corpus*, VIII, p. 591, 965 ; *Ephemeris*, V, p 440 ; *Annales de Constantine*, 1858-1859, p. 156 ; *Recueil de Constantine*, 1865, p. 142 ; 1875, p. 357 ; 1881, p. 191. — S. R.]

[3] *C. I. L.*, t. VIII, 6356.

[4] *C. I. L.*, t. VIII, 6357.

[5] [*Corpus*, VIII, p. 589, 965 ; *Ephemeris*, V, p. 440. — S. R.]

venue une cité au commencement du IIIe siècle : elle se qualifie, dans une inscription de l'année 212, de *respublica Uzelitanorum*[1]. Comme Tiddis, Uzeli s'était fait une industrie spéciale de la fabrication des terres cuites. La plupart des conduits d'eau de Constantine sont construits en tuyaux portant en relief la marque de fabrique de ces deux villes[2].

Aïn-Foua, située comme Uzeli à l'ouest de Constantine, sur le versant occidental du Chettaba, a également conservé son nom antique, *Phua*[3]. Les inscriptions de Ghar-ez-Zemma, probablement antérieures au règne de Sévère[4], ne représentent ce petit centre que comme un *pagus*[5] ou un *castellum*[6]. Deux dédicaces, remontant, l'une à l'année 200, l'autre à l'année 205, lui donnent le titre de *respublica Phuensium*[7].

<small>Phua (Aïn-Foua).</small>

Arsacal a été retrouvée à El-Goulia[8], à la pointe sud-ouest du Chettaba. Une dédicace à Cérès, probablement antérieure à l'époque de Sévère, mentionne l'*ordo castelli Arsacalitani*[9]. Un texte de l'année 197 donne à Arsacal le titre de *respublica Arsacalitanorum*[10].

<small>Arsacal (El-Goulia).</small>

L'*episcopus Arsacaritanus* de la notice de 482 appartient certainement à cette localité : la permutation des deux liquides L et R est constante dans les dialectes berbères.

Le *castellum Subzuaritanum*, dont les ruines ont été retrouvées à Sadjar[11], sur la rive droite de l'Oued Remel, à 5 milles environ au sud-sud-ouest d'Arsacal, porte également, dans une dédi-

<small>Subzuar (Sadjar).</small>

---

[1] *C. I. L.*, t. VIII, 6341.
[2] [Creully, *Annales de Constantine*, 1853, p. 156. — S. R.]
[3] [*Corpus*, VIII, p. 586, 965. — S. R.]
[4] [*Corpus*, VIII, p. 585; *Ephemeris*, V, p. 436. — S. R.]
[5] *C. I. L.*, t. VIII, 6267.
[6] *Ibid.*, 6272.
[7] *C. I. L.*, t. VIII, 6307 : R·P·PHVENS. — 6306 : RESP·PHVENSIVM.
[8] C'est à tort que le *Corpus* (t. VIII, p. 573) indique, comme plus correcte, la forme *El-Golea*, dont *El-Goulia* est en réalité le diminutif régulier.
[9] *C. I. L.*, t. VIII, 6041.
[10] *Ibid.*, 6048.
[11] [*Corpus*, VIII, p. 571. — S. R.]

cace à Caracalla datée de l'année 215[1], le titre de *respublica castelli Subzuaritani* :

```
IMP · CAES M AV
RELI SEverI ANTO
NINI Pii FeliCIS ☿ AVG
PARTHICI maximi BRIT
ANICI MAXIMI germanici
maXIMI PONTIFICIS max · TRIB · PO
TEST · XVIII IMP III · COS · IIII · P · P · P
ROCOS · ET IVLIAE AVG · PIAE
feLICIS MATRIS AVG ET CASTRO
rum ET SENATVS ET PATRIAE RES
PVBLICA CASTELLI SVBZVA
RITANI
```

M. Cherbonneau avait lu par erreur aux deux dernières lignes SVFEVARITANI, et ce nom imaginaire de *Sufevar* a pris malheureusement sa place dans la géographie comparée de l'Algérie. La véritable leçon, *Subzuaritani*, a été rétablie par M. Poulle[2].

SADDAR
(Aïn-el-Bey).

Saddar[3], dont les ruines se retrouvent à Aïn-el-Bey, à 15 kilomètres au sud de Constantine, entre l'Oued Remel et le Bou-Merzoug, prend également, dans une dédicace remontant à cette même année 215, le titre de *resp(ublica) Saddaritanorum*[4].

SILA
(Sila).

L'emplacement de Sila[5] est marqué par un groupe de ruines situé à 32 kilomètres au sud-sud-est de Constantine et à trois quarts d'heure environ au sud de la zaouia de Sidi-el-Abassi. Cette synonymie n'est pas douteuse. Une localité voisine porte encore le nom de *Fedj Sila*, « le défilé de Sila », et les ruines

---

[1] *C. I. L.*, t. VIII, 6002.
[2] *Rec. des Not.*, 1876-1877, p. 552.
[3] [*Corpus*, t. VIII, p. 567. — S. R.]
[4] *C. I. L.*, t. VIII, 5934.
[5] [*Corpus*, VIII, p. 564, 964; *Ephemeris*, V, p. 436. — S. R.]

elles-mêmes se trouvent à la distance de xiii milles qu'indique un milliaire élevé par la *respublica Silensium*[1].

Un *episcopus Silensis* figure dans la Notice de 482.

Cirta formait, avec Rusicade, Milev et Chullu, un groupe particulier que les inscriptions désignent sous le nom de *Quattuor coloniae Cirtenses*[2]. Postérieure au temps de Pline[3], cette confédération était déjà constituée sous le règne de Trajan[4]. Elle subsistait encore à l'époque de Sévère Alexandre[5]. Une inscription de Milev prouve qu'elle fut dissoute depuis, probablement dans le cours ou vers la fin du iiie siècle[6]. L'origine de ce groupe s'explique par la condition primitive des quatre cités qui le formaient. Il résulte du texte précité de Pline que Cirta, jusqu'au temps de Vespasien, était la seule colonie proprement dite qui existât en Numidie. Rusicade et Chullu n'étaient que de simples *oppida*, et Milev n'était sans doute pas autre chose. En recevant plus tard le titre de colonies, elles n'en obtinrent pas les privilèges : leur nouvelle condition, supérieure à celle des *pagi*, restait inférieure à celle des colonies proprement dites[7]. Les textes, en effet, prouvent qu'elles n'eurent pas de magistrats particuliers aussi longtemps que subsista le lien qui les unissait entre elles. Les quatre colonies sont admi-

Confédération des quatre colonies cirtésiennes.

---

[1] *C. I. L.*, t. VIII, 10197-10198.

[2] *C. I. L.*, t. VIII, 7080, 8318, 8319. — *Coloniae Cirtenses*, ibid. 6942 : *Concordiae Coloniarum Cirtensium*. — *Quattuor Coloniae*, ibid., 7101, 7112, 7126, 7978, etc.

[3] Pline V, iii, 22 : *Colonia Cirta Sittianorum cognomine*.

[4] *C. I. L.*, t. VIII, 7069.

[5] *Ibid.*, 7103.

[6] *C. I. L.*, t. VIII, 8210 : ..... *item [so]luta contributione a Cirtensib(us) iterum in col(onia) Mil(evitana) patria sua primi IIIvir(i)*.

[7] *C. I. L.*, t. VIII, p. 618 : « Pagorum loco oppida illa aliquando fuisse videri supra jam dixi posteriore aetate retentis antiquis vocabulis, nomine magis ornata coloniarum quam iure. Etiam reliqui pagi Cirtenses Sigus et Sila aliique supra nominati coloniae quidem nomine aucti non sunt, sed rempublicam certe habuerunt condicionemque ut infra municipalem, ita aliquo modo supra paganam nec magnopere tres illae coloniae Cirtenses a pagis iis Cirtensibus videntur differe. »

nistrées par des *tresviri* communs[1], remplaçant les *duoviri* particuliers aux municipes et aux colonies ordinaires, ou, à leur défaut, par des *praefecti jure dicundo pro triumvirum*[2] ou *pro III viris*[3]. Chacune des trois colonies avait en outre à sa tête un *praefectus jure dicundo*[4]. Il règne encore, au surplus, une certaine obscurité sur le fonctionnement de cette organisation spéciale des quatre colonies cirtésiennes, dont le type ne se retrouve pas ailleurs et que M. Mommsen explique par les condi-

[1] C. I. L., t. VIII, 4191, 6710, 6711, 6944, 6948, etc.

[2] Ibid., 8195.

[3] Ibid., 6046, 7105, 7986.

[4] C. I. L., t. VIII, p. 619 ; « Sed praeterea tres coloniae cum Cirta contributae singulae regebantur a singulis *praefectis iure dicundo* vel, rarius tamen, *praefectis* nude. Hi praefecti plerumque reperiuntur tribus coloniis coniunctis, ut habemus *praefectum III coloniarum* n. 7978, qui item fuit *triumvir IIII coloniarum*, et *praefectum coloniarum* (n. 6944), item coloniis tribus enumeratis plenissime sic : *praefectus iure dicundo coloniae Veneriae Rusicade, praefectus iure dicundo coloniae Sarnensis Milev* et *praefectus iure dicundo coloniae Minerviae Chulla* (n. 6711), item formulis paullo magis contractis n. 6710, 6958, 7094-7098, 7103, 7115, 7125, ut mittam fragmenta parum certa (n. 6950, 7127, 7130, 7131, 7134 et supra n. 5704). Sed ut in his Milevitanus homo reperitur praefectura suae patriae bis functus (n. 8210), ita adsunt quoque *praefecti iure dicundo Rusicade et Chulla* (n. 7123) et *Rusicade bis* (n. 7124) et *Rusicade* (n. 7986). Huic praefecturae hoc proprium est, quod (exceptis solis titulis M. Fabii Frontonis Rusicadensibus n. 7988, 7989, cum legem sequi videatur eiusdem hominis Cirtensis n. 7103) numquam invenitur nisi ubi aut triumviratus praecedit aut quinquennalitas; quam ob rem probabile est non tam vi sua eam stetisse, quam munus fuisse cum summo magistratu quattuor coloniarum coniunctum. Quamquam cur magistratus ii non semper per omnes tres colonias eo munere functi sint, sed modo in eadem bis, modo in duabus tantum unave, modo fortasse in nulla, non perspicio; possis suspicari de negotiis, quae his praefecturis attributa fuerunt, non generali lege cautum esse, sed decretis pro re ab ordine factis. Utut est, ex illa praefecturae ad triumviratum adiunctione recte explicatur, cur praefectura non inter honores numeretur, sed exempli causa n. 6944 qui fuit *aedilis, IIIvir, prefectus coloniarum*, dicitur utriusque honoris summas honorarias exolvisse (similiter n. 6958, 7094-7098). Contra non magnopere offendit IIIvirum Frontonem item praefectum Rusicade, cum hoc loco statua ornaretur, solo praefecti nomine contentum fuisse; eodemque trahemus, quod idem n. 7989 honoris vocabulum de praefectura usurpat, cum vere non ad praefecturam id pertineat, sed ad triumviratum lege cum ea coniunctum. »

tions toutes particulières dans lesquelles fut constituée la dotation de Sittius[1].

§ 3. ROUTE DE CIRTA À SITIFIS.

TABLE DE PEUTINGER.		ITINÉRAIRE D'ANTONIN.	
STATIONS.	DISTANCES.	STATIONS.	DISTANCES.
Cirta colonia............		Cirta.................	
	IX		
Aqvartillae.............			XXV
	" (X)		
Nvmitvriana............			
	VI		
Milev colonia...........		Milevvm..............	
	VII		
?			
	XII		XXV
Nobas Fvsciani..........			
	IV		
Fons Camerata..........			
	" (V)		
?		Idicra................	
	IV		
Berzeo.................			
	IV		XXV
Modolana..............			
	VII		
Capvt Bvdelli...........			
	VII		
Cvlchvl colonia..........		Cvicvli...............	
	XIII		
Monte.................			XXV
	XII		
Siteifi col..............		Sitifi colonia..........	

[1] *C. I. L.*, t. VIII, p. 619 : « Praefecti hi Cirtenses et omnino universa illa pagorum ordinatio ut in alia colonia nulla redit, ita non temere inde colligemus ex Caesaris constitutione Cirtenses condicionem accepisse sibi propriam et solito magis liberam; quod factum esse potest propterea quod colonia condita est extra fines imperii Romani in territorio regis socii et amici, quanquam post aliquot annos Africae provinciae finibus coepta est comprehendi. » Il nous paraît difficile d'admettre que la colonie de Sittius ait été à l'origine un fief mouvant du roi Bocchus.

VOIE ROMAINE DE CIRTA À SITIFIS PAR MILEV.

Le tracé de la voie romaine qui conduisait de Cirta à Sitifis par Milev n'a été reconnu que tout récemment[1]. Cette route contournait au nord le massif montagneux qui sépare Constantine de Milah et évitait ainsi, sans grand détour, les profondes découpures où coulent l'Oued el-Begrat, l'Oued Kseba et l'Oued K'ton.

De Constantine à Salah-Bey, les traces de la voie sont certaines sur une série de points situés à droite de la route actuelle. De Salah-Bey à l'Oued el-Begrat, on distingue également quelques vestiges de chaussée entre la route et la rive gauche du Roumel.

Entre le 14e et le 15e kilomètre, la rive gauche de l'Oued el-Begrat, dominée par un plateau, présente un escarpement sur lequel la voie romaine a laissé un couloir bien marqué, appelé par les indigènes *Trik-el-Beylik*. De ce dernier point au confluent de l'Oued K'ton, le tracé est indiqué tantôt par des tronçons de chaussée, tantôt par des vestiges de postes ou d'établissements isolés qui couvrent le point culminant de la plupart des côtes.

Très reconnaissable à Zitounet-el-Bidi, la voie romaine descend, à 800 mètres plus loin, dans le ravin de l'Oued el-Kebir, où toute trace disparaît. Elle ne le quittait probablement que pour remonter la vallée de l'Oued Milah.

L'Itinéraire d'Antonin compte quatre étapes, de 25 milles chacune, entre Cirta et Sitifis. Les trois stations intermédiaires sont Milevum, Idicra et Cuicul.

La route de la Table de Peutinger suivait certainement le

---

[1] Voir A. Goyt, *Recueil des notices et mémoires de la Soc. arch. de Constantine*, t. XX, p. 71-73 et pl. I. [Cf. Mercier, *Bulletin du Comité des travaux historiques*, 1885, p. 563.]

même tracé, car elle passe également par Milev et Cuicul. Deux des distances partielles ont été oubliées, mais on peut aisément les rétablir.

L'une de ces distances est celle qui sépare Aquartillae de Numituriana, dans le segment compris entre Cirta et Milev. Le développement de ce segment étant de 25 milles dans l'Itinéraire, le chiffre omis est évidemment 10 milles, puisqu'en l'ajoutant aux 9 milles qui séparaient Cirta d'Aquartillae et aux 6 milles également indiqués par la Table entre Numituriana et Milev, on obtient la distance totale de 25 milles donnée par l'Itinéraire.

Entre Milev et Cuicul le tracé de la Table présente trois lacunes : il ne nomme ni la station placée à 7 milles à l'ouest de Milev, ni celle qui se trouve à 4 milles au delà de *Fons Camerata*. Il omet en outre la distance qui sépare cette seconde station anonyme de Berzeo. Il est impossible de suppléer le premier nom omis. Quant à la seconde station anonyme, elle devait se trouver à trois milles à l'ouest d'Idicra, par conséquent au vingt-deuxième mille à partir de Cuicul et au vingt-huitième à compter de Milev. La distance omise entre cette station et Fons Camerata est donc de 5 milles. En ajoutant, en effet, ces 5 milles aux autres distances partielles comptées par la Table entre Milev et Cuicul, on complète le chiffre de 50 milles marqué par l'Itinéraire entre ces deux stations.

Moyennant ces restitutions, l'accord entre les indications numériques des deux textes est complet.

La station d'Aquartillae n'a pas encore été retrouvée. M. L. Renier l'identifie sous toutes réserves aux ruines d'un municipe situé sur le versant oriental du Chettaba, à 6 kilomètres de Constantine, dans lesquelles il a découvert une vingtaine d'inscriptions. Cette petite cité antique n'est certainement pas

AQUARTILLAE.

Aquartillae, puisqu'elle ne se trouve ni sur la route de Cirta à Sitifis, qui passait par le versant nord du Chettaba, ni à la distance de 9 milles indiquée par la Table entre Cirta et la première station de cette route.

Lapie place Aquartillae sur l'Oued Bagara, l'*Oued Bagra* de la carte de 1869. Mais nos relevés topographiques n'indiquent pas de gisements de ruines sur ce cours d'eau, tandis qu'ils constatent l'existence d'un centre antique sur la rive gauche de l'Oued Debbab, affluent de l'Oued Bagrat. Cette dernière position nous paraît convenir à Aquartillae.

NUMITURIANA.

En plaçant la seconde station, *Numituriana*, sur l'Oued R'mel, Lapie n'a pas tenu compte des distances. Numituriana n'était qu'à 6 milles de Milev (Mila); or la distance de Mila à la courbe la plus rapprochée de l'Oued R'mel est de près de 15 milles. Nous pensons que Numituriana devait être située au point où la voie romaine franchissait l'Oued K'ton, à 6 milles à l'est de Milev.

MILEV (*Mila*).

La petite ville berbère de Mila a conservé le nom de *Milev*, dont elle occupe l'emplacement[1]. Ce nom se présente d'ailleurs sous deux formes dans les documents antiques : MILEVVM (dans l'Itinéraire d'Antonin, MILEVM[2]), et MILEV, forme que donnent la Table de Peutinger ainsi que les documents épigraphiques, et qui reproduit évidemment la dénomination locale : *Mileou*. A ce double titre, c'est celle que nous devons préférer.

Milev est très probablement la Μίρεου de Ptolémée[3] : les deux

---

[1] [*Corpus*, VIII, p. 701, 967; *Ephemeris*, V, p. 448; *Recueil des notices et mémoires*, etc., t. XX, p. 182, 183 et pl. XX-XXII. — S. R.]

[2] Les variantes des manuscrits, MILLEVM, MILIVM, MILCVM, reviennent toutes à la forme MILEVM. En 543, un des évêques de Milev signe : « Restitutus, misericordia Dei episcopus sanctae ecclesiae catholicae civitatis *Mileon*. » (Hardouin, *Conc.*, t. III, p. 205.)

[3] IV, III, § 28.

liquides L et R se substituent presque indifféremment l'une à l'autre dans les dialectes berbères.

Une inscription recueillie par M. L. Renier donne le nom complet de Milev : COLONIA SARN · MILEV, *colonia Sarnensis Milevitana*[1]. Cette épithète de *Sarnensis*, souvenir du Sarnus, un des fleuves qui arrosaient la Campanie, s'explique par l'origine même de la colonie qui avait peuplé Milev.

Milev était une des villes Cirtésiennes fondées par P. Sittius, le hardi partisan dont le concours fut si utile à César au moment le plus critique de la guerre civile d'Afrique, et qui obtint en récompense de ses services toute la partie occidentale de la Numidie. Or Sittius était originaire de Nucérie, une des villes qu'arrose le Sarnus. Les colons campaniens établis à la suite de leur compatriote dans ce coin de la Numidie avaient tenu à joindre au nom indigène de Milev cette épithète de *Sarnensis*, qui perpétuait le souvenir de leur patrie d'origine.

Résidence de saint Optat, un des Pères les plus vénérés de l'Église d'Afrique, Milev joua un rôle important à l'époque chrétienne : ce fut dans ses murs que se tinrent les deux conciles de 402 et de 416.

Ibn Khaldoun cite Mila parmi les villes qui appartiennent à la puissante tribu berbère des Ketama.

La station anonyme qui suit Milev, ainsi que celles de Nobas Fusciani, Fons Camerata, Idicra, Berzeo, Modolana et Caput Budelli, n'ont pas encore été retrouvées. Les correspondances proposées jusqu'ici ne sont que des à peu près[2] : en fait

---

[1] Inscription trouvée à Tiddis (*I. A.* n. 2323; *C. I. L.*, VIII, n° 6710).

[2] Le colonel Lapie place *Nobas Fusciani* à *Aïn Kacheba*; *Fons Camerata* aux sources de l'Oued el-Maïla, *Berzeo* à Beni-Kecha, *Modolana* sur l'Oued Bousselah, *Caput Budelli* sur le Djebel Thalem.

on ne connaît pas, dans toute son étendue, le tracé de la voie romaine de Milev à Cuicul.

Le seul milliaire qui ait été trouvé sur cette ligne, à notre connaissance, a été découvert à Henchir Laoubia, sur l'Oued Sabeur, à 16 kilom. environ à l'ouest de Mila et à 1,500 mètres du nouveau village de Redjas. Il porte l'inscription suivante, qui fixe sa date entre les années 305 et 308 :

> IMP · D · N
> VALERIO
> GALERIO
> MAXIM ·
> PIO · INV · AVG [1]

Tout ce qu'on peut affirmer, c'est que ce tracé n'était pas celui de la route actuelle, qui ne compte que 52 kilomètres de Mila à Djemila (Cuicul), tandis que le développement de la voie romaine est de 50 milles ou 74 kilomètres.

Ce n'est donc qu'à titre provisoire que nous proposerons les synonymies suivantes, fondées sur le calcul des distances.

La première station anonyme indiquée par la Table de Peutinger à l'ouest de Milev doit être représentée par les ruines romaines qu'on rencontre à 2 milles environ au nord-est de la Koubba d'El-Bouchi, sur la ligne de partage des deux bassins de l'Oued Mila et de l'Oued Tsemda. *Nobas Fusciani* est probablement le poste romain, entouré de quelques ruines, qui se trouve sur la rive droite de l'Oued el-Maïla, à 800 ou 900 mètres du point où ce cours d'eau reçoit l'Oued Aïn-Imara. *Fons Camerata* devrait se retrouver, à 4 milles plus à l'ouest, sur l'Oued el-Maïla. L'*Idicra* de l'Itinéraire d'Antonin

---

[1] *Recueil des Notices*, 1876, p. 522.

aurait été située à 2 milles plus loin, au point que nos reconnaissances désignent sous le nom d'*El-Mahalla*, « le Camp ». Les ruines qui existent à la source de l'Oued Maïla peuvent être celles de la seconde station anonyme de la Table de Peutinger. Le petit centre antique dont on remarque les vestiges sur la rive gauche de l'Oued Djild, au pied du versant nord du Djebel Chemara, paraît correspondre à *Berzeo*. *Modolana* se retrouverait, par suite, au confluent de l'Oued Bousela et du petit cours d'eau dont la source porte le nom de *Seba' Aïoun*.

Les ruines qu'on trouve à 7 milles à l'est de Djemila, à la source d'un des affluents de l'Oued Bousela, seraient enfin la station de Caput Budelli. Nous ne sommes pas assez sûr de l'orthographe du mot Bousela, que la carte de 1869 écrit *Bou-Salah*, pour établir un rapprochement entre le nom antique et le nom moderne du cours d'eau dont la station romaine aurait marqué la « tête ».

Le nom de Cuicul[1] se présente, comme celui de Milev, sous deux formes différentes : la forme latinisée, *Cuiculum*, et la forme indigène, Cuicul. *Culchul*, dans la Table de Peutinger, n'est qu'une faute du copiste. La forme *Cuiculi*, que donne l'Itinéraire d'Antonin, est peut-être l'ablatif singulier de Cuicul, qui devait être indéclinable. Morcelli considère à tort *Cuiculi* comme un nominatif pluriel.

Cuicul. (Djemila).

Les inscriptions donnent l'ethnique «respublica Cuiculitanor[um][2], ordo coloniae Cuiculitanorum[3] ».

Les indigènes désignent les ruines de Cuicul sous le nom de *Djemila*, emprunté à une fraction de la tribu berbère des

---

[1] [*Corpus*, VIII, p. 708, 967, 979; *Ephemeris*, V, p. 452, 558; *Gazette archéologique*, 1879, p. 256, pl. XXXII; *Recueil des Notices*, t. XX, pl. XXIII. — S. R.]

[2] *I. A.*, 2531, 2540 (*C. I. L.*, VIII, 8309, 8323).

[3] *Ibid.*, 2535 (*C. I. L.*, VIII, 8329).

Ketama, et dans lequel Peyssonnel et Shaw avaient voulu retrouver celui de *Gemellae*.

Parmi les nombreux vestiges antiques qu'a conservés Djemila, les plus remarquables sont un temple à six colonnes, dédié à *Tellus Genitrix*, un théâtre, le forum avec un temple de la Victoire, les restes d'une basilique chrétienne, et un arc de triomphe, d'une parfaite conservation, dédié à Septime Sévère, Julia Domna et Caracala.

<small>Mons (Ksar ou-Ghiren).</small>

Mons (à l'ablatif *Monte* dans la Table de Peutinger) a été retrouvé aux ruines de Ksar ou-Ghiren, sur le plateau élevé qui sépare le bassin de Sétif de celui de Djemila[1].

Mons figure parmi les évêchés numides. La frontière passait donc un peu à l'ouest de cette station et ne suivait pas, comme on l'a supposé, le cours de l'Oued ed-Dheb, affluent de l'Oued Endja. La limite des deux provinces doit être reportée, selon toute apparence, à la ligne de faîte que la voie antique franchissait à Fedj-Kidid.

Le castrum de Mons, exactement orienté, forme un parallélogramme d'environ 45 mètres sur 40. L'angle oriental de la face nord forme un bastion de 6 mètres de front sur $2^m,40$ de flanc du côté du sud. Les deux angles de la courtine méridionale, longue de 39 mètres, sont fortifiés par deux tours carrées d'une puissance inégale. C'est au milieu de cette courtine que s'ouvre l'entrée principale, large de $2^m,90$. En face de cette porte on remarque une sorte de réduit, appuyé à l'intérieur de la courtine occidentale et mesurant $7^m,50$ sur $6^m,50$. La face nord du castrum est prolongée par le mur d'enceinte de la ville qui court de l'est à l'ouest sur une longueur de

---

[1] [Poulle, *Recueil de Constantine*, 1863, p. 6; 1873, p. 385; Delamare, *Revue archéologique*, 1849, p. 3; *Corpus*, VIII, p. 739. Les mêmes ruines portent aussi le nom de *Kasbait*. — S. R.]

60 mètres, puis du nord au sud : les vestiges en sont visibles, dans cette seconde direction, sur une étendue de plus de 100 mètres. Le reste du plateau, au nord-est et au sud-ouest de la forteresse, est occupé par les ruines de la station, parmi lesquelles on distingue les vestiges de deux grands édifices orientés du sud-est au nord-ouest.

ROUTE TRANSVERSALE DE CUICUL À IGILGILIS, PAR TUCCA.

La Table de Peutinger indique, entre Cuicul et Igilgilis, une route qui passait par Tucca; elle ajoute à cette dernière localité la mention suivante : *Habet fines Affrice et Mauritanie.* Tucca devait donc se trouver sur la limite des deux provinces.

La Table inscrit le chiffre XL entre Cuicul et Tucca; puis elle dessine deux crochets et fait suivre le second du chiffre XLVI, qui précède le nom d'Igilgilis (Djidjelli). La copie que nous possédons de la carte Théodosienne offre donc, selon toute apparence, une double lacune; le nom de la seconde des deux stations intermédiaires a été omis, ainsi que le chiffre qui la séparait de la première.

L'indication numérique LX, placée entre Cuicul et Tucca, prouve que la route ne conduisait pas directement de Cuicul à Igilgilis. Il est à peu près certain, en effet, que la frontière de la Numidie et de la Maurétanie Césarienne, indiquée par le cours inférieur de l'Amsaga (Oued el-Kebir), remontait de l'est à l'ouest les hauteurs de la rive gauche de l'Oued Endja à partir du confluent de cette rivière et du fleuve; et comme le cours supérieur de l'Oued Endja, sous le méridien de Djemila, n'est pas à plus de 12 ou 15 milles au nord de cette localité, il s'ensuit que Tucca, placée à la frontière des deux provinces et à 60 milles de Cuicul, devait se trouver non pas sur la route directe de Cuicul à Igilgilis, mais beaucoup plus à l'est, sur le cours inférieur de l'Oued Endja. Le calcul des distances a conduit nos archéologues algériens à l'identifier aux ruines qui existent à 1 kilomètre à l'ouest de la Zaouïa de Sidi-Barkat, sur la rive gauche de l'Oued Endja et près du confluent de cette rivière et de l'Oued el-Kebir. L'hypothèse est d'autant plus vraisemblable que, la limite des deux provinces tournant à angle droit précisément à la hauteur de ce confluent, Tucca, déjà située sur l'Oued Endja, indiquait, comme ville frontière, la nouvelle direction que prenaient les confins de la Numidie et de la Maurétanie Césarienne. C'est ainsi que peut s'expliquer la note dont la Table de Peutinger accompagne son nom.

La distance qui sépare les ruines de Zaouïa Sidi-Barkat de Djidjelli est de 38 milles, à vol d'oiseau; mais le pays est fort accidenté, et il faut très probablement augmenter cette distance d'un tiers, ce qui donnerait une longueur de 57 milles à la route de Tucca à Igilgilis et prouverait l'existence de la lacune que nous soupçonnons dans la Table de Peutinger. Nous n'avons d'ailleurs aucun renseignement ni sur le tracé de la voie romaine, ni sur les ruines qu'elle traverse.

Tucca
(Zaouïat-
el-Barka?).

La position de Tucca[1] soulève une double difficulté. Pline la considère comme appartenant à la Maurétanie, tandis que Ptolémée la fait figurer parmi les villes numides. La Table de Peutinger, d'autre part, comme nous venons de le voir, en fait une ville de l'intérieur, tandis que Pline semble la placer sur le littoral et à l'embouchure de l'Ampsaga. Tel est du moins le sens que l'on a donné jusqu'ici à la phrase : *oppidum Tuccae*

[1] [*Corpus*, t. VIII, p. 706, n° 8270, d'après Villefosse, *Revue archéologique*, 1876, I, p. 213. Le texte de l'inscription trouvée chez les Oulad-Larbi, près de Saint Donat, porte COL TVTCENSIVM, où M. de Villefosse reconnaît l'ethnique TVCCENSIVM, opinion qui n'a pas été adoptée par M. Mommsen. — Une borne milliaire trouvée près de là à Bordj Mamra (Renier, *Inscr. de l'Algérie*, 3490; *C. I. L.*, 10335) mentionne une *respublica gentis Suburbur*. — S. R.]

impositum mari et flumini Ampsagae[1]. M. le colonel Lapie a résolu le problème en admettant l'existence de deux Tucca, l'une sur la côte et à l'embouchure de l'Ampsaga (Oued el-Kebir), l'autre dans l'intérieur, au confluent de l'Oued el-Kebir et de l'Oued Endja. M. Fournel se rallie également à cette hypothèse. M. Poulle rejette l'existence d'une Tucca maritime, déjà écartée par Mannert, et place la Tucca de la Table de Peutinger dans le voisinage de Zaouïat-el-Barka. M. Héron de Villefosse[2] se prononce également pour cette même solution, que nous considérons nous-même comme la vraie, et qui ne nous semble pas aussi inconciliable avec le texte de Pline qu'on a paru le croire jusqu'ici. Les mots *impositum mari et flumini Ampsagae* peuvent et doivent même, au point de vue de la latinité, s'entendre dans un sens plus large que celui qu'on leur a donné jusqu'ici : Pline n'a pas voulu dire autre chose sinon que Tucca, par sa position, dominait à la fois le littoral et l'Ampsaga : telle est effectivement la situation de la ville antique de Zaouïat-Sidi-Barka, placé dans le voisinage du fleuve et à proximité du littoral. C'est dans ce même sens qu'il faut entendre le *juxta mare* de l'Anonyme de Ravenne.

Il est plus difficile de dire si Tucca appartenait à la Maurétanie, comme le prétend Pline, ou à la Numidie, comme l'affirme Ptolémée. En faisant de Tucca une ville maurétanienne, Pline est conséquent avec lui-même puisqu'il place à l'Ampsaga la limite des deux provinces. Or Tucca était sur la rive gauche du fleuve : elle appartenait donc à la Maurétanie Sitifienne. Mais nous savons par Strabon que cette limite avait été souvent modifiée[3]. Il n'est donc pas impossible qu'un dernier

---

[1] *Hist. nat.*, V, 1, 2.
[2] *Revue archéol.*, 1876, 1, p. 213.
[3] Strabon (XVIII, III, 12) place à Saldes les limites du royaume de Juba II et des possessions romaines; mais il ajoute immédiatement : « Les limites de cette

remaniement ait fait comprendre Tucca, au temps de Ptolémée, parmi les cités numides : au lieu de suivre le cours même de l'Oued Endja, la frontière aurait été reportée plus au nord, sur la crête des hauteurs qui séparent le bassin de l'Oued Endja de celui de l'Oued Ouedja. Cette conjecture nous paraît d'autant plus admissible que la limite des deux provinces, un peu plus à l'ouest, n'était pas, ainsi que nous l'avons vu, le cours même de l'Oued Endja, mais bien le massif montagneux de Mons qui en domine la rive gauche.

La Table de Peutinger indique une seconde route entre Carthage et Sitifis. Elle se détache de la première un peu au delà de Siguese, laisse Sicca et Cirta au nord et passe par Sigus.

FLACCIANA.

On retrouve le premier tronçon de cette voie à 9 milles au sud-ouest d'El-Kef, près d'Henchir Djeboun, où se place *Flacciana*. Les ruines d'Henchir Djeboun sont celles d'une grande *villa* romaine à laquelle a succédé une ferme arabe.

SIBUS.

AD ARVALLA.
VICUS VALERIANI.

La route continuait à suivre la direction de l'ouest-sud-ouest et atteignait *Sibus* à Henchir Hamadjé, sur la rive gauche de l'Oued Mellag. Henchir Rakbet-el-Maguen paraît correspondre à la station d'*Ad Arvalla*, et *Vicus Valeriani* se retrouve probablement aux ruines anonymes que la carte du Dépôt de la guerre place sur la rive gauche de l'Oued Mellag à 9 kilomètres au nord du Djebel Ouenza.

Les trois synonymies que nous venons de proposer sont

---

contrée ont varié bien souvent, suivant que les Romains, considérant comme amis ou comme ennemis ceux qui l'habitaient, leur enlevaient ou leur donnaient certains territoires et à des conditions qui n'étaient pas toujours les mêmes : » Πολυτρόπως γὰρ οἱ μερισμοὶ γεγένηνται τῆς χώρας, ἅτε τῶν νεμομένων αὐτὴν πλειόνων γενομένων, καὶ τῶν Ῥωμαίων ἄλλοτ' ἄλλως τούτων τοῖς μὲν φίλοις χρωμένων, τοῖς δὲ καὶ πολεμίοις · ὥστε καὶ ἀφαιρεῖσθαι καὶ χαρίζεσθαι συνέβαινεν ἄλλοις ἄλλα καὶ οὐ τὸν αὐτὸν τρόπον.

§ 4. ROUTE DE CARTHAGE À SITIFIS

PAR SIGUESE, VATARI ET SIGUS.

ITINÉRAIRE D'ANTONIN.		TABLE DE PEUTINGER.			
STATIONS.	Distances indiquées.	STATIONS.	Distances indiquées.	Chiffres rectifiés.	SYNONYMIES.
GAZAUFVLA.	XXXIII	Sigvese............	XIV		H^r Oued Oumm-el-Abram.
		Flacciana..........	XIV		H^r Djeboun.
		Sibus.............	XVI		H^r el-Hamedjé.
		Ad Arvalla........	VIII		‒H^r Rakbet-el-Maguen?
		Vico Valeriani.....	XXV		Ruines à 6 milles au nord du Djebel Ouenza?
		Vatari............	III		Fedj-Souïoud.
		Velefi............	VI		Sur le versant nord du Djebel Terguelt.
		Ad Piscinas........	IX		Aïn-Gourmat.
		Rvstici............	IV		Ruines sur l'Oued Torcuch.
		Magri.............	III		H^r Settara?
		Fonte Potamiano....	"	IV	El-Oghla.
		Gasavpala.........	VI		Kasr Sbehi.
		Ad Rvbras.........	VI		?
		Ad Centenarivm....	VI		?
		Thenebreste.......	VI		Aïn Djar-Allah?
		Thigisis...........	IX	XI	Aïn el-Bordj.
Sigus....		Sigvs.............	V		Bordj Zekri.
		Bvdvxi............	IX		H^r Sidi-el-Abbassi?
		Visalta............	XII		Aïn Mlila?
		Lvcvllianis.........	"		?
		Salviana...........	XXV		?
		Thabvte...........	XII		?
		Ad Stvrnos........	X		?
		Baccarvs..........	V		?
		Ad Stabvlvm Olearivm.	"		?
		Ad Portvm........	XXXV		?
		Sitifi..............			Sétif.

fondées sur le calcul des distances. La région que traversait la route de Siguese à Vatari n'a pas encore été explorée au point de vue archéologique.

VATARI
(*Fedj-Souïoud*).

Vatari a été retrouvée par M. Dewulf à Fedj-Souïoud, sur le versant nord-nord-est du Djebel Terguelt. Cet officier y a découvert l'inscription suivante :

IMP
CAES DIVI SEP*ti*
MI SEVERI PI*i a*
RABICI ADIAB*eni*
CI PARTHICI M*ax*
BRITTANICI M*axi*
MI·NEPOS DIVI
M·AVRELI·ANTO*ni*
NI·PII·PARTH*ici ma*
XIMI·BRITTAN*ici*
MAXIMI·GER*mani*
CI·MXIMI·AD*iabe*
NICI·MAXIMI *fil.m.*
AVRELIO·SEVE
RO *alexandro*
PIO·FELICE·AVG
PONTIFEX·*maxi*
MVS TRIBV*ni*
CIAE POTES*ta*
TIS I̅I̅I̅ COS
P P
KARTHAGINEM...
HIPPONI·R·M̅·P...
CIRTAE·M̅·P·L....
LAMBAESE·M̅·P...
THEVESTE M̅.....[1]

[1] [Dewulf, *Recueil de Constantine*, 1868 p. 211; *Corpus*, VIII, n° 10118. — S. R.]

Placée à l'intersection de cinq voies se dirigeant sur Carthage, Hippo Regius, Cirta et Théveste, ce milliaire, ainsi que l'a fait remarquer M. Dewulf[1], détermine d'une manière certaine la position de Vatari. Ni la Table de Peutinger ni l'Itinéraire d'Antonin n'indiquent, il est vrai, une route conduisant de Vatari à Hippone; mais cette route existait nécessairement comme le moyen de communication le plus direct entre Théveste et son port naturel, Hippo Regius, et l'on en a d'ailleurs retrouvé des vestiges sur plusieurs points, notamment sur le versant est du Nador : elle passait par Madaure et Tipasa.

Le milliaire de Fedj-Souïoud serait un monument des plus précieux pour la géographie comparée de la Numidie s'il n'avait pas été mutilé dans la partie la plus intéressante de son texte : les cinq chiffres indiquant les distances de Vatari à Carthage, Hippone, Cirta, Lambaesis et Théveste ont malheureusement disparu. Tel qu'il nous est parvenu, cependant, ce document nous fournit encore une indication importante. La Table de Peutinger ne donne pas de distance entre *Fonte Potamiano* et *Gazaupala,* et cette lacune ne nous permettait pas jusqu'ici de calculer la distance totale de Théveste à Sigus et par conséquent à Cirta. Le premier chiffre, L, qui suit la mention de cette dernière localité, dans le milliaire de Fedj-Souïoud, prouve que cette distance ne dépassait pas 89 milles : s'il en était autrement, en effet, ce premier chiffre serait non pas un L, mais un X, première partie du chiffre XC. La somme des distances connues entre Cirta et Vatari étant d'ailleurs de 85 milles[2], la seule distance inconnue, celle de

---

[1] *Recueil des Notices,* 1868, p. 212.

[2] Nous empruntons la distance de Sigus à Cirta (25 milles) à l'Itinéraire d'Antonin. Les chiffres additionnés de la Table ne donnent que 83 milles, mais, ainsi que nous le verrons, le chiffre IX placé entre Thigisis et Sigus doit être remplacé par le chiffre XI.

Gasaupala à *Fonte Potamiano*, ne peut pas être de plus de 4 milles.

GADIAUFALA
(*Kasr Sbehi*).

Nous devons également à M. Dewulf une seconde inscription non moins intéressante qui fixe définitivement à Kasr Sbehi l'emplacement de la *Gasaupala* de la Table de Peutinger. Nous la reproduisons ici [1] :

         D·M·S·
      P·LIC·AGATO
      PVS VETERAN
      VS PRAEFECTVS
      IN BRITANIA EQ
      ALARIS MILITA
      NS BRAVNIACO
      DISMISSVS
      REPETENS GADI
      AVFALA PAT*riae*
      SVAE VIX*it ann*
      LXXXI..........
      FILI·IPS·P LI*ci*
sic IANVRIVS........
      ....F......

Ce texte nous donne en outre la véritable orthographe du nom que la Table de Peutinger, l'Itinéraire d'Antonin et la Notice des Églises d'Afrique écrivent *Gazaupala*, *Gazaufula* et *Gazaufala*.

Kasr Sbehi est situé à 35 kilomètres au nord-ouest d'Aïn Beïda, sur un des contreforts sud-est de la Chebka mta-Sellaoum qui domine toute l'immense plaine des Harakta.

[1] [*Corpus*, VIII, n° 4800. — S. R.]

Les stations de *Velefi*, *Ad Piscinas*, *Magri*, *Fonte Potamiano*, placées par la Table de Peutinger entre Vatari et Gadiaufala, n'ont pas encore été déterminées, non plus que celles de *Ad Rubras*, *Ad Centenarium*, et *Thenebreste*, situées entre Gadiaufala et Sigus [1].

On peut toutefois, dès à présent, en indiquer l'emplacement probable en se fondant sur les distances indiquées par la Table de Peutinger.

Velefi doit se retrouver à 3 milles à l'est de Fedj-Souïoud, sur le versant septentrional du Djebel Terguelt; *Ad Piscinas* aux ruines d'Aïn Gourmat, dont le nom arabe traduit le mot *Piscinae*; la station de *Rustici* doit être cherchée sur l'Oued Treuch, à 3 milles de son confluent avec l'Oued Tifech. *Magri* est très probablement Henchir Settara, ruines romaines indiquées par la carte du Dépôt de la guerre au confluent de l'Oued Tifech et de l'Oued Gourn, sur la rive gauche de ce dernier cours d'eau. *Fons Potamianus* est évidemment *El-Oghla*, source qui donne naissance à un affluent de l'Oued Gourn et dont le nom arabe traduit encore le nom antique.

VELEFI.
AD PISCINAS.
RUSTICI.
MAGRI.
FONS POTAMIANUS.

Thenebreste, indiquée par la Table à 6 milles à l'est ou au sud-est de Sigus, dont la correspondance avec Bordj ben-Zekri est certaine, se retrouve, selon toute apparence, aux ruines d'Aïn Djar-Allah, sur la rive gauche de l'Oued Merkaï. Les stations d'*Ad Centenarium* et d'*Ad Rubras* doivent être cherchées, la première à 9 kilomètres à l'est-sud-est d'Aïn Djar-Allah, la seconde à la même distance à l'ouest-sud-ouest ou au sud-ouest de Kasr Sbehi. Une exploration complète du massif des Sellaoua peut seule faire retrouver l'emplacement exact de ces deux localités et déterminer le tracé de la voie.

THENEBRESTE.
AD CENTENARIUM.
AD RUBRAS.

[1] M. Dewulf, qui a reconnu toute cette route en 1867, n'a pas encore publié le travail qui résume ses recherches.

THIGISIS
(Aïn el-Bordj).

Une inscription découverte à Aïn el-Bordj en 1878[1], et que nous reproduisons ci-dessous, fixe la synonymie de *Thigisis* (Aïn el-Bordj) :

> FLAVIO VALERIO
> CONSTANTIO
> NOBILISSIMO
> CAESARI
> ORDO TICISITANVS
> dEVOTVS NVMINI
> mAIESTATIQVE EIVS
> EX SVA CONLATIONE
> POSVIT IDEMQVE
> DEDICAVIT

Aïn el-Bordj est située dans la Bahiret et-Touïla « la longue plaine », à 16 kilomètres à l'est de Sigus (Bordj ben-Zekri). La Table de Peutinger place Thigisis à ix milles de Sigus : le véritable chiffre est donc xi milles (16^k,291).

Les ruines d'Aïn el-Bordj avaient été longtemps considérées comme celles de la *Turris Caesaris* placée par l'Itinéraire d'Antonin à 15 milles de Sigus. Le document épigraphique qu'on y a récemment découvert doit faire disparaître cette synonymie, déjà suspecte d'ailleurs *a priori,* puisque la distance qui sépare Aïn el-Bordj de Bordj ben-Zekri est de 4 milles plus faible que celle qu'indique l'Itinéraire.

La forteresse d'Aïn el-Bordj est placée sur un mamelon inabordable de trois côtés et très difficilement accessible par le quatrième. Elle est de forme très irrégulière : plusieurs de ses tours sont semi-circulaires; les règles de flanquement n'y sont pas toujours observées. Enfin tout porte à croire que le tracé de cette construction remonte à l'époque numide[2].

---

[1] *Recueil des Notices*, 1878, p. 374; C. I. L., VIII, n° 10820. — [2] Moll, *Annuaire de la Société archéologique de Constantine*, 1861.

Nous savons en effet par Procope que Thigisis était une des plus anciennes colonies phéniciennes de la Numidie. D'après

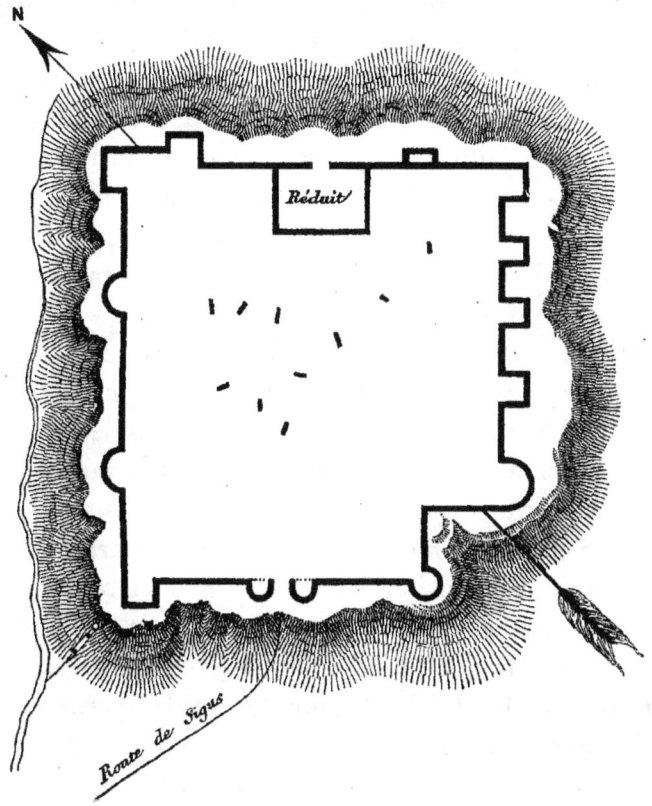

une tradition que l'historiographe de la campagne de Bélisaire a évidemment recueillie sur place, Thigisis aurait été fondée par des Kananéens chassés de la Palestine à l'époque de l'immigration israélite[1]. C'est à Thigisis, près de la principale

---

[1] Procope, *De bello Vand.*, II, 10 : Ἐπειδὴ Ἑβραῖοι ἐξ Αἰγύπτου ἀνεχώρησαν καὶ ἄγχι τῶν Παλαιστίνης ὁρίων ἐγένοντο, Μωσῆς μὲν... θνήσκει, διαδέχεται δὲ τὴν ἡγεμονίαν Ἰησοῦς ὁ τοῦ Ναυῆ παῖς, ὃς ἔς τε τὴν Παλαιστίνην τὸν λεὼν

source qui alimentait la ville, que les exilés avaient élevé deux colonnes portant cette inscription phénicienne dont Procope nous a conservé la traduction, et qui rappelait leur origine en même temps qu'elle maudissait le chef des Hébreux [1].

La source dont parle Procope existe encore : c'est celle qui a donné aux ruines de Thigisis le nom qu'elles portent aujourd'hui [2], et qui jaillit sous les murs mêmes de la forteresse, à l'angle sud-ouest de l'enceinte. La situation de cette source, commandée par les défenses de la ville antique, explique le rôle qu'elle joua dans un épisode longuement raconté par Procope au chapitre XIII du livre II.

Battus en 539 par Salomon dans la plaine de Mamma et sur le mont Burgaon, les Maures de la Byzacène s'étaient réfugiés dans l'Aurès, et l'un des chefs indigènes de cette contrée, Iabdas, profitant de l'absence du général byzantin, qui était rentré à Carthage, s'était jeté sur la Numidie et la dévastait. Un officier de Salomon, nommé Althias, chargé de la garde des forts de cette région, conçut la pensée de reprendre à l'ennemi une partie des captifs qu'il emmenait. Se sentant trop faible pour attaquer Iabdas en rase campagne, et le pays n'offrant pas de positions naturelles qui lui permissent de lui tendre une embuscade, Althias eut recours à un stratagème. Il alla occuper avec les soixante-dix Huns placés sous ses ordres la position alors « bien fortifiée » de Thigisis, prévoyant bien

---

τοῦτον εἰσήγαγε... καὶ τὴν χώραν ἔσχε... Ἐνταῦθα ᾤκηντο ἔθνη πολυανθρωπότατα, Γεργεσαῖοί τε καὶ Ἰεβουσαῖοι καὶ ἄλλα ἄττα ὀνόματα ἔχοντα... Οὗτος ὁ λαὸς... ἐς Λιβύην ἐστάλησαν..... Ἐδείμαντο δὲ καὶ φρούριον ἐν Νουμιδίᾳ, οὗ νῦν πόλις Τίγισίς ἐστί τε καὶ ὀνομάζεται.

[1] Procope, *De bello Vand.*, II, 10 :

Ἔνθα στῆλαι δύο ἐκ λίθων λευκῶν πεποιημέναι ἄγχι κρήνης εἰσὶ τῆς μεγάλης, γράμματα Φοινικικὰ ἐγκεκολαμμένα ἔχουσαι τῇ Φοινίκων γλώσσῃ λέγοντα ὧδε · Ἡμεῖς ἐσμεν οἱ φυγόντες ἀπὸ προσώπου Ἰησοῦ τοῦ λῃστοῦ υἱοῦ Ναυῆ.

[2] عين الحجر « la fontaine de la forteresse ».

que les Maures viendraient se désaltérer à la source abondante qui y jaillit dans un « ravin profond ». L'armée d'Iabdas arrive en effet, épuisée de chaleur et de soif, car on était au fort de l'été. Elle trouve la place occupée et offre le tiers de son butin pour obtenir l'autorisation de se désaltérer. Althias refuse : il provoque le chef Maure à un combat singulier, dont le prix sera la possession de la source. Iabdas accepte. Au premier choc, Althias arrête au vol, de la main droite, le javelot que lui lance son adversaire et, tendant son arc de la main gauche, perce d'une flèche le cheval d'Iabdas. Épouvanté de l'adresse d'un ennemi qui payait si peu d'apparence, le chef maure s'enfuit avec tous les siens en abandonnant son butin et ses prisonniers.

Procope nous donne une fois de plus, dans ce récit, la preuve de l'exactitude de ses descriptions : il est évident qu'il ne peint que ce qu'il a vu de ses yeux. Ces immenses plaines voisines de Thigisis, et où il est impossible de se dérober à l'ennemi, c'est le Bahirt et-Touïla. La source abondante coulant dans un ravin profond, κρήνη μεγάλη ἐν σ⁄ενοχωρίᾳ πολλῇ, c'est Aïn el-Bordj, qui jaillit effectivement dans la gorge abrupte dominant l'angle sud-ouest de la forteresse. Quant aux « fortes murailles » de Thigisis, εὐτείχισ⁄ος οὖσα, elles subsistent encore aujourd'hui.

Thigisis se retrouve au moyen âge berbère sous la forme *Tedjess* que donne El-Bekri : « Tedjess, dit le géographe arabe, est une ville très ancienne, possédant des constructions très élevées et entourée de vastes et riches pâturages. Elle est entourée de remparts en pierres de taille de construction romaine et de jardins. »

Au XIe siècle, Tedjess était devenu le chef-lieu d'une des provinces des Hammadites[1].

---

[1] Ibn Khaldoun, II, p. 17 et 517.

AD CENTENARIUM
(Κεντουρίαι?)

Le récit de Procope contient peut-être un nom de localité qui a échappé à ses éditeurs. Il y est dit qu'Althias était chargé ἐν κεντουρίαις de la garde des postes de la contrée[1]. G. Dindorf traduit : *Ad centurias praepositus Althias custodiae castellorum regionis illius*. Je ne crois pas que ce mot Κεντουρίαι désigne les détachements chargés de cette garde : je le considère comme un nom de localité, *Centuriae*, et cette localité, évidemment située dans le voisinage de Thigisis, est probablement identique à la station d'*Ad Centenarium* que la Table de Peutinger place à 12 milles de Thigisis et à 6 milles d'*Ad Rubras*.

L'exactitude des distances partielles indiquées par la Table entre Gadiaufala et Sigus est prouvée par le chiffre xxxiii, donné par l'Itinéraire, et qui représente la somme de ces distances.

SIGUS
(*Bordj ben-Zekri*).

La synonymie de Sigus[2] et de Bordj ben-Zekri est assurée, ainsi que nous l'avons dit, par cinq documents épigraphiques donnant, les quatre premiers, l'ethnique SIGVITANORVM[3], le cinquième, la forme directe SIGVS[4]. Cette dernière inscription, qui mentionne les *cultores qui Sigus consistunt*, prouve l'importance de Sigus comme centre agricole[5]. Au point de

---

[1] Procope, *De bello Vand.*, II, 13 : Ἐτύγχανε δὲ Ἀλθίας ἐν κεντουρίαις τῶν ἐκείνῃ φρουρίων φυλακὴν ἔχων.....

[2] [Sur Sigus, cf. *C. I. L.*, VIII, p. 552, 964, 979; *Ephemeris*, V, p. 432; *Bulletin épigraphique*, I, p. 205; Delamare, *Exploration de l'Algérie*, pl. L-LIII. — S. R.]

[3] *I. A.*, 2466-2469 (*C. I. L.*, VIII, 5693, 5694, 5699, 5701).

[4] *I. A.*, 2470 (*C. I. L.*, VIII, 5695) :

VICTORIAE AVGVSTAE
SACRVM

CVLTORES QVI
SIGVS CONSISTVNT

[5] L'inscription suivante, également trouvée à Sigus (*Rec. des Notices*, 1878, p. 361; *C. I. L.*, VIII, 10857), mentionne une autre colonie de *cultores* établie sur le territoire de la même ville :

NEPTVNO
AVG·SAC·
CVLTORES
CARARIENSES
V·S·L·A

vue militaire, son rôle n'était pas moindre : située dans le défilé qui commande le *Bahirt et-Touïla* « la longue plaine », Sigus était la clef des routes que parcourent encore les caravanes de Khenchela, Aïn Beïda, Tebessa et Souk-Ahras.

Un fragment d'inscription, trouvé à Sigus[1], prouve que cette ville faisait partie de la confédération des quatre colonies cirtésiennes; il y est question, en effet, d'un *praefectus juridicundo pro triumviris,* c'est-à-dire d'un magistrat rendant la justice à Sigus par délégation des triumvirs investis du pouvoir judiciaire dans les colonies de Rusicade, Chullu et Milev. Sigus et son territoire relevaient donc des colonies cirtésiennes.

Nous savions déjà par une inscription de Sigus[2] que cette ville, dont les ruines sont si étendues, n'était qu'un simple *pagus.* Elle n'avait donc pas de juridiction propre et relevait, judiciairement, de la colonie à laquelle elle était *attributa,* pour nous servir de l'expression d'Isidore de Séville.

Les stations échelonnées entre Sigus et Sitifis n'ont pas encore été déterminées avec certitude.

Buduxi paraît correspondre à Henchir Sidi-el-Abassi. *Visalta* a été identifiée aux ruines d'Aïn Mlila, sur la rive occidentale du petit lac qui s'étend, entre le Djebel Guerioun et le Djebel Meïman, à l'est de la route actuelle de Constantine à Batna. *Lucullianis,* à 12 milles plus à l'ouest, se retrouverait sans doute entre le Djebel Teouch et le massif des Oulad-Sellam. La position de *Salviana* est d'autant plus difficile à déterminer que la Table de Peutinger omet le chiffre qui devait figurer entre cette station et la suivante, *Thabute.* Cette lacune, aussi bien que celle qui existe entre les deux stations qui précèdent Sitifis, *Ad Stabulum Olearium* et *Ad Portum,* nous mettent

---

[1] *Recueil des Notices,* 1878, p. 364, n° 86; *C. I. L.,* VIII, 10860. — [2] *I. A.,* 2511; *C. I. L.,* VIII, 5705.

dans l'impossibilité de nous guider sur les distances. Toute conjecture même nous est interdite jusqu'au moment où une exploration approfondie de cette région, à peine connue aujourd'hui, nous permettra de renouer la chaîne interrompue[1].

[1] [Nous donnons ici quelques extraits d'une lettre de M. Poulle, datée du 30 janvier 1882, que nous avons retrouvée dans les papiers de M. Tissot : le savant archéologue algérien répondait à des questions de M. Tissot au sujet de la route de Sigus à Sétif :

« De tous les points intermédiaires, le seul auquel on assigne une place est Thabute. Il se trouverait à Aïn el-Ksar, au pied ouest du Djebel Touda, à environ 1,500 mètres à l'ouest de la « Fontaine Chaude », Aïn Oum-Djera, sur la route de Batna à Constantine. La distance de ce point à Lambèse et à Thamugas correspond à celles que donne l'Itinéraire, de même qu'à celle de Zana (Diana Veteranorum). Il fallait donc que la route obliquât brusquement vers le sud, pour passer par Thabute, et qu'elle fît même un grand détour pour y arriver, puisque la Table marque 76 kilomètres entre Sigus et Thabute, et qu'il n'y en a que 52 en ligne droite. Encore la distance de Salviana n'est-elle pas indiquée.

« La route devait contourner à l'est le Djebel Fortas et le Djebel Guerioun et couper celle qui montait de Thamugas à Cirta, dont j'ai parlé dans le *Recueil*, vol. XIX, p. 369. Dans ces conditions, Biar el-Ougla, à 8 kilomètres sud un peu vers l'est de Sigus, correspondrait à Buduxi, et Visalta aurait sa place à Aïn Kercha, à 14^k,5 sud-ouest de Biar el-Ougla, au pied sud du Djebel Guerioun.

« De là, la route descendait probablement au sud, à hauteur du Guerah el-Marsel, puis tournait à l'ouest pour passer à Henchir Tafrent, et de là se jeter dans la petite vallée formée au nord par le Djebel Gontas et le Djebel Hazem, et au sud par le Toumbeit (qui domine le lac Djendeli) et le Djebel Tafraout. Elle aurait passé aussi par le Bir Djali et par le Madracen, pour aboutir directement à l'ouest à Oum-el-Djera et à Aïn el-Ksar (Thabute).

« De Thabute à Sitifis la Table compte, avec une omission, 92^k,5. En ligne droite, il y a, d'après les cartes, 100 kilomètres. La route devait donc faire peu de détours et suivre continuellement la région des Sbakh. À peine me hasarderai-je à identifier Ad Portum avec Henchir el-Atech, sur le bord oriental du Chott el-Beïda, vaste ruine qui a fourni quelques inscriptions (*Recueil*, VIII, p. 82). Ad Stabulum Olearium devait se rapprocher des forêts, et, en particulier, de celle du Djebel Agmerouel, mais si j'y ai vu des pins d'Alep, des genévriers et quelques chênes verts, je n'y ai pas remarqué de traces d'oliviers; il y en avait cependant autrefois dans cette région.

« La route passait probablement par la belle source d'Aïn Soltan, mais elle devait ensuite, pour ne pas aller se confondre avec celle de Diana, remonter vers le nord pour éviter le Chott Saboun. Entre Aïn Soltan, Aïn el-Ksar et la limite sud du territoire des Oulad Abd-en-Nour, les ruines sont si fréquentes qu'on ne peut

L'analyse de la route que nous venons d'étudier fait ressortir un fait qui nous paraît digne d'attention : de Vatari à Sigus, les stations se multiplient dans des proportions anormales : on n'en compte pas moins de dix sur une étendue de 64 milles, ce qui donne, comme moyenne des distances auxquelles elles se succèdent, un peu plus de 6 milles (9,278 mètres). Les localités nommées par la Table ne peuvent plus être des *mansiones*, des gîtes d'étape; la route relie évidemment une série de postes fortifiés, formant, au centre même de la Numidie, une sorte de *limes*, de frontière militaire intérieure. C'est ce qu'indique très certainement le passage de Procope que nous avons reproduit à propos de Thigisis : la Κεντουρίαι de l'historien grec, que nous identifions à l'*Ad Centenarium* de notre route, était le poste où se trouvait, au moment de l'invasion d'Iabdas, l'officier « chargé de la surveillance des forteresses de cette région ». Mais cette ligne défensive ne datait certainement pas de la conquête byzantine. Les généraux de Justinien avaient seulement fait revivre les traditions de l'époque impériale en rétablissant ces confins militaires intérieurs dont la création nous paraît remonter à l'époque même de l'annexion définitive de la Numidie à la province d'Afrique. On nous permettra, pour justifier notre opinion, d'entrer dans quelques détails.

La population indigène de la Numidie s'est composée, de temps immémorial, de deux éléments bien distincts quant à

leur assigner par hypothèse aucun nom qui réponde à ceux de la Table.

« Je vous prie de ne pas vous méprendre sur l'importance qu'avait Thabute, si sa place est réellement à Aïn el-Ksar; la ruine n'aurait pas plus de 5 ou 6 hectares et il n'y a plus trace de monuments; la plus grosse construction, immense bloc de maçonnerie, a été démolie quand on a fait la route. Mais le passage était obligé pour éviter à l'est les marais de la plaine d'El-Mader, entre le Tafraout et le Djebel Touda, et pour ne pas escalader à l'ouest les montagnes des Haracta-Djerma. » — S. R.]

leur attitude, sinon quant à leur origine. L'un de ces éléments, fixé au sol, déjà adouci au contact des colonies phéniciennes, s'était facilement résigné à une nouvelle domination étrangère et, mêlé aux colons latins, avait formé, dans toute la zone du littoral, cette population mixte dont le concours amena l'Afrique romaine à un si haut degré de prospérité. L'autre partie de la race indigène, habitant les hauts plateaux et les plaines sahariennes, avait pu subir la loi des conquérants, mais s'était abstenue de tout contact intime avec eux. Ce sont ces Gétules qui, donnés à Juba II lors de la reconstitution de son royaume éphémère, s'étaient soulevés contre lui et continuèrent contre Rome, lorsque Rome intervint, cette lutte qui se prolongea jusqu'en l'an 6, pour recommencer quelques années après, lors de la révolte de Tacfarinas. Ce sont ces mêmes Gétules qui se révoltèrent, à des intervalles plus ou moins longs, jusqu'à la fin de la domination romaine, qui se révoltèrent encore contre les Byzantins, qui se soulevèrent jusqu'à quatorze fois contre la suprématie religieuse et politique des Arabes. Ce sont encore eux que nous retrouvons en armes toutes les fois qu'une prédication fanatique les y appelle.

Contre ces éternels insoumis dont l'Aurès était le centre et le refuge, comme il l'est encore aujourd'hui, l'administration romaine avait élevé une première barrière en établissant, au pied même du versant septentrional de cet immense massif, cette longue ligne de postes fortifiés ou de colonies militaires qui reliait la route de Théveste à Lambaesis. Mais cette ligne si étendue pouvait être aisément forcée, et une fois ce premier obstacle franchi, rien n'arrêtait plus les coureurs gétules : les hauts plateaux leur appartenaient. Rome établit une seconde ligne de postes militaires à 50 ou 60 milles au nord de la première, et c'est précisément cette ligne qu'indique la route que nous venons de décrire. Elle formait la limite des deux territoires civil et militaire, de l'élément romanisé et de l'élément insoumis, des populations assimilées et des tribus suspectes : elle marquait, en un mot, les frontières de la *Numidie* et de la *Gétulie*. Si cette distinction n'était pas inscrite dans la géographie administrative de la province romaine, elle n'en était pas moins constatée par les indigènes eux-mêmes : quelques milles à peine séparaient Madaure de Vatari, et nous savons par Apulée, qui y était né, que Madaure était « sur la limite même de la Numidie et de la Gétulie » : *De patria mea quod eam sitam Numidiae et Gaetuliae in ipso confinio scriptis meis ostendo scis.* Ce passage de l'Apologie ne laisse aucun doute, ce nous semble, sur la légitimité des conjectures que nous venons d'exposer.

ROUTE DE GADIAUFALA À THIBILIS PAR AD LAPIDEM BAIUM.

Une route transversale reliait les deux grandes voies conduisant de Carthage à Sitifis. Elle rattache, dans le tracé de la Table, Thibilis à Gadiaufala, en passant par *Ad Lapidem Baium*, localité placée à vi milles de la seconde de ces deux stations. La distance d'Ad Lapidem Baium à Thibilis est omise. Cette même route figure dans l'Itinéraire d'Antonin comme un segment de l'*Iter a Musti Cirta*. L'Itinéraire ne nomme, il est vrai, ni Thibilis ni Ad Lapidem Baium; il indique seulement xxxv milles entre Tipasa et Gazaufala (Gadiaufala). Mais cette route passe nécessairement par ces deux localités, placées sur la ligne directe qui rattache Tipasa à Gadiaufala. Si nous déduisons, par conséquent, des 35 milles marqués par l'Itinéraire entre Tipasa (Tifech) et Gadiaufala (Kasr Sbehi) les

10 milles qui séparaient Tipasa de Thibili (Sidi-Mabrouk-Cherif), plus les 6 milles indiqués par la Table entre Gadiaufala et Ad Lapidem Baium, il reste 19 milles, et ce chiffre exprime la distance omise par la Table. La station d'Ad Lapidem Baium devrait donc se retrouver à 6 milles de Kasr Sbehi et à 19 milles de Sidi-Mabrouk-Cherif. Nos cartes n'indiquent pas de ruines sur le point que déterminent ces deux distances, mais elles en signalent d'assez importantes près de Settara, à 11 milles de Kasr Sbehi et au confluent de l'Oued Gourn et de l'Oued Tifech[1]. Nous croyons donc que le chiffre vi inscrit entre Gadiaufala et Ad Lapidem Baium doit être remplacé par le chiffre xi. Ad Lapidem Baium se trouvait par conséquent à 11 milles de Gadiaufala et à 14 milles de Thibilis.

ROUTE DE SIGUS À TURRIS CAESARIS.

L'Itinéraire d'Antonin indique entre Sigus et Turris Caesaris une route de 16 milles.

On a longtemps supposé que les ruines d'Aïn el-Bordj, situées à 16 kilomètres à l'est de Sigus, représentaient Turris Caesaris. L'inscription découverte dans ses ruines en 1878, et dont nous avons donné le texte dans l'analyse de la route de Théveste à Cirta par Vatari, établit l'identité d'Aïn el-Bordj et de la Tigisis de la Table de Peutinger et de Procope[2]. Turris Caesaris reste donc inconnue. Une exploration méthodique des environs de Sigus dans le rayon des 16 milles indiqués par l'Itinéraire d'Antonin pourrait fournir quelques correspondances plus ou moins probables; mais comme la route de Sigus à Turris Caesaris ne se reliait pas au reste du réseau

---

[1] [M. Tissot a identifié plus haut (p. 419) Henchir Settara à Magri. Les stations de Magri et d'Ad Lapidem Baium pouvaient être voisines; Magri peut aussi être un nom indigène. — S. R.] — [2] [Cf. C. I. L., VIII, p. 960, n. 10820; Poulle, Recueil de Constantine, 1878, p. 374. — S. R.]

routier, la découverte d'un document épigraphique peut seule nous permettre de fixer définitivement la position de cette station.

§ 5. ROUTE DE CARTHAGE À THÉVESTE [1].

La date de la construction de la route de Carthage à Théveste est connue. Un milliaire trouvé à Carthage constate qu'elle fut achevée en 123 par P. Metilius Secundus, légat d'Hadrien :

```
            IMP·CAES
       DIVI·NERVAE·NEPOS
       DIVI·TRAIANI·PARTHICI·F
        TRAIANVS·HADRIANVS
        AVG·PONT·MAX·TRIB·
          POT·VII·COS·III
        VIAM·A·KARHAGINE
         THEVESTEM·STRAVIT
         PER·LEG·III·AVG
         P·METILIO·SECVNDO
          LEG·AVG·PR·PR·
               LXXXV
```

Imp(erator) Caes(ar) Divi Nervae nepos, Divi Traiani Parthici f(ilius), Traianus Hadrianus Aug(ustus), Pont(ifex) Max(imus), trib(unicia) pot(estate) VII, Co(n)s(ul) III, viam a Carthagine Thevestem stravit per Leg(ionem) Tertiam Aug(ustam), P(ublio) Metilio Secundo Leg(ato) Aug(usti) pr(o) pr(aetore) [2].

Une autre inscription, découverte à Tebessa même, à 50 mètres de l'arc de triomphe de Caracalla, donne la dis-

---

[1] [Cf., plus loin, p. 433, pour le tableau des distances d'après la Table et l'Itinéraire. — S. R.] — [2] *Orelli*, 3564; *C. I. L.*, VIII, 10048.

tance exacte de Carthage à Théveste mesurée sur le tracé de
la voie : 191,740 pas :

>   IMP CAES
>   DIVI TRAIANI
>   PARTHICI F DIVI
>   NERVAE NEPOS
>   TRAIANVS
>   HADRIANVS AVG
>   PONTIF·MAX·TRIB
>   POT·VII COS III VIAM
>   A CARTHAGINE THE
>   VESTEM MIL P CXCI
>   DCCXXXX STRAVIT
>   P·METILIO
>   SECVNDO LEG
>   AVG PRO PR
>   COS DESIG
>   PER LEG III AVG[1]

Imp(erator) Caes(ar) Divi Traiani Parthici f(ilius), Divi Nervae nepos, Traianus Hadrianus Aug(ustus), Pontif(ex) Max(imus), trib(unicia) pot(estate) VII, Co(n)-s(ul) III, viam a Carthagine Thevestem millia passuum CXCIDCCXXXX stravit, P(ublio) Metilio Secundo Leg(ato) Aug(usti) propr(aetore) co(n)s(ule) desig(nato) per Leg(ionem) Tertiam Aug(ustam).

L'exactitude de ce chiffre de 191,740 pas n'est pas contestable et serait confirmée, au besoin, par les indications des trois milliaires[2], encore en place dans le défilé de Gouraï, dont l'un, celui de Kasr Gouraï, porte le chiffre CLXXXV. Or Kasr Gouraï est à 6 milles de Théveste. Comment expliquer dès lors les données fort différentes des deux routiers antiques? L'Itinéraire d'Antonin évalue à 195 milles la distance de Carthage à Théveste; la Table de Peutinger en compte 197 ou

---

[1] *Recueil des Notices de la Société archéologique de Constantine*, 1867, p. 392; *C. I. L.*, VIII, 10114. — [2] *C. I. L.*, VIII, 10107-10108, 10109-10110, 10113.

203 [1], suivant que l'on mesure cette distance par le tracé

[1] Les deux tracés de la Table sont de 197 milles, mais il faut ajouter à celui qui passe par Vallis la différence entre le chiffre de 6 milles, indiqué entre Thignica et Agbia, et celui de 12 milles qui représente la distance réelle. Nous donnons ci-dessous le tableau comparé des trois tracés.

	TABLE DE PEUTINGER.					ITINÉRAIRE D'ANTONIN.		
Distances de Carthage.	ROUTE passant par Membressa.		Distances de Carthage.	ROUTE passant par Vallis.		Distances de Carthage.	STATIONS.	Distances indiquées.
	STATIONS.	Distances indiquées.		STATIONS.	Distances indiquées.			
	Carthagine....			Carthagine....			Carthagine..	
		XIV			XIV			XXII
14	Ad Pertvsa....		14	Ad Pertvsa....				
		IV			IV			
18	Ad Mercurium..		18	Ad Mercvrivm..				
		II			II			
20	Invca.........		20	Invca.........			Vnvca.......	
		XIII			XIII			VII
33	Sicilibba......		33	Sicilibba......			Sicilibba....	
		V			V			XV
38	Thvrris......		38	Thvrris......				
		IV			VI			
42	Chisidvo......		44	Vallis........		44	Vallis.......	
		VIII			X			XX
50	Membressa....		54	Ad Atticille...				
		XVI			X			
66	Tichilla......		64	Chorevа......		64	Coreva.....	
		XII			VIII			
			72	Aqvis........				
					VI			
78	Thignica......		78	Thignica......				XXVIII
		VI			VI			
84	Agbia........		84	Agbia........				
		VII			VII			
91	Mvsti........		91	Mvsti........		92	Mvsti.......	
		VII			VII			
98	Thacia........		98	Thacia........				XXX
		VII			VII			
105	Drvsiliana.....		105	Drvsiliana.....				
		XII			XII			
117	Larabvs.......		117	Larabvs.......		122	Laribvs.....	
		VII			VII			XVI
124	Orba.........		124	Orba.........				
		XVI			XVI			
140	Altvbvros.....		140	Altvbvros.....		138	Altibvros...	
		XVI			XVI			
156	Mvtia........		156	Mvtia........				XXXII
		XVI			XVI			
172	Ad Medera....		172	Ad Medera....		170	Ad Medera..	
		XIV			XIV			
186	Ad Mercvrivm..		186	Ad Mercvrivm..				XXV
		XI			XI			
197	Theveste.....		197	Theveste.....		195	Theveste...	
		CXCVII			CXCVII			CXCV

passant par Membressa ou par la route parallèle qui, se détachant à Thurris de la grande voie de Carthage à Sicca, la rejoignait à Thignica, après avoir traversé *Vallis, Ad Atticille, Coreva* et *Aquis*.

A ces difficultés se joignaient, pour ceux de nos devanciers qui ont essayé de déterminer le tracé de la route de Carthage à Théveste, celles que créait l'ignorance dans laquelle on se trouvait des synonymies exactes de *Ad Pertusa, Ad Mercurium, Inuca, Sicilibba, Thurris, Vallis, Ad Atticillae, Coreva* et *Aquis*. Les correspondances de *Chisiduo* et de *Tichilla* n'étaient même pas solidement établies. Il n'est donc pas étonnant que les plus perspicaces aient fait fausse route jusqu'ici. Letronne, dans un mémoire spécial sur la voie de Carthage à Théveste, a supposé à tort qu'elle se confondait, jusqu'à Drusiliana, avec celle de Carthage à Cirta par Sicca. L'analyse de Mannert est inintelligible. Celle de Lapie ne vaut guère mieux, et le dernier auteur qui se soit spécialement occupé du réseau routier de la province d'Afrique, M. Partsch, a été jusqu'à nier l'existence des deux routes parallèles que la Table de Peutinger dessine cependant si nettement entre Thurris et Thignica [1].

[1] J. Partsch, *Africae veteris Itineraria*, Breslau, 1871, p. 47-52 :

« Inde a Thurri Thignicam usque praeter iter Vallitanum alteram etiam viam, quae per Bagradae ripam procedens Membressam (Medjez-el-Bab) attingeret, a Romanis munitam esse, quamvis tabula Peutingeriana indicari videatur, facere tamen non possum quin negem. Quid enim eo adducere potuisse credamus Romanos, ut militares vias duas vix II et III m. p. inter se distantes sternerent, quarum altera nec brevitate, nec facilitate alteri praestaret? Veri multo similius ac paene certum est (id quod Carolus Neumann studiorum meorum fautor illustrissimus mihi persuasit), una semper via nec vero in ea mutationibus et mansionibus semper iisdem Romanos usos esse. An quis fieri potuisse neget, ut imperator quidam sive ne eadem continuo oppida equorum, vehiculorum, pabuli, stabulorum praebendorum onere premerentur, sive aliis causis permotus, mutationes et mansiones alia ad oppida transferret? Quo facto, cum in itinerariis alia oppida nominanda essent, itinerariis scriptis totum iter Mustitanum nominibus et inter-

C'est précisément cette route parallèle dont on a nié l'existence qui donne le mot de l'énigme qu'il avait été impossible de résoudre jusqu'ici. Un hasard heureux m'ayant permis en 1856 de déterminer l'emplacement de Vallis, j'avais acquis dès ce moment la certitude que la voie qui se détache, dans la Table de Peutinger, de la route de Carthage à Sicca à la hauteur de Thurris, pour la rejoindre à Thignica, devait passer par les plateaux inexplorés qui dominent la rive droite de la Medjerda. C'est là, en effet, que je l'ai retrouvée en 1876. Je soupçonnais en même temps l'existence, entre Coreva et Agbia, d'un *compendium* abrégeant la route de la Table de Peutinger et représentant le tracé primitif. M. Poinssot, que j'avais prié de faire des recherches dans cette direction, l'a effectivement retrouvé en 1883.

La voie construite par P. Metilius Secundus en 123 ne se confondait donc pas, jusqu'à Drusiliana, avec la route punique de Carthage à Sicca. Elle ne suivait le même tracé qu'entre Carthage et Thurris; à la hauteur de ce dernier point, elle se dirigeait au sud-sud-ouest pour gagner Vallis, traversait le plateau des Oulad-Trabelsi parallèlement au cours de la Me-

vallis mutationum novarum indicatis denuo insertum est, in itinerariis pictis cum eo loco, quo iter Mustitanum delineatum erat, nova nomina inserenda essent, nec tamen nomina vetera deleri possent, juxta lineam veterem altera appicta est eique nomina et intervalla stationum novarum adscripta sunt.

« Jam igitur duobus illis tabulae Peutingerianae itinerariis inter se junctis ita viae Mustitanae itinerarium constituere licet :

« Carthagine col. — xiv — Ad Pertusa — iv — Ad Mercurium — ii — Inuca — xiii — Sicilibba — v — Thurris — iv — Chisiduo — ii — Vallis — vi — Membressa — iv — Ad Atticillae — x — Coreva — ii — Tichilla — vi — Thignica = Aquae — xii — Agbia — vi — Musti. »

Il serait superflu de relever toutes les erreurs accumulées dans ce tracé de fantaisie, qui ne tient compte ni du témoignage concordant des deux routiers romains, ni de leurs données numériques, ni même de la vraisemblance au nom de laquelle l'auteur en fait si bon marché. L'hypothèse de M. Partsch se réfute d'elle-même.

djerda, et rejoignait la route punique à Agbia après avoir passé par Coreva. Un tronçon de voie construit sans doute à la même époque, ou peu de temps après, reliait en outre Coreva à Thignica en passant par Aquae. C'est à ce dernier tracé que se rapporte le chiffre de 197 milles donné par la Table de Peutinger. Les 191 milles qu'indique le milliaire récapitulatif de Tebessa s'expliquent par la route directe que l'étude du terrain nous a fait reconnaître entre Coreva et Agbia.

On pourrait déjà, *a priori,* reconnaître, dans la voie méridionale dessinée par la Table de Peutinger entre Thurris et Thignica, le tracé de la route de la Légion Troisième Auguste. L'Itinéraire d'Antonin fait passer la route de Carthage à Théveste par Vallis et Coreva[1], tandis qu'il donne à celle qui traversait Membressa le nom d'*Iter ab Hippone Regio Carthagine,* que portait la vieille route punique[2]. Les milliaires trouvés entre Thurris et Thignica, d'autre part, ne portent pas le nom de Théveste. A cette preuve négative se joignent aujourd'hui des documents positifs : les milliaires que j'ai découverts entre Vallis et Coreva, ainsi que ceux qui ont été trouvés depuis entre Coreva et Agbia, portant la mention : *Viam a Carthagine Thevestem* et la date de la construction de la voie. Il ne peut

---

[1] *Itin. Anton.,* XXIV, 6 :

A Carthagine Cirta...	m. p. m.	CCCXLI
Sitifi............	m. p. m.	C
Caesarea.........	m. p. m.	CCCI (*sic*)
A Carthagine Unuca..	m. p. m.	XXII
Sicilibra..........	m. p. m.	VII
Vallis............	m. p. m.	XV
Coreva...........	m. p. m.	XX
Musti............	m. p. m.	XXVIII
Laribus colonia.....	m. p. m.	XXX
Altieuros.........	m. p. m.	XVI
Ad Medera colonia..	m. p. m.	XXXII
Theveste colonia....	m. p. m.	XXV

[2] *Itin. Anton.,* XLIV, 4 :

Item alio itinere ab Hippone Regio Carthagine m. p. m. CCXXVIII (*sic*).

Tagaste..........	m. p. m.	LIII
Naraggara.......	m. p. m.	XXV
Sicca Veneria.....	m. p. m.	XXXII
Musti............	m. p. m.	XXXIV
Membressa.......	m. p. m.	XXXV
Sicilibba.........	m. p. m.	XVII
Unuca...........	m. p. m.	XIII
Pertusa..........	m. p. m.	VII
Carthagine.......	m. p. m.	XIV

donc subsister aucun doute sur le tracé général de la route construite en 123 par la Troisième Légion : de Carthage à Thurris, elle suivait le parcours de la route punique de Carthage à Cirta; de Thurris à Agbia, elle formait une voie de communication parallèle à cette même route; d'Agbia à Drusiliana, elle lui empruntait un second segment; à partir de Drusiliana, enfin, elle se dirigeait en droite ligne sur Théveste.

Les deux fragments ci-dessous, provenant des ruines de Sicilibba, prouvent d'ailleurs que l'œuvre de la Troisième Légion avait commencé aux portes mêmes de Carthage :

           a   *b*
.....O SECVNDO   XXXIII
.......PR · PR

Le fragment *b* donne le chiffre d'un milliaire dont le fragment *a* permet de restituer facilement le texte :

[*Imp Caesar*
Divi Nervae nepos
Divi Traiani Parthici f.
Trajanus Hadrianus
Aug . Pont . Max . trib .
pot. $\overline{VII}$ *Cos* $\overline{III}$
viam a Carthagine
Thevestem stravit
per leg. $\overline{III}$ *Aug.*
P. Metili]O SECVNDO
leg. Aug. PR · PR ·
[*mp.*]XXXIII

Le milliaire de Sicilibba date, comme on le voit, de

l'année 123 et prouve qu'en empruntant pour la nouvelle route le premier segment de la voie de Carthage à Sicca, Metilius Secundus avait complètement refait ce segment. Restaurée en 216 par Caracalla[1], la route de Carthage à Théveste fut réparée partiellement par Maximin[2], Gordien[3], Philippe[4], Gallus et Volusianus[5], Aurélien[6], Probus[7], Constantin[8] et Julien[9].

La route de Thurris à Vallis est jalonnée par une série de ruines. Le premier groupe se trouve à 20 minutes au sud-ouest d'Henchir el-Djemel (Thurris), le deuxième à un quart d'heure du premier; le troisième, à 20 minutes plus loin, est appelé par les indigènes Henchir ed-Damous, « la ruine du souterrain, » ou Henchir el-Arfâoui, et domine une tranchée creusée dans le roc pour donner passage à la voie. Un quatrième groupe de ruines, situé à 7 minutes du précédent et à 28 de Sidi-Medien, est de beaucoup le plus important : quelques débris de colonnes y gisent au milieu de gros blocs, de fragments de corniches et d'entablements. J'ai compté une heure et demie de marche entre Henchir el-Djemel et Sidi-Medien, ce qui représente, à raison de 4 milles par heure, les 6 milles indiqués par la Table entre Thurris et Vallis.

Il existe encore sur ce parcours deux milliaires datant de la restauration de l'année 216 : le premier est couché dans les ruines d'El-Arfâoui et porte le chiffre xxxxi. L'autre, situé à

---

[1] *C. I. L.*, t. VIII, 10061, 10066, 10070, 10074, 10082, 10093, 10094, 10096, 10098, 10102, 10104, 10105, 10107, 10109, 10111, 10113.
[2] *Ibid.*, 10047, 10063, 10073, 10075, 10083, 10089 ?, 10095.
[3] *Ibid.*, 10079.
[4] *Ibid.*, 10049, 10077, 10078.
[5] *Ibid.*, 10046.
[6] *C. I. L.*, t. VIII, 10076.
[7] *Ibid.*, 10085.
[8] *Ibid.*, 10050, 10064, 10084.
[9] *Ibid.*, 10103, 10108, 10110, 10112 a.
Le milliaire de Decius (*C. I. L.*, t. VIII, 10051) n'appartient certainement pas à la route de Carthage à Théveste. [Cf. *C. I. L.*, VIII, 865. — S. R.]

1,200 mètres plus loin, dans la direction de Vallis, porte le chiffre xxxxii.

L'identité de Vallis et de Sidi-Medien[1] est prouvée par l'inscription suivante, provenant de cette dernière localité[2] :

```
           A D
          IO NO
   LISSIMO CAE
   ARI COLONIA
   VALLIS NVMINI
   EIVS DEVOTA.
```

[M(arco) Opellio Di]ad[umenian]o no[bi]lissimo Cae[s]ari Colonia Vallis numini ejus devota.

Abstraction faite de son importance au point de vue de la géographie comparée, cette dédicace offre un double intérêt. Elle nous apprend d'une part que Vallis, qualifiée de municipe dans plusieurs inscriptions qu'elle a fournies[3], était déjà une

---

[1] [Cf. C. I. L., VIII, p. 160, 937; Ephemeris, V, p. 343, 496; Archives des Missions, IX, 1882, p. 71; Bulletin des antiquités africaines, III, 1885, p. 90. — S. R.]

[2] Je l'ai découverte en 1856 à Kasr et-Tir, où elle était encastrée dans le mur d'un abreuvoir. J'ai su par les indigènes qu'elle provenait des ruines de Sidi-Medien. Elle a été publiée dans l'Annuaire de la Société archéologique de Constantine, 1854-1855, pl. XVIII, n. 1. (C. I. L., t. VIII, 1274.)

[3] C. I. L., t. VIII, 1280 :
```
   VETTIAE·Q·F
   QVINTAE·FLA
   MINICAE·PERP
   MVNICIPII·VAL
   LITANI CONIVGI
   CLVVI·TERTVLLI
   NI CVRATORIS
   REI·PVBLICAE
   DecuRIONES·DE
   SVO·FECERVNT
```

C. I. L., t. VIII, 1282 :
```
   . . . . . . . . . . . . . . . . . . . . . . . . . I M
   PATRONI·MVNIC·SVI
   VALLITANI·AD REMVNE
   RANDAM·ADFECTIONEM·
   EIVSDEM·C·VIATI·QVAM
   ET·PATRIAE·ET·CIVIBVS·MV
   NIFICE·PRAEBVIT ORDO·DEC·
   DECRETO. . . . . . . . . . . . . . . . . . . .
```

Le C. Viatus dont il est question dans

colonie romaine en 218, date de la mort de Diaduménien. Ni la Table de Peutinger ni l'Itinéraire d'Antonin ne lui donnent ce titre. Elle le portait encore au IVe siècle, comme le prouve l'inscription dont nous donnons le texte ci-dessous, et qui a été trouvée entre El-Arfâoui et Sidi-Medien, à 1 mille du premier point et 2 milles du second :

> D·N·VALERIO LICINI
> ANO LICINIO IVN
> NOBILISSIMO CAES
> COL VALLIS NVMI
> NI EIVS DEVOTA.[1]

Elle avait encore conservé assez d'importance au milieu du même siècle pour devenir la résidence du *rationalis summarum Africae*[2]. Un de ses évêques, Restitutus, figure au concile tenu à Carthage en 525[3]. L'inscription de Kasr et-Tir prouve en outre, au point de vue de la nomenclature géographique, que l'ablatif *Vallis* de la Table de Peutinger et du Code de Théodose avait remplacé de bonne heure la forme correcte *Valli*, dont l'accusatif *Vallos* se trouve dans l'Itinéraire d'Antonin[4]. Vallis n'avait donc pas emprunté son nom à sa position topographique : elle le devait aux palissades, *valli*, qui avaient formé sa première enceinte.

La ville antique couvrait un plateau elliptique, allongé de

---

ce fragment est peut-être le Γάϊος Οὐάτιος Τέρτιος cité par Phlégon de Tralles (frag. XXIX, 1), parmi les nombreux centenaires qu'avait fournis la ville de Plaisance. — [Vallis est encore qualifiée de municipe dans les inscriptions *Ephemeris*, V. 525, 526. — S. R.]

[1] [Cagnat, *Archives des Missions*, IX, 1882, p. 71; *Ephemeris*, V, 1095. — S. R.]

[2] *Cod. Theod.*, lib. X, tit. 1, l. 7, *De jure fisci* :
« P. P. VI Kal. Iul. Val. Constantio A. IX et Iuliano Caesare coss. » (357).

[3] Hard., *Conc.*, t. II, p. 1082.

[4] L'Anonyme de Ravenne écrit *Baldis*.

l'est à l'ouest, défendu au nord par un ravin aux bords escarpés, au fond duquel coule l'Oued el-Hamar, et circonscrit, à l'ouest et au sud, par des pentes abruptes qui s'adoucissent à l'est.

Un pont, dont les vestiges existaient encore lors de ma première exploration, la rattachait à un faubourg situé sur la rive droite de l'Oued.

La partie centrale du plateau en est aussi le point culminant et était occupée par le castrum, dont les murailles, construites en pierres de grand appareil, offrent encore une certaine élévation du côté de l'est. Le reste de l'édifice ne présente plus qu'un amas de décombres. De ce point jusqu'à l'extrémité occidentale du plateau, qui forme un éperon très accentué au-dessus de la vallée de l'Oued el-Hamar, le sol est jonché de pierres taillées, de fûts de colonnes et de menus débris; des ouvertures béantes laissent apercevoir, à chaque pas, de profondes citernes : aucun édifice, toutefois, n'a laissé de traces saisissables dans cette partie de la ville.

A l'extrémité opposée du plateau, au contraire, on remarque les vestiges d'une puissante construction : six énormes piliers carrés, disposés sur deux lignes, du nord au sud, s'élèvent encore à six ou sept mètres au-dessus du sol et paraissent avoir appartenu à une porte monumentale. Les trois piliers de l'ouest formaient certainement les pieds-droits de deux arcades dont les premiers vousseaux existent encore. Les piliers de la façade est ont beaucoup plus souffert, mais devaient présenter la même disposition. A en juger par la dimension et le choix de ses matériaux, l'édifice doit remonter à l'époque des Antonins.

Tout l'espace compris entre les ruines et la Zaouïa de Sidi-Medien, située au pied du castrum, est occupé par des vergers abandonnés et par des massifs de cactus gigantesques qui ont pris racine parmi les ruines bouleversées de la ville antique.

Les ruines que l'on remarque dans le faubourg de la rive droite de l'Oued el-Hamar sont celles d'un édifice assez considérable : douze piliers sont encore debout. Il m'a été impossible d'explorer l'intérieur de ce monument, occupé alors par quelques familles tripolitaines.

La plupart des monuments de Sidi-Medien datent de la fin de l'époque des Antonins. On y trouve trois dédicaces à Caracalla, et ces inscriptions, à en juger soit par leurs dimensions, soit par la grandeur des caractères, ont dû appartenir à des édifices importants. Comme le fils de Septime Sévère est, d'ailleurs, le souverain dont le nom s'associe le plus souvent, dans les monuments de la Proconsulaire, au développement matériel des cités de cette province, on peut supposer que Vallis lui a dû son titre de colonie. Ce titre est, dans tous les cas, postérieur au règne de Vespasien, puisque Pline ne cite pas Vallis parmi les colonies de l'Afrique propre.

Au delà de Vallis, la voie romaine longe le versant sud-est du Djebel Morra; elle est par conséquent à peu près parallèle à la route de Membressa à Tichilla qui suit le versant opposé de la même chaîne. A gauche le terrain descend en pente douce jusqu'à l'horizon, borné par les collines de Tellat el-Ghozlân qui limitent la vallée de l'Oued Melian. Un peu plus au sud, la double cime du Djebel bou-Kourneïn indique la position de Thuburbo Majus et de la Sebkhat el-Koursia. En face, et dans le lointain, se profilent les lignes accidentées du Djebel er-Rih'an, au delà duquel coule la Siliana.

Les premiers vestiges de la route antique se trouvent à 1,500 mètres de Sidi-Medien. Bombée et présentant un relief assez prononcé, elle n'offre pas de traces de dallage : l'*agger* est simplement formé de pierres de dimension moyenne solidement noyées dans un lit de mortier; deux cordons de pierres régulièrement posées de biais le limitent de chaque côté.

A 15 kilomètres au sud-ouest de Sidi-Medien, la voie romaine traverse des ruines assez étendues. Un milliaire brisé par le milieu et dont les deux tronçons ont été fichés dans le sol, sur le bas côté gauche de la chaussée, pour servir d'appui à un gourbi berbère, porte cette inscription mutilée, qui se reconstitue facilement d'après les milliaires de Carthage et de Théveste :

```
.....................
TRAIANVS H........
AVG·PONT..........
POT·VII·COS........
VIAM A KARTHAGINE
THEVESTEM.........
PI.................
```

[*Imp(erator) Caes(ar) Divi Nervae nepos, Divi Traiani Parthici f(ilius)*] *Traianus H[adrianus] Aug(ustus) Pont(ifex)* [*Max(imus) trib(unicia)*] *pot(estate) VII Co(n)s[ul III)] viam a Karthagine Thevestem* [*stravit*] *p[er Leg(ionem) Tertiam Aug(ustam) P(ublio) Metilio Secundo Leg(ato) Aug(usti) pro pr(aetore)]*[1].

L'autre tronçon, enterré comme le premier la tête en bas, donne le chiffre LIIII.

C'est précisément la distance indiquée par la Table de Peutinger entre *Ad Atticille* et Carthage.

Les ruines d'Ad Atticille couvrent deux éminences au pied desquelles passait la voie romaine, et s'étendent en outre à une certaine distance dans la plaine, à gauche de la voie. La

<small>A<small>D</small> A<small>TTICILLE</small>
(*Henchir Amara, Henchir Goubella*).</small>

---

[1] *Corpus*, t. VIII, n° 10065.

partie du bourg antique qui occupait la colline du nord paraît avoir été la plus considérable : elle a reçu des indigènes le nom d'*Henchir Amara*. Quelques enceintes en pierres de grand appareil se dessinent encore parmi les décombres, mais aucun édifice n'est resté debout. Les ruines du sud sont appelées *Henchir Goubellat* et servent de campement à un douar de Tripolitains.

Ad Atticille figure dans l'Anonyme de Ravenne, sous les noms plus ou moins défigurés, suivant les manuscrits, d'*Aitigilem, Amgilen, Atagilen*, à la place qu'elle occupe dans la Table, c'est-à-dire entre Vallis et Coreva[1].

Presqu'au sortir de Goubellat la voie romaine change de direction : elle quitte le versant du Djebel Morra pour s'enfoncer dans le massif même de la montagne. Les pentes qu'elle gravit par trois lacets sont couvertes de hautes et épaisses broussailles. La route antique seule a été respectée par cette végétation luxuriante : c'est à peine si quelques bruyères ont pris racine dans les interstices des pierres de l'agger. Rien n'a changé dans cette solitude depuis douze siècles : la voie romaine est telle que l'ont parcourue les derniers courriers des gouverneurs byzantins de Carthage et les premiers éclaireurs de l'invasion arabe.

A 40 minutes de Goubellat, la route atteint le sommet des premières pentes, qui sont les plus rapides. On remarque sur le bas côté droit de l'agger des citernes, construites sans doute en même temps que la voie. A 55 minutes de ce dernier point, la route romaine franchit la crête élevée qui rattache la chaîne du Djebel Morra à celle du Djebel Rih'an, par un col auquel les indigènes donnent le nom de *Khangat et-Tlit*, le « défilé du

[1] Le pluriel *Ad Atticillas* que donne l'*Onomasticon* du P. de Vit ne se trouve, à notre connaissance, dans aucun texte antique.

petit plateau », et passe sous les ruines d'un édifice antique qui domine les deux versants.

Ces ruines cependant ne sont pas celles d'un poste militaire : elles semblent appartenir à un de ces grands mausolées si nombreux dans la régence de Tunis. Complètement bouleversé par les chercheurs de trésors, le monument de Khangat et-Tlit ne présente plus qu'un monceau de décombres au milieu desquels a poussé un bouquet d'oliviers sauvages. Toute la partie antérieure du massif de blocage sur lequel s'élevait l'édifice a été mise à découvert et laisse apercevoir la chambre sépulcrale. Les deux faces latérales ont disparu sous les débris amoncelés du mausolée proprement dit; la façade postérieure, seule, est reconnaissable : les deux premières assises du revêtement existent encore et laissent voir aux angles la base des pilastres cannelés qui ornaient le monument. Un bloc mutilé, qui appartenait sans doute au fronton, offre une couronne de lauriers au centre de laquelle se trouve une rosace. Un autre bloc, dont la partie inférieure est ornée d'une moulure à feuilles d'acanthe, porte ces quelques lettres :

M·FLAV[1]

Khangat et-Tlit est à 6 milles de Goubellat (Ad Atticille) et par conséquent à 60 milles de Carthage. C'est le chiffre que donnent deux milliaires couchés à quelques pas du mausolée de M. Flavius dans des ruines appelées Henchir Zazia. L'un de ces milliaires, le seul lisible, date de l'année 237, époque à laquelle Maximin fit restaurer la voie de Carthage à Théveste,

---

[1] [*Bulletin des antiquités africaines*, III, p. 91. — S. R.]

devenue la « route de Carthage aux frontières de la province de Numidie ».

	IMP·CAES·C· *iulius ve*
	RVS·MAXI*minus pius*
	FEL*ix aug.germ.max.sar*
	MATICVS MAX*imus*
(sic)	DACCICVS *maximus*
	PONT MAX·*trib.*
	POTEST III·*imp.vi*
	ET C·IVLIVS *verus*
	MAXIMVS *nobilissi*
	MVS CAES·*princeps*
	IVVENTVTIS· *germ.ma*
	X·SARMAT·*max.da*
(sic)	CCICVS MAX·*viam a*
	KARTHAGINE·*usq.ad*
	FINES NVMIDIAE
	PROVINCIAE *longa*
	INCVRIA CO*rrupta*
	M ADQVE *dilap*
	SAM RESTIT*ue*
	R V N T
	L X[1]

La voie antique, au delà d'Henchir Zazia[2], descend en serpentant dans une dépression profondément ravinée. Sur plusieurs points l'agger a été emporté par les eaux. A 3 kilomètres au-dessous du col de Khangat et-Tlit, les ruines d'un poste romain couvrent un plateau d'une centaine de pas que les indigènes appellent *Henchir Kerâan* ou *Henchir Tillat ed-Douames*. Une borne placée à droite de la route et appartenant à la

---

[1] [Cette inscription a été publiée depuis, avec de légères différences, dans le *Bulletin des antiquités africaines*, t. III, p. 91. Nous suivons le texte de M. Tissot. — S. R.]

[2] [Cet henchir est appelé *Henchir el-Zezia* par M. Poinssot, *Bulletin des antiquités africaines*, III, p. 91. — S. R.]

série des milliaires de l'année 123 porte le chiffre LXII. Deux autres fragments de bornes donnent le même chiffre :

```
  . . . . . . . . .                  . . . . . .
  PIO FELICI                         O COS.
  A V G · N̄                          L X I I¹
     LXII
```

Au-dessous d'Henchir Kerâan la voie romaine se bifurque en deux segments, dont l'un se dirige en droite ligne sur Agbia, tandis que l'autre descend vers Coreva. Nous suivrons d'abord le premier, qui représente le tracé primitif de la voie de Carthage à Théveste.

A 5 milles d'Henchir Kerâan, la voie atteint la Siliana qu'elle traversait à Henchir el-Baghla, entre Henchir Dermouliya (Coreva) et Bou-Djelida. Les ruines peu étendues d'Henchir el-Baghla couvrent un plateau rocheux qu'enferme presque complètement une des sinuosités du cours de la Siliana. Les seuls débris reconnaissables sont ceux d'une porte construite en pierres de taille et d'un aqueduc en blocage qui franchissait un ravin profond. M. Poinssot y a trouvé les deux milliaires ci-dessous² :

a

```
IMP · CAES · M ·
AVRELIVS AN
TONINVS PIVS AVG
PARTHICVS MAXI
MVS BRITANNICVS
MAXIMVS GERMA
NICVS MAXIMVS
TRIB·POTEST·XIX
C  O  S   I I I    P P
R  E  S  T  I T V I T
LXVI
```

[1] [Ces fragments ont été publiés depuis dans le *Bulletin des antiquités africaines*, t. III, p. 93. — S. R.] — [2] [*Bulletin des antiquités africaines*, t. III. p. 93. — S. R.]

b

IMP · CAES · C · IVLIVS
VERVS MAXIMINVS
PIVS FELIX AVG GERMANI
CVS MAX SARMATICVS
MAX DACICVS MAX
PONTIFEX MAX TRIB POT · IIĪ
IMP V▓▓▓▓▓▓▓▓▓▓▓▓▓
M▓▓▓▓▓▓▓▓▓▓▓CAES
PRI▓▓▓▓▓▓▓▓▓▓▓▓▓
. . . .

Le premier de ces deux milliaires date, comme on le voit, de la restauration de la voie en 216, l'autre de celle de l'année 237.

Après avoir franchi la Siliana, la route s'engage dans le massif accidenté qui sépare le bassin de cette rivière de celui de l'Oued Khalled. Elle gravit des pentes assez abruptes, traverse le défilé de Bir-Younès, où se trouvent les ruines d'un poste romain, et à 1,500 mètres plus loin atteint l'Oued Hadjarat, près de son confluent avec l'Oued Gossa. Il existe encore quelques vestiges du pont.

A 2,200 mètres de l'Oued Hadjarat, on remarque trois bases encore en place sur la voie.

Deux des fûts ont disparu. Le troisième, brisé en quatre fragments, appartient à la série de l'année 123.

a

IMP C

b

DIVI NERVAE NE▬
DIVI TRAIANI PAR▬
TRAIANVS H▬
AVG PONT M̄▬
POT V̄Ī̄Ī̄▬
VIAM▬

c

I C I
RIANVS
T R I B

d

▬KARTH
THEVESTEM STRAVIT
PER LEG ĪĪĪ AVG
P METILIO SECVNDO
LEG·AVG·PR·PR[1]

A 1,500 mètres plus loin, la voie franchit l'Oued Hadjarat sur un pont en belles pierres de taille parfaitement conservé. L'arche unique mesure 3 mètres de hauteur sur 2^m,50 d'ouverture. La largeur de la voie, encore revêtue de son dallage, est de 8 mètres et demi.

Débouchant ensuite dans la vallée de l'Oued Khalled, la route suit d'abord le versant septentrional des collines d'El-Arôssa, puis elle traverse la plaine dans la direction d'Henchir Hedja (Agbia). A 3 kilomètres de ce dernier point, dans une

---

[1] [Cette même inscription paraît avoir été publiée depuis, avec quelques différences, dans le *Bulletin des antiquités africaines*, t. III, p. 95. — S. R.]

ruine, M. Poinssot a trouvé ce fragment appartenant à un milliaire du tracé de la Légion IIIe Auguste[1] :

P · *Metilio Secundo*
le G · *Aug* · PR · PR
—————
LXXXI

A 500 mètres plus loin, une borne gisant sur le bord de la route porte cette inscription mutilée :

IMP · CAES
▓▓▓▓▓VS
N▓▓▓II
TO PA▓▓
▓▓▓▓V▓
▓▓▓▓V▓

A 500 mètres enfin en deçà d'Henchir Hedja, sur un tronçon parfaitement conservé de la voie romaine, on trouve le milliaire suivant, qui remonte à l'année 268 :

IMP · CAES M
AVRELIVS CLAV
DIVS PIVS FELIX
AVGVSTVS PP PO
NTIFICI MAXIM
TRIBVNICIE POTE
STATI CONSVL
P P
—————
LXXX

Deux autres débris de borne donnent, l'un ces deux lignes :

INVICTO AVG
—————
LXX▓

[1] [*Bull. des antiquités africaines*, t. III, p. 98. — S. R.]

l'autre ce fragment, daté de l'année 254 :

```
        I M P · C A E S  P
        L I C I N I O  V A L E
        R I A N O  P I O  F E L  A V G
        P O N T · M A X  T R I B  P
        O T E S  C O S  II  P P
        P A T R I    D̄  N̄
        C A E S  P · L I C I N . . . . .
        . . . . . . . . . . . . . . . . . .¹
```

Moins directe que celle que nous venons de décrire, la route dessinée par la Table de Peutinger se dirigeait sur Thignica en passant par Coreva et Aquae. Elle laissait par conséquent au sud le tracé de l'année 123, et au nord la route de Carthage à Sicca, qu'elle ne rejoignait qu'à Thignica. Nous verrons qu'à la hauteur d'Aquae elle se rattachait par un *compendium* à Agbia.

A 1,800 mètres environ d'Henchir Kerâan, la voie antique disparaît au point où son tracé atteignait les dernières pentes du col, aussi rapides sur ce versant que du côté opposé. Il est évident qu'une grande partie de ces pentes marneuses a été minée et enlevée par les eaux. Au-dessous de la falaise on aperçoit la Siliana, coulant entre deux hautes berges ravinées, et au delà de la rivière, sur un plateau qu'elle enferme à demi dans une de ses boucles, se dessinent les ruines étendues de Coreva².

---

¹ [Ces trois inscriptions sont publiées un peu différemment dans le *Bulletin des antiquités africaines*, t. III, p. 97, nos 791, 792, 793. — S. R.]

² La carte du Dépôt de la guerre place le cours de la Siliana beaucoup trop à l'ouest : la différence est de près de 12 kilomètres. En mesurant, avant mon exploration, l'espace laissé vide sur cette carte entre l'Oued el-Hamar et la Siliana, j'avais été amené à supposer que je rencontrerais Coreva à 8 milles à l'est de la Siliana et Aquae sur la Siliana même. Coreva est située en réalité sur la rive gauche de cette

COREVA
(*Henchir Dermouliya*).

Désignées sous le nom d'Henchir Dermouliya, les ruines de Coreva[1] couvrent une plate-forme dominée à l'ouest par le Djebel Nottah', et présentant au sud et à l'est des pentes assez escarpées qui s'adoucissent vers le nord. La partie la plus élevée du plateau plonge à pic, du côté du sud-est, dans le lit de la Siliana, qui en ronge les berges, et porte les vestiges d'une citadelle construite en pierres de grand appareil. Un peu plus au sud on aperçoit, couchées dans la rivière, d'énormes masses de blocage appartenant au pont sur lequel passait la route de Coreva à Thuburbo Majus. Il devait exister un autre pont à l'est, dans l'axe de la voie de Carthage à Théveste : l'éboulement des berges l'a fait disparaître.

Aucun centre arabe ne s'est jamais élevé sur l'emplacement de Coreva. Les ruines de la cité antique, comme celles de Thignica, ont servi de carrières lors de la fondation de la petite ville andalouse de Testour, et Henchir Dermouliya n'offre plus aujourd'hui qu'un vaste amas de décombres dont le périmètre égale à peu près celui des ruines de Vallis.

La Table de Peutinger écrit *Choreva;* l'Itinéraire d'Antonin, *Coreva* et *Coreba;* l'Anonyme de Ravenne donne la forme de l'accusatif *Corebam.* Ce sont les seuls documents antiques qui mentionnent cette petite ville : son nom ne se retrouve même pas dans la liste des évêchés de la Proconsulaire.

Au delà d'Henchir Dermouliya la voie romaine, contournant la base du Djebel Nottah', prend la direction du nord-ouest,

rivière, là-même où je m'attendais à trouver Aquae. De pareilles erreurs sont fréquentes sur la carte de 1857; et j'ajouterai qu'elles étaient inévitables, cette carte ayant été dressée d'après des reconnaissances partielles, d'une valeur fort différente, et raccordées tant bien que mal. Celle que je viens de signaler suffit pour prouver l'impossibilité de reconstituer avec certitude, d'après des documents aussi imparfaits, la géographie comparée de la Proconsulaire.

[1] [Cf. *Bull. des antiquités africaines*, III, p. 93; Cagnat, *Explorations*, II, p. 149. — S. R.]

puis celle de l'ouest-nord-ouest. Elle ne tarde pas à disparaître au milieu des pentes déchirées et tourmentées qui séparent la montagne de la Siliana. Toute cette région, du reste, est absolument inhabitée et présente l'aspect le plus sauvage. Au nord-est, sur la rive droite de la Siliana, se dresse un pic très élevé, semblable au Djebel Nottah' et qui porte le nom berbère de Djebel Kentchilou. Au delà des dernières pentes de ce pic, surgissent, comme une muraille rougeâtre, les masses abruptes et complètement dénudées du Djebel bou-Safra. A gauche se dessine une autre chaîne rocheuse, beaucoup moins élevée, qui se relie au massif du Nottah' par une série de hauteurs dont la voie de Coreva à Thignica devait longer le versant septentrional. C'est là que se retrouve la station d'Aquae, placée par la Table à 6 milles de Thignica et à 8 milles de Coreva; ses ruines, appelées *Henchir el-Baghla*, occupent, dans le voisinage de la source sulfureuse d'*Aïn Kibrit* «la fontaine du soufre», une large dépression ouverte dans la chaîne par laquelle le Djebel Nottah' se rattache aux montagnes d'Aïn-Tounga (Thignica) et qui fait communiquer les deux bassins que cette chaîne sépare. Elles offrent à peu près le même aspect que celles de Coreva : beaucoup de gros blocs taillés, quelques débris de colonnes, des monceaux de décombres et pas un édifice debout, sauf un pan de muraille, semblable à un angle de tour et construit en grandes assises régulières. Tout près de cette ruine, qui marque la limite nord-est de l'enceinte, sont deux fragments mutilés d'un milliaire datant de la restauration de l'année 238. Sur le versant opposé du col, on remarque un autre fragment de borne appartenant à la série des milliaires de l'année 217[1]. La route, ainsi que nous l'avons dit, se bifurquait à Aquae.

---

[1] [*Corpus*, t. VIII, n°ˢ 10073 et 10074. — S. R.]

De ces deux milliaires, le premier appartient à la voie de la Table de Peutinger qui se dirigeait sur Thignica par le versant nord des collines d'Aquae, l'autre au *compendium* qui gagnait directement Agbia par le versant méridional de cette même chaîne en laissant Thignica sur la droite.

Nous avons déjà décrit, dans l'analyse de la route de Carthage à Cirta, le segment que celle de Carthage à Théveste, telle que la dessine la Table, lui empruntait entre Thignica et Drusiliana. De Musti à Lares, l'Itinéraire d'Antonin compte 30 milles. La Table en indique 14 jusqu'à Drusiliana, où la route de Théveste se séparait de nouveau de celle de Cirta, et 12 de Drusiliana à Lares. Ce dernier chiffre est trop faible : la distance réelle est de 16 milles, qui, ajoutés aux 14 milles comptés entre Drusiliana et Musti, donnent pour la distance totale de ce dernier point à Lares les 30 milles exactement indiqués par l'Itinéraire.

L'identité de *Lares* ou *Laribus*[1], car cette seconde forme paraît avoir prévalu de bonne heure, avec la *Lorbeus* arabe[2], ne résulte pas seulement de l'identité des deux noms : elle est constatée par l'inscription suivante encastrée dans l'angle d'une des tours de l'enceinte antique de Lorbeus :

DIVO
ANTONINO
CAESARI
COLONIA
AELIA
AVG·LARES[3]

---

[1] Coripp., *Joh.*, VI, 143 :

Urbs Laribus surgit, mediis tutissima silvis.

[2] [Cf. *Corpus*, t. VIII, p. 209, n°ˢ 10091-10095; *Ephemeris*, t. V, p. 371; *Bulletin des antiquités africaines*, t. II, p. 354; Espérandieu, *Épigraphie des environs du Kef*, n° 1, p. 1-14, avec un plan de Lorbeus. — S. R.]

[3] *C. I. L.*, VIII, n° 1779.

Les ruines de Lares couvrent une étendue considérable. L'enceinte, en partie debout, mais dont les matériaux hétérogènes trahissent une reconstruction hâtive, est évidemment celle dont Justinien dota Lares :

> ...muris munita novis quos condidit ipse
> Iustinianus[1].

La mosquée paraît avoir remplacé une basilique chrétienne. C'est celle qui fut, lors de la prise de Lorbeus par Abou Abd Allah ech-Chiâi, en 296 de l'Hégire, le théâtre de l'épouvantable massacre dont parle El-Bekri, et dans lequel périrent plus de trente mille personnes[2].

De Lares à Ad Medera, l'Itinéraire d'Antonin, dont le tracé est plus simple que celui de la Table, ne compte qu'une seule station : *Altievros* (Altiburos), placée à 16 milles de Laribus et 32 milles d'Ad Medera, dont la correspondance avec Haïdra n'est pas douteuse.

Aucune synonymie n'a été proposée jusqu'ici pour Altiburos[3]. Cette station se retrouve, dans ma conviction, à Henchir Medeïna, ruines très considérables que Pellissier a visitées le premier et dans lesquelles M. Guérin a cru trouver le Thibaritanum municipium de la liste des églises épiscopales d'Afrique[4]. Ces ruines sont placées par les reconnaissances de Pricot-Sainte-Marie à 4 milles et demi au sud-sud-ouest d'Ebba, près de la source de l'Oued Ma-es-Skhia, affluent de l'Oued

---

[1] Coripp., *Joh.*, VI, 144.

[2] El-Bekri, p. 112.

[3] [Ceci était vrai en 1875, au moment où écrivait M. Tissot. — S. R.]

[4] [Cf. Guérin, *Voyage*, II, p. 81; Euting, *Zeitschrift der deutschen morgenländischen Gesellschaft*, XXIX, p. 231; Sainte-Marie, *Mission à Carthage*, p. 108-113; *Corpus*, t. VIII, p. 213; *Ephemeris*, t. V, p. 374, n° 645; Cagnat, *Explorations*, III, p. 145; Espérandieu, *Épigraphie des environs du Kef*, 2ᵉ et 3ᵉ fasc., p. 5-11, avec le croquis des ruines. — S. R.]

Gorbeuch, et à 16 milles et demi d'Henchir el-Gheria, où nous plaçons la Mutia de la Table de Peutinger. La distance de ces mêmes ruines à Lorbeus est de 14 milles en ligne droite : elle est en réalité de 16 milles, puisque la route devait nécessairement contourner le Djebel Ebba. Henchir Medeïna se trouve donc dans les conditions indiquées par l'Itinéraire pour Altiburos, placée, comme on l'a vu, à 16 milles de Lares et 32 milles d'Ad Medera, à 16 milles par conséquent de Mutia. Elle occupe, en outre, par rapport à la route d'Orba à Mutia, la position que lui assigne la Table. Altiburos figure en effet sur ce dernier document au point où la route qui conduisait de Mutia à Thysdrus par Zama Regia se détache de la grande voie de Théveste à Carthage. Le nom d'Altiburos est immédiatement suivi du chiffre XVI, qui remonte vers la route d'Orba à Lares et paraît représenter les 16 milles indiqués par l'Itinéraire entre Lares et Altiburos. Un second chiffre XVI, placé entre celui d'Altiburos et d'Altessera, donne la distance qui séparait ces deux dernières localités.

L'identité d'Altiburos et d'Henchir Medeïna résulte donc des trois données numériques fournies par les deux routiers. Elle me paraît confirmée, en outre, par le document épigraphique suivant, sur lequel M. Guérin s'était appuyé pour identifier Medeïna à Tibaria :

................IVI

▰▰▰▰▰▰▰▰▰▰▰▰▰▰

THIB..ITANVM PEC

...............DDP[1]

[1] [Pellissier, *Rev. arch*, 1848, p. 389; *Description de la Régence*, p. 292; Guérin, *Voyage*, II, p. 82, n° 280; *C. I. L.*, VIII, n° 1824. La restitution *al*THIB*url*TA-NVM a été proposée aussi par M. Partsch, *De viis Africae*, 1874, p. 54. — Un second texte épigraphique donnant le même ethnique a été publié comme il suit dans

Ce fragment très mutilé, qui faisait partie d'une longue inscription placée sur un portique dont il existe d'autres débris, me paraît donner la seconde moitié de l'ethnique d'Altiburos, ALTHIBVRITANVM[1]. La première partie AL devait se trouver soit à la fin de la ligne précédente, soit sur le bloc voisin. La conjecture de M. Guérin, qui retrouve dans ce fragment le mot complet *Thibaritanum,* me semble d'ailleurs inadmissible :

1° Parce que l'ecclesia Tibaritana de la liste des évêchés appartient à la Byzacène et non à la Proconsulaire, et que la ville antique dont les ruines portent le nom de Medeïna faisait partie de cette dernière province;

2° Parce qu'il existe, précisément dans la Byzacène, un Henchir *Tibaria* que la carte du Dépôt de la guerre assimile, avec toute vraisemblance, au Tibaritanum municipium de la liste des évêchés[2].

Les ruines de Medeïna sont celles d'une cité dont l'enceinte peut avoir un développement de 5 kilomètres. Traversées par deux cours d'eau jadis bordés de quais, elles en occupent les

l'*Ephemeris* (t. V, n° 645) d'après une copie de M. Cagnat :

imp.caes.divi	NERV	ae..... DIVI *traiani*............
municipi	VM AL	THIB*a*RITANVM PEC*unia publica*
	ERVC	D D P *p* S. R.]

[1] L'ethnique de la liste des évêchés est *Altiburiensis;* mais on sait que plusieurs noms de villes donnent lieu à une double forme ethnique : *Abziritensis* quae et *Abderitana, Culcitanensis* quae et *Culusitana, Capsensis* quae et *Capsitana, Girbensis* quae et *Girbitana,* etc.

[2] [Nous avons laissé subsister le texte de M. Tissot, mais il est nécessaire de rappeler que la ville de *Thibar* ou *Tibar* a été découverte en 1885 par M. Cagnat et nous à Henchir Hamâmet, au nord du Djebel Gorrâ (cf. plus haut, p. 367). Morcelli (*Africa christiana*, t. I, p. 315) ne place l'*ecclesia Thibaritana* en Byzacène que sur la foi d'Hardouin, dont le seul argument est qu'un évêque de cette ville opina au concile de Carthage parmi d'autres évêques de la Byzacène. — S. R.]

bords, ainsi que les versants des collines voisines. Le premier monument qu'on aperçoit, en venant du nord, est un temple, orné d'un portique, dont la cella, jadis divisée en deux compartiments, mesure 7ᵐ,50 en long et en large. Elle est séparée du portique par une arcade encore debout, flanquée à droite et à gauche de deux pilastres corinthiens. C'est du fronton de ce temple qu'est tombé le fragment dont nous avons parlé. A peu de distance on remarque les vestiges d'un édifice beaucoup plus considérable, mais dont il ne reste que les arasements. Un peu plus loin, vers le sud, on trouve les ruines d'un théâtre. Les gradins ont disparu, mais les arcades sur lesquelles ils reposaient existent encore. A l'extrémité opposée de la ville s'élève un arc de triomphe. La largeur de l'arcade est de 5ᵐ,25 ; sa hauteur, sous la clef de voûte, de 7 mètres. Les pieds-droits ont 3 mètres de largeur et sont ornés d'une colonne jusqu'à la hauteur de la première corniche, sur laquelle repose un pilastre qui soutient lui-même l'entablement.

La Table de Peutinger compte 7 milles de Laribus à *Orba*, 16 milles d'Orba à *Mutia*, 16 milles encore de Mutia à *Ad Medera*, dont la synonymie est assurée (Haïdra). L'identité de Mutia et d'Henchir el-Gheria[1] peut être également considérée comme certaine : elle résulte, d'une part, de la distance de 16 milles qui sépare cette localité d'Ad Medera, et elle est prouvée en outre par un milliaire portant le chiffre CL[2] qui existe encore, à peu de distance d'Henchir el-Gheria, sur un tronçon de la voie romaine. Or ce chiffre représente précisément la distance d'Henchir el-Gheria à Carthage, mesurée sur le tracé qui passe par Membressa (Medjez-el-Bab)[3].

---

[1] [*C. I. L.*, VIII, 10096, 10097. — S. R.]

[2] [Pellissier, *Rev. arch.*, 1848, p. 389;

Descr. de la Régence, p. 293; *C. I. L.*, VIII, n° 10097. — S. R.]

[3] En supposant admise l'exactitude du

Orba, dont le nom, sous cette forme, n'est probablement qu'une erreur de transcription dans la Table de Peutinger, a été retrouvée, avec raison croyons-nous, dans l'Obba qu'Édrisi place à 7 milles de Lorbeus, c'est-à-dire précisément à la distance indiquée par la Table entre Orba et Lares[1]. Orba porte aujourd'hui le nom d'*Ebba*. Le chiffre xvi indiqué par la Table entre Orba et Mutia doit être remplacé par le chiffre xxii : on compte en effet 22 milles d'Obba à Henchir el-Gheria.

ORBA.

Les ruines de *Mutia* se retrouvent, comme nous l'avons déjà dit, à Henchir el-Gheria, près de la koubba de Sidi-Brahim-Amor, à 5 milles au delà de l'Oued Serrat, sur la rive gauche de l'Oued Ras bou-Dinar ou Oued Megrassem, au sud-ouest du Djebel Zerissa et au nord-ouest du Djebel bel-Hanech. Elles n'offrent rien de remarquable.

MUTIA.

A partir d'Henchir el-Gheria la voie romaine prend une direction plus méridionale, et traverse le défilé qui sépare le Djebel Djeurd des hauteurs de Kalaât el-Djeurd. Il en subsiste un tronçon assez considérable qui décrit un coude dans le défilé même et indique que la voie reprenait la direction du sud-ouest jusqu'à Ad Medera.

Les grandes ruines d'Haïdra[2], situées à 25 milles de Tebessa sur la voie de Carthage à Théveste, sont certainement celles de l'*Ad Medera* des Itinéraires. L'orthographe de ce nom présente quelques variantes : la Table de Peutinger écrit *Ad Me-*

AD MEDERA (*Haïdra*).

---

chiffre xvi marqué entre Membressa et Tichilla. Nous avons déjà constaté, dans l'analyse de la route de Carthage à Hippo Regius par Cirta, que la voie romaine avait dû suivre, entre Membressa et Tichilla, les deux tracés qui existent encore.

[1] [Guérin, *Voy.*, t. II, p. 86. — S. R.]
[2] [Cf. *C. I. L.*, VIII, p. 50, n°' 10101,

10515-10518; *Ephemeris*, t. V, p. 273; Temple, *Excursions*, t. II, p. 205; Guérin, *Voyage*, t. I, p. 347-366; Pellissier, *Description de la Régence*, p. 294-298; Cagnat, *Explorations*, III, p. 94-114; Saladin, *Description des antiquités de la Régence* (*Archives des Missions*, t. XIII), 1886, p. 169-189. — S. R.]

dera; l'Itinéraire d'Antonin, *Admedera, Ad Medera, Ad Medra, Almedera;* Hygin, *Admedera*[1]; Procope, Ἀυμετέρα[2]; Orose, *Metridera*[3]; la Notice des évêchés donne les deux ethniques *Ammederensis* et *Amaderensis*. L'orthographe de Ptolémée[4], Ἀμμαίδαρα, est celle que donnent les textes épigraphiques les plus corrects[5] : *Ammaedara*.

Nous pouvions déjà conclure d'un passage d'Hygin[6] que le titre de colonie porté par Ammaedara datait au moins du règne de Trajan. Un fragment d'inscription trouvé à Haïdra le fait remonter à l'époque des Flaviens[7].

Les ruines d'Ammaedara couvrent une colline qui s'abaisse en pente douce vers la rive droite de l'Oued Haïdra. Un pont reliait à la ville proprement dite un faubourg assez étendu situé sur la rive gauche. Les deux berges de la rivière étaient revêtues de quais construits en pierres de grand appareil.

En face du pont, sur la rive droite, s'élevait le castrum, grande construction carrée mesurant environ 250 mètres sur chaque côté et percée de trois portes, à l'ouest, à l'est et au sud. La porte méridionale correspondait au pont; celle de l'est s'ouvrait sur la ville. Les murs de la forteresse paraissent avoir été reconstruits à la hâte à l'époque byzantine, et c'est évidem-

---

[1] *De limit. constit.*, p. 180, ed. Lachmann.

[2] *De Aedif.*, VI, vi.

[3] Orose, VII, xxxvi.

[4] IV, iii, 30.

[5] *C. I. L.*, VIII, n°ˢ 308, 309.

[6] Hygin, *De limit. constit.*, p. 180 : « Quibusdam coloniis postea constitutis, sicuti in Africa Admederae, decimanus maximus et kardo a civitate oriuntur et per quattuor portas in morem castrorum ut viae amplissimae limitibus diriguntur. »

[7] *I. A.*, 3194 (*C. I. L.*, VIII, 302):

HONORI
COLONIA FL

Honori....
Colonia Fl[avia Augusta emerita Ammaedara].

Le nom complet de la colonie, *Flavia Augusta emerita Ammaedara*, se lit sur une inscription funéraire (*C. I. L.*, VIII, 308).

ment à cette restauration que fait allusion la phrase de Procope : φρούριον τειχισάμενος ὅπερ καλοῦσιν οἱ ἐπιχώριοι Ἀὐμετέρα.

Un grand édifice, mesurant 70 pas sur 40, est contigu à l'enceinte orientale du castrum et servait probablement de lieu de réunion à la curie. L'une de ses façades, encore debout, est percée de cinq grandes fenêtres rectangulaires. A l'est de cette construction un large espace vide jonché de colonnes brisées ou couchées sur le sol représente le forum.

Les monuments encore reconnaissables d'Ammaedara sont : les ruines d'un grand théâtre, celles de quatre basiliques chrétiennes dont la plus grande mesure 50 pas sur 20, deux mausolées et deux arcs de triomphe. Le moins important de ces deux arcs s'élève sur la rive gauche de l'Oued Haïdra. L'autre n'est pas moins remarquable par ses dimensions que par l'élégance de son style. L'inscription suivante, gravée sur le fronton, constate que le monument était dédié à Septime Sévère et donne la date de sa construction, 195 :

IMP·CAES·L·SEPTIMIO·SEVERO·PERTINACI·AVG·P·M
TRIB·POT·III·IMP·V·COS·II·PP·PARTHICO·ARA
BICO·ET·PARTHICO·AZIABENICO·D·D·P·P

Imp(eratori) Caes(ari) L(ucio) Septimio Severo Pertinaci Aug(usto), P(ontifici) M(aximo), Trib(unicia) pot(estate) III, Imp(eratori) V, Co(n)suli II, P(atri) P(atriae), Parthico, Arabico et Parthico, Aziabenico. D(ecreto) d(ecurionum) p(ecunia) p(ublica)[1].

Enclavé, à l'époque berbère ou arabe, dans une vaste enceinte formée de blocs de toutes dimensions et de toutes provenances, l'arc de Septime Sévère a été transformé lui-même en réduit, au moyen de murs en pierres sèches qui en masquent

---

[1] *C. I. L.*, VIII, 306.

en partie les arcades. Cinq de ces pierres portent les fragments suivants d'une ou plutôt de deux inscriptions monumentales[1] :

a   *b*
IMP·CAES·L·S   SEVERI
EP.........IS

c   *d*
BICI AD   ADIABENIC
D   D·P

e
ERM·PP
P P

Les fragments *a* et *e* ont été attribués par M. L. Renier à une dédicace à Septime Sévère. Les fragments *b*, *c* et *d*, où le nom et les titres de cet empereur sont au génitif, prouvent qu'il s'agit d'une inscription en l'honneur de Caracalla. La répétition du nom de Sévère sur les fragments *a* et *b* et du surnom d'*Adiabenicus* sur les fragments *c* et *d* ne permet pas de douter que ces débris n'appartiennent à deux dédicaces.

AD MERCURIUM.   La dernière station, *Ad Mercurium*, est placée par la Table de Peutinger à 14 milles d'Ad Medera et 11 de Théveste. Les deux chiffres sont transposés. On ne trouve, en effet, aucune trace de station antique à cette double distance d'Haïdra et de Tebessa, tandis qu'il existe des ruines assez étendues à Aïn Chedjra, localité située exactement à 11 milles d'Ammaedara et à 14 milles de Théveste. Les distances sont donc interverties,

---

[1] [Wilmanns, dans le *Corpus* (VIII, n° 307), a reproduit ces fragments d'après les copies de Temple, Davis, Renier et Guérin; mais il n'a pas transcrit exactement la lecture donnée par M. Guérin du fragment *a*. M. Tissot n'a fait que juxtaposer les copies de M. Guérin (*Voyage*, I, p. 351); Wilmanns a essayé de restituer l'inscription à l'aide de six fragments, mais il a dû laisser de côté plusieurs morceaux. Il est en effet probable qu'il y avait deux dédicaces. — S. R.]

(463)

TABLE DE PEUTINGER.							ITINÉRAIRE D'ANTONIN.				
TRACÉ PAR MEMBRESSA.			TRACÉ PAR VALLIS ET THIGNICA.				TRACÉ PAR VALLIS, AQUAE ET AGBIA.				SYNONYMIES.
STATIONS.	Chiffres indiqués.	Chiffres vrais.	Distances réelles à partir de Carthage.	STATIONS.	Chiffres indiqués.	Chiffres vrais.	Distances réelles à partir de Carthage.	STATIONS.	Chiffres indiqués.	Chiffres vrais.	Distances réelles à partir de Carthage.	
CHAGINE...				CARTHAGINE...				CARTHAGINE.				Carthage.
PERTUSA...	XIV	14	14	AD PERTVSA...	XIV	14	14		XXII	20		El-Haïriria.
MERCVRIVM.	IV	4	18	AD MERCVRIVM.	IV	4	18					H' Si-Mrad.
A.......	II	2	20	INVCA	II	2	20	VNVCA....	VII	13	20	H' Reukba.
IBBA....	XIII	13	33	SICILIBBA.....	XIII	13	33	SICILIBBA...			33	
RIS	V	5	38	THVRRIS	V	5	38		XV	11		H' el-Djemel.
DVO....	IV	8	46	VALLIS	VI	6	44	VALLIS			44	Sidi-Medien.
BRESSA...	III	4	50	AD ATTICILLE.	X	10	54		XX	20		Medjez-el-Bab.
LLA....	XVI	16	66	....	X	10	64	....			64	Testour.
				CHOREVA.....				COREVA....				H' Dermouliya.
	XII	6	72	AQVIS......	VIII	8	72		XXVI			H' el-Baghla.
NICA....	VI	12	84	THIGNICA.....	VI	6	78		XXVII	24		Aïn-Tounga.
A.......	VII	7	91	AGBIA	VI	12	90		XXVIII			H' Hendja.
I.......	VII	7	98	MVSTI......	VII	7	97	MVSTI....			88	H' Mest.
IA......	VII	7	105	THACIA......	VII	7	104		XXX	30		Bordj Messaoudi.
LIANA...	XII	16	121	DRVSILIANA...	VII	7	111					H' el-Kalekh.
BVS.....	VII	7	128	LARABVS.....	XII	16	127	LARIBVS....	XVI	16	118	Lorbeus.
....	XVI			ORBA.......	VII	7	134					Ebba.
BVROS)..	XVI	22	150	(ALTVBVROS)..	XVI	22		ALTIVROS..	XXXII	32	134	Medeïna.
A.......	XVI	16	166	MVTIA......	XVI	16	156					H' el-Gheria.
MEDERA...	XIV	11	180	AD MEDERA...	XIV	11	172	ADMEDERA..	XXV	25	166	Haïdra.
ERCVRIVM	XI	14	191	AD MERCVRIVM.	XI	14	186					Aïn Chedjra.
ESTE....				THEVESTE			197	THEVESTE..			191	Tebessa.
CXCVII				CCIII				CXCXV				

et Aïn Chedjra peut être considérée, à notre avis, comme l'équivalent certain d'Ad Mercurium.

Nous résumons dans le tableau de la page précédente les trois tracés des Itinéraires et les corrections dont nous avons démontré la nécessité[1].

THÉVESTE (Tebessa).

Ni Strabon ni Pline ne font mention de Théveste[2]: son nom apparaît pour la première fois dans Ptolémée, et sa fondation, en tant que municipe, ne paraît pas remonter au delà du règne de Vespasien. Les plus anciennes inscriptions trouvées à Tebessa datent de cette époque[3]. Située sur les hauts plateaux qui commandent a la fois le Sahara et le Tell, Théveste était une position stratégique de premier ordre et elle avait déjà

---

[1] Les 117 milles indiqués par la Table entre Carthage et Lares, viâ Vallis, doivent être augmentés, comme nous l'avons vu: 1° des 6 milles marqués en moins entre Thignica et Agbia; 2° des 4 milles également marqués en moins entre Drusiliana et Lares. Mais il faut retrancher, d'autre part, de la somme des chiffres indiqués entre Lares et Théveste, les 10 milles qui représentent la différence entre la distance indiquée d'Orba à Mutia ($7 + 16 + 16 = 39$) et la distance réelle ($7 + 22 = 29$). Le total est de 197 milles.

[2] [C. I. L., VIII, p. 215, 939; Ephemeris, V, p. 375; Letronne, Arc de triomphe de Théveste, Revue archéologique, 1847, p. 360, 433 et pl. LXX; Moll, Mémoire sur Tébessa, dans l'Annuaire de Constantine, 1858-1859, p. 26-86, pl. II-IX, et 1860-1861, p. 188-221, pl. V; Girol, Notes archéologiques sur Théveste et ses environs, ibid., 1866, p. 173; Lac de Bosredon, Monuments de l'occupation romaine dans le cercle de Tébessa, dans le Recueil de Constantine, 1874, p. 53-76; Clarinval, Fouilles faites à la basilique de Tébessa en 1870, ibid., 1870, p. 6c5; Lac de Bosredon, Promenade archéologique dans les environs de Tébessa, ibid., 1876-1877, p. 381; 1878, p. 1; Farges, Découverte d'un sacrum à Tébessa, ibid., 1879-1880, p. 215; Chédé, Fouilles exécutées à Tébessa-Khella, dans le Recueil de Constantine, 1882, p. 269-279, pl. XVIII-XXI; Aurès, Les monuments de Tébessa, dans les Mémoires de l'Académie du Gard, 1866; Villefosse, Archives des Missions, 1875, p. 492; Tour du monde, 1880, II, p. 1-32 (Tébessa et ses monuments, avec gravures d'après des photographies : p. 9, vue générale de Tébessa; p. 15, aqueduc et pont byzantins; p. 17, arc de triomphe de Caracalla; p. 21, 23, temple de Minerve; p. 29, porte de Salomon; p. 31, arc de triomphe à quatre faces); Laurière, Rivista archeologica di Como, 1874, fasc. VI (la basilique). — S. R.]

[3] Le fragment qui figure sous le n° 3078 dans le Recueil des inscriptions romaines de l'Algérie remonte à l'année 77 (C. I. L., VIII, 1846).

acquis assez d'importance dans les premières années du second siècle pour que l'administration impériale jugeât nécessaire de la rattacher à Carthage par la grande voie que nous venons de décrire.

Sept autres routes la reliaient, la première à Cirta par Altaba et Sigus, la deuxième à Sitifis par Sigus et Visalta, la troisième et la quatrième à Lambaesis par les deux versants de l'Aurès, la cinquième et la sixième à Tacape par Thisurus et Thelepte, la septième enfin à Sufetula par Menegerre. La route qui se détachait à Mutia de la grande voie de Carthage à Théveste pour se diriger sur Thysdrus peut être considérée, en outre, comme destinée à établir une communication directe entre Théveste et le Sahel de la Province d'Afrique. Théveste était, comme on le voit, un des nœuds les plus importants du réseau routier.

Déjà florissante sous les Flaviens, Théveste vit son importance s'accroître au IIIe siècle : un de ses enfants, C. Cornelius Egrilianus, préfet de la XIVe légion sous Septime Sévère, consacra une partie considérable de sa fortune à embellir sa ville natale; c'est à lui qu'elle dut le magnifique arc de triomphe à quatre faces qui subsiste encore [1].

Du IIIe au IVe siècle, Théveste n'a d'autre histoire que celle

---

[1] Deux inscriptions gravées sur les murailles intérieures de l'arc de triomphe de Caracalla (*C. I. L.*, 1858 et 1859) rappellent les dispositions testamentaires de Cornelius Egrilianus. L'ancien commandant de la légion XIVe gemina enjoint à ses héritiers d'employer une somme de 250,000 sesterces à élever un arc de triomphe surmonté de deux tétrastyles contenant les statues des Augustes, ce qui prouve que le testament est antérieur au mois de mai 212 (date de l'assassinat de Geta), et à placer dans le forum la statue de Minerve. Une autre somme de 250,000 sesterces doit être remise à la municipalité et consacrée par elle à donner chaque année aux habitants soixante-quatre représentations publiques dans les thermes. Une dernière disposition lègue au Capitole de Théveste un certain nombre de vases d'or et de plats d'argent : *ad Kapitolium argenti libras centum et septuaginta, id est lances quatuor... et auri libras quatuordecim, id est phialas tres, scyphos duo...*

des épreuves de l'Église chrétienne. Maximilien en 295, Crispien et ses compagnons en 304, y reçurent les palmes du martyre. Plus tard, lorsqu'aux persécutions succédèrent les hérésies, la contrée située entre Tebessa et le Sahara fut un des principaux foyers du donatisme [1].

Saccagée et démantelée à l'époque de l'invasion vandale, Théveste fut relevée de ses ruines, en 540, par le préfet d'Afrique, Solomon, ainsi que le constate l'inscription suivante, encastrée dans la maçonnerie qui ferme en partie la porte septentrionale de l'arc de triomphe, devenue celle de la nouvelle ville [2] :

NVTV·DIVINO·FELICISS·TEMPORIB·PIISSIMOR·DOM
INOR·NOSTROR·IVSTINIANI·ET·THEODORAE
AVGG·POST·ABSCISOS·EX·AFRICA·VANDALOS
EXTINCTAMQVE·PER·SOLOMONEM·GLORIOSISS·
ET EXCELL·MAGISTRO·MILITVM·EX·CONSVL·PRAEFECT·
LIBYAE AC PATRICI◦ VNIVERSAM MAVRVSIAM GENTEM
PROVI▬▬▬▬▬DEM AEMINENTISSIMI VIRI THE
VESTE▬▬▬▬▬A·VNDAMENT·AEDIFICATA·EST

Nutu divino, feliciss(imis) temporib(us) piissimor(um) Dominor(um) nostror(um) Iustiniani et Theodorae Aug(ustorum), post abscisos ex Africa Vandalos, extinctamque per Solomonem gloriosiss(imo) et excell(entissimo) magistro (sic) militum, ex consul(e), praefect(o) Libyae ac patricio, universam Maurusiam gentem, provi[dentia eius]dem aeminentissimi viri Theveste [civitas] a [f]undament(is) aedificata est.

« Par la volonté divine, aux temps bienheureux de nos très pieux maîtres Justinien et Théodora Augustes, les Vandales

---

[1] On y rencontre souvent, sur les linteaux de portes ou sur d'autres pierres, la devise DEO LAVDES, mot d'ordre des Donatistes, par opposition à la formule DEO GRATIAS. [Cf. *C. I. L.*, VIII, n° 2046; saint Augustin, *Enarratio in psalmum* CXXXII, 6; de Rossi, *Bullettino di archeologia cristiana*, 1875, p. 174. — S. R.]

[2] *C. I. L.*, VIII, 1863.

ayant été expulsés d'Afrique et la nation des Maures tout entière ayant été anéantie par Solomon, très glorieux et très excellent maître de la milice, ancien consul, préfet de la Libye et patrice, la cité de Théveste a été reconstruite de fond en comble par les soins du même éminentissime personnage. »

Solomon n'avait pas complètement anéanti les Maures puisqu'il fut défait et tué par eux, en 543, sur les bords de l'Ardalio; mais c'est bien à lui que Théveste dut les solides remparts que Tebessa garde encore.

L'enceinte byzantine forme un rectangle de 320 mètres de longueur sur 280 mètres de largeur. Flanquée de quatorze tours carrées, elle est percée de trois portes, comme le castrum d'Ammaedara : la principale, qui porte aujourd'hui le nom de Solomon, s'ouvre à l'est; la voûte d'entrée est basse et étroite, mais les matériaux en sont soigneusement appareillés. La porte du nord est formée par un des arceaux de l'arc de Caracalla, utilisé dans la reconstruction de l'enceinte.

« Les murs ont plus de deux mètres d'épaisseur et, dans le principe, ils atteignaient une hauteur de 9 à 10 mètres. A 7 ou 8 mètres environ au-dessus du sol régnait un chemin de ronde crénelé qui faisait le tour de la place. Il était destiné à recevoir les défenseurs et à faire communiquer les tours entre elles. On y arrivait au moyen de trois escaliers, placés chacun à côté d'une des portes. Tout le revêtement extérieur est en pierres de taille posées par assises réglées et tirées des ruines de l'ancienne ville. La maçonnerie des tours est dans un état de conservation remarquable; il est facile de voir que l'ingénieur a mis beaucoup de soin à leur construction. Trois ou quatre assises seulement de la partie supérieure sont tombées en quelques endroits, et l'on peut constater sur place que la hauteur de ces tours était de 17 à 18 mètres. Elles étaient divisées en rez-de-chaussée et en étage, séparés l'un de l'autre par une voûte solide, également en pierres de taille. L'entrée de l'étage était de plain-pied avec le chemin de ronde. Pour recouvrir l'étage, il y avait une deuxième voûte formant plate-forme, qui était reliée au chemin de ronde par un escalier adossé contre la face intérieure de la tour. Des deux côtés de chaque tour, à l'angle formé par les flancs avec les murs de courtine, existait une petite guérite en pierres de taille destinée à recevoir une sentinelle. Ces guérites étaient munies de deux créneaux, l'un surveillant dans sa hauteur et sa longueur la partie de courtine adjacente, l'autre ayant vue en avant sur la campagne. Il n'existe aucune trace de fossé, et l'on pouvait arriver de plain-pied jusqu'à la base du mur d'enceinte [1]. »

« L'arc de triomphe de Tebessa, dit M. Héron de Villefosse[2], est un des monuments les plus remarquables qui aient survécu à l'effondrement de la puissance romaine en Afrique. Il est construit en pierre calcaire très blanche, d'un grain tendre et fin, parfaitement choisie pour recevoir les nombreuses sculptures dont il est orné. Aucun marbre n'a été employé dans sa décoration. Situé un peu en avant de l'enceinte, comme une grosse tour de courtine, il appuie sur le mur byzantin les flancs de sa face postérieure et se confond avec la fortification.

« Son plan est exactement carré. Il en résulte, en élévation, quatre façades symétriques. On ne connaît qu'un seul exemple d'un plan analogue parmi les arcs de triomphe antiques encore debout, celui de l'arc de Janus à Rome; mais l'arc de Tebessa est infiniment plus riche et plus élégant. Il est évident, d'après cette disposition, que le monument était isolé et décorait une place publique.

[1] Moll, *Annuaire de la Société arch. de Constantine*, 1860-1861, p. 206. — [2] [*Tour du monde*, 1880, II, p. 30.]

« Chaque façade est décorée de quatre colonnes corinthiennes, deux de chaque côté de l'ouverture. Ces colonnes sont placées deux à deux sur des bases rectangulaires en saillie, et soutiennent un entablement également en saillie. Chaque colonne correspond à un pilastre de même hauteur, légèrement en relief sur le mur du fond, de sorte que le nombre total des pilastres est égal à seize, comme celui des colonnes.

« Le massif du monument occupe une surface de $10^m,94$ dans ses deux dimensions.

« Le dessous des voûtes était caissonné. Les caissons étaient remplis par des rosaces épanouies aux feuilles finement découpées; malheureusement les dégradations subies par cette partie de l'édifice laissent à peine deviner les sculptures. On les retrouve dans un parfait état de conservation entre les pilastres et les colonnes des façades ainsi que dans les intervalles des modillons. Du côté ouest cette décoration est parfaitement intacte au-dessous du linteau que supportent les colonnes. On y voit une tête étrange dont la chevelure est formée par des pinces de crabe ou de homard; la barbe se compose d'épaisses feuilles d'eau qui vont rejoindre les enroulements voisins. Deux grandes palmettes encadrent cette tête.

« C'est encore du côté ouest qu'on peut voir, dans les parties les mieux conservées, la petite frise qui surmonte les cintres de la porte; elle consiste en un enroulement de feuillage semé de petites rosaces et bordé de raies de cœur. Au-dessous de ce petit bandeau, à la hauteur de la clef de voûte de chaque arcade, sont sculptés quatre grands médaillons décorés chacun d'un buste en relief. Ces bustes ont tous été mutilés, à l'exception de celui de l'ouest, qui représente une femme avec une coiffure tourelée. C'est la personnification de la ville antique, c'est la *Tutela* de Théveste. Au-dessous, un aigle, les ailes éployées et tenant un foudre dans ses serres, semble soutenir le médaillon.

« Chacune des faces de ce beau monument portait une inscription apprenant aux passants et aux voyageurs à quelle époque il avait été construit et en l'honneur de quel personnage. L'inscription de la façade nord n'existe plus; l'entablement est complètement démoli jusqu'à la hauteur des chapiteaux des colonnes. Les autres sont encore en place. Celle qui regarde la ville, quoique presque entièrement détruite, peut se restituer avec certitude : elle contenait les noms et les titres de l'empereur Caracalla; les éléments chronologiques qui y sont joints prouvent que le monument a été élevé en son honneur en 214. Les deux autres sont dédiées, l'une à Julia Domna, mère de l'empereur, l'autre au divin Septime Sévère, son père. L'épithète de *divus*, placée devant le nom de Sévère, indique que cet empereur était déjà mort au moment de l'achèvement de l'arc de triomphe.

« Les grandes frises où sont gravées les inscriptions sont couronnées par une corniche couverte de sculptures. Au-dessus règne un petit attique très simple servant de base à un édicule à quatre colonnes. Ce tétrastyle était disposé pour recevoir la statue de Caracalla. »

« Le monument le plus important de Théveste, après l'arc de triomphe, est le temple qu'on attribue à Minerve et qui paraît avoir été, en réalité, consacré à Jupiter. L'édifice se compose d'une *cella* et d'un *pronaos* soutenu par six colonnes monolithes, en marbre blanc veiné de bleu, dont quatre forment la façade. Hautes de 6^m,40, ces colonnes sont surmontées de chapiteaux corinthiens d'un travail très fini. Les deux façades latérales ainsi que le chevet de la cella sont ornés de pilastres corinthiens non cannelés et espacés d'axe en axe de 2^m,93. L'architrave est décorée d'un motif répété cinq fois sur les faces latérales, trois fois sur les petits côtés : ce motif, placé au centre d'un cadre bordé d'oves et de raies de cœur, se compose d'un aigle posé de face, les ailes éployées; les serres de l'oiseau reposent sur deux serpents qui se déroulent à droite et à gauche en allongeant leurs têtes jusqu'à l'extrémité du cadre; des branches de vigne se mêlent aux corps des serpents. Ces métopes uniformes sont séparées par d'autres cadres carrés correspondant aux points d'appui et contenant des bucranes parés de bandelettes. L'attique mesure un mètre de hauteur; il présente les mêmes dispositions que l'architrave. Les parties de l'attique placées au-dessus des bucranes ne sont pas décorées d'une manière uniforme : on y voit tantôt des trophées composés d'une cuirasse, de boucliers, de haches, de faisceaux et surmontés d'un casque, tantôt des guerriers armés; on y distingue même un Hercule appuyé sur sa massue. Les divisions intermédiaires sont également variées. Les unes sont ornées de trois guirlandes formant festons, descendant de cinq grosses rosaces auxquelles elles sont attachées; des masques tragiques et comiques sont suspendus aux deux rosaces extrêmes. Les autres sont remplies par deux cornes d'abondance croisées, chargées de fruits et accompagnées de rosaces. Les caissons qui décorent le plafond du portique d'entrée, dans l'espace compris entre les colonnes, renferment des fleurs et des feuillages divers.

« M. le commandant Moll a constaté autour du temple l'existence de portiques séparés du sanctuaire par un espace découvert d'une largeur de 16 mètres dans un sens et de 24 dans l'autre. Il a même eu le bonheur de découvrir la façade principale de cette enceinte qui était encore debout sur une étendue de 8 à 10 mètres.

« On comprend l'effet que devait produire le temple ainsi entouré[1]. »

Le dernier monument de l'époque romaine que contienne Tebessa est une ruine considérable, située dans le quartier compris entre le bureau arabe et la muraille du sud. Elle paraît représenter un des temples les plus importants de l'antique Théveste, et occupe un espace rectangulaire dont les limites sont faciles à déterminer. Les matériaux, entièrement homogènes, de grandes dimensions et appareillés avec un soin parfait, accusent une construction de la meilleure époque. Ces ruines servent malheureusement d'appui à des masures arabes dans lesquelles il est difficile de pénétrer.

Les débris du forum, encore visibles à l'arrivée de nos premières colonnes expéditionnaires, ont été déblayés pour faire place à l'esplanade qui s'étend de la porte de Constantine à l'entrée de la kasba.

L'amphithéâtre, situé hors de la ville, n'a laissé d'autres traces qu'une excavation elliptique dont le grand axe peut mesurer une cinquantaine de mètres. Tous les matériaux de cet édifice ont dû servir à la reconstruction des remparts de Théveste. M. Moll, toutefois, a pu en lever le plan il y a une vingtaine d'années, reconnaître les vestiges de deux escaliers conduisant aux galeries supérieures et deux portes, situées dans le même axe, qui donnaient accès dans l'arène.

On remarque près de l'amphithéâtre des débris assez importants d'un aqueduc antique, restauré depuis l'occupation de Tebessa, qui portait à Théveste les eaux de la source abondante d'Aïn el-Bled.

Les jardins qui entourent Tebessa contiennent, surtout du

[1] [Villefosse, *Tour du monde*, 1880, II, p. 22-23.]

côté du nord et de l'est, une cinquantaine de tours romaines disposées assez irrégulièrement au milieu des cultures. On avait supposé d'abord qu'elles appartenaient à l'enceinte primitive de Théveste, beaucoup plus étendue que celle de Solomon. Après un examen approfondi des lieux, M. Moll a reconnu que la réunion de ces tours par groupes de quatre, cinq et quelquefois six, formait autant de systèmes défensifs complets et indépendants les uns des autres, et il a supposé que les habitants, pour se mettre à l'abri des attaques des Maures, s'étaient associés par quartiers en prenant les dispositions nécessaires pour faire de chacun de ces groupes une forteresse particulière.

Le vallon de Sidi-Mohammed-Chérif, situé près d'Aïn-el-Bled, était occupé à l'époque romaine par un bois sacré, orné de statues et «richement décoré», ainsi que le constate l'inscription suivante, gravée sur un rocher[1] :

? *publi*CI POPVLI R

LIMVA L NOVIVS ELP*h*IDEFORVS
CORONATVS CISTIFER CVM SVIS
LVCVM A SOLO CVM SIGNIS ET ORNAMENTIS
SVIS FECERVNT ET DEDICAVER

§ 6. — ROUTE DE THÉVESTE À VATARI PAR VASAMPUS.

La Table de Peutinger rattache Théveste à la grande route méridionale de Carthage à Sitifis par une voie transversale

---

[1] [*C. I. L.*, VIII, 10627; *Recueil de Constantine*, 1876-1877, p. 426.]

qui passe par Mova, Vasampus, Flavia Marci, et aboutit à Vatari.

TABLE DE PEUTINGER.			
STATIONS.	Distances indiquées.	Chiffres rectifiés.	SYNONYMIES.
Théveste....................			Tebessa.
	XV	VII	
Mova........................			Henchir Kissa.
	XII	XV	
Vasampus....................			Morsout.
	XX		
Flavia Marci................			Aouinet-ed-Dieb.
	XVI		
Vatari......................			Fedj-Souioud.

Mova.

Vasampus.

M. de Bosredon, qui a très soigneusement exploré les environs de Théveste, place *Mova* à Henchir Kissa, dans la plaine du Tarf, à 10 kilomètres au nord-nord-ouest de Tebessa, et *Vasampus* à Morsout (Morsot), à 22 kilomètres et demi d'Henchir Kissa, dans la même direction. Bien que ces deux synonymies, indiquées par l'importance des deux gisements de ruines, ne concordent pas avec les indications numériques de la Table de Peutinger, nous les considérons comme exactes, et nous trouvons même leur justification dans les chiffres qui pourraient, au premier abord, les faire condamner. La Table de Peutinger, en effet, place Mova à xv milles de Théveste et Vasampus à xii milles de Mova. Il est évident pour nous que l'un des chiffres, le second, a été mal copié, et que l'un et l'autre ont été transposés. En d'autres termes, le chiffre vii, primitivement inscrit, sur la carte théodosienne, entre Théveste et Mova, est devenu, sous la plume du copiste, le groupe équivalent xii, et a été transporté entre Mova et Vasampus; tandis que le chiffre xv, marquant la véritable distance entre ces deux stations, est venu se placer lui-même entre Mova et Théveste. L'œuvre du moine de Colmar présente plus d'un lapsus de ce genre : presque tous s'expliquent par des transpositions et de fausses lectures de chiffres composés d'éléments analogues, tels que vii et xii, xii et xv, xv et xx, xiv et xix.

Les vestiges de la voie romaine sont très reconnaissables en deçà de Morsout, à la hauteur du Djebel Oum-el-Açaba, ainsi que dans la plaine des Mahatla, au delà de l'Oued Mellag, où elle se dessine en relief au-dessus du sol sur une étendue de plusieurs kilomètres [1].

Les ruines de Vasampus sont considérables. On y remarque les restes d'une porte monumentale ornée de deux niches, un grand mausolée et une enceinte rectangulaire avec un portique. La nécropole, qui a fourni de nombreuses inscriptions, est séparée de la ville par le lit de la rivière.

M. de Bosredon identifie la troisième station, *Flavia Marci*, à Aouïnet-ed-Dieb, ruines que n'indique pas la carte du Dépôt de la guerre et qui se trouvent sur la rive droite de l'Oued Mellag, au point même où la voie romaine franchissait ce cours d'eau.

<small>Flavia Marci (*Aouïnet-ed-Dieb*).</small>

Le chiffre indiqué par la Table, xx milles, paraît exact : le compas donne 18 milles entre Morsout et Aouïnet-ed-Dieb; en augmentant cette distance d'un neuvième, coefficient suffisant pour représenter les sinuosités de la route dans un pays de plaine, on obtient les vingt milles de la Table.

Un peu au delà de l'Oued Mellag, un embranchement, qui ne figure pas dans les itinéraires anciens, se dirigeait sur Madaure. Flavia Marci formait donc un des nœuds secondaires du réseau.

[1] *Recueil des Notices*, 1876-1877, p. 410.

§ 7. — ROUTE DE THÉVESTE À CIRTA PAR ALTABA.

La voie romaine, au sortir de Théveste, contournait le marais d'Aïn-Chabrou, passait au pied du Djebel bel-Khfif, s'en-

STATIONS.	DISTANCES INDIQUÉES.	CHIFFRES RECTIFIÉS.	SYNONYMIES.
THEVESTE.............			Tebessa.
	XVIII		
ALTABA...............			Henchir Aïn-Djebel-bel-Khfif.
	XVIII	XXVIII	
IUSTI.................			Henchir Cheragrag.
	XXIV		
MARCIMENI...........			Aïn-Beïda.
	XXIV		
MACOMADIBUS........			Merekeb-Talha.
	XXVIII		
SIGUS................			Bordj ben-Zekri.
	XXV		
CIRTA................			Constantine.

gageait ensuite dans les défilés que forment les hauteurs du Drâa Snouber et de Mzouzia, et atteignait la plaine de la Meskiana au delà des ruines de Kasr el-Bouma. Ce tracé est indiqué par les vestiges de chaussée antique qu'on aperçoit au delà d'Aïn-habrou et par les restes d'un pont jeté sur l'Oued Smarel-Houd, à la hauteur de Kasr el-Bouma. La voie se dirigeait ensuite sur Henchir Cheragrag, d'où elle gagnait Sigus par les versants sud-ouest du Djebel Guelaa et du Djebel Sidi-Rgheïs. Cette route, encore très suivie par les indigènes, est connue dans le pays sous le nom d'« ancien chemin de Constantine ».

ALTABA.

D'après le calcul des distances, Altaba doit se retrouver à Hnchir Aïn-bel-Khfif, à 18 milles au nord-ouest de Théveste; c'est là que la placent en effet MM. Dewulf et de Bosredon.

JUSTI.

La synonymie de Justi et d'Henchir Cheragrag est généralement acceptée aujourd'hui [1] et paraît très probable; mais il

---

[1] *Recueil des Notices*, 1867, p. 217.

faut substituer aux xviii milles que l'Itinéraire indique entre Justi et Altaba les xxviii milles qui séparent en réalité Henchir Aïn-bel-Khfif de Henchir Cheragrag. La nécessité de cette correction est démontrée d'ailleurs par le développement total de la voie romaine : la distance de Tebessa à Bordj ben-Zekri, dont la correspondance avec Sigus est certaine, est de quinze kilomètres plus forte que celle que donne la somme des étapes notées par l'Itinéraire entre Théveste et Sigus.

La station de Marcimeni, située à égale distance de Justi et de Macomades, n'a pas été déterminée jusqu'ici. Nous pensons qu'elle est représentée par le poste romain dont les vestiges se retrouvent à Aïn-Beïda. Cette synonymie nous paraît d'autant plus probable que les ruines très étendues de Merekeb-Talha, situées à 35 kilomètres à l'ouest d'Aïn-Beïda, correspondent mieux, dans notre pensée comme dans celle de M. Dewulf, à la station de Macomades [1].

MARCIMENI.

Les ruines de Merekeb-Talha couvrent une étendue de plus de cinquante hectares. Le territoire de la ville antique était arrosé par un canal de dérivation des eaux de l'Oued Aïn-el-Abeïr dont les vestiges existent encore sur un parcours de 1,500 mètres.

MACOMADES
(Merekeb-Talha).

Les fouilles faites récemment par M. Rousset ont amené la découverte de thermes assez considérables, d'une briqueterie dont les fours mesurent 4 mètres de diamètre et d'une basilique à trois nefs. La nef principale présente une largeur de 8 mètres; les deux autres n'ont que 4 mètres. La longueur de l'édifice est de 30 mètres. Le sol est dallé. Quelques colonnes et pilastres sont encore debout. La basilique est terminée par une abside élevée de trois marches, recouvrant des tombeaux en briques. L'hémicycle offre également une double rangée de tombes empilées [2].

[1] *Recueil des Notices*, 1867, p. 213. — [2] [Cf. *ibid.*, 1878, p. 344. — S. R.]

L'identité de Merekeb-Talha et de Macomades ne nous paraît pas douteuse. Elle est prouvée non seulement par l'importance de ces ruines, mais par la distance qui les sépare de Sigus (Bordj ben-Zekri) et qui est celle qu'indique l'Itinéraire d'Antonin (28 milles). Un milliaire portant le chiffre xxix a été trouvé à Oum-el-Boughi, à peu de distance à l'est de Merekeb-Talha [1].

A 1,500 mètres au nord-ouest des ruines de Macomades, M. Rousset a trouvé un groupe de quatorze milliaires; sept de ces bornes sont indéchiffrables; les sept autres portent des dédicaces à Sévère Alexandre, Gordien III, Philippe, Valérien, Maximien et Constance Chlore [2].

Cette accumulation, sur un même point, de milliaires appartenant à une aussi courte période est une preuve de plus à l'appui des doutes qu'avait déjà exprimés M. L. Renier quant à l'opinion, généralement accréditée, qui voit dans chaque milliaire l'indice d'une restauration de la voie; il est difficile d'admettre que, de 222 à 306, la route de Théveste à Sigus ait été réparée six fois.

Nous connaissons déjà l'emplacement de Sigus.

M. de Bosredon a trouvé sur la ligne que nous venons de décrire, à 7 kilomètres de Tebessa, une borne milliaire portant deux inscriptions sur les deux faces opposées. La première est une dédicace à Valentinien et à Valens, séparée par le chiffre IIII d'une autre dédicace à Gratien. La seconde est une dédicace à Magnus Decentius (*Domino nostro Magno Decentio nobilissimo Caesari*) et paraît avoir remplacé en partie une inscription antérieure à demi effacée au ciseau. Elle est accompagnée du milliaire IIII [3].

---

[1] *Recueil des Notices*, 1878, p. 342; [*C. I. L.*, VIII, n° 10129]. — [2] [*Ibid.*, 1878, p. 349.] — [3] *Ibid.*, 1876-1877, p. 384-385; [*C. I. L.*, VIII, n°⁸ 10166-10169].

§ 8. — ROUTE DE THÉVESTE
AUX FRONTIÈRES MÉRIDIONALES DE LA MAURÉTANIE SITIFIENNE.

TABLE DE PEUTINGER.

STATIONS.	Distances indiquées.	Chiffres rectifiés.	STATIONS.	Distances indiquées.	Chiffres rectifiés.	SYNONYMIES.
			Theveste............			Tebessa.
			Ad Aquas Caesaris.....	VII	XII	Henchir el-Hammam.
			Ad Mercurium........	XVI	XIII	H^r Aïn-ben-Niouch.
			Ruglata............	IX		H^r el-Beï.
			Ad Germani.........	X	XII	H^r Ras-Nim.
			Ad Cazalis.........	VI		H^r Mtoussa.
			Zyrnas Mascli.......	X		Khenchela.
			Vicus Aureli........	XIV		H^r Fartas.
Ad Lalj............	XII			XVIII		Guesses.
			Liviana............			H^r Kherbet-Aïn-el-Oursa.
	"	XIII ?	Popleto............	V		H^r Aïn-el-Abbassi.
Lampsily...........				IX		H^r Resdes?
	III		Thamugadi..........			Timgad.
?				V	IX	
	X		Lambafudi..........			H^r Touchin.
?				XVIII	V	
	XII		Lambaese..........			Tazzoat (Lambessa).
Ad Dianam..........				"	XVIII	Zana.
			Lambiridi..........		XIV	Kherbet Oulad-Arif.
			Lamasbua..........	"		H^r Merouana.
	XV			X		
			Ad Centenarium......			H^r Tassa.
			Svaddurusi-Praesidium..	X		H^r Mechta-Sidi-Salah.
			Zaras..............	XII		Zraïa.

AQUAE CAESARIS
(*Henchir el-Hammam*).

Aquae Caesaris a été identifié par Lapie à Aïn-Chabrou. Cette synonymie, qui repose sur la distance de 7 milles indiquée par la Table entre Théveste et Aïn-Chabrou, prouve l'inexactitude de cette distance. Il n'existe que des ruines insignifiantes à Aïn-Chabrou : la source à laquelle les indigènes donnent ce nom n'est pas une source thermale; le développement total de la voie prouve enfin que la première distance partielle est trop faible de cinq milles. Il faut lire xii milles au lieu de vii, et la station d'Aquae Caesaris se retrouve dès lors à Henchir el-Hammam, dont le nom arabe traduit exactement la dénomination antique. M. L. Renier, en combattant la synonymie d'Aquae Caesaris et d'Aïn-Chabrou, s'était déjà prononcé pour celle que nous considérons comme la vraie, et qui a été définitivement acceptée par les archéologues algériens.

AD MERCURIUM.
RUGLATA.
AD GERMANI.
AD CAZALIS.

Ad Mercurium correspond dès lors à Henchir Aïn-ben-Niouch, ruines situées à la pointe nord-est du Djebel Ghaïghia[1]; Ruglata à Henchir el-Beï, sur l'Oued Meliana; Ad Germani à Henchir Ras-Nim[2]; Ad Cazalis à Henchir Mtoussa. Les dix milles qui séparaient cette dernière station de Zyrnas Mascli se retrouvent exactement entre Henchir Mtoussa et Khenchela, la Mascula de l'Itinéraire d'Antonin, la Zyrnas Mascli de la Table de Peutinger. M. de Bosredon place donc, à tort croyons-nous, Ad Cazalis à Henchir Tebrouri, situé à huit milles seulement de Khenchela et à la même distance de Ksar el-Kelb ou Henchir Ras-Nim (Ad Germani).

ZYRNAS
MASCLI (*T. P.*),
MASCULA (*Itin.*)
(*Khenchela*).

L'identité de Khenchela et de la Mascula[3] de l'Itinéraire d'An-

---

[1] La carte de M. de Bosredon (*Recueil des Notices*, 1878, pl. III) donne à ces ruines le nom de *Kasr Sidi-bel-Kassem*; elle les place d'ailleurs exactement à 13 milles d'Henchir el-Hammam.

[2] Le *Kasr el-Kelb* de la carte de M. de Bosredon. La distance de Ruglata à Ad Germani est de 12 milles. La Table de Peutinger n'en indique que 10.

[3] [Cf. *C. I. L.*, VIII, p. 248, 950;

tonin, affirmée pour la première fois en 1858 par M. le capitaine Pagne [1], et déjà très probable en elle-même par les distances que donnent les Itinéraires anciens, a été prouvée depuis par la découverte du document épigraphique suivant, contenant le nom de la localité antique [2]:

PRO SPLENDORE FELICIVM SAECVLOR*um dd. nn. v*a*l*ENTINIANI ET VALENTIS SEMP*er* AV*gustorum* ▓▓▓▓I▓▓▓▓ΛATA VE▓▓▓▓MNI MASCVL.....A *f*VNDAMENTIS CONSTRVXIT *et dedicavit publilius* CEIONIVS CAECINA ALBINVS *v . c . consularis* SEXFASCALIS PROVINCIAE *numidiae*

Située à mi-chemin de Tebessa à Batna, au débouché d'un des passages principaux qui conduisent du Tell au Sahara, sur la route directe du Souf à Constantine par El-Faïd et la vallée de l'Oued el-Arab, c'est-à-dire par la « ligne d'eau », couvrant en outre une partie du Tell par la position qu'elle occupe à proximité de la tête des principales vallées qui traversent l'Aurès, Khenchela est une position militaire de premier ordre, et les motifs stratégiques qui avaient déterminé la création d'un centre romain sur ce point nous ont décidés nous-mêmes à y fonder un centre européen avec une garnison permanente [3].

Mascula paraît avoir survécu à la première invasion arabe. L'auteur du *Kitab el-Adouani* [4] cite Khenchela, ainsi que Bagaï et Guessas, comme une ville habitée par des chrétiens. Le nom antique reparaît dans Ibn Khaldoun, qui indique Tarf-Maskala

---

Ephemeris, t. V, p. 381; Villefosse, *Archives des Missions*, 1875, p. 451-459; Farges, *Bulletin de l'Académie d'Hippone*, XVIII, p. 20, et XX, p. 113. Une carte des environs de Khenchela a été donnée dans le même recueil, fasc. XX, pl. I. — S. R.]

[1] *Recueil des Notices*, 1858-1859, p. 95.
[2] *Recueil*, 1866, p. 167; 1868, p. 218; [*C. I. L.*, VIII, 2242].
[3] *Recueil*, 1874, p. 211.
[4] Trad. de M. Féraud, p. 115.

comme la limite sud-est des possessions des Drid et identifie ailleurs cette localité à Khenchela [1].

A l'exception d'un temple dédié à Saturne [2] et d'un mausolée encore debout, il existe peu de ruines apparentes à Khenchela; mais les vestiges de la ville antique couvrent une surface de quarante à cinquante hectares et attestent, par leur étendue, l'importance de cette station.

VICUS AURELI. Le colonel Carbuccia, qui a fait une étude systématique de cette partie du réseau routier de la province de Numidie, place Vicus Aureli à Henchir Fertas, près de l'Henchir Mira de la carte du Dépôt de la guerre. Cette synonymie nous paraît exacte.

La voie romaine de la Table de Peutinger se partage à la hauteur de Vicus Aureli en deux segments, qui se rejoignent à la station d'Ad Centenarium. L'une de ces deux routes, la plus directe, prenait la direction du nord-ouest et passait par Ad Lali, Lampsili, deux stations anonymes, et Ad Dianam, la Diana de l'Itinéraire d'Antonin. L'autre, se dirigeant d'abord à l'ouest pour prendre, un peu au delà de Lambiridi, la direction nord-nord-ouest, enveloppait la première et passait par Liviana, Popleto, Thamugadi, Lambafudi, Lambaesis, Lambiridi et Lamasbua.

La voie septentrionale, à en juger par les vestiges qu'on en retrouve de distance en distance, suivait, à partir de Vicus Aureli, le versant méridional du Djebel Saffan, longeait l'Oued Chemorra pour tourner le Djebel bou-Arif, passait entre cette

---

[1] Ibn Khaldoun, trad. de M. de Slane, t. I, p. 53 et 54. — [2] *Recueil*, 1868, p. 219 [*C. I. L.*, VIII, 2237]. Inscription de Khenchela :

SAT · AVG · SAC
P · PVLLAIENVS
MONTANVS · SACeR
V · S · L · A

montagne et la sebkha de Djendeli, et gagnait de là Diana à travers la plaine. Toute cette route est jalonnée d'établissements romains, débris des grandes exploitations agricoles qui couvraient cette contrée, dont la fertilité est encore merveilleuse aujourd'hui[1]. Les ruines s'accumulent littéralement sur le versant oriental du Djebel bou-Arif, ainsi que sur le cours inférieur de l'Oued Chemorra, et cette multiplicité même des vestiges antiques, jointe à l'absence d'un chiffre dans le tracé de la Table, rend assez difficile la détermination des stations.

Le colonel Carbuccia place Ad Lali aux ruines importantes de Guessas, la Gaças d'El-Bekri[2], situées sur le versant méridional du Djebel Saffan[3]. La ville antique était entourée d'une enceinte, et ses défenses étaient complétées par une citadelle renfermant un réduit.

AD LALI.

Lampsili n'a pas été retrouvée, que nous sachions; peut-être est-elle représentée par les ruines d'Henchir Resdis, près de la pointe orientale de la sebkha de Djendeli. La distance omise par la Table serait alors de 12 milles.

LAMPSILI.

La première des deux stations anonymes, placée par la Table à 3 milles de Lampsili et 27 de Diana, pourrait être facilement retrouvée grâce à cette double indication.

La seconde, située à 15 milles d'Ad Dianam (Zana), semble correspondre aux ruines de Seriana, qui ont fourni de nombreuses inscriptions funéraires[4].

---

[1] *Recueil de Constantine*, 1874, p. 205.

[2] El-Bekri, p. 121 : «De Baghaï on se rend à Gaças, ville ancienne située sur une rivière. A l'occident on voit une haute montagne. On passe de là au Kasr Madghouss.» La rivière dont parle El-Bekri est l'Oued Chemorra, qui coule à trois kilomètres d'El-Guessas, mais dont les eaux étaient amenées dans cette ville par un canal de dérivation dont on voit encore les traces. La haute montagne est le Bou-Arif, dont le point culminant atteint une hauteur de 1,750 mètres. Le Kasr el-Madghous est le Madghacen ou Madrassen, le tombeau des rois de Numidie.

[3] [*Recueil des Notices*, 1873-1874, p. 206.]

[4] [*C. I. L.*, VIII, p. 440-443.]

DIANA
(Zana).

Diana Veteranorum a conservé son nom antique à travers les siècles sous les formes successives de Adanaa, Adena, Danaa et Zana [1]. Plusieurs inscriptions trouvées sur place donnent d'ailleurs le nom antique : « Respublica Dianensium, Municipium Dianensium [2]. »

Située au pied du Mestaoua, qui a toujours servi de centre de résistance aux insurrections de cette partie de la Numidie, Diana Veteranorum, ainsi que son nom l'indique, était une colonie militaire destinée à tenir en respect les turbulentes tribus des alentours. Elle existait déjà en 160 de notre ère, ainsi que le prouve une dédicace datée de la dernière année du règne d'Antonin.

Au moment de l'invasion arabe, d'après le témoignage de Moula Ahmed [3], Diana était la capitale et la ville la plus forte de la contrée : « Elle avait un roi, ajoute l'écrivain arabe, chef des chefs des chrétiens du Zab, pays qui comptait trois cent soixante bourgades ayant chacune son émir. » Prise par Okba, elle fut ruinée en 935 par le gouverneur fatimite du Zab, probablement pour s'être jointe à l'insurrection tout à la fois politique et religieuse d'Abou Yezid, qui prit naissance dans l'Aurès [4].

Les ruines de Diana couvrent une étendue de quatre kilomètres carrés. On y remarque deux arcs de triomphe, la porte monumentale du temple de Diane, des thermes, une basilique

---

[1] La première forme est donnée par El-Yakoubi, la seconde par El-Bekri, la troisième par un voyageur arabe, Moula Ahmed. Le nom de Zana est seul usité aujourd'hui. Peyssonnel écrit Zrana, et Shaw Tagou-Zanah.

[2] [Cf. Peyssonnel, *Voyage dans les régences de Tunis et d'Algérie*, t. I, p. 334; Renier, *Rev. archéol.*, 1852, p. 38; Ragot, *Recueil des Notices*, 1873-1874, p. 224; C. I. L., VIII, p. 462; *Revue de l'Afrique française*, t. IV, p. 74, pl. VI, VII. — S. R.]

[3] *Voyage dans le sud de l'Algérie* par El-Aïachi et Moula Ahmed, p. 223.

[4] El-Bekri, *Description de l'Afrique*, traduction de M. de Slane, p. 320 et 321.

chrétienne à trois nefs, dont l'autel, encore debout, est orné d'une croix et du monogramme du Christ, et enfin une forteresse byzantine, formant un carré de 70 mètres de côté et dont les murs ont plus de 2 mètres d'épaisseur.

La position d'Ad Centenarium, indiquée par la Table de Peutinger à 15 milles de Diana, n'a pas été déterminée d'une manière certaine. Elle correspondrait, d'après le colonel Carbuccia, à Henchir Tassa, appelé aussi Henchir Oum-et-Tiour. Peut-être faut-il la placer à Kasr Cheddi, qui se trouve à la même distance de Zana et dans la direction probable de la voie romaine. {Ad Centenarium.}

La station de Svaddurusi Praesidium a été identifiée par le colonel Carbuccia à Henchir Mechta-Sidi-Salah. {Svaddurusi.}

Zaras, au nominatif Zaraï, la dernière station appartenant à la Numidie, se retrouve sous le nom à peine modifié de Zraïa[1]. Ses ruines sont situées chez les Oulad-Sellam, sur la route de Batna à Sétif. {Zaraï (Zraïa).}

M. L. Renier a supposé, en s'appuyant sur un fragment fort mutilé de l'allocution d'Hadrien à la légion IIIe Auguste[2], que Zaraï portait le nom de Colonia Iulia. Cette conjecture a été combattue récemment par Wilmanns[3], qui fait observer que Zaraï ne pouvait pas exister comme colonie à l'époque indiquée par ce nom de Iulia : l'occupation romaine, dans les premières années de l'empire, n'avait pas encore atteint cette partie des hauts plateaux, et la Colonia Julia Zaraï, si elle avait réellement existé à ce moment, aurait été singulièrement isolée, puisque la colonisation des deux villes entre lesquelles elle se

---

[1] [*C.I.L.*, VIII, p. 455; Villefosse, *Arch. des Missions*, 1875, p. 424-426; Poulle, *Recueil de Constantine*, 1873-1874, p. 426-442. — S. R.]

[2] *I. A.* n° 5 F v. 10. M. L. Renier lit : [Col]on(iae) Iul(iae) Zarai Coh(orti); Wilmanns restitue [a(nte) d(iem) III non(as)] Iul(ias).)

[3] *C. I. L.*, VIII, p. 287.

trouve placée, Sitifis et Thamugadi, ne date que des règnes de Nerva et de Trajan. Aucune des inscriptions trouvées à Zraïa ne lui donne ce titre de colonie; on peut conclure au contraire de l'un de ces textes que Zaraï, séjour d'une cohorte à l'époque d'Hadrien[1], n'a formé un centre municipal qu'au temps de Septime Sévère. Le texte auquel nous faisons allusion est l'inscription bien connue sous le nom de « Tarif de Zraïa[2] ». Wilmanns y voit un tarif d'octroi établi, avec l'autorisation de l'empereur Septime Sévère, en 202, après le départ de la cohorte qui tenait garnison à Zaraï, c'est-à-dire au moment où ce petit centre militaire devenait un centre civil et exerçait les droits que lui conférait son nouveau caractère. Il ne croit pas possible d'expliquer autrement l'intitulé même du tarif : *Lex portus post discessum cohortis constituta*. M. L. Renier a vu au contraire dans ce *portus*, non pas un octroi municipal, mais un des postes d'une ligne de douane établie dans le sud des possessions romaines, et il suppose que Zaraï avait été laissée en dehors de cette ligne tant qu'elle avait possédé une garnison, afin que cette garnison n'eût pas à souffrir du renchérissement des denrées résultant de l'établissement de l'impôt. M. L. Renier pense du reste que tous les postes militaires situés sur les confins de l'empire restaient en dehors des lignes de douane, et cette assertion peut s'appuyer, dans une certaine mesure, sur un texte antique[3]. Le savant épigraphiste

---

[1] M. Henzen suppose que cette cohorte était la *cohors prima Flavia equitata* (*Ann. dell' Inst.* 1860, p. 67). M. Héron de Villefosse pense que c'était la *cohors sexta Commagenorum*, et sa conjecture semble confirmée par une inscription funéraire trouvée à Zraïa même et qui porte le nom d'un soldat de cette cohorte. [Cf. Wilmanns, dans les *Commentationes in honorem Mommsenii*, p. 208, et *C. I. L.*, VIII, 4526. — S. R.]

[2] [*C. I. L.*, VIII, n° 4508, d'après les lectures définitives de M. de Villefosse et de Wilmanns. — S. R.]

[3] *Digest.*, XXXIX, 4, 2 : « Paulus, *lib. sent.* : Res exercitui paratas praestationi vectigalium subjici non placuit. »

fait en outre observer, à l'appui de son opinion, que la Table de Peutinger indique à 35 milles de Sitifis, sur la route de Sigus, une station nommée Ad Portum. Il la considère comme l'emplacement probable du bureau de la douane à l'époque où la ligne n'avait pas encore été reportée jusqu'à Zaraï, située à 37 milles de Sitifis et un peu plus au sud que Ad Portum[1].

La seconde route conduisant de Vicus Aureli à Ad Centenarium passe, ainsi que nous l'avons dit, au sud de la première.

Liviana a été identifiée par le colonel Carbuccia à Henchir Khanguet-el-Oursa, Popleto à Henchir Aïn-el-Abbassi, sur un affluent de droite de l'Oued Chemorra.

LIVIANA.
POPLETO.

La voie romaine, à partir de Popleto, prenait la direction du sud-ouest pour atteindre Thamugadi.

Thamugadi (Tamugadi, *It. Ant.*; Tamogadi, *Not.*; Tamugade, *Aethic.*; Tamugadis, *Procope*[2]) a conservé son nom antique sous la forme actuelle Timgad ou Temgad[3].

THAMUGADI
(*Timgad*).

Les inscriptions lui donnent les noms de Colonia Marciana Trajana Thamugadi[4] et de Colonia Ulpia Thamugadi. Cette dernière désignation figure dans une inscription découverte à Rome[5]. En rapprochant deux inscriptions de Timgad, dont l'une mentionne la légion xxx Ulpia, tandis que

---

[1] Rapport inséré au *Moniteur* du 6 décembre 1858.

[2] [*Nomen..... casu primo perscriptum reperitur nusquam; fuit autem Thamugadi* (*C. I. L.*, VIII, p. 259). M. Tissot avait admis le nominatif *Thamugas*, que nous supprimons. — S. R.]

[3] [*Corpus inscr. Lat.*, t. VIII, p. 259, 951; *Ephemeris*, t. V, p. 383, 550; *Revue afric.*, t. XX, p. 164, 257, 352, 456; *Recueil de Constantine*, t. XXII, 1882, p. 331; *Bull. des antiq. africaines*, 1884, p. 397.

Les travaux de L. Renier sont indiqués dans le texte. — S. R.]

[4] *C. I. L.*, VIII, 2355.

[5] *C. I. L.*, VI, 1803 *b* :

D M
L · AELI PERPETVI
LEGATIONE FVNCTI
PATRIAE · SVAE COLONI
AE · VLPIAE · THAMVGA
DIS · EX · NVMIDIA ·
FECERVNT ·
AELII · TERTIVS · ET · COMA
FILII · LEVCADIO

l'autre rappelle les victoires remportées par Trajan sur les Parthes, M. L. Renier a établi que Thamugadi devait sa fondation à cet empereur, qui y établit les vétérans de la xxxe légion Ulpia Victrix. « Sans doute, dit M. L. Renier, ce prince n'avait pas cru pouvoir mieux récompenser les services de ses compagnons d'armes qu'en les établissant dans une des plus riches et des plus fertiles vallées de la Numidie. Leur présence au pied de l'Aurès pouvait d'ailleurs ne pas être inutile à l'empire. Habitués dès longtemps à combattre et à vaincre les barbares, ils durent trouver dans l'esprit turbulent des farouches habitants de ces montagnes, auxquels Antonin le Pieux fut plus tard obligé de faire une guerre en règle, plus d'une occasion de prouver qu'ils n'avaient point entièrement oublié le métier des armes [1]. »

Thamugadi n'avait ni l'étendue ni l'importance de Lambaesis, mais, dit M. L. Renier, « c'était la plus riche colonie romaine de ce pays; son territoire s'étendait jusqu'aux portes de Verecunda (Markouna), et l'arc de triomphe de Lambaesis, dédié à l'empereur Commode, avait été élevé à ses frais et par ordre de ses décurions. »

Thamugadi est citée dans les actes de saint Mammarius et fut, avec Bagaï, le grand foyer de l'agitation religieuse qui se produisit dans le courant du ive siècle. En 398, son évêque, Optatus, apporta à la révolte de Gildon l'appui des Donatistes et lança sur les pays soumis ces bandes de Circoncellions dont il était considéré comme le chef [2]. L'influence d'Optatus devait être très grande dans toute cette région, car saint Augustin affirme que pendant dix ans l'Afrique gémit sous son joug [3].

Thamugadi existait encore en 484, puisqu'un autre de ses

---

[1] Rapport du 5 janvier 1851, p. 184. — [2] *Dux Circoncellionum*. — [3] Augustin., lib. I *Contra Petil.*, xxiv, 26.

évêques, Secundus, figure parmi les prélats de Numidie envoyés en exil; mais en 535, lors de la première expédition de Solomon, elle était déserte et ses remparts avaient été ruinés. «Les Maures, dit Procope, avaient détruit Tamugadis, ville grande et peuplée; ils en avaient transporté ailleurs les habitants et en avaient rasé les murailles jusqu'au sol, afin qu'elle ne pût servir de place d'armes à l'ennemi dans ses attaques contre l'Aurasion[1].» Solomon n'en occupa pas moins Thamugadi dans sa seconde expédition contre l'Aurès, en 538[2].

Morcelli suppose à tort que Thamugadi ne fut pas relevée. Les Byzantins durent la rétablir précisément pour les motifs qui avaient engagé les Maures à la détruire. Elle existait certainement comme centre catholique au moment de l'invasion arabe, car une de ses églises fut fondée en 646, sous le gouvernement de Gregorius[3].

Les ruines de Timgad, peu visitées, offrent cependant de nombreux monuments, parmi lesquels M. L. Renier cite «un arc de triomphe, le plus beau peut-être de tous ceux de l'ancienne Numidie; un temple de Jupiter Capitolin, dont les colonnes, cannelées et d'ordre corinthien, avaient 1^m,90 de diamètre à la base, et dont la dédicace est datée du règne d'un empereur chrétien, et, qui plus est, d'un empereur qui persécuta le paganisme, Valentinien Ier; un théâtre, une forteresse byzantine, dont les murailles et les tours sont encore debout, et une église chrétienne construite sous l'administration du patrice Grégoire[4].»

La forteresse offre un spécimen des plus complets de la

---

[1] *De bello Vand.*, II, XIII.

[2] *De bello Vand.*, II, XIX.

[3] *C. I. L.*, VIII, n° 2389 : «In temporibus Constantini imperatoris, Fl. Gregorio Patricio, Ioannes, dux de Tigisi, offeret domum Dei.»

[4] Rapport du 5 janvier 1851.

fortification byzantine en Afrique. Elle affecte la forme d'un rectangle mesurant à l'intérieur 110 mètres sur 90. Aux angles et sur chacune des faces s'élève une tour carrée : les tours des deux petits côtés présentent des casemates voûtées. Les murailles ont une hauteur de 5 à 6 mètres; elles sont formées d'un massif de moellons encadré par deux revêtements construits en pierre de taille ou en matériaux hétérogènes, auges, linteaux, pierres tumulaires, empruntés à la ville romaine et agencés avec beaucoup de soin. Une seule porte donne accès dans l'enceinte [1].

LAMBAFUDI
(*Henchir Touchin*).

Lambafudi[2] est placée par la Table de Peutinger à 5 milles de Thamugadi et à 18 de Lambaesis. Ces chiffres sont faux. La distance totale de Lambaesis à Thamugadi n'est que de 14 milles, chiffre donné par une des routes de l'Itinéraire d'Antonin, et la distance partielle de Thamugadi à Lambafudi est de 9 milles : c'est celle qu'indique un milliaire découvert par M. L. Renier à Henchir Touchin, dont la correspondance avec Lambafudi est établie par une inscription[3]. Lambafudi se trouvait donc à 5 milles de Lambaesis, et les chiffres de la Table doivent être ainsi rétablis :

THAMUGADI . . . . ⎫
                                         ⎬ IX
LAMBAFUDI . . . . ⎨
                                         ⎬ V
LAMBAESE . . . .   ⎭

L'inscription d'Henchir Touchin, dédiée à Septime Sévère par les *possessores vici Lambafundensium*, nous donne non seulement la synonymie, mais la véritable orthographe du nom de

---

[1] Ragot, *Rec. des Notices*, 1874, p. 201. — [2] [*C. I. L.*, VIII, 2438-2441, 10212-10229; *Recueil de Constantine*, 1873-1874, p. 195 — S. R.] — [3] *I. A.*, n° 1575; *C. I. L.*, VIII, 2438.

la station placée entre Thamugadi et Lambaesis : LAMBAFUNDUS. L'Anonyme de Ravenne écrit Lambafudin.

Les ruines de Lambaesis[1], complètement désertes avant la fondation de la colonie agricole en 1848, portaient le nom berbère de Tazzout « les genêts ». M. L. Renier, dès le début de son rapport sur les fouilles si intéressantes qu'il y a faites en 1851, a protesté avec raison contre le barbarisme commis par notre administration lorsqu'elle a donné au centre français établi à Tazzout les noms de Lambessa, Lamboesa ou Lambaesa. La véritable dénomination antique est Lambaesis, et si l'on veut la franciser, comme nous l'avons fait pour Constantine, la seule forme admissible est Lambèse. C'est celle dont nous nous servirons.

LAMBAESIS (*Lambèse*).

Lambaesis a été, du règne d'Auguste à celui de Dioclétien, c'est-à-dire pendant près de trois siècles, le quartier de la légion IIIe Auguste, préposée à la garde de la Numidie, de l'Afrique propre et de la Tripolitaine. Cette ville, ainsi que le fait observer M. Léon Renier, est la seule, dans toute l'étendue du monde romain, qui ait joui aussi longtemps de pareille prérogative, et par un hasard qu'on peut dire heureux pour la science, abandonnée probablement vers le commencement du Ve siècle, elle n'a pas été rebâtie depuis, de sorte que ses ruines sont restées intactes et n'ont point été dénaturées, comme l'ont été, par exemple, les villes des bords du Rhin, qui furent aussi, pendant longtemps, des lieux de

---

[1] [*C. I. L.*, VIII, p. 283, 303 et suiv.; *Ephemeris*, V, p. 392 et suiv.; *Rev. arch.*, octobre 1847, pl. 73; 1851, I, p. 507 et pl. 172; *Archives des Missions*, 1851 et 1854; 1875, p. 413 et suiv.; *Mém. des antiq. de France*, t. XXI, pl. I; Wilmanns, *Étude sur la ville et le camp de Lambèse* (*Hermès*, t. VII, p. 299 et suiv.), traduite en français par Thédenat, 1883 (*Bull. des antiq. africaines*, t. I, p 185 et suiv.); *Bull. des antiq. afric.*, t. II, p. 203 (inscriptions recueillies au cours des fouilles de 1880 à 1883); *Rec. de Const.*, 1856-1857, p. 157; 1858-1859, p. 170; 1866, p. 233.—S. R.]

garnison de légions romaines. On pouvait donc supposer qu'elle serait une mine de documents nouveaux pour l'histoire militaire du peuple-roi, et cet espoir n'a pas été déçu : le quartier général de la légion IIIe Auguste a fourni plus de 1,500 inscriptions.

Les ruines de Lambaesis forment deux groupes bien distincts : le camp et la ville.

Le camp, situé à l'ouest de la ville, en était séparé par une vaste esplanade. Il forme un rectangle de 500 mètres de longueur sur 450 de largeur[1], et est entouré d'un rempart de 4 mètres environ de hauteur, défendu par des tours carrées espacées de 40 mètres, dont le saillant regarde l'intérieur. Le parallélogramme est, à quelques degrés près, exactement orienté : les grands côtés regardent l'est et l'ouest; les deux petits côtés, le nord et le sud. Quatre portes principales s'ouvrent sur les faces; dix autres portes plus petites pratiquées, trois sur chacun des grands côtés, deux sur chacun des petits, auraient été, d'après Wilmanns, destinées au service des dix cohortes.

A 140 mètres de la grande porte du nord, à 330 mètres de celle du sud et à égale distance (213 mètres) des portes de l'est et de l'ouest, s'élève le praetorium, vaste édifice rectangulaire, mesurant 30^m,60 sur 23^m,30. Les murailles, hautes de 15 mètres et percées de larges baies, sont ornées d'emblèmes militaires, aigles, victoires, couronnes, enseignes avec le chiffre de la légion : LEG·III AVG. Les quatre portes font face aux quatre grandes portes du camp, qu'autant de rues, soigneusement dallées et larges d'un peu moins de trois mètres, mettent en communication avec le prétoire.

---

[1] M. L. Renier lui donne approximativement 600 mètres sur 400.

L'ensemble de ces dispositions reproduit, comme on le voit, l'installation du camp romain, tel que le décrivent les textes antiques : la position du praetorium, les deux grandes rues qui se croisent au centre du camp, les quatre portes : praetoria, decumana, dextra principalis, sinistra principalis, se retrouvent dans les castra de Lambaesis. La longueur du grand côté, ainsi que le fait remarquer Wilmanns, est celle qu'indique Polybe. La distance à laquelle le prétoire se trouve placé par rapport aux deux portes prétorienne et décumane est à peu près celle que donne le camp de Nissen [1].

A deux kilomètres à l'ouest du camp de la IIIe légion on remarquait encore, en 1851, des ruines qui ont disparu depuis et dans lesquelles MM. L. Renier et Delamare avaient cru reconnaître le camp des auxiliaires. Cette conjecture paraît avoir été suggérée par la découverte, faite dans ces mêmes ruines, des débris de la colonne sur laquelle était gravée la curieuse allocution que ces deux savants considéraient comme un ordre du jour adressé par Hadrien aux auxiliaires de la légion [2]. Wilmanns a prouvé par une étude approfondie de cette inscription que l'ordre du jour dont elle nous a conservé quelques fragments avait été adressé à la légion tout entière; il fait remarquer en outre que les vastes nécropoles de Lambaesis, où l'on a découvert plus de deux mille tombes de soldats de la légion, n'ont pas fourni plus de deux ou trois épitaphes d'auxiliaires. Il en conclut que les corps auxiliaires, réglementairement dispersés sur toute la ligne des frontières, n'ont jamais été réunis et n'ont que très exceptionnellement séjourné à Lambèse, et il affirme, par voie de conséquence, que le prétendu « camp des auxiliaires » n'est pas autre chose que le

---

[1] Le rapport est de 27 à 11 dans le camp de Nissen (378 et 145); il est de 33 à 14 dans le camp de Lambaesis (363 et 145). — [2] *I. A.*, n° 5; *C. I. L.*, VIII, 2532.

camp primitif de la légion, auquel fait allusion cette phrase de l'ordre du jour d'Hadrien : *Quod nostra memoria bis non tantum mutastis castra, sed et nova fecistis.* Les *nova castra* dont parle l'empereur dans cette allocution, dont la date peut être fixée au milieu ou à la fin de juillet 128, seraient, dans l'opinion de Wilmanns, le camp actuel de la légion, dont les plus anciens monuments ne remontent pas au delà de l'année 129. L'ancien camp aurait encore été habité par les légionnaires en 128, et c'est en souvenir du séjour de l'empereur qu'aurait été élevée la colonne commémorative sur laquelle est gravé son discours. Le nouveau camp n'aurait été occupé qu'à la fin de l'année 128 ou 129.

Les dispositions primitives de ce vaste édifice ne paraissent pas avoir été modifiées jusqu'à la fin du IIe siècle. Les inscriptions ne mentionnent que de simples restaurations : une réparation du dallage des rues sous les Antonins [1] et une reconstruction des murs et des tours dans les dernières années du règne de Marc Aurèle (de 172 à 180)[2].

Les textes épigraphiques ne rappellent aucune autre construction. Mais à partir de l'année 198 les aménagements intérieurs du camp paraissent avoir été profondément modifiés. Tout l'espace qui s'étend entre le praetorium et la porte décumane se couvre d'édifices qui n'existaient pas dans le plan primitif : des thermes (à l'est de la voie conduisant de la porte décumane au prétoire), un sanctuaire de la maison impériale (*domus Augustorum*), des *scholae* ou salles de réunion pour les sous-officiers, *tesserarii*[3], *optiones valetudinarii..... pequari, librarius et discentes capsariorum*[4], *optiones*[5], *cornicines*[6], *libra-*

---

[1] *C. I. L.*, VIII, 2736, 2752.
[2] *Ibid.*, 2546, 2548.
[3] *Ibid.*, 2552.
[4] *C. I. L.*, VIII, 2553.
[5] *Ibid.*, 2554.
[6] *Ibid.*, 2557.

rii[1], probablement aussi pour les *equites legionis* et les *beneficiarii tribuni laticlavii*[2]. On se demande dès lors ce que deviennent les baraquements des soldats. Wilmanns résout le problème en supposant que les légionnaires avaient obtenu sous le règne de Septime Sévère, ce « destructeur de la discipline militaire », au dire de Macrin[3], l'autorisation d'habiter, non pas le camp, mais la ville située aux portes du camp.

Le praetorium, tel qu'il subsiste, est certainement postérieur à l'année 238, date à laquelle la légion IIIe Auguste fut licenciée, puisque le chiffre de la légion n'offre aucune trace du martelage qui l'a fait disparaître sur tous les monuments antérieurs à cette date. D'un autre côté quelques lettres à demi effacées de la fin de la première ligne de l'inscription qu'on lit sur la frise de la porte septentrionale donnent la date de 268[4]. On sait, par deux inscriptions de Lambaesis[5], qu'un tremblement de terre avait eu lieu en 267 : ce fut probablement à la suite de cette catastrophe que le prétoire fut reconstruit sous sa forme actuelle.

« De la porte septentrionale du camp, dit M. L. Renier[6], partent deux voies bordées, jusqu'à près de deux kilomètres de distance, de monuments funéraires, et se dirigeant, l'une sur Zana (l'ancienne Diana), l'autre sur le col de Batna, par où elle pénètre dans la vallée d'El-Ksour pour gagner le Sahara.

« De la porte de l'est, porta principalis dextra, partent deux autres voies. L'une se dirige au nord-est et passe, avant de pénétrer dans un quartier de la ville dont une inscription a révélé le nom, Vicus Sancitus, sous un arc de triomphe à une

---

[1] *C. I. L.*, VIII, 2560.
[2] *Ibid.*, 2550, 2551.
[3] Hérodien, III, VIII, 5.
[4] *C. I. L.*, VIII, 2571. Il s'agit évidemment de la 16e année du règne de Gallien.
[5] *C. I. L.*, VIII, 2480, 2481.
[6] Premier rapport au Ministre (*Arch. des Missions*, t. II, p. 171 et suiv.).

seule baie, élevé en l'honneur de l'empereur Commode, aux frais de la colonie de Thamugas.

« L'autre voie se dirige au sud-est; à deux cents mètres du camp, elle passe entre l'amphithéâtre et les thermes. » L'amphithéâtre mesure environ 400 mètres de longueur. Des fouilles récentes ont mis au jour des parties importantes de ce monument, entre autres le couloir circulaire passant sous les gradins, l'entrée principale et l'escalier conduisant à l'arène. « A huit cents mètres plus loin, la voie pénètre dans la ville proprement dite, en passant sous un arc de triomphe à trois baies, le plus beau et le mieux conservé des quatre qui subsistent encore à Lambèse. Entre ce monument et le camp, le pavé de la voie, composé de grandes et fortes dalles, est presque intact. Une inscription nous a appris que cette voie, appelée *via Septimiana*, avait été construite par la légion, sous le règne simultané de Septime Sévère et de Caracalla, c'est-à-dire entre 198 et 209.

« Au sud de l'arc de Sévère se voient les ruines d'un palais qui, à en juger par les détails d'architecture qu'on y remarque et par ses importantes proportions, devait être le plus beau de Lambaesis : c'était très probablement celui du légat propréteur.

« La voie Septimienne longe au nord les murs de ce palais; à cinq cents mètres plus loin elle passe entre deux mamelons couverts de traces d'habitations, puis elle tourne au sud, et, après avoir été, sur une longueur de plus de six cents mètres, pour ainsi dire encaissée entre les masses de débris qui la bordent à droite et à gauche, elle arrive en face de la principale entrée du temple d'Esculape.

« Les quatre colonnes qui, seules, étaient visibles avant les fouilles, ne soutenaient que le fronton de la cella. En avant s'étendait une cour de soixante mètres de longueur, bordée au nord et au sud de petites chapelles auxquelles on montait, ainsi qu'à la cella, par un certain nombre de marches. Ces chapelles étaient consacrées à des divinités parèdres : Jupiter Depulsor, Apollon, Mercure, Hygie, Silvanus Pegasinus. Les chapelles du côté septentrional, le seul qu'on ait pu déblayer entièrement, sont au nombre de neuf; celles du côté méridional devaient être en nombre égal et symétriques, à en juger par les deux premières, qui sont aujourd'hui découvertes[1].

« Arrivée en face du temple d'Esculape, la voie Septimienne tourne brusquement à l'est, et longe au nord les murs d'un édifice considérable, sur la destination duquel il est assez difficile de se prononcer; si cependant il fallait émettre une conjecture, les nombreuses inscriptions municipales que j'ai copiées dans les environs me feraient penser que c'était le forum de Lambèse.

« A quatre cents mètres plus loin, la voie passe sous un arc de triomphe à trois baies, fort dégradé, et enfin, à cent vingt-cinq mètres de là, elle sort de la ville en passant sous un dernier arc, à une seule baie, d'une construction beaucoup plus simple et beaucoup moins ornée...

« Le Vicus Sancitus est limité au nord par un ruisseau fortement encaissé qui coule de l'est à l'ouest, et sur les bords duquel on aperçoit de nombreuses traces de quais et les extrémités de quelques égouts. Arrivée près de ce ravin, la voie Commodienne tourne à l'est et le côtoie sur une longueur d'environ mille mètres; puis, près d'une forteresse byzantine, pour la construction de laquelle on a mis à contribution tous les édifices et tous les tombeaux voisins, elle se dirige de nou-

---

[1] Le temple d'Esculape fut achevé en 211 (*C. I. L.*, VIII, 2585). Wilmanns signale des thermes à l'extrémité opposée aux huit chapelles de la façade nord.

veau vers le nord et, passant le ruisseau, elle pénètre dans une immense nécropole[1]. »

A deux cents mètres au sud du temple d'Esculape s'élève celui de Neptune, construit sur l'Aïn Drin, dont les eaux alimentaient un des principaux aqueducs de Lambaesis. La construction de cet édifice remonte à l'année 148[2]; sa dédicace date de 158[3]. Vingt ans plus tard, le temple fut complété par l'adjonction de colonnades, d'antes, de propylées et d'un vestibule[4].

L'un des monuments les plus anciens et les plus importants de Lambaesis est le septizonium, qui date du règne des Antonins[5], et dont la destination était de recueillir les eaux d'un certain nombre de sources qu'un grand aqueduc distribuait dans la ville.

A l'extrémité nord du plateau qu'occupe le temple d'Esculape s'élevait un sanctuaire d'Isis et de Sérapis, bâti par la légion en 158[6]. Un temple de Silvanus, restauré de 198 à 208[7], couronne la hauteur du Djebel Asker.

Tous ces monuments sont l'œuvre exclusive de la légion IIIe Auguste, qui y a inscrit son nom. Lambaesis, en effet, ne paraît avoir été constituée qu'assez tard à l'état de centre civil organisé. Jusqu'en 158, on ne trouve à côté du camp qu'une agglomération de *cives romani consistentes ad castra legionis III Augustae*. Ce serait de 161 à 166 que se serait formée la première communauté régulière, un simple *vicus*. Le vicus ne se transforme en municipe qu'en 207 : c'est de l'année suivante, en effet, que date la construction du Capitolium de la

---

[1] L. Renier, *rapport précité*.
[2] *C. I. L.*, VIII, 2652.
[3] *Ibid.*, 2653.
[4] *Ibid.*, 2654.
[5] On dut le réparer de 209 à 211 (*C. I. L.*, n° 2657).
[6] *C. I. L.*, VIII, 2630.
[7] *Ibid.*, 2671.

nouvelle cité, c'est-à-dire du temple de Jupiter Optimus Maximus, de Juno Regina et du Génie de Lambaesis, achevé en 209[1]. Wilmanns rattache cette transformation à la constitution de la Numidie en province séparée. La nouvelle province devait avoir sa capitale, et cette capitale ne pouvait être que Lambaesis, résidence du legatus pro praetore.

Lambaesis, dont le quartier général de la légion IIIe Auguste était la principale raison d'être, dut perdre beaucoup de son importance lorsque la légion fut licenciée. De 238 à 253 (on sait que ce corps fut reconstitué à cette dernière date), on ne rencontre, dans la série des documents épigraphiques, qu'une seule inscription : elle mentionne un détachement d'auxiliaires, une *vexillatio militum Maurorum Caesarensium*. On peut supposer, avec Wilmanns, que ce fut pendant cette période que Lambaesis fut élevée au rang de colonie; pareil dédommagement fut donné à Cologne lorsque la légion qui y tenait garnison fut transportée à Bonn[2]. Saint Cyprien, dans ses lettres, qualifie Lambaesis de Colonia, et rien ne nous autorise à contester l'exactitude de ce titre, bien qu'on ne le rencontre dans les documents épigraphiques qu'au temps de Dioclétien[3].

On ne trouve plus aucune trace de la légion IIIe Auguste, à Lambaesis, à partir de cette époque. Wilmanns en a conclu qu'elle avait dû abandonner cette résidence et fait coïncider son départ avec le nouveau système de défense des frontières

---

[1] Wilmanns donne la restitution suivante de l'inscription de ce temple (*C. I. L.*, VIII, 2611) : « Impp. Caess. Antonino III et Geta II Augg. Coss. Numinum Augustorum Jovis o. m. Junonis Reginae Minervae et Genii Lambaesis templum inchoatum a Republica Municipii Lambaesitanorum anno et mensibus... circumactis feliciter consummatum est, dedicante M. Aurelio Cominio Cassian[o c. v.] leg. Auggg. pr. pr. patrono municipii. »

[2] *Hermes*, VII, p. 302.

[3] Cinq bornes milliaires portent l'indication : R(*espublica*) C(*oloniae*) L(*ambaesitanae*). Le plus ancien de ces monuments date du règne de Maximien Hercule.

de l'empire organisé par Dioclétien, et dans lequel Lambaesis ne figure plus comme le quartier général des forces romaines. Une inscription, restituée par Wilmanns, vient à l'appui de cette conjecture [1] : il s'agit d'une restauration de la voie Septimienne, commencée par la légion et achevée par le praeses de la province de Numidie.

Déjà compromise par le départ de la légion III° Auguste, la prospérité de Lambaesis déclina rapidement lorsque cette ville cessa, sous Constantin, d'être le siège du gouverneur de la province. Valentinien et Valens semblent avoir tenté un dernier effort pour la relever : c'est sous leur règne, de 364 à 367, que furent entreprises la restauration du forum et celle d'un des aqueducs [2]. La décadence de Lambaesis était complète au ve siècle : elle ne figure pas parmi les évêchés nommés dans la liste de 484, et ses ruines n'ont pas encore fourni une seule inscription chrétienne. Le silence de Procope d'ailleurs est significatif et prouve que Lambaesis n'existait déjà plus depuis longtemps.

A huit kilomètres au sud-est de Lambaesis s'élèvent les ruines de Markouna, dont le nom antique *Verecunda* n'est connu que par les documents épigraphiques trouvés sur place [3].

VERECUNDA
(*Markouna*).

Une de ces inscriptions prouve qu'au commencement du règne simultané de Marc Aurèle et de L. Verus, à la fin de l'année 161, Verecunda n'était encore qu'un simple vicus [4]. Elle

[1] [*C. I. L.*, VIII, 2718.]
[2] *C. I. L.*, 2656, 2722.
[3] [*C. I. L.*, VIII, p. 423, 956; *Ephemeris*, V, p. 413; *Revue de l'Afrique française*, IV (1), pl. VIII (arc de triomphe). — S. R.]
[4] *C. I. L.*, VIII, 4205 :

DIVO
ANTONINO
AVG
EX CVIVS
INDVLGENTIA
AQVA·VICO
AVGVSTORVM
VERECVNDENS
PERDVCTA·EST
DEDIC
D·FONTEIO
FRONTINIANO
LEG·AVG·PR·PR
D·D·P·P

porte le titre de municipe sur un autre fragment, que M. L. Renier suppose dater du même règne[1].

Les principaux monuments de Verecunda sont un forum et deux arcs de triomphe qui témoignent de la splendeur relative de cet obscur municipe; mais le plus grand intérêt de ses ruines consiste dans les nombreuses inscriptions qu'elle a fournies.

Lambiridi[2] est placée par la Table de Peutinger entre Lambaesis et Lamasbua, mais sans indication de distance.

LAMBIRIDI (*Kherbet Oulad-Arif*).

La voie romaine, en quittant Lambaesis, arrivait dans la plaine de Batna en passant à la pointe du Koudiat Tamchit, se dirigeait de là sur le Djebel Touggourt, au pied duquel se trouvent les ruines importantes d'Henchir Kesbint[3], longeait la base de la montagne et atteignait Lambiridi à 18 milles de Lambaesis.

L'identité de Lambiridi et de Kherbet Oulad-Arif résulte de deux inscriptions découvertes par M. Payen, dont l'une donne une partie du nom de la ville antique IRID, tandis que l'autre en indique la lettre initiale : ORDO M·L· (*ordo municipii Lambiriditani*[4]).

Nous ferons remarquer en outre que la distance de 18 milles qui sépare Kherbet Oulad-Arif de Lambaesis fournit une preuve de plus à l'appui de cette synonymie : il est évident pour nous que le chiffre inexact xviii, placé par la Table de

---

[1] *C. I. L.*, VIII, 4226, cf. *ibid.*, 4227 [*sub Constantino utraque*, dit M. Mommsen, *C. I. L.*, VIII, p. 1098] :

ORDO
M V N I C I P I I
V E R E C V N D E N
SIVM · DEVOTVS·NV
MINI MAIESTATIQ
EORVM

[2] Lambiridi (*T. Peut.*); Lambiritensis (Episc.); Lambiritanus (*Not.*); Lambridin (Rav. An.). [*C. I. L.*, VIII, p. 443; *Recueil des Notices*, 1874, p. 233; *Revue africaine*, 1877, t. XXI, p. 42; *Revue de l'Afrique française*, IV, p. 11. — S. R.]

[3] *Recueil des Notices*, 1874, p. 234.

[4] [*Ann. de la Soc. arch. de Constantine*, 1856-1857, p. 176; *C. I. L.*, VIII, 4413, 4419. L'inscription *C. I. L.*, 4414, contient en toutes lettres le mot LAMBIRIDITANI. — S. R.]

Peutinger entre Lambaese et Lambafudi, distantes en réalité de 5 milles, a subi un déplacement : il a été emprunté à la ligne qui rejoint Lambaese à Lambiridi, de même que le chiffre v, qui devait précéder, entre Lambaese et Lambafudi, ce même chiffre xviii, a été reporté entre Lambafudi et Thamugadi, en même temps que ce chiffre xviii l'était entre Lambaese et Lambafudi. L'erreur provient de ce que le copiste n'a pas remarqué que le chiffre ix, placé entre Popleto et Thamugadi, se retrouvait entre Thamugadi et Lambafudi. Il n'a inscrit qu'un seul chiffre ix, et l'a fait suivre des chiffres v et xviii, sans s'apercevoir que son omission les déplaçait d'une station. Le tableau suivant permettra de se rendre mieux compte de l'explication que nous donnons :

TEXTE ACTUEL DE LA TABLE DE PEUTINGER.		TEXTE PRIMITIF, altéré PAR LE COPISTE.
Popleto................		
	ix	ix
Thamugadi.............		
	v	ix
Lambafudi.............		
	xviii	v
Lambaese..............		
	»	xviii
Lambiridi.............		

Le chiffre xviii appartient donc à la ligne qui rejoint Lambaesis à Lambiridi et prouve l'identité de cette dernière station et de Kherbet Oulad-Arif, situé à 18 milles de Lambaesis.

La superficie des ruines de Lambiridi, placées à la sortie du Chabet Oulad-Arif, sur la rive droite de l'Oued Chaba, est d'environ 50 hectares. On y remarque les débris de quelques beaux monuments, ceux d'une grande forteresse, et tout indique que la station de la Table de Peutinger était une ville importante. Les faubourgs se prolongent au loin et ont fait supposer à M. Payen que Lambiridi ne couvrait pas une superficie de moins de 150 à 200 hectares.

A partir de Lambiridi, la voie romaine longeait le versant nord du Djebel Aïn-Drin, remontait l'Oued Tafrent jusqu'à sa source et, passant entre les dernières pentes du Djebel Zerigou et du Djebel Tikkel, atteignait Lamasba au pied de cette dernière hauteur.

La distance qui sépare Kherbet Oulad-Arif de Merouana, équivalent certain de Lamasba, est de 20 kilomètres ou 14 milles. Nous pouvons donc rétablir à coup sûr le chiffre omis par la Table de Peutinger entre Lamasbua et Lambiridi.

L'Itinéraire d'Antonin donne le forme LAMASBA[1]; la Notice des évêchés écrit LAMASVA : le nom libyen était évidemment Lamasoua, et la Table de Peutinger reproduit cette prononciation en l'exagérant : LAMASBUA devait se prononcer Lamasvoua[2]. Les monuments épigraphiques confirment l'orthographe de l'Itinéraire, *Municipium Lamasbensium*[3].

LAMASBA
(*Merouana*).

La synonymie de Lamasba et d'Henchir Merouana, déjà proposée par le colonel Carbuccia, a été confirmée par la découverte de plusieurs inscriptions donnant le nom de la ville antique, et de quelques milliaires indiquant à partir de Lamasba des distances qui correspondent à la situation de Merouana[4].

Les ruines de la ville antique couvrent une très grande étendue, et les *insulae* sont encore dessinées par des chaînes de pierre de taille qui encadraient les menus matériaux des maisons. Lamasba était évidemment un centre commercial consi-

---

[1] [*C. I. L.*, VIII, p. 445; *Mémoires des antiquaires de France*, t. XXI; *Recueil de Constantine*, 1873-1874, p. 236; *Revue de l'Afrique française*, t. IV (I), p. 69. — S. R.]

[2] La Tamasga placée par l'Anonyme de Ravenne entre Lambiridi et Lambaese est probablement Lamasba.

[3] Inscriptions de Lambaesis, *C. I. L.*, VIII, 4253.

[4] *C. I. L.*, VIII, 4253, 4438, 4450, 10401, 10403, etc.

dérable, débouché de toutes les productions des riches régions du Bellezma et du Hodna. C'était d'ailleurs un des principaux nœuds du réseau itinéraire : cinq voies romaines conduisaient de Lamasba :

1° A Lambaesis par la montagne : c'est celle que nous venons de décrire;

2° A Lambaesis et à Thamugadi par Diana en traversant le Teniet Oum-el-Aroug : cette route est jalonnée, jusqu'à Diana, par une vingtaine de bornes milliaires;

3° A Sitifis par Zaraï et Perdices;

4° A Sitifis par Capsum Juliani (Henchir Aïn-Guigba), en passant par le défilé qui sépare les montagnes des Oulad-Sellem de celles des Oulad-Ali-ben-Sabor; c'est encore une des voies de communication les plus fréquentées par les indigènes;

5° A Tubunae par le versant du Djebel bou-Ari-et-Ngaous[1].

Nous avons dit que la voie romaine de Vicus Aureli à Zaraï par Lambaesis se rattachait, au delà de Lamasba, à celle de Vicus Aureli à Zaraï par Diana. Ad Centenarium (Henchir Tassa ou Henchir Oum-et-Tiour) était le point de réunion.

§ 9. — ROUTE DE THÉVESTE À LAMBAESIS PAR TINFADI ET THAMUGADI.

L'Itinéraire d'Antonin décrit, entre Théveste et Lambaesis, une voie qui longeait le versant nord de l'Aurès :

THEVESTE...............	
	XXII
TINFADI................	
	XX
VEGESELA..............	
	XVIII
MASCULA...............	

On avait supposé qu'au sortir de Théveste la voie se dirigeait

[1] Ragot, *Recueil*, 1874, p. 237.

à l'ouest et gravissait le col d'Aïn-Lamba. M. Dewulf a été le premier à rejeter cette conjecture, que la raideur excessive des pentes d'Aïn-Lamba rendait d'ailleurs assez improbable, et à émettre l'opinion que la route romaine faisait un détour vers le sud-ouest, pour atteindre Tinfadi. Les recherches récentes de M. Lac de Bosredon, en déterminant le tracé de la route, ont complètement justifié l'hypothèse de M. Dewulf. La voie romaine passait effectivement par Refana, le Trik el-Karreta et le col d'Aïn-Saboun, et atteignait Tinfadi à Henchir Metkidès. La distance de xxii milles indiquée par l'Itinéraire est trop forte : on ne compte pas plus de 26 à 27 kilomètres (xviii milles) entre Henchir Metkidès et Théveste.

Les ruines de Metkidès sont considérables[1]. Les explorations très superficielles dont elles ont été l'objet ont fourni un certain nombre d'inscriptions, parmi lesquelles des fragments appartenant à deux ou trois inscriptions différentes, dont l'une peut être reconstituée presque intégralement[2].

C'est une longue dédicace de la RES·PVBL·T▓▓ pour le salut de l'empereur Caracalla.

Le chiffre de la puissance tribunitienne XVII nous en donne la date exacte, 214, et le T qui suit le mot RES·PVBL*ica* confirme la synonymie que nous avons fondée sur le calcul des distances.

De Metkidès la route se dirigeait, d'après M. de Bosredon, sur Henchir bou-Saïd, où pourrait être placée la station de Vegesela, puis sur Tazougart, d'où elle gagnait Mascula (Khenchela). La distance indiquée par l'Itinéraire entre les deux dernières stations est beaucoup trop faible : il faut lire xxviii au lieu de xviii.

[1] [*C. I. L.*, VIII, p. 245; *Recueil de Constantine*, 1858-1859, p. 178; 1873-1874, p. 472; *Revue africaine*, t. XII, p. 330. — S. R.] — [2] [*C. I. L.*, VIII, 2194.]

Par contre, les 44 milles marqués entre Mascula et Thamugadi ne se retrouvent pas sur le terrain : le développement de la voie romaine, dont le tracé est encore visible, ne dépasse pas 41 milles. C'est, à peu de chose près, le tracé de la route actuelle, qui du reste s'écarte peu de l'ancienne [1].

CLAUDI.

La station intermédiaire, *Claudi*, a été identifiée par M. Payen [2] à Henchir Khamsa, à 1,500 mètres au sud d'un autre groupe de ruines moins important, appelé Henchir Sedra et placé sur la voie même; on a trouvé sur ce dernier point les restes d'un temple et plusieurs milliaires portant le chiffre XXII, indiqué par l'Itinéraire entre Thamugadi et Claudi.

M. le colonel Carbuccia avait fait correspondre Claudi à Henchir Mâmra, situé à 19 milles seulement de Timgad. Bien qu'en désaccord avec l'Itinéraire d'Antonin, cette synonymie nous paraît être la vraie. Les chiffres de l'Itinéraire, en effet, sont certainement trop forts. D'un autre côté, les ruines d'Henchir Mâmra sont bien autrement importantes que celles d'Henchir Khamsa et d'Henchir Sedra; échelonnées sur une série de mamelons, elles couvrent une étendue de terrain considérable. Enfin elles s'étendent sur la rive gauche de l'Oued Taouzient, un des rares cours d'eau de cette contrée qui ne tarissent jamais [3].

De Mascula à Claudi, la route est jalonnée de ruines. Les principales sont: *Henchir Aomia, Henchir Djerid, Henchir Halloufa, Foum-el-Gueis*, où l'on remarque les débris d'un pont romain, *Henchir Tagrout, Henchir Khob, Henchir el-Menzel, Henchir el-Hamma*.

Nous connaissons déjà les synonymies de Thamugadi et de Lambaesis.

[1] *Recueil des Notices*, 1873-1874, p. 201. — [2] *Annuaire arch. de Constantine*, 1858-1859. [*C. I. L.*, VIII, p. 243.] — [3] *Recueil des Notices*, 1873-1874, p. 202.

Le tableau ci-dessous résume la série des stations indiquées par l'Itinéraire entre Théveste et Lambaesis et donne, en regard des chiffres du texte antique, les distances réelles.

ROUTE DE THÉVESTE À LAMBAESIS PAR MASCULA.

STATIONS.	DISTANCES INDIQUÉES.	CHIFFRES RECTIFIÉS.	SYNONYMIES.
Theveste....................			Tebessa.
	XXII	XVIII	
Tinfadi.....................			Henchir Methidès.
	XX		
Vegesela...................			Kasr bou-Saïd.
	XVIII	XXVIII	
Mascula....................			Khenchela.
	XXII		
Claudi.....................			Henchir Mâmra.
	XXII	XIX	
Tamugadi...................			Timgad.
	XVIII	XIV	
Lambaese			Lambèse.

§ 10. — ROUTE DE LAMBAESIS À SITIFIS PAR TADUTTI.

Lambaesis...............		
	XVIII	
Tadutti................		Oum-el-Asnam.
	XXII	
Nova Sparsa............		?
	XXVII	
Gemellae		H^r el-Arouk ou Kherbet Fraïn.
	XXV	
Sitifis.................		Sétif.

Cette route suivait le même tracé que la suivante (p. 508) jusqu'à la plaine d'El-Madher. A partir de là elle remontait jusqu'à Oum-el-Asnam[1] et prenait ensuite la direction du nord-ouest, pour gagner Gemellae et Sitifis, en laissant au sud la route sur Diana[2].

---

[1] Oum-el-Asnam, Henchir Thouda et Aïn-el-Kasr forment trois groupes de ruines très voisines que l'on confond habituellement. — [2] Ragot, *Recueil*, 1873-1874, p. 230.

TADUTTI.

La synonymie de *Tadutti* et d'Oum-el-Asnam, proposée par MM. Carbuccia et Payen[1], paraît justifiée par la position de la localité moderne par rapport à Lambèse, Zana et Timgad, et par les trois voies romaines qui se dirigent d'Oum-el-Asnam sur ces trois points.

Les ruines d'Oum-el-Asnam ont disparu depuis l'époque où M. Delamare les a visitées et décrites. M. Cherbonneau, qui assistait en 1861 à la démolition du fortin byzantin, y a découvert une inscription qui donne peut-être, à la deuxième ligne, le nom de la station antique[2].

§ 11. — ROUTE DE LAMBAESIS À SITIFIS PAR DIANA.

LAMBAESIS...............		Lambèse.
	XXXIII	
DIANA................		Zana.
	XIV	
NOVA PETRA.............		Henchir Encedda.
	XII	
GEMELLAE		Henchir el-Arouk? (Carbuccia.)
	XXV	Kherbet Fraïn? (Poulle.)
SITIFIS.................		Sétif.

La voie romaine, au sortir de Lambaesis, se dirigeait droit au nord par le tombeau de Flavius en laissant à gauche le Koudiat Azeb. Elle tournait ensuite le Djebel bou-Arif, pour déboucher dans la plaine d'El-Madher, à la hauteur de l'Oued bel-Kheiz, gravissait le défilé de Djerma, touchait à Seriana et suivait le pied de la montagne jusqu'à Diana. Ce tracé n'est pas douteux : il est jalonné par les vestiges de la voie et un

---

[1] M. Delamare plaçait Tadutti à 8 kilomètres au nord d'Aïn-Yakout, c'est-à-dire à 30 milles de Lambaesis, alors que l'Itinéraire n'en indique que 18.

[2] *Recueil*, 1862, p. 129. [M. Cherbonneau interprétait les lettres T D M par *T(a)d(utti) m(unicipium)*, explication qui n'est pas admise par M. Mommsen, *C. I. L.*, VIII, n° 4354. — S. R.]

certain nombre de milliaires. Les principaux centres antiques qu'on rencontre sur ce parcours sont le poste fortifié de Djerma, Seriana et Aïn-Taga. Plusieurs inscriptions y ont été recueillies.

A partir de Diana, la voie de l'Itinéraire remontait vers le nord en suivant le versant occidental du Djebel Zana, passait par Aïn-Soultan et atteignait *Nova Petra* à Henchir Encedda, sur la limite actuelle des subdivisions de Batna et de Sétif.

La synonymie d'Henchir Encedda et de Nova Petra[1], proposée par le colonel Carbuccia, ne paraît pas douteuse : la distance qui sépare ces ruines de celles de Zana est exactement celle qu'indique l'Itinéraire : 14 milles.

Nova Petra figure sous le nom de *Castellum Novae Petrae* dans les actes du pseudo-martyr Masculanus, mis à mort par Macarius, que l'empereur Constant avait chargé d'apaiser les troubles suscités par Donatus, évêque de Bagaï. Masculanus fut enseveli à Nova Petra, qui devint dès lors une ville sainte pour les Donatistes.

La position de la station suivante, *Gemellae,* n'a pas encore été fixée avec certitude. Le colonel Carbuccia la place dubitativement à Henchir el-Arouk. M. Poulle, qui a soigneusement exploré cette région, identifie Gemellae à Kherbet Fraïn, que M. Carbuccia faisait correspondre à *Perdices.* L'emplacement de Gemellae étant déterminé par les trois distances de 25, 22 et 27 milles qui séparaient cette station de Sitifis, Nova Petra et Nova Sparsa, il serait facile de le retrouver sur une carte détaillée.

Gemellae n'est pas, comme on l'a supposé jusqu'ici avec Morcelli, le siège du *Limes Gemellensis* de la Notice des dignités. Cette dernière localité doit être reportée plus loin, sur la limite du Zibân.

[1] [*Recueil*, 1873-1874, p. 227.]

NOVA SPARSA.

Nova Sparsa, placée à 32 milles à l'ouest de Tadutti, n'a pas été retrouvée jusqu'ici. L'*ecclesia Noba Sparsensa* figure dans la Notice des évêchés [1].

§ 12. — ROUTE DIRECTE DE THAMUGADI À CIRTA.

STATIONS.	DISTANCES INDIQUÉES.	CHIFFRES RECTIFIÉS.	SYNONYMIES.
TAMUGADI..................			*Timgad.*
AD ROTAM (AD LACUM REGIUM)...	xxx	xx	*Henchir Takoucht.*
AD LACUM REGIUM (AD ROTAM)...	xx	xx	*Aïn-Morniat.*
CIRTA.....................	xx	xxx	*Constantine.*

Le tracé de cette route n'est pas douteux : de Thamugadi elle se dirigeait presque en droite ligne sur Cirta. Elle suivait d'abord la vallée de l'Oued Chemorra et la rive orientale du lac de Djendeli, laissait à l'est le Djebel Toumbeït et le Djebel Gontas, traversait le Khangat el-Hamet, défilé qui sépare le Djebel Hanout-el-Kebir du Djebel Hanout-es-S'rir, et passait par Aïn-Mlila et Aïn-el-Beï. Les 70 milles de l'Itinéraire se retrouvent exactement sur le terrain, mais les deux stations intermédiaires paraissent avoir été interverties.

AD ROTAM.

Si l'on s'en tient à l'ordre dans lequel les nomme le document antique, *Ad Rotam,* comme l'a supposé Carbuccia, devrait correspondre aux ruines d'Henchir Djebana, sur le versant oriental du Djebel Hanout. La station d'*Ad Lacum Regium* se retrouverait dès lors, en tenant compte des distances, sur le versant est du Djebel Meïmen, dans le voisinage du petit lac d'Aïn-Mlila. Cette correspondance, toutefois, soulève deux

[1] [*Recueil,* 1873-1874, p. 233.]

objections. En premier lieu, il n'existe pas de centre antique au point que nous indiquons : les seules ruines qui puissent représenter la station d'Ad Lacum Regium sont situées à 4 milles plus au sud, à Aïn-Mlila. Il est peu vraisemblable, d'autre part, que l'étang d'Aïn-Mlila soit le *Lacus Regius* de l'Itinéraire. Le « lac royal », dans notre conviction, est le lac de Djendeli, bassin beaucoup plus considérable, sur les bords duquel se trouve précisément le Madracen, ce magnifique mausolée des rois de Numidie que nous avons déjà décrit. Il y a une corrélation évidente entre les deux localités. Nous pensons donc que le texte de l'Itinéraire contient une transposition, et nous le rétablissons ainsi :

THAMUGADI..............	
	XX
AD LACUM REGIUM.........	
	XX
AD ROTAM..............	
	XXX
CIRTA..............	

Ad Lacum Regium se retrouverait alors à Henchir Takoucht, à l'extrémité orientale de la sebkha de Djendeli, et Ad Rotam aux ruines d'Aïn-Morniat, au pied du versant sud-ouest du Guerioun. Les deux stations se placent ainsi à deux gisements de ruines, tandis qu'en s'en tenant au texte de l'Itinéraire, la position d'Ad Lacum Regium ne correspond à aucun établissement antique.

AD LACUM REGIUM.

Deux milliaires engagés dans le mur d'un gourbi, à Henchir Koreïba (à 9 kilomètres au sud d'Aïn-Mlila), et portant, avec les noms de Dioclétien et de Maximien, le chiffre XLIII [1], prouvent que les distances étaient comptées à partir de Thamugadi, c'est-à-dire dans le sens même qu'indique l'Itinéraire. Ces deux bornes, en effet, ne peuvent pas avoir été apportées

---

[1] *Recueil des Notices*, 1878, p. 369; *C. I. L.*, VIII, 10288, 10289.

de très loin : or, Henchir Koreïba se trouvant à 30 milles de Constantine et à 40 milles de Timgad, il s'ensuit que les milliaires auraient subi un déplacement de 13 milles si les distances avaient été comptées à partir de Cirta, tandis que le déplacement n'est que de 3 milles dans l'hypothèse que nous adoptons.

§ 13. — ROUTE DE THAMUGADI À DIANA PAR TADUTTI.

Tamugadi.............		Timgad.
Tadutti..............	xxviii	Oum-el-Asnam.
Diana...............	xvi	Zana.

Nous n'avons pas de renseignements sur le tracé de cette route. On peut supposer qu'elle empruntait, jusqu'à la hauteur d'Henchir Hadjadj, la voie de Thamugadi à Popleto, pour rejoindre, à la pointe orientale du Djebel bou-Arif, la route de la Table de Peutinger qui conduisait de Vicus Aureli à Diana par Ad Lali. Tadutti correspond, comme nous l'avons vu, à Oum-el-Asnam.

§ 14. — ROUTE DE LAMBAESIS À THÉVESTE PAR LE VERSANT MÉRIDIONAL DE L'AURÈS [1].

Les indications de l'Itinéraire d'Antonin s'arrêtent, dans la Numidie, au parallèle de Tobna à Zabi. La Table de Peutinger, beaucoup plus complète, dessine de Lambaesis à Théveste une route stratégique dont le développement est de plus de trois cent cinquante milles. De Lambaesis, la voie descend au sud en contournant la pointe occidentale du massif aurasien, elle se dirige ensuite de l'ouest à l'est parallèlement à la chaîne saharienne, dont elle longe le versant sud en coupant, à leur

---

[1] [J'ai eu sous les yeux deux manuscrits de cette partie de l'ouvrage de M. Tissot. J'ai suivi le plus complet, le seul qui fût de sa main. — S. R.]

débouché dans la région des sables, les vallées des montagnes de l'Aurès et des Nemémcha, atteint au-dessous de l'oasis de Nigrin le point le plus méridional de son tracé, et reprend la direction du nord-nord-est pour rejoindre Théveste. Le massif montagneux qui s'étend entre cette dernière position et Lambaesis se trouvait ainsi complètement enfermé dans la maille gigantesque que formaient la voie que nous allons décrire et la route plus directe qui rattachait Lambaesis à Théveste en longeant le versant septentrional de ce même massif.

Nous donnerons d'abord la série des stations indiquées par la Table de Peutinger, en nous réservant d'en présenter un tableau rectifié comme résumé de notre analyse :

Station	Distance
Lambaese	*ii*
Ad Basilicam Diadumeni	XV
Symmachi	IX
Ad Duo Flumina	IX
Ad Calceum Herculis	IX
Ad Aquas Herculis	VI
ii	
Mesar Filia	XIX
Ad Piscinam	XXXIII
Gemellas	XXIV
Thabudeos	XXIII
Badias	XXV
Ad Medias	XXVIII
Ad Maiores	XLII
Ubaza Castellum	LIX
Theveste	

Le copiste a omis, comme on le voit, la distance qui séparait la première station de Lambaesis, et c'est à tort que quelques-uns de nos archéologues algériens, M. Ragot entre autres, ont reporté sur cette route le chiffre xviii, qui appartient en réalité à la voie de Théveste à Lambafudi.

AD BASILICAM DIADUMENI.

Les deux premiers gisements de ruines qui peuvent représenter *Ad Basilicam Diadumeni* se rencontrent, l'un à Henchir Aïn-el-Biar, à 14 milles de Lambaesis, l'autre à 8 milles plus loin, à Henchir Fegousia, près du fondouk d'El-Ksour. Le colonel Carbuccia s'est prononcé pour Henchir el-Biar, dont les ruines assez étendues, mais fort effacées, n'offrent aucune trace de monuments. Elles n'ont fourni jusqu'ici qu'un milliaire portant le chiffre xiv, distance exacte à partir de Lambèse. MM. Héron de Villefosse et de Laurière ont trouvé au contraire à Henchir Fegousia, en 1873, les deux inscriptions suivantes, gravées sur deux pierres semblables qui semblent avoir appartenu à une église chrétienne[1] :

N° 1.	N° 2.
1ʳᵉ face :	1ʳᵉ face :
SI BENE VOLVS ES GAVDE	SI MALE VOLVS ES GEME
2ᵉ face :	2ᵉ face :
AEMVLE SI QVI POTES	NOSTROS IMITARE LABORES

M. Ragot[2] suppose que cette église était la basilique à laquelle la station romaine avait emprunté son nom, et se prononce dès lors, avec le colonel Lapie et le docteur Guyon, pour la synonymie d'Aïn-Fegousia et de Ad Basilicam Diadumeni. D'autres indices confirment d'ailleurs cette supposition : parmi les ruines

[1] [*C. I. L.*, VIII, 2521.] — [2] [*Recueil de Constantine*, 1873-1874, p. 261.]

d'Aïn-Fegousia, on remarque les vestiges d'un poste militaire placé sur un mamelon, à la tête des eaux, et commandant la plaine; la position d'Aïn-Fegousia, comme station stratégique, est donc préférable à celle d'Henchir el-Biar.

La correspondance établie par le colonel Carbuccia entre Ad Basilicam Diadumeni et Henchir el-Biar l'a amené à placer la seconde station, *Symmachi*, à Aïn-Touta. M. Ragot la reporte avec vraisemblance à Nza-bel-Messaï, en face du fondouk des Tamarins. La distance entre ce point et Aïn-Fegousia est de 20 kilomètres. La Table de Peutinger indique xv milles ou 22 kilomètres. Il faut donc lire xiv milles. La voie romaine, en traversant la plaine d'El-Ksour, longeait la rive gauche de la rivière, où son tracé est jalonné par une série de petites ruines. Un peu en deçà du point où l'Oued el-Ksour s'engage dans un défilé rocheux, la route passait sur la rive droite et y atteignait la station de Symmachi. Les ruines de Nza-bel-Messaï, désignées par les indigènes sous le nom de *Kherbet el-Hanout*[1], sont celles d'un poste militaire dont les murailles, construites en pierres de grand appareil, enferment un parallélogramme de 30 mètres de long sur 25 de large, flanqué de deux tours carrées de 6 mètres de côté. On y remarque en outre les vestiges d'un grand édifice et quelques débris de colonnes.

M. Ragot fait remarquer que nos deux étapes militaires El-Ksour, à 1,500 mètres au sud de Fegousia, et les Tamarins, à la hauteur de Nza-bel-Messaï, correspondent aux deux stations romaines. Ce sont des haltes naturellement indiquées par la présence de sources abondantes et par la configuration du pays, et ces rapports entre les lieux d'étapes, anciens et modernes, sur une même route, constituent un argument de plus à l'appui des synonymies proposées.

[1] [*Recueil*, 1873-1874, p. 262.]

Symmachi figure dans l'Anonyme de Ravenne sous la forme un peu altérée de *Synnachi.*

AD DUO FLUMINA. La position de la troisième station, *Ad Duo Flumina*[1], est indiquée par les ruines assez étendues qui existent dans l'angle aigu formé par le confluent des deux cours d'eau auxquels le nom de la localité antique fait allusion, l'Oued Tilatou et l'Oued Guebli. La distance qui sépare Kherbet Skhoun de Nzabel-Messaï correspond d'ailleurs aux ix milles qu'indique la Table de Peutinger.

CALCEUS HERCULIS (*El-Kantara*). La correspondance d'El-Kantara et de *Calceus Herculis*[2] n'est pas plus douteuse. «Quand on a vu le site d'El-Kantara, dit M. L. Renier, il est impossible de ne pas partager l'opinion, émise pour la première fois par M. de Neveu, que c'est là le Calceus Herculis de la Table.» La brèche effrayante qui fait communiquer le Tell avec le désert n'a pu être ouverte que par le talon du demi-dieu qui avait également brisé l'isthme préhistorique par lequel l'Afrique se rattachait à l'Europe. Un autel trouvé à El-Kantara porte d'ailleurs une dédicace à Hercule[3].

On trouve de nombreuses ruines romaines dans les trois villages qui forment l'oasis d'El-Kantara. M. L. Renier y signale les restes d'un édifice qui a dû être considérable, et de nombreuses inscriptions mentionnant le nom de la légion iiie Auguste prouvent qu'un détachement de cette légion a dû longtemps y stationner.

En quittant El-Kantara, la voie romaine s'écarte peu de la rivière et traverse plusieurs ruines. La première que l'on rencontre, à 7 ou 8 kilomètres au sud de la gorge, est un fort carré de petites dimensions, mais bien conservé, auquel les in-

---

[1] [*Recueil*, 1873-1874, p. 263.] — [2] [*Recueil*, p. 263; *C. I. L.*, VIII, p. 280; *Archives des Missions*, 1851, p. 440. — S. R.] — [3] [*C. I. L.*, VIII, 2498.]

digènes donnent le nom de *Lot-Bordj* ou *Kherbet-el-Bordj*. Une inscription, signalée par M. L. Renier en 1851, prouve que ce poste a été construit sous le règne de Caracalla par l'ordre de M. Valerius Senecio, légat impérial de Numidie, sous la direction d'un officier de la légion iiiᵉ Auguste, et qu'il était occupé par un détachement d'éclaireurs de cette légion [1].

A 3 kilomètres plus loin se trouvait un second poste fortifié, dont les ruines couronnent encore un des contreforts du Djebel Selloum. L'inscription suivante, qui y a été découverte en 1865, et dont nous reproduisons le texte fort mutilé [2], donne la date de sa construction :

<small>BURGUS COMMODIANUS.</small>

```
    I M P  C A E S  m  A V r e l i o
    c O M M O d O   A N O N I
    NO PIO FELICE AVG gERM
    SARM BRITNNCo P P
    TRIB PotE XIII COS V      (188 ap. J.-C.)
    BVRGVM  COMMODI
    ANVM   SpECVLATO
    RIVM INER DVAS VI
    AS AD SALVEM COMM
    ANTVM NOVA TVTE
    LA CoNSTITVI IVSSIT ti
    claudiVS gORDIAnus
    Vc LEG AVG PR PR
    curA AGENte
```

[1] [Renier, *Archives des Missions*, 1851, p. 443; *C. I. L.*, VIII, 2494.]

[2] [Nous reproduisons le texte du *Corpus*, t. VIII, n° 2495, fondé sur les lectures de Boissonet, Bouland et Marchand (*Revue afric.*, XI, p. 469; *Recueil de Constantine*,

Le *Burgus Commodianus speculatorius* aurait donc été créé sous le règne de Commode, en 188. Le nom du légat proprêteur mentionné à la cinquième ligne est évidemment celui de Tiberius Claudius Gordianus qui figure déjà dans l'inscription votive d'El-Kantara[1]. Le bordj du Djebel Selloum et le pont d'El-Kantara datent donc de la même époque.

La voie romaine, ainsi que l'indique l'inscription, se bifurquait, comme la route actuelle, au pied du Djebel Selloum; la route principale se dirigeait en droite ligne vers le sud, tandis qu'un embranchement, passant sur la rive droite de l'Oued el-Kantara, au-dessous du Ksar Sidi-el-Hadj, la suivait jusqu'à Sebâa-Megata « les sept gués[2] », et s'infléchissait au nord-ouest pour gagner *Tubunae* (Tobna). Cette seconde route ne figure pas dans la Table de Peutinger. Jalonnée par une série de ruines et de tours, elle passait par le défilé d'Ouassa, Dfila, Makta el Hadjar, magnifiques carrières exploitées à l'époque romaine.

AD AQUAS HERCULIS (*Sidi-el-Hadj*).

A 12 kilomètres environ d'El-Kantara, distance qui correspond aux 9 milles de la Table de Peutinger, les ruines importantes de Kasr Sidi-el-Hadj signalent l'emplacement de la station d'*Ad Aquas Herculis*[3]. Les murs d'enceinte sont encore visibles, les *insulae* sont facilement reconnaissables, et

1865, p. 156; 1866, p. 22. M. Tissot, qui a évidemment rédigé cette partie de son livre avant la publication du *Corpus*, a donné un texte beaucoup plus incomplet « d'après la copie de M. Ragot ». Or M. Ragot n'a fait que « reproduire les parties à peu près certaines » de ce document, d'après les copies antérieures (*Recueil*, 1873-1874, p. 266); sa copie n'a pas été signalée dans le *Corpus*, et à juste titre, parce qu'elle n'est pas le fruit d'une lecture personnelle.]

[1] [*Corpus*, t. VIII, n° 2499.] Il est question de ce légat dans deux autres inscriptions algériennes, l'une découverte à Timgad (*C. I. L.*, VIII, 2365), la seconde à Verecunda (*ibid.*, 4230), la troisième à Cuicul (*ibid.*, 8326).

[2] Un milliaire trouvé à Sebâa-Megata donne le chiffre LIX, qui représente exactement la distance de ce point à Lambèse (88 kilomètres et demi).

[3] [*C. I. L.*, VIII, p. 279; Ragot, *Recueil*, 1873-1874, p. 270. — S. R.]

l'ensemble de ces vestiges prouve qu'il existait là un centre d'une certaine importance.

Les thermes auxquels la station devait son nom se retrouvent à 6 kilomètres au sud-ouest de Kasr Sidi-el-Hadj. Du fond d'une piscine en pierres de taille, entourée de débris parmi lesquels on remarque quelques fûts de colonnes, jaillissent plusieurs sources sulfureuses dont la température est d'environ 40°.

La Table de Peutinger, au delà d'Ad Aquas Herculis, dessine trois crochets : le dernier porte le nom de *Mesar Filia* (pour Mesar-Felta); l'un des deux autres, le plus rapproché d'Ad Aquas Herculis, est surmonté du chiffre vi; le second ne donne ni nom de localité ni indication numérique. Il y a évidemment là une lacune : l'original de la Table devait indiquer entre Ad Aquas Herculis et Mesar-Felta une ou, plus probablement, deux stations, dont les noms ont disparu dans la copie que nous possédons. Il est à remarquer, du reste, que les routes méridionales de l'Afrique, dans la Table de Peutinger, présentent beaucoup plus d'erreurs que les routes du nord; les chiffres omis ou intervertis y sont sensiblement plus nombreux. Le copiste touchait à la fin de sa tâche, et, soit fatigue, soit hâte d'en finir, il a accumulé fautes sur fautes dans cette dernière partie de son travail.

Station anonyme.

La première station anonyme qui suit Ad Aquas Herculis, avec l'indication numérique vi, a été identifiée par MM. Léon Renier et Ragot à Henchir Sellaouïn[1]. M. Renier y a trouvé une borne milliaire portant le chiffre indiqué de vi milles. Les ruines d'Henchir Sellaouïn ont d'ailleurs une certaine importance : elles sont situées sur la rive droite de l'Oued el-Kantara, à 4 kilomètres au nord d'El-Outaïa.

[1] [*C. I. L.*, VIII, p. 279; *Recueil*, 1873-1874, p. 271. — S. R.]

MESAR-FELTA.
(*Tolga*).

La position de *Mesar-Felta*[1] a donné lieu à une discussion d'autant plus explicable qu'à partir d'El-Kantara les documents épigraphiques font absolument défaut, et qu'il est plus difficile au premier abord de concilier les données que fournit le terrain avec les indications parfois erronées de la Table.

MM. de Neveu, Lapie, Carbuccia et Seroka ont tous placé *Mesar-Felta* à El-Outaïa. Il existe, en effet, dans le voisinage de cette localité des vestiges d'un centre antique considérable, et au milieu des ruines d'un amphithéâtre on a retrouvé une inscription constatant que cet édifice avait été reconstruit sous le règne de Marc Aurèle (en 176), par la vi[e] cohorte Commagène, un des corps auxiliaires de la légion iiie Auguste[2].

Il est donc incontestable qu'El-Outaïa a succédé à une ville antique d'une certaine importance et occupée d'une manière permanente par une assez forte garnison. Mais cette ville, dans l'opinion de M. Léon Renier, ne pourrait être Mesar-Felta, et les raisons sur lesquelles l'éminent archéologue fonde son opinion nous paraissent la justifier complètement. D'Ad Calcem Herculis jusqu'à Ad Aquas Herculis, dit M. Ragot[3], à qui nous empruntons le résumé de cette discussion, on compte ix milles (13 kilomètres et demi); d'Ad Aquas à la première des deux stations anonymes, vi milles (9 kilomètres). La distance totale est donc de xv milles ou 22 kilomètres et demi. Or l'Itinéraire officiel des routes de l'Algérie indique 26 kilomètres entre El-Kantara et El-Outaïa. En identifiant la station de Mesar-Felta

---

[1] [*C. I. L.*, VIII, p. 278; Ragot, *Recueil*, 1873-1874, p. 274. Je dois avertir que, dans ce chapitre relatif au Sahara de la province de Constantine, M. Tissot a fait très grand usage du mémoire trop peu connu de M. Ragot, que Wilmanns aurait dû citer parmi les autorités sur la géographie de cette région, *C. I. L.*, VIII, p. 276.]

[2] [*C. I. L.*, VIII, n° 2488.]

[3] [*Recueil de Constantine*, 1873-1874, p. 275. M. Tissot, suivant son habitude, cite librement; je n'ai pas cru devoir rétablir une rédaction qui est loin d'être meilleure que la sienne. — S. R.]

à ce dernier point, on la place à 3 kilomètres et demi de la station anonyme. Ce serait peu pour une étape; c'est inadmissible pour deux. De l'étape anonyme que M. L. Renier a reconnue à Henchir Sellaouïn on ne se rendait pas directement à Mesar-Felta; il y avait encore une seconde station anonyme très nettement figurée sur la Table, et dont les distances ne sont données ni du côté du nord, ni du côté de Mesar-Felta.

De Mesar-Felta, d'autre part, à Ad Piscinam, que l'on considère comme Biskra, la Table indique xix milles ou 28 kilomètres. L'itinéraire officiel français marque 24 kilomètres d'El-Outaïa à Biskra, ce qui, avec les 3 kilomètres et demi comptés d'Henchir Sellaouïn à El-Outaïa, donne un total de 27 kilomètres et demi, c'est-à-dire un chiffre qui se rapproche beaucoup de celui que le routier antique inscrit entre Mesar-Felta et Ad Piscinam. Que deviennent alors les deux étapes supprimées? C'est sur cette grave objection que s'appuie M. Renier. «Il pouvait parfaitement, dit-il, exister une route romaine conduisant directement à Biskra; mais cette route n'était pas la grande voie militaire indiquée dans la Table. Celle-ci devait être plus longue puisqu'elle avait deux étapes de plus; elle devait donc faire un détour considérable...

«Au lieu de pénétrer dans le Sahara par le col de Sfa, elle se dirigeait droit au sud en quittant El-Outaïa et allait gagner, par un col d'un accès infiniment moins difficile, l'oasis de Tolga, qui représente pour moi l'ancienne Mesar-Felta. J'ai suivi cette route à mon retour, et, dans un trajet d'environ douze lieues, j'ai rencontré quelques ruines, peu importantes il est vrai, mais assez marquées pour que l'une d'elles pût être considérée comme celle d'une *mansio*.

«Le village de Tolga occupe certainement la place d'un établissement romain, et même d'un établissement considérable.

A l'ouest, il est encore entouré de murailles formées d'énormes pierres de taille et de construction romaine; dans l'intérieur, j'ai remarqué les soubassements d'une citadelle; enfin, au nord et à l'ouest de l'oasis, le sable du désert est mélangé d'une immense quantité de débris de poterie romaine[1]. »

M. le colonel Seroka a très vivement combattu cette opinion. La route, d'après lui, ne passait pas par le col de Sfa; elle tournait la montagne et suivait la rive gauche de la rivière. Les traces de la voie sont encore visibles et sont jalonnées de ruines à chaque pas. Comment supposer d'ailleurs, ajoute M. Seroka, que les Romains auraient laissé Biskra à six lieues seulement pour aller franchir les douze lieues sans eau qui séparent El-Outaïa de Tolga, alors que sur cette longue distance on ne trouve qu'une ou deux ruines insignifiantes?

Si sérieuses que soient ces objections, elles ne répondent pas à l'impossibilité de placer les deux étapes de la Table sur une distance de 3 à 4 kilomètres. D'un autre côté, d'autres considérations semblent prouver que la voie romaine passait, comme le suppose M. L. Renier, par le col de Khenizen et par Tolga.

Le but de la route stratégique, son tracé général le prouve, était d'envelopper toutes les oasis méridionales par une série de postes militaires qu'elle reliait. Or, en se dirigeant en droite ligne sur *Ad Piscinam* (Biskra), puis sur *Badias* (Badis), elle laissait de côté toute la partie occidentale du Zibân et la plus riche : Tolga est le chef-lieu d'un groupe d'oasis d'une fertilité prodigieuse, qui formaient déjà, à l'époque romaine — les ruines qu'on y trouve l'attestent, — un centre agricole important. Il est impossible que ce centre n'ait pas été traversé par la ligne qui formait la limite des possessions romaines.

---

[1] L. Renier, rapport au Ministre, *Archives des Missions scientifiques*, t. II. [Cf. *Recueil*, 1873-1874, p. 275.]

La synonymie d'Ad Piscinam et de Biskra n'est ni discutée ni discutable. A 6 kilomètres au nord-ouest de l'oasis jaillit une source sulfureuse très abondante que les indigènes désignent sous le nom d'Hammam Salahin, et dont le bassin, il y a quelques années encore, offrait les restes d'un revêtement antique en pierres de taille. Là était la piscine qui avait donné son nom à la station. Quant à la station elle-même, elle se trouvait sur la rive gauche de l'Oued Biskra. « On y voit, dit M. L. Renier, les traces d'une grande ville, traces peu apparentes, il est vrai, et consistant seulement en longues lignes de moellons et de cailloux roulés qui forment saillie sur le sol nivelé par les alluvions et les atterrissements. Les édifices construits en pierres de taille ont dû être exploités comme carrière pour les besoins de la ville arabe, dans laquelle on rencontre, en effet, assez fréquemment de ces pierres.

AD PISCINAM *(Biskra)*.

« A l'est de la vaste plaine où j'ai fait ces observations, s'élèvent les ruines d'un édifice construit en moellons et en briques. J'y ai reconnu à première vue des thermes romains, et à peine avais-je émis cette conjecture qu'elle fut confirmée par la tradition : cette ruine était connue des Arabes sous le nom de *El-Hammam* « les bains ».

Le tracé de la route méridionale serait absolument inintelligible entre Mesar-Felta et Ad Badias (Badis) si, en dehors de la lacune déjà signalée par M. Renier, on ne tenait pas compte de deux autres erreurs relevées par M. Ragot dans la Table de Peutinger : la transposition de Gemellae, placée à l'est d'Ad Piscinam, tandis qu'elle se retrouve à l'ouest, et l'omission d'une station entre Thabudeos et Ad Badias. Sans entrer dans l'examen détaillé de toutes les hypothèses qui s'étaient produites, et qui avaient placé tour à tour *Gemellae* à El-Haouch, aux ruines de l'Oued Cedeur et à Aïn Naga; *Thabudeos* à El-Faid, à

GEMELLAE *(Mlili)*.

Tennouma et à El-Bardou, nous nous bornerons à résumer les conclusions, inattaquables à notre avis, auxquelles est arrivé M. Ragot.

A partir de Mesar-Felta, la grande voie du sud ne se dirigeait pas en droite ligne sur Ad Piscinam (Biskra); elle allait atteindre d'abord, dans la direction de l'est, l'oasis de Mlili, où M. L. Renier avait déjà placé avec raison la station de *Gemellae*. L'inscription suivante, découverte en 1855 par M. le capitaine Pigalle à *Kasbat*, grand camp romain situé sur la rive gauche de l'Oued Djedi, entre Ourlat et Mlili, a complètement justifié l'hypothèse du savant épigraphiste et démontré l'erreur commise par la Table de Peutinger en plaçant Gemellae à l'est d'Ad Piscinam [1] :

```
        VIC · AVG
     PRO✿SAL✿ DD NN✿
     VALERIANI ET GALL
     IENI augg. vexiLLA MILL
     iaria leg. iii aug. reSTITV
     TAE · E · RAET · GEME
     LL · REGRESSI · DIE
     XI · KAL · NOVE · VOLVSI
     ANO II · T · ET · MAXIMO
     COS · VOTVM SOLVER
     PER · M · FL · VALENTE
     ⊃ · LEG · S S · L · VOLVMIVS
     CRESCES · OP · PRI✿
     M · AVREL · LICINIVS · OP
     C · GEMINIVS · VICTOR OP
     ESCVLP · ET · S · DONATVS
```

Victoriae Augustae. Pro salute Dominorum nostrorum Valeriani et Gallieni Augus-

[1] [*C. I. L.*, VIII, 2482.]

torum, vexillatio milliaria Legionis Tertiae Augustae restitutae e Raetia Gemellas regressi, die undecima kalendas novembres, Volusiano II et Maximo consulibus, votum solverunt per Marcum Flavium Valentem, centurionem legionis supra scriptae. Lucius Volumius Crescens optio principis, Marcus Aurelius Licinius optio, Caius Germinius Victor optio.
Esculpsit et scripsit Donatus.

Il s'agit, comme on le voit, de l'acquittement d'une dette religieuse par la première vexillation de la légion IIIe Auguste « reconstituée »[1], à son retour d'une expédition en Rhétie, en octobre 253. Les mots *Gemellas regressi* ne laissent aucun doute sur l'identité de Gemellae et de Mlili. J'ajouterai qu'il est difficile de ne pas reconnaître, dans ce nom même de *Mlili*, les deux dernières syllabes du nom antique.

Les ruines de Mlili sont celles d'un établissement militaire de premier ordre. Le camp romain de la rive gauche de l'Oued Djedi, que les indigènes désignent encore sous le nom de *El-Kasba* « la forteresse », offre les vestiges d'une immense enceinte présentant quelques traces d'habitations et circonscrivant une seconde enceinte où les constructions sont beaucoup plus nombreuses. Au centre s'élevait un puissant réduit rectangulaire, dont les faces sont casematées. La multiplicité et la puissance de ces défenses, aussi bien que la position de Mlili sur la route stratégique du sud, ne permettent pas de douter que la Gemellae de la Table de Peutinger ne soit le chef-lieu du *limes Gemellensis* nommé par la Notice des Dignités de l'Empire, à l'est du *limes Badiensis*, que nous retrouverons bientôt à Badis. Les deux rives de l'Oued Djedi, de l'oasis des Oulad-Djellal jusqu'au Chott Melghigh, sont jalonnées par une double série de petits postes fortifiés. Le camp retranché de Mlili était le

---

[1] Elle avait été licenciée par Gordien III.

centre de cette ligne de défense, reliée au *limes Tubunensis* (Tobna) par les trois places d'armes de Tolga (*Mesar Filia*), de Doucen[1] et de Sadouri. Ce dernier poste, dont l'enceinte mesure 80 mètres sur 45, gardait le principal passage qui fait communiquer le Zibân avec Bou-Saâda.

Il existe dans le lit de l'Oued Djedi les ruines d'un grand barrage antique qui rejetait les eaux du fleuve, non seulement sur la rive gauche, mais aussi sur la rive droite, c'està-dire sur le Sahara. Aux canaux principaux s'embranchaient des canaux secondaires, et les points de bifurcation sont protégés par des constructions en pierres de taille. Quelques petits postes fortifiés assez éloignés paraissent avoir défendu les terres arrosées par ce vaste système d'irrigation. On voit, en outre, dans le Sahara, les traces d'un immense canal appelé *Seguia Bent-el-Kras*[2], et qui, au dire des indigènes, s'étendrait de l'oasis des Oulad-Djellal jusqu'au Chott Melghigh, en traversant le désert de Mokrân[3]. Toute cette zone saharienne, aujourd'hui absolument stérile, était donc arrosée et fertilisée autrefois, et l'on peut affirmer dès lors que, si la rive gauche de l'Oued Djedi marquait la frontière militaire du sud de la Numidie, elle ne formait pas, comme aujourd'hui, la limite des terres habitables et du Sahara.

THABUDEOS
(*Thouda*).

La Gemellae de la Table de Peutinger reprenant sa véritable place à Mlili, la station qui suit immédiatement Ad Piscinam, *Thabudeos*, se retrouve tout naturellement à Thouda, situé à 12 milles à l'est de Biskra[4]. Nous n'avons pas besoin de faire remarquer l'identité des deux noms. La liste des évêchés donne l'ethnique *Tabudensis*, et une inscription trouvée à Tunis men-

---

[1] Léon l'Africain. [Cf. *Recueil*, 1873-1874, p. 290.] — [2] El-Bekri parle de ce canal, auquel il donne le nom de *Seguia Bent-el-Khazer*. — [3] Ragot, *op. laud.*, p. 290 et suiv. — [4] [*Recueil*, 1873-1874, p. 292.]

tionne un *ordo decurionum Tabudensium*[1]. La ville était donc un municipe. On peut y reconnaître la Θούϐουτις de Ptolémée, dont la position à l'égard de Lambaesis correspond à celle de Thouda, et peut-être aussi l'*oppidum Theudense* cité par Pline parmi les trente villes libres de la province d'Afrique. Les noms de localités, toutefois, se répètent si souvent dans l'onomastique libyenne que leur analogie ou même leur identité ne suffit pas toujours pour permettre d'établir une correspondance certaine; nous connaissons deux Lares, deux Vaga, trois Tucca et autant de Zama ou d'Azama.

La position de Thabudeos comme poste militaire était d'autant mieux choisie qu'elle se trouve au débouché de l'Oued el-Abiodh, un des grands cours d'eau qui descendent de l'Aurès dans le Sahara. Les gorges de l'Oued el-Abiodh traversent presque entièrement le massif aurasien, du nord-est au sud-ouest, et forment une ligne de communication naturelle, bien qu'assez difficile, entre les grandes plaines du Tell et la région des oasis. Les Romains n'avaient pas manqué de la rendre praticable : une inscription gravée sur le roc, dans le défilé de Tighanimin, a appris, en 1850, à la première colonne française qui a franchi ces gorges, qu'elle suivait une route tracée en 145 par un détachement de la légion VIe Ferrata[2].

---

[1] Carron, cité par Morcelli, *Afr. chr.*, p. 294. [*C. I. L.*, VIII, 1124.] — [2] *C. I. L.*, VIII, 10230 :

```
         IMP·CAES·T·AELIO
         HADRIANO·ANTONINO
         AVG·PIO·P·P·IIII·ET·M·
         AVRELIO·CAESARE·II
         COS·PER·PRASTINA·
         MESSALINVM·LEG·
         AVG·PR·PR·VEXIL·
         LEG·VI·FERR·VIA·
              FECIT
```

Tous les auteurs arabes qui parlent de Thouda la représentent comme une ville considérable.

Station anonyme. La Table de Peutinger omet encore une station entre Thabudeos et Badias. Le chiffre XXII figure seul près d'un crochet qui devait porter le nom de cette *mansio* intermédiaire, et ce chiffre d'ailleurs est évidemment faux. Des deux groupes de ruines, en effet, qu'on remarque entre Thouda et Badis, et qui peuvent représenter la station dont le nom a été omis, l'un, *El-Bardou,* est à 33 milles de Thouda, l'autre, *Henchir Rouaga*[1], sur l'Oued Cedeur, est à 8 milles au sud-est d'El-Bardou et, par conséquent, à 41 milles de l'emplacement de Thabudeos.

Les ruines d'Henchir Rouaga couronnent deux mamelons et couvrent une assez grande étendue de terrain. Des fûts de colonnes, de nombreux fragments de sculpture prouvent qu'il y existait de grands et beaux édifices. Des citernes, des puits nombreux et un canal de dérivation captant la source même de l'Oued Gouchtal donnaient à la ville antique l'eau qui manque absolument aujourd'hui à cette solitude. Frappé de l'importance des ruines d'Henchir Rouaga, M. Ragot y a placé la station anonyme de la Table. Quelle que soit l'autorité qui s'attache pour nous à l'opinion d'un homme qui a consciencieusement étudié le pays, nous éprouvons quelque peine à la partager. Il nous paraît peu vraisemblable que le poste placé entre Thabudeos et Badias ait été si voisin de l'une de ces stations et si éloigné de l'autre. Les ruines d'El-Bardou, bien que moins considérables que celles de l'Oued Cedeur, se trouvent au contraire dans les conditions indiquées pour la création d'un poste intermédiaire : elles sont, en effet, à 33 milles de Thouda et à 24 milles de Badis. Il est à remarquer, en outre, que ces deux

---

[1] L'Oued Cedeur figure sur la carte du Dépôt de la guerre sous le nom d'*Haguif-el-Miad,* par lequel les indigènes désignent quelquefois l'Henchir Rouaga.

chiffres sont donnés par la Table; elle les inscrit, il est vrai, le premier entre Ad Piscinam et Gemellae, le second entre Gemellae et Thabudeos, mais nous savons que tout ce segment de route a été défiguré par les fautes du copiste. Il est plus que probable que les deux chiffres xxxiii et xxiv se sont égarés dans la transposition que nous avons signalée, et comme en les replaçant, le premier, xxxiii, entre Thabudeos et la station anonyme, le second, xxiv, entre cette station et Badias, on retrouve exactement les distances qui séparent Thouda d'El-Bardou et ce dernier point de Badis, nous considérons El-Bardou comme l'équivalent probable de la station anonyme.

La correspondance de Badis et de Badias, la Βαδιάθ de Ptolémée, n'est pas douteuse. Le nom antique s'est conservé à travers les siècles et on le retrouve sous la même forme depuis le concile de 258, où figure un *episcopus a Badis*, jusqu'à l'époque actuelle. Ibn Haoukal au xe siècle, El-Bekri au xie, Ibn Khaldoun au xive, citent tous les trois Badis, en indiquant très nettement sa position.

Il n'est pas douteux, d'autre part, que Badis ne représente le *limes Badiensis* de la Notice. Placée au débouché de l'Oued el-Arab, grand cours d'eau qui descend du massif de l'Aurès et dont le bassin forme une ligne de communication de la plus grande importance entre le Tell et le Sahara, le chef-lieu du *limes Badiensis* jouait, au point de vue stratégique, le rôle que remplit aujourd'hui notre établissement militaire de Zeribet-el-Oued, situé à quelques kilomètres au sud-ouest du poste romain.

Badis offre encore quelques vestiges de son enceinte antique, bâtie en pierres de taille et flanquée de tours cylindriques.

BADIAS
(*Badis*).

De Badias à *Ad Majores*, dont la position est certaine, la Table de Peutinger compte 53 milles, partagés en deux étapes à peu près égales, ainsi que l'indique le nom de la station intermédiaire, *Ad Medias*. Précisément aux deux distances indiquées, c'est-à-dire à 25 milles de Badias et 28 d'Ad Majores, on trouve les ruines d'Henchir Taddert[1], que M. Ragot identifie avec raison à Ad Medias. A l'ouest de ces ruines, dont le périmètre est assez considérable, on reconnaît sur un tertre les traces d'une enceinte fortifiée dont le rectangle mesure 50 mètres sur 45.

AD MEDIAS (*Henchir Taddert*).

D'Ad Medias à Ad Majores, la route est jalonnée par deux gisements de ruines : le premier, situé sur l'Oued Mita et appelé par les indigènes *Henchir Bir-el-Djouhali* « les ruines du puits du païen », couvre une série de mamelons sur une étendue de près de 700 mètres. Le second, qui se trouve un peu plus à l'est, sur l'Oued Djerch, porte le nom d'*Henchir Kiel*, et occupe une superficie de 5 à 6 hectares. M. Ragot signale en outre trois bornes milliaires entre Henchir Taddert et Henchir Bir-el-Djouhali. Les deux premières sont frustes; la troisième porte une inscription dédiée à l'empereur Trajan par Minicius Natalis, légat impérial de Numidie, dont nous allons retrouver le nom sur les monuments d'Ad Majores.

AD MAJORES (*Besseriani*).

Le Djebel Madjour, dont la masse blanchâtre domine au nord les grandes ruines de Besseriani[2], a conservé le nom de la station d'*Ad Majores*, un des centres les plus considérables que les Romains aient fondés dans le sud.

L'enceinte de la ville antique affecte la forme d'un polygone elliptique de 1,800 mètres de développement et dont

---

[1] *Taddert* signifie en berbère une enceinte fortifiée. — [2] [*C. I. L.*, VIII, p. 276; *Recueil*, 1876, p. 124.]

le grand axe mesure près de 700 mètres. Elle présentait quatorze côtés d'une largeur variable de 50 à 200 mètres. Chaque angle était défendu par une tour arrondie à l'extérieur et appuyée intérieurement à un plan coupé d'une dizaine de mètres. Les grands côtés étaient en outre flanqués d'une vingtaine de tours [1].

Dans l'intérieur de la ville, du côté du sud, s'élevait le castrum, formant un rectangle de 170 mètres sur 100, allongé dans la direction nord–sud et solidement construit en pierres calcaires de grand appareil. Sur chacune de ses faces s'ouvre une porte, et les quatre angles sont défendus par une tour.

La porte de l'est, la seule qui soit encore debout, est formée de voussoirs énormes, taillés avec le plus grand soin et ajustés sans ciment. La voûte n'a pas de pieds-droits : le plan de naissance est au niveau du sol, à $3^m,50$ au-dessus de la clef. Un pan de mur en retour est encore debout.

La porte de l'est, ainsi que celle du sud, était surmontée de deux inscriptions. Il ne reste de celles de la porte du sud, entièrement démolie, que les fragments suivants, épars au milieu des décombres :

...FILIV.....TRAIAN
........STRIB.......
......LEG..........[2]

Des quatre blocs sur lesquels était gravée l'inscription de la porte de l'est, un seul est encore en place. Les trois autres ont

---

[1] L. de Bosredon, *Recueil des Notices*, t. XIX, 1878, p. 27. — [2] [*C. I. L.*, VIII, 2479.]

été retrouvés sous la voûte même : bien que mutilée, la dédicace se restitue facilement[1] :

```
        a         |       b          |      c         |     d
IMP·CAE | sAR DIVI Ner | vae f. nerv | a trAIANVS
AVGVST  | VS GERMAni   | cus    daci | cuS POntifex
MAXIM   | VS TRIB POT V | iii cOS V·P· | p. dedicante
L·MINIC | IO NATALE Le | g. lEG III AV | g. pro praetore
```

La date de cette dédicace peut être fixée à trois ans près. Le cinquième consulat de Trajan correspondant en effet à sa viie puissance tribunicienne (104), le chiffre de cette puissance ne peut être que vii, viii ou ix. Nous savons, d'autre part, que L. Minicius Natalis, dont une inscription de Barcelone nous a conservé le *cursus honorum*, avait pris part à l'une des deux campagnes de Trajan contre les Daces, avant de remplir les fonctions de légat impérial. Or cette campagne ne saurait être la seconde, qui dura de l'année 104 à l'année 106 ou 107[2]. L'année 106, en effet, correspond à la ixe puissance tribunicienne de Trajan, et le chiffre de cette puissance inscrit sur le monument d'Ad Majores ne pouvant être supérieur à ix, il s'ensuivrait que L. Minicius Natalis aurait été en fonctions en Afrique en 106, ce qui serait difficilement compatible avec le rôle qui lui est attribué dans l'*expeditio dacica* par l'inscription de Barcelone. Cette expédition ne peut donc être que la première (101-102). L. Minicius Natalis aurait pris possession de son poste de légat propréteur en 103 et aurait exercé ses fonctions de 103 à 105. C'est donc entre ces trois années, 103, 104 et 105, que se place la date de la dédicace du castrum d'Ad Majores. L'année 104 nous semble la plus probable, en raison

[1] [*C. I. L.*, VIII, n° 2478.] M. Léon Renier ne connaissait que les fragments *a* et *b*; les deux autres ont été trouvés depuis. — [2] Voir Mommsen, *C. I. L.*, t. III, p. 160.

de la place que paraissent avoir occupée dans le texte lapidaire les chiffres effacés, et c'est par conséquent à cette année que remonteraient la fondation d'Ad Majores et l'achèvement de la grande voie du sud, commencée sans doute en l'année 100, comme celle de Théveste à Capsa [1].

En sortant par la porte septentrionale du castrum et en se dirigeant vers la montagne, on arrive, après un trajet de 300 mètres, à une porte qui ne conserve plus qu'un de ses côtés : les pieds-droits, hauts de 2^m,50, sont fort larges, construits en belles pierres de taille remarquablement appareillées et ornés de pilastres corinthiens supportant une corniche assez simple. La largeur de la porte est de 3^m,50; sa hauteur sous la clef de voûte, de 4 mètres. Cette porte monumentale était surmontée d'une inscription dont M. Baudot [2] a recueilli les trois fragments suivants :

a	b	c
'RO SALVTE DD NN......	V N HOC...........	CIPION.....
'OMPONIVS MACIA.......	QVOD IN...	EPAT........
⁺RCESILAO COS HORA NOC	NITVP FLAV.......	D FLAVIAN
⁺LAVIVS PAVLINIANVS F..	FECERVNT	CVRANTE OCCEIO....

[1] M. le capitaine Moll a trouvé l'inscription suivante dans le Bahirt el-Arneb, sur la route de Théveste à Capsa, à 24 milles de Tebessa (*Annuaire*, 1858-1859, p. 32; *C. I. L.*, VIII, 10037) :

```
    I M P · C A E S
    DIVI NERVAE FIL
    NERVA TRAIA
    NVS AVG GER
    MANICVS pontifex
    maXIMVS TRIB
    pot. iIII COS III
    pat. p ATRia▓▓
    .................
    .................
```

[2] *Recueil de Constantine*, 1876, p. 124. [*C. I. L.*, VIII, 2480.]

Il s'agit, comme on le voit, d'une dédicace à Gallien et Saloninus, datée du consulat de Paternus et d'Arcésilaüs (267).

« La porte occidentale du castrum donne accès dans une enceinte indiquée par des restes de murs. Dans l'intérieur de cette enceinte, qui semble être une dépendance de la citadelle, on voit, à demi renversé, un arc de triomphe semblable à celui que nous avons décrit plus haut. La similitude des pierres, des voussoirs, de la corniche, ne permet plus d'en douter. Nous avons recueilli l'inscription suivante sur trois pierres[1] :

```
              a                              b                    c
PRO SALVTE DD NN.... C        NHC.........|.....................
QVEM CLODIVS VICTOR... RATVS PROMISER.....|.............EMO...
TVM QVOD PATRIAE PATERNO E ESSIS CONTIGIT DEDI ANTE VP FLAVIO FLA
ANO ? N CLODIVS VICTOR F.. CCEIO DONATIANO TR|C  REIP
```

Cette seconde inscription donne, à la fin de la troisième ligne et au commencement de la quatrième, le nom d'un gouverneur de Numidie que nous ne connaissions pas jusqu'ici, Flavius Flavianus, qualifié de *vir perfectissimus*, *Praeses Numidiae*. Ce nom se retrouvant également à la troisième ligne de l'inscription précédente, nous pouvons fixer la date de ses fonctions à l'année 267.

La dernière ligne de la seconde dédicace semble mentionner un *Curator Reipublicae*, qui est peut-être le Cocceius Donatianus dont le nom se retrouve également dans la première inscription.

UBAZA CASTELLUM
(*Terrabaza*).

La position d'*Ubaza Castellum*, que la Table de Peutinger place entre Ad Majores et Théveste, à 42 milles de la première de ces deux localités et 59 de l'autre, a été retrouvée

---

[1] *Étude sur l'oasis de Nigrin et sur les ruines de Besseriani* (*Rec. des Notices*, 1875, p. 125). [*C. I. L.*, VIII, 2481.]

par M. de Bosredon à *Terrabaza*, dont le nom, comme il le fait remarquer et comme je l'avais soupçonné depuis longtemps,

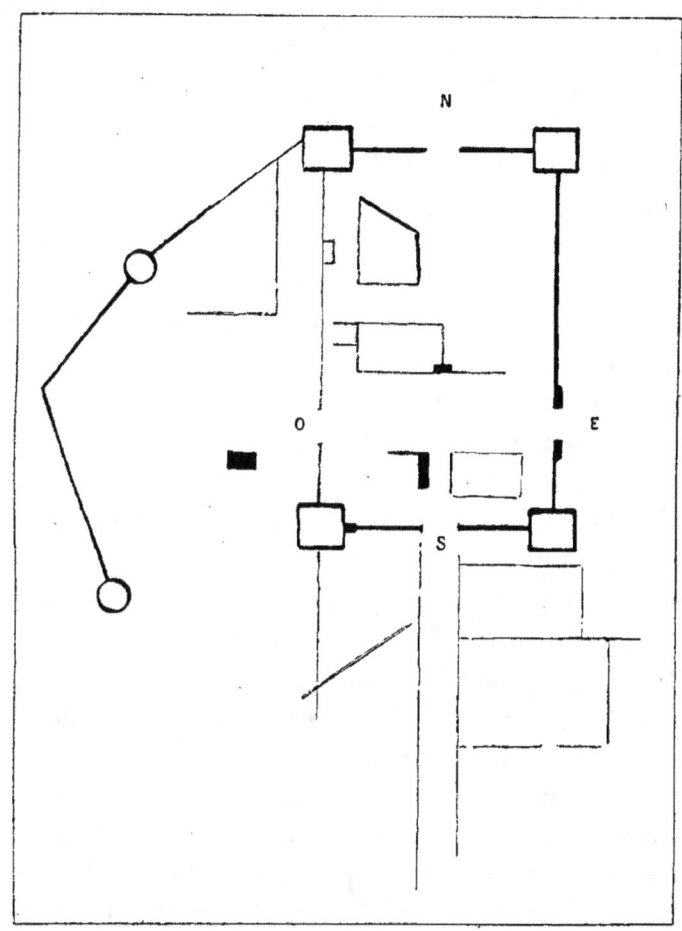

Plan du Castrum de Besseriani
(Ad Majores).
$\frac{1}{2000}$

n'est très probablement qu'une corruption de notre *Turre Ubaza*. Les deux distances indiquées par la Table se retrouvent exactement sur le terrain. La voie romaine, prenant la direction du nord à partir d'Ad Majores, franchissait la chaîne du Djebel Madjour par le col de Nigrin, celle du Djebel Zerour et du Djebel Ong par le défilé de Foum-el-Mechra, remontait l'Oued el-Mechra et l'un de ses affluents de droite, l'Oued Tlemcin, et atteignait Ubaza, au pied du versant méridional du Djebel Djerrar. « Le mamelon rocheux et très escarpé sur lequel se dressent encore les ruines du poste romain se termine par un plateau de 150 mètres de long sur 60 mètres de large, élevé de 80 mètres au-dessus du lit du torrent. Les bords de ce plateau sont formés de rochers coupés à pic sur une hauteur de 4 à 10 mètres et servent de base à un véritable castellum. Les deux petites faces du fort étaient défendues par des tours carrées de 6 mètres de côté, qui sont encore en partie debout et montent, en certains endroits, jusqu'à 6 mètres au-dessus de la plate-forme. Les murs, de $1^m,40$ d'épaisseur, sont en petit appareil, irréguliers et cimentés avec de la chaux. La construction en est soignée, homogène et est certainement antérieure à l'époque byzantine. L'entrée de la forteresse se trouvait au pied de la tour méridionale; l'accès en est difficile. Sur le flanc ouest du mamelon, à un niveau inférieur à celui du sol, se voient les restes d'une vaste citerne de forme rectangulaire et couvrant une superficie de 150 mètres carrés. Les murs extérieurs, soutenus par des contreforts, ont $2^m,50$ d'épaisseur et sont bâtis en petit appareil. Ils entourent trois bassins voûtés, solidement maçonnés avec des briques et du ciment.

« Au pied du mamelon étaient groupées les habitations constituant le hameau, *canaba*, qui se formait habituellement près des postes militaires. Au milieu des constructions était creusé un puits, qui s'est conservé en très bon état et que les Arabes désignent aujourd'hui sous le nom de Bir ben-Taïtaia.

« L'entrée du défilé du côté du Sahara était gardée par un poste dont les ruines d'El-Ansel indiquent l'emplacement. L'intérieur était surveillé par de petits postes échelonnés de distance en distance[1]. »

Le passage de l'Oued Mechra présente un aspect des plus sauvages. La route, tracée le long des berges de la rivière, longe entre deux murs de rochers verticaux les plus petits détours du cours sinueux du torrent. Tantôt elle pénètre dans le flanc du rocher, en dessinant une élégante corniche, tantôt elle passe sur d'immenses dalles en côtoyant le précipice; puis elle redescend au niveau du lit de la rivière. A chaque instant on se croirait arrêté par une des parois de la montagne qui se présente de face comme une immense barrière de granit; mais l'obstacle disparaît à mesure que l'on s'avance, et la marche s'effectue librement, même dans les passages les plus resserrés.

Au delà d'Ubaza, la route romaine, après avoir contourné la pointe occidentale du Djebel Oucif, prenait la direction du nord-est, traversait la grande plaine du Bahirt el-Arneb et atteignait Théveste en passant par le col du Tenoukla.

Nous donnons dans le tableau ci-après (p. 538) la série rectifiée des stations de la grande route méridionale. En tenant compte des distances omises ou inexactement données par la Table de Peutinger, on voit que le développement du tracé de cette voie était en réalité de CCCLV milles ou 525,755 mètres.

---

[1] *Recueil des Notices*, t. XIX, p. 19-20.

ROUTE DE LAMBAESIS À THÉVESTE
PAR LE VERSANT MÉRIDIONAL DE L'AURÈS.

STATIONS.	DISTANCES.		SYNONYMIES.
	Milles romains.	Mètres.	
Lambaese.......................			Tazzout (Lambèse).
	XXII	32,582	
Ad Basilicam Diadumeni.......			Henchir Fegousia.
	XIV	20,734	
Symmachi.......................			Nza-bel-Messaï.
	IX	13,329	
Ad Duo Flumina................			Kherbet Skhoun.
	IX	13,329	
Ad Calceum Herculis..........			El-Kantara.
	IX	13,329	
Ad Aquas Herculis............			Henchir Sidi-el-Hadj.
	VI	8,886	
....			Henchir Sellaouïn.
	XXXVI	53,316	
Mesar Felta..................			Tolga.
	XII	17,772	
Gemellas.....................			Mlili.
	XVIII	26,658	
Ad Piscinam..................			Biskra.
	IX	13,329	
Thabudeos....................			Thouda.
	XXXIII	48,873	
....			El-Bardou.
	XXIV	35,544	
Badias.......................			Badis.
	XXV	37,025	
Ad Medias....................			Henchir Taddert.
	XXVIII	41,468	
Ad Maiores...................			Besseriani.
	XLII	62,202	
Ubaza Castellum..............			Terrabaza.
	LIX	87,379	
Theveste.....................			Tebessa.
	CCCLV	525,755	

§ 15. — ROUTES DE LA ZEUGITANE ET DE LA BYZACÈNE
RATTACHANT AU LITTORAL LA VOIE DE CARTHAGE À THÉVESTE.

La Table de Peutinger indique deux routes destinées à rattacher la voie de Carthage à Théveste au littoral. La première part de Coreva, passe par Thuburbo Majus et se subdivise, à Onellana, en deux segments, dont l'un se dirige sur Tunis et l'autre sur Hadrumète. La seconde se détache à Mutia de la route de Carthage à Théveste, traverse Althiburos, Assuras, Zama Regia, Aquae Regiae, et aboutit à Thysdrus.

L'Itinéraire d'Antonin ne donne ni l'un ni l'autre de ces deux tracés, mais il indique une route qui part de Théveste même, passe par Sufetula et se bifurque, à Tabalta, en deux tronçons, aboutissant, l'un à Thaenae, l'autre à Cellae Picentinae.

Nous comprendrons dans l'analyse de ces trois grandes voies de communication l'étude des routes secondaires qui les reliaient et complétaient le réseau de l'Afrique propre.

ROUTE DE COREVA À HADRUMÈTE PAR THUBURBO MAJUS ET ONELLANA.

STATIONS.	Distances indiquées.	Chiffres rectifiés.	SYNONYMIES.
Choreva................			*Henchir Dermoulia.*
	X	XVIII	
Risca (Bisica)............			*Henchir Biska.*
	XVIII	X	
Avitta.................	X		*Henchir Bou-Ftis.*
	V	XV	
Thuburbo Maius...........			*Henchir Kasbat.*
	XV		
Onellana...............			*Zaghouán?*
	XVI		
Bibae.................			*Henchir el-Foouára?*
	XVI		
Mediocera (Mediccera).......			*Aïn Medker.*
	VI		
Aggerfel (Aggersel).........			*Henchir el-Menzel?*
	VIII		
Ulisippira..............			*Zembra?*
	omise		
Gurra (Gurza)...........			*Kaláa-Kebira.*
	VII		
Hadrito (Hadrumeto)........			*Soussa.*

68.

Le tracé général de la route est indiqué par les stations de Bisica, d'Avitta, de Thuburbo Majus et de Mediccera, dont les correspondances sont certaines. La voie romaine longeait jusqu'à Thuburbo Majus la base du grand plateau triangulaire que circonscrivent: au nord-ouest, les collines de la rive droite de la Medjerda; au sud, le cours de la Siliana; à l'est celui de l'Oued Meliana. Elle suivait ensuite les contreforts septentrionaux du Djebel Zaghouân, contournait la pointe orientale de ce massif et se dirigeait au sud-sud-ouest sur Hadrumète.

Risca (Bisica)
(Henchir Biska).

Risca, dans la Table de Peutinger, est certainement un lapsus du copiste; il faut lire *Bisica*[1], nom qui se retrouve dans celui d'Henchir *Biska*, donné par les indigènes aux grandes ruines qu'on remarque à la pointe sud-est du Djebel er-Rihân[2]. Quatre inscriptions qui y ont été récemment découvertes donnent l'ethnique BISICENSIS, et justifient l'opinion que j'avais exprimée depuis longtemps sur la synonymie d'Henchir Biska et de la Bisica qu'on identifiait à Testour. Nous les reproduisons ci-dessous.

a[3]

M · CORNELIO · OC
TAVIANO · V · P · PRAEF
CLASSIS · PRAET · MISEN ·
DVCI · PER · AFRICAM
NVMIDIAM · MAVRETA
NIAMQVE · SPLENDI
DISSIMVS · ORDO ·
MVNICIPI · BISICENSIS
PATRONO · INCOMPARA
BILI · OB · MERITA

---

[1] Les indigènes donnent à tout ce district le nom de *Blad bou-Arada*.

[2] [*Ephemeris*, t. V, p. 284; *Bulletin des antiq. afric.*, t. I, p. 295; *Arch. des Missions*, 1883, t. X, p. 328; *Bulletin du Comité des travaux historiques*, 1885, p. 159. — S. R.]

[3] [*Ephemeris*, t. V, n° 301.]

*b*¹

DIAM M▨▨▨▨▨▨
Q·VE·IN·HONOREM
PATRIS · PATRONI · MV
NICIPII·SPLENDIDISSI
MVS·ORDO·MVNICIPI
BISICENSIS

*c*²

Q·ENNIO T·F
QVIR ERPILLO
⟩ LEG III AVG
FL·P·P·▨▨▨▨
ORDO BISICENS
EX COLLAT▨▨
NE PATR ▨▨▨

*d*³

ZOPYRVS TIRO
NIS·F·BISICENSIS
EX·XI·PRIMIS
VIXIT ANNIS
LXXXVIIII
    H S E   S
O OSSA QVIETA PRECOR T
T ZOPYRI REQVIESCANT T
B IN VRNA ET SIT HVM L
*q*VS CINERI NON ONEROSA *precor*

Les ruines de Bisica, dont l'étendue est d'une cinquantaine d'hectares, couvrent un plateau qui domine la plaine du Fas-

---

[1] [*Bulletin des ant. afr.*, 1883, p. 300.] — [2] [*Ibid.*, p. 302.] — [3] [*Ephemeris*, t. V n° 302.]

er-Riah au nord, celle de Bou-Arada à l'est, et celle d'El-Arôssa au sud. Aucun monument n'est resté debout, mais les nombreux édifices dont on aperçoit encore les vestiges paraissent remonter à l'époque des Antonins; toutes les dédicaces qu'on y a trouvées appartiennent à cette même période.

Henchir Biska est situé à un peu moins de trente kilomètres d'Henchir Dermoulia (Coreva) et à quinze kilomètres de Bou-Ftis (Avitta). Les x milles indiqués par la Table entre Coreva et Risca doivent donc être reportés entre Risca et Avitta, et remplacés par les xviii milles marqués entre Risca et Avitta. Quant au chiffre x qui suit le chiffre xviii sans indication de station, il doit être réuni au chiffre v placé entre Avitta et Thuburbo Majus. La distance qui sépare les deux localités est en effet de près de quinze milles.

AVITTA BIBBA
(*Henchir Bou-Ftis*).

L'emplacement de la seconde station, *Avitta*, est fixé par l'inscription suivante [1], découverte dans les ruines très étendues d'Henchir Bou-Ftis [2] :

```
        VICTORI
       AE · AVG ·
     CIVITAS · AVT
     TENSIS · BIBBA
        D · D · P · P
       MANLIVS ✿
       HONORATVS
       ET       TEL
       LVS · SVFETES
       FACIVNDAM
       CVRAVERVNT
```

[1] *C. I. L.*, t. VIII, n° 797. — [2] [*C. I. L.*, t. VIII, p. 100; *Ephemeris*, t. V, p. 287; *Bulletin des ant. afr.*, 1883, p. 306. — S. R.]

Le double nom de la ville antique, *Avitta Bibba*, figure dans le fragment de dédicace ci-dessous, également trouvé à Henchir Bou-Ftis :

pro salute
*imp. caes. l. aureli veri aug. arm. med. par*T·MAX·FRATRIS
imp. caes. m. aureli antonini aug. aRMENIACI·MEDIC
parthici maximi municipium aelium(?) *avit*TA·BIBBA·ARCVM·PP·F[1]

On le lit également dans cette autre dédicace, récemment découverte dans les mêmes ruines[2] :

<pre>
        D N
    FLAVIO HONORIO
    INVICTO IMP
    SEMPER AVG
    MVNICIPIVM
    AVITTA BIBBA
    DEVOTVM NVMINI
    MAIESTATIQVE
        EIVS
</pre>

Pline compte Avitta parmi les villes libres de la province d'Afrique[3], et la première des deux inscriptions que nous venons de reproduire et qui date probablement du règne de Trajan, prouve qu'elle avait conservé ses suffètes jusqu'à cette époque. Elle ne fut érigée en municipe que dans les dernières

---

[1] *C. I. L.*, t. VIII, n° 801. Nous donnons la restitution de Wilmanns. Mommsen fait remarquer qu'il s'agit plutôt, à la première ligne, de Marc Aurèle que de Lucius Verus, et lit PONT·MAX au lieu de PART·MAX.

[2] [*Ephemeris*, t. V, n° 304.]

[3] Pline, V, IV : « Oppidum liberum Avittense. » Ptolémée (IV, III, 31) place entre Thabraca et le Bagrada une Ἀουίττα dans laquelle nous ne pouvons pas reconnaître Avitta Bibba, si ses indications topographiques sont exactes. [Il n'y a rien à tirer de ce passage de Ptolémée; cf. Mommsen, *Hermès*, t. XV, p. 145.]

années du règne d'Hadrien, ainsi que le prouve la dédicace suivante, datée de 137 :

*imp. caes. divi t*RAIANI *parthici* F✧DIVI✧*nervae nep. traia*NO·HADRI*ano aug.* PONT✧M*ax trib. pot. xxi imp.* II✧COS✧III✧P✧P *condito*RI✧MVNC*ip* L✧AELIO✧*Caesari imp. caes. traiani hadrian*I✧AVG✧F✧*trib. pot. cos. i. vibiae? matidiae Au*G✧F✧SABIN*ae augustae imp. caes. traiani ha*DRIANI *aug.*

Les ruines d'Henchir Bou-Ftis couvrent un plateau incliné en pente douce : elles sont assez étendues, et les deux arcs triomphaux dont il reste encore quelques vestiges, aussi bien que les nombreux fragments de dédicaces qui nous parlent encore de ses monuments disparus, prouvent que cette ville d'Avitta, comme tant d'autres localités africaines, dont les Itinéraires seuls nous ont conservé le souvenir, était riche et prospère à l'époque des Antonins. Les deux arcs triomphaux datent des années 137 et 159. Trois inscriptions monumentales remontent aux règnes de Marc Aurèle[2], de Commode[3] et de Sévère[4]. Une quatrième inscription, rappelant la construction d'un portique aux frais d'un citoyen de Carthage et portant la date de la fondation de cette dernière colonie, 197[5], appartiendrait à l'année 154, si l'ère de Carthage

---

[1] *C. I. L.*, t. VIII, 799. — [2] *Ibid.*, 801. — [3] *Ibid.*, 802. — [4] *Ibid.*, 803. — [5] *Ibid.*, 805 :

```
Q·AGRINIO Q·FIL·ARN
SPERATO SPERATIANO
SACERDOTI CERER·C I K
A N N I  C L X X X X V I I
CVI CVM ORDO STATVAM
OB PORTICVM E[ius]
LIBERALITATE Novam
EXSTRVCTAM DECREVIS
SET DE SVO POSVIT D D
```

doit être comptée à partir de sa seconde fondation (710 de Rome).

Une dernière inscription, relative à la restauration et au dallage d'un des temples d'Avitta, porte une date précise, celle du 11 mars 338[1].

Au sortir d'Avitta, la voie romaine prenait la direction de l'est-sud-est pour éviter la Sebkhat el-Koursia, qu'elle laissait à un mille et demi sur la gauche, franchissait l'Oued Djerbia et, longeant de l'ouest à l'est les pentes méridionales du Djebel el-Kalab, atteignait le plateau d'Henchir Kasbat, où j'ai retrouvé, en 1857, les ruines de Thuburbo Majus[2].

L'emplacement de cette ville, l'une des huit colonies de la province d'Afrique dont parle Pline[3], était restée une énigme jusqu'alors pour tous les archéologues qui s'étaient occupés de la géographie comparée de la Tunisie. Shaw, en identifiant avec raison Thuburbo Minus à Tbourba, s'était borné à faire observer que Thuburbo Majus devait être située beaucoup plus au sud. Mannert s'était autorisé de ce passage, à peu près

---

[1] *C. I. L.*, t. VIII, 796 :

AETERNO·NVMINI·PRAESTANTI·PROPITIO·SACRVM
*vi*CTORIS·SACERDOTIS·ET·ARRI·SERVILI·REM·AGENTIB·
nec NON·ET·SILICEM·OMNE·SANCTVARIVM·STRAVIT
*q*VINT·IDVS·MARTIAS·VRSI·ET·POLLEMI·CONSVLATVS

[2] [Tissot, *Revue africaine*, t. I, p. 418; Guérin, *Voyage*, t. II, p. 368; *C. I. L.*, VIII, p. 106; *Bull. des antiq. afric.*, t. I, p. 319; Cagnat, *Explorations*, t. II, p. 4. — S. R.]

[3] Pline, V, IV : « Colonias VI : praeter jam supra dictas, Uthinam, Tuburbin. » Pline, comme on le voit, donne la forme *Tuburbis*. Ptolémée écrit plus correctement Θουβουρβώ. La Table de Peutinger supprime la seconde consonne : *Tuburbo Maius*; les documents ecclésiastiques donnent la même orthographe aux ethniques *Tuburbitanus, Tuburbitensis*. Les listes des soldats de la légion IIIe Auguste portent TVBVRB. (Renier, *I. A.*, p. 133, v. 41) et THVBVR. (*ib.*, p. 129, v. 19). La véritable forme *Thuburbo* est donnée par l'inscription que nous citerons plus bas.

négatif, du voyageur anglais pour placer Thuburbo Majus à *Tubersole*, localité dont le nom, sous cette forme du moins, nous est tout à fait inconnu; on peut supposer que le géographe allemand a voulu parler de Teboursouk, bourgade située effectivement au sud-est de Tbourba, mais sur la route de Carthage à Sicca. Barth n'a pas essayé de fixer, même approximativement, l'équivalent moderne de Thuburbo Majus; il la place néanmoins, sur la carte annexée à son livre, à l'ouest du Djebel Zaghouân. D'Anville lui avait déjà donné la même position. Enfin, Pellissier, sans se prononcer formellement, inclinait à considérer les ruines de Djerad, au sud-est du massif montagneux de Zaghouân, comme celles de Thuburbo.

Les indications des Itinéraires, du reste, ne suffisaient pas pour permettre de résoudre le problème. L'Itinéraire d'Antonin, dans l'*iter a Tuburbo per Vallos Tacapas*, place bien Tuburbo à 18 milles de Vallis, mais ce Thuburbo, à en juger par la direction de la route, ne peut être que *Thuburbo Minus*. La situation de Vallis, d'ailleurs, était inconnue avant que je l'eusse fixée à Sidi-Median. La position d'Inuca, placée par la Table à xxviii milles de Thuburbo Majus, pouvait seule donner approximativement celle de cette dernière localité, et elle était elle-même inconnue. En retrouvant Inuca à Henchir er-Reukba, j'avais été conduit à placer Thuburbo Majus sur l'Oued Meliana, entre les derniers contreforts occidentaux du Djebel Zaghouân et le Djebel Douamès. Des recherches faites dans cette direction me firent découvrir, en avril 1857, au milieu des ruines d'Henchir Kasbat[1], l'inscription suivante, qui révélait tout à la fois et le véritable emplacement de Thu-

---

[1] *Henchir Ksiba*, par erreur, sur la carte du Dépôt de la guerre (1857).

burbo et son nom de colonie : *Colonia Iulia Ælia Aurelia Commoda Thuburbo Majus*[1] :

```
        IMP · CAESARI
        M · ANTONIO · GOR
        DIANO · DIVI · M · ANTO
        NI · GORDIANI · NEP · DIVI
        ANTONI · GORDIANI · SO
        RORIS FIL · PIO · FEL · AVG · FOR
        TISSIMO · FELICISSIMO
        PONT · MAX · TRIB · POT ·
        P · P · PROCOS
        COL · IVLIA AVRE
        LIA · COMMODA
        THVBVRBO
        MAIVS  DD · P · P
```

Le nom même de la *Colonia Iulia Aurelia Commoda* rappelle les deux principales phases de son histoire : fondée par César, probablement en 710, en même temps que Carthage, Curubis, et inscrite, comme celles-ci, dans la tribu Arniensis[2], elle fut agrandie par le fils de Marc Aurèle. Parmi les quelques inscriptions qu'a fournies Thuburbo Majus, figurent deux dédicaces à Marc Aurèle[3], une ou deux à Commode[4] et une cinquième à Julia Domna[5].

Les ruines de Thuburbo Majus sont considérables; elles couvrent un plateau légèrement incliné vers l'ouest, que contourne la Meliana. Trois des portes de l'enceinte subsistent encore : celle du nord, parfaitement conservée, est semblable à l'arc antique de Zaghouân. La partie supérieure de la porte de l'ouest s'est écroulée. La porte de l'est a plus souffert en-

---

[1] [*C. I. L.*, VIII, 848.] — [2] *Ibid.*, 842, 854. — [3] *Ibid.*, 843, 844. — [4] *Ibid.*, 845, 846. — [5] *Ibid.*, 847.

core. L'area de la ville antique n'offre qu'un amas de décombres parmi lesquels on reconnaît cependant les débris de trois temples, les ruines d'un castrum construit en pierres de très grandes dimensions, et les vestiges de quatre grands autres édifices.

ONELLANA. Aucune synonymie acceptable n'a été proposée jusqu'ici pour Onellana, qui ne doit sans doute pas être cherchée ailleurs qu'à Zaghouân, dont les ruines, si souvent visitées et décrites [1], étaient restées anonymes [2]. Cette correspondance semble résulter de la distance de xv milles indiquée par la Table de Peutinger entre Thuburbo Majus et Onellana, distance qui se retrouve exactement entre Henchir Kasbat et Zaghouân, précisément dans la direction que devait suivre la route de Thuburbo à Hadrumète par Onellana. La voie romaine, dont on aperçoit encore quelques tronçons, se dirigeait vers l'est en sortant de Thuburbo Majus, traversait la Meliana, passait par Khanga Moghera, Sidi-Ahmed, Bir Smindja, et arrivait à Onellana en longeant les contreforts septentrionaux du Djebel Zaghouân.

Adossée à la gigantesque muraille calcaire que forme cette montagne, arrosée par les mille sources qui en jaillissent et entretiennent la luxuriante végétation de ses vergers, Zaghouân est une véritable oasis au milieu des solitudes dénudées qui

---

[1] [Peyssonnel, *Voyages*, t. I, p. 44 et suiv., t. II, p. 94 et suiv.; Guérin, *Voyage*, t. II, p. 291-299; Temple, *Excursions in the Mediterranean*, t. I, p 286 et suiv.; Pellissier, *Description de la Régence*, p. 65, *Tour du monde*, 1875, t. I, p. 317; *l'Afrique* (*Univers pittoresque*), pl. XV; *C. I. L.*, t. VIII, p. 113; *Ephemeris*, t. V, p. 295; Tissot, *Bulletin épigraphique*, 1883, p. 213. — S. R.]

[2] Wilmanns (*C. I. L.*, t. VIII, p. 17) retrouve Onellana à Sidi-Abd-el-Aziz : il ne fonde sa conjecture que sur l'étendue des ruines qu'on y remarque et ne tient aucun compte des distances indiquées par la Table : xv milles de Thuburbo Majus à Onellana, xv d'Onellana à Uthina (Oudna). Or Sidi-Abd-el-Aziz n'est qu'à 6 milles d'Henchir Kasbat (Thuburbo Majus) et à 9 milles seulement d'Oudna.

l'entourent, et les avantages de sa position ont dû en faire, dès l'origine, un centre de population de quelque importance. Trois inscriptions trouvées à Zaghouân, et dont l'une remonte à la deuxième année du règne de Gordien III, prouvent que la localité antique était un municipe[1].

Onellana est placée par l'Anonyme de Ravenne, sous le nom défiguré mais reconnaissable d'*Olencana,* entre *Tuburbo Majus* et *Bithina* (Uthina)[2].

Une inscription du vi[e] siècle la qualifie d'*Urbs,* et nous apprend qu'elle fut restaurée par le comte Boniface[3].

Wilmanns, qui identifie Onellana à Sidi-Abd-el-Aziz, donne pour équivalent antique à Zaghouân la *Villa Magna* dont l'évêque, *episcopus villamagnensis,* figure à l'assemblée de 411. L'hypothèse de Wilmanns ne s'appuie que sur l'inscription suivante, trouvée à Zaghouân par Ximenez et qui a disparu depuis[4] :

Gravée dans un double cercle, cette inscription a dû orner la clef de voûte d'une maison particulière : la formule hospitalière qu'elle contient, développement du *Salve* inscrit sur le

---

[1] *C. I. L.,* t. VIII, 895, 902, 10523. — [2] [Éd. Pinder et Parthey, 144, 2.] — [3] *C. I. L.,* t. VIII, 898 :

    FELICI HVIVS VRBIS RESTAVRATORI COM
    BONIFATIO.......... DOMITORI·V·C·F

[4] *C. I. L.,* t. VIII, 899. [*Episcopus villamagnensis,* Morcelli, t. I, p. 354.]

seuil de certaines maisons antiques, s'explique parfaitement à l'entrée d'une villa; elle ne se comprend guère à celle d'un municipe. L'inscription de Ximenez a donc dû appartenir à l'une des nombreuses maisons de campagne qui avoisinaient Onellana, et elle aura été transportée à Zaghouân, comme tant d'autres matériaux antiques, lorsque cette petite ville fut rebâtie par des Maures chassés d'Espagne. Elle n'infirme en rien la correspondance que nous sommes tenté d'établir entre Onellana et Zaghouân, et prouve seulement que la *Villa Magna* dont les documents chrétiens nous avaient déjà révélé l'existence était située dans le voisinage d'Onellana.

Nous reconnaissons toutefois que la question est douteuse, et ce n'est qu'à titre provisoire que nous proposons la synonymie d'Onellana et de Zaghouân.

La porte monumentale qui existe encore à Zaghouân reproduit le style et les proportions des portes d'Avitta, de Thuburbo Majus et d'autres cités de la Zeugitane. L'ouverture de l'arcade est de $4^m,09$; la largeur des pieds-droits, de $3^m,12$. Deux niches latérales, pratiquées dans leur face antérieure, étaient destinées à recevoir deux statues. La clef de voûte est ornée d'une figure ressemblant à un niveau ou à un A un peu écrasé, qu'on observe sur le pont d'Ad Aquas et sur un des monuments de Thibursicum Numidarum; au-dessous de ce symbole est sculptée une couronne de feuilles de chêne au centre de laquelle se lit ce mot :

AVXI
L I ⊙[1]

La partie inférieure de la clef de voûte offre une tête de bélier aux cornes très développées.

[1] [*C. I. L.*, n° 900.]

La principale source de Zaghouân, située à une demi-heure au sud-ouest de la ville, était une des deux prises d'eau qui alimentaient le grand aqueduc de Carthage.

La nymphée qui s'élève encore sur cette source est un des plus gracieux monuments de l'Afrique septentrionale, et elle a été décrite bien des fois depuis Peyssonnel. Adossé à un contrefort escarpé du Djebel Zaghouân, l'édifice affecte la forme générale d'un hémicycle, formant terrasse et dominant le bassin qui recevait les eaux de la source avant leur entrée dans l'aqueduc.

Le centre de la courbe de l'hémicycle est occupé par une *cella* ou sanctuaire, auquel on parvenait par huit marches, aujourd'hui détruites. La cella elle-même était divisée en deux parties. Le vestibule, large de $4^m,13$ sur $3^m,75$, était recouvert d'une coupole prenant naissance à $4^m,50$ au-dessus du sol. Le sanctuaire proprement dit mesurait $3^m,55$ de largeur sur $2^m,45$ de profondeur. Dans le mur du fond, au-dessus d'un autel de $1^m,20$ de hauteur, est pratiquée une niche cintrée, qui devait contenir la statue de la divinité principale, peut-être celle d'Astarté, la *Juno pollicitatrix pluviarum*. Au-dessus de la porte de la cella régnait une architrave surmontée d'un mur que couronnait une corniche sculptée.

A droite et à gauche du sanctuaire se développaient les galeries latérales de l'hémicycle. Chacune de ces galeries reposait d'un côté sur un mur dont le revêtement était en pierres de taille, de l'autre sur treize colonnes en marbre correspondant chacune à un pilier de 47 centimètres de largeur, et formant une saillie de 33 centimètres sur le mur d'enceinte. Les colonnes étaient reliées entre elles par une architrave sculptée de 30 centimètres de largeur.

Chacune des deux galeries était couverte par douze petites

coupoles, fermées sur la façade par un mur en pierres de taille de 30 centimètres d'épaisseur et d'une hauteur totale de $2^m,16$, y compris l'architrave sur laquelle il était établi. Surmonté d'une corniche sculptée de 32 centimètres, ce mur faisait retour sur la façade du monument opposée au sanctuaire, en formant deux grandes portes en plein cintre de $2^m,68$ d'ouverture. Les jambages de ces portes avaient $2^m,30$ de hauteur et la voûte $1^m,34$ de rayon, ce qui donnait une hauteur totale de $3^m,64$ sous la clef. Outre ces deux grandes arcades, deux petites portes rectangulaires, de $2^m,35$ de hauteur sur 91 centimètres de largeur, étaient pratiquées dans la partie des deux galeries voisines de la terrasse et donnaient accès dans l'area de l'hémicycle, qui ne mesurait pas moins de 38 mètres du bord de la terrasse au mur du fond de la cella, sur $30^m,66$ d'un extrémité de la terrasse à l'autre.

Les deux galeries de l'hémicycle formaient un ensemble de vingt-quatre coupoles, séparées au milieu par le sanctuaire, et dans lesquelles, de deux en deux, était pratiquée une niche de $2^m,30$ sur $1^m,05$, profonde de 625 millimètres, et destinée à recevoir une statue.

Les colonnes étaient d'ordre corinthien. Le socle avait 30 centimètres de hauteur, et ses côtés sculptés, 65 centimètres. La base mesurait 25 centimètres de hauteur. Le fût, d'une hauteur de $3^m,35$ et d'un diamètre variant de 30 à 45 centimètres, était entouré par dix-huit baguettes. La hauteur du chapiteau était de 45 centimètres, ce qui donnait $4^m,35$ de hauteur totale à l'ensemble des colonnes, dont le socle reposait sur un massif de pierres de taille formant *podium*, large de 75 centimètres et d'une hauteur intérieure variant de $1^m,20$, près de la terrasse, à 20 centimètres, près du sanctuaire.

Les galeries, pavées de mosaïques, avaient une largeur de 3^m,57.

L'espace libre compris entre les galeries, la cella et la terrasse était de 21^m,20 de largeur sur 30^m,20 de profondeur, dont 20^m,42 pour les côtés de la partie rectiligne.

La terrasse dominait de 3 mètres un bassin affectant la forme de deux ellipses se pénétrant. Profond de 2^m,50, il recevait les eaux de la source par des passages ménagés entre les joints des pierres. Sa longeur était de 8^m,75, ses deux plus grandes largeurs de 4 mètres, sa largeur dans la partie la plus étroite de 3^m,86[1]. Deux escaliers de quinze marches correspondent aux deux portiques, conduisant de la terrasse au bassin.

Toutes ces dispositions sont encore parfaitement reconnaissables, malgré les dégradations qu'a subies l'édifice, et leur ensemble constitue une des œuvres les plus élégantes que nous ait léguées l'architecture africaine.

Disons en outre que la beauté du site ajoute encore aux charmes de la nymphée de Zaghouân : rien n'est plus saisissant que le contraste que forment, avec la muraille rocheuse à laquelle le temple est adossé, les massifs d'orangers, de cyprès, de peupliers, de trembles et de platanes séculaires qui forment encore autour de la source une sorte de bois sacré.

Zaghouân est dominée par la plus haute cime de la montagne dont elle porte le nom.

Un peu au-dessous de cette cime, sur un étroit plateau arrosé par une source, on trouve les ruines de deux petits temples antiques, à la construction ou à la restauration desquels font

---

[1] Nous empruntons toutes ces mesures à la notice de M. Ph. Caillat sur l'ancien aqueduc de Carthage. [*Revue archéologique*, 1873, t. II, p. 292-301.]

probablement allusion les deux fragments suivants, encastrés dans un mur arabe :

1

)I▒IIO
IQVE AMORE Q
DEBET ʌAETIAS QVAS EX ʌiberalitate
SVA·EX·SS XX MIʌ·N·FECIT·ET OB DEdica
TIONEM EPVʌVM VNIVERSIS CVRIS EX
ss͞V ͞N PREBVIT

2

in COATVM ADIECIT.
non reFECTA·SORDEBAT·TRA...
TER PICTVR ANTe TEMPlum
TANVM·ADSI..............[1]

[A sept kilomètres environ à l'est de Zaghouân, sur le chemin qui conduit de ce bourg à Hammamet, au lieu dit Henchir Beni-Derradj, on a découvert récemment une dédicace à Mars Victor Augustus, pour le salut de l'empereur Caracalla[2]. D'autres textes fort importants ont été relevés par M. Fonssa-

---

[1] [La seconde inscription est reproduite par le *Corpus* (t. VIII, p. 928, n° 10524), d'après une copie de M. Chevarrier; la première, copiée par le même voyageur, a été revue par M. Cagnat, auquel nous devons le texte ci-dessus. Les deux transcriptions originales existent dans les papiers de M. Tissot avec la notice suivante, de la main de M. Chevarrier : «(N° 1) *Zaouiat el-Ala*. Cette inscription est bâtie dans le mur d'une petite maison entre les jardins et la source.—(N°2) *Zaouiat el-Ala*. J'ai rapporté cette inscription et je la possède encore. Zaouiat el-Ala est située au sommet de la montagne de Zaghouân, à l'ouest du piton le plus élevé; il y a là une source encore utilisée pour la culture des petits jardins qui entourent la Zaouia. Des travaux d'origine romaine pour la captation des eaux et les ruines de deux petits temples existent encore; il est probable que les inscriptions proviennent de ces temples.» Le texte adopté par M. Tissot dans son manuscrit, texte que nous reproduisons avec les suppléments proposés, n'est pas tout à fait conforme à la copie de M. Chevarrier; mais nous avons sous les yeux un fac-similé de la même inscription par M. Tissot, avec la note : «D'après un estampage de M. Chevarrier.» — S. R.]

[2] [*C. I. L.*, VIII, 8439. — Tissot, *Bulletin épigraphique*, t. III, p. 215; *Ephemeris*, t. V, p. 333. — S. R.]

grives à Henchir Draâ-el-Gamra, dans le Bahirt Simindja, vaste plaine arrosée par l'Oued Meliân et bordée au sud par le massif du Zaghouân, à l'est par les collines d'Oudena, l'ancienne Uthina, et à l'ouest par le plateau qui sépare le bassin de l'Oued Meliân de celui de la Medjerda. Henchir Draa-el-Gamra est situé à 3 kilomètres au sud d'Henchir Simindja et à 10 kilomètres au nord-ouest de Zaghouân. Les inscriptions font connaître le nom de la *civitas* ou *respublica Goritana*, et mentionnent un *magistratus annualis*, un *flamen perpetuus*, un *ordo* et des *decuriones*[1]. *Gor* est un nom essentiellement punique : *gour, gor, hospitium*, du radical *gour* « s'arrêter, séjourner, résider ». Nous le trouvons à l'état composé dans le nom d'une ville d'Arabie, *Gourbaâl*. On connaissait déjà un *episcopus Gorensis*, cité parmi les prélats qui assistèrent au concile de 255, concile qui fut exclusivement composé d'évêques appartenant à la Proconsulaire. Hardouin, dont l'opinion a été reproduite par Morcelli, identifiait Gor à la *Coreva* des Itinéraires; mais il est évident que l'*ecclesia Gorensis* n'est pas différente de la *respublica Goritana* des deux inscriptions de Drâa-el-Gamra[2].

Gor
(*Henchir Drâa-el-Gamra*).

[Au pied du versant méridional du Djebel Saouaf, à 19 kilomètres de Zaghouân et à 10 kilomètres de Botria, on rencontre des ruines qui couvrent un espace de 2 kilomètres carrés en-

Thaca
(*Henchir Zaktoun*).

[1] [Tissot, *Bulletin épigraphique*, t. III, p. 216, 219; *Bulletin des antiquités africaines*, t. II, p. 110; *Ephemeris*, t. V, nᵒˢ 328, 329; Morcelli, *Africa christiana*, t. I, p. 175. — S. R.]

[2] [J'ai emprunté ce paragraphe à l'article cité de M. Tissot dans le *Bulletin épigraphique*. — J'ajoute ici une note manuscrite détachée que j'ai trouvée parmi les papiers de M. Tissot : « *Oppidum Simingitanum*. Des trois groupes de ruines qui portent le nom d'*Henchir Simindja*, le plus considérable représente certainement une cité antique. Elle couvrait un plateau défendu de tous côtés par le lit escarpé de deux affluents de la Meliana. » Une ville de Simingi, dont les évêques sont mentionnés aux conférences de Carthage, en 411 et 525, a été attribuée à la Proconsulaire par Hardouin. (Morcelli, *Africa christiana*, t. I, p. 281; Guérin, *Voyage archéologique*, t. II, p. 290.) — S. R.]

Simingi
(*Henchir Simindja*).

viron. Ces ruines, appelées aujourd'hui Henchir Zaktoun, sont celles d'une ville romaine dont le nom a été découvert en 1882 par M. Cagnat[1]. Les mots CIVITAS THACENSIVM se lisent en toutes lettres sur une dédicace à Caracalla qui date de 212. Le nom de la ville était probablement THACA ou THAC; il a été question plus haut d'une autre ville africaine, *Thacia*, dont les ruines se trouvent près de Bordj-Messaoudi. Les inscriptions nous apprennent qu'au temps d'Antonin le Pieux, la ville de Thaca était une *civitas juris peregrini*, administrée par des suffètes; elle porte encore ce titre en 212, sous le règne de Caracalla. Plus tard, elle reçut le droit de cité romaine, et ses habitants se qualifient de *municipes*.

ZUCCHARA
(*Henchir Aïn-Djoukar*).

[A l'ouest de Thaca s'étend le massif du mont Djoukar, qui a conservé, comme plusieurs autres montagnes en Afrique, le nom d'une localité antique, Zucchara. Le nom moderne est *Henchir Aïn-Djoukar*[2]; les ruines sont situées auprès d'une des sources de l'aqueduc qui alimentait Carthage. On ne peut guère y reconnaître la Ζούγαρ que Ptolémée place en Byzacène. Une des inscriptions a donné en toutes lettres le nom de la CIVITAS ZVCCHARI[TANA].

[A quelques kilomètres au sud-est de Zucchara, un tronçon de voie romaine allant du sud-est au nord-est longe un plateau adossé aux pentes du Djebel Sidi-Ahmeur[3]. Ce plateau porte les ruines d'une ville assez considérable qui s'appellent *Henchir Kasbat-es-Souar*. Un fragment d'inscription recueilli en cet endroit prouve que la ville était un municipe[4]. Wilmanns avait cru y retrouver la ville de Sua, dont les évêques assistèrent aux

---

[1] [*Comptes rendus de l'Académie des inscriptions*, 28 avril 1882; Cagnat, *Explorations*, t. II, p. 31; *Ephemeris*, t. V, p. 297.]

[2] [*C. I. L.*, t. VIII, p. 117; Guérin, *Voyage archéologique*, t. II, p. 347.]

[3] [*Bulletin des antiquités africaines*, t. III, p. 267.]

[4] [Guérin, *Voyage archéologique*, t. II, p. 359; *C. I. L.*, t. VIII, p. 929. On lit *mun*ICIPIuM · AELIV*m*...]

conciles de l'an 411 et de l'an 649[1]; mais l'analogie des noms n'est pas une preuve suffisante, *Es-Souar* n'étant peut-être que le mot arabe *Asouar*, اسوار, un des deux pluriels de *sour* « rempart »[2].

[Dans le haut de la ville on remarque trois temples, dont l'un est encore debout. Un peu plus loin, M. Poinssot a signalé un vaste édifice auquel donnent accès des portes voûtées en plein cintre, et un grand bassin en pierres de taille, de forme rectangulaire, où l'on descend par un escalier d'une vingtaine de marches[3]. Autour de la ville il y a de nombreux mausolées et des carrières qui ont dû fournir les matériaux de la ville.]

La contrée qui s'étend entre Zaghouân et Soussa n'a été que très imparfaitement explorée; aussi l'analyse de la route d'Onellana à Hadrumète présente-t-elle de sérieuses difficultés. Le tracé général de la voie n'est pas douteux : elle tournait les contreforts orientaux du Djebel Zaghouân et se dirigeait droit sud-sud-est sur Hadrumète en laissant Takrouna sur la gauche[4].

La Table omettant la distance qui séparait Ulisippira de Gurza, la longueur totale de la route nous est inconnue, mais il est permis de supposer qu'elle offrait le même développement que le chemin arabe qui relie Zaghouân à Soussa, c'est-à-dire 59 milles romains ou environ 87 kilomètres.

Les XVI milles indiqués entre Onellana et *Bibae*[5] se retrouvent entre Zaghouân et les ruines fort étendues de *Bir el-Fooudra* « le puits des sources vives ». Le mot arabe *el-Fooudra*

---

[1] [Morcelli, *Africa christiana*, I, p. 286.]

[2] [Note manuscrite de M. Tissot, écrite en 1880. La même objection a été présentée dans le *Bulletin des antiquités africaines*, t. III, 1885, p. 268.]

[3] [Une vue du temple est gravée dans le *Bulletin des antiquités africaines*, t. III, pl. XXVII; l'édifice aux portes voûtées, *ibid.*, pl. XXVII, fig. 2.]

[4] [M. Cagnat a suivi cette voie depuis Henchir Rmirmir, sur la route de Zaghouân à Aïn-Medkeur, jusqu'à l'Oued Boul; elle est en général très bien conservée, sur une largeur de 6 mètres. Cf. Cagnat, *Explorations*, II, p. 22. — S. R.]

[5] L'Anonyme de Ravenne (III, 5) écrit *Vivet*.

nous paraît être la traduction du nom antique (*Aquae*) *vivae*[1], et confirme la correspondance que nous fondons sur le calcul des distances[2], mais que nous ne présentons cependant qu'à titre de simple conjecture : rien ne prouve, en effet, l'exactitude des chiffres de la Table, et certains indices nous font croire, au contraire, qu'ils ont été altérés.

SEGERMES (*Henchir Harat*). [Le nom de la localité antique dont les ruines s'appellent aujourd'hui *Henchir Harat* a été découvert en 1884[3]. Une dédicace nous apprend qu'au temps de Probus elle s'appelait *municipium Aurelianum Augustum Segermes*. Il est question dans la Notice des évêchés d'un évêque de Segermes, *Segermitanus*. Le nom de cette ville figurait d'ailleurs depuis longtemps sur un fragment d'inscription d'Henchir Harat[4], où Wilmanns avait lu à tort SE·GERM▓▓▓▓[5].

BOTRIA (*Henchir Batria*). [A droite de la route de Zaghouân à Soussa on rencontre, sur un des contreforts du Djebel Zeriba, une ruine d'environ 3 kilomètres de pourtour, nommée Henchir Batria[6]. Le sol est jonché de matériaux pour la plupart de grand appareil, et les ruines d'édifices sont assez nombreuses. On distingue un *castrum* byzantin, deux grandes constructions fort bouleversées, un mausolée et deux réservoirs. Le nom ancien de la ville est Batria, comme l'avait conjecturé M. Guérin et comme parais-

---

[1] L'orthographe *bibus* pour *vivus* se rencontre fréquemment dans les inscriptions. Quant à l'expression *aqua viva*, elle se trouve dans Varron : *Fons, unde funditur e terra aqua viva*. Cf. Ovide, *Fast.*, II, 250 : *vivi fontes;* et Liv., 1, XLV : *flumen vivum*.

[2] Wilmanns (*C. I. L.*, VIII, p. 17) retrouve Bibae à Henchir Haret (*Henchir Harath* de la carte du Dépôt de la guerre). Il existe également sur ce point des ruines considérables; mais Henchir Harat n'est qu'à 9 milles de Zaghouân, et la Table de Peutinger place Bibae à XVI milles d'Onellana.

[3] [*Bulletin du Comité des travaux historiques*, 1885, p. 162; 1886, p. 71. — S. R.]

[4] [*C. I. L.*, VIII, n° 910.]

[5] [Nous avons donné un texte plus complet de ce fragment, *Bulletin du Comité*, 1886, p. 71.]

[6] [Guérin, *Voyage archéologique*, t. II, p. 305; *C. I. L.*, VIII, p. 116; *Ephemeris*, V, p. 297; Cagnat, *Explorations*, II, p. 25. — S. R.]

sent le prouver deux inscriptions, portant, l'une les lettres R(es)P(ublica) B(otriae), l'autre l'abréviation VOTA P(ublica) B(otriensium)[1]. Les monogrammes chrétiens que M. Guérin a signalés à Botria prouvent que cette ville était encore florissante à l'époque chrétienne; un évêque de Botria, *Botrianensis*, est mentionné à la conférence de 411[2].

[La route d'Hadrumète passe à 2 kilomètres environ de Batria; on reconnaît encore les traces d'un chemin antique qui l'unissait à la grande voie[3]. M. Cagnat a découvert, en face de Batria, une borne milliaire au nom de Crispus, le fils de Constantin, qui porte le chiffre XXVIII[4]. Ce chiffre crée une difficulté presque inextricable, si l'on admet que la borne rencontrée à 9 kilomètres avant Aïn-Medkeur a été trouvée en place. M. Cagnat a supposé que le chiffre XXVIII marquait la longueur d'une route secondaire de Thuburbo Majus à Botria, dont la distance à vol d'oiseau est de 22 milles. La route en question aurait passé au sud du mont Zaghouân et contourné le Djebel Zeriba pour descendre en droite ligne sur Aïn-Medkeur.]

L'identité de *Mediocera*, la Μεδικκάρα de Ptolémée[5], et d'Aïn-Medkeur résulte de celle des deux noms. *Mediocera*, dans la Table de Peutinger, est certainement une mauvaise transcription du mot *Mediccera*. On ne retrouve pas entre Aïn-Medkeur et Bir-el-Foouâra les XVI milles indiqués par la Table, probablement par suite d'une autre erreur; la distance réelle est de dix kilomètres ou de sept milles[6].

MEDICCERA
(*Aïn-Medkeur*).

[1] [*C. I. L.*, VIII, p. 915; *Ephemeris*, V, p. 336. — S. R.]
[2] [Cf. Morcelli, *Africa christiana*, t. I, p. 106. — S. R.]
[3] [Cagnat, *Explorat.*, II, p. 24. — S. R.]
[4] [*Ephemeris*, V, 1066.]
[5] Ptol., IV, III, 35.

[6] [M. Tissot, trompé par des cartes fautives, avait écrit *trois ou quatre milles*. La voie romaine traverse Aïn-Medkeur, où l'on aperçoit encore deux mausolées; puis elle passe entre le Djebel Takrouna et le Djebel Abd-er-Rahman-el-Karsi. Cf. Cagnat, *Explorations*, II, p. 24. — S. R.]

AGGERSEL
(Henchir Sidi-Abd-er-Rahman-el-Garci).

La station qui suit immédiatement Mediccera porte dans la Table de Peutinger le nom d'*Aggarfel*[1]. Il faut lire *Aggersel* ou *Aggarsel*, forme libyenne qu'on retrouve dans le composé *Aggarsel Nepte*, et qui est elle-même composée du mot *Aggar* ou *Agar*, « réunion, centre de population »[2], et du mot *sel*, conjonctif qui paraît équivaloir à l'*n* berbère. *Aggarsel* signifierait donc la « réunion de », le « centre de ». Le déterminatif que nous trouvons dans *Aggarsel Nepte* a été oublié dans l'espèce par la nomenclature géographique latine, qui a pris, comme nous l'avons fait souvent nous-mêmes dans les premiers temps de l'occupation algérienne, un nom commun pour un nom propre.

Les VI milles marqués entre Mediccera et Aggersel conduisent d'Aïn-Medkeur à un pont romain dont les vestiges se trouvent à la hauteur de Takrouna[3]. J'ignore s'il existe des ruines dans le voisinage; la carte du Dépôt de la guerre (1857) n'en signale qu'à trois milles plus au sud, un peu au nord de la Koubba de Sidi-Abd-el-Goui. Il en existe d'assez considérables à Henchir el-Menzel, localité située à cinq milles au sud de la précédente et omise par la carte de 1857.

Aggersel peut se retrouver dans l'une de ces trois positions. Dans la première hypothèse, le chiffre VI de la Table est exact et le chiffre suivant, VIII, doit être remplacé par le chiffre XVI, si l'on admet avec nous que Zembra soit l'équivalent d'Ulisippira.

Dans la seconde hypothèse, Aggersel aurait été située à IX milles de Mediccera et XIII d'Ulisippira. Les deux chiffres de la Table devraient être modifiés.

Dans la troisième, enfin, les deux distances étant de XIV et de VIII milles, nous laissons encore subsister une des indications

---

[1] L'Anon. de Rav. (III, 5) écrit *Agerthel*.
[2] Du radical אָגַר *collegit*.
[3] [Ce pont est indiqué par la carte de 1857. C'est une chaussée large de 1m,50, sur laquelle la voie franchissait l'Oued Boul. Cf. Cagnat, *Expl.*, II, p. 24. — S.R.]

de la Table, c'est-à-dire le chiffre VIII, placé entre Aggersel et Ulisippira.

La première et la troisième des trois synonymies possibles sont donc les plus vraisemblables, et la troisième nous paraît plus acceptable que la première[1].

[M. Cagnat[2] a été conduit, par l'étude personnelle du terrain, à l'identification d'Aggersel avec Henchir Sidi-Abd-er-Rahman-el-Garci (Karci), ruine omise par la carte de 1857. Il y avait là certainement un établissement de quelque importance; on y voit notamment un bassin de 6 mètres de largeur sur 7^m,50 de longueur, où l'on descendait par un escalier de neuf marches encore parfaitement conservé. L'eau y était amenée de la source voisine, qui fournit en abondance une eau gazeuse très agréable au goût, par un petit aqueduc à ciel ouvert. L'eau de Garci est recherchée aujourd'hui dans tout le territoire de l'Enfida. La source elle-même est canalisée et sort par un conduit rectangulaire qui déverse ses eaux dans une grande chambre intérieure d'environ 1^m,50 de largeur sur 3 mètres de longueur, d'où elle s'écoule entre deux murs taillés dans le roc. Les restes d'El-Garci sont beaucoup plus importants que ceux de Takrouna; en outre, une voie romaine large de 6 mètres, que l'on reconnaît parfaitement depuis la hauteur de Botria jusqu'au passage de l'Oued Boul, passe entre l'Henchir el-Garci et l'Henchir situé au pied du Djebel Takrouna, à 3,100 mètres du premier et 6 kilomètres au moins du second.

---

[1] Wilmanns retrouve Aggersel à Takrouna. Cette correspondance n'est justifiée ni par le calcul des distances, puisque Takrouna est située non pas à 6 milles, mais à 9 milles d'Aïn-Medkeur, ni par le tracé probable de la voie romaine, cette même localité de Takrouna se trouvant tout à fait en dehors de la route de Zaghouân à Soussa. Nous avons établi d'ailleurs, dans l'analyse de la grande voie du littoral, la synonymie de *Cubin* et de Takrouna ou Henchir el-Abiad (p. 149).

[2] [*Explorations archéologiques en Tunisie*, t. II, p. 26.]

[Si, comme nous le pensons, Aggersel doit être identifié à Henchir el-Garci, cette station est située à 8 kilomètres, c'est-à-dire à un peu moins de six milles de Mediccera, distance conforme à l'indication de la Table.]

ULISIPPIRA
(*Zembra*).

En plaçant Aggersel à Takrouna, Wilmanns a été conduit à identifier Ulisippira à Henchir-el-Menzel. La correspondance que nous établissons entre cette dernière localité et Aggersel nous permet de retrouver Ulisippira à *Zembra*[1] ou *Zimbra*, dont le nom n'est probablement que la contraction de la dernière partie du nom antique. Les ruines de Zembra sont très étendues, mais fort effacées. On y distingue cependant les vestiges d'un théâtre, et l'on remarque au milieu de ses décombres quelques fûts de colonnes d'un très grand diamètre.

GURZA
(*Kalâa-Kebira*).

La distance d'Ulisippira à Gurra est omise par la Table de Peutinger. Celle de Gurra à Hadrumète est de VII milles d'après le même document. Ces sept milles se retrouvant, à peu de chose près, entre Soussa et Kalâa-Kebira sur le tracé probable de la voie romaine, nous n'hésitons pas à considérer la dernière de ces deux localités comme l'équivalent de Gurra[2]. La dis-

[1] Zembra ne figure pas sur la carte du Dépôt de la guerre (1857). Elle est indiquée par celle de De Gubernatis à 22 kilomètres au sud-ouest d'Hergla et à 21 kilomètres au nord-ouest de Soussa. « ...Le rovine sono confuse ed occupano un tratto vasto di terreno; vi si vedono colonne grossissime, di cui una parte venne a epoche diverse portata in Susa; si distinguono inoltre i resti di un teatro. » (De Gubernatis, *Lettere sulla Tunisia*, Firenze, 1868.) — [M. Cagnat (*Explorations*, II, p. 27) appelle cette ruine *Henchir Zombra*, et la place en face du village de Sidi-bou-Ali, indiqué par les dernières cartes du Dépôt de la guerre. Il y a vu les restes d'un amphithéâtre long de 62 pas et large de 48, mais déclare n'avoir point remarqué les ruines du théâtre dont parle Pellissier (*Description de la Régence*, p. 261) et dont Gubernatis a peut-être parlé d'après l'explorateur français. M. Cagnat signale également à Zembra quatre cippes dont les inscriptions ont été détruites à dessein. La distance entre Sidi-Abd-er-Rahman-el-Garci (Aggersel) et Henchir Zembra (Ulisippira) est de 26 kilomètres ou 18 milles: la Table n'en indiquant que 8, il faut probablement corriger VIII en XVIII. — S. R.]

[2] Wilmanns a également adopté cette synonymie.

tance entre Gurra et Ulisippira aurait été de 8 milles romains (12 kilomètres) si nous acceptons la position donnée à Zembra par De Gubernatis; elle serait de près de 10 milles d'après les indications de la carte de Pellissier. Il est donc impossible, jusqu'à ce que le terrain ait été mieux étudié, de rétablir avec certitude le chiffre oublié par la Table de Peutinger [1].

Le copiste de la Table de Peutinger a certainement lu *Gurra* au lieu de *Gurza*, forme donnée par Polybe [2], avec la variante insignifiante Γόρζα, ainsi que par l'Anonyme de Ravenne, qui écrit *Gruza* [3], et que nous retrouvons dans les deux inscriptions suivantes, rapportées d'Afrique par Borgia et déposées aujourd'hui au musée de Cortone :

```
    A LICINIO  NERVA  SILIANO  COS
      CIVITAS GVRZENSIS EX AFRICA
      HOSPITIVM  FECIT  CVM  Q  AVFVS
      TIO  C  F · GAL · MACRINO · PRAEF ·
      FABR · EVMQVE · LIBEROS POSTE
      ROSQVE  EIVS · SIBI  ·  LIBERIS
      POSTERISQVE · SVIS  PATRO
      NVM · COOPTARVNT ·
       C  AVFVSTIVS  C · F · GAL · MACRI
      NVS · PRAEF  FABR · GVRZENSIC (sic)
      EX · AFRICA · IPSOS · LIBEROS · POS
      TEROSQVE  EORVM · IN  FIDEM
      CLIENTELAMQVE · SVAM · SVo
      RVMQVE  RECEPIT ·
          EGERVNT · LEGATI
      HERENNIVS MAXIMVS RVSTICI F ·
      SEMPRONIVS QVARTVS IAFIS [4]
```

[1] [En plaçant Ulisippira à Zembra, on trouve, sur la nouvelle carte de l'État-major, une distance de 9 kilomètres ou de 6 milles entre ce point et Kalâa-Kebira. — S. R.]

[2] Polybe, I, LXXIV : .... καὶ μετ' ὀλίγας ἡμέρας περὶ τὴν καλουμένην Γόρζαν ἀντιστρατοπεδευσάντων αὐτῷ τῶν πολεμίων... La *Gorza* de Polybe, à en juger par l'ensemble de son récit, devait être située dans le voisinage d'Utique; on sait du reste que les noms africains se répètent souvent.

[3] L'Anonyme (III, 5) nomme *Gruza* après Agerthel (Aggersel) et Vivet (Bibae), c'est-à-dire sur la route d'Onellana à Hadrumète.

[4] C. I. L., t. VIII, 69.

P · SVLPICIO · QVIRINIO · C · VALGIO · COS
SENATVS · POPVLVSQVE · CIVITATIVM · STIPENDIARIORVM
PAGO GVRZENSES HOSPITIVM FECERVNT QVOM L DOMITIO
CN · F · L · N · AHENOBARBO · PROCOS · EVMQVE ET POSTEREIS
EIVS · SIBI · POSTERISQVE · SVEIS · PATRONVM · COPTAVERVNT
ISQVE · EOS · POSTEROSQVE · EORVM · IN · FIDEM · CLIENTELAM
QVE SVAM · RECEPIT
FACIVNDVM · COERAVERVNT · AMMICAR · MILCHATONIS · F
CYNASYN · BONCAR AZZRVBALIS · F · AETHOGVRSENSIS
MVTHVNBAL · SAPHONIS · F · CVI · NAS · VZITENSIS[1]

Le premier de ces deux documents, qui date de l'année 65 de notre ère, constate le contrat de patronage et de clientèle intervenu entre les habitants de la cité africaine de Gurza, *civitas Gurzensis*, et un certain C. Aufustius Macrinus, *praefectus fabrum*, originaire de cette même cité.

La seconde inscription remonte à l'an de Rome 742 et consacre le souvenir d'un contrat analogue. Antérieure à la précédente de soixante-dix-sept ans, elle nous montre les trois bourgades africaines de *Cynasyn*, *Aethogurza* et *Uzita* formant une confédération administrée par les mêmes magistrats et portant le nom collectif de *pagus Gurzensis*. Une de ces petites villes, Uzita, est connue par le rôle qu'elle joua dans la campagne de César en Afrique[2]. Elle était située dans le district d'Hadrumète, à peu de distance au sud de Ruspina (Monastir). Le fait qu'elle faisait partie du pagus Gurzensis ne laisse aucun doute sur l'identité de la Gurza de la Table de Peutinger, voisine d'Hadrumète, et de la Gurza des deux contrats de patronage. On a pu remarquer que, dans le plus ancien de ces deux textes, Gurza figure sous la forme *Aethogurza*. Nous sommes bien tenté de retrouver dans la première moitié de ce composé les deux mots berbères *aït* ou qui précèdent le nom de tribu et équivalent aux expressions arabes *beni* ou *aoulad*. *Aethogurza*, si

---

[1] *C. I. L.*, VIII, 68. — [2] [*Episcopus Uzitensis*, Morcelli, *Africa christiana*, p. 367. Cf. Tissot, *Recherches sur la campagne de César en Afrique*, p. 31 et suiv. du tirage à part. — S. R.]

l'on admet cette conjecture, serait simplement la transcription latine de l'expression libyenne *Aït ou Gurza*, la « tribu de Gurza ».

Le bourg arabe de *Kalâa-Kabira* « la grande forteresse » est bâti sur les ruines et avec les ruines de la ville antique.

§ 16. — ROUTES SECONDAIRES SE RATTACHANT À LA ROUTE DE COREVA À HADRUMÈTE.

1. *Route de Thuburbo Majus à Inuca.* — La Table de Peutinger dessine entre Thuburbo Majus et Inuca une route secondaire qui rattachait celle que nous venons d'analyser à la grande voie de Carthage à Théveste. Le chiffre de xxviii milles est exact : c'est précisément la distance qui sépare Henchir Kasbat d'Henchir er-Reukba. On retrouve encore dans ce parcours plusieurs tronçons de la voie antique, notamment à Tellat-el-Ghozlan, près d'Henchir Gordjana et dans le voisinage immédiat d'Henchir er-Reukba. La jonction des deux voies avait lieu au sortir des collines qui séparent le bassin de la Meliana de celui de la Medjerda, et, comme l'indique la Table de Peutinger, entre Sicilibba et Inuca.

2. *Route d'Onellana à Tunis par Uthina.* — La Table de Peutinger ne nomme qu'une station, *Uthina*[1], placée à xv milles d'Onellana et à xx milles de Tunis. La correspondance d'Uthina et d'*Oudena* résulte, non seulement de la ressemblance des deux noms, mais de l'exactitude des deux distances indiquées par la Table : les deux chiffres ont été seulement transposés; on compte 22 kilomètres environ entre Tunis et Oudena et 29 kilomètres et demi entre Oudena et Zaghouân.

Les ruines d'Uthina[2] couvrent un plateau ondulé qui domine la rive droite de l'Oued Meliana. On y reconnaît les vestiges

---

[1] Le copiste a écrit par erreur *Uthica*.

[2] [Voir Guérin, *Voyage archéologique*, t. II, p. 282-284, qui a donné une consciencieuse description des ruines. Une mosaïque y a été découverte en 1846. (*Revue archéol.*, 1846, p. 142, pl. L.) — S. R.]

d'un castrum, d'un théâtre, d'un amphithéâtre, d'un aqueduc, d'un pont de trois arches jeté sur un affluent de la Meliana, de plusieurs grands édifices et de trois systèmes de citernes publiques. Dispersées sur une *area* dont la circonférence peut être évaluée à 4 kilomètres, ces ruines appartiennent à la meilleure époque de l'art romain. Uthina était, en effet, une des plus anciennes colonies de la province d'Afrique : fondée sans doute par César ou par Auguste, elle figure déjà dans Pline avec ce titre [1]. Nous savons par une inscription funéraire de Lambaesis qu'elle faisait partie de la tribu Horatia [2].

Uthina avait déjà un évêque au commencement du IIIe siècle [3]. Les titulaires de ce siège figurent au concile de Carthage de 255, au concile d'Arles en 314, à la conférence de 411. Mais la Notice des évêchés d'Afrique ne mentionne pas l'*ecclesia Uthinensis*, et ce diocèse est administré, en 525, par l'évêque de Sedela [4]. Morcelli en conclut qu'Uthina, détruite par les Vandales, ne s'était pas relevée de son désastre [5]. L'absence de

---

[1] Pline, V, iv : « In his colonias vi, praeter jam supra dictas, Uthinam, Tuburbin. » Ptolémée (IV, iii, 34) écrit correctement Οὔθινα : c'est l'orthographe donnée par l'inscription de Lambaesis que nous citons plus bas. Les documents ecclésiastiques donnent les deux formes *Uthina* et *Utina*, *Uthinensis* et *Utinensis*.

[2] *Corpus inscriptionum Latinarum*, VIII, 3067 :

```
      DIIS MANib
   L·CAECILII·L·F
   HOR·SECVNDI
        ❦VTHINA❦
   MIL·LEG·III·AVG
   VIXIT·ANNOS
        ❦ XXIIII ❦
   FRATRI·S·FECIT
      C·CAECILVS
      CONCESSVS
   MIL·LEG·EIVSD
```

[3] Tertull., *De Monog.*, xii : « Prospiciebat Spiritus Sanctus dicturos quosdam : omnia licent episcopis, sicut ille vester Uthinensis nec scantiniam timuit. » — [4] Hardouin, *Conc.*, t. II, p. 1082. — [5] *Africa christiana*, t. I, p. 365.

toute construction byzantine dans les ruines d'Oudena confirme cette supposition.

Aucun centre berbère ne s'est établi sur ses ruines, complètement abandonnées depuis quatorze siècles. Quelques Arabes nomades viennent seuls de temps à autre y planter leurs tentes et abriter leurs troupeaux dans les citernes de la ville antique.

§ 17. — ROUTE D'ALTHIBUROS AU LITTORAL PAR ZAMA REGIA ET THYSDRUS.

Une seconde route relie, dans la Table de Peutinger, la grande voie de Carthage à Théveste au littoral de la Byzacène. Elle se détache de cette voie à Althiburos, passe par Altessera, Assuras, Zama Regia, Seggo, Avula, Autipsida, Uzappa, Manange, Aggar, Aquae Regiae, Terento, Aelia et Thysdrus, d'où elle gagne Usilla. L'Itinéraire d'Antonin ne décrit que la partie de cette route comprise entre Aquae Regiae et Thysdrus. Nous donnons ci-dessous le tableau des stations et des distances indiquées par la liste de Peutinger :

ALTUBUROS	MANANGE
XVI	VII
ALTESSERA	AGGAR
X	XIV
ASSURES	AQUAE REGIAE
X	XVI
ZAMA REGIA	TERENTO
XX	X
SEGGO	AELIAE
X	II
AVULA	THISORO (sic)
VII	IX
AUTIPSIDA	BARARUS
VI	II
UZAPPA	USILLA
VI	

Nous avons fixé la correspondance d'Althiburos et de Medeïna. Altessera n'a pas été retrouvée jusqu'ici. Si les distances qui séparent cette station, dans le tracé de la Table, d'Althiburos et d'Assuras sont exactes, elle se retrouverait sur le territoire des Ouled-Ayar, à 15 kilomètres environ au sud de Zanfour (Assuras). Pellissier a précisément signalé dans cette direction et à cette même distance de Zanfour les ruines d'une ville assez considérable, à laquelle les indigènes donnent le nom d'*Henchir el-Hamada* « les ruines du plateau »[1].

Assuras (Zanfour).

La synonymie d'Assuras et de Zanfour[2] est établie par l'inscription suivante, gravée sur l'un des arcs de triomphe de la ville antique[3] :

DIVO SEPTIMIO SEVERO PIO AVG · ARAB · adIAB · PART · MAX
ET·IMP·CAES·M·AVRELIO·ANTONINO·PIO·AVG·FELICI·PART·MAX
BRIT·MAX·GERM·MAX·PONT·MAX·FIL·TRIB·POT·XVIII·IMP·III
COS·IIII PP·PROCOS·OPTIMO MAXIMOQVE PRINCIPI ET
IVLIAE DOMNAE PIAE FELICI AVG MATRI AVG ET CASTRORVM ET SENATV
ET PATRIAE VXORI DIVI SEVERI AVG · PII·COL·IVL·ASSVRAS DEVOTA NVMIN
EORVM   D   D   P   P

Assuras, ainsi que l'indique son nom, *Colonia Julia Assuras*[4],

---

[1] [Cette ruine, indiquée sur la carte de Pellissier, manque sur les levés plus récents. Il faut tenir en mémoire que la carte de Pellissier, comme son livre, sont très peu dignes de confiance. Nous avons placé Altessera sur la carte là où M. Tissot supposait qu'elle dût exister; mais on verra facilement que, dans cette hypothèse, la route aurait fait, au sortir d'Altessera, un coude tout à fait inexplicable pour gagner Assuras. Nous aimerions mieux croire que les chiffres de la Table sont altérés et qu'Altessera doit se placer aux environs de Ksour, sur la route de Medeïna à Zanfour. M. Saladin a signalé à Ksour plusieurs fragments d'un grand intérêt, notamment un chapiteau de style punique. (*Rapport sur la mission* 1882-1883, p. 197, fig. 343.) — S. R.]

[2] [*Bulletin des antiquités africaines*, t. II, p. 250; plan à la page 251. — S. R.]

[3] Bruce apud Playfair, p. 208 [*C. I. L.*, VIII, 1798]. Temple a lu par erreur au commencement de la première ligne DIVO OPTIMO SEVERO. La copie de Bruce a été faite à une époque où l'inscription était entière. Une autre erreur de Temple, COLIVI ASSVRA pour COL·IVL·ASSVRAS, a fait supposer à Pellissier [*Rec. arch.*, 1848, p. 394] que le premier mot était l'abréviation de l'épithète OLIVIFERA.

[4] Les citoyens étaient inscrits dans la tribu Horatia. *C. I. L.*, t. VIII, n⁰ˢ 1813, 1814.

était une colonie de César ou d'Auguste. Nous ne croyons donc pas qu'on puisse l'identifier, comme on l'a fait jusqu'ici, à l'oppidum *Azuritanum* ou *Absuritanum* mentionné par Pline[1]. Nous avons déjà fait remarquer combien les homonymies sont fréquentes dans la nomenclature géographique de l'Afrique septentrionale, fait qui s'explique d'ailleurs par l'origine des noms de lieux, presque toujours empruntés à une particularité topographique. Le nom d'Assuras, comme celui de l'oppidum Azuritanum, vient évidemment du mot punique חָצוֹר *Hatsor* « enceinte, lieu entouré ». La situation d'Assuras justifie parfaitement cette étymologie. Nous retrouvons le même nom en Sicile sous la forme Ἀσσωρός[2]; Ptolémée écrit Ἄσσουρος, la Table de Peutinger *Assures*, forme à laquelle appartient l'ablatif *Assuribus*, que donne une inscription de Makter[3]. L'Itinéraire d'Antonin donne *Assuras*, cas oblique qui paraît avoir été employé de bonne heure comme nominatif, ainsi que le prouve l'inscription de l'arc de Caracalla, et considéré comme indéclinable[4]. L'ethnique *Assuritanus* revient souvent dans les documents ecclésiastiques[5]. Le nom d'*Essers*, que porte la plaine voisine de Zanfour, n'est très probablement qu'une corruption de celui d'*Assuras* ou *Assures*.

Assuras[6] était située sur un plateau incliné en pente douce

---

[1] Pline, V, IV, 29 : «Oppida civium romanorum xv, ex quibus in mediterraneo dicenda Azuritanum...»

[2] Diod., XIV, LXXVIII.

[3] *C. I. L.*, t. VIII, n° 631 :

QI..........R.......
VICTORI·VIRRIO
ROGATO·II·VIR·II
AEDIL·COL·ASSVRIBVS
IVLI·OPTATIANVS·ET
VICTOR·LIBERI·PATRI
OPTIMO

[4] *Episcopus ab Assuras*, ἀπὸ Ἀσούρας (Actes du concile de 258). [On lit dans saint Cyprien, *Epist.* LXIV : «plebi Assouras consistenti.»]

[5] [Les références sont citées dans le *Corpus*, t. VIII, p. 211.]

[6] [Voir la consciencieuse description de M. Guérin, *Voyage archéologique*, t. II, p. 90-96, et le *Bulletin des antiquités africaines*, t. II, p. 250-252. La planche XVII représente l'arc de triomphe; la planche XVIII, les ruines d'un temple;

vers le sud-est et entouré du sud-ouest au nord-est par le ravin profond et escarpé au fond duquel coule l'Oued Zanfour. Deux ponts, dont il reste encore quelques débris, avaient été jetés sur ce ravin. Celui du sud-ouest était construit en blocs réguliers; l'autre, situé à une assez grande distance en aval, est bâti en moellons et en briques.

Aucun centre arabe ne s'est formé sur l'emplacement de la ville antique, dont l'enceinte et les principaux édifices sont encore reconnaissables. Le plus considérable de ces monuments est l'arc de triomphe de Caracalla et de Julia Domna, qui s'élève au nord-est. Sa longueur est de 11 mètres; l'ouverture de l'arcade est de $5^m,60$, et sa hauteur sous clef de voûte de 7 mètres. Une partie de l'entablement et l'attique qui le couronnait ont été détruits depuis l'époque où Temple a visité Zanfour : il ne reste aujourd'hui que quelques fragments de la frise sur laquelle ce voyageur avait lu l'inscription que nous avons reproduite. Les autres blocs sont entassés pêle-mêle au pied du monument.

Deux autres portes monumentales donnaient accès dans la ville, l'une au nord, l'autre à l'ouest-sud-ouest. L'ordonnance architectonique et les dimensions de ces deux arcs sont à peu près celles de la porte de l'est[1].

Assuras offre encore les vestiges d'un théâtre, d'un temple, de deux grands édifices et de deux mausolées. Le théâtre était situé dans la partie orientale de la ville : le mur de la scène

un plan des ruines est gravé page 251. — S. R.]

[1] Porte du nord :
    Longueur.............. $10^m 90$
    Hauteur de l'arcade....... 7 00
    Ouverture............. 5 40
    Largeur des pieds-droits... 2 75
L'entablement n'existe plus.

Porte de l'ouest-sud-ouest :
    Longueur.............. $11^m 30$
    Ouverture de l'arcade...... 5 54
    Largeur des pieds-droits.... 2 88

L'arcade n'existe plus : il ne reste qu'une partie des pieds-droits.

ne mesure pas moins de 250 pieds. La façade du temple n'existe plus. Les faces latérales, encore debout, sont ornées de quatre pilastres corinthiens et d'une frise élégamment sculptée, formée, comme celle du temple de Théveste, de guirlandes rattachant des bucranes et des mascarons.

Zama Regia, indiquée par la Table de Peutinger à 10 milles au delà d'Assuras et à 20 milles de la station suivante, *Seggo*, n'a pas encore été retrouvée[1]. Nous ne mentionnerons l'hypothèse de Mannert, qui l'identifie à Zouarin, que comme un exemple du peu de critique du savant géographe : Zouarin est située à l'ouest de Zanfour (Assuras), par conséquent dans une direction presque opposée à celle que suivait la voie romaine d'Althiburos à Thysdrus. La carte du Dépôt de la guerre de 1857 place Zama, d'après une conjecture de Temple, sur le plateau de Khaba Açouda, à 25 ou 30 milles au nord-est de Zanfour. Wilmanns l'identifie à Ellès[2], en s'appuyant sur ce double fait qu'il existe dans cette localité une nécropole libyenne assez étendue et une source célèbre, dans laquelle il retrouve cette fontaine de Zama dont les eaux avaient la pro-

ZAMA REGIA.

---

[1] [Écrit en 1884. Nous indiquons en note ou entre crochets les résultats acquis depuis cette époque. Cf. *C. I. L.*, VIII, p. 210-211; *Ephemeris*, t. V, p. 280, 649; Tissot, *Comptes rendus de l'Académie des inscriptions*, 1883, p. 207; *Archives des Missions*, 1883, p. 313; Héron de Villefosse, *Bulletin des antiquités africaines*, 1882, p. 284; 1884, p. 350; *Bulletin critique*, 1883, p. 254; *Comptes rendus de l'Académie des inscriptions*, 1884, p. 339; Poinssot, *Bulletin des antiquités africaines*, 1884, p. 372; cf. *Bulletin du Comité des travaux archéologiques*, 1886, p. 190. M. Mommsen a publié dans l'*Hermès* de 1885 (p. 144-156) une excellente notice sur Zama, pour laquelle il a pu faire usage des manuscrits de M. Tissot; cf. Th. von Oppolzer, *Die Sonnenfinsterniss des Jahres 202 v. Chr., Nachtrag zu Mommsens Zama*, dans le même recueil, 1885, p. 318-320. Nous avons eu également sous les yeux quelques notes de voyage inédites de M. Cagnat. — S.R.]

[2] *Ellès* est située à 8 ou 9 milles au sud-est de Zanfour. Le nom indigène de cette localité, dont les voyageurs ont fait tour à tour *El-Lehs*, *El-Lehis*, *Ellez*, s'écrit en réalité الّلسّ *Ellès*.

priété de développer la voix[1]. Sans discuter la valeur de ces deux arguments, nous ne pouvons nous rallier à cette conjecture : elle implique, en effet, pour le tracé de la route d'Althiburos à Thysdrus, une direction qu'il est impossible d'admettre; nous exposerons plus loin les raisons qui nous obligent à la rejeter.

Avant de donner notre propre sentiment sur la position probable de Zama, nous exposerons les résultats des recherches, restées malheureusement incomplètes par la force des choses, que nous avons fait faire sur le terrain en 1883 et 1884[2].

ZAMA MAJOR (*Djiâma*).

Les indigènes donnent le nom de Djiâma ou Djâma à un groupe de ruines situé à trente kilomètres environ de Zanfour, dans le massif montagneux qui domine la rive gauche de l'Oued Massoudj, affluent de la Siliana. Les ruines sont peu étendues, mais il y existe une fort belle source jaillissant, comme celle d'El-Kef, d'un conduit voûté; la ville était en outre approvisionnée d'eau par un aqueduc dont il existe encore un tronçon bien conservé[3].

[1] Pline, *Hist. nat.*, XXXI, 11, 15.

[2] [Par MM. Letaille et Poinssot. — S. R.]

[3] [« Le village actuel de Djiâma se compose d'environ deux cents habitants; il s'étend sur les ruines d'une ville romaine qui devait avoir une certaine importance. On y trouve une source abondante, très encaissée, entourée de murs dont la partie inférieure a été récemment réparée par les indigènes. Près de la source est restée debout une construction antique voûtée, bâtie en grand appareil. On remarque dans le village plusieurs colonnes en beau marbre, dont quelques-unes ont été employées dans la construction d'un petit marabout. Trois grandes citernes parallèles, dont les voûtes sont effondrées, étaient placées dans la partie haute de la ville. Toutes les clôtures des jardins et des champs qui entourent le village sont faites avec des pierres ou des débris de pierres provenant des monuments romains. » (Letaille *apud* Villefosse, *Bulletin des antiquités africaines*, 1884, p. 351.) — « Ces ruines s'étendent sur un terrain très accidenté. Elles couvrent un contrefort aux pentes abruptes, entouré et sillonné par de profonds ravins. La belle source qui alimente Djâma sort d'un aqueduc antique; son bassin, préservé par une haute voûte en pierres de taille, est aussi de construction romaine. Il se trouve aujourd'hui à plusieurs mètres au-dessus du niveau du sol, exhaussé par l'accumulation

[En 1884, M. Letaille a découvert à Djâma l'inscription suivante, qui depuis, à ce qu'on assure, a été presque détruite par les intempéries :

....
   colonia AVG · ZAM · M▨
  . O . *d*EVOTA NVMI *n i*
  m a i e STATIQVE *e i u* S
    d. d. P · *p.*

des débris des anciennes constructions. Près de là s'élèvent les restes d'un puissant édifice. Ce sont des voûtes et des arceaux en pierres de taille de grand appareil surmontant des pans de murs énormes faits en blocage. A la partie supérieure du village, on voit encore les restes de quatre grandes citernes qui mesurent au moins 50 mètres de longueur chacune. Il est facile de suivre la trace de l'aqueduc qui y amenait les eaux de l'Aïn-Djebour, source qui naît dans la montagne, à 8 kilomètres vers l'ouest. Cet aqueduc traversait, à 3 kilomètres de Djâma, un profond ravin sur une double rangée d'arcades représentées par notre planche XXVII. » (Poinssot, *Bulletin des antiquités africaines*, 1884, p. 373.) — M. Cagnat, qui a visité Djâma en 1886, écrit ce qui suit dans un rapport encore inédit (novembre 1886) que j'ai sous les yeux : « Djâma (non Djama « mosquée ») est situé à l'extrémité septentrionale du Djebel Massoudj, sur un mamelon élevé de 850 mètres environ et entouré de tous côtés d'éminences à peu près de même hauteur. Au sud, une succession de collines dérobe la vue des vallées de l'Oued Massoudj et de la Siliana, qui sont séparés des ruines par un profond ravin, où coule un petit oued. Ces collines sont creusées elles-mêmes de grands ravins perpendiculaires au premier... Les ruines occupent un vaste espace de terrain : à la partie orientale est bâti un petit village qui n'existe que depuis une vingtaine d'années. Il ne semble pas que la construction de ces maisonnettes ait amené la démolition de grands édifices, car elles sont toutes bâties de petits matériaux. Le plateau sur le bord duquel s'élève le village était couronné par un fortin étendu, contre les murs duquel il s'appuie et dont la face nord-est garde des soubassements à peu près intacts. Un des bastions qui regardent la mer est nettement dessiné et présente encore quelques assises ; il est fait de belles pierres de dimensions inégales assemblées à la hâte. Ce fortin a certainement été élevé à l'époque byzantine. Le monument qui existe au milieu même du village, et que les habitants appellent Sraïa mta-Roumi, est d'une meilleure époque. Il est occupé par plusieurs maisons qui le cachent en partie et empêchent d'en reconnaître facilement le plan. Il était bâti en blocage, recouvert d'un enduit contre l'eau ou l'humidité, et reposait sur un soubassement en grand appareil. Un pan de mur plus élevé que les autres offre une amorce de voûte. En outre quatre portes ou grandes niches juxtaposées, en plein cintre et construites en pierres de taille, en forment l'extrémité du

On voit que le premier mot de la seconde ligne peut être également restitué *major* ou *minor*.]

SEGGO
(*Kasr el-Hadid*).

Les ruines qu'on rencontre à Kasr el-Hadid, un peu plus à l'est et non loin du confluent de l'Oued Massoudj et de la Siliana, portent le nom d'Henchir *Seggo* [1]. C'est celui de la station de la Table de Peutinger qui suit immédiatement Zama Regia. Il existe, du reste, au sud de ces ruines, un autre Henchir Seggo : il est évident que ce nom s'applique bien moins à une localité définie qu'à toute la région qu'arrose le cours moyen de la Siliana.

UZAPPA
(*Ksour Abd-el-Melek*).

A 22 milles plus au sud, sur la rive gauche de la Siliana, les grandes ruines de Ksour Abd-el-Melek nous fournissent un côté du sud-ouest. J'y verrais assez volontiers des thermes, mais je ne puis rien affirmer. La source qui coule au milieu du village est remarquable par sa limpidité et son abondance. Elle a été aménagée dans l'antiquité. Elle sort de terre, paraît-il, dans une maison du village, puis suit un conduit voûté qui l'amène dans une pièce carrée où l'on puise l'eau aujourd'hui; cette pièce est dallée d'immenses blocs de pierre et couverte d'une voûte en grande partie ancienne, assez détériorée. Le sol en est inférieur de plusieurs mètres au niveau du sol environnant; mais il se pourrait qu'il en fût ainsi dans l'antiquité à un ou deux mètres près. Cette source coule toute l'année en abondance, bien qu'elle ait un peu diminué depuis une vingtaine d'années que le village est bâti. Sur le piton qui domine le village, j'ai remarqué les assises d'une construction circulaire : elle mesure 10 ou 11 mètres de diamètre et est bâtie de larges pierres, longues de 3 mètres au moins, qui sont posées dans le sens de la longueur comme autant de rayons autour du centre de l'édifice. Non loin de là sont de grandes citernes... longues de plus de 70 mètres et larges de 9 mètres environ. Le mur qui les séparait l'une de l'autre avait 3 mètres d'épaisseur. L'appareil en est donc plus puissant encore que celui des citernes du Kef... Un autre aqueduc apportait aussi à Zama l'eau de l'Aïn Ali. Ces faits permettent de supposer que la population de la ville à l'époque romaine était assez nombreuse. J'ai aussi remarqué d'autres indices de la prospérité de la cité à l'époque romaine : une base de colonne en marbre blanc, une colonne de granit; ... dans la Medersa, une colonne torse en marbre noir surmontée d'un chapiteau corinthien de grande taille; dans la koubba de Sidi-N'bil, une superbe colonne à cannelures saillantes en très beau marbre jaune et un chapiteau en marbre blanc veiné de brun; enfin un fragment de statue d'empereur romain en marbre blanc haut de 1^m,50 environ.»]

[1] [Cf. *Bulletin des antiquités africaines*, 1884, p. 374. — S. R.]

précieux point de repère : les deux inscriptions suivantes, découvertes par nos brigades topographiques, prouvent que ces ruines sont celles d'Uzappa, la quatrième station indiquée par la Table de Peutinger après Zama Regia[1] :

geniO·CIVITATIS VZAPPAE
aVG SAC D D P P
[Geni]o civitatis Vzappae [A]ug(usto) sac(rum) d(ecreto) d(ecurionum)
p(ecunia) p(ublica).

PATRIS LIBERI TEMPLVM VZAPPA[2]

Deux gisements de ruines situés sur la rive droite de la Siliana, entre Seggo et Uzappa, peuvent représenter les deux stations d'*Avula* et d'*Autipsida*. Une inscription néo-punique trouvée à Uzappa donne précisément le nom d'*Aoula*, et l'on

AVULA.
AUTIPSIDA.

---

[1] [*Ephemeris*, t. V, p. 278, p. 523-526; *Archives des Missions*, 1883, p. 326; *Bulletin des antiquités africaines*, t. II, p. 226, 234, 310, pl. XVI (porte du nord), pl. XI (arc de triomphe), pl. XII (portique); *Bulletin épigraphique*, 1885, p. 321; *Bulletin du Comité des travaux historiques*, 1886, p. 192; Espérandieu, *Épigraphie des environs du Kef*, II, p. 15. La découverte d'Uzappa est due à une colonne du général Philebert, en 1882. — S. R.]

[2] La première de ces deux inscriptions (*Ephemeris*, t. V, n° 286) est gravée sur la façade encore debout d'un des temples d'Uzappa; la seconde sur un fragment d'entablement découvert à une vingtaine de pas d'une porte monumentale construite en pierres de grand appareil appartenant à la bonne époque de l'architecture romaine. [Cette seconde inscription est inédite, et je ne sais à quelle source M. Tissot l'a em-

pruntée. — Uzappa est peut-être identique à *Ausafa* (Λὺσάφη dans Zonaras), dont l'évêque assista au concile de Carthage en 255 (Hardouin, I, 175D; Morcelli, *Africa christiana*, I, p. 87). La rivière qui coule à Uzappa s'appelle encore Oued Ousapha. Il faut remarquer cette persistance des noms des rivières, que nous avons déjà signalée à propos de l'Oued Thibar; en Europe également, les noms des rivières se sont conservés mieux que ceux des villes, et les noms de saints donnés à des cours d'eau sont fort rares. — *Civitas* au début du IIIe siècle, Uzappa devint peut-être municipe sous Gallien (Cagnat). Autour de la ville sont de grands cimetières; le plus considérable, sur la montagne du nord-nord-ouest, contient beaucoup de stèles encore en place; le second, situé vis-à-vis de la porte du nord, longe la voie romaine qui venait de Djiáma. — S. R.]

sait que les noms de localités libyennes sont souvent des noms propres d'hommes[1]. Pareil fait se retrouve dans la toponymie berbère.

Au delà d'Uzappa et jusqu'à Aquae Regiae, dans la direction probable de la route de Zama à Thysdrus, nous ne trouvons plus que des ruines anonymes. Mais un indice nous est peut-être fourni sur le tracé de cette voie, par le pont monumental qui franchissait l'Oued Djelf[2].

[Entre la montagne de Kesra et le massif escarpé du Serdj, la chaîne tunisienne laisse un passage que suivent d'habitude les gens de la Siliana, du Sers et des environs d'El-Kef, quand ils vont à Kairouân[3]. Le sentier arabe qui traverse cette région montueuse est donc très fréquenté. Sur tout son parcours on rencontre les vestiges d'une voie romaine venant de la Siliana, sur laquelle s'embranchait une autre route venant d'Uzappa. Les deux voies étaient réunies avant d'atteindre la plaine du Mahrouf; elles franchissaient l'Oued Djelf sur un pont magnifique et traversaient, au défilé de Foum-el-Afrit, la longue chaîne de collines rocheuses et escarpées qui sépare

---

[1] [*Bulletin des antiquités africaines*, 1884, p. 234.]

[2] Des dix arches dont se composait ce pont, six subsistent encore. Leur ouverture est de 5^m,50; l'épaisseur des piles est de 3 mètres et la hauteur de la plus élevée est de 10 mètres. La partie du pont qui est encore debout mesure soixante-quatre pas de longueur. La largeur du tablier est de 6^m,50. La chaussée, large de 6 mètres, y compris les trottoirs, est pavée avec soin. Elle est bordée de deux parapets d'un mètre de hauteur, formés de larges dalles encastrées dans des piliers distants de 2^m,75 et formant une légère saillie. A leur partie inférieure, elles sont engagées dans une rainure pratiquée dans les corniches qui décorent les deux faces extérieures au niveau du tablier. Par ses vastes proportions, l'élégante simplicité de son architecture et la beauté de ses matériaux, le pont de l'Oued Djelf peut prendre place parmi les monuments les plus remarquables de l'Afrique propre, et il est évident qu'il a dû appartenir à une des voies les plus importantes de la province. (*Bulletin des antiquités africaines*, fascicule VII, janvier 1884, p. 98 et pl. IV.)

[3] [Poinssot, *Bulletin des antiquités africaines*, 1884, p. 92-95. Cf. *C. I. L.*, VIII, p. 89; *Bulletin du Comité des travaux historiques*, 1886, p. 207. — S. R.]

les bassins de ces deux rivières. Les ruines de Sidi-Amara commandent l'entrée de ce défilé. Un vaste édifice, qui paraît avoir été une citadelle byzantine, s'élève au centre. Tout à côté et à l'est on voit les ruines d'un temple. On y remarque aussi un mausolée presque intact, qui porte le nom de mausolée de Ksar-Khima (sous lequel on connaît aussi la ruine tout entière), une porte monumentale semblable à celle de Sbeïtla, le forum avec des colonnes et des portiques, des fortins [1]. Wilmanns avait proposé à tort d'identifier Henchir el-Khima à Avula [2]. La véritable synonymie a peut-être été trouvée par M. Cagnat. S'appuyant sur l'existence du pont de l'Oued Djelf à 500 mètres environ de la ruine, pont qui marque le passage de la route d'Assuras à Aquae Regiae par Zama et Uzappa, M. Cagnat fait observer en outre qu'il existe, entre Ksour Abd-el-Melek (Uzappa) et Henchir Sidi-Amara, une piste arabe où les chameaux peuvent passer. Les indigènes prennent cette route pour aller de la Hamada des Ouled-Aoun à Kaïrouân. Vers le milieu du chemin, dans la montagne, on rencontre une ruine dite Henchir Faroha. M. Cagnat pense qu'Henchir Faroha représente *Manange* et qu'Henchir Sidi-Amara est identique à *Aggar*.]

Manange.
Aggar.

On a enfin découvert à Sidi-Amor-el-Djedidi [3], sur le plateau qui sépare le bassin de la Siliana de la plaine de Kaïrouân, une Zama dont le nom, *Colonia Zamensis*, est donné par l'inscription ci-dessous :

Zama Minor (*Sidi-Amor-el-Djedidi*).

```
       PLVTONI·REG·MAG·SACR
C·PESCENNIVS·SATVRI·FILIVS·PAL·SATVRVS CORNELIANVS
FLAMEN·PP·DIVI HADRIANI·Q·PRAEF·IVR·DIC·IIVIR·QQ·
COLONIAE ZAMENSIS·OB honoREM FLAM·AMPLIATA HS IIII MIL
TAXATIONE·STATVAS·DVAS·POSVIT·ET·EPVLVM·BIS·DEDIT☙
       ITEMQ☙         DEDICAVIT☙ D·D·
```

[1] [Communication de M. Cagnat.] — [2] [*C. I. L.*, VIII, p. 89.] — [3] [*Ephemeris*, t. V, p. 280.]

Très peu étendues[1], les ruines de Sidi-Amor-el-Djedidi couvrent un plateau qui ne s'élève qu'à quelques mètres au-dessus du niveau de la plaine et domine, au nord-est, un ravin où jaillit une source assez abondante. La ville était entourée d'un rempart bâti en pierres de grand appareil, qui subsiste encore à l'angle nord-ouest. Aucun édifice n'est resté debout[2].

La *Colonia Zamensis* de Sidi-Amor-el-Djedidi est-elle Zama Regia? On l'a supposé d'abord, et cette conjecture compte encore de nombreux partisans[3]. Tout en reconnaissant qu'elle a pour elle non seulement le titre de colonie que portait également Zama Regia, mais jusqu'à un certain point la nature du terrain, tel que le décrit Salluste[4], nous voyons de très sérieuses difficultés à l'admettre.

Sidi-Amor-Djedidi est situé à 45 milles romains de Zanfour, à vol d'oiseau, et séparé du bassin de la Siliana par les massifs puissants du Djebel Bargou et du Djebel Serdj. La *Colonia Zamensis* qu'on y a découverte appartient par conséquent à une région géographiquement bien distincte de celle que devait traverser la voie d'Althiburos à Thysdrus et où nous avons en effet retrouvé Uzappa. Le plateau de Sidi-Amor-Djedidi est

---

[1] Le plus grand diamètre de l'enceinte ne dépasse pas 400 mètres; le plus petit est de 300 mètres.

[2] [Les ruines sont situées près de la koubba du même nom. La ville est bâtie sur deux plateaux tangents séparés par une légère dépression. Le plus méridional est couronné par la koubba de Sidi-Amor-Djedidi, l'autre par celle de Sidi-Abd-el-Aziz. Au nord et à l'est, les pentes sont raides et présentent la trace de bastions. Comme à Djiâma, il y a une source, mais elle est d'un débit très faible : il est vrai qu'elle peut avoir été obstruée par les débris tombés du plateau. Cette Zama était une petite ville dépourvue de monuments publics. (Renseignements fournis par M. Cagnat, qui a visité Si-Amor en 1886.) — S. R.]

[3] [Ceci n'est plus exact en 1886. Tous les archéologues se sont ralliés à l'hypothèse de Temple, qui retrouve Zama Major à Djiâma. — S. R.]

[4] [Salluste, *Bell. Jug.*, LVII : « Id oppidum in campo situm magis opere quam natura munitum erat. » — Cette description ne convient guère à Djiâma. — S. R.]

traversé par l'Oued Mahrouf, affluent de l'Oued Nebhân, un des grands cours d'eau du bassin de Kaïrouân.

Il est impossible, d'autre part, si l'on admet que la Colonia Zamensis soit Zama Regia, de concilier le tracé de la route qui y conduirait avec celui de la Table de Peutinger. On ne retrouve ni les distances, ni l'ordre des stations. Nous sommes assurément trop familiarisé avec les erreurs et les transpositions de la Table pour que cette seule considération détermine notre conviction; mais nous avons un point de repère certain, Uzappa, et c'est précisément sur l'impossibilité d'établir entre Assuras et la Colonia Zamensis un tracé vraisemblable passant par Uzappa que nous nous appuyons pour écarter la synonymie de Zama Regia et de Sidi-Amor-el-Djedidi. Il faudrait admettre qu'après avoir été chercher Zama à plus de soixante milles à l'est-nord-est d'Assuras, la voie romaine revenait, à angle aigu à travers le massif impraticable du Djebel Serdj, et en décrivant un détour de près de trente milles, retrouver Uzappa dans le bassin de la Siliana. L'invraisemblance d'un tel tracé est de toute évidence.

Nous pensons donc que la Colonia Zamensis découverte à Sidi-Amor-el-Djedidi n'est pas Zama Regia. C'est une des deux Zama dont Ptolémée signale implicitement l'existence en nommant dans ses listes une $Z\acute{\alpha}\mu\alpha$ $\mu\varepsilon\acute{\iota}\zeta\omega\nu$; ce n'est certainement pas la Zama de la Table de Peutinger.

[M. Mommsen, dans son mémoire sur Zama[1], a rapporté le texte suivant de saint Optat[2]: « Zama ieram (c'est Alfius Cæcilianus, duumvir d'Aptungi ou Autumni[3], qui parle) propter lineas comparandas cum Saturnino, et cum venerimus illo mittunt ad me in praetorio ipsi Christiani ut dicerent: Sacrum prae-

---

[1] [*Hermès*, 1885, p. 146, note 2.] — [2] [Optatus Milev., éd. Dupin, p. 255.] — [3] [Localité inconnue.]

LIMISA, FURNI
(Henchir Lemsa).

ceptum ad te pervenit? Ego dixi : Non, sed vidi jam exempla, et Zamae et Furnis dirui basilicas et uri scripturas vidi. » M. Mommsen avait pensé avec raison qu'il s'agissait de la Zama de Sidi-Amor-Djedidi. M. Cagnat fait observer, en outre[1], que la ville de Furnis mentionnée dans ce passage de saint Optat n'est pas l'Henchir Msaâdin, à quelques kilomètres au sud-ouest de Tunis, qui s'appelait également Furni[2]. C'est une seconde ville de Furni qui se trouve située à Henchir Lemsa, où M. Cagnat a découvert une dédicace à P. Mummius, duumvir du municipe de Furni. D'autre part, on sait qu'Henchir Lemsa portait également le nom de Limisa; mais on peut admettre qu'il y a eu en cet endroit deux cités juxtaposées, l'une Limisa, dont le nom est resté à la source Aïn Lemsa, l'autre Furni, qui devint municipe, tandis que Limisa était administrée par des suffètes. Or Ksar Lemsa n'est qu'à 5 kilomètres environ de Sidi-Amor-Djedidi. Il n'est donc pas étonnant que saint Optat cite ensemble ces deux villes voisines, qui avaient obéi simultanément aux ordres de l'empereur. On comprendrait moins facilement qu'il eût réuni ces deux noms s'il s'agissait de la cité de Furni située à Henchir el-Msaâdin.

[La citadelle romaine de Limisa[3] se dresse sur une terrasse adossée au pied du Djebel Boudja, dernier prolongement du Djebel Serdj, à 6 kilomètres de Sidi-Amor-Djedidi. C'est une forteresse rectangulaire, flanquée à chaque angle d'une tour carrée et située au milieu d'un champ de ruines occupant plus de 50 hectares. Les murailles, épaisses de 1^m,25, hautes par

---

[1] [Comptes rendus de l'Académie des inscriptions, 1886, p. 229.]
[2] [C. I. L., VIII, p. 937.]
[3] [Bull. des antiq. afric., 1884, p. 80 et pl. I; Ephemeris, t. V, p. 279; Comptes rendus de l'Académie des inscriptions, 1883, p. 148; 1886, p. 228; Bulletin du Comité, 1886, p. 205. — S. R.]

endroits de 15 mètres, ont été construites à l'époque byzantine avec les grandes pierres des monuments de la ville. Une belle source thermale, *Aïn Lemsa*, sort de la montagne derrière la citadelle et coule dans un canal long de 150 mètres entièrement taillé dans le roc. L'inscription suivante, encastrée dans le mur nord-est de la citadelle, a fait connaître le nom de la ville :

LIMISENSES ✿ D ✿ D · P · P ✿
IVLIVS PERPETVVS ✿ ET SATVRNI
NVS ✿ MASOPIS ✿ FIL · SVFETES ✿ FEC
CVR ✿ FAVSTO · MAXIMI ✿ FILIO ✿ [1]

[Les deux magistrats mentionnés dans le texte portent le titre de *suffètes*; Masops, nom du père de l'un d'eux, appartient à l'onomastique indigène. Un évêque de Limisa, *Limmicensis*, figure au concile de la Byzacène en 631 [2].

[Dans la muraille de la tour ouest, M. Poinssot a trouvé un fragment rappelant la construction d'un portique où il a lu entre autres le mot FVRNIS. La découverte récente de M. Cagnat mentionnée plus haut paraît établir l'identité ou le voisinage immédiat des deux villes antiques Limisa et Furni, démontrant ainsi d'une manière définitive que la Zama mentionnée par saint Optat est bien Sidi-Amor-Djedidi.

[Nous possédons peu de textes géographiques où il soit fait mention de Zama, et tous, excepté celui de saint Optat, doivent se rapporter à la Zama royale, qui est probablement identique à Djiâma. Il n'y a rien à tirer de la mention d'une Ζάμα μείζων dans Ptolémée (IV, III, 33), qui l'énumère, avec beaucoup de localités inconnnues, entre Thabraca et le Bagrada.

---

[1] [Ce texte, plus correct que celui de l'*Ephemeris*, t. V, p. 279, m'a été communiqué par M. Cagnat. — S. R.]

[2] [Hardouin, *Concil.*, III, 739 E; Morcelli, *Africa christiana*, t. I, p. 205. — S. R.]

Zama Regia, ancienne ville du royaume numide, est nommée deux fois dans la Table de Peutinger, et sous le nom de *Colonia Aelia Hadriana Augusta Zama Regia* dans une inscription de 322 trouvée à Rome, qui prouve en outre qu'à cette époque Zama Regia appartenait à la Byzacène [1]. C'est à cette ville que se rapportent le récit du siège de Metellus en 646 de Rome [2], les travaux de fortification dont elle fut l'objet par Juba Ier [3], le rôle joué par Zama après la bataille de Thapsus [4], enfin la destruction de la ville par suite d'une querelle entre le gouverneur d'Afrique du parti d'Antoine et celui du parti de César, en 714 de Rome [5]. Les récits relatifs à la bataille entre Hannibal et Scipion peuvent se rapporter également à l'une ou à l'autre Zama [6]. Il en est de même de la mention de Zama comme ville libre au commencement de l'époque impériale [7] et du peu de renseignements que nous avons sur les évêques de Zama [8]; les deux villes, en effet, étaient des colonies du temps de l'Empire. La ville d'Ismuc, mentionnée par Vitruve à 20 milles de Zama Regia, est tout à fait inconnue.

[M. Mommsen admet, malgré les difficultés qu'elle présente encore, l'identité de la Zama Regia avec Djiâma, mais il reconnaît que cela ne nous avance guère pour fixer le théâtre exact de la défaite d'Hannibal. Polybe dit que le champ de bataille était à cinq journées de marche vers l'ouest de Carthage, ce qui conviendrait aux deux Zama. Le fait, rapporté

---

[1] [*C. I. L.*, VI, 1686; *Hermès,* 1885, p. 145.]

[2] [Salluste, *Bellum Jug.,* LVI : « urbem magnam et in ea parte qua sita erat arcem regni. » Cf. Florus, I, XXXVI.]

[3] [Vitruve, VIII, IV, 24.]

[4] [*Bell. afric.*, XCI et suiv.]

[5] [Dion, XLVIII, XXIII; Strabon, XVII, III, 9, p. 829.]

[6] [Polybe, XV, v, 3; Tite Live, XXX, XXIX; Nepos, *Hannibal,* VI; Silius Italicus, III, 261.]

[7] [Pline, V, IV, 30 : « Oppida libera triginta... Zamense. »]

[8] [*Marcellus à Zama,* Cyprien, *Op.,* I, p. 454, édit. Hartel; *episcopus Zamensis,* concile de 411.]

par Nepos, qu'Hannibal, après la bataille, gagna Hadrumète en deux jours, paraît plutôt en faveur de la Zama de l'ouest, c'est-à-dire de Djiâma, plus éloignée de la côte orientale. Les récits que nous possédons sur la dernière lutte d'Hannibal laissent beaucoup à désirer pour la précision. Polybe a dû être renseigné surtout par les conversations de Massinissa et, accessoirement, par les annalistes romains, mais nous ne possédons que des débris de son récit, et Tite Live, qui l'a consulté, y a mêlé les témoignages d'annalistes postérieurs de l'époque de Sylla. Appien, qui a suivi aussi la tradition interpolée, place la première victoire de Scipion περὶ Σάμον, la bataille décisive à Κίλλα[1]. Le nom de Σάμος paraît une altération de celui de Zama; Κίλλα est peut-être Zouarin, à l'ouest d'Assuras, où l'on a trouvé une inscription avec la mention des CHELLENSES NVMIDAE[2].

Une grande difficulté est la position de Naraggara (Μάργαρον dans Polybe), où l'on place le camp de Scipion, tandis qu'Hannibal aurait campé à Zama. La Naraggara que nous connaissons (Sidi-Yousef ou Ksiba-Mraou) n'est pas voisine de Zama, bien qu'elle soit plus rapprochée de Djiâma que de Sidi-Amor-Djedidi; il faudrait donc admettre une seconde ville de Naraggara, ce qui ne laisse pas d'augmenter les obscurités du problème. Comme l'a remarqué M. Mommsen, on n'est pas suffisamment éclairé sur les communications militaires de Djiâma avec la route de Carthage à Théveste, que l'armée d'Hannibal a nécessairement suivie. L'étude de cette question essentielle est encore à faire : elle serait bien digne de tenter la curiosité des officiers résidant en Tunisie.]

---

[1] [*Pun.*, XL : Πόλις δ'ἐγγὺς ἦν Κίλλα, καὶ παρ' αὐτὴν λόφος εὐφυὴς ἐς σ]ρατοπεδείαν.]

[2] [Cagnat, *Expl.*, t. II, p. 150; *Ephemeris*, t. V, p. 372. L'hypothèse est due à M. Tissot *in litteris ad Mommsenium missis*.]

Le problème étant ainsi dégagé d'une donnée qui le rendait insoluble [l'identification proposée à tort de Sidi-Amor-Djedidi avec Zama Major], nous essaierons de l'aborder en utilisant tout à la fois les données de la Table, la configuration du terrain et les gisements de ruines qu'on y a relevés.

Deux routes seulement pouvaient conduire d'Assuras à Uzappa. La première, de beaucoup la plus courte, pouvait passer par Ellès, Maghraoua et Aïn-Mdoudja. Son développement n'aurait pas été de plus de 40 milles romains, tandis que la Table de Peutinger compte 53 milles entre les deux points extrêmes que nous avons nommés. Elle se serait engagée d'ailleurs dans le massif fort difficile, et d'une altitude de près de onze cents mètres, qui porte le nom d'Hamada-el-Oulad-Aoun. La seconde route, au contraire, devait suivre une série de communications naturelles : contournant au nord le massif presque impraticable des Oulad-Aoun, elle longeait le cours de l'Oued el-Kelakh [1], pour redescendre celui de l'Oued Massoudj jusqu'à son confluent avec la Siliana et remonter ensuite la vallée de cette dernière rivière.

Le développement de ce tracé est précisément celui de la Table de Peutinger : 53 milles. Nous retrouverons d'ailleurs sur ce tracé le nom d'une des stations, *Seggo*, et nous pouvons y placer les deux stations d'Avula et d'Autipsida, la première à Henchir Chett, la seconde aux ruines qu'on remarque à la hauteur de la pointe septentrionale du Djebel Bellota, un peu au sud de Kobeur-el-Ghoul.

La direction de la voie romaine nous paraît donc assurée,

---

[1] [Ce nom a disparu des relevés de l'État-major. D'après la carte de 1857, il s'agirait de la vallée de l'Oued Zanfour, au nord-est d'Assuras, peut-être aussi du cours supérieur de l'Oued Djebeur. L'hydrographie de cette contrée est tout à fait autre, suivant qu'on se rapporte aux relevés de Sainte-Marie ou aux cartes modernes. Il est possible aussi que les noms aient changé. — S. R.]

et le problème de la position de Zama se resserre de plus en plus. Nous devons reconnaître, toutefois, qu'il y a encore à choisir entre deux solutions, suivant que l'on s'en tient aux indications de la Table ou que l'on admet une transposition de chiffres[1].

Si l'on accepte comme exacts les 10 milles comptés entre Assuras et Zama Regia, nous sommes conduit à placer cette dernière ville près du confluent de l'Oued Hameïdat-es-Sers et de l'Oued Kelakh[2]. Aucune exploration sérieuse n'a été dirigée de ce côté. Nous ne connaissons le pays que par les itinéraires de Pricot Sainte-Marie, consignés dans la carte de 1857. Pour sommaires, toutefois, que soient ces indications, elles nous montrent un pays de plaines ou de larges vallées, et Zama Regia, comme on le sait, était *in campo sita*.

Si l'on admet, au contraire, une transposition de chiffres dans la Table de Peutinger, et que l'on replace entre Zama et Assuras les 20 milles indiqués entre Zama et Seggo, les ruines de la Zama du plateau de Khaba-Açouda peuvent représenter Zama Regia. Mais cette synonymie a contre elle la configuration du terrain, extrêmement montagneux et accidenté.

Nous ne pouvons pas pousser plus loin, dans l'état actuel de nos connaissances topographiques, la solution du problème de Zama. Nous nous sommes borné à le circonscrire. De nouvelles recherches, lorsqu'elles seront possibles, auront sans

---

[1] [Ne pas oublier que, lorsqu'il écrivait ces lignes, M. Tissot ne connaissait pas l'inscription découverte à Djiâma. — S. R.]

[2] [Sur la carte des environs de Zama, j'ai indiqué ces deux rivières, en essayant de concilier les données de la carte récente avec celles de la carte de 1857; mais je dois insister sur le caractère hypothétique de ces conciliations. La carte récente a été dressée sur le terrain, celle de 1857 est dessinée en grande partie d'après des renseignements et des fragments d'itinéraires que l'on a essayé de rapprocher tant bien que mal. — S. R.]

doute pour résultat de permettre de choisir entre les deux termes auxquels nous l'avons réduit.

Nous en sommes également réduit aux conjectures en ce qui concerne la partie de la voie d'Althiburos à Thysdrus comprise entre Uzappa et Aquae Regiae. Deux routes pouvaient conduire de l'une de ces stations à l'autre.

La première, remontant, à partir d'Uzappa, le cours de l'Oued Ousafa, contournait à l'ouest et au sud le plateau escarpé du Djebel Kesra et descendait le cours de l'Oued Merg-el-Lil. Il existe, entre Makter et le Djebel Kesra, des vestiges d'une voie romaine qui se dirigeait sans doute sur Aquae Regiae, en rejoignant celle d'Uzappa. Il est bon de faire observer toutefois que le plateau très accidenté et profondément raviné qui s'étend entre le Djebel Kesra et le Djebel Trozza ne constitue pas une ligne de communication naturelle. Aussi considérons-nous comme plus vraisemblable le second tracé, qui, à partir d'Uzappa, aurait franchi le col qui sépare le Djebel Bellota du massif du Kesra, pour rejoindre à Khangat-ez-Zeliga la voie romaine, dont les vestiges sont très reconnaissables au delà du pont de l'Oued Djelf. La route aurait ensuite longé la rive gauche de l'Oued Merg-el-Lil, en passant par les grandes ruines anonymes de Foum-el-Afrit, Henchir Khatra et Henchir Teliga.

AQUAE REGIAE. La position d'*Aquae Regiae* est certaine, à deux ou trois milles près[1]. Cette station était un des nœuds principaux du réseau routier de la Byzacène, tel que nous le fait connaître l'Itinéraire d'Antonin. C'est à ce centre qu'aboutissaient les routes d'Assuras par Zama, de Sufes par Marazanae, de Sufetula par Masclianae, d'Hadrumète par Vicus Augusti et de

---

[1] [Cf. Cagnat, *Explorations*, III, p. 25; Wilmanns, *C. I. L.*, VIII, p. 20.]

Thysdrus par Aeliae. Telle est précisément la situation de la plaine qui s'étend entre le Djebel Trozza à l'ouest, le Djebel Ouslet au nord, et les collines d'El-Haouareb à l'est, carrefour naturel formé par les quatre vallées qui conduisent au massif des Oulad-Ayar, à Sbiba, à Kaïrouân et à Kafsa. C'est à ce point central que se croisent encore les principales routes de l'intérieur de la Régence.

Des quatre synonymies qui ont été proposées pour Aquae Regiae, deux la placent à l'ouest du carrefour dont nous avons parlé, deux à l'est. Berbrugger a identifié hypothétiquement Aquae Regiae à Aïn Madjouna, source sulfureuse située à cinq milles au sud d'Aïn Beïda. Maltzan fait correspondre cette même station à Aïn Beïda même, au pied des collines d'El-Haouareb[1]. Il existe effectivement à Aïn Beïda des ruines assez étendues, mais la source n'a aucune propriété thermale. La position d'Aïn Madjouna, d'autre part, ne satisfaisant pas aux données numériques de l'Itinéraire d'Antonin, il faut chercher Aquae Regiae à l'ouest du carrefour, sur les pentes orientales du Djebel Trozza[2]. C'est là que Mannert avait déjà placé cette station, en l'identifiant aux sources chaudes d'Hammam Trozza; mais il n'existe pas de débris antiques près de ces sources, qui sont d'ailleurs situées trop à l'ouest, comme Aïn Madjouna l'est trop au sud, et nous croyons, avec Wilmanns, que l'emplacement d'Aquae Regiae doit être fixé aux ruines

---

[1] Cette petite chaîne rocheuse, projetée par la pointe septentrionale du Djebel Touïla, a reçu des indigènes le nom d'*El-Haouareb* « les fuyards » : elle est composée en effet d'une série de pics dentelés qui semblent s'enfuir en se couchant les uns sur les autres. Maltzan a mal saisi la prononciation du mot *El-Haouareb*; il l'écrit *El-Ahuarib* et le fait dériver du mot *Ahwâr* « étang ». La signification que nous indiquons est celle que les indigènes attribuent eux-mêmes au mot *El-Haouareb*, dérivé du radical حرب.

[2] Barth retrouve dans le nom du Djebel Trozza celui de Τούρζα ou Τούρζω, sous lequel Ptolémée désigne une des villes de l'intérieur.

d'Henchir Baboucha[1], sur la rive droite de l'Oued Merg-el-Lil et à égale distance (deux milles environ) d'Hammam Trozza et d'Aïn Beïda. Comme à Aïn Beïda, on ne retrouve plus à Henchir Baboucha que des monceaux de menus décombres et des masses informes de blocage : tous les matériaux de quelque prix, assises, colonnes, chapiteaux et frises, ont été transportés à Kaïrouân.

D'Aquae Regiae à Thysdrus, l'Itinéraire, comme la Table de Peutinger, indique deux stations : mais une seule, *Aeliae*, est commune aux deux tracés : l'autre porte le nom de *Terento* dans la Table, celui de *Germaniciana* dans l'Itinéraire. Le problème se complique en outre, comme on le verra par le tableau ci-dessous, de l'omission, dans la Table, de la distance qui séparait Aeliae de Thysdrus, et d'une différence de 16 milles dans le total des distances données par les deux routiers entre Aquae Regiae et Aeliae :

TABLE DE PEUTINGER.	Milles romains.	ITINÉRAIRE D'ANTONIN.	Milles romains.
AQUAE REGIAE................		AQUAE REGIAE................	
	XVI		XXII
TERENTO....................		GERMANICIANA..............	
	X		XVI
AELIAE......................		ELIAE......................	
	″		XVIII
THYSDRVS...................		THYSDRUS...................	
			LVI

[1] [M. Cagnat (*Explorations*, t. III, p. 25) déclare ne pouvoir admettre cette opinion; le point qu'on lui a désigné sous le nom d'Henchir Baboucha est à mi-côte, d'un accès très difficile et ne présente pas de traces de constructions. Mais le témoignage de Wilmanns est formel : « Repperi in radice montis Djebel Trozza appellati, orientem versus, ruinas oppidi funditus quidem deleti *sed circuitus magni*, Henschir Baboucha dictas, positas in planitie per quam fluit Wād Hammam, haud procul a fontibus tepidis quorum mentio fit in tabula francogallica anni 1857, ubi tamen male ruinae illae in occidentali montis parte indicantur. » Si nous admettons que M. Wilmanns s'est trompé, il faudra, avec Maltzan, chercher Aquae Regiae à Aïn Beïda. La question est toujours pendante. — S. R.]

En tenant compte des données numériques de l'Itinéraire, GERMANICIANA.
on est conduit à placer Germaniciana sur le plateau de Sidi-
Amor-Bou-Hadjela, au point où la route d'Aïn Beïda à El-Djemm
croise celle de Kaïrouân à Kabès. Jalonnée par de nombreuses
ruines romaines, cette dernière route ne figure pas dans les
itinéraires anciens, mais elle a dû être une des voies les plus
fréquentées de la Byzacène, comme elle est encore aujourd'hui
une des principales routes de caravane de la Régence [1].

Aeliae doit se retrouver à 18 milles à l'ouest d'El-Djemm, AELIAE.
sur la rive gauche de l'Oued Fekka, dans la plaine de Djemiâat.
Nos cartes ne donnent pas de renseignements précis sur cette
partie du territoire des Djelas [2].

La distance de 36 milles indiquée par la Table de Peutinger entre Aquae Regiae et Aeliae est évidemment trop faible :
elle doit être au moins de 38 milles, chiffre donné par l'Itinéraire. Il y a donc lieu d'augmenter l'un des deux chiffres ou les
deux chiffres marqués par la Table entre ces deux stations, et
l'on peut obtenir ce minimum de 38 milles par les trois combinaisons suivantes :

AQUAE REGIAE	VI	XVI	XXVI
TERENTO			
AELIAE	XXXII	XXII	XII
	XXXVIII	XXXVIII	XXXVIII

[1] [M. Cagnat (p. 22) déclare inadmissible l'identification de Bou-Hadjela et de Germaniciana. « La voie romaine, dit-il, passait beaucoup plus à l'est, où les officiers topographes croient l'avoir retrouvée. Ces Messieurs ont remarqué une voie creusée dans un terrain rocailleux, près du sommet dit *El-Guettar*, dans la partie de la plaine nommée *Bled Ouchtetia*. » — S. R.]

[2] [Les derniers levés topographiques ne mentionnent, dans cette région, ni la plaine de Djemiâat ni l'Oued Fekka. D'après un croquis de M. Tissot que j'ai sous les yeux, je crois que l'Oued Fekka est identique à l'Oued Cherbane de la carte la plus récente. — S. R.]

TERENTO.

La première et la troisième combinaisons, qui ont l'inconvénient de modifier les deux chiffres de la Table, ne nous donnent pas, au moins sur nos cartes, d'équivalent pour Terento entre l'Oued Zeroud et Drâa-en-Noun. Dans la seconde combinaison, la plus acceptable puisqu'elle laisse subsister un des chiffres, Terento se retrouverait, soit aux grandes ruines[1] d'Henchir el-Medina, à 6 milles à l'ouest du point où nous avons placé hypothétiquement Germaniciana, soit à celles de Sidi-Amar-Bou-Hadjeba, à 2 milles plus au sud[2].

§ 18. — LOCALITÉS SITUÉES ENTRE LA ROUTE DE CARTHAGE À THÉVESTE ET CELLE D'ALTHIBUROS À THYSDRUS.

Un certain nombre de localités antiques viennent se placer dans les mailles du réseau routier que nous venons de décrire[3].

THIMIDA (Sidi-Ali-es-Sedfini).

Dans la vallée de la Meliana, entre la route de Thuburbo Majus à Inuca et celle d'Onellana à Tunis, à trois milles environ au sud-ouest d'El-Mohammedia, les ruines de Sidi-Ali-es-Sedfini marquent l'emplacement d'une *Respublica Thimidensium Regiorum* dont le nom se lit dans l'inscription de la page suivante, recueillie par Pagnius[4].

---

[1] [Il ne semble pas y avoir de *grandes ruines* sur ce point. — S. R.]

[2] [La carte de 1885 indique Sidi-Bou-Ahmer-Hadjela sur la route de Gabès à Kaïrouân, à 17 kilomètres au sud-est des ruines romaines nommées *Bir-Medina* sur la même carte. D'autre part, M. Cagnat (*Explorations*, III, pl. II) place Sidi-Amar-Bou-Hadjela à 9 kilomètres seulement de l'Oued Zeroud, auprès duquel est Henchir Medina. La carte de 1857 distingue Sidi-Amar-Bou-Hadjeba (*sic*), un peu au delà de l'Oued Zeroud, et Sidi-Amor-Bou-Hajela (*sic*), sur la route de Kaïrouân à Gabès. Il y a là peut-être une dittographie qui a induit M. Tissot en erreur. Nous avons indiqué *Sidi-Bou-Hadjeba* sur la carte avec un ?. — S. R.]

[3] [Ce chapitre était très incomplet dans le manuscrit de M. Tissot; nous l'avons mis au courant. — S. R.]

[4] *C. I. L.*, t. VIII, n° 883. [L'inscription est aujourd'hui au musée de Florence.]

HYMET*ii*

C·IVLIO·REGINO·DECVRIONI
KARTHAG·AED·II·VIR·QVIN
QVENNALICIO·GENTIS·SEVERI
▓▓▓▓▓▓▓▓▓▓▓▓▓▓▓▓▓▓▓▓▓▓
▓▓▓▓▓▓▓▓▓▓▓▓ *cur*ATOR
SPLENDIDISSIMAE·REI·PVBLICAE
THIMIDENSIVM·REGIORVM·ORD
DECVRIONVM·EX·SPORTVLIS·SVIS
OB·MERITA·D·D

Il n'est question de Thimida Regia que dans les fastes de l'Église chrétienne[1].

Nous ne connaissons l'existence du *Pagus Mercurialis Veteranorum Medelitanorum* que par la dédicace ci-dessous à Julia Domna, découverte par Pagnius dans les ruines de Sidi-Nacer-Bergou, à 18 milles de Tunis et à 9 milles d'El-Mohammedia[2] :

MEDELI
(*Sidi-Nacer-Bergou*).

IVLIAE·DOMNAE·AVG
MATRI·CASTRORVM
MATRI·AVGVST*orum*
IMP·CAES·L·SEPTIMI·SEVERI·PII
PERTINACIS·AVG·CONIVGI·
Q·SILICIVS·VICTOR·ET·C·TADIVS·FOR
TVNATVS·OB·HONOREM·FLAM
SVI·PERPETVI·STATVAM·CVM
BASE·EX·HS·BINIS·MILIB·N·LEGI
TIMIS·ADIECTIS·TERTIS·EX·DE
CRETO·PAGANOR·PAGI·MERCVRIALIS
VETERANORVM·MEDELITANOR
S·P·F·IDEMQVE·DEDICAVERVNT

---

[1] *Episcopus a Timida*, ἀπὸ Θημίδης, conf. de 258; *Thimida Regia*, Augustin., *De bapt. contra Donat.*, VII, 22; *Timidensis*, Not. de 484 et 649; *Timedensium regiorum*, a. 525. [Cf. Morcelli *Africa christiana*, t. I, p. 325. — S. R.]

[2] *C. I. L.*, t. VIII, n° 885. [L'inscription est aujourd'hui au musée de Florence.]

Le nom de Sidi-Nacer-Bèrgou a disparu de la nomenclature locale. Les distances indiquées par Pagnius autorisent à penser que les ruines du Pagus Mercurialis sont celles d'Henchir Mengoub, situées sur la rive gauche de la Meliana.

A peu de distance au sud-ouest d'Henchir Mengoub, et à gauche de la route de Thuburbo Majus à Inuca, les grandes ruines d'Henchir Bou-Cha marquent l'emplacement d'une cité dont le nom, donné par les deux inscriptions suivantes[1], n'est malheureusement pas d'une lecture certaine :

Turca (?)
(Henchir Bou-Cha).

```
                    VES/ID.
─────────────────────────────────────────────────
C · ATTIO · ALCIMO · FELICIANO · P · V·
VICE · PRAEF · PRAET · PRAEF · ANNO
NAE · VICE · PRAEF · VIGVLVM · MAG · Rei
SVMMAE · PRIVATAE · MAGISTRo summa
RVM · RATIONVM · CVRATORI · OPERIS · thea
TRI · PROC · HEREDITATIVM · Procuratori (?)
SACRAE · MONETAE · P ▬▬▬▬▬▬▬▬▬▬ proc.
PROV · NARBONENS · PROC · PRIV · PER · SALARIAM
TIBVRTINAM · VALERIAM · TVSCIAM · PROC · PER
FLAMINIAM · VMBRIAM · PICENVM · ITEM · VICE
PROC · QVADRAG · GALLIAR · PROC · ALIMENTOR · PER
TRANSPADVM · HISTRIAM · LIBVRNIAM · ADuOCATo
FISCI · PROVINCIAR · XI · OB EXIMIVM · AMOREM · IN
PATRIAM · SPLENDIDISSIMVS · ORDO · TVRCET · PATRONO

            C · VETTIO · GRATO · ATTICO ⚭
            SABINIANO · C · P · FIL · C · VETTI ⚭
            Grati saBINIANI · C · V · TRIBVN
            MILITVM · Leg . VII · CLAVDIAE ⚭
            QVAESTORis kandidaTI · NEPOTS    sic
            c · ueTTI · SABiniAni▬▬▬▬▬TIS
            C · M · V · PROCOs . municipium au
            RELIVM · COMmodianVM · Turca
                    D · D · P · P
```

À la dernière ligne de la première inscription, les deux lettres finales du mot TVRCET, lu par Ximénès, sont aujourd'hui mu-

---

[1] C. I. L., t. VIII, 822, 823.

tilées dans leur partie supérieure. La restitution TVRCET[*anum*] n'en paraît pas moins très probable. Le nom de la ville aurait été *Turca*. Il faut rejeter d'ailleurs l'identification qu'on a voulu établir entre ce nom et celui de la Τοῦρξα que Ptolémée (IV, III, 37) place dans la Byzacène, et nous n'admettons pas davantage, pour notre part, que les ethniques *Turensis, Turudensis, Turusitanus* de la Liste de 411 appartiennent à Turca [1].

L'inscription suivante, trouvée à Henchir en-Naâm, donne le nom de la ville antique dont les ruines s'étendent à l'est du Djebel Bou-Kourneïn, montagne isolée et à deux sommets qui domine le plateau de Fahs-er-Riah [2] :

ABBIR CELLA
Municipium
Iulium
Philippianum
Abbir Cellense
(Henchir
en-Naâm).

```
        GENIO·IMPERII
      D D           N N
   IMP·CAES·M·IVLII·PHI
   LIPPI·PII·FELICIS·AVG·TRIB
5  POT·III·COS·P·P·ET
   M  iuL  phiLippi  nobiLis
    simi CAES·TOTIVSQVE
   DOMVS·DIVINAE  eorum
   MVNICIPIVM·IVLIVM
10  phiLippianuM·ABBIR
   CELLENSE DEVOTVM
   NVMINI·MAIESTATIQ
    eorum  D·D·P·P [3]
```

Wilmanns suppose que cet *Abbir Cellense* est l'*Abbir Majus* de la conférence de 411 ; l'*Abbir Germaniciana* ou *Germanicianorum* des conciles de 258 et de 419 serait l'*Abbir Minus* [4].

[1] [Sur les ruines de Turca, voir Guérin, *Voyage archéologique*, t. I, p. 431. M. Cagnat y signale un vaste réservoir en blocage et une construction en gros blocs rasée au niveau du sol, qui paraît appartenir à une bonne époque. — S. R.]

[2] [Cf. *Bulletin des antiquités africaines*, 1882-1883, p. 322. On y voit encore la cella d'un temple couvert de sa voûte, de vastes citernes et de nombreux fragments d'architecture. — S. R.]

[3] *C. I. L.*, t. VIII, n° 814 ; cf. 893 : *CivitaS·ABBir CELLENSis*.

[4] *C. I. L.*, t. VIII, p. 102 : « In actis

Municipium Giufitanum (*Bir Mcherga*).

A six milles environ à l'est d'Abbir Cellense, entre le Djebel Bou-Cha et le Djebel el-Oust, les ruines considérables de Bir Mcherga marquent l'emplacement d'un *Municipium Aurelium Alexandrianum Augustum Magnum Giufitanum*, dont le nom plus ou moins complet est donné par les trois dédicaces suivantes [1] :

```
   III · IMP · V · COS · P · P
     PROCOS · MVNICIPI
     VM · GIVF · DEVOTVM
     NVMINI · MAIESTATI
5   QVE · EIVS · D · D · P · P
```

```
    BONCIO MA
    eQ · R · CVR · REIP
    MVNICIPI · ALEX · Giufitani
    DECVRIONI · DVMuirali (?)
5   SPLENDIDISS · COL
    CVR · MVLTAR · CIVIT ob amorem
    ET · IVSTITIAM · SINGVLarem et
    comMODA · REIP · ET · Civibus
    aucta · ORDO DE SVO POsuit.
```

conciliorum tria oppida provinciae proconsularis nomine simili vocata occurrunt : 1° *Abbir Maius* in collatione a. 411 (1 c. 133); 2° *Abbir Germaniciana* in concilio a. 258, et in conc. a. 419 (*Abbiritanus alias Germanicianorum*). — *Abbir* cognomine adjecto nullo in Notitia episcoporum a. 484, ubi quod traditur *Abaritanus* emendatur ope Victoris Vit. *Pers. Vand.* 28, qui eundem episcopum nominat *Abbiritanum;* item in collatione a. 411 (1 c. 215) *Abbiritensis;* 3° *Cella* in Notitia a. 484. — *Celensis* in collatione 1 c. 126 ad Mauritaniam Sitifensem spectat. — Quartum hisce addere oppidum *Abbir Cella* mihi haudquaquam probabile videtur, immo duas tantum civitates fuisse judico, alteram dictam *Abbir Maius* sive *Cellense*, alteram *Abbir Minus* sive *Germanicianorum* : quae in Notitia episcoporum ita distinguuntur, ut alter episcopus *Cellensis* dicatur, alter *Ab-[bi]ritanus*, in collatione ita ut alter appelletur *Abbiritanorum Maiorum*, alter item simpliciter *Abbiritanus*. »

[1] *C. I. L.*, t. VIII, 864, 865, 866 [p. 108, 927; cf. Guérin, *Voyage*, t. II, p. 375; Poinssot, *Bulletin des antiquités africaines*, 1882-1883, p. 322; Cagnat, *Explorations*, t. II, p. 5; *Ephemeris*, t. V, p. 290. — S. R.].

```
    LICINIAE  SATVR
    NINAE  AVRELLI (sic)
    DIONYSI PATRO
    NI  CONIVGI
  5 M V N I C I P E S
    MVNICIPII·AVREL
    LI·ALEXANDRIA
    NI  AVGVSTI
    MAGNI·GIVFITANI
```

La première de ces inscriptions paraît remonter au règne de Septime Sévère (195) et le municipe n'y porte encore que son nom indigène. L'ethnique *Giufitanum* peut tout aussi bien dériver de *Giuf* que de *Giufi*; c'est cette seconde forme qui a été adoptée par l'auteur de la carte du tome VIII du *Corpus*.

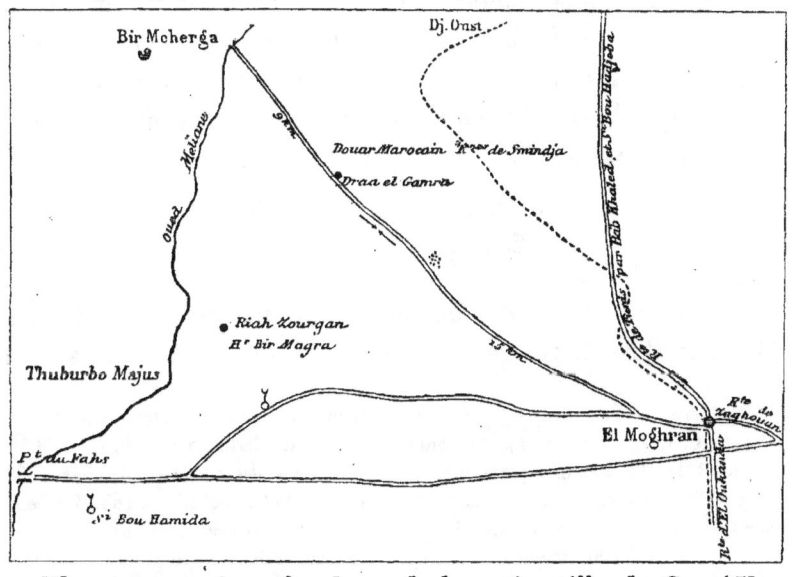

[Il a été question plus haut de la petite ville de Gor (*Henchir Drâa-el-Gamra*) [1].]

GOR (*Henchir Drâa-el-Gamra*).

[1] [*Supra*, p. 555.]

En revenant à l'ouest, au plateau du Fahs-er-Riah, nous trouvons deux petites cités antiques dans le voisinage immédiat de la route de Coreva à Thuburbo Majus.

CIVITAS ARADITANA (*Henchir Brighita*).

La première, située à 12 kilomètres environ au sud-ouest d'Henchir Bou-Ftis, au sud de la voie romaine, porte le double nom d'Henchir Brighita et d'Henchir Bou-Arada [1]. Cette dernière dénomination, ainsi que nous l'avons déjà constaté, s'applique également à toute la contrée jusqu'à la Siliana. La première est donnée par les indigènes à trois groupes de ruines voisins les uns des autres. Il est possible que ces trois bourgs aient formé une *civitas*, dont le nom apparaît à l'époque chrétienne et s'est très certainement conservé dans celui de *Bou-Arada* [2].

Des ruines assez étendues couvrent le terrain à l'ouest de la Sebkhat el-Koursia. Les indigènes leur donnent le nom d'Henchir Bir-el-Akmin. On y a trouvé le fragment suivant qui prouve que la sebkha était exploitée comme saline à l'époque romaine, comme elle l'est encore aujourd'hui :

*c*VRIA SALINENS*ium*
PERFEC [3]

TEPELTE (*Henchir Bel-Aït*).

A cinq milles environ de Bir-el-Akmin, des ruines appelées Henchir Bel-Aït s'étagent sur une terrasse qui domine au sud

---

[1] [Guérin, *Voyage archéologique*, t. I, p. 426; *C. I. L.*, VIII, p. 99. Wilmanns dit que l'Henchir Brighita porte aussi le nom d'Henchir Bou-Arada; mais si l'*Henchir Brirtzet* de la carte de l'État-major est identique à l'Henchir Brighita, il y a en vérité 8 kilomètres de distance entre ces deux gisements de ruines. — S. R.]

[2] [Cette identification est due à M. Guérin. Un évèque d'Aradi (*Araditanus*) est mentionné dans la Notice de 484 et au concile de Carthage de 525. — S. R.]

[3] [*Bull. des antiquités africaines*, 1883, p. 315; *Ephemeris*, t. V, p. 288. M. Mommsen fait l'observation suivante : « *Curia* si in lapide fuit, vix collegium ita significari potuit, nam curia tituli citati aedificium est, neque adhuc quod sciam curia reperta est ad universitatem hominum relata nisi ita ut pars populi sit. » — S. R.]

la Sebkhat el-Koursia. Quatre inscriptions donnent le nom de la cité antique[1] :

```
    IMP · CAESARi
    DIVI TRAIANI
    PARTHICI · F · DI
    VI · NERV · NEPO
    TI · HADRIANO
    AVG · PONTIFIC ·
    MAXIMO · TRIB
    POTEST · XIIII
    COS · III D·D·P·P·
    CIVITAS·TEPELT
    MAXIMVS SATVRI · f
    ET · L · LVCISCI · F · SVFE
    TES CVRAVER
```

```
        SALVTI
        AVGVSTO
          RVM
        CIVITAS
        TEPELTEN
        SIS  D D
          P P
```

```
    Sabiniae tranQail-
    linae  aug.  Coniug
    IMP CAES ANTONI
    GORDIANI · P · F · AVG
    CIVITAS · TEPELTENS ·
    DEVOTA NVMINI
    MAIESTATIQVE EO
    RVM   DD   PP
```

[1] [*Bull. des antiquités africaines*, 1883, p. 316; *Ephemeris*, t. V, p. 288; *Archives des Missions*, 1883, p. 329. — S. R.]

```
         C·GALERIO VA
         LERIO MAXI
          MIANO NO
         BILISSIMO
         CAES MVNI
         CIPIVM TEP
```

<small>CIVITAS
RIR·AQ·SACAR.</small>

[Une inscription découverte à Henchir Biska par M. Poinssot mentionne en abrégé une civitas RIR·AQ·SACAR·, qui doit avoir été voisine de Bisica. M. Tissot a proposé de lire : *civitas Rirensis Aquensium Sacaritanorum*. Le nom de cette ville ne se rencontre pas ailleurs[1].

<small>SULULI
(*Henchir
Bir-el-Heusch*).</small>

[Au lieu dit *Henchir Bir-el-Heusch* ou *Bir-el-Oesch*, situé à quatre à cinq heures de marche au nord de Bou-Djelida, M. Schmidt a récemment découvert une inscription qui donne le nom de la localité antique. Voici le texte qu'il a bien voulu me communiquer :

```
         MVnicipiuM SEPT
         AVRELIVM SEVERI
         Anum aug. APOLL
         SVLVLITANVM
```

[Ces quatre lignes sont gravées sur le piédestal d'une statue. Le nom de la ville doit se lire ainsi : *municipium Septimium Aurelium Severianum Augustum Apollinense Sululitanum*. Sululi tenait son droit de cité de l'empereur Septime Sévère, comme un grand nombre d'autres villes africaines, en particulier la colonie de Vaga[2]. M. Schmidt est porté à reconnaître dans Sululi la ville à laquelle appartenait l'*episcopus Sullitanus* ou *Sululitanus* mentionné à la conférence de Carthage de 411[3].

---

[1] [*Archives des Missions*, 1883, p. 330; *Bulletin des antiquités africaines*, 1883, p. 296; *Ephemeris*, t. V, n° 295. — S. R.]

[2] [Cf. plus haut, p. 299.]

[3] [Morcelli, *Africa christiana*, t. I, p. 289; Hardouin, *Concil.*, I, p. 1105 E.]

[Les ruines de Bir-el-Heusch sont assez importantes. Elles occupent un plateau entouré par deux ravins au-dessus desquels on voit les restes d'une enceinte. Au centre s'élèvent les ruines d'un temple corinthien qui a été transformé en fortin à l'époque byzantine. « Un pont, dont les culées subsistent encore, franchit l'Oued-el-Hassi, qui coule dans les ravins au sud de la ville. Son axe est orienté du N.-O. au S.-O., et dans le prolongement on voit la chaussée d'une route se dirigeant vers Avitta Bibba[1]. »

[L'inscription suivante est gravée sur une grande pierre servant de linteau à la koubba de Sidi-Aougheb, près de Bou-Djelida[2]:

SATVRNO ❦ ACHAIAE ❦ AVG ❦ SACR
PRO·SAL❦IMP·CAES·ANTONINI·AVG·PII·P·P
GENS·BACCHVIANA·TEMPLVM❦SVA·PEC·FECERVNT·ID·DEDIC
CANDIDVS·BALSAMONIS·FIL·EX❦XI·PR·AMPLIV·SSPATIVM·IN·QVO·TEMPLVM·FIERET
DONAVIT[3]

[C'est la dédicace d'un temple élevé à Saturne. La désignation *Saturnus Achaiae* est fort étrange. On s'attendrait plutôt à trouver l'adjectif *Achaicus* ou mieux *Graecus*, comme par exemple dans une inscription dédiée à la *Ceres Graeca* qui a été découverte dans la même région[4]. Peut-être a-t-on voulu opposer le Saturne grec (Kronos), auquel le temple aurait été consacré,

---

[1] [Poinssot, *Bulletin des antiquités africaines*, 1885, p. 92.]

[2] [Découverte par MM. Bordier et Tauzia de Lespin, elle a été revue et publiée par M. Cagnat et par nous dans les *Comptes rendus de l'Académie des inscriptions*, 1885, p. 260. M. Mommsen en a fait mention, *Rœmische Geschichte*, t. V, p. 650.]

[3] [« Saturno Achaiae Augusto sacrum. Pro salute imperatoris Caesaris Antonini Augusti Pii, patris patriae, gens Bacchuiana templum sua pecunia fecerunt idemque dedicaverunt. Candidus Balsamonis filius, ex undecimprimis, amplius spatium in quo templum fieret donavit.]

[4] [*C. I. L.*, VIII, 10564.]

au Saturne punique (Moloch), dont le culte sanglant avait été prohibé en Afrique.

[Ce texte nous fait connaître le nom d'une tribu africaine, la *gens Bacchuiana*, chez laquelle, comme chez d'autres tribus analogues, la *gens Saboidum* par exemple, le conseil suprême était composé de onze notables, nommés *undecimprimi*[1].

AUBUZZA
(*Henchir Djezza*).

[L'Henchir Djezza, au sud-ouest de Lares, à 25 kilomètres environ au sud-sud-est d'El-Kef, occupe l'emplacement d'une petite ville dépendante de Sicca, dont le nom antique, Aubuzza, a été donné par une inscription. C'est la dédicace d'un *paganicum*, ou salle de réunion des *pagani*, au Génie de la colonie Julia Veneria Cirta Nova[2]. Une autre inscription importante mentionne un *tribunus* d'une *gens* dont le nom manque[3]. On voit à Aubuzza une forteresse byzantine construite avec des matériaux antiques et les restes d'un édifice dont il subsiste quelques pans de murs percés de fenêtres. A deux kilomètres au nord-est et à l'est sont deux fortins appelés *Kasr Bou-Khallou* et *Kasr Bou-Alem*, qui ont fourni quelques inscriptions.

[M. Poinssot a signalé, dans les environs d'Uzappa, les ruines importantes d'Henchir Zouza, autour d'une belle source nommée Aïn Zouza, sur le bord du plateau des Ouled-Aoun[4]. On y voit un *castrum*, un mausolée et les restes de quelques grands édifices. Plusieurs tronçons de routes romaines relient Aïn Zouza à Uzappa, à Aïn Mdouja, où existent également des ruines, et à la voie qui longe l'Oued Ousafa. Cette voie est facilement reconnaissable et jalonnée de vestiges antiques. Les plus considérables portent les noms de Kef el-Nehal et de Ko-

---

[1] [C. I. L., VIII, 7041. Sur les *gentes* africaines, cf. Tissot, *Géographie de la province romaine*, t. I, p. 456 et suiv.]

[2] [*Ephemeris*, t. V, n° 638. Cf. Cagnat, *Explorations*, t. II, p. 151.]

[3] [Cagnat, *Explorations*, III, p. 158; *Ephemeris*, t. V, n° 1261.]

[4] [*Bulletin des antiquités africaines*, 1884, p. 238.]

beur el-Ghoul « le tombeau de l'ogresse »[1]. Dans le voisinage de cette dernière se trouvent de nombreux monuments mégalithiques.

[Un embranchement de la voie romaine contourne au nord le Djebel Bellota et conduit aux grandes ruines d'Aïn Zacar, d'El-Bez et de Soudga, situées au pied du Djebel Bargou.

[Les ruines d'Aïn Zacar[2], remarquables par une belle construction rectangulaire placée auprès de la source, n'ont pas encore été identifiées. Celles d'Henchir Bez, situées à trois kilomètres plus loin vers le sud-est, représentent la *civitas Vazitana Sarra*, comme l'ont établi deux textes épigraphiques[3]. La ville paraît avoir été considérable et a laissé des restes intéressants. Elle occupe un mamelon au pied du Djebel Bargou et s'étend en pente douce jusque dans la plaine. Les principaux édifices sont un temple et trois fortins, l'un au nord-est du temple, le second vers le sud-est, le troisième à l'ouest, près de la source. A l'extrémité occidentale des ruines, un édifice orné d'une abside est sans doute une basilique chrétienne.

CIVITAS
VAZITANA SARRA
(*Henchir Bez*).

[« Les inscriptions prouvent que Vazita avait le titre de *civitas* à la fin du IIe siècle et au début du IIIe; elle était alors gouvernée par deux magistrats annuels, *undecimprimi*[4].

[« Le temple de Mercure s'élevait au sommet du mamelon principal[5]. Il en reste encore aujourd'hui des parties importantes. Les soubassements de la *cella* sont intacts; elle mesurait

---

[1] [*Bulletin des antiquités africaines*, 1884, p. 238-240.]

[2] [*Ibid.*, p. 240-241.]

[3] [*Ibid.*, p. 241-246; *Archives des Missions*, 1883, p. 327; *Ephemeris*, t. V, p. 283. J'ai pu consulter un rapport inédit de M. Cagnat, qui a visité cette région en 1886. — S. R.]

[4] [*Ephemeris*, t. V, n° 1216.]

[5] [D'après M. Poinssot (*Bulletin des antiquités africaines*, 1884, p. 241), ce temple a 40 mètres de longueur sur 35 de large; il est divisé en trois nefs par deux murailles. Les colonnes ont 55 centimètres de diamètre à leur partie supérieure.]

onze pas carrés. Le *pronaos* est nettement dessiné; il avait huit pas de profondeur. La porte d'entrée de la *cella* est encore debout en partie; les chapitaux et colonnes étaient d'ordre corinthien; les soffites et divers éléments constitutifs du monument gisent à terre, soit devant la *cella* même, soit sur la pente de la colline où elle s'élève[1]. »

[Au-dessus de la porte de la *cella* du temple était gravée une inscription considérable dont M. Cagnat a réussi à retrouver tous les fragments, soit en place, soit aux environs de l'édifice[2]. C'est une dédicace à Caracalla, datant de la fin de 211 ou du commencement de 212. A cette époque, un flamine perpétuel de la cité, P. Opstorius Saturninus, a fait élever le temple à Mercure *Sobrius*[3]. Le même personnage, promu peu auparavant à la dignité de *undecimprimus*, avait déjà élevé à Esculape un temple attenant à une basilique. La statue de Mercure, qui ornait le temple, avait été offerte par la piété d'un certain nombre de personnes dont les noms étaient gravés dans le *pronaos*[4]. Une autre inscription[5] mentionne différents objets offerts au dieu Mercure, un mascaron d'argent (*persona argentea*), des candélabres de bronze et des lampes. Le culte de Mercure était assez répandu dans cette région.

[Vazita n'est pas mentionnée par les auteurs. On ne peut songer à l'identifier avec l'Οὐξιτα de Ptolémée, l'Uzita assiégée par César pendant sa campagne d'Afrique[6]. Cette dernière ville est placée par M. Tissot, conformément aux données du

---

[1] [Cagnat, *Rapport inédit*. Ce rapport sera publié en 1887 dans les *Archives des Missions*. — S. R.]

[2] [Textes incomplets dans l'*Ephemeris*, t. V, p. 283, et le *Bulletin des antiquités africaines*, 1884, p. 242.]

[3] [Mercure était ainsi nommé parce qu'on lui offrait du lait au lieu de vin. Cf. Festus, p. 140 et 240.]

[4] [Cagnat, *Rapport inédit*.]

[5] [*Bull. des antiquités africaines*, 1884, p. 243. La transcription n'est pas bonne.]

[6] [Tissot, *La Campagne de César*, p. 31 du tirage à part, et plus haut p. 564.]

récit de l'Anonyme, à l'ouest de Leptis, au sud de la petite lagune qui s'étend entre Hadrumète et Ruspina.

[Non loin des sources de l'Oued Bargou, des ruines couvrant environ quatre ou cinq hectares et nommées Henchir Soudga marquent l'emplacement de la petite cité d'Urusi [1]. Elles s'étendent sur le versant oriental des collines qui forment la ligne de partage entre les bassins de l'Oued Khemes et de l'Oued Bargou. Le nom antique, qui ne figure pas dans les textes, a été conservé par une dédicace pour le salut de Commode gravée sur la frise d'un petit temple de Junon. M. Poinssot a supposé que l'*episcopus Urcitanus* ou *Uricitanus*, qui siégea en 484 au concile de Carthage [2], est l'évêque de la *civitas Urusitana*.

CIVITAS URUSITANA (*Henchir Soudga*).

[Il a été question plus haut de Limisa et de Furni. Au confluent de l'Oued Bargou et de l'Oued Mahrouf se trouve une vaste ruine nommée Henchir Khachoun [3]. On y voit un mamelon couronné par les restes d'une citadelle carrée d'époque byzantine, ayant environ cent pas de côté et dont les murs s'élèvent encore à deux ou trois mètres au-dessus du sol [4]. Les ruines de la cité antique couvrent une étendue de plus de quinze hectares et ont fourni beaucoup d'inscriptions. Au sud-est on voit les fondations d'un petit temple, au sud les restes de bains. Une voie romaine, bordée de tombeaux, partait de l'extrémité ouest de la ville pour se diriger vers Sidi-Amor-Djedidi, la petite Zama. Le forum s'étend à l'est du mamelon cou-

MUZUC (*Henchir Khachoun*).

---

[1] [*Archives des Missions*, 1883, p. 326; *Bulletin des antiquités africaines*, 1884, p. 246; *Ephemeris*, t. V, p. 282. Le nom est *Soudga* et non *Sougda* (Cagnat). M. Schmidt place Urusi et Vazitana Sarra dans la Proconsulaire; il suppose que l'Oued Bargou et l'Oued Khemes marquent, sur ce point, la frontière de la Proconsulaire et de la Byzacène.]

[2] [Morcelli, *Africa christiana*, t. I, p. 360; Victor de Vite, *Persecut. Vandal.*, I, 3 et 9.]

[3] [M. Cagnat (*Rapport inédit*) remarque qu'une ruine portant le même nom se trouve à 2 kilomètres plus loin, sur la rive gauche de l'Oued Bargou.]

[4] [Poinssot, *Bulletin des antiquités africaines*, 1884, p. 70.]

ronné par le fort byzantin; les bases de statues qui y avaient été placées en rang gisent les unes à côté des autres, comme si elles avaient été utilisées pour une enceinte postérieure. M. Cagnat signale encore, au nord-ouest, les ruines de grandes citernes et un mausolée avec des pilastres cannelés.

[Le nom de la ville antique est écrit en abrégé, MVZ, sur un certain nombre de bases du forum[1]. On pouvait hésiter entre les deux ethniques *Muzuensis* et *Muzucensis*, qui sont connus l'un et l'autre, et la confusion était augmentée par l'existence d'une *civitas Muzucensis* située dans les environs d'Henchir Khachoun. M. Schmidt, dans l'*Ephemeris epigraphica*, avait adopté pour ce dernier emplacement l'ethnique *Muzuensis*[2]. Mais M. Cagnat, dans son voyage de 1886, a réussi à déchiffrer deux autres bases, dont la lecture avait découragé les précédents explorateurs, et y a reconnu l'ethnique MVZVCENSIS[3]. Nous apprenons par l'une de ces dédicaces que Muzuc ou Muzuca[4] reçut le titre de municipe sous le règne de l'empereur Caracalla.

[On retrouve plusieurs fois l'ethnique *Muzucensis* ou *Muzuensis* dans les documents ecclésiastiques[5], mais on peut se demander s'il s'agit du *municipium Muzucense* plutôt que de la *civitas Muzucensis*, dont il nous reste à parler.

MUZUC
(*Henchir Besra*).

[La seconde ville de Muzuc se trouve à Henchir Besra, sur une éminence au bord de l'Oued Mahrouf[6], à huit kilomètres

---

[1] [*Ephemeris*, t. V, nᵒˢ 291, 1208, 1209.]

[2] [*Ephemeris*, t. V, p. 280, 282.]

[3] [Cf. *Bulletin des antiquités africaines*, 1884, p. 75; *Bulletin du Comité*, 1886, p. 204. Les transcriptions de M. Cagnat, que j'ai sous les yeux, paraîtront dans son prochain *Rapport*.]

[4] [*Muzuc* est la forme indigène; comparez la ville d'Ismuc, près de Zama, mentionnée par Vitruve. *Muzuca* est la forme latinisée.]

[5] [Morcelli, *Africa christ.*, t. I, p. 238: *Muzucensis in provincia Byzacena, Muzuensis in provincia Proconsulari.*]

[6] [*Bull. des antiquités africaines*, 1884, p. 86; *Ephemeris*, t. V, nᵒ 287; Cagnat, *Rapport inédit.*]

au sud-est d'Henchir Boudja. Quelques grandes colonnes prouvent qu'il y a existé des monuments considérables, mais les ruines sont peu étendues. A la partie la plus élevée, on voit une forteresse byzantine aujourd'hui rasée; les berges de la rivière sont consolidées par des quais. L'inscription qui nous a donné le nom de cette localité, et qui n'a jamais encore été publiée correctement, est transcrite comme il suit par M. Cagnat :

```
IMP  CAEs  l  aur.com
MODO A\ g.germ.saR
M/T C P           . II
         I ! S
IMP CAES M AVRELI AN
TONINI AVG PP FILIO CI
VITAS · MVZVCENSIS
         P ✿
```

[Ce texte paraît dater de 178 ou 179. Comme la *civitas* qu'il mentionne est à 12 kilomètres au moins du *municipium Muzucense*, on ne peut admettre que la pierre en question ait été l'objet d'un transport. Il y avait donc deux Muzuca, comme deux Zama et deux Uci, et ces villes étaient peu éloignées l'une de l'autre. La première, la plus importante, devint municipe sous Caracalla, la plus petite était encore *civitas* du temps de Commode, mais fut peut-être élevée plus tard à une organisation municipale [1].

[Les ruines d'Henchir Djelloula, à 12 kilomètres au nord de la Dachra Bou-Dabbous, n'ont pas encore été identifiées [2]. Il y a là une source abondante, une enceinte flanquée de tours carrées, des restes de quais et des thermes considérables;

---

[1] [Cagnat, *Rapport inédit.*] — [2] [Cf. Guérin, *Voyage archéologique*, t. II, p. 339; *Bulletin des antiquités africaines*, 1883, p. 288.]

du temps d'El-Bekri, Aïn-Djelloula était encore une station florissante, ornée de beaux jardins, qui ont entièrement disparu.

THIBICA
(*Henchir Bir-Magra*).

[Thibica, dont les ruines fort étendues s'appellent aujourd'hui Henchir Bir-Magra, du nom d'un puits antique qui s'est à peu près conservé intact, n'est connue que par les inscriptions que M. Guérin y a recueillies; elle n'est citée ni par les auteurs ni par les documents ecclésiastiques[1]. Sous le règne d'Antonin le Pieux elle était encore administrée par des suffètes[2]. Elle fut élevée à la condition de municipe avant l'époque de Gallien[3].

GALES
(*Henchir el-Kharoub*).

[Le nom de la petite ville de Gales, *Galibus* (comme *Laribus* de *Lares*), *civitas Galitana*, n'est également connu que par des inscriptions découvertes à Henchir el-Kharoub[4]. Cette localité paraît avoir été très peu importante; nous ne savons rien de son histoire.

SERESSI
Oum-el-Abouab).

[Une inscription découverte par M. Guérin[5] à Henchir Oum-el-Abouab, ruines assez importantes, où l'on voit quatre portes monumentales, un amphithéâtre, un théâtre, une citadelle et un mausolée, fait connaître le nom du *municipium Seressitanum*, sur lequel nous ne possédons d'ailleurs aucun renseignement. Le nom de la ville antique était sans doute Seressi.]

La Table de Peutinger, comme nous l'avons fait remarquer, n'indique qu'une seule route dans la partie centrale de la Byzacène : celle qui reliait au littoral, en passant par Zama Regia, la grande voie de Carthage à Théveste. Cette lacune

---

[1] [Guérin, *Voyage*, t. II, p. 361 et suiv.; C. I. L., VIII, p. 96.]
[2] [C. I. L., VIII, n° 765.]
[3] [*Ibid.*, n° 766.]
[4] [C. I. L., VIII, p. 95.]
[5] [Guérin, *Voyage archéologique*, t. II, p. 354; C. I. L., VIII, p. 119.]

est largement comblée par l'Itinéraire d'Antonin, dans lequel un centre important qui ne figure pas dans la Table, Sufetula, devient le nœud principal du réseau routier de cette partie de l'Afrique propre.

Six grandes voies rattachent Sufetula : à Hadrumète, à Musti, à Théveste, à Thenae, et enfin à Macomades, ainsi qu'à Cellae Picentinae. Deux routes secondaires conduisent, en outre, l'une de Sufes à Aquae Regiae par Marazanae, l'autre de Vicus Augusti à Thysdrus. Nous ne comprenons pas dans ce réseau la route qui reliait Aquae Regiae à Thysdrus par Aeliae et Germaniciana : elle se confond avec le dernier segment de la route dessinée par la Table de Peutinger entre Althiburos et Thysdrus. On sait d'ailleurs que l'Itinéraire d'Antonin n'indique pas des routes, mais bien des parcours : nous ne nous astreindrons pas à analyser ces itinéraires, qui se répètent dans certaines parties. Nous ne les utiliserons que pour reconstituer le réseau routier.

§ 19. — ROUTE DE SUFETULA À HADRUMÈTE.

Cette route est le dernier segment de l'*Iter a Carthagine per Hadrumetum Sufetula usque*. Nous prendrons Hadrumète comme point de départ.

VICUS AUGUSTI (*Sabra?*).

Deux synonymies ont été proposées pour *Vicus Augusti*[1]. Shaw et Mannert l'identifient à Kaïrouân; Lapie et Berbrugger, à Sabra, située à deux milles au sud de Kaïrouân. Cette seconde hypothèse paraît la plus vraisemblable. On sait, en effet, par les historiens arabes, que l'emplacement choisi par Okba pour la fondation de Kaïrouân était un désert couvert de broussailles et hanté par des reptiles et des bêtes féroces, qui se re-

---

[1] [Cf. Guérin, *Voyage archéologique*, t. II, p. 335; *C. I. L.*, VIII, p. 19, 925; Cagnat, *Explorations*, III, p. 21. — S. R.]

tirèrent devant ses pieuses conjurations. La légende ajoute qu'il n'existait aucun vestige païen sur l'emplacement de la

STATIONS.	DISTANCES.				
	Iter a Carthagine per Hadrumetum Sufetula usque.	Iter a Sufibus Hadrumetum.	Iter a Sufetula Clipea.	A Tusdro Theveste.	Alio itinere a Theveste Tusdro.
Hadrumetum..................					
Vico Avgvsti.................	XXV	XXV	XXV		
Aqvis Regiis.................	XXV	XXXV	XXXII		
Masclianis...................	XVIII	....	....	XVIII	XVIII
Svfetvla.....................	XXXVI	XXXVI	XXXVI*		

* Sic JLNP, XXV Q, XXX B, XXXV reliqui.

ville sainte. Nouaïri, plus véridique sans doute, ne parle que d'un château bâti par les Grecs et appelé *Kamounia*. Sabra, au contraire, a succédé à une cité antique assez considérable, à en juger par l'étendue, non pas de ses ruines, mais des excavations qu'on y a pratiquées pour en extraire des matériaux. Les tranchées ouvertes dans ce but dessinent les fondations des monuments disparus, basiliques, temples, théâtre et amphithéâtre, et des fragments de marbre de toute nature couvrent l'emplacement de la ville romaine, dont les débris, d'après la tradition, ont servi à bâtir Kaïrouân et fourni à la grande mosquée la plupart des quatre cent quatorze colonnes qu'elle comptait au temps d'El-Bekri.

Deux de ces monolithes que les indigènes appellent *Arsat ed-Dem* « colonnes sanglantes » gisent encore sur l'emplacement de Vicus Augusti; ce sont des fûts de 3^m,55 de longueur sur 1^m,50 de diamètre, d'un granit rougeâtre à veines violettes, roses et noires; une légende locale raconte que le sang coula sous la scie qui les avait entamés, et que les ouvriers, épouvantés, abandonnèrent l'opération sans qu'il fût possible de la leur faire reprendre[1].

La distance de xxv milles indiquée entre Hadrumète et Aquae Regiae par les trois itinéraires *a Carthagine Sufetula, a Sufibus Hadrumetum* et *a Sufetula Clipea*, est de deux milles plus faible que celle qui sépare Soussa de Sabra; mais la synonymie que nous adoptons pour Vicus Augusti n'en est pas moins certaine : il n'existe pas entre Sabra et Soussa de ruines assez considérables pour représenter la ville antique, et il suffit d'avoir vu le terrain pour acquérir la conviction qu'aucun centre de quelque importance n'a pu se fonder entre ces deux villes[2].

Il existe entre Kaïrouân et Soussa, à El-Ank, un des rares monuments qu'ait laissés l'époque punique : les indigènes lui donnent le nom de *Fesguiat-ez-Zorak* « les citernes bleues ». Ce sont deux bassins accolés, de dimensions inégales, communiquant à leur point de jonction par une fente longitudinale de 40 centimètres de large, qui descend presque jusqu'aux radiers. Le plus grand servait de filtre. Bâtis en blocage comme

---

[1] [M. Cagnat affirme qu'*Haouch-Sabra*, véritable nom de Sabra, n'est pas, à proprement parler, une ruine, et qu'il n'y reste *pas une pierre* à la surface du sol. Wilmanns avait cherché Vicus Augusti à Henchir Zaït, petite ruine qui n'est pas marquée sur nos cartes; M. Cagnat propose de l'identifier avec l'henchir voisin de la koubba de Sidi-el-Hani, opinion qui avait déjà été émise par Pellissier (*Description de la Régence*, p. 279; cf. Cagnat, *Explorations*, II, p. 39). Il y avait là un bourg de quelque importance, dont la situation répond assez bien aux indications de l'Itinéraire. Remarquons encore que Haouch-Sabra est déplacé à tort vers le sud-ouest dans la carte de 1857 et dans celle du *Corpus*. Cf. Cagnat, *Explorations*, III, p. 21. — S. R.].

[2] [L'opinion de M. Tissot conserve une grande valeur, puisqu'il a vu Sabra il y a plus de trente ans, longtemps avant MM. Guérin et Wilmanns. — S. R.]

la plupart des constructions carthaginoises, les deux réservoirs affectent la forme d'un polygone régulier, dont les quatorze côtés sont solidement joints, au dedans et au dehors, par des contreforts correspondant deux à deux. Ces contreforts se composent d'un cylindre engagé, flanqué de deux cylindres plus petits, et surmonté de deux bourrelets superposés et en retraite l'un sur l'autre. Un boudin orne extérieurement le mur du réservoir, à la hauteur du principal cylindre, et décrit un demi-cercle pour encadrer les bourrelets.

« Pendant la période romaine, » ajoute M. Daux, à qui nous empruntons cette description, « on a annexé au grand bassin un autre filtre carré, et couvert d'une voûte formant plate-forme. Ce réservoir carré est bâti en moellons par assises régulières; les angles sont en pierres de taille; la voûte est en voussoir et porte au-dessus trois margelles. Le radier est plus profond que le bassin rond phénicien, et la hauteur totale dépasse, de tout le plein cintre de la voûte et de la plate-forme, l'anneau supérieur des bassins puniques. Quatre ouvertures sur les quatre faces aéraient l'intérieur[1]. »

AQUAE REGIAE.

Nous avons déjà discuté l'emplacement d'Aquae Regiae.

L'Itinéraire d'Antonin donne trois chiffres différents entre cette station et Vicus Augusti : xxv milles dans l'*Iter a Carthagine per Hadrumetum Sufetula usque*, xxxii milles dans l'*Iter a Sufetula Clipea*, xxxv dans l'*Iter a Sufibus Hadrumetum*. Cette dernière distance est exacte.

MASCLIANAE
(*Henchir Hadjeb-el-Aioun*)[2].

Les trois routes de l'Itinéraire dans lesquelles figure le nom de *Masclianae* concordent dans l'évaluation de la distance qui

---

[1] Daux, *Recherches sur l'origine et l'emplacement des emporia*, p. 71.

[2] [Cagnat, *Expl.*, III, 25. Un autre henchir du même nom est au sud-est de Kaïrouân (*ibid.*, p. 22); on y voit un mausolée en blocage (*Tour du monde*, 1885, t. II, p. 386). Cf. Saladin, *Rapport sur la mission 1882-1883*, p. 32, fig. 38. — S. R.]

séparait cette station d'Aquae Regiae : précisément à cette distance de xviii milles, en suivant la large vallée que forment, au sud-est, le Djebel Touïla, et au nord-ouest, le Djebel Trozza, on trouve, sur la rive droite de l'Oued Zeroud et près des sources abondantes auxquelles les indigènes donnent le nom d'Hadjeb-el-Aïoun, les ruines assez étendues d'un bourg antique.

Le seul débris reconnaissable est une basilique, dont il ne reste que les murs bâtis en blocage.

Berbrugger avait identifié hypothétiquement Masclianae à un autre groupe de ruines appelé Kasr Souissin et situé à 4 milles au nord-est d'Hadjeb-el-Aïoun.

Cette conjecture ne concorde pas avec les données numériques de l'Itinéraire, tandis que la synonymie que nous proposons s'appuie non seulement sur la distance de 18 milles qui séparait Masclianae d'Aquae Regiae, mais sur celle de 36 milles indiquée entre cette même station et Sufetula, et qu'on retrouve tout aussi exactement entre Hadjeb-el-Aïoun et Sbeïtla.

La voie romaine, dont on distingue quelques tronçons, suivait jusqu'à Djilma la large vallée qui conduit de Kaïrouân au Sahara. Elle est jalonnée par une série de ruines antiques. On rencontre d'abord, à deux milles d'Hadjeb-el-Aïoun, les substructions d'un bâtiment carré; à trois milles plus loin, sur la droite de la route, des ruines plus considérables portant le nom d'Henchir Ghabut-es-Souda[1]. A trois milles du point précédent la voie romaine traverse des substructions assez étendues. Un peu au delà, sur la droite du chemin arabe, des ruines plus importantes encore sont connues par les indigènes sous le nom d'El-Fuidek « les petites hôtelleries », qui désigne plus

---

[1] [M. Cagnat les appelle Henchir Rouiba-es-Souda, *Explorations*, III, p. 25. — S. R.]

particulièrement deux édifices encore debout[1]. Le plus considérable est un bâtiment rectangulaire mesurant 7 mètres sur 21 et construit en blocage maçonné entre des pierres de taille alternativement placées droites ou en travers, de façon à figurer des croix superposées. Deux portes cintrées donnent accès dans l'intérieur de l'édifice, qui présente une disposition toute particulière : un mur partage le rectangle en deux parties, dans le sens de sa longueur, et une abside intérieure, prenant naissance au second tiers de l'édifice, en occupe le fond dans l'axe même du mur de refend.

CILMA
(Henchir Djilma).

A un mille plus loin, une construction carrée en pierres de taille, entourée de décombres, porte le nom de Kasr Djilma. La ville antique désignée sous celui d'Henchir Djilma se retrouve à deux milles et demi plus au sud-ouest. Ses débris couvrent un espace assez considérable au-dessous d'un tertre peu élevé, mais fort escarpé, que couronnent les ruines de la citadelle. La face de l'enceinte du castrum qui regardait la ville, construite en blocs de grand appareil, présente encore une hauteur de cinq à six mètres. Quant à la ville même, elle n'offre que des monceaux de décombres à demi ensevelis sous un épais taillis de lentisques, de lauriers-roses et de tamarix[2].

Djilma est peut-être la *Cilma* de Ptolémée.

La voie romaine, à partir d'Henchir Djilma, prend la direction de l'ouest et traverse un plateau ondulé et complètement

---

[1] [*Henchir Fenidek-Debdeba-mta-Rouiba-es-Souda*, Cagnat, *Explorations*, III, p. 25; *Henchirs Fenidek - Guerroua* et *Debdeba*, Saladin, *Rapport*, p. 54. M. Saladin donne le plan et les détails d'un grand réservoir, mais ne mentionne pas l'édifice vu par M. Tissot. Dans les environs immédiats de cet henchir, au *Kasr el-Ahmar*, M. Cagnat signale un édifice rectangulaire avec abside, long de 20 mètres et large de 12 environ (Saladin, *Rapport*, p. 57 et fig. 106). Il paraît bien que Kasr el-Ahmar est l'Henchir el-Fuidek de M. Tissot. — S. R.]

[2] [Cf. Cagnat et Saladin, *Tour du monde*, 1885, II, p. 390. — S. R.]

désert. Dépouillé de toute végétation arborescente, lavé par les pluies torrentielles de l'hiver, le sol a perdu presque partout son humus et montre à découvert les marnes et les sables des couches inférieures. Toute cette région, si fertile autrefois, est aujourd'hui frappée de mort; la terre elle-même a péri.

Sbeïtla[1] n'en offre qu'un aspect plus saisissant lorsqu'on a traversé cette solitude. Située au centre d'une plaine immense, la ville antique couvre une plate-forme semi-circulaire baignée par l'Oued Sbeïtla et découpe, sur un horizon bleuâtre, les grandes lignes accidentées de ses ruines. Aucun centre arabe ne s'est élevé sur l'emplacement de la cité romaine : on la retrouve telle que l'a laissée, il y a douze siècles, la catastrophe qui mit fin à la domination byzantine. Les rues, les places sont encore tellement distinctes que rien ne serait plus facile que d'en lever un plan exact et complet; la plupart des monuments sont encore debout; quant aux habitations privées, si elles ont

SUFETULA (Sbeïtla).

---

[1] [Cf. Shaw, *Travels*, t. I, p. 259; Guérin, *Voyage archéologique*, t. I, p. 374-389; *C. I. L.*, VIII, p. 40, où l'on trouvera les renvois aux descriptions plus anciennes; ibid., p. 926; *Ephemeris*, t. V, p. 271, 567; *Comptes rendus de l'Académie des inscriptions*, 1884, p. 253 (avec plan des ruines); ibid., p. 369; *Bulletin des antiquités africaines*, 1884, p. 303, 304, 358-361; 1885, p. 48-49; p. 214-238 (fouilles du lieutenant Boyé, qui a trouvé beaucoup d'inscriptions provenant du forum dans les murs de l'amphithéâtre rebâti à une basse époque); Cagnat et Saladin, *Bulletin monumental*, 1884, p. 118-123; *Tour du monde*, 1885, II, p. 399 et suiv., avec figures (pont-aqueduc, p. 403; arc de triomphe, p. 405; temples, p. 408, 409, 411); Cagnat, *Explorations*, III, p. 30-44; Saladin, *Rapport*, p. 64-95, étude d'architecture et de topographie très minutieuse qui annule les précédentes (plan, fig. 121; mosaïques, fig. 122-124; temples, pl. I et II, fig. 125; chapiteau et soffite, fig. 126-130; soffite et corniche, fig. 131, 132, 133; détails des temples, fig. 134-138; restitution des temples, fig. 139; porte triomphale, fig. 140-145; théâtre, fig. 146, 147; arc de triomphe, fig. 148-151; pont-aqueduc, fig. 152-154; église, fig. 155-159; tombe et mausolée, fig. 160-166). — Il y a de bonnes gravures dans Playfair (*Travels in the footsteps of Bruce*), et M. Tissot a laissé d'excellentes aquarelles d'après les temples de Sbeïtla, mieux conservés à l'époque où il les a vus qu'ils ne le sont aujourd'hui. — S. R.]

disparu, affaissées sur elles-mêmes, elles sont nettement indiquées par les monceaux de décombres qu'encadrent les pierres de taille formant les linteaux des portes et les angles de chaque maison.

Une grande et large rue traversait la ville du nord au sud et était coupée à angle droit par trois rues parallèles. La rue principale commençait au nord, par un arc de triomphe, dont il ne reste plus que la base des pieds-droits : elle finissait au sud entre deux édifices carrés, également ruinés. Une chaussée pavée de larges dalles coupe à angle obtus l'axe de la grande rue et conduit de ces deux édifices, dans la direction du sud-ouest, à une autre porte monumentale encore debout. Ce second arc de triomphe est haut de 11 mètres et mesure $10^m,35$ sur ses faces principales. L'ouverture de l'arcade est de $5^m,70$: la hauteur, sous la clef de voûte, est d'environ 7 mètres. Sur la face sud-ouest, au-dessus de l'arcade, on lit une dédicace, en partie effacée, à Dioclétien, Constance et Maximien[1].

La plus septentrionale des trois rues parallèles qui coupent la rue principale aboutit, à l'est et à l'ouest, à deux temples construits dans le prolongement de son axe. Le temple de l'ouest est complètement ruiné, mais celui de l'est présente un ensemble encore très saisissable. La façade principale s'est écroulée : les côtés sont encore surmontés d'une corniche saillante et assez élégamment ornée.

Entre cette première rue et la seconde, dans la partie orientale de la ville, s'élèvent les ruines imposantes des trois principaux temples de Sufetula. Un beau portique d'ordre ionique donne accès, du côté du sud, dans un péribole de 141 mètres de long sur 67 de large.

---

[1] [*C. I. L.*, VIII, 232.]

Deux autres portes cintrées, de moindres dimensions, s'ouvrent sur les faces latérales du rectangle. Le portique principal est surmonté d'une inscription.

La porte latérale de l'ouest est également surmontée d'une inscription dont les caractères sont complètement illisibles.

En face du portique, et adossée à la partie nord du péribole, s'élève la cella principale, dont la façade, mesurant intérieurement 7^m,90, a beaucoup souffert : les colonnes et les frises gisent sur les marches du péristyle. L'opisthodome et les faces latérales, longues, dans œuvre, de 11^m,40, sont encore debout. L'opisthodome est orné de quatre grosses colonnes corinthiennes engagées : les faces latérales en présentent six. A droite et à gauche de la cella principale, dont ils sont séparés par une ruelle large de 4 mètres, deux sanctuaires plus petits présentent les mêmes dispositions. A huit mètres de ces deux édifices, deux constructions quadrangulaires, à murs simples et sans ornements, forment les deux angles de la façade nord du péribole. Quatre portes cintrées s'ouvrent dans cette façade entre le temple principal, les deux temples latéraux et les deux constructions des angles.

A cent cinquante pas au sud-est du groupe monumental que nous venons de décrire et sur les bords du plateau, quatre colonnes, encore debout, dominent les débris d'un grand édifice écroulé dont les salles sont ornées de mosaïques : au-dessous de ces ruines, et sur la rive même de l'Oued Sbeïtla, s'élèvent les débris d'un portique que je n'ai pas eu le temps de visiter.

Un pont de trois arches réunit, en amont, la ville proprement dite au faubourg qui s'étendait sur la rive gauche de la rivière. Ce pont servait en même temps d'aqueduc et amenait à Sufetula les eaux d'une source voisine. L'inscription suivante est encastrée dans l'une des piles de l'arche principale :

```
M · AELIO · · AV
RELIO · VERO
CAES · COS · II
IMP · CAES · T · AE
L    · HADRIANI
ANTONINI · AVG ·
PII·P·P·F·D·D·P·P[1]
```

M. Aelius Aurelius Verus était consul pour la deuxième fois en l'an 145 ; c'est donc à cette date que remonterait la construction primitive du pont : toutefois, dans son état actuel, ce monument semble appartenir à une époque moins ancienne : les derniers remaniements qu'il a subis appartiennent certainement à la période byzantine.

§ 20. — ROUTE SECONDAIRE DE VICUS AUGUSTI À THYSDRUS.

Une route de xxxi milles reliait Vicus Augusti à Thysdrus : elle fait partie de l'*Iter a Tusdro Theveste*.

La distance indiquée par l'Itinéraire est trop faible. On ne compte pas moins de 43 milles sur la voie romaine, dont on retrouve un tronçon à quatre milles d'El-Djemm, longeant la sebkha de Sidi-el-Hani en passant par Sidi-Nâcer, Henchir el-Mraba, Henchir el-Kbour et Henchir el-Aïoun.

Les ruines qu'on trouve sur ce dernier point sont assez étendues, mais fort effacées : elles ont dû, comme celles de Vicus Augusti, être exploitées pour la construction de Kaïrouân. La nécropole seule présente encore quelques monuments reconnaissables, entre autres un mausolée analogue à celui d'El-Menara[2].

---

[1] [*C. I. L.*, VIII, 229.] — [2] [Cagnat, *Explorations*, t. II, p. 25 (*Henchir Hadjeb-el-Aïoun*). Cf. plus haut, p. 610.]

§ 21. — ROUTE DE SUFETULA À MUSTI.

Cette route fait partie de l'*Iter a Tuburbo per Vallos Tacapas*, de l'*Iter ab Assuras Thenis*, qui reproduit le précédent entre Assuras et Tabalta, et de l'*Iter a Carthagine in Bizacio Sufetula usque*.

STATIONS.	DISTANCES.		
	Iter a Tuburbo per Vallos Tacapas.	Iter ab Assuras Thenis.	Iter a Carthagine in Bizacio Sufetula usque.
SVFETVLA................			
	XXV	XXV	XXV
SVFIBVS.................			
	XXV	XXV	XXV
TVCCA TEREBENTINA.........			
	XII	XV	XII
ASSVRAS.................			
	XXX	....	XX
MVSTI...................			

La synonymie de Sufes et de Sbiba[1] est établie par une inscription que nous reproduisons à la page suivante[2].

SUFES, SUFIBUS (*Sbiba*).

Les ruines de Sufes, dont le pourtour peut être évalué à quatre milles, couvrent un plateau ondulé que baigne l'Oued Sbiba. Les débris les plus remarquables sont ceux de deux basiliques, dont la principale, ornée de trente-six colonnes encore debout et disposées sur six rangs, porte le nom de Djama Sidi-Okba et paraît avoir été transformée en mosquée à l'époque de la conquête; de trois grandes enceintes rectangulaires bâties en blocs énormes; d'une construction en moellons et en briques, qui paraît avoir servi de thermes, et d'une belle nym-

---
[1] [Guérin, *Voyage archéologique*, t. I, p. 369; *C.I.L.*, VIII, p. 44, 926; *Ephemeris*, V, p. 272; Cagnat, *Explorations*, III, p. 29; Cagnat et Saladin, *Tour du monde*, 1885, II, p. 397 et suiv. — S. R.]
[2] *C.I.L.*, VIII, 262.

```
       splENDIDISSIMVS · ET
       FELICISSIMVS · ORDO
       COL · SVFETANae
       P · MAGNIQ · AMANdo fl.
    5  P · P · INTER · QVINquennali
       CIOS · ADLECTO QVi prae
       TER · SVMM · HONOrariam
       FLAMONI · PP · ET · QVINQVEN
       NALITATIS · AMPLIVS · H̄S̄L̄ · N ·
   10  OBTVLERIT EX CVIVS QVANT
       TATIS VSVRIS QVODANNIS
       XII K NOV DIE NATALI DEI
       HERC GENI PATRIAE DIVISI
       ONES DEC DANTVR
   15  Q · MAGNIVS MAXIMVS
       FLAVIANVS FIL EIVS EQ R
       HONORE CON · SPFET
       OB DEDIC · SPORTVLAS
       DEDIT · L · D D D
```

phée semi-circulaire, alimentée par un réservoir carré et un aqueduc.

L'étymologie que Schröder a donnée du nom de Sufibus « collis Baalis » me semble doublement erronée. La dernière partie de ce mot n'est que l'inflexion du cas oblique et n'a rien à démêler, par conséquent, avec le nom de Baal. Quant au nominatif *Safes*, j'y vois, comme pour Sufetula, non pas un dérivé du radical sémitique « colline », mais le mot berbère *Souf* « rivière », et l'étymologie que je propose est justifiée, ici encore, par l'abondance des eaux qui arrosent le territoire de la ville antique.

Le nom de Sbiba, qu'on trouve déjà dans El-Bekri[1], n'est très vraisemblablement que la corruption arabe du mot *Sufibus*, employé comme nominatif à l'époque de la décadence et qui est devenu successivement *Sufibu*, *Subiba* et *Sbiba*.

La correspondance de Tucca Terebinthina et d'Henchir Doùgga[2] résulte tout à la fois de l'identité des noms et des distances indiquées par l'Itinéraire[3]. Dougga se trouve, en effet, à 25 milles au nord-nord-ouest de Sbiba et à 12 milles de Zanfour (Assuras).

TUCCA TEREBINTHINA (*Dougga*).

Nous connaissons déjà la position d'Assuras : les xxx milles indiqués entre cette station et Musti par l'*Iter ab Assuras Thenis* et par l'*Iter a Tuburbo per Vallos Tacapas*[4] prouvent que la voie romaine gagnait directement ce dernier point : elle longeait par conséquent la rive gauche de l'Oued Zanfour, puis celle de l'Oued Khaled.

[A droite de la route de Sufes à Assuras se trouvent les ruines d'une ville assez considérable qui a conservé son nom antique, Mididi, aujourd'hui Henchir Midid[5]. Elles s'étendent auprès d'un petit oued nommé Oued es-Souatin, sur lequel on voit les débris d'un pont romain, et qui entoure de trois côtés

MIDIDI (*Henchir Midid*).

---

[1] P. 324 : «...Sbiba, ville très ancienne, construite en pierre et renfermant un Djamé et plusieurs bains : elle est arrosée par des ruisseaux qui font tourner des moulins.» Le Djamé dont parle le géographe arabe est évidemment l'édifice auquel la tradition locale donne le nom de «Djamâ Sidi-Okba».

[2] [Wilmanns écrit *Thugga*, par analogie avec la Thugga de la Proconsulaire, *C. I. L.*, VIII, p. 77. — Cf. *Ephemeris*, V, p. 275; Guérin, *Voyage*, I, p. 395. On trouve la mention d'évêques *a Thucca* (en 258) et *Tuccensis* (en 411). — S. R.]

[3] L'Itinéraire évalue à xii milles, dans l'*Iter a Tuburbo per Vallos Tacapas* ainsi que dans l'*Iter a Carthagine in Bizacio Sufetula usque*, la distance qui séparait Tucca Terebinthina d'Assuras : ce chiffre est plus exact que le chiffre xv, donné par l'*Iter ab Assuras Thenis*.

[4] Le chiffre xx donné par l'*Iter a Carthagine in Bizacio Sufetula usque* est évidemment trop faible.

[5] [Guérin, *Voyage archéologique*, t. I, p. 397; *C. I. L.*, VIII, p. 77; *Ephemeris*, t. V, p. 275; Espérandieu, *Épigraphie des environs du Kef*, v, p. 11. — S. R.]

78.

le plateau où la ville était construite. La nécropole d'Henchir Mididi présente plusieurs mausolées et un grand nombre de tombeaux plus simples, qui, suivant les observations de MM. Guérin et Wilmanns, paraissent remonter à une époque ancienne. Ce sont des chambres sépulcrales formées de quatre blocs verticaux sur lesquels repose un bloc horizontal monolithe.

[Les principales constructions, aux trois quarts renversées, sont un *castellum*, une basilique, un forum orné d'un portique et d'un petit arc de triomphe, enfin un édifice sur la rive droite de l'Oued es-Souatin, où une inscription a fait reconnaître des thermes[1]. L'ethnique MIDIDIT(*anus*) se lit sur un fragment du même texte. Le nom de Mididi est donné par la Vie de saint Fulgence, et l'on trouve dans les documents ecclésiastiques la mention d'évêques *Miditensis* (411) et *Mididitanus* (484)[2].

MACTARIS (*Makter*).

[Au nord-est de Mididi s'élèvent les grandes ruines de Makter, l'ancienne Mactaris, *colonia Aelia Aurelia Mactaris* ou *Mactaritana*, qui ont été étudiées avec beaucoup de soin dans ces dernières années[3]. Nous en donnons ci-contre le plan, dressé par M. le lieutenant Espérandieu. Les vestiges de la ville antique s'étendent sur un plateau tourné vers l'est, adossé au Galaât-es-Souk, une des montagnes les plus élevées de la

---

[1] [Cf. *Ephemeris*, t. V, n° 274; *C. I. L.*, VIII, 609. — S. R.]

[2] [Cf. *C. I. L.*, VIII, p. 77; *Africa christiana*, I, p. 227. — S. R.]

[3] [Guérin, *Voyage archéologique*, t. I, p. 407-418; *C. I. L.*, VIII, p. 79, 927; *Ephemeris*, t. V, p. 275, 521; *Bulletin des antiquités africaines*, 1882-1883, p. 71; 1884, p. 212, 310, 345; 1884, p. 301 (Poinssot et Saladin); *ibid.*, pl. XXII et XXIII (arcs de triomphe), pl. XXIV et XXV (mausolées), pl. XXVI (ruines d'un édifice); *ibid.*, 1885, p. 239; *Bulletin épigraphique*, 1883, p. 151; 1884, p. 154; 1885, p. 317 et pl. V (inscription du Moissonneur); 1885, p. 321; 1886, p. 37; *Bulletin du Comité*, 1885, p. 529; *Comptes rendus de l'Académie des inscriptions*, 1884, p. 69. De nouvelles inscriptions ont été découvertes par M. Cagnat en 1886. — S. R.]

chaîne des Hamadas, entre deux ruisseaux qui ne tarissent pas, l'Oued Miran au sud et l'Oued Saboun au nord[1]. Elles pré-

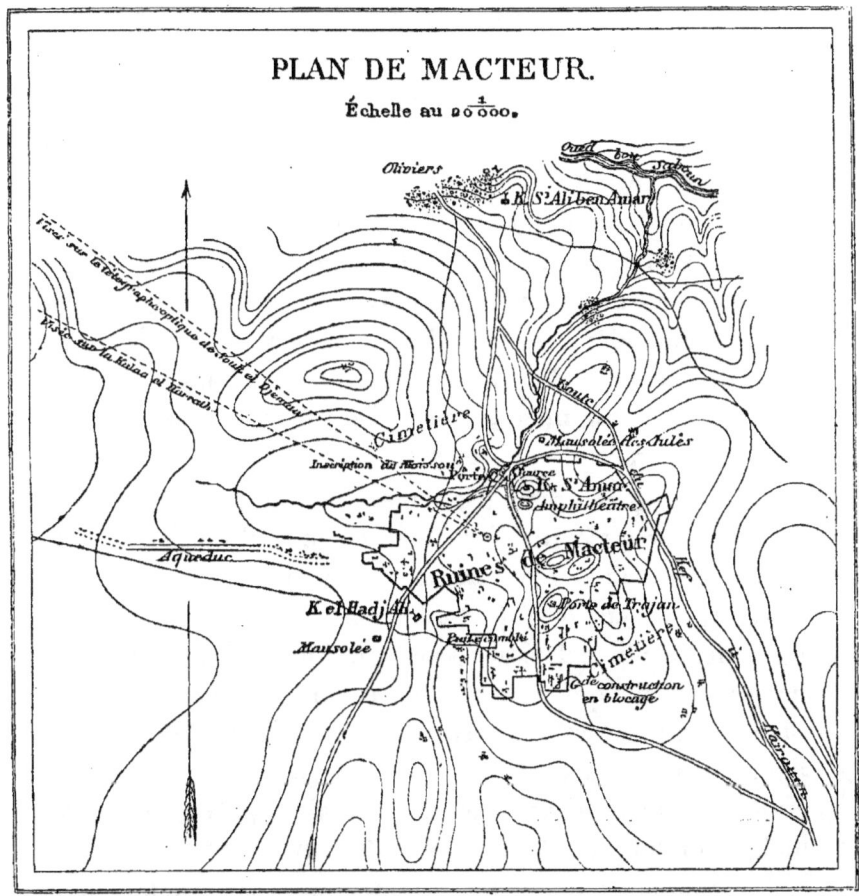

sentent plusieurs monuments considérables, dont nous allons énumérer les principaux :

[1° Un arc de triomphe orné sur ses deux faces de quatre

[1] [Ce qui suit est emprunté en partie à l'excellente description de Makter par M. Guérin.]

colonnes corinthiennes à moitié engagées, modèle que l'on retrouve, entre autres, à Uzappa. L'ouverture de l'arcade est de 3ᵐ,90, la hauteur, sous clef de voûte, atteint 3ᵐ,30. Sur la frise on lit une dédicace à l'empereur Trajan, datant de 116 après J.-C. [1]. Au-dessous de la frise est un petit fronton, contenant une niche rectangulaire destinée à recevoir une statue. L'arc de triomphe paraît avoir été transformé, à l'époque byzantine, en réduit central d'un *castrum* élevé à la hâte;

[2° Un grand édifice construit en petits moellons et en grands blocs équarris, vraisemblablement les thermes. La salle principale a vingt-sept pas de long sur seize de large; l'épaisseur des murs dépasse deux mètres. Six arcades, trois de chaque côté, donnaient accès dans des chambres latérales aujourd'hui détruites. Ce monument, comme l'arc de triomphe, a été entouré d'une enceinte improvisée;

[3° Un second arc de triomphe, plus grand que le premier, construit sur les bords d'un ravin au fond duquel coule une source abondante. L'ouverture de l'arcade est de 5ᵐ,20, la hauteur, sous clef de voûte, de 8 mètres. A droite et à gauche, dans deux piliers latéraux, sont pratiquées des niches pour des statues, flanquées de pilastres corinthiens; en avant de ces niches, un petit vestibule est soutenu par deux colonnes corinthiennes. Le modèle de l'arc est analogue à ceux des arcs de Sbeïtla et de Haïdra [2]. Une voie romaine, pavée de grandes dalles, conduit de cet arc dans l'intérieur de la ville;

[4° Une vingtaine de fûts de colonnes, vestiges d'un temple considérable aujourd'hui détruit;

[5° Un petit amphithéâtre construit en blocage, mesurant 160 pas de tour;

---

[1] [*C. I. L.*, VIII, 621.] — [2] [Saladin, *Bulletin des antiquités africaines*, 1884, p. 363.]

[6° Les restes d'un grand aqueduc, dont douze arcades sont encore debout;

[7° Non loin de cet aqueduc, un temple périptère consacré à Diane, peut-être à Diane et à Apollon[1];

[8° Le forum, avec des arcades et des bases de statues;

[9° Un grand mausolée analogue à ceux de Kasrin et de Sidi-Aïch, mais d'une conservation meilleure. Il se compose d'une tour carrée ayant $2^m,95$ de largeur sur chaque face, reposant sur trois gradins et flanquée, sur trois de ses côtés, de pilastres corinthiens. Au-dessus de la porte, on voit un bas-relief martelé représentant le sacrifice d'un taureau. La chambre sépulcrale contient dix-sept niches ou colombaires. Le second étage du mausolée est une deuxième tour rectangulaire, en retraite sur la tour inférieure et également décorée de pilastres corinthiens; elle présente une grande niche cintrée destinée, sans doute, à recevoir une statue. Enfin, au-dessus d'une corniche élégante, s'élève un toit pyramidal dont le sommet atteint la hauteur de 15 mètres.

[10° Deux autres mausolées, dont la partie inférieure est seule intacte. Au-dessus de la porte du second est un bas-relief représentant un taureau conduit vers l'autel par deux personnages. La face principale de la base porte trois épigraphes en vers, gravées sur trois colonnes parallèles. C'est un mausolée de famille construit pour lui-même et pour les siens par Julius Maximus[2].

[Makter a fourni, entre autres monuments épigraphiques remarquables, une curieuse épitaphe en lettres onciales, qui, découverte par M. Letaille, a été transportée depuis au musée

---

[1] [Cagnat, *Rapport inédit*.] — [2] [Guérin, *Voyage archéologique*, t. I, p. 412; *C. I. L.*, VIII, 645-654. — S. R.]

du Louvre[1]. Le fond de l'inscription n'est pas moins intéressant que la forme. Le défunt, dont le nom n'est pas indiqué, raconte en distiques l'histoire de sa vie. De simple journalier employé aux travaux de la moisson, il s'est élevé, par son activité, à la condition de chef ouvrier, puis il est devenu propriétaire et a occupé un siège dans la curie. Son bonheur, récompense d'une vie honnête et laborieuse, n'a été troublé par aucune médisance. L'épitaphe se termine par une leçon de morale : « Apprenez, mortels, à mener une vie sans reproche; celui qui a vécu sans crime mérite de mourir ainsi. »

[Assurément, dans ce petit morceau, les idées valent mieux que l'expression, mais le mélange de prétention et de maladresse, les fautes de quantité et d'orthographe, caractérisent à merveille le parvenu de travail manuel, qui s'est efforcé d'acquérir sur le tard quelques notions hâtives de littérature et de poésie. En comparant cette épitaphe en vers boiteux à d'autres compositions analogues, on est frappé de l'accent tout personnel qui la distingue et qui n'a rien de commun avec la pompeuse rhétorique de commande gravée sur le mausolée de Flavius Secundus à Cillium. Si le moissonneur n'a pas composé lui-même son épitaphe, du moins le poète municipal chargé de ce soin a-t-il dû travailler sous son inspiration directe et peut-être sur un canevas rédigé par lui.

[Deux vers de l'inscription du Moissonneur contiennent une particularité géographique intéressante :

> Falcifera cum turma virum processerat arvis
> Seu Cirtae nomados seu Jovis arva petens...

[1] [*Ephemeris*, t. V, p. 279; Tissot, *Comptes rendus de l'Académie des inscriptions*, 1884, p. 64 et planche; *Bulletin épigraphique*, 1885, pl. VI et p. 317; *Bulletin des antiquités africaines*, 1885, p. 239. — S. R.]

Il s'agit de Cirta en Numidie, ce qui est d'ailleurs indiqué par le vers 14 :

> Et Numidæ campos nostra manus secuit.

Ainsi les moissonneurs de la Byzacène allaient travailler à Cirta pour la rentrée des récoltes. M. Mommsen a rappelé à ce propos que, d'après un témoignage de Suétone[1], des paysans ombriens se rendaient chaque année sur le territoire des Sabins pour les besoins de la culture. Les *arva Jovis* mentionnés en même temps que Cirta ne sont pas nommés ailleurs : peut-être faut-il y reconnaître le pays de Zaghouân, le *mons Ziquensis* ayant également porté le nom de *mons Jovis*, Διὸς ὅρος.

[Le nom ancien de Makter[2] n'est connu avec certitude que depuis peu de temps. Dans une inscription mutilée de Kasr Bou-Fatha, *castellum* byzantin voisin des ruines de Makter, Wilmanns avait restitué, par une conjecture heureuse, *civitas* (*vel colonia*) AELIA *Mactaris*[3]. Deux inscriptions découvertes à Makter par M. Letaille[4] ont donné l'une le nom de la RESPVBLICA MACTARITANA, l'autre le nom complet COL(*onia*) AELIA AVRELIA MACTARIS sur une dédicace datant de 198. Makter avait reçu le titre de colonie de Marc Aurèle entre 170 et 180 après J.-C.[5].

[Les évêques de Makter sont nommés au concile de 258[6], à la conférence de 411 et dans la notice de 482[7]. Les ruines ont fourni plusieurs inscriptions chrétiennes; deux d'entre

---

[1] [Suétone, *Vespasien*, 1.]

[2] L'orthographe de ce nom a été défigurée par la plupart des voyageurs. Bruce écrit *Mucter*, Playfair *Mucther*, Temple *Muhdher*, Barth *Madher*. La forme véritable est مَكتَر *Makter* ou *Makteur*. (Note de M. Tissot.)

[3] [*C. I. L.*, VIII, 677.]

[4] [*Ephemeris*, t. V, 522, 1174.]

[5] [Cagnat, *Rapport inédit*.]

[6] [A Mactari, ἀπὸ Μαθάρων.]

[7] [*Mactaritanus*. Cf. Morcelli, *Africa christiana*, I, p. 209.]

elles, mentionnant les évêques Rutilius et Germanus, ont été transportées au musée du Louvre[1].

THIGIBBA (*Hammam Zouakra*).

[A l'ouest de Makter et au sud d'Ellez une voie romaine, dont la chaussée est demeurée intacte sur plusieurs points, conduit à la vallée de l'Oued el-Hammam, éloignée d'Ellez de 6 à 7 kilomètres. Cette vallée, fort resserrée dans sa partie inférieure, forme à son origine un bassin pittoresque encadré par des montagnes élevées[2]. Là, au confluent de l'Oued el-Hammam et de l'Oued Aïn-el-Frass, une terrasse plantée d'oliviers et dominant les berges des deux rivières porte les ruines appelées Henchir Hammam Zouakra[3]. On y voit les restes d'une citadelle byzantine, des mausolées, des thermes, un pont, plusieurs portes et un arc de triomphe fort bien conservé qui ressemble à celui d'Uzappa[4]. Le nom de la ville antique a été donné par une épitaphe métrique dont la fin, publiée jusqu'à présent d'une manière inexacte, a été lue comme il suit par M. Cagnat :

GIMMA TE GENVIT TENET
TIHGIBBA SEPVLTVM

[Tihgibba (pour Thigibba) est évidemment le nom d'Hammam Zouakra. Pour le nom de la première ville citée, M. Schmidt a proposé de lire *ti*GIMMA et a rappelé que deux évêques de Tigimma, *Tigimmenses*, sont mentionnés au

---

[1] [*Bulletin des antiquités africaines*, 1884, p. 366.]

[2] [Poinssot, *Bulletin des antiquités africaines*, 1884, p. 256. — S. R.]

[3] [Et non *Henchir Hammam Soukera* (Cagnat, *Rapport inédit*).]

[4] [Poinssot, *Bulletin des antiquités africaines*, 1884, p. 256 et pl. XIX; Girard de Rialle, *ibid.*, p. 267 et pl. XXI (dolmens); Espérandieu, *Épigraphie des environs du Kef*, 2ᵉ et 3ᵉ fascicules, p. 29; *Bulletin épigraphique*, 1884, p. 158; *Ephemeris*, t. V, p. 1176; C. I. L., VIII, p. 86; Cagnat, *Rapport inédit*. — S. R.]

concile de Carthage en 411 [1]. M. de Villefosse a fait remarquer qu'une localité de Numidie s'appelait *Gibba*, ainsi que l'attestent deux inscriptions portant le nom des *Gibbenses* et découvertes à Kasr Kalaba, près d'Aïn Yagout, dans la province de Constantine [2].

[Les environs d'Ellez et d'Hammam Zouakra présentent un grand nombre de monuments mégalithiques [3]; ce sont, en général, des dolmens composés de plusieurs chambres alignées le long d'un couloir central, type que M. Poinssot a signalé aussi à Henchir el-Turki, au pied du Djebel Zilk, à côté d'un modèle plus simple consistant en une chambre funéraire unique formée de cinq grandes dalles. Les énormes pierres qui ont servi à la construction des dolmens d'Ellez semblent parfois grossièrement équarries, mais le fait n'a pas été constaté d'une façon assez précise pour qu'on puisse les rapporter, d'après cet indice, à la première époque des métaux. Un grand dolmen d'Ellez se compose de dix chambres, cinq de chaque côté; l'entrée des chambres est fermée par une dalle qui présente une échancrure, particularité qui a été également constatée dans le dolmen de Sollacaro en Corse. La vallée d'Hammam Zouakra renferme des sépultures mégalithiques en forme de fours, voûtées par la superposition de dalles s'avançant en encorbellement; devant l'entrée et formant façade, mais laissant entre le monument et elles-mêmes un certain espace, se dressent deux dalles énormes qui supportent le poids d'un large mégalithe plat de 2 mètres à 3^m,50 de côté, recouvrant le monument. Ces sé-

---

[1] [Cf. Morcelli, *Africa christiana*, 1, p. 323.]

[2] [*C. I. L.*, VIII, 4363, 4364; Villefosse, *Bulletin des antiquités africaines*, 1884, p. 258. — S. R.]

[3] [Girard de Rialle, *Bulletin des antiquités africaines*, 1884, p. 260; Catherwood, *Transactions of the American ethnological Society*, New-York, 1845, p. 489. — S. R.]

pultures présentent de l'analogie avec les tombes à tourelles ou *chousa* signalées en Algérie par M. Letourneux.

Chusira (Kissera).

[Il nous reste à mentionner une ville qui n'est connue que par les inscriptions, Chusira, aujourd'hui Kissera, au sud-est de Makter[1]. Cette petite ville arabe, située dans une anfractuosité de l'Hammadat el-Kissera, garde le passage qui met en communication les plateaux de Makter avec le sud. « C'est, dit M. Poinssot, un site merveilleux : un cirque de rochers à pic, haute muraille couronnée par les remparts et les tours d'une citadelle byzantine à demi ruinée, domine la ville. Au pied naît une source abondante qui fuit en cascade à travers les jardins, sur les pentes rapides où s'étagent les maisons. De ce point élevé, la vue s'étend à l'infini sur toute la contrée. Dans la direction du nord-ouest on voit, au delà d'une forêt de pins et de lentisques et après les plateaux de Makter, la chaîne des Oulad-Ayar avec les sommets élevés de Galaât-es-Souk et de Dir Attaf. Le Kef er-Raï, le Berberou, l'énorme cône du Trozza, la prolongent vers le sud. Au pied de cette dernière montagne s'ouvre la vallée de l'Oued Merg-el-Lil que traverse la forêt d'El-Alaâ. Cette large trouée laisse apercevoir, à l'horizon, un amas confus de montagnes bordant la plaine de Kaïrouân. Vers l'est s'étend la vallée de l'Oued Mahrouf, que les cimes dentelées du Djebel Ouslet séparent des plaines de Kaïrouân et de Sousse. A son extrémité on aperçoit dans le lointain le pic de Zaghouân, presque dans le prolongement du Djebel Serdj, dont on voit de profil la crête aiguë.

[« La ville arabe est en grande partie construite avec des matériaux empruntés à la ville antique, dont il ne reste plus

---

[1] [*C. I. L.*, VIII, p. 87; *Ephemeris*, t. V, p. 278, 526; Pellissier, *Revue archéologique*, 1849, p. 136; *Bulletin des antiquités africaines*, 1884, p. 225 et pl. XV.]

guère que la citadelle[1]. » Cette citadelle paraît dater de l'époque de Justinien.

[Le nom antique de Chusira a été restitué par Wilmanns dans une inscription grecque et latine qu'il rapporte au gouvernement de Solomon[2]; celui de CIVITAS CHVSIRENSIVM est donné en toutes lettres par une dédicace de 70-71 ap. J.-C.[3]. Wilmanns a conjecturé que la Κούλουλις de Procope[4], forteresse construite par Justinien dans la région occidentale de la Byzacène, pourrait être identique à Chusira. Il rapporte également à cette ville l'*episcopus Custrensis* de la notice de 482 (n° 15)[5].

[Au pied du Djebel Kissera, dans la direction du Djebel Trozza, Pellissier a signalé les ruines de Kasr Ksiba et plus loin celles d'El-Alla, qui paraissent être l'une et l'autre sans grande importance.[6]]

§ 22. — ROUTE SECONDAIRE DE SUFES À AQUAE REGIAE PAR MARAZANAE.

Une route transversale reliait Sufes à Aquae Regiae en passant par *Marazanae*: c'est le premier segment de l'*Iter a Sufibus Hadrametum*.

Marazanae, indiquée à XXVIII milles de Sufes et XX d'Aquae Regiae[7], devait être située sur l'Oued Rouhia, à la pointe orientale du Djebel Abaïd. Aucune synonymie n'a été proposée jusqu'ici pour cette station, dont l'emplacement exact reste à déterminer. Obligé de régler ma marche sur celle de la colonne tunisienne que j'accompagnais en 1857 dans son expédition

MARAZANAE.

---

[1] [Poinssot, *Bulletin des antiquités africaines*, 1884, p. 225, 226.]

[2] [*C. I. L.*, VIII, 700; Cf. *Ephemeris*, V, 283 : cHVsira.]

[3] [*C. I. L.*, VIII, 698.]

[4] [Procope, *De aedif.*, V, 6.]

[5] [*Castrensem* pour *Cusirensem*.]

[6] [Pellissier, *Revue archéologique*, 1849, p. 137; *C. I. L.*, VIII, p. 88.]

[7] Les sept manuscrits A M O Q T U V donnent la variante XVIII entre Sufes et Marazanae, le seul manuscrit F donne la

au Sahara, je n'ai pu, à mon grand regret, m'écarter de la route que nous suivions, pour visiter le point où les indications de l'Itinéraire m'amènent à placer *a priori* Marazanae. Un cheikh des Drid m'a affirmé qu'il existait des ruines assez considérables sur l'Oued Rouhia à une trentaine de milles de Sbiba : le mille arabe étant un peu plus faible que le mille romain, ces ruines peuvent être celles de Marazanae[1].

§ 23. — ROUTES DE SUFETULA À THÉVESTE PAR VEGESELA ET CILLIUM.

Deux routes rattachaient Sufetula à Théveste. L'une, la plus directe, passait par Vegesela et Menegesem, l'autre par Cillium et Menegere.

1. — Route de Sufetula à Théveste par Vegesela.

SUFETULA.................	
VEGESELA.................	xxx
MENEGESEM...............	xx
THÉVESTE..................	xx

La voie romaine est reconnaissable dans tout son parcours. Elle se détachait de la route de Sufetula à Sufes à la hauteur de Kasr el-Hamar, se dirigeait à l'ouest-nord-ouest vers Henchir Rakba et longeait le versant méridional des hauteurs qui limitent au nord la grande plaine de Fouçana jusqu'à Sidi-Bou-Ghanem-el-Kdim, d'où elle gagnait Théveste en ligne droite.

Nous n'avons pas parcouru cette route et les synonymies que nous donnerons sont celles qu'a proposées Wilmanns.

variante XVII entre Marazanae et Aquae Regiae.

[1] [Entre Sbiba et le Djebel Trozza, M. Cagnat signale les ruines dites Ksar Smida, H. Bou-ed-Diab, H. Maharia, H. Abid-el-Djemel, H. Aïssa, H. Zaïd, H. Kouki, Ksar Margni, H. Ioudia. Les seules qui présentent quelque importance sont H. Kouki (*castellum*, inscription, bas-reliefs), et H. Bou-ed-Diab (ruines couvrant huit cents mètres carrés, avec église, pressoir, fortin, colonnes, inscriptions). — S. R.]

A six milles au delà de Kasr el-Hamar, la voie romaine passait sur la rive droite de l'Oued Msahel : le pont existe encore. Elle laissait à quatre milles sur la droite *Casae* (Henchir el-Begueur)[1], et atteignait *Vegesela* (Henchir Rakba) au pied des montagnes qui séparent le bassin de l'Oued Serrat, affluent de l'Oued Mellag, de celui de l'Oued el-Hatab[2]. Elle longeait ensuite le versant méridional de ces hauteurs jusqu'à Sidi-Bou-Ghanem-el-Kdim que Wilmanns identifie à *Menegesem*.

Les ruines de Sidi-Bou-Ghanem sont celles d'une place d'une certaine importance. Elles n'ont pas moins de trois kilomètres de pourtour. Située au confluent de l'Oued es-Slougui et de l'Oued Fouçana[3], sur le bord d'un plateau qui sépare deux défilés conduisant l'un à Ad Medera, l'autre à Thala, Menegesem commandait en outre les deux grandes vallées qui aboutissent à Kasrin et à Tébessa. Protégée par les escarpements de l'Oued Slougui et par de fortes murailles qui existent encore en partie, la ville antique était en outre défendue par une puissante citadelle qui en occupait le point culminant. De la cité même, il ne reste que les débris de quelques édifices construits soit en pierres de grand appareil, soit en blocs énormes à demi équarris, mais complètement bouleversés. La ville a été évidemment saccagée et détruite et ne s'est jamais relevée de son désastre.

Aucun centre berbère ne paraît s'être formé sur ses ruines.

CASAE
(*Henchir el-Begueur*).

VEGESELA
(*Henchir Rakba*).

MENEGESEM
(*Sidi-Bou-Ghanem-el-Kdim*).

---

[1] [*C. I. L.*, VIII, p. 45. Cet henchir, nommé par Wilmanns *Henchir el-Begar*, est situé dans une plaine qui portait le nom de *regio Beguensis*; on y a découvert le célèbre sénatus-consulte *de nundinis saltus Beguensis in territorio Casensi* (Guérin, *Voyage*, I, p. 391; Wilmanns, *Ephemeris*, II, p. 271; *C. I. L.*, VIII, 270). — S. R.]

[2] [*C. I. L.*, VIII, p. 477.]

[3] [L'Oued es-Slougui doit être le torrent qui coule dans la Khanguet Slougui, indiquée par la carte de l'état-major. L'Oued Fouçana est le nom de l'Oued el-Hatab dans la partie de son cours à travers la plaine de Fouçana. — S. R.]

Deux voies antiques reconnaissables, mais qui ne figurent pas dans les Itinéraires, reliaient Menegesem à Ammaedara (Haïdra) et à Menegere (Henchir Bou-Taba). La première de ces deux routes se détachait de la voie de Sufetula à Théveste à l'angle sud-ouest de l'enceinte de Menegesem et remontait la vallée de l'Oued Slougui. Deux fragments de milliaires gisent encore sur la voie, l'un à sept ou huit cents mètres du point de bifurcation, l'autre à un mille plus au nord.

Au delà de Menegesem, la voie romaine, courant de l'est à l'ouest, traversait le défilé d'Oumm-el-Ouahad, où elle a laissé un tronçon parfaitement conservé, et descendait de là sur Théveste.

[Entre la route d'Althiburos à Haïdra et celle de Sufetula à Théveste par Vegesela et Menegere, s'étend une région de plaines fertiles, où l'on voit de nombreuses ruines de villas et de centres agricoles pareilles à celles de la plaine de Fouçana entre Menegesem et Cillium [1]. Les plus importantes sont celles de Hammam près de Bordj el-Arbi [2], résidence du *procurator Augusti* qui administrait les *latifundia* impériaux de cette région. L'inscription qui nous fait connaître ce détail [3] donne aussi le nom du *saltus* où était situé Bordj el-Arbi : c'est le *saltus Massipianus*. Il a été question plus haut du *saltus Burunitanus*, près de Souk el-Khmis, et du *saltus Beguensis*, dans la plaine de Fouçana.

SALTUS MASSIPIANUS.

PRO·SALVTE·IMP·CAES·M·AVRELI·ANTONINI·AVG·L
BERORVMQ·EIVS·COLONI·SALTVS·MASSIPIANI·AEDIFICIA·VETVSTATE
CONLAPSA·S·P·R·ITEM·ARCVVS·DVOS·A·S·F·IVBENTE·PROVIN
CIALE·AVG·LIB·PROC·EODEMQVE·DEDICANTE

[1] [Wilmanns, *C. I. L.*, VIII, p. 73; *Ephemeris*, t. V, p. 274.]
[2] [Guérin, *Voyage*, t. I, p. 341.]
[3] [Pellissier, *Rev. arch.*, 1848, p. 390; *Description de la Régence*, p. 294; Guérin, *Voyage*, t. I, p. 344; *C. I. L.*, VIII, n° 587.]

[Wilmanns a pensé que toute la plaine jusqu'au Djebel Slata n'était pas la propriété des empereurs, mais que la partie septentrionale, aux environs d'Henchir Madjouba, appartenait peut-être à un Junius Faustinus Postumianus, homme inconnu d'ailleurs, dont le nom se lit sur une longue dédicace signalée en cet endroit[1]. Une découverte récente a confirmé son hypothèse. Au sud-ouest de cet henchir, sur le territoire des Oulad-Boû-Ghanem, est le village arabe nommé Kalâa es-Senam[2]; on y voit encore de vastes citernes creusées dans le roc et, dans les environs, les restes d'un mausolée appelé par les indigènes *Henchir Fortunat*. M. Espérandieu y a copié les fragments d'une inscription funéraire contenant le nom du même Junius Faustinus Postumianus, possesseur du *saltus* qui confinait au *saltus Massipianus*, et auquel avait été élevée la statue d'Henchir Madjouba. La dédicace et l'épitaphe réunies donnent le *cursus honorum* de ce personnage.

THALA (*Thala*).

[A droite de la route d'Althiburos à Haïdra, à peu près à la hauteur de Mutia, le village arabe de Thala[3] paraît avoir conservé le nom d'une localité antique mentionnée par Tacite en qualité de *praesidium militare*, à l'époque du soulèvement de Tacfarinas[4]. Les ruines de Thala sont considérables et ont fourni beaucoup d'inscriptions. Le pourtour de la ville antique peut être estimé à six kilomètres; elle occupait les pentes et le plateau de deux grandes collines. L'emplacement est jonché de grandes pierres de taille; une source abondante coule dans l'intérieur des ruines. Les monuments encore reconnaissables sont un grand mausolée à deux étages, deux enceintes carrées

---

[1] [*C. I. L.*, VIII, 597; Espérandieu, *Épigraphie des environs du Kef*, v, p. 16.]

[2] [Espérandieu, *Épigraphie des environs du Kef*, II et III, p. 25; *Ephemeris*, t. V, p. 274.]

[3] [Guérin, *Voyage archéol.*, t. I, p. 335-341; *C. I. L.*, VIII, p. 69; Cagnat, *Rapport inédit*.]

[4] [Tacite, *Annales*, III, 21.]

bâties avec de gros blocs, d'autres fortins de moindre dimension et une porte cintrée en bel appareil comprise dans les dépendances de la mosquée [1]. Parmi les inscriptions, il y a plusieurs pierres tombales de vétérans, toutes antérieures à l'époque des Flaviens [2]. Un texte mentionne un édile de Thala, qui obtint probablement le titre de colonie.

[Sir Grenville Temple avait identifié cette Thala à la place du même nom dont il est fait mention, dans Salluste, comme d'une cité riche et considérable où Jugurtha avait renfermé ses trésors et sa famille [3]. Vaincu par Metellus, le prince numide y chercha d'abord refuge, puis, à l'approche des Romains, il s'enfuit furtivement de la ville, qui n'en opposa pas moins une héroïque résistance et s'ensevelit sous ses ruines, après un siège de quarante jours. Salluste fait allusion à des sources que l'on retrouve à Thala [4], et l'importance de ses restes paraîtrait justifier, au premier abord, l'opinion de sir Grenville Temple. On peut objecter, avec Shaw et M. Guérin, que l'identification proposée est contredite par une autre assertion de Salluste: l'historien romain prétend, en effet, qu'entre Thala et le fleuve le plus voisin, il y avait cinquante milles de pays aride, de sorte que Metellus dut faire transporter de l'eau dans des outres à la suite de son armée. Or le bourg de Thala n'est qu'à quelques milles à l'est de l'Oued Haïdra. En second lieu, Strabon [5] nomme Thala parmi les cités d'Afrique que les guerres ont complètement ruinées, ce qui ne s'accorde pas avec les restes importants d'une ville où l'on a recueilli beaucoup d'épitaphes de l'époque impériale. C'est Pellissier qui, le premier [6], a re-

---

[1] [Guérin, *loc. laud.*, et Cagnat, *Rapport inédit.*]

[2] [*C. I. L.*, VIII, 502, 503, 504.]

[3] [Salluste, *De bello Jugurth.*, c. LXXV, LXXVI, LXXXIX; Florus, III, 1.]

[4] [*De bello Jugurth.*, LXXXIX; Guérin, *Voyage*, I, p. 340.]

[5] [Strabon, XVII, p. 831.]

[6] [*Description de la Régence*, p. 137 et 304.]

connu dans la Thala voisine de Mutia le *praesidium militare* dont parle Tacite, en identifiant à la Thala de Salluste un autre emplacement appelé également Thala, situé à une vingtaine de kilomètres à l'est de Kafsa. Le second Henchir Thala a été très négligemment décrit par Pellissier, qui y signale un grand château sarrasin construit sur des fondations romaines[1]. On retrouve, dans les environs, les sources dont parle Salluste[2]; en outre, et conformément au dire de l'historien, le seul fleuve du pays qui ne tarisse jamais, l'Oued Leben, est situé à une distance considérable. La question est cependant loin d'être résolue, d'abord parce que le témoignage de Pellissier est trop peu explicite, ensuite parce que ce voyageur nous apprend lui-même que la localité voisine de Kafsa est entourée d'un bois de *Mimosae gummiferae* appelées *Thala* par les Arabes : il serait donc fort possible que le nom actuel n'eût rien de commun avec la désignation antique.]

2. — Route de Sufetula à Théveste par Cillium et Menegere.

STATIONS.	DISTANCES.	
	Iter a Tusdro Theveste.	Alio itinere a Theveste Tusdro.
SVFETVLA..................................		
CILIO.......................................	XXV	XXV
MENEGERE................................	XXV	XXV
THEVESTE.................................	XXV	XXV

[1] [Pellissier, *Rev. arch.*, 1848, p. 399; *Desc.*, p. 304; *C. I. L.*, VIII, p. 28. Le *Bled Thála* figure sur les cartes récentes. — S. R.]

[2] [L'assertion de Pellissier est contredite par M. Chevarrier (*Archives des Missions*, 1878, p. 245), qui croit avoir retrouvé la Thala de Salluste au nord-est de la plaine d'Es-Segui, à l'endroit dit *Henchir Feguira Alima*, vingt kilomètres au sud de l'emplacement signalé par Pellissier. «L'Henchir Gueraech, dit-il, qui se nomme aussi Henchir Thala, n'offre par sa situation aucun point de ressemblance avec Gafsa; il n'existe point de source dans ses environs, et, située au pied des montagnes des Bou-Heddema, dans une plaine dont les abords sont faciles, elle ne répond en rien à la description de Sal-

De cinq milles plus courte que la précédente, cette seconde voie prenait, au sortir de Sufetula, la direction de l'ouest jusqu'à Henchir el-Khima, puis celle de l'ouest-sud-ouest, qu'elle conservait jusqu'à Cillium.

CILLIUM (*Kasrin*). La correspondance de cette première station est certaine[1]. Les ruines de Cillium se retrouvent à Kasrin, « les deux châteaux », nom qu'elles doivent aux deux grands mausolées de la nécropole. La ville proprement dite était située sur le versant septentrional d'une colline qui domine la rive droite de l'Oued Derb et que défendent, à l'ouest et à l'est, deux profonds ravins.

Sur le plateau que couvrait la haute ville et au milieu des débris de cinq grands édifices construits en pierres colossales, s'élève encore l'arc triomphal dont la dédicace a fait connaître le nom de la cité antique :

COLONIAE CILLITANAE
Q· MANLIVS·FELIX·C·FILIVS·PAPIRIA·RECEPTVS·POST·ALIA·ARCVM·QVOQVE·CVM·INSIGNIBVS·COLO*niae*
SOLITA·IN·PATRIAM·LIBERALITATE·EREXIT·OB·CVIVS·DEDICATIONEM·DECVRIONIBVS·SPORTVLAS·CVRIIS·EPV

On doit à Wilmanns la véritable lecture du second mot de la première ligne, CILLITANAE, au lieu de SCILLITANAE qu'on trouve dans toutes les copies antérieures[2]. Cette correction est justifiée par une inscription algérienne qui donne le nom de FLA(*vium*) CILIVM[3], par l'orthographe de l'Itinéraire,

luste. » L'hypothèse de M. Chevarrier est absolument gratuite, et nous ne la signalerions même pas si cette région n'avait été l'objet de recherches plus sérieuses. — S. R.]

[1] [*C. I. L.*, VIII, p. 33, n° 10039; Guérin, *Voyage*, I, p. 310 et suiv.; Cagnat, *Explorations*, III, p. 58; Saladin, *Rapport*, p. 155-165 (fig. 227, plan des ruines; fig. 278-283, vue, plan et restitution du mausolée; fig. 286, arc de triomphe; fig. 288-294, canaux et barrage de l'Oued ed-Derb). — S. R.]

[2] Le caractère S qu'on avait cru distinguer au commencement du second mot n'est qu'un accident de la pierre. Il existait une ville de *Scillium*, mais elle appartenait à la Proconsulaire.

[3] *I. A.*, 129 p. 1. v. 2. [*C. I. L.* VIII, 2568.]

Cilio, et par les ethniques *Cillitanus*[1], *Cilitanus*[2], *Cillitanum*[3] des textes de l'époque chrétienne.

La nécropole s'étendait entre la colline et la rive gauche de l'Oued Derb. Du côté du nord-ouest et au bord de la route qui conduisait à Théveste, s'élève l'un des deux grands mausolées auxquels Kasrin doit son nom. Le cube inférieur, haut de 4 mètres, large de 3^m,63 sur chaque face, reposant sur quatre degrés et surmonté d'un entablement, porte un second cube de la même hauteur, orné de quatre pilastres corinthiens et terminé par une seconde corniche sur laquelle repose, fort en retraite sur l'étage inférieur, un cube surmonté d'une pyramide portant, sur la face qui regarde le sud-ouest, une niche cintrée, destinée sans doute à recevoir une statue[4].

Deux portes donnaient accès dans la chambre sépulcrale. L'une, pratiquée sur la face principale au sud-ouest et encadrée par quelques filets, a 89 centimètres de hauteur sur 66 centimètres de largeur. L'autre s'ouvre sur la face nord-ouest : la baie a la même hauteur, sur 63 centimètres seulement de largeur, et ne présente pas de moulures.

Le socle du mausolée de Flavius Secundus porte tout un poème de 90 hexamètres, suivis de 20 vers élégiaques[5] :

SINT·LICET·EXIGVAE·FVGIENTIA·TEMPORA·VITAE
PARVAQ·RAPTORVM·CITO·TRANSEAT·HORA·DIERVM

---

[1] Liste de 411.
[2] Notice de 482.
[3] Vict. Tonnon. *in contin. Prosperi ad a.* 557.
[4] [La pyramide, au dire de l'inscription, était surmontée d'un coq. M. Saladin suppose que le second étage était orné de douze colonnes dégagées. — S. R.]
[5] [La reproduction de ce texte bien connu pourra sembler inutile, mais nous avons tenu à respecter le manuscrit de M. Tissot, qui avait pris la peine de copier très exactement ce long poème sur le monument original. Cf. *C.I.L.*, VIII, n°s 211-216; O. Jahn, *Berichte der sächsischen Gesellschaft der Wissenschaften*, 1850, p. 190 et suiv. — S. R.]

MERGAT·ET·ELYSIIS·MORTALIA·CORPORA·TERRIS ❦
ADSIDVE RVPTO·LACHESIS·MALE·CONSCIA·PENSO
5 IAM·TAMEN·INVENTA·EST·BLANDAE·RATIONIS·IMAGO
PER·QVAM·PROLATOS·HOMINES·IN·TEMPORA·PLVRA
LONGIOR·EXCIPIAT·MEMORATIO·MVLTAQ·SERVET
SECVM·PER·TITVLOS·MANSVRIS·FORTIVS·ANNIS ❦
ECCE·RECENS·PIETAS·OMNI·PLACITVRA·FAVORE
10 INGENTEM·FAMAE·NVMERVM·CVM·LAVDE·MERETVR
EXEMPLO·IAM·PLENA·NOVO·QVAM·FLAVIVS·ALTO
MORE·SECVNDVS·AGENS·PATRIO·SIGNAVIT·HONORE
QVIS·NON·IAM·PRONIS·ANIMI·VIRTVTIBVS·ADSIT
QVIS·NON·HOC·MIRETVR·OPVS·FVSASQ·VIDENDO
15 DIVITIAS·STVPEAT·TANTOS·SE·CERNERE·CENSVS ❦
PER·QVOS·AETHERIAS·SVRGVNT·MONIMENTA·PER·AVRAS
HAEC·EST·FORTVNAE·MELIVS·LAVDANDA·FACVLTAS ❦
SIC·SIBI·PERPETVAS·FACIVNT·IMPENDIA·SEDES ❦
SIC·IMMORTALES·SCIT·HABERE·PECVNIA·MORES ❦
20 AETERNO·QVOTIENS·STABILIS·BENE·FIGITVR·VSV ❦
VIDERIT·ILLE·FVROR·NIMIO·QVI·DVCITVR·AVRO
QVEM·TRAHIT·ARGENTI·VENALIS·SANGVINE·CANDOR
VIDERIT·ET·FVSAE·VANIS·IN·AMORIBVS·ERRANS
GLORIA·LVXVRIAE·PEREGRINAS·QVAERERE·MAGNO
25 QVAE·DIDICIT·VESTES·GEMMASQ·NITORE·PLACENTES
AVT·AB·AERVTHREO·VENIENTIA·MVNERA·FLVCTV
QVAM·LAEDVNT·GENTES·VARIO·CERTAMINE·RERVM
GRAECIA·CVM·PVERIS·HISPANIA·PALLADOS·VSV ❦
VENATV·LIBYAE·TELLVS·ORIENTIS·AMOMO ❦
30 AEGYPTOS·PHARIIS·LEVITATIBVS·ARTIBVS·ACTIS ❦
GALLIA·SEMPER·OVANS·DIVES·CAMPANIA·VINO
HAEC·CITO·DEFICIVNT·ET·HABENT·BREVE·MVNVS·AMORIS ❦
MOMENTIS·DAMNATA·SVIS·SET·SI·QVIS·AD·OMNES ❦
RESPICIAT·VITAE·CASVS·HOMINEMQVE·LABORET ❦
35 METIRI·BREVITATE·SVA·TVNC·CREDERE·DISCET ❦
NIL·ALIVT·MELIVS·FIERI·NISI·VIRIBVS·AEVI ❦
QVOT·POSSIT·DVRARE·DIV·SVB·HONORE·DEORVM ❦
NVNC·EGO·NON·DVBITEM·TACITIS·ACHERONTOS·IN·VMBRIS
SI·POST·FATA·MANENT·SENSVS·GAVDERE·PARENTEM
40 SAEPE·SECVNDE·TVVM·RELIQVAS·ET·SPERNERE·TVRMAS
QVOD·SCIAT·HIC·TANTAM·FACIEM·SVPERESSE·SEPVLCHRI
PERPETVA·NOVITATE·SVI·SIC·STARE·NITENTES ❦
CONSENSVS·LAPIDVM·SIC·DE·RADICE·LEVATOS
IN·MELIVS·CREVISSE·GRADVS·VT·ET·ANGVLVS·OMNIS

45 SIC·QVASI·MOLLITAE·DVCTVS·SIT·STAMINE·CERAE
MOBILIBVS·SIGNIS·HILARIS·SCALPTVRA·NOVATVR
ET·LICET·ADSIDVE·PROBET·HOS·VAGA·TVRBA decORES ✧
LVCENTES·STVPEAT·PARITER·PENDERE·COLVMNAS ✧
QVIT·CVM·MILITIAE·TITVLOS·IPSVMQ·PARENTEM
50 NVMINIBVS·DEDERIS·HAEC·GAVDIA·SAEPE·NITENTEM
QVAE·QVONDAM·DEDIT·IPSE·LOCO·DVM·MVNERA·BACCHI
MVLTA·CREAT·PRIMASQ·CVPIT·COMPONERE·VITES
ET·NEMVS·EXORNAT·REVOCATIS·SAEPIVS·VNDIS
PERMITTANT·MIHI·FATA·LOQVI·NOCTISQ·TIMENDAE
55 REGNATOR·STYGIVS·SIC·IMMORTALIS·HABERI
IAM·DEBET·PATER·ECCE·TVVS·DITISQ·RELICTI
TRISTEM·DESERVISSE·DOMVM·DVM·TEMPORE·TOTO
MAVOLT·HAEC·MONVMENTA·SEQVI·SCRIPTISQ·PER·AEVOM
vIVERE·NOMINIBVS·SOLITIS·INSISTERE·LVCIS ✧
60 ADSIDVE[1]·PATRIAS·HINC·CERNERE·DVLCITER·ARCES
QVOSQ·DEDIT·NATIS·PROPE·SEMPER·HABERE·PENATES·
FORSITAN·HAEC·MVLTI·VANO·SERMONE·FERENTES ✧
VENTVRAE·CITIVS·DICANT·PRAESAGIA·MORTIS ✧
SI·QVIS·DVM·VIVIT·PONAT·MONIMENTA·FVTVRIS·
65 TEMPORIBVS·MIHI·NON·TALES·SVNT·PECTORE·SENSVS·
SET·PVTO·SECVROS·FIERI·QVICVMQVE·PARARE·
AETERNAM·VOLVERE DOMVM·CERTOQ·RIGORE·
NVMQVAM·LAPSVROS·VITAE·DEFIGERE·MVROS·
FATIS·CERTA·VIA·EST·NEQVE·SE·PER·STAMINA·MVTAT·
70 ATROPOS·VT·PRIMO·COEPIT·DECVRRERE·FILO ✧
CREDE·SECVNDE·MIHI·PENSATOS·IBIS·IN·ANNOS
SET·SECVRVS·ERIS·SET·TOTO·PECTORE·DIVES ✧
DVM·NVLLI·GRAVIS·ESSE·POTES·NEC·PLENA·LABORE ✧
TESTAMENTA·FACIS·TVVS·HOC·DVM·NON·TIMET·HERES
75 VT·SIC·AEDIFICET·IAM·NVNC·QVODCVMQ·RELINQVES
TOTVM·PERVENIET·TVA·QVO·VOLET·IRE·VOLVNTAS ✧
SED·REVOCAT·ME·CVRA·OPERIS·CELSIQ·DECORES ✧
STAT·SVBLIMIS·HONOR·VICINAQVE·NVBILA·PVLSAT
ET·SOLIS·METITVR·ITER·SI·IVNGERE·MONTES ✧
80 FORTE·VELINT·OCVLI·VINCVNTVR·IN·ORDINE·COLLES
SI·VIDEAS·CAMPOS·INFRA·IACET·ABDITA·TELLVS ✧
NON·SIC·ROMVLEAS·EXIRE·COLOSSOS·IN·ARCES·
DICITVR·AVT·CIRCI·MEDIAS·OBELISCVS·IN·AVRAS

---

[1] [Le texte du *Corpus* porte ▰▰▰ IDVE. *Adsidue* est peut-être une correction tacite. — S. R.]

```
     NEC·SIC·SISTRIGERI·DEMONSTRAT·PERVIA·NILI ☙
  85 DVM·SVA·PERSPICVIS·APERIT·PHAROS·AEQVORA·FLAMIS· (sic)
     QVID·NON·DOCTA·FACIT·PIETAS·LAPIS·ECCE·FORATVS
     LVMINIBVS·MVLTIS·HORTATVR·CVRRERE·BLANDAS ☙
     INTVS·APES·ET·CERINEOS·COMPONERE·NIDOS ☙
     VT·SEMPER·DOMVS·HAEC·THYMBREO·NECTARE·DVLCIS·
  90 SVDET·FLORISAPOS·DVM·DANT·NOVA·MELLA·LIQVORES ☙
     HVC·ITERVM·PIETAS·VENERANDAS·ERIGE·MENTES ☙
     ET·MEA·QVO·NOSTI·CARMINA·MORE·FOVE ☙
     ECCE·SECVNDVS·ADEST·ITERVM·QVI·PECTORE·SANCTO
     NON·MONIMENTA·PATRI·SED·NOVA·TEMPLA·DEDIT·
   5 QVO·NVNC·CALLIOPE·GEMINO·ME·LIMITE·COGIS
     QVAS·IAM·TRANSEGI·RVSVS·ADIRE·VIAS ☙
     NEMPE·FVIT·NOBIS·OPERIS·DESCRIPTIO·MAGNI ☙
     DIXIMVS·ET·IVNCTIS·SAXA·POTITA·LOCIS ☙
     CIRCVITVS·NEMORVM·CVRRENTES·DVLCITER·VNDAS
  10 ATQVE·REPORTANTES·MELLA·FREQVENTER·APES ☙
     HOC·TAMEN·HOC·SOLVM·NOSTRAE·PVTO·DEFVIT·ARTI:
     DVM·CADIS·AD·MVLTOS·EBRIA·MVSA·IOCOS ☙
     IN·SVMMO·TREMVLAS·GALLI·NON·DIXIMVS·ALAS ☙
     ALTIOR·EXTREMA·QVI·PVTO·NVBE·VOLAT
  15 CVIVS·SI·MEMBRIS·VOCEM·NATVRA·DEDISSET
     COGERET·HIC·OMNES·SVRGERE·MANE·DEOS
     ET·IAM·NOMINIBVS·SIGNANTVR·LIMINA·CERTIS
     CERNITVR·ET·TITVLIS·CREDVLA·VITA·SVIS
     OPTO·SECVNDE·GERAS·MVLTOS·FELICITER·ANNOS
  20 ET·QVAE·FECISTI·TV·MONIMENTA·LEGAS ☙
```

La partie moyenne du mausolée porte l'inscription suivante, gravée entre les deux pilastres du milieu [1] :

```
         T·FLAVIVS SE
         CVNDVS FILIVS·
            FECIT
         T·FLAVIO·SECVN
       5 DO·PATRI: PIO·
```

[1] [*C. I. L.*, VIII, 211.]

```
      MIL · AN · XXXIII ·
      VIX · AN · CX · H · S · E ♥
      FLAVIAE VRBANAE ·
      MATRI · PIAE · VIX ·
  10  AN · CV · H · S · E ♥
      FL · SECVNDAE SO
      RORI · P · V · A · XX · H · S · E ♥
      T · FL · MARCELLO · FRA
      TRI · P · V · A · XX · H · S · E ♥
  15  T · FL · MARTIALI · FRATR
      I · MIL · A · XII · V · A · XXXV · H · S · E ♥
      FL · SPERATAE SORO
      RI · P · V · A · XXXVI · H · S · E ♥
      AEMILIAE · SEX · FIL ·
  20  PACATAE · VXORI · PIAE ·
      FLAMINICAE · PERP ·
      VIX · AN · LIII · H · S · E ♥
      T · FLAVIVS · T · FILIVS
      PAP · SECVNDVS · IPSE ·
  25  FLAMEN PERP · VIX ·
      AN · LX · H · S · E ♥
      FL · T · FILIAE · PACATAE · FLA
      MINICAE · PERP · COL · THE
      LEPT · FIL · PIAE · FL · LIBERA · MA
  30  TER · STATVAM · POSVIT
      V · A · XV · M · X · H · S · E ♥
      T · LIBERA · T · FL · SECVNDI
      VXOR · PIA ♥ VIX · AN · LXXXVIII
           ♥ H ♥ S ♥ E ♥
```

On lit, en outre, sur la façade sud-est du mausolée les

trois épitaphes suivantes, gravées entre les pilastres de l'angle gauche, ceux du milieu et ceux de l'angle droit [1] :

FL·FAVSTINA	FL·LIBERA·✿·PIA	T·FL·PAP·RECEPTVS
PIA·VIX·AN	VIX·✿·AN·XVI·M·VI	AEDILICIVS·Q·AE
XXXVIII·H·S·E	T·FL·FAVSTINVS·ET	RARI·DECVRIO
T·FL·FAVSTINVS	FL·VICTORIA	COL·THELEPT·PIVS
ET FL·VICTORI	PARENTES·PO	VIX·AN·XXXVI
A·PARENTES PO	SVERVNT·H·S·E·✿	H·S·E
SVERVNT		T·FL·FAVSTINVS·✿
		ET FL·VICTORIA
		PARENTES·POSV
		ERVNT

Le second mausolée est situé à l'extrémité opposée de la nécropole, à quinze cents pas environ du premier. Encore debout à l'époque où Shaw visita Kasrin, il est à demi écroulé aujourd'hui, et je n'ai plus trouvé, en 1853, que quelques fragments des deux inscriptions copiées, l'une intégralement, l'autre en partie seulement, par Temple [2].

Colonie de Vespasien ou de Domitien, comme l'indique son nom de *colonia Flavia*, Cillium paraît avoir eu sa part des désastres dont l'invasion de Maxence fut le signal pour l'Afrique [3]. L'arc triomphal de Q. Manlius Felix, probablement détruit à cette époque (411) [4], fut sans doute restauré l'année d'après, et c'est à cette date que remonte l'inscription suivante [5], gravée au-dessus de la clef de voûte :

Clementia temporis et virtute divina dominorum nostrorum Constantini et Licini invictorum semper augustorum ornamenta libertatis restituta et vetera civitatis insignia curante Caionio Aproniano clarissimo viro patrono civitatis.

---

[1] [*C. I. L.*, VIII, 214-216.]

[2] [*C. I. L.*, VIII, 217, 218, *Mausoleum Petroniorum*.]

[3] Victor, *Caes.*, XL, 19.

[4] *C. I. L.*, t. VIII, p. 33 : « Coloniae Cillitanae arcus hic cum ornamentis libertatis antiquae videtur eversus esse, restitutus autem post Maxentium devictum a. 312 imperatoribus Constantino et Licinio. Hujus nomen erasum est, opinor, propter bellum Cibalense a. 314, restitutum autem pace inter imperatores composita » (Th. Mommsen).

[5] *C. I. L.*, t. VIII, 210 (restitution).

De Kasrin à Henchir Bou-Taba, où Wilmanns place *Menegere*[1], la voie romaine subsiste encore en entier. Elle suit la rive droite de l'Oued el-Hatab, qui prend un peu plus haut le nom d'Oued Fouçana, en longeant les pentes nord-est du Djebel Châmbi, du Djebel Djebbes (Zebbes), du Djebel Maâlia et du Djebel Ossaba. A la hauteur d'Henchir Bou-Taba, elle projette sur la droite deux voies secondaires qui se dirigent, l'une au nord, sur Henchir Hameïma, l'autre au nord-est, sur Bir Mankoub, ruines placées sur la route de Sufetula à Théveste par Vegesela[2].

§ 24. — ROUTE DE SUFETULA À THENAE.

Des deux grandes routes qui reliaient Sufetula au littoral de la Byzacène méridionale, la plus septentrionale est celle qui forme, dans l'Itinéraire d'Antonin, le premier segment de l'*Iter a Thenis Theveste* et dont nous donnons ci-dessous le tableau :

SVFETVLA....................	
AVTENTI.....................	XXX
AMUDARSA....................	XXV
OVISCE......................	XXV
THENAE......................	XXV

La distance totale de 105 milles indiquée entre les deux points extrêmes est certainement trop faible : elle est de 110 milles à vol d'oiseau d'après nos cartes les plus récentes.

Nous ne possédons que fort peu de renseignements sur cette

---

[1] [*C. I. L.*, VIII, p. 47; cf. Cagnat, *Explorations*, III, p. 47. Le chemin le plus court pour regagner de là Tebessa passe par un défilé nommé Kanguet-ez-Zitoun; on arrive ensuite à un vaste plateau entouré de montagnes où se trouvent quelques ruines peu considérables. En continuant à marcher vers l'ouest, on pénètre dans un nouveau défilé, le Fedj-el-Oumouhahad (Oumm-el-Ouahad), au sortir duquel M. Cagnat a relevé un milliaire qui donne la distance de 14 milles à partir de Théveste. — S. R.]

[2] [Henchir Hameïma figure, sur la carte de 1857, près de la rive droite de l'Oued el-Hatab. Bir Mankoub est indiqué sur l'itinéraire de Wilmanns. — S. R.]

région, une des moins connues du Beylik de Tunis : la ligne que suivait la voie antique est coupée sur deux points : au sud de la Sebkhat el-Mchèguig[1] par un itinéraire de Kaïrouân à Sidi-Mehdeb, et à la pointe nord-est du Djebel Hamra par la route que suit, de Kaïrouân à Kafsa, la colonne tunisienne qui va, chaque année, percevoir les impôts du Blad el-Djerid[2]. Nous ne pouvons donc qu'indiquer approximativement les positions d'Autenti, d'Amudarsa et d'Ovisce.

AUTENTI. *Autenti*, que nous ne connaissons que par l'Itinéraire et un vers de la *Johannide*, devait être située sur la rive gauche de l'Oued Fekka, dans la plaine que limitent au nord les hauteurs d'Hamor-K'amouda, au sud le Djebel Khchem-el-Kelb[3] et au sud-est le Djebel Motleg[4].

AMUDARSA. *Amudarsa*[5] se retrouverait à huit milles environ à l'ouest de la Sebkhat el-Mchèguig, dans la plaine de Saïda.

OVISCE. *Ovisce*[6] doit se retrouver à 25 ou 30 milles au nord-ouest d'Henchir Tina[7].

§ 25. — ROUTE DE SUFETULA À TABALTA
ET DE TABALTA À MACOMADES MINORES ET CELLAE PICENTINAE.

La seconde route reliait Sufetula à deux autres points du

---

[1] La carte du Dépôt de la guerre écrit par erreur *Mechguig*. La véritable orthographe est celle que nous donnons, la « sebkha aux crevasses ».

[2] [Écrit avant l'occupation française. — S. R.]

[3] [Peut-être le *Djebel Ksaira* de la dernière carte de l'état-major; le nom de Khchem-el-Kelb a disparu, en cet endroit du moins, des relevés récents. — S. R.]

[4] La « colline recourbée ». On dit de la lame d'un sabre courbe qu'elle est *Motlouga*. Nos cartes écrivent *Matelogue*.

[5] Nous adoptons la leçon des manuscrits C et P. Les autres donnent tous la variante *Amurdasa*.

[6] *Oviscae*, BLN; *Ovisca*, K; *Ovisee*, P; *Ovisce* reliqui.

[7] [Notre carte indique les principales ruines situées entre Thenae et Sufetula, mais nous ne proposons aucune identification. La route romaine qui relie ces deux villes n'a pas encore été parcourue; elle serait difficile à étudier en détail, vu le manque presque absolu d'eau potable. — S. R.]

STATIONS.	DISTANCES.	
	Iter ab Assuras Thenis.	Iter a Tuburbo per Vallos Tacapas.
Svfetvla....................	XV	XV
Nara......................	XXV	XXXII [a]
Madarsvma.................	XXV	XXV
Septiminicia...............	XX	XX
Tabalta...................		
Macomadibvs...............	XV	XX
	XVIII Cellis Picentinis.	
Thenis.....................		XXX
	Tacape........	

[a] XXXVII, Q.

littoral, Macomades et Cellae Picentinae. Elle passait par Nara, Madarsuma, Septiminicia et Tabalta, d'où elle se bifurquait pour gagner Macomades à l'est et Cellae Picentinae au sud.

Ici encore les renseignements topographiques nous font presque entièrement défaut. La région qui s'étend de Sbeïtla au littoral est à peu près inconnue. Nous l'avons traversée de l'ouest à l'est en 1853, en nous rendant de Kafsa à Sfaks; elle offre l'aspect d'un immense plateau ondulé, aride, dépourvu d'eau. Fertile et peuplée autrefois, à en juger par les ruines assez nombreuses qu'on y rencontre, cette contrée est presque partout aujourd'hui d'une inexprimable stérilité. Abandonnée par l'homme et dénudée par les pluies torrentielles de l'hiver, elle n'offre que de maigres pâturages, parcourus au printemps par les tribus pillardes [1] des Hamama et des Djelas.

[1] [Écrit avant l'établissement du protectorat français en Tunisie.]

NARA.

Nara peut se retrouver soit à Henchir Bir-el-Beï, sur la rive gauche de l'Oued Fekka, si l'on considère comme exacte la distance donnée par l'Itinéraire[1], soit à Henchir Hameïma, sur la rive droite du même cours d'eau[2].

MADARSUMA.

Madarsuma peut être cherchée à la pointe septentrionale des hauteurs qui forment le prolongement du Djebel Madjoura et qui portent sur la carte de 1857 le nom de Djebel Meheri[3]. Ces hauteurs sont traversées par un défilé que les indigènes appellent Fedj el-Meheri. C'est là peut être qu'était située Madarsuma, dont le nom punique semble indiquer le rôle[4] et se retrouve peut-être en partie dans celui que porte encore une hauteur voisine, le Khchem el-A'rtsouma[5].

L'étymologie probable du nom de Madarsuma justifie la forme que nous adoptons : la Notice des églises épiscopales de

---

[1] [Il y a 22 kilom. ou environ 15 milles de Sbeïtla à Bir-el-Beï. — S. R.]

[2] [Pellissier (*Description de la régence de Tunis*, p. 281) identifie Nara à Henchir Bir-el-Hafeï, la seule ruine un peu considérable qui se rencontre dans cette région. M. Cagnat y a signalé des mausolées et une inscription (*Explorations*, III, p. 65). — On voit les restes d'un établissement agricole et un mausolée à Henchir Zaâtli, à l'ouest de Bir-el-Hafeï (Cagnat, *ibid.*, p. 52; Saladin, *Rapport*, p. 129, fig. 224-236). — Au nord-est d'Henchir Zaâtli, MM. Cagnat et Saladin ont décrit les intéressantes ruines d'Henchir el-Khimamta-Zarouia (*Explorations*, III, p. 52; *Rapport*, p. 136-140, avec plan, vue et détails de l'église, plan du castellum, fig. 231-244). On voit à Henchir el-Khima (*Haouch Khima* pour M. Saladin) une église très bien conservée précédée d'un portique, construite sur un plan carré et mesurant 6ᵐ,57 de long sur 7ᵐ,68 de large à l'intérieur; elle était voûtée en voûte d'arête de blocage, et elle est terminée par une abside en cul de four presque intacte, construite en pierres de grand appareil. Au nord-est s'étend la ville; elle est défendue par un grand *castellum* qui mesure 40 pas sur 33 et dont la construction hâtive date de l'époque byzantine. — S. R.]

[3] [En plaçant Madarsuma à 25 milles de Bir-el-Beï ou de Bir-el-Hafeï, on se trouve reporté au nord du Djebel Meheri, tel qu'il est indiqué sur les cartes récentes. — S. R.]

[4] מָדַר עֲצוּמָא *Medar A'tsouma* « station fortifiée » (Schröder, *Die phön. Spr.*, p. 89).

[5] Le mot *Khchem*, خشم, désigne dans le dialecte tunisien une montagne à large croupe. [Sur les dernières cartes au deux-cent-millième le Khchem el-A'rtsouma figure beaucoup plus loin vers le nord-est, près de l'emplacement présumé d'Amudarsa. — S. R.]

la Byzacène donne la leçon Madassuma adoptée par Wesseling; un autre document ecclésiastique et un des manuscrits de l'Itinéraire donnent les variantes *Mandasuma, Madasumma*. La plupart des manuscrits portent *Madussama*[1].

SEPTIMINICIA.

La position de *Septiminicia* ou *Septimunicia*[2] est approximativement indiquée par celle que nous assignons à Madarsuma, ainsi que par la distance de 25 milles qui séparait cette station de Tabalta. Elle peut se retrouver à Oglet-el-Metnen, au point où la route de Kaïrouân à Kabès croise celle de Kafsa à Sfaks. Nous y avons remarqué les vestiges d'une bourgade antique.

La carte jointe au tome VIII du *Corpus inscriptionum Latinarum* donne à ces ruines le nom d'*Henchir el-Blida*[3].

TABALTA.

Tabalta[4] est indiquée à 15 milles de Macomades Minores et

---

[1] [Cf. Morcelli, *Africa christiana*, I, p. 213. — La relation manuscrite du voyage en Tunisie fait en 1829 par le comte de Filippini, conservée à la bibliothèque royale de Turin, contient le passage suivant, cité par M. Schmidt dans l'*Ephemeris* (t. V, p. 519). Le voyageur se rendait de Sbeïtla à Kafsa. « Je m'écartai en voiture, ce jour, pour visiter les ruines de Madassuna et Torbalta; les premières ne m'offrirent aucune chose à remarquer, et dans les autres je vis le reste d'un aqueduc, quelques citernes et des morceaux de grosses pierres, parmi lesquelles j'arrivai à déchiffrer sur un piédestal de colonne l'inscription. » (*C. I. L.*, VIII, 10006.) — M. Schmidt pense qu'on peut identifier Madassuna à Megassunet, localité située entre Thelepte et Kafsa qu'il a vue indiquée *in mappa quadam Gallica*. Ce nom ne se trouve pas sur la carte au deux-cent-millième, et il est probable que Filippini donnait par conjecture, aux ruines qu'il a visitées, le nom de Madassuna (pour Madarsuma). — S. R.]

[2] Les manuscrits de l'Itinéraire présentent les variantes suivantes : *Septiminicia, Septiminitia, Septiminoia, Septimmitia, Septinemitia, Septimunitia*. Les documents ecclésiastiques donnent la forme *Septimuniciensis* (liste de 482). [Morcelli, *Africa christiana*, t. I, p. 274.]

[3] [Il nous semble qu'il y a là une erreur. La route de Kaïrouân à Kabès indiquée sur la dernière carte de l'état-major passe à 15 kilomètres vers l'est de l'Henchir el-Blida de Wilmanns, qui n'est nullement sur cette route, mais près de l'Oued Leben. Ce point est d'ailleurs à 25 milles de celui où nous avons placé Madarsuma sur notre carte. — S. R.]

[4] Dix manuscrits de l'Itinéraire donnent la variante *Tubalta*. On trouve dans les textes de l'époque chrétienne les formes *Tasfaltensis, Tasbaltensis, Thebaltensis* et *Tabaltanensis*.

à 25 milles de Cellae Picentinae, dont les synonymies peuvent être considérées comme certaines. Ces deux données numériques nous amènent à la placer très approximativement près du confluent de l'Oued Rend et de l'Oued Leben, à la pointe méridionale des hauteurs d'Aâteul-er-Rebat[1].

Thélepte (Medinat-el-Kdima).

Nous avons vu que Théveste était le point d'attache des routes stratégiques qui protégaient le sud de la Numidie : c'était de là que partait, là que revenait la grande voie qui enveloppait l'Aurès et surveillait le Sahara. Thélepte[2] joue un rôle analogue dans la défense de l'Afrique propre. Située à 50 milles au sud-est de Théveste, sur un plateau qui domine tout à la fois le bassin des Chotts et les plaines de la Byzacène méridionale, elle est représentée dans le réseau de la Table de Peutinger comme le point de départ de quatre routes qui la rattachent, les deux premières à la grande voie du sud de la Numidie, les deux autres à Tacape. Deux autres routes qui ne figurent pas dans la Table, mais qu'on retrouve sur le terrain, la reliaient directement à Théveste et à Cillium. La première se dirigeait au nord-ouest, passait par le défilé de Foumm-Tamesmida, entre le Djebel Châmbi et le Djebel Bou-Kâfer, et rejoignait à Henchir Zerezia, un peu en deçà du col de Tenoukla, la route de Théveste à Ad Majores[3]. La seconde

---

[1] [Le point où nous avons marqué Tabalta est à 20 milles d'Henchir el-Blida et à 15 milles d'Ounga. La distance directe entre ces deux localités est de 52 kilomètres ou 35 milles. Dans l'hypothèse où Cellae Picentinae se retrouverait à Sidi-Mehedeb (ce qui n'est pas prouvé, quoique vraisemblable), Tabalta ne pourrait en être éloignée de 25 milles qu'en admettant un détour de la route vers le nord, aux environs de l'Henchir Gourghebi de la dernière carte. Le « confluent de l'Oued Rend et de l'Oued Leben » n'est pas une indication précise, comme on peut s'en assurer en jetant les yeux sur la feuille 14 de la carte au deux-cent-millième. — S. R.]

[2] Medinat-el-Kdima, près de Feriana.

[3] [La voie romaine de Thélepte à Théveste a été décrite par M. Cagnat (Explorations, III, p. 77 et suiv.). On en trouve des traces parfaitement distinctes à 21 kilomètres environ de Feriana, sur une lon-

gagnait Cillium, dans la direction du nord-est, par des plateaux qui relient le Djebel Selloum[1] au Djebel Châmbi.

§ 26. — ROUTES RATTACHANT THÉLEPTE À LA GRANDE VOIE DU SUD DE L'AURÈS.

Deux routes, ainsi que nous l'avons dit, relient Thélepte, dans le système de la Table de Peutinger, à la grande voie stratégique qui longeait le sud de l'Aurès et aboutissait à Théveste. L'une gagne directement Ubaza Castellum, la dernière station de cette voie; l'autre se dirige par Ad Palmam sur Ad Majores, l'avant-dernier poste de la grande route du sud.

La première route empruntait probablement jusqu'à Henchir Rouâba le tracé de la voie de Thélepte à Théveste par Foumm-Tamesmida. D'Henchir Rouâba elle gagnait le point où deux routes secondaires, dont les vestiges existent encore[2], se rattachaient à la grande voie de Thélepte à Ubaza. Le développement de ce tracé est de 70 milles; il faut donc lire LXX au lieu de XX sur la Table de Peutinger.

gueur de 200 mètres environ. Elle était large de 4 mètres et suivait la direction est-ouest, pour gagner Thélepte, soit par la vallée de l'Oued Goubeul, soit en franchissant la montagne du même nom. En suivant la route de l'est à l'ouest, M. Cagnat a rencontré un milliaire avec le chiffre XV, datant de 216 (*op. laud.*, p. 78), puis un autre avec le chiffre XVI. La route est jalonnée de ruines d'établissements agricoles. Celles de Bir-Oumm-Ali ont plus d'un kilomètre de longueur, mais sont fort bouleversées. On y a découvert plusieurs inscriptions (*C. I. L.*, VIII, p. 943; Cagnat, *op. laud.*, p. 80 et suiv.). — Au delà de Bir-Oumm Ali, vers le nord-est, on rencontre l'important établissement militaire de Tamesmida. Il se compose de deux fortins et d'une grande forteresse qui mesure 90 mètres de longueur et 56 de largeur; elle défendait l'entrée du défilé de Tamesmida, par où passait la voie de Thélepte à Théveste. Les ruines de Tamesmida ont été décrites au point de vue architectural par M. Saladin, *Rapport*, p. 150-154 (voir pl. III, plan du *castellum*; fig. 269, plan d'ensemble de l'henchir; fig. 273-274, façade du *castellum*; fig. 275-276, grand réservoir). — S. R.]

[1] [*Khchem-el-Kelb* de la carte au deux-cent-millième. — S. R.]

[2] L'une de ces deux routes est celle qui se dirigeait de Théveste sur Thélepte par Bir-Oumm-Ali. L'autre n'est qu'un *diverticulum* de la grande route du sud de l'Aurès, et s'en détache à Henchir Mellagui, au-dessous d'Ubaza, pour la rejoindre au carrefour dont nous parlons.

Ad Palmam
(*Bir-el-Ater*).

La seconde route, suivant la direction du sud-ouest, allait probablement en droite ligne de Thélepte à Bir-el-Ater, puits et ruines romaines situés à la pointe orientale du Djebel Ong. C'est là, croyons-nous, qu'on doit placer la station d'*Ad Palmam*. La Table omet la distance, qui est de 48 milles, et comme c'est précisément le chiffre qu'elle inscrit entre Ad Palmam et Ad Majores, alors que la distance réelle n'est que de 40 milles, nous pensons qu'il faut lire XL au lieu de XLVIII et reporter ce dernier chiffre entre Ad Palmam et Thélepte.

§ 27. — ROUTES CONDUISANT DE THÉLEPTE À TACAPE.

Des deux routes indiquées par la Table de Peutinger entre Thélepte et Tacape, l'une, la plus directe, passe par Capsa et la pointe orientale du Chott el-Djerid, l'autre par Thiges, Nepte et la rive méridionale du chott.

1. — Route de Thélepte à Tacape par Capsa.

Deux milliaires trouvés, l'un à Kabès [1], l'autre dans le Bahirt es-Segui [2], entre Kabès et Kafsa, donnent la date de la construction de cette voie. Nous reproduisons ci-dessous le second de ces deux textes :

```
     IMP · CAES · AVGVS
     TI · F · AVGVSTVS · TRI
     POT                XVI
     l · ASPRENAS · COS · PR
     COS VII VIR EPVLo
     NVM VIAM EX CAST
     HIBERNIS TACAPES
     MVNIENDAM CVRAVIT
         LEG III AVG
           C lx [3]
```

[1] *C. I. L.*, t. VIII, 10018.
[2] *Ibidem*, 10023.
[3] [Le *Corpus* donne seulement CI▓▓. La copie est de M. Duveyrier, qui a décou-

La seizième puissance tribunitienne de Tibère correspond à l'an de Rome 767 (14 de notre ère). Auguste était mort le 19 août. L'inscription de Bahirt es-Segui date donc de l'automne de l'année 14, et la formule insolite *Imperator Caesar Augusti f. Augustus* prouve, ainsi que l'a fait remarquer M. Mommsen, qu'au moment où elle a été gravée, probablement dans les premiers jours de septembre, le proconsul d'Afrique n'était pas encore renseigné sur le titre que prendrait Tibère[1].

M. Mommsen a également démontré que les *Castra hiberna* d'où partait la voie conduisant à Tacape ne peuvent être cherchés qu'à Théveste[2].

L'ouverture de cette grande voie coïncidait avec une nouvelle phase de l'histoire de la domination romaine en Afrique. Rome, à ce moment, renonçait au système de l'occupation restreinte et reportait résolument jusqu'au Sahara les limites de l'ancienne province. Elle venait de soutenir contre les nomades du Sud une lutte assez longue et beaucoup plus sérieuse que quelques-uns de ses historiens ne veulent bien le dire. Florus parle de troubles plutôt que de guerres : « Sub meridiano tumultuatum magis quam bellatum est[3]. » Mais le témoignage de Dion Cassius est précis et prouve, en dehors d'autres indices, que les événements furent graves[4]. Bornée, à l'origine, à un sou-

vert la ligne de la voie* et exhumé le monument le 22 mars 1860; elle a été communiquée à M. Mommsen par M. Tissot. On lit CIX▓ dans le milliaire identique, *C. I. L.*, VIII, n° 10018 (Kabès). Une autre copie est due à M. Chevarrier. — S. R.]

[1] *C. I. L.*, t. VIII, p. 861 : « Titulus incisus sit necesse est postquam obitus Augusti Carthagine innotuit ante nuntium de consecratione acceptum..... Unicus hic titulus est, qui praenomini Tiberii paternum imperatoris substituat, scriptus scilicet antequam Asprenas certior factus est Tiberium hoc recusasse. »

[2] *C. I. L.*, t. VIII, p. 860.

[3] Florus, *Epitome rerum Romanarum*, IV, xii.

[4] LV, 28 : Καὶ Γετοῦλαι, τῷ τε Ἰούβᾳ τῷ βασιλεῖ ἀχθόμενοι, καὶ ἅμα ἀπαξιοῦντες μὴ οὐ καὶ αὐτοὶ ὑπὸ τῶν Ῥωμαίων ἄρχεσθαι,

* [« J'ai affirmé qu'une voie romaine, celle de Capsa à Tacape, passait par Sägui, dans le numéro de juin 1860 de la *Revue algérienne et coloniale*, p. 553-554. » — H. D.]

lèvement des Gétules contre Juba II, l'insurrection n'avait pas tardé à s'étendre du nord de l'Aurès jusqu'aux Syrtes, et devint assez sérieuse pour que plusieurs généraux romains y trouvassent les uns la mort, les autres les honneurs du triomphe. En somme, la révolte ne fut comprimée qu'en 759, et cette pacification ne fut pas de longue durée, puisqu'une nouvelle insurrection, celle de Tacfarinas, éclata en 770. Ce fut pendant cette trêve de onze ans que Rome prit possession des hauts plateaux qui dominent le Sahara, occupa les positions stratégiques les plus importantes et ouvrit la route militaire de Théveste à Tacape.

Quels étaient le tracé et la longueur de cette route?

Le tracé est certain. La voie romaine qui traverse le Bahirt es-Segui va directement de Kabès à Kafsa, et figure dans l'Itinéraire d'Antonin comme dans la Table de Peutinger. Elle va de Thélepte à Tacape dans le premier document[1]. Dans le second elle relie Tacape à Théveste par Thélepte. Créée dans un but essentiellement stratégique, elle longe l'ourlet assez élevé qui domine la rive septentrionale du Chott el-Djerid, et gravit, de Capsa à Thélepte et de Thélepte à Théveste, cette série de plateaux, semblables à d'immenses gradins, par lesquels les hautes terres du Tell s'abaissent jusqu'au Sahara.

Quant à la longueur du tracé, elle est facile à déterminer. Mesurée sur le parcours de la voie romaine dont quelques tronçons apparaissent de loin en loin et dont les vestiges sont partout reconnaissables, la distance totale de Tebessa à Kabès est de 197 milles romains (près de 294 kilomètres), et se décompose ainsi qu'il suit :

ἐπανέστησαν αὐτῷ· καὶ τήν τε πρόσχωρον ἐπόρθησαν, καὶ σύχνους καὶ τῶν Ῥωμαίων ἐπιστρατεύσαντας σφίσιν ἀπέκτειναν· τό τε σύμπαν, ἐπὶ τοσοῦτον ἐπηυξήθησαν, ὥστε Κορνήλιον Κόσσον, τὸν κατεργασάμενον σφᾶς, τιμάς τε ἐπινικίους καὶ ἐπωνυμίαν ἀπ' αὐτῶν λαβεῖν.

[1] *Iter a Thelepte Tacopas.*

De Tebessa à Medinat-el-Kdima (Thélepte) par Foumm-
  Tamesmida .... 53 milles.
De Medinat-el-Kdima à Kafsa....................... 44
De Kafsa à Kabès................................. 100

                      TOTAL................ 197 milles.

C'est ce même total que donnaient les deux milliaires récapitulatifs d'Asprenas : la longueur de la lacune qui suit les deux signes C*l*, dans la borne du Bahirt es-Segui[1], comporte précisément les sept autres chiffres xxxxvii.

La Table de Peutinger et l'Itinéraire d'Antonin ne font commencer la route qu'à Thélepte.

ROUTE DE THÉLEPTE À TACAPE PAR CAPSA.

TABLE DE PEUTINGER.		ITINÉRAIRE D'ANTONIN.	
STATIONS.	DISTANCES.	STATIONS.	DISTANCES.
THELESTE (THELEPTE) COLONIA.		TELEPTE................	
	XX		XXII
VICO GEMELLAS............		GEMELLAS..............	
			XXV
	XXIV	GREMELLAS.............	
			XXIV
CAPSA....................		CAPSE.................	
	XXIII		
VERESVOS.................			XXXV
	XIX		
THASARTE.................		THASARTE..............	
	XII		
SILESVA..................			XVIII
	XIX		
AQUAS....................		AQUAS TACAPITANAS.....	
	XVI		XVIII
TACAPE...................		TACAPAS...............	
	CXXXIII		CXLII

La distance totale indiquée par la Table de Peutinger est

[1] Le milliaire de Kabès (*C. I. L.*, t. VIII, 10018) est brisé après le signe L.

trop faible de 11 milles, et cette différence porte sur le segment compris entre Capsa et Tacape, puisque les deux premiers chiffres partiels se retrouvent exactement sur le terrain.

Quant à l'Itinéraire, dont les chiffres sont en partie faux, il est assez remarquable que le total des distances qu'il indique représente, à trois kilomètres près, les 142 milles donnés par le compas sur la carte au 200000e.

Cette inexactitude évidente des distances partielles entre Capsa et Aquae Tacapitanae (Hamma Kabès)[1] et le peu de renseignements que nous possédons sur la région comprise entre Kafsa et Hamma ne nous permettent pas de donner pour Silesua et Veresuos autre chose que des synonymies provisoires[2]. L'emplacement des autres stations est certain[3].

AQUAE TACAPITANAE (*Hamma Kabès*).

Aquae Tacapitanae[4], la première station, a été identifiée avec raison par les premiers explorateurs de la régence de Tunis à *Hamma Kabès* « la source chaude de Kabès », ainsi appelée pour la distinguer d'une autre source, Hamma, voisine de Tôzer.

---

[1] [Correctement *Hamma Matmâta*. — Note de M. H. Duveyrier.]

[2] Wilmanns (*C. I. L.*, t. VIII, p. 10) dit avoir retrouvé toutes les stations échelonnées entre Kafsa et Kabès exactement aux distances qu'indique la Table de Peutinger. Mais Wilmanns n'avait à sa disposition, pour juger de ces distances, que le levé approximatif de Pricot Sainte-Marie, d'après lequel a été dressée cette partie de la carte de 1857 : or la position assignée à Kafsa par cette même carte contient en latitude une erreur assez grave, que M. H. Duveyrier avait déjà signalée en 1860. Nous venons de voir, du reste, que les évaluations de la Table, de Capsa à Tacape, sont de onze milles au-dessous de la distance réelle. [Nous avons eu sous les yeux, outre la carte au 200000e, l'itinéraire de M. H. Duveyrier en 1860, la carte manuscrite du voyage de Wilmanns et la relation de M. Chevarrier dans les *Archives des Missions* de 1878, p. 233-246. Ce travail est accompagné de dessins et d'une carte sans grande valeur. — S. R.]

[3] [Le sixième milliaire de la route de Kabès à Kafsa, à partir de Kabès, a été trouvé à Henchir Tobeul, près de Ras el-Oued. Cf. Reinach et Babelon, *Bulletin du Comité*, 1886, p. 17. Un autre milliaire a été découvert à Henchir Zâtria, entre Kabès et Hamma, *Bulletin du Comité*, p. 76. — S. R.]

[4] [*C. I. L.*, VIII, p. 9; Shaw, *Travels*, p. 213; Chevarrier, *Archives des Missions*, 1878, p. 233. — S. R.]

Le nom arabe est la traduction littérale du nom antique. L'oasis d'Hamma se compose de cinq centres de population : El-Kasr, Dabdaba, Soumbat, Bou-Atouch et Zaouiat el-Medjeba[1].

Des quatre sources qui arrosent ses plantations de palmiers et auxquelles Aquae et Hamma ont dû leurs noms, trois jaillissent à Dabdaba. La quatrième se trouve à mi-chemin de Dabdaba et d'El-Kasr, là même où quelques amas de décombres et les vestiges de vastes piscines construites en beaux blocs de pierre et de marbre révèlent l'emplacement des thermes antiques.

Hamma est exactement à 18 milles romains des ruines de Tacape. Le chiffre de l'Itinéraire est donc correct. Celui de la Table de Peutinger est trop faible de deux milles, ce qui réduit à neuf milles l'erreur constatée entre Aquae et Capsa.

A huit milles d'Aquae Tacapitanae, dans la direction du nord-ouest, la voie romaine franchissait le bassin inférieur du lac Triton. La nappe salée du chott, entrecoupée de plaques sablonneuses, offre sur ce point une surface assez résistante pour que le passage soit praticable même à l'époque des pluies hivernales. A l'est et à l'ouest de ce passage, la traversée du lac présente de sérieux dangers.

A sept milles au delà, la voie romaine s'engageait dans le défilé que forment, à gauche, les dernières hauteurs projetées par le Djebel Hadifa[2], à droite, les collines par lesquelles le Djebel Haïdoudi se relie au Djebel el-Itama. C'est dans cette étroite vallée, à la hauteur du massif déchiqueté d'El-Itama et

SILESUA.

---

[1] [*Zaouiyet el-Mahdjoûba*, الزاوية المحجوبة. — Note de M. H. Duveyrier.]

[2] [Profil du Djebel Hadifa dans Chevarrier, *Archives des Missions*, 1878, p. 237. Le même voyageur a décrit, sur le versant nord de cette montagne, des enceintes en pierres et des *tumuli* ovales ou carrés que Sainte-Marie avait indiqués sur la carte sous le nom de *cimetière*.]

sur la rive gauche de l'Oued Hareïga[1], que se trouvait sans doute Silesua[2].

Quelques vestiges romains, des débris de piliers et de colonnes y marquent l'emplacement d'une cité antique. Nous supposons que ces ruines, qui nous ont été signalées par M. Duveyrier, sont celles que Wilmanns désigne sous le nom de *Kasr el-Haïra*. Mais elles ne se trouvent pas à 19 milles d'Aquae Tacapitanae, comme le suppose Wilmanns : la distance paraît être de 25 milles[3].

THASARTE. La voie romaine, au delà de Silesua, continuait à longer la rive gauche de l'Oued Hareïga jusqu'au point où ce torrent débouche dans la plaine d'Es-Segui. Il existe au milieu de cette plaine des ruines assez considérables qui sont certainement celles de *Thasarte*. Elles portent le nom d'Henchir es-Segui : Wilmanns leur donne celui de Foum-es-Somâa, désignation qui paraît empruntée à un groupe de ruines situé plus au sud et appelé Henchir Somâa[4]. Ce dernier mot, qui signifie « minaret », est habituellement appliqué par les indigènes aux mausolées antiques, et il existe en effet à Henchir es-Somâa un tombeau dont M. Henri Duveyrier a bien voulu me communiquer un

---

[1] [La carte au 200000ᵉ indique, dans le Bahirt es-Segui, un *Oued Orega*. D'après l'itinéraire de M. H. Duveyrier, que j'ai sous les yeux, il s'agit bien du même torrent. — S. R.]

[2] [*C. I. L.*, VIII, p. 10.]

[3] Si le chiffre de 19 milles marqué par la Table entre Aquae et Silesua était correct, Silesua se retrouverait à Biar Beloufia. Nous ignorons s'il existe des ruines sur ce point. [La carte au 200000ᵉ indique des ruines romaines à Biar Beloufia. Le *Kasr el-Haïra* de Wilmanns doit se trouver sur le *Djebel Aïra*, qui figure sur la même carte. Du Djebel Aïra à Aquae Tacapitanae, il y a 33 kilomètres; on en compte 24, toujours à vol d'oiseau, entre Biar Beloufia et Aquae. Les « puits de Bel Oufa » ont été décrits par M. Chevarrier, *Archives des Missions*, 1878, p. 235. L'importance et le nombre de ces puits (il y en a douze) donnent à penser qu'ils se trouvaient sur une route. — S. R.]

[4] [Ces noms manquent l'un et l'autre sur la carte au 200000ᵉ, où l'on trouve seulement *Henchir Summa*. La carte du *Corpus*, qui donne Foum-es-Somâa, paraît être inexacte dans cette région. — S. R.]

croquis[1]. Haut d'environ cinq mètres, ce monument présente les mêmes dispositions architecturales que ceux de Kasrin et d'Henchir Sidi-Aïch : il se compose d'un piédestal portant un étage en retraite orné de pilastres et surmonté d'une corniche

sur laquelle repose un second étage. Cette dernière partie du mausolée est presque entièrement détruite : il n'en reste que la première assise. La corniche est remarquable par son profil

[1] [Le même monument est gravé dans le rapport de M. Chevarrier (*Archives des Missions*, 1878, p. 243) mais avec une inexactitude évidente. — S. R.]

qui rappelle les traditions de l'architecture égyptienne plutôt que celles de l'art romain, et offre une ressemblance frappante avec l'élément correspondant du tombeau liby-phénicien de Thugga. Le monument tout entier, en outre, ne présente pas de lignes perpendiculaires au sol : l'inclinaison plus ou moins marquée de ses faces vers le centre le rapproche de la pyramide tronquée et accuse davantage la parenté qu'indique la corniche.

C'est à Henchir es-Segui que M. Duveyrier a découvert le milliaire d'Asprenas et qu'ont été trouvés les trois milliaires suivants :

C. I. L., t. VIII, 10024 (copies de MM. Duveyrier et Chevarrier) :

```
         imp.   caes.  divi
         septimi  severi
         pii arab. adiaben
         parth. MAX britann
         max.fil. Divi m.an
         toni NI PII germ.sar
         mat.  NEP divi an
    5    toniNI · PII Pronep
         diVI · Hadriani
         ab NEP divi tra
         iani PARthici et
         divi NERvae adn.
   10    m.  aurelius
         anToNinus pi
         us FEL Aug. par
         thic. MAx. britt.
         max. GERm. max
   15        PONT max.
         trib. POT·X    imp.
         cos. II
              ᵗ PRocos
            A TACapis
```

C. I. L., t. VIII, 10021 :

```
         IMP·CAES·C·IVLIV
         S·VERVS·MAXIMI
         NVS·PIVS·FELIX·A
         VG·GERMANICVS
      5  MAXIMVS·SARM
         ATICVS·MAXIMVS
         DACICVS  MAXIMVS
         PONTIFEX·MAXIMVS
         TRIBVNICIA·POTES
     10  TATE III IMPERATOR V   (237 apr. J. C.)
         ET·C·IVLIVS VERVS
         MAXIMVS·NOBILISSIM
         VS·CAESAR·PRINCEPS
         IVVENTVTIS·GERMA
     15  NICVS·MAXIMVS·SAR
         MATICVS·MAXIMVS
         DACICVS·MAXImus
         pontes vetVSTate con
         labsos et iter longa
     20  incuria perditum restitue
         runt et pro sua
         infatigABILi providen
         tia perVIVM COMme
         ANTIBVS REDDERVNT   sic
     25       AB T·
              XXXXVII
            MILIARIVM
```

83.

C. I. L., t. VIII, 10022 :

```
       IMP··CAES·M
       Iulio PHILIPPO pio
       FELICE·AVG·P·M
       TRIBV·POTEST
5      ▓▓▓▓IMP·COS·P p    (245-246 apr. J. C.)
       proCONS·ET·M
       iulIO·PHILIP
       po aug.f.NOBILI
       SSIMo CAES
10     A TACAPAS        sic
       MIL P XLVII
```

La distance qui sépare Henchir es-Segui de Kabès est de 65 milles[1] : il est donc évident que les deux milliaires portant le chiffre XLVII n'occupent pas leur place primitive : ils ont probablement été transportés à Henchir Segui pour la construction d'une koubba.

Un quatrième milliaire datant, comme le n° 10021, du règne de Maximin et donnant le même texte, existe à l'extrémité orientale de la plaine d'Es-Segui : le chiffre, mutilé dans sa dernière partie, indiquait probablement le 37e mille :

C. I. L., t. VIII, 10025 :

```
       IMP CAES c.iulius
       VERVS maximin
       VS PIVS felix aug.
       GERMAnicus m
5      AXIMVS SArmat
       ICVS MAXImus
```

[1] [Sur la route telle que nous l'avons tracée sur la carte, cette distance est de 90 kilomètres ou 60 milles. — S. R.]

```
      DACICVS Maxim
      VS PONTIFex max
      IMVS tribuniciae
10    POTEStatis iii im
      PERator v
      ET CIVLIVS VERVS
      MAXImus nobili
      SSIMVS caesar PR
15    INCEPS IVVEntutis
      GERMANICVS ma
      XIMVS SARmatic
      VS MAXIMVS daci
      CVS MAXimus po
20    NTES VETVSTATe con
      LABSOS ET iter long
      A INCVRIA Perdi
      TVM REstituerunt
      ET PRO Sua infa
25    tigABILI provident
      IA PERVIVM comME
      ANTIBVS REDDERVNT   sic
      A TACAPA
      XXX▓▓▓[1]
```

Le 37ᵉ mille à partir de Kabès tombant à Biar Beloufia, c'est-à-dire à 7,405 mètres de la rive septentrionale du chott, il n'est pas douteux que ce quatrième milliaire n'ait été également déplacé, sans doute dans le même but, et abandonné à mi-chemin [2].

---

[1] [Le texte donné par M. Charles Robert (*Bulletin des antiquaires de France*, 1878, p. 177) porte le chiffre xxxvii. — S. R.]

[2] [Un cinquième milliaire, de rédaction analogue, a été signalé dans le lit de l'Oued Segui et publié dans le *Bulletin du Comité*, 1885, p. 324. — S. R.]

Si les ruines d'Henchir es-Segui représentent réellement celles de Thasarte, le chiffre de 12 milles inscrit par la Table de Peutinger entre cette dernière station et Silesua est trop faible : il faut y substituer le chiffre xxii[1].

Veresvos.   *Veresuos* ou *Veresai* nous paraît représentée par le groupe de ruines qui existe à El-Mak'sem[2], المقسم, nom générique qui désigne tout à la fois le point où deux routes se séparent, celui où les eaux se partagent et, par extension, un col. La distance d'El-Mak'sem à Henchir es-Segui serait de 12 milles d'après les renseignements indigènes que nous avons recueillis à Kafsa. Il y aurait donc encore une erreur dans la Table de Peutinger, et il faudrait lire xii au lieu de xix entre les deux stations de Thasarte et de Veresuos. La légitimité de cette quatrième correction est peu douteuse. D'une part, en effet, elle est justifiée par le chiffre de 35 milles donné par l'Itinéraire entre Capsa et Thasarte (12 + 23); d'un autre côté, ajoutée aux trois précédentes, elle fait disparaître l'erreur de 11 milles en moins que nous avons constatée plus haut (p. 654) dans le tracé de Tacape à Capsa. En additionnant en effet les diffé-

---

[1] [Si Biar Beloufia marque l'emplacement de Silesua, une ouverture de compas de 12 milles nous conduirait à Henchir Guerbi (Chevarrier, *Arch. des Miss.*, 1878, p. 238), ruine peu importante, ou à Mehamla, plus au nord, station de la route actuelle de Kabès à Kafsa (*Arch. des Miss.*, p. 239). Les ruines de Mehamla paraissent assez considérables, et l'on y rencontre de nombreux débris de poterie. M. Chevarrier y a signalé un petit temple (?) dont les quatre premières assises sont intactes; sur une des pierres de la face nord, est gravé au trait un vase entre deux lions; une autre gravure représente, suivant M. Chevarrier, un disque soutenu par deux femmes debout. Enfin «sur une autre pierre était gravé un cheval barbe d'un dessin très élégant». Ces bas-reliefs ou graffites existaient encore en 1884; ils nous ont été signalés, à cette époque, par M. le colonel (général) de la Roque. — L'identification de Thasarte avec Mehamla nous semble cependant assez difficile, car il faudrait admettre un détour de la route vers le nord, à travers toute la plaine d'Es-Segui. — S. R.]

[2] Wilmanns donne à ces ruines le nom d'*Henchir el-Berda*.

rences en plus résultant de la modification des distances marquées entre Tacape et Aquae (18 au lieu de 16), entre Aquae et Silesua (25 au lieu de 19) et entre Silesua et Thasarte (22 au lieu de 12), on obtient la somme de 18 milles. En en retranchant les 7 milles représentant la différence de 19 milles inscrits entre Thasarte et Veresuos et la distance réelle qui sépare ces deux points (12 milles), on retrouve précisément les 11 milles (18 — 7 = 11) que la Table marque en moins entre Tacape et Capsa.

Le chiffre de 23 milles inscrit par la Table entre Veresuos et Capsa représente exactement la distance d'El-Mak'sem à Kafsa.

Le tableau suivant résume les distances indiquées par la

STATIONS.	Chiffres indiqués.	Chiffres rectifiés.
Tacape...		
	XVI	XVIII
Aquae...		
	XIX	XXV
Silesva..		
	XII	XXII
Thasarte..		
	XIX	XII
Veresvos..		
	XXIII	XXIII
Capsa...		
	LXXXIX	C

Table de Peutinger et les corrections que nous venons de proposer[1].

[1] [Entre Kafsa et Kabès, il y a environ 140 kilomètres à vol d'oiseau. La route faisant des détours, notamment pour gagner Aquae Tacapitanae, on peut estimer son développement total au *minimum* de 148 kilomètres ou 100 milles, ce qui s'accorde bien avec les calculs de M. Tissot. Il reste cependant beaucoup d'incertitude sur les positions de Silesua et de Thasarte. — S. R.]

CAPSA
(*Kafsa*).

La synonymie de Capsa[1] et de Kafsa n'est pas seulement attestée par l'identité des deux noms : elle est établie par plusieurs inscriptions trouvées sur place :

C. I. L., t. VIII, 100 :

*pro salute d.n.imp.caes.m.*AVR· ▓▓▓▓▓ INVICTI AVG TOTIVSQ DOMVS DIVINAE *Eius*
▓▓▓▓▓ *te*MPLVM·COeMTIS SPATIS AMPLIATVM ET A SOLO EXAEDIFICAT *m*
*et marmoribus ornata*M CVM SIMulaCRO AENEO ET AEREIS IANVS TVRIVS VERNA
▓▓▓▓▓REIP TACA*pitanorum et cap*SENSIVM DD IIII NON OCT ME*s*
salla et grato cos▓▓▓▓▓EPVLVm *civibus dedit et ludos per t*RIDVVM OB DEDICATIO*nem exhibuit*

Ibidem, t. VIII, 101 :

	a	b	c
deo iuvante felicissimis	TEMPORIBVS PIISSIMO	*rum domin* ORVM NOSTRORVM IV	*s* T I n i a N I *et theodorae*
per gloriosum solomo	NEM EXCELLENTI	*ssimum* MAGISTRVM MILITV	*m ex consule bis p*RE *fecto p*
africe ac patrici	⊃ MVRI FELICISSI	*me ins* TINIANE CAPSE C	*ivitatis a fundam*E *ntis rest*

Ibidem, t. VIII, 102 :

	a	b	c
deo iuvante felicissimis temporibus domino	R V M	*nostrorum iustiniani et theodo*	RAE P *iissim orum* (?) *aug*
per solomonem excellentissimum magistrum m	ILITVM	*ex consule bis praefecto praetorio*	RVMA *f*RICE *ac patricio*
▓▓▓▓▓ *felicissime iustinian*	E CA	*pse civitatis* ▓▓▓▓▓ *a fu*	NDAM *e* NTI *s* ▓▓▓

Kafsa est située sur un plateau peu élevé projeté par le Djebel Beni-Younès et circonscrit, à l'est et au sud, par le cours de l'Oued Baïach, dont le large lit, à sec les trois quarts de l'année, est le type de ces rivières sahariennes qui ne coulent à ciel ouvert que pendant la saison des pluies, mais donnent toujours un peu d'eau lorsqu'on creuse jusqu'à la nappe souterraine.

---

[1] *Capsa*, Salluste, *Iug.*, LXXXIX. Florus, I, XXXVI; *Cod. Just.*, I, 27, 2. Κάψα, Strab., XVII, p. 831. Ptolémée, IV, III, 39. *Capsa colonia*, Tab. Peut. *Capsalco*, Rav. Anon., III, 5. *Capsa*, It. Ant., p. 77. Episcopus *a Capse* (ἀπὸ Κάμψης), liste de 258. L'ethnique se trouve sous les deux formes *Capsitanus*, Plin. V, IV, 30, et liste de 348, et *Capsensis*, *C. I. L.*, t. VIII, 100 et 111, et listes de 393, 411 et 482. Le nom punique est כפסא. [Cf. *C. I. L.*, VIII, p. 22 et s., où l'on trouvera les renvois aux ouvrages plus anciens; Guérin, *Voyage archéologique*, t. I, p. 272; *Tour du monde*, 1885, II, p. 415; 1886, II, p. 193, 195, 197; Cagnat, *Explorations*, III, p. 66. — S. R.]

L'oasis s'étend au sud-ouest de Kafsa. Elle est fertilisée par deux sources abondantes qui jaillissent dans l'enceinte de la kasba.

D'autres sources, portant le nom générique d'*El-Foouâra*, sortent du lit même de l'Oued Baïach sous les murs de la ville.

Kafsa occupe l'emplacement même de la cité antique. Les traces de l'enceinte romaine sont encore reconnaissables sur quelques points, notamment du côté de l'ouest, près de la grande mosquée dont le mur extérieur repose sur de larges assises antiques portant des signes d'appareillage. On remarque dans la muraille de la kasba un bloc, de la même dimension et marqué d'un signe semblable, qui provient évidemment de cette partie de l'enceinte. Les remparts étaient encore intacts au XIe siècle. « La muraille de Kafsa semble avoir été faite d'hier, » dit El-Bekri, en rapportant la tradition d'après laquelle on la considérait comme l'œuvre de Chentiân, page de Nimroud[1]. Elle ne fut détruite que dans les guerres du moyen âge[2]. Un passage de Léon l'Africain semble indiquer que Kafsa conservait encore au XVIe siècle une partie de son pavage antique, formé de larges dalles noires semblables à celles des rues de Florence et de Naples[3]. Il ne reste aucun vestige apparent des portiques de marbre dont parle El-Bekri[4], mais il est fort possible que des débris de ces constructions aient été utilisés dans l'intérieur des habitations particulières. La kasba,

---

[1] El-Bekri, *Description de l'Afrique*, p. 114.

[2] Léon l'Africain, *Descriptio Africæ*, p. 625 : « Cafsa oppidum antiquissimum a Romanis aedificatum per aliquot annos proprium habuit ducem, postea a quodam Hucha Hutmeno califa occupatum; muri vero solo fuerunt aequati. »

[3] *Descriptio Africæ*, p. 626 : « Plateae spatiosissimae nigrisque lapidibus stratae, quales Neapolitanae atque Florentianae sunt plateae. »

[4] El-Bekri, p. 113 : « Kafsa est bâtie en totalité sur des portiques de marbre dont on a bouché les arcades avec de fortes cloisons construites en moellons. »

moderne, du reste, est bâtie tout entière avec des matériaux antiques : le rez-de-chaussée de chaque maison est construit en *saxum quadratum* plus ou moins mélangé de moellons, de briques crues et de troncs de palmiers.

Les seuls monuments antiques qui subsistent encore sont un arc de triomphe, de petites dimensions, et les grandes piscines qui portent le nom de *Termil*[1].

L'arc est situé au nord-ouest de la ville, en face de l'entrée principale de la kasba. Il est bâti en pierres de grand appareil, et sa voûte cintrée, remarquable par la dimension des voussoirs, repose sur de larges impostes. Par son style, comme par la régularité de ses matériaux, ce monument semble appartenir à l'époque des Antonins. Peut-être date-t-il du règne de Trajan, dont le nom se lit sur un bloc encastré, à quelques pas de l'arc antique, dans une muraille construite en partie avec des matériaux romains.

Les piscines forment deux groupes.

La source de la kasba jaillit au fond d'un bassin antique auquel conduit un escalier d'une vingtaine de marches. Les eaux, dont la température est de 32° centigrades, communiquent par un conduit souterrain avec un second réservoir qui s'ouvre en dehors de la citadelle, sur la face sud-est de l'enceinte.

La source de Dar-el-Bey alimente d'abord plusieurs petits bassins séparés, de construction antique, et se déverse ensuite dans deux grandes piscines rectangulaires appelées, l'une *Termil er-Radjal*, le « bassin des hommes », l'autre *Termil en-Nsa*, le « bassin des femmes ». La première, construite en blocs de

---

[1] Quelques voyageurs ont écrit par erreur *Termid*. La véritable prononciation locale est *Termil*, et c'est aussi cette orthographe qu'on trouve dans Édrisi (p. 104) : بلـﻂميل. ولها فى وسطها العين المسماة

grand appareil, peut mesurer vingt-cinq mètres sur vingt. Je ne l'ai pas sondée, mais sa profondeur est assez considérable pour que les plongeurs de Kafsa puissent, sans inconvénient, s'y précipiter la tête la première, du haut de la terrasse de Dar-el-Bey, qui domine le Termil de plus de trente pieds.

Un passage voûté fait communiquer ce bassin avec le Termil en-Nsa, qui porte aussi le nom d'*Aïn Zagaïm* ou d'*Aïn er-Roumi*. Cette seconde piscine est beaucoup moins large et beaucoup moins profonde que l'autre. La muraille qui l'encadre au nord-est a été remaniée plusieurs fois, à en juger par les matériaux hétérogènes qui entrent dans sa construction. Neuf des gros blocs qu'on y remarque portent les fragments ci-dessous,

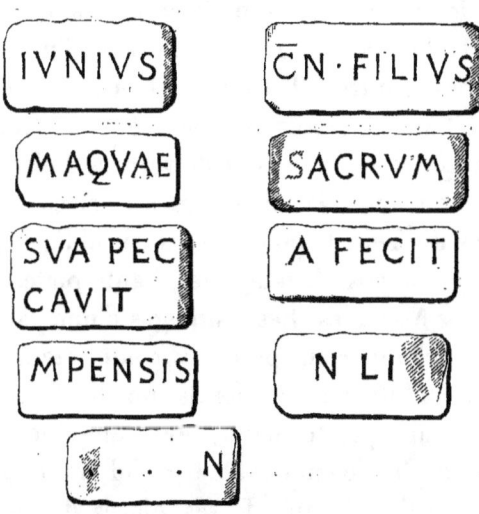

qui paraissent avoir appartenu à une seule et même inscription, vraisemblablement à la dédicace du monument primitif[1].

Un passage d'El-Bekri fait supposer que l'enceinte de la

---

[1] [Tissot, *Rev. afr.*, V, p. 289; *C. I. L.*, VIII, 120. Les fac-similés donnés ici d'après les dessins de M. Tissot diffèrent légèrement des textes adoptés par Wilmanns. — S. R.]

grande mosquée contient également une piscine antique, plus considérable encore que celles dont nous venons de donner la description. « Dans l'enceinte de la mosquée Djâmi, dit le géographe arabe, est une grande fontaine, dont le bassin, revêtu en pierre et de construction antique, a quarante brasses tant en longueur qu'en largeur. »

L'accès des mosquées étant rigoureusement interdit aux chrétiens, il m'a été impossible de vérifier l'assertion d'El-Bekri, mais les habitants de Kafsa m'en ont affirmé l'exactitude.

Kafsa est une des positions les plus importantes de l'Afrique septentrionale. Située au seuil du désert, au point où les dernières hauteurs du Tell, plongeant dans la mer de sable, s'ouvrent pour former une sorte de carrefour auquel aboutissent les trois grandes vallées qui conduisent, l'une au fond du golfe de Kabès, l'autre à Tebessa, la troisième au centre de la régence de Tunis, arrosée par des sources abondantes, entourée d'une forêt de dattiers et de vergers d'une merveilleuse fertilité, elle est tout à la fois une des « portes » du Sahara et une des clefs du Tell, le point de transit obligé des caravanes du Soudan et le poste avancé des hauts plateaux contre les incursions des Nomades. Les avantages d'une pareille position ne pouvaient échapper aux premiers colonisateurs de l'Afrique et la légende qui attribuait la fondation de Capsa à l'Hercule Libyen ne faisait que constater, sous une forme mythique, l'origine toute phénicienne de ce grand *emporium* saharien[1]. Jugurtha en avait fait une de ses places d'armes et y avait abrité ses trésors[2]. A ce double titre, elle devait attirer l'atten-

---

[1] Sall., *Jug.*, c. LXXXIX : « Erat inter ingentes solitudines oppidum magnum atque valens; cujus conditor Hercules Libys memorabatur. » — Orosius, V, 15 : « Capsam, ab Hercule Phoenice, ut ferunt, conditam. »

[2] Orosius, *ibid.* : « Regis tunc thesauris confertissimam. » — Strabon, XVI : γαζοφυλάκιον τοῦ Ἰουγούρθα.

tion de Marius, et la prise de cette ville fut effectivement une des premières opérations du successeur de Metellus. La description que donnent Salluste et Florus des environs de Capsa est vraie dans ses traits principaux. Les solitudes qui entourent l'oasis dans un rayon assez étendu lui font une véritable « ceinture de sables et de serpents [1] ». La large vallée d'Amra qui débouche au nord-est de Kafsa appartient déjà au Tell, mais elle est ouverte aux vents de sud-ouest, qui ont dû, de tout temps, y porter les sables du Sahara.

Le bassin sablonneux de l'Oued Baïach fourmille de cérastes, et lorsque la colonne tunisienne qui visite chaque année les oasis [2] y campe en se rendant de Kafsa à Tôzer, les feux restent allumés toute la nuit, afin qu'il soit possible de cautériser les morsures qui se produisent, malgré toutes les précautions que l'on ne manque pas de prendre. Les deux vallées d'El-Guettar et de Sidi-Aïch, mieux protégées que celle d'Amra contre les sables mouvants, sont moins stériles et offrent un peu d'eau en hiver : mais la plupart des sources y tarissent de bonne heure : les oueds sont à sec dès la fin de mars, et l'expédition de Marius eut lieu, comme on le sait, vers la fin de l'été [3].

Nous avons dit plus haut (t. I, p. 84) quel fut le point de départ probable de l'armée romaine et déterminé la synonymie du fleuve où elle s'approvisionna d'eau. Le *locus tumulosus* que Marius atteignit la troisième nuit est un contrefort du Djebel Beni-Younès qui domine Kafsa, au nord-est, à la distance de moins de 2 milles (2,700 mètres) indiquée par Salluste [5].

---

[1] Florus, III, 1, 14 : « Urbem Herculi conditam, in media Africa sitam, anguibus arenisque vallatam. »

[2] [Ces lignes ont été écrites avec l'occupation française.]

[3] *Jug.*, c. xc : « Ager autem aridus et frugum vacuus ea tempestate, nam aestatis extremum erat. »

[4] *Jug.*, c. xci : « Dein tertia [nocte] multo ante lucis adventum, pervenit in locum tumulosum, ab Capsa non amplius duum milium intervallo. »

Le souvenir de cette expédition, qui fit considérer Marius par les Numides comme un être au-dessus de l'humanité[1], s'est conservé jusqu'à nos jours dans la tradition locale. Les improvisateurs arabes racontent encore la lutte qu'Iskander D'ou 'l-Kourneïn eut à soutenir contre le Roumi *Marous*. « Iskander ayant fermé tous les passages qui conduisaient à Kafsa, sa capitale, Marous, dit la légende, se tailla un chemin dans le roc entre le Djebel Mazouna et le Djebel Madjoura, et l'on voit encore les traces qu'ont laissées les mains gigantesques de ses soldats sur les parois du défilé de Khangat-Goubrar. »

Iskander D'ou 'l-Kourneïn est la personnification de tous les héros orientaux antéislamiques : tantôt c'est le conquérant phénicien, comme dans les traditions du Nefzâoua qui lui attribuent la construction de l'isthme qui sépare aujourd'hui le Chott el-Djerid de la Méditerranée, tantôt, comme dans celle que nous venons de rapporter, c'est le héros indigène résistant à l'envahisseur, Jugurtha luttant contre Marius.

Brûlée par Marius, qui ne pouvait conserver une place aussi éloignée du centre de ses opérations, Capsa ne tarda pas à se repeupler. Pline la compte parmi celles des villes libres d'Afrique qui constituaient plutôt des nations que des cités[2]. Municipe à l'époque d'Hadrien, et administrée par des duumvirs[3], elle est qualifiée de colonie par la Table de Peutinger. Le surnom de *Iustiniana* que lui donnent deux inscriptions[4] semble indiquer, malgré le silence de Procope, qu'elle fut restaurée sous Justinien. Un rescrit du même prince prouve qu'elle partageait avec Leptiminus le privilège d'être la résidence du commandant militaire de la Byzacène[5].

---

[1] *Jug.*, c. xcii : « Numidae magis quam mortalem timere. » — [2] Plin., V, iv, 30. — [3] *C. I. L.*, t. VIII, 108. — [4] *Ibid.*, 101, 102. — [5] *Cod. Just.*, I, 27, 8.

Les Arabes eux-mêmes comprirent l'importance stratégique et commerciale de Kafsa. Son commerce, au moyen âge, s'étendait de l'Égypte jusqu'à l'Espagne[1]. Prise par El-Mansour, troisième sultan de la dynastie des Almohades, dans la guerre qu'il eut à soutenir en 583 de l'hégire contre Ishak el-Maïorki, Kafsa fut démantelée une dernière fois, et ses murailles n'ont jamais été relevées depuis. Sa citadelle, toutefois, a toujours été épargnée : elle est encore un des plus anciens et des plus curieux monuments de l'architecture mauresque du moyen âge.

Les habitants de Kafsa ne méritent pas la détestable réputation que leur ont faite les écrivains arabes et que consacre encore un dicton du Blad el-Djerid :

قفصة كفاسة
ناسها حراسة
ماها دم
هواها سم
لو تقعد مائة سنة
ما تعمل صاحب ثم

Kafsa kfâsa ;
nasha h'arâsa ;
maha demm,
haouaha semm ;
lou tk'a'ad miat sena
ma ta'mel sahab temm.

« Kafsa est misérable ; — ses habitants sont ennuyeux ; — son eau est du sang ; — son air du poison ; — tu y resterais cent ans ; — sans t'y faire un ami. »

[1] Léon l'Africain, *Descr. Afr.*, p. 625 : « Arx interim remansit, quae sane munitissima est; hujus enim murus longitudine xxv est cubitorum, in crassitudine autem v habet cubitus. » Le mot *longitudine* est employé ici dans le sens de hauteur.

On a rapproché à ce propos le témoignage de Léon l'Africain de celui de Salluste[1]. Mais l'historien romain, qui avait à justifier la cruauté de Marius, réhabilite implicitement les habitants de Kafsa en parlant ailleurs de leur dévouement à la cause de Jugurtha. Le jugement des auteurs arabes s'explique par d'autres causes. La population de Kafsa, comme toutes celles du Djerid, a résisté longtemps à l'influence arabe et gardé ses mœurs, sa langue, sa religion même. Le christianisme n'a disparu qu'assez tard dans les oasis sahariennes[2]. On parlait encore à Kafsa, au xiie siècle, un dialecte latin[3]. Il n'en fallait pas davantage pour que les habitants de Kafsa fussent en butte au mépris des musulmans. Aujourd'hui encore, bien que complètement arabisées, les populations sédentaires du Blad el-Djerid se distinguent par leurs mœurs laborieuses et paisibles et par une tolérance religieuse dont le fanatisme tunisien leur fait un crime.

La voie romaine de Capsa à Thélepte suivait la large dépression qui s'ouvre, au nord-nord-est de Kafsa, entre le massif du Djebel Beni-Younès et celui du Djebel Sidi-Aïch. Elle remontait par conséquent le cours de l'Oued Baïach, qui descend des hauteurs de Feriana[4]. Aride et inculte aujourd'hui, toute

---

[1] Léon l'Africain, *Descriptio Africæ*, p. 626 : « Ingenium illis est rude, illiberale, ac externis omnibus minime favent; quam ob rem et ab omnibus Afris mire contemnuntur. »

[2] L'invasion arabe ne rencontra aucune résistance dans le sud de la Byzacène. « Ce qui le prouve, dit le cheikh Et-Tidjani, c'est que les conquérants ne détruisirent point les basiliques chrétiennes et se contentèrent de construire une mosquée en face de chacune d'elles. »

[3] « Les habitants de Kafsa, dit Édrisi, se sont berbérisés, منهم يم وز, et la plupart d'entre eux parlent la langue latine africaine », واكثرهم يتكلّم باللسان اللطيني الإفريقي.

[4] [D'après les cartes récentes, le cours de la rivière nommée *Oued Baïach* au sud de Kafsa est formé, un peu au nord de cette ville, par l'*Oued Sidi-Aïch*, qui descend de Feriana en passant le long du Djebel Sidi-Aïch, et par l'*Oued Oumm-el-Ksob* (aussi nommé *Oued Kebir*, *Oued Safioun*) qui paraît prendre sa source dans le Djebel Safsaf, à l'ouest de Feriana. — S. R.]

cette vallée, à l'époque romaine, était un des districts les plus peuplés de la Byzacène, à en juger par les ruines nombreuses qui jalonnent la route antique.

Les premières que l'on rencontre, à 4 milles environ de Kafsa, sont celles d'un poste romain. A 8 milles au delà on trouve celles d'un bourg antique appelé *Henchir el-Harmeul*[1]. A peu de distance de ce dernier point, au delà de l'Oued es-Somâa, s'élève un magnifique mausolée, haut d'une dizaine de mètres, auquel les indigènes ont donné le nom de *Somâa el-Hamra* «la tour rouge». Construit en belles pierres de taille, ce monument a la forme d'un dé rectangulaire, plus long que large, reposant sur un stylobate continu et orné aux angles de pilastres corinthiens. Le dé était surmonté d'un second étage dont la partie supérieure a disparu.

La corniche qui le supportait existe encore. L'inscription suivante[2] est gravée en grands caractères sur l'une des faces :

VRBANILLA MIHI·CONIVNX·VERECVNDIA PLENA HIC SITA EST·
ROMAE COMES NEGOTIORVM SOCIA PARSIMONIO FVLTA·
BENE GESTIS OMNIBVS CVM IN PATRIA MECVM REDIRET·
AV MISERAM CARTHAGO MIHI ERIPVIT·SOCIAM   *sic.*
NVLLA SPES VIVENDI MIHI SINE·CONIVGE·TALI·
ILLA DOMVM SERVARE MEAM ILLA ET CONSILIO IVVARE
LVCE PRIVATA MISERA·QVIESCIT IN MARMORE CLVSA·
LVCIVS EGO CONIVNX·HIC TE·MARMORE·TEXI
ANC·NOBIS SORTE DEDIT FATV· CVM LVCE DAREMVR·   *sic.*

Cette épitaphe consacre, comme on le voit, le souvenir d'une matrone de la banlieue de Capsa, morte à Carthage au retour d'un voyage d'affaires qui l'avait conduite à Rome avec son mari, et dont le succès avait été complet : *bene gestis omnibus*.

---

[1] Les «ruines de la rue» : حرمل *Harmeul* «ruta graveolens». — [2] [*C. I. L.*, VIII, 152 ; cf. Guérin, *Voyage*, I, p. 289.]

Vicvs Gemellae
(*Henchir Sidi-Aïch*).

Quelques débris antiques, à 10 milles du mausolée d'Urbanilla, portent le nom d'Henchir Guennich. A 2 milles au delà, et par conséquent à 24 milles de Kafsa, on rencontre des ruines assez étendues, qui ont emprunté à la montagne au pied de laquelle elles sont situées leur nom d'*Henchir Sidi-Aïch*[1]. Ce sont, sans aucun doute, celles du *Vicus Gemellae*[2], que la Table de Peutinger place à xxiv milles de Capsa et xx de Thélepte. Cette dernière distance est exactement celle qui sépare Henchir Sidi-Aïch de Medinat-el-Kdima[3], où nous retrouvons Thélepte.

Les seuls vestiges reconnaissables de Gemellae sont ceux d'une partie de l'enceinte et d'un aqueduc qui amenait dans la ville les eaux du Djebel Sidi-Aïch. Deux grands mausolées dominent encore la nécropole. Le premier, dont la hauteur est d'environ dix mètres, se compose d'un socle carré, de 2^m,50 sur chaque face, renfermant la chambre sépulcrale et couronné d'une corniche au-dessus de laquelle s'élève un cube de maçonnerie percé d'une niche et surmonté d'un pyramidion. Le second fait face au premier et présente les mêmes dispositions architecturales. Plusieurs autres monuments funéraires, dont la forme et les dimensions paraissent avoir été les mêmes, sont aux trois quarts ruinés. Leurs débris gisent au milieu des nombreuses pierres sépulcrales brisées ou à demi enfouies dans le sol qui couvrent la nécropole de Gemellae.

---

[1] [Henchir Sidi-Aïch n'est pas à 12 milles mais à 10 kilomètres ou moins de 7 milles du mausolée d'Urbanilla, indiqué sur la carte au 200000°. Henchir Guennich est marqué sur l'itinéraire de Wilmanns un peu au sud de Sidi-Aïch. — S. R.]

[2] [Cf. *C. I. L.*, VIII, p. 29; Guérin, *Voyage*, I, p. 294; Cagnat, *Explorations*, III, p. 74. M. Cagnat y a signalé un *monte testaccio*, témoignant de l'existence d'une importante fabrique de poteries. — S. R.]

[3] [La distance indiquée est un peu faible; il y a près de 34 kilomètres en ligne droite entre Medinat-el-Kdima et Henchir Sidi-Aïch. On compte 36 kilomètres à vol d'oiseau entre Henchir Sidi-Aïch et Kafsa. — S. R.]

A 3 milles au delà d'Henchir Sidi-Aïch, les ruines d'un bourg antique couvrent un plateau accidenté qui s'étend entre l'Oued Reçof et l'Oued Seich[1]. Ces décombres entourent les vestiges d'une enceinte construite avec des matériaux hétérogènes sur la base d'un édifice romain.

A 6 milles plus loin, on trouve les ruines d'un autre bourg appelé par les indigènes *Henchir es-Sdid* منشي الصديد « les ruines de la rouille ». On y distingue les vestiges de plusieurs édifices construits en pierres de grand appareil. Le sol est jonché de débris de poterie.

La vallée que suit la route de Kafsa à Feriana se resserre à 3 milles d'Henchir es-Sdid, pour s'élargir ensuite et former, à la hauteur de Kasr el-Foul, un nouveau défilé. Les ruines de *Kasr el-Foul* « le château de la fève » sont celles d'un poste romain qui commandait le passage. L'enceinte est rectangulaire et mesure 42 pas sur 27. Construite en bloc de très grandes dimensions, elle est divisée intérieurement en trois salles par deux puissants murs de refend.

Au delà de Kasr el-Foul la vallée s'élargit, les hauteurs s'abaissent, et l'on débouche sur le vaste plateau dont l'oasis de Feriana occupe l'extrémité septentrionale.

FERIANA.

Construite en partie avec des matériaux empruntés aux ruines voisines de Medinat-el-Kdima, Feriana ne paraît pas avoir succédé à une localité antique[2]. Elle doit son origine à la

---

[1] [L'*Oued Reçof* est l'*Oued Ersouf* de la carte au 200000°; l'*Oued Seich* (pour *Sidi-Aïch*) est identique à l'Oued Feriana. — S. R.]

[2] [Sur Feriana et Thélepte, cf. Guérin, *Voyage archéologique*, t. I, p. 297; Cagnat, *Explorations*, III, p. 53; Saladin, *Rapport*, p. 116 et suiv. (fig. 206, plan des thermes de Thélepte; fig. 209, vue générale; fig. 212-214, plan, détail et vue générale des quatre colonnes encore debout à Medinat-el-Kdima). Les ruines de Feriana sont très étendues et comprennent, outre les thermes de Ras el-Aïoun, une grande citadelle byzantine et des édifices dont la destination est inconnue. Les textes épigraphiques y sont rares. Une description très complète des ruines de Thélepte a récem-

superstition arabe, qui a créé un centre permanent autour de la Zaouïa et du tombeau de Sidi-Talil, et sa prospérité relative à sa position, qui en fait le point d'approvisionnement de toutes les tribus nomades de cette région, Frachich, Nememcha et Oulad-Sidi-Abid. L'hypothèse de Shaw, qui retrouve dans Feriana la *Feraditana* de la Notice des églises épiscopales de la Byzacène, ne repose que sur l'analogie fort incomplète des deux noms. Le mot *Feraditana* n'est d'ailleurs qu'un ethnique : le véritable nom de ce siège épiscopal était *Feradi*, dont il est plus difficile encore de faire dériver Feriana. Il est peu probable enfin que Feradi Majus ou Feradi Minus, car la Notice en distingue deux, ait pu vivre d'une vie propre à côté de la grande cité, dont les ruines existent encore à quelques minutes de la Zaouïa de Sidi-Talil.

THÉLEPTE (Medinat-el-Kdima). Ces ruines, appelées par les indigènes *Medinat-el-Kdima* « la vieille ville », couvrent une étendue de terrain dont le périmètre peut être évalué à près de 3 milles et demi. Elles s'étendent sur la rive gauche de l'Oued Bou-Haya, autour d'une colline appelée Koudiat es-Safra, sur laquelle existent encore les débris de constructions puissantes. A 100 mètres au sud de cette colline, un vaste édifice semble avoir appartenu à des thermes et a reçu des indigènes, évidemment par tradition, le nom de *El-Hammam* « les bains ». Entre le Koudiat Bou-Safra et l'Oued Bou-Haya, on remarque les vestiges d'un théâtre dont il subsiste quelques gradins. Au nord de la même colline, une enceinte rectangulaire, mesurant 420 pas sur 180,

ment été publiée par le commandant Pédoya (*Bulletin du Comité*, 1885, p. 131), qui a donné le plan de l'enceinte (p. 135) et de deux basiliques qu'il a déblayées avec grand soin (p. 137 et 148). Elles comptent parmi les monuments chrétiens les plus intéressants et les plus complets que l'on ait encore signalés en Tunisie. — Pour les documents ecclésiastiques relatifs à Thélepte, patrie de Fulgence évêque de Ruspae, voir Morcelli, *Africa christiana*, I, p. 310. — S. R.]

construite en blocs énormes et flanquée aux angles de quatre tours carrées, paraît avoir servi de citadelle; ici encore la nomenclature locale est d'accord avec l'archéologie : les indigènes lui donnent le nom de *Kasba mta-Ras-el-Aïn* « la forteresse de la tête de la source ». La partie septentrionale de l'enceinte était vraisemblablement occupée par un grand édifice, temple ou palais, qui s'est affaissé en couvrant le sol de fragments de frises et de tronçons de colonnes. Les indigènes ont conservé à ces débris amoncelés le nom fort impropre aujourd'hui de *Haouch-el-Khima*, qui désigne toujours un édifice pouvant servir d'abri et par conséquent encore debout[1].

Non loin de là se dressent quatre belles colonnes, encore ornées de leurs chapiteaux corinthiens, qui paraissent avoir appartenu à un édifice carré surmonté d'un entablement et d'une coupole. On les appelle *El-Akhouat* « les frères ».

La colline qui domine de près de 100 mètres la rive droite de l'Oued Bou-Haya, et dont les flancs ont fourni les matériaux de la ville antique, est couronnée par les ruines d'une enceinte puissante, à laquelle la tradition donne le nom d'*El-Kalaa* « la forteresse », et qui défendait effectivement les abords de la cité du côté du nord-ouest.

Par une exception assez rare, la plupart des habitations privées paraissent avoir été construites en matériaux de choix. Les *insulae* sont encore reconnaissables et les murs ne se sont pas complètement effondrés comme les *formacei parietes* de Sufetula et de Cillium.

Aucune inscription n'a révélé jusqu'ici le nom de la cité dont les ruines grandioses couvrent le plateau de Feriana; mais l'importance de la position de cette ville anonyme au

---

[1] Le mot *khima* خيمة signifie « tente, abri ».

point de vue stratégique, les défenses qui y avaient été accumulées, l'étendue de terrain si considérable que couvrent ses débris, sa situation, enfin, par rapport à Kafsa, à Henchir Sidi-Aïch et à Tebessa, ne permettent pas de douter que ces ruines ne soient celles de la Thélepte que la Table de Peutinger place à 20 milles de Gemellae et à 44 de Capsa. Les deux distances se retrouvent exactement sur le terrain.

La position de Medinat-el-Kdima par rapport à Tebessa tranche en outre en sa faveur la question si longtemps discutée de la synonymie de Thélepte[1].

[1] L'Itinéraire d'Antonin place Thélepte à 71 milles de Capsa, et nomme deux stations intermédiaires, *Gemellas* à 22 milles de Thélepte, et *Gremellas* à 25 milles de Gemellas et 24 de Capsa. Ces indications ont fait proposer une seconde synonymie pour Thélepte. Lapie, la carte de l'état-major (1857) et celle de M. Nau de Champlouis l'identifient à un *Haouch-el-Khima* situé à 13 milles au nord-nord-est de Feriana et à la même distance au sud-sud-ouest de Kasrin (*Cillium*), sur le versant oriental du Djebel Selloum. La carte du Dépôt de la guerre donne une étendue considérable à ces ruines, et elle indique en outre une cote d'altitude. Cette position paraît avoir été empruntée à une reconnaissance dirigée de Sidi-Ali-ben-Aoun sur Kasrin, probablement par Falbe. Les explorations ultérieures n'ont pas fait retrouver cet Haouch-el-Khima : M. Davis l'a inutilement cherché, assure-t-il, sur le versant oriental du Djebel Selloum. M. Guérin en 1860 et M. de Maltzan en 1870 n'ont exploré qu'un Haouch-el-Khima que j'avais visité moi-même en 1853, mais qui n'est pas à plus de 8 milles de Feriana et dont les ruines sont insignifiantes*. Du reste, dans l'hypothèse même où Haouch-el-Khima du Djebel Selloum existerait réellement, sa correspondance avec Thélepte n'en résulterait pas d'une manière absolue. Il faudrait encore modifier les chiffres de l'Itinéraire, puisque ces ruines se trouvent à 57 milles et non pas à 71 milles de Kafsa. Or, à tant faire que de modifier ces chiffres, il serait préférable de chercher les deux stations de Gemellae et de Gremellae entre Kafsa et Medinat-el-Kdima. Mais, dans ce cas encore, il faudrait admettre une transposition des deux stations dans la route de l'Itinéraire : GREMELLAE devrait prendre la place de Gemellae, et réciproquement. Gremellae se retrouverait alors à Henchir es-Sdid, à 11 milles de Medinat-el-Kdima

* [Il s'agit de la localité décrite par M. Cagnat, *Explorations*, III, p. 52; cf. Saladin, *Rapport*, p. 136, et plus haut, p. 646. M. Tissot était certainement dans l'erreur quand il refusait d'identifier cet emplacement à celui qu'indique la carte de 1857; il se trompe en disant que Haouch-el-Khima n'est pas à plus de 8 milles de Feriana, alors que la distance, mesurée sur la carte de l'état-major, est de 28 kilomètres N. E. E. Celle de Haouch-el-Khima à Cillium est un peu plus petite, dans la direction du nord-nord-ouest. — S. R.]

2. — Route de Thélepte à Tacape par Nepte.

Une seconde route, qui ne figure que dans la Table de Peutinger, conduisait de Thélepte à Tacape en contournant le lac Triton, le *lacus Salinarum* d'Orose. Elle passait par *Alonianum, Cerva, Ad Turres, Speculum, Thiges, Thusuros, Aggarsel Nepte, Agarsel, Puteus, Mazatanzur, Timezegeri turris* et *Avibus*.

L'emplacement de trois de ces douze stations est certain : Thiges, Thusuros et Nepte se retrouvent, sous leurs noms antiques à peine altérés, dans les oasis de Taguious, Tôzer et Nefta. C'est assez pour que nous puissions déterminer très approximativement le tracé de la voie romaine. Destinée à défendre les oasis sahariennes contre les incursions des Nomades,

et 9 milles de Henchir Sidi-Aïch; Gemellae se replacerait là même où nous avons fixé la Gemellae de la Table de Peutinger et à la même distance (xxiv milles) de Capsa.

Au fond, l'existence de deux stations voisines portant presque le même nom est bien douteuse, et il est beaucoup plus simple de croire à une erreur de copiste, à une répétition du nom de Gemellae. On peut faire observer, il est vrai, en faveur du texte de l'Itinéraire :

1° Que la répétition n'est pas complète, en ce sens que les deux noms de *Gemellae* et de *Gremellae* ne sont pas complètement identiques;

2° Que la répétition n'existe pas dans les chiffres;

3° Que l'Itinéraire n'est pas le seul document qui nomme, entre Thélepte et Capsa, deux stations portant à peu près le même nom : l'Anonyme de Ravenne indique après Thélepte. *Gemellas* et *Pago Gemellin*.

Mais on peut répondre aux deux premières objections :

1° Que le plus ancien des manuscrits de l'Itinéraire et l'un des plus corrects, celui de Vienne, donne deux fois le nom de *Gemellas*: celui de *Gremellas* n'y figure que comme une correction de seconde main;

2° Que le manuscrit de Florence répète entre Gemellas et Gremellas le chiffre xxii inscrit entre Gemellas et Théveste.

La troisième objection prouverait seulement que l'erreur est fort ancienne.

J'avoue, du reste, que j'ai longtemps hésité entre les deux synonymies, au début de mes études; mais la question ne m'a pas semblé douteuse depuis le moment où mes recherches ont embrassé l'ensemble du réseau routier du Sahara : la correspondance de Thélepte et de Medinat-el-Kdima, ainsi que nous venons de le dire, résulte forcément de la position de ce dernier point par rapport à Tebessa, Ubaza Castellum et Kafsa.

elle se dirigeait de Thélepte vers Taguious, en touchant la rive orientale du Chott el-Gharsa, prenait ensuite la direction de l'ouest pour atteindre Thusuros et Nepte, contournait la pointe occidentale du Chott el-Djerid, et en longeait la rive méridionale jusqu'aux premières oasis du Nefzâoua, d'où elle gagnait Tacape en suivant la ligne des hauteurs qui s'étendent d'Oumm-es-Somâa jusqu'à Kabès.

ALONIANUM (*Henchir Bir-Oumm-Ali*).

Alonianum se retrouve aux ruines de Bir-Oumm-Ali, à 21 milles à l'ouest-nord-ouest de Medinat-el-Kdima. Le chiffre de la Table est donc exact.

Le tracé de la voie romaine est reconnaissable entre Henchir Goubeul et Bir-Oumm-Ali. Les trois milliaires que l'on y a signalés sont encore en place.

La voie se bifurquait immédiatement au delà d'Alonianum : une route dont nous avons déjà parlé se dirigeait au nord-nord-ouest sur Théveste en passant par Bir-Zgaoun. Quant à la grande voie stratégique, elle prenait la direction du sud-ouest et devait atteindre *Cerva* aux ruines qu'on remarque sur un affluent de gauche de l'Oued Oumm-el-Ksob, à la pointe sud-ouest du Djebel Boltena.

CERVA.

AD PRAETORIUM. PRAESIDIUM DIOLELE.

Une route secondaire reliait Cerva à Capsa en passant par *Ad Praetorium* (xx milles) et *Praesidium Diolele* (xviii milles). Cette dernière station était située à 20 milles de Capsa. Les 61 milles représentant le développement total de ce tracé se retrouvent entre Kafsa et le point où nous avons placé Cerva[1].

[1] [De Cerva à Capsa il y a 76 kilomètres ou un peu plus de 50 milles à vol d'oiseau. Il faut donc que la route ait fait un détour. En supposant exacts les chiffres de la Table et en faisant passer la route par les grandes ruines d'Henchir Tfel, on serait conduit à placer Ad Praetorium chez les Oulad-Sidi-Abid du Sud et Praesidium Diolele près d'Henchir Somâa. Mais il est probable que la voie romaine préférait le pays de plaines qui constitue la vallée même de l'Oued Oumm el-Ksob, où les ruines d'établissements agricoles sont fort nombreuses. On placerait, dans

La voie romaine traversait donc en ligne droite, selon toute apparence du nord-ouest au sud-est, le bassin de l'Oued Oumm-el-Ksob. La carte de cette région n'a pas encore été dressée, mais les reconnaissances de nos brigades topographiques ont constaté l'existence sur ce parcours de deux forteresses romaines d'une certaine importance [1]. Il n'est pas douteux qu'elles ne représentent les deux postes militaires d'Ad Praetorium et de Praesidium Diolele [2].

Au delà de Cerva, la voie romaine se dirigeait vers le sud, croisait près de Bir-el-Ater la route conduisant d'Ad Majores à Thélepte par Ad Palmam, et, longeant la rive droite de l'Oued el-Feïd, atteignait à *Ad Turres* l'extrémité méridionale des hauts plateaux, là même où s'ouvre sur le Sahara la gorge de Foumm-en-Nâs. Quatre gisements de ruines se groupent sur ce point : Midas, Kasr el-Ghoula, Tamaghza et El-Hanout.

Le village berbère de Midas a succédé à un bourg romain. La plupart de ses maisons sont bâties avec des matériaux antiques, parmi lesquels on remarque des blocs de grande dimen-

---

cette hypothèse, Ad Praetorium à la *ville ruinée* sur l'Oued Oumm-el-Ksob (20 milles de Cerva) et Praesidium Diolele à l'ouest du mausolée d'Urbanilla. La dernière partie de cette route se serait confondue avec celle de Capsa à vicus Gemellae par Henchir-el Harmeul, ce qui pourrait expliquer le coude qu'elle fait, toujours dans la même hypothèse, au nord de ce dernier emplacement. — S. R.]

[1] [Aucune des ruines romaines indiquées par la dernière carte de la Guerre ne satisfait aux distances de la Table, si ce n'est la *ville ruinée* sur l'Oued Oumm-el-Ksob. — S. R.]

[2] [M. Cagnat a exploré la région située à l'ouest et au nord-ouest de Kafsa. Aucune des ruines qu'il y a signalées n'est importante (*Henchir Tefel*, bassin et aqueduc; *H. Somâa*, mausolée; *Ras el-Aïoun*, forteresse (?) romaine; *H. Mzira*, citernes et fortin; *H. Medjen-Oum-el-Kessal* ou *Medjen-Sidi-Abbeuss*, grande citerne et fortin). — A *Henchir Somâa*, M. Cagnat signale un passage naturel, s'ouvrant entre le Djebel Sta et le Djebel Dour, par lequel on peut pénétrer facilement dans la plaine qui s'étend à l'ouest de Kafsa. On peut aussi gagner de là Feriana en franchissant le Khanguet en-Nabech. Il se pourrait que cette station fût *Ad Praetorium* (cf. *Explotions*, III, p. 72). — S. R.]

sion qui ne paraissent pas avoir été déplacés depuis l'époque romaine.

Les indigènes donnent le nom de *Kasr el-Ghoula* « le château de l'ogresse », à une tour romaine carrée et assez bien conservée, située sur la montagne qui domine la route à 32 minutes au sud-sud-est de Midas.

D'après les renseignements que j'ai recueillis à Tôzer, le village de Tamaghza se serait élevé, comme Midas, sur les ruines d'une station antique. Tamaghza est situé à peu de distance du point précédent, à l'issue du défilé de Foumm-en-Nâs.

El-Hanout est un poste romain dont l'enceinte mesure 25 mètres sur 18. Assis sur la pente rocheuse, qui domine la gorge, au sud-ouest, ce fortin commandait le défilé.

C'est évidemment à cet ensemble de défenses échelonnées le long de la voie romaine, de Midas à El-Hanout, que faisait allusion le nom de la station d'*Ad Turres*. Quant à la station elle-même, nous la retrouvons à Tamaghza[1].

Au sortir de la gorge de Foumm-en-Nâs, la voie romaine prenait la direction de l'est-sud-est, longeait la base des hauteurs qui dominent le Sahara et atteignait *Speculum* à 18 minutes au delà du village de Chébika. Les ruines de la station antique sont celles d'un centre assez considérable. M. Duveyrier, qui les a traversées en se rendant de Tôzer à Zribet-el-Oued, les représente comme celles d'une grande ville. Les habitants de Chebika lui donnent le nom de *Kosseïr ech-Chems*, le « chatelet du soleil ».

Thiges
(*Taguious*).

Les ruines de Speculum sont à 13 milles de Midas et 8 de Tamaghza[2]. La Table de Peutinger indique par erreur XVIII milles au lieu de VIII. Par contre, le chiffre XV qu'elle

---

[1] [M. Tissot a utilisé, pour cette région, les itinéraires manuscrits et les notes de voyage de M. H. Duveyrier (1860). — S. R.]

[2] [Il n'y a pas 10 kilomètres en ligne droite de Chebika à Midas, et il y en a 7 entre Chebika et Tamaghza. — S. R.]

marque entre Speculum et Thiges est assurément trop faible. On ne compte pas moins de 35 milles entre Chebika et Taguious, dont la synonymie n'est pas douteuse[1]. La route romaine, se dirigeant droit au sud-est, gagnait Thiges en passant par l'oasis d'Hamma-Tôzer, où existent encore deux beaux bassins antiques, et par celle de Degach.

Les ruines de Thiges[2], désignées par les indigènes sous le double nom de *Guebba* et de *Taguious*, sont en partie ensevelies sous les sables de l'oasis de Kriz[3], en partie éparses au milieu de ses jardins d'orangers, de figuiers et de palmiers. Deux portions du mur d'enceinte, construit en blocs de grand appareil, la base d'une tour carrée, les substructions de quelques *insulae* et les canaux antiques qui distribuaient les eaux dans l'oasis, sont encore reconnaissables. La nécropole s'étendait entre l'oasis et les hauteurs du Djebel Toumiat qui la dominent au nord. On y remarque encore quelques débris de sarcophages creusés en forme d'auge arrondie aux deux extrémités, et qui devaient être recouverts par une longue dalle. Le Djebel Toumiat offre aussi quelques hypogées ou carrières, entre autres une salle assez spacieuse à laquelle conduit un couloir très bas et très étroit, qu'on ne peut parcourir qu'en rampant. Les indigènes l'appellent *Ghar Sebâa Regoud*, la « caverne des Sept Dormants[4] ». A mi-côte du Djebel Toumiat, on remarque sur un rocher presque horizontal les inscriptions sui-

---

[1] Des ruines de Speculum au bord du Chott el-Gharsa........ 11 milles.
De cette rive à la rive méridionale en passant par Bouibmta-ech-Chott............ 14
Du Chott à Hamma......... 4
D'Hamma à Kriz par Degach.. 6
              TOTAL....... 35

[2] *Oppidum liberum Tigense* (Plin., V, IV).

Τιχάσα (Ptol.). *Episc. Ticensis* (Not. eccles.). [Cf. Morcelli, *Africa christiana*, I, p. 319; Guérin, *Voyage*, t. I, p. 252; *C. I. L.*, VIII, p. 21. — S. R.]

[3] *Kriz* ڪريز « l'endroit rocailleux » appartient au groupe d'Oudiân, qui se compose des oasis de *Degach*, *Zaouïat-el-Arab*, *Zeurgân*, *Oulad-Madjed*, *Kriz* et *Sedâda*.

[4] [Cf. plus haut, p. 107, 366.]

vantes, déjà signalées par Temple[1], mais dont nous donnons ci-dessous la copie exacte d'après un dessin de M. Duveyrier :

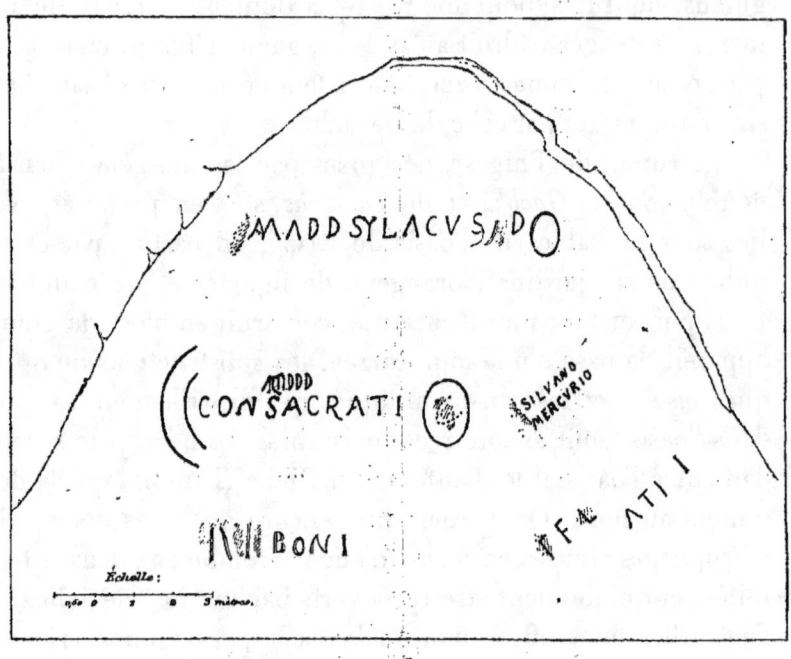

THUSUROS
(*Tôzer*).

Le chiffre xxv inscrit par la Table entre Thiges et Thusuros[2] doit être remplacé par le chiffre xii : on ne compte pas plus de 18 kilomètres entre Kriz et Tôzer[3].

Comme la plupart des villes du Blad el-Djerid, Tôzer se compose d'un certain nombre de petits centres de population

---

[1] [Temple, *Excursions*, t. II, p. 322; Guérin, *Voyage*, t. I, p. 254; *C. I. L.*, VIII, p. 21. Les copies de M. Duveyrier ne sont pas entièrement conformes à celles de Wilmanns. — S. R.]

[2] Τίσουρος, Ptolémée, IV, iii, 38. [*Natus ex civitate Tusuritana Africae*, inscription d'Aquilée, *C. I. L.*, V, n° 1662; *episcopus Tazurritanus, Tazuritanus*, conférence de 411 et notice de 482. Cf. Morcelli, *Africa christiana*, t. I, p. 341; *C. I. L.*, VIII, p. 22; Guérin, *Voyage archéologique*, t. I, p. 258-264; Playfair, *Travels*, p. 267. — S. R.]

[3] [Il y a 16 kilomètres à vol d'oiseau. — S. R.]

—→(685)←—

épars autour des différentes sources qui fécondent leurs vergers. Deux de ces quartiers, Belidet el-Hader et ech-Cheurfa, paraissent occuper l'emplacement de la ville romaine : c'est à Belidet el-Hader que se trouvent les seuls monuments antiques qu'ait conservés Tôzer : le barrage de l'Oued Berbouk, le *Ouadi el-Djemal* d'El-Bekri, construit en blocs de grand appareil; un beau puits carré et les ruines d'une basilique ornée jadis de plusieurs rangées de colonnes, dont quelques fûts gisent encore sur le sol. La base d'un minaret voisin est également de construction romaine. La plupart des maisons de Tôzer offrent dans leurs assises inférieures et surtout à leurs angles des fragments de même origine : pierres de taille, fûts de colonnes, débris de frises et d'entablements, chapiteaux, etc. Presque tous les canaux d'irrigation de l'oasis sont bordés de blocs antiques.

La distance indiquée par la Table entre Thusuros et Aggarsel-Nepte (xxx milles) est encore fausse. On ne compte que 24 kilomètres entre Tôzer et Nefta[1].

Le nom d'Aggarsel-Nepte n'est qu'un mot composé אגרשלנפתה dont le premier élément se retrouve assez fréquemment dans la nomenclature africaine[2]. Le dernier renferme seul le nom

AGGARSEL-NEPTE
(*Nefta*).

---

[1] [*C. I. L.*, VIII, p. 22; Guérin, *Voyage*, t. I, p. 265-267. Le géographe de Ravenne, III, 5, écrit *Nepte*; Wilmanns soupçonne que la Νεψέτα de Ptolémée (IV, III, 36) est la même ville. Dans les documents ecclésiastiques, on trouve *Nebbitanus* (Conférence de 411), *Neptitanus* (Notice de 482), *Neptensis* (Victor Tonnonensis). Cf. Morcelli, *Africa christiana*, t. I, p. 242. — S. R.]

[2] La Table de Peutinger nous a donné une station d'*Agarsel* immédiatement avant Nepte et en indique une autre sur la route de Thuburbó Majus à Hadrumète.

Le mot *sel* équivalt à l'arabe شل « appartenant à »; Aggarsel n'est donc pas un nom complet : le déterminatif exprimé dans l'espèce par le mot *Nepte*, *Agar sel Nepte*, l'« Aggar des Nephthah' ou des Napata », a été supprimé dans les deux autres exemples. — Le mot *Agar* ou *Aggar*, que l'on retrouve également isolé comme nom de ville dans l'onomatologie africaine, a probablement le sens général de « bourg, centre habité ». [M. H. Duveyrier veut bien me faire savoir qu'il croit le nom *Aggarsel Nepte* légèrement altéré :

propre de la ville antique, qui se retrouve tout entier dans celui de Nefta.

La ville romaine, d'après la tradition locale, était située près de la koubba de Sidi Hassan Aïad, entre les collines sablonneuses où s'élève aujourd'hui Nefta et la rive du chott. Ses ruines sont complètement ensevelies sous les sables. Les dunes de Zafran-el-Kdima, au nord de l'oasis, recouvriraient également, au dire des indigènes, un faubourg de la ville antique. Le barrage de l'Oued Nefta, au-dessous de la ville, est construit en blocs romains, s'il ne date pas de l'époque romaine.

D'Aggarsel-Nepte à Agarsel, la route romaine suivait la rive méridionale du Chott el-Djerid[1]. Bien qu'on chemine constamment dans les sables ou sur les bas-fonds vaseux et couverts d'efflorescences salines qui forment la limite du chott dans la saison des pluies, il existe sur ce tracé un certain nombre de puits ou de sources qui rendent le trajet possible. Ces puits sont ceux de Rougâa, Bir Mechguig, Bir el-Hadjila, Bir ed-Douar, Bir Bou-Ksib, Bir Khenafès, Mouïat-Ali et El-Foouar. A 13 milles de cette dernière source, près de Douz, on rencontre une des oasis les plus occidentales du Nefzâoua, El-Kalâa, où se trouvent les débris d'un poste romain. C'est là que nous plaçons *Agarsel*.

AGARSEL.

PUTEO.

Les 14 milles comptés entre cette station et la suivante, *Puteo*, conduisent exactement, dans la direction de l'est, à *Biar Abdallah*, « les puits d'Abdallah ».

Le chiffre suivant, VII, inscrit entre Puteo et *Mazatanzur*,

il faudrait lire *Agar-së-Nepte* « Agar dans (l'oasis de) Nefta ».]

[1] [La feuille de la carte de l'état-major correspondant à cette région n'a pas encore paru au moment où nous mettons sous presse. — M. Duveyrier nous fait observer qu'il y avait une voie romaine traversant le chott, de Sedâda au Nefzâoua ; le puits coffré à l'orifice en pierres de taille, au milieu du chott, dans le lit de l'Ouâd El-Soreïnat qui apporte de l'eau douce, en est une preuve. — S. R.]

est certainement inexact : il faut lire xii ou plus probablement xv. Les deux premiers points d'eau, en effet, au delà de Biar Abdallah et dans la direction que suivait la route frontière, sont la petite oasis de Tourki, à 16 kilomètres du point où nous retrouvons Puteus, et le puits romain de Sidi-Mohammed-ben-Aïssa à 22 kilomètres du même point et à 7 kilomètres à l'est de Tourki. La station antique ne pouvait se trouver qu'à l'une de ces deux aiguades. La synonymie de *Mazatanzur* et de Bir Sidi-Mohammed-ben-Aïssa nous paraît de beaucoup la plus probable pour les deux raisons suivantes. Tourki, d'une part, occupe un bas-fond sur l'Oued Delim, et il est peu vraisemblable que le poste de Mazatanzur ait été placé dans une situation aussi défavorable. Bir Sidi-Mohammed-ben-Aïssa, au contraire, est situé immédiatement au-dessous d'un éperon rocheux du Djebel Oumm-ech-Chih' appelé *Merkeb el-Dhiâb* المركب الذياب, la «vedette des chacals». Cette éminence, qui domine toute la plaine d'El-Kedoua, est encore un des postes d'observation des Beni-Zid. Nous pensons, d'autre part, que le nom liby-phénicien de Mazatanzur fournit une indication topographique à l'appui de la correspondance que nous proposons. Le dernier élément de ce composé est probablement le mot punique צור «rupes», et l'accident de terrain qu'il désigne est représenté par Merkeb el-Dhiâb, tandis qu'on ne le retrouve pas à Tourki. Enfin il n'existe pas, que nous sachions, de vestiges antiques à Tourki, alors que les ruines de Bir Sidi-Mohammed-ben-Aïssa sont incontestablement celles d'une station romaine dont l'importance est attestée par une tradition saharienne : les indigènes prétendent que les matériaux employés à la construction de Bir Zemmit et de Bir Bou-Tenna, puits situés à une assez grande distance vers l'est, proviennent de Merkeb el-Dhiâb et de Bir Sidi-Mohammed-ben-Aïssa.

MAZATANZUR.

C'est donc le chiffre xv qu'il faut substituer, dans la Table de Peutinger, au chiffre vii. La correction que nous indiquons est du reste absolument nécessaire : en maintenant la donnée numérique de la Table, la distance totale de Puteus à Tacape est trop faible de huit milles, tandis qu'en l'augmentant d'autant, les trois dernières distances partielles se retrouvent exactement sur le terrain.

TINZIMEDO. A la hauteur de Puteo, la Table de Peutinger dessine une route secondaire qui se dirige vers le sud, et aboutit à *Tinzimedo* [1], sans indication de distance.

La direction de cette route est certaine : elle est indiquée par la configuration du terrain. Mazatanzur était situé dans l'angle ouvert formé par la rencontre du massif de Tbaga, dirigé de l'est-sud-ouest à l'est-nord-est, et de la chaîne de Matmata, qui court du nord-ouest au sud-est.

La voie secondaire de Puteus à Tinzimedo jouait sur le versant sud de la chaîne de Matmata le rôle de route frontière, que remplissait la voie principale en longeant le pied des plateaux de Tbaga. Nous verrons plus loin qu'elle se prolongeait, selon toute apparence, jusqu'à Tacape, en enfermant dans une vaste ellipse toute la partie de la chaîne tripolitaine qui s'étend de Kabès jusqu'au lac de Bibân.

Tinzimedo ne peut être, dans notre conviction, que Bordj el-Biar-Zemmit, le «fort des puits de Zemmit». Ce dernier nom reproduit celui de la station antique, *Zimedo*, dépouillé du préfixe *tin*, qui avait probablement en libyen le même sens

---

[1] On a lu tour à tour, sur la Table, *Tinzimedo* et *Tinzunedo*. Quelle que soit l'orthographe adoptée par le moine de Colmar, la forme *Tinzimedo* doit être la vraie. Au point de vue de la phonétique libyenne, elle est plus vraisemblable que l'autre; elle est plus voisine, en outre, de la variante *Tingimie* (*Tinzimie*), qui se trouve dans l'Anonyme de Ravenne; elle se retrouve enfin, comme nous le verrons, dans la nomenclature moderne.

que *tîn, ten, tân* en berbère : « celui de, celle de, l'endroit de ». Le bordj indigène de Biar Zemmit n'est qu'un simple retranchement construit en pierres sèches, à l'ouest des puits. Du côté de l'est, ces mêmes puits sont dominés par un monticule que couronnent les vestiges d'un poste romain. La distance de ce point à Biar Abdallah est de 38 kilomètres. La route traversait de l'ouest à l'est le Bahìrt el-Kedoua[1], plateau que les sables envahissent déjà, mais qui offre encore, au printemps, quelques pâturages fréquentés par les Beni-Zid. Parmi les plantes qui le couvrent d'une maigre végétation, celle qui domine est l'*a'dhem* عدم, espèce de jonc à tige courte dont les bestiaux sont très friands. On y trouve également le *terfès* ou truffe blanche.

A partir de Mazatanzur, la voie romaine longeait, en s'infléchissant vers le nord-nord-est, le versant occidental du Djebel Oumm-ech-Chih' et atteignait *Timezegeri turris* à Henchir el-Baguel, au pied des derniers contreforts du Djebel el-Madjen. La distance de ce point à Merkeb el-Dhiâb est de vingt-quatre kilomètres : il faut donc lire xvi au lieu de vi sur la Table de Peutinger[2].

TIMEZEGERI TURRIS.

Les ruines d'Henchir el-Baguel هنشير الباقل « ruine de l'*Anabasis articulata* » sont celles d'une tour romaine construite en blocs de très grandes dimensions, et mesurant environ vingt-cinq mètres de circonférence. Elles couronnent le sommet de la colline à laquelle fait allusion le nom de la station antique : on sait que le mot libyen *zegeri* signifiait colline : Hérodote, qui nous l'a conservé, le traduit par βουνός.

---

[1] Le mot *Kedoua* كدوة dans le dialecte saharien désigne une plaine élevée, un plateau. [Il est aussi synonyme de كدية *Koudiya*, « colline ». — Note de M. H. Duveyrier.

[2] [Il n'y a que 20 kilomètres à vol d'oiseau entre Merkeb el-Dhiâb et Henchir el-Baguel, où la carte au 200000ᵉ signale des ruines romaines et un puits romain. — S. R.]

À 1,500 mètres au sud-ouest de la tour se trouve le poste principal, appelé par les indigènes Kalâat el-Benia.

L'enceinte, construite en grands blocs soigneusement appareillés, dessine un rectangle de 63 pas sur 47. Les assises inférieures sont formées de pierres taillées en bossage. Quatre portes défendues chacune par une tour carrée s'ouvrent sur les quatre faces de l'édifice, dont les angles sont également protégés par des tours.

La tour de Timezegeri était le point d'attache d'une longue et épaisse muraille que la carte de 1857 désigne sous le nom de *chaussée romaine*. Cette puissante *clausura* se prolonge en ligne brisée dans la direction du nord-ouest et sur une étendue de plus de quinze kilomètres, jusqu'à un ravin appelé *El-Fratis* qui aboutit à la rive méridionale du Chott el-Djerid. Nul doute qu'elle ne fût destinée à fermer aux Nomades l'accès du plateau qui s'étend entre la route stratégique de la Table et celle qui longe dans l'Itinéraire d'Antonin, comme nous le verrons plus loin, la rive sud du chott de Kabès à Oumm-es-Somâa.

AVIBUS.

À quatre milles au delà de Timezegeri turris, la voie romaine, courant de l'ouest à l'est, atteignait la dernière station, *Avibus*, à Henchir el-Hadjar, ruines assez considérables situées au pied des hauteurs de Sidi-Guenaou, puis elle reprenait sa direction générale jusqu'à Tacape.

Les deux distances partielles marquées par le routier romain sont exactes[1].

La Table de Peutinger indique entre Avibus et Silesua une

---

[1] [Nous croyons, au contraire, que les distances indiquées sont erronées. Henchir el-Hadjar est à 24 kilomètres (16 milles) d'Henchir el-Baguel et à 32 kilomètres (21 milles) de Kabès. La Table indique à tort 10 et 19 milles, à supposer que les correspondances proposées soient exactes. — S. R.]

route directe de dix-huit milles, qui reliait les deux grandes voies stratégiques conduisant de Thélepte à Tacape, l'une par le nord, l'autre par le sud du Chott el-Djerid. Le chiffre xviii est certainement faux. Il faut lire xxviii[1].

§ 28. — ROUTE DE TACAPE À VERI PAR MARTAE.

Il faut également ranger parmi les routes stratégiques du sud la voie que la Table de Peutinger dessine entre Tacape et Veri, dont les stations se retrouvent également dans l'Anonyme de Ravenne. Il est à remarquer que le tracé général de cette

TABLE DE PEUTINGER.		ANONYME DE RAVENNE.
Tacape col.................		*Tacapas.*
	x	
Martae.....................		*Marthae.*
	xxvi	
Afas Lupeici...............		*Afas Lucernae.*
	v	
Augarmi....................		*Agarmi.*
	xxv	
Ausere fl...................		*Auceritim.*
	"	
Putea.......................		*Ad Putam.*
	"	
Laminie.....................		*Lamie.*
	"	
Veri........................		*Afas Veran.*

route, dont nous donnons le fac-similé à la page suivante, est parallèle à la grande voie du littoral, tandis que le segment qui la rattache à Tacape par Martae est perpendiculaire à ce même tracé et ne constitue en réalité qu'un raccordement entre les deux routes parallèles. Il convient également d'observer que la voie se termine, au delà des deux stations

---

[1] [Il y a 42 kilomètres à vol d'oiseau. — S. R.]

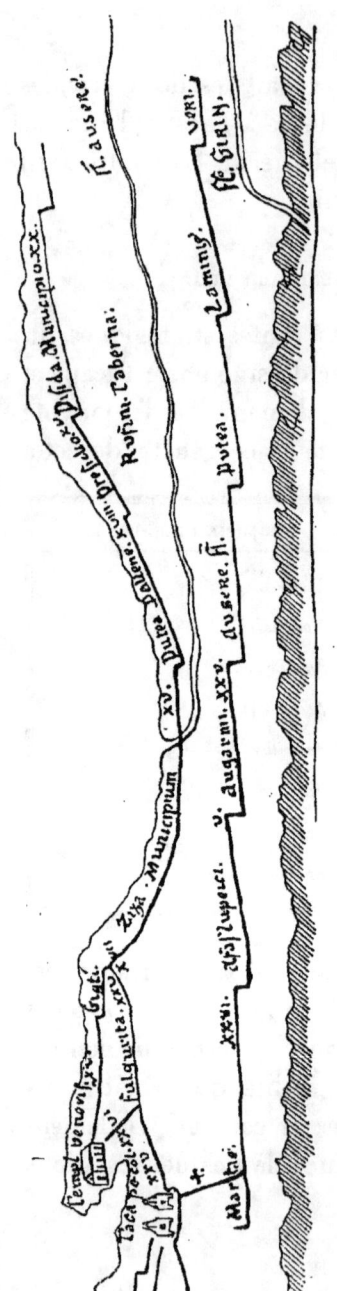

MARTAE
(*Maret*).

extrêmes de Martae et de Veri, par deux crochets semblables à celui que dessine l'extrémité de la route de Mazatanzur à Tinzimedo.

Nous rechercherons tout à l'heure ce que peuvent signifier ces deux crochets. Quant à la partie de la route comprise entre Tacape et le fleuve Ausere, le tracé n'en est pas douteux. C'est celui que suit encore, parallèlement au littoral, la route arabe de Kabès à l'Oued Fessi et à la frontière tripolitaine.

Martae, placée par la Table à 10 milles de Tacape, devrait se retrouver, à pareille distance au sud-sud-est de Kabès, aux ruines d'Henchir Gamzouzi, près de Zerig-el-Barrania, de même que la seconde station, Afas Lupeici, indiquée à 26 milles plus loin, correspond à Henchir Tebel, situé exactement à 53 kilomètres ou 36 milles romains de Kabès. Nous pensons toutefois que les deux chiffres sont transposés, et que les 26 milles inscrits entre Martae et Afas Lupeici doivent être reportés entre Martae et Tacape. Il existe, en effet, précisément à 26 milles au sud-sud-est de Kabès, une localité dont le nom, *Maret*, reproduit celui de la première station de la Table. C'est là, nous en sommes convaincu, qu'il faut chercher Martae. M. Partsch, qui ne propose cette synonymie que sous certaines réserves[1], retrouve avec raison dans la Martae de la Table de Peutinger la *Marta* de la *Johannide*, théâtre d'une défaite du héros du poème :

> ..... junctasque mari distendit harenas
> Marta mali genetrix, tristes quos cernere campos
> Vitasset Romana manus, ni fata dedissent
> Invida saepe, bonis licet, ultima rumpere fila[2].

Située dans la plaine sablonneuse des Hamema, entre le littoral et la chaîne saharienne, Maret occupe bien la position topographique que caractérise le premier de ces quatre vers. Elle paraît avoir toujours été habitée depuis l'époque romaine : le cheikh Et-Tidjâni, dont le voyage date de 1308, la mentionne sous le nom de *Mâret* مارت[3].

Afas Lupeici est certainement Henchir Tebel, ruine située entre Ksar el-Medjeni et la kasba d'Oumm-Medjessar, à la pointe septentrionale d'un éperon projeté par le Djebel Leben. Ce nom d'*Afas*, que nous retrouverons appliqué à une autre station de la même route, paraît être un nom générique[4].

AFAS LUPEICI,
AFAS LUCERNAE
(*Henchir Tebel*).

---

[1] *Monum. Germ. hist.*, t. III, II, p. XXXIII, note 178 : « Si nominum magis similitudini quam Tabulae numeris confidere liceret, Martam non x, sed xxv m. p. meridiem versus a Tacape afuisse suspicarer, ubi vicus haud exiguus Maret situs est... Ceterum Martae praeter Anonymum Ravennatem scriptorum veterum nemo mentionem fecisse videtur nisi forte oppidulum nomine Μαρθαμά denotatur in Appiani *Punicis*, 55. » Ce dernier rapprochement nous paraît inadmissible. Marthama devait être dans le voisinage d'Hadrumète (*supra*, t. I, p. 560).

[2] *Johann.*, II, v. 80-83. Les premiers éditeurs de la *Johannide* avaient vu un nom de lieu, *Martamali*, dans les deux premiers mots du vers 81.

[3] Moula Ahmed, qui écrivait au XVIIe siècle, la cite également (p. 267), mais il donne la véritable orthographe, مارث *Mâreth*, conforme à la pronciation actuelle.

[4] *Afas* אָפֵס est un mot punique : dérivé du radical אָפַס « cessavit », il a en hébreu le sens de « finis, extremitas », et se trouve dans la géographie de la Palestine sous la double forme אֶפֶס דַּמִּים (*Sam.*, I, XVII, 1) et פַּס דַּמִּים (*Paralip.*, I, XI, 13).

Quant au qualificatif de la Table de Peutinger, *Lupeici*, l'Anonyme de Ravenne nous en donne peut-être la leçon exacte : *Lucernae*[1].

AUGARMI
(*Koutin* ou *Kouctin*).

Les cinq milles indiqués par la Table entre Afas Lupeici et *Augarmi*[2] se retrouvent exactement entre Henchir Tebel et les grandes ruines de Koutin, situées au confluent de l'Oued Oumm-Medjessar et de l'Oued Mesmeus[3]. Les reconnaissances manuscrites de Pricot Sainte-Marie signalent à Koutin les débris d'un mur d'enceinte, d'un théâtre et d'un grand mausolée. Nous savons par Et-Tidjâni que l'Oued Oumm-Medjessar a de l'eau toute l'année dans la partie inférieure de son cours.

AUSERE FL.
(*Oued Neffetia*).

A vingt-cinq milles d'Augarmi, la voie romaine atteignait l'Ausere. Ce fleuve, ainsi que nous l'avons déjà dit, a été identifié jusqu'ici à l'Oued Fessi, et l'on peut alléguer, à l'appui de cette synonymie, que l'Oued Fessi est le cours d'eau le plus important de toute la région comprise entre Kabès et la frontière tripolitaine. Une considération décisive, toutefois, nous empêche de nous rallier à l'opinion commune. La Table de Peutinger fait déboucher l'Ausere dans la Méditerranée, entre Zitha et Putea Pallene (Kasr Nouâra). Or l'Oued Fessi se jette au sud de ce dernier point dans le lac de Bibân. L'Ausere nous paraît donc être représenté par l'Oued Neffetia, dont le

---

[1] [Nous préférerions lire *Luperci*. — S. R.]

[2] La forme *Augarmi* nous paraît plus correcte que la variante *Agarmi* donnée par l'Anonyme de Ravenne. La syllabe initale *au*, équivalente au berbère *aou*, se retrouve dans un assez grand nombre de noms de lieux libyens.

[3] Koutin a été oubliée sur la carte de 1857, mais elle figure sur la carte au 200000ᵉ que publie en ce moment le Dépôt de la guerre. D'après les indigènes, le véritable nom serait *El-K'ouatin* القواطين «les deux tentes», que l'on prononcerait *Gouatin*. [L'Oued Mesmeus manque sur la carte au 200000ᵉ, mais M. Tissot en parle d'après les reconnaissances manuscrites de Sainte-Marie, et nous avons sous les yeux un croquis qu'il avait dessiné d'après ces renseignements. — S. R.]

cours inférieur forme la Sebkhat el-Melah', qui communique elle-même avec la mer, au nord de Kasr Nouâra, par le canal de Mersa-el-Lif. La synonymie de l'Ausere et de l'Oued Bou-Hamed, qui a pour elle le chiffre de xxv milles inscrit par la Table de Peutinger entre Augarmi et le fleuve, ne nous paraît pas acceptable pour la même raison. L'Oued Bou-Hamed, en effet, se jette dans le canal qui sépare l'île de Djerba du continent, entre Sidi-Salem-Bou-Ghrara et Ziân. L'Oued Neffetia se trouve donc seul dans les conditions topographiques indiquées par l'*Itinerarium pictum*, et nous croyons dès lors à une altération du chiffre primitif : au lieu de xxv milles nous lisons xxxv milles, distance qui sépare l'Oued Neffetia de Koutin. La distance est d'un peu plus de 50 kilomètres en ligne droite[1].

Quel était, au delà de la station de l'Ausere, le tracé de la route romaine? Franchissait-elle le fleuve, comme l'a cru Lapie, pour atteindre Sabrata? Sans admettre qu'elle se prolongeât aussi loin, peut-on supposer qu'elle se terminait à la côte, de façon à fermer le polygone compris entre son parcours et celui de la voie du littoral? D'après les indications de la Table, elle aurait pris une direction fort différente. La route, en effet, telle qu'elle est représentée, ne franchit pas l'Ausere : elle en remonte la rive gauche jusqu'aux montagnes où le fleuve prend sa source. Si nous tenons compte de ce renseignement, il faut admettre que la voie romaine, après avoir touché l'Ausere, prenait à partir de là la direction du sud-sud-ouest et gagnait la chaîne des Ghoumrassen[2] par la rive gauche de l'Oued Neffetia. Cette hypothèse nous paraît de

---

[1] On compte près de 50 milles (47 milles et demi en ligne droite) entre Koutin et l'Oued Fessi. La correction serait donc plus considérable et l'erreur moins facile à expliquer si ce cours d'eau représentait l'Ausere.

[2] [Plus correctement *Ghomerâsen*. — Note de M. H. Duveyrier.]

beaucoup la plus vraisemblable. Il existe entre Oglet-Neffetia, équivalent de la station de l'Ausere, et le bourg berbère de Douirat une route qui fait communiquer le Sahel avec le Sahara, et qui offre dès lors une véritable importance au point de vue militaire. Il est donc possible, probable même, que le crochet qui termine la route de la Table, à Veri, représente l'amorce de cet *iter* non classé parmi les grandes voies, de même que le crochet qu'on remarque à l'extrémité opposée de cette route, au delà de Martae, figurerait le point d'attache d'un *iter* analogue conduisant à la voie stratégique qui longeait la rive méridionale du Chott el-Djerid. La route de Tacape à Veri par Martae, en d'autres termes, aurait été une *via strata*, parallèle au littoral et complétée par un chemin stratégique non tracé, mais praticable en toutes saisons, qui contournait au sud la chaîne tripolitaine, de même que la route actuelle d'Oglet-Neffetia à Douirat se prolonge sur le versant saharien de cette chaîne par Bir Soultan, Bir Bou-Tenna et Biar Zemmit, et rejoint la route conduisant du Nefzâoua à Maret par la Kalâa des Beni-Aïssa[1]. La conjecture que nous émettons est confirmée par le texte de l'Anonyme de Ravenne, qui cite immédiatement après *Afas Verim*, la *Veri* de la Table, *Tingimie, Putam, Agasel* et *Nepte*. Or Tingimie est certainement la Tinzimedo de la Table de Peutinger, placée, comme on l'a vu, sur une route saharienne qui se détache à Puteo de la grande voie de Théveste à Tacape par Nepte. Putam et Aga-

---

[1] Bir Bou-Tenna est certainement un poste romain. On y remarque un puits antique, de forme carrée, mesurant 1^m,50 à l'orifice et profond de quinze à dix-huit brasses. A quelques pas de ce puits, se trouve un autre puits comblé. Les ruines de la station sont à une soixantaine de pas du côté de l'ouest. Un indigène de la tribu des Beni-Zid m'a affirmé, en 1857, qu'il avait vu une inscription romaine près du puits principal. Cette pierre servait de point d'appui aux cordes de puisage, dont le frottement l'avait entaillée.

sel sont évidemment les deux stations de Puteo et d'Agarsel nommées par la Table sur cette même voie. Il paraît donc bien que l'Anonyme de Ravenne indique un chemin de communication entre la route de Tacape à Veri et la route de Théveste à Tacape par Nepte, chemin qui passait par Tinzimedo, dont l'identité avec Biar-Zemmit n'est pas douteuse à nos yeux.

§ 29. — ROUTE DE TACAPE À LEPTIS MAGNA PAR TURRIS TAMALLENI.

STATIONS.	DISTANCES.
Tacape...............	
Aquas................	XVIII
Agarlabas............	XXX
Turre Tamalleni......	XXX
Ad Templum..........	XII
Bezereos.............	XXX
Ausilimdi............	XXXII
Agma................	XX
Augemmi.............	XXX
Tabalati.............	XXX
Thebelami............	XXV
Tillibari.............	XX
Ad Augmadum........	XXX
Thabunacti...........	XXV
Thramusdusim........	XXV
Tramascaltin.........	XXX
Thenteos.............	XXX
Avrv................	XXX
Vinaza...............	XXXV
Talalati..............	XVI
Thenadassa...........	XXVI
Mesphe...............	XXX
Lepti Magna..........	XL
	DCIV

La route de Thélepte à Tacape par la route méridionale du lac Triton ne figure pas dans le réseau de l'Itinéraire d'Antonin, mais Tacape devient le point de départ d'une ligne nouvelle, qui s'étend jusqu'à Leptis Magna, en reliant tous les postes échelonnés sur la frontière méridionale de la Tripolitaine. L'Itinéraire désigne cette route stratégique sous le nom de « Iter quod limitem Tripolitanum per Turrem Tamalleni a Tacapis Lepti Magna ducit ». Longue de 604 milles, elle passe successivement par Ad Aquas, Agarlabas, Turris Tamalleni, Ad Templum, Bezereos, Ausilimdi, Agma, Auzemmi, Tabalati, Thebelami, Tillibari, Ad Augmadum, Thabunacti, Thramusdusim, Thamascaltin, Thenteos, Auru, Vinaza, Talalati, Thenadassa et Mesphe.

D'Anville a pensé que cette longue route conduisait à Ghadamès, et Lapie lui assigne le même tracé. Mannert y voit un chemin de caravanes qui conduisait au Fezzan et dans le pays des Garamantes. Ces deux hypothèses ne sont pas soutenables. La somme des distances est beaucoup trop faible pour qu'on puisse supposer que la route dont il s'agit allait chercher Cydamus pour revenir à Leptis. Le nom de Cydamus, d'ailleurs, n'y figure pas, et il faut toute la bonne volonté qu'y a mise Lapie pour le retrouver dans celui d'Ad Augmadum. Enfin le titre même que l'Itinéraire donne à cette route, *Iter quod limitem Tripolitanum ducit,* prouve qu'il s'agit d'une voie stratégique longeant la *frontière militaire* de la Tripolitaine : tel est en effet le sens exact du mot *limes*. Or, pour répondre aux nécessités qui l'avaient fait créer, cette voie ne pouvait suivre que la ligne de défense naturelle que forme, de Kabès à Lebda, la longue chaîne des montagnes de Matmata, du Djebel Ourghamma, du Djebel Nefouça et du Djebel Tarhouna.

Il est certain d'ailleurs que cette route faisait un détour vers l'intérieur avant de parcourir, parallèlement au littoral, la ligne des ksour tripolitains. Ce détour est prouvé par le développement du tracé, beaucoup trop court pour expliquer une pointe sur Ghadamès, mais trop long, d'autre part, pour s'appliquer exclusivement à la ligne des ksour. La direction que prenait la voie romaine, en quittant Tacape, nous est révélée par le nom de la première station : *Ad Aquas*. Il s'agit évidemment, bien que Mannert ait soutenu l'opinion contraire, des *Aquae Tacapitanae* (Hamma) de la route de Tacape à Thélepte par Capsa qui portent, dans la Table de Peutinger, le même nom d'*Ad Aquas*. La distance, XVIII milles, est précisément celle que l'Itinéraire indique, dans la route précitée, entre Tacape et Aquae Tacapitanae. Les eaux thermales d'Hamma sont d'ailleurs les seules qui existent dans un rayon de trente ou quarante milles autour de Kabès. Le doute n'est donc pas possible : la route stratégique, au sortir de Tacape, prenait la direction de l'ouest.

Dans quel but? Évidemment pour envelopper dans la ligne de défense la riche presqu'île de Nefzâoua. Je me sers de ce mot de « presqu'île » comme de celui qui peint le mieux la configuration de cette partie du Sahara tunisien, et il suffit de jeter les yeux sur la carte pour en reconnaître toute la justesse : la grande chaîne tripolitaine, parallèle au littoral de la Méditerranée jusqu'à Kabès, projette à cette hauteur, vers l'ouest, un chaînon qui, sous le double nom de Djebel Tbaga et de Djebel Rsifa[1], s'avance comme un promontoire dans les bas-fonds

---

[1] Ce nom de *Djebel Reçifa*, omis par la carte du Dépôt de la guerre, est appliqué par les indigènes à la partie occidentale de la chaîne. Le Djebel Reçifa se compose d'une série de pics aigus de même hauteur et de même forme, qui présentent la disposition régulière des dents d'une scie. [Djebel Reçifa (جبل رصيفة) signifie la « montagne solide » ou bien la « montagne de récifs ». Notre mot *récif* vient de l'arabe رصيف *reçîf*. — Note de M. H. Duveyrier.]

du Chott el-Djerid. Les quarante-sept oasis du Nefzâoua se groupent sur les deux versants de cette arête, que contournait la route stratégique de l'Itinéraire.

AGARLAVAS
(*Tâmra*
sur
*l'Oued Nebch-
ed-Dib*).

Agarlavae ou *Agariabae*, indiquée à 30 milles d'Ad Aquas, se retrouve à pareille distance d'Hamma, sur les pentes septentrionales du Tbaga, un peu au delà de l'Oued Nebch-ed-Dib. Les ruines romaines qui m'avaient été signalées sur ce point par des habitants de Telemin ont été relevées depuis par M. Henri Duveyrier (1860). Elles sont situées au pied de la montagne, près d'une source entourée de palmiers, et portent le nom de *Tâmera* تامرة.

Lapie considère à tort Agarlavas et Silesua comme une seule et même station.

La forme *Agarlavas* me paraît préférable à la leçon *Agariabas* adoptée par Parthey et Pinder. C'est celle que donnent la plupart des manuscrits [1], et elle s'explique mieux au point de vue étymologique. Agarlavas, qui devait se prononcer *Agarlaouas*, est un composé libyen dont le premier élément, *Agar*, nous est déjà connu. Le second, *Laouas* ou *Laoua*, n'est vraisemblablement pas autre chose que le nom d'une des tribus libyennes qui habitaient le sud de la Byzacène, les *Leouâta*[2], descendants de Leoua. Procope, qui les désigne sous le nom de Λευαθαί, les place dans le voisinage des Syrtes[3], là même où les signalent encore les auteurs arabes du moyen âge[4].

---

[1] Sept manuscrits donnent *Agarlavas*, deux *Agarlavis*, deux autres *Argalauis*. Trois manuscrits donnent les variantes *Agarlanis*, *Agardavis*, *Agardanis*.

[2] Le *t* berbère a parfois le son sifflant du ث *tsa* arabe.

[3] *B. V.*, II, 21 : Μαυρούσιοι δὲ οἱ Λευαθαί καλούμενοι. Cf. Théophane, *Chronogr.*, I, p. 335. Les *Leouâta* sont cités par Corippus sous les noms de *Laguatan*, *Ilaguatan*, *Ilaguas* (*Johann.*, I, 144, 467; V, 153; I, 478, etc.). [Voir l'index de l'édition Petschenig, Berlin, 1886. — S. R.]

[4] Ibn Khaldoun entre autres. El-Bekri en place une fraction dans le voisinage de Kabès.

Agarlavas signifierait donc l'« Agar de Leoua » ou « des *Leouâta* », comme *Agar sel Nepte* signifierait l'« Agar des *Napata* ».

Le nom de *Turris Tamalleni* offre une certaine analogie avec celui de *Telemin*[1], une des principales oasis du Nefzâoua, et la correspondance de ces deux localités est généralement considérée comme certaine[2]. Mannert est un des rares géographes qui ne l'aient pas admise; supposant à tort que la route de l'Itinéraire se confond, dans la première partie de son tracé, avec celle que la Table de Peutinger indique entre Tacape et Veri, il considère Turris Tamalleni comme la *Laminie* placée par la Table sur la route de Tacape à Veri et dont l'emplacement lui est d'ailleurs inconnu.

TURRIS TAMALLENI (*Oumm-es-Somâa* près de *Telemin*).

Je me range à l'opinion qui a prévalu, et j'admets comme certaine la correspondance de Telemin et de la *Tamalleni* romano-libyenne. Mais il y a peut-être lieu de distinguer entre la ville antique *Tamalleni* ou *Tamallen*[3] et la « Tour de Tamalleni ». Les 30 milles indiqués par l'Itinéraire entre Agarlavas et Turris Tamalleni ne conduisent pas en effet à Telemin mais à Oumm-es-Somâa, située à six ou sept milles plus à l'ouest, à l'extrémité de l'arête dont nous avons parlé. J'ai trouvé sur le sommet de la colline d'Oumm-es-Somâa, dont le nom signifie précisément la « mère de la tour »[4], les vestiges d'une tour de garde romaine entourée de quelques autres débris antiques. C'est là, si je ne me trompe, que devait être la Turris Tamalleni de l'Itinéraire.

Le poste romain le plus occidental du Nefzâoua ne pouvait pas être à Telemin même, qui est dominée : il devait nécessai-

---

[1] [Plus correctement *Tillemín*. — Note de M. H. Duveyrier.]

[2] [Guérin, *Voyage*, I, p. 244; Tissot, *Revue africaine*, t. V, p. 287; *C. I. L.*, VIII, p. 21. — S. R.]

[3] Peut-être *Tamelient* « la blanche » pour *Tamellalt*, par une de ces permutations des deux lettres *l* et *n* qu'on observe dans les dialectes berbères.

[4] [« La mère du minaret. » — H. D.]

rement occuper le point culminant d'Oumm-es-Somâa, d'où le regard embrasse la plus grande partie du bassin du Chott el-Djerid et plonge, jusqu'à l'horizon, dans les solitudes du désert, d'où pouvait venir le danger.

Telemin est riche en débris romains. Les remparts qui la défendent sont construits en partie avec des matériaux romains et reposent, en certains endroits, sur les substructions de la muraille antique.

La source abondante qui jaillit dans l'enceinte même de la ville est entourée d'un bassin de construction romaine, comme le canal par lequel s'écoule le trop-plein de ses eaux.

Le *saxum quadratum* forme la base ou tout au moins les angles de la plupart des maisons de Telemin. La mosquée paraît avoir remplacé une basilique chrétienne. Enfin il existerait, au dire des indigènes, au nord-est de l'oasis, un *Termil* ou réservoir antique, semblable à celui de Kafsa, dont les eaux s'écouleraient en partie dans le petit lac de Telemin, en partie dans la ville même. Le temps m'a manqué, malheureusement, pour le visiter.

L'inscription suivante, copiée par Grenville Temple, existe encore dans une des maisons de Telemin : elle est gravée sur une des assises d'un pilier qui soutient la voûte[1] :

SEX COCCEIO VIBIANO
PROCOS PROVINCIAE AF
PATRONO M D D P P

J'ai trouvé en outre, dans une maison appartenant au caïd,

---

[1] [Temple, *Excursions*, II, p. 322; Tissot, *Revue africaine*, V, p. 287; Guérin, *Voyage*, I, p. 244; *C. I. L.*, VIII, 84. La copie du *Corpus* ne marque pas de points entre les mots; ils sont au contraire indiqués sur une copie manuscrite de M. H. Duveyrier (1860) que nous avons sous les yeux. — S. R.]

cette seconde dédicace, gravée sur un bloc engagé dans la muraille[1] :

Érigée en municipe par Hadrien, ainsi que le constate la dédicace que nous avons reproduite, Tamalleni devint plus tard le siège du *Praepositus limitis Thamallensis*, qui figure au premier rang parmi les seize lieutenants du *Comes Africae*, et fut le lieu d'exil de l'évêque de Carthage Eugenius, proscrit par Huneric. L'orthographe de la Notice et des documents chrétiens, qui écrivent *Thamalleni*, est peut-être plus conforme que celle de l'Itinéraire aux traditions de l'épigraphie africaine[2].

Turris Tamalleni, ainsi que nous l'avons fait remarquer, était la station la plus occidentale de la route stratégique de l'Itinéraire. A partir de ce point, la voie prenait la direction du sud-est et longeait le versant méridional de la grande arête du Nefzâoua, en croisant probablement, à la hauteur de Mazatanzur, le tracé de la Table de Peutinger.

Si la distance de 12 milles indiquée par l'Itinéraire entre Turris Tamalleni et *Ad Templum* est exacte, la dernière de ces

AD TEMPLUM (*Kebilli*?).

---

[1] [Tissot, *Revue africaine*, V, p. 287; Guérin, *Voyage archéologique*, I, p. 244; C. I. L., VIII, 83. Une copie manuscrite de M. Duveyrier, que nous avons sous les yeux, indique clairement les deux derniers jambages de l'M dans 4VNICIP. — S. R.]

[2] [Pour les documents ecclésiastiques concernant Turris Tamalleni, cf. Morcelli, *Africa christiana*, I, p. 303; C. I. L., VIII, p. 21. — S. R.]

deux stations devrait se retrouver à Kebilli, où il existe des débris antiques[1]. La plupart des maisons de ce bourg sont construites avec des matériaux romains. Quelques ruines, situées à quinze minutes au nord de l'oasis, près des sources abondantes qui la fécondent, marquent peut-être l'emplacement du temple auquel faisait allusion le nom de la station romaine : deux fûts de colonnes mutilés sont encore couchés au milieu de grands blocs qui ont évidemment appartenu à un édifice de ce genre. Le nom que les indigènes donnent à ces ruines, *Efkeria*, ne s'explique ni par l'arabe ni par le berbère et n'est probablement que le mot byzantin εὐκαιρία, exactement conservé par la tradition locale. Ce mot d'εὐκαιρία serait-il lui-même la traduction grecque du nom de la divinité à laquelle était consacré le temple, la *Bonne Fortune* romaine ou la *Gad* orientale?

Tout près d'El-Efkeria, sur une colline, s'élevait une tour romaine appelée Kasr el-Beiaz et construite en pierres de grand appareil, dont il ne reste plus que quelques débris. Les ruines d'un autre poste situé à peu de distance de là, dans la direction du nord-ouest, près d'Aïn Cheria, semblent indiquer le tracé de la voie stratégique entre Turris Tamalleni et Ad Templum, comme celles de Kasr-Aïn-Oumm-el-Hanach[2], d'Henchir el-Aguerba, d'Henchir el-Asnam et d'Henchir Oued-el-Hadj-Mahmed la jalonnent dans la direction de l'est. Le poste d'Henchir el-Aguerba commandait l'espèce de défilé que forment au nord les pentes escarpées du Djebel Touâl, au sud les bas-fonds de Garâat Guettis. Les ruines d'*Henchir el-Asnam*[3] sont celles

---

[1] L'hypothèse de Shaw et de Temple, qui voient dans Kebilli la *Vepillium* de Ptolémée, ne repose que sur une analogie fort lointaine entre les deux noms.

[2] [Guérin, *Voyage archéologique*, t. I, p. 239. — S. R.]

[3] منشم الأصنام « la ruine des idoles » (Guérin, *Voyage*, t. I, p. 238).

d'une enceinte rectangulaire de vingt pas sur quinze, construite en grands blocs soigneusement appareillés et environnée d'un fossé. Le poste d'Henchir Oued-el-Hadj-Mahmed mesure trente pas de circonférence[1]. Toutes ces ruines, du reste, sont remarquables par la dimension des matériaux employés à leur construction et par le soin avec lequel ces grands blocs sont appareillés et assemblés : elles datent évidemment de la meilleure époque et ne portent aucune trace de remaniements byzantins.

Bezereos ou *Berezeos*, indiquée à 30 milles d'Ad Templum, se retrouverait à *Geudh'at-el-Outad*[2], poste romain semblable à ceux que nous venons de décrire, et comme dimension et comme construction.

BEZEREOS (*Geudh'at-el-Outad?*).

Les 32 milles qui séparaient Bezereos de la station suivante, *Ausilimdi,* conduisent, dans la direction de l'est, à un groupe de ruines situées à sept kilomètres environ au nord-est de Sidi-Guenaou, sur l'Oued el-Begueur, torrent qui va se perdre dans les bas-fonds d'Hamma Matmata. De ce point à Zarat, que nous considérons comme la station d'Agma, on compte précisément les 30 milles indiqués par l'Itinéraire. Toutes les distances partielles de cette longue route sont exactes en adoptant les correspondances que nous avons proposées. Le développement total du tracé est trop court de douze milles, au contraire, si l'on place Turris Tamalleni à Telemin.

AUSILIMDI.

La synonymie que nous établissons pour Agma s'appuie sur la direction générale de la route ainsi que sur l'identité de ce

---

[1] [Ce nom manque sur la carte au 200000°, mais il figure sur celle de M. Guérin, qui en indique clairement la position, *Voyage*, t. I, p. 238. — S. R.]

[2] La carte de l'état-major (1857) écrit par erreur *Guedab-el-Oued;* celle de M. Guérin *Guedah-el-Oudat* (*Voyage archéologique*, t. I, p. 288).

nom d'Agma avec celui de l'*Agma sive Falgurita villa* de la grande voie de Tacape à Leptis Magna.

AGMA (*Zarat*).

L'*Iter* de l'Itinéraire d'Antonin rejoignait donc le littoral en enfermant dans un triangle fermé par la Méditerranée tout le district de Nefzâoua et une partie de l'Arad. A partir d'Agma, la voie stratégique reprenait la direction du sud ou du sud-est pour rejoindre la ligne de faîte qui sépare le Sahara du Sahel. C'est ce qui indique la position de la station qui suit immédiatement Agma, *Augemmi*, certainement identique à l'*Augarmi*[1] de la Table de Peutinger que nous avons retrouvée à Koutin. Il faut renoncer, du reste, dans l'état actuel de nos connaissances géographiques, à déterminer l'emplacement des stations nommées après Augemmi : nos meilleures cartes sont insuffisantes. Une exploration méthodique de cette sauvage contrée pourrait seule permettre de fixer les synonymies des treize autres postes romains échelonnés jusqu'à Leptis, et dont les noms libyens se retrouveraient peut-être en partie dans ceux des ksour berbères. Il est difficile, en effet, de n'être pas frappé de l'analogie que présentent les noms de la Talalati libyenne et de la Talalat berbère; celui d'*Augmadum* se retrouve encore dans les dialectes du Rif et du Djerdjera sous la forme *Aouguemmadh*, « l'endroit situé au delà du gué, de l'autre côté de la rivière ». Une étude spéciale de cette contrée inconnue révélerait très certainement plus d'une homonymie de ce genre.

AUGEMMI, AUGARMI (*Koutin*).

[Les recherches d'une brigade topographique commandée par M. Lachouque ont fait découvrir, en 1885, un *oppidum* romain nommé Ksar Khelân, situé au sud-est de Kebilli, à

---

[1] Parthey et Pinder ont adopté à tort la variante *Auzemmi* des trois manuscrits JLP; tous les autres donnent la forme *Augemmi* ou les variantes équivalentes *Augemi* (Q), *Augemim* (U), *Augemini* (C), *Avigemmi* (B), *Ausemmi* (N).

300 mètres au nord-ouest des oglets d'El-Hagueff, le dernier point d'eau du Dhahar (Sahara tunisien), éloigné de 76 kilomètres au sud-est de Douz, l'oasis des Merazig.

[Les ruines, couronnant une petite éminence, renferment un poste avec réduit et un édicule séparé, situé à 15 mètres du poste et dominé par lui. Le poste est un rectangle de 25 mètres sur 30, formé d'un mur d'enceinte de 1 mètre d'épaisseur; les quatre angles sont arrondis; sur la face nord s'ouvre une porte cintrée large de 1^m,80. La partie inférieure du mur est en pierres de taille, la partie moyenne en blocage. Dans ces ruines on a découvert une inscription fragmentée qui porte une dédicace à l'empereur Commode. Le poste appartenait sans doute à un système de fortins chargés de garder les points d'eau sur la route de Ghadamès[1].]

Peut-être faciliterons-nous les recherches des futurs explorateurs en consignant ici les renseignements que nous ont fournis des indigènes de la Tripolitaine sur les localités de la ligne des ksour où se trouvent des ruines romaines[2].

[1] [« La chaîne des postes romains reliés au quartier général de Lambèse et établis sur la frontière sud de la Numidie, soit pour protéger les contrées pacifiées, soit pour assurer la marche des caravanes à travers l'intérieur, commence à être connue. Les inscriptions qui mentionnent les *praesidia* et les *vexillationes* de l'armée d'Afrique nous montrent en même temps jusqu'à quel point s'étendait le pouvoir du légat de Numidie. Au sud, le point extrême de l'occupation est Cydamus (Ghadamès, *C. I. L.*, VIII, n° 1); au sud-est c'est Bondjem, où M. le capitaine Lyon a retrouvé, en 1818, une forteresse élevée sous le règne de Septime Sévère par le légat de Numidie Q. Anicius Faustus (*C. I. L.*, VIII, n° 6); au sud-ouest, c'est l'Oued Agueneb... » (Villefosse, *Bulletin des antiquités africaines*, 1882-1883, p. 28).]

[2] [Nous avons hésité à publier les trois pages qui terminent ce livre, M. Duveyrier, auquel nous les avons soumises d'abord, nous ayant fait observer que les renseignements qu'elles contiennent paraissent entachés de nombreuses erreurs. Fidèle toutefois à notre principe de respecter le manuscrit de l'auteur, nous avons pris le parti de les donner à titre de document, et nous avons prié M. Duveyrier de bien vouloir y ajouter quelques notes. Nous remercions le savant explorateur d'avoir rendu ce dernier service au livre de notre ami commun. — S. R.]

ROUTE DE KABÈS À LEBDA PAR LA MONTAGNE[1].

LOCALITÉS.	DISTANCES QUI LES SÉPARENT.	RUINES.
Matmâta مَطْمَاطَه	8 heures de Kabès.	Deux ksour ou châteaux romains.
Toudjân توجَان	3 heures de Matmâta.	Kasr romain.
Demmer دَمَّر	8 heures de Toudjân.	Kasr romain.
Ghoumrâcen غُمْرَاسَن	2 heures de Demmer et 3 heures à l'ouest de Ksar Medenin.	Kasr romain.
Beni-Barka بني بَرْكَه	6 heures de Ghoumrâcen.	Kasr romain.
Ed-Douîrat الدويرَان	4 heures de Beni-Barka.	Deux ksour romains.
El-Kalâa القلعه	3 heures d'Ed-Douîrat.	Il y a au-dessus de cette localité deux ksour romains et d'autres ruines. A une heure de marche du côté de l'est, au bas de la montagne, il existe un troisième kasr, appelé *Kasr Mourân* قصر مُرَان. Au delà d'El-Kalâa, la route s'engage dans le *Djebel Abiad* جبل أبيض, qui est désert, et que l'on suit pendant vingt heures de marche pour arriver à *Oûazzen* وَازَّن. Point de ruines romaines.
Nalout نَالُوت	23 heures d'El-Kalâa.	Deux ksour romains [1].
Kâbâo[2] كَابَاو	5 heures de Nalout.	A une demi-heure de Kâbâo, sur le bord de la montagne, il existe des ruines romaines appelées *Kasr el-Djedidi* قصر الجديدي[3].
El-Bedarna[4] البَعَارْنَه	4 heures 15 minutes de Kâbâo.	Grande construction romaine appelée Deghghi et entourée de ruines[5].

[1] [C'est une ville moderne. — H. D.]
[2] [Même observation. — H. D.]
[3] [Je soupçonne que cette indication peut se rapporter au monument romain El-Qeçoûr, que j'ai découvert et qui se trouve exactement à trois heures de marche, 12,300 mètres, de Kâbâo. — H. D.]
[4] [Village moderne. — H. D.]
[5] [Deggui est un centre habité, et je doute qu'il y ait là une construction romaine. — H. D.]

[1] [Les notes sont dues à M. Henri Duveyrier, qui a exploré, en 1860, le Djebel Nefoûsa, alors inconnu dans toute sa moitié occidentale, c'est-à-dire de Taredié à Naloût. Pour la connaissance des ruines romaines qui se trouvent dans la moitié orientale, entre Gôdjila et Lebda (p. 710), il est indispensable de consulter le seul voyageur qui ait parcouru cette région: Henri Barth, *Reisen und Entdeckungen in Nord- und Central-Afrika*, Gotha, 1857, t. I, chap. II-V, et cartes 2 et 3.]

LOCALITÉS.	DISTANCES QUI LES SÉPARENT.	RUINES.
Edjridjen [1] اجْرِجن	30 minutes d'El-Bedârna....	A quinze minutes d'Edjridjen, il existe un kasr romain appelé *Kasr Zaárara* فصر زَعْرَارَة [2].
El-Beguiguila البغيغيلة	45 minutes d'Edjridjen.....	Au haut de la montagne, il y a un kasr romain [3].
Oued Seroûs واد سَرُوس	1 heure 20 minutes d'El-Beguiguila.	Localité inhabitée. Plusieurs ksour romains et d'autres ruines importantes [4].
Ebdellân أجْدِلَان [5]	6 heures de l'Oued Seroûs...	Localité inhabitée. Il y existe des ruines romaines considérables et des citernes parfaitement conservées.
Koutroûs فُطْرُس	2 heures d'Ebdellân.......	Kasr romain [6].
Selamat سَلَامَات	30 minutes de Koutroûs.....	Kasr romain.
El-Gataá [7] القَطَع	2 heures 10 minutes de Slamat.	Pas de ruines, mais à une heure de là, au nord de la route et sur le bord de la montagne, on trouve trois ksour romains, distants chacun d'une heure. Le premier s'appelle *Kasr Khachm-el-Djourâra* [8] فصر خَشْم الجَزَارَة, le second *Kasr el-Menara* فصر المَنَارَة et le troisième *Kasr ben-Moumen* فصر بن مُومَن.
Mektel-Abdoullah مقتل عبدالله	1 heure d'El-Gataá........	Inhabité. Il y existe des ruines romaines et des citernes. Ces ruines sont fort étendues et indiquent l'emplacement d'une ville fort importante.
Taghlis تَاغْلِيس [9]	30 minutes de Mektel-Abdoullah.	Inhabité. Là encore on trouve des ruines très considérables. Beaucoup d'inscriptions [10].

[1] [On prononce *Jeríjen*. C'est un village moderne, mais déjà abandonné. — H. D.]
[2] [C'est un centre habité et le nom est un synonyme d'El-Bedârna (page 708). *Za'arâra* serait le nom du village et *El-Bedârna* celui de la fraction de la tribu des Harâba qui l'habite. Il y a peut-être confusion avec *Kherbet Ouíghi*, située à 1 kilomètre environ de *Jeríjen*. Mais *Kherbet Ouíghi* serait, d'après mes renseignements, une ancienne ville berbère musulmane. — H. D.]
[3] [Renseignement douteux. — H. D.]
[4] [Seroûs (Cheroûs dans les textes manuscrits du moyen âge) est une ancienne ville berbère qui a son histoire; je l'ai vue et étudiée. — H. D.]
[5] [Le nom est *El-Bedílân* البَدِلَان. — H. D.]
[6] [Village habité. — H. D.]
[7] [On prononce *El-Qata'*. — H. D.]
[8] [On prononce *Khechem-el-Jourrâra*, et il faut écrire خَشْم الجَرَارَة. C'est un pâté rocheux isolé. Quant à la ruine, فص, je ne la connais pas. — H. D.]
[9] [*Aïn Teghelis* عين تَغْلِيس est une source entourée de palmiers, dans la vallée et sous les murs de Nâloût, vers l'est. — H. D.]
[10] [Pas d'inscription, que je sache. J'ai vu la ruine, basse, carrée, entourée d'une enceinte en blocs de rochers. — H. D.]

LOCALITÉS.	DISTANCES QUI LES SÉPARENT.	RUINES.
Sîh' سبح [1]	3 heures de Taghlis........	Inhabité. Ruines romaines très importantes. A trente minutes au nord de la route, est situé *Faççâtô* فصّاضو, résidence d'un moudir ottoman.
El-Aouinia العوينيّة.....	7 heures 15 minutes de Sîh' [2]	A quinze minutes d'El-Aouinia, au bas de la montagne, il existe des ruines romaines et une source très abondante appelée *Ain el-Roumia* عين الروميه [3].
Oumm-ez-Zerzan أمّ الزرزان [4]	1 heure d'El-Aouinia.......	Dans le Djebel Nefouça ou *Djebel Iafren* جبل يفرن [5]. Il existe non loin de là des ruines romaines.
Gôdjila فوجيلة.....	3 heures d'Oumm-ez-Zerzan..	Inhabité [6]. Appartient au territoire de *Kikkela* كِكْلَه. Il existe un très grand kasr romain dans lequel se trouve une très grande pierre portant une inscription.
Bir el-Ouaa'ar بير الوعّر	19 heures de Gôdjila	Appartient au Ghariân. Il y a là une grande construction romaine dont les murs sont couverts de sculptures et d'inscriptions.
Kasr bou-Dreïba فصر بو ضريبة.	10 heures de Bir el-Ouaa'ar..	Kasr romain.
El-Bouerat البويرات.....	6 heures de Kasr bou-Dreïba.	Territoire de Tarhouna. Inhabité. On voit là sept ksour romains assez rapprochés les uns des autres et plusieurs puits antiques.
El-Korrathiya الكرّاتيّه.....	7 heures d'El-Bouerat.......	Territoire de Msellata. Il y existe des ruines romaines.
El-Kasbat القصبات	3 heures de El-Kourratia ...	A six minutes, sur la montagne, se trouve un très grand kasr romain.
Beni-Mouslim بني مُسْلِم.....	45 minutes de Kasbat.......	Ruines romaines.
Ouargha وَرْغَة......	1 heure 30 minutes de Beni-Mouslim..............	Ruines romaines.
Lebda لبْدَه........	3 heures 30 minutes d'Ouargha...............	

[1] [Plus exactement *Sîh-Mechhad-Mançoûr* سبح مشهد منصور «sillon plat du martyre de Mançoûr», vallée qui se prolonge dans le sud-sud-ouest jusqu'à Sinâoûn, non loin de Ghadâmès. On coupe cette vallée à 60 kilomètres ouest de Djâdo, chef-lieu de Faççâtô, et à 28 kilomètres est de Teghelîs. — H. D.]
[2] [Évaluation de fantaisie. J'ai mesuré 105 kilomètres à vol d'oiseau en pays de montagnes. — H. D.]
[3] [L'Ouâdi Roûmiya, avec le village de Roûmiya, contient un ruisseau permanent. On y voit des fondations de murs romains. J'ai nettement constaté entre El-'Aouinîya et El-Roûmîya les traces d'une chaussée romaine. A El-'Aouinîya même, les ruines sont de simples traces de fondations de murs. J'ai copié à Tripoli, au consulat de France, une inscription funéraire que les habitants de la montagne m'ont dit avoir été enlevée de cet endroit. — H. D.]
[4] [*Oumm-ez-Zerzân* أمّ الزرزان. J'ai passé là et n'ai pas vu de ruines. — H. D.]
[5] [Le Djebel Yéfren est une partie du Djebel Nefoûsa qui commence à Nâloût, dans l'ouest. — H. D.]
[6] [Habité. Gôdjila est le chef-lieu du district de Kikkela. — H. D.]

APPENDICES.

I

LA RÉGION GARAMANTIQUE ET LA PHAZANIE[1].

La domination romaine s'était étendue jusqu'à Ghadamès et Djerma. Les nombreuses ruines antiques qu'on rencontre sur la route de Tripoli à Djerma, les bornes milliaires que Barth a trouvées sur plusieurs points, les constructions romaines que M. Duveyrier et lui ont dessinées à Djerma, prouvent que postérieurement aux expéditions qui eurent lieu au temps de Vespasien[2] et de Domitien[3], la région garamantique ou Phazanie devint le siège d'établissements permanents et forma une annexe de la Tripolitaine. Il n'est guère possible, d'ailleurs, de fixer avec certitude la date de ces acquisitions : aucun des écrivains de l'époque impériale ne nous renseigne à cet égard; les deux seules inscriptions que l'on ait trouvées jusqu'ici dans le Fezzan, l'une à Bondjem, sur la route de Lebda à Sokna, l'autre sur la berge orientale du ravin de Gueriya-el-Gharbîya, à 12,600 mètres nord-est du puits de Taboniyé, au pied du versant septentrional du plateau fezzanien, datent, la première, du règne de Septime Sévère[4], la seconde, de celui de Sévère Alexandre[5]. On peut supposer avec quelque vraisemblance que la colonisation de la Phazanie remonte au règne du premier de ces deux princes : Septime Sévère était né à Leptis et l'on sait avec

---

[1] [Cf. le chapitre de M. E. Reclus sur le Fezzan, *Géographie universelle*, t. XI, p. 95-135, et Duveyrier, *Les Touareg du Nord*, 1864, p. 276, planche 26 et *appendice* (géographie ancienne).]

[2] Tacite, *Hist.*, IV, 50.

[3] Euseb. *Chron.*, éd. Mai et Zohrab, p. 378.

[4] Lyon, *Travels in Northern Africa*, p. 66. — C. I. L., VIII, 6. — H. Duveyrier, *Mss.*

[5] Barth, *Reisen*, etc., t. I, Gotha, 1857, p. 138, et C. I. L., VIII, 3.

quelle sollicitude il s'occupa de toutes les questions qui intéressaient le bien-être et la prospérité des provinces africaines.

Les détails que Pline nous a laissés sur l'expédition de Cornelius Balbus sont, avec quelques indications de Ptolémée, les seules données que nous possédions sur la région garamantique. Le passage de l'encyclopédiste romain est trop important pour que nous ne l'analysions pas en entier, paragraphe par paragraphe[1].

«Après les Nasamons, dit Pline, habitent les Asbystes[2] et les Maces; au delà les Hammanientes, à douze journées de marche de la Grande Syrte vers l'occident, entourés, eux aussi, de sables de tous côtés; toutefois ils trouvent facilement de l'eau en creusant des puits d'environ deux coudées de profondeur; car c'est là que refluent et séjournent les eaux de la Maurétanie. Ils emploient en guise de pierres, pour construire leurs maisons, des blocs de sel, qu'ils taillent dans leurs montagnes. De ces peuples il y a sept journées de marche, du côté du couchant d'hiver, jusqu'aux Troglodytes, avec lesquels on ne fait d'autre commerce que celui de la pierre précieuse que nous nommons escarboucle, et qui est apportée d'Éthiopie[3].»

Les *Hammanientes* ou, plus exactement, les *Amantes*[4] sont pour M. Vivien de Saint-Martin[5] les habitants de la Hamâda ou plateau tripolitain, et le nom antique lui paraît être un ethnique formé par les Romains sur ce même mot *Hamada*. Cette étymologie nous paraît inadmissible. Le mot *Hamada* est arabe, et ce n'est qu'avec une extrême réserve que l'on doit expliquer par des racines sémitiques les termes appartenant à l'onomastique indigène. Bien que quelques très rares mots phéniciens s'y soient introduits, la langue libyenne, comme la langue berbère, qui n'en est que la forme moderne, a une nomenclature à elle propre, fort différente de celle qui caractérise les dialectes sémitiques[6].

---

[1] [Cf. Duveyrier, *Les Touareg du Nord*, p. 462.]

[2] [Les manuscrits ont *hasbite*, *arbytae*, *sarbute*. Jan écrit *Hasbitae*. — S. R.]

[3] *Hist. nat.*, V, v, 4.

[4] La variante *Amantes*, adoptée avec raison par Sillig et Jan, se retrouve dans Solin (c. XXVIII).

[5] Vivien de Saint-Martin, *Le Nord de l'Afrique dans l'antiquité*, p. 115.

[6] [Nous avons supprimé ici, sur les conseils de M. H. Duveyrier, un paragraphe où M. Tissot proposait une étymologie très hasardée, d'après laquelle les *Garamantes* seraient les «Aman de la montagne», par opposition aux Aman ou Mas Aman de la plaine. Cette étymologie est inadmissible, parce que le mot *âmân* est berbère, tandis que *gára* est arabe. — S. R.]

Certains détails donnés par Pline, et qui nous semblent, en réservant le nom de Garamantes aux Amantes de la montagne ou du plateau, indiquer que les Amantes proprement dits habitaient la plaine, nous font douter de l'exactitude de la position assignée à ces mêmes Amantes par M. Vivien de Saint-Martin.

En premier lieu, l'énumération de Pline paraît s'appliquer à des tribus du littoral, campées au nord de la chaîne tripolitaine. C'est ce qui résulte du passage où Pline affirme que sept journées de marche, dans la direction du couchant d'hiver, conduisent du territoire des Amantes chez les Troglodytes. Or on peut affirmer que les Troglodytes de Pline, comme ceux d'Hérodote, sont les habitants de la chaîne tripolitaine[1]. Les Amantes habitaient donc au nord de cette chaîne, c'est-à-dire dans la plaine de la Djefara comprise entre le littoral et le demi-cercle formé par le Djebel Ourghamma, le Djebel Nefouça, le Djebel Ghariân et le Djebel Tarhouna. Le peu de profondeur des puits creusés par les Amantes est une preuve de plus à l'appui de l'hypothèse qui fait de cette peuplade une tribu de la plaine; la nappe souterraine ne peut se trouver si rapprochée de la surface du sol que dans les bas-fonds de la Djefara.

Nous plaçons donc les Amantes au nord de la chaîne tripolitaine, et non pas sur l'Hamada, situé au sud de cette même chaîne. C'est tout ce qu'il est permis d'inférer du texte de Pline[2].

Nous ne croyons pas, pour les mêmes raisons, pouvoir préciser la position géographique des Troglodytes, que M. Vivien de Saint-Martin localise dans le Ghariân. Ce n'est pas seulement cette partie de la chaîne tripolitaine, comme l'a supposé le savant géographe, qui offre des habitations creusées

---

[1] [M. H. Duveyrier n'admet pas cette assertion. S'appuyant sur Pline (V, c. VIII), qui énumère les Troglodytes *après* les Garamantes et les Augyles, et sur ce fait que la race noire des Toubou (Tédâ, Tibbou) se sert encore de grottes comme de demeures, aussi bien dans le pays de Tou que dans l'Enneri-Tougué (à Anaï), au sud du tropique du Cancer, il considère les Toubou comme identiques aux Troglodytes de Pline. Pline parlait de ce peuple d'après les dires des Africains du Nord, et il ne faudrait pas attacher trop d'importance aux indications de distance et de direction qu'il donne lorsqu'il place ces nations ou tribus les unes par rapport aux autres. — Note de M. H. Duveyrier.]

[2] Pline ne nous dit pas si les douze journées de marche qui conduisent de la Grande Syrte au territoire des Amantes sont comptées du centre du golfe ou de son extrémité occidentale. La différence entre les deux points de départ est de près de 300 milles romains ou de douze journées de marche. Dans le premier cas, les Amantes devraient être placés près de Mezrata; dans le second, il faudrait les reporter à l'occident jusqu'à l'angle formé par le massif des Ourghamma et le Djebel Nefouça.

dans le roc : la chaîne tout entière, de Kabès à Lebda, est habitée encore aujourd'hui par des tribus troglodytiques.

« Dans cet intervalle, continue Pline, du côté des solitudes africaines qui s'étendent au-dessus de la Petite Syrte, est située la Phazanie, où habite la nation des Phazaniens que nous avons soumise, ainsi que les villes d'*Alele* et, de *Cilliba* et *Cydamus*, au-dessus de Sabrata [1]. De leur pays s'étend au loin vers l'ouest une montagne que les nôtres ont nommée *Ater*, parce qu'on la disait noircie par le feu ou par l'action du soleil. Au delà de cette montagne sont des déserts, puis *Thelga*, ville des Garamantes; *Debris*, où jaillit une source dont les eaux sont bouillantes de midi à minuit et glaciales de minuit à midi, et enfin la célèbre ville de *Garama*, capitale des Garamantes : tous lieux subjugués par les armes romaines et qui ont valu à Cornelius Balbus les honneurs du triomphe. »

Dans ce second passage, Pline aborde la description de l'intérieur du pays : nous passons avec lui du littoral au plateau désert qui s'étend au sud de la chaîne tripolitaine, et il nous fait connaître, sous le nom de *Phazania*, inconnu jusqu'alors, la région que toutes les relations antérieures, depuis Hérodote, désignent sous celui de pays des Garamantes.

Le nom indigène du Fezzan, ainsi que le fait remarquer M. Vivien de Saint-Martin, ne joue à côté de celui des Garamantes qu'un rôle secondaire dans la nomenclature géographique des contrées situées au sud de la Syrte. Ce n'est qu'à l'époque arabe, suivant l'observation du même savant, qu'il remplace définitivement la dénomination qui avait prévalu dans toute l'antiquité.

Les villes d'*Alele* et de *Cilliba* semblent appartenir, dans la pensée de Pline, à la Phazanie, ainsi que *Cydamus* [2]. La synonymie de cette dernière ville est depuis longtemps certaine : c'est Ghadamès, dont le nom antique s'est conservé jusqu'à nos jours.

Quant à *Alele* et à *Cilliba*, elles nous sont inconnues. M. Vivien de Saint-Martin considère avec raison comme très douteux le rapprochement qu'on a fait entre Cilliba et Zouïlah, et préférerait Zeïlâh, nom que les peuples du Soudan donnent à Mourzouk, capitale du Fezzan, et quelquefois au Fezzan tout entier, sans attacher toutefois, ajoute-t-il, beaucoup plus d'importance à cette synonymie qu'à la première [3].

---

[1] [*E regione Sabratae*, dit Pline. L'indication est très vague. — S. R.]

[2] *Cydama*, Procop., *De Ædif.*, VI, III, p. 112.

[3] [M. H. Duveyrier fait observer que Mourzouk, ville absolument moderne, car sa fondation remonte à 1310 environ, n'a jamais été

Une troisième hypothèse, plus probable à ses yeux, ferait d'*Alele* l'équivalent de la *Hol* ou *Holl* placée par El-Bekri à une journée à l'ouest ou au sud-ouest de Ouadan[1].

Nous nous bornerons, en ce qui nous concerne, à constater qu'*Alele* peut être considéré comme la forme masculine du nom de ville libyen *Talalati*, qu'on trouve dans l'Itinéraire d'Antonin sur la route de Tacape à Leptis Magna, et qui existe encore dans la toponymie actuelle de la Tripolitaine sous la forme identique de Talelet ou Tlelet. Dépouillé du *t* initial et final qui caractérise les noms féminins en berbère, *Talelet* est la forme féminine correcte du mot libyen *Alele* que nous a conservé Pline.

L'*Ater mons* qui se prolonge à l'ouest de la Phazanie est identifié par M. Vivien de Saint-Martin «à la chaîne volcanique qui couvre le fond de la Petite Syrte à la distance d'une vingtaine de lieues, et que les indigènes connaissent sous la dénomination générique de Djebel Nefouça[2].» Nous devons remarquer que cette dénomination n'est pas aussi générique que le suppose l'auteur du *Nord de l'Afrique dans l'antiquité* : le nom de Djebel Nefouça n'est appliqué par les indigènes qu'à la partie de la chaîne tripolitaine qui s'étend d'Ouâzzen à Redjbân, et c'est à cette seule partie que la carte de M. Nau de Champlouis donne le nom d'*Ater mons*. Le texte de Pline nous fait supposer que le *mons Ater* était beaucoup plus étendu et désignait toute la partie de la chaîne tripolitaine qui s'étend du Djebel es-Sôda au Djebel Nefouça.

Le nom de *Es-Sôda* «la montagne noire» traduit d'ailleurs assez exactement la dénomination latine[3].

---

appelée Zeïla. Zouîla (nom arabe qui est le diminutif de Zeïla) est une ville arabe à côté de nombreux sites de très vieilles villes nègres, et à 154 kilomètres est de Mourzouk. Il ajoute qu'au XIIIe siècle, à l'époque où écrivaient Ibn Sa'id et Ya'qout, Zouîla était la capitale du Fezzân. Dans l'usage courant on appliquait au Fezzân tout entier le nom de Zouîla. Voir *Géographie d'Aboulféda* traduite par M. Reinaud, introduction générale. — S. R.]

[1] Bekri, traduction de M. de Slane, p. 30.

[2] [M. H. Duveyrier nous fait observer que l'orthographe *Nefouça* adoptée par M. Tissot n'est pas correcte; il faudrait écrire *Nefoûsa*, نفوسة avec un س. Ce mot s'étant déjà rencontré plusieurs fois dans le présent ouvrage, nous sommes obligé, tout en signalant la correction, de maintenir l'orthographe de l'auteur. — S. R.]

[3] [M. H. Duveyrier nous communique ce qui suit : «Le *mons Ater* est bien le Djebel es-Sôda, montagne basaltique et de couleur noire. Mais cette montagne n'est qu'un accident très local dans le relief de la contrée dont il s'agit; les observations du Dr Overweg comme les miennes, les échantillons que nous avons rapportés, montrent que la Hamâda el-Homra, le *plateau rouge* sur lequel court la route de Mizda, est un plateau calcaire de couleur rouge. Le Djebel Nefoûsa proprement dit n'est pas de constitution volcanique. C'est seulement dans

Les indications qui, dans l'extrait de Pline, suivent immédiatement la mention du *mons Ater*, semblent empruntées à l'itinéraire de l'expédition de Balbus que M. Vivien de Saint-Martin identifie avec quelque vraisemblance à la route suivie par l'expédition scientifique de 1850, et que Barth a décrite. Les déserts qui s'étendent au sud de la « montagne noire » sont représentés par les solitudes inhabitées du Dhahar el-Djebel[1]. *Telgae* ou *Thelgae*[2] peut être identifiée, soit aux ruines romaines de l'*Ouâdi Talha*, à deux journées au sud-est de Mizda[3], soit, plus vraisemblablement, à la riche vallée de l'*Ouâdi Tolâgga*, située à deux journées et demie plus au sud[4].

Debris est inconnue jusqu'ici; sa source à double température constitue une indication précieuse; mais le Fezzan n'a pas encore été suffisamment exploré pour que nous puissions utiliser ce renseignement.

Garama est très certainement Djerma el-Qedîma, aujourd'hui complètement ruinée, mais dont les géographes arabes faisaient encore, au moyen âge, la capitale du Fezzan. Le *djim* prenant souvent dans l'Afrique septentrionale la valeur du *g* dur[5], les deux noms sont identiques[6].

le prolongement est de cette chaine, dans le district de Ghariân, que l'on a constaté la présence de roches pyrogènes. » — H. D.]

[1] [*Dahar el-Dhjebel*, ظهر الجبل, « le dos et la montagne ». Le Djebel Nefoûsa n'a qu'un versant, parce que c'est la chute d'un plateau. — H. D.]

[2] La variante *Matelgae* est une faute; il faut lire *mox Telgae*.

[3] Barth, *Travels*, I, p. 113.

[4] Idem, *ibid.*, p. 123.

[5] Le *djim* a toujours cette valeur dans le dialecte égyptien.

[6] [Nous donnons ici quelques extraits du livre de M. H. Duveyrier, *Les Touareg du Nord*, qui distingue la Djerma garamantique, aujourd'hui ruinée (préromaine), la Garama romaine et la Djerma actuelle (p. 276 et suivantes) :

« La capitale des Garamantes se retrouve, sous le nom de Djerma el-Qedîma, au sud de la Djerma moderne, dans une sorte de baie que forme la montagne de l'Amsâk.. De la Garama des Romains, il ne reste aujourd'hui qu'un monument carré, très bien conservé, au milieu de pierres de taille couvrant une superficie de 60 mètres environ, ainsi qu'un amas de pierres de taille très étendu au sud de la Djerma moderne (pl. XIV; cf. Barth, *Reisen*, t. I, p. 165)... Si l'on tient compte du peu de distance entre Djerma et Trâghen (130 kilomètres); si l'on compare les ruines des deux villes capitales, les matériaux qui les composent, leur forme, leur caractère; si l'on examine attentivement les tombeaux anciens des deux localités, surtout si l'on constate qu'à Trâghen, comme à Djerma, comme dans toutes les oasis du Fezzân, le sang noir domine, comme aussi plus au nord, dans les villes habitées par la même race, le doute n'est pas permis, et l'on est porté à admettre que Garamantes, Berâouna (nom commun des nègres du Bornou et des Tebou) et les sujets des sultans Nesoûr (dynastie des Berâouna qui régnait à Trâghen) appartiennent à cette race noire qui existe encore aujourd'hui sur les lieux... A une époque très ancienne a régné dans tout le Sahara une civilisation nègre très avancée pour l'époque, et cette civilisation a doté le pays de travaux hydrauliques remarquables, de constructions

Située au milieu d'une grande et fertile vallée par 26°25' de latitude et 10°48' de longitude, Djerma offre des débris de constructions romaines, les dernières que l'on ait rencontrées dans le Fezzan [1].

Après cette esquisse générale de la région garamantique, Pline donne un certain nombre de détails empruntés à l'expédition de Balbus et énumère les villes, les peuplades, les rivières et les montagnes de cette contrée dans l'ordre même où elles figurèrent à la pompe triomphale de l'année 19 [2] :

« Outre Cydamus et Garama, il fit porter dans son triomphe les noms et les simulacres de tous les autres peuples et villes, dans l'ordre suivant :

Tabidiam (*Tabudium*), ville.
Nitiebres (*Niteris*), peuple.
Negligemela (*Miglis Gemella*), ville.

Babaium (*Bubeium*), peuple ou ville.
Enipi, peuple.
Thuben, ville.

« Une montagne du nom de *Niger*;

Nitibrum, ville.
Rabsa (*Rapsa*), ville.
Discera (*Viscera*), ville.
Debris (*Decri*), ville.
Nathabur, rivière.

Thapsagum, ville.
Nannagi (*Tamiagi*), peuple.
Boin, ville.
Pege, ville.
Dasibari, rivière.

« Puis une suite de villes :

Baracum.
Buluba.
Alasit.
Balla.

Galia.
Maxalla.
Zizama (*Cizania*).

distinctes de toutes les autres, de tombeaux qui ont partout le même caractère, de sculptures sur les rochers qui rappellent les faits principaux de leur histoire. A cette civilisation appartiennent les forages des puits artésiens de l'Ouâd Rîgh et d'Ouarglâ; les puits à galeries, *fogârât*, communs au Fezzân et au Touât; le châtelet des *chauves-souris* (Qeçir el-Watwat) de Djerma el-Qedîma; la nécropole de Qeçirât er-Roûm à Djerma; la grande nécropole isolée à l'est de Djerm; les anciennes tombes de Djelfa (Algérie) et d'El-Fogâr (Fezzân), qui ont des liens de parenté; les sculptures de Bordj Taskô à Ghadâmès, etc... Les Fezzaniens sont unanimes à attribuer le premier peuplement de leurs oasis à des nègres païens, *Djohâla*. » — On voit que M. Duveyrier fait une grande place à l'élément nigritien, complètement laissé de côté par M. Tissot, qui augmente d'autant l'importance de l'élément berbère. — S. R.]

[1] Barth, *Travels*, I, p. 156.

[2] [Nous indiquons entre parenthèses les leçons adoptées dans l'édition de Jan, Leipzig, 1870. — Barth (*Reisen*, t. I, p. 165 note), dont M. Duveyrier déclare accepter l'opinion, n'attribue pas de valeur à cette liste de Pline : « Eine eitle Schau, bestimmt den Stolz der Römer zu kitzeln, enthaltend wahrscheinlich Alles was Balbus auf seinem Zuge über das Innere des Continents erfahren hatte. » — S. R.]

« Enfin le mont *Gyri*, avec une inscription portant qu'on y trouve des pierres précieuses.

« Jusqu'ici, ajoute Pline, le chemin qui conduit chez les Garamantes est resté impraticable parce que les brigands de cette nation recouvrent de sable l'ouverture de leurs puits, que l'on rétablirait cependant sans creuser beaucoup si l'on connaissait les localités. Dans la guerre récente que les Romains, sous l'empereur Vespasien, ont eue avec les habitants d'Oea, on a trouvé un chemin plus court de quatre journées; cette route s'appelle « Au delà de la tête du rocher » *Praeter caput saxi*[1].

« La limite de la Cyrénaïque est le Catabathmos, nom d'une ville et d'une dépression escarpée. Depuis la Petite Syrte jusqu'à cette limite, l'Afrique Cyrénaïque a 1,060 milles de long; en largeur, autant qu'on la connaît, elle a 810 milles[2]. »

Il serait téméraire d'affirmer que l'ordre dans lequel se succédèrent les trophées de Balbus correspondait à un arrangement géographique, et l'on ne peut guère, ainsi que l'a fait observer M. Vivien de Saint-Martin, qu'établir des rapprochements entre cette série de noms géographiques et les quelques localités actuelles que nous connaissons.

La correspondance de *Tabidium* et de *Taboniyé*, proposée par M. de Saint-Martin, ne nous paraît rien moins que certaine. Les deux dénominations n'ont en réalité qu'un élément commun, la première syllabe *Ta*[3], et cet élément, qui se réduit au *t* initial, est si fréquent dans la composition des noms de localités libyennes ou berbères que l'on ne saurait y voir autre chose qu'une caractéristique très générale de l'onomastique indigène.

Les *Nitiebres*, dont le nom est écrit *Niteris* dans les éditions, se retrouvent dans Æthicus et dans Orose, sous la double forme *Natavri*, *Natabres*, parmi les tribus qui touchaient à la limite méridionale de la Tripolitaine. Ce sont évidemment les Νατέμβρες que Ptolémée place au nord du mont Ousargala[4].

Negligemela reste inconnue, ainsi que *Bubeium*.

---

[1] Traduisons l'*Iter praeter caput saxi* de Pline par le mot à mot arabe: *Teriq-ála Rás-el-Hamáda*, et nous aurons le nom de la route directe de Tripoli à Mourzouk par Djerma, suivie par Barth. — Duveyrier, *Les Touareg du Nord*, p. 457.

[2] Pline, dans un autre passage, estime la plus grande largeur de l'Afrique, à partir de la Cyrénaïque, à 910 milles. *Hist. nat.*, VI, c. 28 (d'après Agrippa). Partout ailleurs, elle n'excède pas 250 milles.

[3] [Article féminin dans la langue berbère. — H. Duveyrier.]

[4] Ptol., VI, vi, p. 295, éd. Wilb.

Les *Enipi* sont très probablement les *Nycpii* que Ptolémée indique au sud de la Grande Syrte[1].

Le nom de *Thuben* a une physionomie tout africaine et rappelle celui de *Tubunae* (Tobna) dans le sud de la Numidie.

Le *mons Niger* est sans doute l'*Ater mons* déjà nommé par Pline dans sa description générale de la région phazanienne.

Nitibram, ville, représente probablement une fraction méridionale des Nitiebres ou Natabres, déjà cités.

Le mot de *Rabsa* est encore essentiellement libyen; il existe dans le Nefzâoua une localité du même nom, *Rabta*[2]. Le *t* berbère, prenant souvent le son sifflant *ts*, *Rabta* et *Rabsa* ne sont qu'une seule et même forme[3].

Discera ou *Viscera*, variante qui nous paraît plus exacte, rappelle la *Bescera* numide dont on fait dériver *Biskra*.

Debris figure déjà dans la description générale de Pline; sa source merveilleuse en avait fait une localité célèbre; Priscien la cite à ce titre dans sa périégèse :

> Hanc habitant juxta Garamantes Debrida clari
> Quæ superat cunctas urbs miro munere fontis.

Le nom de *Nathabur* nous paraît une désignation ethnique plutôt qu'un nom de fleuve. Les dépressions de terrain appelées *ouadi* en arabe étant les seuls endroits habitables, puisque ce sont les seuls qui puissent fournir de l'eau, l'Ouadi Nathabur nous paraît être une simple vallée habitée par des Natabures ou Nattabures. Le premier des deux éléments dont se compose ce mot se retrouve dans le nom d'une peuplade de la Numidie, *Nattabutae*.

Thapsagum est peut-être, comme l'a supposé M. Vivien de Saint-Martin, la *Tassawa*, ou mieux *Tesâwa*, d'Édrisi; le géographe arabe en parle comme de la ville la plus considérable du Fezzan après Djerma[4].

Les *Nannagi* ou *Dannagi* peuvent être, si la dernière variante est la vraie,

---

[1] Ptol., IV, III, p. 265, 17 et 266, 16, éd. Wilb.

[2] [Il y en a deux autres du même nom dans la Djefâra. — H. Duveyrier.]

[3] [Râbta s'écrit رابطة, et est essentiellement un nom arabe. Le *Rabsa* des textes anciens pourrait fort bien se rapporter à une ville dont les Touâreg kêl-Rhâfsa (c'est-à-dire les sédentaires, *kêl*, fixés dans le lieu ou village de Rhâfsa), qui sont aujourd'hui un des éléments de la population de la ville de Rhât, auraient été les premiers habitants. Cf. *Les Touareg du Nord*, p. 267. — Note de M. Duveyrier.]

[4] [C'est la Tessâoua actuelle. M. H. Duveyrier n'y a trouvé aucune trace de travail romain. — S. R.]

les *Danhadja* ou *Danhaga*, fraction de la grande tribu berbère des Ketama émigrée depuis dans le Maghreb el-Aksa.

Boin est identifiée par M. Vivien de Saint-Martin à Bondjem. Le même géographe rapproche le nom de *Maxula* de celui de Mechaal, localité située à cinq faibles journées au sud de Mizda, et la ville de *Zizama* lui paraît être l'Ouadi *Zemzem*, la principale des vallées qui portent à la Grande Syrte les eaux de la contrée comprise entre les monts Ghariân et l'Hammada.

Le *Gyri mons* enfin, selon toute apparence identique au Γίργυρις ου Γίργιρι de Ptolémée, est identifié par M. de Saint-Martin au Ghariân.

La liste de Ptolémée est beaucoup moins riche que celle de Pline; outre Cydama et Garama, le géographe alexandrin ne nomme que six localités : *Vanias, Gelanus, Sabae, Buta, Bedirum* et *Thumelitha*[1]. M. Vivien de Saint-Martin identifie *Vanias* à la *Boin* de la liste de Pline et, par conséquent, à Bondjem; *Sabae* à Sebha, place importante sur la route orientale de Mourzouk à Tripoli et fort riche en ruines antiques[2], enfin *Bedirum* à El-Bedir[3], localité située à l'est de Mourzouk sur la route de Zouïla, et qui fournit de sel le pays environnant.

---

[1] Ptol., IV, vi, p. 297.

[2] Delaporte, *Mém. de la Société de géogr.*, t. II, 1825, p. 75.

[3] Lyon, *Travels*, p. 211. [Ce nom tout arabe a le sens de « petit disque (lunaire) ». — H. Duveyrier.]

II

RECHERCHES

SUR

LA CAMPAGNE DE CÉSAR EN AFRIQUE[1].

(*Mémoires de l'Académie des inscriptions*, t. XXXI, 2ᵉ partie; Paris, 1884.)

1   On ne savait déjà plus à Rome, au IIᵉ siècle de notre ère, quel était le véritable auteur du livre sur la Guerre d'Afrique, placé, dans la série des mémoires de César, entre le récit de la Guerre d'Alexandrie et celui de la dernière expédition d'Espagne. On l'attribuait soit à Hirtius, soit à Oppius. Suétone, sans se prononcer, rapporte les deux hypothèses[2]. La critique moderne a écarté la première, et Niebuhr s'est arrêté à la seconde, peut-être sans raisons suffisantes. L'auteur du livre *De bello Africano*, quel qu'il soit, a assisté aux événements qu'il raconte; il a probablement fait partie de l'état-major de César; il a certainement pris une part active à la campagne
2   dont son récit présente le journal détaillé. On est même tenté de reconnaître en lui un des ingénieurs de César, quand on remarque le soin avec lequel il note les distances, les campements successifs, les travaux de défense et d'approche, l'armement des places. Artiste autant qu'homme de guerre, il a, au plus haut degré, le sentiment du terrain: il l'embrasse d'un coup d'œil, sans en perdre un détail, et il le peint avec une rare précision.

J'avais été vivement frappé de la fidélité de ces descriptions lorsque je parcourais pour la première fois, il y a vingt-sept ans, le théâtre des opérations de César en Afrique, et j'avais conçu dès ce moment le projet de

---

[1] [Nous réimprimons ici le mémoire de M. Tissot sur la campagne de César, en y introduisant quelques corrections et en supprimant quelques passages qui font double emploi avec ce qui précède. Les chiffres inscrits en marge indiquent la pagination du tirage à part, à laquelle nous avons quelquefois renvoyé plus haut. Nous n'avons pas reproduit les cartes, dressées par M. Tissot d'après des documents inexacts; on trouvera les localités citées dans l'Atlas général joint à cet ouvrage. — S. R.]

[2] *Div. Julius*, LVI: «...Alexandrini, Africique et Hispaniensis incertus auctor est : alii Oppium putant, alii Hirtium.»

reconstituer la topographie comparée de la campagne qui commença aux portes d'Hadrumète pour finir sous les remparts de Thapsus. C'est ce travail, longtemps resté à l'état d'ébauche, que j'essaye de compléter aujourd'hui[1]. J'hésite d'autant moins à le soumettre à l'Académie, qu'on n'a jamais sérieusement étudié, au point de vue géographique, cette partie des Commentaires. En dehors des correspondances bien connues des trois points qui déterminent le triangle parcouru par César, Hadrumète, Thysdrus et Thapsus, aucune synonymie acceptable n'a été proposée jusqu'ici pour les autres localités qu'énumère l'auteur du livre sur la Guerre d'Afrique. Il y avait là une lacune que nous avons tâché de combler.

On sait que la révolte d'Alexandrie, la défection de Pharnace et la défaite de Gabinius avaient retenu César en Orient pendant près d'une année et permis au parti constitutionnel de réorganiser ses forces. L'Afrique romaine était le rendez-vous indiqué des débris de la coalition : elle n'avait jamais été favorable à César; elle était devenue complètement hostile depuis la défaite de Curion (août 705)[2]. C'était là que s'étaient réfugiés la plupart des vaincus de Pharsale[3]; ce fut là que se réunirent les principaux chefs du parti, Metellus Scipion, Caton, les deux fils de Pompée, Labienus, Afranius, Petreius, Octavius, Cn. Pison. Si l'Afrique, en effet, n'était pas, comme on l'a affirmé, la seule province du monde romain où l'on pût constitutionnellement continuer la lutte contre le Dictateur, c'était à coup sûr la base d'opérations la plus solide que l'on pût choisir, grâce à l'esprit des populations, grâce surtout à l'appui qu'on pouvait attendre du roi Juba, ennemi personnel de César et déjà compromis sans retour, depuis le désastre de Curion, dans une guerre dont l'issue ne lui offrait d'autre alternative que l'agrandissement ou la perte totale de son royaume.

Les chefs de la coalition n'en achetèrent pas moins l'alliance de Juba,

---

[1] [M. Tissot avait remis à Napoléon III un mémoire à ce sujet, et ne s'était pas cru autorisé à le publier avant la mort de celui à qui il l'avait offert. — S. R.]

[2] Dion Cassius, *Histoire romaine*, XLII, LVI : Ἡ δὲ δὴ Ἀφρικὴ ἦν μὲν οὐδὲ ἐν τῷ πρόσθεν χρόνῳ φίλη τῷ Καίσαρι, μετὰ δὲ δὴ τὸν τοῦ Κουρίωνος θάνατον καὶ πάνυ ἐχθρὰ ἐγένετο.

[3] Cic., *Epist. ad Attic.*, XI, vii : « Multos enim bonos viros in Africam venisse audio et scio fuisse antea. » — Florus, *Epit.*, II, xiii : « Sic cum exteris. At in Africa cum civibus multo atrocius quam in Pharsalia. Huc reliquias partium naufragarum quidam fugae aestus expulerat; nec reliquias dicas, sed integrum bellum. » — Cf. Plutarque, *Caes.*, LII : Τῶν δὲ περὶ Κάτωνα καὶ Σκηπίωνα μετὰ τὴν ἐν Φαρσάλῳ μάχην εἰς Λιβύην φυγόντων.

non seulement par des promesses dont le cours des événements fit justice[1], mais par de cruelles humiliations. Il fallut toute la fermeté de Caton pour qu'on ne donnât pas à un client de Rome le commandement général des forces alliées, qu'il réclamait[2], et l'orgueilleux Scipion, investi de ce commandement, dut quitter le manteau de pourpre pour obéir à la volonté du roi numide[3].

La prévoyance de Caton et l'expérience des anciens compagnons d'armes de César suppléèrent à la nullité du commandant en chef. A la fin de l'automne de l'année 707, on avait mis en état de défense toutes les places fortes de l'intérieur et de la côte, approvisionné les forteresses en épuisant les campagnes et enrôlé de gré ou de force tout ce qui pouvait porter les armes[4]. La coalition disposait de vingt-deux légions, et les deux flottes de Varus et d'Octavius, mouillées à Utique, étaient fortes de cinquante-cinq navires de combat, sans compter les bâtiments légers qui stationnaient sur d'autres points du littoral. Le roi Juba devait mettre en ligne quatre légions, un corps d'archers montés, cent vingt éléphants et une innombrable cavalerie irrégulière. Cicéron pouvait donc dire avec raison, dans une lettre adressée à Atticus au mois de janvier 707, qu'il était impossible d'être plus résolu et plus prêt qu'on ne l'était en Afrique : *nihil firmius, nihil paratius*[5]. Tout était disposé, en effet, pour recevoir vigoureusement César; mais on ne l'attendait pas en plein hiver, et ce fut en plein hiver qu'il arriva[6].

Réparant à force d'activité le temps perdu, César était à Lilybée le 19 décembre 707. Bien qu'il n'eût avec lui qu'une légion de recrues et à peine six cents chevaux, on vit qu'il voulait s'embarquer sur-le-champ : il fit dresser sa tente sur le rivage, si près de la mer que les vagues venaient presque la battre[7]. Le temps était contraire; matelots et soldats n'en furent pas moins

---

[1] Scipion s'était engagé à céder à Juba tous les territoires que Rome possédait en Afrique. Dion Cassius affirme que ce fut cette promesse qui décida le roi numide à marcher contre César, en laissant à Sabura le soin de tenir tête à Sittius : Ὁ γὰρ Σκιπίων, δείσας μὴ προαναλωθῇ, ἐς μάχην μὲν οὐκέτ' αὐτῷ ᾔει, τὸν δὲ Ἰόβαν μετεπέμπετο, καὶ αὐτῷ, ἐπειδὴ μὴ ὑπήκουσέν οἱ, πάντα τὰ ἐν τῇ Ἀφρικῇ τοῖς Ῥωμαίοις ὄντα χαρίσασθαι ὑπέσχετο (XLIII, IV).

[2] Dion, *Hist. rom.*, XLII, LVII.

[3] *De bello Africano*, c. LVII.

[4] *De bello Africano*, c. XX.

[5] *Epist.*, XI, x : « De africanis rebus longe alia nobis ac tu scripseras nuntiantur. Nihil enim firmius esse dicunt, nihil paratius. Accedit Hispania et alienata Italia, legionum nec vis eadem nec voluntas, urbanae res perditae. »

[6] Dion, *Hist. rom.*, XLII, LVI : Καὶ ἐς τὴν Ἀφρικὴν, καίτοι τοῦ χειμῶνος μεσοῦντος, ἐπεραιώθη· καὶ οὐκ ὀλίγα δὲ ἐκ τούτου, ἀνέλπιστος τοῖς ἐναντίοις προσπεσὼν, κατώρθωσε.

[7] *De bello Africano*, c. I : « Caesar, itineribus justis confectis, nullo die intermisso, a. d. XIV

consignés à bord. Chaque jour, du reste, amenait de nouveaux renforts, et en moins d'une semaine le Dictateur disposait déjà de cinq légions de nouvelles levées, de la 5ᵉ légion, composée de vétérans, et de deux mille chevaux. A mesure qu'elles arrivaient, les troupes étaient embarquées sur les navires de combat, la cavalerie sur les bâtiments de transport. César fit prendre les devants à la plus grande partie de sa flotte, qu'il envoya à l'île d'Aponiana, laissa des ordres à Allienus, préteur de Sicile, pour le prompt embarquement du reste des troupes et partit lui-même le 27 décembre[1].

La flotte césarienne est dispersée.

Le 30, il arrivait en vue des côtes d'Afrique, suivi seulement de quelques galères. Les vents avaient dispersé le reste de sa flotte. Ce contretemps était d'autant plus fâcheux qu'aucun point de rassemblement n'avait été indiqué aux pilotes ni aux commandants des navires. « Ils n'avaient même pas reçu, contrairement à l'usage, des instructions cachetées destinées à être ouvertes en mer à un moment donné et à fixer un rendez-vous général. » On ne se faisait pas faute, dans l'entourage de César, de blâmer son imprudence, et l'auteur du journal de la Campagne d'Afrique le justifie assez mal de ces reproches : « Cet inconvénient, dit-il, n'avait pas échappé à César, mais il ne voyait aucun point de la côte où sa flotte pût aborder sans rencontrer de résistance, et il se réservait de prendre terre là où il en trouverait l'occasion[2]. »

Plan de campagne de César.

Il semble, d'après cette dernière phrase, que César n'avait pas de plan de campagne arrêté. Appien affirme, au contraire, que César, d'après les renseignements qu'il avait recueillis à Lilybée, avait l'intention de prendre pour objectif le littoral de la Byzacène, que Scipion occupait avec la plus grande partie des forces de la coalition[3]. La flotte pompéienne se trouvant rassemblée à Utique, c'était effectivement dans la zone qui s'étend au sud du promontoire de Mercure (Ras Adar ou cap Bon) que César pouvait tenter un

---

kalend. januar. Lilybaeum pervenit, statimque ostendit sese naves velle conscendere... Tabernaculum secundum litus ipsum constituit, ut prope fluctus verberaret. » Cf. Plutarque, *Caes.*, c. LII : Καὶ περὶ τροπὰς χειμερινὰς διαβὰς εἰς τὴν Σικελίαν, καὶ βουλόμενος εὐθὺς ἀποκόψαι τῶν περὶ αὐτὸν ἡγεμόνων ἄπασαν ἐλπίδα μελλήσεως καὶ διατριβῆς, ἐπὶ τοῦ κλύσματος ἔπηξε τὴν ἑαυτοῦ σκηνήν.

[1] *De bello Africano*, c. II.
[2] *De bello Africano*, c. III.
[3] Appien, *De bellis civil.*, II, xcv : Διαβαλὼν δ' ἐκ Ῥηγίου τὸν πορθμὸν ἐπὶ Μεσσήνης, ἐς Λιλύβαιον ἦλθε. Καὶ πυθόμενος Κάτωνα μὲν τὴν παρασκευὴν τοῦ πολέμου ναυσὶ καὶ πεζῶν τινι μέρει φρουρεῖν ἐν Ἰτύκῃ... τὸν δ' αὐτοκράτορα Λεύκιον Σκιπίωνα καὶ τοὺς ἀρίστους ἐν Ἀδρυμητῷ στρατεύειν, διέπλευσεν ἐπὶ τὸν Σκιπίωνα.

débarquement avec le plus de chances de succès. Il est d'autant plus difficile de s'expliquer qu'il n'ait pas donné à ses forces navales l'ordre de se diriger sur ce point de la côte africaine. Une partie de ses navires allèrent le chercher vers Utique[1]. D'autres se firent prendre par l'ennemi.

Cette faute pesa lourdement sur tout le début de la campagne et faillit en compromettre le succès. Pendant plus d'un mois, César, ne disposant pas de forces suffisantes, sera réduit, sous les murs de Ruspina, à la plus stricte défensive.

Parvenue à la hauteur du promontoire de Mercure, la petite flotte césarienne longe les côtes orientales de la péninsule et « passe devant Clupea et Neapolis, laissant derrière elle plusieurs villes et châteaux situés sur le littoral[2] ». Clupea et Neapolis conservent encore aujourd'hui leurs noms antiques, reconnaissables sous les formes arabisées de *Klibia* et de *Nebel*. Les autres bourgs et châteaux que l'Anonyme n'indique pas, mais que d'autres textes anciens placent entre Clupea et Hadrumète, sont Curubis (*Kourba*), Pudput (*Henchir el-Abiad*), Lamniana (*Henchir Selloum*), Aphrodisium (*Fradiz*), et Horrea Caelia (*Hergla*, l'*Aharkalia* des géographes arabes du moyen âge).

Dans l'après-midi du 30 décembre, César se trouvait devant Hadrumète (*Soussa*), occupée par deux légions sous les ordres de C. Considius. On vit arriver en même temps sur le rivage, du côté de Clupea, Cn. Pison, qui, à la tête de la cavalerie de Considius et de trois mille Maures, avait suivi les mouvements de la flotte césarienne[3].

César débarque près d'Hadrumète.

Après s'être arrêté quelque temps à l'entrée du port, dans l'espoir d'être rejoint par quelques-uns de ses navires, César fit débarquer ses troupes. Elles se composaient à ce moment de trois mille hommes et de cent cinquante chevaux.

Suétone et Dion Cassius racontent que César, en descendant à terre, fit un faux pas et tomba la face contre le sol. Sa chute était déjà considérée comme un mauvais augure, lorsqu'il eut la présence d'esprit de s'écrier, en prenant une poignée de sable : « Teneo te, Africa. » De funeste, le présage devint favorable[4]. L'auteur du livre sur la Guerre d'Afrique ne mentionne

---

[1] *De bello Africano*, c. VII : « Eodem naves onerariae et longae nonnullae casu advenerunt; reliquae, ut est ei nuntiatum, incertae locorum, Uticam versus petere visae sunt. »

[2] *Ibid.*, c. II : « Clupeam classe praetervehitur, deinde Neapolim : complura praeterea castella et oppida non longe a mari relinquit. »

[3] *De bello Africano*, c. III.

[4] Suétone, *Div. Julius*, LIX ; Dion, XLII, LVIII.

pas cet incident et ne parle pas davantage d'une autre concession que César aurait faite à des superstitions qu'il était loin de partager[1]. Les Scipions, d'après une ancienne prophétie, ne pouvant pas être vaincus sur la terre d'Afrique, César aurait emmené avec lui un membre de la famille Cornelia, surnommé *Salutio*, personnage aussi obscur que méprisé[2].

Résistance d'Hadrumète.

César campe devant Hadrumète, se retranche sans que l'ennemi s'y oppose et défend à ses soldats de piller les environs. Les Hadrumétins garnissent de troupes leurs remparts et se massent en avant des portes, résolus à se défendre. La résistance était facile. Hadrumète était, après Utique, la ville la plus importante de la province romaine. Elle avait gardé ses fortifications puniques, composées, comme celles de Carthage, d'une triple défense, dont les vestiges existent encore. Les hautes murailles de l'enceinte proprement dite étaient couvertes par un προτείχισμα, que protégeait un *vallum* extérieur. La place occupait une superficie trois fois plus grande que la ville actuelle : le développement de l'enceinte antique, non compris le grand faubourg qui s'étendait au sud-est, peut être évalué à cinq kilomètres.

« César fait le tour de la place, reconnaît l'impossibilité de l'enlever par un coup de main et rentre dans son camp. L. Plancus, son lieutenant, essaye alors, avec son autorisation, de parlementer avec Considius : il écrit au chef pompéien une lettre qu'un prisonnier est chargé de porter. Considius fait égorger le messager et envoie le message, sans le décacheter, au commandant en chef, Metellus Scipion[3]. »

César reste un jour et une nuit devant Hadrumète, attendant en vain la réponse de Considius et tout aussi vainement le reste de ses navires. Les troupes dont il dispose sont insuffisantes et comme nombre et comme qualité. Il craint de subir un échec au début de la campagne, et ne s'arrête pas plus longtemps devant une place dont le siège l'expose au danger d'être enveloppé par la cavalerie ennemie[4]. Le 1ᵉʳ janvier 708, il se dirige sur Ruspina.

Marche de César sur Ruspina.

Au moment où il quitte ses retranchements, les Hadrumétins sortent en

---

[1] Suétone, *Div. Julius*, LIX : « Ne religione quidem ulla a quoquam incepto absterritus unquam vel retardatus est. »

[2] Idem, *ibidem* : « Cui ad opprobrium vitae Salvitoni cognomen erat. » Cf. Dion Cassius, XLII, LVII-LVIII. Plutarque, qui raconte le même fait, donne au descendant des Scipions le nom de Σαλλούτιος.

[3] *De bello Africano*, c. III-IV.

[4] *Ibid.*, c. V.

foule de la place, en même temps que paraît la cavalerie numide, envoyée par Juba pour toucher la solde qui lui était allouée par le Trésor de la province d'Afrique. L'ennemi s'empare du camp que César venait d'abandonner et poursuit l'arrière-garde. Les trois mille légionnaires s'arrêtent, et leur cavalerie, malgré son infériorité numérique, prend hardiment l'offensive. « On vit alors, dit l'Anonyme, un fait incroyable. Trente cavaliers gaulois, au plus, battirent deux mille cavaliers maures, et les ramenèrent jusque dans la place[1]. » Dix-neuf siècles plus tard, les descendants des Gaulois de César devaient renouveler plus d'une fois, sur cette même terre d'Afrique, ces prodiges d'audace et de bravoure folle que le courage romain lui-même qualifiait d'invraisemblables.

L'armée césarienne se remet en marche, et l'ennemi renouvelle ses attaques. César place à l'arrière-garde quelques cohortes de vétérans avec une partie de la cavalerie, et continue lentement sa route. L'ardeur des Numides se ralentit à mesure que l'on s'éloigne d'Hadrumète; l'ennemi cesse bientôt toute poursuite[2].

Dion Cassius présente sous un jour différent ce premier épisode de la campagne d'Afrique. César aurait été non seulement repoussé par les habitants d'Hadrumète, mais chassé de son camp: ἀποκρουσθεὶς δὲ, καὶ προσέτι καὶ ἐκ τοῦ στρατοπέδου βιαίως ἐκβληθείς. La version de l'Anonyme est évidemment la vraie : si la retraite des Césariens ne s'était pas faite en bon ordre, elle aurait abouti à un désastre complet. Or le même jour, 1ᵉʳ janvier 708, César arrivait à Ruspina (*Monastir*), après avoir reçu, chemin faisant, les députations d'un certain nombre de villes ou de bourgs qui lui avaient offert des vivres et fait leur soumission[3].

Une fausse interprétation du passage du livre sur la Guerre d'Afrique où il est dit que le port de Ruspina était situé à deux milles de la ville[4] a fait supposer à Mannert que Monastir n'était que le port de Ruspina, et que la ville même était située dans la plaine à deux milles de la côte. Forbiger a

---

[1] *De bello Afric.*, c. VI : « Accidit res incredibilis, ut equites minus XXX galli maurorum equitum II milia loco pellerent, urgerentque in oppidum. »

[2] *Ibidem* : « Iter leniter... facere coepit... Ita quanto longius ab oppido discedebatur, tanto tardiores ad insequendum erant Numidae. »

[3] *De bello Africano*, c. VI : « Interim in itinere ex oppidis et castellis legationes venire, polliceri frumentum, paratosque esse, quae imperasset, facere. Itaque eo die castra posuit ad oppidum Ruspinam kalendis januariis. »

[4] *Ibid.*, c. X : « Ex oppido Ruspina egressus, proficiscitur ad portum, qui abest ab oppido milia passuum duo. »

servilement reproduit cette erreur[1]. Smith est disposé à identifier Ruspina à la *Therma* que le Stadiasme place près de Leptis[2]. Marcus, avec son manque de critique habituel, la retrouve dans la Roussafa d'Abou Obeïd el-Bekri, située à sept milles de Kaïrouan. Barth fait correspondre Ruspina à Sahlin et nie, contre l'évidence, que Monastir ait succédé à une localité antique[3].

La correspondance de Monastir et de Ruspina est incontestable. Elle résulte :

1° Du fait qu'il existe à Monastir des vestiges d'une cité antique d'une certaine importance, située dans la position même que la Table de Peutinger assigne à Ruspina par rapport à Hadrumète et à Thapsus;

2° Du rapprochement qu'on peut établir entre la situation de cette cité et la signification du nom phénicien de Ruspina, רשפנה *Rous Penna*, «caput anguli». La ville antique à laquelle a succédé Monastir occupait, en effet, le cap rocheux par lequel se termine l'angle remarquable qui sépare le golfe d'Hadrumète de celui de Thapsus;

3° De l'indication même donnée par l'Anonyme sur la situation respective de Ruspina et de son port : le mouillage de Monastir est à trois kilomètres au sud de la ville, à l'est de la langue de terre qui abritait autrefois le port antique, aujourd'hui ensablé;

4° Enfin, de l'ensemble du récit des opérations de César.

La position de Ruspina était admirablement choisie comme base d'opérations. Le plateau de Skanès, au nord-est duquel se trouvait située la ville antique, affecte la forme d'un pentagone irrégulier, dont quatre côtés sont baignés par la mer; le cinquième domine la vaste plaine de l'Oued Melah et défend non seulement le port de Monastir, situé à deux milles au sud de la ville, mais un autre mouillage, protégé par la partie occidentale du promontoire qui porte le nom de *Marsa el-Kdima* «l'ancien port». C'est dans cette position que César put se maintenir pendant vingt-trois jours contre des forces bien supérieures aux siennes, et c'est de là que nous le verrons, le moment venu, «s'élancer à son tour sur l'ennemi»; c'est l'expression dont se sert Dion Cassius : καὶ ἐκεῖθεν ὁρμώμενος ἐπολέμει.

César occupe Leptis.

Le lendemain, 2 janvier, César se rendit à Leptis, ville libre, située à sept milles au sud-est de Ruspina, dont la possession lui était indispensable

---

[1]. *Handbuch der alten Geogr.*, t. II, p. 845. — [2] *Dictionary of Greek and Roman geography*, t. II, p. 858. — [3] *Wanderungen*, p. 158-159.

pour assurer sa base d'opérations[1]. Des députés vinrent à sa rencontre et lui offrirent la soumission de la place. César établit son camp près de la ville, sur le rivage même.

13 D'origine phénicienne, ainsi que son nom l'indique et que Salluste le constate[2], Leptis était soigneusement fortifiée, comme tous les comptoirs
14 puniques. On y a retrouvé, comme à Thysdrus, à Hadrumète et à Thapsus, les vestiges d'une triple enceinte semblable à celle de Carthage, et l'auteur du livre sur la Guerre d'Afrique signale, au chapitre XXIX, la puissance de ses défenses[3]. Elle semble avoir conservé, au temps de Justinien, une certaine importance militaire : la loi que nous avons citée en fait, avec Capsa, une des deux résidences du *dux Byzacenae*.

Quelques navires de combat et un certain nombre de bâtiments de transport arrivèrent par hasard à Leptis en même temps que César et lui annoncèrent que le reste de la flotte, incertain de la destination, semblait s'être dirigé sur Utique. César se vit dans l'impossibilité de s'éloigner du littoral[4].
15 La cavalerie fut consignée à bord, de peur qu'elle ne ravageât le pays. On fit provision d'eau pour la flotte. Attaqués à l'improviste par la cavalerie ennemie, pendant cette opération, les matelots perdirent plusieurs hommes tués ou blessés. « Ces Maures, dit l'auteur du Journal de la campagne d'Afrique, s'embusquent avec leurs chevaux dans les ravins et paraissent tout à coup; mais ils n'osent pas attaquer en plaine. » L'aiguade existe encore sous la koubba de Sidi-ez-Zaghouâni. Le littoral dessine à cette hauteur une berge assez élevée, coupée par quelques ravins : ce sont les *convalles* qui favorisèrent l'embuscade[5].

Les matelots de César sont attaqués par la cavalerie numide.

Le 3 janvier, César laisse à Leptis six cohortes sous les ordres de Saserna[6],

César

---

[1] *De bello Africano*, c. IX : « Hoc eum idcirco existimo fecisse, ut maritima oppida post se ne vacua relinqueret, praesidioque firmata ad classis receptacula muniret. »

[2] *De bello Jugurthino*, c. XIX : « Postea Phoenices... Hipponem, Hadrumetum, Leptim aliasque urbes in ora maritima condidere. »

[3] *De bello Africano*, XXIX : « Ab defensoribus, propter egregiam munitionem oppidi,... facile et sine periculo defendebatur. »

[4] C. VII : « Eodem naves onerariae et longae nonnullae casu advenerunt, reliquae, ut est ei nuntiatum, incertae locorum, Uticam versus petere visae sunt. Interim Caesar a mari non digredi, neque mediterranea petere propter navium errorem... »

[5] C. VII : « Remiges interim, qui aquatum e navibus exierant, subito equites mauri, neque opinantibus Caesarianis, adorti, multos jaculis convulneraverunt, nonnullos interfecerunt : latent enim in insidiis cum equis inter convalles, et subito exsistunt, non ut in campo cominus depugnent. »

[6] L'Anonyme, au chapitre XXIX, dit que la garnison de Leptis ne se composait que de trois cohortes.

et retourne à Ruspina, mais pour en repartir aussitôt. Les vivres manquaient ; il fallait en chercher dans les environs. Il met en réquisition tous les chariots et toutes les bêtes de somme du pays, et revient avec une abondante récolte. Il venait, dans le même dessein, d'envoyer le préteur C. Sallustius Crispus avec quelques vaisseaux à l'île de Cercina, où l'ennemi avait fait, disait-on, de grands approvisionnements de blé.

Cependant les renforts que César a demandés en Sardaigne, en Sicile et dans les provinces voisines, se font attendre. Ses bâtiments dispersés n'arrivent pas. Il envoie dix galères pour les rallier, laisse une légion à Ruspina sous les ordres de Publius Saserna, frère de celui qui commandait la garnison de Leptis, part avec sept cohortes de vieilles troupes habituées aux combats de mer, puisqu'elles avaient servi sur les flottes de Sulpicius et de Vatinius, et s'embarque à l'insu du reste de son armée. Son intention était d'aller lui-même à la recherche de ses vaisseaux de charge égarés et de les défendre contre la flotte ennemie.

César passe à bord la nuit du 3 au 4 janvier. A l'aube du jour, comme il se disposait à partir, le hasard amena sur la côte une partie des vaisseaux égarés. César débarque aussitôt, retourne à Ruspina avec les renforts qui viennent de lui arriver, établit son camp près de la ville et repart pour chercher des vivres. Dion Cassius assigne le même but au mouvement de César[1]. Appien suppose, à tort, que le Dictateur, profitant de l'absence de Scipion, qui se trouvait alors auprès de Juba, avait le projet d'attaquer son camp[2]. César n'avait emmené ni sa cavalerie ni ses archers : il ne songeait donc pas à livrer une bataille rangée.

Il n'était pas à plus de trois milles de ses retranchements, lorsqu'il apprit, par ses éclaireurs et ses cavaliers d'avant-garde, que l'ennemi se montrait à peu de distance. Au même moment on commença à apercevoir un immense nuage de poussière. César fait immédiatement venir du camp les 400 chevaux et les 150 archers dont il disposait. Il ordonne aux cohortes de le suivre en ordre de bataille et prend les devants avec une faible escorte. Aussitôt qu'il aperçoit l'ennemi, il fait mettre le casque en tête et se prépare au combat.

Commandées par Labienus et par les deux Pacidius, les forces constitutionnelles comprenaient, outre les 120 éléphants et la nombreuse cavalerie

---

[1] Dion Cassius, *Histoire romaine*, XLIII, ɪɪ : Ὅ τε Πετρεῖος καὶ ὁ Λαβιηνὸς, τηρήσαντες τὸν Καίσαρα πρὸς κώμας ἐπὶ σῖτον ἐξεληλυθότα... — [2] *De bello civili*, II, xcv.

fournis par Juba, douze légions, composées d'hommes recrutés un peu partout, 1,600 cavaliers gaulois et germains, 1,100 cavaliers du corps de Petreius, 4,400 hommes de troupes légères et un grand nombre d'archers et de frondeurs, à pied et à cheval. Formée sur une ligne très étendue et si serrée que, de loin, elle semblait n'être composée que d'infanterie, l'armée de Labienus profite de sa supériorité numérique pour envelopper les troupes césariennes. En un instant celles-ci sont entourées, rejetées les unes sur les autres et réduites à se former en un groupe compact, faisant face de toutes parts.

Labienus, à cheval, la tête découverte, se montre au premier rang, exhorte les siens et apostrophe les soldats de César : « Eh bien, conscrit, qu'as-tu à tant faire le brave? Il vous a donc aussi tourné la tête avec ses belles paroles? Par Hercule! il vous a entraînés dans une fâcheuse aventure! Je vous plains! » — « Je ne suis pas un conscrit, Labienus, répond un légionnaire, je suis un vétéran de la dixième. » — « Je n'en reconnais pas les enseignes, » réplique Labienus. « Tu vas savoir au moins qui je suis, riposte le vétéran, c'est un soldat de la dixième qui te frappe. » Et, rejetant son casque, il lui lance son pilum avec tant de force que l'arme traverse le poitrail du cheval de Labienus[1].

18   Labienus fut jeté à terre par son cheval blessé, et il semble, d'après le récit d'Appien, que sa chute ait ralenti l'attaque des Pompéiens[2].

Par une manœuvre que l'Anonyme décrit en termes assez obscurs, de l'avis des gens du métier[3], César réussit à rompre le cercle de fer qui l'enserre, repousse l'ennemi et bat en retraite sur son camp. L'arrivée de M. Petreius et de Cn. Pison avec 1,100 chevaux numides et une nombreuse infanterie d'élite détermine les Pompéiens à continuer la poursuite : ils chargent de nouveau les troupes césariennes, arrêtent l'arrière-garde et la coupent de sa ligne de retraite. César ordonne de faire front, et la lutte recommence. Mais sa cavalerie, encore mal remise des fatigues de la traversée, est complètement épuisée : elle ne peut plus tenir les assaillants à distance. César demande un dernier effort à ses soldats : à un moment donné, cohortes et escadrons s'élancent à la fois, balayent la plaine et rejet-

---

[1] *De bello Africano*, c. xvi.
[2] Appien, *De bellis civil.*, II, xcv : Τραπέντας ἐδίωκον σοβαρῶς μετὰ καταφρονήσεως, μέχρι Λαβιηνὸν μὲν ὁ ἵππος ἐς τὴν γαστέρα πληγεὶς ἀπεσείσατο, καὶ αὐτὸν οἱ παρασπισταὶ συνήρπαξον.

[3] Voyez Guischardt, *Mém. milit.*, t. II, p. 279-288, et Turpin de Crissé, t. II, p. 389.

tent l'ennemi au delà des collines. Les Césariens s'arrêtent quelque temps sur ces hauteurs et de là regagnent lentement leurs retranchements. L'ennemi, fort maltraité, se retire de son côté dans ses lignes[1].

« Après ce combat, continue l'Anonyme, des transfuges de toutes armes vinrent à nous. On fit beaucoup de prisonniers, tant en infanterie qu'en cavalerie. On sut par eux que l'intention de l'ennemi avait été d'étonner nos jeunes soldats par ce nouveau genre de combat, de les envelopper avec sa cavalerie et de les écraser comme l'armée de Curion. Labienus s'était vanté en plein conseil d'envoyer contre nous tant de troupes, que la seule fatigue de tuer et de vaincre nous obligerait à succomber... Le combat livré le 4 janvier eut lieu en rase campagne et dura depuis la cinquième heure jusqu'au coucher du soleil[2].

Cette indication de l'Anonyme *in campis planissimis purissimisque*, ainsi que la distance de trois milles qui séparait le camp de César du point où apparut l'ennemi, fixent l'emplacement du champ de bataille : l'action eut lieu dans la plaine qui s'étend entre la rive droite de l'Oued Melah[3], le plateau de Ruspina et les collines de Sidi-ez-Zaghouâni, au delà desquelles l'ennemi fut repoussé à la fin du combat.

L'auteur du livre sur la Guerre d'Afrique représente cette première bataille comme une victoire, et César pouvait effectivement considérer comme un succès d'avoir échappé à un désastre presque inévitable. Strabon en parle également comme d'un succès[4]. Dion Cassius[5] et Appien[6], au contraire, affirment que César fut battu. D'après le second de ces deux historiens, Petreius, suffisamment renseigné sur le peu de solidité des troupes césariennes, aurait fait sonner la retraite au lieu de compléter sa victoire, pour

---

[1] Labienus fit transporter à Hadrumète, sur des chariots, ses blessés, qui étaient en très grand nombre : « Labienus saucios suos, quorum maximus numerus fuit, jubet in plaustris deligatos Adrumetum deportari » (c. xxi).

[2] C. xix : « In campis planissimis purissimisque, ab hora diei quinta usque ad solis occasum est decertatum. »

[3] [*Oued Djemal* sur la carte au deux-cent-millième. — S. R.]

[4] Strabon, XVII, xii : Συνηφανίσθησαν δὲ τοῖς ἡγεμόσι καὶ αἱ πόλεις... καὶ πρὸς αἷς κατεπολέμησε Καῖσαρ Σκιπίωνα ὁ Θεὸς, πρὸς Ρουσπίνῳ μὲν πρῶτον νικῶν, εἶτα πρὸς Οὐζίτοις, εἶτα πρὸς Θάψῳ καὶ τῇ πλησίον λίμνῃ.

[5] Dion Cassius, XLIII, ii : Τήν τε ἵππον αὐτοῦ μηδέπω καλῶς ἐκ τῆς θαλάσσης ἐρρωμένην ἐς τοὺς πεζοὺς τοῖς Νομάσι κατήραξαν· καὶ συνταραχθείσης πρὸς τοῦτο τῆς ἀσπίδος, πολλοὺς μὲν αὐτῶν ἐν χερσὶν ἀπέκτειναν· πάντας δ' ἂν καὶ τοὺς λοιποὺς, ἀνειληθέντας ἐπὶ μετέωρόν τι ἐξέκοψαν, εἰ μὴ ἰσχυρῶς ἐτρώθησαν.

[6] Appien, *De bellis civ.*, II, xcv : Ἀντεπήεσαν δ' αὐτῷ Λαβιηνός τε καὶ Πετρήιος, οἱ τοῦ Σκιπίωνος ὑποστράτηγοι· καὶ ἐκράτουν τῶν Καίσαρος παρὰ πολὺ, καὶ τραπέντας ἐδίωκον σοβαρῶς...

laisser à Scipion la gloire d'en finir avec l'ennemi[1]. Appien constate d'ailleurs les efforts que dut faire César pour rallier ses troupes : il se jeta au-devant des fuyards et ramena de sa propre main un porte-enseigne à la ligne de bataille[2].

Demi-victoire ou demi-défaite, la journée du 4 janvier était un avertissement. César en profita. Il fortifie son camp avec plus de soin, double les postes, trace un retranchement de Ruspina à la mer et un autre de la mer à son camp, pour assurer ses communications avec le port. Il fait apporter de la flotte les machines de guerre, arme, pour les entremêler à la cavalerie comme troupes légères, les rameurs de ses galères gauloises et rhodiennes, grossit ses troupes d'archers syriens et ityréens, installe des ateliers pour fondre des balles de fronde, forger des traits, fabriquer des pieux, et demande en Sicile du fer, du plomb, des claies, des poutres à béliers, toutes choses qui manquaient en Afrique[3]. En quelques jours ses retranchements, hérissés de scorpions, de catapultes et d'autres machines, devinrent inexpugnables, tandis que les abords du camp, semés de chausse-trapes, se défendaient d'eux-mêmes[4].

César fortifie son camp de Ruspina.

21 Peu de jours après, Scipion arrive d'Utique avec huit légions et 3,000 cavaliers, opère sa jonction avec Petreius et Labienus et campe à trois milles de César. Sa cavalerie voltige sans cesse autour des retranchements ennemis et enlève tous ceux qui en sortent pour aller à l'eau ou au fourrage. Aucun convoi n'arrive ni de Sardaigne ni de Sicile. Étroitement bloqué, César ne possède bientôt plus sur la terre d'Afrique qu'un espace de six mille pas en tous sens, à peu près ce que représentent le plateau de Ruspina et ses abords immédiats[5]. Les troupes souffraient cruellement de la disette, et le fourrage vint à manquer complètement. « Dans cette extrémité, dit l'Anonyme, les vétérans, qui avaient combattu sur terre et sur mer et passé plus d'une fois par de semblables épreuves, ramassaient sur le rivage des algues marines;

Arrivée de Scipion.

César est bloqué dans son camp de Ruspina.

---

[1] Appien, II, xcv : Ὁ δὲ Πετρήϊος, ὡς ἀκριβῆ τοῦ στρατοῦ λαβὼν πεῖραν, καὶ νικήσων ὅτε βούλεται, διέλυε τὸ ἔργον, ἀπειπὼν τοῖς ἀμφ' αὑτόν· Μὴ ἀφελώμεθα τὴν νίκην τὸν αὐτοκράτορα ἡμῶν Σκιπίωνα.

[2] Ibid. : Αὐτὸς δὲ λέγεται παρὰ τὴν φυγὴν, ἐγχρίμπτων ἅπασιν, ἐπιστρέφειν αὐτούς. Καί τινα τῶν τὰ μέγιστα σημεῖα, τοὺς ἀετοὺς, φερόντων τῇ ἑαυτοῦ χειρὶ περισπάσας, μετενεγκεῖν ἀπὸ τῆς φυγῆς ἐς τὸ πρόσθεν. — Cf. Suétone, Div. Jul., LXII : « Inclinatam aciem solus saepe restituit, obsistens fugientibus retinensque singulos, et contortis faucibus convertens in hostem. »

[3] C. xx.

[4] C. xxv.

[5] C. xxiv : « Neque amplius milia passuum sex terrae Africae quoquoversus tenebant. »

les lavaient dans l'eau douce et, au moyen de cet aliment, prolongeaient la vie de leurs chevaux. » L'algue dont parle l'Anonyme est un *fucus saccharinus* qui se trouve en abondance sur la côte orientale de la régence de Tunis, et dont les tiges et les feuilles sont encore employées par les indigènes à la nourriture du bétail. Les habitants de Kerkenna mangent eux-mêmes une sorte de galle que cette plante produit et à laquelle ils donnent le nom d'« olive de mer ».

<small>Diversion opérée par Sittius en Numidie.</small>

Juba se mit en marche à son tour, avec de nombreux contingents. Au moment où il allait rejoindre ses alliés, on lui annonça que Bocchus et Sittius, réunissant leurs forces, venaient d'entrer en Numidie et d'enlever Cirta, ainsi que deux villes gétules. Ce roi, ne laissant que trente éléphants à Scipion, marcha avec toutes ses troupes à la défense de ses États[1]. Rien ne pouvait venir plus à propos que cette puissante diversion : c'était le salut ; César ne l'oublia pas après la victoire. Les excès et les actes de cruauté commis par les Pompéiens contribuèrent également à améliorer la situation de César en lui ralliant une partie des populations. En réponse aux circulaires par lesquelles il avait annoncé sa présence en Afrique, il vit arriver dans son camp un certain nombre de notables qui implorèrent son secours[2]. Voulant hâter à tout prix le moment où il pourrait prendre l'offensive, il écrivit à Alliénus et à Rabirius Postumus de lui envoyer immédiatement des renforts, sans tenir compte ni de l'état de la mer ni des vents. « Si le secours n'était prompt, l'Afrique serait ruinée et perdue : il n'en resterait que le sol[3]. » Son impatience était telle que, le lendemain du départ de ses courriers, il se plaignait déjà du retard de sa flotte et de son armée. Nuit et jour ses yeux et sa pensée étaient tournés du côté de la mer. « Et il ne faut pas s'en étonner, ajoute l'Anonyme ; il voyait les fermes incendiées, les champs ravagés, les troupeaux enlevés ou égorgés, les bourgs et les villes abandonnés ou détruits, les principaux habitants chargés de fer ou massacrés, leurs enfants traînés en esclavage à titre d'otages, et le petit nombre de ses troupes ne lui permettait pas de défendre les malheureux qui l'imploraient. »

<small>Tentative de la cavalerie de Labienus sur Leptis.</small>

Les postes de cavalerie placés en avant des deux camps se livraient des combats journaliers. Un détachement de la cavalerie de Labienus essaya même plusieurs fois d'enlever Leptis. Mais la place était fortifiée, défendue par trois cohortes et bien pourvue de machines. Un trait de scorpion bien

---

[1] C. xxv. — [2] C. xxvi. — [3] C. xxvi.

dirigé cloua contre le sol le commandant du détachement ennemi et mit fin à ces tentatives[1].

Beaucoup de Numides et de Gétules désertaient chaque jour du camp de Scipion : les uns regagnaient leur pays ; d'autres, se rappelant les bienfaits qu'eux et leurs ancêtres avaient reçu de C. Marius, se rendaient au camp de César. Le Dictateur leur remettait des lettres pour leurs concitoyens, les engageant à prendre les armes, à résister aux ordres de Scipion et à se défendre.

Des députations d'Achilla, ville libre[2], et de plusieurs autres cités vinrent également se mettre aux ordres de César, lui offrir des vivres et lui demander des garnisons. C. Messius occupa immédiatement Achilla au nom du Dictateur. Considius essaya de le devancer, n'y réussit pas, et rentra à Hadrumète sans avoir tenté la moindre attaque. Ayant reçu de Labienus, quelques jours plus tard, un renfort de cavalerie, il revint mettre le siège devant la ville.

Occupation d'Achilla par les Césariens.

Les renforts attendus de Sicile arrivèrent en quatre jours. Ils se composaient de la 13° et de la 14° légion, de 800 cavaliers gaulois et d'un millier de frondeurs et d'archers.

Arrivée des premiers renforts.

César reprend l'offensive. Le 27 janvier, à la première veille, il ordonne aux éclaireurs de se tenir prêts. A la troisième, sans que personne soit averti de son dessein, il part avec toutes ses légions, se dirige vers Ruspina, et de là, descendant une pente douce, conduit ses troupes le long du rivage par la gauche de la plaine. « Admirablement unie, cette plaine s'étend sur un espace de quinze milles. Une longue chaîne de hauteurs, partant de la côte et peu élevée, forme une sorte d'hémicycle. Quelques collines assez hautes surgissent, comme autant de points culminants, du sein de cette chaîne. De très anciennes tours défendaient chacun de ces sommets, dont le dernier était occupé par Scipion[3]. »

César reprend l'offensive le 27 janvier.

Cette description topographique est d'une parfaite exactitude. L'amphi-

---

[1] C. xxxi.

[2] Les ruines d'Achilla se retrouvent à El-Alia, sur le littoral, à 34 milles romains au S. S. O. de Ruspina.

[3] C. xxxvii : « Itaque, omnibus insciis neque suspicantibus, vigilia tertia jubet omnes legiones ex castris educi atque se consequi ad oppidum Ruspinam versus, in quo ipse praesidium habuit... Inde parvulam proclivitatem digressus, sinistra parte campi propter mare legiones ducit. Hic campus mirabili planitie patet milia passuum xv; quem jugum ingens, a mari ortum, neque ita praealtum, velut theatri efficit speciem. In hoc jugo colles sunt excelsi pauci : in quibus singulae turres speculaeque singulae perveteres erant collocatae : quarum apud ultimam praesidium et statio fuit Scipionis. »

théâtre de collines est représenté par les hauteurs qui partent du littoral, près de Sahlin, s'étendent au sud jusqu'à Zeremdin et, reprenant la direction du nord, rejoignent la côte en formant le promontoire de Monastir. La phrase : *campus... quem jugum ingens... velut theatri efficit speciem*, peint bien la double courbe, en forme de fer à cheval, dessinée par les collines qui s'étendent de Sahlin à Mesdour, d'un côté, de Bou-Daoui à Monastir, de l'autre ; ouvert, en réalité, au sud comme au nord, cet hémicycle paraît fermé, à distance, par l'éminence sur laquelle s'élevait Uzita, au point même où les hauteurs de Bou-Daoui se rapprochent de celles de Mesdour. La plaine d'alluvion que circonscrit ce cirque naturel est le *campus admirabili planitie* qui s'étendait sur une longueur de quinze milles : c'est précisément la distance qui sépare Zeremdin du littoral. La partie de l'amphithéâtre que décrit plus particulièrement l'Anonyme est celle qui s'étend à la gauche de la plaine, *sinistra parte campi*, la gauche de la plaine étant celle de l'observateur qui tourne le dos à la mer. Ce sont les collines qui rattachent le plateau de Ruspina au massif de Zeremdin et qui présentent en effet, à partir de Benbla, une série de sommets relativement élevés, dont le dernier fait face au bourg arabe de Mesdour.

La marche de César se comprend facilement. De son camp, placé au nord-ouest du plateau de Skanès, en vue de la plaine occupée par les Pompéiens, il se dirige sur Ruspina pour masquer son mouvement, descend la pente douce qui mène de Ruspina au port et conduit ses légions le long du rivage par la partie gauche de la plaine : *sinistra parte campi propter mare legiones ducit*. C'est en longeant le littoral, en effet, que, grâce au bourrelet élevé qui rattache le plateau de Monastir aux collines de Kneïs, il peut encore cacher sa marche à l'ennemi.

<small>César s'empare des hauteurs situées à l'est de la plaine.</small>

L'objectif de cette marche, l'Anonyme nous l'indique, c'est la série de hauteurs dont Scipion occupe les derniers sommets, et, grâce au secret de ses mouvements, César s'empare facilement des premiers chaînons.

« Arrivé sur cette chaîne, César ordonna de construire sur chaque colline des tours et des forts. En moins d'une demi-heure l'ouvrage fut achevé. Quand il fut près de la dernière colline et de la tour la plus voisine du camp ennemi, où se trouvait, comme nous l'avons dit, un corps de Numides, il s'arrêta un instant pour reconnaître le terrain, plaça sa cavalerie aux avant-postes, distribua aux légions les travaux à exécuter et fit creuser un fossé, à mi-côte, du point où il était parvenu jusqu'à celui d'où il était parti.» La colline qu'occupaient les Numides fut enlevée par un escadron espagnol.

Scipion et Labienus, prévenus des mouvements de César, s'avancent avec toute leur cavalerie jusqu'à la distance d'un mille, et déploient leur infanterie en seconde ligne à moins de quatre cents pas de leur camp. Un combat de cavalerie s'engage dans la plaine. Labienus détache la plus grande partie de son aile droite pour porter secours aux Numides chassés par les Espagnols de César. César, de son côté, voyant Labienus séparé de son corps de bataille, envoie la cavalerie de son aile gauche pour l'envelopper.

«Dans la plaine où l'action se passait, dit l'Anonyme, s'élevait une très grande villa, flanquée de quatre tours, qui empêchait Labienus de voir cette manœuvre de la cavalerie césarienne. Il ne s'en aperçut que par le carnage de son arrière-garde. Les cavaliers numides, saisis de terreur, s'enfuirent droit au camp. Les Gaulois et les Germains, qui résistaient seuls, furent enveloppés et périrent tous en combattant vaillamment. Les légions de Scipion, rangées en bataille devant le camp, y rentrèrent en désordre. Maître de la plaine et des hauteurs abandonnées par Scipion, César fit sonner la retraite et ramena sa cavalerie. Il put contempler à loisir les cadavres de ces Gaulois et de ces Germains dont quelques-uns, faits prisonniers lors de la défaite de Curion, avaient eu la vie sauve, et voulurent, par reconnaissance, se dévouer pour leur nouveau chef. Remarquables par leur haute taille et par la beauté des formes, leurs corps jonchaient toute la plaine, couchés çà et là, dans les différentes attitudes que leur avait données la mort.» *Horum corpora, mirifica specie amplitudineque, caesa toto campo ac prostrata diverse jacebant*[1].

Le détail des opérations de cette première journée est facile à expliquer sur le terrain. La colline occupée par les Numides de Scipion se retrouve à un mille romain au sud de Benbla, à 7 kilomètres à l'ouest de Lemta et à 5,300 mètres au sud-est de Mesdour. Elle domine la plaine de l'Oued Melah, au centre de laquelle, sur un tertre, s'élevait la ville d'Uzita, dont il sera question dans la suite du récit. Les ruines d'Uzita sont situées exactement à 1,500 mètres au nord-est de Mesdour et à 2,250 mètres au sud-ouest de Mnara, sur la rive droite de l'Oued Sahlin[2]. Elles se trouvent à 2,300 mètres à l'ouest de la colline que se disputèrent les deux armées. Dion Cassius in-

---

[1] C. XXXVIII-XL. — [2] [La carte de 1885 indique sur ce point des ruines romaines. — S. R.]

dique la situation respective de ces deux points dans son récit des opérations que nous venons de résumer d'après l'auteur du Journal de la campagne d'Afrique : « César, marchant contre Scipion du côté de la ville d'Uzita, s'empara par la force d'une colline qui dominait tout à la fois la ville et le campement pompéien. Attaqué par Scipion, il le chassa des hauteurs et poursuivit sa cavalerie en lui faisant éprouver de fortes pertes. Il se retrancha ensuite sur cette colline[1]. »

La villa fortifiée qui joua un certain rôle dans le combat de cavalerie devait être située dans la plaine entre Uzita et la colline. Or, précisément à 1,000 mètres à l'ouest du pied de la colline et à 1,350 mètres à l'est-nord-est des ruines du bourg antique, on remarque les vestiges d'une grande ferme romaine formant un rectangle de 250 mètres sur 200. Il nous semble difficile de ne pas y reconnaître l'emplacement de la *villa permagna* dont parle l'auteur du Journal.

Le lendemain, 28 janvier, César range ses troupes dans la plaine, au pied des hauteurs qu'il a conquises. Scipion, dont les contingents ont été fort maltraités la veille, les retient d'abord dans leurs retranchements; mais, lorsqu'il voit que la ligne de bataille des Césariens se rapproche et n'est déjà plus qu'à un mille d'Uzita, il craint de perdre cette place, d'où il tire son eau et ses vivres, et se décide à sortir de son camp. Il dispose ses troupes, suivant sa tactique habituelle, sur quatre lignes, dont la première est composée de la cavalerie formée par escadrons, les éléphants armés de tours occupant les intervalles. Les remparts d'Uzita, défendus par une forte garnison de Numides, couvrent tout son corps de bataille : les ailes seules, où se trouvent les éléphants, s'étendent à droite et à gauche de la place et peuvent être aperçues par l'ennemi.

César attend vainement, presque jusqu'au coucher du soleil, que Scipion quitte ses positions. Ne se souciant pas lui-même d'aller livrer tout à la fois une bataille et un siège avec le désavantage du terrain, Uzita étant située sur un tertre, il ramène ses troupes dans leur camp, et dès le lendemain fait pousser des travaux de sape dans la direction des retranchements ennemis[2].

Levée du siège d'Achilla. — Le combat de cavalerie du 27 janvier avait eu le résultat indirect de mettre fin aux tentatives des Pompéiens contre Achilla. En apprenant l'échec

---

[1] Dion Cassius, *Histoire romaine*, XLIII, IV : Καὶ προχωρήσας ἐπ' αὐτὸν πρὸς πόλιν Οὐζίτ7α, ἐπὶ λόφου τινὸς, ὑπέρ τε ἐκείνης καὶ ὑπὲρ τοῦ σ7ρατοπέδου ἅμα αὐτῶν ὄντος, ἱδρύθη, προεκκρούσας τοὺς κατέχοντας αὐτόν.

[2] C. XLII.

de Labienus, Considius craignit d'être coupé de sa ligne de retraite et leva immédiatement le siège de la place. Brûlant ses grains, détruisant ses provisions de vin, d'huile et le reste de ses vivres, il laisse huit cohortes à Scipion et regagne Hadrumète, « en passant, ajoute l'Anonyme, par le royaume de Juba. » Ces mots *itinere per regnum Jubae facto* jettent un certain jour sur la question assez obscure des limites primitives de la province romaine d'Afrique. Ils semblent indiquer que la sebkha de Sidi-el-Hani, ou lac de Kaïrouan, séparait le territoire de la République du royaume numide. La ligne de retraite la plus directe pour Considius était la route d'Achilla à Sarsura[1], puis la grande voie qui, passant par Sarsura et par *Avida vicus*[2], conduisait de Thysdrus[3] à Hadrumète. Or Considius renonce à cet itinéraire, qui l'expose à être pris en flanc par la cavalerie ennemie, et « passe par le royaume de Juba ». Sa marche, dès lors, semble bien indiquée : d'Achilla il se dirige sur Thysdrus, qui faisait encore partie des possessions romaines, et contourne le lac de Kaïrouan en en longeant la rive occidentale. On peut supposer que cette rive appartenait à la Numidie, puisque Considius se trouvait, en la suivant, à l'abri de toute attaque, et qu'il n'avait d'ailleurs aucune raison de s'enfoncer plus avant dans le royaume de Juba. Nous verrons plus loin, à propos de Thabena, que d'autres indices semblent justifier la conjecture que nous émettons.

L'échec essuyé par les Pompéiens avait eu une autre conséquence. Le roi Juba, se rendant aux pressants appels de Scipion, avait laissé à son préfet Sabura le soin de combattre Sittius, et s'était mis en marche, avec trois légions, 800 hommes de cavalerie régulière, un grand nombre de cavaliers numides, de forts contingents d'infanterie légère et trente éléphants. Il vint camper à peu de distance de Scipion. Les troupes de César s'étaient fort émues de l'approche de cet ennemi, dont on les menaçait depuis longtemps. Suétone nous a conservé la courte harangue par laquelle leur chef jugea à propos de relever leur moral, en exagérant, suivant sa coutume, les forces de l'adversaire : « Sachez que d'ici à peu de jours le roi arrivera avec dix légions, trente mille chevaux, cent mille hommes armés à la légère et trois cents éléphants. Que quelques-uns d'entre vous cessent donc d'imaginer et de chercher davantage. Qu'ils m'en croient sur parole, moi qui suis bien informé, sinon je les fais jeter sur la plus pourrie de mes galères et partir

Arrivée de Juba.

---

[1] Ruines près de Bou-Merdès. — [2] Zeremdin, au N. N. O. de Bou-Merdès. — [3] El-Djemm.

pour n'importe où, par n'importe quel vent[1]. » Sa tactique lui réussit, et la présence de Juba dissipa toutes les terreurs de l'attente : quand on vit de près ses troupes, le mépris succéda à la crainte.

<small>Labienus essaye d'arrêter la marche de César.</small>

César poussait énergiquement ses travaux d'approche, changeant de camp tous les trois ou quatre jours et occupant tous les points dominants. Labienus essaya de l'arrêter dans sa marche en s'emparant d'une hauteur voisine, et ici se place un épisode assez insignifiant en lui-même, mais qui prouve une fois de plus le soin avec lequel l'Anonyme avait étudié le terrain de la campagne qu'il a racontée.

« Pour arriver à cette colline, dit l'auteur du Journal, César avait à traverser un vallon assez large, profond, escarpé et rempli de crevasses en forme de cavernes. Au delà du vallon était un bois épais de vieux oliviers. Labienus, qui connaissait le terrain, devina que César ne pouvait s'emparer du poste qu'il cherchait à occuper sans traverser le ravin et le bois. Il s'y embusqua donc avec son infanterie légère et une partie de sa cavalerie, le reste ayant l'ordre de se cacher derrière la montagne et les collines jusqu'au moment où il attaquerait les légions.

« César se faisait précéder de sa cavalerie. A son approche, les soldats de Labienus, oubliant ou interprétant mal la consigne, ou bien craignant d'être écrasés dans le ravin par les chevaux de l'ennemi, sortent successivement de leurs abris et gagnent la hauteur. La cavalerie césarienne les poursuit, en tue une partie, prend le reste, se dirige au galop sur la colline, chasse le poste qui la défend et s'en empare. Labienus s'échappe à grand'peine avec une partie de ses cavaliers[2]. »

Le vallon que décrit l'Anonyme est représenté par le grand ravin qui s'ouvre à 2 kilomètres à l'ouest du bourg arabe de Bou-Daoui et à 1,500 mètres au sud de la colline que César avait occupée le 27 janvier. Les pentes offrent un certain nombre d'escarpements rocheux, crevassés ou creusés à la base, dans lesquels il est facile de reconnaître les *crebra loca speluncae in modum* qui abritèrent les soldats pompéiens. Au sud du ravin s'étend encore, comme au temps des guerres civiles, une forêt de vieux oliviers, arrière-rejetons de ceux qui furent les témoins du second échec de Labienus. La colline dont César venait de s'emparer, et qu'il fortifia aussitôt, est située immédiatement

---

[1] Suétone, *Div. Jul.*, LXVI. — [2] C. L : « Labienus cum parte equitum vix fuga sibi peperit salutem. »

au sud du vallon, à 2,800 mètres au nord de Zaouïat-el-Kountech et à 4,800 mètres à l'est-sud-est de Mesdour[1].

De son camp principal, placé en face d'Uzita sur les hauteurs mêmes qu'il venait de conquérir[2], César fait tracer à travers la plaine deux tranchées fortifiées dans la direction des deux angles de la place, à droite et à gauche[3]. Son but était, avant tout, de pouvoir s'approcher d'Uzita sans avoir à redouter les attaques de flanc de la cavalerie ennemie; mais ce cheminement méthodique lui offrait en outre deux avantages : il lui permettait d'abord de se procurer, en creusant des puits dans la partie basse de la plaine, l'eau qu'il était obligé de faire venir de fort loin; les deux lignes retranchées facilitaient aussi les nombreuses désertions sur lesquelles il croyait pouvoir compter, et qui se produisirent effectivement à la suite d'un violent combat dans lequel la cavalerie et les troupes légères de la coalition, après un premier succès, furent ramenées avec de grandes pertes jusqu'au camp de Juba[4]. Beaucoup de cavaliers de l'armée de Curion et de soldats des 4ᵉ et 6ᵉ légions pompéiennes abandonnèrent la cause de Scipion.

César ayant poussé ses deux tranchées parallèles jusque sous les murs d'Uzita, mais hors de la portée du trait, disposa sur tout le front de ses lignes, qui faisait face à la ville, une quantité de balistes et de scorpions destinés à battre les remparts. Cinq légions vinrent occuper le nouveau camp. Dès le lendemain Scipion et Juba font sortir toutes leurs troupes de leurs différents camps. César fait de même. L'auteur du Journal décrit très longuement les dispositions prises de part et d'autre. Nous jugeons d'autant moins utile de les reproduire que les deux armées n'en vinrent pas aux mains. La cavalerie seule fut engagée des deux côtés. Celle de César essuya un léger échec, en s'engageant sans ordre dans les terrains marécageux situés au sud d'Uzita[5].

Scipion n'ayant pas osé quitter les fortes positions qu'il occupait, et César ne jugeant pas à propos de l'attaquer dans des conditions défavorables, les

Travaux d'approche de César devant Uzita.

---

[1] [M. Tissot a écrit *El-Kantouch* sur sa carte. Celle de la Guerre donne à cette Zaouïa le nom de Sidi-Feradj. — S. R.]

[2] C. LI : « Hac re per equites gesta, Caesar legionibus opera distribuit, aque in eo colle, quo erat potitus, castra munivit. »

[3] *Ibid.*: « Deinde ab suis castris maximis per medium campum, e regione oppidi Uzitae, quod inter sua castra et Scipionis in planitie positum erat, tenebaturque a Scipione, duo brachia instituit duci, et ita erigere, ut ad angulum dextrum sinistrumque ejus oppidi convenirent. »

[4] C. LII : «...« eos convulneratos usque in castra regia repulerunt, multosque interfecerunt. »

[5] C. LVIII-LXI.

deux adversaires continuent à se couvrir de retranchements; l'un prolonge ses cheminements à travers la plaine, l'autre s'efforce de conserver ses communications avec les hauteurs.

Opérations des deux flottes.

Varus, sur ces entrefaites, apprenant que la 7ᵉ et la 8ᵉ légion arrivaient de Sicile, fait sortir sa flotte d'Utique et va croiser devant Hadrumète avec cinquante-cinq vaisseaux. César, ignorant ce mouvement, avait envoyé vingt-sept galères, sous les ordres de L. Cispius, dans les eaux de Thapsus, et treize autres bâtiments, commandés par Q. Aquila, dans les parages d'Hadrumète, pour escorter les convois attendus. Le reste de la flotte était à l'ancre devant Leptis, et les matelots, descendus à terre, s'étaient dispersés sur le rivage, ou étaient allés chercher des vivres à la ville. Prévenu par des transfuges, Varus arrive à l'improviste devant Leptis, brûle les vaisseaux de charge mouillés en rade, et s'empare de deux pentères abandonnées par leurs équipages. César visitait à ce moment ses travaux. Il monte à cheval, franchit les six milles qui séparaient son camp du port de Leptis, ordonne à toute sa flotte de le suivre, prend les devants avec un bâtiment léger, rallie l'escadre d'Aquila et se met à la poursuite de l'ennemi, qui se retire dans le port d'Hadrumète. Il brûle à son tour les vaisseaux de charge qui se trouvaient en rade, prend les autres ou les repousse dans le port, et regagne Leptis[1].

La question des subsistances était toujours la grande préoccupation de César. Les vivres manquaient; il dut faire battre les environs pour en trouver. «Il est d'usage en Afrique, dit l'auteur du Journal, de pratiquer des souterrains dans les champs et dans les villages pour y cacher les grains, en cas de guerre, et les mettre à l'abri des coups de main de l'ennemi.» Informé de cette coutume, César fit partir, à la troisième veille, deux légions et de la cavalerie pour fouiller des dépôts de ce genre, qui lui avaient été signalés à dix milles de son camp, et les vit revenir chargées de blé. Labienus le sut: il s'avança l'espace de sept milles par les hauteurs que les Césariens avaient suivies la veille et y posta deux légions. Lui-même s'embusqua chaque jour dans les environs, persuadé que César enverrait souvent chercher des vivres de ce côté. Prévenu à son tour, César part avec huit légions, et Labienus est encore une fois pris à son propre piège[2]: il est battu et perd cinq cents hommes.

---

[1] C. LXII-LXIV. — [2] C. LXV-LXVI.

Le *jugum* par lequel passe César est la chaîne de hauteurs qui s'étend de Mesdour à Menzel-Kemel, et si ce dernier bourg n'est pas le point même où les troupes césariennes trouvèrent du blé, il en est du moins très voisin. C'est ce que prouve la distance de sept milles indiquée à partir du camp de Scipion près d'Uzita. Les dix milles que les Césariens avaient à franchir s'expliquent par le trajet de trois milles qui séparait leur camp des hauteurs de Mesdour.

Quant aux cachettes à grains, elles étaient d'un usage général en Afrique, même à l'époque impériale et en pleine « paix romaine ». C'était le seul procédé par lequel on pût conserver longtemps les blés; c'est encore celui qu'emploient les indigènes aujourd'hui : les grains sont déposés dans des cavités souterraines affectant la forme d'un entonnoir renversé, auxquelles on donne le nom de *metmoura* ou de *silos*. Ce dernier terme semble venir du mot σειρός, dont on se servait, en Cappadoce et en Thrace, pour désigner des réservoirs du même genre. Comme dans la méthode romaine, on garnit encore de paille le fond de l'entonnoir, et la cavité, une fois remplie, est bouchée hermétiquement. Mis ainsi à l'abri de l'humidité et du contact de l'air, le blé, au dire de Varron, pouvait s'y conserver pendant cinquante ans, le millet pendant un siècle[1].

Le pilum du légionnaire dut probablement jouer, dans la recherche et la découverte de ces greniers souterrains, le même rôle que la baguette de fusil de nos soldats.

Ces ressources, toutefois, s'épuisèrent bien vite. Toujours aux prises avec la faim et voyant d'ailleurs que l'ennemi refusait d'engager une action générale, César rassemble toutes ses troupes, renforce les garnisons de Ruspina, de Leptis, d'Achilla, ordonne aux deux escadres de Cispius et d'Aquila de croiser devant Hadrumète et Thapsus, met le feu à son camp, part à la quatrième veille en ordre de bataille, les bagages à l'aile gauche, et arrive devant Agar, ville que les Gétules avaient souvent assiégée et qui s'était toujours vaillamment défendue. Il forme un seul camp dans la plaine et va immédiatement, avec une partie de son armée, chercher des vivres dans les environs. Il revient avec un peu de blé et beaucoup d'orge, d'huile, de vin et de figues. Scipion, qui l'avait suivi par les hauteurs avec toutes

César abandonne ses positions devant Uzita.

Il va camper près d'Agar.

---

[1] Varron, *De re rust.*, I, LVII : « Quidam granaria habent sub terris speluncas, quas vocant σειρούς, ut in Cappadocia ac Tracia; alii puteos, ut in agro carthaginiensi... Sic conditum triticum manet vel annos quinquaginta; milium vero plus annos centum. »

ses forces, prend position à six milles de là et partage ses troupes en trois camps[1].

Le fait que César, quittant en ordre de bataille son camp d'Uzita, avait placé ses bagages à l'aile gauche prouverait, alors même que le reste du récit ne le démontrerait pas, qu'il se dirigeait vers le sud. Cette indication, jointe à celle que donne plus loin l'Anonyme lorsqu'il constate qu'Agar était à seize milles environ de Thapsus, détermine la position de cette place. Nous la retrouvons à Beni-Hasseïn, gros bourg arabe bâti sur l'emplacement et avec les débris d'une ville antique. Beni-Hasseïn est situé à 13 kilomètres au sud-sud-est de Mesdour, à 15 kilomètres au sud-sud-ouest de Lemta, à 4,500 mètres à l'est de Zeremdin et à 25 kilomètres au sud-ouest des ruines de Thapsus.

Position d'Agar.

Position de Zeta.

On peut également, croyons-nous, fixer la position de la ville de Zeta, dont César s'empara presque immédiatement après avoir installé son camp sous Agar. Mais, pour bien faire saisir les indices d'après lesquels nous nous guidons, nous sommes obligé de reproduire toute cette partie du Journal de la campagne d'Afrique.

« La ville de Zeta était située à dix milles de Scipion, du côté de son camp, et à dix-huit milles de celui de César. Scipion y envoya deux légions pour chercher du blé. César, averti par un transfuge, transporta son camp de la plaine sur les hauteurs, dans une position plus sûre, y laissa une garde et, étant sorti à la quatrième veille, dépassa le camp ennemi avec ses troupes et entra dans la ville. Il apprit que les légions ennemies étaient allées plus loin chercher du blé dans les champs. Comme il se diposait à les poursuivre, il vit les troupes de Scipion s'avancer à leur secours : ce mouvement arrêta sa marche. Il fit prisonniers dans Zeta deux chevaliers romains, C. Mutius Reginus, ami intime de Scipion et commandant de la place, et P. Atrius, membre du conseil d'Utique. Il emmena vingt-deux chameaux du roi, laissa dans la ville une garnison sous les ordres d'Oppius, son lieutenant, et se mit en marche pour regagner son camp[2].

---

[1] C. LXVII. La correspondance d'Agar et de Bou-Hadjar, proposée par Shaw, est absolument inadmissible : Bou-Hadjar, dont le nom, purement arabe, n'est en aucune façon une corruption de celui d'Agar, comme Shaw le suppose, n'offre aucun vestige antique et n'est qu'à cinq cents mètres des ruines de Leptis.

[2] C. LXVIII. L'Anonyme signale, comme un fait de quelque intérêt, la prise de vingt-deux dromadaires appartenant à Juba. Il est certain, en effet, que le chameau n'était pas encore acclimaté, à cette époque, dans l'Afrique septentrionale. Ainsi que l'a justement fait observer Barth, on ne le voit pas figurer sur les bas-reliefs

« Lorsqu'il approcha du camp de Scipion, près duquel il fallait nécessairement passer, Labienus et Afranius, embusqués avec toute leur cavalerie et leurs troupes légères, parurent sur les coteaux voisins et chargèrent son arrière-garde. César leur oppose d'abord sa cavalerie, et ordonne ensuite aux légions de déposer leurs bagages à terre et de faire face à l'ennemi. Dès le premier choc, elles mirent aisément en fuite cette multitude et la chassèrent de la colline; mais lorsque César, croyant l'avoir dispersée de manière à n'être plus inquiété dans sa retraite, se remit en marche, il la vit aussitôt descendre des coteaux voisins et revenir à la charge. On ne saurait croire avec quelle agilité ces troupes légères savent se mêler à la cavalerie et la suivre dans l'attaque et la retraite. Cette manœuvre se renouvelait sans cesse : dès que les Césariens étaient en marche, elles les attaquaient; elles se retiraient dès qu'ils tenaient ferme, et se contentaient de les accabler d'une grêle de traits. César comprit que leur but était de l'obliger à camper dans ce lieu, où l'eau manquait absolument; ses hommes et ses chevaux, qui étaient restés à jeun depuis la quatrième veille jusqu'à la dixième heure du jour, auraient péri de soif[1].

« Comme le soleil était près de se coucher, César, voyant qu'il n'avait pas fait cent pas dans une heure, et que sa cavalerie était affaiblie par la perte de beaucoup de chevaux, la retira de l'arrière-garde, où il plaça à tour de rôle chaque légion. Sa marche fut plus lente, mais moins inquiétée, ses légion-

libyens, où sa place serait si bien indiquée, à côté du buffle et du bœuf garamantique. Ni Hérodote, ni Salluste, ni aucun des auteurs anciens qui ont décrit les mœurs des Libyens, ne font mention du chameau. On ne le voit pas jouer, dans la vie nomade des populations africaines, le rôle si important qui lui est dévolu aujourd'hui. Le cheval est exclusivement employé pour les courses rapides ou pour les longs trajets à travers les sables, comme le chariot est le seul moyen de transport. A ces preuves négatives vient s'ajouter d'ailleurs un témoignage positif. Dans un passage que nous a conservé Plutarque (*Lucull.*, XI, x), Salluste affirme que les Romains avaient vu pour la première fois des chameaux lors de la bataille qu'ils livrèrent à Mithridate sur le Rhyndacus. Bien que cette assertion soit inexacte, en ce sens que l'armée, ainsi que le fait observer Plutarque lui-même, avait déjà fait connaissance avec ces animaux à la bataille de Magnésie, en 187, elle n'en établit pas moins que le chameau était inconnu en Afrique à l'époque des guerres puniques, et on ne le voit pas figurer davantage dans la guerre de Jugurtha. Nous avons vu plus haut que, lorsque César réquisitionne tous les moyens de transport dont disposaient les habitants de Ruspina et des environs, il n'est question que de bêtes de somme et de chariots. Certains indices font supposer que le chameau ne fut introduit dans l'Afrique propre et la Numidie qu'au IIe siècle de notre ère. A la fin du IVe siècle, il était devenu le principal moyen de transport, et nous le voyons figurer à chaque instant, dans la *Johannide*, comme bête de charge et de combat.

[1] C. LXIX : « ...ut exercitus ejus jejunus... et jumenta siti perirent. »

naires résistant mieux à l'ennemi. Cependant la cavalerie numide, se déployant à droite et à gauche en couronnant les hauteurs, cherchait à envelopper l'armée de César et harcelait l'arrière-garde. Lorsque trois ou quatre de nos vétérans se retournaient et lançaient leur pilum, plus de deux mille Numides prenaient aussitôt la fuite, mais pour revenir par pelotons, suivant les légions à distance et les couvrant de traits. César, après une marche ainsi ralentie par la nécessité de s'arrêter fréquemment pour contenir l'ennemi, atteignit ses retranchements vers la première heure de la nuit[1]. »

On se demandera tout d'abord, en présence de ces indications, comment Zeta pouvait être à 18 milles du camp de César et à 10 milles de celui de Scipion, alors que Scipion était allé s'installer à 6 milles de César et que les trois positions étaient à peu près en ligne droite, puisque César, retournant de Zeta à ses retranchements, était obligé de passer près du camp de Scipion. L'explication nous en est fournie par l'Anonyme, lorsqu'il constate que César, après avoir établi d'abord son quartier général dans la plaine voisine d'Agar, avait ensuite transporté son camp sur les hauteurs, dans une position plus sûre. Le premier camp de César était évidemment placé entre Djemal et Zeremdin, à 1,600 mètres au nord de ce dernier point et à 2 kilomètres environ des hauteurs qui s'étendent entre Zeremdin et Beni-Hasseïn, et sur lesquelles le Dictateur établit ensuite des retranchements. Les 18 milles qui séparaient Zeta du camp césarien sont donc comptés à partir de ces hauteurs. Quant aux trois camps de Scipion, nous verrons dans les chapitres suivants qu'ils occupaient les collines de Menzel-Kemel.

La position respective des deux adversaires étant ainsi bien déterminée, il nous reste à trouver l'équivalent probable de Zeta, et nous ne pouvons le chercher qu'à l'ouest d'Agar et de Menzel-Kemel. Or, dans cette direction, jusqu'aux bords du lac de Kaïrouan, il n'existe que trois gisements de ruines pouvant représenter l'emplacement de la ville antique. Le premier est situé à 1,500 mètres au sud du village de Bordjin, et à 6,250 mètres à l'ouest de Menzel-Kemel. Aucun centre arabe ne s'est élevé sur ses débris. Le second gisement, en partie occupé par le bourg de Kneïs, est à 6,400 mètres au nord-ouest de Bordjin. Le troisième porte le nom d'*Henchir Zaïet* et se trouve à un peu plus de 7 kilomètres au sud-ouest de Kneïs, à peu près sous le parallèle de Menzel-Kemel.

Le premier groupe de ruines est beaucoup trop rapproché du point où

[1] C. LXX.

se trouvait le camp de Scipion pour représenter Zeta. Une indication du chapitre LXXVII semble prouver d'ailleurs que ces vestiges marquent l'emplacement de la ville de Tegea, dont il est question au chapitre LXXVIII. Le troisième, Henchir Zaïet, en est à 12 milles à vol d'oiseau, tandis que l'Anonyme ne parle que de 10 milles. Nous pensons donc que Zeta se trouve à Kneïs, située en ligne droite à 8 milles du camp de Scipion; le terrain étant assez accidenté, on peut évaluer à un cinquième la différence entre la distance apparente et la distance réelle, et Kneïs satisfait dès lors aux données numériques du Journal de la campagne d'Afrique. Les coteaux qu'occupent les troupes de Labienus sont les collines du plateau ondulé de Bordjin et celles qui séparent les deux sources de l'Oued Melah, désigné à cette hauteur sous le nom d'Oued Djemal.

L'Anonyme affirme que les troupes césariennes n'eurent que dix blessés dans cette journée, alors que Labienus perdit trois cents hommes. Il n'en avoue pas moins que le moral des soldats de César était un peu ébranlé par la tactique toute nouvelle de leurs adversaires, et que César lui-même ne laissait pas d'en être vivement préoccupé : *quibus ex rebus Caesar vehementer commovebatur.* «Obligé de dresser ses soldats à ce nouveau genre de combat, non plus comme un général qui commande une armée aguerrie et victorieuse, mais comme un maître d'escrime qui forme des gladiateurs, il leur montrait comment ils devaient se retirer ou résister à l'ennemi, avancer ou reculer, feindre l'attaque; il leur apprenait presque où et comment ils devaient lancer le trait. Les troupes légères de l'ennemi, en effet, inquiétaient et incommodaient extrêmement notre armée; nos cavaliers n'osaient plus les charger, parce qu'elles tuaient leurs chevaux à coups de traits; nos légionnaires s'épuisaient à les poursuivre sans les rejoindre; si nos soldats, pesamment armés, s'arrêtaient pour repousser leurs attaques, elles échappaient facilement au choc par la rapidité de leur fuite.

«César était fort embarrassé. Toutes les fois que sa cavalerie combattait sans être soutenue par les légions, elle ne pouvait tenir contre celle des ennemis et contre leurs troupes légères. Ce qui l'inquiétait encore, c'est que, n'ayant pas encore eu l'occasion de tâter leurs légions, il ne savait pas s'il pourrait leur résister quand elles se joindraient à cette cavalerie et à cette infanterie légère, qui était admirable[1]. De plus, la taille et la multitude des

---

[1] C. LXXII : «Sollicitabatur autem his rebus, quod nondum hostium legiones cognoverat, et

éléphants jetaient l'épouvante dans le cœur des soldats. A ce dernier inconvénient, toutefois, il avait trouvé un remède. Il avait fait venir des éléphants d'Italie, afin que nos soldats, en les voyant de plus près, fussent familiarisés avec l'aspect et le caractère de ces animaux, qu'ils connussent les parties les plus vulnérables de leur corps, celles qui restaient nues quand ils étaient armés et cuirassés. Il voulait aussi accoutumer les chevaux à ne pas craindre leur odeur, leur cri, leur approche. Ce moyen lui avait parfaitement réussi : les soldats les touchaient de la main et connaissaient leur allure pesante ; les cavaliers s'exerçaient à lancer contre eux des dards émoussés, et les chevaux s'étaient familiarisés avec leur présence.

« Pour toutes ces raisons, César était devenu plus circonspect et plus lent et avait renoncé à son activité naturelle. En Gaule, ses troupes s'étaient habituées à faire la guerre dans un pays généralement plat et contre des hommes d'un caractère loyal, éloignés de toute fraude, accoutumés à combattre par la force et non par la ruse ; maintenant, elles avaient à faire connaissance avec toutes les feintes, tous les pièges, toutes les trahisons d'un ennemi bien différent. Pour les rompre plus vite à cette guerre nouvelle, César avait soin de ne pas tenir ses légions renfermées dans leur camp ; il les entraînait çà et là, sous prétexte de chercher des vivres, persuadé que l'ennemi ne manquerait pas de le suivre[1]. » Son attente ayant encore été trompée, César, le troisième jour, rangea ses troupes en bataille et, s'avançant au delà du camp ennemi, présenta le combat en rase campagne[2]. Les Pompéiens le refusèrent, et, vers le soir, les troupes césariennes rentrèrent dans leurs retranchements. L'*aequus locus* situé au delà du camp de Scipion est évidemment le plateau qui s'étend en arrière de Menzel-Kemel.

Prise et sac de Vacca par les troupes de Juba.

C'est à ce moment qu'une députation de Vacca, ville voisine de Zeta, vint demander une garnison à César. Scipion n'avait pas fait occuper cette petite cité, mais avant qu'elle eût pu recevoir les secours qu'elle demandait, Juba s'en empara, massacra tous ses habitants et la ruina de fond en comble.

Vacca est probablement Henchir Zaïet ; je ne vois pas de synonymie plus acceptable.

Le 22 mars, César offre encore une fois le combat à l'ennemi. Il s'avance

---

quonam modo sustinere se posset ab eorum equitatu levique armatura, quae erat mirifica, si legiones quoque accessissent. »

[1] C. LXXIII.

[2] C. LXXIII : « Atque post diem tertium productas accuratius suas copias, sicut instruxerat, propter hostium castra praetergressus, aequo loco invitat ad dimicandum. »

avec toutes ses forces à près de cinq milles dans la plaine et s'arrête à deux milles du camp de Scipion. Les Pompéiens n'acceptent pas la bataille, et César rentre dans ses retranchements. Cette distance totale de sept milles qui séparait les deux adversaires nous donne la position exacte de Scipion. Son camp se trouvait placé sur les hauteurs de Menzel-Kemel, au-dessus d'une des deux sources de l'Oued Melah.

Le lendemain, 23 mars, César, désespérant d'amener l'ennemi à en venir à une action décisive, marche sur la ville de Sarsura, où Scipion avait un dépôt de blé et entretenait une garnison numide. Labienus s'aperçoit de son mouvement, part avec sa cavalerie et ses troupes légères, harcèle l'arrière-garde césarienne à laquelle il enlève quelques chariots de vivandiers et s'approche des légions, «pensant que le soldat, pesamment chargé et fatigué, serait hors d'état de combattre. Mais César avait prévu l'attaque : chaque légion avait trois cents hommes sans bagages prêts à appuyer la cavalerie. A la vue des enseignes, l'ennemi tourne bride, en abandonnant un assez grand nombre de morts et de blessés; les troupes de César reprennent leur marche, et Labienus les suit, sur la droite, par les hauteurs. César enlève Sarsura sous les yeux de l'ennemi et massacre la garnison[1].»

La position de Sarsura nous était déjà donnée par la Table de Peutinger, qui la place, sous le nom de *Sassura vicus*, sur la route directe de Thysdrus à Hadrumète, à 12 milles du premier point et à 34 milles du second. Ce chiffre de 34 milles représente les deux distances partielles de Sarsura à *Avidu vicus* (9 milles) et de ce dernier point à Hadrumète (25 milles). Ces indications s'appliquent parfaitement au terrain. Le bourg arabe de Zeremdin est l'équivalent certain d'*Avida vicus*, et Sarsura se retrouve exactement aux ruines qui existent près de Bou-Merdès, à 9 milles au sud de Zeremdin et à 12 milles au nord d'El-Djemm (Thysdrus)[2].

Position de Sarsura.

Les collines par lesquelles Labienus suivit l'armée de César sont celles qui prolongent, dans la direction nord-sud, le massif de Zeremdin et se terminent par une pointe assez prononcée à 3 kilomètres au nord de Bou-Merdès.

Le lendemain, 24 mars, César, continuant sa marche vers le sud, arrive devant Tisdra, où Considius s'était établi avec une forte garnison et sa cohorte de gladiateurs. Il reconnaît la place, juge qu'il est impossible de l'enlever de vive force, repart aussitôt et va camper à 4 milles de là dans un

Tentative de César sur Tisdra. 24 mars.

---

[1] C. LXXV-LXXVI. — [2] Ces ruines anonymes se trouvent exactement à 2,400 mètres au sud-est de Bou-Merdès. Elles couvrent un rectangle de 750 mètres sur 500.

César regagne son camp d'Agar. 28 mars.

endroit pourvu d'eau. Le 28 mars, il rentre dans son ancien camp d'Agar ; Scipion regagne, de son côté, ses campements de Menzel-Kemel.

La synonymie de Tisdra, la *Thisdrus* des Itinéraires et des autres documents de l'époque impériale, est établie depuis longtemps. Le village d'El-Djemm[1], adossé au magnifique amphithéâtre qu'on a si souvent décrit, occupe la partie nord-est de la ville antique. Tisdra n'était pas seulement défendue par une forte garnison; elle était protégée, comme Hadrumète et d'autres places africaines, par une triple enceinte, dont on a retrouvé les vestiges[2].

Le manque d'eau ne permettait pas à César d'entreprendre un siège régulier. La plaine d'El-Djemm est dépourvue d'eau courante, et l'on ne retrouve dans le voisinage de la ville que quelques puits d'eau saumâtre. Une inscription découverte à El-Djemm prouve que Thysdrus ne fut dotée que beaucoup plus tard, probablement sous les Antonins, d'un système d'aqueducs et de réservoirs destiné à lui fournir l'eau qui lui manquait[3].

Le point où César s'arrêta dans sa retraite, à 4 milles de Thysdrus, est facile à retrouver : son camp devait être placé à 6 kilomètres au nord d'El-Djemm, entre les sources des deux ruisseaux qui se réunissent un peu plus bas et, grossis de deux autres affluents, portent à la sebkha de Sidi-el-Hani ou lac de Kaïrouan les eaux des pentes occidentales du plateau de Sarsura.

César reçoit la soumission de Thabena.

César venait de rentrer dans ses anciens campements lorsque les habitants de Thabena, ville située sur le littoral, à la limite du royaume numide et jusqu'alors soumise à Juba, égorgèrent la garnison royale et envoyèrent une députation au Dictateur. « Ils lui firent savoir ce qu'ils avaient fait et le prièrent de les défendre, en considération de ce service rendu au peuple romain. César approuva leur résolution et envoya pour les protéger le tribun Marcus Crispus, avec une cohorte, des archers et quantité de machines[4]. »

---

[1] Nous écrivons *El-Djemm*, pour nous conformer à l'usage et à la prononciation locale. La véritable orthographe est *Ledjemm* (الجم), forme que donnent les géographes arabes du moyen âge.

[2] V. Daux, *Recherches sur les Emporia phéniciens*.

[3] Inscription trouvée à El-Djemm et transportée depuis à Saint-Louis de Carthage (*C. I. L.*, VIII, 1, n° 51).

[4] C. LXXVI : « Thabenenses interim, qui sub ditione et potestate Jubae esse consuessent, in extrema ejus regni regione maritima locati, interfecto regis praesidio, legatos ad Caesarem mittunt; rem a se gestam docent; petunt orantque ut suis fortunis populus romanus, quod bene meriti essent, auxilium ferret. Caesar, eorum consilio probato, M. Crispum tribunum cum cohorte et sagittariis tormentisque compluribus, praesidio Thabenam mittit. »

Deux conjectures se sont produites au sujet de la position de Thabena. Marcus, le traducteur de Mannert, l'a identifiée à la *Thiabena* de saint Augustin, située entre Hippone et Thagaste[1]. Nous n'avons pas besoin d'insister sur l'invraisemblance de cette hypothèse. Il est inadmissible qu'une place située dans le voisinage d'Hippone, à une très grande distance du théâtre de la guerre, ait pu se prononcer pour César, lui demander des secours et les recevoir à travers cent lieues de territoire ennemi. L'*extrema regio regni Jubae maritima* dont parle l'Anonyme est évidemment le littoral numide contigu à la partie méridionale de la province romaine, dans laquelle César opérait à ce moment. Or nous savons par Pline que la limite de la Numidie et de l'ancienne province d'Afrique aboutissait à Thenae[2]. On en a conclu, avec raison, que Thabena devait être située dans le voisinage de Thenae, et l'on a même supposé, en se fondant sur la ressemblance des deux noms, que Thenae et Thabena n'étaient qu'une seule et même ville[3]. Le premier nom, dont la véritable orthographe est *Thaenae*[4], ne serait qu'une contraction du second, si ce dernier n'est pas, comme *Tisdra* pour *Thysdrus*, une forme incorrecte adoptée à tort par l'auteur du livre sur la Guerre d'Afrique. L'identité de Thabena et de Thenae semble d'ailleurs justifiée, dans une certaine mesure, par un texte ancien. Strabon, dans le court passage qu'il consacre à la campagne de César, dit expressément que Thenae, comme Cercinna, fut occupée sans coup férir par le Dictateur[5]. Si Thenae et Tha-

---

[1] Augustini *Epist.* LXXIII, 1.

[2] *Hist. nat.*, V, III : « Ea pars, quam Africam appellavimus, dividitur in duas provincias, veterem et novam, discretas fossa, inter Africanum sequentem et reges, Thenas usque perducta. » Thenae se retrouve sous son nom antique à *Henchir Tina*, à 12 kilomètres au S. S. O. de Sfaks. J'ai découvert sur plusieurs points, entre la Medjerda et Henchir Tina, des vestiges de ce fossé que les indigènes désignent sous le nom de *Sequiet-el-Hadd*, le « fossé de la frontière ». On le retrouve notamment près de Sidi-Nâcer, au sud de la sebkha de Sidi-el-Hani, ce qui prouve que ce lac servait de limite à la province romaine et à la Numidie, comme on pouvait déjà le supposer par la marche de Considius. [Cf. plus haut, t. II, p. 18. Nous ne pouvons que le répéter d'une manière formelle : il est faux que les indigènes appellent *Sequiet-el-Hadd* un fossé creusé de main d'homme, et la personne qui a induit M. Tissot en erreur sur ce point nous en a personnellement fait l'aveu. — S. R.]

[3] [Plusieurs manuscrits de l'Anonyme donnent *Thenam* au chapitre LXXVII. Cf. l'édition de Dübner, p. 336. — S. R.]

[4] Pline écrit *Thenae*; Strabon, Θένα, comme le Stadiasme; Ptolémée, Θεαῖναι, forme voisine de celle que donne à l'ethnique l'inscription de Gruter (363) : COLONI COLONIAE AELIAE AVGVSTAE MERCVRIALIS THAENIT [*anorum*]. Les monnaies attribuées à Thenae donnent la forme תינת *Thaïnat*.

[5] XVII, III, 12 : Εἷλε δ' ἐξ ἐφόδου Καῖσαρ τὴν [Κέρκινναν] νῆσον καὶ Θέναν, πολίχνην ἐπιθαλαττιδίαν.

bena avaient été deux localités différentes, il semble peu probable que l'Anonyme eût omis Thenae. Il est difficile toutefois de se prononcer à cet égard; la solution de ce problème dépend d'une autre question : Thenae faisait-elle partie de la province romaine? Aucun texte ne peut permettre ni de l'affirmer, ni de le nier.

<small>Combat de cavalerie sous Tegea.</small>

César, ayant enfin reçu ses derniers renforts[1], va offrir une dernière fois la bataille à l'ennemi devant Tegea[2]. Les deux armées se forment en face l'une de l'autre, celle de Scipion occupant les dernières pentes du plateau au-dessous duquel se trouvait Tegea et ayant par conséquent l'avantage de la position. La cavalerie césarienne, soutenue par l'infanterie légère, les frondeurs et les archers, essaye vainement d'engager une action générale en attaquant les deux ailes pompéiennes, rangées à droite et à gauche de Tegea. Tout se borne à une assez vive escarmouche, dans laquelle Pacidius est grièvement blessé par un coup de pilum, qui traverse son casque. Les troupes césariennes restent en bataille jusqu'à la dixième heure, et regagnent leurs retranchements sans être inquiétées.

Il résulte du récit de l'Anonyme que César, après s'être avancé de 8 milles dans la plaine, se serait arrêté à 4 milles du camp de Scipion, et que ce camp était situé sur les hauteurs qui dominaient la ville de Tegea, à 1,500 mètres de cette place. De ces deux indications, la première semble inconciliable avec celles que donnent les chapitres LXVII et LXVIII sur la position des retranchements pompéiens, et les distances de 6 milles et 8 milles qui les séparaient des deux camps successivement occupés par César dans la plaine d'Agar et sur les hauteurs voisines. Au chapitre LXXV, cette distance, comme on a pu le remarquer, n'est évaluée qu'à 7 milles. Il est dit enfin, au chapitre LXXVI, que Scipion était rentré dans ses anciens retranchements, de même que César, après sa pointe sur Sarsura et Thysdrus, était revenu au camp qu'il avait occupé près d'Agar[3].

---

[1] C. LXXVII : « Eodem tempore ex legionibus omnibus milites qui aut morbo impediti, aut commeatu dato, cum signis non potuerant antea transire in Africam, ad milia IV, equites CD, funditores sagittariique mille, uno commeatu Caesari occurrerunt. Itaque cum his copiis et omnibus legionibus eductis, sicut erat instructus, VIII milibus passuum ab suis castris, ab Scipionis vero IV milibus passuum longe constitit in campo. »

[2] C. LXXVIII : « Erat oppidum infra castra Scipionis, nomine Tegea, ubi praesidium equestre circiter CD numero habere consuerat. Eo equitatu dextra sinistraque directo ab oppidi lateribus, ipse, legionibus ex castris eductis atque in jugo inferiore instructis, non longius fere mille passus ab suis munitionibus progressus, in acie constitit. »

[3] C. LXXVI : « Caesar... redit rursus ad ea castra quae ad Agar habuerat. Idem facit

49 Si nous acceptons cette dernière affirmation comme vraie, si le camp de Scipion, en d'autres termes, est toujours celui que nous avons été amené à placer, d'après les indications répétées de l'Anonyme, sur les hauteurs de Menzel-Kemel, ce dernier bourg, bâti sur l'emplacement d'une ville antique, devrait être la *Tegea* du chapitre LXXVIII. Mais alors il faudrait absolument rejeter la distance de 12 milles indiquée au chapitre LXXVII comme séparant les deux camps. Il est impossible, en effet, de la retrouver sur le terrain. En s'avançant à 8 milles de son camp dans la plaine, César se serait trouvé au pied des hauteurs de Mesdour, à 6 milles et non pas à 4 milles du camp de Scipion; les mouvements de ce dernier et le rôle que joue la ville de Tegea dans son ordre de bataille seraient aussi incompréhensibles que la marche même de César, laissant l'ennemi sur sa gauche et se dirigeant vers le nord.

Comme il est difficile, d'autre part, d'admettre une erreur dans des évaluations numériques dont l'une est écrite en toutes lettres, *octo milibus passuum*[1], il est beaucoup plus naturel d'admettre une lacune dans le récit. L'Anonyme, selon toute apparence, aura omis de nous apprendre que Scipion avait changé de position et mis une plus grande distance entre ses troupes et celles de son adversaire. Cette hypothèse est d'autant plus vraisemblable qu'il aurait été plus tôt question de Tegea, si Tegea avait été située au-dessous des hauteurs de Menzel-Kemel.

Il faut donc chercher Tegea à l'ouest de ce dernier point, et nous la retrouvons dans les ruines situées à 1,500 mètres au sud de Bordjin, précisé-
50 ment à 18 kilomètres ou 12 milles du camp de César. Tout s'explique dès lors sans la moindre difficulté : les 8 milles que franchit César le conduisent à la hauteur des anciens retranchements de Scipion, au-dessus de Menzel-Kemel. Il s'arrête alors, *in campo constitit*, sur le plateau où nous l'avons déjà vu, au chapitre LXXIII, offrir la bataille à l'ennemi *aequo loco* : les deux expressions sont synonymes et s'appliquent parfaitement au plateau de Menzel-Kemel et de Bordjin. Il se trouve à ce moment à 3 milles de la ville antique que nous identifions à Tegea et à 4 milles du nouveau camp de Scipion, situé à 1,500 mètres au nord de cette ville, par conséquent sur les hauteurs qui s'étendent de Bordjin jusqu'à l'emplacement de Tegea. C'est, enfin, sur

---

Scipio, atque in antiqua castra copias reducit.»

[1] [*Octo milibus passuum* n'est pas écrit en toutes lettres (voir les éditions d'Oudendorp et de Dübner). On pourrait donc, sans excès de témérité, modifier le chiffre. — S. R.]

les dernières pentes de ces hauteurs, *in jugo inferiore*, que Scipion range ses troupes, à mille pas ou 1,500 mètres de ses retranchements, en plaçant sa cavalerie à droite et à gauche de la place, à laquelle s'appuie son corps de bataille.

<small>Marche de César sur Thapsus. 4 avril.</small>

Il était évident que l'ennemi se refusait à combattre en plaine. César ne pouvait pas, d'un autre côté, à cause du manque d'eau, rapprocher son camp de celui de Scipion. Modifiant tout à coup son plan de campagne, il quitte son camp d'Agar le 4 avril, à la troisième veille, fait environ 16 milles jusqu'à l'aube et va camper devant Thapsus, défendue par une forte garnison que commandait Vergilius. Il investit la ville le même jour et occupe plusieurs points qui en commandent les approches. Obligé de secourir une place aussi importante, Scipion suit César par les hauteurs et campe à 8 milles de Thapsus[1].

Les 16 milles parcourus par l'armée de César se retrouvent, à peu de chose près, entre Beni-Hasseïn et le cap Dimas, que couvrent les ruines de Thapsus; la distance exacte est de 25 kilomètres. César avait évidemment pris le chemin le plus court, c'est-à-dire la route qui longe la rive septentrionale de la sebkha ou lac salé de Sidi-ben-Nour, le *stagnum salinarum* dont il sera question au chapitre LXXX. Scipion, le suivant « par les hauteurs », avait dû passer par Djemal, longer les collines peu élevées qui s'étendent de Lemta au Ras Dimas et s'arrêter à Souknin, hameau situé à 12 kilomètres des ruines de Thapsus.

Les opérations des deux armées sous les murs de cette place ne sont pas exposées, dans le journal de l'Anonyme, avec la clarté qui distingue en général la partie antérieure de son récit. Certains détails topographiques présentent un peu d'obscurité, et les mouvements stratégiques ne paraissent pas complètement indiqués.

Établissons d'abord, en quelques mots, la topographie des environs de Thapsus.

<small>Topographie de Thapsus.</small>

En jetant les yeux sur la carte, on remarquera que le littoral, à la hauteur de Khnis[2], court de l'ouest-nord-ouest à l'est-sud-est, pour prendre, à partir du Ras Dimas, la direction nord-sud. Le cap Dimas forme donc un angle

---

[1] C. LXXIX : « Scipio interim, cognitis Caesaris consiliis, ad necessitatem adductus dimicandi, ne per summum dedecus fidissimos suis rebus Thapsitanos et Vergilium amitteret, confestim Caesarem per superiora loca consecutus, milia passuum VIII a Thapso binis castris consedit. »

[2] À 6 kilomètres au sud de Monastir.

presque droit, dont Thapsus occupait la pointe. La chaîne des collines basses qui constitue la côte de Monastir jusqu'au Ras Dimas, le massif montagneux qui s'étend de Khnis jusqu'au sud de Bou-Merdès et se prolonge, de l'ouest à l'est, jusqu'à Mehdia, enfin le cordon littoral qui relie ce dernier point au cap Dimas, dessinent un vaste amphithéâtre, complètement fermé, dont l'aire est occupée par le lac salé de Sidi-ben-Nour. La rive septentrionale de ce lac n'est séparée de la côte que par la petite chaîne dont nous avons parlé et dont l'épaisseur, à la hauteur de Bokalta, n'est pas de plus de 2,500 mètres. La rive orientale de la sebkha n'est pas beaucoup plus éloignée de la plage qui s'étend au sud du cap Dimas. Thapsus n'était donc accessible, du côté du continent, que par deux isthmes étroits, baignés l'un et l'autre, d'un côté par la mer, de l'autre par le lac. Cette topographie un peu compliquée est exactement, sinon clairement, décrite par Dion Cassius, qui avait été proconsul d'Afrique et avait certainement visité le théâtre des opérations de César :

« Thapsus, dit-il, est située dans une sorte de péninsule baignée d'un côté par la mer, de l'autre par un étang. L'isthme étroit qui la rattache au continent est occupé, au centre, par un marais, de sorte qu'on n'arrive dans la place qu'en suivant, de chaque côté de ce marais, les deux langues de terre fort étroites que forme la partie rocheuse du rivage[1]. » L'espèce de péninsule dont parle Dion est l'angle que décrit le littoral; le marais, τὸ ἕλος, est la sebkha de Sidi-ben-Nour; les deux passages étroits que baignent à la fois la mer et le lac sont représentés, au nord par la chaîne de la côte, à l'est par le cordon littoral. L'expression παρ' αὐτὴν τὴν ῥαχίαν désigne bien la chaussée rocheuse contre laquelle se brisent les vagues. Nous ajouterons, pour compléter cette esquisse topographique, qu'à l'ouest de Thapsus, et tout près du littoral, dont elles ne sont séparées que par un étroit canal, s'allongent deux îles plates et sablonneuses, auxquelles nos cartes donnent le nom de *Sorelle*, les « deux sœurs », et qui s'étendent du méridien du Ras Dimas jusqu'à celui de Bokalta.

Nous verrons que le canal qui les sépare du continent joua un rôle dans le dernier épisode de la bataille de Thapsus.

---

[1] Dion, *Histoire rom.*, XLIII, VII : Ἡ δὲ δὴ Θάψος κεῖται μὲν ἐν χερσονήσῳ τρόπον τινά, ἔνθεν μὲν τῆς θαλάσσης, ἔνθεν δὲ λίμνης παρηκούσης · στενὸν δὲ δὴ τὸν ἰσθμὸν καὶ ἑλώδη διὰ μέσου οὕτως ἔχει, ὥστε διχῇ μὲν, δι' ἐλαχίστου δὲ, ἐφ' ἑκάτερα τοῦ ἕλους παρ' αὐτὴν τὴν ῥαχίαν ἀμφοτέρωθεν παριέναι.

La description de l'Anonyme est moins claire.

« Entre la mer et un étang salé se trouvait un passage d'environ 1,500 pas, par où Scipion voulait pénétrer pour tâcher de secourir les habitants de Thapsus. César, qui s'attendait à cette tentative, y avait établi un fort dès la veille, avec une triple garnison. Le reste de ses troupes, campées en croissant devant la place, continuaient les travaux d'investissement.

« Arrêté dans sa marche, continue l'Anonyme, Scipion vint, quarante-huit heures plus tard, à la pointe du jour, camper au-dessus de l'étang, du côté de la mer, à 1,100 pas des lignes de César et du fort dont nous avons parlé, et commença à se retrancher. César, à cette nouvelle, fait interrompre les travaux, laisse le proconsul Asprenas avec deux légions à la garde du camp et marche lui-même à la hâte et sans bagages vers le point occupé par l'ennemi. Laissant une partie de sa flotte devant Thapsus, il ordonne à l'autre de se poster en arrière de l'ennemi, aussi près que possible du rivage, d'y attendre le signal et, ce signal aperçu, de jeter, par de bruyantes clameurs, la surprise et le trouble dans le camp de l'ennemi[1]. »

Le récit de Dion présente les choses sous un jour un peu différent.

« César s'étant avancé, dans la direction de Thapsus, au delà des défilés dont nous avons parlé, entoura son camp de palissades et de fossés... Scipion et Juba, attaquant par le point où l'isthme se rattache au continent, essayèrent à leur tour de le fermer des deux côtés par des fossés et des palissades : ὁ δὲ δὴ Σκιπίων καὶ ὁ Ἰόϐας ἐπεχείρησαν τὸ στόμα τοῦ ἰσθμοῦ, καθ' ὃ πρὸς τὴν ἤπειρον τελευτᾷ, σταυρώμασι καὶ ταφρεύμασι διχῇ διαλαϐόντες ἀντιαποτειχίσαι[2]. »

Le mot διχῇ pourrait faire supposer que, dans la pensée de Dion, les chefs

---

[1] C. LXXX : « Erat stagnum salinarum, inter quod et mare angustiae quaedam non amplius mille et quingentos passus intererant; quas Scipio intrare et Thapsitanis auxilia ferre conabatur : quod futurum Caesarem non fefellerat. Namque pridie in eo loco castello munito, ibique trino praesidio relicto, ipse cum reliquis copiis lunatis castris Thapsum operibus circummunivit. Scipio interim, exclusus ab incepto itinere, supra stagnum, postero die et nocte confecta, coelo albente, non longe a castris praesidioque quod supra commemoravimus, MC passibus ad mare versus consedit, et castra munire coepit. Quod postquam Caesari nuntiatum est, milite ab opere deducto, castris praesidio Asprenate proconsule cum legionibus II relicto, ipse cum expedita copia in eum locum citatim contendit, classique parte ad Thapsum relicta, reliquas naves jubet post hostium tergum quam maxime ad litus appelli, signumque suum observare ; quo signo dato, subito clamore facto, ex improviso hostibus aversis incuterent terrorem, ut perturbati ac perterriti respicere post terga cogerentur. »

[2] Dion, XLIII, VII : Πρὸς ταύτην οὖν τὴν πόλιν ὁ Καῖσαρ εἴσω τῶν στενῶν χωρήσας, ἐτάφρευε καὶ ἐσταύρου. Καὶ ἐκεῖνοι μὲν οὐδὲν πρᾶγμα αὐτῷ παρεῖχον (οὐ γὰρ ἦσαν ἀξιόμαχοι).

de la coalition occupèrent les deux isthmes et tentèrent de s'y retrancher. Ce fut à ce moment que s'engagea la bataille, qu'il nous reste à décrire, d'après les trois historiens de la campagne d'Afrique.

« Les travaux avançaient rapidement, dit Dion Cassius, les éléphants étant employés à fermer, comme un rempart vivant, les points non fortifiés par lesquels l'ennemi pouvait encore pénétrer, lorsque César tomba à l'improviste sur les soldats de Scipion. Les éléphants furent chassés à coups de flèches et de balles de fronde. En poursuivant les fuyards, César arriva sur les travailleurs, les mit également en déroute et enleva les retranchements d'emblée. A ce spectacle, Juba fut saisi d'un tel trouble qu'il n'osa ni engager le combat, ni l'attendre dans ses lignes. Il prit la fuite [1]... »

Bataille de Thapsus. 6 avril 708.

L'Anonyme décrit l'action avec plus de détails.

« César, à son arrivée, trouva l'armée de Scipion rangée en bataille devant le camp, les éléphants placés aux deux ailes. Une partie des soldats continuaient à travailler avec ardeur aux retranchements.

« César, disposant ses troupes sur trois lignes, place la 10e et la 2e légion à l'aile droite, la 8e et la 9e à l'aile gauche, et cinq légions au centre[2]. En quatrième ligne et à la tête de chacune de ses deux ailes, il range cinq cohortes destinées à faire face aux éléphants, répartit sur les deux ailes ses frondeurs et ses archers, et distribue son infanterie légère dans les intervalles de ses escadrons. Parcourant alors les rangs à pied, il rappelle aux vétérans leurs anciens exploits, et exhorte les conscrits à imiter leurs anciens et à obtenir par la victoire la même renommée et les mêmes honneurs.

« Tandis qu'il passe ainsi de rang en rang, il aperçoit dans l'armée ennemie tous les symptômes de la terreur : les soldats s'agitent et courent çà et là

---

[1] Dion, XLIII, VIII.

[2] Il résulte de différents passages du livre sur la Guerre d'Afrique que les forces de César, dans la dernière période de la campagne, se composaient de douze légions, les 2e, 5e, 7e, 8e, 9e, 10e, 13e, 14e, 26e, 28e, 29e, 30e. Aux quatre légions citées par l'Anonyme comme formant les deux ailes dans l'ordre de bataille de Thapsus, il faut ajouter la 5e légion, qui avait demandé, comme nous le verrons plus loin, à combattre les éléphants, et dont les dix cohortes étaient placées sur le front des deux ailes. Nous savons, d'autre part, que César avait avec lui, devant Uzita, les 13e, 14e, 26e, 28e, 29e et 30e légions. La 7e, dont il n'est plus question à ce moment de la campagne, avait dû fournir les garnisons de Ruspina, de Leptis et d'Achilla. Une des six légions dont nous venons de parler avait également dû fournir les détachements de Zeta, de Thabena et du fort construit sur la presqu'île de Thapsus. Les cinq autres formaient donc le centre de l'armée césarienne, le 7 avril, mais c'est tout ce que l'on peut affirmer; ne connaissant pas le numéro de la légion absente, nous ne pouvons pas indiquer ceux des cinq autres légions.

autour des retranchements, tantôt rentrant par les portes, tantôt sortant tumultueusement. Ce désordre n'échappe pas aux lieutenants et aux vétérans de César : ils le conjurent de donner à l'instant même le signal, les Dieux immortels leur présageant la victoire. César hésite, il résiste à leurs désirs, déclare que cette façon irrégulière d'attaquer ne lui plaît pas, et cherche à les contenir. Tout à coup, à l'aile droite, sans l'ordre de César, un trompette, forcé par les soldats, sonne la charge [1]. Aussitôt toutes les cohortes s'ébranlent; c'est en vain que les centurions font face aux soldats et, poitrine contre poitrine, s'efforcent de les contenir et de les empêcher de charger sans l'ordre de l'Imperator. Quand César vit que rien ne pouvait arrêter l'élan des troupes, il donna pour mot de ralliement le mot *bonheur*, monta à cheval et prit la tête de la charge.

« Les archers et les frondeurs de l'aile droite accablent les éléphants d'une grêle de projectiles; effrayés du sifflement des balles et des pierres, ces animaux se rejettent sur les rangs pompéiens, les rompent, les écrasent et se précipitent dans les portes inachevées des retranchements. La cavalerie maure placée à la même aile, se voyant privée de l'appui des éléphants, prend aussitôt la fuite [2]. Les légions césariennes s'emparent du vallum. Tout ce qui essaye de résister est tué; le reste se réfugie en toute hâte dans le camp que l'on avait quitté la veille [3]. »

Nous savons par Appien que les cinq cohortes opposées aux éléphants en avant de chaque aile appartenaient à la 5ᵉ légion; elles avaient demandé comme une faveur d'être chargées de combattre ces bêtes monstrueuses, dont l'image, en souvenir de ce fait d'armes, figura désormais dans leurs enseignes [4]. L'Anonyme mentionne un épisode de ce combat, dont le héros est précisément un vétéran de la 5ᵉ légion. « Pendant l'action, à l'aile gauche, un éléphant blessé et furieux s'était jeté sur un homme désarmé, un valet d'armée l'avait renversé, le tenait sous ses genoux et, dressant et agitant sa trompe avec d'horribles cris, écrasait le malheureux de tout son poids. Le vétéran ne put soutenir ce spectacle et marcha contre l'animal, qui, le

57

---

[1] Florus, *Epitome*, II, xiii : « Denique, quod alias nunquam, ante imperium ducis sua sponte signa cecinerunt. »

[2] *Ibid.* : « Et primum strages a Juba coepit, cujus elephanti bellorum rudes et nuper a silva, consternati subito clangore lituorum, in suos sese circumegere. Statim exercitus in fugam. »

[3] C. LXXXI-LXXXIII.

[4] Appien, *De bellis civilibus*, II, xcvi : Ἡ δὲ στρατιὰ τοῦ Καίσαρος ἐς τοσοῦτον ἀνεθάρρησεν, ὡς τὸ πέμπτον τέλος, αἰτῆσαν ἀντιταχθῆναι τοῖς ἐλέφασι, κρατῆσαι πάνυ καρτερῶς. Καὶ νῦν ἀπ' ἐκείνου τῷδε τῷ τέλει ἐλέφαντες ἐς τὰ σημεῖα ἐπίκεινται.

voyant venir l'arme levée, abandonna le cadavre, enveloppa l'assaillant de sa trompe et l'enleva tout armé. Le soldat conserva toute sa présence d'esprit dans un tel danger et frappa avec son épée, de toutes ses forces, sur la trompe qui l'entourait. Vaincue par la douleur, la bête finit par lâcher prise, laissa tomber le soldat et s'enfuit en hurlant vers les autres éléphants[1].

« Les soldats de la garnison de Thapsus firent une sortie par la porte de mer, soit pour secourir les leurs, soit pour se sauver eux-mêmes. Ils entrèrent dans l'eau jusqu'à la ceinture et tâchèrent de gagner la terre. Les valets d'armée et les esclaves du camp césarien les forcèrent, à coups de pierres et de traits, à rentrer dans la place[2]. »

Le canal qui sépare du continent les deux îles plates des *Sorelle* offre très peu de profondeur dans la partie voisine des deux rivages. On comprend très bien que les soldats de Vergilius, ne pouvant franchir les lignes d'investissement, aient cherché à tourner l'obstacle en se jetant dans le canal. Malheureusement la partie guéable du bras de mer était à portée de trait : leur tentative échoua.

« Les troupes de Scipion fuyaient en désordre dans la plaine, vigoureusement poursuivies par les légions de César. Arrivées à leur dernier camp, où elles espéraient se retrancher encore et se défendre, elles cherchent un chef pour les commander et les conduire : n'en trouvant point, elles s'enfuient vers le camp royal. Elles le trouvent déjà occupé par les Césariens. Désespérées, elles s'arrêtent sur une hauteur, mettent bas les armes et font le salut militaire d'usage. Cet acte de soumission ne les sauva pas. Pleins de colère et de rage, nos vétérans ne firent pas de quartier... les soldats de Scipion, quoiqu'ils implorassent la clémence de César et que César lui-même intercédât pour eux, furent tous massacrés sous ses yeux, jusqu'au dernier[3]. »

Tel est le récit détaillé de l'Anonyme.

La narration de Plutarque, bien que fort courte, est peut-être celle qui donne l'idée la plus nette des différentes péripéties du combat : « Scipion, se séparant d'Afranius et de Juba, campés à peu de distance, essaya de se retrancher au-dessus du lac et près de Thapsus, pour assurer à tous un point d'appui en même temps qu'un lieu de refuge. Ce fut au milieu de ce travail que César le surprit. Passant par des défilés marécageux et presque imprati-

---

[1] C. LXXXIV. — [2] C. LXXXV. — [3] C. LXXXVI.

cables, César enveloppa une partie des forces de Scipion et attaqua le reste de front. Les ayant battues et profitant des chances heureuses que lui offrait la fortune, il enleva d'emblée le camp d'Afranius et s'empara de même de celui des Numides, d'où Juba s'était enfui [1]. »

Ces trois récits, comme on le voit, présentent quelques différences, mais ils ne sont pas inconciliables dans leurs traits essentiels, et l'on peut, en les rapprochant, reconstituer assez exactement les phases successives de l'action.

Les chefs des forces coalisées viennent camper, le 4 avril, sur l'isthme septentrional, à peu de distance les uns des autres [2] et à 8 milles de Thapsus [3], c'est-à-dire à la hauteur de Souknin. Les troupes romaines forment deux camps séparés, sous le commandement de Scipion et d'Afranius [4].

Scipion, se trouvant arrêté dans sa marche par le *castellum* que César a fait construire sur l'isthme septentrional [5] à 2,200 pas de ses lignes [6], *exclusas ab incepto itinere*, se sépare d'Afranius et de Juba [7], qui prennent position devant ce fort, emploie la journée du 5 avril et la nuit du 5 au 6 [8] à contourner la sebkha de Sidi-ben-Nour par la rive méridionale [9], et, suivant les dunes qui la séparent du littoral, vient se placer, à l'aube du jour, *coelo albente*, à égale distance, 1,100 pas (1,629 mètres) du *castellum* et des lignes de César devant Thapsus [10].

Le mouvement tournant qu'opère Scipion, au moment où Juba et

---

[1] Plutarque, *Caes.*, c. LIII : Καὶ καταλιπὼν χωρὶς μὲν Ἀφράνιον, χωρὶς δὲ Ἰόβαν διὰ ὀλίγου στρατοπεδεύοντας, αὐτὸς ἐτείχιζεν ὑπὲρ λίμνης ἔρυμα τῷ στρατοπέδῳ περὶ πόλιν Θάψον, ὡς εἴη πᾶσιν ἐπὶ τὴν μάχην ὁρμητήριον καὶ καταφυγή. Πονουμένῳ δὲ αὐτῷ περὶ ταῦτα Καῖσαρ ὑλώδεις τόπους καὶ προσβολὰς ἀφράστους ἔχοντας ἀμηχάνῳ τάχει διελθὼν τοὺς μὲν ἐκυκλοῦτο, τοῖς δὲ προσέβαλλε κατὰ στόμα. Τρεψάμενος δὲ τούτους ἐχρῆτο τῷ καιρῷ καὶ τῇ ῥύμῃ τῆς τύχης, ὑφ' ἧς αὐτοβοεὶ μὲν ᾕρει τὸ Ἀφρανίου στρατόπεδον, αὐτοβοεὶ δὲ φεύγοντος Ἰόβα διεπόρθει τὸ τῶν Νομάδων.

[2] Plutarque, c. LIII.

[3] *De bello Africano*, c. LXXIX : « Scipio... confestim Caesarem per superiora loca consecutus, milia passuum VIII a Thapso binis castris consedit. »

[4] *De bello Afric.*, c. LXXIX. — Plut., c. LIII.

[5] *De bello Afric.*, c. LXXX. — La koubba de Sidi-Fodeïli, bâtie sur une éminence qui domine l'isthme tout entier, marque l'emplacement du *castellum* de César.

[6] *De bello Africano*, c. LXXX.

[7] Plutarque, c. LIII.

[8] *De bello Africano*, c. LXXX : « Scipio interim, exclusus ab incepto itinere, supra stagnum, postero die et nocte confecta, coelo albente, non longe a castris praesidioque, quod supra commemoravimus, MC passibus, ad mare versus consedit. »

[9] La marche de Scipion par la rive méridionale du lac semble indiquée par l'expression *supra stagnum*, le mot *supra* ayant, dans le vocabulaire géographique des Romains, quand il s'agit de contrées situées au midi de l'Italie, le sens de « au sud ».

[10] *De bello Africano*, c. LXXX.

Afranius se retranchent devant le castellum qui ferme l'isthme septentrional, justifie jusqu'à un certain point l'expression de Dion Cassius, διχῇ διαλαβόντες : l'ennemi se dirige sur Thapsus par les deux isthmes, mais l'attaque, en somme, s'échelonne sur l'isthme septentrional, l'autre n'offrant pas l'espace nécessaire aux combattants. La sebkha de Sidi-ben-Nour, en effet, est beaucoup moins étendue aujourd'hui, surtout au nord et à l'est, qu'elle ne l'était à l'époque romaine. Le lavage incessant des terres par les pluies hivernales et les apports de quelques cours d'eau qui s'y jettent l'ont en partie comblée. C'est ce que prouve l'expression ὑλώδεις τόποι dont se sert Plutarque. Scipion se place à 1,600 mètres des lignes de César et à la même distance du fort que sa marche tournante a rendu inutile. Afranius et Juba se retranchent eux-mêmes devant le fort, à 1,700 ou 1,800 mètres des positions de Scipion. C'est alors que César donne à une division de sa flotte l'ordre d'opérer une diversion en arrière des troupes ennemies en se plaçant le plus près possible du rivage[1], dans le canal qui sépare du continent les deux îles des *Sorelle.*

L'éparpillement des forces coalisées, partagées en trois groupes échelonnés sur l'isthme, explique la facilité avec laquelle César en vint à bout. La défaite de Scipion entraîna la prise du camp d'Afranius et la déroute de Juba.

61   La victoire, au dire d'Appien, aurait été vivement disputée, et le combat se serait prolongé jusqu'à la nuit[2]. La version de l'Anonyme, confirmée par le récit de Dion et par Plutarque, qui affirme que l'action ne dura que quelques heures[3], est de beaucoup la plus vraisemblable : il est évident que Scipion fut surpris en pleine formation. Les coalisés laissèrent dix mille hommes sur le terrain, cinquante mille d'après Plutarque. César n'eut que cinquante tués et un petit nombre de blessés[4].

La bataille de Thapsus fut le dernier effort du parti constitutionnel en Afrique. La campagne avait duré quatre-vingt-dix-sept jours, du 31 décembre 707 au 7 avril 708. Mal engagée par César, elle devait aboutir pour lui à un désastre complet. L'incapacité de ses adversaires et leurs hésitations le servirent plus encore que son sang-froid et son activité. Les hasards heureux

---

[1] *De bello Africano*, c. LXXX.

[2] II, XCVII : Μακρᾶς δὲ καὶ ἐπιπόνου κατὰ πάντα τὰ μέρη τῆς μάχης καὶ πολυτρόπου γενομένης, περὶ ἑσπέραν μόλις ὁ Καῖσαρ ἐνίκα.

[3] Plutarque, *Caes.*, c. LIII : Ἡμέρας δὲ μιᾶς μέρει μικρῷ τριῶν στρατοπέδων ἐγκρατὴς γεγονὼς καὶ πεντακισμυρίους τῶν πολεμίων ἀνῃρηκὼς οὐδὲ πεντήκοντα τῶν ἰδίων ἀπέβαλεν.

[4] *De bello Afric.*, c. LXXXVI. — Cf. Plutarq., c. LIII.

qui firent croire, à partir de ce moment, à son « invincible bonheur[1] », jouèrent aussi un grand rôle dans le succès final de cette périlleuse aventure. Peut-être César reconnaissait-il lui-même et ses propres fautes et les faveurs de la fortune lorsque, au moment d'engager l'action qui devait terminer la campagne, il donna comme cri de ralliement à ses soldats ce mot qui la résume: *Felicitas!*

[1] Appien, II, xcvii: Καὶ τὸ τοῦ Καίσαρος κλέος ἐς ἄμαχον εὐτυχίαν ἐδοξάζετο, οὐδὲν ἔτι τῶν ἡσσωμένων ἐς ἀρετὴν αὐτοῦ μεριζόντων, ἀλλὰ καὶ τὰ σφέτερα αὐτῶν ἁμαρτήματα τῇ Καίσαρος τύχῃ προστιθέντων.

III

VILLES ET LOCALITÉS
DONT LA POSITION N'A PAS ÉTÉ DÉTERMINÉE [1].

Les textes épigraphiques donnent les noms de quelques localités dont la position est encore inconnue.

[Une *tessère d'hospitalité*, datant de l'an 27 après J.-C., mentionne la CIVITAS THEMETRA EX AFRICA [2], qui était alors administrée par des suffètes. Dans un autre document analogue [3] figure la CIVITAS APISA MAIVS, située à l'ouest de Thuburbo majus, au lieu dit *Aïn Tarf ech-Chena*. Nous avons cité plus haut (t. II, p. 131) un troisième texte de la même série, où paraissent le sénat et le peuple de SIAGV (*Kasr ez-Zit*). Un quatrième [4] concerne le sénat et le peuple de THIMILIGA, également administrée à cette époque (27 après J.-C.) par des suffètes. Ces quatre inscriptions sont des contrats de patronage et de clientèle entre les cités africaines de Themetra, Apisa, Siagu, Thimiliga, et C. Silius Aviola, tribun militaire de la III° légion Auguste. On ne possède aucun renseignement sur les emplacements de Themetra et de Thimiliga.]

THEMETRA.
THIMILIGA.

Nous ignorons également la position exacte de *Cynazin*, nommée dans le contrat de patronage et de clientèle passé entre Domitius Ahenobarbus, proconsul d'Afrique en 742, et deux autres bourgs du *pagus Gurzensis*, Uzita et Aethogurza. Cynazin doit se trouver dans le voisinage de ces deux dernières localités, dont nous avons fixé l'emplacement [5].

CYNAZIN.

---

[1] [Nous avons juxtaposé, dans cet appendice, les notes laissées par M. Tissot, mais il a fallu écrire en entier quelques paragraphes dont l'auteur s'était contenté d'indiquer le titre. Pour ne point retarder indéfiniment la publication de ce volume, nous n'avons pas essayé d'être complet sur le chapitre, encore à écrire, des localités africaines non identifiées dont on retrouve quelque mention dans la littérature. L'énorme dépouillement de textes patrologiques que comporterait un pareil relevé devrait faire le sujet d'un travail à part. — S. R.]

[2] [Maffei, *Museo Veronense*, 472; Orelli-Henzen, n° 3056; *C. I. L.*, V, 4919.]

[3] [Orelli-Henzen, n° 4057; *C. I. L.*, V, 4921; Borghesi, *Œuvres*, V, p. 204; *Ephemeris epigraphica*, I, p. 61. Gruter (470, 1) lisait APISIA MAIVS.]

[4] [Maffei, *Museo Veronense*, 471; *C. I. L.*, V, 4920.]

[5] [Cf. plus haut, p. 564, et Tissot, *Fastes de la province d'Afrique*, p. 40, n° XLII. — S. R.]

MUNICIPIUM
MIZEOTERENENSE.

Un fragment d'inscription trouvé à Carthage entre Byrsa et les quais, et conservé au musée Saint-Louis [1], donne les noms, malheureusement incomplets, de cinq cités de la Proconsulaire :

```
      ANI SE
      VLITANI
      VENNENSES
      IZEOTERENEN
      OPPIDANI NO
```

M. Mommsen voit dans la seconde partie du nom de la première ligne l'ethnique *Sittiani* [2].

Dans le nom de la seconde ligne, où le même savant lit *max*VLITANI, on peut tout aussi bien retrouver les ethniques *numn*VLITANI ou *tit*VLITANI de la liste des évêchés de la Proconsulaire.

Le troisième nom ne figure pas dans les documents de l'époque chrétienne [3].

La quatrième ligne fournit certainement l'ethnique MIZEOTERENENSES et permet de corriger la copie, donnée par Ximenez, de l'inscription suivante [4] trouvée à Pisado (?), à deux lieues de Thignica (*Aïn Tounga*) :

```
      DD NN FLAVII F
      VALENTINIANO ET VA
      LENTI PII FELICES VIC
      SEMPER AVGG·
      MVNI MIZADO
      TERENI . . . .
```

Le *municipium Mizeoterenense* aurait donc été situé dans le voisinage de Thignica.

---

[1] *C. I. L.*, t. VIII, 10530. [*Ephemeris*, t V, p. 316; *Bulletin épigraphique*, 1884, p. 209. M. Mowat avait proposé (*Comptes rendus de l'Académie des inscriptions*, 1880, p. 179) de reconnaître dans les *Mizeotereneni* (pour *Mediterranei*) les *municipes* du quartier situé à l'intérieur de Carthage, par opposition aux *Portuenses*. — S. R.]

[2] [La copie du *Corpus* portait en effet SI, mais le P. Delattre a fait observer, avec l'approbation de M. Schmidt, qu'il faut lire SL ou SE. Cf. *Bulletin épigraphique*, 1884, p. 209. — S. R.]

[3] [M. Schmidt croit y reconnaître le nom des BenCENNENSES, dont l'évêque, *Adeodatus episcopus Bencennensis*, assista à la conférence de Carthage en 411. Nous avons reproduit plus haut une inscription trouvée à Uci qui prouve que la CIVITAS BENCENNENSIS n'était pas loin de cette dernière ville (*supra*, p. 361); cf. *Ephemeris*, t. V, p. 316. Mais le P. Delattre a fait observer (*Bulletin épigraphique*, 1886, p. 141) qu'il y a bien ▓▓NENNENSES et non ▓▓CENNENSES sur la pierre. — S. R.]

[4] *C. I. L.*, t. VIII, 1395.

La dernière ligne, OPPIDANI NO*vani*, révèle l'existence, dans la Proconsulaire, d'un *oppidum novum* qu'aucun autre texte ne signale.

OPPIDUM NOVUM.

[Deux nouveaux fragments de la même inscription ont récemment été recueillis à Carthage dans le quartier du Forum [1]. On y lit les noms suivants, malheureusement mutilés :

▰▰▰VFER*itani*
▰▰THISIPIT*ani*

THISIBI ?

[Le premier nom pourrait se lire *Suferitani;* le second, où la sixième lettre est incertaine, pourrait être *Thisipitani, Thisibitani, Thisiritani.*]

Nous ne connaissons le *municipium Aelium Hadrianum Augustum Chlulitanum* [2] que par le contrat de clientèle qui le mit, en 321, sous la protection de Q. Aradius Rufinus Valerius Proculus [3].

MUNICIPIUM CHLULITANUM.

Un contrat du même genre, daté de la même année, engage le même personnage envers la *civitas Faustianensis* [4].

CIVITAS FAUSTIANENSIS.

Q. Aradius, proconsul d'Afrique de 319 à 320, avait été d'abord gouverneur de la Byzacène. Ce titre de *praeses Byzacenae*, rappelé dans les deux contrats conclus après le retour de Q. Aradius en Italie, ne permet pas de douter que la *civitas Faustianensis* et le *municipium Chlulitanum* n'aient été situés dans la Byzacène. Trois autres contrats, du reste, établissent les mêmes rapports entre Q. Aradius et les quatre cités d'Hadrumète [5], Thenae [6], Zama Regia [7] et Mididi [8], qui appartenaient certainement à cette même province.

[Une monnaie de bronze, dont la fabrication paraît africaine, porte au revers le nom de VAGAXA [9]. M. Mowat l'a rapproché de la Βάγαζα de Ptolémée et du dieu *Bacax* honoré au Djebel Taïa. Il semble donc que *Vagaxa*, dont la position reste tout à fait indéterminée, doit être ajoutée à la liste des villes africaines qui n'ont pas été mentionnées par les auteurs.]

VAGAXA.

[Une ruine située à l'est de Mutia, au lieu dit *Henchir el-Hatba*, marque l'emplacement d'un FVNDVS VEB▰ ou VER▰, dont le nom mutilé a été donné par une inscription] [10].

FUNDUS VER... ?

---

[1] [Delattre, *Bullet. épigraph.*, 1886, p. 141.]
[2] [La lecture du nom est incertaine.]
[3] *C. I. L.*, t. VI, 1684. [Tissot, *Fastes de la province romaine d'Afrique*, p. 207.]
[4] *C. I. L.*, t. VI, 1688.
[5] Mommsen, *I. N.*, 6791 [*C. I. L.*, t. VI, 1687].
[6] *I. N.*, 6792 [*C. I. L.*, t. VI, 1685].
[7] *Ibid.*, 6793 [*C. I. L.*, t. VI, 1686].
[8] [*C. I. L.*, t. VI, 1689.]
[9] [Mowat, *Bulletin épigraphique*, 1886, p. 40.]
[10] [Cagnat, *Explorations*, t. III, p. 142. — S. R.]

AQUAE CIRNENSES.

Nous ne pouvons fixer qu'approximativement la position des *Aquae calidae Cirnenses*, dont il est question dans deux épigrammes de Luxorius :

> Ardua montanos inter splendentia lucos,
> Culmina et indigenis nunc metuenda feris,
> Cum deserta prius solum nemus alta tenebat
> Tetraque inaccessam sederat umbra viam :
> Qua vos laude canam quantoque in carmine tollam,
> In quibus extructa est atque locata salus[1] ?

Ces thermes, qui ne furent construits qu'à l'époque vandale, doivent se retrouver dans le massif du Bou Kérin, que nous avons identifié au Cirna de Ptolémée[2].

AUDURUS FUNDUS.

L'*Audurus fundus* était un siège épiscopal de la Numidie, dans le voisinage d'Hippone : « Audurus nomen est fundi ubi ecclesia est, et in ea memoria Stephani martyris[3]. »

MUNICIPIUM TULLIENSE.

Le *municipium Tulliense* dont parle saint Augustin, au chapitre XII de son livre *De cura gerenda pro mortuis*, était voisin d'Hippone.

ISMUC.

[Il a été question plus haut[4] de la ville forte d'Ismuc, placée par Vitruve, qui la mentionne seul, à vingt milles de Zama[5]. L'ingénieur romain nous apprend qu'il n'y naît point de bêtes nuisibles, ni surtout de serpents, et que si l'on en apporte quelqu'une en ce lieu, elle meurt immédiatement. La terre de cette région, transportée ailleurs, produirait le même effet.

[Ortiz a cru, mais sans aucune raison sérieuse, trouver une mention de cette place forte au chapitre XL du *De bello Africano*.]

TISIDIUM.

Nous ne connaissons pas la position de *Tisidium*, ville de la province romaine où Metellus prit probablement ses quartiers d'hiver après l'insuccès de son coup de main sur Zama[6]. Ce fut là du moins que lui parvinrent les propositions de paix de Jugurtha, et ce fut de là qu'il marcha sur Vaga pour venger le massacre de la garnison romaine. Dureau de la Malle identifie Tisidium à la Τισιαοῦς de Strabon et à la Thisica de Ptolémée, et la place un peu à l'ouest de Mater, par 36° 52′ et 7° 20′. Tout ce qu'on peut conclure du texte de Salluste, c'est que Tisidium était dans la partie de la province

---

[1] Luxorii *Epigr.*, n° 350 (*Antholog. lat.*, ed. Riese).

[2] [*Supra*, t. I, p. 21.]

[3] Augustin, *De Civitate Dei*, XXII, VIII, 15.

[4] [T. II, p. 582.]

[5] [Vitruve, VIII, IV.]

[6] Sallust., *Bell. Jug.*, c. LXII : « Jugurtha, ubi armis virisque et pecunia spoliatus, quum ipse ad imperandum Tisidium vocaretur... »

qui confinait à la Numidie[1] et à environ seize heures de marche ou 45 milles romains de Vaga[2]. Quant à la conjecture de Dureau de la Malle, elle donne une fois de plus la mesure de son peu de critique : Thisica, placée par Ptolémée dans la liste des villes situées entre Thabraca et le Bagrada, ne peut pas être la Tisiaus que Strabon compte parmi les villes détruites pendant la campagne de César[3], puisque le théâtre de cette campagne se limita strictement au triangle formé par Hadrumète, Thapsus et Thysdrus. Les noms de ces deux villes ne présentent d'ailleurs avec celui de Tisidium qu'une analogie fort incomplète.

L'emplacement de la ville numide de *Thirmida*[4] n'a pas été déterminé. Marcus l'identifie à la *Timida* de la Proconsulaire, qualifiée de *Regia* dans les documents chrétiens, et la retrouve à Zouarin, à peu de distance au nord-ouest de Zanfour (Assuras). [Nous avons vu plus haut[5] que Timida se trouvait près d'El-Mohammedia.]

THIRMIDA.

Nous considérons comme tout aussi arbitraire la synonymie, affirmée par Dureau de la Malle, de la *Sathul* de Jugurtha[6] et de Calama (Guelma). Orose dit bien qu'Aulus Postumius fut surpris par le roi numide près de Calama, au moment où il marchait sur Suthul[7] : mais les détails donnés par Salluste sur cette dernière localité ne se retrouvent pas dans la topographie de Guelma. Tout ce qu'on peut inférer du texte d'Orose, c'est que Suthul était située à l'ouest et peut-être dans le voisinage de Calama.

SUTHUL.

[On a identifié plus haut un certain nombre de localités mentionnées dans le *De bello Africano*. Nous ignorons l'emplacement exact de *Parada*[8], qui fut prise et brûlée par les cavaliers de Scipion fuyant de Thapsus vers Utique; elle était probablement située à peu de distance de cette dernière ville[9].

PARADA.

---

[1] Sallust., *Bell. Jug.*, c. LXI : « Caeterum exercitum in provinciam quae proxuma est Numidiae hiemandi gratia conlocat. »

[2] Sallust., *Bell. Jug.*, c. LXVIII : « Legionem... et Numidas equites pariter cum occasu solis expeditos educit : et postera die circiter horam tertiam pervenit in quamdam planitiem... Ibi milites... docet oppidum Vaccam non amplius mille passuum abesse. »

[3] Strab., 705, 52. C. Müller suppose avec raison que ΤΙΣΙΑΟΥΣ n'est qu'une faute du copiste pour ΤΙΣΙΔΡΟΣ.

[4] Sallust., *Bell. Jug.*, c. XII.

[5] [T. II, p. 590.]

[6] Sallust., *Bell. Jug.*, c. XXXVII-XXXVIII.

[7] Oros., V, 15 : « Insequenti anno A. Postumium, Postumii consulis fratrem, quem is quadraginta milium armatorum exercitui praefecerat, apud Calamam urbem thesauris regiis inhiantem bello oppressit. »

[8] [*De bello Africano*, c. LXXXVII.]

[9] [« Equites Scipionis . . perveniunt ad oppidum Paradae... deinde *protinus* Uticam perveniunt. » *Ibid.*]

GABARDILLA.   [Une localité (*fundus*) du nom de Gabardilla est mentionnée, dans la *Vie de saint Fulgence*, comme appartenant au territoire de Sicca.[1]]

ANTONIA CASTRA.   Nous ne pouvons préciser ni l'emplacement du « Camp d'Antonius », *Antonia Castra*, une des premières étapes de Troglita dans la campagne qu'il

CAMPI CATONIS.   fit en Byzacène en 546[2], ni la position des « Champs de Caton », *Campi*
MAMMENSES CAMPI.   *Catonis*[3], ni celle des « Champs de Mamma », *Mammenses Campi*[4]. On peut dé-
LARISCUS.   terminer approximativement la situation du *portus Lariscus*, par lequel se
LATARI.   ravitailla l'armée de Jean[5]. Quant à l'emplacement de *Latari* ou *Latara*, voisin du théâtre de l'action décisive qui mit fin à l'insurrection des Maures, aucun indice ne permet de le retrouver.

M. Partsch a fixé approximativement, dans le voisinage de Maret, près
GALLICA.   de Kabès, la *Gallica* dont le nom est associé au souvenir néfaste de la défaite de Martae[6]. Nous lui devons également un rapprochement, plus juste qu'il

[1] [Auct. *Vitae S. Fulgent.*, c. IX; Morcelli, *Africa christiana*, III, p. 222. — S. R.]

[2] Coripp., *Johann.*, I, v. 460-463 :

Jamque per extensos properans exercitus agros
Byzacii carpebat iter, qua Antonia Castra
Nomine dictus avis locus est. Hic castra Johannes
Mox posuit...

[3] *Johann.*, VIII, v. 165-166 :

...Commotis litora signis
Deserit et campis posuit sua Castra Catonis.

M. Partsch, dans son excellente édition de Corippus, a rejeté avec raison l'hypothèse de Mazzucchelli, qui place les Champs de Caton près d'Utique. Il s'agit évidemment d'une localité de la Byzacène, peu éloignée du littoral, mais déjà située dans l'intérieur des terres, dont la tradition faisait une des étapes de la marche de Caton. Nous pensons qu'il faut la chercher entre Sfaks et Hadrumète; Caton, en effet, se dirigeant sur Utique, dut abandonner le littoral un peu au delà de Thenae, pour éviter le détour que faisait la route de la côte. [M. Petschenig écrit à ce sujet (*Corippi quae supersunt*, p. 221) : *Quae Corippus de Catone* (VI, 840) *et de Campis Catonis* (VIII, 166) *narrat, ad Lucani Phars.* IX, 371-949, *referenda esse videntur.* — S. R.]

[4] *Johann.*, VIII, v. 45-48 :

...Tunc litore ab omni
Contrahit ipse rates et portu stare Larisco
Jussit, et impensis socios gentesque levavit,
Dispensans per castra pater numerosque Johannes.

Ce port de Lariscus devait être assez voisin des *campi Vincenses* dont il est question quelques vers plus haut (v. 20-21) :

Castra locanda mihi mediis Iuncensibus arvis
Quae modo raptor habet...

Or ces *campi Vincenses* paraissent être les plaines d'Ounga. Nous croyons, en effet, qu'au lieu de *Vincensibus*, leçon adoptée par Mazzucchelli et reproduite par M. Partsch, il faut lire *Iuncensibus*, variante que donne un manuscrit [et qu'adopte M. Petschenig]. Le Lariscus portus, rendez-vous général de la flotte de transport de Jean, est très probablement le mouillage très vaste et parfaitement abrité des îles Keneïs.

[5] *Johann.*, VIII, v. 226-230 :

...Ut, luce sequenti,
Mox primo mundum consurgens margine Phoebus
Flammivomis continget equis, committere pugnam
Vicinis liceat ferventi caede Lataris.

[6] Coripp., *Johann.*, VI, v. 485-486 :

...Collesque malignos
Tristis et infaustos monstrabat Gallica campos.
Johann., II, v. 77 :

Immittit polluta viros mox Gallica tristes.

ne le suppose, entre les *Gadaiae* de la *Johannide*[1] et les *Guedea* ou dunes de la région saharienne.

Nous sommes moins édifié sur la légitimité de la correction que le même géographe a introduite dans le passage suivant de la *Johannide* (II, v. 78) :

> Nec cessant populos infausti mittere campi
> Quos Talanteis nutrix suscepit ab arvis
> Tillibaris.

TALANTEA ARVA.

M. Partsch lit *Talalateis*, en faisant observer que Talalati est, comme Tillibaris, une des positions du *limes Tripolitanus*[2]. Le fait est exact, mais Talalati est placée par l'Itinéraire fort loin de Tillibari (à 221 milles); et sa position dans le massif montagneux du Ghariân ne justifie guère l'expression *Talantea arva* dont se sert Corippus. Nous serions donc disposé à chercher les *Talantea arva* dans la partie occidentale de la grande plaine de la Djefara, au-dessous de la position probable de Tillibari.

LISTE DE PLINE.

La plupart des villes de l'intérieur de la province d'Afrique nommées par Pline[3] sont encore inconnues. Telles sont les *oppida civium Romanorum Absuritanum, Abutucense, Aboriense, Canopicum, Chimavense, Thinidrumense, Tibigense, Ucitanum minus*, et l'*oppidum Uzalitanum*, jouissant du droit latin[4].

---

[1] Coripp., *Johann.*, VI, v. 285-287 :

...Siccas superare Gadaias
Nec dubitant tristesque locos, quis nullus eundi
Vivendique modus.

«Gadaiae ubi fuerint, dit M. Partsch (p. xxxi), frustra adhuc quaesitum est... Apparet desertorum quasi limen quoddam hic denotari, quo superato mediis in harenis fugientes versentur. Iam vero Henrici Duveyrier librum illum egregium perscrutans, in quo desertorum, de quibus hic agitur, notitia tota fere nititur, in harenae tumulorum, quibus desertorum illorum pars magna repleta est, descriptionem incidi. Tumuli tales... apud Maurorum gentes nonnullas «El Guedea'» vocari solent. Parum me peritum linguae Mauricae esse fateor, quam ut hac notula fretus Gadaias illas harenae tumulos regionis desertae esse contendam. Tamen in re desperata, quin virorum doctorum oculos in nominum similitudinem illam adverterem, facere non potui.»

[2] [La même correction a été adoptée par M. Petschenig (édition de 1886). — S. R.]

[3] [Pline, *Hist. nat.*, V, IV, XXIX. Nous suivons le texte de Jan, Leipzig, 1870. — S. R.]

[4] [Var. : *Canophicum, Chiniavense, Thibidrumense (Tibidrumense, Tynidrumense)*. On a voulu identifier à l'*oppidum Uzalitanum* les ruines d'Aïn-Djelloula près de Kaïrouân (*supra*, p. 606), parce qu'elles sont «situées dans un enfoncement au pied septentrional du Djebel Ousselet». Cette hypothèse de sir Grenville Temple et de M. Guérin a été reprise, mais sans un argument nouveau, dans le *Bulletin de l'Académie d'Hippone*, n° 22 (1887), p. 117. Elle nous paraît tout à fait gratuite. D'autres identifient cet *oppidum* à Usilla (Inchilla); cf. plus haut p. 182 et l'appendice. — S. R.]

Des dix-huit villes libres nommées par Pline, onze au moins sont encore à retrouver: les *oppida Accaritanum* [1], *Abziritanum*, *Canopitanum*, *Melizitanum*, *Salaphitanum*, *Tiphicense* [2], *Tunisense* [3], *Theodense* [4], *Tagesense*. L'*oppidum Ulusubburitanum* [5] pourrait être l'*Ulisippira* de la Table de Peutinger.

LISTE DE PTOLÉMÉE.

Les inconnues sont proportionnellement plus nombreuses encore dans les tables Ptoléméennes [6]. Nous ignorons la position des villes cirtésiennes de *Vaga*, *Lares*, *Apari* ou *Aitari* et *Azama*. Parmi les localités de la Numidie nouvelle, il est impossible de déterminer *Thunudromum colonia*, *Aspucca*, *Tucca*, *Ucibi*, *Gausaphna*, *Thubutis*, *Thanutada*, *Gazacupada* et *Gedne*. *Canopisi*, *Meldita*, *Uzan*, *Thisica*, *Cipipa*, *Tobrus*, *Rica*, *Dabia*, *Bendena*, *Vazua* [7], *Nensa*, *Aquae Calidae*, *Zigira*, *Thunuba*, *Timica*, *Tuscubis*, placées entre Thabraca et le Bagrada, sont encore à retrouver. Même mystère pour *Uol*, *Themisa*, *Quina colonia*, *Abdira*, *Tucma*, *Bulla Mensa*, *Cerbica*, *Nuroli*, *Ticelia*, *Vepillium*, *Thabba*, *Tichasa*, *Negenta* et *Bunthum*, situées entre le Bagrada et le Triton, au-dessous de Carthage; pour *Almaena*, *Uticna*, *Chravasa*, *Gisira*, *Zurmentum*, *Zalapa*, *Augustum* [8], *Leae*, *Ubata*, *Uzetia*, *Setiensis*, *Lasica*, *Byzacina*, *Targarum*, *Putea*, *Caraqa*, *Murais*, *Zugar*, placées au-dessous d'Hadrumète. Les villes syrtiques de *Chusis*, *Sumucis*, *Syddenis*, *Gerisa*, *Ammonis*, *Amuncla*, *Muste vicus*, *Butta*, *Tege*, *Durga*, *Sycapha*, *Uddita* et *Galyba* nous sont également inconnues [9].

NOTICES ÉPISCOPALES.

Mais c'est surtout en dépouillant les listes des évêchés que l'on est frappé du nombre des lacunes qui restent à combler dans la chorographie de l'Afrique romaine. Nous n'avons pas d'indications précises sur la position des localités suivantes, *municipes*, *pagi*, *vici* ou *castella*, dont les évêques sont

---

[1] [Var.: *Acchar.*, *Aggar.*]
[2] [Var.: *Tisic.*, *Thisic.*, *Thisdic.*]
[3] [Var.: *Thunicense.*]
[4] [Var.: *Theudense.*]
[5] [Var.: *Ulusubritanum.*]
[6] [Texte de Nobbe, édition Tauchnitz.]
[7] [Cf. cependant plus haut, p. 300. — S. R.]
[8] La synonymie proposée d'*Augustum* et du *vicus Augusti* de l'Itinéraire d'Antonin (Sabra, près de Kaïrouân) est purement conjecturale. [Rien n'autorise non plus à identifier *Vepillium* et *Kebilli*.]
[9] [On peut supposer pour quelques-unes de ces villes, comme *Vaga*, *Lares*, *Azama*, *Ucibi*, *Zugar*, qu'elles sont identiques aux villes connues portant des noms analogues et que les indications topographiques de Ptolémée sont fausses. — S. R.]

nommés soit dans les listes des conciles, soit dans les autres textes de l'époque chrétienne. Nous les citerons, non pas sous leurs noms mêmes, qu'il n'est pas toujours facile de rétablir correctement au point de vue de l'orthographe indigène, mais sous l'ethnique féminin (*ecclesia*)[1].

I

PROCONSULAIRE.

ABBIRITANORUM MINORUM. On suppose que c'est l'*Abbir Germaniciana* de la liste du concile de 258, de la conférence de Carthage de l'année 411 et du concile tenu dans la même ville en 419. Nous avons vu que les ruines d'*Abbir Cellense*, que Wilmanns identifie à l'*Abbir maius*, ont été retrouvées à Henchir Naâm[2].

ABIDDENSIS (Conf. de 411). Comme l'avait fait Hardouin, Morcelli suppose que l'*oppidum Abbidense*, dans lequel il retrouve l'Avitta de la Table de Peutinger, était situé dans la Byzacène, conjecture qui ne repose que sur la position beaucoup trop méridionale qu'il assigne à Avitta[3]. Dupin, tout en le faisant figurer dans la Proconsulaire, ajoute : «Forte tamen est Byzacenae ubi *Abidus* apud Ptolemaeum.» L'Abidda de la liste de 451 n'est certainement pas l'Άουίδος de Ptolémée, l'*Avidu vicus* de la Table de Peutinger. Il est possible qu'elle soit l'*Avitta* de ce dernier document, mais on peut supposer qu'elle n'avait avec cette localité qu'une de ces ressemblances de noms si fréquentes dans la toponymie africaine.

ABITINENSIS. *Abitina*, illustrée par ses martyrs[4], devait être située dans le voisinage de Membressa. C'est ce que permet de supposer un passage de saint Augustin[5].

---

[1] [La géographie ecclésiastique de l'Afrique a été tout à fait négligée depuis Morcelli. Reviser ses séries d'évêchés, en faisant disparaître les mauvaises lectures et les doubles emplois, comporterait un grand travail critique, que M. Tissot n'a pas entrepris. M. de Mas-Latrie a donné, dans le *Bulletin de correspondance africaine* de 1886 (p. 80-98) une édition abrégée de la liste des évêchés d'Afrique, répartis par provinces; nous nous sommes associé à lui pour l'indication de quelques synonymies modernes. M. Halm a publié une édition critique de la Notice de 482 à la suite de son édition de Victor de Vite, Berlin, 1879. Voir aussi la notice de Dupin, dans Boecking, *Annotatio ad Notitiam dignitatum*, III, p. 639-658. — S. R.]

[2] [T. II, p. 593.]

[3] Morcelli identifie l'Avitta de la Table à l'Άουίττα de Ptolémée. Les deux localités, comme on l'a vu plus haut (p. 543), sont très probablement distinctes.

[4] Ruinart, *Acta mart. sinc.*, p. 409.

[5] *Contra Parmen.*, III, 6.

Aborensis (Listes de 411 et de 649). Identique à l'*oppidum Aboriense* de Pline, et peut-être à l'Άβωρα de Suidas.

Absasallensis. L'évêque d'Absasalla figure parmi les signataires de la lettre adressée par les prélats de la Proconsulaire, en 649, au patriarche de Constantinople[1].

Abzeritensis ou Abzeritana (Liste de 411). Le nom correct d'Abzerita est *Abzirita*, l'*oppidum liberum Abziritanum* de Pline, l'Άβδειρα ou Αὔδειρα de Ptolémée.

Advocatensis (Liste de 411). Cette localité devait peut-être son nom ou son surnom au pseudo-martyr Advocatus, dont il est question dans un sermon donatiste publié à la suite des œuvres de saint Optat[2]. Elle est citée dans cette pièce anonyme sous la forme *Abvocatensis*[3], mais il faut lire sans doute, comme l'a supposé Morcelli, *Advocatensis*.

Agensis. L'évêque de l'*oppidum Agense* figure comme signataire dans la lettre des prélats de la Proconsulaire au patriarche Paul. On suppose qu'Aga est l'*Aggia* du concile de 258.

Aptugnitana vel Aptungitana vel Autumnitana vel Abtugnensis[4].

Arensis (Liste de 411). Siège attribué à la Proconsulaire par Hardouin, mais sans preuve à l'appui.

Ausanensis (Liste de 482).

Auzuagensis, Auzuaggensis (Listes de 255 et de 411). Il existait deux sièges de ce nom dans la Proconsulaire[5].

Bazarididacensis (Lettre adressée par les évêques de la Proconsulaire, en 416, au pape Innocent).

Bonustensis (Listes de 411 et de 482).

Bosetensis ou Busitana (Liste de 411). Elle est peut-être identique à la *Boseth Anforaria* des Actes du martyre de Mammarius et de ses compagnons et devrait se retrouver dès lors dans la Numidie proconsulaire[6].

---

[1] Harduin., *Concil.*, t. III, p. 750.
[2] Post Optat., p. 190, ed. Antverp.
[3] *Ibid.*, p. 192, n. 12 : « At vero memoratus episcopus (Sicilibbensis) ex Abvocatensi oppido Carthaginem hospes adveniens.... »
[4] [Cf. t. II, p. 579; Morcelli, t. I, p. 65.]
[5] « Est Auzuagga, ubi fuit Ianuarius, qui nunc defunctus est; alia Auzuagga, ubi est Privatus, qui nunc vivit. » (Primian., *Cognit.*, I, n. 179.)
[6] Voir Morcelli, *Africa christiana*, t. I, p. 106.

Bullensis (Liste de 482). Cette *Bulla* ne doit pas être confondue avec *Bulla Regia* (Henchir Hammam-Darradji).

Bulnensis (Lettre du synode de la Proconsulaire au patriarche Paulus).

Buritana (Liste de 411).

Caeciritana (Liste de 646).

Caniopitana (Liste de 482). Il faut peut-être lire *Canapitana*. *Canapium* est qualifiée de municipe dans les Actes du concile de Latran et appartenait certainement à la Proconsulaire. Dupin suppose qu'elle peut être identique à la *Canopisi* de Ptolémée[1].

Cefalensis (Liste de 411). *Caefalensis* dans la lettre synodale de 646.

Cessitana ou Cissitana (Listes de 411 et de 482). Dupin considère cette localité comme identique à la suivante.

Cicsitana (Listes de 411 et de 482). Morcelli reconnaît à tort dans *Cicsita* la *Cigisa* ou *Cicisa* des Itinéraires.

Cilibiensis (Listes de 411 et de 525). Wilmanns la retrouve à Henchir Kelbia, près de Teboursouk; mais cette synonymie ne paraît rien moins que certaine. [*Supra*, p. 142.]

Cubdensis (Liste de 411 et lettre synodale de 646).

Culusitana, Culsitana ou Culsitanensis (Listes de 349, de 411, de 482, et lettre de 646).

Egugensis (Lettre de 646).

Gisipensis majoris (Listes de 411 et de 482).

Giutrambacariensis (Lettre de 646). Morcelli pense qu'il faut lire *Giuf trans Bagradam* et suppose que cette localité était ainsi appelée par opposition au *Giuf* situé sur la rive droite du Bagrada, et dont l'emplacement est fixé par une inscription[2].

Gunelensis (Liste de 482). L'orthographe de ce nom n'est pas certaine : un manuscrit donne la forme *Gunelmensis*[3].

Hiltensis (Listes de 411 et de 482). Morcelli pense que telle est la forme correcte de l'ethnique *Hilarensis* qu'on trouve dans saint Augustin. On ne connaît aucun siège épiscopal de ce nom; saint Augustin cite l'*ecclesia Hilarensis* comme un évêché voisin de Carthage.

---

[1] [On pourrait aussi penser à l'*oppidum Canopicum* ou *Canopitanum* de Pline, *Hist. nat.*, V, iv, xxix.] — [2] [Plus haut, p. 594.] — [3] Morcelli, t. I, p. 176.

Hortensis (Lettre de 646). Omise par Morcelli.

Labdensis (Listes de 411 et de 482).

A Lacu dulce. Nous ne connaissons que deux lacs d'eau douce dans la Proconsulaire : le *Sisara lacus* et le lac avec lequel communique l'Oued Sedjenân. Peut-être est-ce sur les bords de ce dernier bassin qu'il faut chercher l'*ecclesia a Lacu dulce*.

Libertinensis (Liste de 411 et lettre de 646).

Mattianensis (Lettre de 646).

Meglapolitana (Listes de 411 et 482; lettre de 646). Les manuscrits donnent tous la forme *Meglapolin* comme nom de la ville. On a voulu retrouver cette localité à Soliman, mais il est probable qu'elle était située dans le voisinage de Clupea.

Melzitana ou Melditana (Liste de 411). L'*oppidum Melzitanum* de Pline.

Memblositana ou Membrositana (Liste de 411). *Memblosa* n'est pas identique, comme le suppose Morcelli, au *Membio* ou *Membro* de la route d'Utique à Hippo Diarrhytus. Elle ne paraît pas être non plus le *Memplonitanus locus*, voisin d'Uzala, dont parle l'auteur du livre sur les miracles de saint Étienne[1].

Migirpensis (Listes de 411 et de 482).

Mullitana (Listes de 411 et de 482).

Nummulitana ou Numnulitana (Liste de 411 et lettre de 646).

Ofitana (Lettre de 646).

Pariensis (Lettre de 646).

Piensis (Liste de 482). Peut-être faut-il lire *Picensis*.

Pisitensis (Liste de 411). Pisita est citée comme localité de la Proconsulaire par l'auteur du livre sur les miracles de saint Étienne.

Puppianensis (Listes des conciles de 397 et 525; Liste de 482 et lettre de 646).

Rugumensis ou Rucumensis (Lettre de 646).

Saiensis (Liste de 411). Hardouin suppose que cette localité était située dans la Proconsulaire, mais cette conjecture, ainsi que le fait observer Morcelli, ne repose que sur des indices assez vagues.

---

[1] [Il faut peut-être y voir simplement l'évêché de Membressa, *Medjez-el-Bab*. M. Halm (Victor Vitensis, p. 75) hésite entre Membro et Membressa. — S. R.]

Scillitana (Liste de 411 et lettre de 646). Le nom de la localité est *Scillium* et non pas *Scilla*, comme l'affirme Morcelli. Dupin ne donne que la forme *Sicilitanus*, transcription défectueuse de l'ethnique correct.

Seminensis, Siminensis ou Simminensis (Liste de 482 et lettre de 646).

Senemsalensis (Listes de 411 et de 525). Il existait deux localités de ce nom. Parmi les signataires de la lettre de 646, figure Julianus, *gratia Dei episcopus sanctae ecclesiae duarum Senepsalitanarum*.

Siccennensis (Liste de 411).

Silemsilensis ou Selemselitana (Liste de 411).

Simidiccensis ou Simidicensis (Liste de 411).

Sinnuaritensis, Sinnuarensis, Sinnarensis (Listes de 411 et de 482). *Sinnar* ou *Sinnuar* ne doit peut-être pas être confondue, comme elle l'a été jusqu'ici, avec la *Sinna* dont l'évêque figure au concile de 553[1].

Succubensis (Lettre de 646).

Soensis (Lettre de 646). Dupin la confond à tort avec l'*ecclesia Saiensis*.

Taborensis (Liste de 411). Probablement la *Talbora* de la lettre de 646.

Tabucensis (Lettre de 646).

Taduensis ou Tadduensis (Lettre de 646). Le rapprochement établi par Morcelli entre *Taddua* et la *Thabba* de Ptolémée n'a aucune valeur.

Tagaratensis (Liste de 411). Le nom de la cité, tel que l'indiquent les règles de la formation de l'ethnique, n'est pas *Tagara*, forme adoptée par Morcelli, mais *Tagarata*.

Tauracinensis (Lettre de 646).

Telensis (Listes de 411 et de 482).

Tennonensis (Liste de 482). Probablement l'*ecclesia Tonnonensis* de la liste du concile de 525, et la *Tunno* ou *Tannona* à laquelle le chroniqueur Victor a dû son surnom.

Tiburicensis (Lettre de 646). Morcelli confond à tort *Tiburica* avec *Thibursicum Bure* (Teboursouk).

Tigimmensis (Liste de 411 et lettre de 646). Le nom de *Tigimmi* (et non pas *Tigimma*, comme l'écrit Morcelli) paraît libyen. *Tigmi* signifie encore en berbère une « maison ». Tigimmi serait donc l'équivalent de *Casa* ou *Casae*.

[1] Hard., *Concil.*, t. III, p. 205.

Thucensis [Tyzicensis?] (Liste de 411).

Tisilitana (Listes de 411 et de 525).

Titulitana (Listes de 411 et de 482).

Tizzicensis (Lettre de 646). Omise par Morcelli.

Trisipensis [Trisipellensis] (Liste de 411 et lettre de 646; ce dernier document porte *Trisipelis* ou *Trisipellis*[1]).

Tulanensis (Liste de 482).

Turudensis (Liste de 411). Morcelli place cet évêché parmi les sièges de Numidie[2].

Turusitana ou Turuzitensis (Liste de 411). Identique peut-être à la *Turzo* de Ptolémée.

Urcitana (Listes de 411 et de 482). Morcelli suppose qu'*Urci* était voisine de Furni « quod hujus episcopus Furnis martyrium consummaverit. » Le texte de Victor de Vite porte : « in porta incensus est Furnitana, » et cette porte était, selon toute apparence, une des portes de Carthage.

Utimmirensis (Liste de 411).

Uzalensis (Listes de 411 et de 482). Uzalis, l'*oppidum Usalitanum* de Pline, semble avoir été voisine d'Utique[3].

Viltensis ou Biltensis (Liste de 411).

Volitana (Listes de 411 et de 482). Identique à la *Vol* de Ptolémée.

Zarnensis (Lettre de 646).

Zemtensis (Liste de 411 et lettre de 646).

Zicensis, Ziggensis, Giggensis (Listes de 411 et de 482).

Zurensis (Liste de 411).

Zuritana (Vict. Vit. *Pers. Vand.*, II, 9).

II

NUMIDIE.

Amburensis ou Amphorensis (Listes de 411 et de 482).

---

[1] Hard., *Concil.*, t. III, p. 751.

[2] *Africa christiana*, t. I, p. 340 : « Numidiae Turudam facile adscribo, quod de ejus episcopatu in collatione interloquutus est Adeodatus Milevitanus. »

[3] Augustin, *De Civitate Dei*, XXII, VIII, 21.

Aquaenovensis (Lettre de 411).

Aquensis (Liste de 411). Morcelli suppose qu'il s'agit de l'*Ad Aquas* de la route de Carthage à Hippone par Bulla Regia.

Auguritana ou Augurensis (Listes de 411 et de 482).

Aurusulianensis (Listes de 411 et de 443). Les deux éléments dont se compose le nom de cette petite cité se retrouvent, le premier, *Aura*, dans le nom d'une station de la route de Tacape à Leptis magna par Turris Tamalleni; le second, *Sulianae*, dans celui d'un siège épiscopal de la Byzacène qui figure dans la Notice de 482.

Ausucurrensis (Liste de 482).

Azurensis ou Aiurensis (Liste de 411).

Babrensis (Liste de 482).

Bamaccorensis (Liste de 482). On trouve les variantes incorrectes *Damatcorensis*, *ab Amaccara*, *ab Accura*. *Bamaccore* devait son nom à la tribu des *Bamacures* (Pline, V, iv).

Bazaritana ou Vazaritana (Listes de 411 et de 482). *Bazari* ou *Vazari* était un simple *locus* (voir Hard., *Conc.*, t. I, p. 891).

Baziena ou Bazitensis (Liste de 411).

Belalitensis, Belesasensis, Belasensis (Listes de 411 et 482).

Bofetana, Bosetana (Liste de 411). Morcelli se demande s'il ne faut pas identifier cette localité à la *Buffada* et à la *Boseth* du même diocèse de Numidie.

Bucconiensis ou Bocconiensis (Listes de 411 et de 482).

Burcensis (Liste de 482).

Caelianensis (Liste de 482).

Caesareensis (Listes de 411 et de 482).

Capsensis (Liste de 411). A distinguer de Kafsa.

Casarum Medianensium (Liste de 482). Peut-être l'*Ad Medias* de la route de Lambaesis à Théveste par le sud de l'Aurès.

Casensis Calanensis (Listes de 411 et de 482). Ce bourg était probablement situé sur le territoire de Tacarata, dont nous ignorons la position.

Morcelli suppose que le nom de la *Cascala* de la notice de Léon le Sage n'est qu'une forme contractée de *Casae Calanenses*.

CASENSIUM NIGRENSIUM (Listes de 411 et de 482).

CASTELLANA (Liste de 482).

CASTELLO-TITULITANA (Liste de 482).

CATAQUENSIS (Augustin, *in Epist.* 85, 96, 97, et liste de 482).

CENTURIENSIS (Liste de 482). Peut-être la *Centuria* de Procope (*supra*, p. 424).

CENTURIONENSIS, CENTURIANENSIS (Concile de Cirta de 305 et liste de 411). Identique à l'*ecclesia a Centurionis* des Actes des martyrs (Ruinart, *Acta. sinc.*, p. 225).

CERAMUNENSIS vel CERAMUSSENSIS (Liste de 411). Ceramussa paraît avoir été voisine de Mileu.

FATENSIS (Liste de 482).

FESSEITANA (Liste de 482).

FORMENSIS (Liste de 482).

FORMENSIS (Listes de 411 et de 482). Cette seconde Forma était voisine d'Idicra, station de la route de Cirta à Sitifis par Mileu et Cuicul.

FUSSALENSIS, FOSSALENSIS (Liste de 482). Fussala était un *castellam* situé à quarante milles d'Hippone[1]. Saint Augustin l'érigea en évêché.

GARBENSIS, GARBESIS (Listes de 305, de 411 et de 482). Optatus, *De schism.*, I, XIV.

GAUDIABENSIS (Liste de 482) ou GAZABIANENSIS (Liste de 411). Ce siège n'est certainement pas la station de *Claudi*, à laquelle Morcelli est disposé à l'identifier.

GAURIANENSIS (Liste de 482).

GIBBENSIS (Liste de 411). Peut-être identique à la *Gippitana ecclesia* que saint Augustin place dans le voisinage d'Hippone (*Epist.* 65).

GILBENSIS (Liste de 482). Morcelli suppose que Gilba était voisine de Tigisis.

DE GIRU MARCELLI, qui est MARCELLIANENSIS (Listes de 411 et de 482).

DE GIRU TARASI (Liste de 482).

GUIRENSIS ou GIRENSIS (Liste de 482).

---

[1] Augustin, *Epist.* 209. Cf. *De Civitate Dei*, XXII, VIII, 6.

Hospitensis (Listes de 411 et de 482).

Idassensis (Listes de 411 et de 482). On suppose qu'Idassa était voisine de Macomades.

Iucundianensis (Listes de 411 et de 482).

Izirianensis vel Hizirzadensis (Listes de 411 et de 482).

Lamiggigensis (Listes de 411 et de 482). Il existait deux évêchés de ce nom en Numidie.

Lamiggigensis (Listes de 411 et de 482) et Lamigensis (Gregorii Magni Epist., I, p. 84).

Lamfvensis (Listes de 411, de 482 et de 525). Le premier élément *lam* se retrouve dans plusieurs noms composés et a probablement le sens générique de « peuplade, agglomération ». Il ne serait donc pas impossible que l'*ecclesia Lamfuensis* fût identique au *castellum Phuense*, que nous avons retrouvé à Aïn Foua [t. II, p. 399].

Lamsortensis (Listes de 411 et de 482).

Lamzellensis (Liste de 411). Probablement voisine de Macomades.

Legensis (Listes de 411 et de 482). Semble avoir appartenu à la paroisse de Tacarata. Il y a peut-être en Numidie deux évêchés du même nom; cf. le suivant.

Legiensis (Liste de 482).

Legisvoluminiensis (Concile d'Arles de 314).

Liberaliensis (Liste de 411). Elle paraît avoir été voisine de l'*ecclesia Tabudensis*.

Lugurensis (Liste de 482).

Madensis (Liste de 482).

Magarmelitana (Listes de 411 et de 482). Cette localité est désignée aussi sous le nom d'*Aquae Magarmelitanae*. Un de ses évêques, Secundus, est qualifié à la conférence de Carthage d'*episcopus ecclesiae Aquensis sive Magarmelitanae*.

Matharensis (Listes de 411 et de 482).

Maximinianensis (Liste de 482).

Mazacensis (Listes de 411 et de 482). *Mazax* est un nom essentiellement libyen.

Metensis (Listes de 411 et de 482).

Midlensis, Midilensis (Liste de 482). Il ne faut pas confondre cette localité numide avec son homonyme de la Proconsulaire, le *pagus Mercurialis Veteranorum Medelitanorum* [t. II, p. 591].

Moxoritana (Liste de 482).

Muliensis (Liste de 482). Morcelli l'identifie à tort, croyons-nous, à la *Muguae* des environs immédiats de Cirta.

Municipensis (Liste de 482). Morcelli suppose que cette localité est identique au *municipium Talliense*, dont l'évêque Marianus figure au concile de 525 parmi les quatre délégués de la Numidie.

Mustitana (Listes de 411 et de 482). Cette *Musti* ne doit pas être confondue avec la *Musti* des Itinéraires, située sur la route de Carthage à Cirta [t. II, p. 352].

Mutugenensis (Liste de 411). *Mutugena* ou *Mutigena* est citée dans un sermon attribué à tort à saint Augustin[1]; on peut supposer que Mutugena était assez voisine d'Hippone.

Énumérons encore les évêchés suivants, dont l'emplacement est inconnu:

Naratcatensis, Nicibensis, Nobabarbarensis, Nobacaesariensis, Nobagermaniensis, Nobasinensis, Octavensis, Pudentianensis, Putiensis, Regianensis, Respectensis, Ressianensis, Rusticianensis, Seleucianensis, Siguitensis ou *Suggitana, Sillitana, Sinitensis, Sistronianensis, Suabensis* ou *Suavensis, Susicaziensis, Tacaratensis, Tegulatensis* ou *Teglatensis, Tharasensis, Tigillabensis* ou *Tigillavensis, Tignicensis, Tinistensis* ou *Tinisensis, Tiseditensis* ou *Tiseditana, Tuburnicensis, Turris Rotundae, Turrium Ameniarum, Turris Concordiensis, Vadensis, Vadesitana, Vagradensis, Vagensis* ou *Vadensis, Vagrotensis, Vaianensis* ou *Baianensis, Vicensis* ou *Vicopacensis, Villaregiensis, Vllitana, Vrugitana, Vtmensis, Zaratensis, Zertensis, Zummensis*[2].

---

[1] *Sermo de Rusticiano diac.* n° 4. — [2] [Cf., pour les références, le tome I de l'*Africa christiana*. — S. R.]

III
BYZACÈNE.

[Les emplacements des évêchés suivants sont inconnus :]

Abaradirensis, Abidensis, Afufeniensis, Ancusensis, Aquae Albensis, Aquiabensis, Arensis, Auzagerensis, Bahannensis ou *Boanensis, Bizaciensis, Bulelianensis, Cabarsussensis, Carcabianensis*[1], *Carianensis (Casulae Carianenses), Cebaradefensis, Cenculianensis* ou *Cunculianensis, Creperulensis, Cufrutensis, Cululitana, Castrensis (Castrensis?), Dicensis, Decorianensis, Dionysianensis, Durensis, Egnatiensis, Febianensis* ou *Rebianensis, Feraditana maior, Feraditana minor, Filacensis, Foratianensis, Forontonianensis, Gaguaritana* ou *Gauvaritana, Gatianensis, Gernisitana, Gummitana, Gurgaitensis, Hermianensis, Hirpinianensis, Hirenensis* ou *Irensis, Iubaltianensis, Iustini ac (Iustinianae?) Maximiensis, Macrianensis maior, Maraguiensis, Massimanensis* ou *Maximianensis, Mataritana, Materianensis, Medefessitana* ou *Menefesitana (supra, p. 160), a Medianis Zabuniorum* ou *Medianensis, Mibiarcensis, Midicensis, Miditensis, Miricianensis, Mozotcoritana, Nationensis, Nebbitana, Octabensis, Octabiensis, Pederodianensis, a Pissanis, Praecausensis, Putiensis, Quaestorianensis, Rufinianensis, Ruspitensis, Scebatianensis, Seberianensis, Sulianis, Tagamutensis, Tagaraiensis* ou *Tagariatana, Tagarbalensis, Tagasensis, Talaptulensis, Tamazena, Tamaiensis* ou *Tambeitana, Tarasensis, Temonianensis, Tetcitana, Theuzitana, Tigiensis* ou *Tiziensis, Tigualensis, Trofimianensis* ou *Trofinianensis, Tubulbacensis, Tuccensis, Turensis* ou *Tarrensis, Turreblandensis, Vadentinianensis* ou *Valentinianensis, Vassinassensis, Vico-Ateriensis, Victorianensis, Vitensis, Vnuricopolitana, Vzabirensis* ou *Vnuzibirensis.*

IV
PROVINCES INCERTAINES.

Abensensis, Abissensis, Anguiensis, Aptacensis, Arenensis, Ausugrabensis, Banzarensis, Bartanensis, Beliniensis, Betagbaritana, Botrianensis, Buslacena, Camicetensis, Canianensis, Casae Bastalenses[2], *Casae Favenses, Celerinensis, a Cemeriniano, Cenensis, Cerbaltiana, Cibaliana*[3], *Cresimensis, Druensis,*

---

[1]. في فايبة Nous ferons remarquer, au moins à titre de rapprochement, que la saline située à l'est de Zerzis est appelée par les indigènes Sebkha de *Karkabia.*

[2] (Liste de 411.) Hardouin suppose que ce siège appartenait à la Numidie.

[3] *Djebeliana?* (Note de M. Tissot.)

Dusensis, Dusitana, Edistianensis, Enerensis, Erumminensis, Fissanensis ou *Fiscianensis, Guzabetensis, Honoriopolitana, Lamzellensis, Laritensis, Lucimagnensis, Lupercianensis* [1], *Merferebitana, Milidiensis, Mugiensis, Munacianensis, Murrensis* ou *Marrensis, Nasaitensis, Nigizubitana, Pauzerensis, Pittanensis, Prisianensis, Rabautensis, Salaniae Giatsitensis, Samurdatensis* [2], *Sebargensis, Selendetensis, Simingitensis* [3], *Sinnipsensis, Sitipensis, Stabatensis, Tibuzabetensis, Tisanianensis, Tugatianensis, Turensis, Turre Albensis, Vartanensis* [4], *Vatarbensis, Vensanensis, Verronensis, Vindensis, Visensis, Vtimarensis, Vtimmensis* ou *Vtinunensis* ou *Vtunnensis, Zertensis.*

LISTES DE LÉON LE SAGE [5].

Un document byzantin du ɪxᵉ siècle, la liste de Léon le Sage et de Photius, nomme quelques évêchés *in partibus infidelium* dont il est impossible de retrouver la position :

Tels sont, dans la Byzacène, Ἐπαρχία Βυζακίας·

Cantacilis (Καντακίλεως, — Καμψία Κίλεως, *Cod. Bodl.*),

Cascala (Κασκάλα),

Castella (Καστέλλαι),

Pezana (Πέζανα),

Mameda (Μάμιδα, Μάμηδα, *Cod. Bodl.*),

Cucula (Κουκούλης, Κολούλης, cf. supra, p. 629);

En Numidie, Ἐπαρχία Νουμιδίας·

Castabage (Κασ]αϐάγε, Κασ]αμάγαι, *Cod. Bodl.*),

Badus Melium (Βάδος Μηλέων, Βάδης Μηλέων, *Cod. Bodl.*),

Alcadis (Ἀλκάδους, Ληράδους, *Cod. Bodl.*),

Castrum Vetera (Κάσ]ρον Βέδερα),

Scela (Σκήλη),

Egerenisium (Ἠγηρηνίσιον, Ἠγηρινήσιον, *Cod. Bodl.*);

Dans la Tripolitaine, Ἐπαρχία Τριπόλεως·

Sebon (τὸ Σέϐων, Τοσίϐων, *Cod. Bodl.*),

---

[1] *Afas Lupeici?* (Note de M. Tissot.)

[2] [*Samudartensis* dans Boecking, III, p. 655 *, est une faute d'impression. — S. R.]

[3] *Simindja?* (Note de M. Tissot.)

[4] *Ouartân?* (Note de M. Tissot.)

[5] *Leonis Sapientis et Photii ordo Patriarcharum.* Ce document est daté de l'année 6391 (883). [*Hiéroclès*, éd. Parthey, p. 78. —S. R.]

Hyon per orientalem dioecesim (Ὑῶν, διὰ τῆς ἀνατολικῆς διοικήσεως).

[Les évêchés dont on connaît l'emplacement sont ceux-ci :

Καρταγένα, Καρτ. προκουνσουλαρέα (Carthage), Σούϐιϐα (Sbiba), Ἰούγκη (Ounga), Ταλέπτης (Thélepte), Μαδασούϐα (Madarsuma), Κάμψης ou Κάψης (Capsa), Ἀδραμύτης (Hadrumète).

[En Numidie, Καλάμα (Calama), Τελέσlη ou Τεϐέτη (Théveste?), Ἵππων (Hippone), Τίτισιν (Tigisi), Βάγης (Bagaï), Κωνσlαντίνη (Constantine), Σίτιϕνος (Sétif).

En Tripolitaine, Λεπlίς (Leptis).]

LISTES DE L'ANONYME DE RAVENNE.

L'Anonyme de Ravenne fournit également son contingent à cette trop longue liste des positions inconnues. Bien qu'il se borne presque toujours à reproduire, en les défigurant, les stations des routiers romains et tout particulièrement de la Table de Peutinger, il donne pourtant un certain nombre de noms dont la correspondance nous échappe.

Nous relevons dans le chapitre v du livre III :

Bamethi, localité nommée entre Capsalco (*Capsa*) et Abitan (*Avitta?*);

Calbenedi et *Abendone* (*Abeulone*), placées entre Agerthel (l'Agarsel voisine d'Hadrumète) et Thirusdron (Thysdrus);

Authus, citée entre Cabibus, l'Avibus voisine de Tacape, et Temizec, la Timezegeri Turris de la Table;

Murine, Senana, Cytofori, localités qui semblent appartenir à cette même partie de la Tripolitaine;

Ad Duodecimum, citée après Veresuos;

Leones, nommée après la précédente. Ces deux stations paraissent situées sur la route de Tacape à Thélepte;

Bathmetin ou *Bathinetim*, nommés après Maiores (Ad Majores) et avant Coreba;

Uthumas, placée entre Baldis (Vallis) et Unuca.

Nous trouvons au chapitre vi du même livre, parmi les villes de Numidie :

Lapisede, *Novale*, *Berrice*, indiquées toutes trois entre villa Serviliana et le Chulcul;

Cornon et *Baccaras*, placées entre le Chulcul et Melebo colonia (Milev);

Medranis, nommée après Gasibala (Gadiaufala);

Dabuas, station qui suit pago Gemellin, la Gemellae voisine de Capsa.

Au chapitre iv du livre V :

Monumentum Anibal, entre Zacca et Mazar, la Muzarur de la Table de Peutinger.

Au chapitre vi :

Palma, *Mata*, nommées avant Leptis magna. Nous devons faire remarquer, à propos du second de ces deux noms, qu'on le retrouve dans la nomenclature moderne; l'Oued Mata est un des cours d'eau de cette région;

Simadana, placée après Nivergi (Nivergi taberna);

Musol ou *Mulsol*, entre Onusol (la Chusol de la Table) et Ficum (l'Ad Ficum du même document);

Mugud, indiquée après Iscina, *locus Iudaeorum Augusti* de la Table de Peutinger. Il est possible, comme l'ont fait remarquer Parthey et Pinder, que le mot Mugud ne soit qu'un lambeau de la phrase explicative de la Table.

ADDITIONS ET CORRECTIONS.

TOME PREMIER.

Page 14. — L'opinion exprimée ici par M. Tissot, sur l'impossibilité de faire correspondre la Libye de Ptolémée à l'Afrique que nous connaissons, a été appuyée par M. Kiepert, *Hermès*, t. XX, p. 144, note 4. Nous croyons inutile de signaler un travail récent où la thèse contraire a été soutenue sans un argument sérieux.

Page 18, l. 19. — La carte de l'État-Major écrit « Djebel Msid el-Aïcha ».

Page 23. — Le *mons Jovis* est peut-être identique aux *Jovis arva* mentionnés dans l'inscription du Moissonneur découverte à Makter (t. II, p. 625). Cf. Schmidt, *Deutsche Literaturzeitung*, 1885, p. 1082. Cette identification prête pourtant à une objection présentée plus haut par M. Tissot, p. 769.

Page 31. — M. Masqueray a publié récemment une étude d'ensemble sur l'Aurès, *De Aurasio monte*, 1886, avec une carte. Il identifie la montagne décrite par Procope avec le Djebel Mehmel ou le Djebel Djaafa (p. 5-20).

Page 36. — La description du mont Burgaon semble se rapporter au Madjoura, massif isolé un peu au nord de Tébessa. (*Note communiquée par le service géographique du Ministère de la guerre.*)

Page 39, dernière ligne. — (Cf. t. I, p. 679.) M. Petschenig, dans son édition de Corippus (Berlin, 1886), lit également :

Immittit polluta viros mox Gallica tristes.

Une mention de la région *Gallica* se retrouve au livre VI, vers 486, de la *Johannide* :

Tristis et infaustos monstrabat Gallica campos.

Gallica regio haud longe a Tacape, remarque l'éditeur (p. 222). Cf. plus haut, t. II, p. 768.

Page 39, note 1. — M. Schmidt écrit (*Deutsche Literaturzeitung*, 1885, p. 1082) : « Die Inschrift lautet, wie ich von dem in der Bibliothek zu Bône aufgestellten Gypsabdruck constatiren konnte, wahrscheinlich PAPICA. Es ist vielleicht ein Grenzstein. »

Page 40. — Nous pensons que M. Tissot est dans l'erreur relativement à la position des *montana Navusi*. Le contexte de Corippus démontre qu'il faut chercher ces montagnes près de l'Aurès :

Aurasitana manus celsis descendit ab oris.

Page 43. — L'inscription citée est publiée plus correctement, *C. I. L.*, VIII, 5884. A la ligne 10, lire ITEMQVE DEDICAVIT. Cf. t. I, p. 680.

Page 49. — L'Oued Sedjenân coule bien réellement de la Garâat Sedjenân dans la Garâat el-Echkeul. La Garâat Sedjenân est alimentée par l'Oued Magrat, qui coule du sud au nord. Cet oued pourrait être considéré comme la source de l'Oued Sedjenân. Celui-ci, à la sortie de la Garâat, coule d'abord en plaine, puis traverse un massif montagneux par une coupure étroite, où il prend le nom d'Oued el-Kantara avant d'arriver au lac El-Echkeul. La carte au 200,000° est exacte sur ce point. (*Note communiquée par le service géographique du Ministère de la guerre*.)

Même page. — Sur la Garâat el-Echkeul, cf. Playfair, *Travels in the footsteps of Bruce*, p. 145.

Page 54. — Il y a quelque confusion entre les noms de ces ruisseaux. La carte de 1854 donne le nom d'Oued Mkhalfa à un cours d'eau voisin de l'Oued Mtoussa, et aussi à un affluent de l'Oued bou-Roughal, que la carte de 1876 appelle Oued Hamma. Cette dernière carte inscrit le nom *Mkhalfa* au sud du lac El-Tharf. L'Oued bou-Roughal s'appelle Oued Baghaï (Baraï) dans la carte de 1854.

Page 55. — M. Tissot a été complètement induit en erreur, et cette page est à supprimer tout entière. Il n'est pas fait mention du Pagida dans les Actes de Jacques et de Marien. Le Dr Guyon, dans son *Voyage d'Alger au Ziban* (p. 116), donne un récit du martyre qu'il prétend traduire de Ruinart, et le complète, d'ailleurs, par une citation de Carette, tirée d'un article de ce dernier dans le journal *l'Algérie* du 5 décembre 1844 (n° 65). Carette paraît, à son tour, s'être renseigné dans un livre de l'abbé Godescard, *Vie des Pères, des Martyrs et des principaux saints*, Paris, 1826. Celui-ci, en paraphrasant le texte de Ruinart, a ajouté, par simple conjecture, le nom de la rivière : « On choisit, pour le lieu de l'exécution, une vallée à travers laquelle coulait le Pagyde. » Guyon s'est approprié ces renseignements sans prendre la peine d'aller aux sources, et l'assurance avec laquelle il s'exprime a trompé M. Tissot. — Voir, sur le martyre de Jacques et de Marien, Aubé, *L'Église et l'État dans la seconde moitié du IIIe siècle*, 1885, p. 403-406, et pour l'inscription de Constantine, *C. I. L.*, VIII, 7924; Carette, dans le premier volume des *Mémoires des Savants étrangers*, 1843, p. 214; Carette, Hase et Quatremère, *Annales de philosophie chrétienne*, t. XXVII, p. 326. Je ne sais à qui revient l'hypothèse de l'identification du Pagida avec la rivière mentionnée dans les *Actes des martyrs*. L'erreur de M. Tissot m'a été signalée par M. Mommsen.

Page 59, note. — *Au lieu de* : نهر جری, *lire* : نصر جری. (Note de M. Duveyrier.)

Page 67. — J'ai pu me servir d'un croquis du champ de bataille de Muthul dessiné par M. Tissot, mais je m'en suis tenu naturellement, pour l'orographie, aux données de la carte de l'État-Major, qui sont loin de présenter les caractères de netteté que leur attribue le texte. Le Djebel Hemeur-mta-Ouargha paraît plutôt perpendiculaire que parallèle à l'Oued Mellègue. Mais M. Tissot connaissait le pays, et toute sa restitution de la campagne de Metellus offre par suite un très grand intérêt.

Page 83. — La Sebkha de Sidi-el-Hani ne reçoit ni l'Oued Merg-el-Lil ni l'Oued Fekka.

Page 83. — L'Oued Mta-el-Oumouissa, indiqué par la carte de 1857, a disparu de nos cartes récentes.

Page 86. — Il est inexact, d'après les cartes récentes, que l'Oued el-Hatab reçoive le nom d'*Oued ed-Derb* à la hauteur de Kasrin; l'Oued ed-Derb est un affluent de l'Oued el-Hatab (Fouçana). D'après les mêmes cartes, l'Oued Zeroud, dernière partie du cours de l'Oued Fekka, va se perdre dans les sables près de Kaïrouân sans aboutir à la Sebkha de Sidi-el-Hani, avec laquelle il peut cependant communiquer au moment des grandes pluies.

Page 87. — Sur l'Igharghar, cf. Duveyrier, *Les Touâreg du Nord*, p. 22 et suiv.

Page 88. — Cf. Duveyrier, *Les Touâreg du Nord*, p. 469 et suiv.

Page 88, note 1. — Ragot, *Le Sahara de la province de Constantine; Recueil des notices*, 1873-1874, p. 91; 1875, p. 141.

Page 100. — Nous ne croyons pas devoir réfuter ici à nouveau certaine théorie récente qui prétend retrouver le Triton au centre de la Tunisie et identifie le fleuve Triton à l'Oued Bagla. Cette opinion a été soutenue un grand nombre de fois par le même auteur, qui connaît mieux que M. Tissot, grâce aux dernières cartes de l'État-Major, le bassin central de la Tunisie, mais qui accumule les contresens dans l'interprétation des textes grecs et latins. Nous nous contentons de renvoyer à la *Revue critique* du 19 janvier 1885 (p. 55-58), où nous pensons avoir fait justice de ces erreurs trop facilement accueillies.

Carte à la page 100. — On a donné trop d'importance au relief qui sépare le Chott Djerid du Chott Gharsa. Les hauteurs situées entre ces deux dépressions sont des collines de 50 à 60 mètres, avec un maximum de 170 mètres entre Tôzer et Nefta. Sur la carte, elles semblent continuer avec la même importance la chaîne des montagnes de Cherb, qui s'élève à plus de 500 mètres. (*Note communiquée par le service géographique du Ministère de la guerre.*)

Page 112. — Il est dit que le Chott Gharsa ne reçoit que deux cours d'eau descendus de la chaîne atlantique méridionale, l'Oued Saldja et l'Oued Tarfaouï. Le premier de ces deux cours d'eau est sans doute l'Oued Tamerza, qui se jette dans le lac sous le nom d'Oued Allenda; il n'est pas connu sous le nom d'Oued Saldja. (*Service géographique.*)

Page 116, ligne 3. — Au lieu de *Basma*, la carte de l'État-Major porte *Bazina*. — La petite oasis de Sabria était habitée en 1885, au moment du passage de la brigade topographique. La source fournissait de l'eau pour la culture de deux grands jardins. (*Note du service géographique.*)

Une communication du même département conteste l'existence des *îles des palmiers de Pharaon* (p. 113, 116, 141). Nous ne pouvons que citer à l'appui du texte cette phrase de M. Tissot, dans une lettre du 14 mars 1857 : « J'ai traversé et longé mon lac, *j'ai visité l'île des palmiers de Pharaon.* »

Page 118, ligne 16. — Lire *est-nord-est*.

Pages 136-137. — Nous nous **refusons**, pour notre part, à reconnaître le Chott el-Djerid dans cette description de Scylax. Il nous semble que le lac en question est celui de Bibân ou le golfe très peu profond situé entre l'île de Djerba et la côte. Le fait que Meninx a été mentionnée plus haut ne prouve rien; s'il y a de nombreuses dittographies dans la carte de Tunisie publiée par l'État-Major français en 1857, il semble assez naturel d'en admettre de semblables dans le *Périple* de Scylax. D'ailleurs, le texte du *Périple* est tellement altéré dans ce passage qu'on ne peut en tirer aucune conclusion précise.

Page 139. — L'existence de l'Oued Kabès, celle du Chott un peu plus loin vers l'ouest, la longueur du cours souterrain des fleuves, en voilà plus qu'il ne faut pour expliquer le texte de Ptolémée, auquel on a eu tort d'attacher trop d'importance, vu l'ignorance dont Ptolémée fait preuve au sujet de la géographie de l'Afrique, en particulier de l'hydrographie.

Page 146, ligne 4. — Lire : *la partie inférieure de la Sebkha.*

Carte à la page 164. — Le croquis n'indique pas la montagne qui forme l'extrémité nord-est du cap Bon. Cette montagne escarpée, haute de 400 mètres, est fort importante ; à l'extrémité, sur un rocher formant ressaut, se trouve le phare qui indique aux navires ce dangereux récif. (*Note du service géographique.*)

Page 178. — L'hypothèse de M. Tissot, que le golfe d'Hammamet aurait été en partie comblé postérieurement à l'époque romaine, ne nous paraît pas soutenable.

Page 187, 3ᵉ alinéa. — Ces renseignements sur les hameaux des îles Kerkenna sont dus, sans doute, à M. Mattei de Sfax, un des correspondants de M. Tissot. La carte de l'État-Major donne des noms tout différents.

Page 190. — L'opuscule de Brulard, *L'île de Djerba*, Besançon, 1885, est sans importance pour la géographie comparée. L'île de Djerba a été visitée plusieurs fois depuis que M. Tissot l'a décrite et des fouilles assez importantes ont été faites à El-Kantara, à Kallala et sur d'autres points ; mais on n'a trouvé qu'un très petit nombre d'inscriptions et l'on n'a déterminé l'emplacement d'aucune ville nouvelle. Voir *Bulletin épigraphique*, 1881, p. 15; *Comptes rendus de l'Académie des inscriptions*, 1882, p. 180 et 185; 1884, p. 79; *Archives des Missions*, 1882, p. 355; *Bulletin du Comité*, 1885, p. 119; 1886, p. 77; S. Reinach, *The Nation* (New York), 13 mars 1884, n° 976. Parmi les monuments archéologiques, un grand baptistère en marbre et plusieurs statues en grès rougeâtre ont été transportés à la Goulette; une curieuse mosaïque, représentant des chevaux dont les noms sont indiqués (*Ephemeris*, V, n° 1318), est restée entre les mains de ceux qui l'ont découverte. On trouvera de curieux détails sur l'île de Djerba au moyen âge, dans le livre de M. de Mas-Latrie, *Relations et commerce de l'Afrique septentrionale avec les nations chrétiennes*, 1886. Le dialecte de Djerba a été étudié par M. Basset dans ses *Notes de lexicographie berbère*, 1883.

Page 198. — Il n'est pas exact que les débris d'architecture et de sculpture épars sur le sol à El-Kantara appartiennent à la meilleure époque de l'art romain. Nous ne les croyons guère antérieurs au IIIe siècle, et plusieurs monuments d'El-Kantara, entre autres une église, appartiennent à l'époque chrétienne.

Page 203, note 1. — La carte de 1885 place l'île *Knaïs* à l'endroit où celle de 1857 inscrit l'îlot de Sghrira; elle ne mentionne aucune île là où la carte de Falbe figure celle de Bezila. Il est probable que les compilateurs de la carte de 1857 ont emprunté ce renseignement aux vieilles cartes italiennes et que Bezila est simplement une des Keneïs déplacée.

Page 206. — La limite actuelle de la régence de Tunis et de la Tripolitaine est la dépression, généralement sans eau, appelée Mocta; sur la côte, le point frontière est le *Ras Adjir*, à 25 kilomètres vers l'est de Bordj el-Bibân.

Page 221, ligne 9 avant la fin. — Lire *trois puits* au lieu de *trois points*.

Page 259. — M. Cagnat maintient, contre M. Tissot, son opinion que le *marbre numidique* serait identique au marbre de Chemtou (*Bulletin épigraphique*, 1886, p. 21). « M. Tissot n'a vu la carrière de Chemtou qu'abandonnée et n'a pu, par conséquent, juger de la couleur véritable du marbre qu'elle recèle, les blocs restés à la surface de la terre ou employés dans les constructions étant couverts d'une couche qui en altère l'éclat. Mais depuis lors, la carrière a été de nouveau mise en exploitation et l'on peut parfaitement se rendre compte de la nature du marbre qu'on en extrait. Le marbre de Chemtou est jaune et rouge; ces deux teintes sont plus ou moins foncées selon les veines; en général, le jaune qui tire un peu sur la couleur dite *café au lait* domine, mais ailleurs c'est le rouge qui l'emporte, et le vers de Stace (*Silv.*, I, 36) comme la phrase d'Isidore de Séville (*Etym.*, XVI, 6) rapportés par M. Tissot s'appliquent parfaitement au marbre de Chemtou. »

Pages 262-263. — Les inscriptions de Chemtou sont aujourd'hui publiées plus correctement dans l'*Ephemeris*, V, p. 328-330. D'autres, encore inédites, ont été copiées en 1886 par M. Cagnat. Un plan de Chemtou a été dressé par M. Saladin en 1887.

Page 263, note 1. — Un texte différent de cette inscription a été publié par M. Cagnat, *Explorations*, II, p. 112, et Schmidt, *Ephemeris*, t. V, n° 488.

Page 290. — Dans son *Rapport* de 1886 (p. 126, fig. 218, 219), M. Saladin a donné un très intéressant essai de restitution d'un moulin à huile, fondé sur le relevé de quatre bâtis de pressoirs intacts à Henchir el-Battal, près de Feriana. Cf. *l'Ami des Monuments*, 1887, t. I, pl. XX et XXI.

Page 316, ligne 4 avant la fin. — Lire *baies de myrte*.

Page 352. — Dans la citation de Corippus (*Johannide*, V, 430 et suiv., éd. Petschenig), *calathus* est une conjecture de Mazzucchelli; le manuscrit de Milan porte *lotus*, et le dernier éditeur a probablement raison de corriger *lectusque lapisque*.

Page 360, planche I. — D'après le témoignage de personnes qui ont vu la mosaïque des bains de Pompeianus encore intacte, il faut malheureusement faire des réserves sur l'exactitude de la reproduction en couleurs qui en a été publiée, et dont M. Tissot a reproduit plusieurs fragments.

Page 361. — On a découvert à El-Kantara (Meninx, dans l'île de Djerba) une mosaïque dont le principal médaillon représente quatre chevaux la tête surchargée de panaches. Au-dessus de chacun d'eux on lit un nom dessiné en mosaïque noire :

CERVLEVS LVXVRIOSVS
ISPICATVS BOTROCALEVS

Cf. *Bulletin du Comité*, 1885, p. 122; *Ephemeris*, V, n° 1318. Dans le *Bulletin de la Société historique et archéologique du Périgord* (1882), M. Galy a décrit un contorniate inédit dont le droit porte un quadrige avec cocher et l'incription BOTROCALE. Sur le revers est inscrit ASTVRI NICA. Il n'est donc pas douteux que BOTROCALEVS ne soit un nom de cheval. — Une autre mosaïque ornée de chevaux dont les noms sont inscrits a récemment été découverte à Sousse.

Page 391. — MM. J. et Th. Baunack ont proposé, pour le nom de l'Afrique, une étymologie aussi simple que séduisante (*Studien auf dem Gebiete des Griechischen*, I, 1, Leipzig, 1886, p. 66). Ils rapprochent ce mot du nom de la déesse phénicienne par excellence, que les Grecs appelaient Ἀφροδίτη et les Carthaginois *Astarté*. Aphrodite s'appelait Ἀφρία en Thessalie (*Hermès*, XX, 630). Les Ἀφρικοί ou Ἀφροι étaient, pour les Grecs, les fidèles d'Aphrodite, Ἀφροδιτόφιλοι, Φιλαφροδίσιοι. Plusieurs villes africaines doivent leur nom à Aphrodite, et Pindare (*Pyth.*, v, 24) appelle Cyrène γλυκὺς κᾶπος Ἀφροδίτας. Ἀφρική fut d'abord, comme le dit Suidas, le nom de Carthage seule, et s'étendit ensuite à tout le pays.

Page 409. — Nous n'admettons pas, avec M. Tissot, que l'on retrouve les monuments mégalithiques « à peu près partout ». Cela ne peut se soutenir qu'en prenant le mot de *mégalithe* dans son sens le plus vague. On ne connaît de dolmens véritables ni en Polynésie ni dans le nouveau monde. Cf. notre *Catalogue du musée de Saint-Germain*, notice de la salle II.

Page 458. — L'inscription a été publiée par M. Cagnat, *Explorations*, II, p. 150, et dans l'*Ephemeris*, t. V, n° 639. Cf. t. II, p. 583. Le fragment cité dans la note 1 est donné plus correctement par M. Cagnat, *Explorations*, II, p. 148, et par M. Schmidt, *Ephemeris*, t. V, n° 641 :

magnis et invictis DDDDNNNN DIOCL*etiano et*

Maximiano *perpetuis* augg. *et*

Constantio *et* Maximiano *nobb.* Caess.

............C LEG CVA SOLO Construxit

per lEG NVMID*icam*?

Les restitutions sont de M. Mommsen. On voit qu'il ne s'agit pas, comme l'a cru M. Tissot, d'un monument dédié par un chef numide.

Page 459. — Autres inscriptions relatives aux Bavares, *C. I. L.*, t. VIII, 2615, 9047, 9324; *Ephemeris*, V, 1062; *Bulletin des antiquités africaines*, 1882-1883, p. 270. Cf. l'index du *C. I. L.*, VIII, p. 1081.

Page 463. — Sur une *gens Bacchuiana*, voir t. II, p. 599.

Page 468. — Le dernier éditeur de Corippus, M. Petschenig, adopte les lectures suivantes : *Ilaguas, Laguatan, Ilaguatan, Mazaces, Mecales, Naffur, Macares, Silcadenit, Silvacae, Silvaisan*. M. Petschenig remarque avec raison que Leucada (III, 294) n'est pas le nom d'un peuple, mais cette localité n'est certainement pas, comme il le suppose, identique au *Promontorium Candidum*.

Pages 469-470. — Lectures de M. Petschenig : *Muctaniani, Anacutasur, Celiani, Imaclas, Mecales, Astrices, Gadabitani, Arzugites, Austures, Caunes, Silzactae, Frexes, Urceliani, Ifuraces*.

Page 479. — Pour la longévité des habitants de l'Afrique romaine, voir, dans les *Tables générales des vingt premiers volumes de la Société archéologique de Constantine*, la liste des localités qui ont fourni des épitaphes de centenaires, p. 247-250.

Page 480, fig. 48. — Cette figure et les inscriptions qui l'accompagnent ont été découvertes et copiées par M. H. Duveyrier en 1860.

Page 487. — Sur le dieu Bacax et la grotte de Djebel Taïa, voir Monceaux, *Revue archéologique*, 1886, II, p. 64-76.

Page 488. — M. Mommsen avait rangé parmi les inscriptions apocryphes le texte suivant, découvert à Thubursicum Numidarum par M. Chabassière (*Recueil de Constantine*, 1866, p. 129; *C. I. L.*, VIII, 7*) :

REGi *nostro* HIEMPs*ali*
GAVDAE REG*is fi*LIO *colo-*
ni et INCOLAE THV*bursicum ae*
DIFIC*avere* GLOR*iae* OPT*imi*
regum IVLIVS PROCV*lus*
▨▨▨▨▨▨▨▨▨▨HONor*avit*

« Hiempsali regi Ciceronis aequali in sui regni oppido titulus latine scriptus dedicari non potuit. »

Dans les *Additamenta* de l'*Ephemeris* (V, p. 651), M. Mommsen est revenu sur son opinion. Il croit l'inscription authentique, bien que peut-être interpolée. « Nam Hiempsalem regem quamquam aequales sic latine honorare non potuerunt, jam crediderim huc pertinere quod legitur apud Cyprianum (quod idola dii non sint, c. 11) : *Mauri manifeste reges suos colunt nec ullo velamento hoc nomen obtexunt*, et Tertullianum (apolog. 24) : *Mauretaniae (dii sunt) reguli sui*, auctores Africanos ambos. Denique qui Tupusuctu inventus est titulus *C. I. L.*, n° 8834 : *Iemsali L. Percenius L. f. Stel. Rogatus v.* [*s. l. a.*], nequaquam ad deum cognominem spectat, sed ad ipsum regem pro numine cultum, potestque oppidum illud ea aetate regni Hiempsalis pars fuisse. »

Page 488, dernière ligne. — La dédicace au génie d'Uzappa a été publiée depuis, *Ephemeris*, t. V, n° 286.

Page 495, planche II. — Nous croyons que M. Tissot s'est trompé en reconnaissant des divinités numides dans les Néréides de la mosaïque de l'Oued Atmenia.

Même page, dernière ligne, et page 496, ligne 5. — Il y a là un grave *lapsus*, mais que M. Tissot n'a pas été le premier à commettre. Les mosaïques de l'Oued Atmenia ont été décrites, pour la première fois, par M. Poulle, *Annuaire de Constantine*, 1878, p. 431-454. On lit à la page 448 : « Diaz, un enfant de l'Ibérie, qui, comme Liber, et à la mode espagnole, a rejeté son manteau, espèce de *sagum*, sur l'épaule gauche. » Il est évident que le nom espagnol Diaz ne peut pas se lire sur une mosaïque romaine. Ce nom est d'ailleurs fort embarrassant, et il est bien probable qu'il a été mal transcrit. M. Mommsen (*C. I. L.*, VIII, p. 968, n° 10891) n'a pu retenir l'expression de sa méfiance à l'égard des belles planches en couleurs publiées en 1879, à Constantine, sous le titre : *Les bains de Pompeianus* : « Equidem vereor ne, ut tres litteras in extremo vocabulo a delineatore suppletas esse editor ait, ita alibi quoque corruptelae adsint; certe praeter ea, de quibus modo diximus (les noms *Danus* et *Vernacel*), DIAZ vix ita aetate antiqua scribi potuit. »

Pages 499 et 502, notes. — Lire *Weissgerber*.

Page 500, note 2. — Le monument de Tiaret a été visité et décrit par M. de la Blanchère, *Archives des Missions*, 1883, t. X, p. 41-42. « A quelques kilomètres de Tiaret, sur la route de Mascara, au-dessus du village de Guerloufa où passe celle de Relizane..., un repli de l'escarpement laisse une pente entre lui et la route, et l'on voit une pierre énorme, évidemment tombée du sommet et retenue par d'autres rochers. Elle a 4 mètres dans sa plus grande épaisseur et $1^m,70$ dans la moindre; sa face supérieure a 10 mètres de long et 6 au moins dans sa plus grande largeur (pl. VII, fig. 4, n° 6). Lorsque l'on grimpe sur cette roche parfaitement irrégulière, mais présentant une plate-forme telle qu'elle est inclinée à 30 degrés, on y remarque trois bassins formant en quelque sorte cascade, inégaux de taille et de profondeur, dans lesquels il est facile de voir qu'ont coulé des masses de liquide. A droite sont deux petits trous ronds; à gauche, deux petits trous carrés, larges tous de 10 à 15 centimètres. Il n'est pas douteux qu'on n'ait là un autel primitif, une table à sacrifices. Dans le bassin supérieur est gravé le signe que j'ai représenté en A. J'ignore si ce pouvait être des lettres; un des rochers situé sous la pierre est couvert de traits analogues, mais disposés en une seule figure, et qui ne sont pas une inscription... Je pense que ce sont tout bonnement des entailles au couteau, faites dans la roche tendre par de pieux visiteurs... Quoi qu'il en soit, le Hadjeret-Gaïd était un lieu magnifiquement choisi pour une religion sanglante. » Ainsi le monument en question n'est pas un dolmen; mais nous n'admettons pas du tout que ce soit une table d'autel. C'est l'analogue des *pierres à écuelles* qui ont été souvent signalées en Europe et qui sont devenues, un peu partout, l'objet de pratiques superstitieuses. Rien ne prouve que les sacrifices sanglants aient figuré au nombre de ces pratiques.

Page 501. — Sur les dolmens d'Ellès, voir t. II, p. 627. Les monuments mégalithiques de l'Afrique du Nord ont donné lieu à une littérature considérable, mais de valeur très inégale, dont on trouvera l'indication dans les *Matériaux pour servir à l'histoire de l'homme*, t. XVI, 1881, p. 204-208. Les dolmens sérieusement explorés sont encore peu nombreux. Cf. surtout Bourguignat, *Souvenirs d'une exploration scientifique dans le nord de l'Afrique*, Paris, 1868-1870; Pélagaud, *La préhistoire en Algérie*, Lyon, 1882; Weissgerber, *Revue archéologique*, juillet 1881; H. Martin, *Monuments mégalithiques de l'Algérie*, dans l'*Annuaire de l'Association française pour l'avancement des sciences*, 1881, p. 733; cf. *ibid.*, p. 1136, 1150, sur les dolmens de Roknia; Mercier, *Bulletin du Comité des travaux historiques*, 1885, p. 550; Girard de Rialle, *Bulletin des antiquités africaines*, 1884, p. 260; Reboud et Jullien, *Bulletin de l'Académie d'Hippone*, n° 18, 1883. Les livres et articles publiés à ce sujet, depuis 1881, ont été signalés et analysés au fur et à mesure dans les *Matériaux pour servir à l'histoire de l'homme*. Le même recueil a publié un travail d'ensemble de M. le Dr Collignon, *Les âges de la pierre en Tunisie* (t. XXI, 1887, p. 171-204). L'auteur s'occupe surtout des environs de Gafsa (p. 172 et carte, pl. V), où il croit avoir constaté la superposition des types du Moustier à ceux de Chelles. La planche VI est une carte préhistorique de la Tunisie, avec indication des dolmens et des gisements de silex taillés. L'époque néolithique est surtout représentée, en Tunisie, par des pointes de flèches et des instruments particuliers en forme de croissants; les haches polies sont extrêmement rares. Il est remarquable que les échantillons de l'âge de la pierre manquent complètement dans le nord de la Tunisie et sur le littoral au-dessus de Sfaks. — M. le Dr Hamy, qui vient d'explorer (1887) les dolmens de l'Enfida, est en mesure de prouver qu'ils sont antérieurs à l'époque romaine et l'œuvre des populations libyco-berbères.

Page 503. — Les pyramides signalées dans les environs de Kabès paraissent être analogues à celles que M. de la Blanchère a étudiées dans la Maurétanie Césarienne sous le nom de *Djedar* (*Archives des Missions*, 1883, t. X, p. 80 et suiv.). Il y reconnaît des imitations du Tombeau de la Chrétienne et les rapporte, avec raison, à une époque assez basse (v° ou vi° siècle de notre ère).

Page 508. — Sur le Madrasen, voir encore Playfair, *Travels in the footsteps of Bruce*, pl. V; La Blanchère, *De rege Juba*, 1883, p. 64-70; Mac-Carthy, *Magasin pittoresque*, 1871, p. 291, 372, 399. M. Sayce a récemment découvert un graffite néo-punique sur le mur extérieur de ce monument (*The Academy*, 16 avril 1887, p. 279).

Page 510. — A cette classe de tombes taillées dans le roc se rattachent les *Souama* de Mecherasfa, à une trentaine de kilomètres de Tiaret, vers le sud-ouest, sur les bords de l'Oued Mina (La Blanchère, *Archives des Missions*, 1883, t. X, p. 111-115). « Ces constructions sont formées de deux murs et d'un toit. Le fond de la chambre ainsi obtenue est la paroi même du rocher, taillée verticalement par la nature... Presque sans aucune exception, le monument est en demi-sous-sol, une partie des murs latéraux étant formée par la roche même et l'emplacement de la pièce creusé pour supprimer la pente et obtenir un plan horizontal. A peu près toutes les constructions sont dépourvues de façades et semblent n'en avoir jamais eu. Leurs dimensions n'excèdent guère 5 ou 6 mètres... L'aspect général est celui de grottes artificielles... Plan et appareil sont empruntés à la nature : le plan est celui d'une grotte, l'appareil est la reproduction des lits de grès dans la carrière... Les monuments de Mecherasfa sont tous des tombeaux. J'y vois une vaste nécropole, et, qui plus est, la moins ancienne. La vraie nécropole berbère, c'est le champ de dolmens au delà du fleuve. On sait que ce mode de sépulture, le dolmen sous tumulus, fut conservé, à l'époque romaine, par le peuple, et subsiste encore, à peine altéré, chez plusieurs populations libyques. Mais il vint un temps où un autre s'y substitua ici, au moins en partie, et nous en avons les monuments aux Souama de Mecherasfa. » — M. de la Blanchère a publié le plan, la façade et la coupe longitudinale d'un de ces monuments : deux pierres de la façade sont ornées de symboles chrétiens en relief, une lampe, une colombe, un poisson. Il en conclut que les Souama de Mecherasfa sont un cimetière chrétien, tout en reconnaissant que le monument cité par lui est le seul dont la façade soit en pierres de taille, le seul qui porte des emblèmes. M. de la Blanchère m'écrit (septembre 1887) que, depuis son exploration, on a trouvé dans la nécropole de Mecherasfa une demi-douzaine d'inscriptions funéraires qui sont toutes chrétiennes.

Le commandant Lachouque a remarqué de nombreux tombeaux (*haouanet*) à Sidi-Abdallah-ben-Saïdan, entre Badja (Béja) et Mater, non loin de ruines romaines où l'on voit une tour et une église byzantine. Il y a aussi des tombeaux semblables près d'Aïn-Titouna, à mi-chemin d'Aïn-Draham et de Badja.

Page 512, ligne 2. — Les tombes creusées dans le roc à Mehdia sont probablement phéniciennes. Cf. t. II, p. 176.

Page 513. — La remarquable étude de M. de la Blanchère sur les *Djedar* se trouve dans les *Archives des Missions*, 1883, t. X, p. 77-99 (avec planches). « Une *area* et son enceinte, où s'élève un monument composé d'une pyramide sur un soubassement carré; dans l'intérieur du soubassement, un système de galeries et de pièces dont la porte est ménagée au bas de la face est de la pyramide; devant cette porte et y donnant accès par le moyen d'un pont volant, une avancée avec son escalier : tel est le type des Djedar... » (p. 80). — « Loin d'être, comme on l'avait cru, les ancêtres du Tombeau de la Chrétienne, les Djedar n'en sont que des copies, copies lointaines et médiocres. Les premiers voyageurs les prirent pour des sépultures numides, antérieures même aux Romains : ils se trompaient de bien des siècles. Ce sont des œuvres de décadence » (p. 82). Les emblèmes chrétiens qu'on y a relevés ne laissent pas de doute sur l'exactitude de cette conclusion. — M. de la Blanchère me fait savoir, du reste, que la construction des Djedar était moins régulière qu'il ne l'avait pensé d'abord. Le système d'entrée en particulier devait être variable (cf. *loc. laud.*, p. 80, note 1). Aux types indiqués dans cette note, il faut probablement en ajouter un de plus, celui dans lequel n'existerait aucun vide; sur la sépulture faite et fermée, on aurait ensuite élevé le monument.

Page 514. — Nous croyons tout à fait erronée l'assimilation des bas-reliefs rupestres africains aux gravures sur bois de renne de l'époque néolithique. Les bas-reliefs rupestres sont d'une époque beaucoup plus basse; aucun ne reproduit des espèces animales disparues. — Voir, sur les sculptures rupestres, le travail de M. Hamy dans la *Revue d'ethnographie* de 1882, p. 129-137.

Page 515, 6ᵉ ligne avant la fin. — D'après une note de M. de la Blanchère (*Arch. des Mis.*, 1883, p. 88), les signes ressemblant au *svastika* sont encore très usités chez les Berbères de l'Algérie; ils seraient parmi les plus fréquents dans les tatouages des gens de l'Aurès. On les trouve aussi sur les monuments chrétiens de l'Afrique romaine.

Page 547. — Aïn-Teniet-es-Sif est indiqué sur la carte de l'état-major; celle qui est annexée au rapport de M. Tissot sur l'exploration de M. Poinssot (*Archives des Missions*, 1883, t. X) marque les emplacements de Melez-el-Djidian et de Foum-el-Kofel. Mais je ne sais ce que M. Tissot entendait par l'Oued Merhotta, et je dois faire observer, en outre, qu'Aïn-Teniet-es-Sif se trouve en deçà et non au delà de l'Oued Nebhan. L'identification à laquelle M. Tissot s'est arrêté ne paraît pas suffisamment justifiée par l'aspect des lieux.

Page 554. — Des ruines assez importantes viennent d'être signalées par M. le capitaine Bordier à *Henchir Lekal* (13 kilomètres vers le nord-est de Zaghouân).

Page 563. — L'emplacement présumé de Néphéris n'a pas été visité par des archéologues, mais, suivant un officier qui a commandé le poste d'Hammam-el-Enf, il n'y aurait là que des ruines insignifiantes et de basse époque.

Page 565. — Nous nous efforçons de compléter ce chapitre en marquant brièvement les résultats obtenus depuis 1884 dans l'étude de la topographie de Carthage. Les plus importants sont l'identification des ruines sur le bord de la mer à des thermes et le déblayement de la basilique de Damous-Karita. Une bonne carte à grande échelle de Byrsa et de ses environs, levée par M. le lieutenant Dubois, a été publiée dans le 3ᵉ fascicule du *Corpus inscriptionum semiticarum*.

Page 577. — Les critiques qui se sont occupés du premier volume de la *Géographie de la province romaine d'Afrique* ont regretté, à juste titre, que M. Tissot ait accordé tant de confiance aux relevés et aux observations de Daux. On ne saurait trop, à notre avis, se tenir en garde contre les informations, malheureusement difficiles à contrôler, qui nous viennent de cet ingénieur habile, mais à coup sûr trop imaginatif. Les papiers de Daux, entre autres ses plans de Carthage, d'Utique, de Thapsus et d'Hadrumète, ont été vendus à Londres le 1ᵉʳ juin 1886, dans des enchères où a figuré également la collection d'antiquités africaines appartenant à M. d'Hérisson. Il a été publié, à cette occasion, un catalogue très sommaire et rempli d'erreurs. (Voir le *Bulletin épigraphique*, 1886, p. 255.) Nous ne savons à qui les papiers de Daux appartiennent actuellement.

Page 585. — M. Tissot nous avait chargés, M. Babelon et moi, d'entreprendre des fouilles sur cette colline, qui porte le nom de Koudiat el-Hobsia. Des circonstances indépendantes de notre volonté nous ont empêchés d'y donner même un coup de pioche. Le terrain est *habous de famille*, et les usufruitiers, fils de Mustapha l'Aga, ne voulaient nous permettre de l'explorer qu'à la condition de remettre le monticule en état. Or il est de toute impossibilité de *remettre en état* une sorte de *tumulus* aux pentes rapides. L'intervention du gouvernement beylical aurait aplani la difficulté à l'époque de Daux : elle ne put s'exercer en 1884. Cf. *Bulletin du Comité*, 1886, p. 6.

Page 590. — Une première description de ce caveau a été publiée, avec un plan de M. Caillat, par S. E. le cardinal Lavigerie, *De l'utilité d'une mission archéologique permanente à Carthage*, Alger, 1881, p. 25-28 et pl. IV. Depuis, le P. Delattre a donné, dans le *Bulletin des antiquités africaines* (1885, p. 241-246), une description détaillée du même monument, accompagnée de trois planches (XXIV-XXVI), où sont figurés les principaux objets découverts. Voici quelques renseignements empruntés à cet article. Le tombeau, haut de $4^m,40$ sur $3^m,20$ de largeur et $3^m,70$ de longueur, est construit en grandes pierres de tuf disposées par assises horizontales, sans ciment ni mortier. Il se compose d'une chambre rectangulaire surmontée d'un toit à double pente, longue de $2^m,68$, large de $1^m,58$, haute de $1^m,80$. Une ouverture, large de 60 centimètres, ménagée à droite dans la façade et fermée par une grande pierre épaisse de 25 centimètres, était l'entrée du caveau funéraire. De grands blocs de tuf, longs de $3^m,20$ et $3^m,30$, équarris sur trois côtés et juxtaposés l'un à l'autre, formaient le plafond de la chambre et portaient le toit, composé de deux rangées de blocs longs de $1^m,50$ environ. Sous ce faîte a été trouvé un collier (pl. XXV) composé de cinquante et une petites perles et sept amulettes en pâte blanche ou verdâtre imitant la faïence égyptienne. On y voit l'œil mystique, *oudja*, l'uraeus et de petites figurines de Bès. Ces objets peuvent être rapprochés d'un masque égyptien en terre cuite, découvert par le P. Delattre à $8^m,50$ de profondeur sur la colline dite de Junon Caelestis et dont nous avons publié une héliogravure (*Bulletin du Comité*, 1886, pl. I, et p. 28; cf. Delattre, *Objets archéologiques exposés à Amsterdam*, Tunis, 1883, p. 19, n° 2522).

Le collier fut la seule pièce trouvée sous le toit à double pente qui formait le fronton du monument funéraire. Au-dessous était la chambre sépulcrale, qui contenait deux squelettes reposant au milieu de poteries, lampes et vases. Au fond du caveau, dans deux niches profondes de 30 centimètres, il y en avait de différentes formes et grandeurs, encore debout à leur place primitive. Les vases, au nombre de vingt et un, en terre cuite rougeâtre et sans couverte, sont de formes communes; il faut y ajouter quatre soucoupes et neuf lampes en forme de coquilles, avec le bord replié au-dedans en trois endroits, type incontestablement phénicien que l'on retrouve dans les nécropoles phéniciennes de Chypre.

Les squelettes reposaient chacun sur deux grandes dalles, qui fermaient elles-mêmes un sarcophage. Dans la poussière qui les entourait on a trouvé de petits objets de cuivre et des morceaux de bois ayant fait partie de cercueils. Le sarcophage inférieur était double, chaque compartiment contenant un squelette. Une des auges ne donna aucun objet, la seconde renfermait, à côté du squelette, une lampe punique, une poterie, une petite boule en or et une hachette de cuivre, longue de 10 centimètres et munie d'une soie. A la hauteur des reins on recueillit huit petits objets de cuivre composés d'un anneau et d'une double lame qui paraissent avoir fait partie d'un ceinturon. A côté étaient deux armes en fer, un poignard avec un fourreau de bois et une sorte de javelot terminé par une antenne. Le poignard mesure 40 centimètres de longueur, la seconde arme 42 centimètres.

«Cette découverte d'un tombeau punique sur Byrsa, dit le P. Delattre, doit être rapprochée d'autres sépultures du même genre trouvées sur la colline voisine et de la série de puits funéraires et de caveaux souterrains creusés dans le roc, que M. J. Vernaz a découverts récemment dans le quartier de Dermèche (près des citernes de Bordj Djedid). Ces divers tombeaux doivent appartenir à la même époque. Les lampes funéraires qu'on y trouve ont la même forme; les vases sont de même terre et de même fabrication. Toutes ces sépultures sont dépourvues d'inscriptions.»

Les fouilles de M. Vernaz, entreprises en 1885 pour remettre en état les citernes de Bordj Djedid, ont donné, au mois d'avril de cette année, des résultats importants, qui ont fait l'objet d'un mémoire publié en 1887 par la *Revue archéologique* (t. II, p 11 et suiv.). M. Vernaz découvrit un aqueduc long de 270 mètres, large de 1^m,70, haut de 3^m,35 environ, entre le compartiment circulaire situé à l'angle S.-E. des citernes et le monument qui porte le n° 67 sur la carte de Falbe. La voûte est en plein cintre, construite en maçonnerie d'époque romaine. Le long de cet aqueduc, on a rencontré vingt-quatre tombeaux phéniciens taillés dans le grès tendre, sans adjonction de maçonnerie. Les uns sont de petites chambres rectangulaires fermées par des dalles verticales, les autres des auges funéraires recouvertes de grandes dalles posées à plat. Les dalles verticales atteignent 2 mètres de hauteur, 1 mètre de largeur et 50 centimètres d'épaisseur. On arrive aux caveaux par des puits rectangulaires taillés dans le roc et dont la profondeur atteint 4 mètres. C'est au fond de ces puits que se trouvent les grandes dalles qui recouvrent les tombeaux ou qui en ferment les ouvertures. On a recueilli dans les tombes une soixantaine de vases phéniciens grossiers, des lampes en forme de coquilles et quelques poteries de style corinthien, notamment une œnochoé décorée d'animaux marchant. M. Vernaz signale également des œufs d'autruche ornés de peintures. Tous les tombeaux ont la même orientation, qui serait exactement, suivant M. Vernaz, celle de Tyr. D'autres tombeaux puniques ont été découverts par le même explorateur sur le versant sud de la colline de Bordj Djedid.

Page 593. — Le monument que nous avons déblayé à *Feddan-el-Behim* — l'emplacement où tant de stèles puniques ont été recueillies par M. de Sainte-Marie et par nous, *E* sur la carte du *Corpus inscriptionum semiticarum* — n'est pas un tombeau, mais une citerne punique (cf. *Bulletin du Comité*, 1886, pl. IV, p. 37-39). Le P. Delattre nous a dit en avoir rencontré de semblables dans la plaine entre Byrsa et la mer, et M. Vernaz, en 1885, en a découvert une autre près du palais de Zarouk. L'enduit dont est revêtu l'intérieur de cette construction et l'absence d'ossements ne laissent aucun doute sur sa destination. Il est certain, d'autre part, que l'aspect extérieur rappelle beaucoup celui du tombeau punique de Byrsa; l'entrée est formée par deux gros blocs de pierre calcaire appuyés à angle aigu, qui ont $1^m,20$ de longueur, 50 centimètres d'épaisseur et 75 centimètres de largeur. Le caveau a $5^m,50$ de long sur 3 mètres de large et descend jusqu'à $8^m,50$ au-dessous du sol actuel. Le reste du caveau, qui est de forme rectangulaire, est recouvert par d'énormes blocs posés en long au-dessus de l'ouverture supérieure.

Page 613. — En dehors des très nombreuses inscriptions et stèles puniques, le sol de Carthage a fourni peu de monuments antérieurs à l'époque romaine. Les plus importants sont trois masques en terre cuite, dont un est au Louvre, le second à la Bibliothèque nationale et le troisième au musée de Saint-Louis de Carthage. (Perrot et Chipiez, *Histoire de l'art*, t. III, fig. 340 = Heuzey, *Figurines de terre cuite du Musée du Louvre*, pl. VII, 1; *Bulletin du Comité*, 1886, pl. I.) Nous avons encore recueilli une petite plaque en ivoire portant en relief une figure de femme tenant une sphère (*ibid.*, même planche), et nous avons fait reproduire par l'héliogravure quelques-unes des figurines en terre cuite du musée de Saint-Louis (*ibid.*, pl. II). La nécropole du Djebel Khaoui n'a jamais été explorée scientifiquement et la plupart des tombes sont violées depuis des siècles. La plaine entre Byrsa et la mer, en particulier les environs immédiats des ports, se prêterait encore à des fouilles fructueuses, mais il n'y a pas de temps à perdre; dans dix ans il sera trop tard, car des maisons de campagne se seront élevées partout.

Page 633. — Dans les deux fouilles profondes que nous avons entreprises à Carthage, aux lieux dits *Bir-Zerig* et *Feddan-el-Behim* (voir la carte du lieutenant Dubois dans le troisième fascicule du *Corpus inscriptionum semiticarum*), nous avons partout reconnu l'existence d'une couche de débris incendiés. Cette couche est particulièrement profonde auprès de l'ancien palais de Mustapha ben-Ismaïl (palais beylical depuis 1887), sur l'emplacement présumé du forum, où nous avons pratiqué quelques sondages (*Bulletin du Comité*, 1886, pl. IV et V, p. 33-37). Dans notre grande tranchée de Bir-Zerig, longue de 135 mètres et large de 5 à 7 mètres, le sol vierge a été atteint à la profondeur de $5^m,70$. On y a constaté l'existence de trois sols successifs, aux profondeurs de $1^m,50$, $2^m,50$ et $3^m,75$ à 4 mètres; la couche incendiée se trouve au-dessus du sol inférieur, et l'on en remarque une autre moins considérable au-dessous du sol le plus élevé. Sur le forum, la couche incendiée, profonde souvent d'un demi-mètre, se rencontre à $2^m,70$, $3^m,20$ et $3^m,50$ au-dessous du sol actuel; une couche moins épaisse de débris carbonisés se voit à la profondeur de 80 centimètres, au niveau d'un sol assez récent formé d'un pavé en béton.

Nos fouilles ont prouvé que les puits, les citernes et les fondations des maisons sont conservés d'une manière suffisante pour que l'on puisse suivre facilement le tracé des rues. Les recherches de M. Vernaz l'ont conduit à la même conclusion.

Page 634. — Voir Labarre, *Die römische Kolonie Kartago*, programme de Potsdam, 1882.

Page 645. — Nous avons pratiqué une tranchée, en 1884, au sud-est du cirque, près du village de Douar-ech-Chott. Ce terrain avait été fouillé, en 1883, par M. d'Hérisson, qui y découvrit la tête d'une grande statue en marbre. D'après sa description, M. Tissot avait pensé qu'il pouvait y avoir là un temple punique. Nous trouvâmes à notre tour une colonne en marbre de 90 centimètres de diamètre et une grande statue en marbre sans tête que nous avons transportée au Louvre (*Bulletin du Comité*, 1886, p. 35). Au mois de juin 1886, la collection de M. d'Hérisson ayant été vendue à Londres (cf. plus haut, p. 795), la tête en marbre fut déposée dans le sous-sol du musée Britannique. Le hasard m'ayant conduit à Londres vers cette époque, je crus reconnaître que la tête s'adaptait au torse découvert par nous; une vérification, faite à l'aide d'un moulage, m'en donna la certitude. Le musée Britannique voulut bien renoncer à acquérir la tête et les autres fragments de la statue ayant appartenu à M. d'Hérisson; ces marbres, transportés au Louvre, ont permis de reconstituer la figure entière, qui représente un Dioscure auprès d'une *protome* de cheval. C'est une bonne statue romaine, de dimensions colossales et d'une remarquable conservation. Elle a sans doute orné autrefois une des extrémités du cirque.

Page 647. — Les vastes ruines qui occupent le n° 67 de la carte de Falbe ont pu être identifiées en 1885 par la découverte d'une inscription. Le terrain s'appelant aujourd'hui *Dermesch*, le P. Delattre avait ingénieusement supposé (*Bulletin épigraphique*, 1884, p. 106, note 2) que ce nom était une corruption de *Thermae*. Or des fouilles faites sur ce point par M. Vernaz ont amené la découverte d'une inscription de 1^m,50 de longueur où le mot THERMIS figure en toutes lettres, en même temps que celui de l'empereur Antonin, auquel est due la construction ou la restauration de ce monument. (Cf. *Bulletin des antiquités africaines*, 1885, p. 245; *Journal officiel tunisien*, avril 1885; *Revue archéologique*, septembre 1887.) Les thermes étaient alimentés par un aqueduc partant des citernes de Bordj Djedid. M. Vernaz a également établi que les ruines désignées par le n° 69 sur le plan de Falbe ne forment, avec le n° 67, qu'un seul et même monument.

Dureau de la Malle avait pris ces thermes pour un gymnase (*Recherches sur la topographie de Carthage*, p. 194), Beulé, pour les thermes de Thrasamond (*Fouilles*, p. 18). Une vue en a été publiée par Falbe, *Plan du terrain et des ruines de Carthage*, 1831, pl. III, 2 [1].

Page 648. — Le P. Delattre a publié, dans le *Bulletin épigraphique* (1885, p. 83 et suiv.; 131 et suiv.), une consciencieuse étude sur Byrsa, où sont relatées plusieurs découvertes nouvelles. L'auteur croit avoir reconnu, dans un des bastions d'époque romaine, l'emplacement d'une machine de guerre (p. 85). Il signale deux marbres portant en relief des feuilles de chêne, comme le fragment décrit par Beulé et rapporté

---

[1] Dans la description d'El-Bekri (trad. de Slane, *Journal asiatique* de décembre 1858), le mot *Coumech*, comme l'a remarqué le Père Delattre, est une corruption de *Dermesch*. Les colonnes de marbre citées par El-Bekri ont été en partie enlevées par sir Thomas Reade (Beulé, *Fouilles à Carthage*, p. 18). L'une d'elles se trouve aujourd'hui au Bardo (Delattre, *Bulletin épigraphique*, 1884, p. 107, note 3).

par lui au temple de Jupiter. Un débris d'inscription, avec les lettres ▨▨CHIV▨▨, provient peut-être de la bibliothèque (*Archivium*); un autre, avec les caractères API hauts de 10 centimètres, serait le reste du nom d'Esculape. L'exhumation des corps qui reposaient dans le cimetière moderne à l'entrée de Saint-Louis a permis au P. Delattre de déblayer une salle nouvelle du monument découvert par Beulé. Elle a la forme d'un fer à cheval et mesure 7^m,80 de profondeur sur 6^m,80 de largeur. Au fond de l'abside on a trouvé une estrade haute de 1 mètre et large de 14, construite en pierres de grand appareil. Au centre de cette plate-forme s'élève un piédestal destiné à porter une statue. Dans une autre salle on a recueilli des fragments chrétiens, entre autres une croix grecque gravée en relief. Parmi les marbres trouvés dans les citernes qui reçoivent les eaux pluviales des terrasses du palais, il y a trois fragments de bas-reliefs sur lesquels figure le serpent, emblème d'Esculape. Beaucoup de statues plus ou moins mutilées ont été découvertes sur le sommet de la colline. Un fragment d'inscription coufique, encastré dans un mur bâti avec des corniches de marbre et des statues brisées, prouve que la citadelle a été occupée par une construction arabe dans les premiers temps de la conquête. Il faut remarquer qu'aucune des inscriptions découvertes ne mentionne la Juno Caelestis; une fort belle tête en marbre de cette déesse, qui appartient au musée de Saint-Louis et dont nous avons publié une héliogravure (*Gazette archéologique*, 1885, p. 131 et pl. XVII), a été trouvée non pas sur Byrsa, mais près du forum.

En 1885, de nouvelles fouilles ont été pratiquées sur Byrsa pour établir les fondations de la cathédrale de Carthage (Delattre, *Bulletin épigraphique*, 1885, p. 302). Sur une superficie de 2084 mètres carrés, 89 puits ont été creusés jusqu'au sol vierge, à une profondeur de 4 à 7 mètres. On a trouvé les assises inférieures de murs construits en grand appareil et appartenant à la citadelle. Les puits ont prouvé que le sol primitif est formé non pas d'un grès argileux, comme l'a dit Beulé (*Fouilles*, p. 5), mais d'une argile rougeâtre très compacte. Une inscription nouvelle apprend l'existence d'un temple de la Concorde, *aedis Concordiae*. En somme, les fouilles n'ont donné que peu de chose, des citernes romaines et puniques, des débris affreusement mutilés d'édifices et de statues. Une inscription punique, ex-voto à Tanit et à Baal, est le premier texte de cette classe qu'on ait découvert sur Byrsa [1].

Page 654. — Tertullien [2] fait allusion à un temple de Sérapis, dont M. de Sainte-Marie a retrouvé les débris en 1874, entre la colline dite de Junon Caelestis et les citernes de Bordj Djedid (points 53 et 69 de la carte de M. Tissot). Les fouilles ont donné plusieurs morceaux de sculpture intéressants, entre autres une statue d'impératrice romaine, le socle d'un buste de l'historien Manéthon et des dédicaces à Sérapis en grec et en latin. Cf. Sainte-Marie, *Mission à Carthage*, p. 17-26; *C. I. L.*, t. VIII, p. 134; Delattre, *Bulletin épigraphique*, 1884, p. 107 [3].

---

[1] Plusieurs milliers de ces ex-voto ont été exhumés à Dermesch et dans le voisinage du port circulaire. Cf. les fascicules III et IV du *Corpus inscriptionum semiticorum*.

[2] *De spectaculis*, c. VIII. Cf. *De idolatria*, c. XX (*vicus Isidis*).

[3] M. de Sainte-Marie dit formellement, à la p. 21, qu'il a trouvé les dédicaces à Sérapis au point H,

Page 654. — Dans un fort intéressant mémoire sur le Capitole de Carthage (*Comptes rendus de l'Académie des inscriptions*, 1885, p. 112-132), M. Castan s'est inscrit en faux contre l'identification du hiéron de Caelestis avec la colline située au nord de Byrsa. Voici les principaux points de son argumentation. L'existence d'un Capitole dans la Carthage romaine est attestée par le mot CAPITOLIVm d'une inscription trouvée dans ses ruines (*C. I. L.*, VIII, 1013) et par deux textes de Tertullien (*Apologet.*, c. XIII; *De spectac.*, c. VIII)[1]. Or tout Capitole romain renfermait trois sanctuaires contigus, consacrés à Jupiter, Junon et Minerve; le culte de ces trois divinités, dans la Carthage romaine, est attesté par une inscription et plusieurs textes. (*C. I. L.*, VIII, 1141; *Gesta purgationis Felicis episcopi habita Carthag. anno 314, inter S. Optati opera*, éd. Dupin, Paris, 1700, p. 255 [cf. Tissot, t. I, p. 649]; Tertullien, *De testimonio animae*.) Les Capitoles provinciaux étant construits à l'image de celui de Rome, M. Castan pense que la colline de Byrsa, l'ancienne citadelle dominant le forum, devait être l'emplacement du triple sanctuaire de la Carthage romaine, auquel il applique le texte du *De promissis* relatif au hiéron de Caelestis. On n'a jamais trouvé de grands fragments d'architecture sur la colline au nord de Byrsa, tandis que celle de Byrsa en a fourni un grand nombre. Le périmètre de deux mille pas, attribué à la colline de Caelestis par le *De promissis*, est précisément celui qu'Orose (*Hist.*, IV, c. XXI) indique pour Byrsa. Enfin, ce n'est pas sous la protection d'Esculape, mais sous celle de Junon-Tanit, que Caïus Gracchus plaça la Carthage romaine naissante. M. Castan conclut que le prétendu palais proconsulaire et les restes adjacents sont les ruines d'un sanctuaire dédié à Caelestis, qui était en même temps un temple capitolin. Les nefs parallèles, dont les absides sont adossées au mur de péribole du temple, seraient autant de sanctuaires accessoires ayant fait escorte au Capitole. Quant au temple d'Esculape, il ne se prononce pas sur son emplacement.

Nous pensons que ce mémoire a fait réaliser un progrès à la topographie de la Carthage romaine, en rappelant l'attention sur le Capitole et en remettant en question l'identification traditionnelle du hiéron de Caelestis, identification qui, à la vérité, n'avait jamais été proposée sans réserves. La thèse de M. Castan soulève toutefois des objections sérieuses. En 421, l'emplacement du temple de Caelestis fut converti en cimetière; or on ne comprendrait pas un cimetière chrétien au milieu même de Carthage et, d'ailleurs, aucune tombe chrétienne n'a été découverte sur Byrsa. L'au-

---

marqué sur sa carte entre la colline de Junon et les citernes; mais aux p. 114 et 115 de son livre, il réédite les mêmes inscriptions en déclarant qu'elles ont été trouvées au point G, c'est-à-dire au pied même des citernes. C'est là une erreur évidente, car l'auteur a donné le plan de cette fouille G (p. 13), qui n'a fait découvrir qu'un petit nombre de tombes vides reposant sur une mosaïque blanche et noire. C'est à Dermesch, le long de la haie du jardin de Si-Zarouk, que M. de Sainte-Marie a trouvé sa plus belle statue et ses ex-voto à Jupiter-Sérapis. (Delattre, *Bulletin épigraphique*, 1884, p. 107.) Cf. d'ailleurs l'article que nous avons consacré au livre de M. de Sainte-Marie, *Revue archéologique*, 1884, II, p 381.

[1] En 429, Théodose II et Valentinien III promulguèrent un édit pour ordonner le versement à Carthage, au *Capitole*, des impôts dus au fisc pour les immeubles des Africains. (*Cod. Theod.*, XI, titre I, n° 34.) Voir aussi saint Cyprien, *De lapsis*, c. VIII et XXIV, textes cités par Delattre, *Bulletin épigraphique*, 1885, p. 90 (cf. p. 307).

teur du mémoire n'a pas répondu à cette objection (p. 130). En second lieu, M. Castan n'a pas fait justice des textes qui conduisent à placer le palais proconsulaire sur le versant oriental de Byrsa; l'existence de ce palais sur le penchant de la colline n'aurait d'ailleurs rien d'incompatible avec l'hypothèse de l'auteur qui y place aussi le sanctuaire de Caelestis. C'est là que Justinien fit élever une église à la Vierge; or l'emplacement tout désigné pour une telle église n'était-il pas celui de l'ancien sanctuaire de la déesse punique ? Il est inadmissible, d'autre part, que le temple d'Esculape ait été construit ailleurs que sur Byrsa. Comment réunir tant d'édifices sur la même colline? Nous ne saurions, en tout état de cause, nous ranger à l'opinion de M. Castan touchant les nefs à absides decouvertes par Beulé. Dût-on renoncer à y reconnaître les restes d'un palais, il est tout à fait impossible d'y voir les vestiges de sanctuaires.

Les fouilles du P. Delattre sur la colline dite de Junon (*Bulletin épigraphique*, 1884, p. 317) ont fait découvrir : 1° une construction en forme d'abside, de $13^m,50$ de diamètre, où l'on a trouvé une colonne de marbre, un chapiteau d'ordre corinthien et un cadran solaire; 2° des citernes, où l'on a recueilli trois têtes de marbre et beaucoup de poteries chrétiennes; 3° sept petites mosaïques; 4° quelques tombeaux « postérieurs à la dernière destruction de Carthage »; 5° un masque égyptien (cf. p. 796) et un scarabée au nom de Thoutmès III, à $8^m,50$ de profondeur; 6° deux grandes sépultures phéniciennes, avec des lampes d'époque punique; 7° une grande mosaïque qui a été déblayée sur une longueur de 16 mètres et une largeur de 14; 8° cinq fragments d'épitaphes chrétiennes. Le sol vierge a été atteint en plusieurs endroits. — M. Vernaz, en 1885, a découvert huit marches d'un escalier monumental montant sur le versant nord de la colline de Junon. La colline est traversée par un canal long de 788 mètres, large de 50 à 60 centimètres et haut de $1^m,60$ à $1^m,80$, qui part des citernes de la Malga. Huit regards irrégulièrement espacés ont été percés pour la construction de cet aqueduc, qui donne naissance à des branches destinées à alimenter trois monuments. Il y a là, comme le remarque justement M. Vernaz, une piste à suivre; malheureusement, les travaux n'ont pas été continués sur ce point.

Page 657. — Au point marqué 68 sur la carte de Falbe, on a élevé en 1875 le palais de Mustapha ben-Ismaïl (aujourd'hui palais beylical), indiqué sur la carte de M. Tissot. Ce palais a été construit sur les fondations d'un ancien édifice dont le plan a été relevé par M. Caillat et publié par M. de Sainte-Marie (*Mission à Carthage*, p. 167). L'édifice mesurait $62^m,25$ de longueur sur $33^m,30$ de large; il se composait de trois salles ayant chacune $17^m,75$ de large sur $28^m,81$ de long. La salle du milieu était élevée de $3^m,40$ au-dessus du niveau de celles de droite et de gauche; au fond, c'est-à-dire du côté opposé à la mer, elle formait un hémicycle. Il n'est pas impossible que ces restes soient ceux d'une basilique (la *Basilica restituta?*) qui aurait remplacé le temple de Baal ou d'Apollon (Sainte-Marie).

Page 658. — Les traces d'incendie que l'on constate à un niveau assez élevé, entre le palais de Mustapha et les ports (cf. plus haut, p. 798), peuvent dater de l'incendie qui détruisit le forum de Carthage sous Antonin le Pieux (Capitolin, *Vit. Anton.*, c. ix).

—◦(803)◦—

On a trouvé dans ce quartier un grand nombre d'antiquités diverses, la mosaïque de Pégase (aujourd'hui détruite)[1], une statue de Jupiter, quantité d'anses d'amphores, de marques céramiques et de lampes. A l'ouest du jardin de Mustapha ben-Ismaïl, le P. Delattre a découvert une inscription de quatre lettres ayant chacune 19 centimètres de hauteur, qui se lit FORV▨▨. Au même endroit était un ex-voto à Mercure-Auguste. Ces indices paraissent justifier la situation assignée par Dureau de la Malle et Beulé au forum de Carthage. Cf. Delattre, *Bulletin épigraphique*, 1884, p. 205 et suiv.

Page 663. — CIMETIÈRES ROMAINS DE CARTHAGE[2]. La nécropole du Djebel Khaoui continua de servir à l'époque romaine. On y a trouvé des inscriptions et des symboles chrétiens gravés sur les murs de quelques tombeaux[3], et un hypogée chrétien a été découvert au même endroit[4].

Les autres nécropoles romaines s'étendaient autour de la ville, en dehors de l'enceinte. Elles ont été explorées avec grand soin par le P. Delattre, auquel nous empruntons les renseignements suivants sur les emplacements qu'elles occupaient :

1° *Cimetières des esclaves de la maison impériale*[5]. Ces deux cimetières ont été découverts en 1880 et 1881, par le P. Delattre. Le premier et le plus ancien est situé près des murailles puniques de Carthage, non loin des citernes de Malga (à l'ouest du point 78 de la carte de M. Tissot). Il n'avait pas été violé et se trouvait à peu près intact. « A l'exception d'un caveau qui renfermait un squelette et une urne remplie de cendres, toutes les sépultures se composaient d'un cippe rectangulaire... Chaque cippe, construit en maçonnerie, renfermait une ou plusieurs urnes. La principale était toujours au centre, recouverte d'une patère percée d'un trou auquel aboutissait un tuyau de terre cuite, communiquant à la partie supérieure du cippe... Quelques tombeaux étaient enrichis d'ornements en stuc... J'ai constaté que ces sépultures étaient groupées par familles et par corps de profession... Celles des *agrimensores* ont été découvertes dans une même fouille. Chaque groupe formait une réunion de cippes qui n'étaient séparés parfois les uns des autres que par quelques centimètres... Quant aux dimensions des cippes, la hauteur était de 1^m,50 environ et la largeur variait entre 75 et 80 centimètres[6]. » La surface de cette nécropole est d'à peu près un demi-hectare.

---

[1] Cf. *Bulletin épigraphique*, 1886, p. 142.

[2] C'est par erreur que nous avons parlé (dans la Préface des *Fastes de la Province d'Afrique* de M. Tissot, p. LXXXV, note 2) d'un paragraphe sur les nécropoles de Carthage qui aurait été omis à l'impression; M. Tissot s'était contenté d'inscrire la mention *Cimetières* à la marge de son manuscrit, mention que nous avons laissée subsister, en négligeant de combler la lacune. C'est cette erreur que nous réparons aujourd'hui.

[3] Sainte-Marie, *Mission à Carthage*, p. 32 et suiv. Nous avons vu, dans un tombeau de cette nécropole, les restes d'un bas-relief en stuc qui ornait les parois intérieures. M. d'Hérisson y a fait des fouilles en 1883, mais n'en a pas fait connaître les résultats.

[4] Delattre, *Missions catholiques* du 9 mars 1883.

[5] Lavigerie, *De l'utilité d'une mission archéologique permanente à Carthage*, p. 31 et suiv.; Mommsen, *Mélanges Graux* et *Ephemeris epigraphica*, t. V, p. 105 et suiv.; Schmidt, *Ephem. epigr.*, t. V, p. 299-319; Ch. des Granges, *la France illustrée*, 8 avril 1882; Delattre, *Missions catholiques*, 9 et 16 juin, 14 et 21 juillet 1882; *Bulletin épigraphique*, 1882, p. 293; 1883, p. 25 et 85.

[6] Delattre, *Ephemeris epigraphica*, t. V, p. 106-108 (lettres à Mommsen).

Une seconde nécropole faisant suite à la précédente a été découverte autour du puits de *Bir-el-Djebana* le «puits du cimetière», à l'ouest du pli de terrain désigné sur la carte de M. Tissot sous le nom de Koudiat-el-Kerma. C'est un rectangle mesurant 36 mètres de long sur 28 de large ; la disposition des tombes est la même. Le plus ancien cimetière date du 1ᵉʳ siècle apr. J.-C., le second de l'époque d'Hadrien et d'Antonin le Pieux. Ils contenaient l'un et l'autre les corps d'affranchis et d'esclaves impériaux attachés aux bureaux du *procurator Caesaris Africae tractus Karthaginiensis*, résidant à Carthage. L'intérêt de la découverte consiste surtout dans les titres et les emplois divers que nous font connaître les épitaphes ; nous ne pouvons que renvoyer, sur ce point, au mémoire cité de M. Mommsen[1].

2° Des tombeaux romains ont été découverts en 1883 au village d'El-Marsa, dans le voisinage du palais de Si-Salah-Bey[2]. Le plus important était surmonté d'un cippe décoré de quatre bas-reliefs d'un très bon style, probablement de la fin du 1ᵉʳ siècle apr. J.-C.[3] ; au sommet du cippe était un conduit de terre cuite aboutissant à une niche intérieure formée de grandes briques carrées. Tout près de là, on a rencontré un caveau voûté dont l'intérieur était revêtu d'un enduit de plâtre. Il est probable que d'autres tombeaux sont disséminés sous les villas et les jardins d'El-Marsa.

3° Plusieurs sépultures romaines ont été trouvées à Sidi-bou-Saïd, sur la pente de la montagne qui fait face à Saint-Louis[4]. Mais ce sont des tombes isolées ou des sépultures de famille, comme à El-Marsa, et non pas des cimetières communs. Le seul sarcophage avec bas-reliefs qu'aient fourni les nécropoles de Carthage a été découvert à Bou-Saïd ; il était, en 1884, dans le jardin du général Bakouch.

4° D'autres tombes romaines étaient disséminées du côté de Douar-ech-Chott, où l'on a recueilli d'assez nombreuses épitaphes ; mais l'on ne connaît pas l'emplacement exact d'où elles proviennent[5].

5° On a trouvé une vingtaine d'urnes cinéraires romaines le long de l'aqueduc qui conduit des citernes de Bordj Djedid aux thermes restaurés par Antonin (67 de Falbe[6]).

CIMETIÈRES CHRÉTIENS. Les cimetières chrétiens de Carthage, objet de la colère des païens à l'époque des persécutions[7], se trouvaient sur les terrains qui bordent les anciennes fortifications puniques et romaines, au nord, depuis l'angle est du village de Malga jusque sur les hauteurs qui surplombent la mer[8]. Les actes du martyre de saint Cyprien indiquent qu'il fut enseveli sur la voie des Mappales, à proximité des citernes de Malga. Les actes de saint Maximilien, mis à mort à Théveste en 295,

---

[1] Cf. Delattre, *Bulletin épigraphique*, 1886, p. 270.
[2] Delattre, *Bulletin épigraphique*, 1883, p. 297; 1886, p. 268.
[3] Trois de ces bas-reliefs ont été publiés par nous dans la *Gazette archéologique*, 1885, pl. XVIII et p. 135.
[4] Delattre, *Bulletin épigraphique*, 1884, p. 27; cf. ibid., 1886, p. 266.

[5] Delattre, *Bulletin épigraphique*, 1886, p. 142.
[6] Vernaz, *Revue archéologique*, septembre 1887. Cet intéressant mémoire s'imprime au moment où nous mettons sous presse.
[7] Tertullien, *Ad Scapulam*, c. III : «Cum de arcis sepulturarum nostrarum adclamassent : *Areae non sint !*»
[8] Lavigerie, *De l'utilité*, etc., p. 46 et suiv.

prouvent qu'un cimetière chrétien ne tarda pas à se former autour de la tombe de l'évêque martyr; c'est là qu'une matrone romaine, nommée Pompeiana, fit transporter le corps de Maximilien. Les fouilles du P. Delattre, qui ont porté sur les cimetières chrétiens à l'est de Carthage, ont fait découvrir plusieurs milliers d'épitaphes mutilées; la mutilation a certainement été intentionnelle, tellement elles sont réduites en menus morceaux. Cette dévastation des cimetières chrétiens est due aux persécuteurs du IIe et du IIIe siècle[1] ainsi qu'aux Vandales ariens du Ve siècle[2].

Une fouille profonde, entreprise en 1881 auprès d'une des portes antiques de Carthage que les Arabes appellent *Bab-el-Rih'* « la porte du vent », a donné plus de six cents fragments d'épitaphes chrétiennes, sans un seul fragment qui se rapportât au paganisme. On sait que, dans les premiers siècles, les lois de l'Église interdisaient la sépulture des fidèles dans les cimetières des païens, et réciproquement[3]. Au-dessous des épitaphes mutilées, datant du IIIe au VIe siècle, on a trouvé des tombes encore plus anciennes, sans inscriptions, sans signes religieux d'aucune espèce, encore intactes; ce seraient, suivant Mgr Lavigerie, qui a constaté un fait analogue à Cherchell, les sépultures chrétiennes de l'âge des persécutions. Les tombes sont pressées autour d'une basilique formée de colonnes de marbre blanc qui paraît avoir été construite sur la tombe d'une des plus illustres martyres de l'Église d'Afrique, sainte Perpétue. Une des salles était pavée d'une mosaïque, aujourd'hui au musée de Saint-Louis, qui représente une femme debout, tenant une palme et écrasant du pied un serpent. Mgr Lavigerie a ingénieusement rapproché cette représentation d'un passage des actes du martyre de sainte Perpétue, où il est dit que dans la vision qui précéda son martyre il lui sembla qu'elle foulait aux pieds un serpent[4]. Cette basilique a été mentionnée par Victor de Vite[5] : *Basilica ubi sanctarum Perpetuae et Felicitatis corpora sepulta sunt.*

Dans le voisinage des deux cimetières païens des esclaves de la maison impériale, le P. Delattre a signalé des thermes, dont l'exploration a fourni un certain nombre d'inscriptions chrétiennes[6]. D'autres épitaphes chrétiennes ont été trouvées sur le bord de la mer, près de l'hôpital militaire installé au Kram[7]. On en a rencontré également plus au nord, en déblayant un branchement de l'égout découvert en 1862 par M. Gouvet, qui aboutit aux citernes de Bordj Djedid[8].

A droite de la route de Saint-Louis à Sidi-bou-Saïd, au point appelé par les Arabes *Damous-Karita*, le P. Delattre a fouillé, de 1883 à 1885, une *area* disposée autour d'une grande basilique avec un portique monumental[9]. Parmi les tombeaux, on a ren-

---

[1] Tertullien, *Apolog.*, c. XXXVII.

[2] Victor de Vite, *Pers. Vandal.*, I, II.

[3] Lavigerie, *op. laud.*, p. 49-50. Cf. saint Cyprien, *Epist.* LXVIII.

[4] Lavigerie, *op. laud.*, p. 52. Un dessin de la mosaïque a été publié dans le même ouvrage, pl. V.

[5] *Hist. persecut. Vandal.*, I, c. III.

[6] Delattre, *Missions catholiques*, 10 mars 1882, 23 février et 2 mars 1883; *Bulletin épigraphique*, 1883, p. 293; *Bulletin du Comité*, 1886, p. 227.

[7] *Bulletin épigraphique*, 1884, p. 316; 1886, p. 270; *Bulletin du Comité*, 1886, p. 227.

[8] Vernaz, *Revue archéologique*, sept. 1887.

[9] Delattre, *Missions catholiques*, 17 août 1883; *Bulletin du Comité*, 1886, p. 224-237, pl. XII et XIII; de Rossi, *Bullettino di archeologia christiana*, 1884-1885; Delattre, *La basilique de Damous-Karita*, Lyon, 1886.

contré quelques amphores brisées renfermant des ossements humains, mode de sépulture qui avait déjà été constaté à Bir-el-Djebanà et au Kram, ainsi qu'en Algérie sur les bords de l'Oued Djedi et près de Sfaks[1]. Derrière l'abside centrale de la basilique étaient des rangées de tombes superposées à trois étages. Ces fouilles ont donné plusieurs morceaux de sculpture chrétienne fort intéressants, entre autres un très beau bas-relief en marbre qui a fait partie d'un sarcophage et représente la Vierge avec l'enfant Jésus sur ses genoux, épisode d'une *Adoration des Mages*[2]. C'est un des meilleurs spécimens connus de la sculpture chrétienne au IVe siècle. Sur d'autres fragments signalés par le P. Delattre, on voit le Bon Pasteur, la Multiplication des pains, Adam et Ève après le péché, et différents sujets qui se retrouvent sur les sarcophages de l'Italie et de la Gaule[3].

Page 693. — *Dele* Pagida = Oued Tazzout.

TOME SECOND.

Page 6. — L'Oued es-Sehela (Cebila sur la carte de 1857) manque sur les derniers relevés au 200 000e.

Page 11, avant-dernière ligne. — Le vrai nom paraît être *Henchir bou-Aouïa* et non *Aouitta*. Cf. plus haut, p. 355.

Page 13, dernier alinéa. — Sur le Djebel Troza, cf. Playfair, *Travels*, p. 172 et suiv.

Page 16, avant-dernière ligne. — Dans le *De bello Africano*, c. LXXVII, trois manuscrits portent *Thebenam* et deux *Thenam*. Voir l'édition de Dübner, p. 336.

Page 25, trois lignes avant la fin. — Le règne de Juba II en Numidie est contesté; cf. La Blanchère, *De rege Juba*, chap. II.

Page 27, deuxième alinéa. — Cuicul n'est pas sur l'Oued ed-Deheb. Ce dernier nom est donné par les cartes récentes de la province de Constantine au premier affluent de droite de l'Oued Endja. L'affluent près duquel se trouve Cuicul s'appelle *Oued bou-Salah*.

Page 27, note 1. — Lire :

AE·AVG ☙
anno PR ☙ CLXV ☙

(*C. I. L.*, t. VIII, n° 8867.)

Page 28. — M. Tissot a eu sous les yeux la carte de la province de Constantine publiée en 1854, qui diffère beaucoup, pour la région au sud de Sétif, des cartes plus récentes.

---

[1] *Rec. des Notices*, 1882, p. 411, cité par Delattre, *loc. laud.* Cf. Vercoutre, *Rev. arch.*, 1887, II, p. 33.

[2] De Rossi, *Ballettino di archeologia christiana*, 1884-1885, p. 49-52, pl. I et II; Villefosse, *Bulletin du Comité*, 1886, p. 220-223, pl. XII.

[3] Villefosse, *loc. laud.*, p. 223.

Biar Haddada, sur les dernières cartes, est à une bien plus grande distance du point marqué Aïn Soltan, au sud-est du Chott el-Beïda. Pour la position de Gemellae, voir le tome II, p. 509. Les inscriptions mentionnées dans le texte se trouvent dans le C. I. L., t. VIII, n°⁸ 8712 (Biar Haddada) et 10419 (col. Cast.).

Page 32, note 4. — C. I. L., VIII, 2747, 7036, 7050. Le renvoi I. A., 1819, est faux; lire 1818 (= C. I. L., VIII, 7050).

Page 32, note 5. — Henzen-Orelli, 773, note 2 (t. III, p. 75); Wilmanns, *Exempla*, n° 1149.

Page 33, dernière ligne. — Lire *Mastar*.

Page 33, note 1. — C. I. L., VI, n° 1406.

Page 39, note. — Lire *Mélanges d'archéologie*, t. II, p. 84.

Pages 40, 41. — L'inscription A est donnée dans le *Corpus*, n° 7004; l'inscription B y est reproduite plus correctement sous le n° 7067.

Page 45, 2° alinéa, ligne 3. — Lire *Muzuca* (*Henchir Khachoun*). Cf. t. II, p. 603.

Page 46, ligne 3. — Lire *Muzuca* (*Henchir Besra*). Cf. t. II, p. 604.

Page 55, trois lignes avant la fin. — Lire *Djebel Ahmar*.

Page 56, 2° alinéa. — Lire *Henchir Maklouf*.

Page 56, 3° alinéa. — *Gela* et *Kasr Djella* paraissent identiques aux *Kbour el-Djehela* (tombeaux de païens), série de buttes inexactement dénommées sur la carte du t. I, p. 76. « La route par Ad Gallum est la route romaine; la route punique devait passer par Henchir Bedjaoua. » (La Blanchère.)

Page 57. — Topographie et fouilles d'Utique : Hérisson, *Relation d'une mission archéologique en Tunisie*, 1881 (quelques planches intéressantes, entre autres le plan d'Utique par Daux; texte négligeable); Sainte-Marie, *Mission à Carthage*, 1884, p. 44-64 (sans valeur pour Utique); *Comptes rendus de l'Académie des inscriptions*, 7 octobre 1881 et suiv.; *Revue archéologique*, 1881, II, p. 227, et 1882, I, p. 56; *Bulletin épigraphique*, 1881, p. 263; 1882, p. 164; 1886, p. 144. — Vues dans le *Tour du monde*, 1872, I, p. 265, 269, et dans l'ouvrage cité de Sainte-Marie. Une mosaïque d'Utique est au British Museum, *Graeco-roman sculpture*, t. II, p. 86.

Page 58, note 7. — *Populus liber Uticensium* (C. I. L., I, n° 200, l. 79, loi agraire de 643).

Page 68, 9° ligne avant la fin. — Il s'agit de la planche V, fig. 3, de l'ouvrage de Daux, numérotée dans notre atlas planche IV. Cf. p. 65, note 3.

Page 90. — Hippo Diarrhytus (Benzert). Cf. C. I. L., VIII, p. 152, n°⁸ 10115, 10478; Guérin, *Voyage archéologique*, t. II, p. 19-25; *Archives des Missions*, 1882, p. 62; Playfair, *Travels*, p. 143.

Page 91. — Dans l'inscription citée, les points indiqués après COL aux lignes 1 et 3 et après DD PP à la dernière ligne doivent être, suivant l'usage, placés plus haut.

Page 93, note 2. — *Populus liber* TEVDALENSIVM (C. I. L., I, n° 200, l. 79). Cf. Pline, *Hist. nat.*, V, 4, 23 (renvoi inexact à la page 92, note 3).

Page 94. — THABRACA (Tabarka). — Cf. *C. I. L.*, VIII, p. 513, 962; *Ephemeris*, t. V, p. 425; Playfair, *Travels*, p. 247-250, *Bulletin épigraphique*, 1883, p. 175; *Bulletin des antiquités africaines*, 1884, p. 122 (plan à la page 126); *ibid.*, 1885, p. 187, pl. II, III et IV (mosaïque); Cagnat, *Explorations*, I, p. 105; II, p. 139; *Bulletin de l'Académie d'Hippone*, n° 22 (1887), p. 103 (mosaïque).

Page 95, note 3. — Cf. Claudien, *In Eutrop.*, I, v. 410; II, *Prolog.*, v. 71.

Page 97. — HIPPO REGIUS (*Bona*). — Cf. *C. I. L.*, VIII, p. 516, n°⁵ 10839, 10840; *Ephemeris*, t. V, p. 426; Ravoisié, *Exploration de l'Algérie*, t. II, pl. XXXIX-XLIV (carte au 12,500°); Delamare, *Archéologie*, pl. CXC-CXCIII; *Bulletin de l'Académie d'Hippone*, 1883 et 1885.

Page 101, ligne 13. — Lire « que domine ».

Page 103. — RUSICADE (*Philippeville*). — *C. I. L.*, VIII, p. 684, 967, 979; *Ephemeris*, t. V, p. 446; Ravoisié, *Exploration*, t. II, pl. XLV-LXVI (plan à la pl. XLV); Delamare, *Archéologie*, pl. XV-XLII, XLIV, XLV, XLVIII, CLVI, CLX; *Bulletin de l'Académie d'Hippone*, n° 21; *Comptes rendus de l'Académie des inscriptions*, 1886, p. 223 (basilique chrétienne).

Page 104, note. — *C. I. L.*, VIII, 7960, 6710, 7986.

Page 105, notes 1 et 2. — *C. I. L.*, VIII, 7098, 7097, 6710.

Page 107. — Le lac Fzara ou Fetzara a été desséché en 1880. Cf. Milliot, *Association française pour l'avancement des sciences*, 1881, p. 802.

Page 109. — TUNES (*Tunis*). — Cf. *C. I. L.*, VIII, p. 143, 867, 981; Guérin, *Voyage archéologique*, t. I, p. 14-34; *Bulletin épigraphique*, t. I, p. 216. Les descriptions de la ville moderne sont très nombreuses, mais sans intérêt pour la géographie comparée. Le livre de Broadley, *Tunis past and present*, 2 vol. 1882, n'est qu'un pamphlet rempli d'erreurs sur l'histoire de l'occupation française. Voir E. Reclus, *Afrique septentrionale*, t. II, p. 242-254; Nachtigal, *Tunis*, dans la *Deutsche Rundschau*, avril-juin 1881.

Page 120, 124. — Le nom véritable des collines appelées *Nigrin* par M. Tissot serait *Megrin* (La Blanchère).

Page 125. — Une analyse chimique des eaux thermales d'Hammam-el-Enf a été donnée par O. Schneider, *Von Algier nach Tunis und Constantine*, Dresde, 1872, p. 44-45 (cité par Partsch, *Africae veteris itinera*, 1874, p. 17).

Page 128, note 1. — Une héliogravure de la mosaïque a été publiée dans la *Revue des études juives*, 1886, t. II, pl. I, avec un article de Kaufmann (p. 45 et suiv.). Cf. S. Reinach, *ibid.*, 1886, t. II, p. 217; Renan, *Revue archéologique*, 1883, I, p. 157; 1884, I, p. 273.

Même page. — Sur Vina, cf. Maltzan, *Reise*, t. III, p. 14-18; Guérin, *Voyage*, p. 264-267.

Page 129. — SIAGU (*Kasr ez-Zit*). Cf. *C. I. L.*, VIII, p. 124; Guérin, *Voyage archéologique*, t. II, p. 258.

Page 131. — Pudput. Cf. Guérin, *Voyage archéologique*, t. II, p. 261.

Page 133, dans la manchette, lire *Nebel*.

Page 134. — Curubi (*Kourba*). — Sur cette ville, cf. Finotti, *La reggenza di Tunisi*, p. 82-83; Barth, *Wanderungen*, p. 139-141; Guérin, *Voyage*, t. II, p. 248-252; *C. I. L.*, VIII, p. 127; Shaw, *Travels*, p. 90; Guérin, *Voyage archéologique*, t. II, p. 241-244; *Bulletin du Comité*, 1886, p. 219 (CVRVBITANVS ORDO, COL(*onia*) IVLIA CVRVBI).

Page 135-137. — Clupea (*Klibia*). — Cf. *C. I. L.*, VIII, p. 128; Barth, *Wanderungen*, p. 134; Maltzan, *Reise*, t. II,'p. 319; Finotti, *La reggenza di Tunisi*, p. 320; Guérin, *Voyage archéologique*, t. II, p. 232. M. de la Blanchère pense qu'il n'y avait qu'un seul port à Clupea, celui du sud-est. Ce port se compose d'un grand bassin, en partie comblé, au milieu duquel est un îlot à fleur d'eau; derrière cet obstacle est un second bassin. Les quais sont magnifiques et assez bien conservés.

Page 137. — Sur Missua, cf. Shaw, *Travels*, p. 87; Barth, *Wanderungen*, p. 131; Guérin, *Voyage*, t. II, p. 219-221.

Page 141, dernier alinéa. — Wilmanns (*C. I. L.*, VIII, p. 130), d'accord avec Guérin (*Voyage*, t. II, p. 207), pense que la ville s'appelait Mizigita. Il nous semble que le nom de *Mizigi* serait plus conforme à la toponymie africaine.

Page 142. — Tubernuc (*Tebernouk*). — Cf. Guérin, *Voyage archéologique*, t. II, p. 204.

Page 145. — Horrea Caelia (*Hergla*). — Cf. *C. I. L.*, VIII, p. 18; Shaw, *Travels*, p. 105; Barth, *Wanderungen*, p. 183; Maltzan, *Reise*, t. II, p. 339-343; t. III, p. 32; Guérin, *Voyage archéologique*, t. I, p. 85; Cagnat, *Explorations*, t. III, p. 8; Saladin, *Rapport* (1886), p. 2 et fig. 1.

Page 146, ligne 8. — Textes arabes sur le Djoun-el-Madfoun, *Bulletin de correspondance africaine*, 1886, p. 62-68.

Page 147, 3ᵉ alinéa, 1ʳᵉ ligne. — Lire *Oued el-Knatir*.

Page 147, note 2. — *Archives des Missions*, 1885, pl. XII = Cagnat, *Explorations*, t. II, pl. XII. Le mausolée a été très endommagé en 1885.

Page 148. — Sur Lamniana, cf. Maltzan, *Reise*, t. III, p. 29.

Page 148, 2ᵉ ligne après la carte. — Lire *retrouver*.

Page 148, 2ᵉ alinéa. — « Le tracé de la Table reproduit celui de la route actuelle. Le carrefour est, non pas à Vina, mais au sud plus près de Siagu, là où il est aujourd'hui. Il n'y a point d'autre passage que le col actuel, dans la forêt; ce n'est qu'au sortir de ce col que la route peut se diviser. » (La Blanchère.)

Page 149. — Hadrumète (*Soussa*). — Cf. *C. I. L.*, VIII, p. 14; Thévenot, *Voyage au Levant*, Paris, 1665, p. 548; *Notices et extraits des mss.*, t. XII, p. 485; Barth, *Wanderungen*, p. 152; Playfair, *Travels*, p. 151; Guérin, *Voyage archéologique*, t. I, p. 101-118; *Tour du monde*, 1885, t. I, p. 307 (vue); *Bulletin épigraphique*, 1882, p. 129; *Bulletin des antiquités africaines*, 1884, p. 215; 1885, p. 252; pl. XXII,

XXIII (mosaïque); *Bulletin du Comité*, 1885, p. 149 (nécropole); *Revue archéologique*, 1884, I, p. 16 (céramique); Cagnat, *Explorations*, III, p. 8; Saladin, *Rapport* (1886), p. 3; Longpérier, l'*Aeon d'Hadrumète*, dans ses *Œuvres*, t. II, p. 308. On a récemment découvert à Sousse une nécropole punique assez étendue, ainsi que des villas romaines ornées de belles mosaïques. (*Acad. Inscr.*, 23 sept. 1887.)

Page 159, note 1. — *Populus liber Hadrumetinorum* (*C. I. L.*, n° 200, l. 79).

Page 160, note 1. — Cagnat, *Explorations*, II, p. 19.

Page 162, ligne 2. — Lire *Henchir Djemmiaah*.

Page 163, ligne 3. — Lire *ouest-sud-ouest*.

Page 164, ligne 1. — Ajouter en tête : § 2.

Page 165, ligne 3. — Sur Monastir, cf. *C. I. L.*, VIII, p. 11; *Ephemeris*, V, p. 517; Finotti, *La reggenza di Tunisi*, Malte, 1856, p. 328-332; Gubernatis, *Lettere sulla Tunisia*, p. 191, 192; Temple, *Excursions*, t. I, p. 129; Barth, *Wanderungen*, p. 159; Guérin, *Voyage archéologique*, t. I, p. 119, 124; Cagnat, *Explorations*, III, p. 9; *Tour du monde*, 1885, I, p. 290; *Comptes rendus de l'Académie des inscriptions*, 1883, p. 189; Saladin, *Rapport*, p. 5-9 (fragments d'architecture chrétienne actuellement sur la côte, à la Karaïa, villa du général Osman).

Page 167. — « La plupart de ces trous, dans l'île de la Tonnara, sont des silos parfaitement caractérisés, et il est difficile de penser que les excavations de l'Oustania ne sont pas des tombeaux. » (La Blanchère.)

Page 169. — Sur Leptis, cf. *C. I. L.*, VIII, p. 14; *Ephemeris*, V, p. 518; Guérin, *Voyage archéolog.*, t. I, p. 125-127; Cagnat, *Bulletin épigraphique*, 1883, p. 200; *Explorations*, III, p. 9-16; *Tour du monde*, 1881, t. I, p. 292; Saladin, *Rapport*, p. 9-20 (tombes, mosaïques, amphithéâtre). — *Populus liber Leptitanorum* (*C. I. L.*, I, n° 200, l. 79).

Page 172. — Sur Thapsus, cf. *C. I. L.*, VIII, p. 11; Shaw, *Travels*, p. 199; Temple, *Excursions*, I, p. 134; Barth, *Wanderungen*, p. 163; Guérin, *Voyage archéologique*, t. I, p. 129-131; Daux, *Recherches sur les emporia*, p. 169, 255, 277, pl. IX; Saladin, *Rapport*, p. 22 (nie que la chaussée qui formait une jetée dans la mer soit antérieure à l'époque romaine). — La loi agraire de 643 (*C. I. L.*, I, n° 200, l. 79) mentionne le *populus liber Tampsitanorum*.

Page 176. — Sur Mehdia, cf. Guérin, *Voyage archéologique*, I, p. 131-144; *Comptes rendus de l'Académie des inscriptions*, 1883, p. 427; Berger, *Revue archéologique*, 1884, II, p. 166 suiv. (nécropole phénicienne); Saladin, *Rapport*, p. 21 (citernes romaines).

Page 179. — Une nécropole chrétienne considérable a été récemment signalée près de Selekta, au lieu dit *Arch-Zara* (*Bulletin du Comité*, 1886, p. 216). Pellissier a décrit autrefois une mosaïque trouvée à Sullectum (*Revue archéologique*, 1844, p. 816). Cf. Guérin, *Voyage*, t. I, p. 147; Shaw, *Travels*, p. 110; Barth, *Wanderungen*, p. 174.

Page 180. — Sur El-Alia, cf. Guérin, *Voyage*, t. I, p. 148; Shaw, *Travels*, p. 111. *Populus liber Aquillitanorum*, *C. I. L.*, I, 200, l. 79; cf. *ibid.*, 98, et Eckhel, *Doctrina numorum*, t. IV, p. 133. — Sur Ruspae, Guérin, *ibid.*, p. 150; *C. I. L.*, VIII, p. 11.

Page 181. — Sur Justinianopolis, Guérin, *Voyage*, t. I, p. 150.

Page 182, note 2. — Le texte de la loi agraire (*C. I. L.*, I, 200, l. 79) porte VSALI-TANORVM (*populus liber*). M. Mommsen (*C. I. L.*, I, 98) identifie cette ville à l'*Uzalitanum oppidum* de Pline (*Hist nat.*, V, 4, 29), Οὐσιλλα de Ptolémée (IV, III, 10), *Usula* de l'*Itinéraire* (p. 56, Wess).

Page 184, note 3. — Ajouter : *C. I. L.*, VIII, p. 12, n°˚ 10478, 10479, 10499-10502; *Ephemeris*, t. V, n°˚ 714, 722, 724; Cagnat, *Explorations*, III, p. 9; *Tour du monde*, 1885, I, p. 299 (détails de l'arcade); *Bulletin des antiquités africaines*, 1885, pl. XXVIII; Saladin, *Rapport*, p. 25 (pl. I, vue de l'amphithéâtre; fig. 27, grand chapiteau; fig. 29, *oscillum*); Trémaux, *Parallèle des édifices anciens et modernes du continent africain*; Playfair, *Travels*, p. 157-162, pl. XI-XIII.

Page 187. — Sur Bararus, cf. Guérin, *Voyage*, t. I, p. 164-165.

Page 188, avant-dernière ligne. Lire *Sidi-Hassan-bel-Hadji*.

Page 189. — Sur Sfaks, cf. *C. I. L.*, VIII, p. 11; Guérin, *Voyage*, t. I, p. 155-160. On a récemment signalé, près de Sfaks et de Henchir Tina, des tombes formées de deux urnes emboîtées et des sépultures chrétiennes. Cf. Vercoutre, *Rev. archéol.*, 1887, II, p. 33.

Page 190. — Sur Thenae, cf. *C. I. L.*, VIII, p. 10; Guérin, *Voyage*, t. I. p. 177-179, *Bulletin épigraphique*, 1882, p. 129; 1884, p. 168. La nécropole a été fouillée par M. Max Esnard, qui n'a point fait connaître le résultat de ses fouilles. — L'inscription citée, *I. A.*, 129, p. 2, l. 39 = *C. I. L.*, VIII, 2568, l. 81.

Page 192, note 2. — L'article de M. Barry sur les ruines d'Ounga a paru dans le *Bulletin du Comité* de 1885, p. 320.

Page 197. — Sur Kabès, cf. *C. I. L.*, VIII, p. 8; Pellissier, *Revue archéologique*, 1847, p. 395; Guérin, *Voyage*, t. I, p. 196; Playfair, *Travels in the footsteps of Bruce*, p. 269.

Page 199. — Le milliaire en question est publié dans le *Corpus* sous le n° 10017 (Guérin, *Voyage*, I, p. 191). Dans notre copie, la ligne 6 a été omise. — Lire :

PON
TIFICI·MAX·GE
R·MAX·GOTHI
CO·MAX·TRIB etc.

Page 199, 4˚ ligne avant la fin. — Le nom de Sebkhat el-Maïdeur doit être réservé à la sebkha située au sud-est de Gighthis.

Page 201, note 2. — Sur Gighthis, voir *C. I. L.*, VIII, p. 6, 921; *Ephemeris*, t. V, p. 268; *Revue archéologique*, 1883, II, p. 328; *Bulletin du Comité*, 1885, p. 125; 1886, p. 42-53 et pl. VI (Reinach et Babelon).

Page 207, note, ligne 3. — Lire *Bulletin archéologique*, 1886, p. 54-63 et pl. VII-X.

Page 211, 3ᵉ ligne avant la fin. — Lire : *à l'est de la Zouagha*.

Page 213, ligne 6. — Lire : *à 17 kilomètres de Tripoli*.

Page 215, 3ᵉ ligne avant la fin. — Lire : *à huit kilomètres de Lebda*.

Page 216, 1ᵉʳ alinéa. — Lire : xv, xxiv, 39.

Page 217. — Sur Oea (Tripoli), cf. *C. I. L.*, VIII, p. 5 et les auteurs cités; Playfair, *Travels in the footsteps of Bruce*, pl. XXVII, XXVIII (arc de triomphe). Une bibliographie tripolitaine a été donnée par M. Waille dans le *Bulletin de correspondance africaine*, 1884, p. 227-237; nous y renvoyons le lecteur.

Page 219. — Sur Leptis Magna, cf. *C. I. L.*, VIII, p. 2-5 et les auteurs cités. Nous signalerons une description peu connue de ces ruines publiée dans *The Nation* de New-York, 1877, vol. XXVII, n° 683.

Page 230, ligne 1. — La Table écrit NALAD (*Naladus*, Mannert).

Page 230, ligne 7. — Lire : *au sud-ouest de la position assignée près de la côte à El-Aouïna*.

Même page, 6ᵉ alinéa. — Lire *Praetorium*, au lieu de *Praesidium*.

Page 231, ligne 10. — Lire *Musula*.

Page 247. — Sur Tbourba, cf. Peyssonnel, *Voyage*, I, p. 99; Thévenot, *Relation d'un voyage au Levant*, p. 547; *C. I. L.*, VIII, p. 148; Barth, *Wanderungen*, p. 208; Pellissier, *Description*, p. 223; Guérin, *Voyage*, t. II, p. 288; *Revue de l'Afrique française*, t. IV, p. 7; *Bulletin du Comité*, 1886, p. 99.

Page 248. — Sur Cluacaria, cf. Pellissier, *Description de la Régence*, p. 224; Guérin, *Voyage*, t. II, p. 187.

Page 252. — L'inscription est publiée dans le *Corpus*, t. VIII, n° 10568.

Page 259, ligne 9. — Lire : *à l'extrémité nord-est*.

Page 263, note 1, ligne 3. — Lire *Bulla Regia*.

Page 267, notes 2 et 3. — Sur Bordj Halal, cf. Cagnat, *Explorations*, II, p. 99, et sur l'inscription bilingue, Euting, *Zeitschrift der morgenlændischen Gesellschaft*, t. XXV, p. 239-240, pl. III; *Bulletin de l'Académie d'Hippone*, n° 21, p. 221.

Page 268, note 1. — Ajoutez *Bulletin épigraphique*, 1886, p. 17 et suiv. (inscriptions sur marbres).

Page 280, note 1. — Lire *Cagnat*. — Sur les ruines de Sidi-Ali-bel-Kassem, cf. *Bulletin de l'Académie d'Hippone*, n° 22, p. 154.

Page 285, fin du 2ᵉ alinéa. — Lire *Onellaba*.

Page 286. — Des renseignements archéologiques sur le territoire peu connu qui s'étend entre Mâter et Béja ont été publiés par M. le lieutenant Barry dans le *Bulletin du Comité*, 1887, p. 481. Les ruines signalées sont nombreuses (Bordj Ghazela, Bordj

Saâda, Henchir Baïa, Henchir Techgah, Kasr-bou-Derhem, Henchir Guenba, Sidi-Abd-el-Bacet, Henchir Toût-el-Kahya, etc.), mais aucune n'a été identifiée.

Page 288. — Nous avons publié ces textes dans le *Bulletin du Comité*, 1886, p. 67.

Page 291, note 2. — Ajoutez *Bulletin du Comité*, 1886, p. 119.

Page 291, note 3. — Lire *Tucca Terebinthina*.

Page 296. — Sur les villes nouvelles de la vallée de l'Oued Tine, voir Cagnat et Reinach, *Bulletin du Comité*, 1886, p. 100 et suiv.

Page 297, 5° ligne. — Lire *dans la direction du nord-ouest*.

Page 299. — Sur les différentes formes du mot *septizonium*, qui désigne une construction d'origine africaine, cf. Gaston Paris, *Mélanges Renier*, 1886, p. 306. On lit dans l'*appendix Probi*, opuscule probablement écrit en Afrique : *septizonium, non septidonium*.

Page 302. — Sur Béja (Badja), ajoutez : Playfair, *Travels*, p. 232-237; *Bulletin de l'Académie d'Hippone*, n° 20, p. 111; Cagnat, *La nécropole phénicienne de Vaga*, dans la *Revue archéol.*, 1887, I, p. 39-46, pl. III et IV. D'après une inscription récemment découverte par M. Cagnat, Vaga aurait été élevée au rang de colonie au commencement du règne de Septime Sévère. Sous Justinien elle fut fortifiée par les soins du comte Paulus, le même qui avait réparé l'enceinte de Guelma (Calama) sous l'administration du patrice Solomon.

Page 302, 3° ligne avant la fin. — Lire *laissait sur la droite*.

Page 303, note 1. — Lire *Henchir el-Aouïnia*.

Page 306, note 1. — Sur l'inscription du Saltus Burunitanus, voir surtout Fustel de Coulanges, *Recherches sur quelques problèmes d'histoire*, 1885, et Esmein, *Mélanges d'histoire du droit*, 1886.

Page 325. — Sur Chisiduo, cf. *Bulletin des antiquités africaines*, 1885, p. 19. Sur Membressa, cf. Barth, *Wanderungen*, p. 213.

Page 333, note 5. — Sur Testour, cf. Playfair, *Travels*, p. 229.

Page 336, note 1. — Sur Thignica, cf. Playfair, *Travels*, pl. XXVI; Temple, *Excursions*, t. II, p. 63-65.

Page 342, note 5. — Sur Teboursouk, cf. Playfair, *Travels*, p. 215.

Page 344, note 6. — Sur Thugga, ajoutez : Playfair, *Travels*, pl. XXII, XXIII (temple), pl. XXIV (tombeau), pl. XXV (théâtre); *Bulletin épigraphique*, 1886, p. 17. Une étude architecturale sur ces ruines doit être prochainement publiée par M. Saladin, qui les a mesurées en 1886.

Page 352, note 3. — Sur Musti, ajoutez : Maltzan, *Reise*, t. II, p. 276; *Bulletin du Comité*, 1885, p. 533 (= *Ephemeris*, V, 1257), et même recueil, 1886, p. 239.

Page 352. — M. Cagnat a découvert en 1886 à l'*Henchir Douameus mta el Oued R'mel*, situé un peu au nord-ouest de la koubba de Sidi-Atila, une inscription qui donne le nom de cette bourgade :

```
        D N
    M  FlaVIO
    VALERIO
    CONSTANTIO
    NOB·CAES
    RES PVBLICA
    MVNICIPII
    AVNOBARITNI
    DEVOTA NVMI
    NI MAIESTATI
    QVE EIVS
```

Le nom d'*Aunobari* était complètement inconnu jusqu'à présent.

Page 354. — M. Cagnat a revu cette inscription en 1886. Voici sa copie :

```
    INVICTISSI
    MO d N MA
    RCO fl AVIO
    CONstaNTI
    NO
    RE       ·MVN.
    TAC·deVOTVM
    NVM MAIES
    TATIQVE EIVS
```

Page 357, ligne 4. — Lire *à l'extrémité est du plateau*.

Même page, note. — Une découverte récente de M. Cagnat annule les hypothèses de M. Schmidt sur Uci. La ville située près de Siguese s'appelait *Ucubi*, comme le prouve l'inscription que nous avons reproduite à la page 373.

Page 370. — M. Cagnat croit avoir retrouvé cette borne en 1886 à Henchir Zaza; il en a pris une copie qu'il a bien voulu me communiquer. Le texte paraît être fort difficile à lire; mais il est singulier que, sauf le premier mot et le dernier chiffre, les deux copies ne concordent nullement. Le nom de Drusiliana n'existe pas sur celle de M. Cagnat.

```
    IMP  CAE
    MIVIIV
    PIV FELIX AVG IN
    VIC I       NT MAX
    TR    S   PR  COS
    ET M   VS
    PVS NOBILISSIMVS
    CAESA
    E
        M


            MA  CAESA
         ORVM ET SE
    NATVS ET PATRIAE
            CVI
```

Page 375, note 1. — Ajoutez sur El-Kef : *Revue de l'Afrique française*, t. IV (1886), pl. I (la fontaine); pl. II (vue de la ville); *Bulletin du Comité*, 1885, p. 518 (les citernes); *Bulletin de l'Académie d'Hippone*, n° 21, p. 189, 208 (plan, inscriptions, etc.); Cagnat et Saladin, *Tour du monde*, 1887, I, p. 262 et suiv. (p. 262, stèle; p. 263, vue d'ensemble; p. 264, soffite d'architrave; p 265, place et fontaine; p. 266-267, statues; p. 268, façade restituée de l'église byzantine dite *Dar el-Kous*; p. 270, vue de la Kasbah).

Page 379, en bas. — Sur Naraggara, ajoutez : *Bulletin de correspondance africaine*, 1882-1883, p. 296 (Saguia de Sidi-Youcef); *Bulletin de l'Académie d'Hippone*, n° 21 (1886), p. 149; Espérandieu, *Épigraphie des environs du Kef*, IV, p. 14.

Page 381, note 3. — Cagnat, *Explorations*, I, p. 54-68; II, p. 71-78.

Page 382, note 3. — Ajouter : *Bulletin de correspondance africaine*, 1883, p. 317, 341.

Page 384, 3ᵉ ligne avant la fin. — La carte au 800 000ᵉ écrit *Oum Settas*.

Pages 385-537. — Pour cette partie de l'ouvrage de M. Tissot, on peut comparer la thèse latine de M. E. Cosneau, *De Romanis viis in Numidia*, Paris, 1886. Elle nous arrive trop tard pour que nous puissions en tirer parti.

Page 387, note 2. — Ajouter : *Bulletin des antiquités africaines*, 1884, p. 214, 313; *Archives des Missions*, 1875, p. 400; *Bulletin de correspondance africaine*, 1883, p. 302; 1884, p. 162; *Revue africaine*, juillet-août 1883 (basilique, hypogées); *Annuaire de l'Association française pour l'avancement des sciences*, 1881, p. 1128 et suiv. (sarcophage, sculptures, etc.).

Page 389, note. — Ajouter sur Thubursicum Numidarum : *Bulletin de l'Académie d'Hippone*, n° 21, p. 240 (inscription bilingue); *Bulletin de correspondance africaine*, 1883, p. 307; 1884, p. 154. Le travail de Delamare est dans la *Rev. archéol.*, 1855, p. 637.

Page 393. — Vues et plan de Constantine dans Ravoisié, *Exploration*, pl. I-XXIV; dans Delamare, *Archéologie*, pl. CXIII-CLV, CLVI-CLIX; Playfair, *Travels in the footsteps of Brace*, pl. IV (le pont) et p. 47, 99. — Lampes du musée, *Revue archéologique*, 1859, pl. CCCLXXI; sarcophage, *Bulletin des antiquités africaines*, 1885, p. 14. — Lallier, *La prise de Cirta par Jugurtha*, dans les *Annales de la Faculté des lettres de Bordeaux*, juillet-octobre 1882. Cf. *Philologische Wochenschrift*, 1883, p. 22.

Page 394, 4ᵉ ligne avant la fin. — *Et venimus in locum qui appellatur Muguas, cui est Cirtensis coloniae suburbana vicinitas* (Ruinart, *Acta sincera*, p. 223). Cf. *ibid.*, p. 225 : *Pertrahebamur a Muguis in Cirtensem coloniam*.

Même page. — Sur le Koudiat-Ati, cf. *Revue de l'Afrique française*, 1887, pl. I et II.

Page 398 et suiv. — Les distances indiquées par M. Tissot *à partir de Constantine* sont toutes beaucoup plus fortes que les distances à vol d'oiseau.

Page 401, note 1. — Lire *C. I. L.*, t. VIII, n° 10, 295.

Page 406, note 1. — Ravoisié, pl. XXV-XXVII; Delamare, pl. CIX-CXII.

Page 409, note 1. — Ravoisié, pl. XXVIII-LVI; Delamare, pl. XCIX-CVIII.

Page 410. — Ruines de Mons : Ravoisié, pl. LVII; Delamare, pl. XCI-XCVIII.

Page 414, ligne 5. — Lire *Oued Ouldja*.

Page 415. — Dans la ligne qui commence par RVSTICI, lire à la fin *Oued Treuch*.

Page 417, ligne 10. — Les vastes ruines de Madaura (Mdaourouch), la Μάδουρος de Ptolémée (IV, 11, 30), où naquit Apulée (cf. *Apologia*, c. xxiv) et où saint Augustin fit une partie de ses études (*Confess.*, II, viii), n'ont encore été explorées qu'à la surface. On y voit une très grande construction byzantine, de nombreux fragments d'architecture et de sculpture, des tombeaux mégalithiques et des chambres creusées dans le roc. Cf. *C. I. L.*, VIII, p. 472, 957; *Ephemeris*, V, p. 418; *Revue archéol.*, 1855, p. 664; 1857, p. 129; *Revue africaine*, 1856, p. 255, 259; *Archives des Miss.*, 1875, p. 471; *Bull. de corr. afric.*, 1883, p. 290; *Recueil de Constantine*, 1866, p. 114, 125, pl. V, VII.

Page 418, avant-dernière ligne. — Lire *Chebka mta-Sellaoua*.

Page 420, note 1. — Fouilles faites à Aïn el-Bordj par M. Chabassière, *Recueil de Constantine*, 1882, p. 222-231.

Page 424, note 2. — Ajoutez : *Annuaire de l'Assoc. franç. pour l'avancement des sciences*, 1881, p. 1142 et suiv. (nécropole mégalithique); *Recueil de Constantine*, 1882, p. 1-16.

Page 439, note 1. — Cagnat, *Explorations*, I, p. 15.

Page 443, dans la manchette. — Lire *Henchir Goubellat*.

Page 454, note 2. — Sur Lares, cf. Temple, *Excursions*, t. II, p. 272; Guérin, *Voyage*, t. II, p. 72-79.

Page 456, note 1. — Sur Altiburos, cf. Pellissier, *Description*, p. 292; Maltzan, *Reise*, t. II, p. 217; Cagnat et Saladin, *Tour du monde*, 1887, II, p. 242 (théâtre), 243 (porte triomphale).

Page 457, note. — «J'avais cru qu'on pouvait réunir les deux textes *C. I. L.*, VIII, 1824 et 1825, et en former un seul, où l'on aurait lu ALTHIBVRITANVM. Vérification faite, il ne faut pas y songer, et le n° 1824 a été très bien lu par Wilmanns.» (Note de M. Cagnat, à la suite de sa mission de 1886.)

Page 459, note 2. — *Bulletin des antiquités africaines*, 1884, p. 216, 307, 396. — Le travail cité de M. Saladin comprend un plan d'Haïdra (fig. 301), un plan de la citadelle (fig. 302, pl. VI), l'élévation d'un mausolée hexagonal (fig. 307), des tombes (fig. 310, 311), l'église et le couvent (fig. 312-315), les arcs de triomphe (fig. 316-323), le mausolée tétrastyle (fig. 324-329). Voir aussi les gravures données dans le *Tour du monde*, 1887, premier semestre : vue générale (p. 228), vue restituée de la citadelle (p. 229), chapiteau corinthien (p. 230), restitution d'une église (p. 231), mausolée (p. 232), arc de Septime Sévère (p. 233), tombes avec reliefs (p. 234). Cf. Playfair, *Travels*, p. 188-190, pl. XVI.

Page 461, ligne 13. — Lire : *sur la rive droite*.

Page 464, note 2. — Sur Tébessa, ajouter : Playfair, *Travels*, p. 103, 399 (pl. VIII, temple de Jupiter; pl. IX, arc à quatre faces); Sériziat, *Études sur Tébessa et ses environs*, dans le *Bulletin de l'Académie d'Hippone*, n° 22 (1887), p. 27-66.

Page 480, note 3. — Sur Khenchela, cf. Playfair, *Travels*, p. 98.

Page 480, 2° alinéa. — A l'ouest de la route d'Ad Cazalis à Mascula, les ruines de Ksar-Bagaï marquent l'emplacement de l'ancienne Bagaï, qui jouissait du droit de cité romaine dès le commencement du III° siècle, mais qui n'est nommée par les auteurs qu'à l'époque chrétienne. «Au temps de saint Augustin, ce fut une des cités de l'Afrique où le christianisme fit le plus de progrès: plusieurs conciles y furent tenus, mais les dissensions religieuses laissèrent dans ses murs de profondes traces; les donatistes (leur chef était originaire de Bagaï) y commirent des horreurs, brûlèrent la basilique et jetèrent au feu les livres saints[1]. Lorsque Solomon fut envoyé par Justinien pour rétablir l'ordre en Afrique et chasser les Vandales, un de ses capitaines, nommé Gontharis, chargé de poursuivre les Maures du mont Aurès, vint établir son camp près de Bagaï. Procope dit que c'était alors une ville abandonnée[2]. Il est probable que les Byzantins s'y fortifièrent: c'est à cette époque qu'il faut faire remonter la construction de l'immense quadrilatère dont l'enceinte existe encore... Ce fort avait des dimensions beaucoup plus considérables que les autres redoutes byzantines construites sur les plateaux voisins.» (Villefosse, *Archives des Missions*, 1875, p. 445, avec plan de l'enceinte, pl. II.) A la fin du VII° siècle, Bagaï fut de nouveau détruite par Kahina; elle est aujourd'hui inhabitée. Cf. *C. I. L.*, VIII, p. 252; Peyssonnel, *Voyage*, t. I, p. 357; *Annuaire de Constantine*, 1859, p. 101; 1867, p. 224; 1868, p. 219.

A peu de distance au sud-est de Mascula, l'emplacement d'une ville ancienne, Cedia, est marqué par la ruine dite *Henchir Oum-Kif*. M. Masqueray y a découvert une dédicace à Dioclétien et à Maximien qui mentionne la RES P CEDIENSiVM. (*Revue africaine*, 1878, p. 456; *C. I. L.*, VIII, p. 256, 949.) On y voit un grand château byzantin et de nombreuses pierres de taille. Cf., sur la position de cette ville, inexactement indiquée sur la carte du *Corpus*, Masqueray, *Bulletin de correspondance africaine*, 1882-1883, p. 326. Des chrétiens de Cedia, s'appelant eux-mêmes CEDIENSES PECCATORES (*ibid.*, p. 327; *C. I. L.*, VIII, n° 2309), avaient construit une église au lieu dit *Sefel-Dela'a*, situé à une demi-journée de marche d'Oum-Kif.

Au nord-est de Mascula, à *Aïn-Zoui*, M. Masqueray a également décrit une bourgade que les inscriptions permettent d'identifier au poste romain de VAZAIVI. (*Revue africaine*, 1878, p. 454; *C. I. L.*, t. VIII, p. 248, 949; *Ephemeris*, t. V, p. 378, 551.) *Vazanis*, dans le *Corpus*, est une mauvaise lecture.

Page 484, note 2. — Sur Diana, cf. Playfair, *Travels*, p. 52 et suiv.

Page 487, note 3. — Masqueray, *De Aurasio monte*, 1886, p. 22 et suiv.; Playfair, *Travels*, p. 83 et 99. La commission des monuments historiques a pratiqué des fouilles à Timgad en 1886; on y a établi un petit musée.

---

[1] Cf. Morcelli, *Africa christiana*, t. I, p. 91.
[2] Procope, *Guerre contre les Vandales*, c. XIX.

Page 491, note 1. — Playfair, *Travels*, p. 70 et suiv.

Page 500. — *Verecunda*. « Verecundam ausim contendere ab eodem legato (L. Munatio Gallo) eodemque fere anno quo Mascula et Thamugadi conditam fuisse. » (Masqueray, *De Aurasio monte*, 1886, p. 24.) M. Mommsen est d'un autre avis; cf. *C. I. L.*, t. VIII, p. 423.

Page 523. — « Ipsam oasem (*de Biskra*), in qua civitatis antiquae manifesta etiam hodie supersunt vestigia, eodem fere quo hodie nomine etiam olim appellatam fuisse puto *Vescera* sive *Bescera*, cujus episcopi inter Numidicos recensentur. » (*Corpus inscriptionum latinarum*, t. VIII, p. 276.)

Page 530, note 2. — Baudot, *Recueil de Constantine*, 1875, p. 120-126, pl. XV (reproduite par M. Tissot à la p. 535). Cf. Masqueray, *De Aurasio monte*, p. 29.

Page 542. — Sur Avitta Bibba, cf. Guérin, *Voyage*, t. I, p. 427-430; Gubernatis, *Lettere sulla Tunisia*, p. 329-348.

Page 550, 3ᵉ alinéa, ligne 7. — M. de la Blanchère m'apprend, après examen, que ce signe est incontestablement un niveau.

Page 553, note 1. — Sur l'aqueduc de Carthage, cf. Playfair, *Travels*, p. 130 et suiv., pl. X.

Page 565, note 2. — Sur Uthina, cf. Playfair, *Travels*, p. 133; Pückler-Muskau, *Semilasso in Afrika*, V, p. 12-16; Barth, *Wanderungen*, p. 115; Maltzan, *Reise*, t. II, p. 24-30.

Page 569, note 6. — Sur Assuras, cf. Temple, *Excursions*, II, p. 265-271; Pellissier, *Description*, p. 284; Maltzan, *Reise in Tunis*, t. II, p. 220; Playfair, *Travels*, p. 204-212, pl. XXI.

Page 590, note 2. — Il nous a paru préférable de ne pas faire figurer sur la carte le nom de Sidi-Hadjeba, qui ne peut provenir que d'une erreur.

Page 596. — M. Poinssot signale deux *Henchir Breigheita* près du Djebel Bou-Arada, *Bulletin des antiquités africaines*, 1882-1883, p. 327.

Page 596. — Nous avons oublié de mentionner la ville d'*Apisa Majus*, dont les ruines, faisant face à celles d'Avitta, se trouvent sur les bords de l'Oued Tarf-ech-Chena, ruisseau assez encaissé qui sort des montagnes situées au sud du Fahs er-Riah[1]. Sur la rive gauche de la rivière il existe encore une vaste enceinte byzantine et les restes de grandes constructions. L'une a conservé plusieurs de ses portes; auprès de celle de l'ouest on voit un mausolée richement orné. Apisa, administrée par des suffètes au

---

[1] Poinssot, *Bulletin des antiquités africaines*, 1882-1883, p. 325; *C. I. L.*, VIII, p. 97-99 (Henchir Aïn Tarf-ech-Chena).

Ier siècle de l'ère chrétienne, ne paraît avoir été élevée au rang de municipe qu'au IIIe siècle, en même temps que la cité voisine de Thibica [1].

Le nom d'*Apisa Majus* est donné par deux inscriptions trouvées sur place [2]; on la connaissait déjà, sous le nom de *civitas Apisia* ou *Apisia Majus*, par une *tessère d'hospitalité* ou contrat de patronage et de clientèle datant du Ier siècle apr. J.-C., où figurent, à titre de garants du contrat, les suffètes de la ville [3]. C'est peut-être à Apisa que se rapporte, suivant l'hypothèse de Wilmanns, un évêque *Apissanensis* mentionné à la Conférence de 411.

Page 600. — *Aubuzza*. La distance de 40 kilomètres au sud de Kef, indiquée par le *Bulletin des antiquités africaines*, 1883, p. 396, est erronée; M. Cagnat, qui a visité les ruines, dit qu'elles sont à 25 kilomètres au sud-sud-est du Kef et à 4 kilomètres au nord-nord-ouest du Bordj Bir-bou-Ahmed (*Explorations*, III, p. 156).

Page 608. — Sur Kaïrouân, voir: Guérin, *Voyage archéologique*, t. II, p. 324-337; Playfair, *Travels*, p. 167-171; Broadley, *Tunis past and present*, t. II, p. 127-186 (avec plan et vues); Saladin, *Rapport*, p. 29-32 (avec fig.); Cagnat, *Explorations*, II, p. 37; *Tour du monde*, 1885, t. I, p. 312 et suiv. (avec fig.); Reclus, *Géographie universelle*, t. XI, p. 228 et suiv. (avec vue générale et fig.); Boddy, *To Kaïrwân the holy*, 1885; Blanche Lee Childe, dans la *Revue des Deux-Mondes* du 15 août 1884, p. 833-842. Nous laissons de côté les autres récits de touristes, qui sont très nombreux.

Page 609, 3e alinéa. — Un peu avant d'arriver à Sidi-el-Hani, sur la gauche de la route, on remarque les ruines d'un mausolée à deux étages dit *Ksar Tolga*. Cf. Cagnat, *Explorations*, II, p. 38; *Tour du monde*, 1885, I, p. 312 et 314 (avec fig.).

Page 609, note 1, ligne 1. — Lire : *que Haouch Sabra*.

Page 609, lignes 6-7. — Lire: *entre Hadrumète et Vicus Augusti*.

Même page, 3e alinéa. — M. de la Blanchère me signale cinq citernes de même construction que celles d'El-Ank entre cette localité et Sousse. La grande *Fesquia* de Kaïrouân est absolument identique à la *Fesquiat-ez-Zorak*.

Page 610, 2e alinéa. — M. de la Blanchère conteste l'exactitude de la description de Daux.

Page 610, note 2. — Autre ruine étendue et mausolées à Haouch Taâcha, au sud-ouest de S. Amor-bou-Hadjela. (Cagnat, *Explorations*, III, p. 23; *Tour du monde*, 1885, t. II, p. 388, 393.)

Page 613, note 1. — Playfair, *Travels*, p. 177-187, pl. XIV et XV.

Page 620, note 3. — Sur Makter, ajouter : Playfair, *Travels*, p. 197-204, pl. XVII-XX; Cagnat et Saladin, *Tour du monde*, 1887, II, p. 249 (arc de Trajan), p. 251 (mausolée pyramidal).

---

[1] *C. I. L.*, VIII, n° 77; cf. les n°{s} 776 et 7774, où Apisa est encore nommée *civitas* à l'époque de Septime Sévère.

[2] *C. I. L.*, VIII, 776, 777.

[3] *C. I. L.*, V, 4921. Gruter (470, 1) lisait APISIA. L'original est perdu.

Page 627. — Sur les dolmens d'Ellès, cf. Cagnat et Saladin, *Tour du monde*, 1887, I, p. 254 et la gravure de la page 256.

Page 633. — Sur Thala, cf. Cagnat et Saladin, *Tour du monde*, 1887, I, p. 239 et suiv. La 1ʳᵉ ligne du 2ᵉ alinéa doit se lire : *A l'est de la route d'Altiburos à Haïdra, au sud-sud-est de Mutia* . . . . .

Pages 651-652. — L'importance de cette guerre du Sud a été particulièrement mise en lumière par M. de la Blanchère, *De rege Juba*, p. 77-84.

Page 674. — Mausolée de Sidi-Aïch, *Tour du monde*, 1886, t. II, p. 217.

Page 683. — Sur l'oasis de Degach, cf. *Tour du monde*, 1886, t. II, p. 206 (gravures).

Page 684. — M. de la Blanchère conteste l'exactitude du fac-similé. La dernière ligne doit se lire BONIFATIVS. A la seconde ligne, il y a bien CONSACRATIO.

Page 685. — Carte des environs de Nefta et des oasis de l'Oued Souf dans le *Bulletin de l'Académie d'Hippone*, n° 22 (1887), p. 67-69, pl. I.

Page 690, 3ᵉ alinéa, ligne 6. — « Êtes-vous sûr que cette muraille atteigne le ravin d'El-Fratis ? Pour moi elle s'arrête au Tebaga. Je connais Aïn-Fratis et le ravin qui le suit. Il n'y a rien qui fasse de lui une barrière plutôt que des autres qui vont du Tebaga au Chott. » (Communication de M. de la Blanchère.)

Page 705, 3ᵉ alinéa. — Ausilimdi paraît se placer à 20 kilomètres au moins vers l'est de Sidi-Guenaou.

Page 706. — Les ruines et l'inscription de Ksar Khelân sont signalées dans une publication de l'état-major général, *Notice descriptive et itinéraires de la Tunisie, région sud*, Paris, 1886, p. 99. Nous regrettons de n'avoir pu utiliser à temps cet excellent volume, où la description des routes est si précise. Parmi les chapitres les plus intéressants, signalons celui sur l'île de Djerba (p. 23-27), la notice sur la région des *Ksour*, constructions voûtées groupées autour de fortins ou de mosquées (p. 39), celle sur Douirat (p. 40-43), sur le Djerid (p. 80-85), le Nefzâoua (p. 85-89), El-Aïacha (p. 125), etc.

Page 711 et suiv. — Nous signalerons une carte de la route des caravanes de Ghadamès à Tripoli et à l'Oued Souf, dans le *Bulletin de l'Académie d'Hippone*, n° 22 (1887), pl. II.

INDEX GÉNÉRAL ALPHABÉTIQUE

DU SECOND VOLUME ET DE L'APPENDICE.

A

Aâteul er-Rebat (Collines d'), près de Tabalta, 648.
Abaïd (Djebel), près de Marazanae, 629.
Abaradirensis (*ecclesia*), 781.
Abassi (Aïn el-). *Voyez* Popleto.
Abassi (Sidi-el-). *Voyez* Buduxi.
Abassi (Zaouïa de Sidi-el-), près de Sila, 400.
Abbir Cella (= Henchir-en-Nâam), Germaniciana, Majus, Minus, 593, 771.
Abdallah (Biar). *Voyez* Puteo.
Abdallah-ben-Djemel (Plateau de Sidi-), entre Simittu et Thabraca, 311.
Abdeïn (Sidi-). *Voyez* Villa Magna.
Abd-el-Aâti (Oued Sidi-), près d'Ad Palmam, 215.
Abd-el-Aziz (Sidi-), près de Zama Minor, 578.
Abd-el-Aziz (Sidi-), n'est pas Onellana, 548.
Abd-el-Goui (Sidi-), près d'Aggersel, 560.
Abd-el-Melek (Bordj), près d'Uci Majus, 364.
Abd-el-Melek (Ksour). *Voyez* Uzappa.
Abd-er-Rahman-el-Garsi (Sidi-). *Voyez* Aggersel.
Abd-er-Rebbou (Sidi-), près de Musti, 353.
Abdira (?), 770.
Abendone (?), 783.

Abensensis (*ecclesia*), 781.
Abiad (El-). *Voyez* Putput, Cubin.
Abiad (Djebel), en Tripolitaine, 708.
Abid-el-Djemel, près de Sufes, 630.
Abiddensis (*ecclesia*), 771.
Abidensis (*ecclesia*), 781.
Abiodh (Oued el-), près de Thabudeos, 527.
Abissensis (*ecclesia*), 781.
Abitan (?), 783.
Abitinensis (*ecclesia*), 771.
Aborensis (*ecclesia*), 772.
Aboriense (*oppidum*), 769.
Abrotonum = Sabrata, 211.
Absasallensis (*ecclesia*), 772.
Absuritanum (*oppidum*), 569, 769.
Abutense (*oppidum*), 769.
Abvocatensis (*ecclesia*), pour *Advocatensis*, 772.
Abzeritensis, Abziritensis, Abzeritana, Abziritana (*ecclesia*), 772.
Abziritanum (*oppidum*), 770, 772.
Ἄϐωρα (?), 772.
Accaritanum (*oppidum*), 770.
Achilla, Acholla, Aguīla (?) = El-Alia, 14, 179, 735, 738, 739, 810.
Achour (Ksar ben-). *Voyez* Vicus Juliani.
Ad Ammònem = Kadoula Nafti, 209.
Ad Aquas = Hammam Sidi-Ali-bel-Kassem, 280, 777, 812.

Ad Aquas = Hammam el-Enf, 111, 125, 808.
Ad Aquas, près de Tacape, 698.
Ad Aquas Caesaris = Henchir el-Hammam, 479.
Ad Aquas Herculis = Sidi-el-Hadj, 518.
Adar (Ras). *Voyez* Bon (cap).
Ad Arvalla = Henchir Rakbat-el-Maguen, 414.
Ad Atticille (Atticillae) = Henchir Amara, *et* Henchir Goubellat, 443.
Ad Augmadum, entre Tacape et Leptis Magna, 698.
Ad Basilicam Diadumeni = Henchir Fegousia (?), 514.
Ad Capsum. *Voyez* Capsum.
Ad Cazalis = Henchir Mtoussa, 480.
Ad Centenarium = Henchir Tassa (?), 485.
Ad Centenarium, près de Thigisis, 419, 424.
Ad Cisternas, en Tripolitaine, 228.
Ad Decimum = Sidi-Fathallah, 114, 124.
Ad Dianam = ruines du Djebel Bou-Fhal, 97.
Ad Dianam. *Voyez* Diana.
Ad Duodecimum, près de Veresuos, 783.
Ad Duo Flumina = Kherbet Skhoun, 516.
Ad Ficum, en Tripolitaine, 228, 784.
Ad Gallum Gallinaceum = Henchir Sabhelat-es-Sahab-et-Taba, 55.
Ad Germani = Henchir Ras-Nim, 480.
Adjir (Ras), frontière de la Tunisie et de la Tripolitaine, 789.
Ad Lacum Regium = Henchir Takoucht(?), 510, 511.
Ad Lali = Guessas (?), 483.
Ad Lapidem Baium, près de Gadiaufala, 429.
Ad Majores = Besseriani, 30, 530, 818.
Ad Medera *ou* Ammaedara = Haïdra, 459, 460, 816.

Ad Medias = Henchir Taddert, 31, 530, 777 (?).
Ad Mercurium = El-Djedeïda, 128.
Ad Mercurium = Aïn-ben-Niouch, 480.
Ad Mercurium = Bordj Si-Mrad, 316.
Ad Mercurium = Aïn Chedjra, 462.
Ad Molas, près de Madaure, 383.
Ad Oleastrum = Henchir el-Alamat (?), 193.
Ad Palmam = Bir el-Ater, 650, 681.
Ad Palmam = El-Aïounet, 195.
Ad Palmam, près de Leptis Magna, 215.
Ad Palmam = Charfa, 239.
Ad Palmam = El-Haraïria (?), 312.
Ad Piscinam = Biskra, 30, 523, 817.
Ad Piscinas = Aïn Gourmat, 419.
Ad Plumbaria = ruines du lac Fzara, 106.
Ad Portum = Henchir el-Atech (?), 426.
Ad Praetorium = Henchir Somâa (?), 680, 681.
Ἀδραμύτης, 783. *Voyez* Hadrumète.
Ad Rotam = Aïn Morniat (?), 510.
Ad Rubras, près de Gadiaufala, 415, 419.
Ad Silma = Djenân-Zaab (?), 258.
Ad Speluncas, près d'Iscina, 236.
Ad Stabulum Olearium, entre Sigus et Sitifis, 426.
Ad Sturnos, entre Sigus et Sitifis, 415.
Ad Templum = Kebilli, 698, 703.
Ad Turrem = Bergaouad, 240.
Ad Turres = Foum-en-Nâs, 681.
Advocatensis (*ecclesia*), 772.
Aeliae = une localité de la plaine de Djemiaât (?), 588, 589.
Aethogurza, près de Ruspina, 564.
Afas Lupeici (Luperci, Lucernae ?) = Henchir Tobel, 693, 782 (?).
Afri, indigènes de l'Afrique, 302.
Africa (cap), près de Thapsus, 177.
Afrique (Étymologie du nom), 790.
Afrique byzantine, 49.
Afrique nouvelle, 23.

Afrique romaine en 146 av. J.-C., 1.
Afufeniensis (*ecclesia*), 781.
Agar *ou* Aggar (Sens du mot), 560.
Agar = Henchir Sidi-Amara, 577.
Agar = Henchir Beni-Hasseïn, 744.
Agariabae, Agarlabas, Agarlavas, Agarlavae = Tamra, 698-700.
Agarsel = El-Kalâa, 686.
Agasel (?), 696. *Voyez* Agarsèl.
Agbia = Henchir Aïn-Hedja, 339, 341, 450.
Agensis (*ecclesia*), 772.
Agerthel (?), 783.
Aggarfel (?), 560.
Aggarsel Nepte = Nefta, 31, 685, 820.
Aggersel = Henchir Sidi-Abd-er-Rahman-el-Garsi, 561.
Aggia (?), 772.
Agma = Zarat, 197, 698, 705.
Agmerouel (Djebel), près de Sitifis, 426.
Agueneb (Oued), près d'Aflou, au sud de la province d'Oran, 707.
Aguerba (El-), près d'Ad Templum, 704.
Ahmar (Ksar el-), près de Thagora, 383; près de Cilma, 612.
Ahmar (Djebel), près de Carthage, 55, 246, 556; près de Zucchara, 556.
Ahmed (Sidi), près de Simingi, 548.
Ahmed-Bou-Farès (Sidi-). *Voyez* Membrone.
Ahmed-Bou-Laya (Sidi-), près de Siguese, 370.
Aïacha (El-), près de Capsa, 818, 820.
Aich (Vallée de Sidi-), près de Capsa, 669; Djebel, 674; Oued, 675; Mausolée, 820.
Aïchoun (Kasr), près de Tacape, 199.
Aïn. Dans les noms où ce mot occupe la première place, voir un des autres termes du composé.
Aïoun (Henchir el-), près de Vicus Augusti, 616.
Aïounet (El-). *Voyez* Ad Palmam.

Aïounet-ed-Dieb. *Voyez* Flavia Marci.
Aïra (Djebel), entre Tacape et Capsa, 656.
Aïssa. *Voyez* Beni-Aïssa.
Aïssa (Henchir), près de Sufes, 630.
Aitari (?), 770.
Aiurensis (*ecclesia*), 777.
Akarit (Oued), près de Tacape, 46.
Akessa (Sidi-), près de Zaca, 102.
Akhouat (El-), à Thelepte, 677.
Akhouat (Kef el-), près de Thacia, 355.
Akmin (Bir el-), près de Tepelte, 596.
Ἀκρίς, n'est pas Ucres, 286.
Alâa. *Voyez* El-Alâa.
Alamat (Henchir el-). *Voyez* Ad Oleastrum.
Alasit (?), 717.
Alcadïs (?), 782.
Alele, en Phazanie, 714.
Alem. *Voyez* Bou-Alem.
Ali. *Voyez* Bou-Ali.
Ali (Aïn), près de Zama Major, 574.
Alia (El-). *Voyez* Achilla, Cotusa.
Ali-bel-Kassem (Hammam Sidi-). *Voyez* Ad Aquas.
Ali-ben-Aoun (Sidi-), près de Thelepte, 678.
Ali-el-Hattab (Sidi-), près de Sicilibba, 318.
Ali-el-Mbarek (Sidi-), près de Membressa, 330.
Ali-el-Merekli (Henchir), près de Siminina, 140.
Ali-es-Sedfini (Sidi-). *Voyez* Thimida.
Alima. *Voyez* Feguira.
Alipota, 176. *Voyez* Mehdia.
Alla (El-), près de Chusira, 629.
Allah. *Voyez* Djar-Allah.
Allenda (Oued), près du Chott Gharsa, 787.
Almaena (?), 770.
Alonianum = Henchir Bir-Oum-Ali, 649, 680.
Alouenin (Henchir el-). *Voyez* Sicilibba.

Altaba = Henchir Aïn-Bel-Klefif, 476.
Altessera = Ksour (?), 567, 568.
Altiburos, Althiburos = Medeïna, 455, 567, 816.
Amantes (?), en Phazanie, 712, 713.
Amar. *Voyez* Hajela.
Amara (Sidi-). *Voyez* Agar.
Amara (Henchir). *Voyez* Ad Atticille.
Amburensis (*ecclesia*), 776.
Ammaedara. *Voyez* Ad Medera.
Ammatas, frère de Gélimer, 117.
Ammonem (Ad). *Voyez* Ad Ammonem.
Ammonis (?), 770.
Amor-Bou-Hadjela (Amar-Bou-Hadjeba?), près de Germaniciana (?), 589, 600.
Amor-el-Djedidi (Sidi-). *Voyez* Zama Minor.
Âmour (Oued), près de Vigdida, 241.
Amphorensis (*ecclesia*), 776.
Ampsaga *ou* Amsaga = Oued el-Kebir, Oued Remel *et* Oued Bou-Merzoug (cf. tome I, p. 44), 24, 411, 413.
Amri (Bordj el-), près de Sicilibba, 318.
Amri (Henchir el-), près de Picus, 257.
Amudarsa = une localité de la plaine de Saïda, 644, 646.
Amuncla (?), 770.
Ancunensis (*ecclesia*), 781.
Anforaria. *Voyez* Boseth.
Anguiensis (*ecclesia*), 781.
Aniciorum Villa. *Voyez* Casae.
Ank (El-), près de Kaïrouân, 609.
Annesel, en Tripolitaine, 228.
Ansârin. *Voyez* Ensârin.
Ansel (El-), près d'Ubaza, 537.
Antalas, 161.
Antonia Castra, en Byzacène, 768.
Aomia (Henchir), entre Mascula et Claudi, 506.
Aouâma (El-). *Voyez* Theudalis.
Aoudja (El-), n'est pas Membrone, près de Thacia, 85.

Aougheb (Sidi-), près de Sululi, 599.
Aouïa *ou* Aouïtta (Henchir Bou-), 12, 355, 806.
Άουῖδος = Avidus Vicus, 771.
Aouïna (El-), près de Chosol, 230, 812.
Aouïnia (El-), entre Tacape et Leptis Magna, 710.
Aouïnia, Auinia (Henchir el-), entre Tunis et Membressa, 303, 813.
Άουίττα, n'est pas Avitta Bibba, 771.
Aoun. *Voyez* Bou-Aoun.
Apari (?), 770.
Aphrodisium = Fradiz, 116, 163.
Apisa Majus = Aïn Tarf-ech-Chena, 763, 818, 819.
Aponiana (île), 724.
Aptucensis (*ecclesia*), 781.
Aptugnitana (*ecclesia*), 772.
Aptungi (?), près de Zama Minor, 579.
Aptungitana (*ecclesia*), 772.
Aqua Amara. *Voyez* Dissio.
Aquae = Henchir el-Baghla, 453.
Aquaealbensis (*ecclesia*), 781.
Aquae Caesaris = Henchir el-Hammam, 480.
Aquae Calidae (?), 770.
Aquae Carpitanae, près de Carpi, 140.
Aquae Cirnenses, près du massif du Cirna, 766.
Aquaenovensis (*ecclesia*), 777.
Aquae Gummitanae (?) = Gumis, 140.
Aquae Persianae = Hammam el-Enf, 126.
Aquae Regiae = Aïn Beïda (?), 7, 586, 610.
Aquae Tacapitanae = Hamma Kabès *ou* Matmâta, 654, 699.
Aquartillae, près de Milev, 405.
Aquas (Ad). *Voyez* Ad Aquas.
Aquenses Sacaritani (?), près de Bisica, 598.
Aquensis (*ecclesia*), 777.

Aquensis sive Magarmelitana (*ecclesia*), 779.
Aquiabensis (*ecclesia*), 781.
Aquilianis. *Voyez* Novis Aquilianis.
Aradi = Henchir Brighita, Henchir Bou-Arada, 596, 818.
Arar (Mersa el-), mouillage près de Base, 227.
Arbaïn (El-), près de Vina, 111.
Arbaïn (Oued el-), près de Putput, 148.
Arbi. *Voyez* Bordj el-Arbi.
Arch-Zara, près de Sullectum, 810.
Arenensis (*ecclesia*), 781.
Arensis (*ecclesia*), 772, 781.
Arephilenorum. *Voyez* Autels des Philènes.
Arfâoui (Henchir el-), près de Vallis, 438.
Ari. *Voyez* Bou-Ari.
Arif. *Voyez* Bou-Arif et Kherbet.
Arkou (Oued), près d'Uci Majus, 357.
Armascla fluvius = Oued Bou-Heurtma, 258.
Armoniacum flumen = Oued Mafragh, 97.
Arneb. *Voyez* Babirt el-Arneb.
Arôssa (El-), collines près d'Agbia, 449.
Arôssa (El-), plaine d'-, 542.
Arouk (Henchir el-), près de Gemellae (?), 507, 509.
Arsacal = El-Goulia, 399.
Arsat ed-Dem, près de Vicus Augusti, 608.
Artia (?), 57.
Artsouma (Khebem el-), collines près d'Amudarsa, 646.
Arva Jovis, près de Zaghouan (?), 625.
Arvalla (Ad). *Voyez* Ad Arvalla.
Asbystes, en Phazanie, 712.
Asker (Djebel), près de Lambèse, 498.
Asnam (Henchir el-), près d'Ad Templum, 704.
Ἀσπίς. *Voyez* Clupea.
Aspucca (?), 770.
Assaria = Saiyad, 212.

Assoued (Oued el-), près de Putput, 148.
Assuras = Zanfour, 568, 619, 818.
Astiagi = Zeraïfeh, 228.
Atech (Henchir el-). *Voyez* Ad Portum.
Atech (Ksar el-). *Voyez* Tagulis.
Ater Mons, en Tripolitaine, 714.
Atila. *Voyez* Bou-Atila.
Atmenia (Oued), près d'Arsacal, 789, 792.
Atouch. *Voyez* Bou-Atouch.
Atticille. *Voyez* Ad Atticille.
Aubereo = Zagazaena (?), 242.
Aubuzza = Henchir Djezza, 600, 819.
Audurus fundus, près d'Hippone, 766.
Augarmi, Augemmi = Koutin, 694, 706.
Augemmi. *Voyez* Auzemmi.
Augmadum (Ad). *Voyez* Ad Augmadum.
Augurensis, Auguritana (*ecclesia*), 777.
Augustum (?), 770. *Voyez* Vicus Augusti.
Aulazon = Bir Zoukkaro, 239, 242.
Aulodes municipium, près de Sidi-Reiss, 299.
Aunobari = Henchir Douameus-mta-el-Oued-Remel, 814.
Aurasius = Aurès (mont), dans la province de Constantine, 785, 817.
Aureli. *Voyez* Vicus Aureli.
Auru, entre Tacape et Leptis Magna, 698, 777.
Aurusulianensis (*ecclesia*), 777.
Ausafa. *Voyez* Uzappa.
Ausanensis (*ecclesia*), 772.
Ausere = Oued Neffetia, 692, 694.
Ausilimdi, près de Sidi-Guenaou (?), 698, 820.
Ausucurrensis (*ecclesia*), 777.
Ausugrabensis (*ecclesia*), 781.
Autels des Philènes = Mouktar, 26, 241.
Autenti, près d'Amudarsa, 644.
Authus (?), 783.
Autipsida, près de Zama Major, 575, 584.
Autumni (?), près de Zama Minor, 579.
Autumnitana (*ecclesia*), 772.

Auzagerensis (*ecclesia*), 781.
Auzemmi, Augemmi, entre Tacape et Leptis Magna, 698. *Voyez* Augarmi.
Auziqua = Solob, 228.
Auzuagensis (*ecclesia*), 772.
Auzui, près d'Astiagi, 228.
Avibus = Henchir el-Hadjar, 690.
Avidu[s] Vicus = Zeremdin, 186, 736, 739, 771.

Avitta Bibba = Henchir Bou-Ftis, 542, 818.
Avula, près de Zama Major, 574, 575, 577, 584.
Azama (?), 770.
Azeb (Koudiat), près de Lambaesis, 508.
Azimaciana regio, près de Cirta, 395.
Azurensis (*ecclesia*), 777.
Azuritanum (*oppidum*), 569.

B

Baboucha (Henchir), près d'Aquae Regiae, 588.
Babiena. *Voyez* Baziena.
Babrensis (*ecclesia*), 777.
Bacax (dieu), 791.
Baccaras (?), près de Milev, 784.
Baccarus, près de Sitifis, 415.
Bacchuiana gens, près de Coreva, 599, 600.
Badiensis (*limes*), près de Badis, 529.
Badis, Badias, Βαδιάθ = Badis, 30, 529.
Badja (Oued), près de Vaga, 6, 251.
Badja, Béja. *Voyez* Vaga.
Badria (Henchir). *Voyez* Ruspae.
Badus Melium (?), 782.
Bagaï = Ksar Baghaï, 480, 783, 817.
Βάγαζα = Vagaxa (?), 765.
Bagara, Bagra (Oued). *Voyez* Begrat (Oued el-).
Βάγης = Bagaï, 783.
Baghaï (Oued), 786.
Baghla (Henchir el-). *Voyez* Aquae.
Bagla (Oued), dans la Tunisie centrale, 787.
Bagrada (Oued) = Medjerda, 57, 248, 250, 251 et suiv., 325, 326 et suiv.
Baguel (Henchir el-). *Voyez* Timezegeri.
Bahannensis (*ecclesia*), 781.
Bahara (Henchir). *Voyez* Siguese (?).
Bahirt el-Arneb, près de Theveste, 533, 537.

Bahirt el-Kala'a, près d'Utique, 89.
Bahirt el-Touïla, près de Thigisis, 420.
Bahran (Bordj), près d'Inuca, 315.
Baï (Oued). *Voyez* Be.
Baïach (Oued), à Capsa, 664, 669.
Baïadh (El-), près de Sicca Veneria, 375.
Baianensis (*ecclesia*), 780.
Baium. *Voyez* Ad Lapidem.
Bakirou (Mersa), près de Sugolin, 223.
Baldis, 783. *Voyez* Vallis.
Bal-el-Aïn, à Vaga, 304.
Balla (?), en Phazanie, 717.
Bamacorrensis (*ecclesia*), 777.
Bamacures, tribu de Numidie, 777.
Bamethi (?), près de Capsa, 783.
Banadedari, en Tripolitaine, 243. *Voyez* Autels des Philènes.
Banzarensis (*ecclesia*), 781.
Baracum (?), en Phazanie, 717.
Bararus = Rogga, 187, 811.
Barbar (Aïn), près de Rusicade, 103.
Bardo (El-), près de Tunis, 247.
Bardou (El-), près de Thabudeos, 524, 528.
Bargou (Djebel), près de Zama Major, 578, 601.
Bargou (Oued), près de Zama Major, 603.
Barka. *Voyez* Beni-Barka.
Barka (Zaouia de Sidi-). *Voyez* Tucca.
Bartanensis (*ecclesia*), 781.

Base, en Tripolitaine, 225, 227.
Basilicam. *Voyez* Ad Basilicam.
Basma (?), dans le Nefzâoua, 787.
Bastalensis (*ecclesia*), 781.
Batan (El-), près de Thuburbo Minus, 248, 288.
Bathmetin (?), près d'Ad Majores, 783.
Batna, près de Lambèse, 501.
Batria (Henchir). *Voyez* Botria.
Battal (Henchir el-), près de Thelepte, 789.
Bavares, tribu de Numidie, 790.
Bazarididacensis (*ecclesia*), 772.
Bazaritana (*ecclesia*), 777.
Bazitensis (*ecclesia*), 777.
Be, rivière de Tripolitaine, 228, 229, 230.
Bedarna (El-), entre Tacape et Leptis Magna, 708.
Bedd (Henchir), près d'Uccula, 298.
Βέδερα Κάσ7ρον (?), 782.
Bedir (El-). *Voyez* Bedirum.
Bedirum (?), en Phazanie, 720.
Bedjaoua (Henchir), près d'Ad Gallum, 807.
Begar, Begueur (Henchir el-). *Voyez* Beguensis regio.
Begrat (Oued el-), près de Cirta, 404.
Beguensis regio = Henchir el-Begar, 631.
Begueur (Henchir el-). *Voyez* Beguensis regio, Casae.
Begueur (Oued el-), près d'Ausilimdi, 705.
Beguîguila (El-), entre Tacape et Leptis Magna, 709.
Beï ou Bey (Aïn el-). *Voyez* Saddar.
Beï (Bir el-). *Voyez* Nara.
Beiaz (Kasr el-), près d'Ad Templum, 704.
Beïda (Aïn). *Voyez* Aquae Regiae.
Beïda (Aïn). *Voyez* Marcimeni.
Beïda (Chott el-), près d'Ad Portum, 426, 807.
Béja. *Voyez* Vaga.

Bejar (Henchir), près d'Uccula, 299.
Bel-Aït (Henchir). *Voyez* Tepelte.
Belalitensis (*ecclesia*), 777.
Belasensis (*ecclesia*), 777.
Belesasensis (*ecclesia*), 777.
Belidet el-Hader, près de Thusuros, 685.
Beliniensis (*ecclesia*), 781.
Bélisaire, ses campagnes, 114, 326.
Bel-Kassem (Sidi-Ali). *Voyez* Ad Aquas.
Bel-Kheiz (Oued), près de Lambèse, 508.
Bel-Khefif (Djebel *et* Henchir Aïn-). *Voyez* Altaba. La carte de 1876 écrit Belkelif.
Bellezma, au sud de la province de Constantine, 504.
Bellica (porte), à Utique, 80.
Bellota, Belota (Djebel), près d'Uzappa, 584, 586, 600, 601.
Bellouân. *Voyez* Cebar.
Beloufia (Biar), près de Silesua, 656.
Ben-Achour (Ksar). *Voyez* Vicus Juliani.
Benbla, près de Monastir, 736.
Bencennensis (*civitas, ecclesia*), près d'Uci Majus, 361, 764.
Bendena (?), 770.
Ben-Glaïa (Henchir), près de Tuccabor, 302.
Beni-Aïssa (Kalâa des), au sud de Tacape, 696.
Beni-Barka, entre Tacape et Leptis Magna, 708.
Beni-Darradj (Henchir), près de Zaghouan, 554.
Beni-Feredj (Kef des), près de Tenelium, 99.
Beni-Hasseïn, près d'Agar, 744.
Beni-Khaled, près de Casula, 139.
Beni-Mouslim, entre Tacape et Leptis Magna, 710.
Beni-Ouider (Oued), affluent de l'Oued Sanhadja, 103.
Beni-Younès (Djebel), près de Capsa, 664.
Beni-Zid, près de Puteo, 687.

104.

Ben-Moumen (Kasr), entre Tacape et Leptis Magna, 709.
Ben-Salah (Sebkha), près de Putea Paliene, 207.
Ben-Taïtaia (Bir), près d'Ubaza, 536.
Ben-Zekri (Bordj). *Voyez* Sigus.
Benzert. *Voyez* Hippo Diarrhytus.
Berbouk (Oued), près de Thusuros, 685.
Bergaouad. *Voyez* Ad Turrem.
Berge, Berga, en Tripolitaine, 223, 224.
Berrice (?), près de Villa Serviliana, 784.
Berzeo, près de Cuicul, 409.
Bescera = Biskra, 523, 818.
Besra (Henchir). *Voyez* Muzuc.
Besseriani. *Voyez* Ad Majores.
Betagbaritana (*ecclesia*), 781.
Beysones (?). *Voyez* Agbia.
Bez (Henchir). *Voyez* Vazitana Sarra (*civitas*).
Bezereos = Geudhat-el-Outad (?), 698, 705.
Bezila (?), îlot des Keneis, 789.
Biar (Henchir Aïn-el-), près d'Ad Basilicam Diadumeni, 514.
Biar Abdallah. *Voyez* Puteo.
Biar Beloufia, près de Silesua, 656.
Biar el-Ougla, près de Visalta, 426.
Bibae = Bir el-Foouâra *ou* Djeradou (?), 557.
Biban (Bordj el-). *Voyez* Praesidium.
Bibba. *Voyez* Avitta.
Biltensis (*ecclesia*), 776.
Bir. Dans les noms où ce mot occupe la première place, voyez un des autres termes du composé.
Bir Ben-Taïtaia, près d'Ubaza, 536.
Bir el-Akmin (Henchir), près de Tepelte, 596.
Bir el-Ater. *Voyez* Ad Palmam.
Bir el-Beï (Henchir). *Voyez* Nara.
Bir el-Djedidi (Henchir), près de Siminina, 141.

Bir el-Djouhali, près d'Ad Majores, 530.
Bir el-Hadid, près de Tunisa, 87.
Bir el-Heusch, Bir el-Oesch. *Voyez* Sululi.
Birin (Collines de), près d'Ad Mercurium, 312, 316.
Bir Magra (Henchir). *Voyez* Thibica.
Bir Oumm-Ali. *Voyez* Alonianum.
Bizacina (*diœcesis*), 37.
Bisica = Henchir Biska, 334, 540, 598.
Bisica Lucana, 333.
Biska (Henchir). *Voyez* Bisica.
Biskra. *Voyez* Ad Piscinam, Bescera.
Bizaciensis (*ecclesia*), 781.
Bizerte. *Voyez* Hippo Diarrhytus.
Biziacensis (*ecclesia*), 781.
Bled *ou* Blad (Aïn el-), près de Theveste, 472.
Bled Bou-Arada, près de Bisica, 540.
Blida (Henchir el-). *Voyez* Septiminicia.
Boanensis (*ecclesia*), 781.
Bofetana (*ecclesia*), 777.
Boïn (?), en Phazanie, 717, 720.
Bokalta, près de Thapsus, 755.
Boltena (Djebel), près de Cerva, 680.
Bon (cap), 725, 788.
Bondjem, en Tripolitaine, 711, 719.
Bône. *Voyez* Hippo Regius.
Bonustensis (*ecclesia*), 772.
Bordj. Dans les noms où ce mot occupe la première place, voyez un des autres termes du composé.
Bordj (Aïn el-). *Voyez* Thigisis.
Bordj el-Arbi, dans le Saltus Massipianus, 632.
Bordjin, près de Ruspina, 746.
Bosetana (*ecclesia*), 777.
Bosetensis (*ecclesia*), 772.
Boseth Anforaria, 772, 777.
Botria = Henchir Batria, 555, 558.
Botrianensis (*ecclesia*), 781.
Bou-Alem (Ksar), près d'Aubuzza, 600.

Bou-Ali (Sidi-), près d'Ulisippira, 562.
Bou-Amar-Hadjeba. *Voyez* Hajela.
Bou-Aoun (Ksar), près de Tenelium, 99.
Bou-Arada (Bled), près de Bisica, 540.
Bou-Arada (Henchir). *Voyez* Aradi.
Bou-Ari-et-Ngaous (Djebel), entre Lamasba et Tubunae, 504.
Bou-Arif (Djebel), près de Thamugadi, 483, 508, 512.
Bou-Atila (Sidi-), près d'Aunobari, 349.
Bou-Atouch, près d'Aquae Tacapitanae, 655.
Bou-Cha (Djebel), près de Turca, 594.
Bou-Cha (Henchir). *Voyez* Turca.
Bou-Châter. *Voyez* Utique, p. 57 et suiv.
Bouchi (El-), près de Milev, 408.
Bou-Dabbous (Dachra), près de Muzuc (Besra), 605.
Bou-Daoui, près d'Uzita, 736, 740.
Boudja (Djebel), près de Zama Major, 580.
Boudja (Henchir), près de Limisa, 605.
Bou-Djadi (Bordj). *Voyez* Ucres.
Bou-Djelida, près de Sululi, 598, 599.
Bou-Djema (Oued), à Hippone, 98.
Bou-Dris (Aïn), près de Tipasa, 384.
Bou-ed-Diab (Henchir), entre Sufes et le Djebel Troza, 630.
Bouerat (El-), entre Tacape et Leptis Magna, 710.
Bou-Fhal (Djebel), près d'Ad Dianam, 97.
Bou-Ftis (Henchir). *Voyez* Avitta Bibba.
Bou-Ghanem-el-Kdim (Henchir). *Voyez* Menegesem.
Bou-Ghrara (Henchir Sidi-Salem-). *Voyez* Gighthi.
Bou-Gous (Oued), près d'Onellaba, 285.
Bou-Hadjar, près de Leptis Minor, 744.
Bou-Hamba, près de Vaga, 302.
Bou-Hamed (Oued), n'est pas l'Ausere, 695.

Bou-Heurtma (Oued) = Armascla, 258.
Bou-Kérin. *Voyez* Cirna.
Bou-Khalifa (Henchir Sidi-), près de Thacia, 355.
Bou-Khallou (Ksar), près d'Aubuzza, 600.
Bou-Kourneïn (Djebel), près d'Abbir, 593.
Boul *ou* Bull (Oued), près de Botria, 561.
Boul *ou* Bull (Oued), près de Bulla Regia, 259.
Boul-Baba (Sidi-), près de Tacape, 197.
Bouma (Ksar el-), près d'Altaba, 476.
Bou-Merdès, près de Sarsura, 749, 755.
Bou-Merouan (Sidi-), près de Culucitanis, 102.
Bou-Merzoug (Oued) = Amsaga, 395.
Bou-Namoussa (Oued), près de Tenelium, 99.
Bourka. *Voyez* Pisida.
Bou-Roughal (Oued), près de Baghaï, 786.
Bou-Saâda, près de Gemellae, 526.
Bou-Safra (Djebel), près de Membressa, 250, 326.
Bou-Saïd (Henchir), près de Vegesela, 505.
Bou-Saïd, près de Carthage, 804.
Bou-Seïf, près de Leptis Magna, 215.
Bousela *ou mieux* Bou-Salah (Oued), près de Cuicul, 409.
Bou-Taba (Henchir). *Voyez* Menegere.
Bou-Tenna (Bir), près de l'Ausere, 696.
Bou-Yala (Djebel), près de Rusicade, 104.
Brahim-Amor (Sidi-), près de Mutia, 459.
Brao (Djebel), près de Sitifis, 28.
Bridja (Ras el-), près de Siminina, 140.
Brighita *ou* Breigheita (Henchir). *Voyez* Aradi.
Bririzet (Henchir), *comme le précédent.*
Bubaïum *ou* Bubeium (?), en Phazanie, 717.
Bucconiensis (*ecclesia*), 777.

Buduxi = Henchir Sidi-el-Abassi, 425.
Buffada (?), en Numidie, 777.
Bulelianensis (*ecclesia*), 781.
Bull (Oued). *Voyez* Boul (Oued).
Bulla Mensa (?), 770.
Bulla Regia = Hammam Darradji, 259.
Bullensis campus, près de Bulla Regia, 264.
Bullensis (*ecclesia*), 773.
Bulnensis (*ecclesia*), 773.
Buluba (?), en Phazanie, 717.
Bunthum (?), 770.
Burcensis (*ecclesia*), 777.

Burgaon (mont), près de Theveste (?), 785.
Burgus Commodianus Speculatorius, près de Calceus Herculis, 518.
Buritana (*ecclesia*), 773.
Burunitanus (*saltus*), près de Vaga, 305, 813.
Busitana (*ecclesia*), 772.
Buslacena (*ecclesia*), 781.
Buta (Βοούτα), en Phazanie, 720.
Butta (Βούττα?), 770.
Byzacène, ses limites, 45.
Byzacina (?), 770.

C

Cabarsussensis (*ecclesia*), 781.
Cabibus (?), 783. *Voyez* Avibus.
Caeciritana (*ecclesia*), 773.
Caelianensis (*ecclesia*), 777.
Caesareensis, Caesariensis (*ecclesia*), 777.
Calama = Guelma, 43, 783.
Calanensis (*ecclesia*), 777.
Calbenedi (?), près de Thysdrus, 783.
Calceus Herculis = El-Kantara, 516.
Caldenses (?) = Mechta Nehar (?), 397.
Camerata. *Voyez* Fons Camerata.
Camicetensis (*ecclesia*), 781.
Camp de Lambèse, 492.
Campi Catonis (?), 768.
Canapitana (*ecclesia*), Canapium, dans la Proconsulaire, 773.
Canianensis (*ecclesia*), 781.
Caniopitana (*ecclesia*), 773.
Canopicum (*oppidum*), 769.
Canopisi (?), 770, 773.
Canopitanum (*oppidum*), 770.
Cantacilis (?), 782.
Cap Bon = Promontorium Mercurii, 725, 788.
Cap de Fer = Ras el-Hadid, 102.
Capraria = Aïn Safra, 384.

Capsa = Kafsa, Gafsa, 663, 783.
Capsalco (?), 783. *Voyez* Capsa.
Capsensis (*ecclesia*), 777.
Capsum Juliani (Ad) = Henchir Aïn-Guigba, 504.
Capsum Ultimum (Ad) = Chikdama, 239.
Caput Budelli, près de Cuicul, 409.
Caput Vada = Ras Kaboudia, 181.
Caraga (?), 770.
Carcabianensis (*ecclesia*), 781.
Carianensis (*ecclesia*), 781.
Carpi = Mraïsa, 140.
CARTHAGE. Carte du *Corpus inscriptionum semiticarum*, 795. Papiers de Daux, 795. Koudiat el-Hobsia, 795. Tombes protopuniques sur Byrsa, 796. Fouilles de M. Vernaz, 797, 799. Citerne de Feddan-el-Behim, 797. Objets d'art antérieurs à l'époque romaine, 798. Couche incendiée, 798. Fouilles près du cirque et statue de Dioscure, 799. Ruines des thermes d'Antonin à Dermech, 799. Fouilles du P. Delattre à Byrsa, 799, 800. Temple de Sérapis, 800. Capitole de Carthage, hypothèses de M. Castan, 801, 802. Temple de

Baal (?), 802. Forum, 802, 803. Cimetières romains, 803, 804. Cimetières chrétiens, 804, 805. Basiliques, 805, 806. Aqueduc, 818.
Casa Rimoniana, en Tripolitaine, 228.
Casae = Henchir el-Begueur, 631.
Casae Bastalenses (?), 781.
Casae Favenses (?), 781.
Casae Medianenses (?), 777.
Casae, villa Aniciorum, près de Sabrata, 209, 217 (?).
Cascala (?), 778, 782.
Casense (*territorium*), 631. Voir Casae.
Casenses Nigrenses (?), 778.
Casensis Calanensis (*ecclesia*), 777.
Castabaga (?), 782.
Castella (?), 782.
Castellana (*ecclesia*), 778. *Voyez* Colonia Castellana.
Castello Titulitana (*ecclesia*), 778.
Castellum Fabatianum, près de Thigisis, 384.
Castellum Mastarense = Rouffach, 398, 807.
Castra Corneliana = Kalâat el-Oued, 83.
Castra Hiberna = Theveste, 651.
Castra Laelia = Ghar-el-Melah, 88.
Castrum Vetera (?), 782.
Casulae Carianenses (?), 781.
Catabathmos, limite de la Cyrénaïque, 718.
Catada (rivière) = l'estuaire de la Goulette, 112.
Cataquensis (*ecclesia*), 778.
Cazalis (Ad) = Henchir Mtoussa, 480.
Cebar = Drâa Bellouân, 162.
Cebaradefensis (*ecclesia*), 781.
Cedeur (Oued), près de Gemellae, 523, 528.
Cedia = Henchir Oum-Kif, 817.
Cefalensis (*ecclesia*), 773.
Celerinensis (*ecclesia*), 781.

Cellae Picentinae = Sidi-Mehedeb, 192, 644.
Cemeriniano (*ecclesia a*), 781.
Cenculianensis (*ecclesia*), 781.
Cenensis (*ecclesia*), 781.
Centenarium (Ad). *Voyez* Ad Centenarium.
Centuriae, Κεντουρίαι (ἡ), 424, 778.
Centurianensis (*ecclesia*), 778.
Centuriensis (*ecclesia*), 778.
Centurionensis (*ecclesia*), 778.
Ceramusensis (*ecclesia*), 778.
Cerballiana (*ecclesia*), 781.
Cerbica (?), 770.
Cercar = Ksar Karaboli (?), 216.
Cerva = ruines du Djebel Boltena, 680.
César, sa campagne en Afrique, 721 et suiv.
Cessitana (*ecclesia*), 773.
Cha (Bou-). *Voyez* Bou-Cha.
Chaba (Oued), près de Lambiridi, 502.
Châbet el-Louza, près de Vaga, 302.
Châbet Ouled-Arif, près de Lambiridi, 502.
Chabro, Chabrou (Aïn), près d'Aquae Caesaris, 476, 480.
Châambi, Châmbi (Djebel), près de Menegere, 643, 648, 649.
Chameaux, leur introduction en Afrique, 745.
Chaouach, près de Tuccabor, 294.
Chaouâchi (Oued), près de Thagura, 382.
Charfa. *Voyez* Ad Palmam.
Châter, Châteur. *Voyez* Bou-Châter.
Chebika, près de Speculum, 682.
Chebka mta-Sellaoua, près de Gadiaufala, 418, 816.
Cheddi (Ksar), près d'Ad Centenarium, 485.
Ghedjra (Aïn). *Voyez* Ad Mercurium.
Cheffia (Plaine de), près de Tenelium, 99.
Chegga (Oued), près de Zagazaena, 242.

Chebia-Beni-Mazen, 259. *Voyez* Bulla Regia.
Chelga (Henchir), près d'Uccula, 300.
Chellenses Numidae, près d'Assuras, 583.
Chemmakh (Ras), près de Ponte Zita, 203.
Chemorra (Oued), près de Thamugadi, 510.
Chemtou. *Voyez* Şimittu.
Cheragrag (Henchir). *Voyez* Justi.
Cherb (Chaîne du), près du Chott el-Djerid, 787.
Cherb-er-Radjel = Villa Magna (?), 204.
Cherbane (Oued), près d'Aeliae, 589.
Cheria (Aïn), près d'Ad Templum, 704.
Chett (Henchir), près d'Uci Majus, 364.
Chett (Henchir), près d'Avula, 584.
Chettaba (Collines de), près de Cirta, 405.
Cheurfa (Ech-), à Thusuros, 685.
Chidibbia, Chidibbiense municipium = Slouguia (?), 331, 333.
Chigarnia (Henchir) = Uppenna, 160.
Chikdama. *Voyez* Capsum Ultimum.
Chimavense (*oppidum*), 769.
Chisiduo = Krich-el-Oued, 325, 813.
Chlulitanum (*municipiam*), 765.
Chorographie de l'Afrique, 51 et suiv.
Chosol, en Tripolitaine, 228.
Chouara, près d'Auzui, 228.
Choucha. *Voyez* Ech-Choucha.
Chouégui (Henchir), près de Thuburbo Minus, 296.
Chravasa (?), 770.
Chulcul = Oued Zouàra, 94.
Chullu = Collo, 105.
Chusira = Kissera, 628.
Chusis (?), 770.
Cibaliana = Djebeliana (?), 781.
Cicsitana (*ecclesia*), 773.
Cigisa, près de Carthage, 246, 247.
Cilibia = Henchir Kelbia, 142.
Cilibiensis (*ecclesia*), 773.
Cilla = Zouarin (?), 571, 583.

Cilliba, en Phazanie, 714.
Cillium = Kasrin, 636.
Cilma = Djilma, 612.
Cipipa (?), 770.
Cincar = Bordj Toum (?), 290.
Cinyps = Oued el-Mghar-el-Ghrin, 223.
Cirna mons = Bou-Kérin, 766.
Cirnenses aquae, près du mont Cirna (?), 766.
Cirta = Constantine, 23, 393-395, 625, 815.
Cirtenses Siccenses, à Sicca, 378.
Cirtésiennes (Villes), 401, 770.
Cisternas (Ad), en Tripolitaine, 228.
Cizania, en Phazanie, 717.
Claudi = Henchir Mâmra (?), 506.
Cluacaria = El-Hamira, 248, 812.
Clucar. *Voyez* Cluacaria.
Clupea = Klibia, 135, 725, 809.
Colonia Castellana = Ngaous (?), 28.
Collo. *Voyez* Chullu.
Commodianus. *Voyez* Burgus.
Constantine. *Voyez* Cirta.
Coreva, Coreba = Henchir Dermouliya, 452, 539, 542, 783.
Cornelius Balbus, son expédition, 712.
Cornon (?), près de Milev, 784.
Cotuza = El-Alia, 89, 810.
Creperulensis (*ecclesia*), 781.
Cresimensis (*ecclesia*), 781.
Cubdensis (*ecclesia*), 773.
Cubin = Henchir el-Abiad, 149, 561.
Cucula (?), 782.
Cufrutensis (*ecclesia*), 781.
Cuicul = Djemila, 27, 409, 806, 815.
Cullucitanis, près de Rusicade, 102.
Culsitanensis (*ecclesia*), 773.
Cululitana (*ecclesia*), 781.
Culusitana (*ecclesia*), 773.
Cunculianensis (*ecclesia*), 781.
Curia Salinensis (?) = Bir el-Akmin, près de Tepelte, 596.

Curion, son expédition, 81. *Cf.* César.
Curubis = Kourba, 134, 809.
Custrensis (*ecclesia*), 629, 781.
Cydamus = Ghadamès, 698, 707, 714, 820.
Cynazin, près d'Hadrumète, 564, 763.
Cytofori (?), en Tripolitaine, 783.

D

Dabbous. *Voyez* Bou-Dabbous.
Dabdaba, près d'Aquae Tacapitanae, 655.
Dabia (?), 770.
Dabuas (?), près de Capsa, 784.
Damous (Henchir ed-), près de Vallis, 438.
Danhadja *Voyez* Dannagi.
Dannagi (?), en Phazanie, 719.
Daoud-en-Noubi (Sidi-). *Voyez* Missua.
Daoui. *Voyez* Bou-Daoui.
Darbet-es-Sif, près de Tunis, 121.
Dar el-Bey, à Capsa, 666.
Darradji, Derradji (Hammam). *Voyez* Bulla Regia *et* Beni-Darradj.
Dasibari (?), en Phazanie, 717.
Debbab (Oued), près d'Aquartillae, 406.
Debdeba (Henchir), près de Cilma, 612.
Debris, en Phazanie, 714, 716, 717, 719.
Decimum. *Voyez* Ad Decimum.
Decorianensis (*ecclesia*), 781.
Decri (?), 717. *Voyez* Debris.
Degach, près de Thiges, 683, 820.
Deghghi, entre Tacape et Leptis Magna, 708, 709.
Deheb (Oued), près de Cuicul, 27, 410, 806.
Delim (Oued), près de Mazatanzur, 687.
Demmer, entre Tacape et Leptis Magna, 708.
Derb (Oued ed-), près de Cillium, 636, 787.
Dermouliya, Dermoulia (Henchir). *Voyez* Coreva.
Dfila, près de Tubunae, 518.
Dhahar-el-Djebel, en Phazanie, 716.
Dheb (Oued ed-). *Voyez* Deheb.
Diadumeni. *Voyez* Ad Basilicam.

Diana Veteranorum = Zana, 484, 508, 817. *Cf.* Ad Dianam.
Diarrhytus. *Voyez* Hippo.
Dicensis (*ecclesia*), 781.
Dieb (Oued el-). *Voyez* Deheb.
Digdica (?), en Tripolitaine, 241.
Dimas (Henchir ed-). *Voyez* Thapsus.
Diocèse d'Afrique, 37.
Diolele (*praesidium*), entre Cerva et Capsa, 680.
Dionysianensis (*ecclesia*), 781.
Discera (?), en Phazanie, 717.
Dissio Aqua Amara, en Tripolitaine, 228.
Djabeur (Ksar), près de Naraggara, 379.
Djadi. *Voyez* Ucres.
Djâdo, entre Tacape et Leptis Magna, 710.
Djafara (Ras). *Voyez* Gaphara.
Djâfeur (Henchir), près d'Utique, 56.
Djal. *Voyez* Djelal.
Djali (Bir), entre Sigus et Sitifis, 426.
Djâma, Djiâma. *Voyez* Zama Major.
Djar-Allah (Aïn), près d'Ad Centenarium, 419.
Djebana (Henchir), près d'Ad Rotam, 510.
Djebana (Bir ed-), à Carthago, 804.
Djebba, près de Thibar, 366.
Djebbes, Zebbes (Djebel), près de Menegere, 643.
Djebeliana, près d'Usilla, 188, 781.
Djebeur (Oued), près de Zama Major, 584.
Djebin (Sidi-Ali-). *Voyez* Novis Aquilianis.
Djeboun (Henchir). *Voyez* Flacciana.
Djebour (Aïn), près de Zama Major, 573.
Djeboura (Ras), près de Sullectum, 179.
Djedar, 793, 794.

(834)

Djedeïda (El-)[1]. *Voyez* Ad Mercurium.
Djedeïda, près de Thuraria, 247.
Djedi (Oued), près de Gemellae, 524.
Djedidi. *Voyez* Bir el-Djedidi.
Djedidi (Kasr el-), entre Tacape et Leptis Magna, 708.
Djedidi (Koubba de Sidi-), près d'Elephantaria, 249.
Djefara (Plaine de), en Tripolitaine, 713.
Djehela (Aïn el-), à Vaga, 304.
Djeheli. *Voyez* Gabeur.
Djelal (Henchir), près de Thuburbo Minus, 297.
Djelas ou Zlass (Tribu des), 589.
Djelf (Oued), près de Zama Major, 576, 577, 585.
Djelida. *Voyez* Bou-Djelida.
Djella (Kasr), près d'Ad Gallum, 56.
Djelloula (Aïn), près de Zama Minor, 606, 769.
Djelloula (Henchir), près de Zama Minor, 605.
Djema. *Voyez* Bou-Djema.
Djemal, près de Thapsus, 754.
Djemal (Oued), près de Thapsus, 747.
Djemal (Oued el-), près de Thusuros, 685.
Djemel (Henchir el-). *Voyez* Thurris.
Djemiâat (Plaine de), près d'Aeliae, 589.
Djemila. *Voyez* Cuicul.
Djemm (El-). *Voyez* Thysdrus.
Djemmiaah (Henchir), près de Menephese, 162[2], 810.
Djenân Zaab, près d'Ad Silma, 259.
Djendeli (lac), près d'Ad Lacum Regium, 426, 483, 511.
Djendouba (Dakhla), près de Vaga, 5.
Djerad ou Djeradou, près de Bibae, 546.
Djeraouid (Henchir), près de Teglata, 250.
Djerba (Île de), 788, 790, 820.

Djerbia (Oued), près de Thuburbo Majus, 545.
Djerch (Oued), près d'Ad Majores, 530.
Djeriba (Sebkha de), près d'Horrea Caelia, 145.
Djerid (Blad el-), près du Chott el-Djerid, 684, 820.
Djerid, écueil sur la côte tripolitaine, 228.
Djerid (Henchir), près de Mascula, 506.
Djerida (Sidi-Bou-), près de Siguese, 374.
Djerma. *Voyez* Garama.
Djerma (Défilé de), près de Lambèse, 508, 509.
Djerrar (Djebel), près d'Ubaza, 536.
Djeurd (Djebel), près d'Ad Medera, 459.
Djezirat el-Oustania, îlot près de Ruspina, 167.
Djezza (Henchir). *Voyez* Aubuzza.
Djidjelli. *Voyez* Igilgilis.
Djild (Oued), près de Berzeo, 409.
Djilma. *Voyez* Cilma.
Djouhali. *Voyez* Bir el-Djouhali.
Djoukar (Djebel), près de Zucchara, 556.
Djoukar (Henchir Aïn-). *Voyez* Zucchara.
Djoumin (Oued), près de Mâter, 297.
Djoun-el-Madfoun (El-), près d'Horrea Caelia, 146, 809.
Dokhania (Henchir), près de Picus, 257.
Dolmens, 627, 820.
Donat (Saint-), près de Tucca, 412.
Douamès ou Douameus (Djebel), près de Thuburbo Majus, 546.
Douamès (Henchir ed-). *Voyez* Aunobari.
Douamès (Henchir ed-). *Voyez* Uci Majus.
Douamès (Tillat ed-), près d'Ad Atticille, 446.
Douar (Bir ed-), près d'Agarsel, 686.
Doucen, près de Mesarfelta, 526.
Douela. *Voyez* Mizigi.

---

[1] Le nom correct est *Sidi-Sliman-el-Djedidi*. (Communication de M. de la Blanchère.)
[2] *Djemmich*, dans le texte, est une erreur typographique.

Dougga. *Voyez* Thugga *et* Tucca Terebinthina.
Douidoui (Sidi-), près de Simittu, 311.
Douirat, au sud de Tacape, 696, 708, 820.
Dour (Djebel), près d'Ad Praetorium, 681.
Dourat (Henchir Aïn-). *Voyez* Uccula.
Douz, oasis des Merazig, 707.
Drâa Bellouân. *Voyez* Cebar.
Drâa-el-Gamra. *Voyez* Gor.
Drâa-en-Noun, près de Terento, 590.
Drâa-Snouber, près de Theveste, 476.
Draham (Aïn), près de Thabraca, 311.
Dreïba (Kasr Bou-), entre Tacape et Leptis Magna, 710.

Drin (Aïn), à Lambèse, 498.
Drin (Djebel Aïn-), près de Lambèse, 503.
Dris. *Voyez* Bou-Dris.
Druensis (*ecclesia*), 781.
Drusiliana = Henchir el-Kalekh (?) *ou* Henchir Khangat el-Kdim (?), près de Siguese, 369, 463, 814.
Duces militum, 49.
Duodecimum. *Voyez* Ad Duodecimum.
Duo Flumina. *Voyez* Ad Duo Flumina.
Durensis (*ecclesia*), 781.
Durga (?), 770.
Dusensis (*ecclesia*), 782.
Dusitana (*ecclesia*), 782.
Duvivier, près de Vicus Juliani, 392.

E

Ebba. *Voyez* Orba.
Ebba (Djebel), près d'Orba, 456.
Ebdellân, entre Tacape et Leptis Magna, 709.
Ech-Choucha, près de Tunis, 122.
Echkeul (Garâat el-) = Sisara lacus, 786.
Ed-Diab. *Voyez* Bou-ed-Diab.
Edistianensis (*ecclesia*), 782.
Edjridjen, entre Tacape et Leptis Magna, 709.
Edough (Djebel), près d'Hippone, 106.
Efkeria, près de Bezereos, 704.
Egerenisium (?), 782.
Egnatiensis (*ecclesia*), 781.
Egugensis (*ecclesia*), 773.
El ... Voir à l'un des autres termes du composé les noms commençant par El qui ne sont pas indiqués ici.
El-Abiad. *Voyez* Cubin.
El-Ahmar (Kasr), près de Cilma, 612.
El-Alâa (forêt), près de Kaïrouân, 628.
El-Alia. *Voyez* Cotuza, Achilla.
El-Alla, près de Chusira, 629.
El-Ank, près de Kaïrouân, 609, 819.

El-Ansel, près d'Ubaza, 537.
El-Aouâma (Henchir), près de Theudalis, 93.
El-Arouk (Henchir), près de Gemellae, 509.
El-Bardou, près de Thabudeos, 524, 528.
El-Beï, El-Bey. *Voyez* Ruglata *et* Saddar.
El-Djemm. *Voyez* Thysdrus.
El-Endja (Oued). *Voyez* Endja.
Elephantaria = Sidi-Djedidi, 249.
El-Faïd, près de Thabudeos, 523.
El-Fogâr, en Phazanie, 717.
El-Foouâr, près d'Agarsel, 686.
El-Foouâra. *Voyez* Bibae.
El-Fratis (Ravin d'), près de Timezegeri, 690, 820.
El-Fuidek, près de Cilma, 611.
El-Goulia. *Voyez* Arsacal.
El-Hamada, près d'Assuras, 568.
El-Hamar (Kasr), près de Sufetula, 630.
El-Hamet (Khangat), près de Thamugadi, 510.
El-Hamira. *Voyez* Claucaria.
El-Hammam. *Voyez* Aquae Caesaris.
El-Hanout, près d'Ad Turres, 682.

El-Haouch, près de Gemellae, 523.
El-Kalâa. *Voyez* Agarsel.
El-Kantara. *Voyez* Calceus Herculis, Djerba.
El-Kasr, près d'Aquae Tacapitanae, 655.
El-Kasr (Aïn), près de Tadutti, 507.
El-Kebir (Oued) = Tusca, 3.
El-Kebir (Oued) = Amsaga, 24, 404, 411, 413.
El-Kebir (Oued), près de Capsa, 672.
El-Kebir (Oued) = Oued Bou-Gous, 285.
El-Kef. *Voyez* Sicca Veneria.
El-Ksour, près de Lambèse, 514.
El-Ksour (Oued), près de Symmachi, 515.
Ellès, El-Lehs, Ellez, près de Zama Major, 571, 584, 626, 627, 790, 792, 820.
El-Madher (Plaine d'), près de Tadutti, 427, 507, 508.
El-Mechra (Oued), près d'Ubaza, 536.

El-Meden (Henchir). *Voyez* Vina.
El-Oghla. *Voyez* Fons Potamianus.
El-Outaïa, près d'Ad Aquas Herculis, 519.
Emchkel (Oued el-), près de Nedibus, 107.
Encedda (Henchir). *Voyez* Nova Petra.
Endja (Oued), près de Tucca, 27, 282, 411.
Enerensis (*ecclesia*), 782.
Enfida, près d'Hadrumète, 146.
Enipi, en Phazanie, 717, 718.
Ensârin, Ansârin, Enseroun (Djebel), près de Thuburbo Minus, 297.
Ersouf ou Reçof (Oued), près de Vicus Gemellae, 675.
Erumminensis (*ecclesia*), 782.
Es-Segui (Plaine et Henchir d'), entre Tacape et Capsa, 635, 650, 656, 658, 660.
Ez-Zit (Kasr). *Voyez* Siagu.
Ez-Zitoun (Mersa). *Voyez* Paccianis Matidiae.

F

Fabatianum (*castellum*), près de Cirta, 384.
Façcâtô, entre Tacape et Leptis Magna, 710.
Fahs Boll, près de Bulla Regia, 265.
Fahs (Fas) er-Riah, près d'Abbir, 542, 593, 596, 818.
Faïd (El-), près de Thabudeos, 523.
Farès. *Voyez* Membrone.
Faroha (Henchir), près de Manange, 577.
Fartass (Ras el-), près de Missua, 140.
Fatensis (*ecclesia*), 778.
Fathalla (Sidi-), près de Tunis, 120.
Faustianensis (*civitas*), 765.
Favensis (*ecclesia*), 781.
Febianensis (*ecclesia*), 781.
Fedj-Begrat, près de Thagora, 382.
Fedj-el-Meheri, près de Madarsuma, 646.
Fedj-et-Tmar, près de Simittu, 266.
Fedj-Kidid, près de Mons, 410.
Fedj-Mraou, près de Naraggara, 380.

Fedj-Sidi-Bou-Kahila, près de Vicus Augusti, 251.
Fedj-Souïoud. *Voyez* Vatari.
Fegousia (Henchir). *Voyez* Ad Basilicam Diadumeni.
Feguira-Alima (Henchir), près de Capsa, 635.
Feïd (Oued el-), près d'Ad Turres, 681.
Fekka (Oued), dans le bassin central de la Tunisie, 589, 644, 786.
Fenidek-Debdeba-mta-Rouiba-es-Souda (Henchir), près de Cilma, 612.
Fenidek-Guerroua (Henchir), près de Cilma, 612.
Feradi, Feraditana (*ecclesia*), 676, 781.
Feradj, Feredj (Sidi-), près d'Uzita, 741. *Cf.* Beni-Feredj.
Ferd (Oued), près de Tacape, 199.
Feriana, près de Thelepte, 675.
Fernana, près de Simittu, 311.

Fertas (Henchir). *Voyez* Vicus Aureli.
Fesguiat-ez-Zorak, près de Kaïrouân, 609, 819.
Fesseitana (*ecclesia*), 778.
Fessi (Oued), au sud-est de Tacape, 692, 694.
Fezzan, 711 et suiv.
Fezzânin (Aïn el-), près de Thuburbo Minus, 297.
Fhal. *Voyez* Bou-Fhal.
Ficum, 784. *Voyez* Ad Ficum.
Filfila (Djebel), près de Chullu, 105.
Filacensis (*ecclesia*), 781.
Fintas (El-), à Hadrumète, 158.
Fiscianensis (*ecclesia*), 782.
Fissanensis (*ecclesia*), 782.
Flacci Taberna, en Tripolitaine, 216.
Flacciana = Henchir Djeboun, 414.
Flavia Marci = Aïounet-ed-Dieb, 475.
Fogâr (El-), en Phazanie, 717.
Fons Camerata, près de Milev, 408.
Fons Potamianus = El-Oghla, 419.
Fontaine Chaude, près de Tadutti, 426.
Foouâra (Bir el-). *Voyez* Bibae.
Foratianensis (*ecclesia*), 781.
Formensis (*ecclesia*), 778.
Forontonianensis (*ecclesia*), 781.
Fortas (Djebel), entre Sigus et Sitifis, 426.
Fortunat (Henchir), près du Saltus Massipianus, 633.
Fossalensis (*ecclesia*), 778.

Fosses puniques, de Thabraca à Thenae, 2, 13, 18.
Foua (Aïn). *Voyez* Phua.
Fouar. *Voyez* Foouâra.
Fouçâna (Oued et plaine), près de Menegère, 630, 643.
Foul (Kasr el-), près de Thelepte, 675.
Foum-el-Afrit, près de Zama Major, 576, 586.
Foum-el-Gueis, entre Mascula et Claudi, 506.
Foum-el-Mechra, près d'Ubaza, 536.
Foum-en-Nâs, près d'Ad Turres, 681.
Foum-es-Somâa, près de Thasarte, 656.
Foum-Tamesmida, entre Thelepte et Theveste, 648, 649.
Fournou (Aïn), n'est pas Furni, 322.
Fradiz. *Voyez* Aphrodisium.
Fragha (Henchir). *Voyez* Uppenna.
Frass (Oued Aïn-el-), à Thigibba, 626.
Fratis (El-). *Voyez* El-Fratis.
Ftis (Henchir Bou-). *Voyez* Avitta.
Fuidek. *Voyez* El-Fuidek.
Fulgurita Villa = Zarat, 197, 706. *Voyez* Agma.
Furni = Henchir Lemsa, 580.
Furni = Henchir el-Msaâdin, 322, 580.
Furnitana (*porta*), à Carthage (?), 323.
Fusciani. *Voyez* Nobas.
Fussalensis (*ecclesia*), 778.
Fzara *ou* Fetzara (lac), près d'Ad Plumbaria, 106, 808.

G

Gabardilla (*fundus*), près de Sicca, 768.
Gabeur-el-Djebeli (Djebel), près d'Utique, 57[1].
Gadaiae, dunes du Sahara (?), 769.
Gadiaufala = Ksar Sbehi, 385, 418.
Gaga (Aïn), près de Simittu, 310.

Gafsa. *Voyez* Capsa.
Gaguaritana (*ecclesia*), 781.
Gajita (Oued), près de Rusicade, 103.
Galâat-es-Souk, près de Mactaris, 620.
Gales = Henchir el-Kharoub, 606.
Galia (?), en Phazanie, 717.

[1] Plus correctement *Kbour el-Djehela* (cf. plus haut, p. 807).

Galiân (Aïn), près de Musti, 353.
Gallica (*regio*), près de Tacape, 768, 785.
Gallum. *Voyez* Ad Gallum.
Galyba (?), 770.
Camra. *Voyez* Gor.
Gamzouzi (Henchir), près de Martae, 692.
Gaphara = Ras Djafâra, 216.
Garama = Djerma, 711, 714, 716.
Garamantes, en Tripolitaine, 712.
Garamantique (Région), 711 et suiv.
Garbensis (*ecclesia*), 778.
Garci *ou* Garsi (Henchir Sidi-Abd-er-Rahman-). *Voyez* Aggersel.
Gasibala (?), 784. *Voyez* Gadiaufala.
Gatâa (El-), entre Tacape et Leptis Magna, 709.
Gatianensis (*ecclesia*), 781.
Gaudiabensis (*ecclesia*), 778.
Gausaphna (?), 770.
Gaurianensis, 778.
Gauvaritana (*ecclesia*), 781.
Gazabianensis (*ecclesia*), 778.
Gazacupada (?), 770.
Gazaufala. *Voyez* Gadiaufala.
Gedne (?), 770.
Gegetu = El-Gounaïl, 382.
Gela *ou* Gella (?), 807. *Voyez* Ad Gallum.
Gelanus (?), en Phazanie, 720.
Gélimer, sa campagne, 116.
Gemellae = Kherbet-Fraïn (?), 28, 507, 509, 807.
Gemellae = Mlili, 30, 523.
Gemellae *ou* Gremellae (?), près de Capsa, 678.
Genséric, sa conquête, 46, 47.
Gergis = Zarzis, Zerzis, 206.
Gerisa (?), 770.
Germani (Ad) = Henchir Ras-Nim, 480.
Germaniciana = Sidi-Amor-Bou-Hadjela, 589.
Germaniciana (Abbir). *Voyez* Abbir.
Gernisitana (*ecclesia*), 781.

Getullu, entre Oea et Leptis Magna, 215.
Geudh'at-el-Outad. *Voyez* Bezereos.
Ghabut-es-Souda (Henchir), près de Cilma, 611.
Ghadamès. *Voyez* Cydamus.
Ghaghaï (Oued), près de Bulla Regia, 259, 272.
Ghaïghia (Djebel), près d'Ad Mercurium, 480.
Ghanem-el-Kdim (Sidi-Bou-). *Voyez* Menegesem.
Ghar-el-Melah. *Voyez* Castra Laelia.
Ghar-ez-Zemma, près de Phua, 399.
Gharf-el-Antrân, près d'Hippone, 98.
Ghariân (Djebel), en Tripolitaine, 224, 229, 710, 713.
Gharra (Sebkha el-), près de Thenae, 14.
Ghazela (Bordj), près de Vaga, 812.
Gheria (Henchir el-). *Voyez* Mutia.
Ghira (Oued), près de Rusicade, 105.
Ghiren (Ksar ou-). *Voyez* Mons.
Ghorfa (Bahirt el-), près de Thacia, 355.
Ghora'at-Azrou. *Voyez* Gorra'at-Azrou.
Ghoula (Kasr el-), près d'Ad Turres, 682.
Ghoula (Kasr el-), à Sicca, 379.
Ghoumrâcen, Ghoumrassen, près de Tacape, 708.
Ghoumrâcen (Djebel), 695.
Ghrara. *Voyez* Gighthi.
Ghrem (Oued el-), près de Cellac Picentinae, 193.
Gial (Henchir). *Voyez* Djelal.
Gibamond, sa campagne, 117.
Gibba = Ksar Kalaba, 627.
Gibbensis (*ecclesia*), 778.
Giggensis (*ecclesia*), 776.
Gighthi = Henchir Sidi-Salem-Bou-Ghrara, 198, 200, 811.
Gilbensis (*ecclesia*), 778.
Gippitana (*ecclesia*), 778.
Γίργυρις *ou* Γίργιρι = le mont Ghariân (?), 720.

Girensis (*ecclesia*), 778.
Giru Marcelli (*ecclesia a*), 778.
Giru Tarasi (*ecclesia a*), 778.
Gisipensis major (*ecclesia*), 773.
Gisira (?), 770.
Giuf trans Bagradam (?), 773.
Giufi = Bir Mcherga, 594.
Giutrambacariensis (*ecclesia*), 773.
Giutsitensis (*ecclesia*), 782.
Glaïa. *Voyez* Ben-Glaïa.
Gobreuch (Ksar), près de Thenae, 18.
Gôdjila, entre Tacape et Leptis Magna, 708, 710.
Gontas (Djebel), près de Thamugadi, 426, 510.
Gor = Henchir Drâa-el-Gamra, 555, 595.
Gordjana (Henchir), près de Thuburbo Majus, 565.
Gorra'at-Azrou, près d'Uci Majus, 264, 364.
Γόρζα. *Voyez* Gurza.
Gossa (Oued), près de Coreva. 448.
Goubellat (Henchir). *Voyez* Ad Atticille.
Goubeul (Henchir), près d'Alonianum, 680.
Goubeul (Oued), près de Thelepte, 649.
Gouchtal (Oued), près de Thabudeos, 528.
Goulette (La), près de Tunis, 113. *Voyez* Catada.
Goulia (El-). *Voyez* Arsacal.
Gounaïl (El-). *Voyez* Gegetu.
Gouraï (Ksar), près de Theveste, 432.
Gourghebi (Henchir), près de Tabalta, 648.
Gourmat (Aïn). *Voyez* Ad Piscinas.
Gourn (Oued), près d'Ad Piscinas, 419.
Gous. *Voyez* Bou-Gous.
Grandes Plaines, près de Bulla Regia, 5.

Grasse, près d'Hadrumète, 115, 116.
Gremellas (?), 678. *Voyez* Gemellae.
Guebba, près de Thiges, 683.
Guebli (Oued), près de Calceus Herculis, 516.
Guelaa (Djebel), près de Justi, 476.
Guelma. *Voyez* Calama.
Guenaou (Sidi-). *Voyez* Ausilimdi.
Guenba (Henchir), près de Vaga, 813.
Guennich (Henchir), près de Vicus Gemellae, 674.
Gueraech (Henchir), près de Capsa, 635.
Guerah-el-Marsel, entre Sitifis et Sigus, 426.
Guerbi (Henchir), près de Silesua, 662.
Guergour (Henchir). *Voyez* Masculula.
Guerioun (Djebel), près de Sigus, 425, 511.
Gueriya-el-Gharbiya, en Tripolitaine, 711.
Guessas (El-) = Ad Lali (?), 483.
Guettar (El-), près de Germaniciana, 589; près de Capsa, 669.
Guettis (Garâat-el-), près de Bezereos, 704.
Guigba (Henchir Aïn-). *Voyez* Capsum Juliani.
Guirensis (*ecclesia*), 778.
Gumis, près de Maxula, 140.
Gummitana (*ecclesia*), 781.
Gunelensis (*ecclesia*), 773.
Gurgaitensis (*ecclesia*), 781.
Gurra. *Voyez* Gurza.
Gurza = Kalân Kebira, 561, 565.
Gurzensis pagus, près de Gurza, 564, 763.
Guzabetensis (*ecclesia*), 782.
Gypsaria Taberna = Kalil (?), 209.
Gyri mons, en Tripolitaine, 717, 720.

H

Haddada (Biar), près de Sitifis, 28, 807.
Hader. *Voyez* Belidet-el-Hader.
Hadid. *Voyez* Bir-el-Hadid.

Hadid (Beni-). *Voyez* Zure.
Hadid (Kasr el-). *Voyez* Seggo.
Hadid (Ras el-) = Cap de Fer, 102.

Hadifa (Djebel), près de Silesua, 655.
Hadj-Mahmed (Henchir Oued-el-), près de Bezereos, 704.
Hadjadj (Henchir), près de Thamugadi, 512.
Hadjar. *Voyez* Bou-Hadjar.
Hadjar (Henchir el-). *Voyez* Avibus.
Hadjar el-Maklouba, à Hadrumète, 158.
Hadjarat (Oued), près de Coreva, 448.
Hadjeb-el-Aïoun (Henchir). *Voyez* Masclianae.
Hadjeba (?). *Voyez* Hajela.
Hadjeret-Gaïet, près de Tiaret, 792.
Hadjila (Bir el-), près d'Agarsel, 686.
Hadjima (Aïn el-), à Sicca, 379.
Hadrumète = Soussa, Sousse, 149, 725, 783, 809. Enceinte, 151. Forts, 152. Acropole, 152. Ports, 153. Brise-lames, 155. Citernes, 156. Théâtre, 157. Cirque, 157. Mosaïques, 809, 810.
Hafeï (Bir el-), près de Nara, 646.
Hagueff (El-), près d'Ad Templum, 707.
Haguif-el-Miad (Oued), près de Thabudeos, 528.
Haïdoudi (Djebel), près de Silesua, 655.
Haïdra. *Voyez* Ad Medera.
Haïrech, Heïrech (Djebel), près de Simittu, 264, 266.
Haïrech (Henchir el-), près de Siminina, 141.
Hajela, Hadjeba (Sidi-Bou-Amar), près de Terento (?), 590, 818, 819.
Hajjela (Djebel el-), près de Simittu, 272.
Halal (Bord el-), près de Bulla Regia, 266, 812.
Halk-el-Menzel (Pont de), près de Horrea Caelia, 145.
Halloufa (Henchir), entre Mascula et Claudi, 506.
Hamâda, en Tripolitaine, 712.
Hamâda (El-), près d'Assuras, 568.

Hamadjé (Henchir). *Voyez* Sibus.
Hamâmet (Henchir). *Voyez* Thibar.
Hamar (Kasr el-), près de Sufetula, 630.
Hamar (Oued el-), près de Vallis, 441.
Hamba. *Voyez* Bou-Hamba.
Hamed. *Voyez* Bou-Hamed.
Hameïdat-es-Sers (Oued), près d'Assuras, 585.
Hameïma (Henchir), près de Nara, 643, 646.
Hamet. *Voyez* El-Hamet.
Hamira (El-). *Voyez* Cluacaria.
Hamma (El-), près de Cirta, 395.
Hamma (Henchir el-), près de Claudi, 506.
Hamma-Kabès, Hamma-Matmata. *Voyez* Aquae Tacapitanae.
Hammam (Bordj), près d'Orbita, 147, 149.
Hammam (Henchir el-), près de Cirta, 392.
Hammam (Oued el-), près de Thigibba, 626; près d'Aquae Regiae, 588.
Hammam Bent-es-Soultan, près de Ruspina, 167.
Hammam el-Enf, Hammam Lif. *Voyez* Ad Aquas.
Hammam el-Ouled-Medellani, près de Tuniza, 97.
Hammam Trozza, près d'Aquae Regiae, 586.
Hammam Zouakra. *Voyez* Thigibba.
Hammamet, près de Siagu, 129.
Hammamet (Golfe d'), 788.
Hammanientes (?), en Tripolitaine, 712.
Hamor-K'amouda (Djebel), près d'Autenti, 644.
Hamra (Djebel), près d'Autenti, 644.
Hamra (Ras el-), près de Quintiliana, 215.
Hanech (Djebel el-), près de Mutia, 459.
Hanout. *Voyez* El-Hanout.
Hanout-el-Kebir *et* Hanout-es-Srir (Djebel), près d'Ad Rotam, 510.
Haouareb (El-), près d'Aquae Regiae, 587.
Haouch. *Voyez* El-Haouch.

Haouch-el-Khima, Haouch-Khima, à Thelepte, 677, 678; près de Nara, 646.
Haouch-Sabra, près de Vicus Augusti, 609, 818.
Haouch Taâcha, près de Cilma, 819.
Haracta-Djerma, près de Thabute, 427.
Haraïria-Zaharouni (El-), près d'Ad Pertusa, 312.
Harat, Hareth (Henchir). *Voyez* Segermes.
Hareïga (Oued), près de Silesua, 656.
Harmeul (Henchir el-), près de Capsa, 673.
Hassan (Henchir Sidi-), près de Theudalis, 93.
Hassan-Chérif (Henchir), près de Thuburbo Minus, 297.
Hasseïn. *Voyez* Beni-Hasseïn.
Hassi (Oued el-), près de Sululi, 599.
Hassi-Guerbi, près de Gighthi, 199.
Hatab, Hatob (Oued el-), près de Menegesem, 631, 643.
Hatba (Henchir el-), près de Mutia, 765.
Haya (Oued Bou-), près de Thelepte, 676.
Hazem (Djebel), près d'Ad Lacum, 426.
Heddema (Bou-), près de Capsa, 635.
Hedja (Henchir Aïn-). *Voyez* Agbia.
Heïdous (Djebel), près de Tuccabor, 292.
Hemeur. *Voyez* Nemeur.

Henchir. Sens de ce mot, 76. Pour les noms commençant par *henchir* (ruine), voyez un autre terme du composé.
Hergla. *Voyez* Horrea Caelia.
Hermianensis (*ecclesia*), 781.
Hermione, en Byzacène, 116.
Heurtma. *Voyez* Bou-Heurtma.
Heusch (Henchir Bir-el-). *Voyez* Sululi.
Hilarensis (*ecclesia*), 773.
Hiltensis (*ecclesia*), 773.
Hippo Diarrhytus = Benzert, 90, 807.
Hippo Regius, Hippone = Bône, 47, 97, 783, 808.
Hirenensis (*ecclesia*), 781.
Hirpianensis (*ecclesia*), 781.
Hizirzadensis (*ecclesia*), 779.
Hodna, au sud de la province de Constantine, 504.
Hofra (Djebel), près de Castellum Fabatianum, 384.
Hol ou Holl, en Phazanie, 715.
Honoriopolitana (*ecclesia*), 782.
Horir (Ras), près de Nivergi Taberna, 223.
Horrea Caelia = Hergla, 145, 809.
Hortensis (*ecclesia*), 774.
Hospitensis (*ecclesia*), 779.
Hyon (?), 783.

I

Infren, Yèfren (Djebel), entre Tacape et Leptis Magna, 710.
Idassensis (*ecclesia*), 779.
Idicra, près de Cuicul, 408.
Iehoudia. *Voyez* Presidio.
Ieza Monsha (?), près de Putea Pallene, 207.
Igharghar, dans le Sahara, 787.
Igilgilis = Djidjelli, 106.
Ihoudi (Ras el-), près de Simnuana, 223.
Ilaguas, Ilaguatan, Libyens du Sud, 700.
Ilica (?), 770.

Imara (Oued Aïn-), près de Cuicul, 408.
Inchilla. *Voyez* Usilla.
Inuca = Henchir er-Reukba, 315, 565.
Ioudia (Henchir), entre Sufes et le mont Trozza, 630.
Ἰούγκη = Ounga, 783.
Ἱππόνεργιος = Hippone, 99.
Ἵππων = Hippone, 783.
Irensis (*ecclesia*), 781.
Iscina = Medinat-es-Soultan, 237, 784.
Ismuc, près de Zama Major, 582, 766.
Itama (Djebel el-), près de Silesua, 655.

Itinéraire d'Antonin, 51.
Iucundianensis (*ecclesia*), 779.
Iunca = Ounga, 191, 783, 811.

Iuncenses Campi, près d'Iunca, 768.
Izirianensis (*ecclesia*), 779.
Izliten (Marsa), près de Suggolins, 223.

J

(*Voir aussi la lettre précédente.*)

Jarabia (Oued). *Voyez* Djerbia.
Jean l'Arménien, sa campagne, 117.
Jourrâra (Khchem-el-), entre Tacape et Leptis Magna, 709.
Jovis Arva, près de Zaghouân (?), 785.
Jubaltianensis (*ecclesia*), 781.

Justi = Henchir Cheragrag, 476.
Justini ou Justiniana (*ecclesia*), 781.
Justinianopolis = Bordj Khadidja, 181, 811.
Juxtalaca, nom supposé résultant d'une mauvaise lecture, 369.

K

Kâbâo, entre Tacape et Leptis Magna, 708.
Kabès, Gabès. *Voyez* Tacape.
Kaboudia (Ras) = Caput Vada, 181.
Kadoula Nafti. *Voyez* Ad Ammonem.
Kâfer, Gâfer (Djebel Bou-), près de Thelepte, 648.
Kafsa, Gafsa. *Voyez* Capsa.
Kahlia (El-), près de Ruspina, 167, 168.
Kahloulia (Aïn). *Voyez* Teglata.
Kaïrouân, près de Vicus Augusti, 608, 819.
Kalâa. *Voyez* Bahirt el-Kalâa *et* Agarsel.
Kalâa (El-), entre Tacape et Leptis Magna, 708.
Kalâa (El-), à Thelepte, 677.
Kalâa es-Senam, près du Saltus Massipianus, 633.
Kalâa-Kebira. *Voyez* Gurza.
Kalâat el-Benia, près de Timezegeri, 690.
Kalâat el-Oued. *Voyez* Castra Corneliana.
Kalab (Djebel el-), près de Thuburbo Majus, 545.
Kalaba (Ksar). *Voyez* Gibba.
Καλάμα = Calama, 783.
Kalat, près de Villa Magna, 204.
Kalekh (Henchir el-), près de Drusiliana, 463.

Kalil, près de Gypsaria Taberna, 209.
Kaliyoucha (Ras el-), près de Turris ad Algam, 214.
Kamounia, près de Kaïrouân, 608.
Κάμψη, Κάψη = Capsa, 664, 783.
Καμψία Κίλεως (?), 782.
Kantara (El-), à Djerba, 788.
Kantara (El-). *Voyez* Calceus Herculis.
Kantara (Oued el-), affluent du Sisara lacus, 786.
Karaboli (Ksar). *Voyez* Cercar.
Κάραρος, 188. *Voyez* Bararus.
Karia (Henchir el-), près de Novis Aquilianis, 258, 305.
Karkabia (Sebkha), 204, 781.
Karkouza. *Voyez* Vax.
Καρταγένα, 783. *Voyez* Carthage.
Kartil (El-), près d'Horrea Caelia, 146.
Kasbait, près de Mons, 410.
Kasbat (El-), entre Tacape et Leptis Magna, 710.
Kasbat (Henchir) = Thuburbo Majus, 545, 565; près de Gemellae, 524.
Kasbat-es-Souar, près de Sua (?), 556.
Kasr (Aïn el-), près de Tadutti, 507. *Cf.* El-Kasr.

Kasr-el-Haïra, près de Silesua, 656.
Kasr-et-Tir, près de Sicilibba, 319.
Kasr-ez-Zit. *Voyez* Siagu *et* Praesidium Silvani.
Kasr. Pour les noms commençant par *Kasr* ou *Ksar*, voir un autre terme du composé.
Kasrin. *Voyez* Cillium.
Kassem (Bel-). *Voyez* Ad Aquas.
Κάστρον. *Voyez* Βέδερα.
K'atta-ez-Zit, près de Ponte Zita, 206.
Kattan (Oued el-). *Voyez* K'ton (Oued el-).
Kbour (Henchir el-), près de Thysdrus, 616.
Kbour el-Djehela (Djebel), près d'Utique, 57, 807.
Kebilli. *Voyez* Ad Templum.
Kebir (Oued el-). *Voyez* El-Kebir.
Keça (Henchir), près de Thibiuca, 288.
Kedoua (El-), près de Mazatanzur, 687, 689.
Kef (El-). *Voyez* Sicca Veneria.
Kef (Aïn el-), à Sicca, 379.
Kef Bou-Zioun, près de Zattara, 392.
Kef ech-Chemmakh, près de Picus, 256.
Kef el-Aks, près de Tipasa, 392.
Kef el-Nehal, près d'Uzappa, 600.
Kef el-Tbib, près de Capraria, 384.
Kef el-Tout (Khanga), près de Vaga, 6.
Kelakh (Oued el-), près d'Assuras (?), 585.
Kelb (Kasr el-), près d'Ad Germani, 480.
Kelbia (Henchir). *Voyez* Cilibia.
Kenedil Henchir), près de Tenelium, 100.
Kentchilou (Djebel), près de Coreva, 453.
Κεντουρίαι, 424. *Voyez* Centuriae.
Kerâan (Henchir), près de Coreva, 446, 451.
Kercha (Aïn), près de Visalta, 426.
Kérin. *Voyez* Cirna.
Kerkenna (îles), 734, 788.
Kern-el-Kebch, près de Musti, 349.
Kesbint (Henchir), près de Lambiridi, 501.

Kesra *ou* Kessera (Djebel), près d'Uzappa, 576, 586.
Keskes (El-), à Thabraca, 95.
Kessab (Oued), près de Novis Aquilianis, 257.
Kessera. *Voyez* Kesra.
Ketama (Tribu des), près de Cuicul, 407, 410.
Ketâna, près d'Agma, 198.
Khaba-Açoûda, près de Zama Major, 571, 585.
Khachm-el-Djourâra, entre Tacape et Leptis Magna, 709.
Khachm... *Voyez* Khchem.
Khachoun (Henchir). *Voyez* Muzuc.
Khadidja (Bordj). *Voyez* Justinianopolis.
Khaled. *Voyez* Beni-Khaled.
Khalled, Khaled (Oued), près d'Agbia, 336, 341, 448, 619.
Khalifa. *Voyez* Bou-Khalifa.
Khallou. *Voyez* Bou-Khallou.
Khamissa. *Voyez* Thubursicum Numidarum.
Khamsa (Henchir), près de Claudi, 506.
Khanga (Khangua, Khanguat, Khanguet) Moghera, près d'Onellana, 548.
Khangat-el-Kdim (Henchir) près de Drusiliana, 369.
Khangat-el-Meridj, près de Thabraca, 311.
Khangat-el-Oursa (Henchir), près de Liviana, 487.
Khangat-el-Tlit, près d'Ad Atticille, 444.
Khangat-ez-Zeliga, près d'Uzappa, 586.
Khangat-Goubrar, près de Capsa, 670.
Kharoub (Henchir el-). *Voyez* Gales.
Kharra (Pointe), près de Base, 227.
Khatra (Henchir), près d'Uzappa, 586.
Khchem el-Artsouma, près d'Amudarsa, 646.
Khchem el-Kelb, près d'Autenti, 644.
Khchem ez-Zerboudja, près d'Ad Oleastrum, 194.

Khelân (Kasr), au sud d'Ad Templum, 706, 820.
Khemes (Oued), près d'Urusi, 603.
Khenafès (Bir), près d'Agarsel, 686.
Khenchela. *Voyez* Mascula.
Kheneg (El-). *Voyez* Tiddis.
Khenizen, Khenissen (Col de), près d'Ad Piscinam, 522.
Kherb-el-Zembia, près de Paccianis Matidiae, 106.
Kherbet Aïn-Soltan, près de Gemellae, 28.
Kherbet el-Bordj, près de Calceus Herculis, 517.
Kherbet el-Hanout, près de Symmachi, 515.
Kherbet Fraïn, près de Gemellae, 507, 509.
Kherbet Ouïghi, entre Tacape et Leptis Magna, 709.
Kherbet Oulad-Arif. *Voyez* Lambiridi.
Kherbet Skhoun, près de Calceus Herculis, 516.
Khima (Kasr), près d'Aggar, 577. *Voyez* Haouch-Khima.
Khima-mta-Zarouia (Henchir), près de Nara, 646.
Khnis, près de Ruspina, 754.
Khob (Henchir), entre Mascula et Claudi, 506.
Kibrit (Aïn), près de Coreva, 453.
Kiel (Henchir), près d'Ad Majores, 530.
Kikkela, entre Tacape et Leptis Magna, 710.
Κίλλα = Zouarin (?), 571, 583.
Kirilla (?), 238.
Kissa (Henchir). *Voyez* Mova.
Kissera. *Voyez* Chusira.
Klibia. *Voyez* Clupea.
Knatir (Oued el-), près de Horrea Caelia, 147, 809.
Kneïs = Zeta (?), 747.
Kneïs (Collines de), près de Zeta, 736.
Kobeur-el-Ghoul, près d'Uzappa, 584, 600, 601.
Kollo. *Voyez* Chullu.

Κόλλοψ = Culucitanis (?) *et* Chullu, 103, 105.
Κολούλης (?), 782.
Koreïba (Henchir), près de Cirta, 512.
Korrathiya (El-), entre Tacape et Leptis Magna, 710.
Kosseïr ech-Chems, près de Speculum, 682.
Kouchbatia (Henchir). *Voyez* Thimbure.
Koudiat Ati, près de Cirta, 394, 815.
Koudiat el-Hobsia, à Carthage, 795.
Kouki (Henchir), entre Sufes et le Djebel Trozza, 630.
Κουκούλης (?), 782.
Κούλλου = Chullu, 105.
Κούλουλις (?), peut-être Chusira, 629.
Kourba. *Voyez* Curubis.
Kourneïn. *Voyez* Bou-Kourneïn.
Koursia (Sebkhat el-), près de Tepelte, 545, 596.
Koutin. *Voyez* Augarmi.
Koutrous, entre Tacape et Leptis Magna, 709.
Krich-el-Oued. *Voyez* Chisiduo.
Kriz (Oasis de), près de Thiges, 683.
Kroumbalia, près de Cilibia, 123.
Ksaïra (Djebel), près d'Autenti, 644.
Ksar. *Voyez* Kasr.
Ksar (Aïn el-), près de Thabute, 426.
Kseba (Oued), près de Cirta, 404.
Ksib (Bir Bou-), près d'Agarsel, 686.
Ksiba (Henchir). *Voyez* Kasbat (Henchir).
Ksiba (Kasr), près de Chusira, 629.
Ksiba-Mraou, près de Naraggara, 380, 583.
Ksira (Aïn), près de Simittu, 310.
Ksour (Région des), dans le Sud tunisien, 820.
Ksour, près d'Altessera, 568. *Voyez* El Ksour.
Ksour es-Sef, près de Sullectum, 186.
K'ton, Katlan (Oued), près de Cirta, 404.
Κωνσταντίνη = Cirta, 783. *Voyez* Cirta.

L

Laâbed. *Voyez* Maâbed.
Labdensis (*ecclesia*), 774.
La Calle. *Voyez* Tuniza.
Lacene = Terf-el-Ma, 195.
Lacu dulce (*ecclesia a*), 774.
Lacum Regium (Ad) = Henchir Takoucht, 510, 511.
Lacus Regius = Sebkha de Djendeli, 511.
Laguatan, peuple de la Byzacène, 700.
Lali. *Voyez* Ad Lali.
Lamasba = Merouana, 503.
Lamaya, près de Vax, 213.
Lamba (Aïn), près de Theveste, 505.
Lambaesis, Lambèse[1] = Tazzout, 30, 491, 507, 818.
Lambafudi = Henchir Touchin, 490.
Lambiridi = Kherbet Oulad-Arif, 501.
Lamfuensis (*ecclesia*), 779.
Lamiggensis (*ecclesia*), 779.
Lamiggigensis (*ecclesia*), 779.
Laminie, entre Tacape et Veri, 701.
Lamniana = Henchir Selloum, 147, 148, 809.
Lampsili, près de Popleto, 483.
Lamsortensis (*ecclesia*), 779.
Lamzellensis (*ecclesia*), 779, 782.
Laoubia (Henchir), près de Milev, 408.
Lapidem Baium *Voyez* Ad Lapidem.
Lapisede, près de Villa Serviliana, 784.
Larbi (Oulad), près de Tucca, 412.
Lares = Lorbeus, 454, 816.
Lares, ville cirtésienne (?), 770.
Lariscus portus (?), 768.
Laritensis (*ecclesia*), 782.
Lasica (?), 770.
Latari *ou* Latara (?), 768.
Leae (?), 770.
Lebda. *Voyez* Leptis Magna.

Leben (Djebel), près d'Afas Luperci, 693.
Leben (Oued), près de Septiminicia, 647, 648.
Légat propréteur, 32.
Legensis (*ecclesia*), 779.
Legiensis (*ecclesia*), 779.
Légion IIIe Auguste, 30, 498 et suiv.
Legisvoluminiensis (*ecclesia*), 779.
Lehs. *Voyez* Ellès.
Lekal (Henchir), près d'Onellana, 795.
Lemsa (Henchir). *Voyez* Limisa.
Lemta. *Voyez* Leptis Parva.
Leones (?), près de Tacape, 783.
Λεπτίς, 783. *Voyez* Leptis Magna.
Leptis altera. *Voyez* Leptis Parva.
Leptis Magna = Lebda, 21, 31, 219, 812.
Leptis Parva *ou* Leptiminus = Lemta, 49, 168, 171, 728, 810.
Λευαθαί, tribu de la Byzacène, 700.
Leucada (?), 791.
Liberaliensis (*ecclesia*), 779.
Libertinensis (*ecclesia*), 774.
Limisa = Henchir Lemsa, 580.
Limitanea (Numidia ?), 39.
Listes de l'Anonyme de Ravenne, 783; de Léon le Sage, 782; de Pline l'Ancien, 769; de Ptolémée, 770.
Listes épiscopales, 770-782.
Liviana = Henchir Khangat-el-Oursa, 487.
Locus Judaeorum Augusti = Medinat-es-Soultan, 237.
Lorbeus. *Voyez* Lares.
Lot (Bordj), près de Calceus Herculis, 517.
Lucimagnensis (*ecclesia*), 782.
Lucullianis, près de Visalta, 425.
Lugurensis (*ecclesia*), 779.
Lupercianensis (*ecclesia*), 782.

---

[1] *Lambessa* est une formation analogique fautive d'après *Tebessa*, تبسة.

M

Maâbed (Aïn). *Voyez* Pagus Thunigabensis, 304.
Maâlia (Djebel), près de Menegere, 643.
Maâzoun (Henchir Bou-), près de Drusiliana, 370.
Mabrouk-ech-Cherif. *Voyez* Thibilis.
Maces, tribu de Tripolitaine, 712.
Macomades = Merekeb-Talha, 477.
Macomades Minores = Henchir Oghelt-el-Khfifia (?), 191.
Macomades Selorum, Macomades Syrtis = Mersa Zafran, 226.
Macrianensis (*ecclesia*), 781.
Mactaris = Macteur, Makter, 586, 620, 819.
Madarsuma, près de Nara, 646, 783.
Μαδασούθα, 783. *Voyez le précédent.*
Madaura = Mdaourouch, Μάδουρος, 417, 816.
Madensis (*ecclesia*), 779.
Mader, Madher (El-). *Voyez* El-Madher.
Madghous (Kasr el-), près de Bagaï, 483.
Madjed (Oulad), près de Thiges, 683.
Madjen (Djebel el-), près de Timezegeri, 689.
Madjouba (Henchir), dans le Saltus Massipianus, 633.
Madjouna (Aïn), près d'Aquae Regiae, 587.
Madjour, Madjoura (Djebel), près d'Ad Majores, 530, 536; près de Madarsuma, 646; près de Theveste, 785.
Madrasen, Madracen, Madghacen, près d'Ad Lacum, 426, 511, 793.
Mafrag (Oued) = Armua (?), 97, 285.
Magarmelitana (*ecclesia*), 779.
Maghraoua, près d'Uzappa, 584.
Magra. *Voyez* Thibica.
Magradi, près d'Oea, 217.

Magrat (Oued), affluent du lac Sedjenân, 786.
Magri = Henchir Settara (?), 419, 430.
Mahalla (El-), près d'Idicra, 409.
Maharia (Henchir), entre Sufes et le Djebel Trozza, 630.
Mahatla, près de Vasampus, 475.
Mahda-Hassan, en Tripolitaine, 235.
Maïdeur (Sebkhat el-), près de Gighthi, 199, 811.
Maïla, Maïlah (Oued el-), près de Fons Camerata, 408.
Majores, 783. *Voyez* Ad Majores.
Makhbaz (Ras el-), près de Pisida, 208.
Maklouf (Henchir), près d'Utique, 56, 807.
Maksem (El-), près de Veresuos, 662.
Makta-el-Hadjar, près d'Ad Aquas Herculis, 518.
Makter, Macteur. *Voyez* Mactaris.
Mameda (?), 782.
Mammenses Campi (?), 768.
Mamra (Bordj), près de Tucca, 412.
Mamra (Henchir), près de Claudi, 506.
Manange, près d'Henchir Faroha, 577.
Mankoub (Bir), près de Vegesela, 643.
Manouba, près de Tunis, 247.
Mansour (Sidi-), près de Ruspina, 166.
Mansour-ed-Daouâdi (Henchir), près de Thisita (?), 93.
Mansoura (Collines de), à Cirta, 393.
Maraguiensis (*ecclesia*), 781.
Marazanae, entre Sufes et Aquae Regiae, 629.
Marbre numidique, 789.
Marcellianensis (*ecclesia*), 778.
Marcimeni = Aïn Beïda, 477.
Μάργαρον, 381, 583. *Voyez* Naraggara.
Margni (Kasr), entre Sufes et le Djebel Trozza, 630.

Markouna. *Voyez* Verecunda.
Marouf, Mahrouf (Oued), près d'Uzappa, 576, 579.
Marrensis (*ecclesia*), 782.
Marsa... *Voyez* Mersa...
Marsad (Ksar el-), près d'Horrea Caelia, 146.
Martae = Henchir Gamzouzi (?), 692, 693.
Marta, 693. *Voyez* Martae.
Martamali, mauvaise lecture, 693.
Μαρθαμά, près d'Hadrumète, 693.
Masclianae = Henchir Hadjeb-el-Aïoun, 610.
Mascula = Khenchela, 480, 481, 505, 817.
Masculula = Henchir Guergour, 381, 814.
Masinissa, ses possessions, 4.
Massimanensis (*ecclesia*), 781.
Massipianus Saltus, aux environs d'Ad Medera, 632.
Massoudj (Oued *et* Djebel), près d'Uzappa, 573, 574, 584.
Mastar, Mastarense Castellum = Rouffach, 398, 807.
Mata (?), près de Leptis Magna, 784.
Mata (Oued), en Tripolitaine, 217, 784.
Mataritana (*ecclesia*), 781.
Matelogue. *Voyez* Motleg.
Mâter. *Voyez le suivant.*
Materense (*oppidum*) = Mâter, 286, 812.
Materianensis (*ecclesia*), 781.
Matharensis (*ecclesia*), 287, 779.
Matmâta (montagnes, tribu, ksour), entre Tacape et Leptis Magna, 688, 698, 708.
Matráo (Bir), près d'Auzui, 228.
Mâtriah, Maâtria (Henchir el-), près de Thubursicum Bure, 368.
Mattianensis (*ecclesia*), 774.
Mauritania Tabia (?) Insidiana (?) = Mauritania Sitifensis, 37.
Maxalla (?), en Phazanie, 717.
Maximianensis (*ecclesia*), 781.

Maximiensis (*ecclesia*), 781.
Maximilianensis (*ecclesia*), 779.
Maximilien (Saint), martyr à Theveste, 44, 805.
Maxula = Radès, 111, 719.
Maxulitani (?), 764.
Maxulitanum littus, près de Radès, 113.
Mazacensis (*ecclesia*), 780.
Mazar = Muzarur (?), 784.
Mazatanzur = Bir Sidi-Mohammed-ben-Aïssa, 687.
Mchéguig, Méchéguig, Mechguig (Sebkhat el-), près d'Autenti, 644; (Bir), près d'Agarsel, 686.
Mcherga (Bir). *Voyez* Giufi.
Mdaourouch. *Voyez* Madaura.
Mdoudja (Aïn), près Uzappa, 584, 600.
Meçadjat (Oued), près de Paratianis, 103.
Mechaâl, en Tripolitaine, 719.
Méchéguig. *Voyez* Mchéguig.
Mecherasfa (Souâma de), dans la province d'Oran, 793.
Mechhad-Mansoûr, entre Tacape et Leptis Magna, 710.
Mechra (Oued), près d'Ubaza, 536.
Mechta Nehar = Caldenses (?), 397.
Mechta Sidi-Salah (Henchir). *Voyez* Svaddurusi.
Mecid, Msid (Sidi-), près de Cirta, 393.
Medefesitana (*ecclesia*), 781.
Medeïna. *Voyez* Altiburos.
Medeïna (El-), près d'Agma, 198.
Medeli = Sidi-Nacer-Bergou, 591.
Meden. *Voyez* Vina.
Medenin, Moudenin (Kasr), au sud-est de Tacape, 708.
Medera. *Voyez* Ad Medera.
Medianensis (*ecelesia*), 781.
Medianis (*ecclesia a*), 781.
Medias. *Voyez* Ad Medias.
Μεδιxxάρα, 559. *Voyez le suivant.*
Mediccera, Mediocera = Aïn Medkeur, 559.

Medien (Sidi-). *Voyez* Vallis.
Medina (Henchir, Bir el-), près de Terento, 590.
Medinat-el-Kdima. *Voyez* Thelepte.
Medinat-es-Soultan. *Voyez* Iscina.
Mediocera. *Voyez* Mediccera.
Medjeni (Kasr el-), près d'Afas Luperci, 693.
Medjen-Oum-el-Kessal *ou* Medjen-Sidi-Abbeuss, près de Capsa, 681.
Medjerda. *Voyez* Bagrada.
Medjessar (Oued), près de l'Ausere, 694.
Medjez-el-Bab. *Voyez* Membressa.
Medkeur (Aïn). *Voyez* Mediccera.
Medranis (?), près de Gadiaufala, 784.
Μεγάλα Πεδία, près de Bulla Regia, 5.
Mégalithiques (Monuments), 790, 792, 793, 816, 820.
Megerthis = Magradi (?), en Tripolitaine, 216, 217.
Meglapolitana (*ecclesia*), 774.
Megrassem (Oued), près de Mutia, 459.
Megrin, 808. *Voyez* Nigrin.
Mehamla (Henchir), près de Silesua, 662.
Mehdeb, Mehedeb (Sidi-). *Voyez* Cellae Picentinae.
Mehdia, Mehedia, Mahdia, Mahadia = Alipota (?), 176, 178, 794, 810.
Meheri (Djebel), près de Madarsuma, 646.
Meïman, Meïmen (Djebel), près d'Ad Lacum, 425, 510.
Mektel Abdoullah, entre Tacape et Leptis Magna, 709.
Mektidès. *Voyez* Tinfadi.
Melah (Oued), près de Ruspina, 728, 732.
Melah (Oued), près de Simittu, 272, 282.
Melah (Ghar el-). *Voyez* Castra Laelia.
Melebo Colonia (?), 784. *Voyez* Milev.
Meldita (?), 770.
Melditana (*ecclesia*), 774.
Melghigh, Melrir (Chott), 525, 526.

Meliana (Oued), près de Thuburbo Majus, 546, 547, 565, 590.
Melina (Henchir el-), près d'Utique, 56.
Melizitanum (*oppidum*), 770.
Mellag, Melleg, Mellègue (Oued), affluent de la Medjerda = Muthul, 414, 475, 631, 786.
Mellagui (Henchir), près d'Ubaza, 649.
Melzitana (*ecclesia*), 774.
Memblositana (*ecclesia*), 774.
Membressa = Medjez-el-Bab, 325, 774, 812.
Membrone, Membro = Sidi-Ahmed-Bou-Farès, 85, 774.
Memplonitanus locus, près d'Uzala, 774.
Menara (Kasr el-), près d'Horrea Caelia, 147, 809.
Menara (Kasr el-), entre Tacape et Leptis Magna, 709.
Menefesitana (*ecclesia*), 781.
Menegere = Henchir Bou-Taba, 643.
Menegesem = Sidi-Bou-Ghanem-el-Kdim, 631.
Menephese = Menfes, 160.
Menfedh (El-) *et* Menfes. *Voyez* Menephese.
Mengoub *ou* Menkoub (Henchir), près de Turca, 592.
Meninx = Djerba (île de), 788, 790, 820.
Mensa (?), 770.
Menzel (Aïn), à Chaouach, 295.
Menzel (Henchir el-), près d'Aggarsel, 560.
Menzel (Henchir el-), près de Claudi, 506.
Menzel-Bou-Zalfa, près de Casula, 139.
Menzel-el-Ghoul (Oued), près d'Utique, 57.
Menzel-Kemel, près de Sarsura, 743, 749.
Merazig (Oasis des), au sud-ouest de Tacape, 707.
Mercurium (Ad). *Voyez* Ad Mercurium.

Merdès. *Voyez* Bou-Merdès.
Merekeb-el-Dhiâb, près de Mazatanzur, 687.
Merekeb-en-Nabi (Henchir), près de Cigisa, 246.
Merekeb-Talha. *Voyez* Macomades.
Merekli. *Voyez* Ali-el-Merekli.
Merferebitana (*ecclesia*), 782.
Merg-el-Lil, Merguellil, Marguelil (Oued), près de Kaïrouân, 7, 586, 588, 786.
Merkaï (Oued), près de Thenebreste, 419.
Merkeb... *Voyez* Merekeb...
Merouan. *Voyez* Bou-Merouan.
Merouana. *Voyez* Lamasba.
Mersa (Marsa) Djoun, près de Tuniza, 96.
Mersa el-Kdima, près de Ruspina, 728.
Mersa el-Lif, près de Putea Pallene, 207.
Mersa el-Menchar. *Voyez* Sublucu.
Mersat el-Kharaz, près de Tuniza, 96.
Merzoug. *Voyez* Bou-Merzoug.
Mesarfelta, Mesar Filea (?) = Tolga, 29, 519, 521.
Meskiana (Plaine de), près d'Altaba, 476.
Meskin (Sidi-). *Voyez* Thunusuda.
Meskoutin (Hammam). *Voyez* Aquae Thibilitanae.
Mesdour, près de Ruspina, 736.
Mesmeus (Oued), près d'Augarmi, 694.
Mesphe, près de Leptis Magna, 698.
Messaoudi (Bordj). *Voyez* Thacia.
Mest (Henchir). *Voyez* Musti.
Mestaoua, près de Diana, 484.
Mestaoua, près d'Agma, 198.
Metensis (*ecclesia*), 780.
Mezrata. *Voyez* Tubactis.
Mghar-el-Gbrin (Oued el-) = Cinyps, 223.
Mibiarcensis (*ecclesia*), 781.
Midas, près d'Ad Turres, 681.
Midicensis (*ecclesia*), 781.
Mididi = Henchir Midid, 619.
Midilensis (*ecclesia*), 780.
Miditensis (*ecclesia*), 781.

Midlensis (*ecclesia*), 780.
Migirgensis (*ecclesia*), 774.
Miglis Gemella (?), en Phazanie, 717.
Mila, Milah (Oued), près de Milev, 408.
Mila. *Voyez* Milev.
Mileu, Milev = Mila, 406, 815.
Miliciana (Numidia?), 38.
Milidiensis (*ecclesia*), 782.
Minah (El-), près de Gypsaria Taberna, 209.
Minna, près de Leptis Magna, 217.
Mira (Henchir), près de Vicus Aureli, 482.
Miran (Oued), près de Mactaris, 621.
Μίρσον (?), 406. *Voyez* Mila.
Missua, Misua = Sidi-Daoud-en-Noubi, 137, 809.
Mita (Oued), près d'Ad Medias, 530.
Mizda, près de Telgae, 716.
Mizeotereneni (?), Mizeoterenenses, près de Thignica, 764.
Mizicianensis (*ecclesia*), 781.
Mizigi (*non* Mizigita) = Douela, 141, 809.
Mkhalfa (Oued), près de Bagaï, 786.
Mlili. *Voyez* Gemellae.
Mlita (Aïn), près de Visalta, 425, 510.
Mocta, sebkha au sud-est de Tacape, 789.
Modolana, près de Cuicul, 409.
Mohammed-ben-Aïssa (Bir Sidi-). *Voyez* Mazatanzur.
Mohammed-Cherif (Sidi-), près de Theveste, 473.
Mokrân, au sud de Gemellae, 526.
Molas (Ad). *Voyez* Ad Molas.
Monastir. *Voyez* Ruspina, 165, 727, 810.
Mons = Ksar-ou-Ghiren, 27, 410, 816.
Mons Jovis = Ziquensis mons, 625, 785.
Monumentum Annibal (?), près de Muzarur, 784.
Mornaguia, Mornak (Plaine de), près de Tunis, 122, 125.

Morniat (Aïn), près d'Ad Rotam, 511.
Morra (Djebel), près de Membressa, 327, 442.
Morsout, Morsot. *Voyez* Vasampus.
Mostafa (Ras Sidi-) = Ταφῖτις ἄκρα, près de Clupea, 137.
Motlâa (Henchir), près de Carthage, 56.
Motleg, Matelogue (Djebel), près d'Autenti, 644.
Mouïat-Ali, près d'Agarsel, 686.
Mouïa-Tchella, près de Naraggara, 380.
Mouktar. *Voyez* Autels des Philènes.
Moulin à huile, 789.
Moumen. *Voyez* Ben-Moumen.
Mourân (Kasr), entre Tacape et Leptis Magna, 708.
Mourzouk, en Phazanie, 714.
Mouslim. *Voyez* Beni-Mouslim.
Mova = Henchir Kissa, 474.
Moxoritana (*ecclesia*), 780.
Mozotcoritana (*ecclesia*), 781.
Mraba (Henchir el-), près de Thysdrus, 616.
Mrad (Bordj Si-), près d'Ad Mercurium, 316.
Mraïsa. *Voyez* Carpi, 111, 140.
Msaâdin (Henchir el-). *Voyez* Furni.
Msahel (Oued), près de Casae, 631.
Msellata (El-), entre Tacape et Leptis Magna, 710.
Msid. *Voyez* Mecid.
Msid el-Aicha (Djebel) = Audus mons, 785.
Mta-el-Oumouissa (Oued), au sud de Sfaks (?), 787.

Mtarif (El-), près de Teglata, 250.
Mtatidj, près de Paccianis Matidiae, 106.
Mtoussa (Henchir). *Voyez* Ad Cazalis.
Mtoussa (Oued), près de Bagaï, 786.
Mugiensis (*ecclesia*), 782.
Muguae (*non* Mugae), près de Cirta, 394, 780, 815.
Mugud (?), près d'Iscina, 784.
Muliensis (*ecclesia*), 780.
Mullitana (*ecclesia*), 774.
Munacianensis (*ecclesia*), 782.
Municipensis (*ecclesia*), 780.
Murine (?), en Tripolitaine, 783.
Murrensis (*ecclesia*), 782.
Muruis (?), 770.
Musol (?), près de Chosol, 784.
Muste Vicus (?), 770.
Musti = Henchir Mest, 352, 813.
Mustitana (*ecclesia*), 780.
Musula, près d'Ad Ficum, 228, 231, 812.
Muthul = Oued Mellag, 414, 475, 631, 786.
Mutia = Henchir el-Gheria, 456, 458, 633.
Mutugenensis (*ecclesia*), 780.
Muzarur, près de Tacatua, 102, 784.
Muzuc, Muzuca = Henchir Khachoun, 45, 603, 807.
Muzuc, Muzuca = Henchir Besra, 46, 604, 807.
Mzira (Henchir), près de Capsa, 681.
Mzoura (Henchir), près de Teglata, 250.
Mzouzia (Collines de), près de Theveste, 476.

N

Naâm (Henchir en-). *Voyez* Abbir Cella.
Nabech (Khangat el-), près de Thelepte, 681.
Nâcer (Sidi-), près de Vicus Augusti, 616.
Nâcer (Sidi-), près de Tuccabor, 296.
Nâcer Bergou. *Voyez* Medeli.

Nador (Montagnes de), près de Cirta, 392.
Naga (Aïn), près de Gemellae, 523.
Nala *ou* Naladus, en Tripolitaine, 228, 812.
Naloût, entre Tacape et Leptis Magna, 708.
Nalpotes, près de Tuniza, 96.

Namoussa. *Voyez* Bou-Namoussa.
Nannagi (?), 717, 719. *Voyez* Dannagi.
Nara = Bir el-Beï *ou* Bir el-Hafeï, 646.
Naraggara, Narraggara = Sidi-Youssef (?), 379, 583, 815.
Naratcatensis (*ecclesia*), 780.
Naron, nom d'une synagogue (?), 127.
Nasaitensis (*ecclesia*), 782.
Nasamons, en Tripolitaine, 712.
Natavri, Natabres, en Tripolitaine, 718.
Νατέμβρες, en Tripolitaine, 718.
Nathabur, rivière en Tripolitaine, 719.
Nationensis (*ecclesia*), 781.
Nattabures, en Tripolitaine, 719.
Navusi (Monts), près de l'Aurès (?), 785.
Nbaïl (Hammam en-), près de Cirta, 392.
N'bil (Sidi-), à Zama Major, 574.
Νεάπολις, 220. *Voyez* Leptis Magna.
Neapolis = Nebel, 133, 725.
Nebbitana (*ecclesia*), 781.
Nebch-ed-Dib (Oued), près d'Agarlavas, 700.
Nebel. *Voyez* Neapolis.
Nebeur (Monts de), près de Vaga, 264.
Nebhan (Oued), près de Kaïrouân, 579.
Nedibus, près de Rusicade, 107.
Neffetia (Oglet), près de Martae, 696.
Neffetia (Oued) = Ausere, 694.
Nefoûsa, Nefoûça (Djebel), en Tripolitaine, 698, 708, 715.
Nefta. *Voyez* Aggarsel Nepte.
Nefta (Oued), près d'Aggarsel Nepte, 686.
Nefzâoua (Groupe d'oasis du), près de Turris Tamalleni, 699, 820.
Negenta (?), 770.
Νεγέτα (?), 685.
Negligemela (?), en Phazanie, 717.
Nememcha, Nemencha, tribu près d'Ad Medera, 513.

Nemeur (*non* Hemeur) mta-Ouargha (Djebel, près de Muthul, 381, 786.
Néphéris, près d'Ad Aquas, 795.
Nepte. *Voyez* Aggarsel Nepte.
Ngaous. *Voyez* Colonia Castellana.
Nicibensis (*ecclesia*), 780.
Niger mons, en Phazanie, 717.
Nigizubitana (*ecclesia*), 782.
Nigrensis Casensis (*ecclesia*), 778.
Nigrin (Oasis de), près d'Ad Majores, 513.
Nigrin *ou* Megrin (Collines de), près de Tunis, 120[1], 808.
Niniba, près de Vicus Juliani, 392.
Niouch (Aïn ben-). *Voyez* Ad Mercurium.
Niteris, Nitibrum, Nitiebres, en Tripolitaine, 717, 719.
Nivergi Taberna, en Tripolitaine, 223, 784.
Nobabarbarensis (*ecclesia*), 780.
Nobacaesariensis (*ecclesia*?), 780.
Nobagermaniensis (*ecclesia*), 780.
Nobas Fusciani, près de Milev, 408.
Nobasinensis (*ecclesia*), 780.
Nottah (Djebel), près de Coreva, 452, 453.
Nouâra (Kasr). *Voyez* Putea Pallene.
Novale (?), près de Villa Serviliana, 784.
Nova Petra = Henchir Encedda, 509.
Nova Sparsa, près de Gemellae, 507, 509.
Novis Aquilianis = Sidi-Ali-Djebîn, 257.
Numidie (Histoire de la), 34, 35, 36. — Numidie nouvelle, 10, 12, 23.
Numituriana, près de Milev, 406.
Nummulitana *ou* Numnulitana (*ecclesia*), 774.
Nummulitani (?), 764.
Nuroli (?), 770.
Nycpii, en Tripolitaine, 719.
Nzab-el-Messaï = Symmachi (?), 515.

[1] Ces collines portent le nom de *Mougrine* sur la carte des environs de Tunis dressée par MM. Toccanne, Olivié et Blasius (au 20000°); M. de la Blanchère les appelle *Megrin*. Il se peut donc que la transcription *Nigrin* soit une erreur de M. Tissot. Cf. plus haut p. 808.

O

Obba = Ebba, 459.
Octabensis (*ecclesia*), 781.
Octabiensis (*ecclesia*), 781.
Octavensis (*ecclesia*), 780.
Odiana = Onellaba, 244, 280, 285 (où l'on a imprimé par erreur *Onellana*).
Oea = Tripoli, 217, 812, 820.
Oesch. *Voyez* Heusch (Bir el-).
Ofitana (*ecclesia*), 774.
Oghelt el-Khfifia (Henchir). *Voyez* Macomades Minores.
Oghla (El-). *Voyez* Fons Potamianus.
Oglet el-Metnen, près de Septiminicia, 647.
Okba (Djama de Sidi-), à Sufes, 617.
Oleastrum. *Voyez* Ad Oleastrum.
Onellaba, 280. *Voyez* Odiana.
Onellana = Zaghouân (?), 548, 565.
Ong (Djebel), près d'Ad Palmam, 536, 650.
Onusol (?), 784. *Voyez* Chosol.
Oppennensis (*ecclesia*). *Voyez* Uppenna.
Oppidum Novum (?), 765.
Orba, 459. *Voyez* Ebba.
Orbita. *Voyez* Bordj Hammam.
Orega (Oued), près de Silesua, 656.
Osman (Sidi-), près de Ruspina, 167.
Ossaba (Djebel), près de Menegere, 643.
Ouaa'ar (Bir el-), entre Tacape et Leptis Magna, 710.
Ouadan, en Tripolitaine, 715.
Ouâli (Kasr), près d'Ad Oleastrum, 193.
Ouargha, entre Tacape et Leptis Magna, 710.
Ouassa (Défilé de), près de Tubunae, 518.
Ouâzzen, en Tripolitaine, 708, 715.
Οὐάζουα (?), 300.
Ouchtetia (Blad), près de Germaniciana, 589.
Oucif (Djebel), près d'Ubaza, 537.

Oudena. *Voyez* Uthina.
Oudjel. *Voyez* Uzelis.
Ouenza (Djebel), près de Vicus Valeriani, 414.
Ouïder. *Voyez* Beni-Ouïder.
Οὐχιϐι (?), 357, 813.
Oulad (Ouled) Ali-ben-Sabor, près de Sitifis, 504.
Oulad Aoun (Hamada des), près d'Uzappa, 576, 584, 600.
Oulad Arif (Chabet), près de Lambiridi, 502.
Oulad Ayar (Hamada des), près d'Assuras, 7, 568, 587.
Oulad Bou-Ghanem, près du Saltus Massipianus, 633.
Oulad Bou-Salem (Plaine des), près de Picus, 256.
Oulad Djellal (Oasis de), près de Gemellae, 525.
Oulad Larbi, près de Tucca, 412.
Oulad Madjed, près de Thiges, 683.
Oulad Sellam *ou* Sellem, près de Zaraï, 485, 504.
Oulad Sidi-Abid, près d'Ad Praetorium, 680.
Ouldja (Oued), près de Tucca, 414.
Oum-Ali. *Voyez* Alonianum.
Oum-Djera (Aïn), près de Cirta, 426.
Oum-ech Chih' (Djebel), près de Mazatanzur, 687.
Oum-el-Abouab. *Voyez* Seressi.
Oum-el-Abram (Henchir Oued), près de Siguese (?), 415.
Oum-el-Açaba (Djebel), près de Vasampus, 475.
Oum-el-Aroug (Teniet), près de Diana, 504.
Oum-el-Asnam, près de Tadutti, 507.
Oum-el-Boughi, près de Macomades, 478.

Oum-el-Hanach (Aïn), près d'Ad Templum, 704.
Oum-el-Ksob (Oued), près de Cerva, 672, 680.
Oum-el-Ouahad, près de Menegesem, 632, 643.
Oum-es-Somâa, près de Turris Tamalleni, 701.
Oum-et-Tiour (Henchir), près d'Ad Centenarium, 485.
Oum-ez-Zerzân, entre Tacape et Leptis Magna, 710.
Oum-Kif (Henchir). *Voyez* Cedia.
Oum-Medjessar, près d'Afas Luperci, 693.
Oum-Selas *ou* Settas (Djebel), près de Cirta, 384, 815.

Ounga. *Voyez* Iunca.
Ourghamma (Djebel), au sud-est de Tacape, 698.
Ourlat, près de Gemellae, 524.
Ousafa (Oued), près d'Uzappa, 575, 586, 600.
Ouslet (Djebel), près d'Aquae Regiae, 587.
Oust (Djebel el-), près de Giufi, 594.
Oustania (Îlot de la), près de Ruspina, 167, 810.
Outa-es-Srira, près d'Utique, 84.
Outaïa. *Voyez* El-Outaïa.
Οὔθινα, 566. *Voyez* Uthina.
Οὔζιτα, 602. *Voyez* Uzita.
Ovisce, près d'Amudarsa, 644.

P

Paccianis Matidiae = Mersa ez-Zitoun, 105.
Pagida, rivière de Numidie, 786.
Pago Gemellin (?) = Gemellae (?), 784.
Pagus Mercurialis. *Voyez* Medeli.
Pagus Thunigabensis = Aïn Maâbed, 304.
Palma, près de Leptis Magna, 784.
Palmam (Ad). *Voyez* Ad Palmam.
Panzerensis (*ecclesia*), 782.
Pappua mons = massif du Nador (?), 785.
Parada, près d'Utique, 767.
Paratianis = ruines sur l'Oued Meçadjat, 103.
Pariensis (*ecclesia*), 774.
Pederodianensis (*ecclesia*), 781.
Πεδίον Βούλλης, près de Bulla Regia, 264.
Pege (?), 717.
Pezana (?), 782.
Perdices = Kherbet Fraïn (?), 509.
Persianae Aquae = Hammam el-Enf, 126.
Pertusa (Ad) = El-Haraïria (?), 312.
Pharaon (Île des Palmiers de), dans le Chott el-Djerid, 787.
Phazanie, 31, 711 et suiv.

Philippeville. *Voyez* Rusicade.
Philomusianus saltus, près de Simittu, 306.
Phisita (?) = Sidi-Mansour-ed-Daouâdi, 93.
Phua = Aïn Foua, 399, 779.
Picensis (*ecclesia*), 774.
Picentinae. *Voyez* Cellae.
Picus = Henchir Dokhania, 257.
Piensis (*ecclesia*), 774.
Pisado (?), près de Thignica, 764.
Piscinam, Piscinas. *Voyez* Ad Piscinam.
Pisida = Bourka, 208.
Pisita (?), 774.
Pisitensis (*ecclesia*), 774.
Pissanis (*ecclesia a*), 781.
Pittanensis (*ecclesia*), 782.
Plumbaria. *Voyez* Ad Plumbaria.
Pompeianus (Bains de). *Voyez* Atmenia (Oued).
Ponte Zita = Ziân (?), 203, 205.
Pontos, près de Sabrata, 212.
Pont Romain, près de Drusiliana, 370.
Popleto = Aïn-el-Abassi (?), 487.
Porto Farina, près de Rusucmona, 87.

— (854) —

Portum. *Voyez* Ad Portum.
Potamianus. *Voyez* Fons Potamianus.
Praecausensis (*ecclesia*), 781.
Praesidium = Bordj el-Bibân, 208. *Voyez* Presidio *et* Svaddurusi.
Praesidium Diolele, près de Capsa, 680.
Praesidium Silvani = Kasr ez-Zit, 194.
Praeter Caput Saxi, entre Tripoli et Mourzouk, 718.
Praetorium, en Tripolitaine, 228, 230, 812. *Cf.* Ad Praetorium.
Prates = Maxula, 114.
Préfet du prétoire d'Afrique, 49.
Presidio = Iehoudia, 238, 240.
Prisianensis (*ecclesia*), 782.
Proconsul d'Afrique, 34.

Proconsularis Africa, Zeugitana, 37.
Province romaine d'Afrique. *Voyez* Afrique.
Pudentianensis (*ecelesia*), 780.
Pudput *ou* Putput = Henchir el-Abiad, 131, 809.
Puppianensis (*ecclesia*), 774.
Putam (?), 696. *Voyez* Puteo.
Putea (?), 770.
Putea Nigrorum = Bir Bou-Tfel, 228, 230.
Putea Pallene = Kasr Nouâra, 207.
Puteo = Biar Abdallah, 686, 689.
Putiensis (*ecclesia*), 780, 781.
Putput. *Voyez* Pudput.
Pyramides, près de Tacape, 793. *Voyez* Djedar *et* Madrasen.

Q

Qecîrât er-Roûm, à Garama, 717.
Quaestorianensis (*ecclesia*), 781.
Quarantaine (Îlot de la), près de Ruspina, 117.

Quina Colonia (?), 770.
Quintiliana = ruines au Ras el-Hamra, 215.

R

Rabatensis (*ecclesia*), 782.
Rabsa *ou* Rapsa, en Phazanie, 717, 719.
Radès. *Voyez* Maxula.
Rahma (Sidi-), près de Thubursicum Bure, 344.
Rakba (Henchir). *Voyez* Vegesela.
Rakba (Vallée de), près de Simittu, 266.
Rakbat el-Maguen = Ad Arvalla (?), 414.
Ras Bou-Dinar (Oued), près de Mutia, 459.
Ras el-Aïn (Kasba mta-), près de Thelepte, 677.
Ras el-Aïoun, près de Capsa, 681.
Ras el-Aïoun, à Thelepte, 675.
Ras el-Djebel. *Voyez* Tunisa.
Ras el-Oued, près de Tacape, 654.
Ras Nim (Henchir). *Voyez* Ad Germani.

Rbea (Djebel), près de Bulla Regia, 259.
Rebat. *Voyez* Aâteul.
Rebianensis (*ecclesia*), 781.
Recîfa (Djebel), près de Tacape, 699.
Reçof (Oued), près de Vicus Gemellae, 675.
Redjas, près de Milev, 408.
Redjbân, en Tripolitaine, 715.
Refana, près de Tinfadi, 505.
Regianensis (*ecclesia*), 780.
Reiss (Sidi-), près d'Aulodes, 299.
Remel, Rmel, Remel, Rmeul, Roumel (Oued) = Amsaga, 393.
Remel (Oued), près de Getullu, 215.
Rend (Oued er-), près d'Ad Oleastrum, 194.

Resdis (Henchir), près de Lampsili, 483.
Respectensis (*ecclesia*), 780.
Ressianensis (*ecclesia*), 780.
Reukba (Henchir er-). *Voyez* Inuca.
Rgheïs (Djebel Sidi-), près de Sigus, 476.
Rihân (Djebel er-), près de Bisica, 540.
Rir. Aq. Sacar (?), près de Bisica, 598.
Rirenses (?), 598.
Rogga. *Voyez* Bararus.
Rotam. *Voyez* Ad Rotam.
Rouâba (Henchir), près de Thelepte, 649.
Rouaga (Henchir), près de Badias, 528.
Rougâa (Puits de), près d'Agarsel, 686.
Roughal. *Voyez* Bou-Roughal.
Rouhia (Oued), près de Marazanae, 629.
Rouiba-es-Souda (Henchir), près de Cilma, 611.
Roumi, Roumia (Aïn er-), à Capsa, 667; entre Tacape et Leptis Magna, 710.
Roussafa (?), près de Kaïrouân, 728.
Route d'Ad Molas à Hippo Regius, 387.
— d'Althiburos au littoral par Zama et Thysdrus, 567.
— de Carthage à Cirta, 312.
— de Carthage à Clupea par Casula, 139.
— de Carthage à Hippo Regius, 54.
— de Carthage à Hippo Regius par Bulla Regia, 243.
— de Carthage à Putput, 108.
— de Carthage à Theveste, 431.
— de Cirta à Sitifis, 403.
— de Coreva à Hadrumète, 539.
— de Cuicul à Igilgilis, 411.
— de Gadiaufala à Thibilis, 429.
— d'Hadrumète à Usilla, 164.
— d'Hippo Regius à l'Amsaga, 100.
— d'Hippo Regius à Rusicade, 106.
— de Lambaesis à Sitifis par Diana, 508.
— de Lambaesis à Sitifis par Tadutti, 507.

Route de Lambaesis à Theveste par le versant méridional de l'Aurès, 512.
— de Leptis Magna à Macomades Selorum, 222.
— de Leptis Parva à Usilla, 182.
— de Macomades aux Autels des Philènes, 234.
— de Naraggara à Hippo Regius, 385.
— d'Onellana à Tunis, 565.
— de Putput à Hadrumète, 144.
— de Sabrata à Leptis Magna, 212.
— de Sigus à Sitifis, 426.
— de Sigus à Turris Caesaris, 430.
— de Simittu à Thabraca, 309.
— de Sufes à Aquae Regiae, 629.
— de Sufetula à Hadrumète, 607.
— de Sufetula à Musti, 617.
— de Sufetula à Tabalta, 644.
— de Sufetula à Thenae, 643.
— de Sufetula à Theveste par Cillium et Menegere, 635.
— de Sufetula à Theveste par Vegesela et Cillium, 630.
— de Tabalta à Macomades Minores, 644.
— de Tacape à Leptis Magna par la montagne, 708.
— de Tacape à Leptis Magna par Turris Tamalleni, 697.
— de Tacape à Sabrata, 197.
— de Tacape à Veri par Martae, 691.
— de Thamugadi à Cirta, 510.
— de Thamugadi à Diana, 512.
— de Thelepte à Ad Palmam, 650.
— de Thelepte à Tacape par Capsa, 650.
— de Thelepte à Tacape par Nepte, 679.
— de Thelepte à Ubaza, 649.
— de Theveste aux frontières méridionales de la Maurétanie Sitifienne, 479.

Route de Theveste à Lambaesis par Tinfadi et Thamugadi, 504.
— de Theveste à Lambaesis par Mascula, 507.
— de Theveste à Lambaesis par Tinfadi, 504.
— de Theveste à Vatari, 473.
— de Thuburbo Majus à Inuca, 565.
— de Thysdrus à Hadrumète, 185.
— de Thysdrus à Leptis Parva, 186.
— de Thysdrus à Sullectum, 186.
— de Thysdrus à Usilla, 187.
— d'Usilla à Tacape, 189.
— de Vicus Augusti à Thysdrus, 616.
Routes de la Zeugitane et de la Byzacène rattachant au littoral la voie de Carthage à Theveste, 538.
Routes du littoral, 53.

Routes secondaires se rattachant à la route de Coreva à Hadrumète, 565.
Rubras (Ad), près de Gadiaufala, 415, 419.
Ruffach. *Voyez* Mastar.
Rufini Taberna, près de l'Ausere, 209.
Rufinianensis (*ecclesia*), 781.
Ruglata = Henchir el-Beï, 480.
Rugumensis (*ecclesia*), 774.
Rupestres (Sculptures), 795.
Rusicade = Philippeville, 103, 808.
Ruspae = Sbia, 180, 810.
Ruspina = Monastir, 165, 726, 733, 810.
Ruspitensis (*ecclesia*), 781.
Rustici, près d'Ad Piscinas, 419.
Rusticianensis (*ecclesia*), 780.
Rusucmona = Ghar-el-Melah, 87.

S

Saâda. *Voyez* Bou-Saâda.
Sabae = Sebha (?), en Tripolitaine, 720.
Sabbelat-el-Beï (Henchir) = Gumis (?), 140.
Sabbelat-es-Sahab-et-Taba (Henchir). *Voyez* Ad Gallum.
Sabeur (Oued), près de Milev, 408.
Saboun (Chott), près de Diana, 426.
Saboun (Col d'Aïn-), près de Tinfadi, 505.
Saboun (Oued), à Mactaris, 621.
Sabra. *Voyez* Vicus Augusti.
Sabra. *Voyez le suivant*.
Sabrata = Abrotonum = Sabra, 209, 211.
Sabria (Oasis de), près du Chott el-Djerid, 787.
Sacaritani (?), 598.
Sacazama = Zagazaena (?), 242.
Saddar = Aïn el-Bey, 400, 510.
Sadjar = Subzuar, 399.
Sadouri, près de Tubunae, 526.
Saffan (Djebel), près de Vicus Aureli, 482.
Safioun (Oued), près de Capsa, 672.

Safra. *Voyez* Bou-Safra.
Safra (Aïn). *Voyez* Capraria.
Safra (Koudiat es- ou Koudiat bou-), près de Thelepte, 676.
Safsaf (Djebel), près de Thelepte, 672.
Sahab. *Voyez* Sabbelat.
Saïd. *Voyez* Bou-Saïd.
Saïda (Plaine de), près d'Amudarsa, 644.
Sahlin, près de Ruspina, 736, 737.
Saiensis (*ecclesia*), 774.
Saiyad (Kasr). *Voyez* Assaria.
Sahab. *Voyez* Sabbelat.
Salah. *Voyez* Ben-Salah.
Salah (Oued Bou-), près de Cuicul, 806.
Salah (Sidi-), près d'Inuca, 314.
Salah (Sidi-), près de Vicus Augusti, 251.
Salah-Bey, près de Cirta, 404.
Salahin (Hammam), près d'Ad Piscinas, 623.
Salaniae (?), 782.
Salaphitanum (*oppidum*), 770.

Saldja (Oued), affluent du Chott Gharsa, 787.
Salinae immensae en Tripolitaine, 229.
Salinarum stagnum = Sebkha de Sidi-Ben-Nour, 754, 761.
Salinensis Curia (?), près de Tepelte, 596.
Salviana, près de Thabute, 425.
Σάμος = Ζάμα (?), 583.
Samurdatensis (ecclesia), 782.
Sanhadja ou Sanedja (Oued), près de Culucitanis, 102, 107.
Saouaf (Djebel), près de Thaca, 555.
Sarnensis (Colonia), 407. Voyez Milev.
Sarra. Voyez Vazitana.
Sarsura, Sassura = Henchir ez-Zaouadi, 185, 739, 749.
Saturne (Temple de) à Ad Aquas, 127.
Saturnus Achaiae (Dédicace à), près de Sululi, 599.
Sbebil (Djebel), près de Sicilibba, 318.
Sbehi (Kasr). Voyez Gadiaufala.
Sbeïtla. Voyez Sufetula.
Sbeïtla (Oued), près de Sufetula, 613.
Sbia. Voyez Ruspae.
Sbiba. Voyez Sufes.
Sbiba (Oued), près de Sufes, 617.
Scebatianensis (ecclesia), 781.
Scela (?), 782.
Sciarra (Ras), près de Gaphara, 216.
Scillitana (ecclesia), 775.
Scina. Voyez Iscina.
Seironius Pasicrates (Inscription de), 41.
Sdid (Henchir es-), près de Thelepte, 675.
Seba' Aïoun, près de Modolana, 409.
Sebâa Megata, près de Tubunae, 518.
Sebâa Regoud (Ksar), près de Thibar, 366.
Sebâa Regoud, près de Thiges, 683.
Sebâa Regoud, près de Nedibus, 107.
Sebargensis (ecclesia), 782.
Seberianensis (ecclesia), 781.
Sebha = Sabae (?), 720.

Sebon (?), 782.
Sedâda (Oasis de), près de Thiges, 683, 686.
Sedfini. Voyez Thimida.
Sedjenân, Sedjnân (Oued, Garâat), près du Sisara lacus, 786.
Sedra (Henchir), près de Claudi, 506.
Sefel Dela'a, près de Cedia, 817.
Segermes = Henchir Haret, 558.
Seggo = Kasr el-Hadid, 571, 574, 583, 584.
Segui. Voyez Es-Segui.
Seguia Bent-el-Kras ou Bent-el-Khazer, dans le Sahara, 526.
Seguiet el-Hadd, près de Thenae, 18, 19.
Sehela (Oued el-), affluent de l'Oued el-Kebir, 6, 806.
Seheli (Sidi-), près de Picus, 257.
Seïch (Oued), près de Capsa, 675.
Seïf. Voyez Bou-Seïf.
Selamat, entre Tacape et Leptis Magna, 709.
Seldjoum (Sebkhat es-), près de Carthage, 111, 121.
Selekta. Voyez Sullectum.
Selemselitana (ecclesia), 775.
Selendetensis (ecclesia), 782.
Seleucianensis (ecclesia), 780.
Sellaoua. Voyez Chebka.
Sellaouïn (Henchir), près d'Ad Aquas Herculis, 519.
Selloum (Djebel), près d'Ad Aquas Herculis, 517.
Selloum (Djebel), près de Cillium, 649, 678.
Selloum (Henchir). Voyez Lamniana.
Selorum (Municipium) = Vigdida, 242.
Seminensis (ecclesia), 775.
Senana (?), en Tripolitaine, 783.
Senemsalensis (ecclesia), 775.
Septiminicia = Henchir el-Blida (?), 647.
Septizonium d'Henchir Bedd, 299, 813.

Septizonium de Lambèse, 498.
Serdj (Massif du), près de Zama Major, 575, 580.
Seressi = Oum-el-Abouab, 606.
Seriana, près de Diana, 483, 508.
Sermân (?), près de Sabrata, 214.
Serous (Oued), entre Tacape et Leptis Magna, 709.
Serrat (Oued), près de Vegesela, 631.
Sers (Blad es-), près d'Assuras, 569.
Setiensis (ecclesia), 770.
Sétif. Voyez Sitifis.
Settara (Henchir). Voyez Magri.
Seybouse = Ubus, 97.
Sfa (Col de), près de Mesarfelta, 521.
Sfaks = Taparura, 17, 189, 811.
Sghira (Mersa), près d'Iunca, 192.
Σιαγούλ (?) = Siagu (?), 129.
Siagu = Kasr ez-Zit, 129, 763, 808.
Sibus = Henchir Hamadjé, 414.
Sicca Veneria = El-Kef, 7, 21, 375, 815.
Siccennensis (ecclesia), 775.
Siccenses Cirtenses, à Cirta, 378.
Sicilibba = Henchir el-Alouenin, 318, 437, 564.
Sicilitana (ecclesia), 775.
Sidi. Pour les noms commençant par Sidi, voyez un autre terme du composé.
Sidi-ben-Nour (Sebkha), près de Thapsus, 754, 761.
Sidi-el-Hadj (Kasr). Voyez Ad Aquas Herculis.
Sidi-el-Hani (Sebkha de), près de Kaïrouân, 14, 739, 787, 819.
Siguese = Henchir Bahara (?), Henchir Oued Oum-el-Abram (?), 370, 415.
Siguitensis (ecclesia), 780.
Sigus = Bordj ben-Zekri, 424, 816.
Sih, entre Tacape et Leptis Magna, 710.
Sila = Sila, 400.
Silemsilensis (ecclesia), 775.
Silesua = Biar Bellouffa (?), 655.

Siliana (Oued), affluent du Bagrada, 7, 336, 447, 572, 584.
Sillitana (ecclesia), 780.
Silma (Ad) = Djenân Zaab (?), 258.
Simadana (?), près de Nivergi Taberna, 784.
Simiama = Henchir el-Haïrech (?), 140.
Simidiccensis (ecclesia), 775.
Simindja, Smindja (Bir), près de Simingi, 548.
Simindja (Bahirt), près de Simingi, 555.
Simingi = Henchir Simindja, 555.
Simingitensis (ecclesia), 782.
Siminina = Henchir el-Haïrech (?), 140.
Σιμίσθου, 269. Voyez Simittu.
Simittu = Chemtou, 268, 789, 812.
Simminensis (ecclesia), 775.
Simnuana, près de Tubactis, 223.
Sinâoùn, entre Tacape et Leptis Magna, 710.
Sinitensis (ecclesia), 780.
Sinna, Sinnar (?), 775.
Sinnarensis (ecclesia), 775.
Sinnipensis (ecclesia), 782.
Sinnuarensis (ecclesia), 775.
Sinnuaritensis (ecclesia), 775.
Sisara lacus = Garâat-el-Echkeul, 786.
Sistronianensis (ecclesia), 780.
Sitifis = Sétif, 507.
Sitipensis (ecclesia), 782.
Σίτιφος, 783. Voyez Sitifis.
Sittiani (?), 764.
Sittius, auxiliaire de César, 23, 393, 403.
Skanès, près de Ruspina, 728.
Slama-ou-Khaled (Henchir Sidi-). Voyez Halal (Bordj).
Slata (Djebel), près du Saltus Massipianus, 633.
Slougui (Khangat es-), près de Menegesem, 631.
Slougui (Oued es-), près de Menegesem, 631.

Slouguia. *Voyez* Chidibbia.
Smala (Henchir), près de Vicus Augusti, 253.
Smida (Kasr), entre Sufes et le Djebel Trozza, 630.
Snouber. *Voyez* Drâa Snouber.
Sôda (Djebel es-), en Tripolitaine, 715.
Sofouir (Bir), près d'Aulodes, 299.
Sokna, en Tripolitaine, 711.
Solob. *Voyez* Auziqua.
Soltan *ou* Soultân (Kherbet Aïn), près de Diana, 28, 426, 509, 807.
Somâa (Henchir es-), près de Capsa, 681.
Somâa (Henchir es-), près de Thasarté, 656.
Somâa (Oued es-), près de Capsa, 673.
Somâa (Oum es-), près de Turris Tamalleni, 698, 701.
Somâa el-Hamra, près de Capsa, 673.
Soreïnat (Oued el-), dans le Chott el-Djerid, 686.
Sorelle (Îles), près de Thapsus, 761.
Sort, près d'Iscina, 237.
Souama. *Voyez* Mecherasfa.
Souar. *Voyez* Sua.
Souatin (Oued es-), près de Mididi, 619.
Σουϐιϐα, 783. *Voyez* Sufes.
Souf (Oued), dans le Sahara, 820.
Souf ed-Djin (Oued), près d'Ad Cisternas, 229.
Sougda (Henchir). *Voyez* Urusi.
Souissin (Ksar), près de Masclianae, 611.
Souk-Ahras. *Voyez* Thagaste.
Souk-el-Khmis, près de Novis Aquilianis, 305.
Soukera. *Voyez* Zouakra.
Souknin, près de Ruspina, 754, 760.
Soumbat, près d'Aquae Tacapitanae, 655.
Soursef, 186. *Voyez* Ksour es-Sef.
Sousse. *Voyez* Hadrumète.

Speculum, près de Chebika, 30, 682.
Speluncas (Ad), près d'Iscina, 236.
Sraïa-nita-Roumi, édifice à Zama Major, 573.
Sta (Djebel), près de Capsa, 681.
Stabalensis (*ecclesia*), 782.
Stabulum. *Voyez* Ad Stabulum.
Stagnum Salinarum = Sebkha de Sidi-ben-Nour, 754, 761.
Stotzas, lieutenant de Bélisaire, 161, 326.
Sua = Kasbat-es-Souar (?), 556.
Suabensis (*ecclesia*), 780.
Sublucu = Mersa el-Menchar, 101.
Subututtu, près de Cercar, 216.
Subzuar = Sadjar, 399.
Succubensis (*ecclesia*), 775.
Suensis (*ecclesia*), 775.
Suferitani (?), 765.
Sufetula = Sbeïtla, 613, 819.
Sufes = Sbiba, 617.
Sufevar (nom supposé), 400. *Voyez* Subzuar.
Suggitana (*ecclesia*), 780.
Sugolin = Zliten, 223.
Sulianae (?), 777.
Sulianis (?), 781.
Sullectum = Selekta, 179, 810.
Sululi = Bir el-Heusch, 598.
Summa (Henchir), 656. *Voyez* Somâa.
Sumucis (?), 770.
Susicaziensis (*ecclesia*), 780.
Suthul, près de Calama, 767.
Svaddurusi Praesidium = Mechta Sidi-Salah, 485.
Svastika, ornement symbolique, 795.
Sycapha (?), 770.
Syddenis (?), 770.
Symmachi = Nza bel-Messaï, 515.
Synagogue d'Hammam el-Enf, 127.

T

Taâcha (Haouch), près de Cilma, 819.
Taba. *Voyez* Menegere.
Tabalati, près de Tacape, 698.
Tabalta, près de Septiminicia, 647.
Tabarka = Thabraca, 94.
Taberna. *Voyez* Gypsaria.
Taberna. *Voyez* Turris.
Taberna Flacci, en Tripolitaine, 216; — Rufini, en Tripolitaine, 209.
Tabidium, Tabudium, en Tripolitaine, 717, 718.
Table de Peutinger, 51.
Taboniyé (puits, oued), en Tripolitaine (= Tabidium?), 711, 718.
Taborensis (*ecclesia*), 775.
Tabucensis (*ecclesia*), 775.
Tabudensis (*ecclesia*), 779.
Tacaccia (?). *Voyez* Tacatua, 102.
Tacape = Kabès, 31, 196, 650, 811.
Tacarata (?), 102, 777.
Tacaratensis (*ecclesia*), 780.
Tacatua = ruines près de Ras Takouch, 101.
Taddert (Henchir). *Voyez* Ad Medias.
Tadghet, près de Gighthi, 202.
Tadjoura (Lagune de), près de Turris ad Algam, 214, 215.
Taduensis (*ecclesia*), 775.
Tadutti = Oum-el-Asnam (?), 507, 508.
Tafraout (Djebel), entre Sigus et Sitifis, 426.
Tafrent (Henchir), près de Lambiridi, 426.
Tafrent (Oued), près de Lambiridi, 503.
Tagamutensis (*ecclesia*), 781.
Tagaraiensis (*ecclesia*), 781.
Tagaratensis (*ecclesia*), 775.
Tagarbalensis (*ecclesia*), 781.
Tagariatana (*ecclesia*), 781.
Tagasensis (*ecclesia*), 781.

Tagesense (*oppidum*), 770.
Taghlis, entre Tacape et Leptis Magna, 709.
Tagodeite (?), près de Tacatua, 101.
Tagrout (Henchir), près de Claudi, 506.
Taguious. *Voyez* Thiges.
Tagulis = Ksar el-Atech, 240.
Taïa (Djebel), près de Thibilis, 791.
Taïtaia (Bir ben-), près d'Ubaza, 536.
Takouch (Ras). *Voyez* Tacatua.
Takoucht (Henchir), près d'Ad Lacum Regium, 511.
Takrouna, près d'Aggarsel, 557, 561.
Talalati, en Tripolitaine, 698, 715, 769.
Talantea (?) arva, en Tripolitaine (?), 769.
Talaptulensis (*ecclesia*), 781.
Talbora (?), 775.
Ταλέπτης = Thelepte (?), 783.
Talha (Oued), en Tripolitaine, 716.
Tamacensis (*ecclesia*), 781.
Tamaghza, Tamerza, près de Speculum, 682.
Tamallenensis (*ecclesia*), 46.
Tamarins (Fondouk des), près de Symmachi, 515.
Tamasga (?), près de Lambèse, 503.
Tamatmat. *Voyez* Vasidice.
Tamazena (*ecclesia*), 781.
Tambeitana (*ecclesia*), 781.
Tamchit (Koudiat), près de Lambiridi, 501.
Tamellent = Turris Tamalleni (?), 701.
Tamerza (Oued), affluent du Chott el-Gharsa, 787.
Tamesmida (Foum, Kasr), entre Thelepte et Theveste, 649.
Tamsagi (?), en Phazanie, 717.
Tâmra, Tâmera, près d'Agarlavas, 700.

Taouargha, près d'Ad Cisternas, 229.
Taoura. *Voyez* Thagura, 382.
Taouzient (Oued), près de Claudi, 506.
Taparura = Sfaks, 17, 189, 811.
Ταφῖτις ἄκρα = Ras Sidi-Mostafa, 137.
Taphrura. *Voyez* Taparura.
Tarasensis (*ecclesia*), 781.
Tarédié, en Tripolitaine, 708.
Tarf-ech-Chena (Aïn). *Voyez* Apisa Majus.
Tarf-Maskala, près de Mascula, 481.
Targad (Oued), en Tripolitaine, 217.
Targorum (?), 770.
Tarhouna, entre Tacape et Leptis Magna, 710.
Tarhouna (Djebel), en Tripolitaine, 698.
Taskô (Bordj), à Cydamus, 717.
Tassa (Henchir), près d'Ad Centenarium, 485.
Tassawa, en Phazanie, 719.
Tauracinensis (*ecclesia*), 775.
Tazougart, près de Mascula, 505.
Tbaga (Djebel), près de Tacape, 688, 699, 820.
Tbourba, Tebourba. *Voyez* Thuburbo Minus.
Tebernouk, Tebeurnouk (Aïn). *Voyez* Tubernuc.
Tebessa. *Voyez* Theveste.
Τεϐέτη, 783. *Voyez* Theveste.
Teboursouk = *Voyez* Thubursicum Bure.
Tebrouri (Henchir), près d'Ad Cazalis, 480.
Tedjelt (Oued), près d'Ad Molas, 383.
Tedjess. *Voyez* Thigisis.
Tege (?), 770.
Tegea, près de Ruspina, 746, 747, 752.
Teghelis (Aïn), entre Tacape et Leptis Magna, 709.
Teglata = Aïn Kahloulia, 250.
Tegulatensis (*ecclesia*), 780.
Telemin, Telmin. *Voyez* Turris Tamalleni.
Telensis (*ecclesia*), 775.

Τελέστη, 783. *Voyez* Theveste (?).
Telgae (?), ville des Garamantes, 714, 716.
Teliga (Henchir), près d'Uzappa, 586.
Tellat-el-Ghozlan, près d'Inuca, 442, 565.
Temizec (?) = Timezegeri Turris (?), 783.
Temonianensis (*ecclesia*), 781.
Templum. *Voyez* Ad Templum.
Templum Veneris = Terf-el-Djeurf, 200.
Tenelium = ruines de la plaine de la Cheffia, 99.
Tengar = Tingar, 289.
Teniet-es-Sif = défilé de la Scie (?), 795.
Tenna (Bir Bou-), près de Martae, 696.
Tennonensis (*ecclesia*), 775.
Tennouma, près de Thabudeos, 524.
Tenoukla (Col de), près de Theveste, 537, 648.
Teouch (Djebel), près de Lucullianis, 425.
Tepelte = Henchir Bel-Aït, 596.
Teratin. *Voyez* Turris et Taberna.
Terento = Henchir el-Medina (?), 590.
Terf-el-Djeurf. *Voyez* Templum Veneris.
Terf-el-Ma. *Voyez* Lacene.
Terguelt (Djebel), près de Vatari, 416.
Terîq (Trik) Âla-Râs-el-Hamâda = Praeter Caput Saxi, en Tripolitaine, 718.
Termil, à Capsa, 666.
Terrabaza, Terabaza. *Voyez* Ubaza.
Tessâoua = Thapsagum (?), en Phazanie, 717, 719.
Tessala (Oued), près de Thabraca, 311.
Testour. *Voyez* Tichilla.
Tetcitana (*ecclesia*), 781.
Tfel, Tefel (Bir Bou-). *Voyez* Putea Nigrorum.
Tfel, Tefel (Henchir), près de Capsa, 680, 681.
Thabba (?), 770, 775.
Thabena (?), 10, 739, 750, 806. *Voyez* Thenae.
Thabraca = Tabarka, 94, 808.

Thabudeos = Thouda, 30, 507, 526.
Thabunacti, près de Leptis Magna, 698.
Thabute = Aïn el-Ksar (?), 425, 426, 427.
Thaca = Henchir Zaktoun, 556.
Thacia = Bordj Messaoudi, 354, 814.
Thaenae, 751. *Voyez* Thenae.
Thagaste = Souk-Ahras, 385.
Thagora, Thagura = Taoura, 382, 814.
Thala = Thala, 633, 820.
Thala (Bled), près de Capsa 635.
Thamascaltin, Tramascaltin, près de Leptis Magna, 698.
Thamugadi, Thamogadi, Tamugadi (*non* Thamugas) = Timgad, 30, 487, 817.
Thanutada (?), 770.
Thapsagum (?), en Phazanie, 717, 719.
Thapsus = Henchir ed-Dimas, 172, 810. Amphithéâtre, citernes, 172. Murs d'enceinte, 173. Citadelle, 174. Cothon, 175. Campagnes de César et batailles, 754, 757, 761.
Tharasensis (*ecclesia*), 780.
Thasarte = Henchir es-Segui (?), 656.
Θασία = Thacia (?), 354.
Thebelami, entre Tacape et Leptis Magna, 698.
Thelepte = Medinat-el-Kdima, 49, 648, 649, 676, 783.
Thelga, Thelgae, ville des Garamantes, 714, 716.
Themetra (?), 763.
Themisa (?), 770.
Thenadassa, près de Leptis Magna, 698.
Thenae = Henchir Tina, 2, 16, 190, 811. *Voyez* Thabena.
Thenebreste = Aïn Djar-Allah (?), 419.
Thenteos, entre Tacape et Leptis Magna, 698.
Theodense (*oppidum*), 770.
Therma, près de Leptis Parva, 728.
Theudalis, Teudalis = Henchir el-Aouâma (?), 92, 807.

Theudense (*oppidum*), 527.
Theuzitana (*ecclesia*), 781.
Theveste = Tebessa, 44, 46, 464, 649, 783, 816, 817. Enceinte, 467. Arc de triomphe, 468. Temple, 470. Forum, 472. Amphithéâtre, 472.
Thiabena (?), 751. *Voyez* Thenae.
Thibar = Henchir Hamâmet, 367.
Thibica = Henchir Bir-Magra, 606.
Thibilis = Sidi-Mabrouk-ech-Cherif (?), 384.
Thibiuca = Zouitina, 287.
Thiges = Taguious, 30, 682.
Thigibba = Hammam Zouakra, 626.
Thigisis, Tigisis = Aïn el-Bordj, 420, 816.
Thignica = Aïn Tounga, 336, 813.
Thimbure = Henchir Kouchbatia, 367.
Thimida Regia = Sidi-Ali-es-Sedfini, 590.
Thimida, Timida = Henchir Tindja, 93.
Thimiliga (?), 763.
Thinidrumense (*oppidum*), 769.
Thinisa (?), 86. *Voyez* Tunisa.
Thirmida (?), 767.
Thirusdron (?), 783. *Voyez* Thysdrus.
Thisibitani (?), 765.
Thisica (?), 94, 766, 770.
Thisipitani (?), Thisiritani (?), 765.
Thisita (?), 93.
Thisurus = Tôzer, 30, 684.
Θουβουρσίκα, 342. *Voyez* Thubursicum Bure.
Θούβουτις (?), 527. *Voyez* Thabudeos.
Thouda (Djebel), 426. *Voyez* Thabudeos.
Thramusdusim, entre Tacape et Leptis Magna, 698.
Thuben (?), en Phazanie, 717, 719.
Thuburbo Majus = Henchir Kasbat, 545, 565.
Thuburbo Minus = Tebourba, Tbourba, 247, 812.

Thuburnica (*colonia*) = Sidi-Ali-bel-Kassem, 143, 280.
Thubursicum Bure = Teboursouk, 342, 813.
Thubursicum Numidarum = Khamissa, 388, 791, 815.
Thubutis (?), 770.
Thuccabor, Tuccabor = Toukkâbeur, 291, 812.
Thucensis (*ecclesia*), 776.
Thugga = Dougga, 344, 345, 346, 813. Temple, 345. Mausolée, 346.
Thumelitha (?), en Phazanie, 720.
Thunigabensis (Pagus) = Aïn Maâbed *ou* Laâbed, 304.
Thunuba (?), 770.
Thunudromum (*colonia*), 770.
Thunusuda (*colonia*) = Sidi-Meskin, 308.
Thuraria, près de Cigisa, 246.
Thurris *ou* Turris = Henchir el-Djemel, 319, 438.
Thusuros = Tôzer, 30, 684.
Thysdrus = El-Djemm, El-Djem, Ledjemm, 15, 182, 739, 749, 750, 811. Amphithéâtre, 184.
Tiaret, dans la province d'Oran, 792.
Tibaria (?), 456, 457.
Tibigense (*oppidum*), 769.
Tibiura, mauvaise lecture pour Tibiuca, 289.
Tiburicensis (*ecclesia*), 775.
Tibuzabetensis (*ecclesia*), 782.
Ticelia (?), 770.
Tichasa (?), Τιχάσα, 683, 770.
Tichilla = Testour, 333, 540, 813.
Tiddis = El-Kheneg, 396.
Tifech. *Voyez* Tipasa.
Tifech (Oued), près de Tipasa, 384.
Tighanimin (Défilé de), au sud de Lambaesis, 527.
Tigiensis (*ecclesia*), 781.
Tigillabensis (*ecclesia*), 780.

Tigisi, 783. *Voyez* Tigisis.
Tigimma (?), 626.
Tigimmensis (*ecclesia*), 775.
Tignatensis (*ecclesia*), 781.
Tignicensis (*ecclesia*), 780.
Tikkel (Djebel), près de Lamasba, 503.
Tilatou (Oued), près d'Ad Duo Flumina, 516.
Tillat-ed-Douames (Henchir), près d'Ad Atticille, 446.
Tillibari, entre Tacape et Leptis Magna, 698.
Timezegeri Turris = Henchir el-Baguel. 689.
Timgad. *Voyez* Thamugadi.
Timica (?), 770.
Timida, 93, 767. *Voyez* Thimida.
Tina (Henchir). *Voyez* Thenae.
Tindja (Henchir), près de Theudalis, 93.
Tine (Oued), près de Mâter, 298, 300, 813.
Tinfadi = Henchir Mektidès, 505.
Tingar. *Voyez* Tengar.
Tingimie (?), 696. *Voyez* Tinzimedo.
Tinisensis (*ecclesia*), 780.
Tinistensis (*ecclesia*), 780.
Tinzimedo = Bordj el Biar-Zemmit, 687, 688, 696.
Tipasa = Tifech, 205, 387, 814.
Tiphicense (*oppidum*), 770.
Tir (Kasr et-), près de Vallis, 440.
Tisanianensis (*ecclesia*), 782.
Tisdra (?), 749. *Voyez* Thysdrus.
Tiseditana (*ecclesia*), 780.
Tiseditensis (*ecclesia*), 780.
Τισιαοῦς (?), 766. *Voyez* Thysdrus.
Tisidium (?), près de Vaga (?), 766.
Tisilitana (*ecclesia*), 776.
Τίτισιν, 783. *Voyez* Thigisis.
Titulitana (*ecclesia*), 776.
Titulitani (?), 764.
Tiziensis (*ecclesia*), 781.

Tizzicensis (*ecclesia*), 776.
Tlemcin (Oued), près d'Ubaza, 536.
Tlit Aâbsa, près de Simittu, 271.
Tobel, Tobeul (Henchir). *Voyez* Afas Luperci.
Tobel (Henchir), près Tacape, 654.
Tobna. *Voyez* Tubunae.
Tobrus (?), 770.
Tolga (Kasr), près de Kaïrouân, 819.
Tolga. *Voyez* Mesarfelta.
Tonnara (Îlot de la), près de Ruspina, 167, 810.
Tonnonensis (*ecclesia*), 775.
Torbalta (?), 647. *Voyez* Tabalta.
Tosibon (?), 782.
Touâl (Djebel), près d'Ad Templum, 704.
Touchin (Henchir). *Voyez* Lambafudi.
Touda (Djebel). *Voyez* Thouda.
Toudjân, entre Tacape et Leptis Magna, 708.
Touggourt (Djebel), près de Lambiridi, 501.
Touila. *Voyez* Bahirt el-Touila.
Touila (Djebel), près de Masclianae, 611.
Τούκκα, Τούκκα, 345. *Voyez* Thugga.
Toukkâbeur, Toukkaber. *Voyez* Thuccabor.
Toumbeït (Djebel), près d'Ad Lacum, 426, 510.
Toumi, Toum (Bordj). *Voyez* Cincar.
Toumiat (Djebel), près de Thiges, 683.
Tounga (Aïn). *Voyez* Thignica.
Tourki (Oasis de), près de Mazatanzur, 687.
Τούρζα, Τούρζω, près du Djebel Trozza (?), 587, 593.
Touta (Aïn), près de Symmachi, 515.
Touzant (?), près de Casas, 209.
Tôzer. *Voyez* Thusuros.
Trabe (Aïn), près d'Uci Majus, 365.
Trabelsi (Oulad), près de Vallis, 435.
Trâghen, en Phazanie, 716.
Tramaricio = Aulazon (?), en Tripolitaine, 242.

Treuch (Oued), près de Rustici, 415, 419.
Trifinianensis (*ecclesia*), 781.
Trik el-Beylik, près de Cirta, 404.
Trik el-Djemel, entre Meninx et la côte, 203.
Trik el-Karreta, près de Tinfadi, 505.
Tripoli. *Voyez* Oea.
Tripolitana Numidia, 38.
Trisipellensis (*ecclesia*), 776.
Trisipensis (*ecclesia*), 776.
Triton (Lac), 787, 788.
Trofimianensis, 781.
Troglodytes, en Tripolitaine, 712, 713.
Troza, Trozza (Djebel), près d'Aquae Regiae, 13, 586, 587, 611, 806.
Tsemda (Oued), près de Milev, 408.
Tubactis = Mezrata, 227, 283, 713.
Tubernuc = Aïn Tebernouk, 142, 809.
Tubersole (?), 546.
Tubulbacensis (*ecclesia*), 781.
Tubunae = Tobna, 512, 518.
Tuburnicensis (*ecclesia*), 780.
Tucca = Zaouiet el-Barka (?), 27, 411, 412.
Tucca (?), 770.
Tucca Terebinthina = Dougga, 619.
Tuccensis (*ecclesia*), 781.
Tucma (?), 770.
Tugutianensis (*ecclesia*), 782.
Tulanensis (*ecclesia*), 776.
Tulliense (*municipium*), près d'Hippone (?), 766, 780.
Tunes = Tunis, 109, 565, 808.
Tunis. *Voyez* Tunes.
Tunisa = Thinisa = Ras el-Djebel, 86.
Tunisense (*oppidum*), 770.
Tuniza = La Calle, 96.
Tunno *ou* Tunnona (?), 775.
Tunugabensis (*ecclesia*), 305.
Tunusadensis (*ecclesia*), 308.
Turca (?) = Henchir Bou-Cha, 592.
Turcetanum... *Voyez* Turca.

Turensis (ecclesia), 781.
Turrealbensis (ecclesia), 782.
Turreblandensis (ecclesia), 781.
Turrensis (ecclesia), 593.
Turrem. *Voyez* Ad Turrem.
Turre Rotunda (?), 780.
Turres. *Voyez* Ad Turres.
Turres Ameniarum (?), 780.
Turris. *Voyez* Thurris.
Turris ad Algam, près de Tadjoura, 214.
Turris Caesaris, près de Sigus, 420.
Turris Concordiensis (?), 780.
Turris et Taberna = Teratin, 240.
Turris Tamalleni = Oum-es-Somâa, près de Telmin, 698, 701.
Turris Timezegeri = Henchir el-Baguel, 689.
Turudensis (ecclesia), 593, 776.
Turusitana (ecclesia), 593, 776.
Turuzitensis (ecclesia), 776.
Turzo (?), 776. *Voyez* Τούρζω.
Τύσκα Χώρα, près de l'Oued el-Kebir, 5.
Tusca = Oued el-Kebir, 3.
Tuscubis (?), 770.
Tyris (?), 319. *Voyez* Thurris.

U

Ubata (?), 770.
Ubaza = Terrabaza, 534, 649.
Ubus flumen = Seybouse, 97.
Uccula = Henchir Aïn-Dourat, 301.
Ucibi (?), 357, 770, 814.
Uci Majus = Henchir ed-Douames, 11, 356.
Ucitanum Minus (oppidum), 769.
Ucres = Bord Bou-Djadi, 247, 286.
Ucubi, près de Siguese, 373, 814. *Voyez* Ucibi.
Uddita (?), 770.
Uliaris, lieutenant de Bélisaire, 119.
Ulisippira = Zembra, 562, 770.
Ullitana (ecclesia), 780.
Ulusubburitanum (oppidum), 770.
Undecimprimi, magistrats municipaux, 600, 601.
Unuca, 315, 783. *Voyez* Inuca.
Unuricopolitana (ecclesia), 781.
Unuzibirensis (ecclesia), 781.
Uol (?), 770.
Uppenna = Henchir Fragha ou Henchir Chigarnia = Oppennensis ecclesia, 45, 160.
Urbanilla (Mausolée d'), près de Capsa, 673.

Urcitana (ecclesia), 776.
Urugitana (ecclesia), 780.
Urusi = Henchir Sougda, 603.
Usalitanum (oppidum), 776.
Usilla = Inchilla, 182, 188, 769, 811.
Uthina = Oudena, 549, 555, 565, 818.
Uthumas (?), près de Vallis, 783.
Uticna (?), 770.
Utimarensis (ecclesia), 782.
Utimmensis (ecclesia), 782.
Utimmirensis (ecclesia), 776.
Utinunensis (ecclesia), 782.
UTIQUE = Bou-Châter, 57 et suiv. Fondation, 58. Étymologie du nom, 58. Histoire, 58, 59. Ruines, 60 et suiv. Ports, 61 et suiv. Citadelle, 61. Cales, 63. Quais, 63. Îlot de l'Amirauté, 63. Arsenal, 64. Amirauté, 65. Acropole, 72. Amphithéâtre, 73. Aqueduc, 73, 74. Citernes, 74. Île, 75. Port marchand, 76. Théâtre, 77. Enceinte, 78. Portes, 79. Topographie et fouilles récentes, 807.
Utmensis (ecclesia), 780.
Utunnensis (ecclesia), 782.

Uzabirensis (*ecclesia*), 781.
Uzala, près Membrone (?), 85.
Uzalensis (*ecclesia*), 776.
Uzalis, près d'Utique (?), 776.
Uzalitanum (*oppidum*), 769, 810.
Uzan (?), 770.

Uzappa = Ksour Abd-el-Melek, 575, 586, 600, 791.
Uzelis = Oudjel, 398.
Uzetia (?), 770.
Uzita, près de Ruspina, 15, 564, 602, 737, 741.

V

Vacca, 21. *Voyez* Vaga.
Vacca, près de Zeta, 748.
Vadensis (*ecclesia*), 780.
Vadentianensis (*ecclesia*), 781.
Vadesitana (*ecclesia*), 780.
Vaga (?), 770.
Vaga = Badja, Béja, 6, 302, 813.
Vagaxa (?), 765.
Vagensis (*ecclesia*), 780.
Vagradensis (*ecclesia*), 780.
Vagrotensis (*ecclesia*), 780.
Vaianensis (*ecclesia*), 780.
Valentinianensis (*ecclesia*), 781.
Vallis = Sidi-Medien, 439, 815.
Vandales, leur domination en Afrique, 46.
Vanias (?), en Phazanie, 720.
Vartanensis (*ecclesia*), 782.
Varus (Camp de), près d'Utique, 81.
Vasampus = Morsot, 474.
Vasidice = Tamatmat, 383.
Vassinassensis (*ecclesia*), 781.
Vatarbensis (*ecclesia*), 782.
Vatari = Fedj Souioud, 416.
Vax = Karkouza (?), 213.
Vaz... ? = Henchir Bejar, 300.
Vazaivi, *non* Vazanis = Aïn-Zoui, 817.
Vazaritana (*ecclesia*), 777.
Vazitana Sarra (*civitas*) = Henchir Bez, 601.
Vazua (?), 770.
Vegesela = Henchir Rakba, 505, 631.
Velefi, près d'Ad Piscinas, 419.
Vensanensis (*ecclesia*), 782.

Vepillium (?), 704, 770.
Ver... ? (*fundus*), près de Mutia, 765.
Verecunda = Markouna, 500, 818.
Veresuos, Veresui = El-Mak'sem, 662.
Verronensis (*ecclesia*), 782.
Vescera. *Voyez* Bescera.
Vicensis (*ecclesia*), 780.
Vicoaleriensis (*ecclesia*), 781.
Vicopacensis (*ecclesia*), 780.
Victorianensis (*ecclesia*), 781.
Vicus Augusti = Sabra (?), 251, 607, 770.
Vicus Aureli = Henchir Fertas, 482.
Vicus Gemellae = Henchir Sidi-Aïch, 674.
Vicus Juliani = Ksar ben-Achour, 391.
Vicus Sancitus, à Lambèse, 495, 497.
Vicus Valeriani, près d'Ad Arvalla, 414.
Vigdida = Digdica, près de Zagazaena, 241.
Villa Aniciorum. *Voyez* Casae.
Villa Magna = Zaghouân (?), 549.
Villa Magna = Henchir Sidi-Abdeïn, 204.
Villa Marci, entre Oea et Leptis, 217.
Villaregiensis (*ecclesia*), 780.
Villa Repentina, entre Sabrata et Oea, 213. *Voyez* Vax.
Viltensis (*ecclesia*), 776.
Vina = Henchir el-Meden, 128, 808.
Vinaza, près de Leptis Magna, 698.
Vincenses (?) Campi, 768. *Voyez* Iunca.
Vindensis (*ecclesia*), 782.
Virga = Berge, entre Leptis Magna et Tubactis, 224.
Visalta = Aïn Mlila (?), 425.

Viscera ou Discera, en Phazanie, 717.
Visensis (ecclesia), 782.
Vitensis (ecclesia), 781.
Volitana (ecclesia), 776.

W

Watwat (Qeçir el-), en Phazanie, 716.

Y

Yakout (Aïn), près de Tadutti, 508.
Yala. *Voyez* Bou-Yala.
Yéfren. *Voyez* Iafren.

Younès (Bir), près de Coreva, 448. *Voyez aussi* Beni-Younès.
Youssef, Youcef (Sidi-), près de Naraggara, 379, 583.

Z

Zaab. *Voyez* Djenân.
Zaârava (Kasr), entre Tacape et Leptis Magna, 709.
Zaàtli (Henchir), près de Nara, 646.
Zabi, au nord-ouest de Tubunae, 512 [1].
Zabuniorum (a Medianis), 781.
Zaca, Zacca, près de Muzarur, 102.
Zacar, Zaccar (Aïn), près de Vazita Sarra, 601.
Zacca. *Voyez* Zaca.
Zafran (Marsa). *Voyez* Macomades.
Zafran-el-Kdima, près d'Aggarsel Nepte, 686.
Zaga (Henchir), près de Vaga, 306.
Zagaïm (Aïn), à Capsa, 667.
Zagazaena = Aubereo (?), en Tripolitaine, 242.
Zaghouân = Onellana (?), 548.
Zaghouâni (Sidi-ez-), près de Ruspina, 729.
Zaharouni. *Voyez* Haraïria.
Zaïd (Henchir), entre Sufes et le Djebel Troza, 630.
Zaïet (Henchir), près de Zeta, 746, 748.
Zaït (Henchir), près de Vicus Augusti, 609.

Zakri, Zekri (Bordj ben-). *Voyez* Sigus.
Zaktoun (Henchir). *Voyez* Thaca.
Zalapa (?), 770.
Zama Major = Djiâma, 7, 571, 586.
Zama Minor = Sidi-Amor-el-Djedidi, 577.
Zana (Djebel), près de Diana, 509.
Zana. *Voyez* Diana.
Zanfour (Oued), près d'Assuras, 570, 619.
Zanfour. *Voyez* Assuras.
Zaouâdi (Henchir ez-). *Voyez* Sarsura.
Zaouiat-el-Ala, près de Zaghouân, 554.
Zaouiat-el-Arab, près de Thiges, 683.
Zaouiat-el-Kountech, près d'Uzita, 741.
Zaouiat-el-Medjeba, près d'Aquae Tacapitanae, 655.
Zara. *Voyez* Arch-Zara.
Zaraï = Zraia, 485.
Zarat. *Voyez* Agma, 198, 705.
Zaratensis (ecclesia), 780.
Zarnari = Pontos (?), 212.
Zarnensis (ecclesia), 776.
Zarzis. *Voyez* Gergis.
Zâtria (Henchir), près de Tacape, 654.
Zattara = Kef Bou-Zioun, 392.
Zaza (Henchir), près de Drusiliana, 814.

---

[1] Cf. Masqueray, *De Aurasio monte*, p. 62.

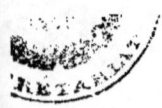

Zazia (Henchir), près d'Ad Atticille, 445, 446.
Zebbes, Djebbes (Djebel), près de Menegere, 643.
Zeggag (Henchir), près de Siminina, 141.
Zeïlah, en Phazanie, 714.
Ζέλθα ἄκρα, près de Sabrata, 211.
Zekri. Voyez Sigus.
Zella = Zouïla (?), 178.
Zembra, Zimbra, Zombra. Voyez Ulisippira.
Zemmit (Bir, Bordj el-Biar). Voyez Tinzimedo.
Zemtensis (ecclesia), 776.
Zemzem (Oued), en Tripolitaine, 229, 719.
Zeraïfeh. Voyez Astiagi.
Zeremdin. Voyez Avidus Vicus.
Zerezia (Henchir), près de Theveste, 648.
Zerga (Oued), près de Teglata, 250.
Zeriba (Djebel), près de Botria, 558, 559.
Zerig-el-Barrania, près de Martae, 692.
Zerigou (Djebel), près de Lamasba, 503.
Zerissa (Djebel), près de Mutia, 459.
Zeroud (Oued), près de Terento, 590, 611, 787.
Zerour (Djebel), près d'Ad Majores, 536.
Zertensis (ecclesia), 780.
Zerzan (Oued el-), entre Tacape et Leptis Magna, 710.
Zerzis. Voyez Gergis.
Zeta = Kneïs (?), 744, 746.
Zeugitana (Proconsularis), 37.
Zeurgân, près de Thiges, 683.
Zgaoûn (Bir), près de Theveste, 180.
Ziân. Voyez Ponte Zita.
Zibân, au sud de la province de Constantine, 509.
Zicensis (ecclesia), 776.

Zid. Voyez Beni-Zid.
Ziggensis (ecclesia), 776.
Zigiva (?), 770.
Zit. Voyez Siagu.
Zita. Voyez Ponte Zita.
Zitoun (Khangat ez-), près de Theveste, 643. Voyez Paccianis Matidiae.
Zitounet-el-Bidi, près de Cirta, 404.
Ziza. Voyez Ponte Zita (?).
Zizama, en Phazanie, 717, 719.
Zlass (Tribu des), 589.
Zliten. Voyez Sugolin.
Zmaïl (Oued), près de Naraggara, 380.
Zouagha, Zouara, près d'Ad Ammonem, 209.
Zouaghat (Zouarat) ech-Cherkiya, près de Sabra, 210.
Zouaghat-el-Kebira, 211. Voyez Zouagha.
Zouara (Oued) = Chulcul, 94.
Zouarin, près d'Assuras, 571, 583.
Ζούγαρ (?), 556.
Zoui (Aïn). Voyez Vazaivi.
Zouïla, près d'Alipota, 177.
Zouïlah, en Phazanie, 714.
Zouïtina. Voyez Thibiuca.
Zoukkaro (Bir). Voyez Aulazon.
Zouza (Henchir el-Aïn-), près d'Uzappa, 600.
Zraia. Voyez Zaraï.
Zribet-el-Oued, près de Speculum, 682.
Zucchara = Henchir Aïn-Djoukar, 556.
Zugar (?), 770.
Zummensis (ecclesia), 780.
Zure = Beni-Hadid, 235.
Zurensis (ecclesia), 776.
Zuritana (ecclesia), 776.
Zurmentum (?), 770.
Zyrnas Mascli. Voyez Mascula.

www.ingramcontent.com/pod-product-compliance
Lightning Source LLC
Chambersburg PA
CBHW070852300426
44113CB00008B/806